Fürst und Bolf

Genealogisches Taschenbuch der adeligen Häuser Österreichs

1906/07

Fürst und Bolf

Genealogisches Taschenbuch der adeligen Häuser Österreichs

1906/07

Inktank publishing, 2018

www.inktank-publishing.com

ISBN/EAN: 9783747762042

GENEALOGISCHES TASCHENBUCH DER ADELIGEN HÄUSER ∘∘ ÖSTERREICHS ∘∘

1906/07.

ZWEITER JAHRGANG.

WIEN.
OTTO MAASS' SÖHNE.

VORWORT.

Wenn es noch eines Beweises bedurft hätte, daß auch den niederen und modernen Adel behandelnde Genealogische Taschenbücher in weiten Kreisen zu einem Bedürfnisse geworden sind, so wäre er dadurch erbracht worden, daß der Verlag der Gothaer Almanache, der bekanntlich schon seit 1900 ein Taschenbuch des Deutschen Uradels erscheinen ließ, diesem nun auch ein solches des Deutschen Briefadels folgen läßt. Damit ist aber der Ausschluß von den Gothaer Taschenbüchern, der bisher nur die wenigen, im niederen Adelsstande verbliebenen Geschlechter des Österreichischen Uradels betraf, auch für die Familien des älteren unbetitelten Briefadels und den so zahlreichen modernen Militär-, Beamten- und sonstigen Verdienstadel der beiden unteren Adelsstufen zu einem endgültigen geworden.

Diese zunächst wohl durch die Menge des zu verarbeitenden Materiales bedingte territoriale Begrenzung des Arbeitsgebietes kann dem unterzeichneten Redaktionskomitee des nun im II. Jahrgange vorliegenden „Genealogischen Taschenbuches der Adeligen Häuser Österreichs“ nur erwünscht sein, da hierdurch eine beiden Unternehmen abträgliche Zersplitterung vermieden wird. In erhöhtem Maße gilt dies für den Verleger, der unter großen materiellen Opfern und bisher ohne jegliche, wenn auch nur moralische staatliche Förderung das Erscheinen dieses eminent österreichischen Werkes ermöglicht hat. Ebenso werden die interessierten Familien die Konzentrierung in einem Taschenbuche lebhaft begrüßen.

Dieses österreichische Taschenbuch soll nicht nur ein unentbehrliches Nachschlagewerk für Amt, Comptoir und Haus, für die zunächst beteiligten Adelskreise, für Genealogen und Heraldiker sein, sondern durch streng quellenmäßige Bearbeitung auch ernster vaterländischer Geschichtsforschung dienen. Der Versuch, zu diesem Zwecke den wirtschaftlichen und gesellschaftlichen Entwicklungsgang der Familien in seinem Auf und Nieder und in seinen ursächlichen Zusammenhängen an der Hand möglichst vollständiger Genealogien zu verfolgen, hat auch die ungeteilte Zustimmung jener Kritik gefunden, die auf dem Standpunkte moderner Forschungsziele steht. Für diese sind aber die Begleitumstände und letzten Ursachen des Emportauchens einzelner Familien aus der breiten Masse des Arbeiter-, Bauern- und Bürgerstandes bei weitem wichtiger, als das Datum des endlich erreichten Adelsbriefes, das nur zu oft den Beginn des Niederganges markiert. Die Redaktion muß daher auch ferner besonderes Gewicht auf die Geschichte der Familien vor ihrer Nobilitation legen, sowie auf jene Berufstätigkeit und jene Familienverbindungen, die ihren wirtschaftlichen und gesellschaftlichen Aufschwung veranlaßt haben.

Das begonnene Unternehmen lebensfähig zu erhalten, liegt fast ausschließlich in der Hand der Adelsfamilien selbst. An diese ergeht daher der eindringlichste Appell, dasselbe durch Einsendung möglichst inhaltsreicher, jedoch streng wahrheitsgetreuer Familienartikel zu unterstützen. Die Aufnahme erfolgt, wie bisher, vollständig kostenlos. Artikel, deren Daten dokumentarisch belegt sind, werden auch ferner mit einem * bezeichnet. Die Zustimmung zur Reproduktion von älteren Porträten, farbigen Wappen (nach den Originaldiplomen), Exlibris, Siegeln, Hausmarken etc. behält sich das Redaktionskomitee vor. Die durch derartige Illustrationen verursachten Selbstkosten sind jedoch der Verlagsfirma zu ersetzen. Im übrigen wollen für die Abfassung der Artikel die in den hinausgegebenen Einladungen zur Beteiligung und im Vorworte des I. Jahrganges (1905) aufgestellten Grundsätze als maßgebend betrachtet werden. Über Verlangen stehen auch Musterartikel und Fragebogen zur Verfügung.

Das unterzeichnete Redaktionskomitee dankt an dieser Stelle allen jenen Ämtern und Personen verbindlichst, die durch ihre oft sehr weitgehende Unterstützung und Förderung das Erscheinen dieses II. Jahrganges ermöglicht haben.

Zu besonderem Danke verpflichtet fühlt sich dasselbe dem hohen k. k. Ministerium des Innern als oberster Adelsbehörde, der Direktion des k. u. k. Haus-, Hof- und Staatsarchives, dem k. u. k. Kriegsarchive, dem Steiermärkischen und Kärntner Landesarchive und allen jenen hochw. Pfarrämtern, die durch oft recht umfangreiche Auskünfte aus den Matrikeln das Werk gefördert haben.

Endlich erklärt die Redaktion ausdrücklich, daß sie sich in keinerlei Polemik einläßt. Wenn von der am Schlusse der Artikel angeführten Literatur oder der Einsendung abweichende Daten gebracht werden, wollen diese immer als Berichtigung auf Grund aktenmäßiger Belege aufgefaßt werden.

Wien, im Juni 1907.

Das Redaktionskomitee.

VERZEICHNIS

der im I. und II. Jahrgange enthaltenen Familienartikel.

Ein vollständiges Verzeichnis der in jedem Bande vorkommenden Familiennamen mit Angabe der Seitenzahlen findet sich an dessen Ende.

Erklärung der Abkürzungen.

AA.	Adelsarchiv am k. k. Ministerium des Innern (Wien, I. Wipplingerstraße 7)
A. B.	Augsburger Bekenntnis
a. D.	außer Dienst
a. h.	ad honores
a. o.	außerordentlich
Am.	Adelsmatrikel
angebl.	angeblich
Arch.	Archiv
aut.	autorisiert
bayer.	bayerisch
beh.	behördlich
bischöfl.	bischöflich
BL.	Böhmische Landtafel (Prag)
böhm.	böhmisch
BSB.	Böhmisches Saalbuch (Adelsarchiv)
ca.	zirka
Cand.	Candidatus, Doktorand
Cop.	Copia, Abschrift
CP.	Confirmationes Privilegiorum (Haus-, Hof- und Staatsarchiv)
D. I., – II.	Dame I. Klasse, – II. Klasse (eines Ordens)
d. A.	der Armee
dipl.	diplomiert
d. R.	des Ruhestandes
Dr. chem.	Doktor der Chemie
„ d. pol. Wiss.	„ „ politischen Wissenschaften
„ jur.	„ „ Rechte
„ med.	„ „ Medizin
„ phil.	„ „ Philosophie
„ tech.	„ „ technischen Wissenschaften
„ theol.	„ „ Theologie
ehem.	ehemalig
Ehevertr.	Ehevertrag
Ehren-Dr.	Ehrendoktor
EKO.	österreichisch-kaiserlicher Orden der Eisernen Krone
emer.	emeritiert

EO.	Elisabeth-Orden
Fam.	Familie (im Besitze der Familie)
Feldsup.	Feldsuperiorat
FJO.	kaiserlich-österreichischer Franz Joseph-Orden
FM.	Feldmarschall
FML.	Feldmarschall-Leutnant
fol.	folium
fürstl.	fürstlich
FZM.	Feldzeugmeister
GdK.	General der Kavallerie
geb.	geboren
gef.	gefürstet
get.	getauft
gew.	gewesen
GFWM.	Generalfeldwachtmeister
GL.	Generalleutnant
GM.	Generalmajor
gräfl.	gräflich
Gritzner	M. Gritzner, Standeserhebungen und Gnadenakte deutscher Landesfürsten, Görlitz 1881
großherzogl.	großherzoglich
GVK.	Goldenes Verdienstkreuz
GVK.m.K.	Goldenes Verdienstkreuz mit der Krone
h.	hohen
H. B.	Helvetisches Bekenntnis
Heil. Röm.	Heilige Römische
herzogl.	herzoglich
h. G.	höherer Gebühr
HKA.	Hofkanzleiakten (Adelsarchiv)
HKmA.	Hofkammerarchiv am k. u. k. Gemeinsamen Finanzministerium (Wien, I. Johannesgasse 5)
Hs.	Handschrift
i. d. A.	in der Armee
i. Disp.	in Disponibilität
i. d. R.	in der Reserve
innerösterr.	innerösterreichisch
i. P.	in Pension
i. R.	im Ruhestande
ital.	italienisch
jub.	jubiliert
kärnt.	kärntnerisch

(KD.)	mit der Kriegsdekoration (eines Ordens)
kgl.	königlich
k. k.	kaiserlich königlich
Kl.	Klasse
Kmt.	Komtur (eines Ordens)
Kmt.m.St.	Komtur mit Stern (eines Ordens)
Kom.	Kommandeur (eines Ordens)
konz.	konzessioniert
korr.	korrespondierend
krain.	krainerisch
kurfürstl.	kurfürstlich
kurpf.	kurpfälzisch
k. u. k.	kaiserlich und königlich
LA.	Landesarchiv
l.f.	landesfürstlich
LO.	österreichisch-kaiserlicher Leopold-Orden
LR.	Liber regius (kgl. ungar. Landesarchiv, Budapest)
LRA.	Landesregierungsarchiv
mähr.	mährisch
Mag. pharm.	Magister der Pharmazie
Milpf.	Militärpfarre
Ms.	Manuskript
MVK.	Militärverdienstkreuz
niederösterr.	niederösterreichisch
oberösterr.	oberösterreichisch
Off.	Offizier (eines Ordens)
o. ö.	ordentlich öffentlich
Orig.	Original
PD.	Palastdame
pens.	pensioniert
Pf.	Pfarre
prakt.	praktisch
preuß.	preußisch
priv.	privilegiert
prot.	protokolliert
R.I., – II., – III.	Ritter I. Klasse, – II. Klasse, – III. Klasse (eines Ordens)
RA.	Reichsakten (Adelsarchiv)
RKWB.	Reichskanzlei-Wappenbuch (Adelsarchiv)
RR.	Reichsregistratur (Haus-, Hof- und Staatsarchiv)

RStER.	Reichsstandeserhöhungsregister (Haus-, Hof- und Staatsarchiv)
RTB.	Reichstaxbücher (Haus-, Hof- und Staatsarchiv)
russ.	russisch
salzb.	salzburgisch
Schl.	Schloß
schles.	schlesisch
StA.	Haus-, Hof- und Staatsarchiv (Wien, I. Minoritenplatz 1)
steierm.	steiermärkisch
SthA.	Statthaltereiarchiv
StKO.-D.	Sternkreuzordensdame
StO.	königlich-ungarischer St. Stephan-Orden
StO.-R.	Kleinkreuz des königlich-ungarischen St. Stephan-Ordens
Stw.	Stammwappen
tirol.	tirolerisch
tom.	tomus
tosk. JO.	großherzoglich-toskanischer Orden vom heil. Joseph
tosk. StO.	großherzoglich-toskanischer St. Stephan-Orden
tosk. ZVO.	großherzoglich-toskanischer Zivilverdienstorden
TWB.	Tiroler Wappenbuch (Adelsarchiv)
U. J. Dr.	Doktor beider Rechte
ungar.	ungarisch
ULA.	Ungarisches Landesarchiv (Budapest)
verm.	vermählt
Vid.	Vidimus, Abschrift
vorderösterr.	vorderösterreichisch
wirkl.	wirklich
Wr.-	Wiener-
†	gestorben
▽	ohne Adelstitel

Den Geburts-, Vermählungs- und Sterbeorten sind vielfach in ( ) die Pfarren beigefügt, in deren Matrikeln die betreffenden Akte eingetragen sind.

Altmann von Waffenheim.

Römisch-katholisch. – Österreich (Mähren, Tirol, Niederösterreich).

Verleihungen:

1810 März 8, Wien: Das Kapitel des Militär-Maria Theresien-Ordens erkennt in der LXXXVI. Promotion dem k. k. Oberleutnant von Hohenzollern-Chevaulegers (gegenwärtig Ulanen-Regiment Nr. 7) Josef Altmann für die Gefechte bei Söll am 13. Mai und Murnau am 18. Juli 1809 das Kleinkreuz dieses Ordens zu und damit nach Punkt 36 der Ordensstatuten vom 12. Dezember 1758 „eo ipso" den Ritterstand (ad personam).

1840 Juli 14, Wien: Kaiser Ferdinand I. erhebt die Witwe des verstorbenen pens. k. k. Rittmeisters Josef Ritters von Altmann, Marie von Altmann, geb. Freiin Müller von und zu Mülegg, mit ihrem Sohne Emanuel Altmann in den Österreichischen Ritterstand mit dem Prädikate „von Waffenheim" und einem Wappen. — (AA., HKA.; — Orig. Fam.)

Wappen:

1840 Juli 14: Geviert, 1 und 4 in Rot ein einwärts gewendeter silbern geharnischter Ritter mit goldenen Spangen an der Rüstung, ebensolchen Straußenfedern auf dem geöffneten Helme und geschwungenem Schwerte, reitend auf einem rot gesattelten und gezäumten silbernen Rosse in vollem Laufe; 2 und 3 in Blau drei (2, 1) goldene Sterne. Zwei gekrönte Turnierhelme: auf I mit rot-silbernen Decken der Ritter wachsend; auf II mit blau-goldenen Decken ein wie 2 und 3 bezeichneter geschlossener Flug.

---

† Josef Ritter von Altmann (1. Ritterstandserwerber für seine Person – Sohn des .... 17.. zu Sternberg, Mähren, † Bürgers Hubert Altmann und der .... 17.. ebendort † Johanna, geb. Radunský), geb. Sternberg 21. August 1775, † Unterrain bei Bozen 14. August 1831, Ritterkreuz des Militär-Maria Theresien-Ordens, gr. gold. Tapferk.-Med., gr. silb. Tapferk.-Med., k. k. Erster Rittmeister i. P. (bis 1820 im Kürassier-Regimente GdK. Ludwig Graf Wallmoden-Gimborn Nr. 6, dann 1823 bis 1824 in der Adeligen Ersten Arcierenleibgarde); – verm. Wien 19. April 1824 mit:

1

† Marie, geb. Freiin Müller von und zu Mülegg (seit 1840 Altmann von Waffenheim — 2. Ritterstandserwerberin mit ihrem Sohne Emanuel – Tochter des .... 1822 zu Penzing bei Wien † k. k. Hofagenten Ferdinand Freiherrn M. v. M. und der .... 18.. zu Wien † Marie Anna, geb. von Wellens), geb. Wien 28. August 1789, † Innsbruck 13. April 1847.

Sohn:

† Emanuel Ritter Altmann von Waffenheim (mit seiner Mutter 2. Ritterstandserwerber), geb. Wien 7. April 1826, † Schwaz 24. Mai 1905, frei resignierter k. k. Notar; – verm. Volders bei Hall, Tirol, 18. August 1851 mit:

† Wilhelmine, geb. Katzung (Tochter des .... 1848 zu Innsbruck † Konditors und Hausbesitzers Anton K. und der 3. Juni 1873 ebendort † Marie, geb. Kirchmaier), geb. Innsbruck 20. Mai 1827, † Schwaz 19. März 1903.

Kinder:

1) Berta, geb. Innsbruck 21. Juni 1853; – verm. Schwaz 4. März 1886 mit:

Arwed von Kaltenborn, geb. Innsbruck 18. April 1845, k. u. k. Hauptmann d. R. – [Innsbruck.]

2) Hedwig, geb. Innsbruck 13. Mai 1854. – [Schwaz.]

3) Maria, geb. Innsbruck 31. August 1855. – [....]

†4) Emanuel, geb. Innsbruck 6. November 1856, † ebendort 12. Dezember 1863.

5) Wilhelmine, geb. Innsbruck 14. Juni 1858. – [Schwaz.]

6) Josef, geb. Innsbruck 16. April 1860. – [Innsbruck.]

†7) Amalie, geb. Innsbruck 29. März 1862, † ebendort 15. April 1862.

8) Robert, geb. Innsbruck 19. April 1864, k. k. Statthaltereisekretär, zugeteilt dem Landschulrate in Graz; – verm. Innsbruck 27. April 1897 mit:

Marie, geb. Jung (Tochter des Oberbaurates in Stuttgart Jakob J. und der Wilhelmine, geb. Mayer), geb. Innsbruck 31. Dezember 1873. – [Graz, Wastlergasse 10.]

Tochter:

(1) Leonore, geb. Bruck a. M. 21. August 1900.

(2) Gertrude, geb. Graz 1. Juli 1905.

†9) Otto, geb. Innsbruck 8. Juni 1866, † Schwaz 30. September 1884.

Vgl.: – J. Hirtenfeld, Der Militär-Maria Theresien-Orden und seine Mitglieder, II. Abt., S. 1057; – Wurzbach I, S. 19.

---

* von Ambrozy
und
Ambrozy von Dolfingen.

Römisch-katholisch. – Österreich (Niederösterreich).

Verleihungen:

1865 April 30, Wien (Diplom): Kaiser Franz Joseph I. verleiht dem k. k. Hauptmanne im Generalquartiermeisterstabe Heinrich Ambrozy als Ritter des Ordens der Eisernen Krone III. Klasse (KD.) den Österreichischen Ritterstand und ein Wappen. – (AA., HKA.; – Orig. Fam.)

1891 November 29 (Allerhöchste Entschließung) und 1892 Februar 7, Wien (Diplom): Kaiser Franz Joseph I. verleiht dem k. u. k. Generalmajor Emil Ambrozy den Österreichischen Adel mit „Edler von Dolfingen" und einem Wappen. – (AA., HKA.; – Orig. Fam.)

Wappen:

I. 1865 April 30 (Ritter von Ambrozy): Geteilt, oben durch einen von sechs in die Feldecken gestellten farbengewechselten Sternen begleiteten roten Schräglinksbalken von Blau über Gold linksgeschrägt, unten in Blau ein ganz geharnischter Arm, einen blanken Krummsäbel an goldenem Gefäße haltend. Zwei gekrönte Turnierhelme: auf I mit rechts blau-goldenen und links rot-goldenen Decken zwischen einem offenen, rechts von Gold über Blau und links von Rot über Gold geteilten Fluge ein goldener Stern; auf II mit blau-silbernen Decken zwischen einem offenen, rechts von Silber über Blau und links von Blau über Silber geteilten Fluge der Arm mit dem Krummsäbel wie im Schilde. Auf goldenem Spruchbande in blauer Lapidarschrift die Devise: „PRO VIRTUTE ET FIDE".

II. 1892 Februar 7 (Ambrozy Edle von Dolfingen): Innerhalb eines schmalen, goldenen Saumes in Blau ein schmal golden gesäumter und mit vier goldenen Sternen nebeneinander belegter roter Balken, begleitet oben von einer fliegenden weißen Taube mit einem grünen Ölzweige im Schnabel und unten von einem ganz gepanzerten Arme, der ein blankes Schwert am goldenen Gefäße hält. Auf dem gekrönten Turnierhelme mit rechts blau-silbernen und links rot-goldenen Decken vier Straußenfedern, je eine silberne, blaue, goldene und rote.

Diese aus der Bergstadt Kuttenberg stammende Familie schrieb sich früher in der Regel deutsch „Ambrosi" und hat erst in neuerer Zeit die nun auch durch die beiden Standeserhöhungen festgelegte böhmische Schreibung „Ambrozy" angenommen.

1*

Wenzel Ambrosi, Bergmann und Bürger zu Kuttenberg, vermählte sich 10. Oktober 1706 mit Margarete Dubsky (geb. 1680, † Prag 1780) und wurde zu Prag am Vyšehrad begraben. Kinder dieses Paares waren: – 1. Wenzel Peter Karl, geb. 9. und † 25. September 1707; – 2. Anna Barbara, geb. 1710, † Prag 1790; – 3. Franz Xaver, geb. 1712, † 1772, Vergolder („deaurator") bei St. Stefan in Prag; – 4. Josef, geb. 1717, † Prag 1777, geschätzter Miniaturmaler und wohlhabender Bürger in der Neustadt Prag, erlitt große Verluste im Siebenjährigen Kriege, verm. mit Barbara Wulturini († Prag 1782), der Tochter eines Kuttenberger Stadtrates; – 5. Wenzel Ignaz, geb. 10. und † 18. Juli 1717, und – 6. Wenzel Bernhard, geb. Kuttenberg 26. September 1723, der die Familie fortpflanzte.

Wenzel Bernhard Ambrosi (vorstehend 6.) war kaiserl. Hofmaler, Bürger und Hausbesitzer (Judengasse 42/50) zu Prag, wo er 30. April 1806 starb. Aus seiner Ehe mit Katharina Baumgartner (geb. 1735, † Prag 26. Oktober 1791), einer Tochter des kaiserl. Bildhauers und Architekten Johann Baumgartner und der Katharina, geb. Maneß, sind folgende fünf Kinder bekannt:

1) Josef, Doktor beider Rechte, Advokat zu Prag.

2) Anton, † Prag 14. Mai 1788, Maler.

3) Johann, Doktor der Arzneikunde zu Prag, der vermählt war und drei Kinder hatte: – (1) Adalbert, – (2) Marie und – (3) Johann Wenzel.

4) Franz, geb. 1755, der als Feldarzt diente und aus seiner Ehe mit Barbara, geb. Hasenfeld, verwitweten Polak, vier Kinder hinterließ: – (1) Adalbert, – (2) Anna, – (3) Katharina und – (4) Peter.

5) Wenzel Karl Ambrosi (Ambrozy), geb. Prag 24. August 1758, † Prag 7. Dezember 1818, Doktor der Arzneikunde und Philosophie, herzogl. Sachsen-Weimarscher Hofrat, fürstl. Claryscher Leib- und Badearzt zu Teplitz, Haus- und Grundbesitzer zu Prag (Judengasse 42/50) und Teplitz (Badgasse „Zum schwarzen Roß" und „Zur goldenen Tanne"), vermählte sich I. Teplitz 11. Februar 1790 mit Antonie Hofmann (geb. Dezember 1766, † 12. Dezember 1797) und II. ebendort 11. Februar 1798 mit deren Schwester Josefa (geb. 1771, † Teplitz 18. November 1834). Beide waren Töchter des 1795 verstorbenen Josef Hofmann, Apothekers zu Teplitz, und seiner Gemahlin Maria Anna, geb. Zapp, die 18. April 1808 ebendort starb. Dr. Wenzel Karl Ambrozy hatte aus erster Ehe vier und aus zweiter sieben zu Teplitz geborene Kinder:

I. Ehe: – (1) Emilie, geb. 25. Juli 1790, † 3. Oktober 1797.

(2) Julie Ambrosi, geb. 22. Jänner 1792, † Prag 12. Juli 1850, verm. Teplitz 4. Mai 1813 mit Erasmus Veith (geb. 12. Oktober 1790, † Prag 15. Jänner 1841), Associé des Bankhauses J. M. Thums Erben und nach dessen Falliment 1820 Beamter der k. k. priv. Nationalbank.

(3) Karl Josef Ambrozy, geb. 11. Juli 1794, dessen Nachkommenschaft unten folgt.

(4) Marie Henriette Josefa Ambrozy, geb. 18. Jänner 1797, † Wien (St. Augustin) 9. Jänner 1876, verm. Vorder-Ouvenetz bei Prag (St. Trinitas) 15. Juli 1817 mit Prokop Heinrich Jakob Tunkler von Treuinfeld (geb. Prag [Teyn] 31. Juli 1788, † daselbst 7. März 1852), Bürger, Hausbesitzer und Seidenhändler zu Prag.

II. Ehe: — (5) Edmund Ambrosi, geb. 18. Jänner 1796, † Wien 11. Juni 1824 als Kandidat der Medizin.

(6) Pauline, geb. 30. Mai 1800, † Prag 21. November 1872, unvermählt.

(7) Gustav, geb. 6. Mai 1801, † ....

(8) Eduard, geb. 13. Oktober 1803, † Prag 23. Dezember 1823 als Hörer der Medizin.

(9) Hermann Moriz Ambrosi, geb. 7. Dezember 1808, † Prag 27. Februar 1864, Dr. med., Kreisarzt zu Teplitz und seit 1857 Landesmedizinalrat für Böhmen zu Prag, verm. Teplitz 6. November 1834 mit Wilhelmine Anna Wolfram (geb. Teplitz 27. März 1817, † ebenda 14. März 1855), einer Tochter des Bürgermeisters der Stadt Teplitz .... Wolfram. Dieser Ehe entsprossen zwei Töchter: — a) Pauline Wilhelmine Marie Ambrosi, geb. Teplitz 17. Mai 1835, † Piesting 4. Oktober 1872, verm. Prag 17. Mai 1858 als dessen I. Gemahlin mit Johann Schlitter (geb. Niemes 25. Februar 1829, † Payerbach in Niederösterreich 8. Jänner 1901), Dr. jur., k. k. Hofrat und Polizeidirektor i. R. (bis 1892 in Brünn), und — b) Auguste Ambrosi, geb. Teplitz im September 1840, † Brünn 9. Juli 1875, nach dem Tode ihrer älteren Schwester verm. Brünn 17. Februar 1874 als dessen II. Gemahlin mit ihrem Schwager Dr. Johann Schlitter.

(10) Berta Ambrosi, geb. 9. Mai 1809, † Prag 14. Februar 1890, verm. Teplitz 15. Juli 1834 mit Anton Haneder (geb. 22. Dezember 1786, † Prag 19. Dezember 1867), Eisenhändler und Hausbesitzer zu Prag.

(11) Klemens Ambrozy, geb. 24. Juli 1813, † Wien 10. Februar 1857, bürgerl. Handelsmann und Chef der Firma „Ambrosi & Comp.", Materialwarenhandlung zu Wien, verm. Wien 11. Juni 1853 mit Pauline Stöger, aus welcher Ehe zwei Söhne entsprossen: — a) Eugen, geb. Wien 13. März 1856, Mehlhändler daselbst, und — b) ein Knabe, geb. 18. September und † im Dezember 1854.

Heinrich Prokop Ambrozy, das zweite Kind des oben sub (3) genannten Karl Josef, erhielt als k. k. Hauptmann des Generalquartiermeisterstabes im Feldzuge gegen Dänemark 1864 das Militärverdienstkreuz und den Orden der Eisernen Krone III. Klasse, beide mit der Kriegsdekoration, und wurde, den Statuten dieses Ordens entsprechend, ddo. Wien, 30. April 1865 in den Österreichischen Ritterstand erhoben und ihm hierbei das oben unter I. beschriebene Wappen verliehen.

Dessen jüngerer Bruder Emil Karl Prokop Ambrozy, k. u. k. Generalmajor und Festungskommandant zu Peterwardein, erlangte mit Allerhöchster Entschließung vom 29. November 1891 und dem Diplome ddo. Wien, 7. Februar 1892 den systemmäßigen

Österreichischen Adelstand mit dem Ehrenworte „Edler", dem Prädikate „von Dolfingen" und dem sub II. blasonierten Wappen.

---

† Karl Josef Ambrozy (3. Kind des 7. Dezember 1818 zu Prag † herzogl. Sachsen-Weimarschen Hofrates, fürstl. Claryschen Leib- und Badearztes zu Teplitz Dr. med. et phil. Wenzel Karl Ambrosi und dessen I. Gemahlin, der am 12. Dezember 1797 zu Teplitz † Antonie, geb. Hofmann), geb. Teplitz 11. Juli 1794, † Wien 16. September 1872, k. k. Gubernialrat, Ehrenbürger von Braunau i. B.; — verm. Budweis 10. Mai 1827 mit:

† Anna Antonie Franziska, geb. Neubauer (Tochter des 20. Juli 1838 zu Prag † jubil. k. k. Salzverwaltungskontrollors zu Budweis Franz N. und der 3. April 1871 zu Prag † Anna, geb. Grübl), geb. Deutsch-Brod 9. Juni 1807, † Wien 16. Oktober 1869.

Kinder:

†1. Berta Julie Henriette Anna Ambrozy, geb. Budweis 30. April 1829, † Salzburg 2. Juni 1896; — verm. Pardubitz 13. Mai 1851 mit:

† Josef Rudolf von Wartburg, geb. Prag (kgl. Burg am Hradschin) 1. April 1822, † Eger 24. März 1889, k. k. Oberlandesgerichtsrat in Eger.

†2. Heinrich Prokop Ritter von Ambrozy (Ritterstandserwerber), geb. Prag 31. Mai 1831, † Perchtoldsdorf 25. Juli 1881, LO.-R., EKO.-R.III. (KD.), MVK. (KD.), k. k. Oberst, überkomplett im Dragoner-Regimente Albert König von Sachsen Nr. 3, General-Traininspektor; — verm. Wien 29. Jänner 1866 mit:

Hermine, geb. von Neilreich (Tochter des 13. März 1885 zu Napajedl † k. k. Hofsekretärs i. R. Franz v. N. und der 21. Dezember 1879 zu Wien † Anna Marie Johanna, geb. Freiin von Fries), geb. Wien 23. Jänner 1840. — [Wien, I. Reichsrathsstraße 7.]

Kinder:

1) Wilhelmine (Vilma) von Ambrozy, geb. Wien 15. November 1866; — verm. Wien (Milpf.) 3. Oktober 1894 mit:

Josef Schneider Edlem von Manns-Au, geb. Graz 2. Februar 1865, MVK., k. u. k. Oberstleutnant des Generalstabskorps, Generalstabschef beim 14. Korpskommando. — [Innsbruck.]

2) Sabine von Ambrozy, geb. Wien 12. Juni 1869, — [Wien, I. Reichsrathsstraße 7]; — verm. Wien (Milpf.) 27. Oktober 1886 mit:

† Maximilian (Max) Nikolaus Philippovich von Philippsberg, geb. Wien 14. Jänner 1855, † Budweis 23. November 1895, k. u. k. Oberstleutnant des Generalstabskorps, zugeteilt zur Truppendienstleistung dem Infanterie-Regimente Georg Prinz von Sachsen Nr. 11.

†3. Emil Karl Prokop Ambrozy Edler von Dolfingen (Adelserwerber), geb. Prag 18. Jänner 1835, † Peterwardein 17. März 1894, k. u. k. Generalmajor und Festungskommandant zu Peterwardein; – verm. Wien 15. Mai 1872 mit:

Adolfine, geb. Mayer (Tochter des 9. Juni 1887 zu Wien † k. k. Regierungsrates und Militär-Oberverpflegsverwalters 1. Kl. d. R. Adolf M. und der † Fanny, geb. Weeber), geb. Gran (Esztergom) 17. April 1853. – [Wien, V. Zentagasse 12.]

Kinder:

1) Rudolf Ambrozy Edler von Dolfingen, geb. Wien 9. Juli 1873, k. u. k. Oberleutnant des Pionier-Bataillons Nr. 5. – [Krems.]

2) Max Ambrozy Edler von Dolfingen, geb. Prag 25. Dezember 1875, k. u. k. Linienschiffsfähnrich. – [Pola.]

3) Edda Ambrozy Edle von Dolfingen, geb. Wien 7. Mai 1880. – [Wien, V. Zentagasse 12.]

† 4) Walter Ambrozy Edler von Dolfingen, geb. Wien 25. Jänner 1885, † Biedermannsdorf 20. Februar 1902.

†4. Rosa Leontine Berta Ambrozy, geb. Prag 17. Jänner 1838, † Wien 18. Jänner 1873.

---

von Angeli
und
Angeli von Forstemann.

Römisch-katholisch. — Österreich (Tirol, Niederösterreich und Steiermark).

Verleihungen:

1569 August 5, Wien: Kaiser Maximilian II. verleiht „Hieronymo, Antonio, Bernhardo, Andreae, Petro et Jacobo fratribus, quondam Gaspari Angeli filiis, Venetiis oriundis" . . . „ex antiqua et nobili familia Angelorum" von neuem den Rittermäßigen Reichsadel unter Bestätigung und Besserung ihres alten Wappens. — (AA., RA.; — StA., RR. Maximilians II., tom. VI., fol. 355.)

1867 Juni 27, Wien: Kaiser Franz Joseph I. erhebt den k. k. Forstrat Gustav von Angeli als Ritter des Ordens der Eisernen Krone III. Klasse in den Österreichischen Ritterstand mit dem Prädikate „von Forstemann" und Wappenbesserung. — (AA., HKA.; — Orig. Fam. — II. Linie.)

Wappen:

I. Stammwappen: In Blau auf natürlichem Boden liegend ein weißes Lamm, mit dem linken Vorderfuße einen von zwei roten Rosen begleiteten goldenen Stab haltend, von dem eine viereckige, mit einem roten Kreuze bezeichnete weiße Fahne nach vorne abflattert. — (Kirchenstuhl zu Revò bei Cloz im Nonsberg, die Farben ergänzt aus dem späteren Wappen.)

II. Vor 1569: Gespalten; vorne geteilt, oben wie der Schild des Stammwappens, nur das Lamm widersehend, mit geschlossener goldener Krone und den nicht mehr von Rosen begleiteten Schaft der nun nach rückwärts abflatternden zweizipfeligen Fahne mit dem linken Vorderfuße haltend, unten ledig silbern; hinten in Geteilt von Silber über Blau zwei schräg gekreuzte farbengewechselte Schlüssel, begleitet oben von einem roten Kreuzchen, unten von einer roten Rose. Auf dem gekrönten Turnierhelme mit rechts rot-weißen und links blau-gelben Decken ein wachsendes weißes Lamm (mit Kreuzfahne?). — (Nach dem Diplome von 1569.)

III. 1569 August 5: Wie das sub II beschriebene, nur als Kleinod anstatt des wachsenden Lammes ein wachsender ganz goldener Engel mit geschlossener goldener Krone, die Rechte empor-, die Linke abwärtsstreckend — „ex gratia speciali cognominis uestri ratione".

IV. 1867 Juni 27 (Angeli von Forstemann): Der Schild wie vor 1569, nur das Lamm vorwärtssehend und die ledig silberne Unterhälfte des vorderen Parts mit einem natürlichen Lerchenzweige belegt, der je drei Nadelbüschel, Samenzapfen und Knospen trägt. Zwei gekrönte Turnierhelme mit blau-silbernen Decken: auf I der Engel wie 1569; auf II ein natürlicher Auerhahn.

Ältere Genealogie und Geschichte einem späteren Jahrgange vorbehalten. Vgl. vorläufig Brünner Adel. Taschenb. II 1877, S. 19, und X 1885, S. 7.

I. Linie.
(von Angeli.)

Stifter: Christoforo Angeli (angeblich ein Sohn des 1569 nobilitierten Antonio).

† Franz Ernest von Angeli (1. Kind des 10. Mai 1839 zu Wien † Hausbesitzers und bürgerl. Seidenfärbers in der Roßau zu Wien, dann Besitzers des Bades Pyrawarth Angelo Bartolomeo v. A. und der .... 1819 daselbst † Theresia, geb. Schaller), geb. Wien 7. Juli 1791, † ebenda 11. Mai 1856, bürgerl. Seidenfärber und Hausbesitzer in der Roßau zu Wien; — verm. .... 18.. mit:

† Katharina, geb. Degen (Tochter des .... 18.. zu .... † Müllermeisters Johann Georg D. und der .... 18.. zu .... † Barbara, geb. Dachler), geb. Nußdorf bei Wien 21. Oktober 1801, † Budapest 13. März 1870.

Kinder:

†1. Franz, geb. Wien .... 1822, † ebenda 12. Jänner 1900, gew. Seidenfärber und Hausbesitzer zu Wien; — verm. .... 18.. mit:

† Rosa, geb. Haas (Tochter des .... 18.. zu Wien † bürgerl. Fleischselchers Karl H. und der .... 18.. zu .... † Anna, geb. Oberdorfer), geb. Wien 5. April 1823, † ebenda 2. Dezember 1896.

Kinder:

†1) Franz, geb. Wien 29. März und † ebenda 18. Juni 1849.

†2) Moriz Franz, geb. Wien 4. Februar 1851, † Wassergespreng bei Mödling 19. Mai 1898, Gastwirt und Hausbesitzer; — verm. I. .... 1878 mit:

† Hildegarde, geb. Capalini (Tochter des .... 18.. zu .... † .... Vinzenz C. und der 20. April 1888 zu Pozsony [Preßburg] † Antonie, geb. Draschka), geb. Wien 17. September 1853, † ebenda .... 1878; — verm. II. Wien 27. Dezember 1884 mit:

† Hermine, geb. Capalini (Schwester der vorgenannten Hildegarde), geb. Wien 11. August 1855, † ebenda 19. Oktober 1900.

Kinder a) I. Ehe:

(1) Marianne, geb. .... 1876; — verm. .... 18.. mit: Stefan Fink, geb. .... 18.., ... — [Wien].

b) II. Ehe:

(2) Franz, geb. Wassergespreng 12. Jänner 1886.

(3) Gabriele, geb. Wassergespreng 24. März 1887.

(4) Hermann, geb. Wassergespreng 15. Februar 1893.

†2. Katharina, geb. Wien .... 1823, † ebenda 8. November 1848; — verm. .... 18.. mit:

† Moritz Geritz, geb. .... 18.., † .... 18..

†3. Moritz, geb. Wien .... 18.., † ebenda .... 18.. als Kind.

†4. Moritz, geb. Wien 2. Dezember 1829, † ebenda 3. Oktober 1904, EKO.-RIII., FJO.-R., k. u. k. Oberst d. R. (bis 1895 des Armeestandes im Kriegsarchiv); — verm. Peterwardein 9. Oktober 1859 mit:

Laura, geb. Alexich (Tochter des 4. Dezember 1872 zu Peterwardein † Postmeisters Franz Xaver A. und der 30. Jänner 1878 ebendort † Barbara [Betti], geb. Csordasits), geb. Peterwardein 15. März 1839. — [Wien, VI. Sandwirthgasse 16.]

Kinder:

1) Robert Ferdinand, geb. Peterwardein 8. November 1860, k. k. Rechnungsrat im Ackerbauministerium. — [Wien, VI. Sandwirthgasse 16.]

2) Maximilian Josef, geb. Lemberg 23. März 1862, Marianer des h. Deutschen Ritterordens, k. u. k. Hauptmann 1. Kl. im Tiroler Kaiserjäger-Regimente Nr. 3; – verm. Görz 30. September 1902 mit:

Alexandra, geb. Šarič (Tochter des k. k. Postverwalters i. P. Vinzenz Š. und der Wilhelmine, geb. Pfaff), geb. Wien 27. April 1876. – [Görz.]

†3) Karl, geb. Lemberg .... 1865, † ebendort .... 1865.

†4) Gabriele, geb. Olmütz 9. Juli und † ebendort .... 1867.

†5) Stefanie, geb. Budapest .... 1870, † ebendort .... 1870.

†5. Karl, geb. Wien 14. Dezember 1834, † ebenda .... 18.., k. k. Leutnant d. R. (bis 1858 im Infanterie-Regimente FML. Gustav Heinrich Prinz von Hohenlohe-Langenburg Nr. 13).

†6. Josef, geb. Wien .... 1838, † San Francisco .... 18.., gew. Fabriksbesitzer in Atzgersdorf; – verm. .... 18.. mit:

Wilhelmine, geb. Schmiedl (Tochter des .... 18.. zu .... † .... Sch. und der .... 18.. zu .... † ...., geb. ....), geb. .... 18.. – [....]

†7. Barbara, (Zwillingsschwester des vorgenannten Josef), geb. Wien .... und † ebenda .... 1838.

Der Personalstand weiterer Äste dieser Linie einem späteren Jahrgange vorbehalten.

II. Linie.

(Ritter Angeli von Forstemann.)

Stifter: Angelo Angeli (angeblich ein Sohn des 1569 geadelten Antonio).

† Johann von Angeli (Sohn des 28. Juli 1728 zu Cloz geb. und 11. August 1807 ebendort † Peter von Angeli und der 15. März 1720 zu Cloz geb. und .... 17.. daselbst † Domenica Zanoni), geb. Cloz am Nonsberg 20. Dezember 1763, † daselbst 8. November 1849, k. k. Hauptmannes i. P. (bis 1811 im Tiroler Landesmiliz-Regimente Nr. 4, später FZM. Franz Marquis Lusignan Nr. 16); – verm. Revò 11. Februar 1805 mit:

† Anna, geb. von Maffei (Tochter des 24. Mai 1834 zu Revò † Jakob v. M. und der 25. Oktober 1759 zu Bozen geb. und .... 18.. zu Revò † Maria Anna, geb. von Wiesenegg), geb. .... 1. September 1784, † Cloz 30. November 1859.

Kinder:

†1. Eduard von Angeli, geb. Revò 16. November 1805, † Admont 19. April 1894, FJO.-R., unter dem Klosternamen P. Moriz seit 1829 Kapitular des Benediktinerstiftes Admont, fürstbischöfl. geistlicher Rat, emer. Prior und Kreisdechant, Jubelprofeß.

†2. Maria von Angeli, geb. Revò 18. Dezember 1808, † Roveredo 4. Juni 1869; – verm. .... 27. Oktober 1830 mit:

† Domenico Canestrini, geb. Roveredo 30. Juni 1803, † daselbst 1. September 1878.

†3. Gustav Ritter Angeli von Forstemann (Ritterstandserwerber), geb. Pettau 27. April 1811, † Bozen 15. Jänner 1887, EKO.-R.III., k. k. Forstrat i. R. (bis 1869 Forstreferent der k. k. Statthalterei in Innsbruck); — verm. Stenico 28. August 1848 mit:

Therese, geb. Lutterini (Tochter des 5. Mai 1876 zu Stenico † Gutsbesitzers daselbst Vigil L. und der 16. April 1867 ebendort † Katharina, geb. von Maffei), geb. Stenico 27. April 1821. — [Bozen.]

Kinder:

† 1) Emilie von Angeli, geb. Stenico 29. Mai und † daselbst 3. Juni 1849.

† 2) Scipio von Angeli, geb. Bludenz 24. Juni 1851, † daselbst 9. Februar 1852.

3) Eduard Ritter Angeli von Forstemann, geb. Bozen 15. Juni 1853; — verm. Stenico 18. Februar 1884 mit:

Adelheid, geb. Polli (Tochter des 9. November 1897 zu Stenico † Gutsbesitzers Giovanni Battista P. und der 3. Februar 1892 ebendort † Maria, geb. Frescura), geb. Belluno 1. Jänner 1861. — [Brixen.]

Kinder:

† (1) Ida, geb. Stenico 24. Jänner und † daselbst 30. April 1886.

(2) Gustav, geb. Stenico 9. Dezember 1895.

† 4) Marie von Angeli, geb. Bozen 18. November 1855, † Achensee 4. August 1865.

† 5) Ida Angeli von Forstemann, geb. Innsbruck 27. Juli 1857, † Bozen 23. Mai 1884.

6) Alfred Ritter Angeli von Forstemann, geb. Innsbruck 4. August 1859, k. k. Polizeioberkommissär. — [Graz, Brockmanngasse 18.]

†4. Emilie von Angeli, geb. Leibnitz 23. Mai 1814, † Dres bei Cles 12. April 1863; — verm. Cloz 3. September 1834 mit:

† Bartolo Gabos, geb. Dres 2. April 1792, † daselbst 16. Juli 1876, Großgrundbesitzer in Dres bei Cles.

†5. Adolf von Angeli, geb. Cloz 3. August 1815, † Schloß Friedburg bei Kollmann 2. Februar 1900, k. u. k Militärpfarrer d. R.

†6. Alexander von Angeli, geb. Cloz 14. Mai 1817, † Bozen 5. Mai 1886, pens. Spitalkurat in Meran.

7. Maria Aloisia (Luigia) von Angeli, geb. Cloz 10. Mai 1819, — [Pergine]; — verm. Cloz 27. Februar 1841 mit:

† Stefano de Grammatica, geb. St. Michele a. d. Etsch 23. August 1798, † Pergine 5. Mai 1857.

†8. Heinrich von Angeli, geb. Cloz 18. Februar 1823, † Cles 17. Oktober 1890, k. k. Rechnungsrevident der Finanz-Landesdirektion zu Innsbruck i. R.

9. Rosine von Angeli, geb. Cloz 20. Oktober 1827, – [Cles]; – verm. Cloz 9. Mai 1849 mit:

† Nicolò de Guelmi, geb. Scanna bei Cles 22. Mai 1820, † Covriana bei Malè 18. Jänner 1874, Gutsbesitzer in Cles.

Vgl.: – Wurzbach XI. S. 354; – Brünner Adel. Taschenb. II 1877, VI 1881, VIII 1883, X 1885 u. XV 1890.

---

* von Anthoine.

Römisch-katholisch. – Österreich.

Verleihung:

1793 August 23 (Allerhöchste Resolution) und 1794 Jänner 25, Wien (Diplom): Kaiser Franz II. verleiht den Brüdern „Jean Baptiste" und „Charles Anthoine" den Niederländisch-erbländischen Adel mit einem Wappen. – (Orig. Fam.)

Wappen:

1794 Jänner 25: Geviert, 1 und 4 in Gold ein blauer Balken, begleitet oben von einem wachsenden schwarzen Doppeladler, unten von einem schwarzen T (Anthoniuskreuze), 2 und 3 in Silber vier (2, 2) anstoßende rote Rauten. Auf dem gekrönten Turnierhelme mit rechts blau-goldenen und links rot-silbernen Decken drei Straußenfedern: eine rote zwischen einer goldenen und einer blauen. Schildhalter zwei rot gewaffnete goldene Löwen, je ein den Schild wiederholendes Banner haltend.

Diese Familie stammt aus Lothringen und kam mit Johann Anthoine nach Österreich. Dieser wurde 1686 zu St. Nicolas in Lothringen geboren, vermählte sich 1709 mit Maria Anna Veuilmain, der Tochter eines Hauptmannes aus Nancy, und starb 1760 zu Wien. Seiner Ehe entsprossen drei noch zu St. Nicolas geborene Söhne, die mit ihm nach Wien zogen: – 1. Karl, geb. 12. Jänner 1711, von dem die geadelte Familie Anthoine abstammt (s. unten); – 2. Franz, dessen Sohn Ludwig bei der Artillerie diente und dessen Tochter Sophie mit einem Oberleutnant von Kreml vermählt war, und – 3. Christoph, von dem weitere Nachrichten fehlen.

Karl Anthoine (s. oben 1.) trat in Kanzleidienste des Hof- und Staatskanzlers Fürsten Wenzel Kaunitz-Rietberg und starb zu Wien 15. Oktober 1791. Er war zweimal vermählt: – I. mit Justina Reißmüller (geb. Zwettl in Oberösterreich 1717, † Wien 28. September 1764), einer Tochter des Laurenz Reißmüller und der Maria Anna, geb. Fuchs, und – II. mit Eva Merkl von Ortheim († Wien 1793), der Tochter des Kabinettskuriers .... Merkl von Ortheim. Jeder dieser Ehen entsproß ein zu Wien geborener Sohn:

1) Johann Baptist, geb. 6. Jänner 1743, der erst im niederländischen Departement der Geheimen Hof- und Staatskanzlei und dann als wirkl. Hofsekretär und Registratursdirektor in der k. k. Vereinigten Hofkanzlei diente. Er wurde mit seinem unten folgenden Halbbruder Karl von Kaiser Franz II. mit Allerhöchster Resolution vom 23. August 1793 und dem französischen Diplome ddo. Wien, 25. Jänner 1794 in den Niederländisch-erbländischen Adelstand mit dem oben beschriebenen Wappen erhoben. Die Akten über diese Standeserhebung wurden, trotzdem sich die Familie Anthoine inzwischen in Österreich naturalisiert hatte, 1826 mit anderen Beständen an die Vereinigten Niederlande abgetreten und erliegen gegenwärtig im kgl. belgischen Staatsarchive zu Brüssel. Von Johann Baptist von Anthoine stammt die unten folgende Nachkommenschaft.

2) Karl, geb. 1766, † Wien (Schotten) 26. April 1802 als wirkl. Hofsekretär der Geheimen Hof- und Staatskanzlei. Wie erwähnt, wurde er mit seinem Halbbruder Johann Baptist 1793 geadelt, starb jedoch unvermählt.

---

† Johann Baptist von Anthoine (Adelserwerber – Sohn des 15. Oktober 1791 zu Wien † Karl Anthoine und dessen I. Gemahlin, der 28. September 1764 ebendort † Justine, geb. Reißmüller), geb. Wien 6. Jänner 1743, † Linz 28. August 1821, k. k. wirkl. Hofsekretär und Registratursdirektor i. P.; – verm. I. .... 17.. mit:

† Rosina, geb. Merkl von Ortheim (Tochter des .. . 1762 zu Paris † Alexander M. v. O. und der .... 1776 zu .... † Rosine, geb. von Vizedom), geb. .... 1743, † .... 1779; – II. .... 17.. mit:

† Therese, geb. Rodler (Tochter des .... 1782 zu .... † Jakob R. und der .... 1793 zu Wien † Therese, geb. Merkl von Ortheim), geb. .... 1754, † .... 1782; – III. Wien 22. Oktober 1783 mit:

† Franziska von Müllern (Tochter des 24. März 1807 zu Wien † k. k. Obersten und Kapitänleutnants der Trabantenleibgarde Wenzel v. M. und der .... 18.. ebendort † Therese, geb. von Biber), geb. Wien 4. Oktober 1764, † Linz 7. November 1830.

Kinder III. Ehe:

† 1. Marie Therese Philippine Vinzenzia Ferraria, geb. Wien .... 1789, † Schloß Dorff bei Schlierbach 25. Februar 1846; – verm. Schlierbach 24. Mai 1812 mit:

† Christoph Andreas Siegmund Josef Hayden von und zu Dorff, geb. Schloß Dorff 1786, † ebendort 5. Juli 1835, seit 1817 Besitzer des Fideikommißgutes Dorff in Oberösterreich und Verordnetem des Obderennsischen Ritterstandes.

† 2. Ignaz, geb. Wien .... 1790, † Salzburg 28. September 1870.

† 3. Maria Theresia, geb. Wien 14. August 1792, † Linz 23. März 1880, Stiftsdame des k. k. adeligen Fräuleinstiftes zu Hall in Tirol.

† 4. Karl Eugen Peregrin, geb. Wien 28. Februar 1798, † daselbst 29. April 1889, EKO.-R.III. (K.D.), MVK. (KD.), k. k. Generalmajor d. R. — verm. I. .... 18.. mit:

† Charlotte, geb. Schmiedt (Tochter des .... 18.. zu .... † .... Sch. und der .... 18.. zu .... † ...., geb. Mathaeides de Revisnya), geb. .... 18.., † Hermannstadt (Nagyszeben) ... September 1850; — II. Wien 8. Juni 1861 mit:

† Ludowika, geb. Tallafuß von Schatzberg (Tochter des 6. Juli 1864 zu Wien † k. k. Hofrates Karl T. v. Sch. und der 11. Februar 1886 ebendort † Barbara, geb. von Greth), geb. Temesvár 6. Februar 1826, † Wien 30. August 1898.

Kinder:

† 1) Julius, geb. Hermannstadt (Nagyszeben) 15. November 1846, † Skalitz 27. Juni 1866, k. k. Leutnant im Infanterie-Regimente FZM. Friedrich Freiherr Kellner von Köllenstein Nr. 41.

2) Gustav, geb. Temesvár 30. Jänner 1848, k. u. k. Oberstleutnant d. R. (bis 1903 Kommandant des Militär-Invalidenhauses zu Lemberg); — verm. Wien 14. April 1894 mit:

Maria Anna Isabella, geb. Freiin von Schwarzhuber (Tochter des 4. September 1867 zu Wien † k. k. Sektionsrates im Finanzministerium und Verwaltungsrates der Kronprinz Rudolfsbahn Franz Anton Freiherrn v. Sch. und der 2. Februar 1890 ebendort † Ida, geb. Götzl), geb. Baden 20. Juni 1861. — [Graz, Naglergasse 59.]

Kinder:

(1) Maria Ida Olga Luise, geb. Wien 4. Mai 1895.
(2) Karl Borromäus Franz Gustav, geb. Lemberg 3. April 1897.

3) Karl Borromäus, geb. Hermannstadt (Nagyszeben) 28. August 1850, FJO.-R., Erzherzog Friedrichscher Hofrat i. R., k. k. Hauptmann im nichtaktiven Stande des Tiroler Landesschützen-Regimentes Nr. II; — verm. Wien 6. September 1884 mit:

Angelika Eugenie Natalie, geb. (Liebmann) von Liebenberg de Zsittin (Tochter des 22. März 1897 zu Wien † k. u. k. Majors a. D., MVK. [KD.] Emil Ritters [L.] v. L. de Zs. und der 9. Dezember 1855 zu Pisek † Marie, geb. von Ziołecka), geb. Pisek 25. November 1855. — [Wien, I. Schellinggasse 6.]

Kinder:

(1) Karoline (Karla) Pauline Marie Luise Emilie, geb. Wien 15. Juli 1885; — verm. Wien 17. Mai 1906 mit:

Eugen Michael Adolf Ernst Freiherrn von Poche-Lettmayer, geb. Schloß Chwalkowitz bei Komorau 23. Oktober 1879. — [Wien, VI. Dreihufeisengasse 13.]

(2) Paul Emil Karl Adolf, geb. Wien 15. Mai 1888, Hörer der Rechte. — [Wien, I. Schellinggasse 6.]

† 5. Johann, geb. Wien 31. August 1800, † Urfahr bei Linz 27. November 1863; — verm. I. Schloß Goppelsbach bei Murau 12. Oktober 1834 mit:

† Emilie, geb. Gantschnigg (Tochter des 27. Oktober 1865 zu Klagenfurt † Besitzers der Herrschaft Goppelsbach in Steiermark [bis 1833] und der landtäfl. Güter Gamsenegg, Falkenstein, Dietrichstein und Ottmanach in Kärnten Matthäus Josef G. und der .... 18.. zu .... † Josefa, geb. Hübner von Kreutzencron), geb. Goppelsbach (Pf. Stadl) 30. Juli 1817, † Lofer 6. Juni 1836; — II. Linz 18. November 1839 mit:

† Luise, geb. von Schiedenhofen zu Stumb (Tochter des 9. April 1861 zu Linz † k. k. Landrates und Landmannes in Tirol Joachim v. Sch. z. St. und der 26. Dezember 1877 zu Linz † Anna, geb. Schmid), geb. Mauerkirchen 30. März 1818, † Linz 27. April 1865.

Kinder: a) I. Ehe:

† 1) Emilie Josefa Johanna, geb. Lofer 4. Juni 1836, † Graz 28. Februar 1878; — verm. Linz 4. Juli 1854 mit:

Albin Rathausky, geb. Brünn 14. Februar 1828, k. u. k. Oberstleutnant d. R. (bis 1879 im Infanterie-Regimente FML. Erzherzog Franz Karl Nr. 52). — [Graz, Gartengasse 22.]

b) II. Ehe:

† 2) Luise, geb. Mauerkirchen 27. August 1840, † Linz 2. Februar 1897; — verm. Linz 16. Juni 1876 mit:

† Heinrich Marckhgott, geb. Schlägl 5. Februar 1834, † Linz 4. November 1896.

3) Johanna, geb. Mauerkirchen 30. April 1844. — [Linz.]

4) Marie, geb. Mauerkirchen 16. Juni 1845. — [Linz.]

† 5) Karl, geb. Mauerkirchen 14. April 1847, † Münchengrätz 28. Juli 1866, k. k. Leutnant im Infanterie-Regimente FML. Eugen Graf Haugwitz Nr. 38.

6) Sophie, geb. Bergham, Gemeinde Leonburg bei Linz, 14. Mai 1857. — [Linz.]

Aurnhammer von Aurnstein.

Römisch-katholisch. — Österreich (Niederösterreich) und Ungarn (Kroatien).

Verleihung:

1838 Juni 20, Wien: Kaiser Ferdinand I. verleiht dem k. k. Hauptmanne im Infanterie-Regimente FM. Philipp Prinz zu Hessen-Homburg Nr. 19 Paul Aurnhammer den Österreichischen Adel mit dem Prädikate „von Aurnstein“ und einem Wappen. — (AA., HKA.; — Orig. Fam.)

Wappen:

1838 Juni 20: Gespalten, durch eine an den Hauptrand stoßende blaue Spitze; in dieser auf grünem Boden eine aus natürlichen Steinen erbaute Burg mit vierzinnigem Torturme, geschlossenem, von zwei nebeneinandergestellten ebensolchen Fenstern überhöhtem Tore und dreizinnigen Seitenmauern mit je zwei Schußlöchern; vorne in Gold ein natürlicher Auerhahn, einen ebensolchen Hammer in der rechten Klaue pfahlweise vor sich haltend; hinten in Rot ein aus dem Hinterrande hervorbrechender ganz gepanzerter Arm mit goldenen Spangen, in der Faust ein blankes Schwert an goldenem Griffe haltend. Auf dem gekrönten Turnierhelme mit rechts schwarz-goldenen und links rot-silbernen Decken vier Straußenfedern: je eine goldene, schwarze, silberne und rote.

---

† Paul Aurnhammer von Aurnstein (Adelserwerber — Sohn des .... 18.. zu .... † Johann Michael Aurnhammer und der ... 18.. zu .... † Therese, geb. Purtscher Edlen von Lobenstein), geb. Brunn am Walde 9. Dezember 1789, † Venedig .... 1863, k. k. Generalmajor, verm. .... 18.. mit:

† Maria, geb. de Ghetaldi (Tochter des 5. Mai 1826 zu Ragusa † Patriziers von Ragusa Giovanni Nicolò de Gh. und der 6. August 1866 ebendort † Nicoletta Maria, geb. de Menza), geb. Ragusa 12. Juli 1798, † Fiume 10. Jänner 1882.

Kinder:

†1. Johann, geb. Ragusa 5. Juni 1823, † Legnago 26. November 1862, k. k. Hauptmann 1. Kl. im Infanterie-Regimente Kronprinz Erzherzog Rudolf Nr. 19; — verm. Rendsburg 6. Juli 1852 mit:

† Luise, geb. Lohse (evangelisch A.B. — Tochter des .... 18.. zu Rendsburg † kgl. dänischen Hofagenten Ludwig Heinrich L. und der .... 1845 ebendort † Anna, geb. Meyn), geb. Rendsburg 9. August 1830, † Wien 4. Oktober 1888.

Kinder:

1) Maria Anna (Marianne), geb. Hernals (Wien) 20. Mai 1853, Schriftstellerin (Pseud. „M. v. Hammer-Stein"). — [Wien, V. Mittersteig 8.]

† 2) Josef, geb. Mähr.-Neustadt 28. August 1858, † Wien 28. Februar 1884, k. k. Husar im Husaren-Regimente Karl I. König von Württemberg Nr. 6.

2. Klementine, geb. Piacenza 29. Jänner 1825; — verm. Venedig 13. Dezember 1863 mit:

Josef Gruber Edlem von Rehenburg, geb. Königgrätz 2. März 1827, FJO.-R., MVK., k. u. k. Major d. R. (bis 1890 im Armeestande und Kommandant-Stellvertreter des Militär-Invalidenhauses zu Nagyszombat [Tyrnau]). — [Wien, IX. Liechtensteinstraße 147.]

†3. Josef, geb. Stuhlweißenburg (Székesfehérvár) 3. Jänner 1827, † Fiume 3. Juli 1872, LO.-R. (KD.), k. k. Kontreadmiral, Kommandant der Marineakademie zu Fiume; — verm. .... 18.. mit:

Luise, geb. Rieß (Tochter des .... 18.. zu .... † k. k. Rates und Stabsfeldarztes Dr. med. Ludwig R. und der .... 18.. zu .... † ...., geb. ....), geb. .... 18..; — (in II. Ehe verm. .... 18.. mit: — .... Conte Carboneschi-Nerli, geb. .... 18..). — [....]

Kinder:

† 1) Robert, geb. .... 1860, † Wien 2. Oktober 1892, k. u. k. Vizekonsul in Bombay.

† 2) Paul, geb. .... 23. Februar 1863, † .... 21. April 1889, ...

3) Irma, geb. .... 18..; — verm. .... 18.. mit:

August Szabó de Busz, geb. .... 18.., ... — [Graz, Annenstraße 60.]

†4. Therese, geb. .... 18.., † Möttling .... 190.; — verm. .... 18.. mit:

† Franz Edlen von Tomašić, geb. .... 18.., † .... 18.., k. k. Major d. R. (bis 1860 im Grenzinfanterie-Regimente Oguliner Nr. 3).

5. Friederike, geb. Stuhlweißenburg (Székesfehérvár) 2. April 1830, Stiftsdame des k. k. adeligen Fräuleinstiftes zu Hall in Tirol. – [Agram.]

6. Isabella, geb. Triest .... 18..; — verm. .... 18.. mit:

† Johann Christian, geb. .... 18.., † .... 18.., k. k. Militär-Verpflegsverwalter i. P. (bis 1865 Militärverpflegsoffizial 1. Kl.).

†7. Pauline, geb. .... 18.., † .... 18..; — verm. .... 18.. mit:

† Thomas Vicković, geb. .... 18.., † Agram .... 18.., k. k. Oberstleutnant d. R. (bis 187. Major im Infanterie-Regimente FZM. Emil Freiherr Kussevich von Szamobor Nr. 33).

---

von Berks.

Römisch-katholisch. – Österreich (Steiermark, Niederösterreich) und Ungarn.

Verleihung:

1792 September 18, Wien: Kaiser Franz II. erhebt den kaiserl. Rat und Kommis bei der kaiserl. Geheimen Reichskanzlei Johann Peter Berks und dessen Ehegattin Henrike Elisabeth, geb. Azmar, in den Reichsritterstand mit dem Ehrenworte „Edle von“ und je einem verschiedenen Wappen. – (AA., RA., – StA., RR. Franz II., tom. III., fol. 184; – Orig. Fam.)

Wappen:

1792 September 18: — a) Berks: Mit drei gestürzten oberen Ästen geschrägt von Gold über Rot, oben ein schräger, schwarzer Anker. Zwei Turnierhelme: auf dem I. gekrönten, mit rot-goldenen Decken ein geschlossener, wie der Schild im gestürzten Astschnitte von Gold über Rot geschrägter Flug; auf dem II. ungekrönten, mit schwarz-goldenen Decken zwischen mit je einem schwarzen Balken belegten und in den Mundlöchern mit je drei spitzen schwarzen Blättern besteckten goldenen Büffelhörnern der schwarze Anker pfahlweise.

b) Azmar: In Blau ein oben von einem goldenen Löwen und unten von drei ebensolchen Halbmonden nebeneinander begleiteter silberner Schrägbalken. Zwei Turnierhelme: auf dem I. gekrönten, mit blau-silbernen Decken fünf, abwechselnd blaue und silberne Straußenfedern; auf dem II. ungekrönten, mit blau-goldenen Decken der goldene Löwe wachsend.

Ältere Genealogie und Geschichte einem späteren Jahrgange vorbehalten. Vorläufig vgl. Brünner Adel. Taschenb. XI. 1886, S. 47 u. XVI. 1891, S. 50.

---

† Johann Peter Thomas Maria Ritter von Berks (2. Sohn des 5. April 1723 zu Aachen geb. und 20. Juni 1813 zu Wien † kaiserl. Rates der Reichshofkanzlei Johann Peter Edlen von Berks, des Heil. Röm. Reiches Ritters, und der 15. April 1742 zu Minden geb. und 2. Jänner 1820 zu Wien † Henrike Elisabeth Jakobine, geb. Edlen von Azmar), geb. Wien 22. Dezember 1770, † Fünfkirchen (Pécs) 27. November 1845, gr. gold. Med. (für 1796), kgl. ungar. Bergdirektor zu Fünfkirchen (Pécs); — verm. Schemnitz (Selmeczbánya) 6. Oktober 1799 mit:

† Barbara, geb. Edlen von Geramb (Tochter des 20. September 1788 zu Schemnitz [Selmeczbánya] † k. k. Majors a. D. Ignaz Viktor Edlen v. G., Ritters, und der .. Juli 1817 zu .... † Klara, geb. Edlen von Rosenzweig), geb. Schemnitz (Selmeczbánya) 4. Juni 1777, † Fünfkirchen (Pécs) 19. Mai 1835.

Sämtliche Nachkommen dieser Ehe sind Nutznießer der durch Johann Josef von Geramb 1752 gestifteten Familien-Bergwerksunion in Schemnitz (Selmeczbánya).

Kinder:

†1. Heinrich }
†2. Henrike } Zwillinge, geb. Eisenerz 24. Jänner 1801, † noch in demselben Monate.

†3. Heinrich, geb. Eisenerz 16. Juli 1802, † Fünfkirchen (Pécs) 3. Februar 1825, Kameralpraktikant der kgl. ungar. Kronherrschaft Budaörs.

†4. Peter Moriz Melchior, geb. Eisenerz 5. Jänner 1804, † Pest (Budapest) 3. April 1839, k. k. Leutnant im Artillerie-Regimente FZM. Josef Freiherr Russo von Aspernbrand Nr. 5 (aufgelöst 1854).

†5. Henrike Marie, geb. Eisenerz 11. November 1805, † Fünfkirchen (Pécs) 20. Dezember 1811.

†6. Marie Anna Klara, geb. Reichenau in Niederösterreich 24. März 1807, † Ybbs .... 1887.

†7. Martin Lothar, geb. Fünfkirchen (Pécs) 18. Februar 1809, † Selmeczbánya (Schemnitz) 21. Jänner 1890, k. u. k. Oberstleutnant d. R. (bis 18.. im ....), Repräsentant der Joh. Jos. von Gerambschen Bergwerksunion; — verm. Ogulin 6. August 1838 mit:

† Elisabeth, geb. Lotter von Konstanz, Tochter des .... 18.. zu .... † k. k. Majors i. P. Johann L. v. K. und der .... 18.. zu .... † Anna, geb. von Jvčević), geb. Oštaria 26. August 1812, † Selmeczbánya (Schemnitz) .. März 1897.

Kinder:

† 1) Leopoldine Hermine Elisabeth, geb. Ogulin 6. Juni 1839, † Agram 3. Juni 1902.

† 2) Hugo Johann Nepomuk Lothar, geb. Ogulin 21. Jänner 1841, † Schloß Reifenstein bei Cilli 5. April 1906, k. u. k. Oberleutnant a. D. (bis 1870 überkomplett im Infanterie-Regimente FZM. Gabriel Freiherr von Rodich Nr. 68, zugeteilt dem Generalstabe), Besitzer der Herrschaft Reifenstein mit Anderburg und Schleinitz, sowie von Realitäten in Gleichenberg, Reichsratsabgeordneter des Landgemeindenbezirkes Cilli; — verm. I. .... 28. November 1879 als deren III. Gemahl mit:

† Marie Magdalena (Madeleine), geb. Schier (Tochter des .... 18.. zu .... † .... Sch. und der .... 18.. zu .... † ...., geb. ....), geb. .... 28. Mai 1840, † Schloß Reifenstein 13. Februar 1892; — (in I. Ehe verm. .... 18.. mit: — .... Grafen Gourieff, geb. .... 18.., geschieden 18.., und in II. Ehe .... 14. Juli 1867 mit: — †Emmerich Grafen von Stadion-Stadion-Thannhausen, geb. Radkersburg 17. Februar 1838, † Wien 3. August 1901, Herrn der Standesherrschaft Thannhausen in Bayern, der Herrschaften Stadion, Mosbeuren, Alberweiler und Emerkingen in Württemberg, Fideikommißherrn auf Kauth in Böhmen, Erblichem Reichsrate der Krone Bayern, geschieden 18..); — II. Trautmannsdorf bei Gleichenberg 11. Juli 1894 als deren II. Gemahl mit:

Marie, geb. Čop, recte Tschopp (Tochter des .... 1878 zu Karlstadt † Abgeordneten und Besitzers des Gutes Lukavec in Kroatien, k. k. Hauptmannes d. R. Karl Tschopp [Čop] und der Marie geb. Elberger), geb. Livorno 10. August 1859, Schriftstellerin (Pseud. „Mara Čop-Marlet"), — [Schloß Reifenstein bei Cilli und Wien, VII. Neustiftgasse 19]; — (war in I. Ehe verm. .... 18.. mit: — † .... Lenger-Marlet, geb. Brüssel .... 1849, † .... 1878, ...).

Sohn II. Ehe:

Hugo Robert Karl Anton Lothar, geb. Görz 16. März 1897.

† 3) Robert Rudolf Paul, geb. Ogulin 3. Juni 1843, † .... 13. Mai 1905, k. u. k. Kämmerer, Gutsbesitzer zu Hodrusbánya, Komitat Hont, Repräsentant der Joh. Jos. von Geramb-schen Bergwerksunion und Direktionspräsident der St. Michael-Erbstollnergewerkschaft zu Selmeczbánya (Schemnitz); – verm. Budapest 21. September 1881 mit:

Pauline, geb. Ztuparich de Dráskócs et Ztupa (Tochter des .... 18.. zu .... † kgl. ungar. Gerichtsrates Peter Z. de D. et Z. und der .... 18.. zu .... † Eleonore, geb. von Simon), geb. .... 18... – [Hodrusbánya.]

4) Lothar Moriz Paul, geb. Sunja (Szunya) 11. Juli 1850, Dr. jur., FJO.-Kmt., EKO.-R.III., k. u. k. Kämmerer, k. k. Hofrat d. R. (bis 1905 Kreisvorsteher 1. Kl. zu Bihać), k. k. Rittmeister 2. Kl. i. d. Evidenz des Landwehr-Ulanen-Regimentes Nr. 1; – verm. Schloß Wöllan 5. April 1880 mit:

Isabella, geb. Adamovich de Čsepin (Tochter des ... Februar 1874 zu .... † Herrn auf Tenye in Slawonien und Wöllan in Steiermark, k. k. Kämmerers und Rittmeisters a. D. Karl A. de Č. und der StKO.-D. Bianka, geb. Capello, Gräfin von Wickenburg, in II. Ehe Witwe nach dem 23. April 1904 zu Wöllan † k. u. k. Kämmerer und Generalmajor d. R. Artur Grafen von Mensdorff-Pouilly), geb. .... 18.., StKO.-D. – [....]

Kinder:

(1) Bianka, geb. Schloß Wöllan 9. Jänner 1881.
(2) Lothar, geb. Brčka 29. November 1881.
(3) Günther, geb. Brčka 7. August 1883.

†8. Amalie, geb. Fünfkirchen (Pécs) 20. August und † daselbst ... Dezember 1810.

†9. Ferdinand Friedrich, geb. Fünfkirchen (Pécs) 19. Jänner 1813, † Felsöbánya 21. September 1892, kgl. ungar. Bergrat i. R.; – verm. I. Barlafalu 5. Oktober 1835 mit:

† Susanne Katharina, geb. Winterlich (Tochter des .... 18.. zu .... † .... W. und der .... 18.. zu .... † ...., geb. ....), geb. .... 18.., † Felsöbánya .... 1839; – II. Felsöbánya 25. November 1839 mit:

† Petronella, geb. Báthy de Báth (Tochter des .... 18.. zu .... † städt. Senators Ludwig B. de B. und der .... 18.. zu .... † Karoline, geb. Dombháty de Dombegyháza), geb. .... 18.., † Felsöbánya 24. Juli 1897.

Kinder: a) I. Ehe:

† 1) Wilhelm Andreas, geb. Felsöbánya 7. September 1836, † Temesvár 18. April 1890, k. u. k. Oberleutnant a. D. und Rentamtskontrollor der kgl. ungar Staatsgüterdirektion in Budapest; – verm. Lippa 26. Mai 1879 mit:

Dragina, geb. Antonovits (Tochter des .... 18.. zu .... † .... A. und der .... 18.. zu .... † ...., geb. ....), geb. .... 18... – [....]

b) II. Ehe:

2) Ludwig Maximilian, geb. Felsöbánya 19. Jänner 1843, Dr. med., EKO.-R.III., FJO.-R., k. u. k. Generalstabsarzt d. R. — [Budapest.]

† 3) Julius Alexander, geb. Felsöbánya 18. Dezember 1847, † Oláhlaposbánya 1870.

4) Karl Leo, geb. Felsöbánya 7. Jänner 1853, kgl. ungar. Finanzrat zu Nagybánya; — verm. Nagybánya 30. März 1880 mit:

Marie Emilie, geb. Bartl (Tochter des .... 18.. zu .... † .... B. und der .... 18.. zu .... † ...., geb. ....), geb. .... 18... — [Nagybánya.]

Kinder:

(1) Marie Petronella, geb. Fernezely 29. Jänner 1881, — [....]; — verm. Aranyidka .... 1898 mit:

† Paul Dohnányi, geb. .... 18.., † Felsöbánya .... 1901.

(2) Ludwig Leo, geb. Kapnikbánya 19. Dezember 1884.

(3) Emilie Anna, geb. Nagybánya 5. Oktober 1889.

(4) Elisabeth Ludmilla Stephanie, geb. Aranyidka 17. September 1898.

5) Viktor Aurel, geb. Felsöbánya 25. Februar 1858, Dr. med., städt. Arzt zu Felsöbánya. — [Felsöbánya.]

†10. Friedrich Wilhelm, geb. Fünfkirchen (Pécs) 26. Mai 1814, † daselbst .... 1815.

Vgl.: — Brünner Adel. Taschenb. I 1870, XI 1886, XVI 1891 und XVIII 1893.

---

von Bernd.

Römisch-katholisch. — Österreich (Schlesien, Niederösterreich).

Verleihungen:

1846 Juli 18, Schönbrunn (Allerhöchste Entschließung): Kaiser Ferdinand I. verleiht dem k. k. galizischen Gubernialrate und Kreishauptmanne in Bochnia Karl Bernd den Österreichischen Adelstand. — (AA., HKA. — I. Ältere Linie.)

1854 Dezember 21, Wien: Kaiser Franz Joseph I. erhebt den k. k. Ministerialrat und Präsidiumsverweser der serbisch-banater Finanz-Landesdirektion Josef Bernd als Ritter des Ordens der Eisernen Krone III. Klasse in den Österreichischen Ritterstand mit einem Wappen. — (AA., HKA.; — Orig. Fam. — II. Jüngere Linie.)

1855 Juni 19, Wien (Diplom): Kaiser Franz Joseph I. fertigt auf Grund der Allerhöchsten Entschließung weiland Kaiser Ferdinands I. ddo. Schönbrunn, 18. Juli 1846 (s. oben) dem quieszierten k. k. Gubernialrate und Kreishauptmanne in Bochnia Karl Bernd das Diplom über den Österreichischen Adelstand aus und verleiht ihm ein Wappen. — (AA., HKA.; — Orig. Fam. — I. Ältere Linie.)

Wappen:

I. 1854 Dezember 21: Geviert, 1 in Silber auf grünem Boden eine Marmorsäule jonischer Ordnung, über deren Sockel eine auf ihrem Schafte gerade aufgepflanzte Sense mit gebrochener Klinge schräg-links gelegt ist, 2 in Blau unter drei goldenen Sternen nebeneinander ein schreitender goldener Greif, in der rechten Vorderpranke einen blanken Säbel an goldenem Gefäße schwingend, 3 in Blau unter drei goldenen Sternen nebeneinander ein natürliches Kleeblatt mit Stengel, 4 in Silber auf grünem Boden ein kegelförmiger natürlicher Grenzstein mit Sockel. Zwei gekrönte Turnierhelme: auf I mit blau-silbernen Decken ein offener, rechts von Silber und Blau und links farbengewechselt geteilter Flug; auf II mit blau-goldenen Decken ein offener, rechts von Gold und Blau und links farbengewechselt geteilter Flug.

II. 1855 Juni 19: Der Schild wie 1854. Auf dem gekrönten Turnierhelme mit rechts blau-silbernen und links blau-goldenen Decken ein offener, rechts von Silber über Blau und links von Blau über Gold geteilter Flug.

I. Franz Bernd, Stadtrichter zu Odrau in Schlesien; — verm. mit: Apollonia, geb. Stess(in).

II. Bartholomäus Augustin Bernd, geb. Odrau 24. August 1736, † Teschen 23. Dezember 1803, k. k. Bankalobereinnehmer i. P. (bis 1801 in Teschen); — verm. mit:

Therese, geb. ...., † Bielitz 6. Oktober 1800.

III. Peter Leopold Bernd, geb. Odrau 29. Juni 1762, † Teschen 1816, k. k. Bankalinspektor daselbst; — verm. Teschen 22. September 1788 mit:

Marianne, geb. Brezani(y) (Tochter des Franz B. und der Anna, geb. Singer), geb. Teschen 25. Februar 1767, † daselbst 29. Mai 1808.

IV. 1. Karl Vinzenz Peter Bernd, geb. Teschen 20. Jänner 1790, k. k. galizischer Gubernialrat, Kreishauptmann und Gymnasial-Direktor in Bochnia, wurde anläßlich seiner Quieszierung mit Ah. Entschl. ddo. Schönbrunn, 18. Juli 1846 von Kaiser Ferdinand I. in den Österreichischen Adelstand erhoben. Das Diplom über diese Standeserhöhung wurde jedoch erst durch Kaiser Franz Joseph I. ddo. Wien, 19. Juni 1855 ausgestellt und gleichzeitig das oben sub II. beschriebene Wappen verliehen.
(S. unten I. Ältere Linie.)

2. Josef Johann Kasimir Bernd, geb. Teschen 4. März 1800, k. k. Ministerialrat im Finanzministerium, erhielt für seine Verdienste als Präsidiumsverweser der Finanz-Landesdirektion der Wojwodschaft Serbien und des Temeser Banates mit Ah. Entschl. vom 22. April 1854 den Orden der Eisernen Krone III. Klasse und wurde den Statuten dieses Ordens entsprechend ddo. Wien, 21. Dezember desselben Jahres mit dem oben sub I. beschriebenen Wappen in den Österreichischen Ritterstand erhoben.
(S. unten II. Jüngere Linie.

I. Ältere Linie.

(Im einfachen Adelstande.)

† Karl Vinzenz Peter von Bernd (Adelserwerber – Sohn des .... 1816 zu Teschen † Peter Leopold Bernd und der 29. Mai 1808 ebendort † Marianne, geb. Brezani[y]), geb. Teschen 20. Jänner 1790, † Wien 16. Februar 1856; quieszierter k. k. galizischer Gubernialrat, Kreishauptmann und Gymnasialdirektor zu Bochnia; — verm. I. .... 25. Februar 1816 mit:

† Julie, geb. Gering (Tochter des .... 18.. zu .... † k. k. Kreishauptmannes in Zółkiew Friedrich Gering und der .... 18.. zu .... † ...., geb. ....), geb. .... 17.., † .... 18..; — II. .... 1827 mit:

† Katharina, geb. von Skorupka-Padlewska (Tochter des .... 18.. zu .... † .... Ritters von Skorupka-Padlewski des Wappens „Ślepowron" und der .... 18.. zu .... † ...., geb. ....), geb. .... 13. Februar 1803, † Wien 13. April 1875.

Kinder: a) I. Ehe:

† 1. Karl von Bernd, geb. Przemyśl 13. Februar 1817, † Baden bei Wien 31. März 1879, EKO.-R. III. (KD.), MVK. (KD.), k. k. Feldmarschall-Leutnant d. R.; – verm. Wien 24. Juni 1865 mit:

Klothilde Therese, geb. Freiin von Mühlwerth-Gärtner (Tochter des 18. April 1846 zu Klagenfurt † k. k. Generalmajors Wilhelm Müller von Mühlwerth und der 1. Juni 1878 zu Wien † Sophie, geb. Freiin von Gärtner, auf die nach dem Erlöschen des Mannsstammes der Freiherrn von Gärtner mit ihren drei Kindern Friedrich Wilhelm, Klothilde Therese und Helene Konradine Anna Müller von Mühlwerth mit Allerhöchster Entschließung ddo.

Laxenburg, 17. Juli und Diplom ddo. Wien, 2. Oktober 1858 der Name, der Stand und das Wappen dieses freiherrlichen Geschlechtes unter dem Namen „Freiherrn und Freiinnen von Mühlwerth-Gärtner" übertragen wurden), geb. .... 19. September 1837. — [Graz, Morellenfeldgasse 4.]

Töchter:

† 1) Ennsa Alexia, geb. Enns 17. und † daselbst 18. Juli 1867.

2) Alice (Lilla) Sophie Helene Karoline, geb. Brünn 8. Februar 1874. — [Graz, Morellenfeldgasse 4.]

† 2. Gustav Adolf Bernd, geb. .... 1818, † .... 1819.

† 3. Adolf Maximilian von Bernd, geb. Przemyśl 6. September 1819, † Wiener-Neustadt 22. Jänner 1897, k. u. k. Rittmeister d. R. (bis 1848 im Chevauxlegers-Regimente Kaiser Franz Joseph I. Nr. 1); — verm. Neunkirchen 18. November 1848 mit:

† Eveline, geb. Freiin von Hammer-Purgstall (Tochter des 23. November 1856 zu Wien † jub. k. k. wirkl. Hofrates der Geheimen Haus-, Hof- und Staatskanzlei, wirkl. Mitgliedes und 1. Präsidenten der kaiserl. Akademie der Wissenschaften, Ehrenbürgers der Stadt Wien etc., LO.-Kom., Ehren-Dr. phil. der Universitäten Graz und Prag, Herrn auf Hainfeld und Oberst-Erblandvorschneider im Herzogtume Steiermark Josef Freiherrn v. H.-P. und der 15. Mai 1844 zu .... † Karoline, geb. [Hoenig] von Henikstein), geb. Wien 14. Jänner 1824, † Wr.-Neustadt 27. Juli 1887.

Kinder:

† 1) Alexander, geb. Schloß Gartenau bei Salzburg 21. August 1850, † Wien 24. April 1897, FJO.-R., k. u. k. Generalkonsul II. Klasse i. R. (bis 1888 Konsul in Amsterdam), Inhaber der prot. Firma Brevillier & Comp.; — verm. Amsterdam 18. Oktober 1885 mit:

Anna, geb. Janko (Tochter des .... 18.. zu .... † Kaspar J. und der .... 18.. zu .... † Babette, geb. Boguslawsky), geb. Schwarzwasser 28. Mai 1850. — [Wien, I. Seilerstätte 5.]

† 2) Ludwig (Louis) Karl, geb. Schloß Gartenau 22. November 1851, † Wr.-Neustadt 29. März 1903; — verm. Wr.-Neustadt 12. November 1892 mit:

Christine, geb. Günther (Tochter des 15. Oktober 1868 zu Wr.-Neustadt † Realitätenbesitzers Karl G. und der 20. Juli 1880 ebendort † Magdalena, geb. Nezas), geb. Wr.-Neustadt 25. April 1867. — [Wr.-Neustadt und Wien, IV. Tilgnerstraße 4.]

Kinder:

(1) Arnulf, geb. Wr.-Neustadt 26. Juni 1895, Zögling der k. k. Theresianischen Akademie in Wien.

† (2) Maurus, geb. Wr.-Neustadt 2. September 1896, † daselbst 6. Juni 1901.

(3) Ludwig (Luigi), geb. Wr.-Neustadt 6. Mai 1900.

3) Max Heinrich Adolf, geb. Schloß Gartenau 22. Mai 1854, Ingenieur, Inhaber der prot. Firma Brevillier & Comp., — [Wien, I. Parkring 20]; — verm. Wien 12. September 1888 als deren II. Gemahl mit seiner Schwägerin:

† Emma, geb. Günther (Schwester der oben genannten Christine), geb. Wr.-Neustadt 30. Mai 1858, † Wien 7. Februar 1907; — (in I. Ehe verm. Wr.-Neustadt 4. Februar 1885 mit: — † Rudolf Josef Karl Adolf von Bernd, geb. Schloß Gartenau 16. Juni 1855, † Wr.-Neustadt 15. Oktober 1885, — s. unten).

Söhne:

(1) Rudolf, geb. Wr.-Neustadt 17. August 1889.

(2) Adolf, geb. Wr.-Neustadt 16. April 1891.

† 4) Rudolf Josef Karl Adolf, geb. Schloß Gartenau 16. Juni 1855, † Wr.-Neustadt 15. Oktober 1885, k. k. Oberleutnant d. R. (bis 1886 im Infanterie-Regimente FML. Erzherzog Heinrich Nr. 51); — verm. Wr.-Neustadt 4. Februar 1885 als deren I. Gemahl mit:

† Emma, geb. Günther (s. oben), geb. Wr.-Neustadt 30. Mai 1858, † Wien 7. Februar 1907; — (in II. Ehe verm. Wien 12. September 1888 mit ihrem Schwager: — Max Heinrich Adolf von Bernd, geb. Schloß Gartenau 22. Mai 1854, — s. oben).

† 4. Franz von Bernd, geb. Przemyśl 5. April 1821, † Wien 8. Mai 1890, k. u. k. Oberst d. R. (bis 1875 im Infanterie-Regimente FM. Heinrich Freiherr von Heß Nr. 49); — verm. Komorn (Komárom) 5. Juni 1865 mit:

† Helene, geb. Nagyváthy de Bogdanócz (Tochter des .... 18.. zu .... † Gutsbesitzers Wendelin N. de B. und der .... 18.. zu .... † Therese, geb. Pogrányi), geb. Komorn (Komárom) 25. März 1839, † Wien 20. März 1895.

Tochter:

Helene (Ilka), geb. Lemberg 11. August 1867; — verm. Wien 4. November 1886 mit:

Alfons Albrecht, geb. Budapest 1. November 1852, MVK., k. u. k. Oberst d. R. (bis 1899 im Infanterie-Regimente Georg I. König der Hellenen Nr. 99). — [Wien, IV. Wiedner Hauptstraße 27.]

† 5. Julie Bernd, geb. .... 1822, † .... 1824.

b) II. Ehe:

† 6. Alfred Bernd, geb. .... 18.., † .... 18.. (als Kind).

† 7. Viktor Bernd, geb. .... 18.., † .... 18.. (als Kind).

II. Jüngere Linie.
(Im Ritterstande.)

† Josef Johann Kasimir Ritter von Bernd (Ritterstandserwerber — Sohn des .... 1816 zu Teschen † Peter Leopold Bernd und der 19. Mai 1808 ebendort † Marianne, geb. Brezani[y]), geb. Teschen 4. März 1800, † Wien 8. Jänner 1863, k. k. Ministerialrat im Finanzministerium; — verm. Drohobycz 15. Mai 1836 mit:

† Julie, geb. Hähnel (Tochter des .... 1854 zu Wien † Justizrates und fürstl. Colloredo-Mannsfeldschen bevollm. Geschäftsträgers Johann H. und der .... 1827 ebendort † Johanna, geb. Rißbitter), geb. Wien 23. Juli 1815, † Budkowan, Ungarn, 20. August 1888.

Kinder:

† 1. Gustav Ritter von Bernd, geb. Sambor 6. März 1837, † Hohenstadt 2. März 1862, k. k. Oberleutnant im Infanterie-Regimente GM. Erzherzog Heinrich Nr. 62.

† 2. Emil Ritter von Bernd, geb. Iglau 19. November 1838, † Göding 9. Mai 1880, Ingenieur der k. k. priv. Kaiser Ferdinands-Nordbahn; — verm. Klosterneuburg 30. Juni 1868 mit:

Adèle, geb. Edlauer (Tochter des 22. August 1866 zu Weidling bei Klosterneuburg † k. k. Regierungsrates, o. ö. Professors der Rechte an der Universität zu Wien Dr. jur. Franz E. und der 8. März 1899 zu Graz † Cäcilie, geb. Pessiak), geb. Graz 18. Juni 1842. — [Wien, XIII. Leegasse 7.]

Kinder:

1) Martha, geb. Wien 27. März 1869; — verm. Mannersdorf am Leithagebirge 9. Februar 1890 mit:

Franz Wache, geb. .... 18.., k. u. k. Ökonomieverwalter auf dem Allerhöchsten Familiengute Holics. — [Holics.]

† 2) Olga, geb. Wien .... 1870, † daselbst .... 1871.

3) Viola, geb. Göding 28. März 1872; — verm. Mannersdorf am Leithagebirge 16. Februar 1892 mit:

Max Kellner, geb. Kassa (Kaschau) 14. Februar 1869, k. k. Kassier 1. Kl. — [Wien, XIII. Hietzinger Hauptstraße 126.]

4) Elsa, geb. Göding 19. Juni 1874; — verm. Mannersdorf 7. Februar 1893 mit:

Franz von Sales Engelhofer, geb. Graz 8. November 1867, Besitzer des landtäfl. Gutes Ottmanach in Kärnten. — [Ottmanach.]

5) Edith, geb. Göding 17. Dezember 1875; — verm. Graz 23. November 1901 mit:

Alfred Augusta, geb. Brünn .... 18.., k. k. Oberstleutnant-Auditor und Justizreferenten beim 13. Landwehr-Truppendivisions-Kommando in Wien. — [Wien, VII. Burggasse 22.]

†3. Julie von Bernd, geb. Iglau 3. März 1840, † Budapest 30. Juni 1893; — verm. Baden bei Wien 5. November 1870 mit:

† Johann Kastowsky, geb. .... 1830, † Lucsivna 8. Juli 1896, kgl. ungar. Rechnungsrat und a. o. Professor an der Universität zu Budapest.

†4. Oskar Bernd, geb. Iglau 10. Juli 1843, † Wien 13. April 1847.

5. Alfred Karl Maria Felix Ritter von Bernd, geb. Wien 19. November 1849, EKO.-R.II., FJO.-R., k. u. k. Geheimer Rat und k. k. Sektionschef i. R. (bis 1906 im Ministerium für Kultus und Unterricht), Ehrenbürger von Rudolfsheim, Gaudenzdorf, Hietzing, Kalksburg, Ober- und Unter-Meidling und Sechshaus; — verm. Wien 18. Oktober 1875 mit:

Juliana, geb. Forstner (Tochter des 12. Februar 1879 zu Krems a. d. Donau † Primararztes daselbst Dr. med. Josef F. und der Rosine, geb. Strobl), geb. Baden bei Wien 30. September 1848. — [Wien, I. Bräunerstraße 3.]

Kinder:

1) Erich Josef Alfred Julius, geb. Groß-Enzersdorf 13. Juli 1876, Dr. med. — [Wien, I. Bräunerstraße 3.]

2) Emma, geb. Groß-Enzersdorf 17. August 1877. — [Wien.]

6. Helene von Bernd, geb. Temesvar 5. Dezember 1852, — [Wien]; — verm. Göding 11. November 1875 mit:

† Johann Stolz, geb. .... 11. März 1845, † Karlsbad 13. Juni 1903, k. u. k. Gutsbeamten.

Bertele von Grenadenberg.

Römisch-katholisch und altkatholisch. — Österreich (Niederösterreich und Küstenland) und Ungarn.

Verleihung:

1773 Mai 15, Wien: Kaiserin Maria Theresia erhebt den k. k. Grenadierhauptmann im Ezrherzog Ferdinandschen Infanterie-Regimente (seit 1769 Nr. 2) Ferdinand Bertele in den Österreichisch-erbländischen Adelstand mit dem Prädikate „von Grenadenberg“, der Rotwachsfreiheit und einem Wappen. — (AA., HKA.; — Orig. Fam.)

Wappen:

1773 Mai 15: Geviert, 1 in Rot und 2 in Blau je ein einwärts gewendeter goldener Löwe, einen blanken Säbel schwingend, 3 in Blau drei (1, 2) natürliche brennende Granaten, 4 in Rot ein ganz gepanzerter Krummarm, einen blanken Säbel haltend. Auf dem gekrönten Turnierhelme mit rechts rot-goldenen und links blau-goldenen Decken der Krummarm mit dem Säbel wie in 4. Weißes Spruchband mit der Devise „PRAEMIUM LABORIS“ in schwarzer Lapidarschrift.

---

† Anton Bertele von Grenadenberg (1. Kind des .... 1724 zu Kempten geborenen und 3. Juli 1778 zu Brood † k. k. Majors und Festungskommandanten daselbst Ferdinand B. v. G. und der .... 17.. zu .... † ...., geb. ...., in I. Ehe Witwe nach dem .... 17.. zu .... † k. k. Hauptmanne .... Raikovics), geb. Totis (Tata) 24. März 1775, † Tyrnau (Nagyszombat) 26. Dezember 1849, k. k. Hauptmann i. P. (bis 18.. im ....-Regimente Nr. ..); verm. I. .... 30. Oktober 1805 mit:

† Antonie, geb. Sturm (Tochter des .... 18.. zu .... † .... St. und der .... 18.. zu .... † ...., geb. ....), geb. .... 17.., † .... 1815; — II. Tyrnau (Nagyszombat) 4. April 1819 mit:

† Luise, geb. Dussich (Tochter des .... 18.. zu .... † .... D. und der .... 18.. zu .... † ...., geb. ....), geb. .... 17.., † Wien 25. Mai 1869.

Kinder II. Ehe:

† 1. Karl, geb. Austerlitz, Mähren, 24. September 1820, † Wien 20. März 1895, k. u. k. Ministerialrat i. R. (bis 1884 Militär-Oberrechnungsrat 1. Kl. und Vorstand der Rechnungsabteilung der Militärintendanz in Wien) und Verwaltungsrat des Ersten allgemeinen Beamtenvereines der österr.-ungar. Monarchie in Wien; — verm. Austerlitz 15. Februar 1852 mit:

† Marie, geb. Eipeldauer (Tochter des .... 18.. zu .... † fürstl. Liechtensteinschen Einnehmers Josef E. und der .... 18.. zu .... † Antonie, geb. Kraupa), geb. Butschowitz 16. Februar 1833, † Wien 19. Mai 1866.

Kinder:

1) Karl, geb. Agram 14. März 1853, Ingenieur, k. u. k. Baurat der Privat- und Familienfondsgüter-Direktion in Wien; — verm. Wien 12. Dezember 1882 mit:

Hermine, geb. Erb (Tochter des 2. Oktober 1883 zu Wien † Oberkammeramts-Liquidators der Stadt Wien Johann E. und der 30. Oktober 1889 ebendort † Katharina, geb. Einhorn), geb. Wien 12. Dezember 1859. — [Wien, VII. Halbgasse 32.]

Söhne:

† (1) Karl, geb. Holics 6. Dezember 1884, † ebendort 11. November 1891.

(2) Otto, geb. Holics 9. März 1888.

2) Rudolf, geb. Agram 5. März 1855, Kontrollor im kgl. ungar. Eisenbahn-Zentralabrechnungsbureau; — verm. Budapest 8. Mai 1886 mit:

Emilie, geb. Köppel (Tochter des .... 18.. zu .... † k. k. Professors an der Lehrerbildungsanstalt in Triest Emil K. und der .... 18.. zu .... † Emilie, geb. Janics von Erbo), geb. Triest 10. Juli 1859. — [Szeged.]

Kinder:

† (1) Rudolf, geb. Budapest 15. März 1887, † Szeged (Szegedin) 20. Oktober 1893.
(2) Franz, geb. Szeged (Szegedin) 14. Oktober 1888.
† (3) Eugen, geb. Szeged (Szegedin) 24. Dezember 1891, † ebendort 5. November 1892.
(4) Ilona, geb. Szeged (Szegedin) 13. November 1894.

3) Otto, geb. Agram 10. Dezember 1856, Inspektor der k. k. Staatsbahnen; — verm. Feldenhofen 18. November 1901 mit:
Elsa, geb. Rotondi d'Arailza (Tochter des .... 18.. zu .... † k. k. Statthaltereisekretärs Adolf R. d'A. und der Johanna, geb. Forstner), geb. Windischgraz 24. Juni 1880. — [Görz.]

Kinder:

(1) Hans, geb. Görz 2. Juli 1903.
(2) Marie, geb. Görz 16. März 1907.

4) Klothilde (altkatholisch), geb. Wien 3. Juni 1864; — verm. Wien 9. Mai 1889 mit:
Viktor Erb (altkatholisch), geb. Wien 17. März 1857, Pfarrer der altkatholischen Kirchengemeinde in Ried. — [Ried.]

2. Luise, geb. Austerlitz 12. April 1824, — [Nagytétény]; — verm. I. Tyrnau (Nagyszombat) 7. September 1849 mit:
† Ignaz Axamethy, geb. .... 1805, † Ofen (Budapest) 13. September 1858, k. k. Staatsbuchhaltungs-Rechnungsoffizial; — verm. II. Ofen (Budapest) 5. August 1870 mit:
† Karl Evöky, geb. .... 18.., † Budapest 18. April 1881, Kaufmann.

† 3. Franziska, geb. Ofen (Budapest) 21. Juni 1838, † .... 18..; — verm. Agram 18. Jänner 1857 mit:
† Adolf König, geb. .... 18.., † Agram 1. Jänner 1901, Uhrmacher und Hausbesitzer daselbst.

Vgl.: — Brünner Adel. Taschenb. I 1870 (Nachtrag), III 1878, IX 1884, XIII 1888 und XVI 1891.

---

von Bischoff.

Römisch-katholisch. — Österreich (Steiermark).

Verleihung:

1635 August 1, Wien: Kaiser Ferdinand II. verleiht dem Radmeister, dann Vorgeher und Kassier der Innerberger Hauptgewerkschaft Hans Bernhard Bischoff den Reichs- und Erbländischen Rittermäßigen Adelstand nebst einem Wappen (Neuverleihung), der Rotwachsfreiheit und dem Diensttitel. — (AA., RA.; — Orig. Fam.)

Wappen:

I. Stammwappen: Geteilt, oben eine Bischofsmütze (Inful), unten drei (2, 1) Sterne. Auf dem gekrönten Stechhelme Büffelhörner. — (Siegel des Hans Bernhard Bischoff auf einem Briefe von 1624 an Christoph Pantz, Orig. Stiftsarch. Admont.)

II. 1635 August 1: Geviert mit Mittelschild, dieser in Blau eine golden besamte rote Rose, 1 und 4 in Schwarz ein einwärts gewendeter, golden gekrönter, doppelschwänziger goldener Löwe, mit den Vorderpranken eine weiße Inful haltend, 2 und 3 in Silber zwei rote Balken. Auf dem gekrönten Turnierhelme mit rechts schwarz-gelben und links rot-weißen Decken zwischen einem offenen, rechts wie 2 und 3 bezeichneten und links von Gold über Schwarz geteilten Fluge ein golden gekrönter, wachsender doppelschwänziger goldener Löwe in den Vorderpranken an grünem beblätterten Stengel eine golden besamte rote Rose haltend.

Der Stammvater dieser Familie Hans Bernhard Bischoff diente seit 1601 durch neun Jahre als Gegenschreiber beim Quecksilberbergbaue zu Idria und erscheint dann durch 16 Jahre als Radmeister zu Eisenerz. Als solcher schlug er nach dem „Zaichen-Buechel" vom 29. Oktober 1625 auf das von ihm erzeugte „Rauch-Halbmäß-Eisen" einen Dreizack als Erzeugungsmarke (s. nebenstehende Figur) und bediente sich des oben sub I beschriebenen Wappens. Als Kaiser Ferdinand II. 1625 zur Sanierung der in Verfall geratenen Eisenindustrie die zwangsweise Vereinigung der Radwerke zu Eisenerz, der im Innerberger Rayon gelegenen Hämmer und der Verlagsforderungen der Eisenhandlungskompagnie zu Steyer zu dem großen Kommunalvermögen der Innerberger Hauptgewerkschaft veranlaßte, wurde Hans Bernhard Bischoff deren Kassier zu Eisenerz und blieb dies, sowie radmeisterischer „Vorgeher" (Mitglied des Direktoriums aus einem der drei Eisenglieder) bis 1641. Der Kaiser erhob ihn ddo. Wien, 1. August 1635 in den Rittermäßigen Adelstand des Reiches und der Erblande unter Verleihung eines neuen Wappens und der Rotwachsfreiheit, sowie gleichzeitiger Aufnahme „zum kayserl. und des lobl. Hauß Österreich Diener". Hans Bernhard Bischoff war zweimal vermählt: — I. mit Eva Schwaiger und II. mit Eva Vokhenberger (geb. 1603, † 21. März 1672), die nach seinem Tode den Markus Ignaz Schwarzl ehelichte. Der ersten dieser beiden Ehen entstammten die folgenden fünf Kinder:

1. Hans Bernhard (II.), der 1647 von der Hauptgewerkschaft das ehemals von Wendensteinsche Hämmerlgut bei Eisenerz erwarb, wo er 1650 als hauptgewerkschaftlicher Kassier und Vorgeher, 1664 und noch 1679 als Obervorgeher erscheint und 1680 starb. Seinen drei Ehen mit — I. Anna Katharina Ochs von Sonnau, — II. Regina Teufl, Witwe nach Wolf Barbolan, und — III. Anna Bonnarieder entsprossen fünf Kinder: — a) I. Ehe: — 1) Juliana, Chorfrau des Benediktinerinnenstiftes Göß; — 2) Eva, verm. I. mit Karl Schwarz von Schwarzengrueb und II. mit

Max Mayer von Pinglan und Puchholz; — b) II. Ehe: — 3) Anna Maria, verm. mit Lorenz Lauriga von Lorberau, kaiserl. Maj.-Rat und Hammermeister zu Lorberau bei Leoben; — 4) Gottlieb Bernhard, 1709 Rechenschreiber zu Hieflau, † daselbst 1731, verm. mit Maria Regina von Grueber, und 5) Hans Bernhard (III.), 1669 Unterwaldmeister und 1693 bis 1704 Obervorgeher zu Eisenerz.

2. Ambros (I.), Blahhausverwalter zu Eisenerz, lebt noch 1678, verm. I. mit — Elisabeth, einer Tochter des Radmeisters Wilhelm Müllmayer zu Eisenerz, und II. mit — Anna Barbara, einer Tochter des 1689 zu Weyer verstorbenen Obervorgehers Hans Gerstl, die sich nach seinem Tode mit dem Vorgeher Ferdinand Wedel verheiratete. Er hinterließ zwei Söhne: — 1) Johann Ignaz, seit 1692 Unterbergschaffer, 1693 Stall- und Maierschaffer und 1710 Blahhausverwalter zu Eisenerz, wo er 1712 starb, und — 2) Ambros (II.), der 1693 seinem älteren Bruder als Unterbergschaffer folgte.

3. Maximilian, der allein die Familie bis in die Gegenwart fortpflanzte (s. unten).

4. Salome, † Leoben 4. Februar 1686, verm. I. mit: — Johann Friedrich Geyer von Geyersegg, J. U. Dr., der 18. Juni 1675 zu Wien starb, II. mit — Johann Christoph Latscher, Dr. jur. utr., der 19. Juli 1679 das Zeitliche segnete, und III. mit — Martin Schmid, † Leoben 2. August 1684.

5. Karl, der unvermählt starb.

Maximilian Bischoff (s. oben 3.) war Vorgeher zu Steyr, vermählte sich mit Juliana, einer Tochter des Hans Geyer von Geyersegg und der Aurelie Reßl und hinterließ einen Sohn:

Johann Franz Bischoff, der erst als Kornett in der kaiserl. Reiterei diente, dann Rechenschreiber zu Hieflau wurde und 1697 bis 1732 Vorgeher zu Eisenerz war. Er eröffnete den Kupferbergbau am Edlbachriedl, verkaufte ihn jedoch später an das Stift Admont; später erscheint er als Inneröster. Hofkammerrat und Amtmann zu Vordernberg. Von ihm stammten drei Söhne:

(1) Egyd, 1731 bis 1787 Kapitular des Benediktinerstiftes Admont, Pfarrer zu Wald und Verwalter der Stiftsherrschaften Admontbühel und Strechau.

(2) Josef Engelbert (I.), 1728 bis 1730 Obervorgeher zu Weyer, dann bis 1739 zu Eisenerz, wo er 1740 starb. Er hatte zwei Söhne: — 1. Franz Xaver (I.), Priester der Gesellschaft Jesu, und — 2. Josef Engelbert (II.), der bis 1750 als Vorgeher zu Steyr erscheint und dessen einziger Sohn Anselm, seit 1743 Hauptbuchhalter zu Eisenerz und seit 1750 Vorgeher zu Steyr, diesen Zweig der Familie beschloß.

(3) Gottlieb Leopold, der erst beim Bergwesen in Tirol praktizierte, dann fünf Jahre Einnehmer in Idria war, 1743 Oberbergschaffer zu Eisenerz wurde und 1756 daselbst starb. Seine Gemahlin Josefa schenkte ihm drei Kinder:

1. Josef, geb. 1746, der den Stamm allein fortpflanzte (s. unten).

2. Maria Anna, geb. 1748, und

3. Franz Xaver (II.), von dem weitere Nachrichten fehlen.

Josef von Bischoff (s. vorstehend 1.) war Stallmeister zu Eisenerz und starb 1791. Seine Gemahlin Konstanze, geb. von Scheuchenstuel, schenkte ihm fünf Kinder:

1) Vinzenz (I.), geb. Eisenerz 5. April 1773, von dem die lebenden Familienmitglieder abstammen (s. unten).

2) Johann Nepomuk, k. k. hauptgewerkschaftlicher Hammerverwalter zu Klein-Reifling, von dem zwei zu Weyer verstorbene Töchter abstammten.

3) Barbara, vermählte Wickhoff in Groß-Reifling.

4) Aloisia, unvermählt in St. Gallen.

5) Elisabeth, verehelichte Krug.

Vinzenz (I.) von Bischoff, vorstehend 1), war k. k. hauptgewerkschaftlicher Kassier zu Eisenerz und starb zu Eisenerz 4. September 1823. Seiner Ehe mit Susanna Hampe († 19. März 1845) aus Mieß in Böhmen entsprossen zwei zu Eisenerz geborene Söhne:

(1) Josef, geb. 13. Juli 1808, dessen Nachkommenschaft unten folgt, und

(2) Vinzenz (II.), geb. 4. November 1815, † Neuberg 2. November 1892, Werkskassier der Österr.-alpinen Montangesellschaft daselbst.

---

† Josef von Bischoff (älterer Sohn des 4. September 1823 zu Hieflau † Vinzenz v. B. und der 19. März 1845 zu Hieflau † Susanna, geb. Hampe), geb. Eisenerz 13. Juli 1808, † Graz 2. April 1897, k. k. Salinenverwaltungskassier i. R. (bis 1877 zu Ebensee); — verm. Freistadt 3. Juli 1860 mit:

† Anna, geb. Gärber (Tochter des 3. März 1867 zu Freistadt † Bürgers und Realitätenbesitzers Ferdinand G. und der 26. Oktober 1861 ebendort † Therese, geb. Gruber), geb. Freistadt 10. September 1832, † Graz 9. August 1902.

Kinder:

1. Karl, geb. Hallstatt 3. Oktober 1861, k. k. Gerichtssekretär in Graz; — verm. St. Lorenzen bei Knittelfeld 12. September 1892 mit:

   Marie, geb. Czermak (Tochter des pens. Waldmeisters der Vordernberger Radmeisterkommunität Johann Cz. und der Marie, geb. Süß), geb. Vordernberg 3. Mai 1863. — [Graz, Naglergasse 55.]

   Kinder:

   1) Wolfgang, geb. Bruck a. d. Mur 13. März 1894.
   2) Hermine, geb. Bruck a. d. Mur 4. Dezember 1897.
   3) Marie, geb. Murau 18. September 1900.

2. Anna, geb. Ebensee 28. September 1863, Barmherzige Schwester der Kongregation vom heil. Vinzenz und Paul in Graz. — [Graz.]

3. Marie, geb. Ebensee 2. Februar 1865; — verm. Graz 1. August 1903 mit:

Alois Feldner, geb. .... 7. Dezember 1853, Dr. jur., k. k. Oberlandesgerichtsrat in Graz. — [Graz, Rechbauerstraße 15.]

Vgl.: — J. Graf, Nachrichten über Leoben und Umgebung, Graz 1824, Stammtafel; — A. v. Pantz, Beiträge zur Geschichte der Innerberger Hauptgewerkschaft (Veröffentl. d. Histor. Landeskommission f. Steierm., Graz 1904, und Beitr. z. Erforsch. Steirischer Geschichte, XXXII. Jahrg., Graz 1904, S. 265.

---

* Bitterl von Tessenberg

und

† Bitterl von Tessenberg und Roßbach.

Römisch-katholisch. — Österreich (Steiermark und Kärnten).

Verleihungen:

1791 April 26, Wien: Kaiser Leopold II. verleiht dem Hof- und Gerichtsadvokaten zu Graz Dr. Josef Johann Bitterl den Reichs- und Österreichisch-erbländischen Adel mit dem Prädikate „von Tessenberg", einem Wappen und der Rotwachsfreiheit. — (AA., HKA.; — Orig. Fam. — I. Ältere Linie.)

1813 Oktober 2, Wien (Allerhöchste Entschließung): Kaiser Franz I. bewilligt dem Dr. Josef Johann Bitterl von Tessenberg das Ehrenwort „Edler". — (AA., HKA. — I. Ältere Linie.)

1814 Februar 25, Wien: Kaiser Franz I. erhebt den Hofrichter der Staatsherrschaft Göß Franz Bitterl in den Österreichischen Adelstand mit dem Prädikate „Edler von Tessenberg" und einem Wappen. — (AA., HKA.; — Orig. Fam. — II. Jüngere Linie.)

1856 Februar 5, Wien: Kaiser Franz Joseph I. verleiht dem k. k. Oberlandesgerichtsrate d. R. zu Graz Alois Bitterl von Tessenberg als Ritter des Ordens der Eisernen Krone III. Klasse den Österreichischen Ritterstand mit Wappenbesserung. — (AA., HKA.; — Orig. Fam. — I. Ältere Linie.)

1870 Februar 28, Wien: (Plakat des k. k. Ministeriums des Innern): Bewilligung zur Führung des Ehrenwortes „Edler" für den Gutsbesitzer Michael Bitterl von Tessenberg. — (AA., HKA. — I. Ältere Linie, Erwerber ohne Nachkommen.)

1880 Februar 3 (Allerhöchste Entschließung) und April 9, Wien (Diplom): Kaiser Franz Joseph I. verleiht dem k. k. Truchseß Michael Bitterl Edlen von Tessenberg den Öster-

3

reichischen Ritterstand mit Wappenbesserung. — — (AA., HKA.; — Orig. Fam. — I. Ältere Linie, Erwerber ohne Nachkommen.)

1882 Juli 28, Wien (Plakat des k. k. Ministeriums des Innern): Bewilligung zur Führung des weiteren Prädikates „und Roßbach" für den k. k. Truchseß und Grundbesitzer Michael Ritter Bitterl von Tessenberg. — (AA., HKA. — I. Ältere Linie, Erwerber ohne Nachkommen.)

Wappen:

I. 1791 April 26: Geviert, 1 und 4 in Gold ein natürlicher schwarzer Adler, 2 und 3 in Blau auf einen schräg ansteigenden natürlichen Felsen springend ein ebensolcher Hirsch. Auf dem gekrönten Turnierhelme mit rechts schwarzgoldenen und links blau-goldenen Decken zwischen einem offenen schwarzen Fluge der Hirsch wachsend.

II. 1814 Februar 25: Wie 1791.

III. 1856 Februar 5: Der Schild wie 1791. Zwei gekrönte Turnierhelme: auf I mit schwarz-goldenen Decken ein wachsender schwarzer Adler; auf II mit blau-goldenen Decken ein wachsender natürlicher Hirsch.

IV. 1880 April 9: Wie 1856.

Seit mehr als zweieinhalb Jahrhunderten ist in Tessenberg, einem kleinen Orte des Pustertales, 4 km drauaufwärts Sillian, eine Familie ansässig, die in Urkunden und Kirchenbüchern Piterle, Piterl und Pitterl genannt wird. Erst die Stifter der beiden geadelten Linien, die Brüder Josef Johann (geb. 1761) und Franz Georg Pitterl (geb. 1763), sollen während ihrer Studienzeit, um bei Prüfungen früher an die Reihe zu kommen, die Schreibung „Bitterl" aufgenommen haben. Die sichere Stammreihe der Familie ergibt sich wie folgt:

I. Simon Pitterl aus Tessenberg, verm. daselbst I. 1672 mit Magdalena Gasser und II. 1694 mit Margareta Ortner.

II. Simon Pitterl, Weber und Bauer („textor et agricola") zu Tessenberg, verm. daselbst 1704 mit Maria Webhofer.

III. Johann Pitterl, Besitzer eines Bauerngutes in Tessenberg, verm. daselbst 1729 mit Sabina Fürhaupter (Tochter des Sebastian F. und der Katharina, geb. Weitlaner) aus Villgraten.

IV. Josef Pitterl, geb. Tessenberg 16. März 1730, † daselbst 26. April 1807, Besitzer in Tessenberg, verm. Sillian 10. Februar 1756 mit Maria Hofer (Tochter des Thomas H. und der Anna, geb. Holzer).

Dieser Ehe entsprossen zehn zu Tessenberg geborene Kinder, von denen sich die folgenden vier Söhne verehelichten:

1. Johann Baptist Pitterl, geb. 20. April 1758, der jedoch ohne Nachkommen zu Innsbruck starb.

2. Josef Johann Pitterl (später „Bitterl"), geb. 4. Februar 1761, der Stifter der im Ritterstande blühenden I. Älteren Linie (s. unten).

3. Franz Georg Pitterl (später „Bitterl"), geb. 24. April 1763, von dem die im einfachen Adelstande blühende II. Jüngere Linie abstammt (s. unten).

4. Anton Kasimir Pitterl, geb. 4. März 1768, † Tessenberg 28. Februar 1835, der den väterlichen Besitz in Tessenberg ererbte und sich daselbst 18. Februar 1800 mit Elisabeth Stoll verehelichte, einer Tochter des Valentin Stoll und der Barbara, geb. Anrani. Seine Nachkommen bewirtschaften gegenwärtig noch das alte Familiengut in Tessenberg.

I. Ältere Linie.

Josef Johann Pitterl (s. oben 2.) verließ früh das Elternhaus, begann sich während seiner Studien „Bitterl" zu schreiben, erwarb den juridischen Doktorgrad, wurde k. k. Landrat und Hof- und Gerichtsadvokat in Innerösterreich. Kaiser Leopold II. erhob ihn ddo. Wien, 26. April 1791 in den Reichs- und Österreichisch-erbländischen Adelstand mit dem Prädikate „von Tessenberg", einem Wappen und der Rotwachsfreiheit. Als Verdienste wurden ihm angerechnet seine Dienste als Beisitzer des Kriminalgerichtes in Graz, unentgeltliche Führung von Prozessen, seine beim Konkurse um die innerösterreichische Fiskaladjunktenstelle bewiesenen Kenntnisse und Fähigkeiten und ein von ihm verfaßter Kommentar des Allgemeinen bürgerlichen Gesetzbuches. Mit Allerhöchster Entschließung ddo. Wien, 2. Oktober 1813 endlich erhielt er die Bewilligung zur Führung des Ehrenwortes „Edler". Er hatte sich zu Graz 20. Mai 1787 mit Anna Maria Lanser von Moos und Vestenstein (geb. Graz 7. September 1757, † Marburg a. d. Drau 1. Jänner 1829) vermählt, einer Tochter des k. k. Gubernialsekretärs Josef Anton Lanser von Moos und Vestenstein und der Kajetana, geb. von Cironi, und starb zu Marburg a. d. Drau am 27. November 1827. Seiner Ehe entstammten folgende zu Graz geborene Kinder:

1. Josef, geb. 21. September 1791, † Gams 18. Oktober 1838, k. k. Kreiskommissär zu Cilli, verm. Graz 9. September 1818 mit Rosine Schuch (geb. Graz 11. Februar 1791, † Marburg a. d. Drau 20. November 1851), einer Tochter des Johann Michael Schuch, k. k. Sekretärs der Provinzial-Baudirektion in Graz und der Elisabeth, geb. Hülferding. Ohne Nachkommen.

2. Alois Jakob, geb. 8. Oktober 1792, wurde nach 43jähriger Dienstzeit, während welcher er durch 35 Jahre als Rat der ersten und zweiten Instanz und zuletzt als Oberlandesgerichtsrat und Leiter des Oberlandesgerichtes zu Klagenfurt bis zu dessen Vereinigung mit jenem zu Graz fungiert hatte, anläßlich seiner Versetzung in den Ruhestand 1854 mit dem Orden der Eisernen Krone III. Klasse ausgezeichnet. Den Statuten dieses Ordens entsprechend, folgte ddo. Wien, 5. Februar 1856 seine Erhebung in den Österreichischen Ritterstand, wobei das Wappen den

3*

zweiten Helm erhielt. Seine Nachkommen s. unten sub I. Ältere Linie.

3. Elisabeth, geb. 17. Dezember 1793, † Gams 11. März 1881, Gutsbesitzerin zu Gams.

4. Karl, geb. 21. Oktober 1797, † Marburg 8. Februar 1877, diente über 32 Jahre (1815 bis 1847) im Infanterie-Regimente Nr. 59, zuletzt Leopold Großherzog von Baden, und trat als Hauptmann 1. Kl. in den Ruhestand. Er vermählte sich 1. Mai 1848 zu Marburg mit Cäcilie Förderer (geb. Marburg 10. November 1807, † daselbst 21. August 1888), einer Tochter des k. k. Kreiswundarztes zu Marburg Josef Förderer und der Therese, geb. Schurian. Diese Ehe blieb kinderlos.

5. Michael, geb. 24. September 1800, † Graz 15. Jänner 1885, erweiterte nach der Teilung des gemeinsamen Familiengutes durch Zukauf größerer Weingärten seinen Anteil zum Großgrundbesitz, wurde k. k. Truchseß, Ritter des Franz Joseph-Ordens, Donat des Malteser- und Marianer des Deutschen Ritterordens. Durch Ministerialplakat ddo. Wien, 28. Februar 1870 erlangte er das Ehrenwort „Edler", mit Allerhöchster Entschließung vom 3. Februar und dem Diplome ddo. Wien, 9. April 1880 in Anerkennung seines langjährigen humanitären Wirkens den Österreichischen Ritterstand mit der gleichen Wappenbesserung wie sein Bruder Alois, und endlich mit Plakat ddo. Wien, 28. Juli 1882 das weitere Prädikat „und Roßbach" nach seinem gleichnamigen Gute bei Marburg a. d. Drau. Er blieb unvermählt.

II. Jüngere Linie:

Franz Georg Pitterl, der 3. Sohn Josefs (s. oben) nahm gleich seinem Bruder Josef Johann während seiner Studienzeit die Namenschreibung „Bitterl" an und wurde erst k. k. Hofrichter, dann Oberbeamter der Staatsherrschaft Göß bei Leoben. Als solcher machte er sich zur Zeit der französischen Invasionen besonders verdient; so 1797 durch die Rettung der Amtskasse im Werte von fl. 300.000, sowie des Kirchensilbers, dann durch die Führung verschiedener Verhandlungen mit den französischen Generalen und 1809 nach dem Treffen bei St. Michael durch Verproviantierung der von den Franzosen ohne Unterhalt zurückgelassenen österreichischen Verwundeten im Feldspitale zu Göß und der französischen in jenem zu Leoben. Für diese Verdienste wurde er von Kaiser Franz I. ddo. Wien, 25. Februar 1814 mit dem Prädikate „Edler von Tessenberg" und demselben Wappen wie sein älterer Bruder Josef Johann in den Österreichischen Adelstand erhoben.

Franz Georg Bitterl Edler von Tessenberg starb am 24. Jänner 1820 zu Göß als k. k. Hofrichter und Bezirkskommissär der dortigen Staatsherrschaft. Er hatte sich 1796 mit Klara Edlen von Luerwaldt (geb. Graz 6. Mai 1766) vermählt, einer Tochter des Johann Franz Edlen von Luerwaldt, Landstandes von Steiermark, Kärnten, Krain, Görz und Gradiska, steierisch ständischen Verordneten und k. k. Straßendirektors in Steiermark aus dessen Ehe mit Marianne, geb. Edlen von Curti-Franzini. Drei zu Göß geborene Kinder überlebten ihn:

1. Franz, geb. 9. Juli 1797, † Graz 8. Juni 1848, dessen 16. August 1841 zu Graz geschlossene Ehe mit Anna Brunner (geb. Kraubath 1808), der Tochter eines Lehrers zu Leoben und der Theresia, geb. Kratschmayer, kinderlos blieb.

2. Moriz, geb. 24. April 1799, der allein diese Linie fortpflanzte (s. unten II. Jüngere Linie).

3. Karoline, geb. 15. Oktober 1801, † Deutsch-Landsberg 29. Juni 1872, verm. mit dem k. k. Rechnungsoffizial Kiesewetter zu Deutsch-Landsberg.

I. Ältere Linie.

(Im Ritterstande.)

† Alois Jakob Ritter Bitterl von Tessenberg (Ritterstandserwerber – 2. Kind des 27. November 1827 zu Marburg a. d. Drau † Josef Johann Bitterl Edlen von Tessenberg und der 1. Jänner 1829 ebendort † Anna Maria, geb. Lanser von Moos und Vestenstein), geb. Graz 8. Oktober 1792, † daselbst 21. April 1861, EKO.-R.III., jubil. k. k. Oberlandesgerichtsrat (bis 1854 Leiter des Oberlandesgerichtes in Klagenfurt), Gutsbesitzer zu Gams in Steiermark; – verm. Graz 10. Februar 1817 mit:

† Johanna, geb. Schuch (Tochter des 6. Dezember 1842 zu Graz † k. k. Sekretärs der Provinzial-Baudirektion in Graz Johann Michael Sch. und der 5. Februar 18.. ebendort † Elisabeth, geb. Hülferding), geb. Graz 27. Dezember 1792, † daselbst 16. Mai 1880.

Kinder:

†1. Josef, geb. Klagenfurt 12. Dezember 1817, † Triest 2. Jänner 1863, k. k. Landesgerichtsrat beim Land- und Seegerichte in Triest, Gutsbesitzer in Steiermark; – verm. Klagenfurt 17. September 1860 mit:

† Eugenie, geb. von Millesi (Tochter des 22. Juni 1858 zu Klagenfurt † gew. Kärntner Landstandes und ständischen Verordneten Josef Klemens Ritters v. M. und der 2. November 1838 ebendort † Hemma, geb. Freiin Huebmershofen von Silbernagl), geb. Villach 17. November 1827, † Klagenfurt 13. November 1885.

†2. Rosine Johanna, geb. Klagenfurt 25. Jänner 1820, † Graz 19. Februar 1903, Gutsbesitzerin in Steiermark.

†3. Johann Nepomuk, geb. Klagenfurt 4. Jänner 1821, † daselbst 24. Dezember 1882, Dr. jur., k. k. Landesgerichtsrat zu Klagenfurt; – verm. Stein bei Viktring 15. April 1848 mit:

† Marie, geb. Moro (Tochter des 20. Juli 1841 zu Kerbach † Besitzers der Casa Moro und mehrerer Alpen zu Ligosullo, Gutsbesitzers zu Kerbach bei Viktring und Buchhalters der Feintuchfabrik „Gebrüder Moro" in Viktring Andreas

Moro und der 8. Dezember 1876 zu Marburg a. d. Drau † Gertrude, geb. Mauritsch), geb. Kerbach 1. Juni 1817, † daselbst 6. Mai 1899.

Kinder:

1) Artur Alois, geb. Kerbach 3. März 1850, Gutsbesitzer in Gams bei Marburg, k. u. k. Hauptmann 1. Kl. d. R. (bis 1890 im Infanterie-Regimente Alexander III. Kaiser von Rußland Nr. 61); — verm. Korneuburg 12. Februar 1891 mit:

Josefine, geb. Czechtitzky (Tochter des .... 1848 zu Tłumacz † Verwalters Franz Cz. und der .... 18.. zu .... † Therese, geb. Schmid), geb. Tłumacz 25. Oktober 1847. — [Gams bei Marburg.]

2) Maximilian Josef, geb. Kerbach 16. September 1851, EKO.-R.III., MVK., k. u. k. Generalmajor, Festungskommandant in Peterwardein und Gutsbesitzer; — verm. Dürnstein a. d. Donau 3. November 1883 mit:

Hermine, geb. Petschacher (Tochter des 30. Juni 1887 zu Wien † Fabrikanten Friedrich P. und der 24. April 1899 ebendort † Franziska, geb. Lobinger), geb. Wien 12. Februar 1854. — [Peterwardein.]

Kinder:

(1) Marie Therese, geb. Röschitz, Niederösterreich, 7. Juni 1884; — verm. Peterwardein 19. April 1906 mit:

Ignaz Alesch, geb. Husinec, Böhmen, 21. Juli 1868, k. u. k. Hauptmanne 2. Kl. im Peterwardeiner Infanterie-Regimente Nr. 70. — [Peterwardein.]

(2) Maximilian Artur, geb. Wien 27. Februar 1886, Hörer der Rechte. — [Wien.]

3) Maria Josefa, geb. Kerbach 9. Juni 1864, Gutsbesitzerin zu Kerbach; — verm. Stein bei Viktring 7. Jänner 1884 mit:

Friedrich Neumann, geb. Liebenau bei Graz 13. Mai 1850, Dr. med., k. k. Sanitätsrat und Bezirksarzt zu Klagenfurt. — [Klagenfurt und Kerbach.]

4) Berta Hermine, geb. Kerbach 6. Oktober 1856, Gutsbesitzerin zu Kerbach. — [Kerbach.]

†4. Ludwig Franz, geb. Klagenfurt 17. Februar 1822, † Graz 3. Oktober 1888, Gutsbesitzer in Steiermark und emer. k. k. Notar zu Marburg a. d. Drau; — verm. Graz 19. April 1864 mit:

Franziska, geb. Moro (Schwester der oben genannten Marie), geb. Kerbach 3. Mai 1833. — [Graz, Wickenburggasse 40.]

†5. Gustav Adolf, geb. Klagenfurt 14. August 1823, † Graz 28. Jänner 1899, Gutsbesitzer in Steiermark und k. k. Finanzrat i. R.

6. Alois Kamillo, geb. Klagenfurt 28. August 1829 (bis 1905 Gutsbesitzer in Steiermark), k. u. k. Hauptmann 2. Kl. d. R. (bis 1866 im Infanterie-Regimente Michael Großfürst von Rußland Nr. 26), — [Graz, Doblergasse 1]; — verm. Marburg a. d. Drau 17. Jänner 1870 mit:

† Eduardine, geb. Worell (Tochter des .... 18.. zu .... † k. k. Oberleutnants Emanuel W. und der .... 18.. zu .... † Wilhelmine, geb. Penz von Döllitz), geb. Wr.-Neustadt 4. September 1838, † Graz 4. März 1881.

Tochter:

Wilhelmine, geb. Marburg a. d. Drau 3. Mai 1871; — verm. Graz 7. Mai 1890 mit:

Friedrich Weber Edlen von Webenau, geb. Kindberg 19. Februar 1861, k. k. Major im Landwehr-Infanterie-Regimente Pilsen Nr. 7. — [Pilsen.]

II. Jüngere Linie.

† Moriz Bitterl Edler von Tessenberg (2. Kind des 24. Jänner 1820 zu Göß bei Leoben † Franz Georg B. Edlen v. T. und der .... 18.. zu .... † Klara, geb. Edlen von Luerwaldt), geb. Göß 24. April 1799, † Vordernberg 2. April 1859, Protokollist der Radmeisterkommunität in Vordernberg; — verm. Vordernberg 11. September 1843 mit:

† Therese, geb. Feistritzer (Tochter des 21. Dezember 1822 zu Vordernberg † Sudwerkverwesers zu Vordernberg Johann F. und der .... 18.. zu .... † Marie, geb. Pfeifer), geb. Vordernberg 23. Oktober 1818, † Graz 18. Mai 1894.

Söhne:

1. Moriz Ludwig, geb. Vordernberg 20. August 1844, pens. Buchhalter der Alpinen Montangesellschaft, — [Algersdorf bei Graz, Baiernstraße 7]; — verm. St. Anna am Kriechenberg bei Mureck 16. September 1872 mit:

† Marie, geb. Weixler (Tochter des .... 18.. zu .... † Oberlehrers zu Mureck Josef W. und der .... 18.. zu .... † Marie, geb. Seinkovič), geb. Friedau 8. Jänner 1844, † Eibiswald 28. April 1901.

Kinder:

† 1) Marie, geb. Vordernberg 3. September 1873, † Eibiswald 24. Jänner 1899, k. k. Post- und Telegraphenexpeditorin.

† 2) Adele, geb. Vordernberg 3. Dezember 1874, † daselbst 7. September 1883.

3) Therese, geb. Vordernberg 28. Dezember 1875. — [Graz.]

4) Gabriele, geb. Vordernberg 6. Jänner 1882; — verm. Graz .. Dezember 1906 mit:

Max Spitaler, geb. .... 18.., Dr. tech., Ingenieur des Landesbauamtes. — [Graz, Mariengasse 20.]

5) Karl, geb. Eibiswald 4. Juli 1885. — [Graz.]
2. Franz, geb. Vordernberg 23. November 1846. — [Vordernberg.]

Vgl.: — Brünner Adel. Taschenb. I 1870 u. XIX 1894; — Neuer Siebmacher IV, 8 (A. M. Hildebraudt, Der Kärntner Adel), S. 135 u. Taf. 12.

Bockenheimer von Bockenheim.

Römisch-katholisch. — Hessen und Österreich (Galizien und Steiermark).

Verleihungen:

1579 November 6, Nancy: Karl Herzog von Lothringen verleiht dem Jean Bockenheimer „Justicier de noz mines et nostre Recepveur a Walderfenges" den Lothringischen Adelstand mit dem Rechte der Erwerbung adeligen Gutsbesitzes mit eigener Gerichtsbarkeit und ein Wappen. — (Eingetragen in den Chambres des comtes de Lorraine zu Nancy 19. Jänner 1580; — Vid. Fam.)

1613 September 1 (erstes Konzept) und 30, Regensburg (zweites Konzept und Diplom): Kaiser Matthias verleiht dem Lautwein Bockenhaimer den Rittermäßigen Reichsadel mit dem Prädikate „von Bockenhaim" und einem Wappen. — (AA., RA.; — StA., RStER.; — Orig. Fam.)

Wappen:

I. 1579 November 6: In Silber zwei blaue Sparren („Cheurons") übereinander, der obere anstoßend, begleitet von drei (2, 1) roten Fünfblättern („Quintcs fueilles") mit goldenen Butzen. Auf dem ungekrönten Stechhelme mit rechts rot-gold-silber-blauen und links blau-silber-gold-roten Decken zwischen einem offenen, jederseits mit zwei blauen Sparren übereinander belegten silbernen Fluge ein wachsender goldener Löwe, zwischen den Vorderpranken ein rotes Fünfblatt mit goldenem Butzen haltend.

II. 1613 September 30: In Silber ein an den Hauptrand stoßender blauer Sparren, begleitet oben jederseits von einer roten Rose mit goldenem Butzen, unten von einem wachsenden roten Löwen. Auf dem ungekrönten Turnierhelme mit rechts rot-silbernen und links blau-silbernen Decken aus blau-silbern-rot-silbern gewundenem Wulste zwischen einem offenen, jederseits mit einem blauen Sparren belegten silbernen Fluge wachsend der rote Löwe.

Die Familie Bockenheimer gehörte schon zu Beginn des XIV. Jahrhunderts der Bürgerschaft der Stadt Worms am Rhein an, wo sie 1303 bis 1398 unter den „Geschlechtern" urkundlich ist. Sie verbreitete sich von dort nach Lothringen, der Rheinpfalz und Rheinhessen.

Herzog Karl von Lothringen erhob den herzogl. Bergrichter („Justicier des mines") und Einnehmer („Recepveur") in Walderfenges Jean Bockenheimer ddo. Nancy, 6. November 1579 in den Lothringischen Adelstand mit dem Rechte zur Erwerbung von Herrschaften („Seigneuries") und anderem adeligen Gutsbesitze mit eigener Gerichtsbarkeit und verlieh ihm das oben sub I beschriebene Wappen.

Lautwein Bockenhaimer, dessen genealogisches Verhältnis zum vorgenannten Jean nicht bekannt ist, erlangte von Kaiser Matthias mit Diplom ddo. Regensburg, 30. September 1613 den Rittermäßigen Reichsadel mit „von Bockenhaim" und der oben unter II beschriebenen Variante des älteren Wappens.

Die nun in Österreich blühende Linie stammt von dem in der Mitte des XVIII. Jahrhunderts zu Heidesheim bei Mainz ansässig gewesenen Ernst (Bockenheimer) von Bockenheim und dessen Ehefrau Maria Theresia. Deren Sohn Franz Xaver Anton wurde am 20. Oktober 1748 zu Heidesheim geboren, trat in österreichische Verwaltungsdienste und starb als k. k. wirkl. Gubernialrat zu Lemberg am 30. März 1807. Er hatte sich 1. Juli 1779 zu Ofen (Budapest) mit Anna, geb. von Klobuszitzky (geb. Ofen 1752, † Lemberg 1812) vermählt, welcher Ehe die folgenden sieben Kinder entsprossen:

1. Franz, geb. Ofen (Budapest) 1780, der erst als Leutnant im k. k. Heere diente, jedoch bald in den Ruhestand trat, Obereinnehmer zu Podwołoczyska wurde und als solcher 1813 zu Lemberg unvermählt starb.

2. Therese, geb. Preßburg (Pozsony) 1781, † Wien 30. Dezember 1867, verm. Krakau 1799 mit Franz Fischer († Brünn 12. Jänner 1847), k. k. mährisch-schlesischem Gubernialrate. (Vgl. Artikel „Fischer von Wellenborn" im I. Jahrgange [1905] dieses Taschenbuches.)

3. Ignaz Franz, geb. Mannheim 28. Oktober 1784, der als k. k. Oberleutnant im Dragoner-Regimente Nr. 4 am 18. Oktober 1813 im Gefechte bei Pretsch (Schlacht bei Leipzig) gefallen ist.

4. Josef, geb. Heidesheim (?) 1785, † Czernowitz 22. September 1853, zuerst k. k. Leutnant im Ulanen-Regimente Nr. 7, dann Gefällenhauptzollamtsoffizial der sich zu Lemberg mit Anna von Bargum (geb. Lemberg 1793, † Kolomea 1880) vermählte, aus dieser Ehe jedoch nebst mehreren Töchtern nur einen Sohn Arnulf Bockenheimer von Bockenheim hinterließ, der 1852 als Hauptmann 1. Kl. im Infanterie-Regimente FML. Erzherzog Stefan Nr. 58 kinderlos starb.

5. Johann Baptist, geb. Ofen (Budapest) 24. Juni 1789, der diese Linie allein dauernd fortpflanzte (s. unten).

6. Katharina, geb. Altaville (Elfeld) im Rheingau 26. April 1791, † Wien 20. Juni 1833, verm. mit Franz Ritter Fastenberger von Wallau († Graz 3. Juli 1850), k. k. Hofkriegsrat.

7. Klara Elisabeth, geb. Heidesheim 25. Dezember 1792, † Czernowitz, verm. mit Nikolaus Prima, k. k. Hauptmanne beim Militärgrenzkordon in der Bukowina.

Johann Baptist Bockenheimer von Bockenheim (siehe oben 5.) wurde k. k. Kameralexpeditsdirektor zu Lemberg und starb am 1. Jänner 1860 zu Rozdoł in Galizien. Seiner Ehe mit Katharina Schairing, geb. Lemberg 8. Juli 1799, † Zakliczyn bei Krakau 1878, einer Tochter des Johann Sch. und der Klara, geb. Gollmann, entstammten die folgenden vier zu Lemberg geborenen Söhne:

1) Franz Xaver, geb. 9. September 1816, der Stammvater des 1. Älteren Astes (s. unten).

2) Georg, der in jungen Jahren starb.

3) Karl, geb. 13. Oktober 1832, † Rozdoł 23. April 1898, k. u. k. Hauptmann d. R. (bis 18.. im Infanterie-Regimente Nr. 10).

4) Ferdinand, geb. 24. Juni 1843, von dem der in Galizien blühende 2. Jüngere Ast abstammt (s. unten).

Österreichische Linie.

Stifter: Franz Xaver Anton Bockenheimer von Bockenheim, geb. Heidesheim 20. Oktober 1748, † Lemberg 30. März 1807, k. k. Gubernialrat.

1. Älterer Ast.

† Franz Xaver Bockenheimer von Bockenheim (1. Sohn des 1. Jänner 1860 zu Rozdoł † Johann Baptist B. v. B. und der .... 1878 zu Zakliczyn † Katharina, geb. Schairing), geb. Lemberg 9. September 1816, † Graz 20. Oktober 1889, k. k. Major des Armeestandes; — verm. Wien 26. Juli 1851 mit:

† Therese Franziska Ferdinande, geb. Kurz (Tochter des 5. April 1786 zu Brünn geb. und 23. September 1834 zu Brünn † k. k. Hauptmannes im Infanterie-Regimente Generalissimus und FM. Erzherzog Karl Nr. 3 Karl K. und seiner 17. April 1837 ebendort † Cousine*) Emilie Karoline, geb. Fischer), geb. Langenlois 5. März 1829, † Graz 3. September 1899.

Sohn:

Franz Serafin Friedrich, geb. Tarnów 4. Oktober 1856, FJO.-Off., EKO.-RIII., MVK., k. u. k. Generalmajor und Kommandant der k. k. 43. Landwehr-Infanterie-Brigade in Graz, — [Graz, Mandellstraße 30]; — verm. Olmütz 2. Februar 1882 mit:

† Therese, geb. Gröbner (Tochter des 6. August 1824 zu Olmütz geb. und 23. Mai 1872 zu Karlsbad † Hausbesitzers in Olmütz Josef G. und der 9. September 1834 zu Unter-Langendorf, Mähren, geb. und 25. Februar 1897 zu Olmütz

---

*) 15. Mai 1802 zu Krakau geborene Tochter des nachmaligen k. k. Gubernialrates Friedrich Fischer und der Therese, geb. Bockenheimer von Bockenheim (s. oben).

† Therese, geb. Meixner), geb. Königsloosen, Mähren, 11. August 1861, † Graz 5. November 1887.

Töchter:

† 1) Therese, geb. Wien 1. Februar 1883, † Graz 22. Februar 1889.

2) Franziska Emilie Marie, geb. Krakau 17. Juni 1885. — [Graz, Mandellstraße 30.]

2. Jüngerer Ast.

† Ferdinand Bockenheimer von Bockenheim (4. Sohn des 1. Jänner 1860 zu Rozdoł † Johann Baptist B. v. B. und der .... 1878 zu Zakliczyn † Katharina, geb. Schairing), geb. Lemberg 24. Juni 1843, † Rozdoł 16. Juni 1899; — verm. Rozdoł 19. Jänner 1869 mit:

Amalie, geb. Tranda (Tochter des .... 18.. zu .... † Buchhalters Franz T. und der .... 18.. zu .... † Honorata, geb. ....), geb. Trembowla 6. August 1848. — [Rozdoł.]

Kinder:

† 1. Hedwig (Jadwiga), geb. Gwozdzice 5. Oktober 1870, † daselbst .... 1873.

2. Sofie, geb. Gwozdzice 5. Mai 1872; — verm. Rozdoł 26. September 1896 mit:
Karl Pilc, geb. Rozdoł 4. März 1852, Direktor des gräfl. Lanckorońskischen Brauhauses daselbst. — [Rozdoł.]

3. Julius, geb. Gwozdzice 23. Oktober 1873, k. k. Förster. — [Rafałlowa.]

4. Bronislawa, geb. Gwozdzice 3. September 1875; — verm. Rozdoł.....18.. mit:
Ladislaus Grabowski, geb. .... 18.., Buchhalter. — [Boristan.]

5. Karl, geb. Gwozdzice 20. Februar 1878, Mechaniker, Grubenbetriebsleiter. — [Borysław.]

6. Alfred, geb. Gwozdzice 10. Dezember 1879, k. k. Steueramtsadjunkt; — verm. Stryi 14. Juni 1906 mit:
Anna, geb. Ochocka (Tochter des Forstmeisters Johann O. und der Hilaria, geb. Rutkowska), geb. Wysocko 8. Mai 1884. — [.....]

7. Marie, geb. Zakliczyn 16. Juni 1882; — verm. Rozdoł 20. Oktober 1898 mit:
Michael von Jakubowski, geb. Hrebene (Russisch-Polen) 2. Oktober 1874, Grubenbetriebsleiter. — [Schodnica.]

Vgl.: — Brünner Adel. Taschenb. XVIII 1893.

---

von Chlumecký.

Römisch-katholisch. – Österreich (Mähren und Niederösterreich).

Verleihungen:

1827 September 29 (Allerhöchste Entschließung) und 1828 Jänner 8, Wien (Diplom): Kaiser Franz I. verleiht dem k. k. Gubernialrate zu Triest Anton Chlumecký den Österreichischen Adel und ein Wappen. – (AA., HKA.; – Orig. Fam.)

1844 Dezember 26 (Allerhöchste Entschließung) und 1845 Februar 25, Wien (Diplom): Kaiser Ferdinand I. verleiht dem k. k. Hofrate und Gutsbesitzer in Mähren Anton von Chlumecký den Österreichischen Ritterstand mit Wappenvermehrung und das Inkolat im Ritterstande des Königreiches Böhmen und der dahin einverleibten Länder (Mähren und Schlesien). – (AA., HKA.; – Orig. Fam.)

1889 Juni 2, Wien: Kaiser Franz Joseph I. erhebt seinen wirkl. Geheimen Rat und Minister a. D. Johann Ritter von Chlumecký als Großkreuz des Leopold-Ordens und Ritter des Ordens der Eisernen Krone I. Klasse in den Österreichischen Freiherrnstand und bessert sein Wappen. – (AA., HKA.; – Orig. Fam.)

Wappen:

I. 1828 Jänner 8: Halb gespalten und geteilt, 1 in Gold ein einwärts gewendeter schwarzer Basilisk mit rotem Kamme und Lappen, 2 in Blau eine silberne Taube, 3 in Silber auf grünem Hügel ein aus einem brennenden Scheiterhaufen wachsender roter Phönix. Auf dem gekrönten Turnierhelme mit rechts blau-goldenen und links blau-silbernen Decken drei Straußenfedern, eine schwarze zwischen einer goldenen und einer silbernen.

II. 1845 Februar 25: Geviert, 1 bis 3 wie 1828, nur der Phönix einwärts gewendet und golden gekrönt, 4 in Rot ein goldener Löwe mit den Vorderpranken einen schwarzen Anker haltend. Zwei gekrönte Turnierhelme: auf I mit rechts schwarz-goldenen und links schwarz-silbernen Decken auf grünem Berge der aus dem brennenden Scheiterhaufen wachsende Phönix; auf II mit rechts blau-silbernen und links rot-goldenen Decken zwischen einem offenen, rechts von Silber über Blau und links von Rot über Gold geteilten Fluge drei Straußenfedern, eine schwarze zwischen einer silbernen und einer goldenen. Blaues Spruchband mit der Devise „SUSTINE ET ABSTINE" in silbener Lapidarschrift.

III. 1889 Juni 2: Schild, Helme und Spruchband wie 1845, dazu Freiherrnkrone und zwei goldene Löwen als Schildhalter.

Johann Freiherr von Chlume[illegible]

k. u. k. Geh. Rat und k. k. Minister [illegible]

Römi

Verlei
1827

1844

1889

Wapp
I. 18:

II. 1

III.

Photogr. v. J. Löwy

Johann Freiherr von Chlumecký,
k. u. k. Geh. Rat und k. k. Minister a. D.

on Rit
werbe
ston C
i Jänne
kowit
- verm.

aza, ge
amten
Logar
Nov

Ender

Peter
†
Wi
Be
de
m

Kar
C

1)

† Anton Ritter von Chlumecký (Adels- und Ritterstandserwerber – Sohn des .... 1... zu .... † Gutsdirektors Anton Chlumecký und der .... 18.. zu .... † Theresia, geb. ....), geb. Wossek, Böhmen, 11. Oktober 1777, † Brünn 10. Jänner 1864, gew. Landstand in Mähren, seit 1842 Herr auf Rzikowitz und Aujezd in Mähren, jub. k. k. Hofrat und Truchseß; – verm. .... 26. April 1824 mit:

† Anna, geb. Cozzi (Tocher des .... 18.. zu .... † Assekuranzbeamten Peter C. und der .... 18.. zu .... † Theresia, geb. Logarezzi), geb. Triest 2. Dezember 1800, † Brünn (St. Jakob) 24. November 1886.

Kinder:

† 1. Peter Ritter von Chlumecký, geb. Leitmeritz 30. März 1825, † Brünn 28. März 1863, FJO.-R., gr. gold. Med. f. Kunst u. Wiss., k. k. Statthaltereirat a. D., Landtagsabgeordneter, Beisitzer des Mährischen Landesausschusses und Direktor des Mährischen Landesarchivs; – verm. Raigern 8. Juli 1850 mit:

† Karoline, geb. Fenz (Tochter des 14. Dezember 1825 zu Olmütz † mähr.-schles. Landesadvokaten Dr. Matthias F. und der 5. November 1859 zu Brünn † Franziska, geb. Zelinka), geb. Brünn .... 1827, † Brünn (St. Jakob) 1. Jänner 1890.

Kinder:

1) Hugo Ritter von Chlumecký, geb. Brünn 12. April 1851, Mitbesitzer der Güter Rzikowitz und Aujezd, k. k. Statthaltereirat a. D., – [Brünn]; – verm. Wien 2. Jänner 1887 mit:

† Leopoldine (Ina), geb. Tomaschek Edlen von Stratowa (Tochter des 9. Jänner 1898 zu Wien [St. Rochus] † emer. k. k. o. ö. Professors der deutschen Reichs- und Rechtsgeschichte an der Universität zu Wien, k. u. k. Haus-, Hof- und Staatsarchivskonzipisten 1. Kl. a. D., korresp. Mitgliedes der kaiserl. Akademie der Wissenschaften etc., gr. gold. Med. f. Kunst u. Wiss., Dr. jur. Johann Adolf T. Edlen v. St. und der 8. September 1894 zu Wetterhöfl bei Iglau † Anna, geb. Illich-Gregoriades), geb. Iglau 13. November 1852, † Brünn (St. Jakob) 27. September 1905.

2) Marie (Marietta) von Chlumecký, geb. Brünn 15. September 1856; – verm. Brünn 9. Juni 1875 mit:

Viktor Ritter von Bauer, geb. Brünn 16. April 1847, Zuckerfabriksbesitzer zu Brünn, Landtagsabgeordneten des nicht fideikommissarischen Großgrundbesitzes in Mähren, Mitgliede der Handels- und Gewerbekammer in Brünn, des Industrie- und Landwirtschaftsrates im k. k. Handelsministerium und des Sachverständigenbeirates für die Zuckerbesteuerung im k. k. Finanzministerium etc. – [Brünn.]

† 2. Therese von Chlumecký, geb. Triest 2. September 1828, † Gastein 8. August 1899; – verm. Brünn 28. April 1855 mit:
† August vom Amberg, geb. Verona 28. Dezember 1819, † Brünn 12. Dezember 1887, MVK. (KD.), k. k. Oberstleutnant d. R. (bis 1864 im Infanterie-Regimente FZM. Franz Graf Khevenhüller-Metsch Nr. 35).

3. Emilie von Chlumecký, geb. Zara 2. Februar 1832, – [Brünn]; – verm. Kaschau (Kassa) 2. Februar 1861 mit:
† Konstantin Freiherrn von Fiedler, geb. Kaschau (Kassa) 2. September 1820, † daselbst 4. März 1864, MVK. (KD.), k. k. Major des Infanterie-Regimentes Wilhelm I. König von Preußen Nr. 34.

4. Johann Freiherr von Chlumecký (Freiherrnstandserwerber), geb. Zara 23. März 1834, Mitbesitzer der Güter Rzikowitz und Aujezd, StO.-GrK., LO.-GrK. in Brillanten, EKO.-R.I., FJO.-GrK., k. u. k. wirkl. Geheimer Rat, k. k. Minister a. D. (bis 1879 Handelsminister), Mitglied des Herrenhauses des Reichsrates auf Lebensdauer, gew. Präsident des Abgeordnetenhauses (bis 1897), Landtagsabgeordneter des nicht fideikommissarischen Großgrundbesitzes in Mähren, Präsident des Kuratoriums des k. k. Handelsmuseums, Oberkurator der wechselseitigen Brandschaden-Versicherungsgesellschaft „Janus", Präsident der k. k. priv. Südbahngesellschaft, Ehrenbürger mehrerer Städte und Gemeinden; – verm. Montserrat (Sitzgras) bei Böhmisch-Rudoletz 26. Juni 1867 mit:

Leopoldine, geb. (Liebmann) von Liebenberg de Zsittin (Tochter des 12. Oktober 1848 zu Baden bei Wien † niederösterr. und mähr.-schles. Landstandes, Indigenas des Königreiches Ungarn, Direktors der k. k. priv. österr. Nationalbank und Herrschaftsbesitzers Leopold Franz Ritters (L.) v. L. de Zs. und der 23. Februar 1901 zu Böhmisch-Rudoletz † Katharina, geb. von Amberg, in II. Ehe Witwe nach dem 6. Februar 1891 zu Laibach † k. u. k. Major a. D. und Besitzer des Gutes Böhmisch-Rudoletz, EKO.-R.III. Michael Angelo Ritter von Picchioni), geb. Baden bei Wien 21. Oktober 1848. – [Wien, I. Parkring 16.]

Kinder:

† 1) Johanna Freiin von Chlumecký, geb. Brünn 23. April 1869, † Brunnknechtgut bei Aussee 19. Juli 1890.

2) Leopold (Leo) Freiherr von Chlumecký, geb. Wien 3. Februar 1873, FJO.-R., k. k. Statthaltereisekretär a. D. (bis 190. zur Dienstleistung zugeteilt dem Ministerium des Innern.) – [Wien, I. Parkring 16.]

† 5. Viktor Ritter von Chlumecký, geb. Brünn 28. Februar 1841, † Purkersdorf (Wien) 24. Mai 1895, Mitbesitzer der Güter Rzikowitz und Aujezd, LO.-R., MVK. (KD.), k. k. Sektionschef im Ministerium für Landesverteidigung und Major im nichtaktiven Stande des Landwehrbataillons Klagenfurt Nr. 26.

Vgl.: — Wurzbach II, S. 349, XI, S. 379 und XXIII, S. 374; — Brünner Adel. Taschenb. I 1870, II 1877, III 1878, VII 1882, XIII 1888, XVI 1891 und XIX 1894; — J. Ritt. v. Chlumecký, Peter Ritter von Chlumecký, eine biogr. Skizze, als Manuskript gedr., Brünn 1879; — Neuer Siebmacher IV, 9 (R. J. Grf. Meraviglia-Crivelli, Der Böhmische Adel), S. 219 u. Taf. 95, und 10 (H. v. Kadich und C. Blažek, Der Mährische Adel), S. 18, 260 u. Taf. 13; — Gothaer Freiherrl. Taschenb. 1895.

Clessin von Königsclee.

Römisch-katholisch. — Österreich (Salzburg, Niederösterreich).

Verleihungen:

1530, Prag: Ferdinand I., König von Ungarn und Böhmen, Erzherzog von Österreich etc. verleiht dem Klaus Clessin einen Wappenbrief. — (Erwähnt im Adelsakte von 1729.)

1729 Juni 13, Laxenburg: Kaiser Karl VI. erhebt den Rat und Oberamtmann des adeligen Reichsstiftes Roggenburg, Lic. jur. Josef Joachim Clessin in den Rittermäßigen Reichsadelstand mit dem Prädikate „von Königsclee", einem Wappen (als Neuverleihung) und dem Rechte, sich nach den Gütern zu nennen. — (AA., RA.; — StA., RR. Karl VI., tom. XIII, fol. 178; — Orig. Fam.)

1734 März 9, Salzburg: Ausschreibung der vorstehenden Standeserhebung in Salzburg für den fürstl. Salzburgischen Hofrat Josef Joachim Clessin von Königsclee. — (Salzb. Reg.-Arch.)

Wappen:

I. 1530: In Gespalten von Gold und Rot ein wachsendes natürliches Männlein mit braunem Haar und gestutztem Bart, in farbengewechselter Kleidung, deren goldene Hälfte mit sechs roten Knöpfen besetzt ist, und schwarzem Gürtel, in der Rechten einen silbernen „Wundarztspatt" haltend und die Linke in die Seite stemmend. Auf dem Stechhelme mit in die Decken übergehender Gewandung das Männlein wie im Schilde.

II. 1729 Juni 13: Geviert, 1 und 4 wie der Schild 1530, 2 und 3 in Schwarz ein goldener Löwe, mit beiden Vorderpranken ein „Trifolium oder grün dreifachen Klee" haltend. Auf dem gekrönten Turnierhelme mit rechts rot-goldenen und links schwarz-goldenen Decken zwischen einem goldenen und einem roten Büffelhorne das Männlein mit dem „Wundarztspatt" wie im Schilde wachsend.

Die Familie Clessin soll nach Angabe des Nobilitationsgesuches und des Diplomes von 1729 bereits von Ferdinand I., König von Ungarn und Böhmen, Erzherzog von Österreich etc.

1530 mit Klaus Clessin einen Wappenbrief erlangt haben und aus Feldkirch im heutigen Vorarlberg stammen. Der Großvater des Adelserwerbers Franz Clessin wäre Ratsherr und Stadtammann zu Feldkirch gewesen, hätte 1698 bei dem großen Brande dieser Stadt seine Familienpapiere verloren und wäre bald darauf unter Hinterlassung von sieben Kindern gestorben. Sein Vatersbruder Franz Clessin der Jüngere wäre durch 20 Jahre mit größtem Ruhme der Regierung des Reichsstiftes Ochsenhausen vorgestanden (Abt von 1689 bis 1708), während sein Vater Johann Bernhard demselben Stifte durch 30 Jahre erst im Sekretariate, dann auf einer Ratsstelle nützliche Dienste geleistet hätte. Seine Mutter Maria Katharina wäre aber dem zu Waldsee in Schwaben begütert gewesenen Geschlechte „Muschgay" entsprossen, das schon von Kaiser Maximilian I. den Rittermäßigen Reichsadelstand und in zwei Linien erst jüngst diesen Stand als erbländischen „erneuert und bestättiget" erhalten hätte.*)

Der Adelserwerber selbst Josef Joachim Clessin habe nach vollendeten juridischen Studien, erlangter Praxis und erworbenem „gradu licentiatus" bei „verschiedenen geist- und weltlichen Reichsständen Raths- und andere characteristische Oberbeamtens-Bedienungen angenohmen" und zuletzt 17 Jahre als Rat und Oberamtmann dem Reichsstifte Roggenburg gedient, wobei er „ruhmwürdige Dexterität in consulendo et tractandis negotiis tam publicis quam privatis" bewiesen habe. Kaiser Karl VI. erhob ihn nun in Würdigung dieser Umstände ddo. Laxenburg, 13. Juni 1729 in den Rittermäßigen Reichsadelstand unter Verleihung des Prädikates „von Königsclee", eines Wappens und des Rechtes, sich nach den Gütern zu nennen. Diese Standeserhebung wurde, nachdem Josef Joachim Clessin von Königsclee inzwischen als Hofrat in fürstl. Salzburgische Dienste getreten war, ddo. Salzburg, 9. März 1734 im Erzstifte ausgeschrieben.

Sein Sohn Johann Josef Siegmund Clessin von Königsclee (geb. 1731, † 19. Jänner 1794) diente als fürstl. Salzburgischer Hauptmann und war zweimal vermählt: — I. mit Sophie, geb. Lampadius von Kronstein, und — II. Salzburg 3. Februar 1767 mit Kreszenz, geb. Walter (geb. 1743, † 5. September 1825). Aus jeder dieser Ehen ist ein Sohn bekannt:

1. Georg Heinrich, geb. 1763, der allein den Stamm fortpflanzte (s. unten).

2. Josef, geb. 1780, † Wien 27. Juli 1847 als k. k. Hofrat des Hofkriegsrates.

Georg Heinrich Clessin von Königsclee (s. oben 1.) starb zu Neufelden 26. Jänner 1813 und hatte sich zu Salzburg 25. Februar 1805 mit Barbara, geb. von Jäger (geb. Passau 3. Dezember 1771), vermählt, die ihm zwei Kinder schenkte: — 1) Katharina Kreszenz Barbara, geb. 20. Dezember 1805, und — 2) Georg Friedrich, geb.

*) Kaiser Karl VI. verlieh ddo. Wien 22. Februar 1721 dem Johann Franz Muschgay, Bürgermeister zu Waldsee, und seinem Vetter Jakob Konrad den Österreichisch-erbländischen Adel. — (AA., HKA.)

Linz 11. April 1807, Wund- und Geburtsarzt zu Salzburg, der in seiner Ehe mit Anna, einer Tochter des Georg Graf und der Therese, geb. Sinzinger, den Sohn Wilhelm Friedrich Joachim (geb. Salzburg 31. Juli 1839) gewann, der die Familie fortpflanzte (s. unten).

Wilhelm Friedrich Joachim Clessin von Königsclee (Sohn des .... 18.. zu .... † Wund- und Geburtsarztes Georg Friedrich C. v. K. und der .... 18.. zu .... † Anna, geb. Graf), geb. Salzburg 31. Juli 1839, Kammerdiener Ihrer k. u. k. Hoheit der Frau Erzherzogin Alice, Großherzogin von Toskana; – verm. I. Salzburg .... 18.. mit:

† Margarete, geb. Köppl (Tochter des .... 18.. zu .... † Hausbesitzers Anton K. und der .... 18.. zu .... † Margarete, geb. Nußbaumer), geb. Salzburg 5. Jänner 1845, † ebendort .... 18..; – verm. II. Salzburg 24. Oktober 1881 mit:

Karoline, geb. Schöninger (Tochter des .... 18.. zu .... † .... Wenzel Sch. und der .... 18.. zu .... † Walpurga, geb. Straßer), geb. Salzburg 10. Juni 1842. – [Salzburg.]

Kinder I. Ehe:

1. Wilhelm Franz Julius, geb. Salzburg 7. August 1871, Oberoffizial der k. k. österr. Staatsbahnen (bis 1906 der k. k. priv. Kaiser Ferdinands-Nordbahn); – verm. Wien 1. September 1898 mit:

   Franziska, geb. Jonke (Tochter des Revidenten der k. k. österr. Staatsbahnen i. R. Franz J. und der .... 1906 zu Wien † Leopoldine, geb. Nowak), geb. Wien 1. November 1874. – [Wien, II. Vereinsgasse 33.]

   Sohn:

   Wilhelm Franz Margarete, geb. Wien 18. April 1900.

2. Marie Anna Margarete, geb. Salzburg 21. Jänner 1867; – verm. Salzburg 10. Oktober 1900 mit:

   Franz Bulat, geb. Zara 13. Dezember 1871, Dr. med., Gemeindearzt in Traù. – [Traù.]

Vgl.: — Neuer Siebmacher IV, 6 (M. M. v. Weittenhiller, Der Salzburgische Adel), S. 10 u. Taf. 4.

---

von Cloßmann.

Römisch-katholisch und evangelisch A. B. – Deutsches Reich (Baden und Bayern), Österreich (Niederösterreich), Niederlande und Vereinigte Staaten von Nordamerika (Missouri).

Verleihungen:

1790 Mai 25, München: Kurfürst Karl Theodor von Pfalz-Bayern als Reichsvikar verleiht den Söhnen des verstorbenen kurpfälzischen Hofkammerrates in Mannheim Georg Cloßmann, dem kurpf. wirkl. Regierungsrate zu Amberg Philipp Cloßmann und dem kurpf. Hauptmanne im General von Schwicheltschen Feldjäger-Regimente zu Mannheim Josef Cloßmann den Reichs- und Kurpfälzischen Adel und ein Wappen. — (Gritzner; — Orig. Fam. — B. Mannheimer Stamm.)

1812 März 30, München: Eintragung in die Adelsmatrikel des Königreiches Bayern bei der Adelsklasse für den Geheimen Rat und Direktor des Appellationsgerichtes zu Amberg Philipp Ludwig von Cloßmann. — (Gritzner; — Orig. Fam. — B. Mannheimer Stamm, I. Ältere Linie.)

1859 März 2, München: Persönlicher Ritterstand durch Eintragung in die Adelsmatrikel des Königreiches Bayern bei der Ritterklasse für den kgl. bayer. Regierungsrat und Vorstand der Strafanstalt Kaisheim Bernhard Closmann als Ritter des ihm von König Maximilian II. von Bayern am 1. Jänner 1859 verliehenen Verdienstordens der bayerischen Krone. — (Kgl. bayer. Adelsmatrikel, Ritterklasse lit. C, fol. 6. — C. Kreuznacher Stamm.)

Wappen:

I. Stammwappen (? — Kreuznacher Stamm): In Blau ein von zwei goldenen Sternen begleiteter, der Länge nach mit drei schrägen anstoßenden blauen Wecken belegter silberner Schrägbalken. Auf dem ungekrönten Turnierhelme mit rechts blau-goldenen und links blau-silbernen Decken zwischen zwei natürlichen Schwanenhälsen schwebend eine goldene Krone. — (J. B. Rietstap, Armorial général I, S. 436, und Siegelstempel des 1792 † kurpf. Hofkammerrates Karl Closmann.)

II. 1790 Mai 25 (Mannheimer Stamm): Geviert, 1 und 4 in Blau drei (1, 2) goldene Sterne, 2 und 3 in Rot ein auffliegender silberner Pelikan. Auf dem gekrönten Turnierhelme mit rechts blau-goldenen, links rot-silbernen Decken ein von den Krieen wachsender Geharnischter mit offenem Visier und lang herabwallendem rot-weißen Helmbusche, in der Rechten einen Speer und in der Linken ein Kleeblatt haltend.

III. 1859 März 2 (Kreuznacher Stamm): Wie das Stammwappen, nur der Helm gekrönt, anstatt der zwischen den Schwanenhälsen schwebenden Krone.

Der bis ins XIX. Jahrhundert zwischen Closemann, C(K)loßmann und Closmann schwankende Name dürfte wohl auf „der close (verschlossene) Mann" zurückzuführen sein. Nach seiner Verbreitung in den mittleren Rheingegenden scheint er von mehreren, in keinem genealogischen Zusammenhange stehenden Familien unabhängig von einander aufgenommen worden zu sein.

Das hier in Betracht kommende Geschlecht stammt aus Weinheim a. d. Bergstraße, wo Johannes Cloßmann mit seiner Frau Agnes, geb. Keckelin († 1732) am 17. Jänner 1684 einen Sohn Johann Adam taufen ließ. Dieser Johann Adam Cloßmann hatte eine oder mehrere Brauereien inne, ohne daß es festgestellt werden konnte, ob als Ausfluß ererbter herrschaftlicher Rechte oder in bürgerlicher Ausübung der Braurechte der Stadt Weinheim. Er war zweimal vermählt: — I. mit Marie Christine, geb. Sinn (geb. 1689, † 1732), die ihm die unten folgenden sieben Kinder schenkte, und II. mit Susanna Barbara, ebenfalls geb. Sinn (Schwester der vorigen?), die kinderlos geblieben zu sein scheint. Johann Adams Kinder waren: — 1. eine Tochter, geb. und † 1714; — 2. Johann Adam, geb. 1716, † 1772 als Doktor der Arzneikunde in Mannheim; — 3. Katharina Friederike, geb. 1718, † 1785 als vermählte Mickisch; — 4. Anna Maria, geb. 1721, † 1763; — 5. Johann Melchior, geb. 1724, Stifter des **A. Bordeauxer Stammes** (s. unten); — 6. Johann Paul, geb. 1729, und — 7. Johann Georg, geb. 1731, der Stammvater des im Adelstande blühenden **B. Mannheimer Stammes** (s. unten).

Wahrscheinlich ein Bruder des älteren Johann Adam dürfte Johann Alexander Cloßmann gewesen sein, der beim Regierungsantritte des Kurfürsten Karl Theodor am 9. September 1743 als kurfürstl. Keller zu Weinheim bestätigt wurde und im kurpfälzischen Staatskalender für 1748 noch als solcher genannt ist. Dessen Söhne scheinen gewesen zu sein: — 1. Franz Georg Cloßmann, der mit kurfürstl. Dekret vom 9. Juni 1756 zum Keller in Weinheim bestellt wurde, und — 2. Alexander Valentin Cloßmann, der 27. Oktober 1750 vom Oberfauthen zu Alsheim am Rhein zum Keller in Alzei befördert wurde. Von einem der Vorgenannten dürfte der **C. Kreuznacher Stamm** (s. unten) abzuleiten sein, der gegenwärtig noch das oben sub I. beschriebene Wappen führt.

A. Bordeauxer Stamm.

Johann Melchior Cloßmann (s. oben 5.) war mit Anna Maria, geb. Weber († 1776) vermählt, besaß die Brauerei „Zum goldenen Kopf" in Mannheim und starb daselbst 17. September 1776 unter Hinterlassung folgender Kinder: — 1) Maria Magdalena, vermählte Christmann; — 2) Tochter, vermählte Esselborn; — 3) Tochter, vermählte Backe; — 4) Friedrich Philipp, geb. Mannheim 25. März 1765, der den Stamm fortsetzte.

Dieser Friedrich Philipp Cloßmann, vorstehend 4), wurde großherzogl. badischer Konsul in Bordeaux, wo er 12. Oktober 1835 starb. Seiner Ehe mit Anna Tauria († 1808) entstammten folgende fünf Kinder: — (1) Franz Philipp, geb. 1793, der als großherzogl. badischer Rittmeister der Garde du corps 1810 quittierte und 1837 zu Bordeaux starb; — (2) Peter Paul, geb. 1795, der die Familie in Bordeaux fortpflanzte (s. unten); — (3) Franz Friedrich, geb. 1796; — (4) Marie Elisabeth, geb. 1798, vermählt an einen Konsul Werner; — (5) Karl Balthasar, geb. 1800, † 1853.

Peter Paul Cloßmann, oben (2), wurde gleich seinem Vater großherzogl. badischer Konsul in Bordeaux und starb daselbst 1870. Seiner Ehe mit Christine Albrecht entsproß nur ein Sohn:

Friedrich Philipp Cloßmann, geb. 1817, Weingroßhändler in Bordeaux, der in seiner Ehe mit Ellen Limerik folgende drei Kinder gewann: — 1) Kornelia (Nelly), geb. 1842, in I. Ehe vermählte Oberkampf und in II. vermählte Marquise d'Escayrac de Lauture; — 2) Emma, geb. 1844, † 1880, vermählte Ober-

4*

kampf, und — 3) Paul Friedrich Jakob, geb. 1849, unvermählt, — [Bordeaux]. — Weitere Nachrichten über diesen Stamm fehlen.

B. Mannheimer Stamm. (Adelig.)

Johann Georg Cloßmann, der 7. Sohn des älteren Johann Adam, war seit 1768 wirkl. Hofkammerrat in Mannheim und kommt im kurpfälzischen Staatskalender auf das Jahr 1786 noch als „Hofkammerrat, Holzkommissär, Geheimer Rechnungsrevisor, Kammerrechnungssuperrevisor, auch Salinenrechnungsrevisor" vor. Er starb nach 30jähriger Dienstzeit am 13. September 1786 zu Mannheim. Seine am 14. Februar 1752 ebendort geschlossene Ehe mit Leopoldine, geb. Hartmann († 8. November 1785), war mit folgenden sieben zu Mannheim geborenen Kindern gesegnet:

1) Maximilian Friedrich, geb. 1752, † Mannheim 1755.

2) Philipp Ludwig, geb. 9. Oktober 1753, der Stifter der I. Älteren Linie (s. unten).

3) Johann Josef, geb. 7. Juni 1755, der Gründer der II. Jüngeren Linie (s. unten).

4) Anna Gertrud, geb. 7. Juni 1756, † Freiburg i. B. 1811, verm. Mannheim 24. April 1775 mit Ignaz Reichert, Dr. jur., Professor und Hofgerichtsrate zu Freiburg i. B.

5) Marie Leopoldine, geb. 3. Februar 1758, † 20. Februar 1838, verm. mit Ferdinand Staël von Holstein, kgl. bayer. Obersten zu Augsburg.

6) Marie Auguste, geb. 17. November 1759, † Mannheim 11. Februar 1762.

7) Anna Sofie Therese, geb. 15. Oktober 1760, † 1843, verm. zu Mannheim mit dem kgl. bayer. Oberstleutnant von Pierron.

Von diesen Geschwistern wurden die Brüder Philipp Ludwig Cloßmann, damals wirkl. Regierungsrat zu Amberg, und Johann Josef Cloßmann, Hauptmann im General von Schwicheltschen Feldjäger-Regimente zu Mannheim, mit Rücksicht auf die Verdienste ihres Vaters, des verstorbenen Hofkammerrates Johann Georg Cloßmann vom Kurfürsten Karl Theodor von Pfalz-Bayern als Reichsvikar ddo. München 25. Mai 1790 in den Reichs- und Kurpfälzischen Adelstand erhoben und ihnen hierbei das oben sub II. beschriebene Wappen verliehen.

C. Kreuznacher Stamm. (Wappenmäßig.)

Wahrscheinlich ein Enkel oder Urenkel des im letzten Viertel des XVII. Jahrhunderts zu Weinheim ansässig gewesenen Johann Cloßmann und Vetter des kurpf. Hofkammerrates Johann Georg Cloßmann (s. oben B. Mannheimer Stamm) war jener Karl Closmann (auch Cloßmann), der als kurpf. „Consiliarius aulicus et cellarius huius" (Hofkammerrat und Hofkeller) erwähnt wird. Von seinen Kindern pflanzten zwei Söhne den Stamm fort:

1. Karl, dessen zahlreiche Nachkommenschaft unten folgt.

2. Philipp Jakob, geb. 1752, † Alzey 1827, der großherzogl. badischer Geheimer Legationsrat wurde und mit Walpurga, geb. von Schlemmer vermählt war. Seine Söhne standen in badischen Diensten: — 1) Ernst als Major und — 2) Theodor als Oberst. Beide starben kinderlos.

Der vorstehend sub 1. genannte Karl Closmann war gleich seinem Vater kurpf. Hofkammerrat („Consiliarius aulicus et supremus receptor") und soll ein Schloß und Gut „Baumgärt" (Baumgarten?) bei Kreuznach — das angeblich alte Stammgut der Familie — besessen haben. Er starb 19. März 1792 zu Alzey unter Hinterlassung einer Witwe Sophie Anna Salome, geb. von Langer, vormals Hoffräulein am sachsen-koburgischen Hofe, die noch 1821 zu Mainz lebte, und dreier Kinder. Von diesen gründeten eigene Familien: — 1) Hubert Karl, geb. Kreuznach 13. September 1786, der noch 1856 als Steuerrat zu Mainz lebte und sich 15. Oktober 1821 mit Helene Walpurga Fabris, Gutsbesitzerin zu Alzey, vermählt hatte, und — 2) Karl Philipp, geb. Alzey 2. Jänner 1792, dessen größtenteils in Österreich blühende Deszendenz unten folgt.

Wahrscheinlich ein nachgeborener Bruder dieser beiden war — 3) Bernhard Closmann, geb. Alzey angebl. 1793 (wohl November oder Dezember 1792), der 3. Mai 1810 als Kadett in das 95. französische Linien-Infanterie-Regiment trat, mit diesem die Feldzüge 1812, 1813 und 1814 mitmachte, 22. September 1814 kgl. bayer. Leutnant (vermutl. im 6. Infanterie-Regimente zu Amberg) wurde und 1815 gegen Frankreich focht. Er trat 1824 in Zivildienste, wurde Rechnungsführer am Zentralgefängnisse zu Kaiserslautern, 1845 Polizeikommissär am Zwangsarbeitshause zu Kaisheim, wo er zum Vorstande der späteren Strafanstalt und schließlich 1855 zum Regierungsrate vorrückte. Als Ritter des ihm 1. Jänner 1859 verliehenen Verdienstordens der bayer. Krone erlangte er durch seine am 2. März desselben Jahres erfolgte Eintragung in der kgl. bayer. Adelsmatrikel den Ritterstand für seine Person. Er starb 22. Juni 1861 zu Kaisheim unter Hinterlassung einer Witwe Susanna und dreier Kinder.

Karl Philipp Closmann (s. oben 2), war Sekretär der niederländischen Gesandtschaft und später zugeteilt der Zentral-Rheinschiffahrtskommission zu Mainz, wo er am 18. April 1859 starb. Ebendort hatte er sich 12. März 1824 mit Maria Anna, geb. Borgnis (geb. Pforzheim 31. Juli 1807, † Mainz 15. November 1843, Tochter des Rentners Franz Josef B. und der Barbara, geb. Koch in Mainz) vermählt, die ihm folgende zu Mainz geborene zehn Kinder schenkte:

(1) Babette, geb. 20. Februar 1826, † Prag (Smichow) 30. Juli 1904, verm. Mainz 21. Juni 1851 mit Karl Fischer, k. k. Oberleutnant, später Kreissekretär in Ungarn und Böhmen.

(2) Sophie, geb. 4. September 1827. — [Mainz.]

(3) Klara, geb. 15. Jänner 1829, verm. Mainz 14. Februar 1854 mit Julius Neisser, k. k. Leutnant und späterem Beamten der k. k. priv. Karl Ludwig-Bahn in Galizien. — [Lemberg.]

(4) Marie, geb. 30. Juli 1830, † Mainz 6. Jänner 1873.

(5) Hugo, geb. 15. April 1832, † Bamberg 11. Juni 1900, verm. mit Regine, geb. Rosenbeck (geb. Kreuznach 15. Februar 1838, † Bamberg April 1904), welcher Ehe zwei Kinder entsprossen: — 1. Hugo, der bei seinem am 3. März 1903 zu Bamberg erfolgten Tode wieder zwei Kinder hinterließ: — a) Hugo, 11 Jahre alt, und — b) Therese, 8 Jahre alt, dann — 2. Regine, über die weitere Nachrichten fehlen.

(6) Philipp, geb. 14. Dezember 1833, † New-Orleans 1879 unter Hinterlassung eines Sohnes Karl Christian Emil (geb. New-Orleans 26. Mai 1883).

(7) Katharina, geb. 6. Oktober 1835. – [Prag.]

(8) Helene Walpurga, geb. 27. Juli 1837 – [Lemberg]; – verm. Dembica 22. Mai 1867 mit Gustav Reim († Lemberg 26. Dezember 1879), Eisenbahnbeamten.

(9) Mathilde, geb. 9. Jänner 1840, † Wien 12. Oktober 1902, verm. Dembica 2. Februar 1863 mit Johann Matthias Zehntbauer (geb. Ober-Hausen, Niederösterreich, 15. März 1834), Inspektor der kgl. Ungar. Staatsbahnen i. R. – [Wien, XVIII. Gymnasiumstraße 13.]

(10) Hubert Karl Emil, geb. 9. November 1841, Beamter der k. k. priv. Karl Ludwig-Bahn i. P., verm. Tarnów 10. Jänner 1866 mit Adelheid Eulalia Therese, geb. Heger (Tochter des k. k. Finanzbezirks-Kommissärs Rudolf H.), – [Krakau, Langegasse 11], – welcher Ehe folgende sieben Kinder entstammen:

1. Marie Julie Henriette, geb. Tarnów 5. November 1866, – [Krakau], – verm. daselbst mit Ludwig Borowicz († Krakau 8. August 1903), Ingenieur der k. k. Staatsbahnen.

2. Emil Karl Rudolf, geb. Przeworsk .... 186., Mag. pharm., verm. Krakau (Kapuziner) 16. Mai 1893 mit Helene, geb. Gąsiórska – [Zakopane] – die ihm vier zu Oświęcim geborene Söhne schenkte: – 1) Konrad Emil Karl Stefan, geb. 19. Februar 1894, † Oświęcim 1897; – 2) Johann, geb. 1895, † Oświęcim; – 3) Roman, geb. 3. Februar 1896, und – 4) Wladimir, geb. 18. und † 19. Mai 1899.

3. Karl Gustav Rudolf, geb. Zadwórze 2. Juni 1871, k. k. Polizeikommissär. – [Krakau, Langegasse 11.]

4. Julius Karl Rudolf, geb. Przeworsk 6. Oktober 1874, Dr. jur., Magistratskonzipist in Krakau, verm. daselbst (Karmeliter) 10. Juli 1901 mit Marie Katharina, geb. Baruch (geb. Podgórze 25. November 1879, Tochter des Großindustriellen Gustav B.). – [Krakau, Altweichselgasse 35.]

5. Josef Philipp Hermann, geb. Przeworsk 23. Juli 1878, Beamter der k. k. Staatsbahnen. – [Ryczow.]

6. Rudolf Viktor Adalbert, geb. Przeworsk 8. Februar 1880, † Tarnopol 6. Juni 1884.

7. Roman Philipp Thaddäus, geb. Przeworsk 14. Februar 1882, † Tarnopol 1. April 1854.

B. Mannheimer Stamm.

Stifter: Johann Georg Cloßmann, geb. Weinheim 1731, † Mannheim 13. September 1786.

I. Ältere Linie.

† Philipp Ludwig von Cloßmann (1. Adelserwerber – 2. Kind des 13. September 1786 zu Mannheim † Johann Georg Cloßmann und der ....1785 ebendort † Leopoldine, geb. Hartmann), get. Mannheim 9. Oktober 1753, † Ansbach 5. Mai 1832, kgl. bayer. wirklicher Geheimer Rat und

Appellationsgerichts-Vizepräsident; — verm. Schloß Herrengriesdorf bei Straubing 7. September 1807 mit:

† Maria Johanna Josefa Ferdinanda Kreszenzia, geb. Staël von Holstein (Tochter des 30. Oktober 1810 zu München † kgl. bayer. Kämmerers und Generalmajors i. P. Josef Franz Ferdinand St. v. H. und der .... 1828 ebendort † Maria Franziska Romana, geb. Basselet de La Rosée), geb. München (Mil.-Pf. St. Michael) 15. Jänner 1781, † Ansbach 25. Mai 1853.

Kinder:

†1. August Ferdinand Karl, geb. München (Frauenk.) 16. Jänner 1809, † Graz 18. September 1865, k. k. Major i. P. (bis 1852 im Dragoner-Regimente GdK. Leopold II. Großherzog von Toscana Nr. 4 [aufgelöst 1860]), Besitzer des Dobjehofes bei Gonobitz; — verm. I. Wien (St. Johann Nep., II. Bez.) 29. Mai 1842 mit:

† Karoline Eleonore, geb. Freiin (Preg) von Bretfeld zu Kronenburg (Tochter des 7. Juni 1840 zu Gräfenberg † k. k. Feldmarschall-Leutnants, zweiten Inhabers des Dragoner-Regimentes GdK. Leopold II. Großherzog von Toscana Nr. 4 [aufgelöst 1860], Indigenas von Ungarn, LO.-R. Emanuel Freiherrn [P.] v. B. z. K. und der 22. Februar 1842 zu Wien [St. Johann Nep., II. Bez.] † Marie Karoline Eleonore, geb. Gräfin von Ahlefeldt), geb. Prag 5. August 1813, † Dobjehof bei Gonobitz 20. August 1857; — II. Baden-Baden 9. November 1858 mit:

† Gertrud, geb. von Reichert (Tochter des .... 18.. zu .... † großherzogl. badischen Majors Georg v. R. und der .... 18.. zu .... † Johanna, geb. Minet), geb. Durlach 9. September 1816, † Droß, Niederösterreich, 20. April 1899.

Kinder: a) I. Ehe:

1) August Emanuel Maria Günther, geb. Jennersdorf (Gyanafalva, Komitat Vas) 9. Mai 1843 (bis 28. Februar 1866 k. k. Unterleutnant im Infanterie-Regimente FML. Leopold Graf Gondrecourt Nr. 55), Dr. med., Militärarzt der Vereinigten Staaten-Armee i. P., — [St. Louis, Missouri, Nr. 4227, Shenandont Avenue]; — verm. Soccoro, New-Mexico, 22. November 1872 als deren II. Gemahl mit:

† Martha Anna Hesther, geb. Spangler (Tochter des .... 1860 zu .... † Paul Sp. und der .... 1855 zu .... † Martha, geb. Peters), geb. Botecourt, County Finncastle, Virginia, 24. August 1850, † Saint Louis, Missouri, 11. Jänner 1901; — (in I. Ehe verm. .... 18.. mit ihrem Vetter: — † John Spangler, geb. .... 18.., † bei der Belagerung von Petersburgh, Virginia, ... 18.., Leutnant in der Armee der Südstaaten).

Kinder:

† (1) Therese Martha Eleonore Auguste, geb. Fort Tulerosa, New-Mexico, 20. Juli 1873, † ebendort 18. August 1874.

(2) Paula Eleonore Gisela Irma, geb. Fort Union, New-Mexico, 4. April 1875. — [Saint Louis, Mi.]

(3) Alexandrine Valerie Olga Franziska, geb. Columbus, Ohio, 13. Oktober 1876, — [Saint Louis, Mi.]; — verm. Saint Louis, Mi. 14. Juni 1899 mit:

† Patrick Anthony Galoin, geb. .... 18.., † .... 8. Juli 1906.

(4) Sophie Klara, geb. Fort Meade, South Dakota, 17. August 1879. — [Saint Louis, Mi.]

(5) Julius August Günther Emanuel, geb. Fort Meade, South Dakota 26. Mai 1881. — [Saint Louis, Mi.]

(6) Lillian Isabella Karoline Fanny, geb. Fort Meade, 7. Jänner 1883; — verm. Saint Louis, Mi., 18. Dezember 1905 mit:

Henry Clay Rothwell, geb. .... 18.. — [Lexington, Kentucky.]

† 2) Emanuel Karl Philipp Maria, geb. Zanegg (Szolnok, Komitat Moson) 18. August 1845, † Wien 28. Juli 1883, Ingenieur der k. k. priv. Staatseisenbahn-Gesellschaft, k. k. Seekadett i. R.; — verm. Wien 16. September 1874 mit:

Pauline Aloisia, geb. Graetz (Tochter des 13. Oktober 1883 zu Baden bei Wien † k. k. Militär-Oberrechnungsrates Michael G. und der 21. Juni 1892 zu Scheiblingkirchen † Karoline, geb. Seidl), geb. Graz 11. Dezember 1851, städt. Oberlehrerin und Leiterin der Allgemeinen Volksschule für Mädchen in Wien, X. Uhlandgasse 1. — [Wien, IV. Favoritenstraße 62.]

Töchter:

(1) Pauline Therese Karoline Marta Maria geb. Wien 10. August 1875; — verm. Wien 16. November 1901 mit:

Artur Leopold Gerber, geb. Wien 8. Februar 1871, k. k. Leutnant i. d. Evidenz des Landwehr-Infanterie-Regimentes Triest Nr. 5, Sekretär der Baseler Transportversicherungsgesellschaft. — [Wien.]

† (2) Auguste Karoline Pauline Marie, geb. Wien 12. Juni 1877, † daselbst 22. November 1883.

3) Eleonore Auguste Karoline Emanuele Marie Therese, geb. Zanegg (Szolnok, Komitat Moson) 4. Dezember 1846, — [Graz, Anzengrubergasse 17]; — verm. Graz 5. August 1865 mit:

† Alexander Robert Wilhelm Maria Pickl Edlen von Witkenberg, geb. Graz 20. Oktober 1836, † daselbst 10. November 1899, k. u. k. Major d. R. (bis 1893 im Armeestande und Platzkommandant zu Linz).

4) Ludwig Emanuel, geb. Vicenza 30. Juli 1850, k. u. k. Leutnant a. D., Vorstand des Frachtenbahnhofes der k. k. Staatsbahn (Kaiser Franz Josephs-Bahn) zu Gmünd; — verm. Wien 16. April 1884 mit:

Johanna (Jenny), geb. Graetz (Schwester der oben genannten Pauline, geb. Graetz), geb. Leibnitz 31. März 1852. — [Gmünd.]

Kinder:

(1) August Alexander, geb. Aspang 28. September 1884.
(2) Karl Ludwig, geb. Traiskirchen 2. Juni 1886.
(3) Julius Emanuel, geb. Traiskirchen 6. Februar 1891.

5) Eleonore Marie, geb. Dobjehof bei Gonobitz 18. Mai 1854, – [Wien]; – verm. Graz 28. Mai 1876 mit:

† Ignaz Schrecker, geb. .... 6. März 1834, † .... 1878, k. k. Hofphotographen.

b) II. Ehe:

† 6) Henriette, geb. .... 23. November 1859, † Speising bei Wien 23. Juli 1877.

†2. Julius Anton Josef, geb. Ansbach 12. Juni 1811, † München 26. April 1900, kgl. bayer. Oberförster i. P.; – verm. Hildesheim 20. Mai 1841 mit:

† Julie, geb. Rupprecht (Tochter des .... 18.. zu .... † Gutsbesitzers .... R. und der .... 18.. zu .... † Regina, geb. Gültig), geb. Kloster Heilsbronn 28. November 1815, † München 22. April 1897.

Töchter:

1) Sophie Christine Julie, geb. Kirchheimbolanden 21. Apri 1842. – [München.]

2) Johanna Karoline (Lilly), geb. Kirchheimbolanden 24. Mai 1844, – [München]; – verm. Eichstädt 25. Mai 1868 mit:

† Wilhelm Hoechtlen, geb. .... 18.., † .... 23. April 1887, kgl. bayer. Forstrate.

†3. Sophie Emilie Luise, geb. Ansbach 15. Jänner 1814, † München 18. Juni 1901, Stiftsdame des St. Anna-Ordens in München.

II. Jüngere Linie.

† Johann Josef von Cloßmann (2. Adelserwerber – 3. Kind des 13. September 1786 zu Mannheim † Johann Georg Cloßmann und der .... 1785 ebendort † Leopoldine, geb. Hartmann), geb. Mannheim 7. Juni 1755, † Karlsruhe 19. Jänner 1826, großherzogl. badischer Generalleutnant und Gouverneur der Residenzstadt Karlsruhe; – verm. .... 11. Mai 1787 mit:

† Christine, geb. Minet (Tochter des .... 17.. zu Mannheim † kurpf. Hofkammerrates .... M. und der .... 1... zu .... † ...., geb. ....), geb. .... 16. Mai 1764, † Karlsruhe 16. April 1835.

Kinder:

†1. Wilhelm Nikolaus, geb. Mannheim 24. April 1788, † Achern 23. Mai 1855, großherzogl. badischer Generalmajor und Gouverneur der Bundesfestung Rastatt; – verm. Mannheim 17. November 1817 mit:

† Wilhelmine, geb. Keßler (Tochter des .... 1803 zu .... † Georg K. und der .... 18.. zu .... † Elise, geb. Sauermann), geb. Alzey 10. März 1803, † Lichtenthal bei Baden-Baden 10. Jänner 1882.

Kinder:

†1) Wilhelm Maria, geb. Mannheim 27. Dezember 1820, † .... 16. Mai 1845, großherzogl. badischer Sekondleutnant im Leibregimente.

†2) August, geb. Mannheim 13. Jänner 1823, † Schaffhausen 13. April 1871, Schriftsteller; – verm. Genf 12. September 1853 mit:

† Françoise Adrienne, geb. Lombard (Tochter des .... 18.. zu .... † .... L. und der .... 18.. zu .... † ...., geb. ....), geb. Genf 16. Juli 1826, † Dé .... 1898.

Kinder:

†(1) Wilhelm Maria, geb. Genf 18. Oktober 1854, † daselbst 4. März 1861.

†(2) Julius Wilhelm Adolf, geb. Genf 11. September 1862, † Genf 27. April 1884.

(3) Jakob Georg, geb. Genf 28. November 1863. – [....]

†3) Julius, geb. Mannheim 19. September 1825, † Freiburg i. B. 16. Jänner 1904, kaiserl. deutscher Geheimer Oberjustizrat und Senatspräsident a. D. (bis 1899 am Oberlandgericht für Elsaß-Lothringen); – verm. Mannheim 12. Juli 1866 mit:

Aloisia (Luise), geb. Stehberger (Tochter des 1. August 1866 zu Mannheim † Geheimen Hofrates Dr. Georg St. und der 1. Juli 1851 ebendort † Karoline, geb. Hübsch), geb. Mannheim 22. Mai 1838. – [Freiburg i. B.]

Sohn:

Karl Wilhelm Hans, geb. Freiburg i. B. 19. Juni 1874, kgl. preuß. Oberleutnant im 3. badischen Feldartillerie-Regimente Nr. 50; – verm. .... 16. März 1905 mit:

Margarete, geb. Schönleber (Tochter des Malers und Professors Gustav Sch. und der Luise, geb. Deffner), geb. .... 21. März 1883. – [Karlsruhe, Belfortstraße 10.]

Tochter:

Luise Leonore, geb. Karlsruhe 10. November 1906.

†4) Georg, geb. Mannheim 8. Dezember 1826, † .... 19.., Kaufmann zu Antwerpen; – verm. München 19. April 1870 mit:

Anna, geb. Scheppeler (Tochter des .... 18.. zu .... † Kaufmannes zu Riga Johann Georg Sch. und der .... 18.. zu .... † Karoline, geb. Sobach), geb. Riga .... 18... – [Bialystok, Unt. Stadtstraße 17.]

Kinder:

(1) Johann Georg Feodor, geb. Wiesbaden 15. Oktober 1871. – [....]

(2) Georg, geb. Antwerpen .... 1874. – [....]

(3) Elise Karoline Regine Anna, geb. Antwerpen 17. August 1875. – [....]

†5) Leopoldine, geb. Mannheim 15. September 1829, † Baden-Baden .... 1900.

†2. Ignaz Anton, geb. Mannheim 24. Juli und † 6. August 1790.

†3. Philipp Georg (Zwillingsbruder des vorigen), geb. Mannheim 24. Juli und † 7. August 1790.

†4. Anna Gertrud, geb. Mannheim 3. März 1792, † .... 22. März 1868; — verm. .... 10. Dezember 1810 mit:

† Theodor August Seutter von Lötzen, geb. Ulm 7. Juli 1776, † Karlsruhe 10. Juli 1841, Patrizier von Ulm, Mitbesitzer von Balzheim und Wimmelsbach, großherzogl. badischem Generalmajor a. D., Ehrenbürger von Rastatt.

†5. Jodok Josef, geb. Mannheim 15. April 1794, † Baden-Baden 19. Jänner 1835, großherzogl. badischer Hauptmann à la suite; — verm. Rust in Baden 24. August 1827 mit:

† Marie Karoline Luise, geb. Freiin Böcklin von Böcklinsau (Tochter des 4. März 1829 zu Rust in Baden † großherzogl. badischen Generalmajors Friedrich Wilhelm Kaspar Leopold Freiherrn B. v. B. und dessen II. Gemahlin, der 26. Mai 1834 zu Karlsruhe † Wilhelmine Christiane Karoline, geb. Freiin von Rathsamhausen), geb. Mannheim 22. November 1801, † Baden-Baden 31. Jänner 1835.

Sohn:

† Wilhelm Christian Friedrich Philipp, geb. Karlsruhe 6. Juli 1828, † daselbst 2. Jänner 1895, kgl. preußischer Major z. Disp. und großherzogl. badischer Kammerherr; — verm. Karlsruhe 23. April 1857 mit:

Pauline Charlotte Elvira, geb. Vierordt (Tochter des 19. März 1867 zu Illenau † Bankiers Heinrich V. und der .... 1887 zu Baden-Baden † Wilhelmine, geb. Jägerschmidt), geb. Karlsruhe 21. Juni 1832. — [Karlsruhe.]

Kinder:

1) Marie Henriette Wilhelmine Luise Auguste Emilie (evangelisch A. B.), geb. Karlsruhe 24. Mai 1858. — [Karlsruhe]; — verm. Karlsruhe 19. April 1884 mit:

† Karl von Boehm, geb. Nieder-Kunzendorf, Preuß.-Schlesien, 12. Oktober 1838, † Mühlhausen, Thüringen, 18. August 1888, kgl. preuß. Obersten und Kommandeur des thüringischen Ulanen-Regimentes Nr. 6.

2) Robert Paul Heinrich Ludwig (evangelisch A. B.), geb. Karlsruhe 7. September 1859, kgl. preuß. Major a. D.; — verm. .... 27. Juni 1898 mit:

Marie Eleonore, geb. Müller (Tochter des 2. April 1900 zu Mühlhausen i. E. † Rechnungsrates Lorenz M. und der Rosa, geb. Trapp), geb. .... 14. Juli 1876. — [Straßburg i. E.]

Tochter:

Paula (evangelisch A. B.), geb. Straßburg. i. E. 30. April 1902.

†6. Josefa Kreszenz, geb. Mannheim 26. und † 28. September 1797.
†7. Josefa, geb. Mannheim 28. September 1800, † daselbst 1. April 1803.

Vgl.: — Brünner Adel. Taschenb. VI 1881, X 1885, XV 1890 u. XVIII 1893; — E. v. d. Becke-Klüchtzener, Stammtafeln des Adels des Großherzogtumes Baden, Baden-Baden 1886, S. 100; — Neuer Siebmacher II, 1 (O. T. v. Hefner, Der Adel des Königreiches Bayern), S. 72, Taf. 81, und II, 6 (C. A. Freih. v. Gras, Der Adel in Baden), S. 94, Taf. 55; — Gedruckte Stammtafel der Familie von Cloßmann.

Conrad von Hey(i)dendorff.

Evangelisch A. B. — Ungarn (Siebenbürgen).

Verleihungen:

1610: Gabriel Báthori, Fürst von Siebenbürgen, erteilt dem Andreas Conrad einen Adels- und Wappenbrief („Armales"). — (Erwähnt im Diplome von 1696.)

1696 März 27, Wien: Kaiser Leopold I. erhebt den „ex nobili in Transylvania stirpe Conrad" entsprossenen Bürgermeister von Mediasch („Consulem Mediensem") und aus der Sächsischen Nation erwählten Gubernialrat („sub Natione Saxonica in Consiliarium Gubernii electum") Samuel Conrad, dessen Gemahlin Margarete Moriz(in), die Kinder aus seiner ersten Ehe mit Anna Teckeld(in): Samuel, Michael, Anna und Susanne Conrad, sowie den Sohn aus seiner gegenwärtigen Ehe Andreas Conrad in den Reichs- und erbländischen Adelstand unter Besserung des 1610 von Gabriel Báthori seiner Familie verliehenen Wappens und mit dem Prädikate „Nobiles de Heydendorff". — (AA., RA.; — StA., RR. Leop. I., tom. XXIX, fol. 320. — Orig. Fam.)

1696 Oktober 5, Gyulafehérvár („Alba Julia"): Das vorstehende Diplom wird durch das kgl. Siebenbürgische Gubernium auf dem für den 19. September d. J. einberufenen Siebenbürgischen Landtage („in generalibus universorum procerum, magnatum, nobilium statuumque et ordinum trium nationum Transylvaniae partiumque Hungariae eidem adnexarum comitiis") publiziert.

1793 (Diplom nicht ausgefertigt): Kaiser Franz I. erhebt den k. k. Generalmajor Karl (Conrad) von Heydendorff in den Österreichisch-erbländischen Freiherrnstand. — (II. Jüngere Linie. — Erwerber unvermählt.)

Wappen:

I. 1610: In Blau auf grünem Boden ein natürlicher Geharnischter in der Rechten ein Schwert, in der Linken eine Schneiderschere haltend. Auf dem Schilde eine mit Edelsteinen geschmückte Krone.

II. 1696 März 27: Wie 1610, nur steht der Geharnischte mit jedem Fuße auf einer natürlichen Schlange, stoßt sein Schwert der Rechten in den Rachen und hält in der Linken anstatt der Schneiderschere einen blühenden Ölzweig. (In der Abbildung des Diplomes trägt der Geharnischte drei rote Federn auf dem Helme und einen ebensolchen Schwertgurt um die Hüften. Später umgibt den Schild auch die 1708 verliehene goldene Kette mit daranhängendem Gnadenpfennig.)

In den Familienaufzeichnungen der Conrad von Heydendorff finden sich zwei abweichende Berichte über ihre Einwanderung in Siebenbürgen. Nach dem chronologisch wahrscheinlicheren wäre Valentin Conrad, aus Nürnberg gebürtig, mit dem Kriegsvolke König Ferdinands I. in den Kämpfen dieses gegen König Johann Zápolya dahin gekommen, hätte eine Sächsin geheiratet und sich in Bátos (Botsch) niedergelassen. Dessen Sohn Dionysius Conrad wurde Bürgermeister von Bátos und soll sich um die Erhaltung der Freiheiten dieses Marktes auch unter der Regierung König Ferdinands verdient gemacht haben. Nach der anderen Variante wäre dagegen erst Dionysius als Kriegsmann des Römischen Königs aus Nürnberg nach Bátos gekommen und dort zur bürgermeisterlichen Würde emporgestiegen.

Des vorgenannten Dionysius Sohn Andreas Conrad zog infolge der Bastaschen Kriege, durch die Bátos sehr gelitten hatte, mit seiner Frau und drei Söhnen etwa 1603 nach Bistritz (Besztercze) und wurde dort nach seinem Herkunftsorte meist „Botscher" genannt. Er kam in seiner neuen Heimat in den Magistrat und soll auch Stadthauptmann gewesen sein. Nach dem Diplome von 1696 hätte er von Gabriel Báthori, Fürsten von Siebenbürgen, für seine Tapferkeit bei Erstürmung einer Festung 1610 einen Adels- und Wappenbrief („Armales") erhalten. Seinem Handwerke nach war er Schneider — daher auch die Schere in der Linken des Geharnischten in seinem Wappen. Er starb um 1628 zu Bistritz und hatte folgende fünf Söhne:

1. „Junior Andreas Conradus alias jüngerer Endres Botscher", Schneider zu Bistritz, verm. I. ebendort 22. Juli 1617 mit „Hans Weißbecks hinterlassener Wittib" und II. mit „Merten Dürbachers Tochter Margaretham, des Hannes Selverts Wittib". Diesen beiden Ehen entsprossen vier zu Bistritz geborene Kinder: — a) aus I. Ehe: — 1) Katharina, geb. 6. März 1618; — 2) Andreas, geb. 13. Mai 1620; — b) aus II. Ehe: — 3) Martin, geb. 9. Oktober 1625, dem 14. September 1658 ebenfalls zu Bistritz ein Sohn Georg geboren wurde, und — 4) Georg, geb. 16. November 1628.

2. „Martinus Conradus", erster Kollaborator, dann Diakonus zu Bistritz, † um 1650 als Pfarrer zu Sendorf (Zsolna). Er vermählte sich 1624 am gleichen Tage wie sein Bruder Michael mit Anna, einer Tochter Andreas Seilers, die ihm

drei zu Bistritz geborene Töchter schenkte: — 1) Katharina, geb. 20. Juli 1625; — 2) Anna, geb. 23. und † 30. August 1628, und — 3) Rebeka, geb. 31. August 1629, die am 30. Mai 1655 Jakob Schnell, einen Binderknecht aus Keisd (Szász-Kézd), heiratete.

3. Michael Conrad, der allein den Stamm dauernd fortpflanzte (s. unten).

4. Georg Conrad (auch „Botscher"), geb. Bistritz 28. März 1604, Kürschner daselbst, dem nur ein Sohn Georg (geb. Bistritz 28. Juli 1630) entstammte.

5. Johann, geb. Bistritz 22. März 1608, von dem weitere Nachrichten fehlen.

Michael Conrad (s. oben 3.) war ebenfalls Schneider und starb um 1660 als Ratsherr zu Bistritz. Er hatte sich 1624 am gleichen Tage wie sein Bruder Martin mit Susanne, einer Tochter des Emmerich Seiler, verehelicht und gewann mit ihr die folgenden sechs Kinder:

1) Margarete, geb. Bistritz 22. Oktober 1625.
2) Andreas, geb. Bistritz 12. Mai 1628.
3) Michael, geb. Bistritz 6. Mai 1631, Schneider, 1680 Ratsherr, verm. Bistritz 23. Februar 1661 mit Katharina Birnbaumer, die ihm drei zu Bistritz geborene Kinder schenkte: — (1) Michael und — (2) Katharina, Zwillinge, geb. 13. Juli 1673, und — (3) Susanne.
4) Susanne, geb. Bistritz 30. Dezember 1633.
5) Johann, Schneider zu Bistritz, verm. daselbst 23. Februar 1661 mit Susanne Roth, welcher Ehe eine Tochter Susanne entstammte, die sich mit Johann Fabritius, Schneider und späterem Ratsherrn zu Schäßburg (Segesvár), vermählte.
6) Samuel, geb. Bistritz 9. März 1647, von dem die adelige Familie Conrad von Heydendorff abstammt (s. unten).

Samuel Conrad, vorstehend 6), widmete sich nicht mehr dem väterlichen Handwerk, sondern trat, in dürftigsten Verhältnissen lebend, als „Togatus" (stipendierter Kandidat der evangelisch-theologischen Laufbahn) in das Gymnasium zu Mediasch (Medgyes). Er gab jedoch die theologischen Studien auf und kam als Kanzlist zu einem Protonotarius, wo er sich bald so hervortat, daß ihn der Magistrat von Mediasch zum Sekretär ernannte. Als einziges Vermögen brachte er ein von seinem früheren Herrn geschenktes Pferd mit, das er an einen türkischen „Bassa" teuer verkaufte. Der Erlös bildete die Grundlage seines späteren Wohlstandes. Er vermählte sich in I. Ehe 1676 mit Anna, einer Tochter des Georg Tockeld, Pfarrers zu Schaal (Sályа), die nach 16jähriger Ehe 32 Jahre alt am 17. Jänner 1692 zu Mediasch starb. In seiner neuen Heimat stieg er rasch von Stufe zu Stufe, wurde 4. Mai 1677 Mitglied der „Hundertmannschaft", 20. September 1678 Notarius, 13. Mai 1685 Senator, 18. Juni 1687 Königsrichter und schließlich 1688 Bürgermeister. Als solcher tat er sich besonders 1690 hervor, als Emmerich Tököly nach dem bei Kronstadt erfochtenen Siege über den kaiserl. General Donat Grafen Heißler von Heistersheim an der Spitze eines türkischen Heeres Mediasch besetzte. Bürgermeister Samuel Conrad verweigerte jedoch unter Berufung auf die Landesgesetze die verlangte Huldigung und bat lediglich für die Stadt um „Salva guardia". Tököly ließ ihn nun in Arrest setzen und ihm am folgenden Tage ankünden, daß er enthauptet und sein Kopf auf einem Spieße öffentlich ausgestellt werde. Durch das rasche Anrücken des Markgrafen Ludwig von Baden wurde er jedoch errettet. Nachdem durch den kaiserl. Feldkriegskommissarius Gallatin de Chatteaunieu seine korrekte Haltung festgestellt worden war, versprach der Markgraf, ihn „bei nächster Occasion am Römisch-kaiserlichen Hof aufs triftigste zu rekommendieren". Samuel Conrad wurde nun als aus der Sächsischen Nation erwählter Gubernialrat mit seiner zweiten Gemahlin (s. unten) und den Kindern seiner beiden Ehen von Kaiser Leopold I. ddo. Wien, 27. März 1696 unter Besserung seines 1610 von Gabriel Báthori verliehenen Wappens mit dem Prädikate „Nobiles de Heydendorff" in den Reichs- und erbländischen Adelstand erhoben. Diese Reichsstandeserhöhung wurde durch das Siebenbürgische Gubernium auf dem Landtage zu Gyulafehérvár („Alba Julia") am 5. Oktober 1696 den versammelten Siebenbürgischen Ständen „nemine penitus contradicente" publiziert und dadurch erst für Ungarn rechtskräftig. Kaiser Leopold I. ernannte Samuel Conrad Edlen von Heydendorff ddo. Wien, 18. April 1697 noch zum Geheimen Siebenbürgischen Gubernialrat („Gubernii Transsylvanici consiliarium intimum"). Kaiser Josef I. endlich verlieh ihm 1708 eine in der Familie noch vorhandene 80 Dukaten schwere goldene Gnadenkette mit daranhängender Denkmünze, deren Avers das Brustbild des Kaisers mit der Umschrift „IOSEPHVS · D · G · ROM · IMPERATOR" und deren Revers ein lorbeerumranktes Schwert mit der Legende „AMORE · ET · TIMORE" zeigt. Er hatte sich 2. September 1692 in II. Ehe mit Margarete, einer Tochter des Pfarrers von Hetzeldorf (Eczel) Michael Moritz, vermählt und starb zu Mediasch 23. Juli 1727. Aus seinen beiden vorerwähnten Ehen stammten folgende neun zu Mediasch geborene Kinder:

I. Ehe: — (1) Anna, geb. 18. und † 22. Mai 1677.

(2) Samuel, geb. 13. August 1678, † 4. März 1713 als Stuhlrichter zu Mediasch, verm. I. Mediasch 22. Juli 1703 mit Katharina, einer Tochter des Pfarrers zu Alzen (Alczina) Johann Welther, und II. am 4. August 1708 mit Sophie, der Witwe des Pfarrers von Keisd, J. Czekelius. Der zweiten Ehe entstammte sein einziger Sohn Samuel, geb. Mediasch 24. August 1709, der in jungen Jahren als Gubernialrat in Bistritz kinderlos starb.

(3) Michael, geb. 6. April 1680, der 1703 und 1707 als Notarius in Mediasch fungierte und 1729 als Senator zu Bistritz starb. Er war zweimal vermählt: I. Mediasch 22. Juli 1703 mit Margarete, Tochter des Senators Daniel Fabri, die am 15. Juli 1708 starb, und II. mit einer „Kleinin". Er hinterließ zwei Kinder: — 1. Katharina, die bei den Minoriten in Bistritz als „Jägerkatharina" begraben ruht, und — 2. Vinzenz, der minderjährig kinderlos starb.

(4) Georg, geb. und † 3. Oktober 1681.

(5) Anna, geb. 25. November 1682, † 1716, verm. 22. Februar 1699 mit Andreas Zierend (späterem von Zierenfeld), Notarius in Bistritz.

(6) Susanne, geb. 1. Juli 1685, verm. mit Michael Broeckner von Bruckenthal, durch den sie die Stammutter der 1872 im Mannsstamme erloschenen freiherrlichen Familie von Bruckenthal wurde.

II. Ehe: — (7) Andreas, geb. 21. Juli 1693, † 1729, der Stammvater der I. Älteren Linie (s. unten).

(8) Johann, geb. 27. August 1696, der kinderlos starb.

(9) Daniel, geb. 11. Juni 1703, der Stammvater der II. Jüngeren Linie (s. unten).

I. Ältere Linie:

Andreas Conrad Edler von Heydendorff, oben (7), starb als Senator und Notarius zu Mediasch 13. Februar 1729. Er war seit 27. September 1716 als deren I. Gemahl mit Rebekka vermählt, einer Tochter des evangelischen Superintendenten Lukas Graffius und der Anna, geb. Auner. Nach seinem Tode heiratete die Witwe 13. September 1739 in II. Ehe den gleichfalls verwitweten Senator Andrae. Andreas hinterließ vier zu Mediasch geborene Kinder:

1. Johanna Justina, geb. 17. April 1717, † Mediasch 9. März 1777, verm. mit dem evangelischen Superintendenten Georg Jeremias Haner.

2. Samuel Josef, geb. 21. Mai 1720, † 8. Oktober 1787, Königsrichter in Mediasch, verm. I. Mediasch 25. September 1746 mit Anna Katharina († 6. Oktober 1767), einer Tochter des Mediascher Senators Stephan Seidler, und II. 31. August 1771 mit Anna Maria (geb. 1736, † 1815), Witwe nach dem Gerichtssekretär in Hermannstadt Thomas von Keßlern. Diesen beiden Ehen entstammten drei zu Mediasch geborene Kinder: — I. Ehe: 1) Anna Katharina Rebekka, geb. 17. August 1748, verm. 16. September 1770 mit Andreas Arnold Bell, Pfarrer zu Enyed, später zu Meschen (Muzsna). — 2) Samuel Andreas, geb. 3. Februar 1752, † Mediasch 29. April 1806, Perzeptor daselbst, der mit Elisabeth, einer Tochter des Mediascher Senators Krauß, vermählt war. Er gewann aus dieser Ehe eine Tochter Sara Elisabeth, geb. Mediasch 28. Dezember 1791, † daselbst 11. November 1854, die sich 1806 mit Daniel Georg Graeser (geb. 11. Oktober 1783, † 17. April 1869), Senator in Mediasch, vermählte. — II. Ehe: 3) Johann Andreas, geb. 23. Februar 1774, † Hermannstadt 18. Februar 1855 (s. unten I. Ältere Linie).

3. Rebekka Regina, geb. 17. Juli 1724, verm. 2. Jänner 1746 mit Michael Weißkirchner, Senator in Schäßburg.

4. Andreas Theodor (posthumus), geb. 22. Juni 1729, † 25. August 1805, Bürgermeister von Mediasch. Er hatte sich zweimal vermählt: — I. Mediasch 25. Dezember 1754 mit Anna Maria († Mediasch 20. Juli 1767), einer Tochter des Mediascher Senators Petrus Krug und der Anna Katharina, geb. von Clausenburger, und — II. Kronstadt (Brassó) 22. November 1767 mit Anna Margarete (geb. ... Februar 1734, † Mediasch 10. Mai 1818), Tochter des Gymnasialdirektors in Kronstadt Johann von Filstich, Witwe nach dem Pfarrer zu Sommerburg (Zsombor) Georg Pöldner. Er gewann aus diesen beiden Ehen sieben zu Mediasch geborene Kinder. — I. Ehe: — 1) Andreas Theodor, geb. 17. Dezember 1755, † Mediasch 3. November 1844 als siebenbürgischer Gubernialrat. Er war in

kinderloser Ehe vermählt seit 29. März 1823 mit Anna Maria Rosina (geb. 30. Mai 1767), einer Tochter des Hermannstädter Senators Simon Friedrich Baußner von Baußnern. — 2) Friedrich Peter, geb. 15. Oktober 1758. — 3) Anna Maria, geb. 13. Februar 1761, † Mediasch 14. Oktober 1762. — II. Ehe: — 4) Elisabeth Marie, geb. 1768, † Mediasch 12. November 1844. Sie hatte sich verm. I. Mediasch 17. Juni 1792 mit Karl Josef von Alemann, k. k. Leutnant im Infanterie-Regimente Freiherr von Spleny (jetzt Nr. 51), der als Grenadier-Hauptmann des Infanterie-Regimentes Graf Saint Julien Nr. 61 am 15. Juni 1809 an einer tagsvorher im Gefechte bei Raab erhaltenen Wunde starb, und II. am 1. Jänner 1811 mit Bernhard de Longueville, k. k. Oberstleutnant im letztgenannten Regimente. — 5) Johann Gottlieb, geb. 26. Jänner 1770, † Kirchheim bei Boladen (Rheinpfalz) 10. Mai 1796. — 6) Justine Dorothea, geb. 23. Jänner 1772, † Mediasch 24. Mai 1772. — 7) Justine Therese, geb. 16. Mai 1774, † 184., verm. 12. Februar 1800 mit Friedrich Arzt, Senator in Schäßburg.

II. Jüngere Linie:

Daniel Conrad Edler von Heidendorff, oben (9), † zu Mediasch 14. April 1777 als Bürgermeister dieser Stadt. Er hatte sich 21. August 1729 mit Anna Maria (geb. 6. April 1713, † 18. Juni 1785) vermählt, einer Tochter des Pfarrers zu Urwegen (Szász-Orbó) und Unterwälder Kapiteldechanten Bartholomäus Baußner von Baußnern und der Sophie, geb. von Fleischer. Er erzeugte in dieser Ehe folgende sechs zu Mediasch geborene Kinder:

1. Michael Friedrich, geb. 26. November 1730, † 10. November 1821, LO.-R., kgl. Rat und Bürgermeister von Mediasch, verm. 3. September 1758 mit Katharina Susanne (geb. 30. Dezember 1739, † 21. Jänner 1809), einer Tochter des siebenbürgischen Gubernialrates Stephan Hann von Hannenheim und der Anna Katharina, geb. von Clausenburger. Seiner Ehe entsprossen sechs, ebenfalls zu Mediasch geborene Kinder: — 1) Johanna Regina, geb. 5. August 1759, † Mediasch 2. September 1760. — 2) Susanne Friederike Johanna, geb. 3. November 1761, † Mediasch 27. September 1822, verm. Mediasch 31. Mai 1782 mit Johann Georg Schuster (geb. 17. Juli 1750, † 20. Juni 1794), Senator in Mediasch. — 3) Johann Peter, geb. 6. Dezember 1765, † Mediasch 21. September 1836, k. k. Major und Premierwachtmeister der kgl. Ungarischen adeligen Leibgarde l. P., verm. I. Wien 11. November 1799 mit Henriette (geb. 1765, † Mediasch 11. Oktober 1832), Tochter des Ernst Wilhelm Schuhmacher und der Charlotte, geb. Herberger, aus Freiberg in Sachsen, und II. als deren I. Gemahl mit Johanna Juliane Wilhelmine (geb. 1798, † Wien 21. Jänner 1854), Tochter des Handelsmannes August Bernhard Schuhmacher und der Johanna Julie, geb. Leibegat. Die Witwe vermählte sich nach dem Tode Heidendorffs mit dem kgl. Rate und siebenbürgischen Hofsekretär Johann Friedrich Csech von Sternheim. — 4) Friedrich Michael, geb. 11. September und † Mediasch 1. Dezember 1767. — 5) Daniel Stephan Michael, geb. 9. April 1769, von dem die gegenwärtig lebenden Mitglieder dieser Linie abstammen (s. unten Jüngere Linie). — 6) Maria Karoline Katharina, geb. 13. April 1772, † 17. Juli 1785.

2. Samuel Karl, geb. 25. Juli 1735, trat nach einer stürmisch verlebten Jugend 1754 als Volontär in das Infanterie-Regiment FM. Karl Gustav Graf Kheul (heute Nr. 49), in welchem er den Siebenjährigen Krieg mitmachte, 1757 Fähnrich wurde und 1760 als Oberleutnant bei Troppau in preußische Gefangenschaft geriet. Bei Errichtung des „zweiten Siebenbürger Walachen-Grenz-Infanterie-Regimentes" (nun Nr. 50) kam er als Kapitänleutnant zu diesem und rückte dort bald zum Hauptmanne, 1778 zum Major und schließlich 1787 zum Obersten und Regimentskommandanten vor. Als solcher tat er sich während des Türkenkrieges 1788 bis 1790 wiederholt hervor, besonders 1789 bei Kimpolung. 1791 wurde er Generalmajor, mußte aber unmittelbar vor seinem Ausmarsche in den Feldzug von 1793 wegen zunehmender Kränklichkeit in den Ruhestand treten. FM. Prinz Friedrich Josias von Coburg-Saalfeld erwirkte ihm beim Kaiser 1793 den Freiherrnstand, der wohl bei der Armee publiziert wurde, doch ohne daß ein Diplom ausgefertigt worden wäre. Generalmajor Karl Freiherr von Heydendorff übernahm den von seinem Vater ererbten Besitz in Meschen, wo er am 4. Jänner 1797 starb (beigesetzt zu Mediasch). Er blieb unvermählt.

3. Anna Maria, geb. 20. März 1738, † 26. Jänner 1804, verm. mit dem Königsrichter von Mediasch Daniel Josef Kirtscher (geb. 18. Dezember 1728, † 12. Februar 1807), der 4. Dezember 1793 unter Verleihung des Prädikates „von Kirtschberg" in den Adelstand erhoben wurde.

4. Daniel Josef, geb. 4. August 1741, † 4. September 1821, diente zuerst in der kgl. Ungarischen adeligen Leibgarde und war später Stadthann (Stadtrichter) zu Mediasch. Er vermählte sich daselbst 6. September 1772 mit Rebekka Justina (geb. Mediasch 20. Dezember 1756, † ebendort 12. Dezember 1819), einer Tochter des Mediascher Kaufmannes Georg Albert Haner und der Sara Sophie, geb. Fleischer. Dieser Ehe entsprossen folgende drei zu Mediasch geborene Kinder: — 1) Anna Maria Sophie, geb. 19. Mai 1777, † 25. August 1849, verm. 1796 mit Matthäus Gottlieb Czoppelt (geb. 16. März 1769, † 14. Jänner 1830), evangelischem Pfarrer zu Meschen. — 2) Susanne, geb. 14. Februar 1779, † 28. August 1842, verm. 15. April 1801 mit Johann Theil († 1835), evangelischem Pfarrer zu Markschelken (Nagyselyk). — 3) Regina Rebekka, geb. 6. August 1782, † 13. April 1843, verm. I. 1802 mit Michael Weinrich (geb. Mediasch 19. Jänner 1767, gefallen bei Verona 1805), k. k. Oberleutnant, II. 1. Mai 1810 mit Andreas Franz Krauß von Ehrenfeld, geb. 1761, † 7. Juni 1842, der in erster Ehe mit Sara Susanne, geb. Krug, vermählt war.

5. Juliana Regina, geb. 4. August 1741.

6. Susanne Sophie, geb. 16. Dezember 1743, † 13. April 1780, verm. 31. Juli 1807 mit Georg Michael Gottlieb Edlen von Herrmann (geb. 29. September 1737), kgl. Rat und Stadthann zu Kronstadt.

I. Ältere Linie.

(Conrad Edle von Heydendorff.)

Stifter: Andreas Conrad Edler von Heydendorff, geb. Mediasch (Medgyes) 21. Juli 1693, † daselbst 13. Februar 1729, Senator und Notarius zu Mediasch.

† Johann Andreas Conrad Edler von Heydendorff (3. Kind des 8. Oktober 1787 zu Mediasch [Medgyes] † Königsrichters daselbst Samuel Josef C. Edlen v. H. und dessen II. Gemahlin, der .... 1815 zu .... † Anna Maria, geb. ...., verwitweten von Keßlern), geb. Mediasch (Medgyes) 23. Februar 1774, † Hermannstadt (Nagyszeben) 18. Februar 1855, kgl. Siebenbürgischer Gubernialexpeditsadjunkt; — verm. .... 30. Dezember 1817 als deren II. Gemahl mit:

† Friederike, geb. Hecker (Tochter des .... 18 .. zu Klausenburg [Kolozsvár] † Gutsbesitzers Friedrich H. und der .... 18.. zu .... † ...., geb. ....), geb. Jena 19. Juni 1788, † Hermannstadt (Nagyszeben) 27. Februar 1863; — (war in I. Ehe verm. .... 18.. mit: — † Friedrich Wendler, geb. .... 17.., † Klausenburg [Kolozsvár] .... 18.., Bürgermeister daselbst).

Kinder:

† 1. Eduard, geb. Klausenburg (Kolozsvár) 15. September 1819, † Szerdahely (Reußmarkt) 10. Dezember 1886, k. k. Gendarmerie-Rittmeister d. R. und kgl. ungar. Stuhlrichter in Szerdahely (Reußmarkt); — verm. .... 23. April 1851 mit:

† Julie, geb. Filtsch (Tochter des 16. Jänner 1860 zu Mühlbach [Szászsebes] † Stadtpfarrers daselbst Josef F. und der 12. September 1866 zu Mühlbach † Karoline, geb. Falmer), geb. Urwegen (Szászorbó) 7. Februar 1827, † Nagyszeben (Hermannstadt) 16. Jänner 1898.

Kinder:

† 1) Gabriele Friederike, geb. Hermannstadt (Nagyszeben) 18. März 1852, † Segesvár (Schäßburg) 2. Juni 1892.

2) Christine, geb. Zengg 24. Juli 1853; — verm. .... 28. Mai 1881 mit:
Wilhelm Unberath, geb. .... 6. Jänner 1852, Apotheker. — [Hunyaddobra.]

† 3) Malvine, geb. Warasdin 4. Juli 1858, † Mühlbach (Szászsebes) 4. Jänner 1868.

4) Julius Eduard Johann Josef, geb. Légrád 22. Mai 1860, k. u. k. Major im Infanterie-Regimente FZM. Emil Freiherr Probszt von Ohstorff Nr. 51; — verm. .Wien 28. April 1891 mit:
Olga Therese Karoline, geb. Weitzl von Starnfeld (Tochter des Realitätenbesitzers Alfred Ritters W. v. St. und der Wilhelmine, geb. Wehrhan), geb. Budapest 13. September 1867. — [Wien, Stiftskaserne.]

5) Marie, geb. Mühlbach (Szászsebes) 16. Juli 1863; — verm. .... 18. März 1890 mit:
Alfred Müller, geb. .... 29. Mai 1830. — [Budapest.]

5*

†2. Wilhelmine, geb. .... 9. April 1822, † .... 5. April 1882; — verm. .... 22. Mai 1850 mit:

† Karl Franz von Wayda, geb. .... 27. Februar 1819, † Hermannstadt (Nagyszeben) 22. September 1861, k. k. Statthaltereisekretär.

II. Jüngere Linie.

(Conrad Edle von Heidendorff.)

Stifter: Daniel Conrad Edler von Heidendorff), geb. Mediasch (Medgyes) 11. Juni 1703, † daselbst 14. April 1777, Bürgermeister der Stadt Mediasch.

† Daniel Stephan Michael Conrad Edler von Heidendorff (5. Kind des 10. November 1821 zu .... † kgl. Rates und Bürgermeisters von Mediasch [Medgyes] Michael Friedrich C. Edlen v. H. und der 21. Jänner 1809 zu .... † Katharina Susanne, geb. Hann von Hannenheim), geb. Mediasch (Medgyes) 9. April 1769, † daselbst 29. August 1857, Bürgermeister von Mediasch (Medgyes); — verm. .... 19. Februar 1800 mit:

† Christine, geb. Schuster (Tochter des .... 18.. zu .... † Königsrichters zu Mediasch [Medgyes] August Gottlieb Sch. und der .... 18.. zu .... † Johanna Theresia, geb. Hann von Hannenheim), geb. Mediasch (Medgyes) 14. Februar 1777, † daselbst 5. Mai 1860.

Kinder:

†1. Samuel Andreas Michael } Zwillinge, geb. Mediasch (Medgyes)
†2. Daniel Andreas Michael } 6. und † daselbst 16. Oktober 1800.

†3. Samuel Daniel Stephan Michael, geb. Mediasch (Medgyes) 28. Dezember 1801, † daselbst 25. Februar 1805.

†4. Johann Peter Karl, geb. Mediasch (Medgyes) 13. April 1804, † ebendort 9. April 1806.

†5. Samuel Michael Peter Christian, geb. Mediasch (Medgyes) 24. Juni 1806, † daselbst 27. September 1814.

†6. Susanne, geb. Mediasch (Medgyes) 6. März 1812, † ebenda 22. September 1834; — verm. .... 1. Juli 1830 mit:

† Karl Theil, geb. .... 1. April 1805, † .... 31. Dezember 1844, Fiskal.

†7. Karl Friedrich Johann Peter, geb. Mediasch (Medgyes) 7. Mai 1815, † ebendort 28. Juli 1874, substit. Bürgermeister in Medgyes (Mediasch); — verm. .... 30. August 1836 mit:

† Josefa Susanne Therese, geb. Theil (Tochter des .... 18.. zu Hetzeldorf [Eczel] † evangelischen Pfarrers daselbst Samuel Th. und der .... 18.. zu .... † Susanne, geb. Schaffendt), geb. .... 5. Mai 1813, † .... 18..

Kinder:

† 1) Karl, geb. Mediasch (Medgyes) 15. Mai 1837, † ebendort 28. Jänner 1892, kgl. ungar. Unterrichter in Medgyes (Mediasch); — verm. I. .... 19. November 1860 mit:

† Charlotte, geb. Gierling (Tochter des .... 18.. zu .... † Mediascher Senators Johann G. und der .... 18..

zu .... † Sophie, geb. Wagner), geb. Mediasch (Medgyes) 18. Mai 1840, † .... 28. November 1861; — verm. II. .... 24. März 1863 mit:

Josefine, geb. Binder (Tochter des .... 18.. zu .... † k. k. Bezirksamtsadjunkten zu Mediasch [Medgyes] Daniel B. und der .... 18.. zu .... † Josefa, geb. Morscher), geb. .... 8. April 1843. — [Medgyes.]

Kinder a) I. Ehe:

† (1) Karl, geb. Mediasch (Medgyes) 28. November 1861, † .... 21. März 1893, ...; — verm. .... 1884 mit:

† Josefine, geb. Binder (Tochter des Mediascher Stuhlphysikus Dr. med. Samuel B. und der Josefa, geb. Malmer), geb. .... 1864, † .... 7. Dezember 1892.

Sohn:

Karl, geb. Medgyes (Mediasch) 18. Oktober 1885, Realitätenbesitzer. — [Medgyes.]

b) II. Ehe:

(2) Josefine, geb. Mediasch (Medgyes) 16. Jänner 1864. — [Medgyes.]

† (3) Michael, geb. Mediasch (Medgyes) 4. Oktober 1865, † ebendort 28. Dezember 1892.

† (4) Ida, geb. Medgyes (Mediasch) 19. September 1867, † ebendort 19. Dezember 1873.

† 2) Ida, geb. Mediasch (Megyes) 17. September 1838, † ebenda 30. Mai 1839.

3) Michael, geb. Mediasch (Medgyes) 15. März 1840, pens. Professor der evangelischen Realschule in Bukarest; — verm. .... 13. Mai 1863 mit:

Berta, geb. Roth (Tochter des .... 18.. zu .... † Pfarrers zu Markschelken [Nagyselyk] Martin R. und der .... 18.. zu .... † Susanne, geb. Binder), geb. .... 12. Mai 1842. — [Medgyes.]

Kinder:

(1) Berta, geb. .... 10. Mai 1864, — [Temesvár]; — verm. I. .... 7. Jänner 1890 mit:

† Anton Zibrzid, geb. .... 18.., † .... 24. Jänner 1890; — II. .... 15. November 1897 mit:

August Solymássy, geb. .... 18.., kgl. ungar. Finanzrat bei der Finanzdirektion in Temesvár. — [Temesvár.]

(2) Konradine, geb. .... 7. Juni 1870; — verm. .... 14. November 1899 mit:

Robert Heck, geb. .... 18.., Teilhaber und Prokuraführer der prot. Firma V. A. Heck, Kunstverlag in Wien. — [Wien, III. Reisnerstraße 25.]

4) Josefa, geb. Mediasch (Medgyes) 4. Oktober 1842; — verm. Mediasch (Medgyes) 25. September 1858 mit:

Friedrich Folberth, geb. .... 21. Jänner 1833, Apotheker. – [Medgyes.]

5) Ida, geb. Mediasch (Medgyes) 13. September 1844, – [....]; – verm. .... 13. Mai 1863 mit:

† Karl Heinrich, geb. .... 8. April 1841, † .... 8. April 1883, Pfarrer in Eczel (Hetzeldorf).

† 6) Samuel, geb. Mediasch (Medgyes) 29. Juli 1848, † daselbst 9. Dezember 1868.

† 7) Andreas, geb. Mediasch (Medgyes) 10. Juni 1853, † ebendort 28. Dezember 1861.

† 8. Christine Theresia, geb. Mediasch (Medgyes) 27. Juni 1818, † daselbst 10. Mai 1819.

Vgl.: – J. Groß, Zur Geschichte der Heydendorffschen Familie, Archiv d. Vereines f. siebenbürgische Landeskunde, Neue Folge XXIV, Hermannstadt 1892, S. 234 bis 346 u. 2 Stammt. – Neuer Siebmacher IV, 12 (C. v. Reichenau u. G. v. Csergheö, Der Adel von Siebenbürgen), S. 136 u. Taf. 75.

Czeschka von Hohenhorst.

Römisch-katholisch. — Österreich (Böhmen).

Verleihung:

1883 August 10, Wien (Diplom): Kaiser Franz Joseph I. verleiht dem k. k. Hauptmanne d. R. Hugo Czeschka den Österreichischen Adelstand mit dem Prädikate „Edler von Hohenhorst" und einem Wappen. — (AA., HKA.; — Orig.-Fam.)

Wappen:

1883 August 10: In gespalten von Rot und Grün zwei schräg gekreuzte blanke Schwerter mit goldenen Griffen und aufgekehrten Spitzen, darübergelegt ein pfahlweißer Hirschfänger in schwarzer Scheide mit goldenem Griffe und Beschläge, die Spitze nach unten. Auf dem gekrönten Turnierhelme mit rechts rot-goldenen und links grün-goldenen Decken ein wachsender schwarzer Adler.

---

† Hugo Emmerich Johann Czeschka Edler von Hohenhorst (Adelserwerber — Sohn des .... 18.. zu .... † .... Czeschka und der .... 18.. zu .... † ...., geb. ....), geb. Kurzwald, Schlesien, 13. Juli 1835, † Reichenberg 20. November 1902, k. u. k. Hauptmann 1. Kl. d. R. (bis 1882 im Feldjäger-Bataillon Nr. 40); — verm. Reichenberg 27. Oktober 1872 mit:

Adeline Mathilde Franziska, geb. Freiin von Villani (Tochter des .... 1857 zu .... † .... Maria August Johann Freiherrn v. V. und der 22. November 1903 zu Reichenberg † Franziska, geb. Dewald), geb. .... 18... — [Reichenberg.]

Kinder:

1. Adrienne Helene Franziska, geb. Reichenberg 14. August 1873. — [Reichenberg.]
2. Hugo Rudolf August, geb. Reichenberg 5. Oktober 1874, k. u. k. Oberleutnant im Feldjäger-Bataillon Nr. 21. — [Bruck a. d. Mur.]
3. Olga Valerie Emma, geb. Reichenberg 11. August 1880; — verm. .... 4. Juni 1903 mit:
   Alois Kasche, geb. .... 18.., Adjunkten der Zuckerfabrik in Laun, Böhmen. — [Laun.]

Vgl.: — Brünner Adel. Taschenb. X 1885.

---

von Czezik-Müller
und
† von Müller.

Römisch-katholisch. — Österreich (Niederösterreich).

Verleihungen:

1852 Jänner 18, Wien: Kaiser Franz Joseph I. erhebt den k. k. Staatsanwalt beim Landesgerichte in Ofen (Budapest) Michael Müller als Ritter des Ordens der Eisernen Krone III. Klasse in den Österreichischen Ritterstand mit einem Wappen. — (AA., HKA.; — Orig. Fam.)

1857 September 8 (Allerhöchste Entschließung) und November 20, Wien (Plakat des k. k. Ministeriums des Innern): Derselbe bewilligt die Übertragung des Ritterstandes und Wappens des k. k. Oberlandesgerichtsrates Michael Ritters von Müller auf dessen Adoptivsohn Emanuel Czezik, k. k. Statthaltereirat in Großwardein (Nagyvárad). — (AA., HKA.; — Orig. Fam.)

Wappen:

I. 1852 Jänner 18: Geviert, 1 und 4 in Silber ein mit einem goldenen Greif belegter schwarzer Schrägbalken, 2 und 3 in Rot eine gezinnte Quadermauer mit verschlossenem Tor und halb herabgelassenem Fallgatter. Zwei gekrönte Turnierhelme: auf I mit schwarz-goldenen Decken der goldene Greif wachsend; auf II mit rot-silbernen Decken ein wachsender silberner Löwe, in der rechten Vorderpranke einen blanken Säbel mit goldenem Gefäße schwingend.

II. 1857 September 8: Wie 1852.

---

† Michael Ritter von Müller (1. Ritterstandserwerber — Sohn des .... 18.. zu .... † .... Müller und der .... 18.. zu .... † ...., geb. ....), geb. Hódság, Komitat Bács-Bodrog, 31. August 1802, † Wien 18. Jänner 1861, EKO.-R.III., k. k. Ober-Staatsanwalt; — verm. Weitersfeld .... 18.. mit:

† Julie, geb. Hofbauer (Tochter des .... 18.. zu .... † .... H. und der .... 18.. zu .... † ...., geb. ....), geb. Weitersfeld 4. Februar 1808, † Wien 1. Dezember 1897.

Adoptivsohn:

† Emanuel Ritter von Czezik-Müller (2. Ritterstandserwerber durch Übertragung — Sohn des .... 18.. zu Ofen [Budapest] † .... Johann Cz. und der .... 18.. ebendort † Apollonia, geb. Getreuer), geb. Eger 4. Jänner 1821, † Wien 5. Mai 1876, k. k. Statthaltereirat; — verm. Großwardein (Nagyvárad) 29. September 1856 mit:

Josefine, geb. Levy (Tochter des .... 1870 zu Semlin † Beamten der Ersten k. k. priv. Donau-Dampfschiffahrts-Gesellschaft Matthias L. und der 24. April 1864 ebendort † Anna, geb. Müller), geb. Semlin 2. Februar 1838. — [Wien, VI. Königsegggasse 6.]

Kinder:

1) Julie, geb. Großwardein (Nagyvárad) 31. Juli 1857; — verm. Himberg 9. Juli 1899 mit:
Karl Pils, geb. Wien 8. Februar 1850, Beamten der Anglo-österr. Bank. — [Wien, VII. Kirchengasse 34.]

2) Anna (Zwillingsschwester der vorigen), geb. Großwardein (Nagyvárad) 31. Juli 1857, städt. Lehrerin an der Volksschule für Mädchen in Wien, VI. Stumpergasse 10. — [Wien, VI. Königsegggasse 6.]

† 3) Rudolf, geb. Großwardein (Nagyvárad) 28. März 1860, † Gaming 18. Februar 1899, Dr. jur., k. k. Bezirksrichter in Gaming; — verm. Purgstall a. d. Erlaf 17. September 1896 mit:

Marianne, geb. Gaupmann (Tochter des 18. Dezember 1902 zu Purgstall a. d. Erlaf † Josef G. und der Marie, geb. Scheichl), geb. Kröllendorf bei Raabs 13. März 1872. — [St. Pölten.]

Kinder:

(1) Rudolf, geb. Scheibbs 19. September 1897.
(2) Kurt, geb. Purgstall a. d. Erlaf 12. April 1899.

4) Emanuel, geb. Wien 27. August 1861, GVK.m.K., Dr. jur., Direktor der k. k. Post-Ökonomieverwaltung; — verm. Purgstall a. d. Erlaf 24. April 1897 mit:
Valerie, geb. Reedl (Tochter des Franz R. und der Ludwiga, geb. Rath), geb. Wien 24. Februar 1875. — [Wien, VIII. Feldgasse 10.]

---

von David.

Römisch-katholisch. — Österreich (Niederösterreich).

Verleihungen:

1855 Juni 1, Wien: Kaiser Franz Joseph I. verleiht dem k. k. Hofrate des Obersten Gerichtshofes Jakob David den Österreichischen Adel mit dem Ehrenworte „Edler von" und einem Wappen. — (AA., HKA.; — Orig. Fam.)

1859 Jänner 3, Wien: Derselbe erhebt den k. k. Hofrat des Obersten Gerichtshofes Jakob Edlen von David als Ritter des österr.-kaiserl. Leopold-Ordens in den Österreichischen Ritterstand und bessert sein Wappen. — (AA., HKA; — Orig. Fam.)

Wappen:

I. 1855 Juni 1: Geviert, 1 und 4 in Gold ein recht-, bezw. linkhalber schwarzer Adler am Spalt, 2 in Rot zwei schräggekreuzte goldene Liktorenbündel mit abgekehrten Beilen, 3 in Blau eine goldene Harfe. Auf dem gekrönten Turnierhelme mit rechts schwarz-goldenen und links rot-goldenen Decken drei Straußenfedern, eine goldene zwischen einer schwarzen und einer roten.

II. 1859 Jänner 3: Der Schild wie 1855. Zwei gekrönte Turnierhelme: auf I mit schwarz-goldenen Decken drei Straußenfedern, eine schwarze zwischen zwei goldenen, und auf II mit rot-goldenen Decken eine goldene Straußenfeder zwischen zwei roten.

---

† Jakob Josef Daniel Ritter von David (Adels- und Ritterstandserwerber — Sohn des 22. November 1830 zu Brünn † gräfl. Schaffgotschschen Wirtschaftsrates Josef David und der 1. Jänner 1848 zu Brünn † Maria Anna, geb. Neuwirth), geb. Brünn 21. Juli 1792, † Wien 18. Jänner 1859, LO.-R., k. k. Hofrat des Obersten Gerichtshofes i. R.; — verm. Brünn 8. Jänner 1829 mit:

† Emilie, geb. Czibulka (Tochter des 1. Oktober 1870 zu Wien † Oberamtmannes Anton Cz. und der .... 18.. zu .... † ...., geb. ....), geb. Wisowitz 30. Mai 1800, † Wien 1. Oktober 1870.

Kinder:

1. Otto, geb. Brünn 27. Jänner 1832, LO.-R., k. k. Hofrat des Obersten Gerichts- und Kassationshofes i. R. — [Wien, III. Ungargasse 5.]

†2. Guido, geb. Brünn 28. Jänner 1840, † Wien 19. Februar 1904, Dr. jur., Marianer des h. Deutschen Ritterordens, k. k. Regierungsrat der Post- und Telegraphen-Zentralleitung.

†3. Benno, geb. Brünn 1. November 1841, † Wien 11. April 1894, Dr. jur., LO.-R., FJO.-R., k. k. Sektionschef im Ministerium für Kultus und Unterricht; — verm. Wien 2. Juni 1877 mit:

Marie, geb. Prinz (Tochter des 21. März 1872 zu Wien † Medizinalrates Dr. med. Franz Xaver P. und der 19. Februar 1854 ebenda † Anna Maria, geb. Strubecker), geb. Wien 1. Mai 1853. — [Wien, I. Bellariastraße 10.]

Kinder:

† 1) Hugo, geb. Wien 31. März 1878, † ebenda 19. Oktober 1900.
2) Benno, geb. Wien 16. Mai 1879, Dr. jur., Konzipient der k. k. Finanzprokuratur in Wien. — [Wien, I. Bellariastraße 10.]
3) Karl Wolfgang, geb. Wien 6. April 1882, Hörer der Medizin.
4) Marie Anna (Zwillingsschwester des vorigen), geb. Wien 6. April 1882.

4. Hugo, geb. Brünn 1. November 1841, Dr. jur., Sekretär der Ersten österr. Sparkasse und Direktor der Allgemeinen Versorgungsanstalt. — [Wien, III. Ungargasse 5.]

Vgl.: — Brünner Adel. Taschenb. II 1877, V 1881, VIII 1884, XI 1887 u. XVII 1892.

---

von Diemmer.

Römisch-katholisch. — Österreich (Niederösterreich).

Verleihung:

1873 März 16 (Allerhöchste Entschließung) und Mai 7, Wien (Diplom): Kaiser Franz Joseph I. erhebt die k. k. Majorswitwe Ida Diemmer und deren Söhne Emanuel und Hugo auf Grund des ihrem verstorbenen Gatten, bezw. Vater, dem k. k. Major des Generalstabskorps Emanuel Diemmer 1866 verliehenen Ordens der Eisernen Krone III. Klasse mit der Kriegsdekoration in den Österreichischen Ritterstand mit einem Wappen. — (AA., HKA.; — Orig. Fam.)

Wappen:

1873 Mai 7: Geviert, 1 und 4 in Grün auf einem wachsenden natürlichen Felsen stehend eine ebensolche Eule, 2 und 3 in Rot je zwei schräg übereinander gestellte achtstrahlige goldene Sterne. Zwei gekrönte Turnierhelme: auf I mit grün-silbernen Decken drei Straußenfedern, eine silberne zwischen zwei grünen; auf II mit rot-goldenen Decken ebenfalls drei Straußenfedern, eine goldene zwischen zwei roten.

---

† Emanuel Diemmer (Sohn des 22. Juli 1843 zu Klagenfurt † k. k. Rittmeisters Stephan Diemmer und der 18. Juli 1868 zu Wien † Wilhelmine, geb. Picolli di Grandi), geb. .... 25. April 1836, † Wien 12. Juli 1872, EKO.-R.III. (KD.), k. k. Major des Generalstabskorps; — verm. Wien 10. November 1865 mit:

Ida, geb. Wayer Edlen von Stromwell (seit 1873 von Diemmer — Ritterstandserwerberin mit ihren Söhnen — Tochter des 26. April 1885 zu Wien † k. k. Oberstleutnants d. R. August W. Edlen v. St. und der 6. Oktober 1902 zu Budapest † Josefine, geb. Hulka), geb. Budapest 17. November 1843. — [Budapest.]

Söhne:

1. Emanuel Ritter von Diemmer (Ritterstandserwerber mit Mutter und Bruder), geb. Wien 14. Oktober 1866, k. u. k. Hauptmann 1. Kl. im Infanterie-Regimente Georg I. König der Hellenen Nr. 99; — verm. Josefstadt 18. September 1899 mit:

   Friederike, geb. Mayer (Tochter des k. u. k. Feldmarschall-leutnants d. R., LO.-R., EKO.-R.III., Ferdinand M. und der Karoline, geb. Kautz), geb. Eibenschütz 31. Oktober 1867. — [Klosterbruck.]

2. Hugo Ritter von Diemmer (Ritterstandserwerber mit Mutter und Bruder), geb. Wien 30. Juli 1872 (posthumus), Privatbeamter. — [Budapest.]

---

von Dieskau.

Evangelisch A. B. — Österreich (Niederösterreich).

Verleihungen:

1858 Februar 8, Dresden (Dekret des kgl. sächsischen Oberhofmarschallamtes): Bestätigung, daß die Familie von Dießkau eine altadelige ist, auf den früheren Landtagen zum Erscheinen berechtigt war und auch tatsächlich erschienen ist, sowie daß deren Mitglieder Stellen am königlichen und kurfürstlichen Hofe bekleideten, die altadelige Geburt erforderten. — (Orig. Fam.)

1867 März 28, Wien: Kaiser Franz Joseph I. erhebt den k. k. Hauptmann im Feldjäger-Bataillon Nr. 11 Otto von Dieskau als Ritter des Ordens der Eisernen Krone III. Klasse (KD.) in den Österreichischen Ritterstand und bessert sein Wappen. — (AA., HKA.; — Orig. Fam.)

Wappen:

I. Stammwappen: In Blau ein von einem roten Schräglinksbalken überdeckter auffliegender schwarz gewaffneter silberner Schwan. Auf dem ungekrönten Turnierhelme mit rotsilbern-blau gewundenem Wulst, rechts blau-silbernen und links rotsilbernen Decken zwischen einem offenen, rechts silbernen und links blauen Fluge ein gestürzter roter Hut mit durchgezogener Schnur und jederseits herabhängenden vier Quasten. — (Alter Siebmacher I, 1605, Fol. 162, unter „Meychsnische“ — s. nebenstehende Abbildung.)

II. 1867 März 28: Der Schild wie im Stammwappen. Zwei Turnierhelme: auf dem I. ungekrönten mit blau-silbernen Decken Wulst und Kleinod wie im Stammwappen; auf dem II. gekrönten mit rot-silbernen Decken ein wachsender silberner Adler.

Wenn der genealogische Zusammenhang gegenwärtig auch nicht dokumentarisch nachgewiesen werden kann, so bildet diese Familie ihrer Herkunft und ihrem Wappen nach doch wahrscheinlich einen Zweig jenes obersächsischen Geschlechtes von Dieskau, dessen gleichnamiges Stammhaus zwischen Leipzig und Halle liegt und das zuerst mit „Otto de Disgowe" 4. Juli 1225 genannt wird. Die ununterbrochene Stammreihe dieses alten Geschlechtes beginnt mit einem seit 1265 vorkommenden jüngeren Otto und teilte sich mit den Brüdern Hieronymus (geb. Dieskau 1565, † Berlin 12. Juli 1625) und Otto (geb. 1567, † 11. Jänner 1626) in zwei gegenwärtig noch in Sachsen und Preußen blühende Linien.

Die ältere dieser beiden Linien wurde durch den Fürsten Heinrich LXII. von Reuß-Schleiz ddo. Oberstein bei Gera, 12. Februar 1853 in der Person des kgl. belgischen Obersten a. D. Karl Heinrich Wilhelm von Dieskau (geb. Danzig 26. Oktober 1797, † Brüssel 26. Dezember 1857 als kgl. belgischer Generalmajor a. D.) in den Freiherrnstand erhoben. Dessen Sohn Oskar Karl Heinrich Freiherr von Dieskau (geb. Brüssel 5. Juni 1840, † 18. März 1885 als kgl. preußischer Rittmeister a. D.), Leutnant im Gardedragoner-Regimente Nr. 2, erhielt hierauf ddo. Berlin, 13. Februar 1864 die kgl. preußische Genehmigung zur Führung dieses Freiherrnstandes. Das Wappen dieser Linie stimmt vollständig mit dem oben sub I beschriebenen überein. (Gritzner.)

Die jüngere Linie führt gegenwärtig den Stammschild mit goldener Bordüre, die Decken und die Kleinodflügel in den Farben gegeneinander vertauscht und die Schwungfedern dieser Flügel rechts abwechselnd blau-silbern und links rot-silbern. (Alter Siebmacher, Supplement III, Fol. 9.)

Die gegenwärtig in Österreich blühende Familie stammt von Friedrich Wilhelm von Dieskau, der als kgl. großbritannischer Kapitän nach Dresden kam und dort Karoline Barbara Erdmute von Fischer ehelichte. Er kehrte 1781 in die englischen Besitzungen nach Amerika zurück und blieb seitdem verschollen. Sein Sohn Friedrich Abujabal Eduard von Dieskau, geb. Neustadt-Dresden 10. Oktober 1781, diente erst in der sächsischen Artillerie, trat 18. September 1808 als Premierleutnant in württembergische Dienste und wurde als Hauptmann in den Ruhestand versetzt. Er starb 13. April 1844 zu Winnenthal in Württemberg und hinterließ aus seiner Ehe mit der Oberförsterstochter Elisabeth Friederike Schweinlin († Stuttgart 5. Juli 1859) den folgenden Sohn, der die Familie nach Österreich verpflanzte.

Dieser Friedrich August Julius Otto von Dieskau wurde 18. August 1830 zu Stuttgart geboren, war Leutnant in kgl. württembergischen Diensten, ließ sich jedoch 1852 als „Ex propriis-Gemeiner" zum k. k. Feldjäger-Bataillon Nr. 7 assentieren. Er wurde dort noch in demselben Jahre Unterleutnant, erhielt als Oberleutnant 1859 für Palestro das Militärverdienstkreuz und mit Kabinettschreiben vom 15. August 1860 den Orden der Eisernen Krone III. Klasse, beide mit der Kriegsdekoration. Den damaligen Statuten des letztgenannten Ordens entsprechend, wurde er als k. k. Hauptmann des Feldjäger-Bataillons Nr. 11 in den Österreichischen Ritterstand erhoben, bei welcher Gelegenheit das Stammwappen um einen Helm vermehrt wurde. Ottos Deszendenz s. unten.

Friedrich August Julius Otto Ritter von Dieskau (Ritterstandserwerber — Sohn des 13. April 1844 zu Winnenthal, Württemberg, † kgl. württembergischen Hauptmannes Eduard v. D. und der 5. Juli 1859 zu Stuttgart † Elisabeth Friederike, geb. Schweinlin), geb. Stuttgart 18. August 1830, EKO.-R.III. (KD.), MVK. (KD.), k. k. Oberst d. R. (bis 1884 Oberstleutnant und Kommandant des Landwehr-Bataillons Olmütz Nr. 15) — [Wien, II. Ausstellungsstraße 55]; — verm. Bochnia 18. Mai 1858 mit:

† Euphrosyne Genoveva, geb. Turek (römisch-katholisch — Tochter des 13. März 1882 zu Bochnia † Landpostmeisters und Bürgermeisters Josef T. und der 30. März 1870 ebendort † Euphrosyne, geb. Stanislawska), geb. Bochnia 3. Jänner 1838, † Marburg a. d. Drau 16. Oktober 1900.

Kinder:

†1. Sohn, geb. und † Baden bei Wien 11. Mai 1860.

†2. Berta, geb. Bochnia 22. Jänner 1861, † ebendort 29. Jänner 1861.

†3. Otto Friedrich Edmund, geb. Krakau 1. Juli 1862, † Našić, Slawonien, 7. Jänner 1868.

†4. Hugo Josef Maximilian, geb. Krakau 27. Februar 1864, † Lemberg 2. September 1893.

†5. Otto, geb. Kandia bei Rudolfswert 4. Oktober 1868, † Kartschowin bei Marburg a. d. Drau 12. Juni 1900.

6. Friedrich Wilhelm Sigismund, geb. St. Pölten 25. Juni 1870, Rechnungsassistent für den handelsstatistischen Dienst im k. k. Handelsministerium; ⊢ verm. Wien 26. Juli 1898 mit:

Helene, geb. Nyágay (Tochter des .... 1884 zu Belgrad † Stationschefs Johann N. und der Elisabeth, geb. von Péchy), geb. Miskolcz 23. Juli 1853. — [Wien, II. Ausstellungsstraße 55.]

Vgl.: — J. Seifert, Genealogie Hoch-Adelicher Eltern und Kinder, II. Bd., Regensburg 1724, S. 79 bis 84; — V. König, Adelshistorie, I. Bd., Leipzig 1727, S. 221 bis 228; — H. E. Schwarzens hist. Nachlese z. d. Gesch. d. Stadt Leipzig etc., Leipzig 1744, S. 223 bis 231; — J. C. von Dreyhaupt, Beschreibung des Saalkreises, Halle 1750, II. Anhang, S. 202 bis 207, Geschlechts-Register derer von Diesskau; — B. G. Weinart, Versuch einer Litteratur d. Sächs. Gesch. und Staatsk., II. Bd., Leipzig 1791, S. 529 bis 530 (Zusammenstellung der Literatur über Dieskau); – Neuer Siebmacher II, 3 (O. T. v. Hefner, Der Adel des Königreiches Sachsen), S. 24, Taf. 26; II, 4 (A. M. F. Gritzner und A. M. Hildebrandt, Der Adel der Fürstentümer Reuß), S. 3, Taf. 2, und III, 2 (O. T. v. Hefner etc., Der blühende Adel des Königreiches Preußen), S. 115, Taf. 155; — Jahrb. d. Vereines f. gesch. Hilfswiss. „Roter Löwe", Leipzig 1882; — Gothaer Freiherrl. Taschenb. 1874 und 1888; – Gothaer Adel. Taschenb. VI 1905.

Ebner von Rofenstein.

Römisch-katholisch. – Österreich (Tirol und Niederösterreich).

Verleihungen:

1569 Juli 23, Innsbruck: Erzherzog Ferdinand II. von Österreich-Tirol verleiht Andrä dem Ebner einen Wappenbrief mit Lehenartikel. – (AA., TWB. I, 466; – Orig. Fam.)

1588 Juni 9, Innsbruck: Erzherzog Ferdinand II. von Österreich-Tirol verleiht seinem Hofkanzleiregistrator und Taxator Christoph und dem fürstbischöfl. Brixenschen Kuchelmeister Thomas, den Ebnern, Gebrüdern, den landesfürstl. Adel mit Wappenbesserung und Rotwachsfreiheit. – (AA., TWB. VIII, 316. – Ohne Nachkommen.)

1839 März 30, Wien: Kaiser Ferdinand I. erhebt den k. k. Hofrat und Kreishauptmann in Vorarlberg Johann Nepomuk Ebner als Ritter des Leopold-Ordens in den österreichischen Ritterstand mit dem Prädikate „von Rofenstein" und Wappenbesserung. – (AA., HKA.; – Orig. Fam.)

Wappen:

I. 1569 Juli 23: Geteilt, oben in Blau ein goldener Löwe in den Vorderpranken einen silbernen Pfeil haltend, dessen Flitsch jederseits zwei silberne Granen zwischen drei roten zeigt, unten in Silber zwischen drei (2, 1) roten Sternen ein anstoßender roter Sparren. Auf dem ungekrönten Stechhelme mit rechts blau-gelben und links rot-weißen Decken, sowie in den gleichen Farben gewundener, rückwärts abfliegender Binde, zwischen einem offenen, rechts von Gelb über Blau und links von Rot über Weiß geteilten und jederseits mit einem farbengewechselten Sterne belegten Fluge der Löwe mit dem Pfeile wachsend.

II. 1588 Juni 9: Geviert, 1 und 4 in Schwarz ein goldener Löwe, 2 und 3 in Rot zwei silberne Sparren. Auf dem gekrönten Turnierhelme mit rechts schwarz-gelben und links rot-weißen Decken zwischen einem rechts von Gelb über Schwarz und links von Rot über Weiß geteilten Fluge der goldene Löwe wachsend.

III. 1839 März 30: Der Schild wie 1569. Zwei gekrönte Turnierhelme: auf I mit blau-goldenen Decken der Löwe mit dem Pfeile wachsend; auf II mit rot-silbernen Decken ein offener, rechts von Gold über Blau und links von Rot über Silber geteilter und jederseits mit einem farbengewechselten Sterne belegter Flug (auf zwei Helme verteilt das Kleinod von 1569).

Andrä der Ebner, dem Erzherzog Ferdinand II. von Österreich-Tirol ddo. Innsbruck, 23. Juli 1569 einen Wappenbrief mit Lehenartikel verlieh, war mit Christine Gruber vermählt.

Dieser Ehe entsprossen drei Söhne: – 1. Christoph, landesfürstlicher Hofkanzleiregistrator und -Taxator zu Innsbruck; – 2. Thomas, fürstbischöfl. Brixenscher Kuchelmeister, denen der vorgenannte Erzherzog ddo. Innsbruck, 9. Juni 1588 Adels- und Rotwachsfreiheit nebst Wappenänderung und -Besserung verlieh, die jedoch keine männliche Nachkommenschaft hinterließen, und – 3. Urban, der den Stamm dauernd fortpflanzte. Von ihm ergibt sich zunächst folgende Stammreihe:

I. Urban Ebner, verm. mit Ursula Amplatz von Truden.

II. Melchior I. Ebner, geb. 6. September 1611, verm. 2. Februar 1635 mit Margarete Amort.

III. Johann Ebner, geb. 3. Oktober 1637, verm. mit Ursula Leger.

IV. Melchior II. Ebner, geb. 1666, verm. mit Maria von Weber.

Diese beiden hinterließen fünf Kinder: – 1) Josef Anton, geb. 5. August 1716, der der Stammvater der nun adeligen Linie wurde (s. unten); – 2) Franz Daniel, geb. 1720, verm. mit Katharina Brunner; – 3) Johann Ignaz, geb. 2. Februar 1723, Kurat in Curtinig; – 4) Anton Isidor, geb. 1. April 1725, verm. 6. Juni 1757 mit Maria Katharina Amort, und – 5) Andreas Melchior, geb. 6. April 1727, verm. mit Marianne Aussersdorf, von denen die Linie in Salurn stammt.

Während die Familien der jüngeren Brüder im Etschtale (Gerichtsbezirk Neumarkt) blieben, wo viele ihrer Nachkommen in angesehenen Stellungen als Gutsbesitzer, Pfleger oder Beamte erscheinen, kam der oben sub 1) genannte Josef Anton Ebner als Richter nach Schlanders im Vintschgau. Er gewann aus zwei Ehen, mit Emerentia Rainer und Klara Staffler, zwölf Kinder, sechs Söhne und sechs Töchter.

Das vorletzte dieser Kinder aus zweiter Ehe, ebenfalls Josef Anton, geb. Schlanders 29. Jänner 1758, † Imst 15. Mai 1821, wurde Landrichter und Pfleger zu Imst und war mit Notpurga Jais aus Mils vermählt, die ihm folgende zwölf zu Imst geborene Kinder schenkte:

1. Josef Nazarius, geb. 30. April 1787, † 5. August 1824.
2. Marie Karoline Therese, geb. 9. Juli 1788, † 26. Dezember 1814.
3. Johann Nepomuk, geb. 8. Mai 1790, der Stammvater des nun im Ritterstande blühenden Astes (s. unten).
4. Leopold Anton Thomas, geb. 16. Dezember 1791, † Innsbruck 12. Februar 1870, k. k. Kameralrat daselbst, verm. mit Seraphine Schellmann, welcher Ehe vier Kinder entsprossen: – 1) Albert, geb. 29. August 1824, verm. mit Lucia Perghem;

— 2) Marie, geb. Innsbruck 2. September 1827, verm. Imst 2. Juni 1851 mit Friedrich Leopold Daniel Freiherrn Benz von Albkron (geb. 26. Jänner 1824, † 17. April 1857), k. k. Statthaltereisekretär zu Ödenburg (Sopron); — 3) Gabriele, geb. 21. September 1831, verm. mit Rudolf Seeger, Dr. med., k. k. Stabsarzt, und — 4) Seraphine, geb. 7. Juli 1834, verm. mit N. Gemböck, k. k. Bezirksrichter.

5. Ferdinand Vinzenz, geb. 6. April 1793, † Imst 8. August 1794.

6. Ferdinand Gottfried Leonhard, geb. 6. November 1794, † Imst 12. April 1796.

7. Notpurga Agnes, geb. 1. März 1796, † Imst 16. März 1798.

8. Marie Antonie, geb. 23. Jänner und † 3. April 1798.

9. Anton Kaspar Karl, geb. 9. Februar 1799, † 1. Dezember 1878, k. k. Landesgerichtsrat, verm. mit Klara Stolz von Latschburg, die ihm vier Kinder gebar: — 1) Auguste, geb. 12. September 1837, verm. mit Dr. Karl Knoflach; — 2) Hedwig, geb. 4. Juli 1843, † 11. Dezember 1858; — 3) Josef Anton, geb. 4. Juli 1845, verm. mit Marie Herz (Kinder: Anton, Klara und Maximilian), und — 4) Klara, geb. 24. Dezember 1847, verm. mit Dr. Ludwig Duregger.

10. Franz de Paula Bonifaz, geb. 5. Juni 1801, starb als Kind.

11. Helene Sophie, geb. 17. Mai 1805, † 12. Februar 1901.

12. Karl Damian, geb. 4. Juli 1808, † 2. Mai 1894, k. k. Statthaltereisekretär.

---

† Johann Nepomuk Ritter Ebner von Rofenstein (Ritterstandserwerber — 3. Kind des 15. Mai 1821 zu Imst † Josef Anton Ebner und der .... 18.. ebendort † Notpurga, geb. Jais), geb. Imst 8. Mai 1790, † Innsbruck 8. Juli 1876, LO.-R., FJO.-Kmt., k. k. Hofrat und Kreishauptmann in Vorarlberg; — verm. Gundremingen bei Burgau 24. Mai 1825 mit:

† Johanna, geb. Schueller (Tochter des .... 18.. zu .... † Ignaz Anton Sch. und der .... 18.. zu .... † Anna, geb. Lang), geb. Holzgau 14. Juli 1801, † Innsbruck 15. Jänner 1856.

Kinder:

† 1. Adelheid, geb. Bregenz 7. Oktober 1829, † daselbst 20. November 1849.

† 2. Franz Ignaz Robert, geb. Bregenz 3. März 1831, † Innsbruck 1. September 1905, Dr. jur., k. k. Statthaltereisekretär a. D.; — verm. I. Augsburg 14. Februar 1860 mit:

† Henriette, geb. Werner (Tochter des .... 18.. zu .... † Rentners zu Augsburg Anton Hilarius W. und der .... 18.. zu .... † Elisabeth, geb. Schueller), geb. Dachau 12. Juli 1837, † Linz 18. Juli 1871; — II. Innsbruck 23. Februar 1884 mit:

Therese, geb. Schroth (Tochter des .... 18.. zu .... † .... Sch. und der .... 18.. zu .... † ...., geb. ....), geb. Salzburg 27. März 1842. — [Innsbruck.]

Kinder I. Ehe:

1) Johanna Elisabeth Henriette, geb. Linz 4. November 1860; — verm. Innsbruck 16. Juli 1883 mit:

Leo Weeber, geb. .... 30. Mai 1856, FJO.-R., GVK.m.K., Ingenieur, Direktor des Niederösterr. Landes-Eisenbahnamtes i. P., Realitätenbesitzer in Wien und Prerau. – [Wien, IV. Heugasse 46.]

†2) Hedwig Marie, geb. Linz 30. Oktober 1865, † Innsbruck 3. August 1891.

3) Antonie Adelheid, geb. Linz 18. Oktober 1866; – verm. Innsbruck 23. November 1889 mit:

Eduard Steffan, geb. .... 23. August 1851, k. u. k. Major im Divisionsartillerie-Regimente Nr. 37. – [Radkersburg.]

4) Johann Nepomuk, geb. Linz 15. August 1867, k. k. Oberleutnant und Magazinsoffizier des Landwehr-Infanterie-Regimentes Krakau Nr. 16. – [Krakau.]

5) Albert Friedrich, geb. Linz 27. Mai 1869, akad. Maler. – [München und Rom.]

6) Elisabeth Johanna Adelgunde, geb. Linz 23. Juni 1870; – verm. Fulpmes 20. Juli 1895 mit:

Julius Johann Albert Ritter von Grienberger, geb. Salzburg 8. März 1860, k. k. Professor an der Staatsgewerbeschule zu Innsbruck. – [Innsbruck.]

7) Bernhard Viktor Robert, geb. Linz 7. Juni 1874. – [Innsbruck.]

†3. Otto Johann Josef, geb. Bregenz 16. Juni 1833, † Bregenz 21. Mai 1837.

4. Magdalena Sophie Marie, geb. Bregenz 24. Mai 1834, – [Wien, III. Reisnerstraße 17]; – verm. I. Schloß Petersberg (Pf. Silz) 17. August 1857 mit:

†Karl Maria Leonhard Grafen Wolkenstein, Freiherrn von Rodenegg, Salegg und Hauenstein, geb. Innsbruck 31. März 1831, † Wien 1. Oktober 1859, k. k. Kämmerer und Statthaltereikonzipisten zu Innsbruck; – II. Achenkirchen 1. Mai 1862 mit:

†Anton Ritter Kerner von Marilaun, geb. Mautern a. d. Donau 12. November 1831, † Wien 21. Juni 1898, Dr. med., Besitzer des Ehrenzeichens für Kunst und Wissenschaft, EKO.-R.III., k. k. Hofrat, o. ö. Professor der Botanik, Direktor des Botanischen Gartens und Museums an der Universität zu Wien, wirkl. Mitglied der kaiserl. Akademie der Wissenschaften in Wien.

†5. Friedrich, geb. Bregenz 25. April 1837, † Meran 26. Oktober 1866, Dr. jur., Aktuar des k. k. Bezirksamtes zu Meran.

†6. Johann, geb. Bregenz 11. August 1839, † Innsbruck 8. September 1854.

7. Anton Gilbert Viktor, geb. Bregenz 4. Februar 1842, Dr. med., k. k. Hofrat, o. ö. Professor der Histologie und Vorstand des Histologischen Institutes an der Universität zu Wien, wirkl. Mitglied der kaiserl. Akademie der Wissenschaften in Wien; – verm. Volders 28. Juli 1873 mit:

6

Adele, geb. Steffan (Tochter des 17. September 1879 zu Hall i. Tirol † k. k. Hauptmannes Eduard St. und der 20. Oktober 1889 zu Innsbruck † Amalie, geb. Ganahl), geb. Bregenz 26. Juni 1842. — [Wien, I. Rathhausstraße 13.]

Vgl.: — Brünner Adel. Taschenb. VI 1881, IX 1884 und XIV 1889.

von Eltz.

Römisch-katholisch. — Österreich (Niederösterreich).

Verleihung:

1868 November 2 (Allerhöchste Entschließung) und Dezember 15, Wien (Diplom): Kaiser Franz Joseph I. anerkennt die altadelige Abstammung und das hergebrachte Wappen des Hofrates und Leiters der administrativen Geschäfte des Olmützer Fürsterzbischofes Philipp Eduard Eltz und gestattet, daß sich dieser seines Adels in der Eigenschaft eines Österreichischen Adels prävaliere. (AA., HKA.; — Orig. Fam.)

Wappen:

1868 Dezember 15: Geteilt, oben in Rot ein blau gewaffneter und gezungter doppelschwänziger goldener Löwe, unten ledig (damasziert), silbern. Auf dem ungekrönten Turnierhelme mit rot-silbernen Decken eine mit Hermelin gestülpte, flache, rote Mütze und auf dieser zwischen einem offenen, mit silbernen Herzen besäten roten Fluge der wachsende goldene Löwe wie im Schilde, jedoch ohne Schweif.*)

† Philipp Eduard von Eltz (3. Sohn des .... 1811 zu St. Petersburg † Großhändlers Klemens August Eltz und der .... 1811 ebendort † Elisabeth Veronika, geb. von Kirchner), geb. Wien 25. Jänner 1795, † ebenda 19. Mai 1879, fürsterzbischöflich Olmützscher Hofrat a. D.; — verm. Wien (St. Rochus) 23. November 1825 mit:

† Eleonore, geb. Mußbrock (Tochter des .... 18.. zu Wien † Hausbesitzers Ludwig M. und der .... 18.. ebenda † Christine, geb. Edlen von Heufeld), geb. Wien 7. Februar 1806, † ebenda 12. April 1887.

*) Dieses Wappen ist identisch mit dem Stammwappen des uradeligen moselländischen und niederrheinischen Geschlechtes von Eltz, dessen Gesamtheit Kaiser Ferdinand III. ddo. Linz, 19. Juni 1646 den „Alten Herrenstand" unter Verleihung des Titels „Edle Herren" bestätigte, und das gegenwärtig noch in einer seit 9. November 1733 reichsgräflichen, die Stammburg Eltz an der Mosel besitzenden und der 20. Juni 1827 in Preußen als freiherrlich anerkannten Linie Eltz-Rübenach blüht.

Kinder:

† 1. Christine, geb. Dollein, Mähren, 30. November 1826, † Kremsier 22. Juli 1882; — verm. Kremsier 18. September 1851 mit:

† Alois Jihn, geb. .... 18.., † Mährisch-Weißkirchen 29. November 1891, k. u. k. Major d. R. (bis 1865 k. k. Hauptmann des Infanterie-Regimentes FZM. Ladislaus Freiherr Nagy de Alsó-Szopor Nr. 70).

† 2. Ida, geb. Kremsier 24. Mai 1828, † Wien 10. Juni 1905; — verm. Kremsier .... 185. mit:

† Johann Mucha, geb. .... 18.., † Wien .... 188., k. k. Hauptmann 2. Kl. d. R. (bis 1863 im Infanterie-Regimente FML. Wilhelm Freiherr von Gruber Nr. 54).

† 3. Julius August, geb. Hochwald, Mähren, 9. März 1830, † im Gefecht bei Peči in Bosnien 6. Oktober 1878, EKO.-R.III. (KD.), MVK. (KD.), Marianer des h. Deutschen Ritterordens, k. k. Oberstleutnant und Reservekommandant des Infanterie-Regimentes FZM. Albert Freiherr Knebel von Treuenschwert Nr. 76; — verm. Sollenau 6. Mai 1860 mit:

Theodora, geb. Pacher von Theinburg (Tochter des .... 18.. zu Sollenau † Fabriksbesitzers Louis P. v. Th. und der .... 18.. zu .... † Julie, geb. Ehlers), geb. Sollenau 6. Jänner 1836. — [Wien, III. Beatrixgasse 14 A.]

† 4. Friedrich Ludwig, geb. Hochwald 11. Februar 1831, † in der Schlacht bei Novara 23. März 1849, k. k. Leutnant im Infanterie-Regimente Kaiser Franz Joseph I. Nr. 1.

† 5. Theodor Emil, geb. Kremsier 7. Februar 1833, † Wien 30. Juni 1895, EKO.-R.III., FJO.-R., Marianer des h. Deutschen Ritterordens, k. u. k. Generalmajor d. R. (bis 1888 Oberst des Armeestandes im Präsidialbureau des Reichskriegsministeriums); — verm. Wien 1. März 1862 mit:

Emilie, geb. von Hein (Tochter des 20. November 1878 zu Wien † Fabriksbesitzers Emil v. H. und der 12. Dezember 1892 zu Neunkirchen † Marie, geb. Eltz), geb. Neunkirchen 7. Juli 1841. — [Wien, IV. Brahmsplatz 4.]

Kinder:

1) Heinrich, geb. Prag 9. Jänner 1863, k. k. Statthaltereisekretär bei der Bezirkshauptmannschaft in Znaim, — [Znaim, Kolbstraße 5]; — verm. Sternberg 1. September 1897 mit:

† Anna, geb. Lier (Tochter des 11. November 1882 zu Freudenthal † Fabriksbesitzers Alois L. und der 8. Dezember 1903 zu Strehlen, Preuß.-Schlesien, † Berta, geb. Thiel), geb. Freudenthal 1. April 1875, † Bozen 20. Jänner 1904.

Kinder:

(1) Theodora, geb. Römerstadt 31. Juli 1898.
(2) Julius, geb. Mährisch-Schönberg 3. Jänner 1900.

2) Emil, geb. Neunkirchen 22. April 1864, MVK., k. u. k. Hauptmann 1. Kl. im Feldjäger-Bataillon Nr. 21; — verm. Wien 10. April 1898 mit:

6*

Margarete, geb. Gaertner (Tochter des 27. Februar 1899 zu Wien † k. k. Baurates Ernst G. und der Mathilde, geb. de Rostang), geb. Kierling 25. Juni 1872. — [Wien, I. Teinfaltstraße 5.]

Kinder:

(1) Theodor, geb. Wien 2. Jänner 1899.
(2) Nikolaus, geb. Tulln 13. November 1900.
(3) Robert, geb. Tulln 7. April 1903.

3) Theodora, geb. Neunkirchen 22. Mai 1868; — verm. Wien 15. Juli 1888 mit:

Nikolaus Fekete de Bélafalva, geb. Fünfkirchen (Pécs) 15. Juli 1858, MVK. (KD.), k. u. k. Obersten und Kommandanten des Infanterie-Regimentes FZM. Erzherzog Friedrich Nr. 52. — [Budapest, II. Margitkörut 49.]

†6. Eduard Leopold, geb. Kremsier 9. April 1835, † Arco 27. Dezember 1902, FJO.-R., k. k. Oberst d. R. (bis 18.. im Landwehr-Infanterie-Regimente Brünn Nr. 14 und Kommandant des Landwehr-Ausrüstungs-Hauptdepots in Wien); — verm. Kremsier 16. Oktober 1865 mit:

Marie, geb. Schroth von Rohrberg (Tochter des 2. April 1885 zu Kremsier † k. k. Regierungsrates Matthias Sch. v. R. und der 30. August 1900 zu Graz † Marie, geb. Slatky), geb. Ungarisch-Hradisch 10. Jänner 1843. — [Graz, Felix Dahnplatz 4.]

Kinder:

†1) Hugo, geb. Kremsier 16. Oktober 1866, † ebendort 30. Dezember 1877.

†2) Eleonore Margarete, geb. Kremsier 7. September 1868, † ebendort 14. Oktober 1885.

3) Margarete Ida Elisabeth, geb. Prag 6. November 1869. — [Graz, Felix Dahnplatz 4.]

4) Heinrich, geb. Kremsier 5. Februar 1873, k. u. k. Oberleutnant im Feldjäger-Bataillon Nr. 20; — verm. Prag 4. Mai 1903 mit:

Eleonore, geb. Rosenfeld (Tochter des Bankiers .... R. und der ...., geb. ....), geb. .... 18... — [Judenburg.]

5) Eduard, geb. Kremsier 28. November 1880, k. k. Leutnant im nichtaktiven Stande des Landwehr-Infanterie-Regimentes Klagenfurt Nr. 4, Sekretär der Aktiengesellschaft für Mühlen- und Holzindustrie in Wien; — verm. Znaim 18. Oktober 1903 mit:

Marianne, geb. Fuchsig (Tochter des k. k. Notars in Znaim Dr. jur. Wilhelm F. und der ...., geb. ....), geb .... 18.. — [Wien, XIII. Firmiangasse 37.]

7. Maximilian, geb. Kremsier 22. Dezember 1839, FJO.-R., k. u. k. Hof-Oberkommissär i. R., Linienschiffsleutnant a. D.; — verm. Kremsier 16. Oktober 1865 mit:

Viktorine, geb. Schroth von Rohrberg (Tochter des 2. April 1885 zu Kremsier † k. k. Regierungsrates Matthias Sch. v. R. und der 30. August 1900 zu Graz † Marie, geb. Slatky), geb. Ungarisch-Hradisch 16. Oktober 1846. — [Krems.]

Söhne:

1) Maximilian, geb. Triest 25. Juli 1868, k. k. Hauptmann 1. Kl. im Landwehr-Infanterie-Regimente Časlau Nr. 12; — verm. Abrudbánya 22. Dezember 1896 mit: Marie, geb. Zöldy (Tochter des .... Z. und der ...., geb. ....), geb. .... 27. Oktober 1877. — [Časlau.]

2) Egon, geb. Wien 8. Dezember 1872, k. u. k. Oberleutnant im Infanterie-Regimente FZM. Moritz Freiherr Daublebsky von Sterneck Nr. 35. — [Pilsen.]

† 8. Ludwig Leopold, geb. Kremsier 10. Februar 1843, † New-York 18. März 1905, k. u. k. Oberleutnant i. d. R. des Husaren-Regimentes FM. Josef Graf Radetzky von Radetz Nr. 5.

Vgl.: — Brünner Adel. Taschenb. II 1877, VIII 1833 u. XI 1886.

* von Emperger.

Römisch-katholisch. — Österreich (Kärnten, Steiermark und Niederösterreich).

Verleihungen:

1661 Dezember 31, Burg Spittal: Martin Widmann Graf zu Ortenburg verleiht dem Ratsbürger und gräfl. Ortenburgschen Mauteinnehmer zu Ober-Drauburg Balthasar Emperger einen Wappenbrief mit Lehenartikel.

1766 Oktober 30, Wien: Kaiserinwitwe Maria Theresia erhebt den Doktor der Rechte, geschworenen Advokaten und Bannrichter in Kärnten Benedikt Alfons Emperger in den Österreichisch-erbländischen Adelstand mit „Edler von", einem Wappen (Neuverleihung — tatsächlich aber Besserung des Wappens von 1661) und der Rotwachsfreiheit. — (AA., HKA.; — Orig. Fam.)

Wappen:

I. 1661 Dezember 31: Linksgeschrägt, oben golden, unten viermal geschrägt und zweimal gegengeschrägt von Blau und Gold, über das Ganze eine natürliche Gemse. Auf dem ungekrönten Stechhelme mit blau-goldenen Decken und ebensolcher abfliegender Binde die Gemse wachsend.

II. 1766 Oktober 30: Der Schild wie 1661, nur die untere Schräghälfte als „nach der Länge dreyfach blau und gelb geschachtete Feldung" bezeichnet. Auf dem gekrönten Turnierhelme Decken und Kleinod wie 1661.

Die Vorfahren dieses Geschlechtes sollen Inhaber des Freihofes Ritschharthof bei Ober-Drauburg in Kärnten gewesen sein, dessen früherer Besitzer Ritschhart vom Römischen Könige Ferdinand I. ddo. Wien, 4. Juni 1550 die Freiung dieses Hofes erlangt hatte.

Die Stammreihe beginnt mit Christoph Emperger, kaiserl. Einnehmer zu Ober-Drauburg, dessen Witwe Anna, geb. Sigharter, noch 1652 dort lebte.

Deren 1618 zu Ober-Drauburg geborener Sohn Balthasar Emperger war daselbst Ratsbürger, Kaufmann und gräfl. Ortenburgscher Mauteinnehmer. Als solcher erhielt er von Martin Widmann Grafen zu Ortenburg auf Grund der den Brüdern Widmann Freiherrn von Paternian und Sumeregg bei ihrer ddo. Regensburg, 1. August 1640 erfolgten Erhebung zu Grafen von Ortenburg verliehenen Comitiva major ddo. Burg Spittal, 31. Dezember 1661 einen Wappenbrief mit Lehenartikel. Er wurde hierauf von Kaiser Leopold I. 27. März 1666 mit 6 „Mahden" am Weidenanger unter dem Markte (Ober-)Drauburg, 1671 mit einem Hofe daselbst und 27. Juni 1679 mit einem solchen zu Simernachersfeld belehnt.

Sein Sohn David Emperger (geb. Ober-Drauburg 1654) war Besitzer des vorerwähnten Ritschharthofes, von 1689 bis zu seinem 1710 erfolgten Tode Pfleger der gräfl. Ortenburgschen Herrschaft Ober-Drauburg und hatte während des „fürgewesten Italienischen Krieg in Transportier- und Proviantierung des Militaris" ersprießliche Dienste geleistet. Seiner Ehe mit Maria Elisabeth von Rost aus Lienz entsproß als nachgeborener dritter Sohn (die übrigen dem Namen nach nicht bekannt):

Benedikt Alfons Emperger, geb. Irschen bei Ober-Drauburg 9. März 1711. Dieser war Doktor der Rechte, seit 1739 geschworener Advokat und seit 1745 landesfürstl. Bannrichter in Kärnten. Für seine „mit aller Integritaet" in diesen Ämtern geleisteten Dienste erhob ihn die Kaiserinwitwe Maria Theresia ddo. Wien, 30. Oktober 1766 mit „Edler von", Neuverleihung des nur mit Öffnung und Bekrönung des Helmes gebesserten alten Wappens und der Rotwachsfreiheit („rote Wax Sieglung") in den Österreichisch-erbländischen Adelstand. Er starb zu Klagenfurt 15. Juli 1788. Seine 1736 ebendort geschlossene Ehe mit Johanna Klaudia von Hagenloher war mit folgenden elf zu Klagenfurt geborenen Kindern gesegnet:

1. Alfons, geb. 173.; — 2. Franz Josef Karl, geb. 17. August 1740, der Stammvater der I. Älteren Linie (s. unten); — 3. Johann Karl, geb. 13. September 1741, der die II. Mittlere Linie begründete (s. unten); — 4. Maria Barbara Sidonia, geb. 4. Dezember 1742, † 1789; — 5. Aloisia Maria Elisabeth, geb. 16. April 1744, † 1798; — 6. Maria Anna Josefa, geb. 8. Dezember 1746; — 7. Alois Josef, geb. 13. April 1748, † 1788, Stadtsyndikus zu Villach, verm. 1785 mit Maria Anna Pfeffer († 25. Mai 1801); — 8. Maria Aloisia Kajetana, geb. 7. August 1749, † 1799; — 9. Maria Klaudia Agathe, geb. 2. Februar 1751, † 1799; — 10. Johann Seyfried, geb. 1752, der Stifter der III. Jüngeren Linie (s. unten), und — 11. Maria Klaudia Karoline, geb. 28. Oktober 1753, † 1794.

I. Ältere Linie.

Franz Josef Karl Edler von Emperger (s. oben 2.), Dr. jur., Advokat zu Klagenfurt und Kanzler der Kärntner Ackerbaugesellschaft, verfaßte ein in Klagenfurt erschienenes Werk über Römisches Zivilrecht. Er vermählte sich 21. Mai 1765 zu Loretto am Wörthersee mit Maria Katharina von Pacher

EDLE von EMPERGER.

(Faksimile nach dem Diplome ddo Wien, 30. O

(† Klagenfurt 10. Juli 1803), welcher Ehe die nachstehenden neun, wohl sämtlich zu Klagenfurt geborenen Kinder entsprossen:

1) Maria Klara Aloisia, geb. 3. Februar 1766, verehelichte Schriefel in Steyr; — 2) Benedikt Josef Gaudenz, geb. 12. Februar 1767, von dem der allein noch blühende 1. Ast dieser Linie abstammt (s. unten); — 3) Franz Josef, geb. 20. April 1768, der Gründer des wahrscheinlich erloschenen 2. Astes (s. unten); — 4) Alfons (wahrscheinlich Zwillingsbruder des vorigen), geb. 1768, † Obdach 7. März 1836 im 69. Lebensjahre, Syndikus des Marktes Obdach, verm. mit Franziska N. († Obdach 28. Jänner 1835 im 69. Lebensjahre); — 5) Maria Alfonsa, geb. 6. Juli 1769; — 6) Josef Anton Florian, geb. 4. Mai 1771, dessen Nachkommenschaft erloschen ist (s. unten 3. Ast); — 7) Johann, geb. 26. November 1773, Kaufmann in Villach; — 8) Maria Katharina, geb. 12. September 1774, und — 9) Vinzenz, geb. 27. April 1776, † 1778.

1. Ast.

Benedikt Josef Gaudenz Edler von Emperger, s. oben 2), war erst Verweser zu Fellbach, dann k. k. Distriktsförster zu Kirschentheuer, wo er 13. August 1825 starb. Seiner Ehe mit Therese, geb. Hartnoth, entstammten folgende acht Kinder:

(1) Therese Kajetane, geb. Klagenfurt 7. August 1798; — (2) Aloisia Gregoriana, geb. Fellbach 17. November 1801; — (3) Franz Benedikt, geb. Fellbach 29. März 1803; — (4) Katharina Josefa Franziska, geb. Fellbach 25. April 1804, verehelichte Moßbühler; — (5) Andreas Alois, geb. Fellbach 23. Juli 1805, der gemeinsame Stammvater der von dieser Linie allein noch lebenden Mitglieder (s. unten I. Ältere Linie, 1. Ast); — (6) Konstanze, geb. Fellbach 16. März 1807; — (7) Justine und — (8) Anna, verehelichte Rumbold.

2. Ast. (Wahrscheinlich im Mannsstamme erloschen.)

Franz Josef Edler von Emperger, s. oben 3), war Ratsprotokollist zu Klagenfurt und starb daselbst 8. Februar 1835. Er war mit Natalie Amata, geb. Anderwald, vermählt, die ihm fünf Kinder schenkte:

(1) Alfons (s. unten); — (2) Franz Anton Leopold, geb. Klagenfurt 14. November 1811; — (3) Josef Franz, geb. Klagenfurt 13. Jänner 1814; — (4) Benedikt, geb. Klagenfurt 18. Juni 1817, und — (5) Therese, geb. Klagenfurt 21. September 1818, † daselbst 12. März 1819.

Alfons Edler von Emperger, vorstehend (1), war Pfleger zu Tarvis und mit Katharina, geb. Weber (geb. Goggau bei Tarvis 1823, † Klagenfurt 22. April 1882) verheiratet. Deren Nachkommen s. unten I. Ältere Linie, 2. Ast.

3. Ast. (Erloschen.)

Josef Anton Florian Edler von Emperger, s. oben 6), Dr. jur. und k. k. Appellationsrat, starb zu Klagenfurt 5. August 1818. Er hatte sich mit Marie Therese (geb. Innsbruck 30. August

1776, † 26. März 1847) vermählt, einer Tochter des k. k. Regierungsrates Vinzenz Egloff von Stadhof und der Therese, geb. Lachmair von Ehrenheim, mit der er folgende elf zu Klagenfurt geborene Kinder erzeugte:

(1) Marie Therese, geb. 21. Mai 1797, † als Kind; — (2) Karl Jakob, geb. 20. Dezember 1798, † jung; — (3) Josef Vinzenz, geb. 16. April 1800, † Klagenfurt 5. August 1818; — (4) Franz, der allein Nachkommen hatte (s. unten); — (5) Therese Josefa, geb. 1. März 1802; — (6) Marie Regine, geb. 7. September 1803; — (7) Anna Elisabeth, geb. 20. Juli 1807; — (8) Karl Franz, geb. 27. September 1809; — (9) Alfons Benedikt, geb. 18. April 1812, † Klagenfurt 10. September 1845, k. k. Leutnant im Infanterie-Regimente Hoch- und Deutschmeister Nr. 4; — (10) Vinzenz Benedikt, geb. 23. August 1815, † Graz 14. Oktober 1875, Dr. jur., Hof- und Gerichtsadvokat zu Graz, 1848 Abgeordneter der Stadt Graz und der dortigen Universität im Steiermärkischen Landtage, Ehrenbürger von Graz (darauf verzichtet) und der Gemeinde St. Stefan am Gratkorn, wegen seiner Haltung in der Bewegung von 1848 zu 18jährigem schweren Kerker verurteilt, 1867 jedoch vollständig rehabilitiert, verm. mit Josefine, geb. Heindl; — (11) Simon Franz Johann, geb. 19. Oktober 1817, † 2. August 1818.

Franz Edler von Emperger, vorstehend (4), war k. k. Landrat zu Görz und hatte aus seiner Ehe mit Josefine, geb. von Hörmann, nur zwei zu Görz geborene Töchter:

1. Marie Hermenegilde Josefine, geb. 3. September 1834, † Görz 20. September 1841, und — 2. Hermenegilde Brigitte, geb. 10. Oktober 1836.

II. Mittlere Linie.

Johann Karl Edler von Emperger (s. oben 3.) war gräflich Lodronscher Handelsinspektor in der Eisentratten bei Gmünd in Kärnten, wo er auch am 26. Februar 1800 starb. Er war dreimal vermählt: I. mit Maria Josefa, einer Tochter des Anton Dominik Kajetan von Monari, Pflegers zu Biberstein und Himmelberg, aus einer seiner beiden Ehen mit Maria Anna von Glaunach zum Kazenstain († 174.) oder Maria Anna Millesi (geb. Villach 1729); II. seit 7. Jul i1788 mit Therese, geb. (von ?) Thamer, die 19. Jänner 1796 zu Gmünd starb, und III. 1797 mit Maria Theresia, geb. Mosser. Diesen Ehen entstammten folgende neun Kinder:

I. Ehe: — 1) Vinzenz, geb. Glanegg 1773, der diese Linie allein fortpflanzte (s. unten); — 2) Josefa, verehelichte Glanzer; — 3) Karl, gefallen als Kadett des Infanterie-Regimentes FML. Wilhelm Freiherr Schröder von Lilienhof Nr. 26 im Gefechte bei Cuneo; — 4) Maria Anna, geb. Gmünd 28. Juni 1784; — 5) Maria Klaudia, geb. Gmünd 2. Juni 1786; — II. Ehe: — 6) Alois Dominik, geb. Gmünd 3. Juni 1792; — 7) Josef Johann, geb. Gmünd 12. Dezember 1793, † daselbst 30. April 1800; — 8) Maria Aloisia, geb. Gmünd 16. Jänner 1796, † Graz 28. November 1868, vermählte Huber, und — III. Ehe: 9) Maria Anna Notpurga, geb. Gmünd 8. November 1797.

Vinzenz Edler von Emperger, vorstehend 1), starb zu Graz 13. August 1836 als k. k. Protokolls-, Expedits- und Registratursdirektor der Steiermärkischen vereinigten Kameralgefällenverwaltung und hatte sich zweimal verehelicht: I. mit Anna Maria, geb. Bazolt, die 27. Mai 1819 zu Graz starb, und II. Graz 15. Oktober 1827 mit Therese, geb. Damm. Er hatte drei zu Graz geborene Kinder:

Aus I. Ehe: — (1) Karl, geb. 11. November 1808, † Sinouz 6. Dezember 1846, Dr. med., k. k. Inspektor am Rastell (Kontumazanstalt) zu Sinouz, verm. 23. Februar 1846 mit Anna, geb. Schmal; — II. Ehe: — (2) Anna Maria Theresia, geb. 12. Oktober 1829, und — (3) Michael Friedrich Traugott, geb. 5. Februar 1832 (s. unten).

III. Jüngere Linie.

Johann Seyfried Edler von Emperger (s. oben 10.), starb zu Klagenfurt am 28. August 1811 im 60. Lebensjahre als Dr. jur., Advokat zu Klagenfurt und k. k. Bannrichter in Kärnten. Er war Besitzer des Gutes Falkenberg und hatte sich zu Klagenfurt 7. Mai 1776 mit Regina Klara (geb. Klagenfurt 12. November 1757, † daselbst 1815) vermählt, einer Tochter des Franz Anton von Rainer zu Harbach († Klagenfurt 12. April 1771) und der Maria Anna, geb. von Sezenegg († März 1771). Diese Ehe war mit nachstehenden neun in Klagenfurt geborenen Kindern gesegnet:

1) Johann Nepomuk, geb. 12. Mai 1777, dessen Nachkommenschaft den im Mannsstamme erloschenen 1. Ast bildet (s. unten)

2) Josef Benedikt, geb. 26. Juli 1778, der als Kind starb.

3) Vinzenz Karl, geb. 18. April 1780, der Stammvater des blühenden 2. Astes (s. unten).

4) Anton Alfons, geb. 18. Jänner 1782.

5) Ignaz Siegfried, geb. 31. Juli 1783, † Klagenfurt 19. Februar 1784.

6) Eugen, geb. 16. November 1784, † Graz 24. März 1843, Inhaber der protokollierten Firma Eugen v. Emperger & Comp., k. k. priv. Chemische Produkten-, Likör-, Essigfabrik und Spirituosenerzeugung in Graz, verm. mit Anna, geb. Nachbar (geb. 27. Februar 1791, † Graz 6. November 1877), welcher Ehe ebenfalls nur drei zu Graz geborene Töchter entstammten: — (1) Emilie, geb. 1814, † Graz 1841; — (2) Anna, geb. 1816, † Graz 9. April 1863, verm. Graz 2. Februar 1853 mit Anton Aichlehner von Aichstetten (geb. 1815, † 1862), k. k. Hauptmanne i. P. (bis 1859 Gebäudeinspektor zu Verona), und — (3) Eugenie, geb. 20. November 1818, † Graz 26. Mai 1874, verm. Graz 18. Februar 1840 mit Albin Alber (geb. 1815, † Graz 17. Jänner 1877), Fabriks- und Hausbesitzer zu Graz (1864 bis 1867 Bürgermeister der Landeshauptstadt Graz).

7) Josef Thomas, geb. 7. März 1786, † Laibach 26. August 1849, k. k. Landrat in Krain und Stadtrat zu Laibach, der in seiner Ehe mit Josefa, geb. Florentin Edlen von Blumfeld (geb. 1797, † Laibach 18. Februar 1858) vier Kinder gewann: — (1) Johanna, geb. Gonobitz 3. März 1823, † Laibach 21. Jänner 1880; — (2) Marie Hedwig, geb. Gonobitz 28. April 1825, † Laibach 6. April 1900, verm. daselbst 25. Mai 1851 mit Otto Vinzenz Zhuber von Okrog (geb. 27. Juni 1827, † Laibach 17. Juni 1884), k. k. Regierungsoffizial; — (3) Franz, geb. 1828, † Laibach 1. August 1837; — (4) Natalie, geb. Mariazell 3. September 1830, † Blanza bei Lichtenwald 2. Februar 1886.

8) Franz Xaver, geb. 5. Februar 1789, † Wien 30. März 1861, Generalagent der Lobsanner Asphaltgesellschaft, verm. mit Marie, geb. Schantz (geb. 1799, † Wien 20. Juli 1887).

9) Maria Regina, geb. 31. März 1799.

1. Ast. (Im Mannsstamme erloschen.)

Johann Nepomuk Edler von Emperger, oben 1), war Beamter der k. k. Kameralherrschaft St. Andrä im Lavanttale, wo er am 28. Dezember 1840 starb. Er war zweimal vermählt: I. mit Elisabeth, geb. Kronawetter, und II. mit deren Schwester Josefa, geb. Kronawetter, welchen Ehen die folgenden fünf zu St. Andrä im Lavanttale geborenen Kinder entsprossen:

I. Ehe: — (1) Marie, geb. 8. Dezember 1806, † Klagenfurt 3. August 1867; — II. Ehe: — (2) Heinrich, geb. 30. Dezember 1820, † Wolfsberg 26. April 1859, Dr. med., k. k. Regimentsarzt; — (3) Therese, geb. 21. Oktober 1822, † Klagenfurt 5. Dezember 1902, Kärntner Stiftsdame; — (4) Karoline, geb. 27. November 1826 (s. unten III. Jüngere Linie, 1. Ast), und — (5) Anton, geb. 10. Oktober 1827, † Klagenfurt 25. Jänner 1900, pensionierter Volksschullehrer, verm. 2. Februar 1860 mit Therese, geb. Wurianek, von der nur zwei im Kindesalter verstorbene Söhne: — a) Alfons und — b) Richard stammten.

2. Ast.

Die Nachkommenschaft des Vinzenz Karl Edlen von Emperger, oben 3), folgt unten sub III. Jüngere Linie, 2. Ast.

I. Ältere Linie.

Stifter: Franz Josef Karl Edler von Emperger, geb. Klagenfurt 17. August 1740, † daselbst 10. Juli 1803.

1. Ast.

† Andreas Alois Edler von Emperger (5. Kind des 13. August 1825 zu Kirschentheuer † Benedikt Josef Gaudenz Edlen v. E. und der .... 18.. zu .... † Therese, geb. Hartnoth), geb. Fellbach 23. Juli 1805, † Rann 20. Oktober 1867, gew. Gerichtsaktuar der Herrschaft Thurnisch bei Pettau und Gutspächter daselbst; — verm. St. Veit bei Pettau 2. Februar 1852 mit:

† Franziska, geb. Erdnag (Tochter des .... 18.. zu .... † .... E. und der .... 18.. zu .... † ...., geb. ....), geb. Pöltschach 8. März 1831, † Rann 13. Oktober 1886.

Kinder:

†1. Cäcilie, geb. Thurnisch 16. November 1852, † Laibach 31. Mai 1891; — verm. Laibach 23. November 1879 mit:
Josef Malinovski, geb. Laibach 20. April 1845, Privatbeamten. — [Laibach.]

2. Anna, geb. Rohitsch 20. Juni 1855; — verm. Pola 15. Oktober 1883 mit:

Eugen Crusiz, geb. Triest 4. März 1851, k. k. Oberamtsoffizial des Hauptzollamtes in Triest. — [Triest, Via Belvedere 26.]

3. Georg, geb. Klanjec, Kroatien, 5. März 1860, k. u. k. Hauptmann-Rechnungsführer 2. Kl. im Infanterie-Regimente Nr. 100; — verm. Wien 18. November 1890 mit:

Alexandrine Emilie, geb. Basch (Tochter des Realitätenbesitzers Eduard B. — [Wien] — und der 6. August 1896 zu Wien † Berta Marie, geb. Eisler), geb. Wien 12. Juni 1867. — [Teschen.]

Tochter:

Elisabeth Anna Berta, geb. Wien 15. Oktober 1891.

4. Antonie, geb. Wisell 6. April 1862; — verm. Fiume 3. November 1893 mit:

Angelo Leoni, geb. Pago 6. Dezember 1868, Privatbeamten. — [Fiume, Via ruota 4.]

†5. Andreas, geb. Rann 5. Juni 1866, † daselbst 12. Juni 1869.

2. Ast.

(Wahrscheinlich im Mannsstamme erloschen.)

(†?) Alfons Edler von Emperger (einziges Kind des .... 18.. zu .... † Alfons Edlen v. E. und der 22. April 1882 zu Klagenfurt † Katharina, geb. Weber), geb. Klagenfurt 7. Februar 1854 (bis 188. Hausbesitzer und Bäckermeister zu Klagenfurt), ausgewandert nach Amerika und dort wahrscheinlich gestorben; — verm. Klagenfurt 29. April 1878 mit:

Mathilde, geb. Schiberth (Tochter des .... 18.. zu Klagenfurt † .... Sch. und der .... 18.. ebendort † ...., geb. ....), geb. Klagenfurt .... 18... — [Klagenfurt.]

Töchter:

1. Irene Maria Josefa Anna, geb. Klagenfurt 17. Jänner 1879. — [Klagenfurt.]

†2. Maria Martha, geb. Klagenfurt 7. und † daselbst 9. August 1881.

II. Mittlere Linie.

Stifter: Johann Karl Edler von Emperger, geb. Klagenfurt 13. September 1741, † Eisentratten 26. Februar 1800.

† Michael Friedrich Traugott Edler von Emperger (3. Kind des 13. August 1836 zu Graz † Vinzenz Edlen v. E. und dessen II. Gemahlin, der 25. Juli 1876 zu Stainz † Therese, geb. Damm), geb. Graz 5. Februar 1832, † Teplitz-Schönau 30. April 1887, GVK., Direktor der Aussig-Teplitzer Eisenbahn; — verm. Beraun .... 1861 mit:

† Johanna, geb. Zdrahal (Tochter des .... 1854 zu Petrovic † Forstverwalters Anton Z. und der .... 1876 zu Prag † Johanna, geb. Hanika), geb. .... 1840, † Beraun .. Februar 1862.

Sohn:

Friedrich (Fritz — altkatholisch), geb. Beraun 11. Jänner 1862, Dr. d. techn. Wissensch., k. k. Baurat, behördl. autoris. Bauingenieur, Herausgeber und Redakteur der Zeitschrift „Beton und Eisen"; — verm. Prag 6. März 1889 mit:

Gabriele, geb. Seiche Edlen von Nordenheim (Tochter des 5. Juni 1891 zu Teplitz-Schönau † Geheimen Medizinalrates und Badearztes daselbst Dr. med. Josef S. Edlen v. N. und der 7. Juni 1899 ebendort † Adele, geb. Bayer), geb. .... 6. März 1860. — [Wien, IV. Paniglgasse 5.]

Tochter:

Elisabeth (Elsa) Gabriele, geb. Lyon 9. Jänner 1890.

III. Jüngere Linie.

Stifter: Johann Seyfried Edler von Emperger, geb. 1752, † Klagenfurt 28. August 1811.

1. Ast.

(Im Mannsstamme erloschen.)

Karoline Edle von Emperger (4. Kind des 28. Dezember 1840 zu St. Andrä i. Lavanttale † Johann Nepomuk Edlen v. E. aus dessen II. Ehe mit der .... 18.. zu .... † Josefa, geb. Kronawetter), geb. St. Andrä i. Lavanttale 27. November 1826, — [Klagenfurt]; — verm. .... 7. März 1848 mit:

† Bartholomäus Wenko, geb. .... 18.., † Eisenkappel 14. November 1893, Volksschullehrer daselbst.

2. Ast.

† Vinzenz Karl Edler von Emperger (3. Kind des 28. August 1811 zu Klagenfurt † Johann Seyfried Edlen v. E. und der .... 1815 ebendort † Regina Klara, geb. von Rainer zu Harbach), geb. Klagenfurt 18. April 1780, † Graz .... 18.., Mag. pharm., Apotheker zu Graz; — verm. .... 18.. mit:

† Josefa, geb. Rechinger (Tochter des .... 18.. zu .... † .... R. und der .... 18.. zu .... † ...., geb. ....), geb. .... 17.., † Graz 4. Jänner 1844.

Kinder:

† 1. Vinzenz Josef, geb. Graz 13. März 1808, † Wien 13. Februar 1875, Mag. pharm., Apotheker zu Wien; — verm. I. Wien 2. Mai 1838 mit:

† Anna, geb. Hesse (Tochter des .... 18.. zu .... † .... H. und der .... 18.. zu .... † ...., geb. ....), geb. Ochsenfurt 15. Dezember 1807, † Wien 25. April 1852; — II. Wien 1. Mai 1855 mit:

† Aloisia, geb. Ludwig (Tochter des .... 18.. zu .... † .... L. und der .... 18.. zu .... † ...., geb. ....), geb. Wien 13. Juni 1826, † daselbst 1. August 1890.

Kinder I. Ehe:

1) Gustav Sebastian, geb. Güns (Köszegh) 15. Februar 1839, Privatbeamter. — [Wien, V. Kettenbrückengasse 23.]

† 2) Marie Therese, geb. Wien 25. Oktober 1842, † daselbst 4. Juli 1906.

3) Ernestine, geb. Wien 12. Jänner 1845. — [Wien, V. Kettenbrückengasse 23.]

†2. Maria Anna Leopoldine, geb. Graz 14. November 1809, † daselbst 8. Dezember 1884.

†3. Gustav Adolf, geb. Graz 22. April 1814, † Irdning 10. November 1850, k. k. Landesgerichtsrat und Vorstand des Bezirksgerichtes in Irdning; — verm. Graz 29. April 1850 mit:

Emilie Anna Aloisia, geb. Habianez (Tochter des .... 18.. zu .... † k. k. Majors Lukas H. und der Rosa, geb. Khuen von Khuenberg), geb. .... 18.. — [Graz, Morellenfeldgasse 5.]

Tochter:

Emilie, geb. Graz 20. Mai 1851. — [Graz, Morellenfeldgasse 5.]

Vgl.: — Brünner Adel. Taschenb. I 1870; — Neuer Siebmacher IV, 8 (A. M. Hildebrandt, Der Kärntner Adel), S. 147, Taf. 14.

---

* de Faccioli-Grimani.

Römisch-katholisch. — Österreich (Niederösterreich) und Italien (Venezien).

Verleihungen:

1881 März 6 (Allerhöchste Entschließung) und August 3, Wien (Plakat des k. k. Ministeriums des Innern): Kaiser Franz Joseph I. bewilligt dem k. k. Hauptmanne des Generalstabskorps Dr. jur. Amelio de Faccioli die Fortführung des bisher gebrauchten einfachen Adels unter Vereinigung des Namens und Wappens der Familie Grimani mit seinem eigenen. — (AA., HKA.; — Orig. Fam.)

1904 Dezember 29, Wien (Urkunde des k. k. Ministeriums des Innern): Auf Grund der vorstehenden Allerhöchsten Entschließung wird dem k. u. k. Generalmajor Dr. jur. Amelio de Faccioli, nachdem er durch einen von der kgl. italienischen Consulta araldica in Rom ddo. 10. und 11. Juni 1901 authentifizierten Stammbaum seine Abkunft von seinem fünften Urgroßvater Federico († 1. Jänner 1708) nachgewiesen hatte, eine Bestätigungsurkunde darüber ausgefertigt, daß er berechtigt ist, den Namen „de Faccioli-Grimani" und das vereinigte Wappen zu führen. — (AA., HKA.; — Orig. Fam.)

Wappen:

I. Stammwappen (vor dem XVII. Jahrhundert): In Silber auf grünem Boden ein natürlicher Ölbaum. Auf dem gekrönten Turnierhelme mit grün-silbernen Decken ein wachsender silberner Löwe, in den Vorderpranken eine brennende silberne Fackel pfahlweise vor sich haltend. (Namenanspielend „fax olei". — Dieses Wappen kommt auch vermehrt mit dem guelfischen Parteiabzeichen „Capo d'Angiotto", drei goldenen Lilien in Blau [fälschlich in Rot] vor.)

II. Seit dem XVII. Jahrhundert (Faccioli in Verona): In Schwarz zwei gegeneinandergekehrte silberne Löwen mit den Vorderpranken gemeinsam eine brennende silberne Fackel pfahlweise haltend. Auf dem ungekrönten Turnierhelme mit schwarz-silbernen Decken drei Straußenfedern, eine silberne zwischen zwei schwarzen. — (In Stein gehauen an der alten Familiengruft in der seit dem XVIII. Jahrhundert aufgelassenen Kirche Sta. Maria della Ghiaia zu Verona. — Durch die kgl. italienische Consulta araldica ddo. Rom, 10. Juni 1901 bestätigter Stammbaum.)

III. 1751 (ein Teil der Faccioli in Verona): In Gespalten von Grün und Rot (auch in Blau) auf grünem Boden ein goldener Löwe, in den Vorderpranken eine brennende goldene Fackel pfahlweise vor sich haltend. Auf dem ungekrönten Turnierhelme mit rechts grün-goldenen und links rot-goldenen (auch beiderseits blau-goldenen) Decken drei Straußenfedern, eine goldene zwischen einer grünen und einer roten (auch zwischen zwei blauen). — Mit der Jahreszahl 1751 vielfach in dem seit 1708 der Familie gehörigen Landhause di Costafredda zu Colognola ai Colli bei Verona und der Hauskapelle daselbst.

IV. 1881 August 3 (Faccioli-Grimani): Gespalten, vorne in Blau ein einwärts gewendeter silberner Löwe, in den Vorderpranken eine brennende Fackel pfahlweise vor sich haltend (in den Farben teilweise verändert Faccioli wie 1751), hinten siebenmal gespalten von Silber und Rot, in der oberen Hälfte des zweiten silbernen Streifens ein rotes Hochkreuz (Grimani). Auf dem gekrönten Turnierhelme mit rechts blau-silbernen und links rot-silbernen Decken der silberne Löwe mit der Fackel wachsend (Faccioli, wie im Stammwappen.

V. 1904 Dezember 29 (Faccioli-Grimani berichtigt): Gespalten, vorne wie der Schild oben sub II (Faccioli in Verona), hinten wie der hintere Part 1881 (Grimani). Auf dem gekrönten Turnierhelme Decken und Kleinod wie oben bei II (Faccioli in Verona).

So wie das Wappen zeigt auch der an verschiedenen Orten Oberitaliens wiederkehrende Name dieser Familie zahlreiche Varianten. Gleich einem älteren in Pisa ansässig gewesenen Geschlechte nannten sich die zuerst in Novara nachweisbaren Vorfahren derselben Ende des XVI. Jahrhunderts „Fagiuoli" und

„dela Fagiuola", was vielfach in „de Faciolis" oder „Faciolus" latinisiert wurde. In der Folge bildete sich daraus „Fagioli", später „Fasoli" oder „Fasola" und endlich „Faciolo" „Faciola" und „Faccioli". Gegenwärtig blühen in Novara noch Fasola, die in dem mit kgl. italienischem Dekrete vom 27. Juni 1895 approbierten amtlichen Verzeichnisse der adeligen und betitelten Familien Piemonts aufgenommen sind.

Von diesen Fasola zweigten zu Beginn des XVII. Jahrhunderts jene Faccioli ab, die in der Mitte desselben Jahrhunderts durch Federigo nach Verona (s. unten I. Linie in Verona) und in der ersten Hälfte des XVIII. Jahrhunderts durch Giovanni Tomaso nach Mailand (s. unten II. Linie in Mailand) verpflanzt wurden.

I. Linie in Verona (nun in Österreich).

Die folgende Stammreihe dieser nun auch in Österreich als Faccioli-Grimani blühenden Linie wurde durch die kgl. italienische Consulta araldica ddo. Rom, 10. Juni 1901 bestätigt:

I. Federico Faccioli, der 1650 das Familienhaus an der Piazza Vittorio Emanuele zu Verona erwarb und am 1. Jänner 1708 daselbst starb.

II. Domenico Faccioli, geb. ca. 1656, † Verona 11. November 1734, dessen Gemahlin Bona (geb. ca. 1651) am 11. Mai 1736 ebendort starb.

III. Giovanni Battista Faccioli, geb. Verona 9. November 1688, † daselbst 12. Dezember 1771, der seit 1716 als Dragonerkapitän im Dienste der Republik Venedig erscheint, die Feldzüge 1717 und 1718 in die Levante mitmachte und 1733 von der Republik für die Anwerbung, Equipierung und Erhaltung einer Kompagnie Fanti auf eigene Kosten das Privilegium erhielt, zu Peschiera eine eigene Fahne zu führen. Er war seit 23. Jänner 1708 (Ehevertrag vom 18. Jänner d. J., in welchem die Familienmitglieder als „Faccioli di Falsorgo" bezeichnet werden) mit Anna Maria, einer Tochter des Brixio de Beccaris vermählt, durch welche Ehe die Herrschaft Colognola ai Colli bei Verona mit Costafredda und den Gütern Illasi und Soave an die Familie kam.

IV. Giuseppe Fedele Faccioli, geb. Verona 7. Jänner 1710, † daselbst 21. Dezember 1769, verm. ebendort 21. September 1737 mit Marianna, einer Tochter des Niccolò Mazza.

V. Giovanni Battista Faccioli, geb. Verona 20. Oktober 1743, † dasselbst 30. September 1779, verm. November 1771 mit Teresa (geb. ca. 1750, † Verona 30. September 1829), einer Tochter des Gaetano Bonazzi.

VI. Giuseppe Luigi Faccioli, geb. Verona 18. Februar 1773, † daselbst 9. Oktober 1834, verm. ebendort 24. Oktober 1806 mit Antonietta (geb. Verona 21. Jänner 1785, † daselbst 14. Dezember 1834), einer Tochter des Giovanni Battista Ottolini.

VII. Gaetano Giovanni Faccioli, geb. Verona 26. Mai 1813, † London 12. März 1887, verm. Verona 21. Juni 1836 mit Maria Luigia (geb. 1816, † Verona 21. Februar 1884), einer Tochter des Giuseppe Zigiotti.

VIII. Amelio Faccioli, geb. Verona 28. Mai 1844, der diese Linie nach Österreich verpflanzte.

Dieser trat nach Ablegung des Doktorates der politischen Wissenschaften zu Pisa in österreichische Militärdienste und erlangte durch Nachweis seines älteren Adels 16. Dezember 1868 als k. k. Leutnant des Ulanen-Regimentes GdK. Karl Graf Bigot de St. Quentin Nr. 8 die Zuerkennung der Adelsbezeichnung „de" für Österreich-Ungarn. Dr. Amelio de Faccioli, damals k. k. Hauptmann des Generalstabskorps, erhielt ddo. Marostica, 8. Mai 1880 von Leonardo Grimani († 1888), dem letzten Manne der Linie di San Girolamo dieses berühmten Venezianer Patriziergeschlechtes, eine Namens- und Wappenübertragungsurkunde. Leonardo war ein Bruder der Maria Grimani († 1858), der Gemahlin seines Oheims Giovanni Faccioli († 24. April 1874). Mit Allerhöchster Entschließung vom 6. März 1881 und dem Plakate des k. k. Ministeriums des Innern ddo. Wien, 3. August desselben Jahres erfolgte hierauf die Bewilligung zur Fortführung des bisher gebrauchten Adels unter Vereinigung der Namen und der Wappen der Familien Faccioli und Grimani. Endlich wurde diese Übertragung ddo. Venedig, 14. März 1891 von den Stammhaltern der gegenwärtig allein noch blühenden Linien Grimani: von Dr. Filippo Grimani der patrizischen Linie di San Luca und Johann Peter Grafen Grimani-Giustinian der Linie di San Polo, bestätigt. Die vom letztgenannten mangels männlicher Nachkommen gleichzeitig ausgesprochene Übertragung seines österreichischen Grafenstandes und vermehrten Wappens auf den damaligen k. u. k. Major Dr. Amelio de Faccioli-Grimani entbehrt der Allerhöchsten Genehmigung.

Durch die Bestätigung der oben mitgeteilten Stammfolge von seiten der kgl. italienischen Consulta araldica ddo. Rom, 10. Juni 1901 ergab sich, daß im Ministerialplakate von 1881 eine nicht authentische Variante des Wappens der Familie Faccioli mit jenem der Grimani vereinigt worden war. Es wurde nun ddo. Wien, 29. Dezember 1904 für den nunmehrigen k. u. k. Generalmajor Dr. Amelio de Faccioli eine neue Urkunde mit richtiggestelltem Wappen, der Anerkennung der Abstammung vom fünften Urgroßvater Federico und Feststellung der Namensvereinigung „de Faccioli-Grimani" ausgefertigt. Der gegenwärtige Personalstand dieser Linie folgt unten.

II. Linie in Mailand. (Erloschen.)

Giovanni Tomaso Faccioli (s. oben), der Stifter dieser Linie, wurde 19. August 1700 zu Novara geboren, wurde 1730 dem Mailänder „Nobile Consiglio Giuridico" aggregiert und erscheint wiederholt als Jureconsulto. Er war zweimal vermählt: I. mit Marianna, geb. Gräfin Castiglione, und II. mit Lucretia Balbi aus dem Venezianer Patriziergeschlechte. Der ersten dieser beiden Ehen entstammte u. a. Elena, die Gemahlin des bekannten hochverdienten Sindaco Generale del Contado di Novara, Ottaviano Grafen Tornielli und der zweiten Carlo Francesco.

Carlo Francesco Facciolo wurde 1732 zu Mailand geboren und vermählte sich 1765 zu Pavia mit der kursächsischen Hof- und k. k. Sternkreuzordensdame Ernestine Henriette Elisabeth Freiin von Obernitz, die jedoch schon 1772/73 starb. Er war k. k. Hauptmann und tat sich besonders bei der Verteidigung des Kastells von Mailand vom 18. bis 28. Juni 1791 hervor. Nach erfolgter Übergabe wurde er auf Kriegsdauer in der Provence interniert, jedoch bald gegen die damals übliche ehrenwörtliche Verpflichtung nach Verona beurlaubt. Diese Linie ist seitdem erloschen.

I. Linie in Österreich.

(Früher in Verona.)

Amelio de Faccioli-Grimani (Erwerber der Namens- und Wappenvereinigung — Sohn des 12. März 1887 zu London † Nobile Gaetano Giovanni Faccioli und der 21. Februar 1884 zu Verona † Maria Luigia, geb. Zigiotti), geb. Verona 28. Mai 1844, Dr. d. pol. Wissensch., MVK., k. u. k. Generalmajor d. R. (bis 1903 Kommandant der 4. Gebirgsbrigade in Cattaro); — verm. Brünn 24. August 1882 mit:

Hermine Eveline, geb. Mallner von Marsegg (Tochter des 9. Dezember 1887 zu Wien † k. u. k. Feldmarschall-Leutnants d. R., LO.-R., MVK. [KD.] Hermann M. v. M. und der 22. Oktober 1867 zu Prag † Emilie, geb. Ettmayer von Adelsburg), geb. .... 18... — [Wien, II. Ausstellungsstraße 55.]

Kinder:

1. Maria Luigia Emilia Hermine Amelia, geb. Wien 16. Juni 1883.
2. Amelio Ruggero Luigi Leonardo Scipio Maria, geb. Stockerau 7. April 1885, Hörer der Rechte in der k. k. Theresianischen Akademie in Wien.

†3. Marino Enrico Gaetano Grimaldo Armando Maria, geb. Zara 12. März und † Budua 6. Dezember 1887.

---

von Fialka.

Römisch-katholisch. — Österreich (Böhmen, Niederösterreich und Galizien).

Verleihung:

1856 August 30, Wien (Diplom): Kaiser Franz Joseph I. erhebt den k. k. Major im Linien-Infanterie-Regimente FML. Ludwig Ritter von Benedek Nr. 28 Moriz Fialka in den österreichischen Adelstand und verleiht ihm ein Wappen. — (AA., HKA.; — Orig. Fam.)

Wappen:

1856 August 30: In Rot zwei schräg gekreuzte blanke Schwerter mit goldenen Griffen und aufgekehrten Spitzen. Auf dem gekrönten Turnierhelme mit rot-silbernen Decken die Schwerter wie im Schilde.

---

†Moriz von Fialka (Adelserwerber — Sohn des .... 1824 zu Pisek, † Kreisphysikus Dr. med. Karl Fialka und der .... 1847 zu Prag † Therese, geb. Gränizer von Gränzenstein), geb. Pisek 30. Oktober 1810, † Krakau 13. Juni 1869, MVK. (KD.), k. k. Oberst ....; — verm. Prag 15. Mai 1846 mit:

†Karoline, geb. Hanslick (Tochter des .... 18.. zu Prag † k. k. Skriptors der Universitätsbibliothek daselbst Anton H. und der .... 18.. ebendort † Karoline, geb. Kis), geb. Prag 8. Juli 1824, † Wien 23. Dezember 1878.

Kinder:

†1. Božena, geb. Prag 26. Februar 1847, † Linz 8. Jänner 1898; — verm. Linz .... 1886 mit:
 † Gustav Herlitschka, geb. .... 18.., † .... 189., k. u. k. Hauptmann 1. Kl. im Feldjäger-Bataillon Nr. 3.

2. Olga, geb. Theresienstadt 19. April 1848; — verm. Körmöczbánya (Kremnitz) .... 1885 mit:
 .... von Ferenczy, geb. .... 18.., Kunstmaler. — [Nagybánya.]

3. Zdenko (Zdislav), geb. Imst 16. Juli 1850, k. k. Realschulprofessor. — [Lemberg.]

4. Milada, geb. Rastadt 5. November 1851; — verm. Wien 10. September 1887 mit:
 Georg Tomečsek, geb. .... 18.., Professor an der k. k. Theresianischen Akademie. — [Wien, IV. Belvederegasse 5.]

5. Jaroslav, geb. Prag 9. April 1853, Oberrevident der priv. Österr.-ungar. Staatseisenbahn-Gesellschaft. — [Wien, IV. Belvederegasse 5.]

†6. Leo, geb. Rastadt 3. Oktober 1855, † Wien 15. November 1889, ...; — verm. Aussee 15. September 1881 mit:
 Nina, geb. Schloß (Tochter des 20. Mai 1898 zu Wien † Generalrates der Anglo-österr. Bank Julius Sch. und der ... Jänner 1901 ebenda † Natalie, geb. Klober), geb. Wien 30. August 1852. — [Wien, I. Helferstorferstraße 1.]

 Töchter:

 1) Zora, geb. Wien 1. September 1883.
 2) Virginia, geb. Wien 20. Mai 1885.

Filek von Wittinghausen, Fülek von Wittinghausen und Szathmárvár und Fülek von Portheim.

Römisch-katholisch und evangelisch A. B. – Österreich (Böhmen und Niederösterreich), Ungarn, Sachsen und England.

Verleihungen:

1864 August 3 (Allerhöchste Entschließung) und Oktober 6, Wien (Diplom): Kaiser Franz Joseph I. verleiht dem pens. k. k. Gubernialrat Josef Anton Filek den Österreichischen Adel mit dem Prädikate „Edler von Wittinghausen" und einem Wappen. – (AA., HKA.; – Orig. Fam.)

1878 März 10 (Allerhöchste Entschließung): Kgl. ungar. Bewilligung zur Änderung des Namens Filek in „Fülek" für den kgl. ungar. Honvedobersten Heinrich Filek Edlen von Wittinghausen.

1878 Juni 16, Schönbrunn (Diplom): Kaiser Franz Joseph I. verleiht dem kgl. ungar. Honvedobersten Heinrich Fülek Edlen von Wittinghausen den Ungarischen Adel mit dem weiteren Prädikate „Szathmárvár" und Wappenbesserung.

Wappen:

1864 Oktober 6: Unter einem goldenen, mit drei (3) blauen Rosen mit goldenen Butzen belegten Schildeshaupte gespalten, vorne in Blau sieben (1, 2, 1, 2, 1) goldene Sterne, hinten in Rot ein doppelschwänziger silberner Löwe. Auf dem gekrönten Turnierhelme mit rechts blau-goldenen und links rot-silbernen Decken ein geschlossener, vorne von Rot über Silber, hinten von Gold über Blau geteilter Flug.

---

† Josef Anton Filek Edler von Wittinghausen (Adelserwerber – Sohn des .... 18.. zu .... † .... Filek und der .... 18.. zu .... † ...., geb. ....), geb. Wittingau 16. März 1783, † Prag 26. Jänner 1868, k. k. Gubernialrat und jubil. Erster Rat der Kameralgefällenverwaltung in Böhnen; – verm. .... 9. Juni 1818 mit:

† Katharina, geb. Maschek (Tochter des .... 18.. zu .... † fürstl. Schwarzenbergschen Oberforstmeisters zu Worlik Johann M. und der .... 18.. zu .... † Katharina, geb. Böhm), geb. .... 1800, † Prag (St. Stefan) 26. August 1872.

Kinder:

† 1. Maria Anna Filek Edle von Wittinghausen, geb. Wien 23. März 1819, † daselbst 8. Jänner 1897, GVK., pens. Vorsteherin der ehem. k. k. Mädchenschule in Wien.

7*

†2. Klementine Aloisia Filek Edle von Wittinghausen, geb. Worlik in Böhmen 19. September 1820, † Prag 7. Jänner 1887; — verm. I. Prag 17. August 1850 mit:
† August Hoschek, geb. .... 18.., † .... 11. September 1852, k. k. Finanzrat; — II. Prag 26. September 1861 mit:
Karl Kleinberg, geb. .... 18.., Großgrundbesitzer. — [Prag und Vysočan.]

†3. Ferdinand Adam Filek Edler von Wittinghausen, geb. Wien 17. Oktober 1826, † daselbst 23. Jänner 1876, k. k. Polizeikommissär; — verm. Graz 4. November 1858 mit:
Mathilde, geb. Schmidl (Tochter des .... 18.. zu .... † k. k. Oberkriegskommissärs Josef Sch. und der .... 18.. zu .... † Gabriele, geb. Westinger), geb. Mailand 1. Juli 1839. — [Wien, XIII. Sampogasse 14.]

Kinder:

† 1) Richard Karl Ferdinand, geb. Wien 27. September 1869, † daselbst 28. Februar 1906, k. u. k. Oberleutnant d. R., behördl. autor. Zivilgeometer; — verm. .... November 1900 mit:
Emilie, geb. Lösel (Tochter des .... L. und der ...., geb. ....), geb. .... 18... — [Wien.]
2) Paula Rosine Mathilde, geb. Wien 18. Jänner 1871. — [Wien, XIII. Sampogasse 14.]
3) Helene, geb. Wien .... 1873, † daselbst 30. Jänner 1876.

†4. Gustav Karl Filek Edler von Wittinghausen, geb. Wien 24. Juli 1828, † Venedig 29. Dezember 1865, k. k. Marinekriegskommissär; — verm. Wien 24. Februar 1862 mit:
† Marie, geb. Maschek (Tochter des 26. April 1890 zu Hütteldorf [Wien] † k. u. k. Militär-Rechnungsrates d. R. und pens. Inspektors des herzogl. Savoyschen Damenstiftes, FJO.-R., Karl M. und der 4. Mai 1904 zu Wien † Marie, geb. Horn), geb. Wien 24. Februar 1841, † Wien 21. März 1888.

Kinder:

1) Karl Gustav, geb. Pola 4. Mai 1863; — verm. Hütteldorf (Wien) 21. September 1890 mit:
Marianne, geb. Scheidtenberger (Tochter des k. k. Hauptzolloberamts-Offizials Ferdinand Sch. und der Karoline, geb. Graf), geb. Wien 24. Juli 1868. — [Wien, XIII. Baumgartenstraße 28.]

Kinder:

(1) Margarete Karoline Marie, geb. Gnasterhof in Mähren 10. Jänner 1892.
(2) Gustav Ferdinand Karl Julius Otto, geb. Gnasterhof 12. Februar 1893.
(3) Ernst Ferdinand Karl, geb. Neubau in Oberösterreich 12. Februar 1895.

2) Marie (Mary) Katharina Gabriele, geb. Pola 22. Dezember 1864. — [Wien, XIII. Chrudnergasse 8.]

† 5. Rudolf Josef Filek Edler von Wittinghausen, geb. Wien 28. Dezember 1830, † Paris 14. Oktober 1881, Marianer des h. Deutschen Ritterordens, k. k. Konsul zu Cardiff; — verm. Alexandrette in Syrien .. Februar 1879 als deren I. Gemahl mit:

Cloë, geb. de Coidan (Tochter des .... 18.. zu .... † Jean de C. und der .... 18.. zu .... † Angiolina, geb. Stevens), geb. .... 18..; — (verm. in II. Ehe .... 18.. als dessen II. Gemalin mit: — Walter Jago, geb. .... 18.., kgl. großbritannischem Generalkonsul a. D.) — [Surbiton, England.]

Tochter:

Mary Kate Hedwig, geb. Cardiff 27. November 1879; — verm. .... 1902 mit:

Walter Jago (ihrem Stiefbruder), geb. .... 18... — [Johannesburg.]

† 6. Julius Alexander Filek Edler von Wittinghausen, geb. Wien 15. Februar 1833, † daselbst 21. März 1883, Marianer des h. Deutschen Ritterordens, k. k. Major und Professor der Stenographie an der Technischen Militärakademie in Wien; — verm. Wien 25. November 1865 mit:

Karoline, geb. Maschek (Schwester der oben genannten Marie), geb. Wien 6. Juli 1846. — [Wien, XIII. Chrudnergasse 8.]

Kinder:

† 1) Julie Katharina Marie Helene, geb. Linz 20. Februar 1869, † Wien 6. Juni 1894.

2) Friedrich (Fritz) Karl Julius Eduard, geb. Wr.-Neustadt 4. November 1871, k. u. k. Oberleutnant d. R. (in Verwendung im Expedit des Reichs-Kriegsministeriums — bis 1892 im Infanterie-Regimente FM. Heinrich Freiherr von Heß Nr. 49); — verm. .... 24. Februar 1903 mit:

Hermine, geb. Waniatko (Tochter des 6. September 1898 zu Brünn † Karl W. und der Adele, geb. Schmid), geb. Brünn 24. September 1878. — [Wien, XVIII. Rieglergasse 12.]

Sohn:

Friedrich (Fritz), geb. Wien 11. November 1903.

† 3) Amalie Marie Karoline, geb. Wien 15. März 1874, † .... 1897.

† 7. Heinrich Fülek Edler von Wittinghausen und Szathmárvár (evangelisch A. B. — Erwerber der Namensänderung und des Ungarischen Adels), geb. Wien 19. Juli 1834, † daselbst 21. August 1901, MVK. (KD.), kgl. ungar. Honvedoberst d. R., Ehrenbürger der kgl. ungar. Freistadt Szatmár-Neméti; — verm. I. Klagenfurt 23. Oktober 1860 mit:

Beatrice, geb. von und zu Litzelhofen (Tochter des 29. März 1888 zu Klagenfurt † k. u. k. Hauptmannes d. R., Landstands in Kärnten und Indigenas des Königreiches Ungarn Moriz v. u. z. L. und der 30. Jänner 1887 zu .... † Mathilde, geb. dei Marchesi Strozzi-Sacrati), geb.

Venedig 19. Mai 1841, – [Pola]; – gerichtlich geschieden 1875, getrennt 187.; – verm. II. Prag 23. Juni 1876 als deren II. Gemahl mit:

Magdalena, geb. Nemeček (evangelisch A. B. – Tochter des .... 18.. zu .... † Fabriksbesitzers Thomas N. und der .... 18.. zu .... † Magdalena, geb. Poniczer), geb. .... 18.., – [....]; – (war in I. Ehe verm. Prag 16. April 18.. mit: – † Johann Karl Porges Edlen von Portheim, geb. .... 18.., † .... 18..).

Kinder I. Ehe:

1) Wilhelmine (Vilma) Fülek Edle von Wittinghausen und Szathmárvár, geb. Klagenfurt 5. April 1862. – [Wien.]

2) Alois Fülek Edler von Wittinghausen und Szathmárvár (Zwillingsbruder der vorigen), geb. Klagenfurt 5. April 1862, Beamter der k. k. priv. Südbahn-Gesellschaft; – verm. Wien 15. November 1894 mit:

Marie, geb. Sandner (Tochter des 12. Februar 1887 zu Wien † Münzamtsbeamten Wolfgang S. und der .... 18.. Wien † ...., geb. ....), geb. Wien 30. April 1862. – [Mödling.]

† 3) Eduard Fülek Edler von Wittinghausen und Szathmárvár, geb. .... 1864, † Klagenfurt 30. September 1881, Zögling der k. k. Militär-Oberrealschule zu Mährisch-Weißkirchen.

4) Marie Fülek Edle von Wittinghausen und Szathmárvár, geb. Hermannstadt (Nagyszeben) 16. September 1866; – verm. Klagenfurt 3. September 1894 mit:

Peter Keki, geb. .... 5. Juni 1866, k. u. k. Werkführerassistenten des Technischen Militärkomitees, zugeteilt der Artilleriezeugsfabrik in Wien. – [Wien, XVI. Lerchenfelder Gürtel 53.]

Adoptivsohn und Stiefkinder (aus der II. Gemahlin I. Ehe):

a) Wilhelm Fülek Edler von Portheim, geb. Prag 22. (get. 31.) Oktober 1867 (Pf. Maria Schnee), k. u. k. Rittmeister 1. Kl. des Husaren-Regimentes Friedrich Wilhelm III. König von Preußen Nr. 10; – verm. .... 18.. mit:

Lucie, geb. von Mikuli (Tochter des .... Ritters v. M. und der ...., geb. ....), geb. .... 18... – [Czernowitz.]

Kinder:

(a) ....
(b) ....

b) Klara Porges Edle von Portheim, geb. .... 18..; – verm. Wien 28. April 1895 mit:

Alfred Maria Stefan Grafen von Stomm, geb. 10. Jänner 1860, k. u. k. Hauptmanne d. R. – [Stahlbad Pyrawarth.]

c) Luise Porges Edle von Portheim, geb. .... 18..; – verm. .... 18.. mit:

Adolf Schrötter, geb. .... 18.., Fabriksbesitzer. – [.....]

†8. Amalie Josefa Filek Edle von Wittinghausen, geb. Wien 6. Jänner 1837, † Prag 15. September 1871; – verm. Prag (St. Stefan) 20. Mai 1871 mit:

† Heinrich Clottu de Corneaux, geb. .... 18.., † Prag .... 18.., Professor in Prag.

9. Egyd August Filek Edler von Wittinghausen, geb. Prag 6. September 1840, Dr. jur. k. k. Schulrat und Gymnasialprofessor i. R.; – verm. Brünn (Dompf.) 1. April 1872 mit:

Karoline, geb. Donneux (Tochter des 2. März 1876 zu Brünn † Moriz D. und der 21. August 1895 zu Langenzersdorf † Antonie, geb. Kubisch, in II. Ehe Witwe nach dem .. Jänner 1890 zu Wien † k. u. k. Militärzahlmeister Silvester Populorum), geb. Brünn 31. Oktober 1847. – [Wien, II. Pazmanitengasse 4.]

Kinder:

1) Egyd Karl, geb. Wien 18. Jänner 1874, Dr. phil., k. k. Professor an der Staatsrealschule im VI. Bezirke in Wien; – verm. Znaim 21. November 1903 mit:

Eugenie, geb. Lahoda (Tochter des Fürst Rudolf Liechtensteinschen Domänendirektors i. R. Eduard L. und der Karoline, geb. Timmel), geb. Butkau 7. Dezember 1881. – [Wien, XIV. Ullmannstraße 17.]

2) Karoline, geb. Wien 7. Jänner 1878; verm. Wien .. Juni 1906 mit:

Raimund Halatschka, geb. .... 18.., Dr. phil., k. k. Professor an der Staatsrealschule im VII. Bezirke in Wien. – [Wien, VIII. Stolzenthalergasse 2.]

3) Emilie, geb. Langenzersdorf 2. Mai 1880, Beamtin der Versicherungsgesellschaft „Anker" und Stenographielehrerin. – [Wien, II. Pazmanitengasse 4.]

†10. Josef Anton Filek von Wittinghausen, geb. Prag 7. September 1846, † Berlin 17. September 1887, Marianer des h. Deutschen Ritterordens, großherzogl. mecklenburgschwerinscher und herzogl. sächsischer Hof- und Kammersänger (Künstlername „von Witt"); – verm. Dresden 4. Oktober 1870 als deren I. Gatte mit:

Margarete, geb. Meyer (evangelisch A. B. – Tochter des 13. März 1899 zu Leipzig † Kaufmannes J. H. M. und der .... 1855 zu .... † Eleonore, geb. Hochstätter), geb. .... 16. April 1854; – (verm. in II. Ehe .... 18.. mit: – Hermann Meisel, geb. Zwickau 4. Dezember 1846, Rechtsanwalt in Dresden). – [Dresden, Blasewitz.]

Sohn:

Herbert Karl Heinrich Friedrich Vollrath (evangelisch A. B.), geb. Schwerin 16. März 1886.

(Vgl.: – Brünner Adel. Taschenb. II 1877, X 1885 und XIII 1888.)

---

von Flick.

Römisch-katholisch. — Österreich (Mähren, Niederösterreich und Böhmen).

Verleihung:

1810 März 23, Wien (Diplom): Kaiser Franz I. verleiht dem Besitzer der Herrschaft Althart in Mähren Johann Peter Flick den Böhmischen Ritterstand und ein Wappen. — (AA., HKA.; BSB. 275; — Orig. Fam.)

Wappen:

1810 März 23: Halb geteilt und gespalten, vorne oben in Schwarz ein von sechs goldenen Bienen umschwärmter ebensolcher Bienenkorb, unten in Blau ein silbernes Schiff mit geschwelltem Segel und links abfliegendem Wimpel, hinten in Gold auf grünem Boden ein natürlicher dreizinniger Turm mit einem Fenster und geschlossenem Tore. Zwei gekrönte Turnierhelme: auf I mit schwarz-goldenen Decken drei Straußenfedern, eine goldene zwischen zwei schwarzen; auf II mit blau-silbernen Decken ein geschlossener von Blau und Silber gevierter Flug.

Diese Familie stammt von Johann Peter Flick, der 24. Februar 1737 zu Tellnitz in Ostpreußen geboren wurde. Dieser kam mit seiner I. Gewahlin (nicht genannt) später nach Mähren, wo er Besitzer der Herrschaft Althart und der mit dieser vereinigten Güter Neuhart, Qualkowitz und Muthen, sämtlich in Mähren, war. In II. Ehe war er mit Therese, geb. von Erben, vermählt, einer Tochter des k. k. Hofrates der Finanzhofstelle und Staatsgüteradministrators in Böhmen Dr. jur. Johann Josef Freiherrn von Erben (geb. Namiest 5. Jänner 1743, † Wien 10. Februar 1816), der als k. k. Gubernialrat ddo. Wien, 17. März 1789 den Böhmischen Ritterstand und wenige Tage vor seinem Tode ddo. Wien, 1. Februar 1816 den Österreichischen Freiherrnstand erhalten hatte. Johann (I) Peter Flick wurde in Anerkennung seiner „Rural-Industrie" von Kaiser Franz I. ddo. Wien, 23. März 1810 in den Böhmischen Ritterstand erhoben, wobei er das oben beschriebene Wappen erhielt. Er starb 1821 zu Althart und hinterließ aus seinen beiden Ehen die folgenden dreizehn Kinder:

I. Ehe: — 1. Chrysostomus, der in Marinediensten stand, eine Preußin heiratete und mit dieser eine Tochter Katharina hatte, die ihren Oheim Vinzenz Ritter von Flick (unten 6.) ehelichte.

II. Ehe: — 2. Wilhelm, der eine Polin zur Frau hatte, über dessen Deszendenz jedoch weitere Nachrichten fehlen.

3. Wilhelm, Archivar des ehem. Königreiches Illyrien, verm. mit .... Freiin von Mirbach, welcher Ehe ein Sohn Josef entstammte.

4. Philipp (II.), geb. 6. Februar 1774, † Althart 23. Mai 1806, verm. mit Hermine, geb. Friedel von Wotapek, die ihm zwei Töchter schenkte: — 1) Philippine und — 2) Therese.

5. Max Johann (II.), geb. 1779, † 1842, von dem die unten folgende I. Ältere Linie abstammt.

6. Vinzenz, verm. mit seiner Nichte Katharina von Flick (s. oben sub 1.), über deren etwaige Nachkommenschaft nichts bekannt ist.

7. Alois, k. k. Schätzungsinspektor, verm. mit Rosalie, geb. von Valero.

8. Thekla, die sich mit Johann Ritter (Richter) von Weizenstein († 1838) vermählte und selbst 1850 starb.

9. Dominik, geb. Althart 21. Jänner 1792, der Stifter der II. Jüngeren Linie (s. unten).

10. Helene. – 11. Elisabeth. – 12. Katharina.

13. Marie, verm. mit .... Ritter von Vacano.

I. Ältere Linie.

Max Johann (II.) Ritter von Flick (s. oben 5.) hatte zwanzig Kinder, von denen drei Söhne die Stifter von ebensovielen Ästen wurden: — 1) Marie; — 2) Helene; – 3) Vinzenzia, verehelichte Gauba; – 4) Rosine; — 5) Ignaz; — 6) Johann Nepomuk, der als Kind starb; — 7) Johann (III.), geb. Althart 13. Dezember 1815, der den 1. Ast gründete (s. unten); – 8) Josef, der als Kind starb; — 9) Pius, geb. Althart 11. Mai 1823, dessen Nachkommenschaft unten als 2. Ast folgt; — 10) Philipp, von dem nur bekannt ist, daß er zu Prag starb und zwei Kinder hinterließ: – (1) Iwan und – (2) Adelheid (Adi) — 3. Ast, über den nähere Nachrichten einem späteren Jahrgange vorbehalten bleiben; – 11) Hermann, – 12) Hugo († 4 Jahre alt), – 13) Hermann, – 14) Hugo und – 15) Wenzel, die sämtlich als Kinder starben; – 16) bis 18) tot geborene Drillinge, und – 19) bis 20) tote Zwillinge.

II. Jüngere Linie.

Dominik Ritter von Flick (s. oben 9.) starb als pensionierter gräfl. Sándorscher Zentraldirektor am 27. November 1856 zu Preßburg. Er hatte sich 1841 zu Bia (Komitat Pest-Pilis-Solt) mit Aloisia, geb. Trampusch (geb. Bydżow 1803, † Dudżowitz 29. Juli 1879) vermählt, der Tochter eines 1821 zu Saar in Mähren verstorbenen Doktors der Medizin, k. k. Regiments- und Kameralarztes, welcher Ehe nur ein 12. September 1843 zu Raitz in Mähren geborener Sohn Leon entsproß, der unten folgt.

I. Ältere Linie.

Stifter: Max Johann (II.) Ritter von Flick, geb. 1779, † 1842, Fabriksbesitzer und Besitzer der Herrschaft Althart.

1. Ast.

† Johann (III.) Ritter von Flick. (7. Kind des .... 1842 zu .... † Max Johann (II.) Ritters v. F. und der 28. März 1866 zu Wölking bei Sitzgras, Mähren, † Eleonore, geb. Friedel von Wotapek), geb. Althart 13. Dezember 1815, † Prag .... 1860, k. k. Leutnant im Infanterie-Regimente Nr. 25, später Direktor der Herrschaft Blattna, Böhmen; – verm. Budweis 6. März 1847 mit:

† Eleonore, geb. Barta (Tochter des .... 18.. zu .... † gräfl. Buquoyschen Wirtschaftsbeamten in Gratzen Jakob B. und der .... 18.. zu .... † Auguste, geb. Beylowitz), geb. Gratzen 11. Juli 1821, † Budweis 4. April 1866.

Kinder:

1. Auguste, geb. Wölking 16. September 1848 – [....]; – verm. .... 12. Februar 1873 mit:
† Franz Ritter von Innfeld, geb. .... 18.., † .... 6. März 1898, Gutsbesitzer zu ....
†2. Karoline, geb. .... 18.., † .... 18...
†3. Moritz, geb. .... 18.., † .... 18...
†4. Karl, geb. .... 1851, † .... 18...
5. Mathilde, geb. Borčic, Böhmen, 16. November 1853. – [....]
6. Moritz, geb. Busic 21. Mai 1856, MVK., k. k. Oberstleutnant im Landwehr-Ulanen-Regimente Nr. 4; – verm. Aussig 8. Februar 1903 mit:
Else, geb. Wolfrum (Tochter des Großindustriellen Karl W. und der Hermine, geb. Eckelmann), geb. .... 8. Februar 1870. – [Olmütz.]

2. Ast.

† Pius Ritter von Flick (9. Kind des .... 1842 zu .... † Max Johann Ritters v. F. und der 28. März 1866 zu Wölking † Eleonore, geb. Friedel von Wotapek), geb. Althart 11. Mai 1823, † Prag 15. November 1884, k. k. Schätzungs-Oberkommissär; – verm. Wien 13. Jänner 1849 mit:

Anna, geb. Nußbaumer (Tochter des 30. August 1847 zu Neulerchenfeld bei Wien † Ökonomen Anton N. und der 26. Juni 1882 ebendort † Katharina, geb. Gstaltmeier), geb. Neulerchenfeld 23. Jänner 1827. – [Dianaberg bei Pfraumberg.]

Kinder:

1. Karoline, geb. Neulerchenfeld 31. Dezember 1849; – verm. Komotau 31. August 1878 mit:
Franz Kohl, geb. Neu-Losimthal .... 1848, gräfl. Kolowrat-Krakowskyschem Waldbereiter. – [Dianaberg.]
2. Marzell, geb. Sitzgras 25. September 1851, Privatbeamter, – [Wien, XVI. Veronikagasse 25]; – verm. I. Neulerchenfeld 25. Mai 1882 mit:
† Karoline, geb. Fritz (Tochter des 2. Oktober 1866 zu Neulerchenfeld † Selchermeisters Georg F. und der 31. Oktober 1900 zu Wien † Theresia, geb. Kremser), geb. Neulerchenfeld 9. September 1857, † ebendort 30. September 1890; – verm. II. Neulerchenfeld 10. Mai 1893 mit:
Magdalena, geb. Fritz (Schwester der I. Gemahlin), geb. Neulerchenfeld 23. April 1853. – [Wien, XVI. Veronikagasse 25.]

Kinder a) I. Ehe:

1) Karoline, geb. Neulerchenfeld 27. Juli 1884.
2) Hans, geb. Neulerchenfeld 1. November 1885.
3) Friedrich, geb. Neulerchenfeld 18. April 1888.

b) II. Ehe:

4) Reinhard, geb. Wien 7. Oktober 1894.

3. Marie, geb. Wölking 26. Dezember 1853; — verm. Neu-Losimthal 29. Mai 1884 mit:

Josef Reichl, geb. Neudorf bei Weißensulz, Böhmen, ... 1832, k. u. k. Rittmeister d. R. (bis 1879 im Ulanen-Regimente Generalissimus und FM. Erzherzog Karl Nr. 3). — [Neudorf.]

†4. Luise, geb. Pilsen 15. Juni 1854, † Prag 15. Mai 1856.

5. Peter, geb. Prag 16. Oktober 1856, k. u. k. Hauptmann 1. Kl. im Feldjäger-Bataillon Nr. 11; — verm. Linz (St. Josef) 8. Jänner 1887 mit:

Anna, geb. Wagner (Tochter des 3. März 1899 zu Linz † Ingenieurs der k. k. österr. Staatsbahnen Johann W. und der 22. Dezember 1879 ebendort † Anna, geb. Nehuda), geb. Schlagen bei Gmunden 8. Februar 1865. — [Győr.]

Kinder:

1) Bruno, geb. Linz 5. Oktober 1887, Zögling der k. u. k. Infanterie-Kadettenschule in Liebenau.

2) Brunhilde (Hilda), geb. Linz 22. Februar 1891.

6. Anna, geb. Prag 2. Juli 1858; — verm. Dreieichen, Niederösterreich, 14. Juni 1893 mit:

Emil Schmalnauer, geb. .... 1866, Dr. med. — [Sarleinsbach.]

7. Michael, geb. Sambor 1. November 1860, Adjunkt der k. k. österr. Staatsbahnen; — verm. Neulerchenfeld 28. April 1890 mit:

Helene, geb. de Giorgi (Tochter des 25. Dezember 1870 zu Wien † Kanzleioffizials beim k. k. Oberlandesgerichte in Wien Friedrich de G. und der Marie, geb. Hoffmann), geb. Eggenburg 15. Juni 1867. — [Wien.]

Kinder:

† 1) Egon, geb. Eggenburg 2. Februar 1891, † ebendort 28. März 1891.

2) Otto, geb. Eggenburg 2. Februar 1892.

3) Leo, geb. Eggenburg 28. September 1893.

4) Egon, geb. Loosdorf 15. September 1895.

5) Ernst, geb. Loosdorf 7. Oktober 1897.

6) Emil, geb. Loosdorf 29. Oktober 1898.

† 7) Eugen, geb. St. Pölten 29. März 1900, † ebendort .. Oktober 1900.

8) Peter, geb. Wien 4. Dezember 1904.

8. Johann (Hans), geb. Sambor 14. Februar 1862, Beamter der Siemens-Schuckertwerke; — verm. Wien 26. November 1891 mit:

Alfreda, geb. Sas-Zielińska (Tochter des 15. März 1890 zu Lemberg † k. u. k. Rittmeisters Jan S.-Z. und der Cäsarine, geb. von Hohenberg), geb. Tłumacz 15. Februar 1870. — [Wien, XX. Engerthstraße 155.]

Sohn:

Eduard, geb. Jaroslau 4. März 1890.

†9. Reinhard, geb. Sambor 16. Jänner 1867, † Ottakring 26. Oktober 1884.

†10. Richard, geb. Neulerchenfeld 23. August 1865, † ebendort 5. Oktober 1865.

11. Ernst, geb. Wölking 30. August 1869, Beamter der Pielachtalbahn. — [St. Pölten.]

†12. Leopold, geb. Komotau 19. Mai 1875, † ebendort 17. Dezember 1875.

3. Ast.

Nachkommen des Philipp Ritters von Flick.
(Personalstand einem späteren Jahrgange vorbehalten.)

II. Jüngere Linie:

Stifter: Dominik Ritter v. Flick, geb. Althart 21. Jänner 1792, † Preßburg (Pozsony) 17. November 1856, pens. gräfl. Sándorscher Zentraldirektor.

Leon Ritter von Flick (einziger Sohn des 17. November 1856 zu Preßburg (Pozsony) † Dominik Ritters v. F. und der 29. Juli 1879 zu Budžowitz † Aloisia, geb. Trampusch), geb. Althart 12. September 1843, fürstl. Fürstenbergscher Rechnungsrat i. R.; — verm. Raitz 22. November 1868 mit:

Klotilde, geb. Gilgen (Tochter des 26. Dezember 1881 zu Raitz † fürstl. Salmschen Schloßverwalters Josef G. und der 5. Februar 1876 ebendort † Anna, geb. Smutka), geb. Raitz 7. Oktober 1848. — [Wien, V. Hartmanngasse 13.]

Sohn:

† Gustav, geb. Raitz 12. August 1869, † Wien 20. März 1902, Bankbeamter; — verm. .... 20. April 1895 mit:

Hermine, geb. Bosetti (Tochter des .... B. und der ...., geb. ....), geb. Wien 30. September 1875, kgl. bayerischer Kammersängerin. — [München.]

Tochter:

Gabriele, geb. Wien 17. Mai 1898.

Vgl.: — Brünner Adel. Taschenb. II 1877; — Neuer Siebmacher IV. 10 (H. v. Kadich u. C. Blažek, Der Mährische Adel), S. 31 u. Taf. 22.

Fornasari von Verce

und † Fornasar von Imifeld.

Römisch-katholisch. – Österreich (Küstenland).

Verleihungen:

1550 September 10, Wien: König Ferdinand I. befreit „Hans und Walthasar die Wertze gebrüder zu Lutschnay", Söhne des verstorbenen „Niklas, ziegelbrenner, sonsten Vertze genannt" von der Robotleistung ihrer Grundstücke zu Lucenico. – (Aus der Bestätigung von 1596, Cop. AA., HKA. sub Fornasari de Verce.)

1596 September 8, Graz: Erzherzog Ferdinand II. von Österreich-Steiermark bestätigt dem Niclas Verce auf Grund des Privilegs ddo. Wien, 10. September 1550 die Befreiung seiner Grundstücke zu Lucinico von der Robot. – (Vid. AA., HKA. sub Fornasari de Verce.)

1628 September 9, Wien: Kaiser Ferdinand II. verleiht „Baldasino et Josepho Verce fratribus in Lucinis" den Reichsadelstand unter Besserung ihres hergebrachten Wappens. – (Vid. AA., HKA. sub Fornasari de Verce.)

1641 August 16, Wien: Kaiser Ferdinand III. erhebt den kaiserl. Rat und Fiskal in Friaul Franz Fornasari mit seinem Vater Jakob und seinen Verwandten, den Gebrüdern Josef und Dominik Fornasari in den Österreichisch-erbländischen Rittermäßigen Adelstand unter Besserung ihres hergebrachten Wappens. – (AA., HKA.)

1656 Mai 24, Laxenburg: Derselbe verleiht dem vorgenannten kaiserl. Rate Franz Fornasar das Prädikat „von Imifeld". – (AA., HKA.)

1764 Jänner 29, Wien: Kaiserin Maria Theresia erhebt den Lukas Fornasari Verce in den Österreichisch-erbländischen Adelstand mit „von" und einem Wappen (als Neuverleihung). – (AA., HKA.; – Orig. Fam.)

Wappen:

I. 1628 September 9 (Verce): Geteilt, oben in Rot ein silbernes Pferd in vollem Laufe, unten in Blau eine schräge (goldene) Lanze. Auf dem gekrönten Turnierhelme mit rechts rot-silbernen und links blau-goldenen Decken das silberne Pferd wachsend.

II. 1641 August 16 (Fornasari und † Fornasar von Imifeld): Wie 1628.

III. 1764 Jänner 29: (Fornasari von Verce): Wie 1628 und 1641.

Dieses Geschlecht war schon in der ersten Hälfte des XVI. Jahrhunderts zu Lucinico (Lutschnay) bei Görz ansässig und betrieb dort die Ziegelbrennerei. Der ursprüngliche Familienname „Verce" („Vertze" und „Wertze") wurde im XVII. Jahrhundert allmählich durch die Bezeichnung nach dem ausgeübten Gewerbe im

Friauler Dialekte „Fornasar", in der Mehrzahl „Fornasari" (vom italienischen „fornaciajo", Ziegelbrenner), verdrängt.

„Niklas, ziegelbrenner, sonsten Vertze genannt", hatte seit Jahren das Tausend Ziegel verschiedener Sorten für den Ausbau der landesfürstlichen Burg Görz zum Preise von 13 Kreuzern, d. h. um „ein schwartz pfennig wohlfeiler" als alle übrigen Ziegeleibesitzer geliefert. Nach seinem Tode erhielten dafür seine Söhne „Hans und Walthasar die Wertse gebrüder zu Lutschnay", die sich überdies zum gleichen Preisnachlasse verpflichteten, von König Ferdinand I. ddo. Wien, 10. September 1550 die Befreiung von der Robot für ihre Grundstücke zu Lucinico. Erzherzog Ferdinand II. von Österreich-Steiermark bestätigte hierauf noch ddo. Graz, 8. September 1596 einem jüngeren „Niclas Verce" dieses Privileg gegen die Zusage, das Tausend Ziegel ebenfalls um „ein Wällisch Pfund" billiger beizustellen.

Dieser jüngere Nicolò Verce hatte sechs Söhne: — 1. Baldassare, — 2. Giuseppe, — 3. Tomaso, — 4. Paolo, — 5. Lorenzo und — 6. Stefano. Von diesen leisteten die beiden ältesten zu Beginn des Dreißigjährigen Krieges den bei Cividale gegen die Republik Venedig im Felde stehenden kaiserl. Truppen unter Aufopferung ihres Hab und Gutes wichtige Dienste. In Anerkennung dessen verlieh Kaiser Ferdinand II. „Baldasino et Josepho Verce fratribus de Lucinis" ddo. Wien, 9. September 1628 den Reichsadelstand unter Besserung ihres hergebrachten Wappens.

Josef Verce (s. oben 2.) hatte einen Sohn Balthasar, der mit seiner Gemahlin Marianne den am 13. Oktober 1625 geborenen Sohn Lukas gewann. Dieser war mit einer Katharina vermählt und wurde der Vater des am 11. Februar 1671 geborenen Valentin, der als „Praefectus aerarii" mit eigener Lebensgefahr die durch die aufrührerische Bevölkerung verweigerten Abgaben hereinzubringen wußte. Von diesem Valentin Fornasari Verce und seiner Gemahlin Lucia stammten die folgenden drei zu Lucinico geborenen Söhne:

1) Lukas, geb. 6. April 1703, † Lucinico 12. April 1779, der auf Grund der Adelstandsverleihung für die Brüder Balthasar und Josef Verce ddo. Wien, 9. September 1628 um eine Bestätigung seines hergebrachten Adels bat. Er konnte jedoch damals die Abstammung von einem dieser Brüder nicht mit genügender Sicherheit nachweisen, obwohl ihm Graf Attems als damaliger Besitzer der Herrschaft Lucinico bestätigt hatte, daß seine Familie tatsächlich seit Menschengedenken im Besitze jener Grundstücke stand, die 1550 den Brüdern „Hans und Walthasar Wertze" von der Robotleistung befreit worden waren. Doch der oben erklärte Wechsel im Familiennamen (früher „Verce", nun „Fornasari Verce") schien den damals maßgebenden Stellen bedenklich, so daß „Lucas Fornasari Verce" nur eine Neuverleihung gegen Erlag der halben Taxe erlangen konnte. Kaiserin Maria Theresia erhob ihn daher unter Würdigung seiner und seines verstorbenen Vaters Valentin Verdienste ddo. Wien, 29. Jänner 1764 von neuem in den Österreichisch-erbländischen Adelstand mit „de" oder „von" zwischen den beiden Familien-

namen und einem Wappen, das mit dem ererbten seines Geschlechtes vollkommen identisch war. Lukas Fornasari von Verce starb am 12. April 1779 zu Lucinico. Er hatte sich ebendort 27. September 1728 mit Ursula Bregant vermählt, die vier Tage vor ihm, am 8. April 1779 aus dem Leben schied. Aus dieser Ehe sind die folgenden fünf Söhne bekannt: — (1) Valentin, geb. 23. Juli 1729; — (2) Andreas, kaiserl. Feldmesser; — (3) Peter Anton, gefallen 1759 bei Dresden als Unterleutnant im Infanterie-Regimente FM. Karl Alexander Herzog von Lothringen und Bar (gegenwärtig Nr. 3); — (4) Johann Baptist, geb. Lucinico 10. Februar 1742, der aus seiner Ehe mit Giovanna Agostini nur zwei zu Lucinico geborene Töchter hinterließ: — a) Antonia, geb. 3. Februar 1788, und — b) Anna Maria, geb. 5. März 1790, und — (5) Josef Anton, geb. 26. Mai 1755, der ledig blieb. Mit diesen scheint die Nachkommenschaft des jüngeren Lukas erloschen zu sein.

2) Anton, geb. 4. Jänner 1705, von dem die gegenwärtig im Mannsstamme erloschene I. Ältere Linie abstammt (s. unten.).

3) Gregor, geb. 15. März 1711, der die blühende II. Jüngere Linie begründete (s. unten).

I. Ältere Linie. (Im Mannsstamme erloschen.)

Anton Fornasari Verce, oben 2), hinterließ aus seiner Ehe mit Agnes einen am 13. August 1744 geborenen Sohn Dominik, der mit seiner Gemahlin Anna wieder einen Sohn Jakob gewann.

Dieser Jakob Fornasari von Verce wurde am 3. April 1787 geboren und starb als Gymnasialprofessor zu Görz am 20. Juni 1866. Seine Ehe mit Anna Denissa (geb. 3. Dezember 1788, † Görz 15. Juli 1851, war außer den Töchtern Margarete, Ursula, Lucia (geb. Görz, St. Veit, 16. November 1816), Karoline, Aloisia und Anna noch mit drei Söhnen gesegnet:

1. Josef, geb. 18. März 1814, † 13. März 1881, k. k. Finanzrat, der mit Virginia, geb. Schimnowitz vermählt war, mit dieser jedoch nur eine Tochter Ines (geb. 17. Dezember 1867, † 8. Juli 1874) hatte.

2. Ludwig, geb. 17. August 1827, von dem gegenwärtig noch zwei unverehelichte Töchter leben (s. unten I. Ältere Linie).

II. Jüngere Linie.

Gregors, oben 3), einziger Sohn Josef Fornasari von Verce wurde am 28. März 1758 geboren und starb zu Lucinico am 23. Februar 1822. Er hatte sich 29. November 1786 zu Ronzina mit Franziska Magdalena Maria Anna (geb. Ronzina 29. Dezember 1761, † Görz 28. Sepember 1809) vermählt, einer Tochter des Johann Veit Posarelli von Mersperg und der Maria Theresia, geb. von Reya. Dieser Ehe entstammten drei Söhne:

1. Andreas, geb. Ronzina 2. November 1787, † Wien 24. November 1865, k. k. Professor der italienischen Sprache und Literatur an der Universität zu Wien, verm. daselbst 1812 mit Barbara (Betty), geb. Bruckner (geb. Wien 10. September 1791, † ebenda

6. November 1849), die ihm drei zu Wien geborene Kinder schenkte: — 1) Eduard, geb. 14. März 1817, † Wien 1. April 1880 als k. k. Postrat; — 2) Adolf, geb. 27. Juni 1823, † Wien 9. Juni 1898, emerit. Apotheker, und — 3) Barbara (Betty), geb. 24. Juli 1830, † Wien 14. September 1900, verm. daselbst 22. Februar 1854 mit Johann Kolinsky (geb. Prag 4. Oktober 1817, † Wien 4. April 1895), k. u. k. Major in der k. u. k. Ersten Arcièrenleibgarde.

2. Ignaz, geb. Ronzina 27. Juli 1789, dessen Nachkommenschaft unten als II. Jüngere Linie folgt.

3. Josef, geb. Wien 14. Februar 1800, † daselbst 21. September 1869, der aus seiner Ehe mit einer Witwe Göbl keine Kinder hinterließ.

Genau dasselbe Wappen wie die Verce, bezw. Fornasari Verce führt eine wohl stammverwandte Familie Fornasari aus der Kaiser Ferdinand III. ddo. Wien, 18. August 1641 den kaiserl. Rat und Fiskal in Friaul Franz Fornasari mit seinem Vater Jakob und seinen Verwandten, den Brüdern Josef und Dominik Fornasari in den Österreichisch-erbländischen Rittermäßigen Adelstand unter Besserung ihres ererbten Wappens erhob. Von dieser wurde dem kaiserl. Rate Franz Fornasar noch ddo. Laxenburg, 24. Mai 1656 das Prädikat „von Imifeld" verliehen.

Zu Lucinico und sonst im Gebiete von Görz und Gradiska, sowie in Friaul leben gegenwärtig noch mehrere Familien Fornasari und Fornasari Verce in bäuerlichen Verhältnissen oder als Arbeiter, die zwar sämtlich das eingangs beschriebene Wappen und adeligen Titel führen, deren Zusammenhang mit einem der oben genannten Adelserwerber jedoch nicht bekannt ist.

I. Ältere Linie.

(Im Mannsstamme erloschen.)

Stifter: Anton Fornasari Verce, geb. Lucinico 4. Jänner 1705.

† Ludwig Fornasari von Verce (2. Sohn des 20. Juni 1866 zu Görz † Jakob F. v. V. und der 15. Juli 1851 ebendort † Anna, geb. Denissa), geb. Görz (S. Ignaz) 17. August 1827, † .... 24. Februar 1889, k. k. Bezirksrichter; — verm. Dignano 6. Juli 1859 mit:

† Irene, geb. Verla (Tochter des .... 18.. zu .... † .... V. und der .... 18.. zu .... † ...., geb. ....), geb. .... 1837, † .... 16. September 1895.

1. Anna, geb. .... 9. April 1860. — [....]
†2. Orestes, geb. .... 20. Mai 1861, † .... 16. Jänner 1894.
3. Ursula, geb. .... 11. August 1866. — [....]

II. Jüngere Linie.

Stifter: Gregor Fornasari Verce, geb. Lucinico 15. März 1711.

† Ignaz Fornasari von Verce (2. Sohn des 23. Februar 1822 zu Lucinico † Grundbesitzers Josef F. v. V. und der 28. Sep-

tember 1809 zu Görz † Franziska, geb. Posarelli von Mersperg), geb. Ronzina 27. Juli 1789, † Görz 8. November 1845, Apotheker und Grundbesitzer daselbst; – verm. I. Görz 10. Jänner 1818 mit:

† Josefa Maria, geb. de Pancera (Tochter des .... 18.. zu .... † k. k. Landesgerichtsrates Dominik de P. und der .... 18.. zu .... † Maria, geb. von Gellusich), geb. Triest 9. Dezember 1797, † Görz 24. März 1833; – II. Görz 4. Februar 1837 als deren II. Gemahl mit:

† Maria geb. Gräfin Cassis-Faraone (Tochter des .... 18.. zu .... † k. k. wirkl. Geheimen Rates Anton Grafen C.-F. und der .... 18.. zu .... † Thekla, geb. Gibara), geb. Livorno .... 1786, † Görz 20. November 1874; – (in I. Ehe verm. .... 18.. mit: – † .... von Funk, geb. .... 1..., † .... 18.., ...).

Kinder: a) I. Ehe:

† 1. Eduard Josef, geb. Görz 27. März 1820, † ebendort 24. November 1901.

2. Rupert Josef Norbert, geb. Görz 15. Februar 1822, k. u. k. Hauptmann d. R. (bis 1867 Erster Platzhauptmann [aus der Kriegsmarine] zu Cattaro), – [Görz, Corso 9]; – verm. Görz 16. April 1853 mit:

† Anna Antonia Lucia, geb. Nardini (Tochter des 4. Juli 1850 zu Görz † Grundbesitzers Josef N. und der 8. Februar 1853 ebendort † Anna, geb. de Zorzini). geb. Treviso 28. Juli 1827, † Görz 21. November 1894.

Kinder:

1) Josef Franz Robert, geb. Pola 25. Jänner 1854, FJO.-R., k. u. k. Oberst und Militär-Baudirektor des 1. Korps. – [Krakau, Grodzka 71.]

2) Adele Anna Katharina, geb. Görz 12. September 1855, – [Cervignano]; – verm. I. Görz 15. Februar 1879 mit:

† Vincenzo Dreossi, geb. Cervignano 26. September 1834, † Pola 17. Juli 1886, Grundbesitzer; – verm. II. Cervignano 16. Dezember 1891 mit:

Giacomo Antonelli, geb. S. Martino 25. Juli 1834, Dr. math., k. k. Baurat, gew. Reichsratsabgeordneten der Landgemeinden Gradiska, Cormons, Cervignano und Monfalcone. – [Cervignano.]

† 3) Robert Franz Alois, geb. Triest 10. Juni 1857, † Castelnuovo 6. Juni 1901, Zivil-Ingenieur; – verm. Romans 11. Juli 1890 mit:

Maria, geb. Vianelli (Tochter des 13. Jänner 1905 zu Romans † Lukas V. und der 1. April 1898 ebendort † Anna, geb. Candussi), geb. Aquileja 26. Juni 1859. – [Görz, Corso 9.]

Töchter:

(1) Marcella, geb. Romans 25. April 1892.
(2) Silvia, geb. Ronchi 11. Oktober 1895.

4) Eduard Franz Robert geb. Dignano 6. September 1859, Beamter des Österr. Lloyd; — verm. Triest 12. August 1883 mit:
Katharina geb. Manle (Tochter des 14. Jänner 1879 zu Gradiska † Friedrich M. und der 1. Juni 1890 zu Triest † Josefine, geb. Marega), geb. Gradiska 7. Juli 1859. — [Triest, Via Corti 3.]

Tochter:

Anna Josefine Agnes, geb. Laibach 16. Juli 1884.

5) Emma Anna Magdalena, geb. Pola 5. Mai 1861, Stiftsdame des k. k. adeligen Damenstiftes der gef. Grafschaft Görz und Gradiska. — [Görz, Corso 9.]

† 6) Ottilie Anna Ursula, geb. Pola 3. Februar 1863, † Paderborn 19. November 1906; — verm. Görz 29. Oktober 1886 mit:
Heinrich Seeberger, geb. Wetzlar 28. Oktober 1837, Rentner. — [Wetzlar.]

† 3. Cira Adelgunde Diomira, geb. Görz 30. Jänner 1824, † ebendort 1. Oktober 1890; — verm. Görz 1. März 1848 mit:
† Franz Borgia von Bartolomei, geb. Salcano 15. Oktober 1821, † ebendort 18. März 1868, k. k. Gerichtsakzessisten.

---

von Fournier.

Römisch-katholisch. — Österreich (Niederösterreich).

Verleihung:

1901 April 30, Wien (Diplom): Kaiser Franz Joseph I. verleiht dem k. k. Obersten d. R. Eduard Fournier den Österreichischen Adel und ein Wappen. — (AA., HKA.; — Orig. Fam.)

Wappen:

1901 April 30: Geteilt, oben in Blau ein aufgeschlagenes Buch mit Goldschnitt, daraufgelegt zwei schräg gekreuzte blanke Schwerter mit goldenen Griffen, unten in Silber ein von einer blauen Lilie zwischen zwei sechsstrahligen ebensolchen Sternen überhöhter grüner waldiger Hügel, vor dem sich ein Fluß quer hinzieht. Auf dem gekrönten Turnierhelme mit blau-silbernen Decken ein schwertschwingender wachsender silberner Greif.

---

† Eduard von Fournier (Adelserwerber — Sohn des 24. August 1803 zu Braunseifen, Mähren, geb. und 19. April 1848 zu Zistersdorf † Ökonomen August Fournier und der 5. Jänner 1805 zu Zistersdorf geb. und 22. März 1891 ebendort † Anna, geb. Forster), geb. Zistersdorf 28. Jänner 1839, † Wien 11. Jänner 1907, EKO.-R.III., MVK. (KD.), k. k. Oberst d. R. (bis 1. Juni 1899 Kommandant des Landwehr-Infanterie-Regimentes Czernowitz Nr. 22); — verm. Linz 6. Juni 1878 mit:

Anna Helene Juliane, geb. Charmant von Donaufeld (Tochter des 2. Dezember 1829 zu .... geb. und 2. Februar 1863 zu Geszt † k. k. Beamten .... Julius Ch. v. D. und der 24. November 1829 zu Wels geb. und 21. Februar 1906 zu Wien † Elise, geb. Greß), geb. Szegedin (Szeged) 24. Juli 1857. — [Wien, IX. Währingerstraße 52.]

Kinder:

1. Eduard, geb. Stryj 25. August 1880, k. u. k. Oberleutnant im Infanterie-Regimente FML. Alfred Freiherr von Joelson Nr. 93. — [Mährisch-Schönberg.]
2. Erwin (Zwillingsbruder des vorigen), geb. Stryj 25. August 1880, Assistent der k. k. Staatsbahnen. — [Wien, IX. Währingerstraße 52.]
3. Valerie Franziska Juliane, geb. Lemberg 26. Juli 1885.

Frauenfeld von Frauenegg.

Römisch-katholisch. — Österreich.

Verleihung:

1900 Juni 19 (Allerhöchste Entschließung) und September 14, Wien (Diplom): Kaiser Franz Joseph I. verleiht dem k. k. Generalauditor d. R. Johann Frauenfeld den Österreichischen Adelstand mit dem Prädikate „Edler von Frauenegg" und einem Wappen. — (AA., HKA.; — Orig. Fam.)

Wappen:

1900 September 14: In Blau ein erhöhter, mit drei roten Sternen nebeneinander belegter goldener Balken, oben eine silberne Lilie, unten eine natürliche Gemse, anspringend gegen einen aus dem rechten Seitenrande hervorbrechenden, schräg ansteigenden braunen Felsen. Auf dem gekrönten Turnierhelme mit rechts blau-goldenen und links rot-goldenen Decken zwischen einem offenen schwarzen Fluge eine sitzende natürliche Eule.

Johann Frauenfeld Edler von Frauenegg (Adelserwerber — Sohn des 19. Jänner 1858 zu Budweis † k. k. Landesgerichtsrates Adalbert Kajetan Anna Veronika Frauenfeld und der 24. Oktober 1862 ebendort † Anna, geb. Häusler), geb. Bechin 31. Dezember 1832, k. u. k. Generalauditor d. R. — [Graz, Peinlichgasse 15]; — verm. Wien 18. Juli 1863 mit:

† Katharina, geb. Gerstle (Tochter des 4. Februar 1896 zu Wien † .... G. und der .... 18.. zu .... † ...., geb. ....), geb. Wien 12. Mai 1843, † ebenda 24. Februar 1902.

8*

Kinder:

1. Otto Adalbert Ignaz, geb. Ersékujvár 2. Juni 1864, k. u. k. Hauptmann 1. Kl. im Festungsartillerie-Regimente FM. Franz Ulrich Fürst Kinsky zu Vchinitz und Tettau Nr. 3. — [Przemyśl.]
2. Hugo Theresia Johann, geb. Wien 15. Oktober 1865, k. u. k. Hauptmann 2. Kl., überkomplett im Tiroler Kaiserjäger-Regimente Nr. 3, im Reichs-Kriegsministerium. — [Wien, VII. Spittelberggasse 27.]
3. Stefanie Johanna Anna, geb. Debreczen 19. August 1867; — verm. Wien 5. Juni 1901 mit:
   Friedrich Bilgeri, geb. .... 11. Mai 1860, k. u. k. Majorauditor. — [Agram.]
4. Artur Isidor, Konrad Johann, geb. Köszegh (Güns) 26. November 1874, k. u. k. Oberleutnant im Infanterie-Regimente FZM. Hugo Ritter Milde von Helfenstein Nr. 17. — [Klagenfurt.]
5. Adalbert Konrad Gisbert, geb. Köszegh (Güns) 27. April 1878, k. u. k. Oberleutnant im Infanterie-Regimente FM. Ludwig Andreas Graf Khevenhüller von Aichelberg auf Frankenburg Nr. 7. — [Klagenfurt.]
6. Johann Bernhard Benno Jaromir, geb. Linz 26. Oktober 1883, Zögling der k. u. k. Theresianischen Militärakademie in Wr.-Neustadt.

Fülek von Portheim
und
Fülek von Wittinghausen und Szathmárvár

s. Filek von Wittinghausen etc.

Gautsch von Sachsenthurn.

Römisch-katholisch. — Österreich (Niederösterreich).

Verleihung:

1884 Dezember 27, Wien (Diplom): Kaiser Franz Joseph I. verleiht dem k. k. Hauptmanne 1. Kl. des Infanterie-Regimentes Nr. 81 Julius Gautsch den Österreichischen Adel mit dem Prädikate „Edler von Sachsenthurn" und einem Wappen. — (AA., HKA.; — Orig. Fam.)

Wappen:

1884 Dezember 27: In Gespalten von Gold und Schwarz auf einem grünen Hügel ein farbengewechselter Zinnenturm mit ebenfalls farbengewechselter Toröffnung und halb herabgelassenem Fallgatter. Auf dem gekrönten Turnierhelme ein geschlossener, vorne wie der Schild bezeichneter und hinten schwarzer Flug.

Julius Franz Xaver Anton Gautsch Edler von Sachsenthurn (Adelserwerber – Sohn des 30. Juni 1868 zu Leitmeritz † k. k. Steuerinspektors i. P. Gabriel Gautsch und der 4. Mai 1885 zu Prag † Josefine, geb. Kottnauer), geb. Leitmeritz 28. April 1839, FJO.-R., MVK. (KD.), k. u. k. Oberst d. R. (bis 1895 im Infanterie-Regimente GdK. Erzherzog Josef Nr. 37); – verm. Dresden 12. Juni 1867 mit:

Emilie Philippine, geb. Schneider (Tochter des 12. März 1884 zu Dresden † Kauf- und Handelsherrn Karl Gottlob Sch. und der 29. Oktober 1843 ebendort † Emilie, geb. von Martius), geb. Dresden 26. Jänner 1842. – [Wien, IV. Hechtengasse 3.]

Söhne:

† 1. Karl, geb. Eger (Erlau) 21. April 1868, † ebendort 15. Jänner 1869.

2. Maximilian Georg Siegmund, geb. Eger (Erlau) 28. August 1869, k. u. k. Hauptmann 2. Kl. im Infanterie-Regimente GM. Erzherzog Friedrich Nr. 48; – verm. Budapest 12. Dezember 1903 mit:

Marianne, geb. Schwarzrock (Tochter des Oberrevidenten der k. k. Staatsbahnen i. P. Ferdinand Sch. und der Marie, geb. Freiin von Ehrmanns zum Schlugg), geb. Wien 30. Dezember 1878. – [Sopron.]

Sohn:

Kurt, geb. Sopron (Ödenburg) 2. September 1905.

Girtler von Kleeborn.

Römisch-katholisch. – Österreich (Böhmen, Niederösterreich, Galizien).

Verleihungen:

1795 Mai 5, Wien: Kaiser Franz II. erhebt den Kabinettssekretär der Erzherzogin Marie Christine und ihres Gemahles des Herzogs Albert von Sachsen-Teschen Josef Girtler in den Böhmischen Ritterstand mit dem Prädikate „von Kleeborn" und einem Wappen. – (AA., HKA. u. BSB. 259, Fol. 467. – Erwerber ohne Nachkommen.)

1795 Mai 15, Wien: Derselbe verleiht dem Josef Girtler von Kleeborn die Landmannschaft im Ritterstande des Erbkönigreiches Böhmen und seiner Nebenländer. – (AA., HKA.; – Erwerber ohne Nachkommen.)

1804 Juni 1, Wien: Der Niederösterreichische Ritterstand nimmt den Josef Girtler von Kleeborn in das Konsortium der Neuen niederösterreichischen Ritterstandsgeschlechter auf. — (Niederösterr. LA. — Erwerber ohne Nachkommen.)

1816 August 2, Wien: Kaiser Franz I. erhebt den Administrator der Stiftsherrschaft Gradlitz und des „brüderlichen Dominiums" Kundschitz in Böhmen Anton Girtler in den Österreichisch-erbländischen Ritterstand mit dem Prädikate „von Kleeborn" und einem Wappen. — (AA., HKA.; — Orig. Fam.)

1816 Oktober 26, Wien: Derselbe verleiht dem Anton Ritter Girtler von Kleeborn die Landmannschaft im Ritterstande des Königreiches Böhmen und seiner inkorporierten Lande. — (BL.; — Orig. Fam.)

Wappen:

I. 1795 Mai 5: In Silber ein von zwei aufrechten grünen Kleeblättern begleiteter blauer Schrägbalken. Zwei gekrönte Turnierhelme mit blau-silbernen Decken: auf I ein geschlossener blauer Flug; auf II drei Straußenfedern, eine silberne zwischen zwei blauen.

II. 1816 August 2: Wie 1795.

Diese Familie stammt von Franz Girtler, der durch 30 Jahre als Rentbeamter, Steuerrechnungsführer, Amtsverwalter und zuletzt Oberamtmann der Herrschaft Lissa a. d. Elbe im Bunzlauer Kreise Böhmens in Diensten der gräflichen Familie von Sweerts und Spork stand, sich während des Siebenjährigen Krieges um das Kontributions- und Lieferungswesen verdient machte und am 20. Mai 1776 zu Lissa starb. Von seiner Gemahlin Christine (Katharina?), geb. Steiner,*) hatte er unter anderen Kindern drei Söhne:

1. Josef Alexius, geb. Lissa a. d. Elbe 11. April 1753, der seit etwa 1780 Kabinettssekretär der Erzherzogin Marie Christine und ihres Gemahles, des Herzogs Albert von Sachsen-Teschen war. Als diesen 1781 die Statthalterschaft in den Niederlanden übergeben wurde, folgte er dahin und wurde auch 1787 bis 1792 in wichtigen Zivil- und Militärangelegenheiten beim Gouvernement in Brüssel verwendet. Zurückgekehrt kaufte er vom Grafen Karl Clary-Aldringen mit Vertrag vom 4. März 1794 die Herrschaft Kundschitz (Kunčič) mit Trnova und Hradek im Bidschower Kreise Böhmens. Kaiser Franz II. erhob ihn nun in Ansehung der Verdienste seines Vaters und seiner eigenen während seiner Amtstätigkeit bei den genannten kgl. Hoheiten und beim niederländischen Gouvernement ddo. Wien, 5. Mai 1795 in den Böhmi-

---

*) Im Original-Taufscheine des sub 1. folgenden Sohnes Josef Alexius heißt sie „Christine" ohne Angabe ihres Geburtsnamens, im Trauungsakte desselben (Wien, Hofburgpfarre, Lib. matrim. II, fol. 180) jedoch „Katharina", geb. Steiner.

schen Ritterstand mit dem Prädikate „von Kleeborn" und dem oben beschriebenen Wappen. Mit einem zweiten Diplome gleichen Datums erhielt er die Landmannschaft im Ritterstande Böhmens und seiner inkorporierten Länder. Ritter Josef Girtler von Kleeborn kaufte auch die Herrschaft Oberwaltersdorf im Waldviertel Niederösterreichs und wurde auf Grund dieses Besitzes ddo. Wien, 31. Juli 1804 in das Konsortium der Neuen niederösterreichischen Ritterstandsgeschlechter aufgenommen. Auch weiter in sachsen-teschenschen Diensten verbleibend rückte er zum Hofrate, Güterdirektor und Generalbevollmächtigten vor, in welcher Eigenschaft er auch vom Erben des herzoglichen Paares, dem Generalfeldmarschall Erzherzog Karl, übernommen wurde. Er hatte sich am 21. Juli 1797 zu Wien (Hofburgpfarre) mit der 41jährigen Johanna, einer Tochter des Franz Xaver Thumbling von Löwenberg und der Anna, geb. Malberg, vermählt und starb ebendort am 30. April 1828, worauf er an der Seite seiner ihm am 7. November 1825 vorangegangenen Gemahlin in der Hofpfarrkirche St. Augustin beigesetzt wurde. Da seine Ehe kinderlos geblieben war, ging Kundschitz auf Grund testamentarischer Verfügung und des Einantwortungsdekretes vom 27. April 1830 an seinen Neffen Franz Josef Ritter Girtler von Kleeborn (s. unten II. Jüngere Linie) über.

2. Anton, geb. Lissa a. d. Elbe 30. Oktober 1754, dessen Nachkommenschaft gegenwärtig in zwei Linien im Ritterstande blüht (s. unten).

3. Ein Sohn unbekannten Vornamens, dessen am 13. Mai 1797 zu Wien geborener und ebendort am 12. September 1873 verstorbener Sohn Dr. Gottfried Girtler Besitzer der Apotheke auf der Freyung in Wien war. Dieser hinterließ aus einer Ehe mit Anna .... (geb. 28. April 1804) drei Kinder: — 1) Marie, geb. Wien 16. Juli 1833, † daselbst 27. März 1907 als Witwe nach dem k. k. Hofrate und emer. o. ö. Professor der Chirurgie an der Wiener Universität, Dr. med. Leopold Ritter von Dittel (geb. Fulneck 15. Mai 1815, † Wien 28. Juli 1898); — 2) Josef, geb. Wien 3. August 1834, † ebenda .... 190., der seinem Vater im Besitze der genannten Apotheke folgte, aus seiner Ehe mit Emma, ... (geb. Wien 11. Juni 1840), jedoch keine Kinder hatte, und — 3) Pauline, geb. Wien 21. April 1839, nun verwitwete Henoch.

Anton Girtler (s. oben 2.) war zuerst Amtsverwalter zu Kukus, übernahm dann die Administration der Stiftsherrschaft Gradlitz und schließlich auch die des seinem Bruder Josef Ritter Girtler von Kleeborn gehörigen Dominiums Kundschitz (Kunčič). Für seine hierbei, dann bei Erbauung der Festung Josefstadt, durch Hebung des Forstwesens und der Agrikultur, sowie Unterstützung der kaiserl. Armeen 1805 und 1806 erworbenen Verdienste und manche dem Staate gebrachte Opfer wurde er von Kaiser Franz I. ddo. Wien, 2. August 1816 in den Österreichischen Ritterstand erhoben, wobei ihm dasselbe Prädikat „von Kleeborn" und dasselbe Wappen wie seinem älteren Bruder Josef verliehen wurden. Mit einem weiteren Diplome vom 26. Oktober des letztgenannten Jahres erhielt er auch die Landmannschaft im Ritterstande des Erbkönigreiches Böhmen und seiner Nebenländer. Er starb zu Kundschitz (Kunčič) am 9. Jänner 1829 (Epitaph zu Hradov) und hinterließ aus seiner Ehe mit Barbara, geb. Paulitschek (auch Paulinek — geb. Benatek bei Lissa a. d. Elbe 1759 als Tochter des Postmeisters daselbst, † 15. April 1844), drei Söhne und drei Töchter:

1) Johann, geb. 28. Februar 1782, von dem die I. Ältere Linie abstammt (s. unten).

2) Ignaz, geb. ca. 1795, † Lemberg 19. April 1867 als k. k. Landesgerichtspräsident daselbst, dessen Ehe mit Katharina, geb. von Smolak, kinderlos blieb.

3) Franz Josef, geb. Kundschitz 10. September 1797, der die II. Jüngere Linie begründete (s. unten).

4) Tochter, verehelichte Hanak in Teschen.

5) Barbara, verehelichte Slavkowsky in Braunau.

6) Tochter, verehelichte Negri in Ungarn.

I. Ältere Linie.

† Johann Ritter Girtler von Kleeborn (ältester Sohn des 9. Jänner 1828 zu Kunčič † Anton Ritters G. v. K. und der 15. April 1844 zu .... † Barbara, geb. Paulitschek), geb. .... 28. Februar 1782, † Wittingau 1. Februar 1857, gold. Zivil-Ehrenmed., fürstl. Schwarzenbergscher Zentralbuchhalter; — verm. .... 1815 mit:

† Eleonore, geb. Wintersteiner (Tochter des .... 18.. zu .... † Großhandlungskassiers Josef Ludwig W. und der .... 18.. zu .... † ..., geb. Mayer), geb. ... 1..., † Cheynow 1873.

Kinder:

†1. Eleonore, geb. Krumau 7. Dezember 1817, † Budweis 21. Mai 1902; — verm. Fraunberg 23. April 1845 mit:

† Karl Sykora, geb. Netolitz 13. Oktober 1810, † Budweis 19. Mai 1888, fürstl. Schwarzenbergschem Oberverwalter in Neuschloß.

†2. Ernst, geb. Krumau 20. August 1819, † Czernowitz 7. Mai 1901, k. k. Hofrat beim Oberlandesgerichte in Lemberg; — verm. .... 18.. mit:

† Pauline, geb. Baternay von Skalitz (Tochter des 29. Juni 1859 zu ... † .... Johann Ludwig B. v. S. und der 21. Dezember 1834 zu Tysmienica † Anna, geb. Horsetzky von Hornthal), geb. Lemberg 29. Juni 1822, † Czernowitz 29. August 1903.

Kinder:

1) Johann Ludwig, geb. Stanislau 25. August 1845, LO.-R., FJO.-R., k. k. Senatspräsident i. R. (bis 1907 Generaladvokat am Obersten Gerichts- und Kassationshofe), — [Wien, VIII. Florianigasse 23]; — verm. Lemberg 4. Oktober 1884 mit:

† Klementine, geb. Gryziecki (Tochter des .... 18.. zu Lemberg † Magistratsrates daselbst Stanislaus G. und der .... 1864 zu Lemberg † Karoline, geb. Gukler), geb. Lemberg 15. November 1842, † Wien

27. Dezember 1902; — (in I. Ehe verm. .... 26. Jänner 1864 mit: — † Julian Ritter von Garbowski, geb. .... 18.., † .... 17. November 1882).

2) Eleonore, geb. Stanislau 12. Dezember 1846; verm. .... 18.. mit:
Ladislaus Sołtynski, geb. Stanislau 20. Juni 1846, Bankdirektor. — [Czernowitz.]

3) Amalie, geb. Stanislau 7. Juni 1848; — verm. .... 18.. mit:
Sigismund Żukiewicz, geb. Wołczów, Bez. Nadworna, 3. Mai 1838, k. k. Bezirkssekretär. — [Sambor.]

4) Marie, geb. Stanislau 22. Dezember 1849, seit 19. Mai 1887 Ordensfrau des Franziskanerinnenklosters Wiżytki in Krakau. — [Krakau.]

† 5) Adolf, geb. Bielitz .... 1850, † Lisowice bei Bolechów 29. April 1890, Beamter der Rustikalbank in Lemberg; — verm. .... 18.. mit:
† Pauline, geb. Przybylska (Tochter des .... 18.. zu .... † .... Przybylski und der .... 18.. zu .... † ...., geb. ....), geb. .... 18.., † Lemberg .... 18...

Kinder:

(1) Adolfine, geb. Lemberg 10. April 1876, unter dem Klosternamen Veronika Ordensfrau des Franziskanerinnenklosters in Lemberg. — [Lemberg.]

(2) Karoline, geb. Lemberg 4. November 1877, unter dem Klosternamen Humiliana Ordensfrau des Franziskanerinnenklosters in Wien. — [Wien.]

(3) Marian, geb. Lemberg 9. Oktober 1885, Hörer der Rechte an der k. k. Universität in Lemberg. — [Lemberg.]

(4) Johanna, geb. Lemberg 24. Juli 1889, Schülerin des Lehrerinnenseminars in Lemberg. — [Lemberg.]

† 6) Klementine, geb. Bielitz .... 1852, † Baligród 28. Juli 1864.
† 7) Louise, geb. Bielitz .... und † ebendort .... 1853.
† 8) Ernst, geb. Bielitz ..... 1854, † Rzeszów .... 1856.
† 9) Julius, geb. Rzeszów .... und † ebendort .... 1856.

10) Julie, geb. Rzeszów 27. Juli 1857, — [....]; — verm. .... 18.. mit:
† Ludwig Hochleitner, geb. .... 24. Oktober 1856, † Sambor 20. März 1898, k. k. Postoffizial.

11) Robert, geb. Rzeszów 20. Oktober 1858, k. k. Bezirkshauptmann, zugeteilt der Statthalterei in Lemberg. — [Lemberg.]

12) Ernst, geb. Rzeszów 1. Juni 1860, Direktionsadjunkt des Galizischen Bodenkreditvereines in Lemberg, — [Lemberg]; — verm. Krakau 6. Februar 1893 mit:
† Helene, geb. Kalicka (Tochter des .... 1883 zu .... † Rates des galizischen Landesausschusses Bernhard Kalicki und der 15. Oktober 1846 zu .... geb. Hedwig, geb. Waliszewska), geb. .... 18.., † Lemberg 12. März 1894.

Tochter:

Anna Maria Gerarda, geb. Lemberg 16. Februar 1894.

13) Pauline, geb. Rzeszów 4. November 1861; — verm. .... 18.. mit:
Johann Kosina, geb. Strzyżow 23. Februar 1859, k. k. Forst- und Domänenverwalter i. R. — [Sanok.]

14) Emilie, geb. Rzeszów 15. März 1863; — verm. .... 18.. mit:
Dominik Kilarski, geb. Lawrów 24. Juli 1854, k. k. Hauptsteuereinnehmer. — [Śniatyn.]

†3. Josefine, geb. Krumau 20. Juli 1822, † Budweis .... 1901; — verm. .... 18.. mit:
† Franz Buchner, geb. .... 18.., † .... 27. August 1885, Dr. med., fürstl. Schwarzenbergschem Hausarzt, Ehrenbürger von Cheynow.

†4. Johann, geb. Krumau 27. Juni 1824, † Cheynow 3. März 1894, fürstl. Schwarzenbergscher Güterdirektor in Cheynow; — verm. .... 2. September 1850 mit:
Mathilde, geb. Grill (Tochter des .... 18.. zu .... † fürstl. Schwarzenbergschen Forstmeisters Josef G. und der 18. Oktober 1890 zu Brünn † Anna, geb. Fellner von Feldegg), geb. .... 18. November 1829. — [Cheynow.]

Kinder:

1) (Bogumil) Gabriel Johann Josef Franz, geb. Wittingau 4. August 1851, Dr. jur., EKO.-R.III., k. k. Hofrat beim Oberlandesgerichte in Wien; — verm. Wien 12. Juli 1906 mit:
Ada, geb. Freiin Zwiedinek von Südenhorst (Tochter des k. u. k. Geheimen Rates, a. o. Gesandten und bevollmächtigten Ministers i. R., LO.-GrK., EKO.-R.I., FJO.-GrK. Julius Freiherrn Z. v. S. und der 22. Juli 1903 zu Reichenhall † Hermine, geb. Grimus von Grimburg), geb. Beirut 22. Februar 1874, gew. k. k. Stiftsdame des freiweltadeligen Damenstiftes zu Maria-Schul in Brünn. — [Wien, I. Rathhausstraße 8.]

† 2) Marie, geb. Wittingau 23. Oktober 1852, † .... 13. Mai 1892; — verm. Cheynow 28. Juni 1873 mit:
† Johann Heyrovsky, geb. Frauenberg .... 1844, † Wittingau 15. Juli 1895, fürstl. Schwarzenbergschem Oberbrauer zu Wittingau.

3) Adolf, geb. Lobositz 23. Oktober 1854, Ingenieur, fürstl. Schwarzenbergscher Werksdirektor i. R., Prokuraführer der Ternitzer Stahl- und Eisenwerke von Schöller & Comp.; — verm. Graz 12. September 1887 mit:
Flora, geb. Rottensteiner (Tochter des 2. Dezember 1877 zu Bozen † fürstl. Schwarzenbergschen Oberingenieurs Paul R. und der Flora, geb. Boess), geb. .... 186.. — [Wien, IV. Wiedner Hauptstraße 77.]

Sohn:

Harald, geb. Unzmarkt 3. April 1889.

4) Anna, Marie, geb. Lobositz 10. Dezember 1856. - [Cheynow.]
† 5) Anton, geb. Lobositz 14. Juni 1858, † Wien 1. April 1883, fürstl. Schwarzenbergscher Forstingenieur.
6) Gabriele, geb. Lobositz 22. Mai 1860; – verm. .... 1881 mit:
Alois Zvach, geb. .... 1852, k. k. Hauptsteuereinnehmer. – [Laun.]
7) Mathilde, geb. Toužetin 1. September 1863; – verm. .... 24. Mai 1887 mit:
Franz Jiřička, geb. .... 18.., k. k. Notar. – [Bergreichenstein.]
8) Ida, geb. .... 4. Mai 1866; – verm. .... 24. Oktober 1887 mit:
Johann Bitterlich, geb. .... 18.., Ingenieur, Inspektor der k. k. österr. Staatsbahnen. – [Klagenfurt.]
† 9) Emilie, geb. Toužetin 9. Oktober und † daselbst 23. Oktober 1868.

II. Jüngere Linie.

† Franz Josef Ritter Girtler von Kleeborn (3. Sohn des 9. Jänner 1828 zu Kunčič † Anton Ritters G. v. K. und der 15. April 1844 zu .... † Barbara, geb. Paulinek), geb. Kunčič 19. September 1797, † Wien 6. September 1859, gew. erzherzogl. Kameralbeamter in Teschen, Besitzer der Güter Kunčič mit Trnova und Hradek, Čerekvic und Třebovětic; – verm. .... 18.. mit:

† Adalberta, geb. Gusnar von Comorno (Tochter des .... 18.. zu .... † Herrn auf Oderberg Adalbert Ritters G. v. C. und der .... 18.. zu .... † Barbara, geb. von Kischelowska), geb. .... 1800, † Prag 25. September 1873.

Kinder:

†1. Hermine, geb. Wendrim, Schlesien, ... 1824, † .... 18..; – verm. Čerekvic 30. Juni 1850 mit:
† Karl Kotz von Dobř, geb. Troppau .... 1816, † .... 18.., k. k. Hauptmanne a. D.
†2. Eugen Anton Josef, geb. Wendzin, Österr.-Schlesien, 24. März 1827, † Cerekvic 19. Juli 1865, Herr auf Kunčič und Třebovětic; – verm. Philippshof 24. Oktober 1853 mit:
† Karoline Emma, geb. Eissner von und zu Eisenstein (Tochter des 17. März 1856 zu Prag † gew. Landstandes in Böhmen, Herrn auf Philippshof, Kluk und Vrbic, Besitzers der Zuckerfabrik zu Philippshof Johann Nepomuk Alois Josef Athanasius Ritters E. v. u. z. E. und der 6. März 1863 zu Prag †, Emma, geb. Hartmann), geb. Prag 9. Februar 1830, † Časlau 24. Oktober 1865.

Kinder:

1) Viktor Eugen Johann Emanuel, geb. Čerekvic 12. Mai 1855, Herr auf Philippshof; – verm. Prag 24. Juni 1896 mit:
Irene, geb. Freiin (Eissner) von und zu Eisenstein (Tochter des k. u. k. Feldmarschall-Leutnants d. R.

LO.-R., MVK. [KD.], Richard Freiherrn [E.] v. u. z. E. und der 7. März 1890 zu Wien † Wilhelmine [Vilma], geb. Eisele), geb. Wien 5. September 1869. — [Schloß Philippshof.]

Kinder:

(1) Franz Josef Richard Karl Maria, geb. Prag 2. Juni 1898.
† (2) Maria Immaculata Karoline Wilhelmine, geb. Prag 5. September 1901, † ebendort 2. März 1906.
† 2) Artur Heinrich Maria, geb. Čerekvic 29. September 1856, † Laun 3. März 1889, k. k. Oberleutnant im Dragoner-Regimente Kaiser Franz Joseph Nr. 1.
3) Eugenie Emma Johanna Marie, geb. Cerekvic 16. März 1858. — [Prag.]
† 4) Alfred Emil Maria, geb. Čerekvic 31. März 1859, † Prag 9. März 1891.
5) Melanie Valerie Karoline Elisabeth, geb. Čerekvic 28. Juni 1860; — verm. Teplitz-Schönau 28. Jänner 1903 mit:
Artur Pielsticker von Pfeilburg, geb. .... 18.., k. u. k. Generalmajor d. R. [Teplitz-Schönau.]
6) Elisabeth Albertine Emma Eugenie, geb. Čerekvic 1. Juli 1862. — [Prag.]
7) Karl Heinrich Eugen Maria, geb. Čerekvic 29. Mai 1864, Herr auf Libic bei Chotěboř. — [Schloß Libic.]
† 8) Eugen Anton Josef (posthumus), geb. Čerekvic 19. Dezember 1865, † daselbst 12. September 1880.

3. Alexandrine, Olga, geb. .... 27. März 1828; — verm. Čerekvic 2. Juli 1850 mit:
Johann Nepomuk Franz Ritter von Limbeck, geb. Prag 22. Februar 1820, Dr. jur., Landesadvokaten, Landmarschall-Stellvertreter, Generaldirektor der Hypothekenbank des Königreiches Böhmen, Besitzer der Güter Tuř und Zbieř. — [Prag.]

4. Valerie, geb. Čerekvic 28. Februar 1829 — [Schloß Hlawnowitz]; — verm. Čerekvic 16. Juli 1848 mit:
† Ferdinand Ernst Freiherrn Kotz von Dobř, geb. Hlawnowitz .... 1818, † ebendort 2. August 1882, Herrn auf Hlawnowitz, Liebietitz und Přestanitz, Reichsrats- und Landtagsabgeordneten des böhmischen Großgrundbesitzes.

†5. Gustav Moritz, geb. .... 1833. † Prag 29. Dezember 1844, ...

6. Marie, geb. Prag 6. November 1843 — [....]; — verm. Prag 10. Februar 1866 als dessen II. Gemahlin mit:
† Johann Baptist Ritter von Pußwald, geb. Wien 18. April 1830, † Währing bei Wien 3. Dezember 1880, k. k. Major des Armeestandes; — (In I. Ehe verm. Szegedin [Szeged] 15. Mai 1858 mit: — † Rosa, geb. Götz [Tochter des .... 18.. zu Szegedin † städt. Fiskals daselbst Johann G. und der .... 18.. ebendort † Anna, geb. Piller], geb. Szegedin [Szeged] 21. August 1838, † Eisenstadt [Kismarton] 14. Mai 18..).

Vgl.: — Brünner Adel. Taschenb. II 1877; — Neuer Siebmacher IV 9, (R. J. Graf Meraviglia-Crivelli, Der Böhmische Adel), S. 8 u. Taf. 7.

Groller von Mildensee.

Römisch-katholisch. — Österreich (Niederösterreich) und Ungarn (Kroatien).

Verleihung:

1835 Dezember 23 (Allerhöchste Entschließung) und 1836 Juni 6, Wien (Diplom): Kaiser Ferdinand I. verleiht dem pensionierten k. k. Leutnant Wenzel Groller den Österreichischen Adel mit dem Prädikate „von Mildensee" und einem Wappen. — (AA., HKA.; — Orig. Fam.)

Wappen:

1836 Juni 6: Gespalten und halb geteilt, 1 in Silber auf grünem Boden ein natürlicher Baum, 2 in Rot ein silbernes Andreaskreuz, 3 in Blau über einen natürlichen Fluß führend, dessen linkes grünes Ufer sichtbar ist, eine an die Seitenränder stoßende natürliche Quadernbrücke, auf deren Mitte bis zur Hüfte sichtbar ein vorwärts gewendeter geharnischter Mann steht, dessen Helm mit roten Federn besteckt ist, in der Rechten ein blankes Schwert an goldenem Gefäße schwingend und mit der Linken einen ovalen Schild haltend. Auf dem gekrönten Turnierhelme mit rechts blau-silbernen und links rot-silbernen Decken der Geharnischte aus 3 wachsend.

---

† Wenzel Groller von Mildensee (Adelserwerber — Sohn des 1743 zu Altingen, Württemberg, geb. und .... 18.. zu .... † Christian Groller, der im Infanterie-Regimente Oberst Ludwig Erbprinz von Hessen-Darmstadt Nr. 35 gedient hatte, und der .... 18.. zu .... † Anastasia, geb. ....), geb. Hradec, Böhmen .... 1772, † Prag 18. Mai 1836, k. k. Unterleutnant i. P. (bis 1828 im Infanterie-Regimente FML. August Freiherr von Herzogenberg Nr. 35, zuletzt Platzoffizier zu Theresienstadt); — verm. Pilsen 10. August 1802 mit:

† Barbara, geb. Solgodier (Tochter des .... 18.. zu .... † Pilsener Bürgers Johann S. und der .... 18.. zu .... † Rosa, geb. Zingros), geb. Pilsen 17. April 1782, † ebendort 18. Juni 1857.

Sohn:

† Johann Nepomuk, geb. Tachau 16. Juli 1803, † Agram 25. November 1873, jubil. Verwalter der Stadt Wien; — verm. Tuschkau 5. November 1833 mit:

† Franziska, geb. Steiner von Eltenberg (Tochter des 25. März 1819 zu .... † k. k. Majors i. P. Josef Adam St. v. E. und der 16. Dezember 1853 zu Ofen [Budapest] † Katharina, geb. Červenka), geb. Radnic 24. April 1804, † Agram 3. November 1875.

Kinder:

† 1) Eleonore, geb. Pilsen .... 18.., † ebendort 2. Juni 1899; — verm. Prag 13. Mai 1847 mit:

† Thomas Killian, geb. Prag .... 1826, † Pilsen 25. Mai 1887, k. k. Bezirksingenieur.

2) Johann, geb. Prag 13. Dezember 1834, EKO.-R.III., k. u. k. Feldmarschall-Leutnant d. R. (bis 1889 Kommandant der 32. Infanterie-Truppendivision in Budapest), Präsident des Militärischen Wirtschafts- und Hilfsvereines „Mars" und des Kuratoriums der Nathaniel Freiherr von Rothschildschen Stiftung für k. u. k. invalide Offiziere. – [Wien, XVIII. Währinger Gürtel 123.]

† 3) Emilie, geb. Prag 13. April 1836, † Agram 14. Juli 1887; – verm. Agram 12. Juli 1874 mit:

† Ladislaus Kracsunescu, geb. .... 18.., † Kubin 17. November 1876, kgl. ungar. Bezirksrichter.

4) Maximilian, geb. Prag 5. Juni 1838, EKO.-R.III., MVK. (KD.), k. u. k. Oberst d. R. (bis 1896 im Armeestande und Abteilungsvorstand im Militär-Geographischen Institute zu Wien); – verm. Graz 7. September 1870 mit:

Emma Sophie Karola Friederike, geb. von Mathies (evangelisch A. B. – Tochter des 10. Jänner 1865 zu Graz † Friedrich v. M. und der Karoline, geb. Koch), geb. Knesse, Mecklenburg-Schwerin, 11. April 1849. – [Wien, XIII. Stadlerstraße 22.]

Kinder:

† (1) Emma, geb. Innsbruck 10. November 1871, † Wien 18. Juni 1884.

† (2) Elsa, geb. Sambor 21. Jänner 1876, † Zara 18. Juni 1880.

5) Marie, geb. Prag 7. März 1840, – [Agram]; – verm. Csakova 24. August 1863 mit:

† Koloman Miletz de Draskócz, geb. .... 18.., † .... 6. Dezember 1867, kgl. ungar. Oberstuhlrichter.

† 6) Hermann, geb. Prag 28. August 1841, gefallen bei Jičin 29. Juni 1866, k. k. Oberleutnant im Infanterie-Regimente Großfürst Konstantin von Rußland Nr. 18.

7) Josefine, geb. Prag 8. August 1843, – [Agram]; – verm. Wien 17. Mai 1862 mit:

† Viktor Čačković de Verhovine, geb. Warasdin 20. Juni 1837, † Agram 18. Juni 1875, Dr. med., Arzt zu Agram.

† 8) Otto Georg, geb. Prag 18. November 1844, † ebendort 8. Juni 1845.

9) Rosa, geb. Prag 15. Mai 1846, – [Agram]; – verm. Agram 15. März 1869 mit:

† Wladislaw Cuculić de Bitoraj, geb. Agram .... 18.., † ebendort 3. Dezember 1892, kgl. kroat.-slaw. Gerichtspräsidenten.

10) Karoline, geb. Prag 17. August. 1849. – [Agram.]

Vgl.: – Brünner Adel. Taschenb. I 1870, II 1877, III 1878, IX 1884, XII 1887, XVI 1891 u. XIX 1894; – Neuer Siebmacher IV, 9 (R. J. Graf Meraviglia-Crivelli, Der Böhmische Adel), S. 8 u. Taf. 7.

Gruber von Rehenburg.

Römisch-katholisch. — Österreich (Niederösterreich).

Verleihung:

1879 November 11 (Allerhöchste Entschließung) und 18, Wien (Diplom): Kaiser Franz Joseph I. erhebt den k. k. Hauptmann des Infanterie-Regimentes Nr. 32 Josef Gruber in den Österreichischen Adelstand mit dem Prädikate „Edler von Rehenburg" und einem Wappen. — (AA., HKA.; — Orig. Fam.)

Wappen:

1879 November 18: Geteilt, oben in Silber ein wachsendes natürliches Reh, unten in Rot auf grünem Boden eine silberne Burg, zu der über einen Graben eine Fallbrücke führt. Auf dem gekrönten Turnierhelme mit rot-silbernen Decken ein wachsender doppelschwänziger Löwe, mit der rechten Pranke ein blankes Schwert an goldenem Griffe schwingend.

Josef Gruber, Edler von Rehenburg (Adelserwerber — Sohn des .... 1834 zu .... † Hausbesitzers und Bürgers zu Königgrätz Josef Gruber und der 4. März 1827 ebendort † Anna, geb. Kapaun), geb. Königgrätz 2. März 1827, FJO.-R., MVK., Marianer des h. Deutschen Ritterordens, k. u. k. Major d. R. (bis 1890 im Armeestande und Kommandant-Stellvertreter des Militär-Invalidenhauses in Nagyszombat [Tyrnau]); — verm. Venedig 13. März 1863 mit:

Klementine, geb. Aurnhammer von Aurnstein (Tochter des .... 1863 zu Venedig † k. k. Generalmajors Paul Au. v. Au. und der 10. Jänner 1882 zu Fiume † Maria, geb. de Ghetaldi), geb. Piacenza 29. Jänner 1825. — [Wien, IX. Liechtensteinstraße 147, im Sommer Rodaun, Martingasse 4.]

Sohn:

Rudolf Ignaz Paul Artur, geb. Szegedin (Szeged) 10. Februar 1866, k. u. k. Hauptmann I. Kl. im Infanterie-Regimente FM. Ernst Rüdiger Graf von Starhemberg Nr. 54. — [....]

Vgl.: — Brünner Adel. Taschenb. VI 1881, XVII 1892 und XIX 1894.

Günther von Ollenburg.

Römisch-katholisch. — Österreich (Niederösterreich).

Verleihung:

1875 November 20 (Allerhöchste Entschließung) und 1876 Februar 5 (Diplom): Kaiser Franz Joseph I. überträgt den ddo. Wien, 20. Jänner 1875 dem k. k. Obersten des Militär-Fuhrwesenkorps und Vorstand der III. Abteilung des Reichs-Kriegsministeriums Johann Alker als Ritter des Ordens der Eisernen Krone III. Klasse verliehenen Österreichischen Ritterstand mit dem Prädikate „von Ollenburg“, jedoch mit einem größtenteils abweichenden Wappen auf dessen Schwiegersohn Alexander Günther, pens. k. k. Sektionsrat. — (AA., HKA.; — Orig. Fam.)

Wappen:

1876 Februar 5: Geviert, 1 in Gold ein roter Zinnenturm, 2 in Blau fünf (2, 1, 2) goldene Sterne, 3 in Blau eine hinter einem grünen Berge aufgehende goldene Sonne, 4 in Gold ein wachsendes schwarzes Roß (obere Schildhälfte der Alker von Ollenburg). Zwei gekrönte Turnierhelme: auf I mit rot-goldenen Decken ein wachsender natürlicher Zehnender; auf II mit blau-goldenen Decken zwischen zwei von Gold über Blau geteilten Büffelhörnern ein goldenes Rad (silbern in der unteren Schildeshälfte bei Alker von Ollenburg) .... Spruchband mit der Devise „PRO REGE“ in .... Lapidarschrift.*)

Diese Familie war zu Klausenburg (Kolozsvár) in Siebenbürgen ansässig. Franz Günther, k. k. Fortifikationsbaumeister, starb daselbst am 14. September 1797 und dessen Witwe Hedwig, geb. Schwarz, am 4. Dezember 1809.

Ein Sohn dieser Ehe, Alois Günther, trat in Militärdienste, focht unter Laudon gegen die Türken und erwarb sich 1790 bei Kalifat die Tapferkeitsmedaille. Er starb nach 42jähriger Dienstzeit als Vorstand der Siebenbürgischen Kameralbuchhaltung am 9. Juni 1825 zu Großwardein (Nagyvárad). Dessen Ehe mit Elisabeth, geb. Hirsch, entsproß der 29. September 1810 zu Klausenburg (Kolozsvár) geborene Sohn Alexander Günther, der sich zu Wien am 3. August 1858 mit Marie Alker vermählte.

Deren Vater Johann Alker (geb. Brünn 11. April 1811) wurde als k. k. Oberst und Vorstand der III. Abteilung des k. k. Reichs-Kriegsministeriums durch den Orden der Eisernen Krone III. Klasse ausgezeichnet und den Statuten dieses Ordens entsprechend nach 46jähriger Militärdienstleistung, während welcher er die Feldzüge 1848 und 1849 in Ungarn und 1859 in Italien mitgemacht hatte, ddo. Wien, 20. Jänner 1875 in den Österreichischen Ritterstand mit dem Prädikate „von Ollenburg“ und einem Wappen erhoben. Da sein einziger Sohn Leopold Alker (geb. Wien 28. August 1833) als k. k. Hauptmann des Feldjäger-Bataillons Nr. 2 am 11. Juli 1866 einer in der Schlacht bei Königgrätz am 3. Juli erhaltenen Schußwunde erlegen war, wurde dieser Ritterstand nebst dem Prädikate „von Ollenburg“ mit Allerhöchster Entschließung vom 20. November 1875

---

*) Wappen der Alker von Ollenburg nach dem Diplome ddo. Wien, 20. Jänner 1875: Geteilt, oben in Gold ein wachsendes schwarzes Roß, unten in Blau ein achtspeichiges silbernes Wagenrad. Zwei gekrönte Turnierhelme: auf I mit schwarz-goldenen Decken das wachsende Roß; auf II mit blau-silbernen Decken ein auf dem Ellbogen ruhender geharnischter Schwertarm.

auf seinen Schwiegersohn Alexander Günther (s. oben), jubil. k. k. Sektionsrat, übertragen, in dem darüber ausgestellten Diplome ddo. Wien, 5. Februar 1876 jedoch ein Wappen verliehen, das nur teilweise mit jenem Alkers übereinstimmt.

Emilie Günther, geb. Hermannstadt (Nagyszeben) 13. Dezember 1821, † Klausenburg (Kolozsvár), eine Schwester des Ritterstandserwerbers Alexander, vermählte sich am 7. Juni 1847 zu Klausenburg (Kolozsvár) mit dem Gutsbesitzer Michael Panajott. Dieser Ehe entsproß der unten folgende k. u. k. Generalmajor Alexander Panajott de Szamosfalva (geb. Karlsburg [Gyulafehérvár] 7. März 1849), der sich 20. Mai 1882 mit seiner Cousine Emilie Günther von Ollenburg (geb. Wien 21. April 1861) vermählte.

---

† Alexander Ritter Günther von Ollenburg (Ritterstandserwerber durch Übertragung – Sohn des 9. Juni 1825 zu Großwardein [Nagyvárad] † Alois Günther und der 24. September 1849 zu Karlsburg [Gyulafehérvár] † Elisabeth, geb. Hirsch), geb. Klausenburg (Kolozsvár) 29. September 1810, † Wien 21. Februar 1884, jubil. k. k. Sektionsrat; – verm. Wien 3. August 1858 mit:

† Marie, geb. Alker von Ollenburg (Tochter des 24. September 1891 zu Wien † k. u. k. Generalmajors d. R., EKO.-R.III. Johann Ritters A. v. O. und der 12. Oktober 1879 ebenda † Rosalia, geb. Oll), geb. Wien 16. Februar 1838, † daselbst 12. Februar 1876.

Kinder:

1. Alexander, geb. Wien 13. August 1859, FJO.-R., GVK.m.K., k. u. k. Sektionsrat im Ministerium des kaiserl. und kgl. Hauses und des Äußern und k. k. Oberleutnant a. D. (bis 1905 in der Evidenz des Landwehr-Infanterie-Regimentes Klagenfurt Nr. 4); – verm. Wien 20. November 1881 mit:

   Berta, geb. von Mihanović (Tochter des 26. Dezember 1883 zu Wien † k. u. k. Oberstleutnants d. R. Franz v. M. und der Josefine, geb. Freiin Maschek von Maaßburg), geb. Kubin 24. Dezember 1860. – [Wien, V. Sonnenhofgasse 6.]

   Kinder:

   1) Alexander, geb. Žepče, Bosnien, 18. Oktober 1882, k. u. k. Rechnungsoffizial 2. Kl. im Ministerium des kaiserl. und kgl. Hauses und des Äußern und Leutnant in der Reserve des Tiroler Kaiserjäger-Regimentes Nr. 1. – [Wien, V. Sonnenhofgasse 6.]

   2) Otto, geb. Trebinje, Herzegowina, 30. September 1884, Hörer der Rechte. – [Wien, V. Sonnenhofgasse 6.]

2. Emilie, geb. Wien 21. April 1861; – verm. ebenda 20. Mai 1882 mit ihrem Cousin (s. oben):

   Alexander Panajott de Szamosfalva, geb. Karlsburg (Gyulafehérvár) 7. März 1849, EKO.-R.III., k. u. k. Generalmajor und Inspektor der Gendarmerie in den Ländern der ungar. Krone. – [Budapest.]

3. Ida, geb. Wien 18. Februar 1864, — [Zürich]; — verm. I. Wien 6. Oktober 1886 mit:
   Paul Kempner, geb. Totis (Tata) 21. März 1858, kgl. ungar. Hauptmann 1. Kl., Landsturm-Evidenzoffizier beim III. Honveddistrikts-Kommando in Kassa (Kaschau), — [Kassa]; — getrennt .... 18..; — verm. II. Lensburg 2. Mai 1901 mit:
   Fritz August Meyer (von Zürich) geb. Lensburg 2. September 1855, General-Direktor der Unfallversicherungs-Gesellschaft „Zürich", Stadtrat a. D., Handelsrichter und Oberstleutnant. — [Zürich.]
4. Otto, geb. Wien 22. Juni 1868, k. u. k. Rittmeister 1. Kl. im Dragoner-Regimente Friedrich August König von Sachsen Nr. 3; — verm. Iglau 15. Juni 1901 mit:
   Rosa, geb. Weber (Tochter des 10. Oktober 1880 zu Zellerndorf † Eisenbahnbeamten Vinzenz W. und der Antonie, geb. Pohl), geb. Korneuburg 25. September 1873. — [Bielitz].

   Sohn:

   Otto, geb. Marburg a. d. Drau 9. März 1902.
5. Ubald, geb. Wien 30. November 1870, k. k. Oberleutnant i. d. Evidenz des Landwehr-Ulanen-Regimentes Nr. 5; — verm. Wien 26. Mai 1898 mit:
   Karoline, geb. Reim (Tochter des 17. Jänner 1898 zu Pilsen † Realitätenbesitzers Friedrich R. und der 16. Jänner 1882 ebendort † Pauline, geb. Eckl), geb. Pilsen 13. Oktober 1877. — [Wien, IV. Paulanergasse 9.]

   Kinder:

   1) Marie, geb. Krakau 13. April 1899.
   2) Karoline, geb. Wien 23. August 1901.

Vgl.: — Brünner Adel. Taschenb. II 1877, III 1878, IX 1884, XIII 1888 u. XVI 1891 (Alker von Ollenburg) und II 1877, VIII 1883, XI 1886, XVI 1891 u. XIX 1894 (Günther von Ollenburg).

---

von Gutfeld.

Mosaisch. — Österreich (Mähren), Preußen (Berlin).

Verleihung:

1900 Mai 9 (Allerhöchste Entschließung) und Oktober 11, Wien (Diplom): Kaiser Franz Joseph I. verleiht dem Fabriksbesitzer und Sekretär des Österreichisch-ungarischen Hilfsvereines in Berlin, Ingenieur Jakob Gutfeld den österreichischen Adel mit dem Ehrenworte „Edler von" und einem Wappen. — (AA., HKA.; — Orig. Fam.)

Wappen:

1900 Oktober 11: Geteilt, oben in Blau eine mit einem schwarzen Kammrade belegte goldene Spitze, begleitet jederseits von einem im Sinne der Teilungslinien, schräglinken, bezw.

schrägen rot-golden geschachten Balken, unten in Blau eine von zwei goldenen Sternen begleitete, hinter einem grünen Hügel aufgehende goldene Sonne. Auf dem gekrönten Turnierhelme mit rechts schwarz-goldenen und links blau-goldenen Decken ein wachsender schwarzer Adler.

Jakob Edler von Gutfeld (Adelserwerber — Sohn des .... 18.. zu .... † .... Gutfeld und der .... 18.. zu .... † ...., geb. ....), geb. Mähr.-Krumau 5. Oktober 1848, EKO.-R.III., FJO.-R., Ingenieur, Inhaber der Schraubenfabrik Erdmann & Groß in Berlin und Sekretär des Österreichisch-ungarischen Hilfsvereines daselbst; — verm. Berlin 1. Juni 1886 mit:

Bettina, geb. Burchardt (Tochter des....18.. zu....† Tapetenfabrikanten zu Berlin Abraham [Adolf] B. und der .... 18.. zu .... † ...., geb. ....), geb. .... 18... — [Berlin.]

Kinder:

1. Fritz Josef, geb. Berlin 14. November 1888.
2. Henriette Margarete, geb. Berlin 7. Juli 1896.

---

von Guttenberg.

(Früher Trunckh von Guettenberg.)

Römisch-katholisch. — Österreich (Niederösterreich, Oberösterreich, Steiermark, Kärnten).

Verleihungen:

1603 Juni 23, Prag: Kaiser Rudolf II. verleiht dem Lorenz Trunckh den Rittermäßigen Adel mit dem Prädikate „von Guettenberg" und Wappenbesserung. — (Erwähnt im Diplome von 1708.)

1708 Jänner 16, Wien: Kaiser Josef I. bestätigt dem Stadtrichter zu Wien Johann Lorenz Trunckh von Guettenberg den Rittermäßigen Österreichisch-erbländischen Adel mit dem bisher geführten Wappen und Prädikate „von Guettenberg" unter gleichzeitiger Verleihung des kaiserl. Ratstitels. — (AA., HKA.; — Orig. Fam.)

1773 Jänner 15, Wien: Kaiserinwitwe Maria Theresia erhebt den k. k. Kommissionsrat und Depositenamtsadministrator Josef von Guttenberg unter Ablegung des bisherigen Familiennamens Trunckh in den Österreichisch-erbländischen Ritterstand mit „Edler von" und Wappenbesserung. — (AA., HKA.; — Orig. Fam.)

1898 Dezember 6 (Allerhöchste Entschließung) und 1899 Jänner 18, Wien (Diplom): Kaiser Franz Joseph I. erhebt den k. u. k. Geheimen Rat und Feldmarschall-Leutnant d. R., sowie k. k. Minister a. D. Emil Ritter von Guttenberg in den Österreichischen Freiherrnstand und bessert sein Wappen. — (AA., HKA.; — Orig. Fam.)

Wappen:

I. 1603 Juni 23: Geviert mit Mittelschild, dieser blau mit einem sechsstrahligen silbernen Sterne auf einem grünen Dreiberge, 1 und 4 in Gold ein einwärts gewendeter, goldengekrönter schwarzer Adler, 2 und 3 in Blau ein sechsmal von Silber und Rot gestückter Schräglinksbalken. Auf dem gekrönten Turnierhelme mit rechts schwarz-goldenen und links rot-silbernen Decken der gekrönte schwarze Adler.

II. 1708 Jänner 16: Wie 1603.

III. 1773 Jänner 15 (ritterliches): Der Schild wie 1603. Zwei gekrönte Turnierhelme: auf I mit rot-silbernen Decken ein wie 2 und 3 bezeichneter geschlossener Flug; auf II mit schwarz-goldenen Decken der gekrönte Adler wie 1603.

IV. 1899 Jänner 18 (freiherrliches): Der Schild wie 1603. Freiherrnkrone. Die beiden Helme von 1773, jedoch verwechselt. Auf goldenem Spruchbande die Devise „AEQUITATE ET SOBRIETATE“ in schwarzer Lapidarschrift.

Die sichere Stammreihe dieses Geschlechtes beginnt mit Lorenz Trunckh, der nach Angabe des Diplomes von 1708 von Kaiser Rudolf II. ddo. Prag, 23. Juni 1603 den Rittermäßigen Adelstand mit dem Prädikate „von Guettenberg“ und dem sub I beschriebenen Wappen erhalten haben soll.

Sein Sohn dürfte jener Lorenz Trunckh (von Guettenberg) gewesen sein, der um 1620 geboren wurde, über vierzig Jahre in bischöflich Freisingschen Diensten, zuletzt als Hofmeister im Freisingerhofe zu Wien stand und 1683 das Haus Nr. 888 (gegenwärtig 23) in der Singerstraße daselbst besaß. Er tat sich bei der Verteidigung der Stadt gegen die Türken hervor, wurde hierbei schwer verwundet und starb zu Wien 1708 als Senior des Äußeren Rates. Von seinen beiden Söhnen setzte — 1. Johann Lorenz, geb. 1659, den Stamm fort (s. unten), während — 2. Josef als Ordensprofeß zu Ober-Länz in Mähren genannt wird.

Johann Lorenz Trunckh von Guettenberg (s. vorstehend 1.) wurde nach 23jähriger Dienstleistung beim Stadt- und Landgerichte zu Wien 1708 zum Stadt- und Landrichter ernannt und in Würdigung seiner Verdienste und der seines Vaters von Kaiser Josef I. ddo. Wien, 16. Jänner 1708 mit einer Österreichisch-erbländischen Adels- und Wappenbestätigung und dem kaiserl. Ratstitel begnadet. Er war 1713 bis 1716 Bürgermeister der kaiserl. Haupt- und Residenzstadt Wien und starb dort 5. September 1742 (Testament publiziert 1745) als Senior des Inneren Rates und wurde bei St. Stephan in der Krypta beigesetzt. Er besaß das Eckhaus „Zum Küß den Pennig“ am Bauernmarkt Nr. 606 (jetzt Freisingergasse 3) und einen Sommersitz „Zum silbernen Löwen“ auf der Wieden (nun Hauptstraße 32). Von zwei Frauen — I. Magdalena, deren Testament 1728 publiziert wurde, und — II. Maria, geb. von Plankner, hinterließ er die folgenden sieben Kinder:

1) Josef Anton Lorenz, geb. 1688, der allein die Familie fortpflanzte (s. unten); — 2) Adam Franz, Kanoniker des Augustiner-Chorherrenstiftes Neuberg; — 3) Josef Nikolaus,

Augustiner-Chorherr zu Seckau; — 4) Ignaz Josef Franz, Benediktiner; — 5) Stephan Ernst, Jesuit; — 6) Maria Theresia, verehelichte Fraß, und — 7) Maria Eva Franziska † zu Wien 29. Oktober 1728, verehelicht mit Georg Michael von Dietrich des Heil. Röm. Reiches Ritter, † zu Wien 6. Dezember 1739.

Josef Anton Lorenz Trunckh von Guettenberg, oben 1), trat gleich seinem Großvater in fürstbischöfl. Freisingsche Dienste, wurde Kammerrat, dann Hofrat und schließlich fürstbischöflich Lüttichscher und Regensburgscher Resident am kaiserl. Hofe zu Wien, wo er 1763 starb. Er war seit 13. Mai 1715 mit Anna von Baratti vermählt, die ihm fünfzehn zu Wien geborene Kinder schenkte:

(1) Marie Josefa, geb. 1. August 1716, † Wien 12. Jänner 1800, seit 24. Mai 1740 als Kammerdienerin im Hofstaate der Infantin Erzherzogin Maria Anna, Generalgouvernante der Niederlande und nachmaligen Gemahlin des Herzogs Alexander von Lothringen, wurde nach deren Tode († 16. Dezember 1744) mit Dekret vom 24. März 1745 in die Dienste der Königin von Ungarn und Böhmen, der späteren Römischen Kaiserin Maria Theresia, übernommen. Wie sehr sie die Zufriedenheit ihrer hohen Herrin zu erlangen wußte, geht allein schon daraus hervor, daß ihre fünf jüngeren Schwestern in der gleichen Eigenschaft an den Hof kamen und von dort sämtlich an Männer von Rang verheiratet wurden.

(2) Maria Magdalena Kunigunde, geb. 3. März 1718, † als Kind.

(3) Lorenz Desiderius Anton, geb. 25. Mai 1719, † in früher Jugend.

(4) Maria Anna Josefa Magdalena, geb. 7. Juli 1720, † Wien 4. Jänner 1751.

(5) Josef Karl Leopold, geb. 27. Oktober 1721, † Wien 3. August 1727.

(6) Heinrich Anton Josef, geb. 12. Juli 1723, † Wien 8. Oktober 1788.

(7) Maria Antonia Johanna, geb. 9. Mai 1726, seit 24. September 1748 ebenfalls Kammerdienerin der Kaiserin, verm. Wien (Burgpf.) 6. Februar 1755 mit Johann Christoph Freiherrn von Pichler, k. k. Rat und Assessor des Landmarschallischen Gerichtes in Wien.

(8) Desiderius Franz Anton, der jung starb.

(9) Maria Magdalena, geb. 12. September 1729, † 14. März 1800, wurde ddo. Wien, 9. März 1753 zur Kammerdienerin bei den drei damals jüngsten Töchtern der Kaiserin, den Erzherzoginnen Johanna Gabriela (geb. 4. Februar 1750), Maria Josefa (geb. 19. März 1751) und Maria Karolina Ludowika (geb. 15. August 1752, nachmaliger Königin von Neapel und Sizilien) ernannt, vermählte sich jedoch schon am 6. Februar 1755 gleichzeitig mit ihrer älteren Schwester Antonia in der Burgkapelle zu Wien mit dem damaligen k. k. Obristwachtmeister des Warasdiner-Creutzer Grenzinfanterie-Regimentes Franz Karl von Riese (auch Riesse — geb. Brügge 1721). Dieser erhielt als Oberst des St. Georger Grenzregimentes für eine Reihe glänzender Waffentaten 1760 das Ritterkreuz des Militär-Maria Theresien-Ordens und den Statuten dieses Ordens entsprechend 1761 den

Österreichisch-erbländischen Freiherrnstand, wurde 1776 Inhaber des Infanterie-Regimentes Nr. 26 und starb als k. k. Generalfeldzeugmeister und Kommandierender in Innerösterreich am 20. Mai 1786 zu Graz.

(10) Maria Ernestine Therese, geb. 11. Jänner 1731, † Wien 29. April 1812, kam 6. Februar 1755, also am Hochzeitstage ihrer beiden älteren Schwestern, als Kammerdienerin zur Erzherzogin Maria Amalia (geb. 26. Februar 1746, nachmalige Herzogin von Parma) und vermählte sich am 7. Oktober 1759 zu Wien (Burgpf.) mit Jakob Josef Woller Edlem von Wollersfeld, des Heil. Röm. Reiches Ritter (seit 1764), k. k. Rat und Stadtanwalt zu Wien.

(11) Maria Anna, die als Kind starb.

(12) Josef David Vinzenz, geb. 22. Jänner 1735, dessen Nachkommenschaft unten folgt.

(13) Ignaz Heinrich Vinzenz, der als Kind starb.

(14) Maria Elisabeth Josefa, geb. 1. Juli 1738, † Wien 20. November 1796, war seit 29. Dezember 1758 Kammerdienerin der Erzherzogin Johanna Gabriela und wurde am 18. Juni 1764 in der Hofburgkapelle zu Wien dem k. k. Staatsrate in inländischen Geschäften Johann Friedrich Adam von Loehr (geb. 25. Juli 1734) angetraut, der ddo. Wien, 26. September 1772 den Österreichisch-erbländischen Freiherrnstand erlangte und 1. August 1795 als k. k. wirkl. Geheimer Rat und Niederösterr. Appellationspräsident starb.

(15) Franziska Romana Walpurga, geb. 23. Februar 1746, wurde am 11. Februar 1764 zur Kammerdienerin bei der Erzherzogin Maria Anna (geb. 6. Oktober 1738) ernannt, ehelichte jedoch schon 24. Juni 1766 zu Wien (Burgpf.) den kurtrierschen und mehrerer anderer Reichsstände Hofrat und bevollmächtigten Residenten, sowie kaiserl. Reichshofratsagenten Christian Wilhelm Edlen von Klerff, des Heil. Röm. Reiches Ritter (seit 1791), der am 2. März 1800 zu Wien starb und dem sie ebendort am 19. Juni 1813 im Tode folgte.

Josef David Vinzenz (Trunckh) von Guettenberg, s. vorstehend (12), wurde als k. k. Kommissionsrat und Depositenamts-Administrator durch die Kaiserinwitwe Maria Theresia ddo. Wien, 15. Jänner 1773 unter dem Namen „von Guttenberg" mit Hinweglassung des bisherigen Familiennamens Trunckh, Beifügung des Ehrenwortes „Edler" und Besserung des Wappens in den Österreichisch-erbländischen Ritterstand erhoben. Josef Edler von Guttenberg starb als k. k. Hofrat der Universaldepositen-Administration zu Wien am 4. November 1810. Aus seiner 10. Juni 1766 geschlossenen Ehe mit Anna, geb. Penzeneter von Penzenstein, entsprossen sechs zu Wien geborene Kinder:

1. Josefa, geb. 28. April 1767, † 31. Juli 1828.

2. Anton Josef, geb. 22. März 1769, von dem die gegenwärtig lebenden Familienmitglieder abstammen (s. unten).

3. Johann Nepomuk, geb. 18. Juni 1770, k. k. Hofzahlamtsliquidator, verm. Wien (Burgpf.) 16. Mai 1805 mit Marie Cäcilie (geb. 1775), einer Tochter des Ludwig von Spielberger und der Maria Magdalena, geb. Maucka. Sein einziger Sohn Franz Ritter von Guttenberg, geb. 180., † Wien (St. Augustin) 15. August 1877

pens. k. k. Hilfsämterdirektor der Finanz-Landesdirektion in Wien, hatte aus seiner Ehe mit Therese, geb. Schanta, nur zwei Kinder: — (1) Franz, der als k. k. Oberleutnant im Infanterie-Regimente Georg V. König von Hannover Nr. 42 in der Schlacht bei Königgrätz 1866 gefallen ist, und — (2) Hermine, † ....

4. Franz Xaver Anton, geb. 1771, † 1845, k. k. Truchseß und Niederösterr. Landrat.

5. Maria Theresia, geb. 1773, † 1854.

6. Alois, der am 11. April 1793 aus der Wr.-Neustädter Militärakademie als Fähnrich zum 2. Székler Grenzinfanterie-Regimente Nr. 15 kam, aber bald aus dem Militärdienste geschieden sein muß.

Anton Josef Edler von Guttenberg, Ritter (s. oben 2.), starb 1816 als k. k. Feldkriegskonzipist und hinterließ aus seiner Ehe mit Aloisia (Luise) Ursula Margarete Getrude, geb. van der Lahr de Smeth (geb. Coppet [Pf. Commugný], Kanton Waadt, 18. April 1776, † Tamsweg 1. Februar 1842, einer Tochter des Besitzers [„Baron"] der Herrschaft Coppet am Genfersee und Bürgers von Frankfurt Justus Raimund van der Lahr de Smeth und der Jeanne Marie, geb. Affourtit aus Stuttgart), die folgenden drei Kinder: — 1) Aloisia (Luise) Lucia, geb. 1802, † 1884; — 2) Josef Anton, geb. 1804, † 1831, und — 3) Anton Johann, geb. Wien 26. Februar 1806, dessen Nachkommenschaft unten folgt.

Anton Johanns Sohn Emil Ritter von Guttenberg (s. unten 7.) wurde als k. u. k. Geheimer Rat und Feldmarschall-Leutnant d. R., sowie k. k. Minister a. D., mit Allerhöchster Entschließung vom 6. Dezember 1898 und dem Diplome ddo. Wien, 18. Jänner 1899 in den Österreichischen Freiherrnstand erhoben.

---

† Anton Johann Ritter von Guttenberg (3. Kind des .... 1816 zu Wien † Anton Josef Edlen von G., Ritters, und der 1. Februar 1842 zu Tamsweg † Aloisia [Luise] Ursula Margarete Gertrude, geb. van der Lahr de Smeth), geb. Wien 26. Februar 1806, † Salzburg 13. November 1892, k. k. Hofsekretär i. R.; — verm. .... 14. Mai 1831 mit:

† Josefa, geb. Sauter (Tochter des .... 18.. zu .... † k. k. Rates und Pflegers .... S. und der .... 18.. zu .... † ...., geb. ....), geb. .... 18.., † .... 18..

Kinder:

1. Hermann Ritter von Guttenberg, geb. Hall in Tirol 18. November 1833, FJO.-Kmt., EKO.-R.III., k. k. Hofrat i. R. (bis 1903 Forstinspektor für Steiermark); — verm. .... 20. Jänner 1876 mit:

Ludmilla, geb. Plachetka (Tochter des .... 1881 zu Salzburg † k. k. Oberfinanzrates Franz P. und der .... 1890 zu Triest † Josefine, geb. Fendt), geb. .... 18.. — [Graz, Schillerstraße 1.]

Kinder:

1) Rosalie, geb. Triest 17. Juni 1878.
2) Hermann, geb. Triest 13. Jänner 1881, Dr. phil., Assistent am Botanischen Institute der k. k. Universität in Graz. — [Graz, Schubertstraße 51.]
3) Maria Anna, geb. Triest 5. August 1885.

† 2. Franz Ritter von Guttenberg, geb. Hall in Tirol 5. Jänner 1835, † Triest 3. Mai 1866, k. k. Oberleutnant im Infanterie-Regimente FZM. Gustav Prinz zu Hohenlohe-Langenburg Nr. 17.

3. Josefa Edle von Guttenberg, geb. .... 10. Dezember 1835; — verm. .... 1863 mit:

Isidor Hupka, geb. .... 1836, k. k. Oberförster i. R. und Gutsbesitzer. — [Kupka, Bukowina.]

† 4. Ludwig Anton Ritter von Guttenberg, geb. Tamsweg 13. Februar 1837, † Villach 13. Oktober 1903, k. u. k. Oberleutnant a. D. und Revident der k. k. Staatsbahnen i. R.; — verm. .... 1880 mit:

Gisela, geb. Schedel (Tochter des .... 18.. zu .... † kgl. ungar. Notars in Fünfkirchen [Pécs] F. Sch. und der .... 18.. zu .... † ...., geb. ....), geb. .... 18.. — [....]

Tochter:

Stephanie, geb. Pécs (Fünfkirchen) .... 1881; — verm. Graz 21. Februar 1905 mit:

Friedrich (Fritz) Reichel, geb. .... 18.., Kaufmann. — [Wels.]

† 5. Karl Franz Ludwig Anton Ritter von Guttenberg, geb. Tamsweg 14. April 1838, † Krakau .... 1893, EKO.-R.III., MVK. (KD.), k. u. k. Generalmajor und Kommandant der 24. Infanterie-Brigade in Krakau; — verm. .... 1871 mit:

Klementine, geb. Reidlinger (Tochter des .... 18.. zu .... † .... R. und der .... 18.. zu .... † ...., geb. ....), geb. .... 18... — [....]

6. Adolf Gustav Franz Anton Ludwig Ritter von Guttenberg, geb. Tamsweg 19. Oktober 1839, FJO.-Kmt. k. k. Hofrat und o. Professor der forstl. Betriebsfächer an der Hochschule für Bodenkultur in Wien, — [Wien, XVIII. Cottagegasse 19]; — verm. I. Görz 29. November 1869 mit:

† Adelheid Henrika Josefa, geb. Engelhardt (Tochter des .... 18.. zu Görz † .... Georg E. und der .... 18 .. zu .... † Josefine, geb. Schima), geb. Görz 16. Dezember 1845, † .... 4. Februar 1875; — II. Görz 6. November 1875 mit:

Friederike Elisabeth, geb. Engelhardt (chwester der vorgenannten Adelheid), geb. Görz 11. März 1850. — [Wien, XVIII. Cottagegasse 19.]

Kinder: a) I. Ehe:

1) Marie, geb. Innsbruck 8. Dezember 1872; — verm. Wien 6. Juli 1896 mit:

Thaddäus Ritter Smoluchowski von Smolan, geb. .... 18.., Dr. phil. — [Wolanka, Galizien.]

2) Emilie, geb. Innsbruck 27. Mai 1874; — verm. .... 31. Mai 1899 mit:
Franz Kaiser, geb. .... 18.., Direktor der Wiener Molkerei. — [Wien, II. Molkereistraße 1.]

b) II. Ehe:

† 3) Rudolf, geb. Paneveggio, Tirol, 20. August 1876, † Mauer-Öhling 17. Juli 1905, Dr. jur., Konzipist der k. k. Staatsbahn-Direktion in Wien und Leutnant a. D. (bis 1905 im nichtaktiven Stande des Landwehr-Infanterie-Regimentes Wien Nr. 24.)
† 4) Elisabeth (Elsa), geb. Innsbruck .... 1877, † Wien .... 1884.
5) Karl, geb. Wien 28. Dezember 1879, k. u. k. Oberleutnant im Dragoner-Regimente GL. und FM. Prinz Eugen von Savoyen Nr. 13. — [Klattau.]
6) Artur, geb. Wien 6. März 1881, Konzeptspraktikant der k. k. Landesregierung in Kärnten, zugeteilt der Bezirkshauptmannschaft in Wolfsberg. — [Wolfsberg.]
7) Adolf, geb. Wien 4. März 1883, k. k. Forsteleve. — [Mürzsteg.]
8) Adelheid, geb. Wien 28. Juni 1884.
9) Elisabeth, geb. Wien 16. Mai 1886.
10) Emil, geb. Wien 24. November 1888.
11) Margarete, geb. Wien 14. November 1891.

7. Emil Franz Anton Ludwig (Rudolf) Freiherr von Guttenberg (Freiherrnstandserwerber), geb. Tamsweg 4. Jänner 1841, EKO.-R.I., FJO.-Kmt., LO.-R. (KD.), k. u. k. Geheimer Rat, k. k. Minister a. D. (bis 1898 Eisenbahnminister) und k. u. k. Feldmarschall-Leutnant d. R.; — verm. Wien 6. Dezember 1869 mit:
Wilhelmine Karoline Antonie, geb. Langer von Lannsperg (Tochter des 20. März 1885 zu Wien † Kanzlers und Legationsrates und Chevalier de grâce des souv. Malteser-Ritter-Ordens, FJO.-Kmt.m.St., EKO.-R.III., Dr. jur. et phil. Karl Edmund Ritters L. v. L. und der 28. Februar 1902 zu Graz † Wilhelmine, geb. Gretschel), geb. Wien 2. November 1847. — [Salzburg, Schwarzstraße.]

Kinder:

1) Paula Wilhelmine Emilie, geb. Graz 27. September 1874; — verm. Eggenberg 6. Jänner 1900 mit:
Hermann Ritter Bordolo von Boreo, geb. Wien 27. Juni 1872, k. u. k. Rittmeister 2. Kl. im Dragoner-Regimente GL. und FM. Raimund Fürst Montecuccoli Nr. 8. — [Przemyśl.]
† 2) Melanie, geb. Graz .... 1876, † .... 1881.
3) Ottokar Karl Ernst, geb. Graz 1. Jänner 1878, k. u. k. Oberleutnant im Tiroler Kaiserjäger-Regimente Nr. 1. — [Salzburg.]

† 8. Gustav Franz Rudolf Ritter von Guttenberg, geb. Tamsweg 10. Mai 1843, † Pittsburg, Pa., U.S.A., 29. Juni 1896, Hochschulprofessor daselbst; — verm. .... 18.. mit:

Rosa, geb. Füssel (Tochter des .... 18.. zu .... †.... F. und der .... 18.. zu .... † ...., geb. ....), geb. .... 18... — [Wien, VIII. Josefstädterstraße 42.]

†9. Edmund Anton Ritter von Guttenberg, geb. Tamsweg 17. Juni 1844, † .... 1863.

†10. Moriz Ritter von Guttenberg, geb. Gmunden .... und † daselbst .... 1845.

11. Justus Ritter von Guttenberg, geb. Gmunden 11. November 1846, FJO.-R., k. u. k. Oberst d. R. (bis 1903 kommandiert beim Geniestabe, Militärbaudirektor in Pozsony); — verm. .... 7. Dezember 1877 mit:

Carla, geb. de Calò (Tochter des .... 1904 zu Wien † Alessandro de C. und der .... 1905 zu Graz † Lucia, geb. Tamburin), geb. .... 1856. — [Graz, Liebiggasse 24.]

12. Maria Anna Edle von Guttenberg, geb. Gmunden 2. August 1848. — [Wels.]

†13. Viktor Ritter von Guttenberg, geb. Salzburg 30. April 1849, gefallen bei Königgrätz 3. Juli 1866, k. k. Leutnant im Infanterie-Regimente Georg V. König von Hannover Nr. 42.

14. Julius Ritter von Guttenberg, geb. Graz 2. Februar 1853, Inspektor der k. k. Staatsbahnen i. R. — [Wels.]

Vgl.: — Gothaer Freiherrl. Taschenb. 1901.

Hantken von Prudnik.

Römisch-katholisch. — Österreich (Schlesien und Niederösterreich).

Verleihungen:

1560: Kaiser Ferdinand I. verleiht Salomon, Hans, Kaspar, Wilhelm und Nikodem den Hentkhen den Rittermäßigen Adel mit dem Prädikate „von Prudnickh" und einem Wappen. — (Erwähnt im Diplome von 1678; — Orig. verloren.)

1678 November 12, Wien: Kaiser Leopold I. erhebt den Berghauptmann im Bistume Breslau Johann Georg Sebastian Hentkhe in den Böhmischen Ritterstand unter Erneuerung des schon seinen Vorfahren 1560 verliehenen Prädikates „von Prudnickh" und Wappenvermehrung. — (AA., BSB. XC, 418; — Orig. Fam.)

Wappen:

I. 1560: In Blau auf weißem Felsen ein schwarzer Hahn mit rotem Kamm und Lappen. Auf dem gekrönten Turnierhelme mit blau-weißen Decken ein auf dem Ellbogen ruhender geharnischter Arm, in der bloßen Hand einen natürlichen Lilienstengel mit drei Knospen haltend.

II. 1678 November 12: Geviert mit Mittelschild, dieser wie der Schild von 1560, 1 und 4 in Gold ein golden gekrönter recht-, bezw. linkhalber schwarzer Doppeladler am Spalt (Gnadenwappen), 2 und 3 in Schwarz zwei schräg gekreuzte silberne Berghämmer mit goldenen Stielen, begleitet von drei (2, 1) goldenen Sternen. Helm und Kleinod wie 1560, nur die Decken rechts schwarz-golden und links blau-silbern.

Geschichte und ältere Genealogie einem späteren Jahrgange vorbehalten.

---

† Eugen Ritter Hantken von Prudnik (5. Sohn des .... 1846 zu .... † .... Johann Ritters H. v. P. aus dessen II. Ehe mit der .... 1836 zu .... † Babette, geb. Maus), geb. Jablunkau 21. Februar 1835, † Baden bei Wien 20. Juli 1905, FJO.-Kmt. m. St., LO.-R., EKO.-R.III., Off. d. großh. tosk. Zivilverd.-Ord., pens. k. u. k. Hofrat und Kanzleidirektor in Sr. kaiserl. und kgl. Apostol. Majestät Oberstkämmereramte, Herold des österr. kaiserl. Leopold-Ordens und Hauptmann a. D. (bis 1867 im Infanterie-Regimente Bernhard Herzog von Sachsen-Meiningen Nr. 46); — verm. Dresden 7. August 1869 mit:

Wilhelmine Amalie Marie, geb. von Sandersleben (Tochter des 1. März 1887 auf Rittergut Neubau bei Frankenberg, Sachsen, † k. k. Oberleutnants a. D. Karl v. S. und der 10. März 1905 zu Wien † Marie Antonie, geb. Demel), geb. Iglau 2. Februar 1848. — [Wien, IV. Klagbaumgasse 12.]

Kinder:

†1. Marie Eugenie, geb. Wien 8. Juni 1870, † ebenda 4. März 1871.

2. Elsa, geb. Wien 27. Jänner 1872. — [Wien, IV. Rubensgasse 8]; — verm. Wien 27. Oktober 1897 mit:
† Philipp Maria Karl Bauer von Bauernthal, geb. Wien 12. Oktober 1864, † Dembica 17. Juni 1903, k. u. k. Oberstleutnant im Generalstabskorps, zugeteilt dem Ulanen-Regimente Kaiser Josef II. Nr. 6.

3. Friedrich Eugen, geb. Wien 7. Jänner 1875, k. u. k. Oberleutnant im Infanterie-Regimente Ernst Ludwig Großherzog von Hessen und bei Rhein Nr. 14. — [Schwaz.]

4. Marie Valerie, geb. Wien 15. Mai 1878; — verm. Wien 27. Dezember 1903 mit:
Franz Edlen von Steinhart, geb. Mähr.-Weißkirchen 20. März 1865, k. u. k. Oberstleutnant des Geniestabes, Lehrer an der Technischen Militärakademie in Mödling. — [Mödling.]

Vgl.: — Brünner Adel. Taschenb. I 1870, II 1877, V 1880 und X 1885; — Herald.-geneal. Zeitschr. d. Vereines „Adler" III, Wien 1873, S. 179.

Haradauer von Heldendauer

und † Haradauer von Weißenau.

Römisch-katholisch. — Österreich (Niederösterreich).

Verleihungen:

1821 September 5, Wien (Diplom): Kaiser Franz I. verleiht dem k. k. Major und Kommandanten des 2. Landwehr-Bataillons vom Infanterie-Regimente „Nassau" (Nr. 29) Johann Haradauer den Österreichischen Adel mit dem Prädikate „Edler von Heldendauer" und einem Wappen. — (AA., HKA.; — Orig. Fam.)

1821 Dezember 1, Wien (Diplom): Derselbe verleiht dem k. k. Major im Infanterie-Regimente Fürst Alois Liechtenstein (Nr. 12) Georg Haradauer (Bruder des vorgenannten Johann) den österreichischen Adelstand mit dem Prädikate „Edler von Weißenau" und einem Wappen. — (AA., HKA.)

Wappen:

I. 1821 September 5 (Haradauer von Heldendauer): Geteilt, oben in Gold ein natürlicher belaubter Eichenast mit drei Eicheln, unten in Blau ein vorwärts gekehrter natürlicher Türkenkopf mit rotem, weiß umwundenen Turban und von links mit einem Pfeile durchschossenen Wangen. Auf dem gekrönten Turnierhelme mit blau-goldenen Decken drei Straußenfedern: eine blaue zwischen zwei goldenen.

II. 1821 Dezember 1 (Haradauer von Weißenau): Geviert, 1 und 4 geschacht von Silber und Rot, 2 und 3 in Blau eine goldene Lilie. Auf dem gekrönten Turnierhelme mit rechts rot-silbernen und links blau-goldenen Decken ein wachsender schwarzer Adler.

I. Linie.

(Haradauer von Heldendauer.)

† Johann Haradauer Edler von Heldendauer (1. Adelserwerber — .. Sohn des .... 17.. zu .... † .... Haradauer und der .... 1... zu .... † ...., geb. ....), geb. Wien .... 17.., † Brünn .... 18.., k. k. Major des Infanterie-Regimentes FML. Gustav Freiherr von Wocher Nr. 25 und Kommandant des aus den Grenadier-Divisionen der Infanterie-Regimenter Nr. 11, 25 und 54 gebildeten Grenadier-Bataillons, Ehrenbürger der kgl. Stadt Königgrätz; — verm. .... 17.. mit:

† Therese, geb. Felber (Tochter des .... 1... zu .... † .... F. und der .... 1... zu .... † ...., geb. ....), geb. .... 17.., † .... 18...

Sohn:

† Karl, geb. Wien 13. Juli 1794, † Graz 1. März 1867, LO.-R. (KD.), k. k. Feldmarschall-Leutnant d. R., Ehrenbürger der kgl. Stadt Königgrätz; — verm. .... 3. November 1833 mit:

† Charlotte, geb. Novak (Tochter des .... 18.. zu .... † .... N. und der .... 18.. zu .... † ...., geb. ....), geb. .... 1..., † .... 5. Februar 1883.

Kinder:

† 1) Karl, geb. Malcesine bei Bedizzolo 6. August 1834, † Wien 9. Mai 1905, MVK. (KD.), k. u. k. Oberst d. R. (bis 1894 des Armeestandes in Verwendung am k. u. k. Militär-geographischen Institute in Wien); — verm. I. Wien 7. Februar 1863 mit:

† Charlotte, geb. Würstl (Tochter des .... 18.. zu .... † Dr. med. Johann W. und der .... 18.. zu .... † ...., geb. ....), geb. .... 18.., † .... 28. Juli 1897; — verm. II. .... 1. September 1899 mit:

† Anna, geb. .... (Tochter des .... 18.. zu .... † .... und der .... 18.. zu .... † ...., geb. ....), geb. .... 18.., † .... 29. Dezember 1899; — (in I. Ehe verm. .... 18.. mit: † .... Skallitzky, ..., geb. .... 18.., † .... 18..).

Kinder I. Ehe:

† (1) Helene, geb. Graz 24. September 1864, † Wien 30. Oktober 1876.

(2) Karl, geb. Wien 14. September 1867, k. u. k. Oberleutnant im Infanterie-Regimente FM. Maximilian Ulysses Reichsgraf Browne Nr. 36; — verm. Wildschütz 6. Oktober 1902 mit:

Marie, geb. Bartoschovsky (Tochter des .... 18.. zu .... † .... B. und der Sidonie, geb. ....), geb. .... 18... — [Josefstadt.]

(3) Charlotte, geb. Wien 14. September 1867, † ebenda .. März 1869.

(4) Hans, geb. Wien 2. Februar 1872, k. k. Oberleutnant im Landwehr-Infanterie-Regimente Rzeszów Nr. 17. — [Rzeszów.]

(5) Eugen, geb. Wien 24. März 1873, k. k. Oberleutnant im Landesschützen-Regimente Innsbruck Nr. I; — verm. .... 28. Oktober 1901 mit:

Erna, geb. Hartmann (Tochter des .... H. und der ...., geb. ....), geb. .... 18... — [Innsbruck.]

† 2) Eugen, geb. Brünn 9. Juni 1836, † Mainz 19. Dezember 1863, k. k. Leutnant im Infanterie-Regimente Nr. 36.

II. Linie.

(Haradauer von Weißenau. — Erloschen.)

† Georg Haradauer Edler von Weißenau (2. Adelserwerber — .. Sohn des .... 1... zu .... † .... Haradauer und der .... 1... zu .... † ...., geb. ....), geb. Preßburg (Pozsony) .... 1772, † .... 18.., k. k. Generalmajor d. R.; — verm. .... 1... mit:

† Anna, geb. von Hollein (Tochter des .... 1... zu .... † .... v. H. und der .... zu .... † ...., geb. ....), geb. .... 17.., † .... 18...

Kinder:

†1. Karl, geb. .... 1800, † .... 18.., k. k. Hauptmann ....; — verm. Olmütz 8. Juli 1829 mit:

† Sophie, geb. Erben (Tochter des .... 18.. zu .... † .... E. und der .... 18.. zu .... † ...., geb. ....), geb. Olmütz .... 1804, † Wien 12. Februar 1881.

†2. Friedrich, geb. .... 1810, † .... 18...

Vgl.: — Brünner Adel. Taschenb. II 1870 u. IX 1884.

Hardt-Stummer von Tavarnok, von Hardt und von Hardt-Stremayr.

Römisch-katholisch. — Österreich (Niederösterreich) und Ungarn (Komitat Nyitra).

Verleihungen:

1888 April 7, Wien: Kaiser Franz Joseph I. als König von Ungarn genehmigt die Übertragung des Namens, Freiherrnstandes und Wappens des Großgrundbesitzers im Nyitraer Komitate August Freiherrn Stummer von Tavarnok*) auf dessen Schwieger- und Adoptivsohn Albert Hardt und den zwischen beiden ddo. Pozsony (Preßburg), 20. Dezember 1887 abgeschlossenen Adoptionsvertrag. — (Orig. Fam.)

1900 August 29 (Allerhöchste Entschließung) und Oktober 20, Wien (Diplom): Kaiser Franz Joseph I. erhebt den k. k. Ministerialrat im Eisenbahnministerium und Kurator des Österreichischen Handelsmuseums Dr. Emil Hardt in den Österreichischen Ritterstand und verleiht ihm ein Wappen. — (AA., HKA.; — Orig. Fam.)

---

*) Die Brüder August und Alexander Stummer, Großgrundbesitzer im Nyitraer (Neutraer) Komitate, hatten ddo. Wien, 24. April 1871 den Ungarischen Adel mit dem Prädikate „de Tavarnok" und einem Wappen und als Ritter des Ordens der Eisernen Krone II. Klasse, den damaligen Ordensstatuten entsprechend, in zwei getrennten Diplomen ddo. Wien, 14. April (Allerhöchste Entschließung) und 30. September 1884 (Diplome) den Österreichischen Freiherrnstand mit Wappenbesserung erhalten. Freiherr August wurde dann noch ddo. Wien, 6. Juni 1887 in den Ungarischen Freiherrnstand erhoben.

1905 März 4 (Allerhöchste Entschließung) und April 21, Wien (Plakat des k. k. Ministeriums des Innern): Kaiser Franz Joseph I. bewilligt der k. k. Sektionschefsgattin Berta von Hardt, geb. von Stremayr, der ältesten Tochter des verstorbenen k. u. k. Geheimen Rates, k. k. Ministers a. D. etc. Dr. Karl von Stremayr,*) für ihre Söhne Dr. Karl und Emil Ritter von Hardt die Namensvereinigung „Hardt-Stremayr". – (AA., HKA.; – Orig. Fam.)

Wappen:

I. 1888 April 7 (Freiherrn Hardt-Stummer von Tavarnok): In Gold ein mit drei goldenen Sternen belegter blauer Schrägbalken, begleitet oben von einem schwarzen Löwen, unten von einem auf bewegter See schwimmenden natürlichen Walfisch. Freiherrnkrone. Zwei gekrönte Turnierhelme: auf I mit blau-goldenen Decken ein geschlossener, vorne goldener, mit einem schwarzen Anker belegter und hinten blauer Flug; auf II mit schwarz-goldenen Decken der schwarze Löwe wachsend. Schildhalter zwei schwarze Löwen auf goldener Arabeske. (Identisch mit dem Wappen der Freiherrn Stummer von Tavarnok.)

II. 1900 Oktober 20 (Ritter von Hardt): Gespalten, vorne in Schwarz auf grünem Boden die Themis in goldenem Gewande, ebensolcher Binde über den Augen, in der Rechten ein blankes Schwert mit der Spitze nach unten und in der Linken eine Wage haltend, in der rechten Oberecke von einem abnehmenden goldenen Halbmonde begleitet, hinten in Silber ein gefluteter roter Balken, begleitet oben von einer hölzernen Lyra mit goldenen Saiten zwischen zwei roten Sternen, unten von drei (1, 2) roten Lilien. Zwei gekrönte Turnierhelme: auf I mit schwarz-goldenen Decken ein wachsendes schwarzes Roß mit Flügeln an den Fesseln; auf II mit rot-silbernen Decken ein geschlossener, vorne mit einem aufnehmenden silbernen Halbmonde belegter roter, hinten silberner Flug. Goldenes Spruchband mit der Devise „SEMPER PROBUS" in schwarzer Lapidarschrift.

III. 1905 April 21 (Ritter von Hardt-Stremayr): Wie 1900. (Das Wappen der von Stremayr wurde nicht aufgenommen.)

---

† Albert Hardt (ältester Sohn des aus Böhmen eingewanderten und .... 1826 zu Wien † Gründers der „bürgerl. Baum- und Schafwollenhandlung Zur Schäferin" daselbst Johann H. und der .... 1854 ebendort † Barbara, geb. Strauß), geb. Wien 22. Jänner 1795, † daselbst 5. Februar 1853, Inhaber der Tuchhandlung „Zur Schäferin"; – verm. Wien 2. Juni 1822 mit:

*) Die Familie Stremayr hatte bereits ddo. Augsburg, 19. Juli 1530 von Kaiser Karl V. einen Wappenbrief und ddo. Wr.-Neustadt, 8. Oktober 1616 durch den Hoch- und Deutschmeister Erzherzog Maximilian von Österreich den Rittermäßigen Adel erlangt. Vgl. den Artikel „von Stremayr" dieses Taschenbuches.

† Marie, geb. Edlen von Kratzer (Tochter des .... 18.. zu Wien † .... Leopold Edlen v. K. und der 24. September 1858 ebendort † Marie, geb. Roux), geb. Wien 25. Oktober 1803, † daselbst 13. März 1871.

Kinder:

†1. Albert Franz de Paula Hardt, geb. Wien 29. Mai 1823, † daselbst 18. April 1894, FJO.-R., kaiserl. Rat, k. u. k. Hoftuchhändler, Chef der Firma „Albert Hardt", Direktor der Ersten österr. Sparkasse und Zensor der Österr.-ungar. Bank in Wien; — verm. Wien 18. November 1849 mit:

† Marie, geb. Edlen von Kratzer (Tochter des 21. Jänner 1849 zu Wien † .... Karl Edlen v. K. und der 10. März 1875 ebendort † Anna, geb. Dormann), geb. Wien 13. November 1828, † daselbst 29. Dezember 1902.

Kinder:

1) Marianne Hardt, geb. Wien 27. Oktober 1850, — [Wien]; — verm. I. Wien 7. Jänner 1875 mit:

† Eduard Edlen von Kratzer, geb. Wien 2. September 1832, † daselbst 10. März 1875, ...; — II. .... 30. Juni 1887 mit: Adolf Conradi, geb. .... 21. Mai 1839 .... — [Wien und Goisern.]

† 2) Albert Hardt, geb. und † Wien 11. Juli 1852.

† 3) Albert Freiherr Hardt-Stummer von Tavarnok (Freiherrnstandserwerber durch Übertragung — Adoptivsohn seines Schwiegervaters August Wilhelm Freiherrn Stummer von Tavarnok, s. unten), geb. Wien 12. März 1854, † Wien 14. Mai 1905, Herr auf Vitkócz (301 ha), Komitat Nyitra, Mitbesitzer der Herrschaften Mislitz und Lodenitz in Mähren, Virilist des Komitates Nyitra, öffentlicher Gesellschafter der prot. Firma „Karl Stummer" in Wien, Vizepräsident der k. k. priv. Allgemeinen Verkehrsbank, Mitglied und Verwaltungsrat vieler Aktiengesellschaften, Revisor der Österr.-ungar. Bank; — verm. Tavarnok 4. Juli 1883 mit:

Amalie Kreszenzia, geb. Freiin Stummer von Tavarnok (Tochter des k. u. k. Geheimen Rates, k. k. Kommerzialrates, Wiener Börserates, Vizepräsidenten der k. k. priv. Österr. Kreditanstalt für Handel und Gewerbe, öffentlichen Gesellschafters der prot. Firma „Karl Stummer" in Wien, Herrn auf Tavarnok mit Nagytapolcsány, Németi, Ürméncz, Nagydovorán, Teszér, Kuzmicz, Podhragy, Závada, Velusócz, Prasicz, Jácz, Zlatnik, Vendég und Pochubán (zus. 11.173 ha) im Komitate Nyitra, Virilisten in diesem Komitate, EKO.-R.II. August Wilhelm Freiherrn St. v. T. und der Barbara Antonie, geb. Melchior), geb. Oslavan, Mähren, 27. Juni 1861. — [Wien, IV. Brucknerstraße 8, und Schloß Tavarnok.]

Kinder:

(1) Albertine Freiin Hardt-Stummer von Tavarnok, geb. Tavarnok 15. Juni 1884; — verm. Wien 24. Oktober 1905 mit:

Othmar Ritter Mayer von Wallerstein und Marnegg, geb. .... 9. Juli 1877, k. u. k. Rittmeister 2. Kl. im Dragoner-Regimente GL. und FM. Karl Herzog von Lothringen und Bar Nr. 7. – [Brandeis a. d. E.]

(2) Barbara (Bettina) Freiin Hardt-Stummer von Tavarnok, geb. Wien 29. März 1886.

† (3) Viktor Freiherr Hardt-Stummer von Tavarnok, geb. Purkersdorf 19. Juli 1888, † Wien 13. April 1889.

(4) Egon Freiherr Hardt-Stummer von Tavarnok, geb. Wien 9. September 1897.

4) Emma Hardt, geb. Wien 31. August 1855, – [Wien, I. Goldschmidgasse 10]; – verm. Wien 28. November 1880 mit:

† Stephan Wehler, geb. Semlin 29. November 1850, † Wien 13. Jänner 1889, Dr. jur., MVK. (KD.), k. k. Hofsekretär in Sr. k. u. k. Apost. Majestät Obersthofmeisteramte und Oberleutnant i. d. R. des Husaren-Regimentes Wilhelm II. Deutscher Kaiser und König von Preußen Nr. 7.

5) Wilhelm Hardt, geb. Wien 4. November 1858, Oberingenieur der k. k. Staatsbahnen (bis 1906 der k. k. priv. Kaiser Ferdinands-Nordbahn). – [Wien, I. Goldschmidgasse 10.]

† 6) Rudolf Hardt, geb. Wien 2. August 1860, † daselbst 10. Dezember 1902, Chef der Firma „Albert Hardt".

†2. Emerenzia Marie Hardt, geb. Wien 4. Jänner 1825, † daselbst .... 1831.

†3. Pauline Hardt, geb. Wien 24. März 1826, † daselbst 16. Jänner 1906; – verm. Wien 6. Juni 1845 mit:

† Friedrich Christian von Schreiber, geb. .... 7. Jänner 1817, † Wien 9. Februar 1877, Prokuraführer der Firma „Albert Hardt".

†4. Wilhelm Johann Hardt, geb. Wien 7. Mai 1827, † daselbst 11. Februar 1828.

†5. Theodor Franz de Paula Hardt, geb. Wien 25. Oktober 1829, † daselbst 9. Februar 1887, öffentlicher Gesellschafter der Firma „Albert Hardt"; – verm. I. .... 1859 mit:

† Emilie, geb. Richter (Tochter des .... 18.. zu .... † .... R. und der .... 18.. zu .... † ...., geb. ....), geb. .... 18.., † .... 1859; – II. Wien .... 1872 mit:

Amalie, geb. Malanotti (Tochter des .... 18.. zu .... † .... M. und der .... 18.. zu .... † ...., geb. ....), geb. Wien 8. September 1849. – [Wien, I. Beethovenplatz 2.]

Kinder II. Ehe:

1) Theodor Hardt, geb. Wien 24. März 1873, k. k. Leutnant im n. a. Stande des Landwehr-Ulanen-Regimentes Nr. 4. – [Wien, I. Biberstraße 15.]

2) Kamillo Hardt, geb. Wien 16. Juni 1875, k. u. k. Rittmeister 2. Kl. im Dragoner-Regimente Nr. 15. – [Göding.]

3) Angela Hardt, geb. Wien 14. Dezember 1880; – verm. Wien 4. März 1905 mit:

Philipp Friedrich Gabriel Heinrich Maria Freiherrn von Gudenus, geb. Waidhofen a. d. Thaya 11. Juni 1877. [Vestenötting bei Waidhofen a. d. Thaya.]

†6. Marie Hardt, geb. Wien .... 1831, † daselbst 12. Juni 1832.

†7. Amalie Hardt, geb. Wien .... und † daselbst .... 1834.

†8. Luise Hardt, geb. Wien 3. Juli 1835, † daselbst 4. Oktober 1888; – verm. Wien 13. Mai 1858 mit:

† Friedrich Klaps, geb. .... 10. Februar 1830, † Wien 15. Juli 1877, GVK.m.K., k. k. Kassaoffizial der Staatsschuldenkasse i. P.

†9. Marie Hardt, geb. Wien 29. September 1838, † Purkersdorf 12. Juli 1899; – verm. Wien 14. Mai 1863 mit:

Gustav Mitlacher, geb. .... 1. Juli 1831, Dr. jur., FJO.-R., Hof- und Gerichtsadvokaten in Wien. – [Wien, VII. Burggasse 6.]

†10. Hermine Hardt, geb. Wien 27. Februar 1841, † daselbst 2. Juli 1867; – verm. Wien 14. Juni 1864 als dessen I. Gemahlin mit:

Josef Ritter Mitscha von Maerheim, geb. Jarmeritz 14. Jänner 1828, Herrn auf Ebendorf und Strammersdorf in Niederösterreich, Dr. jur., EKO.-R.III., k. k. Regierungsrat (bis 1906 Präsident der k. k. priv. Österreichischen Nordwestbahn und des Aufsichtsrates der Neuen Wiener Sparkasse, Verwaltungsrat der k. k. priv. Allgem. österr. Bodenkreditanstalt in Wien); – (in II. Ehe verm. Wien 25. Mai 1869 mit: – Pauline, geb. von Schreiber [Tochter des 9. Februar 1877 zu Wien † Prokuraführers der Firma „Albert Hardt" Friedrich Christian v. Sch. und der 16. Jänner 1906 ebendort † Pauline, geb. Hardt, s. oben 3.], geb. Wien 13. April 1846). – [Wien, I. Getreidemarkt 10, und Ebendorf.]

11. Emil Franz de Paula Ritter von Hardt (Ritterstandserwerber), geb. Wien 11. November 1842, Dr. jur., EKO.-R.II., LO.-R., FJO.-R., k. k. Sektionschef i. R. (bis 1904 im Eisenbahnministerium), Kurator des k. k. Österr. Handelsmuseums in Wien, Ehrenbürger von Purkersdorf und Hadersdorf-Weidlingau; – verm. Wien 18. August 1873 mit:

Berta Ferdinande Felizitas, geb. von Stremayr (Tochter des 22. Juni 1904 zu Pottschach † k. u. k. Geheimen Rates, k. k. Ministers a. D., Ersten Präsidenten des Obersten Gerichts- und Kassationshofes i. R., Kuratorstellvertreters und Ehrenmitgliedes der kaiserl. Akademie der Wissenschaften in Wien, Mitgliedes des Herrenhauses auf Lebensdauer, St.O.-Gr.K., LO.-Gr.K., EKO.-R.I., Dr. jur. Karl Borromäus Anton Franz Seraphin von Stremayr und der 14. Mai 1886 zu Wien † Berta, geb. Hope), geb. Graz 18. Jänner 1851. – [Wien, I. Reichsrathsstraße 19, und Purkersdorf.]

Kinder:

† 1) Emil Karl Albert Maria Hardt, geb. Wien 28. Oktober 1874, † daselbst 12. März 1880.

2) Berta Marie Karoline von Hardt, geb. Wien 18. Mai 1876; – verm. Wien 6. April 1899 mit ihrem Cousin:

Hermann Ritter Mitscha von Maerheim, geb. Wien 27. März 1865, Dr. jur., EKO.-R.III., k. u. k. Sektionsrat und Kanzleidirektor im Ministerium des kaiserl. und kgl. Hauses und des Äußern. – [Wien, XIII. Linzerstraße 440.]

3) Karl Albert Maria Ritter von Hardt-Stremayr, geb. Wien 18. Mai 1876, Dr. jur., k. k. Auskultant, zugeteilt dem Eisenbahnministerium, k. u. k. Leutnant i. d. R. des Dragoner-Regimentes Albrecht Prinz von Preußen, Regent des Herzogtumes Braunschweig Nr. 6. – [Wien, I. Reichsrathsstraße 19.]

4) Hermine Antonie Berta Marie von Hardt, geb. Wien 11. Juni 1879; – verm. Wien 14. September 1899 mit:
Emil Karl Stransky von Heilkron, geb. Złoczów 9. Juli 1866, Gutsbesitzer und k. u. k. Oberleutnant i. d. R. des Dragoner-Regimentes GL. und FM. Raimund Fürst und Reichsgraf Montecuccoli Nr. 8. – [Mayrhöfen bei Rohrbach a. d. Gölsen.]

5) Maria Berta Karoline von Hardt, geb. Wien 20. Jänner 1882. – [Wien, I. Reichsrathsstraße 19.]

6) Emil Albert Maria Karl Ritter von Hardt-Stremayr, geb. Wien 1. Februar 1884, Hörer der Philosophie. – [Graz.]

Vgl.: – Gothaer Freiherrl. Taschenb. 1903, S. 780 (Stummer von Tavarnok).

Heidler von Egeregg und Syrgenstein
und
Heidler von Heilborn.

Römisch-katholisch. – Österreich (Böhmen und Niederösterreich).

Verleihungen:

1856 September 9, Wien: Kaiser Franz Joseph I. verleiht dem k. k. Oberstabsarzt I. Kl. und Studiendirektor der Medizinisch-chirurgischen Josefs-Akademie, Dr. med. Karl Heidler als Ritter des Ordens der Eisernen Krone III. Klasse den Österreichischen Ritterstand mit dem Prädikate „von Egeregg" und einem Wappen. – (AA., HKA.; – Orig. Fam. – I. Linie.)

1857 Oktober 27, Ischl (Allerhöchste Entschließung), und 1858 Februar 12, Wien (Diplom): Derselbe erhebt den kaiserl. Rat und emer. Brunnenarzt zu Marienbad Dr. med. Karl Heidler in den Österreichischen Adelstand mit dem Prädikate „Edler von Heilborn" und einem Wappen. – (AA., HKA.; – Orig. Fam. – II. Linie.)

10*

1891 Dezember 14, Wien (Allerhöchstes Handschreiben): Ebenderselbe erhebt den k. u. k. Diplomatischen Agenten und Generalkonsul 1. Kl. in Kairo und k. k. Hauptmann a. D., Dr. jur. Karl Ritter Heidler von Egeregg in den Österreichischen Freiherrnstand. — (Orig. Fam. — I. Linie.)

1892 April 23, Wien (Diplom): Ausfertigung über diese Standeserhöhung unter Verleihung des weiteren Prädikates „und Syrgenstein" und Vereinigung des bisherigen Wappens mit dem des freiherrlichen Geschlechtes von Syrgenstein auf Grund des Besitzes der gleichnamigen Herrschaft in Bayern und der Zustimmung des Freiherrn von Syrgenstein auf Altenberg. — (AA., HKA.; — Orig. Fam. — I. Linie.)

Wappen:

I. 1856 September 9 (Ritter Heidler von Egeregg): Geschrägt durch einen silbernen Schrägbalken, oben in Blau ein schräger silberner Anker, unten in Rot ein doppelschwänziger silberner Löwe. Zwei gekrönte Turnierhelme: auf I mit blau-silbernen Decken ein geschlossener wechselweise von Silber und Blau geteilter Flug; auf II mit rot-silbernen Decken ein auffliegender widersehender natürlicher Falke. Blaues Spruchband mit der Devise „STRENUE JUSTUM" in silberner Lapidarschrift.

II. 1858 Februar 12 (Heidler Edle von Heilborn): Geteilt, oben in Silber ein von zwei blauen Sternen begleiteter roter Schrägbalken, belegt mit der goldenen Schale der Hygiea, aus der eine um dieselbe gewundene grüne Schlange trinkt, unten in Blau von zwei goldenen Sternen begleitet eine wachsende goldene Kuppel, die auf zwei Stufen eine mit einem ebensolchen Patriarchenkreuze besteckte goldene Kugel trägt. Auf dem gekrönten Turnierhelme mit rechts rot-silbernen und links blau-goldenen Decken auf grünem Hügel ein auffliegender widersehender natürlicher Falke.

III. 1892 April 23 (Freiherrn Heidler von Egeregg und Syrgenstein): In Silber ein mit einem rot gewaffneten schrägen goldenen Adler belegter schwarzer Schrägbalken (Syrgenstein), über diesem eine obere linke Vierung, die den Schild von 1856 mit geschmälertem Schrägbalken wiederholt (Heidler von Egeregg). Freiherrnkrone und drei Turnierhelme: auf dem I. ungekrönten mit schwarz-silbernen Decken ein silberner Spitzhut, durchzogen von dem mit dem goldenen Adler belegten schwarzen Schrägbalken wie im Schilde, mit vorne eingeschnittenen Hermelinstulp und einem mit zehn paarweise geordneten abwechselnd schwarzen und weißen Hahnenfedern besteckten silbernen Knauf auf der Spitze (Syrgenstein); II und III wie I und II im Wappen von 1856 (Heidler von Egeregg). Auf bronzenen Arabesken, um die sich ein weißes Spruchband mit der Devise „STRENUE JUSTUM" (wie 1856) in goldener Lapidarschrift schlingt, die Schildhalter: rechts eine Jungfrau in Renaissancetracht mit hängenden blonden Zöpfen, weißer Haube und gelben Schuhen, bekleidet über weißem Untergewande mit goldbordiertem, durch einen goldenen Gürtel aufgeschürztem blauen Oberkleide mit Schleppe und geschlitzten Puffärmeln, auf der Brust offenem, das weiße Hemd sehen lassendem schwarzen Leibchen, zurückgelegtem hohen weißen Stehkragen und rotem Mieder, in der Rechten an braunem Schafte mit goldenem Knauf und ebensolcher Spitze ein auswärts abflatterndes dreilätziges Banner haltend, das in Gold zwei schwarze Leoparden übereinander zeigt (um einen Leoparden gemindert, der Schild der Truchsessen von Waldburg); links ein Ritter im Plattenharnisch, umgürtet mit dem Schwerte, den Helm mit einem Pfauenwedel besteckt (auf rotem Kissen Kleinod der Truchsessen von Waldburg) und in der linken eine hölzerne Rennstange mit eisernen Beschlägen und roter Quaste haltend.

I. Linie.

(Heidler von Egeregg und Syrgenstein — im Freiherrnstande.)

† Karl Ritter Heidler von Egeregg (Ritterstandserwerber — Sohn des .... 18.. zu Falkenau a. d. Eger † .... Heidler und der .... 18.. ebendort † ...., geb. ....), geb. Falkenau a. d. Eger 23. Dezember 1809, † Wien 5. April 1887, Dr. med., LO.-R., EKO.-R.III, k. k. Generalstabsarzt d. R., gew. Direktor der Medizinisch-chirurgischen Josefs-Akademie; — verm. I. Wien 19. September 1846 mit:

† Anna, geb. Streicher (Tochter des 28. März 1871 zu Wien † k. k. Hof-Pianofortefabrikanten Johann Baptist St. und der .... 18.. ebendort † Auguste, geb. André), geb. Wien 3. März 1824, † daselbst 24. März 1852; — II. Wien 11. April 1855 mit:

† Franziska (Fanny), geb. Carli (Tochter des .... 18.. zu .... † .... Karl C. und der .... 18.. zu .... † Marie, geb. Weyher), geb. .... 3. März 1824, † Wien 23. September 1903.

Kinder a) I. Ehe:

1. Karl Freiherr Heidler von Egeregg und Syrgenstein (Freiherrnstandserwerber), geb. Wien 17. November 1848, Dr. jur., FJO.-GrK., EKO.-R.III., k. u. k. Geheimer Rat, außerord. Gesandter und bevollmächtigter Minister in Bern, k. k. Hauptmann a. D. (bis 1885 Oberleutnant im n. a. Stande des Landwehr-Bataillons Salzburg Nr. 8); — verm. Bregenz 4. Mai 1891 mit:

   Marie Eugenie Sophie Xaverine Gisela, geb. Gräfin von Waldburg-Zeil-Wurzach (Tochter des 1. August 1903 auf Kißlegg † k. u. k Majors a. D. Eberhard II. Franz Leopold Maria Fürsten v. W.-Z.-W. und dessen I. Gemahlin, der 15. Juli 1857 zu .... † Sophie, geb. Gräfin Dubsky, Freiin von Třebomislyc), geb. Schloß Reichenburg, Steiermark, 4. Juni 1857; — (in I. Ehe verm. Schloß Kißlegg 16. November 1882 mit: — † Karl Grafen von Waldburg-Syrgenstein, geb. .... 18. Dezember 1841, † .... 30. Jänner 1890). — [Bern.]

†2. Ernst Ritter Heidler von Egeregg, geb. Wien 13. März 1852, † daselbst 9. September 1889.

b) II. Ehe:

†3. Anna Heidler von Egeregg, geb. Wien 13. Februar 1856, † daselbst 2. November 1880; — verm. Unterach 15. Juli 1878 mit:

Maximilian Ritter von Rittinger, geb. Schemnitz (Selmeczbánya, Komitat Hont) 4. August 1848, k. k. Statthaltereirat d. R., Maler, Ehrenbürger von Grafenwörth, Gugging, Hippersdorf, Höflein a. d. Donau, Kierling, Kirchberg a. Wagram und Klosterneuburg.

II. Linie.

(Heidler von Heilborn — im Adelstande.)

† Karl Josef Heidler Edler von Heilborn (Adelserwerber — Sohn des .... 1... zu Falkenau a. d. Eger † Bürgers Johann Anton Heidler und der .... 1... zu .... † ...., geb. ....), geb. Falkenau a. d. Eger 26. Mai 1792, † Prag 13. Mai 1866, kaiserl. Rat, erster landesfürstlicher Brunnenarzt zu Marienbad; — verm. Marienbad 14. April 1819 mit:

† Therese, geb. Pfrogner (Tochter des .... 1... zu Plan † k. k. Justiziars Anton Pf. und der .... 18.. zu .... † ...., geb. ....), geb. Plan 18. Jänner 1795, † Marienbad 1. September 1861.

Kinder:

1. Michael Karl, geb. Marienbad 16. August 1822, Besitzer der vereinigten landtäflichen Güter Altzedlisch, Lukawetz und Innichen, — [Altzedlisch]; — verm. Gablonz 11. November 1845 mit:

† Barbara, geb. Pfeiffer (Tochter des .... 18.. zu Gablonz † Fabrikanten Josef P. und der .... 18.. ebendort † Barbara, geb. Jäckl), geb. .... 18.., † .... 18..

Kinder:

† 1) Karl, geb. Altzedlisch 28. Jänner 1846, † daselbst 8. Jänner 1907, Dr. med., Besitzer der vereinigten landtäflichen Güter Altzedlisch, Lukawetz und Innichen, Brunnenarzt zu Marienbad; — verm. Reichenberg 29. Oktober 1875 mit:

Hermine, geb. Horn (Tochter des 6. Februar 1894 zu Reichenberg † Fabrikanten Eduard H. und der 27. Dezember 1899 ebendort † Anna, geb. Pfeiffer), geb. Gablonz .... 18... — [Marienbad.]

Kinder:

(1) Artur, geb. Marienbad 30. November 1876, Dr. med. — [Prag.]

(2) Zdenko, geb. Altzedlisch 13. Oktober 1878, k. u. k. Oberleutnant im Ulanen-Regimente GDK. Viktor Freiherr von Ramberg Nr. 8. — [Stanislau.]

†(3) Eduard, geb. Altzedlisch 5. November 1879, † .... 16. Juli 1895.
(4) Ludwig, geb. Marienbad 2. November 1881.
(5) Herma, geb. Marienbad 8. Mai 1883; — verm. Marienbad 12. September 1905 mit:
Rudolf Freiherrn Unterrichter von Rechtenthal, geb. München 7. Juli 1857, k. u. k. Rittmeister 1. Kl. im Dragoner-Regimente GDK. Eduard Graf Paar Nr. 2. — [Dobřan.]

† 2) Barbara, geb. Altzedlisch 15. Juli 1847, † .... 17. Dezember 1869; — verm. .... 6. September 1868 mit:
August Penk, geb. .... 15. November 1841, Domänenrat. — [Naměst.]

3) Klara, geb. Altzedlisch 12. März 1848; — verm. .... 1870 mit:
Zdenko Wimmer, geb. .... 1849, ... — [Prag.]

4) Viktor, geb. Altzedlisch 15. Mai 1858, Apotheker. — [Prag.]

†2. Therese, geb. Marienbad 17. Oktober 1823, † Prag 16. Dezember 1903; — verm. Marienbad 15. Dezember 1840 mit:
† Emil Kratzmann, geb. Kratzau .... 18.., † Prag 12. Februar 1867, Dr. med.

Vgl.: — Wurzbach VIII, S. 209; — Brünner Adel. Taschenb. I 1870, III 1878, VIII 1883, IX 1884 u. XVIII 1893; — Allg. Deutsche Biographie XI, S. 307; — Neuer Siebmacher IV, 9 (R. J. Graf Meraviglia-Crivelli, Der Böhmische Adel), S. 9 u. Taf. 8; — Gothaer Freiherrl. Taschenb. 1893; — Jahrb. d. k. u. k. Auswärtigen Dienstes 1897 bis 1906.

---

von Heillinger.

Römisch-katholisch. — Österreich (Steiermark).

Verleihung:

1768 Juni 14, Wien: Kaiserinwitwe Maria Theresia erhebt den Innerösterreichischen Regierungsrat Jakob Siegmund Heillinger in den Österreichisch-erbländischen Adelstand mit „Edler von", einem Wappen und der Rotwachsfreiheit. — (AA., HKA.; — Orig. Fam.)

Wappen:

1768 Juni 14: Unter einem mit drei sechsstrahligen goldenen Sternen nebeneinander belegten blauen Schildeshaupte in Geschrägt von Silber über Rot auf grünem Grunde ein springendes weißes Einhorn. Auf dem gekrönten Turnierhelme mit rechts rot-silbernen und links blau-goldenen Decken das Einhorn wachsend zwischen einem offenen, jederseits mit einem sechsstrahligen goldenen Sterne belegten schwarzen Fluge.

Jakob Siegmund Heillinger, Dr. utr. jur., der durch viele Jahre in Steiermark als Advokat gewirkt und während des „letzten Krieges“ als „substituirter Landschafts Advocat“ bei der Aufbringung von Darlehen und Rekruten wichtige Dienste geleistet, dann als Assessor bei der „adelichen Vormundschaft ohne einigem Emolumento zum Nutzen der adelichen Pupillen sich rühmlichst habe gebrauchen lassen“ und nun (seit 5. Dezember 1767) als Regierungsrat aus den Rechtsgelehrten bei der Innerösterreichischen Regierung in Verwendung steht, wurde von der verwitweten Kaiserin Maria Theresia ddo. Wien, 14. Juni 1768 in den Österreichisch-erbländischen Adelstand erhoben, wobei er den Titel „Edler von“, das oben beschriebene Wappen und die Rotwachsfreiheit erhielt. Jakob Siegmund Edler von Heillinger starb zu Graz 1820 und hinterließ aus seiner Ehe mit Anna († 1813), einer Tochter des k. k. wirkl. Gubernialrates in Steiermark Josef Franz Ritters (Ebmer) von Ebenau, die folgenden sieben Kinder:

1. Franz Kaspar Josef, geb. Graz 14. Februar 1785, der den Stamm fortpflanzte (s. unten); — 2. Josefine Karoline (Katharina), verm. 17. Mai 1817 mit Maximilian Siegmund Amand Josef (Freiherrn Paumgärtner) von Paumgartten (geb. 26. Oktober 1767, † Wien 1. Jänner 1827), k. k. Feldmarschall-Leutnant und Truppendivisions-Kommandanten in Galizien; — 3. Susanne, verehelichte Spreng; — 4. Anna, verm. mit Otto von Biedersberg (?); — 5. Marie, verehelichte Ranzoni; — 6. Antonie, verehelichte Meixner von Maxenhausen (?), und — 7. Josefine, verehelichte von Plappart.

---

† Franz Kaspar Josef Edler von Heillinger (ältestes Kind des ....1820 zu Graz † Jakob Siegmund Edlen v. H. und der .... 1813 zu .... † Anna, geb. [Ebmer] von Ebenau), geb. Graz 14. Februar 1785, † Göß bei Leoben 25. Juli 1840, k. k. Rentmeister der Staatsherrschaft Göß; — verm. I. .... 18.. mit:

† Anna, geb. Krejan (Tochter des .... 18.. zu .... † .... K. und der .... 1... zu .... † ...., geb. ....), geb. .... 17.., † .... 18.. — (war in I. Ehe verm. .... 18.. mit: — † .... Dobler, geb. .... 17.., † .... 18..); — verm. II. .... 18.. mit:

† Therese, geb. Marussig (Tochter des .... 18.. zu .... † .... M. und der .... 18.. zu .... † ...., geb. ....), geb. Graz 24. Mai 1793, † ebendort 27. März 1869.

Kinder a) I. Ehe:

†1. Anna, geb. Göß 23. Juli 1810, † Graz 16. Dezember 1882.

b) II. Ehe:

†2. Kaspar, geb. Göß 22. Jänner 1823, † Graz 15. Februar 1878, k. k. Steueroberinspektor zu Radkersburg; — verm. Fünfkirchen (Pécs) .... 1859 mit:

† Rudolfine, geb. Nyitray de Táncsos (Tochter des .... 18.. zu Budapest † Honved-Oberstleutnants Josef N. de T. und der .... 18.. zu .... † ...., geb. ....), geb. Wien 5. Jänner 1839, † Graz 14. Juli 1886.

Kinder:

† 1) Kaspar, geb. Fünfkirchen (Pécs) 3. September 1860, † ebendort 6. Jänner 1867.

† 2) Rudolfine, geb. Fünfkirchen (Pécs) .... 1863, † Deutsch-Landsberg 6. März 1869.

† 3) Emanuel, geb. Fünfkirchen (Pécs) 9. März und † ebendort 19. Dezember 1865.

4) Franz, geb. Pécs (Fünfkirchen) 30. Juni 1867, k. k. Hauptmann 1. Kl. im Landwehr-Infanterie-Regimente Marburg Nr. 26; — verm. Nagyszeben (Hermannstadt) 8. Juli 1895 mit:

Marie, geb. Mayer von Eichrode (Tochter des 3. August 1884 zu Nagyszeben [Hermannstadt] † k. u. k. Oberstleutnants im Dragoner-Regimente GdK. Leopold Graf Sternberg Nr. 8 Adolf M. v. E. und der 23. Juli 1846 ebendort geb. Marie, geb. Arz), geb. Graz 14. März 1874. — [Marburg a. d. Drau.]

Kinder:

(1) Marie, geb. Lemberg 19. September 1896.

(2) Olga, geb. Lemberg 13. Juni 1898.

† 5) Moriz, geb. Radkersburg 17. Mai 1871, † Banjaluka 16. September 1898.

†3. Stephan, geb. Göß 18. April 1824, † Graz 3. Juli 1895, k. k. Steueramtsoffizial in Graz; — verm. Graz .... 18.. mit:

Marie, geb. Neckermann (Tochter des.... 18.. zu .... † .... N. und der .... 18.. zu .... † ...., geb. ....), geb. .... 18... — [Graz.]

†4. Siegmund, geb. Göß 16. September 1825, † Graz 8. Februar 1872, k. k. Hauptmann-Auditor; — verm. Karlstadt 27. November 1851 mit:

† Marie Magdalena, geb. Mayerhofer (Tochter des 17. Februar 1842 zu Iglau † Kriminalrates Franz M. und der 19. Dezember 1834 zu Wien † Antonie, geb. Kalcher von Kalchsberg), geb. Wien 15. April 1813, † Graz 6. Dezember 1905 — (war in I. Ehe verm. Wien .... 1840 mit: — † Heinrich Hann, geb. Graz .... 18.., † Belovár .... 18.. k. k. Hauptmann-Auditor).

Tochter:

Wilhelmine, geb. Karlstadt 9. Jänner 1854; — verm. Graz 24. Jänner 1891 mit:

Karl Mayr, geb. Graz 19. Jänner 1854, Dr. jur., k. k. Landesgerichtsrat und Bezirksgerichtsvorsteher. — [Tarvis.]

†5. Moriz, geb. .... 20. März 1827, † Wien 20. August 1885, k. u. k. Oberst und Kommandant des Infanterie-Regimentes Friedrich Wilhelm Großherzog von Mecklenburg-Strelitz Nr. 31.

†6. Emanuel, geb. .... 12. Juni 1829, † Eibiswald 18. September 1868, Dr. jur., Advokat in Eibiswald.

†7. Marie, geb. .... 1838, † Graz 24. Juni 1870.

Hermann von Herrenalb.

Römisch-katholisch und evangelisch A. B. und H. B. – Österreich (Niederösterreich, Steiermark).

Verleihung:

1879 November 19, Wien (Diplom): Kaiser Franz Joseph I. verleiht dem k. k. Obersten des Geniestabes und Geniechef des 9. Korps in Josefstadt Gustav Hermann den Österreichischen Adel mit dem Prädikate „von Herrenalb" und einem Wappen. – (AA., HKA.; – Orig. Fam.)

Wappen:

1879 November 19: Gespalten, vorne in Schwarz eine aus goldenen Quadern erbaute Zinnenmauer mit Toröffnung, über der sich ein ebensolcher Zinnenturm mit drei (2, 1) Schießscharten erhebt, hinten in Gold über einem hohen roten Berge eine aufgekehrte ebensolche Mondsichel, überhöht von einem roten Sterne. Auf dem gekrönten Turnierhelme mit rechts schwarz-goldenen und links rot-goldenen Decken ein geschlossener, vorne goldener und hinten schwarzer Flug.

---

† Gustav Hermann von Herrenalb (Adelserwerber — Sohn des 1792 zu Klagenfurt geb. und 21. Jänner 1880 zu Bleiburg † k. k. Landesgerichtsrates Kaspar Hermann und der 1803 zu Wien geb. und 23. April 1863 zu Wr.-Neustadt † Katharina, geb. Huber), geb. Perchtoldsdorf bei Wien 8. Mai 1830, † Graz 21. September 1906, MVK., k. u. k. Oberst d. R. (bis 1883 Geniechef des 9. Korps in Josefstadt); – verm. Prag 26. Mai 1872 mit:

† Gabriele, geb. Matieka (Tochter des 19. August 1849 zu Padua † k. k. Hauptmannes Paul M. und der 1820 zu Jaroměř geb. und 30. Juni 1900 zu Graz † Johanna, geb. Miksch, in II. Ehe seit 1885 Witwe nach dem k. k. Hauptmanne d. R. Franz Freiherrn von Akelshausen), geb. Josefstadt 19. September 1842, † Graz 27. März 1902; – (in I. Ehe verm. Josefstadt 12. Juli 1862 mit: – † Ludwig Ritter von Stampfer, geb. Kuttenberg 21. März 1815, † bei der Erstürmung des Königsberges im Gefechte bei Ober-Selk in Schleswig 12. Februar 1864, LO.-R. (KD.), k. k. Major im Infanterie-Regimente FML. Josef Freiherr Martini von Nosedo Nr. 30).

Stiefsohn (aus der I. Ehe der Gemahlin):

Ludwig Ritter von Stampfer, geb. Josefstadt 5. September 1863, k. u. k. Hauptmann 1. Kl. im Feldjäger-Bataillon Nr. 32. – [Beszterczebánya.]

Kinder:

1. Kurt Gustav Johann (evangelisch A. B.), geb. Prag 11. August 1872, k. u. k. Hauptmann 1. Kl. des Geniestabes beim 13. Korpskommando in Agram; – verm. Wien 28. Jänner 1899 mit:

Klara Anna, geb. Kolb (evangelisch A. B. – Tochter des 8. April 1887 zu Gries † Fabriksdirektors Friedrich K. und der Rosalie Marie, geb. Niethammer), geb. Wampersdorf 14. Oktober 1875. – [Agram, Gajeva ulica 45.]

Sohn:

Kurt Gustav Friedrich, geb. Königstetten 7. August 1900.

2. Gustav (evangelisch H. B.), geb. Kroisbach bei Graz 7. März 1883, Bauadjunkt der k. k. priv. Südbahn-Gesellschaft. – [Wien, IV, Belvederegasse 8.]

---

von Hey(l)dendorff

s. Conrad von Hey(l)dendorff.

---

* von Hirsch
und
Hirsch von Stronstorff.

Römisch-katholisch. – Österreich (Mähren, Niederösterreich und Oberösterreich).

Verleihungen:

1843 Juli 16, Wien (Diplom): Kaiser Ferdinand I. verleiht dem Maximilian Hirsch, k. k. Major im Ingenieurkorps den Österreichischen Adel mit dem Ehrenworte „Edler von" und einem Wappen. – (AA., HKA.; – Orig. Fam.)

1906 Juni 8, Wien (Plakat): Bewilligung zur Führung des Prädikates „von Stronstorff" für Wilhelm Edlen von Hirsch, k. u. k. Feldzeugmeister, dessen Bruder Albert, k. u. k. Generalmajor, sowie deren Neffen Emil, k. u. k. Generalkonsul. – (AA., HKA.; – Orig. Fam.)

Wappen:

1843 Juli 16: Geteilt, oben in Blau ein schreitendes widersehendes silbernes Lamm (Zawisch von Ossenitz), unten in Silber auf grünem Rasen ein flüchtiger natürlicher Hirsch. Auf dem gekrönten Tunierhelme mit blau-silbernen Decken ein auf dem Ellbogen ruhender natürlicher geharnischter Arm mit goldenen Spangen, in der bloßen Hand ein blankes Schwert an goldenem Gefäße haltend.

Diese Familie stammt aus Olmütz, wo 1559 Johannes Hirsch als Bürgermeister und 1570 als Konsul erscheint.

Im Jahre 1619 war Karl Hirsch – dessen Bildnis mit darauf vermerkten Lebensdaten noch in der Familie aufbewahrt wird – Konsul und Senator im Rate der Stadt und einer der hervorragenden Führer der Protestanten (Utraquisten). Bei der durch Kardinal Fürst Dietrichstein durchgeführten Gegenreformation wurde er am 2. April 1621 seiner Ämter entsetzt und laut Protokoll der Landes-Generalkommission ddo. Olmütz, 20. August 1624 zur Zahlung von fl. 10.000 verurteilt. Dieser Karl Hirsch war aus der Familie der erste Eigentümer des Hauses Grundbuchs-Nr. 201 an der Ecke des Ober- (Nr. 16) und Niederringes (Nr. 1) zu Olmütz, das sich wiederholt bis auf die neuere Zeit im Familienbesitze befand. Gleichzeitig und besonders in der zweiten Hälfte des XVII. Jahrhunderts sind noch andere Mitglieder der Familie als Hausbesitzer und Stadtfunktionäre in Olmütz beurkundet.

Die achtjährige Okkupation der Stadt Olmütz durch die Schweden (1642 bis 1650), der Ausbruch der Pest und andere widrige Umstände veranlaßten damals viele besitzende Familien zur Auswanderung. So kam denn auch ein Zweig der Familie Hirsch nach Stronsdorf in Niederösterreich. Seit 1651 erscheinen in den Matriken der Pfarre Stronsdorf die Eheleute Tobias und Katharina Hirsch, die dort vier Kinder taufen ließen. Von diesen setzte der drittgeborene Sohn Johann Hirsch (geb. Stronsdorf 28. Mai 1663, † daselbst 19. Jänner 1735) mit seiner Frau Eva († Stronsdorf 22. September 1738, 64 Jahre alt) den Stamm fort und gewann acht Kinder, von denen der sechstgeborene Sohn Tobias, geb. Stronsdorf 1707, nach Olmütz zurückkehrte. Er besaß dort vom Jahre 1739 bis zu seinem Tode am 1. September 1750 das früher erwähnte Haus Nr. 201. Seine Witwe Maria Katharina heiratete später Herrn von Pommesberger zu Klettenburg, in dessen Besitz das Haus überging. Johanns jüngster Sohn Jakob Hirsch, geb. Stronsdorf 23. Juli 1712, ließ sich in Mähr.-Neustadt nieder, wo er als Kaufmann, Haus- und Gutsbesitzer am 16. Dezember 1777 starb. Seine Frau Maria Anna, geb. Lindner (geb. 1726, † 23. November 1798), schenkte ihm fünf Kinder. Da der älteste Sohn Ordenspriester wurde, zwei Töchter heirateten und eine in den Klarissenorden trat, übernahm der jüngste Sohn Wolfgang Karl Hirsch, geb. Mähr.-Neustadt 30. Oktober 1757, den väterlichen Besitz. Er heiratete 12. Mai 1785 Anna Krömer (geb. Schwabenitz bei Brünn 1768, † Olmütz 26. Dezember 1810, Tochter des Oberamtmannes Anton Krömer zu Eulenberg bei Langendorf und der Theresia Wolf) und erwarb 1792 von den von Pommesbergerschen Erben neuerdings das mehrerwähnte Haus Nr. 201 in Olmütz. Außer der Fortführung der im Hause seit jeher etablierten Handlung, gründete er unter seiner Firma ein Bankhaus und erwarb Vermögen. Er starb zu Olmütz 7. Oktober 1830. Seine Ehe war mit vierzehn Kindern gesegnet. Der vierte Sohn, Vinzenz, wurde Nachfolger seines Vaters, während der fünfte, Maximilian Hirsch, geb. Mähr.-Neustadt 11. Oktober 1792, in der k. k. Ingenieurakademie zu Wien herangebildet wurde und am 4. November 1813 als Offizier in das Ingenieurkorps trat.

Maximilian Hirsch (s. unten) machte die Feldzüge 1813, 1814 und 1815 mit und wurde als k. k. Major des genannten Korps nach mehr als 30jähriger stets guter Dienstleistung ddo. Wien, 16. Juli 1843 unter Verleihung des Ehrenwortes „Edler von" und eines Wappens in den Adelstand des österreichischen Kaiserstaates erhoben. Seine Söhne Wilhelm Edler von Hirsch, k. u. k. Feldzeugmeister, und Albert Edler v. Hirsch, k. u. k. Generalmajor, sowie sein Enkel Emil Edler von Hirsch, k. u. k.

Generalkonsul, erlangten mit Ministerialplakat ddo. Wien, 8. Juni 1906 die Bewilligung zur Führung des Prädikates „von Stronstorff“.

---

† Maximilian Edler von Hirsch (Adelserwerber – Sohn des 7. Oktober 1830 zu Olmütz † Wolfgang Karl Hirsch und der 26. Dezember 1810 ebendort † Anna, geb. Krömer), geb. Mähr.-Neustadt 11. Oktober 1792, † Arad 19. April 1846, k. k. Oberstleutnant im Ingenieurkorps und Fortifikations-Lokal-Direktor der Festung Arad; – verm. Sponau 23. Juni 1823 mit:

† Therese Marie Antonie, geb. Freiin Zawisch von Ossenitz (Tochter des 10. September 1842 zu Sponau † k. k. Rittmeisters und Herrn auf Sponau in Mähren Maria Anton Emanuel Freiherrn Z. v. O. und der 23. Dezember 1865 ebendort † Anna, geb. Zagitzek von Kehlfeld), geb. Sponau 17. September 1802, † Graz 12. April 1878 (begr. Sponau).

Kinder:

†1. Anton Wolfgang Edler von Hirsch, geb. Olmütz 1. Juli 1824, † Graz 25. September 1895, k. u. k. Generalmajor d. R. (bis 1885 Militär-Baudirektor in Agram); – verm. Tarnów 31. Mai 1860 mit:

† Marie Eleonore, geb. Poppovics von Donauthal (Tochter des 8. September 1862 zu Theresienstadt † k. k. Majors Sava P. v. D. und der 24. September 1892 zu Graz † Emilie, geb. Geschader), geb. Olmütz 16. November 1840, † Hallstatt 19. August 1891 (begr. Mähr.-Schönberg).

Kinder:

†1) Maximilian Anton Sava Edler von Hirsch, geb. Prag 5. März 1861, † Theresienstadt 24. August 1861.

2) Emil Karl Anton Hirsch Edler von Stronstorff, geb. Josefstadt 30. September 1862, EKO.-R.III., k. u. k. Generalkonsul 2. Kl. in Shanghai und k. k. Leutnant i. d. Evidenz des Landwehr-Infanterie-Regimentes Kolomea Nr. 36; – verm. Wien 25. November 1898 mit:

Paula Maria, geb. Dieterich (Tochter des 1. Juli 1891 zu Wien † Karl D. und der Kamilla Luise Dorothea, geb. Freiin von Liebenstein), geb. Prag 26. April 1875. – [Shanghai.]

Sohn:

Friedrich Anton Karl Hirsch Edler von Stronstorff, geb. Shanghai 4. Juni 1904.

3) Marie (Mira) Antonie Emilie Edle von Hirsch, geb. Peterwardein 6. November 1870; – verm. Frankfurt a. M. 25. März 1899 mit:

Alfred Baumann, geb. Frankfurt a. M. 11. Mai 1861. – [London.]

†2. Maximilian Emanuel Wolfgang Edler von Hirsch, geb. Olmütz 7. Jänner 1826, † Wien 1. Jänner 1904, k. u. k. Generalmajor d. R. (bis 1877 Geniechef beim 3. Korpskommando in Graz); – verm. I. Olmütz 12. Mai 1855 mit:

†Karoline Josefa, geb. Strobl (Tochter des 7. März 1883 zu Olmütz † Georg St. und der 24. September 1849 ebendort † Anna, geb. Tkany), geb. Olmütz 3. Mai 1829, † Marburg a. d. Drau 13. März 1856; – II. Agram 29. April 1865 mit:

Florence Elise Susanne, geb. Rengelrod (Tochter des .... 1889 zu Wien † Wilhelm R. und der 29. November 1856 zu Agram † Jeanette, geb. Chavanne), geb. Pancsova 29. Oktober 1836. – [Wien.]

Sohn I. Ehe:

Moriz Maximilian Edler von Hirsch, geb. Marburg a. d. Drau 4. März 1856, k. u. k. Major d. R. (bis 1901 im Infanterie-Regimente FM. Leopold Graf Daun, Fürst von Theano Nr. 56), – [Wien]; – verm. Wien 16. Dezember 1899 mit:

† Etelka, geb. Freiin May de Madiis (Tochter des 4. Juli 1891 zu Graz † Eduard Freiherrn M. de M. [Schöftland] und der 29. November 1898 zu St. Johann ob Hohenburg † Sophie, geb Im-Hoff), geb. Preßburg (Pozsony) 4. Oktober 1860, † Niepolomice 13. Jänner 1900.

†3. Therese Anna Hirsch, geb Lemberg 17. Jänner 1828, † daselbst 21. Oktober 1829.

†4. Gustav Franz Anton Hirsch, geb. Brixen 8. Juni 1834, † daselbst 12. Jänner 1835.

5. Wilhelm Albert Gustav Hirsch Edler von Stronstorff, geb. Brixen 5. Juni 1836, LO.-R., EKO.-R.III., MVK. (KD.), k. u. k. Feldzeugmeister d. R. (bis 1899 zugeteilt dem 14. Korpskommando in Innsbruck); – verm. Altmünster bei Gmunden 21. September 1880 mit:

Eleonore (Lolo) Antonie Franziska, geb. Edlen von Chavanne (Tochter des 7. September 1872 zu Linz † k. k. Feldmarschall-Leutnants Franz Edlen v. Ch. und der 9. August 1875 zu Ort bei Gmunden † Eleonore, geb. Freiin von Wöber), geb. Hermannstadt (Nagyszeben) 27. März 1851. – [Schloß Steinhaus bei Wels.]

Kinder:

1) Eugen Wilhelm Maximilian Franz Hirsch Edler von Stronstorff, geb. Wien 6. Juli 1881, k. u. k. Leutnant im Tiroler Kaiserjäger-Regimente Nr. 4. – [Salzburg.]

2) Klothilde (Clode) Angelika Marie Hirsch Edle von Stronstorff, geb. Jaroslau 4. Jänner 1886. – [Schloß Steinhaus bei Wels.]

6. Albert Gustav Ludwig Hirsch Edler von Stronstorff, geb. Vahrn i. T. 19. August 1837, EKO.-R.III., MVK. (KD.), k. u. k. Generalmajor d. R. (bis 1893 Geniechef beim 6. Korpskommando in Kaschau [Kassa]); – verm. Eperies 9. November 1870 mit:

Gisela, geb. von Krieger (Tochter des 7. August 1855 zu Eperies † Ernst v. K., Assessor der Komitate Sáros und Abauj-Torna, und der 10. Oktober 1863 ebendort † Anna, geb. Schuller de Rád), geb. Eperies 26. Juli 1843. – [Wien, IV. Schlüsselgasse 9.]

Kinder:

1) Egon Maximilian Hirsch Edler von Stronstorff, geb. Olmütz 30. September 1871, k. u. k. Oberleutnant im Dragoner-Regimente GL. und FM. Karl V. Herzog von Lothringen und Bar Nr. 7; – verm. Enns 12. April 1898 mit:

Anna, geb. Plochberger (Tochter des Realitätenbesitzers Josef P. und der Maria, geb. Lehner), geb. Enns 2. März 1874. – [Brandeis a. d. Elbe.]

Sohn:

Felix Albert Josef Egon Hirsch Edler von Stronstorff, geb. Marburg a. d. Drau 11. Juni 1899.

† 2) Gedeon Edler von Hirsch, geb. und † Olmütz 23. April 1873.

3) Albert Anton Wilhelm Hirsch Edler von Stronstorff, geb. Lemberg 7. Juli 1874, Dr. jur., k. k. Bezirkskommissär und Leutnant i. d. Evidenz des Landwehr-Ulanen-Regimentes Nr. 5; – verm. Triest 28. Oktober 1902 mit:

Mary, geb. Vierthaler (Tochter des 20. Februar 1901 zu Triest † Professors August V. und der Johanna, geb. Scarizza), geb. Triest 8. Dezember 1882. – [Wien, III. Salmgasse 3.]

Sohn:

Albert August Lorenz Hirsch Edler von Stronstorff, geb. Tolmein 25. August 1903.

4) Elemér Hirsch Edler von Stronstorff, geb. Krems 14. Juli 1878, k. u. k. Oberleutnant im Husaren-Regimente GdK. Alois Prinz Esterházy von Galántha Nr. 8.; – verm. Budapest 10. Juni 1905 mit:

Marie, geb. (Zaudiel) von Schulheim (Tochter des k. k. Oberingenieurs d. R. und behördl. autor. Bauingenieurs Hieronymus [Z.] v. Sch. und der Marianne, geb. Malalan), geb. Draga, Kroatien, 13. September 1870. – [Wien, I. Rudolfsplatz 2.]

Sohn:

Alexander Maria Klemens Albert Hirsch Edler von Stronstorff, geb. Wien 10. April 1906.

5) Karl Viktor Maria Hirsch Edler von Stronstorff, geb. Agram 2. Februar 1887. – [Wien, IV. Schlüsselgasse 9.]

† 7. Gustav Vinzenz Julius Edler von Hirsch, geb. Olmütz 21. Jänner 1839, † Wien 23. Dezember 1900, k. u. k. Oberst d. R. (bis 1894 im Infanterie-Regimente FM. Guidobald Graf Starhemberg Nr. 13).

Vgl. – W. Müller, Geschichte der kgl. Hauptstadt Olmütz, Wien und Olmütz, Eduard Hölzel, 1882.

Höchsmann von Hochsan.

Römisch-katholisch. – Österreich (Krain).

Verleihung:

1897 Mai 17, Wien (Diplom): Kaiser Franz Joseph I. erhebt den k. u. k. Generalmajor und Kommandanten der 28. Infanterie-Truppendivision in Laibach Josef Höchsmann in den Österreichischen Adelstand mit dem Prädikate „von Hochsan" und einem Wappen. – (AA., HKA.; – Orig. Fam.)

Wappen:

1897 Mai 17: Geteilt, oben in Gold ein wachsender schwarzer Löwe, in der rechten Pranke ein blankes Schwert an goldenem Griffe schwingend, unten in Rot ein von drei (2, 1) silbernen Sternen begleiteter ebensolcher Sparren. Auf dem gekrönten Turnierhelme mit rechts schwarz-goldenen und links rot-silbernen Decken ein geschlossener schwarzer Flug.

Josef Höchsmann von Hochsan (Adelserwerber – Sohn des 23. September 1873 zu Wien † k. k. Majorauditors d. R. Adolf Höchsmann und der 15. Februar 1890 ebenda † Anna, geb. Mosing), geb. Przemyśl 21. Oktober 1839, LO.-R., EKO.-R.III., k. u. k. Feldmarschall-Leutnant d. R. (bis 1901 Kommandant der 28. Infanterie-Truppendivision in Laibach); – verm. Triest 7. Juni 1876 mit:

Franziska, geb. Alimonda Edlen von Mannentreu (Tochter des 15. März 1884 zu Triest † Gutsbesitzers Melchior Peter A. Edlen v. M. und der 23. März 1894 ebendort † Therese, geb. Deperis), geb. Triest 18. August 1852. – [Laibach.]

Kinder:

1. Malvine, geb. Triest 17. September 1878; – verm. Laibach 7. Juni 1900 mit:

   Adolf Köckh, geb. Hartberg 3. Februar 1862, k. u. k. Hauptmann im Infanterie-Regimente FM. Ludwig Andreas Graf Khevenhüller Nr. 7. – [Graz, Lessingstraße 12.]

2. Luigina, geb. Triest 24. April 1880; – verm. Laibach 4. Juni 1903 mit:

   Stanislaus von Puchalski, geb. Tarnów 5. Jänner 1867, k. u. k. Major des Generalstabskorps und Generalstabschef der 2. Infanterie-Truppendivision in Jaroslau. – [Jaroslau.]

3. Josef, geb. Bruma, Küstenland, 13. November 1885, Frequentant der k. u. k. Infanterie-Kadettenschule in Marburg an der Drau.

---

von Höpflingen und Bergendorf.

Römisch-katholisch. — Österreich (Niederösterreich, Böhmen).

Verleihungen:

1703 Februar 27, Wien: Kaiser Leopold I. erhebt den kgl. böhm. Appellationsrat Dr. jur. utr. Johann Georg Höpfling von Bergendorf in den Alten böhmischen Ritterstand. — (Dipl. Insinuat. an die drei Erbländer der Böhmischen Krone, AA., HKA. — Diplom nicht ausgefertigt.)

1705 Juni 12, Wien: Kaiser Josef I. fertigt dem kgl. böhm. Appellationsrat Dr. Johann Georg Höpfling von Bergendorf das Diplom über vorstehende Erhebung in den Alten böhmischen Ritterstand aus unter dem Namen „von Höpfling und Bergendorf" und bessert sein Wappen. — (AA., HKA. u. BSB. 111, fol. 90; — Orig. Fam.)

1833 Jänner 24, Wien: Kaiser Franz I. verleiht dem Adalbert Ritter von Höpflingen und Bergendorf die Landmannschaft im Ritterstande Böhmens und seiner inkorporierten Lande. — (AA., HKA.)

Wappen:

I. Vor 1705: In Blau ein silberner Balken, über das Ganze drei pfahlweise goldene „Akademische Szepter" nebeneinander. Auf dem gekrönten Turnierhelme mit blau-silbernen Decken ein offener blauer Flug, den jederseits ein mit drei sechsstrahligen goldenen Sternen nebeneinander belegter silberner Balken durchzieht. — (Rekonstruiert nach dem Diplome von 1705.)

II. 1705 Juni 12: Der vorbeschriebene Schild des angebl. Stammwappens — nur die Szepter an die Pfahlstelle zusammengerückt — belegt mit einem Mittelschilde, der in Gold auf grünem Dreiberge einen „hopfenden" schwarzen Steinbock zeigt (veränderter Stammschild der † Salzburger Höflinger). Zwei gekrönte Turnierhelme: auf I mit schwarz-goldenen Decken zwischen rechts von Schwarz über Gold und links farbengewechselt geteilten Büffelhörnern der „hopfende" schwarze Steinbock (verändertes Stammkleinod Höflinger), dieses Kleinod wieder zwischen den vor 1705 geführten offenen, mit sternbesetztem Balken durchzogenen Flug (angebl. Stammkleinod Höpfling) gestellt (sic!); auf II mit blau-silbernen Decken (Höpfling) eine golden gekrönte Melusine in der Rechten einen blanken Degen, in der Linken ein rot-weiß geteiltes „Ritterfähnlein" haltend (verändert Kleinod II der Höflinger).

Nach dem Diplome von 1705 soll diese Familie früher in Franken, Bayern und Schwaben seßhaft gewesen sein. Sie sei lange unter dem Namen „von Höpflingen" bekannt, habe jedoch früher „Höflinger" geheißen und ein adeliges Wappen geführt. Dieses hätte drei Szepter gezeigt, zur Erinnerung, daß einer des Geschlechtes Doktor dreier Fakultäten und Hofrat bei drei Reichsfürsten gewesen sei.

Der Urgroßvater des Ritterstandserwerbers, gleichfalls Johann Georg (I.) genannt, habe drei Söhne gehabt:

1. Wolfgang, Oberforstmeister und -Inspektor unter Erzbischof Marx Sittich von Salzburg, Grafen von Hohenembs (1612 bis 1619), der den Stamm dauernd fortpflanzte (s. unten).

2. Johann Konrad auf Schönau, Hofrat des Herzogs Maximilian Philipp von Bayern und Protonotarius Apostolicus.

3. Heinrich, kurbayer. Pfleger auf der Herrschaft Aiblingen, der einen Sohn Johann Kilian hinterlassen haben soll, der sich als Hauptmann in der pfälzischen Stadt Ladenburg wider den Mansfelder besonders hervortat, und dessen nicht genannter einziger Sohn als Obristleutnant in holländischen Diensten stand.

Wolfgangs (s. oben 1.) Sohn Wolfgang Rupert soll nach derselben Quelle 1611*) vom Erzbischofe Marx Sittich einen ritterlichen Lehenhof in der erzbischöflichen Herrschaft Bergendorf und das Prädikat „von Bergendorf" erhalten haben. Er war mit Rosina, einer Tochter des Glatzer Ratsherrn Johann Putschmann verheiratet und fiel angeblich in der Schlacht bei Nördlingen (1634).

Sein Sohn Johann Georg (II.) wurde in Glatz erzogen, soll gegen die Schweden gekämpft haben und dann in die Dienste des Landeshauptmannes der Graftschaft Glatz, des Grafen Götzen getreten sein, der ihn schließlich ex testamento „über alle Herrschaften und Pupillen" gesetzt hätte. Damals sei ihm auch „ein Rittermäßiger Charakter zugestanden, in welchem er auch von Leopold I. anerkannt" worden sei. Aus seiner Ehe mit Anna Maria von Millingen stammten folgende Kinder: — (1) Johann Georg (III.), geb. Glatz 7. Juni 1659, der die Familie allein fortsetzte (s. unten); — (2) Maria Elisabeth, verehelichte „von Tžischwitz und Hebersdorf"; — (3) Johann Josef, seit 1693 gelegentlich eines Treffens in Ungarn verschollen; — (4) Anna Maria und — (5) Maria Theresia.

Johann Georg (III.) Höpfling von Bergendorf, oben (1), wurde Doktor der Rechte, diente anfänglich bei der fürstl. Liechtensteinschen Landeshauptmannschaft in Jägerndorf und wurde 1694 kgl. böhm. Appellationsrat. Kaiser Leopold I. erhob ihn ddo. Wien, 27. Februar 1703 in den Alten böhmischen Ritterstand, worüber jedoch das Diplom nicht ausgefertigt wurde, obwohl eine bezügliche Insinuation an die drei Erbländer der Böhmischen Krone bereits ergangen war. Erst Kaiser Josef I. stellte das Diplom über diese Standeserhebung ddo. Wien, 12. Juni 1705 unter dem Namen „von Höpfling und Bergendorf" aus. Bei dieser Gelegenheit wurde — wohl nur wegen der Namensähnlichkeit — das ererbte Wappen (s. oben I.) mit dem etwas veränderten Stammwappen und dem ddo. Speyer, 1. Juli 1570 verliehenen

*) Marx Sittich Graf von Hohenembs wurde erst 1612 zum Erzbischof von Salzburg erwählt.

zweiten Helme des in keinem erwiesenen Verwandtschaftsverhältnisse zu seiner Familie stehenden salzburgischen Kanzlers Dr. Sebastian Höflinger (geb. in Bayern 1. Jänner 1534, † Salzburg 28. November 1584), wie oben sub II. beschrieben, vermehrt.*) Durch Veränderung des wachsenden Steinbockes in einen „hopfenden" (hüpfenden) sollte das Wappen wohl zu einem „redenden" gemacht werden! Johann Georg Ritter von Höpfling und Bergendorf starb am 5. März 1719 und hatte aus seiner Ehe mit Polixena Reismann von Riesenberg († Prag, St. Trinitas, 9. März 1725, 64 Jahre alt) zwei Söhne: — 1. Wenzel Wolfgang und — 2. Adalbert Prokop, geb. Prag (St. Egyd) 7. Jänner 1697 (s. unten).

Dieser Adalbert Prokop Ritter von Höpfling und Bergendorf war kgl. Appellationsrat in Prag, Besitzer des Gutes Zwiestow, sowie der Weingärten Zwonarska und Kurbanka in Böhmen und eines Hauses zu Prag auf dem Judengarten. Er starb zu Prag (Matr. Slapanov) 28. April 1764, hatte aus seiner I. Ehe mit Katharina Karwinsky von Karwin († Prag, St. Trinitas 5. Mai 1748, 50 Jahre alt) sieben Söhne und sieben Töchter, die bis auf drei in zartem Kindesalter starben, und aus seiner II. Ehe mit Ludmilla Proksch († Welchow 4. Jänner 1806) nur einen Sohn. Seine überlebenden Kinder sind:

I. Ehe: — 1) Anna Elisabeth, geb. 7. Dezember 1724, verm. 25. Mai 1744 mit Johann Philipp Freiherrn von Bieschin.

2) Maria Anna, geb. 10. Dezember 1727, † Prag 25. August 1753.

3) Franz Josef, geb. 9. März 1729, † 16. März 1751.

II. Ehe: — 4) Podwin Johann, geb. Prag (am Zdaras) 25. Jänner 1755, der 1795 k. k. Kreishauptmann des Königgrätzer Kreises wurde, 1803 das Gut Welchow bei Jaroměř in Böhmen erkaufte und dort am 27. August 1830 starb. Seine Nachkommenschaft folgt unten.

Des letztgenannten ältester Sohn Adalbert Ritter von Höpflingen und Bergendorf (s. unten 1.) erhielt von Kaiser Franz I. ddo. Wien, 24. Jänner 1833 das Böhmische Inkolat im Ritterstande.

---

† Podwin Johann Ritter von Höpflingen und Bergendorf (4. Kind des 28. April 1654 zu Prag † Adalbert Prokop Ritters v.

*) Das Stammwappen Sebastian Höflingers zeigte in Gold aus weißem Dreiberge wachsend einen schwarzen Steinbock, der sich auf dem Helme zwischen farbengewechselt von Gold und Schwarz geteilten Büffelhörnern wiederholt. 1570 wurde der Schild dieses Wappens mit einem roten Felde geviert, in welchem eine golden gekrönte, ihre beiden Schwänze mit den Händen fassende natürliche Seejungfrau erscheint und ein zweiter rot-weiß bedeckter gekrönter Turnierhelm beigefügt, der zwischen abwechselnd von Silber und Rot geteilten Büffelhörnern die eben beschriebene Melusine trägt. Vgl. Dr. Walz, die Grabdenkmäler von St. Peter und Nonnberg in Salzburg, III. Abt., Salzburg 1871, S. 243 und Neuer Siebmacher IV, 6 (MM. Edl. v. Weittenhiller, Der Salzburgische Adel), S. 26 u. Taf. 10.

H. u. B. und dessen II. Gemahlin, der 4. Juni 1806 zu Welchow † Ludmilla, geb. Proksch), geb. Prag (am Zdaras) 25. Jänner 1755, † Welchow 27. August 1830, Herr auf Welchow k. k. Kreishauptmann i. P. (bis 18.. in Königgrätz); – verm. Prag 2. Mai 1786 mit:

† Karoline, geb. Levinský von Levin (Tochter des 22. Juni 1803 zu Prag † Landesadvokaten Dr. Franz Sales L. v. L. und der 4. September 1793 ebendort † Josefa, geb. Glaser), geb. Prag (Karmeliter) 20. Juni 1763, † Welchow 27. Dezember 1836.

Kinder:

†1. Adalbert Johann Podwin (Erwerber des Böhmischen Inkolats), geb. Časlau 27. Dezember 1787, † .... 10. November 1861, Landmann in Böhmen, Herr auf Welchow, k. k. Oberleutnant in der Armee (bis 1824 im .... -Regimente Nr. ..); – verm. .... 29. Jänner 1825 mit:

† Gabriele, geb. Freiin Spens von Booden (Tochter des 19. August 18.. zu .... † k. k. Kämmerers Emanuel Traugott Freiherrn Sp. v. B. und der .... 18.. zu .... † Gabriele, geb. Gräfin Sobek von Kornitz), geb. .... 18. Juni 1799, † .... 18...

Kinder:

1) Marie Gabriele, geb. Welchow 6. April 1835, Herrin auf Welchow; verm. .... 20. Dezember 1859 mit:
Emanuel Freiherrn Spens von Booden, geb. .... 18. November 1831, Herrn auf Roppitz, Österr.-Schlesien, LO.-R., FJO.-Kmt., gew. Reichsrats- und Landtagsabgeordneten des schlesischen Großgrundbesitzes. – [Schloß Roppitz bei Teschen.]

2) Marie Alberta, geb. .... 20. September 1836 – [Welchow]; – verm. Welchow .. Jänner 1854 mit:
† Karl Freiherrn von Beeß und Chrostin, geb. Konskau 22. Oktober 1817, † Dresden 21. Februar 1902, Herrn auf Konskau und Nieborg, Österr.-Schlesien.

†2. Ludmilla Eulalia, geb. Schlan .... 1790, † Baden bei Wien .... 1873; – verm. Dubenitz (Milpf. Prag) 16. Jänner 1815 mit:

† Wilhelm Gruber Edlem von Grubern, geb. .... 17.., † .... 18.., k. k. Leutnant.

†3. Karl, geb. .... 179., † Königgrätz .... 1...

†4. Marie Karoline Therese, geb. Königgrätz 5. August 1797, † daselbst 17. Jänner 1798.

†5. Prokop Karl Franz, geb. Königgrätz 15. Jänner 1800, † Wien 19. Mai 1879, FJO.-R., k. k. Statthaltereirat i. P.; – verm. I. Prag 7. Oktober 1830 mit:

† Maria Magdalena Philippine, geb. Dubsky (Tochter des .... 18.. zu .... † Ernst Franz D. und der .... 18.. zu .... † Ludmilla, geb. Wokurka), geb. Prag 24. Oktober 1801, † Lemberg 7. Jänner 1840; — II. Lemberg 7. Mai 1842 mit:

Wilhelmine, geb. Wanjek (Tochter des 6. Jänner 1864 zu Wien † Johann W. und der .... 18.. ebendort † ...., geb. Ressel), geb. Lemberg 29. August 1824. — [Wien, II. Am Tabor 13.]

Kinder a) I. Ehe:

† 1) Karoline Eusebia, geb. Kęty 14. August 1831, † Zaleszczyki 10. Juli 1836.

† 2) Karl Adalbert, geb. Wadowice 18. Mai 1833, † Pest (Budapest) .... 1855, k. k. Kadett.

† 3) Heinrich, geb. Zaleszczyki 18. August 1834, † daselbst 15. Juni 1836.

4) Ludmilla Ernestine, geb. Germahówka 21. Februar 1837 — [Stanislau]; — verm. Sklo 13. September 1863 mit:

† Emil Ritter von Zygadłowicz, geb. .... 18.., † Czernowitz 9. Mai 1895, k. k. Telegraphenkontrollor.

† 5) Theodor, geb. Tarnopol 7. Mai 183., † Lemberg 25. März 1840.

b) II. Ehe:

† 6) Karoline, geb. Lemberg 27. November 1843, † Magdeburg 7. April 1894; — verm. I. Hinterbrühl 3. Oktober 1865 mit:

† Ladislaus Reisich, geb. .... 18.., † Komotau 19. Mai 1879, Bergwerksdirektor; — II. .... 18.. mit:

Oskar Ihle, geb. .... 18.., Maschineningenieur. — [Hamburg.]

7) Wilhelmine, geb. Lemberg 18. März 1845; — verm. Hinterbrühl 15. September 1867 mit:

Josef Bersch, geb. .... 1840, Dr. phil., Professor. — [Wien, VIII. Piaristengasse 34.]

8) Amalie, geb. Lemberg 4. April 1850. — [Wien, XVIII. Sternwartestraße 52.]

9) Heinrich, geb. Lemberg 22. Juli 1851, Dr. phil., k. k. Professor am Maximilian-Gymnasium in Wien; — verm. Graz 25. Dezember 1895 mit:

Maria (Irma), geb. de Lyro (Tochter des 5. Juni 1899 zu Triest † k. k. Hofrates Rudolf de L. und der Berta, geb. Nagyváthy de Bogdanócz), geb. Wien 27. November 1867. — [Wien, IX. Berggasse 9.]

Sohn:

Rudolf, geb. Wien 11. Oktober 1896, Zögling der k. k. Theresianischen Akademie in Wien.

† 6. Heinrich Podwin Johann, geb. Königgrätz 18. Juni 1803, † Prag (St. Nikolaus) 29. Juni 1822, Hörer der Rechte.

---

von Holeček.

Römisch-katholisch. – Österreich (Böhmen, Krain).

Verleihung:

1895 November 21, Wien: Kaiser Franz Joseph I. verleiht dem k. u. k. Generalmajor d. R. Wenzel Holeček den Österreichischen Adel mit „Edler von" und einem Wappen. – (AA., HKA.; – Orig. Fam.)

Wappen:

1895 November 21: In Blau ein von zwei goldenen Sternen begleiteter goldener Balken, der mit einem schreitenden, ein blankes Schwert an goldenem Griffe schwingenden schwarzen Löwen belegt ist. Auf dem gekrönten Turnierhelme mit blau-goldenen Decken ein wachsender geharnischter schnurbärtiger Mann, dessen offener Helm mit drei Straußenfedern, einer roten zwischen einer goldenen und einer silbernen, besteckt ist, in der Rechten ein blankes Schwert an goldenem Griffe schwingend und die Linke in die Hüfte stemmend.

---

† Wenzel Holeček (2. Sohn des .... 18.. zu .... † Wirtschaftsbesitzers zu Groß-Břewnow bei Prag Josef H. und der .... 18.. zu .... † Anna, geb. Hladik), geb. Groß-Břewnow .... 1794, † Prag 28. März 1860, Patentalinvalide im k. k. Invalidenhause zu Prag; – verm. Prag 11. November 1832 mit:

† Anna, geb. Klika (Tochter des .... 18.. zu .... † Schneidermeisters Johann K. und der .... 18.. zu .... † Marie, geb. Klika), geb. König-Lhota, Böhmen, ... 1810, † Prag 30. Juli 1855.

Kinder:

†1. Rudolf Holeček, geb. Josefstadt 20. August 1833, gefallen am Monte Cricol bei Oliosi in der Schlacht von Custozza 24. Juni 1866, k. u. k. Leutnant im Infanterie-Regimente FZM. Gustav Prinz zu Hohenlohe-Langenburg Nr. 17.

2. Anna (Nanny) Holeček, geb. Prag 28. August 1835 – [Prag]; – verm. Prag 28. Juli 1856 mit:

† Adalbert Zakon, geb. Prag .... 1821, † Prag 14. Februar 1903, Schuhmachermeister.

3. Wenzel Edler von Holeček (Adelserwerber), geb. Prag 12. April 1837, FJO.-R., k. u. k. Generalmajor d. R. (bis 1893 Festungskommandant in Peterwardein). – [Stein bei Laibach.]

†4. Barbara (Babi) Holeček, geb. Prag 30. April 1841, † daselbst 21. April 1902; – verm. .... 1871 mit:

† Emanuel Kořan, geb. Prag .... 1843, † daselbst 22. August 1896, Uhrmacher.

†5. Franziska (Fanny) Holeček, geb. Prag .... 1845, † daselbst .... 1868.

---

von Horrak.

Römisch-katholisch. – Österreich (Niederösterreich, Steiermark).

Verleihung:

1890 August 15, Wien (Diplom): Kaiser Franz Joseph I. verleiht dem k. u. k. Obersten und Kommandanten des Infanterie-Regimentes FZM. Friedrich Freiherr Teuchert-Kauffmann Edler von Traunsteinburg Nr. 88 Johann Horrak den Österreichischen Adel mit dem Ehrenworte „Edler von" und einem Wappen. – (AA., HKA.; – Orig. Fam.)

Wappen:

1890 August 15: In Silber ein mit zwei goldenen Sternen belegter blauer Balken, begleitet oben von einem roten Zinnenturme mit zwei goldenen Fenstern und ebensolchem Tore und unten von einem natürlichen Schwertarme in golden gerändertem Harnisch. Auf dem gekrönten Turnierhelme mit rechts blau-silbernen und links rot-silbernen Decken drei Straußenfedern, eine silberne zwischen einer blauen und einer roten.

Johann Edler von Horrak (Adelserwerber – Sohn des.... 1849 zu Prag † Johann H. und der .... 1848 ebendort † Barbara, geb. Piskač), geb Příbram 12. August 1832, FJO.-GrK., LO.-Kom., EKO.-R.III., k. u. k. Feldzeugmeister d. R. (bis 1903 Feldmarschall-Leutnant und Gendarmerieinspektor für die im Reichsrate vertretenen Königreiche und Länder); – verm. Neusohl (Beszterczebánya) 29. August 1865 mit:

Božena, geb. Urban (Tochter des 5. Eebruar 1866 zu Prag † k. k. Forstsekretärs Josef U. und der 3. März 1900 zu Wien † Marie, geb. Frieß), geb. Hořenowes 29. Oktober 1845. – [Wien, IV. Apfelgasse 2.]

Kinder:

1. Emil Franz Josef, geb. Baden bei Wien 6. Juli 1870, Dr. jur., Marianer des h. Deutschen Ritterordens, k. k. Ministerialkonzipist im Ministerium für Landesverteidigung und Leutnant i. d. Evidenz des Landwehr-Infanterie-Regimentes Wien Nr. 1; – verm. Schloß Zamrsk bei Chotzen, Böhmen, 14. Mai 1898 mit:

   Karola, geb. Nestel Edlen von Eichhausen (Tochter des Oberinspektors der priv. Österr.-ungar. Staatseisenbahn-Gesellschaft Johann N. Edlen v. E. und der Marie, geb. Gottl), geb. Wien 2. September 1872. – [Wien, IV. Apfelgasse 1.]

   Sohn:

   Johann Maria Wilhelm, geb. Wien 19. Juli 1901.

2. Rudolf Johann Maria, geb. Theresienstadt 13. Februar 1873, k. k. Bezirkskommissär bei der Bezirkshauptmannschaft in Leoben; – verm. Isenburg in Obermais bei Meran 4. Februar 1902 mit:

Margarete, geb. Piffl (Tochter des emer. Hof- und Gerichtsadvokaten in Wien Dr. jur. Moriz P. und der Luise Antonie, geb. Edlen von Reininghaus), geb. Döbling bei Wien 13. Mai 1881. – [Leoben.]

Söhne:

1) Dietrich Moriz Johann Peter, geb. Leoben 1. Jänner 1903.
2) Rudolf Johann Moriz Peter, geb. Leoben 16. Februar 1904.

Vgl.: – Brünner Adel. Taschenb. XVII 1892.

---

von Hosp.

Römisch-katholisch. – Österreich (Tirol).

Verleihung:

1897 April 17, Wien (Diplom): Kaiser Franz Joseph I. verleiht dem k. u. k. Generalmajor und Departementvorstand im k. k. Ministerium für Landesverteidigung Karl Hosp den Österreichischen Adel mit dem Ehrenworte „Edler von" und einem Wappen. – (AA., HKA. – Orig. Fam.)

Wappen:

1897 April 17: Geteilt, oben in Rot eine von drei (1, 2) silbernen Sternen überhöhte ebensolche Lilie, unten in Gold eine schwarz geflügelte Adlerklaue, ein blankes Schwert an goldenem Griffe haltend. Auf dem gekrönten Turnierhelme mit rechts rot-silbernen und links schwarz-goldenen Decken ein wachsender, golden gewaffneter schwarzer Greif.

Diese Familie stammt aus dem Bezirk Reutte in Tirol. Ursprünglich dem Bauernstande entsprossen, wendeten sich einzelne Mitglieder derselben dem Lehrerstande und dem ärztlichen Berufe zu. Johann Georg Hosp, der Vater des Adelserwerbers, geboren Lermoos in Tirol 10. September 1795, diente als Oberwundarzt im k. k. Heere, lebte nach seinem Übertritte in den Ruhestand als Landarzt in Lermoos und starb zu Schlanders am 28. Jänner 1857. Seiner 1834 zu Innsbruck mit Walpurga Kern (geb. Kematen 20. Oktober 1805, † Innsbruck 24. Dezember 1885) eingegangenen Ehe entsprossen fünf Söhne und drei Töchter: – 1. Franz, geb. Lermoos 1834, † Spilimbergo 1874 als Kommunalbeamter; – 2. Karl, geb. Brescia 23. April 1835, der als k. u. k. Generalmajor auf Grund mehr als vierzigjähriger Dienstzeit den systemmäßigen Adelstand erwarb (s. unten); –

– 3. Ludwig, geb. Verona 1837, † Budapest 1857 als Artilleriekadett; – 4. Hans, geb. Cremona 1838, † Spalato 28. Dezember 1895 als Hauptmann d. R.; – 5. Agnes, geb. Lermoos 10. Juni 1842, als Witwe des k. k. Finanzwach-Respizienten Josef Stecher – [Grins bei Landeck]; – 6. Marie, geb. Lermoos 1843, verm. mit dem kaiserl. Rat Karl von Schilling, Staatseisenbahn-Oberinspektor – [Innsbruck]; – 7. Karoline, geb. Lermoos 1844, verm. mit dem Handelsmanne Adolf d'Huvele – [Nürnberg]; – 8. Fritz, geb. Lermoos 1848, † Innsbruck 1877 als Sanitätskadett.

Karl Edler von Hosp (Adelserwerber – 2. Sohn des 28. Jänner 1857 zu Schlanders † Johann Georg Hosp und der 24. Dezember 1885 zu Innsbruck † Walpurga, geb. Kern), geb. Brescia 23. April 1835, EKO.-R.II., LO.-R., FJO.-R., k. u. k. Feldmarschall-Leutnant d. R. (bis 1. Mai 1900 Sektionschef im k. k. Ministerium für Landesverteidigung); – verm. .... 4. November 1873 mit:

Enrica, geb. Baroni (Tochter des .... 1872 zu Bozen † August B. und der .... 1880 zu Innsbruck † Anna, geb. Kinigadner), geb. Neustift bei Brixen 20. November 1853. – [Hall in Tirol.]

Kinder:

1. Wilhelm, geb. Hötting bei Innsbruck 6. Jänner 1877, k. u. k. Oberleutnant im Infanterie-Regimente FZM. Hugo Ritter von Milde Nr. 17. – [Klagenfurt.]
2. Ottilie, geb. Weidlingau 28. August 1880; – verm. .... 19. August 1899 mit:

   Heinrich Stainer, geb. Innsbruck 27. Dezember 1869, k. k. Hauptmanne 2. Kl. des Landwehr-Infanterie-Regimentes Nr. 3; – [Leoben.]

   Sohn:

   Harald, geb. Wien 3. Mai 1901.
3. Josef, geb. Wien 11. Jänner 1882, k. k. Leutnant im Landwehr-Ulanen-Regimente Nr. 4. – [Olmütz.]
4. Hans, geb. Wien 12. Jänner 1884, k. u. k. Kadett-Offiziersstellvertreter im Infanterie-Regimente FZM. Hugo Ritter von Milde Nr. 17. – [Klagenfurt.]

Huber von Penig.

Römisch-katholisch. – Österreich.

Verleihungen:

1817 April 1, Wien: Kaiser Franz I. erhebt den k. k. Hauptmann im Infanterie-Regimente GL. und FM. Erzherzog Karl Nr. 3 Paul Huber als Ritter des Militär-Maria Theresien-Ordens in den Österreichischen Freiherrnstand mit dem Prädikate „von Penig“ und einem Wappen. – (AA., HKA. – Erwerber ohne Nachkommen.)

1865 November 28, Wien (Diplom): Kaiser Franz Joseph I. verleiht dem k. k. Obersten des Infanterie-Regimentes FZM. Paul Freiherr von Ajroldi Nr. 23 Josef Huber (Neffen des vorigen) den Österreichischen Adelstand mit dem Prädikate „von Penig“ und demselben Wappen, wie sie schon 1817 sein Oheim Paul erhalten hatte. – (AA., HKA.; – Orig. Fam.)

Wappen:

I. 1817 April 1: Gespalten, vorne in Rot ein blank geharnischter aufgebogener Arm, in der gepanzerten Faust ein blankes Schwert schwingend, hinten in Blau auf grünem Rasen ein gezinnter natürlicher Quaderturm mit geschlossenem Tore, beseitet von einer schwarz gefugten Quadermauer und besteckt mit einer links abflatternden weißen Fahne. Freiherrnkrone. Auf dem gekrönten Turnierhelme mit rechts rot-silbernen und links blau-silbernen Decken drei Straußenfedern, eine silberne zwischen einer roten und einer blauen.

II. 1865 November 28: Wie 1817, nur vorne das Armzeug golden geändert und hinten der zweifensterige Turm, dessen Tor jederseits von einer Schießscharte begleitet ist, und alles Mauerwerk, sowie die nun golden geschaftete zweizipfelige Fahne und deren Spitze silbern. Ohne Freiherrnkrone.

Johann Nepomuk Huber, k. k. Kreissekretär in Korneuburg hatte mit seiner Gemahlin Antonie, geb. Schleifer, einundzwanzig Kinder, von denen die beiden folgenden Söhne hier in Betracht kommen:

1. Paul, geb. Würnitz in Niederösterreich 22. Oktober 1771, der sich noch nicht 16 Jahre alt zum Chevauleger - Regimente FM. Josef Graf Kinsky (nun Dragoner-Regiment Nr. 10) assentieren ließ. In diesem diente er neun Jahre als Gemeiner und Unteroffizier und erkämpfte sich als Korporal 1793 im Gefechte bei St. Croix (Arlon) durch Befreiung seines Leutnants Grafen Schaafgotsche die silberne Tapferkeitsmedaille. Er kam dann zum Infanterie-Regimente Erzherzog Karl Nr. 3, wo er bis zum Grenadierhauptmanne vorrückte, 1799 bei der Erstürmung der Neckarauer Schanzen vor Mannheim zweifach und 1809 in der Schlacht bei Aspern verwundet wurde. Besonders tat er sich aber am 9. Oktober 1813 dadurch hervor, daß er sich der vom Feinde besetzten und trotz wiederholter Angriffe das Vorrücken des Korps Klenau hemmenden Stadt Penig bei anbrechendem Tage durch einen kühnen Handstreich bemächtigte und im raschen Vordringen nicht nur die hinter dieser Stadt liegende Muldebrücke und die Vorstadt Alt-Penig, sondern auch die Höhen am jenseitigen Muldeufer gewann, so daß die ungestörte Vorrückung des Korps ermöglicht wurde. Das Ordenskapitel vom Jahre 1815 erkannte ihm das Ritterkreuz des Militär-Maria Theresien-Ordens zu, worauf ihn Kaiser Franz I. ddo. Wien, 1. April 1817 den Statuten dieses Ordens entsprechend in den Österreichischen Freiherrnstand erhob und ihm

nebst dem Prädikate „von Penig“ das eingangs beschriebene Wappen verlieh. Er hatte vom Türkenkriege 1788/89 bis 1816 nicht weniger als 18 Feldzüge mitgemacht, diente dann noch als Major in den Infanterie-Regimentern FZM. Alois Fürst Liechtenstein Nr. 12 und FZM. Gottfried Freiherr von Strauch Nr. 24, wurde im Dezember 1827 Platzmajor in Innsbruck, wo er bis zum Obersten vorrückte und nach einer mehr als 62jährigen Dienstzeit in den Ruhestand trat. Oberst Paul Freiherr Huber von Penig war auch Mitglied der Elisabeth Theresien-Militärstiftung und starb zu Innsbruck am 5. Juni 1850. Er hinterließ keine Nachkommen.

2. Johann, geb. 1773, † 1843, der sich mit Josefine (geb. 1787, † 1876), einer Tochter des k. k. Hofballmeisters und nachmaligen Hofbeleuchtungsinspektors Domenico Viale (geb. 1750, † 1834) und der Barbara, geb. Freyenberger, vermählte und der Vater des 15. Jänner 1815 zu Wien geborenen Josef (s. unten) war. Dieser Josef Huber wurde als k. k. Oberst des Infanterie-Regimentes Freiherr von Ajroldi Nr. 23 nach 34jähriger vorzüglicher Dienstleistung im Frieden wie im Kriege ddo. Wien, 28. November 1865 in den Österreichischen Adelstand erhoben, wobei ihm das von seinem verstorbenen Oheim, dem Freiherrn Paul geführte Prädikat „von Penig“ und ein im wesentlichen gleiches Wappen wie diesem verliehen wurden. Dessen Nachkommenschaft folgt unten.

---

† Josef Huber von Penig (Adelserwerber — Sohn des .... 1843 zu .... † .... Johann Huber und der .... 1876 zu .... † Josefine, geb. Viale), geb. Wien 15. Jänner 1815, † ebenda 2. Februar 1881, LO.-R., EKO.-R.III., k. k. Generalmajor d. R.; — verm. I. .... 184. mit:

† Josefine Klara, geb. von Lukáts (Tochter des 12. September 1836 zu Brünn † k. k. Oberstleutnants und Kommandanten der Monturskommission in Brünn Franz Xaver v. L. und der 19. Oktober 1864 zu .... † Anna, geb. von Hegedüs), geb. Mainz 21. Juni 1817, † .... 25. Dezember 1848 — (war in I. Ehe verm. .... 18.. mit: .... Ritter von Harnach, ..., geb. .... 18.., † .... 184.), geb. .... 18.., † .... 18..; — verm. II. .... 18.. mit:

† Luigia, geb. Debernardi (Tochter des .... 18.. zu .... † .... D. und der .... 18.. zu .... † ...., geb. ....), geb. .... 18.., † .... 1860; — verm. III. Wien 15. Jänner 1861 mit:

Marie, geb. Grimm (Tochter des .... 18.. zu Wien † Johann G. und der .... 18.. zu Baden bei Wien † Henriette, geb. von Müllern), geb. Wien 11. Juni 1835.— [Graz, Mandellstraße 21.]

Kinder a) I. Ehe:

† 1. Johann, geb. Brünn 9. Oktober 1847, † Wien 30. April 1906, LO.-R., EKO.-R.III., k. u. k. Feldmarschall-Leutnant d. R. (bis 1905 Präsident des k. u. k. Militär-Obergerichtes); — verm. .... 18.. mit:

† Arabella, geb. Siglitz (Tochter des .... 1901 zu .... † k. k. Militär-Kassendirektors Josef S. und der .... 1900 zu .... † Luise, geb. Amelung), geb. .... 1859, † Wien 21. Juni 1906.

Kinder:

1) Louise, geb. .... 1891.

2) Franz, geb. .... 1893.

b) II. Ehe:

2. Marie, geb. Wien 25. Oktober 1855. — [Graz.]
3. Franz, geb. Wien 27. November 1856, k. u. k. Major im Divisions-Artillerie-Regimente Nr. 10. — [Budapest.]

c) III. Ehe:

4. Josefine, geb. Wien 30. November 1861 — [Graz]; — verm. .... 18.. mit:

† Josef Souczek, geb. .... 1847, † Wien 22. April 1897, k. u. k. Major im Tiroler Kaiserjäger-Regimente Nr. 4.

5. Karl, geb. Wien 8. März 1872, k. u. k. Rittmeister 2. Kl. im Ulanen-Regimente Nikolaus II. Kaiser von Rußland Nr. 5. — [Warasdin.]

Vgl.: — J. Hirtenfeld, Der Militär-Maria Theresien-Orden und seine Mitglieder, II. Bd., S. 1214 u. 1749; — Wurzbach IX, 372; — Brünner Adel. Taschenb. I 1870, VIII 1883 u. XII 1887.

Is(s)er von Gaudententhurn.

Römisch-katholisch. — Österreich (Tirol).

Verleihungen:

1682 Juli 31, Hall i. T.: Severin Ignatius Quarinonius zu Hofperg und Volderthurn, kaiserl. Rat und Comes palatinus zu Hall im Inntal verleiht dem Blasius Isser, seinen Söhnen Peter und Matthias, sowie seinen Brüdern Andrä und Jakob einen Wappenbrief. — (Orig. Fam. — I. Ältere und II. Mittlere Linie.)

1754 Juni 8, Wien: Kaiserin Maria Theresia verleiht dem (Johann) Simon Iser, bürgerl. Handelsmanne in Meran, einen Wappenbrief. — (AA. HKA.; — Orig. Fam. — III. Jüngere Linie.)

1798 Februar 20, Wien: Kaiser Franz II. erhebt den Stadt- und Landgerichtsschreiber in Meran Anton Simon Iser in den Österreichisch-erbländischen Adelstand mit dem Prädikate „von Gaudententhurn“ und Besserung seines ererbten Wappens. — (AA., HKA.; — Orig. Fam. — III. Jüngere Linie.)

813 März 15, München: Eintragung in die Adelsmatrikel des Königreiches Bayern bei der Adelsklasse für den kgl. bayer. quieszierten Stadt- und Landgerichtsschreiber zu Meran Anton Simon Iser von Gaudententhurn. — (Gritzner. — III. Jüngere Linie.)

Wappen:

I. 1682 Juli 31: In Rot ein oben und unten von je einem gestielten grünen Kleeblatte begleiteter, gewellter blauer Balken — „den Ysserfluß darstellend". Auf dem Turnierhelme mit rechts schwarz-gelben und links rot-weißen Decken, sowie einem in denselben Farben gewundenen Pausch ein wachsendes rot gekleidetes Männlein mit weißen Knöpfen, gelber Leibbinde und ebenso gestülptem roten Hut, in der Rechten ein grünes Kleeblatt haltend und die Linke in die Seite stemmend.

II. 1754 Juni 8: Geviert, 1 und 4 in Rot ein goldenes Kreuzchen, 2 und 3 in Silber ein blauer Schräglinksbalken. Auf dem Stechhelme mit rot-gelb und blau-weiß gewundener Binde, rechts rot-goldenen und links blau-silbernen Decken zwischen einem offenen, rechts von Gelb über Rot und links von Blau über Weiß geteilten Fluge das goldene Kreuzchen schwebend.

III. 1798 Februar 20: Gespalten, vorne in Silber ein oben und unten von je einem blauen Tazenkreuzlein begleiteter „breiter" blauer Schrägbalken, hinten in Blau „auf einem Teich ein aus dem Schilf emporwachsender beiderseits beblätterter Rohrkolben, alles in seiner natürlichen Gestalt und Farbe". Auf dem gekrönten Turnierhelme mit blau-silbernen Decken ein geschlossener, mit einem blauen Tazenkreuzlein belegter silberner Flug.

IV. 1813 März 15: Wie 1798, nur die Tazenkreuzlein als „Ordenskreuzchen" angesprochen und auf dem Kleinodflügel anstatt eines zwei dergleichen. Das Wasser („Teich") in der hinteren Schildeshälfte ist „silbern" anstatt natürlich. — (Tyroff, Bayer. Wappenb. VI, 41.)

Die Isser (Iser) lebten ursprünglich als Bauern in Gschnitz bei Steinach (Wipptal) in Tirol, wo zuerst Christian Isser als 1569 verstorben in der Totenmatrikel der Pfarre Matrei erscheint.

Von seinen drei Kindern starb — 1. Matthias 1609 als Weinbauer zu Bozen ohne Nachkommen, während — 2. Johann Isser, Bauer zu Gschnitz, aus seiner 26. Februar 1618 geschlossenen Ehe mit Anna, einer Tochter des Johann Schütz, Bauern zu Patsch („Potz") folgende fünf Kinder hinterließ: — 1) Christian, Bauer zu Gschnitz, † 1656 ohne Nachkommen; — 2) Anna Maria, † 1642; — 3) Johann Alois, † Innsbruck 1659, unvermählt; — 4) Christoph, geb. Gschnitz 20. März 1624, der allein den Stamm fortpflanzte (s. unten), und — 5) Klara, geb. 1629, Ordensschwester im Kloster der Servitinnen in Innsbruck, wo sie 22. April 1700 starb.

Christoph Isser, vorstehend 4), übersiedelte nach Moosthal in Navis bei Steinach und erwarb dort jenen Hof, der noch heute „Isserhof" oder „Beim Isser" benannt wird. Er vermählte sich 22. Juli 1647 mit Margaret, einer Tochter des Rupert Larcher, Bauern zu Navis, und starb zu Moosthal 13. März 1690 unter Hinterlassung der folgenden fünf ebendort geborenen Kinder, von denen drei die Stammväter heute noch blühender Linien wurden:

(1) Blasius Isser, geb. 1648, der nach Wilten zog und dort 1692 als Gastwirt starb. Er erhielt von Severin Ignaz Quarinoni zu Hofperg und Volderthurn, kaiserl. Rat, sowie lateranensischen und kaiserl. Hofpfalzgrafen, ddo. Hall i. T., 31. Juli 1682 mit seinen Söhnen Peter und Matthias und seinen Brüdern Andrä und Jakob einen Wappenbrief. Von diesen zu Wilten geborenen Söhnen starb — 1. Peter, geb. 1675, bereits 1704 ohne Nachkommen, während — 2. Matthias, geb. 1678, † Lans bei Innsbruck 1735, der Stammvater der I. **Älteren Linie** wurde. Seine wappenmäßige Deszendenz blüht im Bauernstande zu Lans und Sistrans.

(2) Andrä Isser, geb. 1650, zog nach Thaur und starb dort 1693 als Pfannhausbediensteter.

(3) Jakob Isser, geb. 1653, der sich ebenfalls nach Thaur wandte, wo er 1697 in Diensten des landesfürstl. Salzbergbaues starb. Von ihm stammt die wappenmäßige II. **Mittlere Linie**, die sich mit seinen folgenden drei Söhnen wieder in ebensoviele Äste teilte: — 1. Josef, geb. Thaur 1682, † daselbst 1735 als Salzbergbediensteter. Seine Deszendenz bilden die in Thaur blühenden Familien Isser (1. Ast). — 2. Peter, geb. Thaur 1685, kam gleichfalls zum Salzwesen und starb 1746 zu Absam, wo er sich mit Anna Ebner verehelicht hatte. Aus dieser Ehe stammt der in Absam blühende 2. Ast. — 3. Matthias, geb. Thaur 1688, wo er als Bediensteter des Salzbergbaues starb. Seiner Ehe mit Anna Purner entsproß ein Sohn Franz, der 1710 zu Thaur geboren wurde und 1762 als Salinenbediensteter ebendort starb. Dieser gewann mit seiner Frau Marie, geb. Peithner, nur einen Sohn Josef Isser (geb. Thaur 18. November 1758, † daselbst 10. April 1817), Dr. theol. und Pfarrer zu Thaur, von 1798 bis 1804 auch Universitätsprofessor zu Innsbruck, mit dem dieser 3. Ast erloschen ist.

(4) Paul Isser, geb. 19. Jänner 1660, der Stammvater der nun im Adelstande blühenden III. **Jüngeren Linie** (s. unten).

(5) Georg Isser, geb. 1668, der als Bauer zu Steinach im Wipptale starb. Auf ihn und seinen älteren Bruder Paul erstreckte sich der Wappenbrief von 1682 nicht.

III. Jüngere Linie.

Paul Isser, s. oben (4), war Bauer zu Moosthal in Navis und starb 6. November 1742 zu Mühlen bei Steinach. Seiner am 16. Jänner 1699 geschlossenen Ehe mit Gertrud, einer Tochter des Bauers Georg Gleyer und seiner Frau Ursula, entstammten folgende fünf zu Moosthal geborene Kinder: — 1. Johann Anton, geb. 1696, † Moosthal in Navis 1735, Bauer daselbst, ohne Nachkommen; — 2. Maria Josefa, geb. 1697, † Steinach 1712; — 3. Johann Simon, geb. 27. Oktober 1698, der diese Linie allein fortpflanzte (s. unten); — 4. Rosa, geb. 1699, † Moosthal 1725, und — 5. Anna, geb. 1705, † Moosthal 1710.

Johann Simon Isser (vorstehend 3.) widmete sich der Handlung und brachte durch seine erste Ehe mit Marie Elisabeth, geb. Zangerle, der Witwe des 1736 verstorbenen Josef Madelon, Handelsmannes zu Meran, dessen Geschäft an sich. Marie Elisabeth starb jedoch schon 1739 ohne Nachkommen, worauf sich Isser sofort in zweiter Ehe mit Maria Rosa Schweigl (geb. 1730, † 1787), einer Tochter des Josef Schweigl, Landrichters in Neuhaus, und der Helene, geb. Hueb(in), vermählte. Er erhielt ddo. Wien, 8. Juni 1754 von Kaiserin Maria Theresia einen Wappenbrief und gewann mit seiner zweiten Gemahlin die nachstehenden sechs zu Meran geborenen Kinder: — 1) Johann Anton, geb. 1740, † Meran 1765; — 2) Johann, geb. 1741, † Innsbruck, verm. mit Jakobine Kirchlechner aus Meran, ohne Nachkommen; — 3) Josef Dominik, geb. 1742, Kapitular des Benediktinerstiftes zu Marienberg, 1778 bis 1784 Gymnasialprofessor zu Meran; — 4) Anna Therese Bernardine, geb. 1744, † Meran 24. Dezember 1804 als Exnonne des aufgehobenen Klarissenklosters daselbst; — 5) Klara, geb. 1747, † Meran, verm. I. mit Josef Nestl und II. mit Josef Schweigl, und — 6) Anton Simon, geb. 1751, der in drei Ehen die unten folgende Nachkommenschaft erzeugte.

Dieser Anton Simon Is(s)er erwarb 1794 von der Familie von Wiesenegg den adeligen Ansitz Gaudententhurn in Partschins bei Meran und wurde als Stadt- und Landgerichtsschreiber zu Meran ddo. Wien, 20. Februar 1798 von Kaiser Franz II. mit dem Prädikate „von Gaudententhurn" und Besserung seines ererbten Wappens in den Österreichisch-erbländischen Adelstand erhoben. Er wurde noch zur Zeit der bayerischen Herrschaft in Tirol quiesziert und ddo. München, 15. März 1813 in die Adelsmatrikel des Königreiches Bayern bei der Adelsklasse eingetragen.

III. Jüngere Linie.

(Allein adelig.)

† Anton Simon Isser von Gaudententhurn (Adelserwerber — 6. Kind des .... 1757 zu Meran † Johann Simon Isser und dessen II. Gemahlin, der .... 1787 ebendort † Maria Rosa, geb. Schweigl), geb. Meran .... 1751, † Gaudententhurn in Partschins .... 1828, Gutsbesitzer und Bürgermeister zu Meran und Partschins; — verm. I. .... 178. mit:

† Rosina, geb. Dissimon (Tochter des .... 17.. zu .... † .... D. und der .... 17.. zu .... † ...., geb. ....), geb. .... 17.., † Meran .... 1784; — II. .... 1785 mit:

† Anna, geb. Prunner (Tochter des .... 17.. zu .... † .... P. und der .... 17.. zu .... † ...., geb. ....), geb. Schönna .... 17.., † Meran .... 178.; — III. .... 1788 mit:

† Genoveva, geb. Kirchlechner (Tochter des 29. Jänner 17.. zu .... † Gutsbesitzers auf Labers bei Meran Richard K. und der .... 17.. zu .... † ...., geb. ....), geb. Labers .... 1766, † Meran 29. Jänner 1847.

† Anna, geb. Naprawnik (Tochter des .... 1864 zu Theresienfeld † Gutsbesitzers Johann N. und der .... 1855 ebendort † Anna, geb. ....), geb. Stecken 2. Oktober 1830, † Wien 14. April 1897.

Kinder:

1) Irma, geb. Ofen (Budapest) .... 1853; — verm. Wien 12. Oktober 1872 mit:
Emil Kicska, geb. Szarvas .... 1848, Dr. med. — [Groß-Bodok.]

†2) Anna, geb. Ofen (Budapest) 6. Dezember 1854, † Wien 23. März 1879; — verm. .... Juni 1878 mit:
Heinrich Schreiner, geb. Marburg a. d. Drau .... 1850, Direktor der k. k. Lehrerbildungsanstalt in Marburg a. d. Drau. — [Marburg a. d. Drau.]

†3) Gustav, geb. Ödenburg (Sopron) .... 1856, † Wels 30. März 1892, k. k. Rittmeister im Landwehr-Dragoner-Regimente Nr. 3; — verm. Wien 16. Jänner 1889 mit:
Friederike (Fritzi), geb. Mayer (Tochter des .... M. und der ...., geb. ....), geb. .... 18... — [.....]

†4) Hugo, geb. Ödenburg (Sopron) .... 1857, † Arco 5. April 1894, k. u. k. Rittmeister 1. Kl. im Dragoner-Regimente Kaiser Ferdinand Nr. 4.

5) Karl, geb. Ödenburg (Sopron) .... 1858, † ebendort .... 1859.

6) Johann (Hans), geb. Ödenburg (Sopron) 10. März 1860, k. u. k. Hauptmann 1. Kl. im Tiroler Kaiserjäger-Regimente Nr. 1. — [Meran.]

7) Franz, geb. Theresienfeld 18. März 1861, k. k. Oberleutnant i. d. Evidenz des Landesschützen-Regimentes Innsbruck Nr. I, Chef der prot. Firma Franz von Istler, Dampf-Roßhaarspinnerei und Jutewarenerzeugung in Wien; — verm. Wien 11. November 1906 mit:
Helene, geb. Lostorfer (Tochter des Dr. med. Adolf L. und der Berta, geb. Braun), geb. Wien 30. April 1873. — [Wien, IX. Grüne-Thorgasse 12.]

Kinder:

†(1) Paul, geb. Weidlingau 14. August 1897, † ebendort 25. Juli 1898.
(2) Ilse, geb. Weidlingau 3. Juli 1899.
(3) Kurt, geb. Wien 5. November 1900.

† 8) Antonie, geb. Theresienfeld .... und † ebendort .... 1862.

† 9) Rosine, geb. Wien 13. März 1863, † Halbstadt 14. Jänner 1897; — verm. Wien 15. November 1883 mit:
Heinrich Gürsch, geb. Neutitschein .... 1850, Dr. med. — [Halbstadt.]

II. Jüngere Linie.

† Martin Edler von Istler (5. Kind des .... 17.. zu .... † Rechtsanwaltes, kgl. Richters zu Olmütz und Superintendanten

der Markgrafschaft Mähren Anton Ernst Edlen v. I. und der .... 17.. zu .... † Theresia, geb. Foller), geb. Olmütz .... 17.., † Bad Luhatschowitz 9. Juli 1823, k. k. Kreissekretär; — verm. .... 181. mit:

† Antonie, geb. Klein (Tochter des .... 17.. zu Teschen † Bürgermeisters der Stadt Teschen Anton K. und der .... 17.. zu .... † ...., geb. ....), geb. Teschen .... 17.., † ebendort 11. Dezember 1818.

Kinder:

1. Anton Ernst, geb. Brandisko bei Teschen 9. September 1812, gew. Bergdirektor in Michelsberg. — [Prag]; — verm. I. Prag 22. Juli 1840 mit:

† Magdalena, geb. Štěrba (Tochter des .... 18.. zu .... † .... St. und der .... 18.. zu .... † Magdalena, geb. 1863), geb. Prag 26. April 1818, † ebendort 6. Dezember 1883; — II. Prag 17. Jänner 1884 mit:

Josefine, geb. Koll (Tochter des 10. August 1884 zu Prag † k. k. Grundbuchführers der Land- und Lehentafel Wenzel K. und der ... Juni 1878 zu Prag † Katharina, geb. Burian), geb. Prag 18. Februar 1834. — [Prag.]

Kinder: a) I. Ehe:

†1) Sophie, geb. Prag 14. Juni 1841, † Smichov 28. Februar 1842.

†2) Antonie, geb. Smichov 13. Mai 1843, † Woseletz 19. September 1861.

†3) Emanuel, geb. Smichov 6. Dezember 1844, † Kgl. Weinberge 24. Jänner 1904, Fabriks- und Hausbesitzer; — verm. Příbram 23. August 1870 mit:

Johanna, geb. Krbec (Tochter des k. k. Feldwebels .... K. und der ...., geb. ....), geb. .... 18... — [.....]

4) Alois Karl Marcell, geb. Smichov 18. Juni 1846; — verm. Prag 3. Oktober 1874 mit:

Barbara (Betty), geb. Wagner (Tochter des 11. März 1881 zu Prag † Cafetiers Franz W. und der ...., geb. ....), geb. .... 18... — [.....]

Kinder:

(1) Sophie Magdalena Antonie, geb. Vysočan 13. September 1875; — verm. Prag 9. September 1903 mit:

Richard Kriczan, geb. Krakau 24. August 1866, k. k. Adjunkt und Oberchemiker. — [Prag.]

(2) Alois Anton Franz, geb. Vysočan 4. Februar 1877, k. u. k. Oberleutnant im Dragoner-Regimente GL. und FM. Karl V. Leopold Herzog von Lothringen und Bar Nr. 7. — [Postelberg.]

(3) Franz Johann Adolf, geb. .... 13. Februar 1879, Bankbeamter; — verm. Prag 19. April 1903 mit:

Marie Valerie, geb. Wantoch (Tochter des Agenten .... W. und der ...., geb. ....), geb. Prag 18. Juni 1884. — [Prag.]

Kinder:

a) Franz, geb. .... 1903.
b) ...., geb. .... 19...

†(4) Anton Ernst August, geb. Vysočan 24. September 1880, † ebendort 27. Mai 1881.

(5) Eugen August Ernst, geb. Vysočan 8. April 1882, k. u. k. Leutnant im Tiroler Kaiserjäger-Regimente Nr. 1. — [Meran.]

(6) Johann Karl Alois, geb. Prag 20. Oktober 1883, Assekuranzbeamter. — [.....]

(7) Marie Aloisia Barbara, geb. Prag 11. Oktober 1885.

†5) Adolf, geb. Smichov 9. Juli 1848, † Prag 12. Jänner 1879, Ingenieur der ungarischen Theißbahn.

6) August Karl, geb. Vysočan 28. August 1850, Beamter der Böhmischen Sparkassa zu Prag; — verm. Prag 26. Jänner 1889 mit:

Marie, geb. Blažek (Tochter des gew. Mehlagenten Vinzenz B. und der ...., geb. ....), geb. Pilsen 23. Mai 1866. — [Prag.]

Kinder:

†(1) Marie, geb. Prag 12. Juni 1891, † ebendort 3. Februar 1892.

(2) Anton Egon Vinzenz, geb. Prag 12. Februar 1893.

b) II. Ehe:

7) Antonie Josefa, geb. Prag 24. Februar 1866. — [Prag.]
8) Hugo Hans, geb. Prag 12. Dezember 1868, k. u. k. Oberleutnant des Armeestandes, Lehrer an der Infanterie-Kadettenschule in Königsfeld bei Brünn. — [Königsfeld.]

†2. Karoline, geb. Teschen 18. Juni 1816, † Prag 1. August 1862; — verm. Lemberg .... 18.. mit:

† Karl Himmelsberger, geb. Prag .... 18.., † Winiki bei Lemberg .... 18.., Dr. med.

Jihn von Solwegen.

Römisch-katholisch. — Österreich (Mähren).

Verleihung:

1901 Dezember 18, Wien (Diplom): Kaiser Franz Joseph I. verleiht dem k. u. k. Generalmajor Friedrich Jihn den Österreichischen Adel mit dem Prädikate „Edler von Solwegen“ und einem Wappen. — (AA., HKA.; — Orig. Fam.)

Wappen:

1901 Dezember 18: Geteilt, oben in Rot ein wachsender blau gewaffneter und bezungter Löwe, unten in Silber besät mit aufrechten gestielten roten Lindenblättern. Auf dem gekrönten Turnierhelme mit rot-silbernen Decken zwischen einem offenen roten Fluge der wachsende Löwe. – (Dieses Wappen gleicht in seinen wesentlichen Bestandteilen völlig jenem der uradeligen Herren von Eltz, nur ist die von diesen geführte Behängung der roten Kleinodflügel mit silbernen Lindenblättern in verkehrter Stellung und farbengewechselt in die bei Eltz ledige untere Schildeshälfte gestellt und der Stulphut auf dem Helme durch eine Helmkrone ersetzt. – Vgl. auch den Artikel „von Eltz" in diesem Taschenbuche.)

Friedrich Eduard Alois Jihn Edler von Solwegen (Adelserwerber – Sohn des 29. November 1891 zu Mähr.-Weißkirchen † k. u. k. Majors d. R. [bis 1865 Hauptmann im Infanterie-Regimente FZM. Ladislaus Freiherr Nagy de Alsó-Szopor Nr. 70] Alois Jihn und der 22. Juli 1882 zu Kremsier † Christine, geb. von Eltz), geb. Kremsier 30. Juni 1852, EKO.-R.III., k. u. k. Feldmarschall-Leutnant und Kommandant der k. k. 43. Landwehr-Infanterie-Truppendivision in Lemberg; – verm. Wien 27. Jänner 1878 mit:

Hermine Anna, geb. Woda (Tochter des 27. Februar 1897 zu Wien † kaiserl. Rates, Kaufmannes und Realitätenbesitzers Adolf W. und der Maria Magdalena, geb. Hubinger), geb. Wien 28. Dezember 1854. — [Lemberg.]

Kinder:

†1. Robert Adolf Friedrich Maria, geb. Wien 18. Oktober 1878, † ebenda 29. April 1884.

2. Ernst Friedrich Alois Michael, geb. Graz 12. Februar 1880, k. u. k. Oberleutnant im Infanterie-Regimente FZM. Friedrich Freiherr Teuchert-Kauffmann Edler v. Traunsteinburg Nr. 88. — [Trient.]

3. Elisabeth Roberta Maria Christine, geb. Wien 25. Oktober 1885.

†4. Edith Michaela Maria Adolfine, geb. Wien 15. September 1887, † ebenda 27. Jänner 1888.

---

von Josch.

Römisch-katholisch. – Österreich (Kärnten).

Verleihung:

1855 Juni 13, Wien: Kaiser Franz Joseph I. verleiht dem k. k. Landesgerichtspräsidenten in Laibach Eduard Josch als Ritter des Ordens der Eisernen Krone III. Klasse den Österreichischen Ritterstand und ein Wappen. – (AA., HKA.; – Orig. Fam.)

Wappen:

1855 Juni 13: In Grün ein goldenes Kleeblattkreuz, an der Herzstelle mit einer roten Kreuzblume belegt. Zwei gekrönte Turnierhelme: auf I mit rot-goldenen Decken das Kreuz wie im Schilde; auf II mit grün-goldenen Decken eine Palme mit goldenem Stamme und grüner Krone. Rotes Spruchband mit der Devise „IN HOC SIGNO SPES MEA" in goldener Lapidarschrift.

---

† Eduard Ritter von Josch (Ritterstandserwerber – Sohn des 3. August 1819 zu Mödling † Justiz- und Landgerichtsverwalters der fürstbischöfl. Passauschen, später k. k. Kameralherrschaft Schwadorf, Niederösterreich, Christoph Josch und der 15. Dezember 1849 zu Klagenfurt † Elisabeth, geb. Hendl), geb. Schwadorf 28. Juli 1799, † Graz 18. April 1874, EKO.-R.III., jubil. k. k. Landesgerichtspräsident (bis 1863 in Laibach); – verm. I. Wien 12. April 1830 mit:

† Karoline, geb. Schedl (Tochter des .... 18.. zu .... † Fabriksbesitzers .... Sch. und der .... 18.. zu .... † ...., geb. ....), geb. Wien 20. Oktober 1810, † Verona 11. Jänner 1837; – verm. II. Schloß Kattau, Niederösterreich, 4. November 1838 mit:

† Karoline, geb. Friedenheim (Tochter des .... 18.. zu .... † Bankiers und Herrschaftsbesitzers Heinrich Franz F. und der .... 18.. zu .... † Anna, geb. Freiin von Wohlgemuth), geb. Wien 30. Juli 1809, † Graz 21. September 1876.

Kinder: a) I. Ehe:

†1. Leopoldine, geb. Verona 20. September 18.., † Graz 21. März 1874; – verm. Klagenfurt .... 18.. mit:

† Ludwig Umfahrer, geb. Klagenfurt .... 18.., † Graz 11. April 1870, k. k. Kreiskommissär L. P.

†2. Eduard, geb. Verona 17. September 1832, † Klagenfurt 19. März 1852, Hörer der Rechte.

†3. Marie, geb. Verona 2. August 1834, † ebendort 18. Juni 1835.

†4. Karoline, geb. Verona 27. März 1836, † Graz 30. November 1904; – verm. Laibach 16. Mai 1857 mit:

† Heinrich Martinak, geb. Capodistria .... 18.., † Graz 15. Februar 1879, Dr. jur., k. k. Oberlandesgerichtsrat in Graz.

b) II. Ehe:

†5. Karl, geb. Klagenfurt 4. September und † ebendort 27. Dezember 1839.

†6. Heinrich, geb. Klagenfurt 31. Mai und † ebendort 28. Juni 1841.

†7. Anna, geb. Klagenfurt 28. Juli 1842, † Laibach 7. August 1862.

†8. Hemma, geb. Klagenfurt 27. Juni 1844, † Wien 31. Juli 1867; – verm. Graz (Dompf.) 8. Jänner 1866 mit:

† Rudolf Freiherrn Lenk von Wolfsberg, geb. Mainz 11. August 1834, † Wien 25. März 1907, EKO.-R.III. (KD.), MVK. (KD.), k. u. k. Feldmarschall-Leutnant d. R. (bis 1888 Kommandant der 30. Infanterie-Truppendivision).

9. Josef, geb. Klagenfurt 9. September 1845, Dr. med., kaiserl. Rat und k. k. Sanitätsrat bei der Landesregierung in Klagenfurt; – verm. Klagenfurt 19. Februar 1873 mit:

Johanna, geb. Umfahrer (Tochter des 25. Jänner 1857 zu Leoben † k. k. Gerichtsadjunkten Johann Baptist U. und der 15. Mai 1886 zu Klagenfurt † Antonie, geb. Edlen von Kleinmayr), geb. Mürzzuschlag 27. März 1854. – [Klagenfurt, Heiligengeistplatz 1.]

Kinder:

1) Agathe, geb. Klagenfurt 8. Oktober 1875; – verm. ebendort 28. Mai 1894 mit:

August Gröbner, geb. Klagenfurt 3. September 1862, Dr. med. – [Klagenfurt.]

2) Eduard, geb. Klagenfurt 3. Oktober 1877, Dr. jur., Konzipist der k. k. Landesregierung in Klagenfurt. – [St. Veit a. d. Glan.]

3) Dorothea, geb. Klagenfurt 23. August 1882.

†10. Rosa, geb. Klagenfurt 7. September 1847, † St. Pölten 30. Juni 1880; – verm. Graz 22. Juni 1872 mit:

Viktor Planner Edlen von Wildinghof, geb. .... 18.., EKO.-R.III., Mitglied der Elisabeth Theresien-Militärstiftung, k. u. k. Generalmajor d. R. (bis 1897 Oberst und Kommandant der Militär-Unterrealschule in St. Pölten). – [Graz, Elisabethstraße 101.]

11. Agnes, geb. Klagenfurt 31. Juli 1851, – [Veldes]; – verm. Graz 30. September 1879 mit:

† Hans Ritter von Hempel, geb. Wien 6. September 1840, † Mentone 14. Februar 1895.

Vgl.: – Wurzbach X, S. 268; – Brünner Adel. Taschenb. I 1870, V 1880 u. X 1885; – Neuer Siebmacher IV, 8 (A. M. Hildebrandt, Der Kärntner Adel), S. 166 u. Taf. 17.

Jurié von Lavandal.

Römisch-katholisch und Evangelisch A. B. – Österreich (Niederösterreich).

Verleihung:

1884 Juni 27 (Allerhöchste Entschließung) und Juli 25, Wien (Diplom): Kaiser Franz Joseph I. verleiht dem Präses der Witwen- und Waisensozietät des Wiener medizinischen Doktorenkollegiums Dr. med. Theodor Jurié den Österreichischen Adelstand mit dem Prädikate „Edler von Lavandal" und einem Wappen. – (AA., HKA.; – Orig. Fam.)

Wappen:

1884 Juli 25: Geteilt, oben in Rot ein sechsstrahliger goldener Stern über einem gestürzten silbernen Sparren, unten in Blau ein goldener Pfahl. Auf dem gekrönten Turnierhelme mit rechts rot-goldenen, links blau-silbernen Decken ein geschlossener, vorne blauer, mit einem goldenen Schrägbalken belegter, hinten roter Flug.

Aus Cividale stammend, übersiedelte diese Familie später nach Aquileja. Ein Jurié kam als Baumeister nach Kärnten und erbaute u. a. die Jesuitenkirche zu St. Andrae im Lavanttale. Dessen Enkel Andreas studierte in Wien Medizin, ließ sich als Arzt in Klagenfurt nieder und starb dort als Protomedikus Kärntens 1833, im Alter von 63 Jahren.

Seiner Ehe mit Franziska, geb. Barbolan, entproß ein Sohn Theodor (s. unten), während seine II. Ehe mit einer Aicher von Aichenegg kinderlos blieb.

---

† Theodor Jurié Edler von Lavandal (Adelserwerber – Sohn des .... 1833 zu Klagenfurt † Protomedikus Dr. med. Andreas Jurié und dessen I. Gemahlin, der .... 18.. zu .... † Franziska, geb. Barbolan), geb. Klagenfurt 19. Oktober 1809, † Wien 24. Juli 1886, Dr. med., FJO.-R., gr. gold. Salvator-Med.; – verm. Wien .... 18.. mit:

† Karoline, geb. Rigel (Tochter des .... 18.. zu .... † .... R. und der .... 18.. zu .... † ...., geb. ....), geb. .... 20. Juli 1815, † .... 1876.

Kinder:

† 1. Adolf, geb. Wien 18. Juli 1837, † ebenda 22. Juli 1890, Dr. med., k. k. Polizei-Bezirksarzt; – verm. Wien (Reindorf) 24. Februar 1870 mit:

Johanna Theresia Magdalena, geb. Bayer (Tochter des .... 18.. zu.... † Landschaftsmalers Anton B. und der .... 18.. zu .... † Juliane, geb. Scheimpflug), geb. Wien 14. März 1847. – [Wien, I. Fleischmarkt 15.]

Sohn:

Karl, geb. Wien 17. März 1874, Dr. med. – [Wien, I. Fleischmarkt 15.]

† 2. Karoline (Lotte), geb. Wien 15. Februar 1839, † Hietzing bei Wien 7. Dezember 1891.

3. Gustav, geb. Wien 19. Mai 1841, Dr. med., FJO.-R., GVK.m.K., Chevalier de grâce und Generalchefarzt des souveränen Malteser-Ritter-Ordens, Privatdozent an der k. k. Universität zu Wien, – [Wien, I. Freyung 6]; – verm. .... 1868 mit:

† Emilie, geb. Hofeneder (Tochter des .... 18.. zu .... † .... H. und der .... 18.. zu .... † ...., geb. ....), geb. Wien 11. Juni 1849, † ebenda 9. März 1891.

Kinder:

1) Marie Theodore Anna (evangelisch A. B.), geb. Wien, 22. Dezember 1869, – [Wien, I. Neuer Markt 15]; – verm. I. Wien 4. Februar 1893 (getrennt) mit:

August Heymann (evangelisch A. B.), geb. Goisern 26. Mai 1857, Dr. ...., – [Wien, I. Seilerstätte 11]; – II. .... 18.. als dessen II. Gemahlin mit:

Theodor Köchert (evangelisch A. B.), geb. Wien 30. Mai 1859, Gesellschafter der prot. Firma A. E. Köchert, k. u. k. Hof- und Kammerjuwelier; – (in I. Ehe verm. Wien .... 18.. mit: – † Barbara [Betty], geb. ...., geb. Wien 6. Februar 1865, † .... 18..). – [Wien, I. Neuer Markt 15.]

2) Berta, geb. Wien 18. September 1871, Ehrendame des k. k. adeligen Damenstiftes für Steiermark in Graz. – [Wien, I. Freyung 6.]

3) Erik, geb. Wien 7. Juli 1876, Politischer Adjunkt 2. Kl. im k. u. k. Gemeinsamen Ministerium für Bosnien und die Herzegowina; – verm. Schloß Graschnitz 4. Oktober 1904 mit:

Kate, geb. Mac-Garvay (Tochter des Großindustriellen W. H. M.-G. und der 13. Dezember 1898 zu .... † Helene Hedwig, geb. Wesolowska), geb. Petrolia, Canada, 31. März 1883. – [Wien, III. Jacquingasse 23.]

4. Anna, geb. Wien 30. Jänner 1843; – verm. Wien 4. Februar 1884 mit:

Josef Neumayer, geb. Wien 17. März 1844, Dr. jur., FJO.-Kmt., Hof- und Gerichtsadvokaten, Ersten Vizebürgermeister der k. k. Reichshaupt- und Residenzstadt Wien, Landtagsabgeordneten, Mitgliede der Zentralkommission für Angel. des gewerblichen Unterrichtes, der Donauregulierungs-Kommission und des Niederösterr. Landesschulrates, Obmanne der Gewerbekommission, Vizepräsidenten der Wiener Bürgervereinigung. – [Wien, I. Kleeblattgasse 13.]

---

von Kailer.

Römisch-katholisch. – Österreich (Mähren).

Verleihung:

1883 Februar 28, Wien (Diplom): Kaiser Franz Joseph I. erhebt den k. k. Generalmajor d. R. Karl Kailer in den Österreichischen Adelstand mit dem Ehrenworte „Edler von" und einem Wappen. – (AA., HKA.; – Orig. Fam.)

Wappen:

1883 Februar 28: Unter einem mit einem wachsenden schwarzen Adler belegten goldenen Schildeshaupte in Rot zwei schräg gekreuzte blanke Schwerter. Auf dem gekrönten Turnierhelme mit rechts rot-silbernen und links schwarz-goldenen Decken ein wachsender, rot gewaffneter schwarzer Adler.

---

† Karl Edler von Kailer (Adelserwerber – Sohn des 24. September 1854 zu Klein-Kuntschitz, Mähren, † Gutsbesitzers Karl Kailer und der 18. März 1827 zu Tobitschau † Anna, geb. ....), geb. Tobitschau 4. August 1825, † Hohenmauth 27. September 1903, k. u. k. Generalmajor d. R. (bis 1880 k. k. Oberst und Kommandant des Landwehrbataillons Olmütz Nr. 15); – verm. Ungar.-Hradisch 18. Februar 1855 mit:

† Marie Eleonore, geb. Fürnkranz (Tochter des 13. August 1866 zu Ungar.-Hradisch † Kaufmannes Johann F. und der 9. Oktober 1845 ebendort † Eleonore, geb. Schaniak), geb. Ungar.-Hradisch 20. Juni 1835, † Znaim 25. Juni 1892.

Kinder:

1. Karl Johann Maria, geb. Treviso 6. April 1856, EKO.-R.III., k. u. k. Generalmajor, Kommandant der 47. Infanterie-Brigade in Przemyśl; – verm. Brassó (Kronstadt) 23. Februar 1895 mit:

   Theresia, geb. Kugler (Tochter des Apothekers in Brassó [Kronstadt] Eduard K. und der 5. Juni 1891 daselbst † Marie, geb. Körner), geb. Brassó (Kronstadt) 28. September 1870. – [Przemyśl.]

   Kinder:

   1) Karl, geb. Linz 19. September 1895.
   2) Erwin, geb. Wien 10. Mai 1900.
   3) Marie, geb. Przemyśl 27. November 1905.

†2. Anton Theodor Josef, geb. und † Wien 15. Dezember 1857.

†3. Theodor Emil Maria, geb. Treviso 28. Dezember 1858, † Palermo 10. Juli 1878, k. k. Seekadett.

†4. Mathilde Anna, geb. Vicenza 13. August 1860, † ebendort 25. August 1860.

5. Olga Marie, geb. Vicenza 23. Mai 1865; — verm. Znaim 11. Oktober 1887 mit:

Paul Lessar, geb. Cetinskiváros, Kroatien, 17. Oktober 1854, k. u. k. Major im Infanterie-Regimente FZM. Karl Horsetzky Edler von Hornthal Nr. 98. — [Josefstadt.]

Vgl.: — Brünner Adel. Taschenb. XI 1886, XIV 1889 und XVII 1892.

Kaschnitz von Weinberg
und
† von Kaschnitz zu Weinberg.

Römisch-katholisch. — Österreich (Niederösterreich).

Verleihungen:

1628 September 28, Gmunden: Ein lateranensischer und kaiserl. Hofpfalzgraf (vielleicht Tobias Loichinger von Lobenthal?) verleiht dem „Thobias Kaschnitz des Rats und Spitalmeister zu Gmunden" und dessen Brüdern Sebald und Christoph Kaschnitz einen Wappenbrief mit Lehenartikel. — (Cop. Fam., unvollständig.)

1701 März 10, Wien: Kaiser Leopold I. erhebt den General-Kriegszahlamtsverwalter in Mähren Johann Baptista Kaschnitz von Weinberg in den Böhmischen Ritterstand unter Bestätigung seines „anererbten adelichen Wappens" und mit der Bewilligung zur Führung des Prädikates „von Weinberg" ohne den Zunamen Kaschnitz, sowie der Rotwachsfreiheit. — (AA., BSB. 105, fol. 504; — Orig. Fam.)

1701 März 10, Wien: Derselbe verleiht dem vorgenannten Johann Baptist Kaschnitz von Weinberg das Inkolat im Ritterstande des Königreiches Böhmen und seiner inkorporierten Lande. — (AA., HKA.; — Orig. Fam.)

1767 August 18, Florenz: Johann Archinto, Erzbischof von Philippi, Apostolischer Nuntius in Florenz und Protonotar, ernennt auf Grund des ihm ddo. Rom, „apud S. Mariam Majorem" 16. Dezember 1768 von Papst Clemens XIII. verliehenen Privilegs den Johann Baptist Kaschnitz von Weinberg aus der Breslauer Diözese zum „Miles et Eques auratus et sacri palatii et aulae Lateranensis Comes" (Ritter vom Goldenen Sporn und Lateranensischen Pfalzgrafen). — (Orig. Fam.)

1786 Jänner 31, Wien: Kaiser Josef II. erhebt den k. k. Mährischen Gubernialrat und Kameralgüter-Oberdirektor Anton Valentin von Kaschnitz zu Weinberg in den Österreichisch-erbländischen Freiherrnstand mit Rotwachsfreiheit, dem Titel „Wohlgeboren“, der Bewilligung, sich nach den Gütern zu nennen und Wappenbesserung. — (AA., BSB. 250, fol. 110; — Mähr. LA., Majestquart. L, fol. 21. — II. Mittlere Linie.)

Wappen:

I. 1628 September 28: In Schwarz ein doppelschwänziger goldener Löwe, in den Vorderpranken ein „Salzküfel“ haltend. Auf dem Stechhelme mit schwarz-gelb gewundener, beiderseits abfliegender Binde und ebensolchen Decken zwischen rechts von Schwarz über Gelb und links farbengewechselt geteilten Büffelhörnern der goldene Löwe mit dem „Salzküfel“ wachsend.

II. 1701 März 10: Wie 1628, nur der Löwe mit einfachem Schwanz und ein „Küfel Salz“ vor sich haltend, anstatt des Stechhelmes ein Turnierhelm und die Decken golden gefüttert.

III. 1786 Jänner 31: Geviert mit Mittelschild; dieser in Silber auf grünem Hügel drei natürliche belaubte Weinstöcke mit blauen Trauben; 1 und 4 geteilt, oben in Gold ein einwärtssehender wachsender schwarzer Adler, unten in Blau zwei silberne Münzen nebeneinander; 2 und 3 wie der Schild von 1701, nur haltet der Löwe ein „goldenes Salzküffel“. Freiherrnkrone. Drei gekrönte Turnierhelme: auf I mit rechts schwarzgoldenen und links blau-„weißen“ Decken ein von den Knien wachsender Bauer in weißen Hemdärmeln, roter Weste mit goldenen Knöpfen, schwarzem Hut und ebensolchen Beinkleidern, im rechten Arme eine aufrechte natürliche Korngarbe haltend und die Linke in die Seite stemmend; auf II mit schwarz-goldenen Decken der wachsende schwarze Adler, dessen Flügel mit je einer silbernen Münze belegt sind; auf III mit blau-silbernen Decken das Helmkleinod von 1701, nur ist die Tingierung der Büffelhörner verwechselt und Gelb durch Gold ersetzt. Schildhalter zwei Bauern, ebenso gekleidet wie der als Kleinod des mittleren Helmes, mit schwarzen Stiefeln an den Füßen und im äußeren Arme je eine Korngarbe haltend.

Die Familie Kaschnitz (auch Khaschnitz und Käschnitz) ist in landesfürstlichen Diensten beim Salz- und Mautwesen und als Ratsgeschlecht der Stadt Gmunden bis in die zweite Hälfte des XVI. Jahrhunderts zu verfolgen.

Nach dem Ritterstandsdiplome von 1701 hatten die dort nicht genannten Vorfahren des Empfängers sich im oberösterreichischen Bauernkriege 1625/26 und den Kriegsnöten von 1632 dadurch besonders verdient gemacht, daß sie sich bei der Besetzung der Stadt Gmunden durch die Aufständischen und dann wieder durch die verschiedenen Kriegsvölker der allgemeinen Flucht der kaiserlichen Bediensteten nicht anschlossen, sondern auf ihren Posten bei der Salzkammer und dem Mautamte, nachdem sie schon seit 41 Jahren (also seit 1584) in diesen Ämtern gedient hatten, treu aushielten. Es bezieht sich dies offenbar auf Thobias Kaschnitz, des Rats und Spitalmeisters zu Gmunden, und dessen Brüder

Sebald und Christoph, die ddo. Gmunden, 28. September 1628 einen Palatinatswappenbrief mit Lehenartikel erlangt hatten.

Tobias Kaschnitz starb am 21. Dezember 1641 zu Gmunden und hinterließ die Witwe Maria Regina, geb. Rhankl, und einen 1629 zu Gmunden geborenen Sohn Hans Adam. Die Witwe vermählte sich in II. Ehe mit Johann Baptist Fasoldt von und zu Mühlwang († 11. März 1676). Dieser hatte ebenfalls im Bauernaufstande „sein Hab und Gut treulich daran gesetzt und sogar sein Wappen- und Adels-Brieff verlohren", wofür ihn Kaiser Ferdinand III. durch Verleihung des Forstmeisteramtes „über das Gebürg in Oesterreich ob der Ens" entschädigte, das er durch 38 Jahre verwaltete. Zu seinem ererbten Gute Mühlwang kaufte er am 2. April 1642 von Hans Georg Wankhamer von und zu Moos, Pflegsverwalter der Veste Eggenberg, den Freisitz Weinberg bei Gmunden (Traundorf Nr. 66, Georgstraße Nr. 28), den er 21. April 1671 an seinen Stiefsohn Hans Adam Kaschnitz und dessen Ehegattin Anna Elisabeth, geb. (Gastgeb) von Gastheimb um 1150 fl. Rh. und 12 Taler Leihkauf überließ. Hans Adam erscheint von da an, sowie alle seine Nachkommen, als „Kaschnitz zum (von) Weinberg".

Es geschah dies offenbar auf Grund des Gnadenbriefes ddo. Wien, 7. Februar 1662, durch den Kaiser Leopold I. dem Johann Baptist Fasoldt das Gut Mühlwang bei Gmunden zu einem „Land- und befreiten adeligen Gute" erhoben und ihm und seinen Erben gestattet hatte, sich „zu Mühlwang und Weinberg" zu nennen. Alleiniger Erbe war aber sein Stiefsohn Hans Adam Kaschnitz, der Weinberg noch bei seinen Lebzeiten übernommen hatte, Mühlwang aber nach Fasoldts Tode gegen andere Liegenschaften an Georg Ehrenreich Schifer Freiherrn zu Freyling und Taxberg vertauschte.

Hans Adam Kaschnitz zum Weinberg wurde 1678 als Nachfolger seines verstorbenen Stiefvaters Fasoldt kaiserl. Forstmeister „zu Gmunden und Neupau" und starb 26. Mai 1709 zu Gmunden (Grabmal zu Altmünster). Er war zweimal vermählt: I. mit Anna Elisabeth Gastgeb von Gastheimb, die am 22. April 1694 zu Gmunden unter Hinterlassung eines Sohnes (s. unten) starb, und II. seit 1695 mit Maria Jakobea (geb. 1673, † Gmunden 30. Dezember 1746), einer Tochter des Maximilian Ernst Schmidt von Schmidtberg, Herrn auf Mühlleiten und „kaiserl. Oberwasserseher auf der äußern Traun". Diesen beiden Ehen entsprossen folgende fünf Kinder:

I. Ehe: — 1. Johann Baptist, der allein den Stamm dauernd fortsetzte (s. unten).

II. Ehe: — 2. Achatz, der erst seinem Vater im Forstmeisteramte zu Gmunden und Neupau „adjungieret" war und dann als dessen Nachfolger diesem Amte „durch eine lange Reihe von Jahren lobwürdig vorstand".

3. Franz Adam, der sich dem geistlichen Stande widmete.

4. Ferdinand Maximilian, der bei seinem 1733 erfolgten Tode einen Sohn Franz, k. k. Münzmeister in Karlburg, hinterließ. Der Ehe dieses mit einer geborenen Kendler entstammten zwei Kinder: — (1) Johann, geb. Kremsier 29. Dezember 1745, † 1792

als k. k. Rittmeister im Chevauleger-Regimente FML. Andreas Freiherr Karaiczay de Vale-Saka (später Nr. 2, gegenwärtig Ulanen Nr. 7), und — (2) Anna, † 1824 im Orden der Englischen Fräulein zu Pesth (Budapest), mit denen dieser wappenmäßige Zweig erloschen ist.

5. Maria Regina Elisabeth, † 1743, verm. Korinberg bei Gmunden 1723 als dessen I. Gemahlin mit Elias Bernhard Josef Klinger von Klingerau († 1757), kaiserl. Kameralobereinnehmer zu Crajowa in der Walachei, der sich nach ihrem Tode in II. Ehe mit Barbara Franziska von Lambersky († 1777) verehelichte.

Johann Baptist Kaschnitz von Weinberg (s. oben 1.) hatte während vier Feldzügen in Ungarn die Generalfeldkriegskassa verwaltet und war zuletzt Generalkriegszahlamtsverwalter in der Markgrafschaft Mähren. Als solcher wurde er von Kaiser Leopold I. ddo. Wien, 10. März 1701 in den Böhmischen Ritterstand erhoben, sein „anererbtes adeliches Wappen" bestätigt, die Bewilligung erteilt, sich nach dem Prädikate „von Weinberg" allein zu nennen – wovon die Familie jedoch nie Gebrauch machte — und die Rotwachsfreiheit verliehen. Seit 1710 war er auch Röm. kaiserl. Rat. Er besaß außer seinem Stammgute Weinberg, in Mähren die fürsterzbischöfl. Olmützer Lehen Schlapanitz und Girzikowitz, sowie die Güter Hajan, Syrowitz und Talnitz. Seiner Ehe mit Therese von Müllern entstammten zwei Söhne:

1) Karl Adam, der sich 26. Mai 1707 zu Schlapanitz mit Anna Theresia, geb. von Ordonez, Witwe nach Maximilian Freiherrn Podstatzky von Prussinowitz, vermählte, die zum zweitenmal verwitwet 16. Dezember 1787 zu Sittenschitz starb. Von ihm stammte wahrscheinlich jener Johann Baptist Kaschnitz von Weinberg, der als Oberamtmann zu Welehrad genannt wird und der ddo. Florenz, 18. August 1767 von Johann Archinto, Erzbischof von Philippi, Apostolischem Protonotar und Nuntius am toskanischen Hofe, zum Ritter vom Goldenen Sporn und Lateranensischen Pfalzgrafen ernannt wurde.

2) Johann Baptist Josef, geb. Altmünster 15. Februar 1705, der 1728 als Expektant beim Tiroler Berg- und Schmelzwesen eintrat, dann die kursächsischen und hannoverschen Bergwerke besuchte und als Raitoffizier zur Hofkammerbuchhalterei kam. Seine reichen Fachkenntnisse bewirkten, daß er schon 1732 zur Verbesserung des Schmelz- und Rechnungswesens als Commissarius nach Schemnitz (Selmeczbánya), Kremnitz (Körmöczbánya) und Neusohl (Beszterczebánya) abgeordnet wurde. Durch seine Verbesserungen und besonders den von ihm angeregten erneuerten Abbau alter Schlackenhalden von ungenügend ausgebeuteten Gold- und Silbererzen erwuchs dem Ärar reicher Gewinn. Er wurde nun Administrator des „Niederhungarischen Obrist-Kammergrafenamtes zu Schemnitz", kam aber bald als Münzmeister an das Hauptmünzamt zu Wien. Von hier wurde er wieder als Hofkammer-Commissarius in die Oberungarischen Bergstädte, bald aber zur Wiederherstellung des arg in Verfall geratenen Quecksilberbergwerkes nach Idria abgeordnet, wo durch seine zweckmäßigen Einrichtungen in kurzer Zeit „für den Staat viele Millionen Gulden gewonnen wurden". Er kam nun als wirklicher Rat zum Münz-

und Bergwesens-Hofkollegium und zur Banatisch-illyrischen Hofdeputation, wurde Münzamtsinspektor und 1753 wirklicher Hofrat. Er führte in diesem Jahre noch die Einwechslung der verrufenen Münzen in Tirol durch, starb aber bereits 15. Juni desselben Jahres zu Wien. Vom väterlichen Gutsbesitze waren Weinberg und die Olmützer Lehen Schlapanitz und Girzikowitz auf ihn übergegangen. Er hatte sich 23. Jänner 1731 mit Maria Anna Elisabeth Schickmaier von Staindelbach (geb. 14. November 1709, † Wien 10. April 1769) vermählt und hinterließ folgende sechs Kinder:

(1) Ferdinand Josef Kajetan Alois, geb. Schemnitz (Selmeczbánya) 7. August 1736, von dem die I. Ältere Linie abstammt (s. unten).

(2) Johann Josef, geb. 1741, † 1767, k. k. Münzbuchhaltereiingrossist.

(3) Anton Valentin, geb. 7. Jänner 1744, der Stammvater der II. Mittleren Linie (s. unten).

(4) Ignaz, geb. 21. Jänner 1746, der die III. Jüngere Linie begründete (s. unten).

(5) Therese Cäcilie, verm. mit Franz Vinzenz Edlen von Scharff, Ritter, k. k. Hofrat und Salzoberamtmann zu Gmunden.

(6) Anna Josefa (Franziska) Xaveria Nepomuzena Thekla, geb. Wien (St. Stephan) 7. April 1751, † Oktober 1815 (?), verm. Wien (St. Stephan) 21. Jänner 1770 mit Ferdinand Ignaz Franz Xaver (Georg) Edlen von Mitis (geb. Kuttenberg 17. Juli 1742, † Wiener-Neustadt 14. März 1812), Herrn auf Kirchberg am Wechsel, Landstand in Niederösterreich, Besitzer einer „in edl Steinen gefaßten goldenen Gnaden-Medaille", wirkl. Hofrat der k. k. Hofkammer im Münz- und Bergwesen.

I. Ältere Linie.

Ferdinand Josef Kajetan Alois Kaschnitz von Weinberg, Ritter [s. oben (1)], erbte das alte Familiengut Weinberg, das er jedoch seinem Bruder Anton Valentin überließ. Er war k. k. Verpflegsverwalter und später Administrator der Martinsstiftung in Augsburg, wo er auch starb. Seiner Ehe mit Maria Anna Karoline de Crignis (geb. 2. November 1742) entsproß nur ein Sohn:

Franz de Paula Ferdinand Anton Matthias, geb. Augsburg 24. Februar 1765, † Wien 21. September 1836 als Offizial der k. k. Bergwerksprodukten-Verschleißdirektion. Dieser vermählte sich 179. mit Franziska Xaveria (geb. Prag 17. September 1777, † Wien 20. Jänner 1836), einer Tochter des Ignaz Edlen von Kendler († Wien 1822), k. k. Münzmeisters zu Prag, und der Sophie, geb. Wachtl, und hinterließ sieben zu Wien geborene Kinder:

1) Elisabeth, geb. 17. Juni 1797; — 2) Ferdinand Ignaz Benedikt, geb. 23. März 1799, † Wien 2. Oktober 1884, kaiserl. Rat, gew. Erzieher der Erzherzoge Rainer, Sigismund und Heinrich; — 3) Wilhelm, geb. 1801; — 4) Karl, geb. 1803; — 5) Sophie, geb. 19. September 1804, † Wien 21. Dezember 1868, verm. mit Christian Ritter v. Jordan (geb. Mannheim 1797, † Wien 4. Dezember 1878), EKO.-R.III., k. k. Oberfinanzrat i. P.; — 6) Josef Franz de Paula, geb. 11. Mai 1807, der allein Nachkommen hinterließ (s. unten I. Ältere Linie), und — 7) August Ignaz Franz, geb. 27. Juli 1809, † Samobor 27. Februar 1880, k. k. Hauptmann 1. Kl., Institutsoffizier

des Invalidenhauses zu Tyrnau (Nagyszombat), verm. mit Franziska Seraphine, geb. Gerdenich de Jerebich (geb. 4. Oktober 1842).

II. Mittlere Linie. (Wahrscheinlich erloschen.)

Anton Valentin, s. oben (3), der sich „von Kaschnitz zu Weinberg" schrieb, bildete sich nach Absolvierung seiner Studien in Wien auf dem Salzkammergute Gmunden und in den steierischen, salzburgischen und bayerischen Salzwerken im Bergwesen aus, wurde 1769 Raitoffizier bei der k. k. Bankohofbuchhalterei und 1773 Raitrat. Als solcher wirkte er bis 1780 als kaiserl. Kommissär im Salzkammergute und bei der Innerberger Hauptgewerkschaft mit großem Erfolge zur Verbesserung des Berg-, Wald- und Rechnungswesens. Kaiserin Maria Theresia ernannte ihn noch kurz vor ihrem Tode zum wirklichen Gubernialrate in Mähren, wo er 1780 mit der Oberdirektion der mährischen und schlesischen Kameral- und Exjesuitengüter, 1781 mit der Superintendentenstelle des Priesterhauses und späteren Generalseminars in Olmütz, 1782 mit der Administration der in Mähren gelegenen kaiserl. Familiengüter und des Wirtschaftswesens der kgl. Städte, dann 1784 mit jener der eingezogenen Klostergüter und der Stiftungsgüter der mährischen und schlesischen Bistümer betraut wurde. Im Jahre 1785 ernannte ihn der Kaiser zum Hofkommissär bei der Einrichtung der Grundsteuer in Mähren und Schlesien, übertrug ihm die Oberleitung dieses Geschäftes in Böhmen und Galizien und schickte ihn schließlich in der gleichen Eigenschaft nach Ungarn. Zur Belohnung seiner rastlosen Tätigkeit erhob ihn Kaiser Josef II. ddo. Wien, 31. Jänner 1786 in den Österreichisch-erbländischen Freiherrnstand mit dem Titel „Wohlgeboren", Wappenbesserung, Rotwachsfreiheit und dem Rechte, sich nach den Gütern zu nennen, schenkte ihm fl. 30.000 und verlieh ihm 1789 den Erbpacht der Staatsherrschaft Zdaunek in Mähren, sowie den Hofratscharakter. Nach des Kaisers Tode in den Ruhestand versetzt, zog er sich nach Kremsier zurück und beschäftigte sich besonders mit Verbesserung der Schafzucht auf seinen Gütern. Weinberg, das er von seinem älteren Bruder Ferdinand übernommen hatte, brannte 1775 vollständig aus und mußte mit Ausnahme der Hauptmauern neu erbaut werden. 1784 verkaufte Anton Valentin diesen Freisitz samt Untertanen und Zehenten um fl. 7000 an Alois Anton Schwarzeigl. Er starb 22. November 1812 zu Kremsier.

Anton Valentin Freiherr von Kaschnitz zu Weinberg hatte sich zweimal vermählt: I. Wien (St. Stephan) 21. November 1769 mit Maria Rosalia, einer Tochter des k. k. Hofrates Anton Bartholomäus Kotzian von Kronfeld und der Maria Anna, geb. Heilmayr, und II. als deren I. Gemahl mit Ludmilla (geb. 1786, † Graz 22. April 1817), einer Tochter des k. k. Hofrates .... von Schindler, die sich in II. Ehe mit Alexander Franz Freiherrn Csorich de Monte Creto (geb. Zengg 3. Oktober 1772, † Temesvár 4. März 1847), Ritter des Militär-Maria Theresien-Ordens, k. k. wirkl. Geheimen Rat, Feldmarschall-Leutnant und kommandierenden General im Banate etc., verehelichte.

Über die Deszendenz des Freiherrn Anton Valentin konnten nur die folgenden lückenhaften und wenig verläßlichen Nachrichten erlangt werden. Aus seiner I. Ehe sind vier Kinder bekannt: — 1. Julie, vermählte Jair; — 2. Karl, der allein diese Linie fortpflanzte (s. unten); — 3. Marie Rosalie, geb. Wien (St. Stephan) 27. Oktober 1775, † daselbst 10. Februar 1802, verm. mit Friedrich Siegmund Freiherrn von Vockel (geb. Wien 8. November 1772), Landstand in Mähren, Herrn auf Mannschatz, und — 4. Therese, † 9. November 1818, verm. mit Franz Freiherrn Podstatzky von Prussinowitz und Thonsern. Der II. Ehe entsprossen: — 5. Josefine und — 6. Rosalie, beide als Kinder † Prag 8., bezw. 15. Februar 1810 an Scharlach.

Karl Freiherr von Kaschnitz zu Weinberg (s. oben 2.) diente als k. k. Leutnant im Heere und war Besitzer der Herrschaft Mokrizon in Galizien. Mit seinen Kindern: — 1) Rosalie, verm. 1821 mit Victor Comte de Jugny (geb. Dijon 1780, † Kremsmünster 1838), k. k. Hauptmann i. P.; — 2) Josefa und — 3) einem Sohne unbekannten Vornamens, der noch 1842 als Finanzbeamter in Galizien gedient haben soll, dürfte diese Linie erloschen sein.

III. (nun II.) Jüngere Linie.

Ignaz Kaschnitz von Weinberg, Ritter, das (4.) Kind des Johann Baptist Josef (s. oben), wurde k. k. Bergwerks-Produktenverschleißfaktor zu Triest, wo er 1805 ein bedeutendes Quantum ärarischer Bergwerksprodukte unter persönlicher Gefahr vor den Franzosen rettete. Ebenso rettete er 1810 bei einer Feuersbrunst in Ofen einen großen Vorrat Quecksilber, wofür er mit der Großen goldenen Zivil-Ehrenmedaille ausgezeichnet wurde. Er starb zu Triest 8. April 1817. Seine am 30. August 1770 zu Wien, geschlossene Ehe mit Barbara († Mai 1812), einer Tochter des Josef Fälbel, des Äußeren Rates und Bürgerladverwalters zu Wien, und seiner Gemahlin Maria Anna, war mit achtzehn Kindern gesegnet, von denen nur die folgenden sechs die Volljährigkeit erreichten:

1. Anna, geb. 1772, † 1832, verm. mit Josef Leitner († Triest 25. Juni 1833), k. k. Bergwerks-Produktenverschleißfaktor zu Triest.

2. Ignaz, geb. 1776, † Nagybánya 1820, Bergwerksbeamter zu Nagybánya, aus dessen III. Ehe mit einer geborenen Türk ein Sohn Ignaz entsproß, von dem nichts weiter bekannt ist.

3. Justus, geb. Triest 5. Juli 1784, der diese Linie allein fortpflanzte (s. unten).

4. Ferdinand, geb. Wien 1789, k. k. Bergwerks-Produktenverschleißkontrollor, verm. I. mit Therese Kain († 1828) und II. mit Karoline, geb. Majer (geb. 1811, † 5. März 1875), welchen beiden Ehen folgende drei Kinder entstammten: — 1) Wilhelmine, geb. 1828; — 2) Rudolf, geb. 1835, und — 3) Karoline, geb. 1837, verm. mit Kajetan Cerri, k. k. Hof- und Ministerialsekretär.

5. Aloisia, geb. 1791, verm. mit Josef von Steinberg.

6. Josefa, geb. 13. April 1792, † 12. Mai 1879, verm. mit Anton Leitner von Leitenau (geb. 31. März 1785, † Wien 1851), k. k. Münzmeister in Mailand.

Justus Ritter Kaschnitz von Weinberg (s. oben 3.), † Wien 28. Juni 1852, k. k. Registrator und Expeditor der Montan-

und Hofbuchhaltung, verm. I. mit Susanne Tod (†1821), II. mit Therese Resch (†1823) und — III. mit Josefa Mayer (Tochter des 25. September 1842 zu Wien † Fabriks- und Hausbesitzers Anton M. und der 15. Mai 1845 ebendort † Magdalena, geb. Werili), geb. Wien 5. Jänner 1805, † daselbst 29. Juni 1871, gewann aus der ersten und dritten dieser Ehen folgende sechs Kinder, und zwar aus I. Ehe: — 1) Gustav, † 1836; — 2) Moriz, und aus III. Ehe: — 3) Magdalena, geb. Wien 7. Juli 1824, † daselbst 12. Februar 1900, verm. Wien 1. Februar 1854 mit Johann Nepomuk Meißl (geb. Wien 24. April 1825, † ebenda 3. November 1883), städt. Oberlehrer zu Wien; — 4) Karoline, † 1847; — 5) Sophie, † 1831; — 6) Julius Maria Josef Justus, geb. Wien 8. April 1843, dessen Nachkommenschaft die nun II. (ehemals III.) Jüngere Linie bildet (s. unten).

I. Ältere Linie.

Stifter: Ferdinand Josef Kajetan Alois Kaschnitz von Weinberg, Ritter, geb. Schemnitz (Selmeczbánya) 7. August 1736, † Augsburg, Verwalter der Martinsstiftung daselbst.

† Josef Franz de Paula Ritter Kaschnitz von Weinberg (6. Kind des 21. September 1836 zu Wien † Franz de Paula Ferdinand Anton Matthias Ritters K. v. W. und der 20. Jänner 1836 ebendort † Franziska Xaveria, geb. Edlen von Kendler), geb. Wien 11. Mai 1807, † Bruck a. d. Leitha .... 1886, k. k. Hauptmann d. R. (bis 1850 im Pionierkorps); — verm. Verona 19. März 1838 mit:

† Karoline, geb. Strenitzer (Tochter des 27. Dezember 1834 zu Verona † k. k. Armee-Bespannungskommandanten und Majors im Fuhrwesenkorps Franz St. und der ... März 1833 ebendort † Therese, geb. Söder), geb. Oberndorf (Niederösterreich) 21. Oktober 1810, † Wien 24. September 1895.

Kinder:

† 1. Marie, geb. Verona 6. Dezember 1838, † Wien 13. August 1880; — verm. Klosterneuburg 6. Oktober 1873 mit:

† Alois Horak von Plankenstein, geb. Olmütz 9. November 1838, † .... 1888, ...

† 2. Ferdinand, geb. Verona 30. Juli 1840, † Klosterneuburg 10. Februar 1875, k. k. Oberleutnant d. R. (bis 1871 im Infanterie-Regimente FML. Erzherzog Rainer Nr. 59).

3. August, geb. Wien 12. September 1847, EKO.-R.III., FJO.-R., k. k. Sektionschef und Vorstand der ökonomischen Sektion im Ministerium für Landesverteidigung, Chef der Landwehrintendanz; — verm. Pettau 26. April 1879 mit:

Emma, geb. Perko (Tochter des 4. Juli 1884 zu Radkersburg † Hausbesitzers Josef P. und der Elisabeth, geb. Amtmann), geb. Pettau 27. September 1857. — [Wien, XVIII. Anton Frankgasse 13.]

Kinder:

1) Paul, geb. Lemberg 13. November 1879, k. u. k. Leutnant im Tiroler Kaiserjäger-Regimente Nr. 3. — [Trient.]

† 2) Gisela, geb. Lemberg 11. Juli 1881, † Wien 26. Dezember 1884.
† 3) Ludwig, geb. Wien 18. Oktober 1883, † ebenda 7. Oktober 1884.
† 4) Ida, geb. Wien 17. Juni 1835, † ebenda 3. Jänner 1890.
5) Guido, geb. Wien 28. Juni 1890.
6) Rudolf, geb. Wien 17. April 1894.

†4. Karoline, geb. Klosterneuburg 8. Jänner 1850, † ebendort 30. Juli 1856.

II. (ehemals III.) Jüngere Linie.

Stifter: Ignaz Kaschnitz von Weinberg, Ritter, geb. .... 21. Jänner 1746, † Triest 8. April 1817, k. k. Bergwerks-Produktenverschleißfaktor daselbst.

Julius Maria Josef Justus Ritter Kaschnitz von Weinberg (6. Kind des 28. Juni 1852 zu Wien † Justus Ritters K. v. W. und dessen III. Gemahlin, der 29. Juni 1871 ebendort † Josefa, geb. Mayer), geb. Wien 8. April 1843, Oberkontrollor des Steueramtes der Stadt Wien i. R.; — verm. Ober-Grünbach bei Karlstein, Niederösterreich, 20. Februar 1871 mit:

Karoline, geb. Bentz (Tochter des 26. April 1848 zu Ober-Grünbach † Mühlen- und Realitätenbesitzers Michael B. und der Eva, geb. Achtsnit), geb. Ober-Grünbach 17. Februar 1846. — [Wien, III. Marxergasse 18.]

Söhne:

1. Justus Julius Karl Johann, geb. Wien 23. Oktober 1873, Offizial der Hauptkassa der Stadt Wien; — verm. Wien (St. Othmar) 20. Februar 1906 mit:
Milena, geb. Marcovits (Tochter des ... Juni 1897 zu Wien † Zuckerbäckers Mladen M. und der Anna, geb. Divits), geb. Wien 22. Juli 1883. — [Wien, III. Marxergasse 18.]

†2. Josef Julius Friedrich Alois, geb. Wien 23. November 1874, † ebenda 8. Juli 1903, Kanzleioffizial des Wiener Magistrates.

3. Julius Karl Friedrich Alois, geb. Wien 5. Juni 1876, Rechnungsoffizial der k. k. Niederösterr. Finanz-Landesdirektion; — verm. Wien (St. Othmar) 20. Februar 1906 mit:
Anna, geb. Heftner (Tochter des k. k. Universitätslaboranten Jakob H. und der 24. Juni 1901 zu Wien † Aloisia, geb. Graf), geb. Wien 21. September 1886. — [Horn.]

4. Karl Hans Maria, geb. Wien 26. Juni 1881, Rechnungsassistent der k. k. Niederösterr. Finanz-Landesdirektion; — verm. Wien 23. April 1906 mit:
Marie (Mizzi), geb. Wodniansky (Tochter des k. k. Postoberoffizials Karl W. und der Philomena, geb. Wurzer), geb. Wien 29. März 1888. — [Wien, III. Marxergasse 18.]

Vgl.: — Wurzbach XI, S. 19; — Brünner Adel. Taschenbuch, XVI 1891; — F. Krackowitzer, Geschichte der Stadt Gmunden in Oberösterreich, I. Bd., Wien 1898, S. 130, 133 u. 417.

von Kaufmann-Aßer.

Evangelisch A. B. und dissidentisch. — Preußen (Mark Brandenburg).

Verleihungen:

1870 April 2 (Allerhöchste Entschließung) und 15, Wien (Diplom): Kaiser Franz Joseph I. erhebt den Bankier in Cöln Jakob Kaufmann-Aßer als Ritter des Ordens der Eisernen Krone III. Klasse in ausnahmsweiser Anwendung der damaligen Ordensstatuten auf einen Ausländer in den Österreichischen Ritterstand und verleiht ihm ein Wappen. — (AA., HKA.; — Orig. Fam.)

1871 April 24, Berlin: Kgl. Preußische Genehmigung für denselben zur Führung des ihm vom Kaiser von Österreich verliehenen Ritterstandes unter dem Namen „Ritter von Kaufmann-Aßer", sowie des gleichzeitig verliehenen Wappens in Preußen. — (Orig. Fam.)

Wappen:

1870 April 15: Gespalten, vorne in Gold ein rechthalber schwarzer Adler am Spalt, hinten in Rot ein mit einer natürlichen Biene belegter silberner Schrägbalken. Zwei gekrönte Turnierhelme: auf I mit schwarz-goldenen Decken ein geschlossener, vorne schwarzer, hinten goldener Flug; auf II mit rot-silbernen Decken ein rot bewehrter silberner Hahn mit erhobener rechter Klaue.

---

† Jakob Ritter von Kaufmann-Aßer (mosaisch — Ritterstandserwerber — Sohn des .... 1773 zu .... geb. und 18.. zu Garzweiler, Regierungsbezirk Düsseldorf, † Kaufmannes daselbst Josef Kaufmann und der 18.. zu .... † Josefine, geb. Lövendahl), geb. Garzweiler 17. Juli 1819, ertrunken am Türmchen bei Longerich am Rhein 15. Dezember 1875, EKO.-R.III., Kaufmann und Bankier, sowie Konsul des Freistaates Paraguay zu Cöln a. Rh., Rittergutsbesitzer auf Welterode; — verm. Amsterdam 13. Februar 1845 mit:

† Henriette (Jettchen) Florina Rosa, geb. Aßer (mosaisch — Tochter des .... 18.. zu .... † Tobias A. und der .... 18.. zu .... † Karoline, geb. Itzig), geb. Amsterdam 9. April 1827, † Riehl 6. Juli 1885.

Kinder:

1. Adele Karoline Josefine, geb. Cöln a. Rh. 30. Dezember 1845; — verm. .... 18.. mit:

   Robert Eßer, geb. .... 18.., (Dr. jur.?), Rechtsanwalt zu Cöln a. Rh. — [Cöln a. Rh.]

2. Richard Franz Stanislaus (evangelisch A. B.), geb. Cöln a. Rh. 29. März 1849, Dr. jur., kgl. preuß. Geheimer Regierungsrat und o. ö. Professor der Volkswirtschaftslehre am Polytechnikum zu Charlottenburg; — verm. .... 18.. mit:

Marie Franziska, geb. Eitzbacher (evangelisch A. B. – Tochter des Kaufmannes zu Cöln a. Rh. Jakob Löb E. und der Emilie, geb. Kaulla), geb. Cöln a. Rh. 9. August 1868. – [Charlottenburg.]

Kinder (evangelisch A. B.):

1) Heinrich Jakob Emil Robert, geb. Aachen 1. August 1882, Dr. jur., Gerichtsreferendar. – [Charlottenburg.]

2) Emilie (Milly) Adele, geb. Berlin 6. Mai 1884.

3) Wilhelm Eduard Karl Richard, geb. Berlin 16. Mai 1888.

3. Ludwig Max Josef (dissidentisch), geb. Cöln a. Rh. 26. März 1851, Rentner (früher Architekt); – verm. Berlin 24. Oktober 1874 mit:

Bianka (Lina), geb. Landau*) (Tochter des 9. August 1882 zu .... † kgl. preuß. Geheimen Kommerzienrates, Gründers und Chefs des Bankhauses „Jakob Landau" zu Berlin und Herrn der Herrschaft Metten a. d. Sieg Jakob Landau*) [mosaisch] und der 28. Mai 1893 zu .... † Rosalie, geb. Ledermann), geb. Breslau 2. Mai 1853. – [Berlin.]

Kinder (evangelisch A. B.):

1) Herbert Jakob Ludwig, geb. Berlin 2. April 1876. – [Berlin.]

† 2) Edgar Jakob Ludwig, geb. Berlin 20. April 1877, † daselbst 18. August 1878.

3) Henriette (Hetti) Margot Irmgard, geb. Berlin 10. November 1880; – verm. Baden-Baden 28. Juni 1904 mit:

Ernst Ludwig Ferdinand Franz Xaver Fischler Grafen von Treuberg (römisch-katholisch), geb. Schloß Holzen, Regierungsbezirk Schwaben, geb. 20. November 1874, Herrn auf Holzen, kgl. bayer. Kämmerer und Leutnant i. d. R. des 1. Feldartillerie-Regimentes. – [Schloß Holzen.]

4) Günther Jakob Ferdinand Robert, geb. Berlin 20. Juni 1884. – [Berlin.]

Vgl.: – G. J. F. 1891, S. 43.

---

*) Jakob Landau (geb. Breslau 22. November 1822, † .... 9. August 1882), seit 1852 Chef des Berliner Bankhauses „Jakob Landau" etc., wurde vom Herzoge Alfred von Sachsen-Coburg und Gotha ddo. Gotha, 13. August 1881 in den Freiherrnstand erhoben. Dieser Freiherrnstand wurde jedoch in seinem Heimatstaate Preußen nicht anerkannt.

von Kees(s).

Römisch-katholisch. – Österreich (Niederösterreich und Steiermark).

Verleihungen:

1753 Mai 26, Wien: Kaiserin Maria Theresia erhebt den Niederösterreichischen Regimentsrat Johann Georg Keess mit dem Ehrenworte „Edler von", einem Wappen und der Rotwachsfreiheit in den Österreichisch-erbländischen Adelstand. – (AA., HKA.; – Orig. Fam.)

1764 Dezember 1, Wien: Kaiserin Maria Theresia verleiht dem Niederösterreichischen Regierungsrate und Kanzlei-Direktor der Niederösterreichischen Landrechte Franz Bernhard Edlen von Keeß den Österreichisch-erbländischen Ritterstand mit Wappenvermehrung. – (AA., HKA.; – Orig. Fam.)

1765 Juni 28, Wien: Der Niederösterreichische Ritterstand nimmt Dr. Franz Bernhard Edlen von Keeß in das Konsortium der Neuen niederösterreichischen Ritterstandsgeschlechter auf. – (Niederösterr. LA.; – Orig. Fam.)

1773 November 10, Wien: Vorrückung desselben unter die Alten niederösterreichischen Ritterstandsgeschlechter. – (Niederösterr. LA.; – Orig. Fam.)

Wappen:

I. 1753 Mai 26: In Blau ein goldener Löwe, in der rechten Vorderpranke eine natürliche Weintraube haltend. Auf dem gekrönten Turnierhelme mit blau-goldenen Decken der Löwe mit der Weintraube wachsend zwischen einem offenen, rechts von Schwarz über Silber, links von Gold über Blau geteilten Fluge.

II. 1764 Dezember 1: Geviert, 1 und 4 in Silber auf grünem Boden schreitend ein schwarzes Lamm und auf diesem stehend ein golden gekrönter schwarzer Adler (Orelli), 2 und 3 in Blau ein einwärts gewendeter goldener Löwe, in der rechten Vorderpranke eine natürliche Weintraube haltend (Keeß). Zwei gekrönte Turnierhelme: auf I mit schwarzsilbernen Decken zwischen rechts von Gold über Blau, links von Schwarz über Silber geteilten Büffelhörnern das Lamm mit dem Adler wie in 1 und 4 (Orelli); auf II Decken und Kleinod wie 1753 (Keeß).

Der Stammvater dieses Geschlechtes ist Jakob Keeß, der sich bei der Verteidigung der Stadt Lindau während des Dreißigjährigen Krieges hervorgetan haben soll und einen ebenfalls Jakob genannten Sohn hatte, der gräfl. Montfortscher Amtmann zu Tettnang wurde.

Dessen Sohn Johann Georg wurde 29. März 1673 zu Tettnang geboren, studierte in Wien und erlangte 24. November 1698 zu

Salzburg den juridischen Doktorgrad. Seit 5. Februar 1705 Ordinarius des kanonischen Rechtes an der Wiener Hochschule, wurde er 25. August 1709 Konsistorialrat, 20. Jänner 1716 Niederösterreichischer Regimentsrat, 21. Juli 1725 Kommerzrat und 4. Jänner 1732 Landschreiber in Niederösterreich. Er starb zu Wien 9. Jänner 1754 und wurde in der Franziskaner Kirche beigesetzt. Als juridischer Schriftsteller machte er sich besonders durch seinen „Commentarius ad Justiniani institutionum libros quatuor" bekannt, der zwischen 1711 und 1746 eine Reihe von Auflagen erlebte. Ein Jahr vor seinem Tode, ddo. Wien, 26. Mai 1753, verlieh ihm Kaiserin Maria Theresia den Österreichisch-erbländischen Adel mit „Edler von", dem oben sub I beschriebenen Wappen und der Rotwachsfreiheit. Er hatte sich 18. Mai 1711 zu Wien mit Maria Anna Klara († Wien 4. März 1742, 62 Jahre alt), einer Tochter des Karl Mansuet von Orelli und der Katharina, geb. Jovia, vermählt, welcher Ehe sieben zu Wien geborene Kinder entsprossen: — 1. Anna Katharina, geb. 28. Mai 1712, † Wien 16. Dezember 1801, verm. daselbst 10. Oktober 1734 mit Johann Georg Haan (geb. .... 17.., † .... 17..), k. k. Hofrat der Obersten Justizstelle, dessen Söhe ddo. Wien, 24. April 1779 den Österreichisch-erbländischen Ritterstand erlangten; — 2. Maria Christina, geb. 19. Juni 1713, † Wien 10. Juni 1759, verm. dort 12. Oktober 1749 mit Anton Mayer Edlem Herrn von Mayersfelsen, k. k. Hofkammerprokurator; — 3. Maria Antonia Innozenzia, geb. 29. April und † 31. Juli 1714; — 4. Maria Theresia Antonia, geb. 18. August und † 10. November 1715; — 5. Maria Theresia, geb. 30. September 1716, † Wien, verm. I. ebendort 18. Mai 1750 mit Stephan von Popovitsch, † Wien 1751), k. k. Kammer- und Lehensrat, und II. Wien 26. Juni 1752 als dessen II. Gemahlin mit Johann Adam Rochus Edlen von Gall (geb. Wien 16. August 1701, † daselbst 10. Oktober 1781, war in I. Ehe verm. mit Maria Rosalia Gabriela von Öttl), k. k. Niederösterreichischem Landrat; — 6. Maria Franziska, geb. 1. Februar und † 3. April 1718, und — 7. Franz Bernhard, geb. 11. November 1720, der den Stamm fortsetzte (s. unten).

Franz Bernhard Edler von Keeß (vorstehend 7.) wurde 27. März 1743 zu Innsbruck Doktor beider Rechte und begann seine Laufbahn 1744 als Sekretär beim Niederösterreichischen Landmarschallischen Gerichte. Er wurde 22. April 1782 Appellationsrat, 18. Mai 1792 Vizepräsident der Niederösterreichischen Landrechte, 1793 Ritter des kgl. ungar. St. Stephan-Ordens, 18. September 1795 Vizepräsident des Niederösterreichischen Appellationsgerichtes und im Oktober desselben Jahres wirkl. Geheimer Rat. Kaiserin Maria Theresia hatte ihn schon vorher als Niederösterreichischen Regierungsrat und Kanzlei-Direktor der Landrechte ddo. Wien, 1. Dezember 1764 unter Vereinigung seines Wappens mit dem der Familie von Orelli in den Österreichisch-erbländischen Ritterstand erhoben. Er erkaufte 1765 von den Karl Josef Freiherr von Waffenbergschen Erben den landtäflichen Turnhof zu Brunn am Gebirge (Perchtoldsdorferstraße 42), der 1792 wieder an Michael und Magdalena Held überging. Auf Grund dieses Besitzes, zu dem noch Grundherrlichkeiten zu Wendling und Pockfließ, Körnerzehende zu Straning Zinzendorfscher, sowie Untertanen und Grundholden Hardeggscher Lehenschaft zu

Gaubitsch kamen, wurde er ddo. Wien, 28. Juni 1765 in das Konsortium der Neuen Ritterstandsgeschlechter Niederösterreichs aufgenommen, am 17. Juli desselben Jahres introduziert und am 10. November 1773 in den Alten Ritterstand gesetzt. Er starb 30. Dezember 1795 und wurde in der Pfarrkirche zu Brunn am Gebirge beigesetzt. Er hatte sich zweimal vermählt: I. Wien 29. September 1745 mit Regina (geb. Krems 29. August 1729, † Wien 30. Jänner 1776), einer Tochter des Landschaftsphysikus Dr. med. .... Wallner, und II. Wien 15. September 1777 (Hof- und Burgpf.) mit Sophie Karoline von Mercier († Wien 19. Februar 1812, 76 Jahre alt), vormals Kammerfrau der verwitweten Kaiserin Maria Theresia. Aus seiner ersten Ehe stammten folgende sieben Kinder:

1) Franz Georg, geb. Wien 11. Jänner 1747, der allein die Familie fortpflanzte (s. unten).

2) Maria Theresia, geb. Wien 31. Juli 1748, † 8. Juli 1827, verm. I. 1775 mit Josef (Freiherrn) von Knorr (geb. 13. März 1746, † 1. Juni 1789), k. k. Hauptmann im Infanterie-Regimente FM. Karl Herzog von Braunschweig-Wolfenbüttel-Bevern (nun Nr. 29), zuletzt Niederösterreichischem Landrat, und II. 1790 als dessen II. Gemahlin mit Johann Josef Herrn von Stibar auf Buttenheim (geb. 1751, † Wien 13. Februar 1825, war in I. Ehe verm. mit Maria Eleonora, geb. Edlen von Schmied, † 10. Februar 1787), Obersterblandküchenmeister in Österreich ob und unter der Enns, Niederösterreichischem Land- und Regierungsrat und ständischem Verordneten des Ritterstandes, der ddo. Wien, 23. September 1795 von Kaiser Franz II. den Österreichisch-erbländischen Grafenstand mit der Bewilligung erhielt, sein „neuerbautes" (richtiger umgebautes) Schloß (Nieder-) Hausegg bei Gresten nun „Stiebar" zu nennen. Da beide Ehen des Grafen Stiebar kinderlos geblieben waren, vererbte er Stiebar (Hausegg) an seine Witwe Maria Theresia, geb. von Keeß, von der es an deren Nachkommen erster Ehe, die Freiherrn von Knorr, überging.

3) Franz Josef, geb. Wien 20. Dezember 1749, k. k. Rittmeister im Karabinier-Regimente Kronprinz Erzherzog Franz Nr. 2 (nun Dragoner-Regiment Nr. 1), verm. mit Josefa, geb. Lattky († Reichenberg 16. Oktober 1801).

4) Franz Adam, geb. Wien 24. Dezember 1751, † Zwettl 17. November 1834, studierte 1771 bis 1775 am Collegium Germanicum zu Rom, wo er am 20. März des letztgenannten Jahres zum Doktor der Theologie promoviert wurde. Seit 15. November 1777 Pfarrer zu Aspersdorf, wurde er 17. Dezember 1779 Konsistorialrat, 14. Juli 1784 Dechant des Dekanates außer dem Langen Tal, 25. April 1785 Stadtpfarrer zu Stockerau und endlich 5. September 1792 Infulierter Propst zu Zwettl.

5) Maria Anna, geb. Wien 14. Mai 1753, die als Kind starb.

6) Anton, der ebenfalls in der Kindheit starb.

7) Heinrich, geb. 1758, k. k. Hauptmann im Infanterie-Regimente FML. Friedrich Marquis Manfredini Nr. 12, starb als Rittmeister der Ersten Arcieren-Leibgarde zu Wien am 26. Dezember 1804.

Franz Georg Ritter von Keeß, s. oben 1), wurde 14. Oktober 1768 k. k. Truchseß, 12. November desselben Jahres Niederösterreichischer Land- und 14. April 1770 Regierungsrat, 9. April 1774 Hofkommissionsrat der Illyrischen Deputation und der Sanitätskommission und wurde nach dem Regierungsantritte Kaiser Josef II. 1780 als Referent in die Gesetzkompilations-Hofkommission berufen. Als solcher wurde er in den Jahren 1784 bis 1789 vom Kaiser, der ihn schon 25. Dezember 1782 mit dem kgl. ungar. St. Stephan-Orden ausgezeichnet hatte, mit verschiedenen wichtigen Untersuchungen und Regulierungen bei den Landesstellen in Vorder-, Inner- und Oberösterreich, Mähren, Böhmen und Galizien betraut. Er war einer der unermüdlichsten Mitarbeiter an den josefinischen Reformen, wobei er sich besonders durch die Redigierung einer Reihe der bedeutendsten damals entstandenen Gesetze und Instruktionen hervortat. Außer den von seinem Vater ererbten Zinzendorfschen und Hardeggschen Lehen besaß er durch einige Jahre gemeinsam mit seiner Gemahlin und deren Schwester das landtäfl. Gut Wiesen. Er starb am 6. August 1799 und wurde zu Brunn am Gebirge beigesetzt. Seit 22. Oktober 1769 war er mit Ernestine (geb. 24. Jänner 1754, † Wien 11. März 1801) vermählt, einer Tochter des Raimund Albrecht von Albrechtsburg, Herrn der Güter Freiseck und Wiesen, sowie der Herrschaft Strannersdorf, Niederösterreichischen Ritterstandsverordneten, und dessen II. Gemahlin Maria Anna, geb. von Hornig, verwitweten de Rossi, und gewann mit ihr folgende zwölf zu Wien geborene Kinder:

(1) Bernhard, geb. 11. Oktober 1770, kam aus der Theresianischen Militärakademie in Wr.-Neustadt als Stabskadett zum Infanterie-Regimente FM. Gideon Freiherr von Loudon Nr. 29, wurde am 4. Oktober 1788 als Leutnant des Dragoner-Regimentes Erzherzog Josef (Anton) von Toskana (nun Nr. 9) im Gefechte bei Orlovát verwundet und tat sich während der folgenden Kriege gegen Frankreich wiederholt in ausgezeichneter Weise hervor. So in den Niederlanden 1793 im Treffen am Mormaler Walde 14. September und bei Bouchin 15. Oktober als Oberleutnant und Adjutant des Generalmajors Grafen Bellegarde. Im Jänner 1795 zum Hauptmanne im Generalstabe befördert, geriet er bei der Insel Texel in Gefangenschaft, aus der er sich unter Lebensgefahr über die halb zugefrorene Zuidersee rettete. Am 18. Juli 1796 entschied er bei Wetzlar durch einen unvermuteten Angriff mit einer Division Chevaulegers auf eine feindliche Batterie das Schicksal des Tages. April 1797 wurde er Major im Dragoner-, späteren Chevaulegers-Regimente Kaiser Franz II. Nr. 1 (jetzt Ulanen-Regiment Nr. 6), kam 1799 als Geisel nach Alessandria, tat sich am 15. August dieses Jahres an der Spitze seiner Division besonders hervor, indem er an der Erbeutung von 20 Geschützen und der Gefangennahme eines Teiles der französischen Nachhut und des Generals Colli wesentlichen Anteil hatte. Mit der Siegesnachricht nach Wien gesendet, heftete ihm Kaiser Franz II. für seine Waffentaten am 21. November 1799 außer Kapitel das Ritterkreuz des Maria Theresien-Ordens an die Brust. Er wurde 1800 als Oberstleutnant bei Marengo gefangen und beim Übergange der französischen Armee über den Mincio am 26. Dezember 1800 auf der Anhöhe von

Valeggio dreimal verwundet und erlag am 28. in dem inzwischen von den Franzosen besetzten Villafranca seinen Blessuren.

(2) Ignaz Josef, geb. 4. Oktober 1771, † Wien 1817, wurde 28. Mai 1800 Ausschußrat und folgenden 29. November Verordneter des Niederösterreichischen Ritterstandes; später erhielt er auch das Ritterkreuz des Leopold-Ordens. Er vermählte sich 5. Juli 1797 zu Wien mit Maria Anna (geb. 30. September 1774, † Wien 15. Dezember 1816), einer Tochter des kurkölnschen Hofrates Peter Josef Freiherrn von Buschmann und der Walpurg, geb. von Aichen, welcher Ehe nur zwei Kinder entsprossen: – 1. Anna, geb. Wien 28. September 1806, † Schloß Schallaburg 23. September 1877, verm. Wien 9. August 1828 mit Karl Freiherrn von Tinti (geb. 27. August 1801, † Schallaburg 7. September 1852), Herrn und Landstand in Österreich unter der Enns, Herrn der vereinigten Fideikommißherrschaften Schallaburg, Sichtenberg und Plankenstein, k. k. Staats- und Konferenzratskonzipisten, und – 2. Josef, geb. 1808, † Wien 2. April 1839 als ständischer Buchhaltungsbeamter.

(3) Regina, geb. 1772, † als Kind.

(4) Maria Anna Franziska, geb. 4. Oktober 1773, † Wien 10. Juli 1842, verm. Wien 7. Mai 1801 mit Johann Nepomuk Josef Freiherrn von Bartenstein (geb. Wien 29. Mai 1771, † Baden 13. Juni 1843), k. k. Regierungsrat und Stadthauptmann zu Wien.

(5) Stephan, geb. 21. Oktober 1774, † Wien 13. Juni 1840, diente nach in Wien vollendeten Studien zuerst bei der Niederösterreichischen Regierung, dann durch viele Jahre als erster Kommissär und später Regierungssekretär bei der k. k. Niederösterreichischen Fabrikeninspektion, von wo er 1835 als Direktor an das Technische Kabinett des damaligen Kronprinzen, nachmaligen Kaisers Ferdinand, berufen wurde. Stephan Ritter von Kees hat sich als Technologe und Erfinder in hervorragender Weise um das Gewerbe- und Fabrikswesen Österreichs verdient gemacht. Die Schaf- und Baumwoll-, sowie Seidenmanufaktur, die Porzellan- und Metallwarenfabrikation, die Ölgewinnung etc. erfuhren durch ihn reiche Förderung. Er war auch literarisch tätig und legte eine bedeutende technologische Privatsammlung an, die nach seinem Tode in den Besitz des kgl. ungar. Nationalmuseums in Pesth (Budapest) überging. Seiner Ehe mit Elisabeth, geb. Friedrich, entstammten nur drei zu Wien geborene Töchter: – 1. Elisabeth, geb. 1801, † Klagenfurt 17. April 1863, verm. 28. August 1833 als dessen II. Gemahlin mit ihrem Schwager Josef Freiherrn von Lazarini (geb. Zobelsperg [Pf. Kopajn] 2. August 1802, † 21. Dezember 1868), k. k. Kämmerer und Postdirektor zu Klagenfurt, der sich nach ihrem Tode in III. Ehe 1864 mit Vinzenzia, geb. Gaschnig, vermählte; – 2. Anna, geb. 18.., † 18.., verm. 18.. mit .... von Schönheim; – 3. Ernestine, geb. Wien 11. März 1812, † 17. März 1832, verm. 31. Oktober 1830 als dessen I. Gemahlin mit Josef Freiherrn von Lazarini (s. vorstehend).

(6) Anna Maria, geb. 21. Mai 1778.

(7) Hugo, geb. 1779, † als Kind.

(8) Barbara, geb. 24. September 1780, † 1785.

(9) Georg, geb. 2. Oktober 1782, † Ofen (Budapest) 9. Februar 1826, widmete sich der Landwirtschaft und wurde k. k. Kameralpräfekt in Ungarn. Er vermählte sich 182. mit Anna, geb. Perler, verwitweten Ottilinger (geb. 1783, † 1864), aus welcher Ehe nur ein Sohn Ernst Georg, geb. Ofen (Budapest) 24. November 1822, stammte (s. unten).

(10) Ernst, geb. 20. Oktober 1783, † 6. Dezember 1824, k. k. Rittmeister und Eskadrons-Kommandant im Husaren-Regimente GdK. Michael Freiherr von Kienmayer Nr. 8.

(11) Karola, geb. 27. November 1784, † als Kind.

(12) Kamillo, geb. und † 1792.

---

† Ernst Georg Ritter von Kees (einziger Sohn des 9. Februar 1826 zu Ofen [Budapest] † Georg Ritters v. K. und der 23. März 1864 zu Preßburg [Pozsony] † Anna, geb. Perler, verwitweten Ottilinger), geb. Ofen (Budapest) 24. November 1822, † Graz 9. Juli 1906, LO.-GrK. (KD. des Ritterkr.), EKO.-R.I., MVK. (KD.), k. u. k. wirkl. Geheimer Rat, Feldzeugmeister d. R., Inhaber des Infanterie-Regimentes Nr. 85; — verm. Preßburg (Pozsony) 26. Juli 1853 mit:

† Marie, geb. Reichetzer (Tochter des .... 1892 zu Bazin [Bösing] † k. k. Münzamtkontrollors i. P. Moriz R. und der 17. April 1873 zu Pozsony [Preßburg] † Marie, geb. Kautsch), geb. Wien 13. November 1832, † 9. März 1895.

Kinder:

1. Georgine, geb. Bösing (Bazin) 26. Mai 1854; — verm. Wiener-Neustadt 3. Februar 1872 mit:
   Maurice Faber, geb. .... 1848. — [Madeira.]

†2. Marie, geb. Wien 21. Dezember 1855, † Nádas (Komitat Pozsony) 30. Oktober 1886; — verm. .... 12. Dezember 1885 mit:
   Ferdinand Krischker, geb. .... 18.., Gutsbesitzer zu Nádas. — [Nádas.]

†3. Bernhard, geb. Wien 22. November 1857, † .... 30. August 1895, Erzherzog Albrechtscher Ökonomieverwalter zu Magyaróvár (Ungar.-Altenburg); — verm. .... 4. Juni 1891 mit:
   Josefa, geb. von Libits (Tochter des .... 18.. zu .... † Erzherzog Albrechtschen Ökonomieverwalters Karl v. L. und der .... 18.. zu .... † Josefa, geb. von Bedőcs), geb. .... 18... — [Wien.]

4. Anna Stephanie Marie, geb. Szatmár 3. September 1859, — [Graz]; — verm. I. Kassa (Kaschau) 17. Mai 1883 mit:
   † Theodor Faber, geb. .... 9. März 1858, † Graz 20. April 1890, k. u. k. Oberleutnant d. R. (bis 188. im Infanterie-Regimente Nr. 81); — II. Wien 1. Juli 1893 mit:
   Heinrich Josef Franz Freiherrn von Hammer-Purgstall, geb. Theresienstadt 8. September 1852, Herrn der Fideikommißherrschaft Hainfeld in Steiermark, Obersterblandvorschneider in Steiermark, EKO.-R.III., FJO.-R., k. k. Hofrat bei der Statthalterei in Graz. — [Graz, Glacisstraße 37.]

5. Charlotte, geb. Wien 11. Oktober 1861; – verm. .... 14. April 1890 mit:
Emil Doležal, geb. .... 18. Dezember 1861, k. k. Rittmeister 1. Kl. der Berittenen Tiroler Landesschützen. – [.....]

6. Moriz, geb. Krakau 16. Juni 1867, k. u. k. Rittmeister 1. Kl. des Dragoner-Regimentes Oberst Erzherzog Josef Nr. 15. – [Brünn.]

†7. Elisabeth, geb. Wr.-Neustadt 12. Februar 1870, † Graz 18. Oktober 1905.

Vgl.: – F. K. Wißgrill, Schauplatz des landsässigen Niederösterreichischen Adels, V. Bd., S. 59; – J. Hirtenfeld, Der Militär-Maria Theresien-Orden und seine Mitglieder, I, S. 560; – Wurzbach XI, S. 116; – Brünner Adel. Taschenb. I 1870, III 1878, VIII 1883, XI 1886, XIV 1889 und XVII 1892; – A. von Vivenot, Geschichte der Familie von Vivenot, Wien 1902, S. 110 u. Beil. 6.

---

von Khloyber.

Römisch-katholisch. – Österreich (Böhmen) und Ungarn (Komitate Vas und Maros-Torda).

Verleihungen:

1610 Juli 6, Prag: Kaiser Rudolf II. verleiht dem Hans Khloyber unter Bestätigung seines adeligen Herkommens und Wappens den Rittermäßigen Reichsadel. — (AA., RA.; StA., RR.; — Orig. Fam.)

1614 ....: Publikation des Adels und Wappens im Eisenburger Komitate.

1839 .... Marosvásárhely: Publikation der durch König Ferdinand V. bewilligten Abschrift des Diplomes von 1610 durch die Generalkongregation des Komitates Maros-Torda.

Wappen:

1610 Juli 6: In Rot drei silberne Schrägbalken. Auf dem gekrönten Turnierhelme mit schwarzgelben Decken ein wachsender natürlicher Bär.

Ältere Geschichte und Genealogie, sowie der Personalstand der in Ungarn und Siebenbürgen blühenden Linien einem späteren Jahrgange vorbehalten.

— —

Linie in Österreich.

† Josef Ambrosius Leopold von Khloyber (Sohn des .... 18.. zu .... † k. k. Verpflegsoffiziers Leopold v. K. und der 8. November 1838 zu Wien † Anna Elisabeth, geb. Edlen von Hrdliczka), geb. Brzeżany 7. Dezember 1800, † Rovereto 29. Juli 1872, MVK. (KD.), k. k. Major d. R. (bis 18.. im Pionierkorps, dann bis 18.. im Armeestande und Platzkommandant zu Piacenza); — verm. Verona 11. Mai 1840 mit:

† Domitilla, geb. Contessa de Besi (Tochter des .... 18.. zu .... † Alessio Conte de Besi und der .... 18.. zu .... † Laura, geb. Contessa Schioppo), geb. Verona 11. Juni 1815, † ebendort 5. Juni 1842.

Kinder:

1. Leopold Alessio Josef Maria, geb. Verona 1. März 1841, FJO.-R., MVK., k. u. k. Generalmajor d. R.; — verm. Neuhaus, Böhmen, 28. Oktober 1877 mit:

   Franziska, geb. Slon (Tochter des .... 1852 zu Neuhaus † Bürgers und Realitätenbesitzers Franz S. und der 4. Oktober 1883 ebendort † Therese, geb. Maader), geb. .... 18... — [Leitmeritz.]

   Kinder:

   1) Domitilla Franziska Therese, geb. Neuhaus 18. September 1878.

   2) Leopoldine Amalie Karoline, geb. Neuhaus 1. November 1879.

   3) Aurelie Marie, geb. Neuhaus 17. April 1881; — verm. .... 16. April 1905 mit:

      Ludwig Lachnik, geb. .... 18.., k. u. k. Hauptmann 2. Kl. im Festungsartillerie-Bataillon Nr. 1. — [Trient.]

   † 4) Josef Franz, geb. Wittingau 10. Juli 1884, † ebendort 21. April 1885.

   5) Ludwig Franz, geb. Wittingau 16. Juli 1885, k. u. k. Kadett-Offiziersstellvertreter im Tiroler Kaiserjäger-Regimente Nr. 3.

2. Laura Margarete Katharina, geb. Verona 30. Oktober 1842. — [.....]

3. Domitilla Eleonore Amalie, geb. Wien 14. Juli 1847. — [.....]

4. Josefine Adelheid Regina, geb. Cassano d'Adda 30. September 1850. — [.....]

5. Anna Marie Karoline, geb. Piacenza 28. Mai 1855; — verm. Verona 23. Jänner 1904 mit:

   Alfredo Danese, geb. .... 18.., Grundbesitzer. — [.....]

Kiesewetter von Wiesenbrunn.

Römisch-katholisch. — Österreich (Kärnten), Ungarn (Kroatien) und Amerika.

Verleihung:

1843 Juli 30, Wien: Kaiser Ferdinand verleiht dem k. k. Hofrate und Referenten im Hofkriegsrate Raphael Kiesewetter den Österreichischen Adel mit dem Prädikate „Edler von Wiesenbrunn" und einem neuen Wappen. — (AA., HKA.; — Orig. Fam.)

Wappen:

I. Stammwappen: Geteilt, oben in Blau ein nacktes natürliches Knäblein, in der Rechten einen Apfel haltend und die Linke in die Seite stemmend, unten in Rot eine dreimal gewundene natürliche Schlange. Auf dem gekrönten Turnierhelme mit blau-roten Decken ein wachsender rot geflügelter Engel in weißem Gewande mit auf der Brust gekreuztem roten und blauen Bande, die Hände an den Gürtel legend. — (Alter Siebmacher I, 1605, fol. 157, unter „Meyßnische"— s. nebenstehende Abbildung.)

II. 1843 Juli 30: Geteilt, oben in Blau ein goldener Greif, in der rechten Vorderpranke eine ebensolche Schale an ihrem Stollen haltend, unten in Rot vier silberne Pfähle. Auf dem gekrönten Turnierhelme mit rechts blau-goldenen und links rot-silbernen Decken vier Straußenfedern, je eine goldene, blaue, silberne und rote.

Die in Österreich blühenden Kiesewetter von Wiesenbrunn sollen jenem altadeligen Geschlechte Kiesewetter oder Kiesenwetter entstammen, das seit der Mitte des XIV. Jahrhunderts (1349 Verteidigung der Stadt Görlitz) in der Oberlausitz und Schlesien erwähnt wird, sich später nach Sachsen und Meißen verbreitete und in der Stammheimat folgende Güter besaß: Deutsch-Paulsdorf, Nieda und das Majorat Reichenbach (Kreis Görlitz), Bohra, Scheibn und Wilka (Kr. Laubau), Öchelhermsdorf (Kr. Grünberg), Leipe (Kr. Hoyerswerda), Weißig (Kreis Bautzen) und Rossendorf bei Radeberg (Kr. Dresden).

Dr. Hieronymus „Kysweter", Sohn des 1522 auf Öchelhermsdorf gesessenen Noah, wurde kursächsischer Kanzler und soll 1586 eine Adelsrenovation erhalten haben. Dem wahrscheinlich Letzten der von ihm abstammenden Linie, Hans

Christian von Kiese(n)wetter, kgl. polnischen und kursächsischen General und Kriegsratspräsidenten, gestattete Kurfürst Friedrich August II. ddo. 13. Mai 1743 (Notifikationsreskript) die Übertragung seines Namens und Wappens auf seinen Großneffen und Adoptivsohn Rudolf von Wolffersdorf, kursächsischen Hof- und Justizrat.

Eine andere von Christian Otto Kiesewetter (geb. 1627) abstammende Linie blieb bis in das XIX. Jahrhundert in der Lausitz reich begütert, während die von dessen älterem Bruder Heinrich Abraham (geb. 1616, † Zittau 1656) entsprossene verarmte in fremde Länder kam und dort, bürgerlichen Gewerben nachgehend, ihren angestammten Adel nicht führte. Diesen soll Gottfried Kiesewetter angehören, der schwedischer Hofbuchhändler zu Stockholm und Upsala wurde, es wieder zu Vermögen brachte und ein Fräulein von Hattermann patrizischen Geschlechtes aus der Vorderstadt Güstrow heiratete. Ein Sohn dieser Ehe Ernst Gottfried Kiesewetter, herzogl. nassauscher Stallmeister und kurbrandenburgischer Hofrat, hatte in Mecklenburg die Herrschaft „Wopeckendorf" (Wöpkendorf) mit „Brunstorff und Kanneberg" für 100.000 Reichstaler erkauft und wurde von Kaiser Franz II. ddo. Wien, 5. August 1801 mit „von" und teilweiser Änderung des alten Wappens in den Reichsadelstand erhoben, worüber Herzog Friedrich Franz I. von Mecklenburg-Schwerin mit Reskript vom 5. Dezember desselben Jahres die landesfürstliche Anerkennung erteilte. Das Wappen zeigt nun in blauem Schilde auf grünem Rasen, der mit einer Schlange mit aufgewundenem Schwanze belegt ist, einen vorwärtsgekehrten nackten Jüngling mit silbernem Hüftschurz, in der Rechten ein goldenes Szepter und in der Linken eine ebensolche Kugel haltend, und dazu auf gekröntem Turnierhelme mit blaugoldenen Decken das Kleinod des Stammwappens.

Die nun in Österreich blühende Linie stammt wahrscheinlich von jener auf Rossendorf, die bis gegen Ende des XVII. Jahrhunderts in der Umgebung von Bautzen begütert war, dann jedoch ebenfalls verarmte. Zuletzt werden dort zwei Brüderpaare evangelischen Bekenntnisses genannt: Johann Georg der Ältere, geb. 1642, und Hans Heinrich, geb. 1650, dann Georg Heinrich, geb. 1674 und Johann Georg der Jüngere, geb. 1680, über deren unmittelbare Nachkommenschaft nichts bekannt ist.

Von einem der letztgenannten könnte Johann Georg Kyßewetter herstammen, der wahrscheinlich bereits der römisch-katholischen Kirche angehörte, einige Zeit zu Wiese (Wiesau) bei Neisse lebte und zwei Söhne hinterließ:

1. Alois Ferdinand, geb. Wiese 10. Juni 1738, der den Stamm nach Österreich verpflanzte (s. unten), und

2. Ludwig, geb. 1745 (?), † Nußloch bei Heidelberg 3. August 1797 als k. k. Major.

Alois Ferdinand Kyßewetter (später auch Kiesewetter — s. oben 1.) studierte an der Wiener Universität, erwarb dort zuerst das philosophische Doktorat und wurde am 12. Juni 1766 „sub praesidio Majestatis" zum Doktor der Medizin promoviert. Er kam nun zunächst als Arzt nach Langenlois, dann nach Holleschau und schließlich als k. k. Kreisphysikus nach Ungarisch-Hradisch.

14

Er gab 1772 eine Beschreibung des Trencsiner Warmbades heraus, dann eine des Buchlauer Bades, entdeckte 1793 den Luhatschowitzer Gesundbrunnen und starb am 25. Juli desselben Jahres an seinem Amtsorte. Außer mehreren Töchtern entstammten ihm folgende drei Söhne:

1) Raphael, geb. Holleschau 29. August 1773, † Baden bei Wien 1. Jänner 1850, der in Olmütz Philosophie und in Wien die Rechte studierte, 1794 bis 1801 in der Kriegskanzlei der Reichsarmee in Verwendung stand und 1807 Hofrat und Referent im Hofkriegsrate wurde, wo er 1812 bis 1815 im Sanitäts- und dann bis 1835 im Erziehungs- und Bildungsdepartement tätig war. Er war ein hervorragender Sammler, Forscher und Schriftsteller auf dem Gebiete der Musikgeschichte. Kaiser Ferdinand erhob ihn ddo. Wien, 30. Juli 1843 in den Österreichischen Adelstand mit dem Prädikate „Edler von Wiesenbrunn" und einem ganz neuen Wappen, trotzdem bis dahin er, seine Brüder, sein Vater und Oheim Ludwig sich immer des alten Stammwappens der Familie bedient hatten. Seine Nachkommenschaft siehe unten.

2) Emmerich, geb. Ungar.-Hradisch 28. Oktober 1777, † Brünn ... September 1857, Amtsprotokollist und später Staatsgüteradministrator in Brünn. Ohne Söhne.

3) Bernhard (Wilhelm), geb. Ungar.-Hradisch 3. Oktober 1781, wurde als Hauptmann des Infanterie-Regimentes FZM. Wilhelm Freiherr von Kerpen Nr. 49 im Gefechte an der „Schwarzen Lacke" 13. Mai 1809 schwer verwundet und starb am folgenden Tage zu Stammersdorf.

---

† Raphael Kiesewetter Edler von Wiesenbrunn (Adelserwerber — älterer Sohn des 25. Juli 1793 zu Ungarisch-Hradisch † Dr. phil. et med. Alois Ferdinand Kiesewetter und der .... 17.. zu .... † ...., geb. Bostiech), geb. Holleschau 29. August 1773, † Baden bei Wien 1. Jänner 1850, k. k. Hofrat und Referent im Hofkriegsrate, Musikschriftsteller; — verm. .... 18.. mit:

† Jakobine, geb. Cavallo (Tochter des .... 18.. zu .... † Kaufmannes zu Heidelberg .... C. und der .... 18.. zu .... † ...., geb. Kranzler), geb. .... 17.., † Döbling (Wien) 21. Juli 1883.

Kinder:

† 1. Karl, geb. Wien .... 1801, † Mailand .... 1854, k. k. Kameralrat.

† 2. Therese, geb. Wien 21. Februar 1802, † .... 29. Dezember 1867; — verm. .... 18.. mit:

† Alois Silverius Ritter Kremer von Auenrode, geb. .... 1796, † Wien 26. Oktober 1852, Dr. jur., LO.-R., k. k. Hofrat.

† 3. Julius, geb. Wien .... 1804, † Gmunden 11. Mai 1862, EKO.-R.III., (KD.), MVK. (KD.), Generalmajor d. R.

† 4. Guido, geb. Wien 20. November 1806, † Klagenfurt 2. April 1896, k. k. Major, Talsperrekommandant für Malborghetto und Predil; — verm. .... 18.. mit:

Antonie, geb. Habenicht (Tochter des .... 18.. zu .... † Stadtarztes zu Pilsen Dr. med. Josef H. und der .... 18.. zu .... † ...., geb. Krasni), geb. Pilsen 4. Dezember 1826, † .... 18. Oktober 1900.

Kinder:

1) Wilhelm, geb. Pilsen 12. März 1844, MVK. (KD.), k. u. k. Major d. R. (bis 1892 im Infanterie-Regimente FZM. Erzherzog Friedrich Nr. 52); — verm. Laibach 27. Jänner 1881 mit:

Paula, geb. Ramm (Tochter des Albert R. und der Amalie, geb. Jager), geb. Laibach .... 1844. — [Klagenfurt.]

2) Ida, geb. Budua bei Cattaro 4. August 1845, — [Klagenfurt]; — verm. .... September 1870 mit:

† Franz Herzmann von Sannwerd, geb. .... 18.., † Klagenfurt 5. Mai 1906, MVK., k. k. Oberstleutnant d. R.

3) Ernst, geb. Mula bei Cattaro 2. September 1847, MVK. (KD.), k. u. k. Major d. R. (bis 18.. im Infanterie-Regimente ....); — verm. .... 187. mit:

Emilie, geb. Reiner (Tochter des .... R. und der ...., geb. ....), geb. .... 18... — [Klagenfurt.]

Kinder:

(1) Ida, geb. Judenburg 16. August 1877.
(2) Hedwig, geb. Judenburg 13. März 1879.
(3) Otto, geb. Mähr.-Weißkirchen 19. Dezember 1881, k. u. k. Oberleutnant und Bataillonsadjutant im Infanterie-Regimente GM. Erzherzog Ferdinand Nr. 48. — [Sopron.]
(4) Irene, geb. Fischau bei Wr.-Neustadt 5. Dezember 1886.

4) Artur, geb. Baden bei Wien 13. August 1849, Kaufmann und Hausbesitzer. — [Klagenfurt.]

5) Otto, geb. Brixen 7. Februar 1851. — [Alt-Gradiska.]

†6) Ubald, geb. Brixen .... 1852, † Tarvis .... 1854.

7) Zeno, geb. Brixen .... 1854. – [Amerika.]

8) Friederike, geb. Tarvis 21. Februar 1856, – [Wien]; — verm. .... 18.. mit:

† Karl Ritter Stummer von Traunfels, geb. .... 18.., † .... 18...

† 5. Irene, geb. Wien 27. März 1811, † Graz 7. Juli 1872; — verm. .... 25. November 1832 mit:

† Anton Grafen Prokesch von Osten, geb. Graz 10. Dezember 1795, † Wien 26. Oktober 1876, gew. Landstand in Steiermark. Ehren-Dr. phil. der Universität Graz, StO.-Gr.K. LO.-Gr.K., k. k. wirkl. Geheimer Rat, außerord. und bevollmächtigter Botschafter (bis 1871 bei der hohen Pforte in Konstantinopel) i. R. und Feldzeugmeister a. D., Mitglied des Herrenhauses

auf Lebensdauer, wirkl. Mitglied der kaiserl. Akademie der Wissenschaften in Wien etc.

Vgl.: – Lausitzisches Magazin 1768, 4. Stück, vom 29. Februar und 1770, 3. Stück, vom 14. Februar; — Neuer Siebmacher II, 3 (O. T. v. Hefner, Der Adel des Königreiches Sachsen), S. 34 u. Taf. 37, — III, 2 (O. T. v. Hefner, A. Grenser u. A. G. v. Mülverstedt, Der blühende Adel des Königreiches Preußen), S. 199 u. Taf. 248, — IV, 8 (A. M. Hildebrandt, Der Kärntner Adel) S. 169 u. Taf. 17, und – VI, 8 Blažek, Der abgestorbene Adel der Preußischen Provinz Schlesien), III. Th., S. 89 u. Taf. 56; — Wurzbach XI, S. 251; — Allg. Deutsche Biographie XV, S. 731.

---

von Kißling.

Römisch-katholisch. – Österreich (Steiermark, Niederösterreich) und Ungarn.

Verleihung:

1796 Februar 19, Wien: Kaiser Franz II. erhebt den Senator und gewesenen Oberkämmerer der kurmainzischen Stadt Heiligenstadt Christoph Kißling in den Reichsritterstand mit einem Wappen und unter dem Namen „Edler von Kißling, des Heiligen Römischen Reiches Ritter. — (AA., RA.; — StA., RRB.; — Orig. Fam.)

Wappen:

1796 Februar 19: Gespalten vorn in Rot drei goldene Schrägbalken, hinten in Silber ein rot gekrönter und ebenso gewaffneter linkhalber schwarzer Adler am Spalt. Zwei gekrönte Turnierhelme: auf I mit rot-goldenen Decken ein geschlossener, vorn von Gold über Rot, hinten aber farbengewechselt geschrägter Flug; auf II mit schwarz-silbernen Decken drei schwarze Straußenfedern.

Christoph Kißling (geb. 1718, † 1798) hatte von 1772 bis 1794 das Amt eines Oberkämmerers der Stadt Heiligenstadt im Kurmainzischen bekleidet, 1780 eine Ratsstelle daselbst erlangt und durch seine Amtsführung nicht nur „den Beifall des Stadt-Publikums" und „die besondere Zufriedenheit der Landesregierung" in hohem Maße erworben. Da er auch „hinlänglich gesegnet mit zeitlichen Glücksgütern" war, bat er „zu mehrerer Beförderung des Fortkommens seiner beiden Söhne Christoph und Joseph Kißling, deren ersterer den Schulen zu Heiligenstadt als Direktor und Professor der Logick, Phisick und Metaphisick durch 22 Jahre rühmlichst vorstand, der andere aber beider Rechte Doktor und Hof- und Gerichtsadvokat in der kaiserl. Residenzstadt Wien ist", um die Verleihung des Reichsritterstandes. Kaiser Franz II. gewährte ihm diese ddo. Wien, 19. Februar 1796 mit dem oben beschriebenen Wappen und unter dem Titel „Edler von Kißling, des Heiligen Römischen Reiches Ritter". Die beiden vorgenannten Söhne stammten aus seiner Ehe mit Katharina Pistorius.

Der jüngere Sohn Josef Edler von Kißling, des Heil. Röm. Reiches Ritter, geb. Heiligenstadt 1757, wurde an der Wiener Universität Doktor beider Rechte, Hof- und Gerichtsadvokat und geschworener Notar zu Wien, dann 1806 k. k. Niederösterr. Landrat und 1808 k. k. Truchseß, starb aber schon am 26. Juli des letztgenannten Jahres. Seine Nachkommenschaft blüht in Österreich (s. unten).

---

† Karl Ritter von Kißling (ältester Sohn des 26. Juli 1808 zu Wien † k. k. Niederösterr. Landrates und Truchsessen Dr. jur. Josef Edlen von Kißling, des Heil. Röm. Reiches Ritter, und der .... 18.. zu .... † ...., geb. ....), geb. Wien ... Jänner 1797, † Schärding 2. Juni 1842, k. k. Leutnant, später Zivilbeamter; — verm. I. .... 18.. mit:

† Antonie, geb. Kudelka (Tochter des .... 18.. zu .... † .... K. und der .... 18.. zu .... † ...., geb. ....), geb. .... 17.., † Prag .... 1829 — (war in I. Ehe verm. .... 23. Mai 1813 mit † Johann Nepomuk Ritter von Ostermann, geb. Szegedin [Szeged] 7. September 1785, † Fiume 1. Jänner 1820, k. k. Hauptmann im Infanterie-Regimente FM. Anton Fürst Czartoryski-Sanguszko Nr. 9); — II. .... 18.. mit:

† Elise, geb. Fink (Tochter des .... 18.. zu .... † .... F. und der .... 18.. zu .... † ...., geb. ....), geb. .... 18.., † .... 18..; — III. .... 18.. mit:

† Karoline, geb. Wassermann (Tochter des .... 18.. zu .... † .... W. und der .... 18.. zu .... † ...., geb. ....), geb. .... 18.., † .... 26. Oktober 1873.

Stiefkinder (aus der I. Ehe der I. Gemahlin):

†a) Josef Ritter von Ostermann, geb. Olmütz 5. April 1814, † Liebenau, Böhmen, 18. November 1872, k. k. Hauptzollamtskontrollor i. P.

b) Anna Johanna Antonie Florentine von Ostermann, geb. Olmütz 25. Februar 1820, — [....]; — verm. Dresden ... 18.. mit:

† Christian Heinrich August Siemers, geb. .... 18.., † .... 30. November 1876, Klaviervirtuosen.

Kinder: a) I. Ehe:

† 1. Karl, geb. Wien 24. Dezember 1825, † Baden bei Wien 10. September 1905, Dr. jur., k. k. Regierungsrat und Notar zu Linz; — verm. Taufkirchen 20. September 1852 mit:

† Elise (Lizza) geb. Dabon (Tochter des .... 18.. zu .... † .... D. und der .... 18.. zu .... † ...., geb. ....), geb. .... 19. Dezember 1832, † Baden bei Wien 23. Juni 1906.

Kinder:

† 1) Karl, geb. Salzburg 19. Juli 1853, † Taufkirchen 31. Juli 1876.

2) Otto, geb. Neumarkt bei Salzburg 16. Oktober 1855, k. u. k. Oberstleutnant im Infanterie-Regimente FZM. Otto Morawetz von Klienfeld Nr. 61; — verm. Goisern 28. August 1883 mit:

Ida, geb. Hentzi Edlen von Arthurm (Tochter des .... H. Edlen v. A. und der ...., geb. ....), geb. Budweis 3. Oktober 1857. — [Temesvár.]

Kinder:

(1) Veronika, geb. Linz 8. Juli 1884.
(2) Otto, geb. Linz 2. Juni 1886.
† (3) Lizza, geb. Pozsony (Preßburg) 6. Februar 1891, † ebendort 23. Jänner 1892.
(4) Herbert, geb. Tulln 1. November 1898.

3) Klaudius, geb. Neumarkt bei Salzburg 11. November 1858, Dr. jur., Advokat und Bürgermeister der Stadt Knittelfeld; — verm. .... 27. April 1886 mit:

Johanna, geb. Wessely (Tochter des Hans W. und der ...., geb. ....), geb. .... 24. Mai 1864. — [Knittelfeld.]

Kinder:

(1) Margarete, geb. Meran 19. März 1887.
(2) Gertrud, geb. Meran 18. Juni 1892.
(3) Kurt, geb. St. Johann i. Pongau 4. März 1894.
(4) Roswita, geb. St. Johann i. Pongau 6. April 1896.
(5) Elfriede, geb. St. Johann i. Pongau 27. März 1897.

4) Hermann, geb. Linz 3. Oktober 1865, Dr. med.; — verm. Freiburg i. Br. 23. September 1896 mit:

Luise Sophie Amalie Emma, geb. Freiin Goeler von Ravensburg (Tochter des .... 19.., zu .... † großherzogl. badischen Kammerherrn und kgl. preuß. Rittmeisters a. D. Felix Viktor Freiherrn G. v. R. und der Amalie, geb. von Porbeck), geb. Karlsruhe 29. Dezember 1867. — [Baden bei Wien.]

Kinder:

(1) Jutta, geb. Riva 19. Juli 1897.
(2) Luitgarde, geb. Riva 26. Jänner 1899.

† 5) Lizza, geb. Linz 21. Juni 1870, † ebendort 31. Mai 1885.

b) II. Ehe:

† 2. Viktor, geb. Braunau a. Inn 16. Februar 1838, † Leoben .... 1898; — verm. Wien 3. November 1860 mit:

† Hermine, geb. Markowitsch (Tochter des .... 18.. zu .... † .... M. und der .... 18.. zu .... † ...., geb. ....), geb. .... 18.., † .... 9. September 1898.

Tochter:

Marie, geb. Salzburg 14. September 1868; — verm. Leoben 24. August 1892 mit:

Emil Greising, geb. .... 18.., Dr. jur., Advokaten in Leoben. — [Leoben.]

†3. Adolf, geb. Schärding 2. Juli 1841, † Linz 6. Juli 1901, Dr. med., k. k. Statthaltereirat und Landes-Sanitätschef i. R.; — verm. Braunau a. Inn 20. September 1868 mit:

Karoline, geb. Haala (Tochter des .... H. und der ...., geb. ....), geb. .... 18... — [Linz.]

Kinder:

†1) Adolf, geb. Urfahr 28. Juni 1869, † Linz 22. Jänner 1906, Dr. med.

2) Karoline, geb. Urfahr 25. Juni 1874; — verm. Linz 22. September 1895 mit:

Karl Benesch, geb. .... 18.., k. u. k. Oberleutnant im Infanterie-Regimente Viktor Emanuel III. König von Italien Nr. 28. — [Budweis.]

3) Theodora, geb. Linz 23. Dezember 1877; — verm. .... 18.. mit:

Max Spačil, geb. .... 18.., k. u. k. Oberleutnant und Bataillonsadjutant im Infanterie-Regimente Viktor Emanuel III. König von Italien Nr. 28. — [Budweis.]

Vgl.: — Brünner Adel. Taschenb. III 1878 u. X 1885.

---

von Kleeborn

s. Girtler von Kleeborn.

---

* Klimbacher von Rechtswahr.

Römisch-katholisch. — Österreich (Steiermark und Kärnten).

Verleihung:

1896 Jänner 29 (Allerhöchste Entschließung) und Juni 8, Wien (Diplom): Kaiser Franz Joseph I. verleiht dem k. k. Hofrate und Vizepräsidenten des Oberlandesgerichtes in Graz Karl Klimbacher den Österreichischen Adel mit dem Prädikate „Edler von Rechtswahr" und einem Wappen. — (AA., HKA.; — Orig. Fam.)

Wappen:

1896 Juni 8. In Rot ein von zwei sechsstrahligen goldenen Sternen begleitetes rot verschnürtes silbernes Liktorenbündel mit Beil. Auf dem gekrönten Turnierhelme mit rotsilbernen Decken drei Straußenfedern, eine silberne zwischen zwei roten.

Karl Klimbacher Edler von Rechtswahr (Adelserwerber — Sohn des 4. Juli 1856 zu Tarvis † k. k. Steuereinnehmers Josef Klimbacher und der 21. November 1895 zu Graz † Josefa, geb. Ruttner von Grünberg), geb. St. Gertraud im Lavanttal 23. Jänner 1824, LO.-R., EKO.-R.III., k. k. Hofrat i. R. (bis 1897 Vizepräsident des k. k. Oberlandesgerichtes in Graz); — verm. Klagenfurt 31. Mai 1858 mit:

Hemma, geb. Edlen von Millesi (Tochter des 22. Juni 1858 zu Klagenfurt † gew. ständischen Verordneten Josef Klemens Ritters von Millesi und der 2. November 1838 ebendort † Hemma, geb. Freiin Huebmershofen von Silbernagel), geb. Villach 15. März 1824. — [Graz, Villefortgasse 13.]

Kinder:

1. Karl, geb. Graz 9. August 1864, Dr. jur., k. k. Gerichtsadjunkt und Leutnant i. d. Evidenz des Landwehr-Infanterie-Regimentes Graz Nr. 3; — verm. Graz 20. November 1891 mit:

Margarete, geb. Müller (Tochter des kaiserl. Rates und Generalsekretärs i. R. der k. k. Landwirtschaftsgesellschaft in Steiermark Friedrich M. und der Amalie, geb. Doleschalek), geb. Pettau 9. August 1870. — [Graz, Villefortgasse 15.]

2. Erich, geb. Graz 9. Juli 1867, k. u. k. Hauptmann 2. Kl. im Infanterie-Regimente FZM. Eduard Freiherr Succowaty von Vezza Nr. 87; — verm. Triest 31. Mai 1893 mit:

Hermine, geb. Pfeifer (Tochter des 20. Dezember 1867 zu Triest † Kaufmannes Heinrich Pf. und der 31. September 1890 ebendort † Henriette, geb. ....), geb. Triest 24. Dezember 1865. — [Pola.]

Kinder:

1) Erika, geb. Triest 29. April 1894.
2) Hermann, geb. Pola 4. August 1899.

---

von Kölbl.

Römisch-katholisch. — Österreich (Niederösterreich).

Verleihung:

1898 August 2, Wien: Kaiser Franz Joseph I. verleiht dem k. u. k. Hauptmanne 2. Kl. d. R. Josef Kölbl den Österreichischen Adelstand mit dem Ehrenworte „Edler von" und einem Wappen. — (AA., HKA.; — Orig. Fam.)

Wappen:

1898 August 2: In Blau überhöht von drei silbernen Sternen nebeneinander eine schräglinke goldene Armbrust, gekreuzt mit einem schrägen blanken Schwerte an goldenem Griffe. Auf dem gekrönten Turnierhelme mit rechts blau-silbernen und links blau-goldenen Decken ein wachsender goldener Löwe.

---

† Josef Edler von Kölbl (Adelserwerber — Sohn des .... 18.. zu Pardorf, Mähren, † Wirtschaftsbesitzers Matthias K. und der .... 18.. zu .... † Anna Maria, geb. Penisch), geb. Pardorf 12. April 1819, † Freistadt, Schlesien, 6. November 1899, k. u. k. Hauptmann d. R. (bis 18.. im Infanterie-Regimente GL. und FM. Erzherzog Karl Nr. 3; — verm. .... 15. Oktober 1871 mit:

† Sophie, geb. Dambek (Tochter des .... 18.. zu .... † kgl. böhmisch-ständischen Expeditors Karl D. und der .... 18.. zu .... † Therese, geb. Untermüller), geb. Prag 8. Mai 1845, † ebendort 5. Dezember 1890.

Söhne:

1. Rudolf, geb. Pardorf 20. Jänner 1873, Dr. jur., k. k. Ministerial-Vizesekretär im Ministerium des Innern — [Wien, XVII. Pezzlgasse 22]; — verm. I. .... 8. Februar 1899 mit:

† Marie, geb. Karas (Tochter des Wirtschaftsbesitzers in Přívětic, Böhmen, Josef K. und der Barbara, geb. Seifert), geb. Přívětic 7. September 1874, † Freistadt, Schlesien, 2. Dezember 1899; — II. .... 3. Mai 1904 mit:

† Klara, geb. Hronek (Tochter des .... 18.. zu .... † k. k. Finanzwach-Oberkommissärs Ferdinand H. und der Klara, geb. Hoch), geb. Karolinenthal 1. Juni 1874, † Wien 30. Dezember 1905; — (war in I. Ehe verm. .... 18.. mit: — † Rudolf Lang, k. k. Hauptmann im Landwehr-Infanterie-Regimente Nr. .., geb. .... 18.., † .... 1...).

Tochter I. Ehe:

Sophie, geb. Freistadt, Schlesien, 8. November 1899.

2. Richard, geb. Pardorf 13. Mai 187., k. u. k. Hauptmann 2. Kl. im Festungsartillerie-Regimente FM. Franz Ulrich Fürst Kinsky zu Vchinitz und Tettau Nr. 3; — verm. .... September 1904 mit:

Alice, geb. Schicho (evangelisch A. B. – Tochter des Karl Sch. und der Marie Eveline Klara, geb. Wostrowský von Skalka und Witzab), geb. Prag 17. März 1884. — [Bolestraszyce bei Przemyśl.]

Komers von Lindenbach
und
von Komers.

Römisch-katholisch. — Österreich (Böhmen, Niederösterreich, Steiermark) und Ungarn.

Verleihungen:

1854 November 17, Wien: Kaiser Franz Joseph I. erhebt den k. k. Generalauditor Karl Eduard Komers als Ritter des Ordens der Eisernen Krone III. Klasse in den Österreichischen Ritterstand mit dem Prädikate „von Lindenbach" und einem Wappen. — (AA., HKA.; — Orig. Fam. — I. Ältere Linie.)

1860 September 22, Wien: Derselbe erhebt den Präsidenten des k. k. Landesgerichtes zu Pest Emanuel Heinrich Komers (Bruder des vorigen) als Ritter des österr. kaiserl. Leopold-Ordens in den Österreichischen Ritterstand mit dem Prädikate „von Lindenbach" und einem Wappen. — (AA., HKA.; — Orig. Fam. – II. Mittlere Linie.)

1862 Jänner 11, Wien: Ebenderselbe erhebt den k. k. Generalauditor Karl Eduard Ritter Komers von Lindenbach als Ritter des Ordens der Eisernen Krone II. Klasse in den Österreichischen Freiherrnstand mit Wappenbesserung. — (AA., HKA.; — Orig. Fam. – I. Ältere Linie.)

1869 April 28, Wien: Derselbe erhebt den k. k. Oberlandesgerichtspräsidenten Emanuel Heinrich Ritter Komers von Lindenbach als Großkreuz des österr. kaiserl. Leopold-Ordens in den Österreichischen Freiherrnstand mit Wappenbesserung. – (AA., HKA.; – Orig. Fam. — II. Mittlere Linie.)

1873 Februar 5, Wien: Derselbe erhebt den Gutsbesitzer und gräfl. Thunschen Domänenrat Anton Emanuel Komers (Bruder der beiden vorgenannten) als Ritter des Ordens der Eisernen Krone III. Klasse in den Österreichischen Ritterstand mit einem Wappen. — (AA., HKA.; – Orig. Fam. — III. Jüngere Linie.)

Wappen:

I. 1854 November 17 (Ritter Komers von Lindenbach): Gespalten, vorne in Blau auf einem längs des Fußrandes von einem silbernen Bache durchzogenen grünen Hügel eine natürliche Linde; hinten geteilt, oben in Rot ein silberner Löwe, in der rechten Vorderpranke einen blanken Säbel mit goldenem Gefäße schwingend, unten über einem mit einer silbernen Pfeilspitze besteckten ebensolchen Dreiberge zwei schräg gekreuzte goldene Heugabeln, überhöht von einem roten Schildchen mit silbernem Balken. Zwei gekrönte Turnierhelme: auf I mit blau-silbernen Decken ein geschlossener, mit einem silbernen Wellenbalken belegter blauer Flug; auf II mit rot-silbernen Decken der säbelschwingende silberne Löwe wachsend.

II. 1860 September 22: Wie 1854.

III. 1862 Jänner 11 (Freiherr Komers von Lindenbach): Der Schild wie 1854. Drei gekrönte Turnierhelme: auf I mit rechts blau-silbernen und links rot-silbernen Decken zwischen silbernen Büffelhörnern ein auf dem Ellbogen ruhender Arm in golden gerändertem silbernen Harnisch, in der bloßen Hand einen blanken Säbel mit goldenem Gefäße haltend; auf II Decken und Kleinod wie 1854 auf I; auf III Decken und Kleinod wie 1854 auf II. Schildhalter zwei halb vorwärts sehende natürliche Löwen auf bronzener Arabeske. Blaues Spruchband mit der Devise: „NON NISI IN RECTO PRUDENTIA".

IV. 1869 April 28: Wie 1862.

V. 1873 Februar 5 (Ritter von Komers): Durch einen silbernen Faden halbgeteilt und gespalten, vorne oben in Rot ein gestieltes grünes Kleeblatt und unten ebenfalls in Rot ein achtspeichiges silbernes Mühlrad, hinten in Blau ein silberner Löwe. Zwei gekrönte Turnierhelme: auf I mit rot-silbernen Decken ein geschlossener, mit einem silbernen Wellenbalken belegter roter Flug; auf II mit blau-silbernen Decken der silberne Löwe wachsend. Rotes Spruchband mit der Devise: „PRUDENTES IN PROGRESSU" in silberner Lapidarschrift.

I. Ältere Linie.
(Im Freiherrnstande.)

† Karl Eduard Freiherr Komers von Lindenbach (1. Ritter- und 1. Freiherrnstandserwerber — Sohn des .... 1825 zu Humpoletz † Kaufmannes Johann Komers und der .... 1829 ebendort † Anna, geb. ....), geb. Humpoletz 1. November 1797, † Pilgram 1. Mai 1870, EKO.-R.II., LO.-R., k. k. Generalauditor d. R. (bis 1863 Sektionschef im Kriegsministerium); — verm. .... 24. Juli 1838 mit:

† Marie, geb. Wabra (Tochter des .... 1845 zu Wien † .... W. und der 20. März 1881 zu Iglau † Karoline, geb. Kostka), geb. .... 2. Oktober 1816, † Schloß Lipkowawoda bei Pilgram 2. Dezember 1873.

Kinder:

1. Hermine, geb. Wien 12. März 1842, — [Wien]; — verm. Lipkowawoda 24. Juli 1865 mit:

† Friedrich Florian, geb. Pilgram 1. Juli 1836, † Wien 25. Oktober 1889, k. u. k. Oberstleutnant d. R. (bis 1878 im Ulanen-Regimente FM. Karl Fürst zu Schwarzenberg Nr. 2).

2. Marie (Irma), geb. Wien 15. Februar 1844. – [Wien.]

†3. Jaroslaw, geb. Wien 12. Jänner 1846, † Lipkowawoda 17. Juli 1885, Besitzer der Güter Lipkowawoda und Wlassenitz in Böhmen; – verm. Wien 2. Juni 1878 mit:

Helene, geb. Derra de Moroda (Tochter des .... 18.. zu .... † .... D. de M. und der .... 18.. zu .... † ...., geb. ....), geb. Budapest 17. Mai 1856. — [Gyöngyös.]

Söhne:

1) Alfred, geb. Wien 11. April 1879. — [.....]
2) Rudolf, geb. Wien 6. Juni 1880. — [.....]

II. Mittlere Linie.
(Im Freiherrnstande.)

† Emanuel Heinrich Freiherr Komers von Lindenbach (2. Ritter- und 2. Freiherrnstandserwerber – Sohn des .... 1825 zu Humpoletz † Kaufmannes Johann Komers und der .... 1829 ebendort † Anna, geb. ....), geb. Humpoletz 20. Dezember 1810, † Schloß Žak bei Časlau 18. Jänner 1889, LO.-Gr.K., k. k. wirkl. Geheimer Rat, Justizminister a. D. (1865 bis 27. Juni 1867) und Oberlandesgerichtspräsident i. R. (bis 1871 zu Lemberg); – verm. Wien 17. Februar 1838 mit:

Anna, geb. Edlen von Marenzeller*) (Tochter des 6. Jänner 1854 zu Wien † k. k. Oberstleutnant-Feldstabsarztes und Leibarztes Sr. kaiserl. Hoheit des Erzherzogs Johann Dr. med. Matthias Josef Marenzeller und der 25. Juli 1853 zu Wien † Franziska, geb. Lechky), geb. Prag 19. Dezember 1818. — [Wien, VIII. Schmidgasse 3.]

Söhne:

†1. Kamillo, geb. Wien 2. Dezember 1839, † daselbst 21. April 1896, EKO.-R.III., MVK., k. u. k. Feldmarschall-Leutnant und Kommandant der 29. Infanterie-Truppendivision in Theresienstadt; — verm. Wien 19. Februar 1870 mit:

Marie, geb. Edlen von Marenzeller (Tochter des Dr. med. Adolf Edlen v. M. und der 5. November 1900 zu Wien † Friederike, geb. Ritter, in I. Ehe verwitweten von Robitsek), geb. Wien 10. Juni 1844. — [Graz, Göthestraße 27.]

Kinder:

1) Rudolf, geb. Wien 9. August 1871, k. u. k. Oberleutnant d. R., Magazinsoffizier des Infanterie-Regimentes FM. Heinrich Freiherr von Heß Nr. 49. – [St. Pölten.]

---

*) Über deren Standeserhebung vgl. I. Jahrgang 1905 dieses Taschenbuches, S. 413.

2) Marie, geb. Wien 11. Februar 1879; — verm. Leitmeritz 6. Februar 1902 mit:

Artur Nikolaus Karl Freiherrn Daczicky von Heßlowa, geb. Kluck 12. Dezember 1874, k. k. Bezirkskommissär bei der Bezirkshauptmannschaft Karlsbad. — [Karlsbad.]

3) Emil, geb. Wien 21. September 1885. — [Graz, Göthestraße 27.]

2. Hugo, geb. Wien 27. September 1841, EKO.-R.III., k. u. k. Feldmarschall-Leutnant d. R. (bis 1900 Generalmajor und Festungskommandant in Peterwardein); — verm. Wien 22. Mai 1876 mit:

Katharina, geb. Edlen von Marenzeller (Tochter des 23. Juli 1895 zu Crajova in Rumänien † k. u. k. Majors d. R. Alfred Edlen v. M. und der Helene, geb. von Chubrovsky-Bibesco), geb. Wien 12. April 1857. — [Wien, XIII. Titlgasse 5.]

Töchter:

1) Helene Anna, geb. Mosty wielkie 27. April 1878; — verm. Peterwardein 25. Juni 1900 mit:

Viktor Domiczek, geb. .... 18.., k. u. k. Hauptmanne 2. Kl. im Infanterie-Regimente FML. Alfred Freiherr von Joëlson Nr. 93. — [Olmütz.]

2) Elisabeth Anna, geb. Crajova 17. Oktober 1885; — verm. Wien (Hietzing) 17. November 1906 mit:

Friedrich (Fritz) Knaipp, geb. .... 18.., Dr. jur., k. k. Auskultanten. — [Wien.]

3) Anna Maria Immakulata, geb. Warasdin 15. Jänner 1894.

†3. Artur, geb. Wien .... 184.., † daselbst 24. Dezember 1870, k. k. Leutnant i. P. (bis 1867 im Ulanen-Regimente Alexander II. Kaiser von Rußland Nr. 11).

III. Jüngere Linie.
(Im Ritterstande.)

† Anton Emanuel Ritter von Komers (3. Ritterstandserwerber — Sohn des .... 1825 zu Humpoletz † Kaufmannes Johann Komers und der .... 1829 ebendort † Anna, geb. ....), geb. Humpoletz 11. Juni 1815, † Iglau 5. Dezember 1893, EKO.-R.III., FJO.-R., gräfl. Thunscher Domänenrat und Gutsbesitzer, Ehrenbürger von Humpoletz, Ehrenhauptmann des Prager k. k. priv. Scharfschützenkorps; — verm. Prag 16. August 1845 mit:

† Marie, geb. Gindřich (Tochter des .... 1874 zu Prag † Realitätenbesitzers Johann G. und der .... 1878 ebendort † Karoline, geb. ....), geb. Prag 2. Mai 1825, † Schloß Mostau 12. August 1876.

Sohn:

Franz, geb. Bodenbach 18. Jänner 1848, Dr. jur., k. k. Statthaltereirat; — verm. Prag 15. November 1886 mit:

Selma, geb. Prziborski (Tochter des 4. Dezember 1905 zu Prag † Domänenrates Julius P. und der Hermine, geb. Edlen von Krziwanek), geb. Perutz 22. August 1863. — [Landskron.]

Tochter:

Ilka Angela Julie, geb. Karlsbad 21. Juli 1888.

Vgl.: — Wurzbach XII, S. 400; — Gothaer Freiherrl. Taschenb. 1872; — Neuer Siebmacher IV, 9 (R. J. Grf. Meraviglia, Der böhmische Adel), S. 73 u. Taf. 46.

Kratochwile von Löwenfeld.

Römisch-katholisch. — Österreich (Kärnten und Steiermark).

Verleihungen:

1764 Oktober 11, Wien: Kaiserin Maria Theresia erhebt den Oberwirtschaftsinspektor auf den mährischen Gütern des Grafen Franz Anton Rottal Johann Rudolf Kratochwile in den Böhmischen Ritterstand mit dem Prädikate „von Loewenfeld", einem Wappen und der Rotwachsfreiheit. — (AA., BSB. 216, fol. 289; — Orig. Fam.)

1764 Oktober 19, Wien: Dieselbe verleiht dem Oberwirtschaftsinspektor Johann Rudolf Ritter Kratochwile von Loewenfeld das Inkolat im Ritterstande des Königreiches Böhmen und seiner inkorporierten Lande. — (Böhm. LA.; — Orig. Fam.)

Wappen:

1764 Oktober 11: In Gold ein in zwei Reihen von Blau und Silber geschachter Balken, über das Ganze ein roter Löwe. Zwei gekrönte Turnierhelme: Auf I mit rot-goldenen Decken zwischen von Silber über Blau geteilten Büffelhörnern drei rote Rosen an grünen Blätterstengeln; auf II mit blausilbernen Decken ein geschlossener, vorn roter, hinten goldener Flug.

Geschichte und ältere Genealogie einem späteren Jahrgange vorbehalten. (Vgl. vorläufig Brünner Adel. Taschenbuch, XI. Bd., 1886, S. 241.)

+ Josef Ritter Kratochwile von Löwenfeld (2. Kind des 20. Dezember 1779 zu Kremsier † gräfl. Montellabateschen Oberwirtschaftsinspektors Johann Rudolf Ritter K. v. L. und der 8. November 1791 zu Moschtienitz † Cäcilie, geb. von

Krammer), geb. Napagedl 16. Dezember 1770, † Neutitschein 7. Februar 1850, k. k. Major i. P. (bis 1844 Platzhauptmann zu Olmütz); — verm. .... 18. Oktober 1802 mit:

† Maria Anna, geb. Kriegern (Tochter des .... 18.. zu .... † k. k. Hofkriegssekretärs Johann K. und der .... 18.. zu .... † Elisabeth, geb. von Kozian), geb. .... 14. Mai 1778, † Breitenfurt bei Wien 31. Mai 1849.

Kinder:

†1. Franz, geb. Mościska, Galizien, 4. August 1803, † Graz 30. September 1888, k. k. Oberforstverwalter i. R.; — verm. Zdaunek, Mähren, 20. Oktober 1835 mit:

† Josefine, geb. Tschick (Tochter des .... 18.. zu Zdaunek † Gutsverwalters Alois T. und der .... 18.. zu .... † ...., geb. ....), geb. Zdaunek 31. Dezember 1812, † ebendort 30. Jänner 1902.

Kinder:

† 1) Rudolf Maria, geb. Gaden, Niederösterreich, 28. Oktober 1836, † Wien 2. März 1891, Oberinspektor bei der k. k. Generalinspektion der österr. Staatsbahnen; — verm. Salzburg 23. August 1873 mit:

† Auguste, geb. Fenzl (Tochter des .... 18.. zu .... † k. k. Oberlandesgerichtsrates Wilhelm F. und der .... 18.. zu .... † Auguste, geb. Schaffer), geb. Salzburg 20. Juni 1850, † Wien 9. Juli 1902.

2) Sophie, geb. Preßbaum 2. Februar 1838; — verm. Weidlingau 17. August 1868 mit:

Othmar Ritter von Jelussig, geb. Rudolfswert 22. November 1832, EKO.-R.III. (KD.), MVK. (KD.), k. u. k. Oberstleutnant d. R. (bis 1885 im Infanterie-Regimente FML. Georg Graf Jellačić de Bužim Nr. 69). — [Graz.]

† 3) Josefine, geb. Breitenfurt 17. Juli 1839, † Graz 1. Jänner 1894; — verm. Graz ... August 1879 mit:

† Anton Absänger, geb. .... 1. Juni 1820, † Graz .... 1896, städt. Konzertmeister in Leoben.

4) Alois, geb. Breitenfurt 10. Juni 1841, FJO.-R., k. u. k. Oberst d. R. (bis 1898 Oberstleutnant des Armeestandes und Platzkommandant zu Brünn); — verm. Graz 2. Mai 1877 mit:

Felicie, geb. Rzehackh (Tochter des 12. Dezember 1872 zu Graz † k. k. Hofrates Wilhelm Franz Friedrich R. und der 4. Dezember 1871 ebendort † Karoline, geb. Hummel), geb. Klagenfurt 26. Juli 1854. — [Marburg a. d. Drau, Herrengasse 56.]

Kinder:

(1) Erwin, geb. Graz 11. April 1878, k. u. k. Oberleutnant im Dragoner-Regimente Kaiser Franz Joseph Nr. 11. — [Mitrowitz.]

(2) Elsa, geb. Wien 3. Februar 1880; — verm. Klagenfurt 31. Oktober 1904 mit:

Wilhelm Kraus, geb. Regöly 2. November 1869, k. u. k. Rittmeister, überkomplett im Husaren-Regimente Wilhelm II. König von Württemberg Nr. 6, Lehrer am Militär-Reitlehrinstitute in Wien. — [Wien III.]

(3) Rudolf Maria, geb. Wien 12. Juli 1884, k. u. k. Leutnant im Dragoner-Regimente Kaiser Ferdinand Nr. 4. — [Marburg a. d. Drau.]

5) Franz Viktor, geb. Breitenfurt 17. August 1842, k. k. Hauptpostsekretär und Oberleutnant in der Evidenz des Landwehr-Ulanen-Regimentes Nr. 6. — [Graz, Morellenfeldgasse 5.]

6) Marie, geb. Breitenfurt 4. November 1844; — verm. .... Juli 1885 mit:

F.... Schwetz, geb. .... 18.., Montanbeamter. — [.....]

7) Franziska, geb. Breitenfurt 1. Jänner 1846; — verm. Weidlingau 14. August 1871 mit:

† Josef Spiller, geb. Preßburg (Pozsony) 16. November 1830, † Graz 16. August 1900, k. k. Oberst d. R. (bis 18.. im ....-Regimente Nr. ..).

8) Hans Ernst, geb. Breitenfurt 14. Februar 1850, Expeditor der k. k. priv. Südbahn-Gesellschaft i. R.; — verm. Graz 17. November 1883 mit:

Berta, geb. Papir-Vitali, Adoptivtochter des .... 189. zu Graz † k. u. k. Militär-Oberintendanten d. R. [bis 1878 Chef der Militärintendanz zu Preßburg] Johann von Vitali), geb. Jassy 3. April 1859. — [Graz, Joanneumring 18.]

† 9) Ludmilla, geb. Baden bei Wien 19. Jänner 1856, † Schloß Schönau 28. Juli 1894; — verm. .... 25. Mai 1875 mit:

† Eduard Alfred Paget Esquire, geb. .... 18.., † Wien 16. Mai 1896, Besitzer der Herrschaft Schönau in Niederösterreich.

†2. Euphrosyne, geb. .... 7. November 1807, † .... 7. Jänner 1810.

†3. Sophie, geb. .... 22. November 1808, † Mościska 21. Oktober 1810.

†4. Cäcilie, geb. .... 25. März 1811, † Olmütz 28. März 1831.

†5. Rudolf, geb. Kadebestje, Bukowina, 19. August 1813, † Kremsier 25. Februar 1853, k. k. Bezirksgerichtsassessor; — verm. Olmütz 31. Jänner 1848 als deren I. Gemahl mit:

† Anna, geb. Meichelbek (Tochter des .... 18.. zu .... † Magistratsrates Anton M. und der .... 18.. zu .... † Anna, geb. Hohenheiser), geb. .... 1825, † .... 7. Oktober 1864; — (verm. in II. Ehe .... 18.. mit: — Heinrich Berg von Falkenberg, geb. .... 18.., † .... 18.., k. k. Obersten und Kommandanten des Artillerie-Regimentes Nr. 2).

Töchter:

† 1) Anna, geb. Olmütz 26. Dezember 1848, † Treviso 25. Februar 1862.

† 2) Gabriele, geb. Neutitschein 26. Mai 1850, † Iglau 6. April 1873; — verm. Iglau 1. August 1870 als dessen I. Gemahlin mit:

† Franz Kraus, geb. .... 25. Oktober 1839, † Olmütz 25. Juli 1892, Dr. jur., k. k. Landesgerichtsrat; – (in II. Ehe verm. Iglau 15. Oktober 1873 mit seiner Schwägerin: — Cäcilie, geb. Kratochwile von Löwenfeld — siehe unten.)

† 3) Rudolfine, geb. Kremsier 11. Juni 1851, † Iglau 20. März 1867.

4) Cäcilie, geb. Kremsier 6. Juni 1852 – [Wien]; — verm. Iglau 15. Oktober 1873 als dessen II. Gemahlin mit ihrem Schwager:

† Franz Kraus, geb. .... 25. Oktober 1839, † Olmütz 25. Juli 1892, Dr. jur., k. k. Landesgerichtsrat; — (in I. Ehe verm. Iglau 1. August 1870 mit: – † Gabriele, geb. Kratochwile von Löwenfeld — s. oben).

†6. Josef, geb. .... 14. Mai 1815, † .... 20. September 1815.

†7. Marie, geb. .... 28. Juli 1818, † .... 24. Juli 1820.

Vgl.: — Brünner Adel. Taschenb. XI 1886, XIV 1889 und XVII 1892; — Neuer Siebmacher IV, 10 (H. Edl. v. Kadich und C. Blažek, Der Mährische Adel), S. 63 u. Taf. 48.

---

von Kriegshaber.

Römisch-katholisch und evangelisch A. B. – Österreich (Galizien, Oberösterreich und Tirol).

Verleihungen:

1794 Jänner 25, Wien: Kaiser Franz II. erhebt den Großhändler in Lemberg und Galizischen Merkantil- und Wechselgerichtsbeisitzer Abraham Kriegshaber in den Österreichisch-erbländischen Adelstand mit „Edler von" und einem Wappen. – (AA., HKA.; – Orig. Fam.)

1794 Juni 17, Wien: Derselbe verleiht dem vorgenannten Abraham Edlen von Kriegshaber auch den Galizischen Adelstand mit dem gleichen Ehrenworte und Wappen. — (AA., HKA.; – Orig. Fam.)

1808 Dezember 14, Wien: Kaiser Franz I. erhebt den Galizischen Großhändler und Güterbesitzer Anton Adam Edlen von Kriegshaber (Sohn des Abraham) in den Österreichischen Ritterstand und vermehrt sein Wappen. – (AA., HKA.; – Orig. Fam.)

15

Wappen:

I. 1794 Jänner 25: Geteilt, oben in Silber zwei aufrechte natürliche Hafergarben nebeneinander, unten in Blau ein schräger silberner Anker mit Schwimmholz und zwei abhängenden Tauenden. Auf dem gekrönten Turnierhelme mit blau-silbernen Decken zwischen einem offenen schwarzen Fluge eine natürliche Hafergarbe.

II. 1794 Juni 17: Wie 25. Jänner 1794.

III. 1808 Dezember 14: In Geviert ein mit einem goldenen Sterne belegter roter Balken, 1 in Silber zwei aufrechte natürliche Hafergarben nebeneinander, 2 in Blau ein goldener Bienenkorb, 3 in Blau ein schräglinker silberner Anker mit zwei Tauenden, 4 in Silber ein oberhalbes natürliches Pferd. Zwei gekrönte Turnierhelme: auf I mit blau-silbernen Decken das Kleinod von 1794; auf II mit rot-goldenen Decken ein wachsendes weißes Pferd.

Aus Kriegshaber in Schwaben (Landger. Göggingen) kam Abraham, der Stammvater dieser Familie, zur Zeit Kaiser Josef II. nach Galizien, wo er sich — nach seinem Heimatsorte Kriegshaber genannt — als Großhändler und Beisitzer des Merkantil- und Wechselgerichtes Verdienste um die Hebung der Industrie und des Handels erwarb. Kaiser Franz II. erhob ihn in deren Würdigung, sowie wegen seiner hervorragenden Leistungen als Armeelieferant während des letzten Türkenkrieges 1788 bis 1790 ddo. Wien, 25. Jänner 1794 mit „Edler von" und dem oben sub I beschriebenen Wappen in den Österreichisch-erbländischen Adelstand. Mit Rücksicht auf seine Ansässigkeit und Begüterung in Galizien wurde ihm noch durch ein weiteres Diplom vom 17. Juni desselben Jahres der Galizische Adel verliehen.

Sein Sohn Anton Adam Edler von Kriegshaber, gleich dem Vater Großhändler in Galizien, erwarb daselbst bedeutenden Grundbesitz bei Złoczów und wurde aus denselben Gründen — hauptsächlich aber wegen seiner bedeutenden Verdienste auf dem Gebiete der Landeskultur (Errichtung von Fabriken und Gründung deutscher Kolonien auf seinen Gütern) von Kaiser Franz I. ddo Wien, 14. Dezember 1808 unter entsprechender Wappenbesserung in den Österreichischen Ritterstand erhoben.

Anton Adam Ritter von Kriegshaber hinterließ, soviel bekannt, sieben Söhne: — 1. Anton, geb. 1797, der die Familie allein dauernd fortpflanzte (s. unten); — 2. Josef, von dem nur ein Sohn Alexander abstammte; — 3. Florian; — 4. Franz, der einen Sohn Anton hatte; — 5. Ferdinand; — 6. Ludwig, der einen Sohn Siegmund hinterließ, und — 7. Alois, geb. 1807, † Wien 3. Mai 1867.

---

† Anton Ritter von Kriegshaber (ältester Sohn des .... 18.. zu .... † Adam Ritters v. K. und der .... 18.. zu .... † ...., geb. ....), geb. .... 22. Mai 1797, † Nuscze, Galizien, 27. Oktober 1869, Gutsbesitzer zu Starżyska, k. k. Rittmeister a. D. (bis 18.. im .... Regimente ....), verm. .... 182. mit:

† Karoline, geb. Freiin von Geymüller (Tochter des 1. April 1824 zu Wien † Großhändlers und Besitzers des Gutes Pötzleinsdorf Johann Heinrich Freiherrn v. G. und der .... 18.. zu .... † Barbara, geb. Schmid), geb. Wien 14. Jänner 1807, † Starżyska .... 1848.

Kinder:

1. Eugen, geb. Mailand 15. März 1826, MVK. (KD.), k. u. k. Rittmeister a. D. (bis 185. im Dragoner-Regimente GL. und FM. Prinz Eugen von Savoyen Nr. 5 [gegenwärtig Nr. 13]); — verm. Jedenspeigen 25. November 1851 mit:

   Marianne (Marjuga), geb. Klein (evangelisch A. B. — Tochter des 27. Oktober 1868 zu Wien † k. k. priv. Großhändlers, Fabriksbesitzers und Direktors der Anglo-österr. Bank, kgl. dänischen Kommerzialrates, Mitgliedes des Herrenhauses auf Lebensdauer, LO.-R. Karl K. und der 8. April 1871 zu Wien † Amalie, geb. [Hoenig] von Henikstein), geb. Petersburg 26. Mai 1828. — [Meran, Freihof, Obermais.]

   Söhne:

   † 1) Karl, geb. .... 1853, † .... 1865.

   † 2) Wilhelm, geb. .... 16. Juni 1855, † Meran 21. Mai 1899; — verm. Meran 16. Mai 1896 als deren II. Gemahl mit:

   Klara Berta Marie, geb. von Schrader (evangelisch A. B. — Tochter des 4. Mai 1872 zu Rondeshagen † kgl. preuß. Landrates a. D., Herrn auf Rondeshagen und Culpin Ernst Barthold v. Sch. und der 23. April 1869 ebendort † Luise Ernestine, geb. von Willich), geb. Rondeshagen 16. August 1850. — [Meran, Villa Lauenburg]; — (in I. Ehe verm. Rondeshagen 25. November 1873 mit: — † Karl Morath, geb. .... 18.., † Meran 13. Oktober 1886, evangelischer Pfarrer in Krumesse, Lauenburg).

† 2. Heinrich, geb. Lemberg 1. September 1828, † Steyr 10. August 1894, Gutsbesitzer; — verm. Jedenspeigen 6. April 1854 mit:

   Ida, geb. Klein (evangelisch A. B. — Schwester der oben genannten Marianne [Marjuga]), geb. Wien 28. September 1832. — [Steyr, Promenade 4.]

   Kinder:

   1) Ida, geb. Lemberg 4. März 1856; — verm. Steyr 25. November 1872 mit:

   Hermann Seidl, geb. Eibiswald 5. April 1853, Kaufmann. — [Steyr, Promenade 4.]

   2) Henriette, geb. Lemberg 4. Mai 1858; — verm. Steyr 6. April 1885 mit:

   Douglas Hartmann von Hartenthal, geb. .... 11. Dezember 1844, k. k. Oberst d. R. (bis 1897 Oberstleutnant im Landwehr-Infanterie-Regimente Linz Nr. 2). — [Graz, Glacisstraße 13.]

   † 3) Rudolf, geb. Lemberg 29. September 1860, † ebendort 4. März 1861.

4) Rudolf, geb. Simianowka, Galizien, 31. August 1862, k. u. k. Hauptmann 1. Kl. im Tiroler Kaiserjäger-Regimente Nr. 1; – verm. Meran 8. Dezember 1892 mit:
Marie, geb. Pallang (Tochter des 1. Juni 1902 zu Meran † k. u. k. Majors d. R. Anton P. und der 7. November 1898 ebendort † Agnes, geb. Heymann), geb. Klagenfurt 14. Juli 1868. – [Innsbruck.]

Kinder:

(1) Ferdinand, geb. Innsbruck 11. Februar 1895.
(2) Heinrich, geb. Innsbruck 16. März 1896.
(3) Christoph, geb. Innsbruck 20. September 1899.

5) Karl, geb. Simianowka 7. Juni 1868, k. u. k. Hauptmann 2. Kl. im Infanterie-Regimente Nr. 25; – verm. Wien 4. Februar 1902 mit:
Henriette, geb. Riedl (Tochter des pens. Lehrers zu Witzelsdorf Anton R. und der Marie, geb. Peter), geb. Wien 31. Mai 1873. – [Losoncz.]

Sohn:

Karl, geb. Losoncz 4. Juli 1904.

† 3. Rudolf, geb. .... 23. Juni 1830, † Wien 17. November 1861.

† 4. Artur, geb. Wien 30. Dezember 1834, † Iwaczów, Galizien, 5. November 1898.

† 5. Karola, geb. .... 1835, † Lemberg 13. Juni 1900.

Vgl.: – Poczet Szlachty Galicyjskiéj i Bukowińskiéj, w Lwowie 1857, S. 126; – G. J. F., 1891, S. 46; – Neuer Siebmacher IV, 14 (J. v. Bojničić, Der Adel von Galizien, Lodomerien und der Bukowina), S. 151 und Taf. 184.

Lankisch von Ho(e)rnitz.

Römisch-katholisch und evangelisch A. B. – Österreich (Böhmen, Niederösterreich).

Verleihungen:

1561 Juli 1, Wien: Kaiser Ferdinand I. verleiht Wenzel, Matthias und Gabriel den Lanckisch Gebrüdern ein Wappen.

1580 März 10, Prag: Kaiser Rudolf II. erhebt Wenzel und Mathes (I.) die Lännkhisch Gebrüder in den Rittermäßigen Reichsadelstand mit dem Prädikate „von Hörnicz" und Wappenbesserung. – (AA., RA.)

1792 August 19, Wien: Kaiser Franz I. erteilt dem Böhmischen Landesprokurator Dr. jur. utr. Johann Anton Lankisch von Hornitz eine Erneuerung und Bestätigung des den Brüdern Wenzel und Mathes (I.) Lankisch verliehenen

„Ritterstandes" (recte Rittermäßigen Adels) und Wappens. — (AA., HKA. u. BSB. 259, fol. 155; — Orig. Fam. — I. Ältere Linie.)

Wappen:

I. 1561 Juli 1: Ein roter Schrägbalken, der Länge nach belegt mit einem flüchtigen natürlichen Hirsche mit goldenem Geweih und jederseits begleitet in von Blau über Gold geschrägtem Felde von einer schrägen farbengewechselten Lilie. Auf dem Stechhelme mit rechts rot-weißen und links blau-gelben Decken zwischen rechts von Weiß über Rot und links von Gelb über Blau geteilten Büffelhörnern der Hirsch aus dem Schilde wachsend.

II. 1580 März 10: Wie 1561, nur der Helm offen und gekrönt.

III. 1792 August 19: Wie 1580, nur Gelb und Weiß durch Gold und Silber ersetzt.

Ältere Genealogie und Geschichte einem späteren Jahrgange vorbehalten. Vorläufig vgl. Brünner Adel. Taschenbuch II 1877, S. 453, u. X 1885, S. 304.

I. Ältere Linie.

Stifter: Tobias Lankisch von Hörnitz (Erbteilung vom 30. Mai 1644).

† Johann Anton Ritter Lankisch von Ho(e)rnitz (Erwerber der Ritterstandserneuerung — Sohn des .... 17.. zu .... † Landesadvokaten in Böhmen, Dr. jur. Josef Anton Nikolaus Franz L. v. H. und der .... 17.. zu .... † Antonie, geb. von Bachmann), geb. Prag 8. Februar 1785, † ebendort 5. April 1865, pens. k. k. Verwalter der ehem. Tabak- und Stempelverschleißniederlage in Prag; — verm. .... 28. Mai 1811 mit:

† Aloisia Wilhelmine, geb. („Freiin") von Messina (Tochter des .... 1804 zu Trient † k. k. Kreishauptmannes Andreas Dominik Alois Ignaz [„Freiherrn"] v. M. und der 30. Juli 1838 zu .... † Katharina Konstanze, geb. Gräfin von Spaur, Flavon und Valer), geb. Trient .... 178., † .... 16. April 1819.

Kinder:

† 1. Rudolf Ernst, geb. Wien 9. Mai 1812, † Prag 28. November 1871, k. k. Oberamtsoffizial; — verm. .... 8. Oktober 1846 mit:

† Franziska Josefa Rosalia, geb. Ploner (Tochter des 15. April 1863 zu Prag † Revidenten bei der k. k. Landes-Baudirektion in Prag Ernest P. und der 20. Mai 1856 ebendort † Franziska, geb. Löw), geb. Haida 19. Mai 1822, † Prag 16. Oktober 1894.

Kinder:

† 1) Artur Ferdinand, geb. Warnsdorf 9. September 1851, † Wien 21. Februar 1902, ...

2) Hermine Anna, geb. Lobendau 30. Juli 1854. — [Wien, III. Salmgasse 14.]

3) Heinrich Kamillo, geb. Petersdorf, Bezirk Gabel, 20. Oktober 1857, Großindustrieller; — verm. .... 11. Mai 1886 mit: Emma, geb. Uebel (evangelisch A. B. — Tochter des 27. März 1901 zu Asch † Bürgers und Großhändlers Adam Ue. und der Friederike, geb. Künzl), geb. Asch 19. Juli 18... — [Warnsdorf.]

Kinder:

(1) Konrad (Kurt) Anton Verena, geb. Einsiedl, Böhmen, 24. Februar 1887, Hörer der Rechte. — [Prag-Weinberge, Kronenstraße 41.]

† (2) Egon, geb. Einsiedl 31. Dezember 1890, † ebendort 16. Jänner 1892.

(3) Emma Marie, geb. Prag 13. Jänner 1894.

† 2. Elisabeth, geb. .... 19. August und † .... 15. September 1814.

† 3. Maria Wilhelmine Josefa (Aloisia), geb. Sedlitz, Böhmen, 6. Februar 1817, † ... September 1887; — verm. .... 11. November 1841 mit:

† Prokop Freiherrn Ubelli von Siegburg, geb. .... 14. August 1802, † Prag 25. Jänner 1875, k. k. Kämmerer und Hauptmann a. D., Bergbaudirektor des Bleierzgrubenfeldes „Mariahilf" und des Kochenitzer Silber- und Bleibergbaues in Mies.

† 4. Adolf, geb. Hainburg .... 1820, † Prag 3. Juli 1872, unter dem Klosternamen P. Benjamin Minoriten-Ordenspriester, Kustos der Böhmischen Ordenskustodie und Pfarrverweser bei St. Jakob in Prag.

II. Jüngere Linie.

Stifter: Matthias (II.) Lankisch von Hornitz (Erbteilung vom 30. Mai 1644).

(Personalstand einem späteren Jahrgange vorbehalten.)

—

Vgl.: — Brünner Adel. Taschenb. II 1877, V 1880 u. X 1885 (Jüngere Linie); — Neuer Siebmacher IV, 9 (R. J. Graf Meraviglia, Der Böhmische Adel), S. 13 u. Taf. 12.

—

Latterer von Lintenburg.

Römisch-katholisch und evangelisch A. B. — Österreich (Niederösterreich, Steiermark und Kärnten).

Verleihungen:

[1]8[1]6 Juni 13 (Allerhöchste Entschließung) und 1817 Dezember 20, Wien (Diplom): Kaiser Franz I. verleiht dem pens. k. k.

Hauptmanne Josef Latterer den Österreichischen Adel mit dem Prädikate „von Lintenburg" und einem Wappen. — (AA., HKA.; — Orig. Fam.)

1851 August 21, Wien: Kaiser Franz Joseph I. erhebt den k. k. Oberstleutnant des Infanterie-Regimentes FZM. Anton Graf Kinsky Nr. 47 Franz Latterer von Lintenburg als Ritter des Ordens der Eisernen Krone III. Klasse (KD.) in den Österreichischen Ritterstand und bessert sein Wappen. — (AA., HKA.; — Orig. Fam.)

Wappen:

I. 1817 Dezember 20: Gespalten mit einer bis zur Herzstelle eingeschobenen Spitze, vorne in Blau ein aufgebogener natürlicher geharnischter Arm, einen blanken Säbel an goldenem Gefäße in der Faust haltend, hinten in Rot ein goldener Löwe, in der goldenen Spitze auf grünem Rasenboden ein dreizinniger natürlicher Quaderturm mit geschlossenem Tore, begleitet von drei (1, 2) natürlichen Türkenköpfen mit roten Fez und darum gewundenen weißen Turbanen. Auf dem gekrönten Turnierhelme mit rechts blau-goldenen, links rot-silbernen Decken drei natürliche weiße Gartenlilien an beblätterten Stengeln.

II. 1851 August 21: Der Schild wie 1817. Zwei gekrönte Turnierhelme: auf I mit blau-goldenen Decken die drei natürlichen Lilien wie 1817; auf II mit rot-goldenen Decken der goldene Löwe wachsend.

Ältere Genealogie und Geschichte einem späteren Jahrgange vorbehalten.

---

† Josef Latterer von Lintenburg (Adelserwerber — Sohn des .... 1778 zu Mócsgrán [Dunamócs, Komitat Esztergom] † Besitzers des gleichnamigen Graner Primatiallehens und pens. k. k. Oberstleutnants Franz Latterer und der .... 1777 ebendort † Therese, geb. von Bogács), geb. Mócsgrán (Dunamócs) 19. März 1760, † Pettau .... 1829, k. k. Hauptmann i. P. (bis 181. im Infanterie-Regimente FZM. Franz Marquis Lusignan Nr. 16); — verm. .... 1790 mit:

† Anna Maria, geb. von Haim (Tochter des .... 1... zu .... † .... v. H. und der .... 1... zu .... † ...., geb. ....), geb. Wolfach (Schwaben) .... 17.., † Graz .... 1837.

Kinder:

† 1. Josef Latterer von Lintenburg, geb. .... 1799, † Lemberg .... 1854, k. k. Oberfinanzwachkommissär; — verm. .... 183. mit:

† Anna, geb. Grammont (? — Tochter des .... 18.. zu .... † .... G. und der .... 18.. zu .... † ...., geb. ....), geb. .... 18.., † .... 18...

Kinder:

† 1) Josef, geb. Graz .... 1832, † Lemberg .... 1849.

† 2) Anna Maria, geb. Graz .... 1834, † Kolomea 30. August 1891; — verm. .... 18.. mit:

† Josef Edlen von Bozziano, geb. .... 18.., † Kolomea 11. Dezember 1885, MVK. (KD.), k. k. Oberst d. R. (bis 1884 Kommandant des Infanterie-Regimentes Karl Ludwig Herzog von Parma Nr. 24), Ehrenbürger von Kolomea.

† 2. Franz Ritter Latterer von Lintenburg (Ritterstandserwerber), geb. Laibach 26. April 1803, † Marburg a. d. Drau 21. September 1863, EKO.-R.III. (KD.), k. k. Generalmajor i. P.; — verm. Graz 23. April 1827 mit:

† Johanna, geb. Schlossern (Tochter des .... 183. zu Komorn [Komárom] † .... Julius Sch. und der .... 1846 zu Graz † Johanna, geb. ....), geb. Znaim 23. April 1803, † Marburg a. d. Drau 9. November 1853.

Kinder:

† 1) Franz, geb. Graz 24. März 1828, † Marburg a. d. Drau 16. Oktober 1880, EKO.-R.III. (KD.), MVK. (KD.), k. k. Feldmarschall-Leutnant d. R. (bis 1880 Generalmajor und Kommandant der 55. Infanterie-Brigade zu Karlstadt).

† 2) Josef Johann, geb. Graz 23. August 1829, † ebendort 7. Mai 1894, MVK. (KD.), k. u. k. Generalmajor d. R. (bis 1887 Kommandant der 48. Infanterie-Brigade in Sambor); — verm. Wien 20. Mai 1868 mit:

Marie Henriette, geb. Jackson (Tochter des 2. Mai 1866 zu Wien † Henry J., Esquire, und der 20. September 1894 zu Graz † Marie, geb. Wallnöfer), geb. Wien 13. September 1850. — [Graz, Leonhardstraße 14.]

Kinder:

(1) Valerie Marie Johanna Nepomuzena, geb. Wien 8. Jänner 1869; — verm. Regensburg 25. Mai 1895 mit:

Albert Eilers, geb. .... 18.., ... — [Berlin.]

(2) Franz Xaver Thomas Heinrich, geb. Salzburg 2. Juli 1874, k. u. k. Oberleutnant im Infanterie-Regimente FM. Franz Moriz Graf von Lacy Nr. 22; — verm. Ragusa 14. Dezember 1901 mit:

Helene, geb. Malešević (Tochter des k. k. Finanzinspektors d. R. .... M. und der ...., geb. ....), geb. .... 18... — [Zara.]

Sohn:

† Josef, geb. und † Zara 7. Oktober 1906.

(3) Heinrich Josef Adolf, geb. Gmunden 30. August 1881, k. u. k. Militär-Baurechnungspraktikant, zugeteilt der Militär-Bauabteilung des 3. Korps in Graz. — [Graz, Leonhardstraße 14.]

† 3) Therese, geb. Graz 14. März 1831, † ebendort 12. Dezember 1904; — verm. Fiume .... 1857 mit:

† Heinrich Kaiser Edlen von Maasfeld, geb. .... 18.., † Bruck a. d. Leitha 31. Dezember 1872, k. u. k. Major im Infanterie-Regimente FZM. Josef Ritter von Schmerling Nr. 67.

† 4) Valerie, geb. Desenzano 3. Mai 1834, † Cilli 7. Jänner 1875.

5) Adolf, geb. Cremona 25. April 1836, MVK. (KD.), k. u. k. Feldmarschall-Leutnant d. R. (bis 1897 Generalmajor und bis 1895 Kommandant der 29. Infanterie-Brigade in Ungvár), — [Wien, IX. Währingerstraße 18]; — verm. Linz 24. September 1867 mit:

† Antoinette, geb. d'Augereau (Tochter des .... 1844 zu Osnabrück † Besitzers von Peterswalde und Hausberge Wilhelm d'Au. und der .... 1842 zu Minden, Westfalen, † Charlotte, geb. Freiin [?] von Wilking), geb. Minden 25. Mai 1845, † Wien 14. März 1906.

Tochter:

Gisela Marie Antoinette, geb. Linz 16. Dezember 1868; — verm. Wien 27. Februar 1897 mit:

Maximilian Ritter von Hoen, geb. Kassel 17. Februar 1867, k. u. k. Major des Generalstabskorps in der kriegsgeschichtl. Abteilung des Kriegsarchivs. — [Wien, IX. Währingerstraße 18.]

6) Konstantin, geb. Verona 17. Oktober 1837, k. u. k. Oberst d. R. (bis 1894 Oberstleutnant im Infanterie-Regimente GdK. Christoph Graf Degenfeld-Schönburg Nr. 83); — verm. Klagenfurt 14. Oktober 1873 mit:

Pauline, geb. Stuchez (Tochter des 5. Dezember 1883 zu Ungar.-Weißkirchen [Fehértemplom] † k. k. Bezirksrichters i. R. Blasius St. und der .... 18.. zu .... † Anna, geb. Edlen von Knapitsch), geb. Villach 8. August 1851. — [Eisenkappel.]

Kinder:

(1) Konstantin, geb. Eisenkappel 24. Juni 1878, k. u. k. Oberleutnant im Infanterie-Regimente Wilhelm I., Deutscher Kaiser und König von Preußen Nr. 34. — [Kassa.]

(2) Helene, geb. Temesvár 26. September 1880. — [Eisenkappel.]

† (3) Paul, geb. Temesvár 28. Juni 1882, † .... 1888.

7) Karl, geb. Pettau .... 1838, † Brescia 11. Juli 1859 an einer in der Schlacht von Solferino (24. Juni 1859) erhaltenen Wunde.

† 8) Helene, geb. Marburg a. d. Drau 18. August 1841, † Freidegg (Leitersberg bei Marburg) 14. August 1885; — verm. Marburg a. d. Drau 16. Mai 1860 mit:

† Franz Radey, geb. .... 18.., † Graz 25. Februar 1903, Dr. jur., EKO.-R.III., FJO.-R., k. k. Notar (bis 1896 Landtagsabgeordneter des Landgemeindenwahlbezirkes Marburg und Landeshauptmann-Stellvertreter in Steiermark).

† 9) Ferdinand, geb. Marburg a. d. Drau .... 1842, † Brünn 25. Oktober 1872, k. u. k. Oberleutnant im Infanterie-Regimente FML. Erzherzog Siegmund Nr. 45; — verm. Budweis 11. November 1868 mit:

Marie, geb. Rischan (Tochter des .... 18.. zu .... † k. k. Oberlandesgerichtsrates Wenzel R. und der .... 18.. zu .... † ...., geb. ....), geb. .... 18... — [Budweis.]

† 3. Anna, geb. Pettau 29. März 1811, † Graz 10. Jänner 1892; — verm. Graz 6. September 1849 mit:

† Friedrich Freiherrn Günther von Sternegg, geb. .... 18.., † Graz 16. Juni 1879, k. k. Generalmajor d. R.

Vgl.: — Brünner Adel. Taschenb. V 1880, X 1885 u. XV 1890.

(Lendlmayr) von Lendenfeld.

Römisch-katholisch und evangelisch A.B. — Österreich (Steiermark, Niederösterreich und Böhmen).

Verleihungen:

1725 März 6, Graz: Landmannschaft im Ritterstande des Herzogtumes Steiermark für den steirisch ständischen Obersekretarius und Syndikus Johann Jakob Lendlmayr. — (Steierm. LA.)

1728 Juni 15, Graz: Kaiser Karl VI. erhebt den Obersekretarius und Syndikus der steirischen Stände Johann Jakob Lendlmayr in den Österreichisch-erbländischen Ritterstand mit dem Prädikate „Edler von Lendenfeld", der Erlaubnis, sich nach diesem mit oder ohne Hinweglassung des bisher geführten Geschlechtsnamens zu nennen, Wappenbesserung und dem kaiserl. Ratstitel für seine Person. — (AA., HKA.; — Orig. Fam.)

1843 Dezember 1, Wien: Anerkennung des Ritterstandes für Franz Xaver von Lendenfeld, Landstand in Steiermark, auf Grund seiner ordnungsmäßig nachgewiesenen Abstammung von dem ddo. Graz, 15. Juni 1728 mit dem Prädikate „Edler von Lendenfeld" in den Ritterstand erhobenen Johann Jakob Lendlmayr. — (AA., HKA.)

Wappen:

I. Stammwappen: ....?

II. 1728 Juli 15: Geviert, 1 und 4 in Schwarz eine aufrechte, goldene Korngarbe, 2 und 3 gespalten von Rot und Silber. Zwei gekrönte Turnierhelme: auf I mit schwarz-goldenen Decken ein auffliegender schwarzer Adler, im Schnabel drei goldene Kornähren haltend; auf II mit rot-silbernen Decken zwischen rechts von Rot über Silber und links verwechselt geteilten Büffelhörnern („Elefantenschnauzen") ein wachsender Mann mit schwarzem Hute und über der Brust offenem, von Silber und Rot gespaltenem Rocke, in der Rechten eine Sichel haltend und die Linke in die Hüfte stemmend.

Ältere Genealogie und Geschichte einem späteren Jahrgange vorbehalten. (Vgl. vorläufig Brünner Adel. Taschenb. XI 1886, S. 272.)

I. Ältere Linie.

† Ignaz Seraph. Xaver Ritter (Lendlmayr Edler) von Lendenfeld (älterer Sohn des .... 1823 zu .... † Maria Franz Xaver Anton Cajetan Ritters [L. Edlen] v. L. und dessen I. Gemahlin, der .... 18.. zu .... † Barbara, geb. von Schlickh), geb. Graz 2. Oktober 1776, † daselbst 3. Juni 1823, Landstand in Steiermark; — verm. Graz 21. November 1805 mit:

† Franziska, geb. von Curter (Tochter des .... 1... zu .... † .... v. C. und der .... zu .... † ...., geb. ....), geb. .... 1778, † Graz 20. Juli 1862.

Kinder:

†1. Therese, geb. Bruck a. d. Leitha 6. Februar 1807, † Graz 21. Mai 1891; — verm. Graz 6. Februar 1831 mit:

† Johann Edlem von Ulm, geb. Sauritsch 19. April 1800, † Graz 24. Dezember 1864, Dr. jur., Hof- und Gerichtsadvokaten und gew. Bürgermeister der Landeshauptstadt Graz.

†2. Alois, geb. Graz 13. Mai 1808, † daselbst 21. Mai 1871, k. k. Hauptmann d. R. (bis 1846 im Infanterie-Regimente Karl Ludwig Herzog von Lucca Nr. 24).

†3. Anton, geb. Graz 5. Mai 1810, † daselbst ... Mai 1873, k. k. Hauptmann 1. Kl. d. R. (bis 1851 im Infanterie-Regimente FZM. Gustav Prinz zu Hohenlohe-Langenburg Nr. 17).

†4. Franz Xaver Anselm (Anerkennung des Ritterstandes), geb. Graz 20. Mai 1818, † Wien 12. März 1871, gewes. Landstand in Steiermark, k. k. Truchseß, Abteilungsvorstand der k. k. priv. Südbahn-Gesellschaft in Wien; — verm. I. Graz 5. Juni 1843 mit:

† Hildegard, geb. Bachmann (Tochter des 15. April 1881 zu Rostock † Direktors der Großen Stadtschule zu Rostock

und im Nebenamte zweiten Professors der Philologie an der mecklenburgischen Landesuniversität daselbst Gottlob Ludwig Ernst B. und der .... 18.. zu .... † Nina, geb. Horstig d'Aubigny), geb. Wertheim, Baden, 3. September 1826, † Rostock 7. Februar 1861; – verm. II. Wien (St. Stephan) 16. Juli 1867 mit:

† Anna, geb. Eichenseher (Tochter des 28. April 1860 zu Wien † Bürgers und Seidenzeugfabrikanten Christian Eichenseher und der 22. November 1872 ebendort † Anna, geb. Lingfeld), geb. Wien 28. Mai 1829, † daselbst 31. Jänner 1907; – (in I. Ehe verm. Wien .... mit: – † Karl Josef Rospini, geb. .... 2. November 1810, † Meran 30. März 1861, k. k. Hof- und bürgerl. Drechsler und Optikus, kgl. persischen Hoflieferanten optischer, mathematischer und physikalischer Instrumente).

Kinder I. Ehe:

1) Franz, geb. Graz 3. April 1844, Privatbeamter; – verm. Wien 15. November 1892 mit:
Mathilde, geb. Tasch (Tochter des gew. Hof- und Gerichtsadvokaten zu Wien Dr. jur. Hugo T. und der Mathilde, geb. ....), geb. Wien 1. September 1870. – [Wien, XIX. Döblinger Hauptstraße 11.]

Kinder:

† (1) Mathilde, geb. Wien 10. Oktober 1893, † daselbst 10. Mai 1894.
(2) Edith, geb. Wien 3. Juni 1895.
(3) Hugo, geb. Wien 4. Dezember 1898.

2) Hildegard, geb. Graz 8. Februar 1845; – verm. ebendort (Dompf.) 19. August 1867 mit:
Jakob Ignaz Miskey de Delney, geb. Graz .... 1843, Ingenieur. – [Salzburg.]

II. Jüngere Linie.

† Alois Ritter (Lendlmayr Edler) von Lendenfeld (jüngerer Sohn des .... 1823 zu .... † Maria Franz Xaver Anton Cajetan Ritters [L. Edlen] v. L. und dessen I. Gemahlin, der .... 18.. zu .... † Barbara, geb. von Schlickh), geb. Graz 23. Jänner 1778, † daselbst 8. Mai 1853, gew. Landstand in Steiermark und k. k. Straßenkommissär i. P.; – verm. St. Veit am Aigen 31. März 1807 mit:

† Marie Amalie Walpurga, geb. Hartwigh von Rosenegg (Tochter des .... 1... zu .... † Josef H. v. R. und der .... 178. zu Debrezin † Josefa, geb. Mor von und zu Sonnegg und Mohrberg), geb. Debrezin 9. September 1773, † Graz 19. April 1856.

Kinder:

† 1. Therese Marie Amalie, geb. Graz 17. Dezember 1808, † ebendort 30. Mai 1891; – verm. Graz 31. Juli 1863 mit:

† Ignaz Josef Freiherrn von Kulmer zum Rosenpichl und Hohenstein, geb. Windischgraz 31. Dezember 1797, † Graz 21. Jänner 1861, Herrn auf Schmelzhofen, k. k. Kämmerer und Landesgerichts-Präsidenten in Graz.

†2. Johann Leonhard, geb. Graz 6. November 1810, † daselbst 20. Oktober 1870, k. k. Oberlandesgerichtsrat; – verm. Laibach 9. November 1851 mit:

† Helene (Ellen), geb. Moline (Tochter des .... 1... zu .... † Bankdirektors Robert M. und der .... 1... zu .... † Mary, geb. Pritchard), geb. Godalming, England, 23. Februar 1821, † Wildon 5. März 184.

Sohn:

Robert, geb. Graz 10. Februar 1858, Dr. phil., k. k. o. ö. Professor der Zoologie an der deutschen Karl Ferdinands-Universität in Prag (bis 1896 k. k. Oberleutnant im n. a. Stande des Landwehr-Infanterie-Regimentes Klagenfurt Nr. 4); – verm. Graz 7. Juli 1881 mit:

Anna, geb. Skala (evangelisch A. B. – Tochter des Ingenieurs Hugo S. und der Anna, geb. Klar), geb. Pola 18. Mai 1860. – [Prag.]

Kinder (evangelisch A. B.):

(1) Helene (Ellen), geb. Christchurch, Neuseeland, 30. September 1883; – verm. .... 1. August 1905 mit:
Ferdinand Urban, geb. .... 18.., k. k. Professor an der Staatsrealschule zu Plan. – [Plan.]

(2) Hans, geb. Sydney, Neu-Südwales, 16. Dezember 1884.

† (3) Anna (Walla), geb. Graz 13. Juni 1886, † Prag 4. November 1905.

(4) Robert, geb. Maidenhead, England, 26. August 1887.

(5) Mathilde (Maud), geb. Graz 6. Dezember 1888.

(6) Paul, geb. Innsbruck 7. März 1890.

† (7) Friedrich, geb. Czernowitz 13. Dezember 1893, † .... 18...

(8) Margarete (Grete), geb. Czernowitz 27. März 1897.

Vgl.: – C. Schmutz, Hist.-topogr. Lexikon von Steyermark, IV. Bd., Graz 1822, S. 402. – Brünner Adel. Taschenb. I 1870, III 1878, XI 1886 u. XIX 1894.

---

von Lerchenthal,

s. Menninger von Lerchenthal.

---

von Lindheim.

Evangelisch A. B. und römisch-katholisch. – Österreich (Niederösterreich).

Verleihungen:

1860 September 18 (Allerhöchste Entschließung) und November 9, Wien (Diplom): Kaiser Franz Joseph I. erhebt die Brüder Ernst Hermann und Alfred Hermann Lindheim, Großhandlungs-, Montan- und Hüttenwerksgesellschafter, auch Guts- und Fabriksbesitzer in Wien, in den Österreichischen Adelstand mit „Edle von" und einem Wappen. – (AA., HKA.; – Orig. Fam.)

1861 Juli 29, Baden-Baden: König Wilhelm I. von Preußen anerkennt denselben den Österreichischen Adel für Preußen. – (Orig. Fam.)

1861 Juli 29, Baden-Baden: König Wilhelm I. von Preußen verleiht dem kgl. preuß. Leutnant im Landwehr-Husaren-Regimente Nr. 4 Wilhelm Hermann Lindheim in Ullersdorf den Preußischen Adelstand mit einem Wappen. – (Orig. Fam.)

1877 November 30, Wien: Kaiser Franz Joseph I. erhebt den Verwaltungsrat der Kaiserin Elisabeth-Westbahn Alfred Hermann Edlen von Lindheim als Ritter des Ordens der Eisernen Krone III. Klasse in den Österreichischen Ritterstand. – (AA., HKA.; – Orig. Fam.)

Wappen:

I. 1860 November 9: Zweimal gespalten von Silber, Schwarz und Gold, in zwei ein von Silber und Gold gespaltener dreiblättriger Lindenzweig. Auf dem gekrönten Turnierhelme mit rechts schwarz-silbernen und links schwarz-goldenen Decken zwischen einem offenen schwarzen Fluge, der rechts mit einer eisernen Spindel mit aufgewundenem weißen Faden und links mit einem goldenen Aufschlaghammer belegt ist, der Lindenzweig wie im Schilde. Goldenes Schriftband mit der Devise „MERITIS PATRIS" in schwarzer Lapidarschrift.

II. 1861 Juli 29: Wie 1860.

III. 1877 November 30: Wie 1860.

Die Familie Lindheim schwang sich aus bescheidenen Verhältnissen innerhalb weniger Dezennien zu einer führenden Stellung im industriellen und kommerziellen Leben erst ihrer engeren Heimat Preuß.-Schlesien, dann ganz Österreichs empor und erwarb sich für alle Zeiten einen bedeutenden Namen in der Entwicklungsgeschichte der Textilindustrie, des Berg- und Hüttenwesens und vor allem des Eisenbahnbaues.

Hermann Dietrich Lindheim wurde 30. Juli 1790 als Sohn eines Kaufmannes zu Breslau geboren und betrieb zuerst ein Garngeschäft mit aus England bezogenen Gespinsten. Er faßte nun den Plan, das Baumwollgarn in Schlesien selbst herzustellen und begab sich in das Ausland, um dort die Fabriksbetriebe eingehend zu studieren. Nach siebenjährigem Aufenthalte in England gründete er zu Ullersdorf bei Glatz die erste große mechanische Baumwollspinnerei, für die er die Maschinen nach englischem Muster (der Export englischer Maschinen und die Anwerbung englischer Arbeiter durch Ausländer wurden damals in England als schweres Verbrechen bestraft) in Schlesien selbst bauen ließ. Er errichtete weiters in Ullersdorf eine Flachsgarnspinnerei, im benachbarten Rückers eine Weberei nebst Bleiche und Färberei und endlich 1837 zu Skalitz in Böhmen eine Baumwollspinnerei, deren großartige Anlage und mustergültige Leitung wesentlich zur Hebung dieses Industriezweiges in Österreich beitrug. Gemeinsam mit seinem Bruder J. M. Lindheim begründete er in Wien 1840 das bis zu seinem Tode bestandene k. k. priv. Großhandlungshaus J. M. & H. D. Lindheim.

Nach Ankauf der Domäne Wilkischen in Böhmen hob er das dort betriebene, jedoch arg in Verfall geratene Steinkohlenwerk und erbaute den Hochofen zu Karolinengrund, das Puddel- und Walzwerk Josefshütte, sowie die Hermannshütte unmittelbar auf den Kohlenlagern von Wilkischen. Dazu pachtete er zahlreiche Hochöfen in der Umgebung und sorgte durch ausgedehnte Schürfungen dafür, daß der Bedarf an Erzen und Kohlen für seine Werke auf lange Jahre gesichert wurde. Seinen rastlosen Bemühungen gelang es, das Vorurteil gegen das böhmische Eisen, besonders zur Erzeugung von Eisenbahnschienen, zu brechen. Im Jahre 1853 lieferten seine Werke die ersten Schienen (60.000 Zentner) aus böhmischem Rohmaterial und konnten schon drei Jahre später die Erzeugung verdreifachen. Er vereinigte später seinen Werksbesitz mit den Stahlwerken in Kladno und bildete daraus in der Folge den Grundstock der zu einem mächtigen Unternehmen emporgeblühten Prager Eisenindustrie-Gesellschaft. Lindheim war auch ein Mitbegründer der chemischen Fabrik zu Aussig a. d. Elbe und der Traunthaler Bergwerksgesellschaft.

Die ungeahnte Entwicklung der böhmischen Eisenindustrie ließ Lindheim die Notwendigkeit der Ausgestaltung des Bahnnetzes erkennen und führte ihn und seine Söhne dazu, in die vorderste Reihe der Eisenbahn-Bauunternehmer zu treten. In Gemeinschaft mit dem k. k. Generalkonsul und Bankier in Hamburg Ernst Merck (seit 1860 Freiherrn) erlangte er durch die Allerhöchste Entschließung vom 8. März 1856 die Konzession zur Gründung der „Kaiserin Elisabethbahn-Gesellschaft", die den Bau der Österreichischen Westbahn Wien–Linz–Salzburg und Linz–Passau, sowie der Bahnstrecke Gmunden–Linz–Budweis übernahm. Die Vollendung des Baues erlebte er jedoch nicht mehr. Auch die Ausführung der ihm konzessionierten Böhmischen Westbahn konnte er nur mehr vorbereiten. Er starb zu Wien am 11. März 1860. In Anerkennung seiner Verdienste um die Hebung der Industrie war er von Preußen durch die Verleihung des Titels eines Geheimen Kommerzienrates und den Roten Adler-Orden, von Österreich durch das Ritterkreuz des Franz Joseph-Ordens ausgezeichnet worden.

Seine drei zu Ullersdorf geborenen Söhne Ernst Hermann (geb. 3. November 1832), Wilhelm Hermann (geb. 4. Mai 1835) und Alfred Hermann (geb. 11. Oktober 1836) waren nach Beendigung ihrer Studien und wiederholten Reisen in die Industriezentren am Rhein, in Frankreich, England und Belgien die treuen Mitarbeiter seiner großen Unternehmungen, schufen sich jedoch nach seinem Tode jeder für sich einen großen selbständigen Wirkungskreis.

Ernst Hermann wurde der Gründer einer Reihe ungarischer Lokalbahnen und der Internationalen Eisenbahnwagen-Leihgesellschaft, sowie der Erbauer der Savebrücke bei Brčka.

Wilhelm Hermann wendete sich 1867 ganz dem Eisenbahnbaue zu und beteiligte sich durch fast ein Dezennium bei dem Baue und der Finanzierung der russischen Eisenbahnen in hervorragender Weise. Eine Unterbrechung erlitt diese Tätigkeit nur durch den deutsch-französischen Krieg, den er als Reserveoffizier des kgl. preuß. Husaren-Regimentes Nr. 4 und Ordonnanzoffizier des kommandierenden Generals des 6. Armeekorps GdK. Wilhelm von Tümpling mitmachte. Für Auszeichnung in diesem Feldzuge heftete ihm der damalige Kronprinz Friedrich von Preußen eigenhändig das Eiserne Kreuz II. Klasse an die Brust. Seit 1877 verlegte er seine Tätigkeit hauptsächlich nach Österreich-Ungarn und Rumänien, wo er die große Donaubrücke bei Czernawoda erbaute und sich an den Fortifikationsarbeiten in Bukarest beteiligte. Auch bei der Erbauung der Kriegsbahnen im russisch-türkischen Kriege wirkte er mit. In Österreich-Ungarn war er der Schöpfer der Brünner Lokalbahnen, der Neuen Wiener Tramway, der Teplitz-Eichwalder und Preßburger Lokalbahn etc. Er baute ferner die Großwardeiner und Debrecziner Straßenbahn, die Lokalbahn Vinkovce-Brčka, die Savebrücke bei Gunja, die Kolomeaer Lokalbahnen, sowie die Gablonz-Reichenberger Bahn.

Alfred Hermann blieb in der Verwaltung der väterlichen Eisenwerke, bis diese an die Prager Eisenindustrie-Gesellschaft übergingen und wandte sich dann volkswirtschaftlichen Studien zu, deren Früchte zahlreiche publizistische Arbeiten sind. 1868 wurde er Direktor der k. k. priv. Handelsbank in Wien und rief als solcher die ersten Lagerhäuser Österreichs ins Leben. Er ist auch der Gründer der Wiener Privat-Telegraphenanstalt, die das Telephon in Wien einführte. Als Vertreter der Handels- und Gewerbekammer wurde er in den Niederösterreichischen Landtag entsendet, wo er die Gründung der Landeshypothekenanstalt veranlaßte.

Während des Krieges 1859 förderten die in den österreichischen Staatsverband getretenen Brüder Ernst Hermann und Alfred Hermann durch Geldspenden und persönliche Einwirkung insbesondere die Bildung des böhmischen Freiwilligenkorps und betätigten durch die Widmung bedeutender Summen zu humanitären Zwecken, wie die Errichtung der Giselastiftung in Marienbad für erkrankte Offiziere und Staatsbeamte, ihren patriotischen Sinn. In Würdigung der Verdienste ihres verstorbenen Vaters und ihrer eigenen wurden Ernst Hermann und Alfred Hermann Lindheim mit Allerhöchster Entschließung vom 18. September und dem Diplome ddo. Wien, 9. November 1860 mit dem Ehrenworte „Edle von" und dem oben beschriebenen Wappen in den Österreichischen Adelstand erhoben. König Wilhelm I. von Preußen anerkannte ddo. Baden-Baden, 29. Juli 1861 diese Standeserhöhung für Preußen und erhob unter demselben Datum den dritten Bruder Wilhelm Hermann Lindheim (geb. Ullersdorf 4. Mai 1835) zu Ullersdorf, damals kgl. preuß. Leutnant des Landwehr-Husaren-Regimentes Nr. 4, in den Preußischen Adelstand unter Verleihung des gleichen Wappens.

Alfred Hermann Edler von Lindheim wurde als Ritter des Ordens der Eisernen Krone II. Klasse dann noch ddo. Wien, 30. November 1877 in den österreichischen Ritterstand erhoben, wobei das bisherige Wappen unverändert blieb.

---

† Hermann Dietrich Lindheim, geb. Breslau 30. Juli 1790, † Wien 11. März 1860 (begr. Ullersdorf), FJO.-R., kgl. preuß. Geheimer Kommerzienrat, Großindustrieller etc.; – verm. Paris (evang. ref. Pf.) 17. August 1826 mit:

† Estelle, geb. Mévil (römisch-katholisch), geb. Paris 9. Oktober 1806, † Landeck, Preuß.-Schlesien, 27. September 1878 (begr. Ullersdorf).

Kinder:

†1. Klementine Lindheim, geb. .... 4. Juni 1831, † .... 24. März 1884 (begr. Schloß Hochkirch); – verm. .... 26. November 1850 mit:

† Hugo von Löbbecke, geb. .... 16. Oktober 1827, † .... 8. Mai 1901 (begr. Schloß Hochkirch), Majoratsherrn auf Schloß Hochkirch bei Trebnitz in Preuß.-Schlesien.

†2. Ernst Hermann Edler von Lindheim (1. Adelserwerber), geb. Ullersdorf 3. November 1832, † Budapest 10. August 1895 (begr. Wien), EKO.-R.III.

†3. Wilhelm Hermann von Lindheim (3. Adelserwerber), geb. Ullersdorf 4. Mai 1835, † Wien 6. Jänner 1898, Besitzer der Herrschaft Raabs in Niederösterreich, EKO.-R.III., Chef der Firma Lindheim & Comp., kgl. rumänischer Generalkonsul in Wien, kgl. preuß. Rittmeister a. D. (bis 18.. im Landwehr-Husaren-Regimente Nr. 4), Ehrenbürger des Marktes Raabs und der Gemeinde Wr.-Neudorf; – verm. I. Wien 3. Mai 1876 mit:

† Luise, geb. von Angeli (römisch-katholisch – Tochter des .... 18.. zu .... † Georg v. A. und dessen II. Gemalin, der .... 18.. zu .... † Luise, geb. Smekal), geb. Wien 3. Mai 1858, † .... 11. Mai 1879; – II. Schloß Berghof bei Lilienfeld 5. Juni 1880 mit:

Klarisse Ida Marie, geb. von Vivenot (römisch-katholisch – Tochter des 30. Juni 1884 zu Berghof † k. k. Hofrates, Indigena des Königreiches Ungarn, Ehrenbürgers von Lilienfeld, Besitzers des Gutes Berghof, EKO.-R.III., Dr. med. Rudolf Philipp Franz Ritters von Vivenot und dessen III. Gemalin, der 15. November 1892 zu Wien † Mathilde, geb. Swatosch [Hellwig]), geb. Berghof 11. Juli 1856, Marianerin des h. Deutschen Ritterordens. – [Wien, I. Giselastraße 9, und Schloß Rückers bei Glatz.]

Kinder: a) I. Ehe:

1) Luise Estelle Klementine Emilie Mathilde (evangelisch A. B.), geb. Wien 5. April 1879; — verm. Rosegg 18. September 1898 mit:

Rudolf Maria Magdalena Ignaz Grafen Chorinsky, Freiherrn von Ledske, geb. Tschernembl 14. April 1868, FJO.-R., k. k. Hofrat bei der Landesregierung in Laibach, Leutnant i. d. Evidenz des Landwehr-Ulanen-Regimentes Nr. 3. — [Laibach.]

b) II. Ehe:

2) Klementine Estelle Klarisse (römisch-katholisch), geb. Wien 13. März 1881; — verm. Wien (evang. Pf. A. B.) 4. Februar 1901 mit:

Siegfried von Löbbecke (evangelisch A. B.), geb. .... 18.., Majoratsherrn auf Schloß Eisersdorf, Rückers und Költschen, sowie des Freigutes Ullersdorf in Preußisch-Schlesien, kgl. preuß. Oberleutnant im Garde-Dragoner-Regimente Nr. 2 Kaiserin Alexandra von Rußland. — [....]

†3) Wilhelm (Willy) Hermann Hugo Rudolf, geb. Raabs 17. Oktober 1883, † Wien 6. Mai 1891.

4) Gottfried, geb. Wien 17. Dezember 1892.

4. Alfred Hermann Ritter von Lindheim (2. Adels- und Ritterstandserwerber), geb. Ullersdorf 11. Oktober 1836, FJO.-Kmt., EKO.-R.III., Landtagsabgeordneter der Handels- und Gewerbekammer in Wien, kgl. rumänischer Generalkonsul in Wien, k. k. Kommerzialrat, Präsident des Wiener Warenbörse-Schiedsgerichtes, Mitglied des Staatseisenbahnrates, Handelskammerrat, Ehrenbürger der Gemeinden Lilienfeld, Schönau, Dornau, Siebenhaus, Türnitz und Manhartsbrunn; — verm. Berghof 24. November 1870 mit:

Mathilde Franziska Dominika, geb. von Vivenot (römisch-katholisch — Schwester der Klarisse Ida Marie, s. oben), geb. Wien 9. Juni 1852, Besitzerin des Gutes Berghof bei Lilienfeld, Elis.-O.II., Marianerin des h. Deutschen Ritterordens. — [Wien, I. Grillparzerstraße 5.]

Kinder:

1) Alfred Hermann, geb. Wien 29. Oktober 1871, Dr. jur., k. k. Ministerial-Vizesekretär im Finanzministerium und n. a. Leutnant des Landwehr-Ulanen-Regimentes Nr. 3. — [Wien, I. Grillparzerstraße 5.]

2) Valerie (römisch-katholisch), geb. Berghof 29. Juni 1873; — verm. Berghof 7. Oktober 1894 mit:

Heinrich Ritter Kraus(s) von Elislago, geb. Prag 21. Mai 1861, EKO.-R.III., MVK., k. u. k. Oberst des Generalstabskorps, Chef des Bureaus für operative Generalstabsarbeiten. — [Wien, IX. Alserstraße 28.]

3) Mathilde (Ilda — römisch-katholisch), geb. Wien 27. November 1880; — verm. Berghof 11. Juni 1899 mit:

Franz Xaver Grafen Dezasse de Petit-Verneuille, geb. .... 7. April 1863, k. u. k. Kämmerer und kgl. ungar. Leutnant a. D. — [Bohunicz, Komitat Pozsony.]

Vgl.: — Wurzbach XV, S. 210; — Brünner Adel. Taschenb. IV 1879, VII 1882, XI 1886 und XVII 1892; — G. j. F., 1891, S. 52; — A. von Vivenot, Geschichte der Familie v. Vivenot S. 79 bis 90 und Beil. 8; — Neuer Siebmacher, Bd. III, 2, II (A. G. v. Mülverstedt, Der preußische Adel, Edelleute II. T.), S. 126, Taf. 107.

---

von Loehr.

Römisch-katholisch. — Österreich (Niederösterreich).

Verleihungen:

1865 Februar 8, Wien: Kaiser Franz Joseph I. verleiht dem k. k. Sektionsrate im Staatsministerium Moriz Loehr als Ritter des Ordens der Eisernen Krone III. Klasse den Österreichischen Ritterstand und ein Wappen. — (AA., HKA.; — Orig. Fam.)

1874 Februar 27, Wien: Derselbe verleiht dem k. k. Ministerialrate im Ministerium des Innern Adolf Friedrich Loehr als Ritter des österr. kaiserl. Leopold-Ordens den Österreichischen Ritterstand und ein Wappen. — (AA., HKA.; — Orig. Fam. — Erwerber ohne Nachkommen.)

Wappen:

I. 1865 Februar 8: Durch ein goldenes Dornenkreuz geviert, 1 und 4 in Blau vier (1, 2, 1) achtstrahlige goldene Sterne, 2 und 3 in Silber eine rote Zinnenmauer mit einem diese überragenden zinnengekrönten ebensolchen Torgebäude mit offenem Tore. Zwei gekrönte Turnierhelme: auf I mit blau-goldenen Decken ein geschlossener, vorne von Blau über Gold und hinten farbengewechselt geteilter Flug; auf II mit rot-silbernen Decken ein wachsender silberner Greif.

II. 1874 Februar 27: In Gold eine an den Hauptrand reichende, eingebogene, rechts von einem rechthalben, links von einem linkhalben, aus der Teilungslinie hervorbrechenden, golden gewaffneten schwarzen Adler begleitete und mit einem von einem sechsstrahligen goldenen Sterne überhöhten, sitzenden, goldenen Frosche belegte rote Spitze. Zwei gekrönte Turnierhelme: auf I mit schwarz-goldenen Decken ein geschlossener, vorne mit einem goldenen Sterne belegter, schwarzer, hinten goldener Flug; auf II mit rot-goldenen Decken zwischen zwei von Gold über Rot geteilten Büffelhörnern der goldene Frosch. Devise: „Te sidere duce."

---

† August Simon Löhr (Sohn des .... 17.. zu .... † .... L. und der .... 17.. zu .... † ...., geb. ....), geb. Kitzingen 1774, † Baden bei Wien 24. August 1847, Bankier in Berlin, seit 1818 in Wien; — verm. .... 180. mit:

† Marianne, geb. Hertz (Tochter des .... 1... zu .... † .... H. und der .... 1... zu .... † ...., geb. ....), geb. .... 17.., † Berlin .... 1819.

Söhne:

†1. Emil Ludwig Löhr, geb. Berlin 20. Juni 1809, † München 21. April 1876, Landschaftsmaler.

†2. Moriz Ritter von Loehr (1. Ritterstandserwerber), geb. Berlin 7. Oktober 1810, † Wien 28. Oktober 1874, LO.-R., EKO.-R.III., k. k. Hof- und Ministerialrat; — verm. Graz 8. März 1846 mit:

† Elisabeth, geb. Seeger (Tochter des 13. September 1848 zu Vorau † Stiftsanwaltes Josef Robert S. und der 13. Jänner 1846 ebendort † Barbara, geb. Sorger), geb. Vorau 7. Februar 1826, † Wien 5. November 1883.

Kinder:

1) August, geb. Venedig 5. Mai 1847, GVK.m.K., k. k. Regierungsrat, Zentralinspektor der k. k. österr. Staatsbahnen (bis 1907 der k. k. priv. Kaiser Ferdinands-Nordbahn), beh. autor. Zivil-Maschinenbauingenieur; — verm. Graz 15. November 1875 mit:

Josefine, geb. Grießler (Tochter des 17. August 1861 zu Graz † Gewerken und Realitätenbesitzers Josef G. und Adoptivtochter der 17. November 1875 ebendort † Marie Rieben Edlen von Riebenfeld), geb. Graz 15. Dezember 1854. — [Wien, III. Gärtnergasse 18.]

Kinder:

(1) Elsa, geb. Wien 5. August 1876; — verm. Wien 15. Juni 1901 mit:

Eugen Edlen von Luxardo, geb. Maria-Enzersdorf 1. September 1867, k. u. k. Major des Generalstabskorps, Generalstabschef der 10. Infanterie-Truppendivision in Josefstadt. — [Josefstadt.]

(2) August, geb. Wien 31. März 1882, Dr. phil., ord. Mitglied des k. k. Institutes für österr. Geschichtsforschung, Volontär an den kunsthistorischen Sammlungen des Allerh. Kaiserhauses. — [Wien, III. Gärtnergasse 18.]

2) Eduard, geb. Wien 25. März 1851, GVK.m.K., k. k. Baurat, Inspektor der k. k. österr. Staatsbahnen (bis 1907 der k. k. priv. Kaiser Ferdinands-Nordbahn), beh. autor. Zivilingenieur. — [Wien, II. Franzensbrückenstraße 6.]

3) Hedwig, geb. Wien 3. März 1862. — [.....]

†3. Adolf Friedrich Ritter von Loehr (2. Ritterstandserwerber), geb. Berlin 15. Mai 1816, † Wien 20. Mai 1900, LO.-R., k. k. Sektionschef i. R.; — verm. Wien 25. März 1848 mit:

† Marie, geb. Froschauer von Moosburg zu Mühlrain (Tochter des 14. November 1871 zu Wien † k. k. Rates und Ministerialsekretärs Johann F. v. M. z. M. und der 20. Februar 1881 zu Wien † Therese, geb. Wettstein von Westersheim), geb. Wien 26. März 1828, † Wien 30. Dezember 1892.

Vgl.: — Allg. Deutsche Biogr. XIX, S. 136; — Brünner Adel. Taschenb. XVI 1891.

Loy von Sternschwerdt
und
Loy von Leichenfeld.

Römisch-katholisch. — Österreich (Niederösterreich und Küstenland) und Ungarn (Kroatien).

Verleihungen:

1819 Juni 8, Wien: Kaiser Franz I. erhebt den k. k. Hauptmann des 1. Garnisons-Bataillons in Galizien Josef Loy in den Österreichischen Adelstand mit dem Prädikate „Edler von Leichenfeld" und einem Wappen. — (AA., HKA.; — Orig. Fam. — II. Jüngere Linie.)

1822 April 1, Wien: Derselbe verleiht dem k. k. Hauptmanne des Sappeurkorps Johann Michael Loy den Österreichischen Adelstand mit dem Prädikate „von Sternschwerdt" und einem Wappen. — (AA., HKA.; — Orig. Fam. — I. Ältere Linie.)

Wappen:

I. 1819 Juni 8 (Loy Edle von Leichenfeld): In Rot zwei silberne Balken, über das Ganze ein pfahlweises aufgekehrtes blankes Schwert mit goldenem Griffe, um das sich lose im Sinne eines verkehrten Schraubenganges ein außen goldenes, innen aber blaues und mit silbernen Sternen belegtes Band so schlingt, daß dreimal die Innenseite mit je zwei Sternen und zweimal die Außenseite sichtbar wird. Auf dem gekrönten Turnierhelme mit rechts rot-silbernen und links blau-silbernen Decken drei Straußenfedern, eine silberne zwischen einer roten und einer blauen.

II. 1822 April 1 (Loy von Sternschwerdt): In fünfmal Geteilt von Rot und Silber das Schwert und Band wie 1819, nur sind die Sterne golden und die Außenseite des Bandes mit der Devise „VIRTUS LAUS OPTIMA" in schwarzer Lapidarschrift belegt. Auf dem gekrönten Turnierhelme mit rechts rotsilbernen und links blau-goldenen Decken zwischen einem offenen, jederseits mit drei goldenen Sternen übereinander belegten schwarzen Fluge schwebend ein goldener Stern.

Diese Familie stammt aus den Niederlanden, von wo der Großvater der beiden Adelserwerber als Baumeister nach Nikolsburg in Mähren kam. Dessen Sohn Johann Loy wurde dort 1740 geboren, studierte an der Universität in Prag, ließ sich jedoch (wahrscheinlich 1757) zum Infanterie-Regimente GFWM. Heinrich Friedrich Graf Wied-Runkel (später Nr. 28) assentieren und machte mit diesem die Feldzüge des Siebenjährigen Krieges mit. Er heiratete 1764 und starb 1804 zu Theresienstadt unter Hinterlassung von vier Kindern:

1. Johann Michael, geb. 1765, der Stifter der I. Älteren Linie, Loy von Sternschwerdt (s. unten).

2. Josef, geb. 177., von dem die II. Jüngere Linie, Loy von Leichenfeld abstammt (s. unten).

3. Franz, geb. 1780, † 1850, der bis 1829 als k. k. Hauptmann im Infanterie-Regimente FZM. Paul Freiherr von Radivojevich Nr. 48, dann als Platzmajor in Mantua diente und sich 1816 mit Maria, geb. Contessa Cremizza, verwitweten de Barbieri, vermählte, welcher Ehe zwei Töchter entstammten: — 1) Viktoria, verm. 1864 mit Dr. Pserner, und — 2) Cölestine.

4. Anna, verm. mit Dr. Winkler.

I. Ältere Linie.

Johann Michael Loy (s. oben 1.) wurde bereits mit sechs Jahren 1771 als Pfeiferjunge zum Fußregimente Graf Wied-Runkel assentiert, in welchem auch sein Vater diente, und stand mit diesem 1778 und 1779 gegen Preußen im Felde. Er kam später als Offizier zum Sappeurkorps, wo er bis zum Hauptmanne und Kompagniekommandanten vorrückte, machte die Feldzüge 1788 und 1789 gegen die Türken, 1793 in den Niederlanden, 1796 und 1799 am Rhein, endlich 1805, 1809 und 1813 bis 1815 gegen Frankreich mit und zeichnete sich besonders bei den Belagerungen von Belgrad, Valencienne, Kehl und Hüningen aus. Kaiser Franz I. erhob ihn in Würdigung seiner mehr als 50jährigen ausgezeichneten Dienstleistung ddo. Wien, 1. April 1822 in den Österreichischen Adelstand unter Verleihung des Prädikates „von Sternschwerdt" und eines Wappens, das sich nur unwesentlich von dem seinem jüngeren Bruder Josef 1819 zugestandenen unterscheidet. Er trat 1829 als Major ad honores in den Ruhestand und starb am 7. Februar 1843 zu Raab (Györ). Aus seiner 1788 geschlossenen Ehe mit Magdalena Fistander (geb. 1768, † Bruck a. d. Leitha 25. August 1826), stammten vier Kinder: — 1) Eleonore, geb. 1801, † 1829; — 2) Franz Matthias Hermann, geb. Theresienstadt 19. November 1802, dessen Nachkommenschaft unten als I. Ältere Linie folgt, und — 3) Wilhelm, geb. 1805, † 1879, der zuletzt als k. k. Major des Armeestandes im Expedit des Kriegsministeriums in Verwendung stand, 1871 in den Ruhestand trat und mit Josefa, geb. Böse (geb. 10. August 1812, † Wien 23. Dezember 1875) vermählt war.

II. Jüngere Linie.

Josef Loy (s. oben 2.) kam ebenfalls als Kind 1777 unter die Spielleute des Regimentes Wied-Runkel, machte die Feldzüge 1778 und 1779 in Böhmen mit, wurde 1787 Unteroffizier, zog als solcher in den Türkenkrieg 1788/89 und focht 1793 bis 1796 in den Niederlanden und am Rhein. Er tat sich besonders 1793 bei den nächtlichen Stürmen auf Valencienne als Feldwebel hervor, wobei er sich dreimal mit dem Säbel den Weg durch die Feinde in den Graben bahnte, jedoch schwer verwundet wurde. Er erhielt die silberne Ehrenmedaille und wurde bald darauf zum Fähnrich befördert. Während der Feldzüge in Italien 1799 (bei Verona verwundet) bis 1801, an der Donau 1805 und 1809, sowie an der Elbe 1813 rückte er bis zum Hauptmanne vor, kam dann vorübergehend zum 4. Garnisons-Bataillon in Dalmatien und dann zum 1. in Galizien, in welchem er bis zu seinem Übertritte in den Ruhestand 1830 verblieb. Kaiser Franz I. erhob ihn zur Anerkennung seiner geleisteten vorzüglichen Dienste nach mehr als 42jähriger Dienstzeit ddo. Wien, 8. Juni 1819 in den Österreichischen Adelstand mit dem Prädikate „Edler von Leichenfeld" und dem oben sub I. beschriebenen Wappen. In dieses erbat er sich „drei Blutfelder" und das von einem sternbesetzten Bande umschlungene Schwert als Erinnerung an die drei Stürme auf Valencienne und „daß dabei die Himmelsstraße und Gestirne hell leuchteten" — ein typisches Beispiel der Heraldik des „Systemmäßigen Militäradels"!

Hauptmann Josef Loy Edler von Leichenfeld war mit Santa, geb. Rodoni (geb. 10. August 1797, † Wien 6. September 1864) vermählt, aus welcher Ehe zwei Kinder bekannt sind:

1. Josef, geb. .... 181., dessen Deszendenz die unten aufgeführte II. Jüngere Linie bildet.

2. Antonia Maria, geb. Zara 1817, † Triest 9. Mai 1840, verm. seit 24. Juni 1839 mit Johann Baptist Alois Stellwag von Carion (geb. Eulenberg 24. Juni 1796, † Wien 18. Februar 1872), zuletzt jub. k. k. Finanzrate und Direktor der Dikasterialgebäude in Wien.

I. Ältere Linie.

(Loy von Sternschwerdt.)

† Franz Matthias Hermann Loy von Sternschwerdt (Sohn des 7. Februar 1843 zu Raab [Györ] † k. k. Majors i. P. Johann Michael Loy von Sternschwerdt und der 25. August 1826 zu Bruck a. d. Leitha † Magdalena, geb. Fistander), geb. Theresienstadt 19. November 1802, † Klosterneuburg 5. Mai 1874, k. k. Hilfsämterdirektionsadjunkt in Prag; — verm. I. Brescia 29. Oktober 1836 mit:

† Ottavia, geb. Beretta (Tochter des 2. Jänner 1838 zu Brescia † k. k. Gerichtsbeamten Cesare B. und der 22. Dezember 1838 ebendort † Barbara, geb. Lomazzi), geb. Brescia 16. Dezember 1810, † Mantua 24. März 1847; — verm. II. Wien 29. August 1862 mit:

† Anna, geb. Hackhofer (Tochter des .... 18.. zu .... † Gasthausbesitzers .... H. und der .... 18.. zu .... † ...., geb. ....), geb. Bruck a. d. Leitha .... 18.., † Mühldorf, Niederösterreich, 24. Mai 1900 — (war in I. Ehe verm. .... 18.. mit: — † Lukas Wrann, geb. .... 18. Oktober 1815, † 3. Oktober 1859, k. k. Gerichtsadjunkten).

Kinder I. Ehe:

†1. Adolf, geb. Morbegno 1. Mai 1838, † im Gefechte bei Doboj 16. August 1878, MVK. (KD.), k. k. Hauptmann im Infanterie-Regimente FZM. Josef Freiherr von Sokčević Nr. 78; — verm. Essegg 10. Juni 1872 mit:

Pauline, geb. Nenadovitz (Tochter des 24. Dezember 1853 zu Temesvár † städt. Grundbuchsverwalters Paul N. und der 19. Juli 1883 zu Graz † Susanne, geb. von Barth), geb. Temesvár 9. Oktober 1838. — [Wien, IV. Taubstummengasse 5.]

Sohn:

Adolf, geb. Agram 13. Mai 1875, ... — [.....]

†2. Magdalena, geb. Morbegno 16. Juni 1840, † Klosterneuburg 13. Dezember 1873.

3. Barbara Marie, geb. Morbegno 29. April 1841, Industrielehrerin am kath. Erzieherinnenheim in Wien. — [Wien, I. Nikolaigasse 1.]

4. Wilhelm Cäsar Ambros, geb. Varese 3. August 1842, MVK., k. u. k. Oberst d. R. (bis 1895 Oberstleutnant im Infanterie-Regimente Kaiser Franz Joseph Nr. 1), — [Krems an der Donau]; — verm. I. Jägerndorf 9. Juni 1874 mit:

† Julie, geb. Larisch (Tochter des 25. Juni 1880 zu Jägerndorf † Tuchfabrikanten Alois L. und der 4. August 1871 ebendort † Johanna, geb. Pauler), geb. Jägerndorf 28. Jänner 1853, † Troppau 9. Dezember 1890; — verm. II. Troppau 16. Jänner 1892 mit:

Anna, geb. Görtz von Zertin (Tochter des 6. August 1876 zu Wien † k. k. Oberstleutnants im Infanterie-Regimente FZM. Friedrich Freiherr Kellner von Köllenstein Nr. 41 Karl G. v. Z. und der 26. September 1900 zu Troppau † Adolfine, geb. Krüger), geb. .... 15. September 1860. — [Krems a. d. Donau.]

Kinder a) I. Ehe:

1) Hermann, geb. Troppau 22. April 1875, k. u. k. Oberleutnant im Infanterie-Regimente FM. Karl Josef Graf Clerfayt de Croix Nr. 9. — [Przemyśl.]

2) Julie, geb. Troppau 8. Jänner 1880; — verm. Krems an der Donau 11. Februar 1905 mit:

Johann Brustmann, geb. .... 27. Dezember 1872, k. k. Postassistenten. — [Wien, V. Schallergasse 2.]

3) Wilhelm, geb. Troppau 12. Juni 1881, k. u. k. Oberleutnant im Infanterie-Regimente Kaiser Franz Joseph Nr. 1. — [Troppau.]

4) Marie, geb. Troppau 3. Augst 1883; — verm. Krems an der Donau 15. Mai 1906 mit:

Josef Talif, geb. .... 19. Februar 1872, k. k. Bezirksrichter. — [Langenlois.]

5) Antonie, geb. Troppau 23. Oktober 1887.

b) II. Ehe:

6) Oktavia, geb. Troppau 5. November 1892.

† 5. Eleonore, geb. Varese 20. August 1843, † Mantua 4. April 1846.

† 6. Antonie, geb. Mantua 4. Mai 1845, † Troppau 3. April 1876.

Stieftochter (aus der I. Ehe der II. Gemahlin):

Fanni Wrann, geb. .... 15. April 1854, — [Mühldorf, Niederösterreich]; — verm. I. .... 18.. mit:

† Florentin Scholz, geb. .... 26. April 1847, † .... 4. Juli 1888, ...; — verm. II. .... 18.. mit:

Franz Olbrich, geb. .... 27. Oktober 1847, ... — [Mühldorf, Niederösterreich.]

II. Jüngere Linie.

(Loy Edle von Leichenfeld.)

† Josef Loy Edler von Leichenfeld (.. Kind des .... 18.. zu .... † Josef L. Edlen v. L. und der 6. September 1864 zu Wien † Santa, geb. Rodoni), geb. .... 181., † Graz .... 18.., k. k. Major d. R. (bis 1859 Platzhauptmann 1. Kl. zu Mantua); — verm. .... 18.. mit:

† Anna, geb. Stibner (Tochter des .... 18.. zu .... † .... St. und der .... 18.. zu .... † ...., geb. ....), geb. .... 18.., † .... 18...

Kinder:

1. Klara, geb. .... 18..; — verm. .... 18.. mit:
.... Accuti, geb. .... 18.., ... — [.....]

2. Viktor Hermann, geb. Mantua .... 1845, FJO.-R., k. k. Regierungsrat und pens. Strafanstalts-Oberdirektor zu Capodistria, — [Capodistria]; — verm. I. .... 18.. mit:

† Helene Antonie, geb. Gell-Holt (evangelisch H. B. — Tochter des .... 18.. zu .... † .... G. und der .... 18.. zu .... † ...., geb. ....), geb. .... 1829, † Görz (evang. Pf.) 3. Jänner 1884; — II. Gradiska 20. Jänner 1885 mit:

Emma, geb. Freiin Baselli von Süßenberg (Tochter des 2. Dezember 1876 zu Gradiska † Johann Baptist Ignaz Freiherrn B. v. S. und dessen II. Gemahlin Agnes Anna, geb. Tschopp), geb. .... 23. Jänner 1863. — [Capodistria.]

Sohn II. Ehe:

Eugen Johann Baptist Josef, geb. Bruma 17. August 1888.

3. Alois, geb. .... 18.., MVK., k. u. k. Major d. R. (bis 1895 im Infanterie-Regimente Sergius Alexandrowitsch Großfürst von Rußland Nr. 101). — [Agram.]

4. Marie, geb. .... 18..; – verm. .... 18.. mit:

.... Künzl, geb. .... 18.., ... — [.....]

5. Alice, geb. .... 18... – [.....]

---

von Malzer.

Römisch-katholisch. — Österreich.

Verleihung:

1903 November 24, Wien (Diplom): Kaiser Franz Joseph I. erhebt den k. u. k. Oberstleutnant des Infanterie-Regimentes Nr. 64 Gustav Malzer in den Österreichischen Adelstand mit dem Ehrenworte „Edler von" und einem Wappen. – (AA., HKA.; — Orig. Fam.)

Wappen:

1903 November 24: In Gold ein mit einer liegenden goldenen Malzschaufel belegter grüner Balken. Auf dem gekrönten Turnierhelme mit grün-goldenen Decken die goldene Malzschaufel pfahlweise zwischen einem offenen grünen Fluge.

Gustav Edler von Malzer (Adelserwerber — Sohn des .... 1861 zu Neustadtl, Niederösterreich, † Volksschullehrers Andreas Malzer und der Anna, geb. Poißl), geb. Neustadtl 22. Mai 1854, MVK., k. u. k. Oberstleutnant im Infanterie-Regimente GdK. Karl Freiherr von Mertens Nr. 64; — verm. Turn bei Teplitz 21. Oktober 1881 mit:

Anna, geb. Mitreiter (Tochter des .... 1864 zu Turn † Gutsbesitzers Dominik M. und der .... 1880 zu Graz † Marie, geb. Pfannschmid), geb. Turn 1. Jänner 1862. — [Marosvásárhely.]

Sohn:

Hermann, geb. Prag 15. Mai 1883, Hörer der Rechte. — [Graz.]

Matuschka von Wendenkron.

Römisch-katholisch und evangelisch A. B. — Österreich.

Verleihung:

1876 Mai 23, Wien: Kaiser Franz Joseph I. verleiht dem k. k. Major des Infanterie-Regimentes Adolf Herzog von Nassau Nr. 15 Alois Matuschka den Österreichischen Adel mit dem Prädikate „Edler von Wendenkron" und einem Wappen. — (AA., HKA.; — Orig. Fam.)

Wappen:

1876 Mai 23: Geteilt, oben in Gold ein wachsender schwarzer Löwe, in der rechten Vorderpranke ein blankes Schwert an goldenem Griffe schwingend, unten in Blau ein anstoßender goldener Sparren, begleitet von drei (2, 1) fünfzinnigen ebensolchen Mauerkronen, deren mittlere Zinne mit einem goldenen Kreuzchen besteckt ist. Auf dem gekrönten Turnierhelme mit rechts schwarz-goldenen und links blau-goldenen Decken der schwertschwingende wachsende Löwe.

---

† Alois Matthias Matuschka Edler von Wendenkron (Adelserwerber — Sohn des 14. Juni 1863 zu Iglau † Hausbesitzers Josef Matuschka und der 24. November 1826 ebendort † Maximiliane, geb. Seyerlhuber), geb. Iglau 12. November 1825, † Graz 20. Jänner 1902, k. u. k. Oberstleutnant d. R. (bis 1879 im Infanterie-Regimente FZM. Ludwig Ritter von Benedek Nr. 28); — verm. Hirschberg, Preuß.-Schlesien, 8. Juni 1857 mit:

† Berta Henriette Luise Mathilde, geb. Hofmann (evangelisch A. B. — Tochter des 2. April 1840 zu Petersdorf, Preußisch-Schlesien, † Großkaufmannes und evangelischen Kirchen- und Schulvorstehers daselbst Karl Gustav Hieronymus H. und der 7. März 1837 ebendort † Christine Dorothea Friederike, geb. Exner), geb. Petersdorf 2. September 1836, † Böhmisch-Krumau 17. Februar 1880.

Kinder:

1. Karl Maximilian Josef Alois Engelbert, geb. Przemyśl 18. April 1858, k. u. k. Major im Divisionsartillerie-Regimente Nr. 5; — verm. Wien 3. April 1902 mit:

   Antonie Karoline Marie Auguste, geb. Freiin von Gablenz (evangelisch A. B. — Tochter des k. u. k. Hilfsämter-Direktionsadjunkten i. R., k. k. Rittmeisters 2. Kl. in der Evidenz des Landwehr-Ulanen-Regimentes Nr. 3, FJO.-R. Kurt Heinrich Adolf Freiherrn von Gablenz und der Eugenie, geb. Skene of Skene), geb. Wien 2. November 1875. — [Brünn.]

Kinder:

1) Zeska Johanna Eugenie Berta, geb. Brünn 28. Februar 1903.

2) Karl Philipp Eugen Kurt, geb. Brünn 14. Mai 1904.

2. Franziska (Fanny) Olga, geb. Völkermarkt 23. Juni 1860; — verm. Böhm.-Krumau 18. Oktober 1879 mit:

Karl Gruber, geb. Podkamien, Galizien, 9. Februar 1844, k. u. k. Oberstleutnant d. R. (bis 1894 im Infanterie-Regimente GdK. Erzherzog Eugen Nr. 41). — [Graz, Bergmanngasse 3.]

† 3. Hermine Luise, geb. Brünn 6. Juli 1861, † Tarnow 25. März 1862.

Vgl.: — Brünner Adel. Taschenb. VIII 1883.

---

von Medritzer.

Römisch-katholisch. – Österreich (Steiermark) und Ungarn (Fiume).

Verleihung:

1891 Juni 23, Wien (Diplom): Kaiser Franz Joseph I. verleiht dem k. u. k. Obersten und Kommandanten des Infanterie-Regimentes FM. Gideon Ernst Freiherrn von Loudon Nr. 29 Wilhelm Medritzer den Österreichischen Adel mit dem Ehrenworte „Edler von" und einem Wappen. – (AA., HKA.; – Orig. Fam.)

Wappen:

1891 Juni 23: In Silber ein roter Balken, begleitet von zwei ebensolchen Füchsen, der obere rechts-, der untere linkslaufend. Auf dem gekrönten Turnierhelme mit rot-silbernen Decken drei fächerförmig gestellte Lanzen mit silbernen Spitzen und braunen Schäften.

Wilhelm Karl Edler von Medritzer (Adelserwerber – Sohn des 27. Februar 1876 zu Boskowitz in Mähren † gräflich Mensdorffschen Güterinspektors Josef Medritzer und der 7. Oktober 1851 daselbst † Anna, geb. Berghammer, verwitweten Heger), geb. Boskowitz 27. Jänner 1833, MVK., k. u. k. Oberst d. R. (bis 1892 Kommandant des Infanterie-Regimentes FM. Gideon Ernst Freiherr von Loudon Nr. 29); — verm. Holstebro, Dänemark, 19. Juli 1865 mit:

Ottilie Nikoline Christine, geb. Möller (Tochter des 19. Oktober 1890 zu Svedenborg, Dänemark, † kgl. dänischen Etatsrates Gysbert M. und der 18. Februar 1888 daselbst † Emma Olavia Wilhelmine, geb. Hoyer), geb. Kiel 19. September 1844. — [Graz, Katzianergasse 2.]

Kinder:

† 1. Anna Olavia Josefa Ottilie, geb. Holstebro 6. Juli 1866, † daselbst 4. April 1868.

2. Franz Julius Wilhelm Karl, geb. Holstebro 19. Februar 1868, Kapitän weiter Fahrt; — verm. Wien 5. November 1893 mit Anna, geb. Hanel (Tochter des .... H. und der .... geb. ....), geb. Wien 11. Juni 1876. — [Fiume.]

Söhne:

† 1) Franz Wilhelm Peter, geb. Triest 12. August 1894, † daselbst 14. September 1899.

2) Wilhelm Amand, geb. Erlach, Niederösterreich, 21. November 1895. — [Graz.]

† 3) Karl Olaf, geb. Triest 29. März 1899, † daselbst 30. April 1899.

† 3. Helene Marie, geb. und † Wien 14. Juni 1871.

4. Olaf Otto Moriz Nikolaus, geb. Svendborg 25. Oktober 1877, k. u. k. Oberleutnant im Infanterie-Regimente FZM. Hugo Ritter v. Milde Nr. 17. — [Klagenfurt.]

5. Johanna (Jenny) Emanuela, geb. Karlstadt 14. Juli 1884. [Graz, Katzianergasse 2.]

Vgl.: — Brünner Adel. Taschenb. XVIII 1893.

Melzer von Bärenheim.

Römisch-katholisch. — Österreich (Böhmen, Niederösterreich).

Verleihung:

1818 November 22, Wien: Kaiser Franz I. erhebt den k. k. Hauptmann des Böhmischen Militärgrenzkordons Heinrich Melzer in den Österreichischen Adelstand mit dem Prädikate „von Bärenheim" und einem Wappen. — AA., HKA.; — Orig. Fam.)

Wappen:

1818 November 22: Halb gespalten und geteilt, 1 in Gold ein roter und 2 in Rot ein goldener Löwe, 3 in Blau auf grünem Hügel ein natürlicher Bär neben einer rechts stehenden ebensolchen Ruine. Auf dem gekrönten Turnierhelme mit rotgoldenen Decken ein wachsender geharnischter Arm, in der bloßen Hand ein blankes Schwert an goldenem Griffe haltend.

---

† Heinrich Leopold Melzer von Bärenheim (Adelserwerber — Sohn des 1720 zu Weißkirchen in Oberschlesien geb. und .... 1782 zu Ödenburg † Furiers im Infanterie-Regimente FM. Maximilian Prinz zu Hessen-Cassel [heute Nr. 27] Gottfried Ignaz Melzer und der 17.. zu Werbowa [Verbó, Komitat Liptó], geb. und .... 17.. zu Ödenburg † ...., geb. von Egry), geb. Komotau 1. April 1769, † daselbst 14. November 1844, k. k. Major d. R. (bis 1829 Hauptmann im Böhmischen Militärgrenzkordon); — verm. I. Saaz 22. Juli 1801 mit:

† Josefine, geb. von Luchs (Tochter des .... 18.. zu .... † k. k. Oberleutnants .... v. L. und der .... 18.. zu .... † ...., geb. ....), geb. .... 17.., † .... 19. März 1815; — II. Komotau 5. Februar 1816 mit:

† Anna Gabriele, geb. Schiefer (Tochter des 16. Oktober 18.. zu Komotau † Bürgermeisters, Anwaltes und Schützenhauptmannes daselbst Anton Alois Sch. und der .... 18.. ebendort † ...., geb. von Gerstner), geb. .... 1..., † .... 18...

Kinder: a) I. Ehe:

†1. Henriette Josefa Melzer, geb. Dembica 14. März 1802, † daselbst 12. Dezember 1803.

†2. Alexander Melzer, geb. Dembica 12. Dezember 1803, † daselbst 12. August 1804.

†3. Eduard Melzer von Bärenheim, geb. Dembica 8. Juli 1805, † Teplitz .... 18.., k. k. Hauptmann i. P. (bis 184. im Infanterie-Regimente FZM. Theodor Graf Baillet de Latour Nr. 28).

† 4. Karl Borromäus Melzer von Bärenheim, geb. Klattau 11. Februar 1807, † Komotau .... 18.., k. k. Oberleutnant i. P. (bis 18.. im ....-Regimente .... Nr. ..).

†5. Emilie Karoline Melzer von Bärenheim, geb. Oberleutensdorf 28. Jänner 1809, † Budweis .... 18..; — verm. .... 18.. mit:

† ...., geb. .... 18.., † .... 18.., k. k. Hauptmann.

†6. Bernhard Melzer } geb. Oberleutensdorf 27. August 1810
†7. Franz Melzer } (Zwillinge), † als kleine Kinder.

b) II. Ehe:

†8. Klothilde Melzer von Bärenheim, geb. Görkau, Böhmen, 16. November 1816, † Komotau .... 18...

†9. Isidor Karl Melzer, geb. Görkau 22. Jänner und † daselbst 17. Oktober 1818.

†10. Irmine Melzer von Bärenheim, geb. Görkau 6. Februar 1819, † Liezen .... 1901; — verm. .... 18.. mit:

† .... Barich, geb. .... 18.., † .... 18.., k. k. Oberingenieur.

†11. Isidor Theodor Anton Melzer von Bärenheim, geb. Görkau 15. April 1821, † ...., Ungarn, ... 18.., k. k. Wachtmeister im Dragoner-Regimente .... Nr. ...

12. Heinrich Josef, geb. Böhm.-Leipa 6. März 1828, k. u. k. Oberst d. R. (bis 1877 Oberstleutnant im Infanterie-Regimente Georg V. König von Hannover Nr. 42); — verm. Mainz 6. Mai 1856 mit:

Elisabeth Wilhelmine Philippine, geb. Schott (Tochter des .... 1842 zu .... † kgl. preuß. Majorauditors und Justizrates Josef Karl Sch. und der .... 1859 zu Mainz † Christiane Regine, geb. Löhrl), geb. Wetzlar 26. Juli 1828. — [Krems.]

Tochter:

Anna Christiane Jakobine, geb. Venedig 26. Februar 1857, — [Krems]; — verm. Wien 23. Dezember 1882 mit:

† Karl Scheff, geb. Baden bei Wien 2. Juni 1854, ertrunken im Wörthersee bei Krumpendorf 16. August 1892, k. u. k. Rittmeister 1. Kl. im Husaren-Regimente GdK. Andreas Graf Pálffy ab Erdöd Nr. 8.

Men(n)inger von Lerchenthal.

Römisch-katholisch und evangelisch A. B. — Österreich (Kärnten, Steiermark und Niederösterreich).

Verleihung:

1755 Oktober 24, Wien: Kaiserin Maria Theresia verleiht dem Kameral- und Kriegszahlamtskassier zu Klagenfurt Josef Meninger den österreichisch-erbländischen Adel mit dem Prädikate „von Lerchenthal", dem Rechte, sich „so zu schreiben und zu nennen", einem Wappen und der Rotwachsfreiheit. — (AA., HKA.; — Orig. Fam.)

Wappen:

1755 Oktober 24: Geviert, 1 und 4 in Blau eine gegen rechts auffliegende natürliche Lerche, 2 und 3 in Gold ein schwarzer Adler. Auf dem gekrönten Turnierhelme mit rechts schwarzgoldenen und links blau-goldenen Decken zwischen vorne von Schwarz über Gold und hinten von Gold über Blau geteilten Büffelhörnern der schwarze Adler.

Josef Meninger, k. k. Kameral- und Kriegszahlamtskassier zu Klagenfurt, wurde von Kaiserin Maria Theresia ddo. Wien, 24. Oktober 1755 in den österreichisch-erbländischen Adelstand erhoben und ihm hierbei das Prädikat „von Lerchenthal" mit der Bewilligung, sich „so zu schreiben und zu nennen", das oben beschriebene Wappen und die Rotwachsfreiheit verliehen. Von der Erlaubnis des Diplomes Gebrauch machend, nennt sich die Familie vielfach nur „von Lerchenthal".

Josef Meninger von Lerchenthal war mit Renata, geb. Sala de Grossa, vermählt, welcher Ehe zehn zu Klagenfurt geborene Kinder entsprossen: — 1. Josefa Aloisia Antonia, geb. 31. Mai 1754, † 10. Dezember 1817, verm. Klagenfurt 12. November 1771 als dessen II. Gemahlin mit Josef Emmerich Freiherrn von Kulmer zum Rosenpichl und Hohenstein (geb. 3. Juli 1717, † 31. August 1790), k. k. Kämmerer und Landrat in Kärnten, der in I. Ehe seit 7. Mai 1750 mit Juliana, geb. von Hohenemer, verwitweten Siebenegg (geb. Agram 1. Dezember 1723, † Klagenfurt 27. Dezember 1768), vermählt war; — 2. Anton von Padua Franz Xaver, geb. 28. Juni 1755; — 3. Theresia Maria Antonia, geb. 29. Oktober 1756, verm. Laibach (St. Jakob) 7. September 1787 mit dem 37 Jahre alten k. k. Zolleinnehmer Thomas Tobischer; — 4. Alois Nikolaus Benedikt, geb. 1. März und † 31. Oktober 1758; — 5. Benedikt Nikolaus, geb. 31. August 1759; — 6. Aloisia Maria Theresia, geb. 21. Juni 1761; — 7. Thaddäus Anton Ignaz, geb. 28. Oktober 1762; — 8. Barbara Maria Anna, geb. 3. Juli 1764; — 9. Johann Baptist Franz Borgias Ignaz, geb. 10. Oktober 1765, der Stammvater der jetzt lebenden Familienmitglieder (s. unten), und — 10. Karl Magnus Franz Xaver, geb. 23. Jänner und † 10. August 1769.

Johann Baptist Franz Borgias Ignaz Meninger von Lerchenthal (s. vorstehend 9.) starb 1833 als Ingenieur zu Agram. Er hatte sich mit Anna, geb. Gräfin Keglevich de Buzin, vermählt, die ihm folgende vier Kinder schenkte:

1) Marie, geb. Popovec in Kroatien 15. Jänner 1800, † daselbst 4. April 1879, verm. 1. Mai 1819 mit August Grafen Orssich de Slavetich (geb. 1798, † 1853).

2) Franz Seraphin Johann Baptist, geb. Wien 13. November 1803, s. unten I. **Ältere Linie.**

3) Anton, geb. Wien .... 1805, s. unten II. **Jüngere Linie.**

4) Julie, geb. Popovec 25. April 1807, † Graz 9. Oktober 1890, verm. .... 18.. mit .... Unger (geb. .... 18.., † .... 18..), k. k. Katastralinspektor.

I. Ältere Linie.

† Franz Seraphin Johann Baptist Menninger von Lerchenthal (2. Kind des .... 1833 zu Agram † Johann Baptist Franz Borgias M. v. L. und der .... 18.. zu .... † Anna, geb. Gräfin Keglevich de Buzin), geb. Wien 13. November 1803, † Graz 17. Juni 1869, k. k. Finanzrat i. P.; — verm. .... 1830 mit:

† Josefine, geb. Lerche (Tochter des .... 18.. zu Wien † Johann L. und der .... 18.. zu .... † ...., geb. ....), geb. .... 1810, † Graz 4. März 1867.

Kinder:

1. Alexander Franz Karl Johann Martin, geb. Wien 24. August 1831, k. k. Landesgerichtsrat i. R.; — verm. Preßburg (Pozsony) 30. April 1860 mit:
   Elisabeth (Erzi), geb. Bajozy de Geizelfalva (Tochter des 8. August 1849 zu Preßburg † Stadtrichters Josef B. de G.

und der 12. Oktober 1871 zu Wien † Marie, geb. Brudermann), geb. Preßburg (Pozsony) 19. November 1836. – [Wien, III. Kegelgasse 2B.]

Kinder:

† 1) Alexander, geb. Wien 20. Juli 1863, † daselbst 23. Juni 1864.

† 2) Marie, geb. Wien 25. Februar 1865, † daselbst 13. November 1898.

3) Julie, geb. Wien 19. November 1867; – verm. Wien 18. Mai 1898 mit:

Julius Miesler, geb. .... 18.., Dr. phil., Ingenieur, Prokuraführer der prot. Firma Siemens & Halske, Aktiengesellschaft. – [Wien.]

4) Elisabeth, geb. Wien 16. März 1869. – [Wien.]

5) Gisela, geb. Wien 29. Mai 1872. – [Wien.]

2. Theodor Maria Nikolaus, geb. Tarnów 19. September 1835, k. k. Bezirkshauptmann d. R.; – verm. Arnoldstein 4. November 1869 mit:

Karoline, geb. Walter (Tochter des .... 1871 zu Arnoldstein † k. k. Gerichtskanzlisten Karl W. und der 22. Dezember 1897 zu Graz † Elisabeth, geb. Plattner), geb. .... 20. April 1850. – [Graz, Schillerplatz 10.]

Kinder:

1) Oskar Ludwig, geb. Spittal a. d. Drau 30. Juli 1870, k. k. Offizial der Finanzlandeskassa in Graz; – verm. .... 7. Jänner 1892 mit:

Paula, geb. Müller (Tochter des Johann M. und der Marie, geb. ....), geb. Mittertrixen 1. August 1866. – [Graz, Klosterwiesgasse 50.]

2) Albert Karl, geb. Spittal a. d. Drau 14. Juli 1871, Dr. med., k. k. Distriktsarzt zu Hermagor und Assistenzarzt i. d. Evidenz des Landwehr-Infanterie-Regimentes Klagenfurt Nr. 4; – verm. Bosn.-Brod 2. April 1897 mit:

Margarete (Grete), geb. Holzmann (Tochter des Ludwig H. und der Therese, geb. ....), geb. .... 5. März 1881. – [Hermagor.]

Kinder:

(1) Albert, geb. Sarajevo 10. April 1897.

(2) Erich, geb. Hermagor 8. Mai 1898.

(3) Elisabeth, geb. Hermagor 29. März 1901.

(4) Anna, geb. Hermagor 27. Dezember 1902.

(5) Kurt, geb. Hermagor 24. November 1905.

3) Theodor Julius, geb. Spittal a. d. Drau 25. August 1872, k. u. k. Feldwebel und Rechnungs-Unteroffizier im Infanterie-Regimente GdK. Erzherzog Franz Ferdinand von Österreich-Este Nr. 19. – [Preßburg.]

4) Adele Elisabeth, geb. Spittal a. d. Drau 8. Dezember 1873. – [Graz.]

5) Gustav Adolf, geb. Spittal a. d. Drau 6. Jänner 1875, städt. Bauassistent zu Graz; – verm. .... 16. Februar 1903 mit:
Marie, geb. Neuberger (Tochter des k. u. k. Hofgestütstierarztes 1. R. [vorm. in Pröstranegg am Karst] Leopold N. und der ...., geb. ....), geb. .... 18... – [Graz, Plüddemanngasse 6.]

Tochter:

Ingeborg Henriette Marie, geb. Graz 31. Dezember 1905.

6) Elisabeth Charlotte, geb. Spittal a. d. Drau 24. Dezember 1876. – [Graz.]

7) Walter Artur, geb. Spittal a. d. Drau 3. August 1879, Kunstmaler. – [Graz.]

3. Julius Laurenz Eduard, geb. Wadowice 4. August 1837, Oberinspektor der k. k. priv. Südbahn-Gesellschaft, – [Wien, IV. Wiedner Gürtel 18]; – verm. I. Graz (Dompf.) 28. Mai 1862 mit:

† Wilhelmine Karoline, geb. Freiin von Neffzern (Tochter des 21. Juli 1862 zu Wien † k. k. Kämmerers und Oberleutnants a. D. Franz Alexander Freiherrn v. N. und der 20. September 1848 zu Wien † Eleonore, geb. ....), geb. Wien 19. Juli 1841, † Graz 8. Juli 1868; – II. .... 18.. mit:

Rosa Albertine, geb. Schleser (Tochter des .... 18.. zu .... † .... Sch. und der .... 18.. zu .... † ...., geb. ....), geb. Engelsberg in Schlesien 25. April 1836. – [Wien.]

Töchter I. Ehe:

1) Marie Alexandrine Karoline, geb. Spital am Semmering 8. September 1864; – verm. Baden bei Wien 10. Mai 1887 mit:
Benvenuto Freiherrn Stockart von Bernkopf, geb. Wien 29. Juni 1863, k. u. k. Hauptmann 1. Kl. im Feldjäger-Bataillon Nr. 25. – [Wien.]

† 2) Adolfine, geb. .... 19. November und † daselbst 10. Dezember 1865.

4. Adolfine, geb. Wadowice 12. Februar 1839. – [St. Martin bei Villach.]

II. Jüngere Linie.

† Anton Menninger von Lerchenthal (3. Kind des .... 1833 zu Agram † Johann Baptist Franz Borgias M. v. L. und der .... 18.. zu .... † Anna, geb. Gräfin Keglevich de Buzin), geb. Wien .... 1805, † .... 1876; – verm. .... 18.. mit:

† Elisabeth, geb. Wiethen (Tochter des .... 18.. zu .... † .... W. und der .... 18.. zu .... † ...., geb. ....), geb. .... 18.., † .... 18...

Kinder:

1. Ottilie Juliana, geb. .... 1832, † Rudolfswert 12. August 1865; – verm. St. Bartholomä in Krain 7. April 1855 mit:

† Toussaint Jellouschegg Edlen von Fichtenau, geb. .... 1815, † .... 18.., Gutsbesitzer und k. k. Postmeister zu Rudolfswert.

†2. Alfons Alfred, geb. .... 12. Juli 1836, † Graz 9. November 1905, k. k. Bezirksgerichtskanzlist i. R.; – verm. Laibach (St. Jakob) 22. September 1868 mit:
Marie, geb. Konschegg (Tochter des .... 18.. zu .... † Valentin K. und der .... 18.. zu .... † Rosa, geb. Buzas), geb. .... 18... – [Graz.]

Kinder:

1) Sidonie (Sidi) Alexandrine Franziska, geb. Rudolfswert 2. Jänner 1871; – verm. .... 18.. mit:
Franz Trummer, geb. .... 18... – [.....]

2) Viktor, geb. .... 13. November 1873, Schauspieler; – verm. .... 1897 mit:
Anna, geb. Lebkronn (Tochter des .... 18.. zu .... † .... L. und der .... 18.. zu .... † ...., geb. ....), geb. .... 18... – [.....]

Kinder:

(1) Alois, geb. .... Mai 1890.
(2) Sidonie, geb. .... Juni 1892.

3) Artur, geb. .... 8. November 1878, Restaurateur; – verm. .... 8. September 1903 mit:
Katharina, geb. .... (Tochter des .... 18.. zu .... † .... und der .... 18.. zu .... † ...., geb. ....), geb. .... 18... – [.....]

4) Rosa, geb. .... 18. August 1881; – verm. .... 18.. mit:
Hermann Gobitzer, geb. .... 18.., Redakteur. – [Leoben.]

Vgl.: – Neuer Siebmacher IV, 8 (A. M. Hildebrandt, Der Kärntner Adel), S. 180 u. Taf. 20.

---

von Mertens.

Römisch-katholisch und evangelisch A.B. – Österreich (Niederösterreich, Salzburg und Schlesien) und Ungarn.

In Brüssel seit dem Ende des XVI. Jahrhunderts als adelig nachgewiesen.

Verleihungen:

1773 Dezember 15, Wien: Kaiser Josef II. verleiht dem Doktor der Medizin Karl Mertens den Reichsadel mit der Bewilligung, sich „von Mertens“ und nach den zu erwerbenden Gütern zu nennen, sowie der Bestätigung (recte Änderung) des bisher geführten Wappens. – (StA., RR. Josef II, tom. XIX, fol. 807; – Orig. Fam.)

17*

1787 April 2, Wien: Kaiser Josef II. erhebt den Doktor der Arzneikunde Karl von Mertens (denselben) unter weiterer Änderung seines Wappens in den Österreichisch-erbländischen und Böhmischen Ritterstand. – (AA., HKA.; – Orig. Fam.)

1787 April 18, Wien: Der Niederösterreichische Ritterstand nimmt den Karl Ritter von Mertens in das Konsortium der Neuen niederösterreichischen Ritterstandsgeschlechter auf. – (Niederösterr. LA.; – Orig. Fam.)

1849 August 8, Wien: Kaiser Franz Joseph I. verleiht dem k. k. Generalmajor Karl Ritter von Mertens als Kommandeur des Leopold-Ordens den Österreichischen Freiherrnstand mit Wappenbesserung. – (AA., HKA.; – Orig. Fam. – I. Ältere Linie.)

1867 Dezember 4, Wien (Dekret Z. 571/A): Das k. k. Ministerium des Innern bestätigt dem k. k. wirkl. Geheimen Rate, Feldzeugmeister etc. Karl Freiherrn von Mertens, daß die direkten Aszendenten seines Großvaters, des 1773 in den Reichsadelstand und 1787 in den Erbländischen Ritterstand erhobenen Dr. Karl Mertens bis zu Ende des XVI. Jahrhunderts in den Matrikeln zu Brüssel vorkommen und in den Niederlanden als adelig anerkannt waren. – (AA., HKA.; – Orig. Fam. – I. Ältere Linie.)

Wappen:

I. Stammwappen: In Blau ein von vier (2, 2) goldenen Sternen in den Schildecken begleiteter schreitender natürlicher Löwe, der einen weißen, mit einem dreizinnigen roten Turm belegten Brustschild trägt. Auf dem ungekrönten Turnierhelme mit rechts weiß-roter, links blau-gelber Binde und rechts blau-goldenen und links rot-silbernen Decken der Löwe mit dem Brustschilde wachsend.

II. 1773 Dezember 15: Wie das Stammwappen, nur statt des Löwen ein schreitender natürlicher (!) Greif. – (Alter Siebmacher. Suppl. IX, Taf. 20.)

III. 1787 April 2: In Blau ein von einem silbernen Schrägbalken überdeckter goldener Greif. Zwei gekrönte Turnierhelme mit blau-goldenen Decken: auf I ein wachsender goldener Greif; auf II drei Straußenfedern, eine blaue zwischen zwei goldenen.

IV. 1849 August 8: Der Schild wie 1787. Freiherrnkrone. Drei gekrönte Turnierhelme: auf I und II Decken und Kleinode wie 1787; auf III mit rot-silbernen Decken ein roter dreizinniger Turm (aus dem Brustschilde des Löwen im Stammwappen). Schildhalter zwei geharnischte Männer.

Als Grundlage für die Bestätigung des k. k. Ministeriums des Innern ddo. Wien, 4. Dezember 1867, Z. 571/A, wurde aus den Kirchenbüchern der Stadt Brüssel die folgende Abstammung nachgewiesen:

I. Laurent Mertens, verm. I. 12. Mai 1591 mit Katharina, geb. Arnou(lt), II. 25. Juli 1604 mit Anna, geb. Robbyns.

Aus I. Ehe:	Aus II. Ehe:
II. Johann Mertens, verm. mit Agnes Courtois.	Adam Mertens, geb. 20. Juli 1611, verm. 18. Februar 1635 mit Katharina, geb. Croekaert.
III. Marie Mertens, verm. 1634 mit Benoit de Leefdael.	Jakob Mertens, geb. 16. Februar 1637, verm. 29. April 1672 mit Franziska de Hertogh(e).

IV. Jodok Mertens, geb. 25. April 1674, verm. 24. November 1699 mit Johanna Theresia, geb. Huseweel.

V. Johann Karl Mertens, geb. 17. April 1706, Bankier in Brüssel, verm. 26. April 1734 mit Anna Maria, geb. Coremans, die sich nach Johann Karls frühem Tode mit einem Marquis Rigarre vermählte.

VI. Karl Mertens, geb. Brüssel (St. Catherine) 6. August 1738, erwarb zu Straßburg i. E. das Doktorat der Arzneikunde und zog zunächst nach Wien, wo (St. Michael) er sich 22. Oktober 1766 mit Anna Katharina vermählte, einer 27. Dezember 1745 zu Straßburg i. E. geborenen Tochter aus der kinderreichen Ehe des dortigen Advokaten und Notars Johann Humbourg*) mit Maria Anna, geb. Renauld. Bald darauf folgte jedoch Karl Mertens einem Rufe des Fürsten Galizyn nach Rußland, wo er besonders in der Zeit vom Mai 1767 bis zum Frühjahre 1773 als Arzt des Waisenhauses zu Moskau eine rege Tätigkeit entfaltete und sich bei der Bekämpfung epidemischer Krankheiten hervortat. Zurückgekehrt, machte er sich im Elsaß, der Heimat seiner Frau, ansässig und wurde von Kaiser Josef II. ddo. Wien, 15. Dezember 1773 in den Reichsadelstand erhoben mit der Bewilligung, sich „von Mertens" und nach seinen Gütern zu nennen, sowie unter Bestätigung seines hergebrachten Wappens. Tatsächlich wurde jedoch bei dieser Gelegenheit das Wappen wesentlich geändert, indem der Löwe des Stammwappens durch einen Greif ersetzt

*) Dessen Sohn Johann Nepomuk Humbourg, geb. Straßburg i. E. 30. Juli 1731, † Wien 21. November 1795, Doktor der Arzneikunde und kaiserl. Leibwundarzt, erhielt von Kaiser Franz I. 1758 den Toskanischen und von Kaiserin Maria Theresia 1767 den Österreichisch-erbländischen Adel, sowie mit seinen Brüdern Franz Bruno, Johann Evangelist, Peter Valentin Gregor und Josef Adolf von Kaiser Josef II. ddo. Wien, 23. Mai 1772 (St.A., RR. Josefs II, tom. XIX, fol. 723) den Reichsritterstand mit „Edle von" und dem Rechte, sich nach ihren Gütern zu nennen.

wurde. Bald darauf kehrte Dr. Karl von Mertens – diesmal dauernd – nach Wien zurück, wo er seine in Rußland gesammelten reichen Erfahrungen praktisch und literarisch verwertete. Sein Wirken als Arzt und als Zensor medizinischer und philosophischer Bücher, seine Gelehrsamkeit und nicht zuletzt seine Reisen bewirkten seine Aufnahme in verschiedene gelehrte Gesellschaften Deutschlands und Frankreichs und schließlich ddo. Wien, 2. April 1787 seine Erhebung in den Österreichisch-erbländischen und Böhmischen Ritterstand unter erneuerter Änderung seines Wappens. Am 10. April desselben Jahres wurde ihm durch den Fürsten Alois Josef von und zu Liechtenstein das Ritterlehen Braunsdorf in Niederösterreich, erblich im Mannsstamme, verliehen (Niederösterr. Landtafel; vgl. dort auch die weiteren Verleihungen 13. Juli 1790, 24. Juni 1806 und 30. März 1830), worauf ddo. Wien, 18. April 1787 seine Aufnahme in das Konsortium des Neuen niederösterreichischen Ritterstandes erfolgte. Karl Ritter von Mertens starb 26. September 1788 zu Wien und seine Witwe Anna Katharina, geb. Humbourg, ebendort 19. August 1808. Beider Ehe war mit folgenden dreizehn Kindern gesegnet:

1. Anna Antonia, geb. Moskau 17. Juni 1768 und † daselbst 10. Juli 1769.

2. Anna Sophie, geb. Moskau 26. Juli 1769, † Wien 2. August 1836, verm. Wien 18. Mai 1796 mit Ignaz Karl Grafen Chorinsky Freiherrn von Ledske (geb. Brünn 24. März 1770, † Wien 14. April 1823), k. k. wirkl. Geheimen Rat, Kämmerer und Staatsminister a. h. (bis Ende 1822 Präsident der Allgemeinen Hofkammer).

3. Marie Julie, geb. Moskau 27. März 1771, † Wien 21. März 1808, verm. Wien 26. Dezember 1790 mit Anton de Lanfrey (geb. Straßburg 1752, † Peschiera 5. Mai 1826), der als Ingenieurhauptmann für seine Waffentaten in der Schlacht bei Martinestje 22. September 1789 in der 23. Promotion (19. Dezember 1790) das Ritterkreuz des Maria Theresien-Ordens erhielt, 1807 Kommandant des Sappeurkorps und im November 1812 Generalmajor wurde. Den Statuten des Maria Theresien-Ordens entsprechend, wurde er von Kaiser Franz I. 1825 in den Österreichischen Freiherrnstand erhoben.

4. Peter, geb. Moskau 20. Jänner 1773, † Wien 7. Dezember 1828, Landstand in Niederösterreich, k. k. Hofrat und Vizepräsident der Allgemeinen Hofkammer, verm. I. Wien 12. Mai 1807 mit Therese, geb. von Aichen (Tochter des k. k. Hauptmannes im Infanterie-Regimente FM. Blasius Freiherr von Bender Nr. 41 Ignaz Anton Veit Ritters v. Ai. und der 1783 † Maria Anna, geb. de Salvini), geb. 12. Juli 1781, † Prag 4. April 1822, und II. 4. September 1823 mit Sophie, geb. Gräfin von Wilczek (Tochter des 14. Juli 1828 zu Wien † k. k. Kämmerers und Feldmarschall-Leutnants Josef Augustin Grafen v. W., Frei- und Bannerherrn von Hultschin und Gutenland, und der 4. April 1831 † Rosalie, geb. von Schulz), geb. 25. November 1797, † Wien 28. November 1859. Diesen beiden Ehen entsprossen folgende sechs Kinder: – a) I. Ehe: – 1) Emilie Katharina, geb. Wien 22. Februar 1808, † daselbst 21. Mai 1826; – 2) Adelheid Klementine, geb. Jungbunzlau 5. September 1811, † Wien 11. April 1813; – 3) Marie

Car. de Mertens S.R.I. Eq.
Paris. Academ. Elect. Mogunt.
Scient. Util. Membrum

wur
dau
reicl
Wirl
Bücl
wirl
Deu
2. A
län
An
wu
stei
im
auc
30.
in
Ri
26.
gel
fol

10.

18
Fr
18
(b

18
St
m
22
Ri
de
D
v
s

L
A
T
I
I
g
I
(
n
B
†
2
Y

Car. de Mertens S.R.I. Eq.
Med. Doct. & Soc. Reg. Medic.
Paris. Academ. Elect. Mogunt.
Scient. Util. Membrum.

Henriette, geb. Ober-Döbling (Wien) 7. September 1815, † Krems 13. Mai 1879, seit 1862 Alleinbesitzerin des Gutes Gneixendorf bei Krems, verm. 2. Februar 1836 mit Karl Ritter von Kleyle (geb. Wien 19. März 1812, † daselbst 9. Februar 1859), LO.-R., bis 1848 Erzherzog Albrechtschem Güterdirektor, dann k. k. Ministerialrat im Finanzministerium, seit 1852 Mitbesitzer des Gutes Gneixendorf; — 4) Ida Sophie, geb. Wien 11. November 1816, † Teschen 23. Oktober 1836; — b) II. Ehe: — 5) Rosalie, geb. Wien 29. Oktober 1824, † daselbst 28. Oktober 1861 als Chorschwester Maria Augustina der Kongregation vom Allerheiligsten Erlöser zu Wien; — 6) August Josef, geb. Ottakring bei Wien 8. August 1826, † Gneixendorf 4. September 1878, k. k. Oberst a. D., verm. mit Adele, geb. Gräfin Festetics de Tolna (Tochter des k. k. Kämmerers Alexander Grafen F. de T. und der Josefine, geb. Freiin von Boxberg), geb. 1833, † Mautern 25. Juni 1879.

5. Henriette Magdalena, geb. Wien 23. April 1774, † daselbst 14. Dezember 1820, verm. Kagran bei Wien 9. September 1799 mit Johann Nepomuk Franz Freiherrn von Tinti (geb. St. Pölten 12. Februar 1772, † Wien 30. März 1824), k. k. Hofsekretär.

6. Josef, geb. Wien 25. Oktober 1775, † Korneuburg 18. Dezember 1805, k. k. Ingenieurhauptmann, verm. Würzburg .. Februar 1797 mit Johanna, geb. von Wiltberg, welcher Ehe drei Kinder entsprossen: — 1) Josef, geb. Königgrätz 14. November 1797, † daselbst 31. Jänner 1798; — 2) Karl, geb. Königgrätz 14. Dezember 1798, † Korneuburg 19. Dezember 1804, und — 3) Josef, geb. Würzburg 20. Mai und † daselbst 16. Juni 1800.

7. Karl, geb. Wien 23. März 1777, der Stifter der im Freiherrnstande blühenden **I. Älteren Linie** (s. unten).

8. Isabella, geb. Wien 3. August und † Perchtoldsdorf 20. November 1778.

9. Ludwig Valentin, geb. Wien 20. September 1779, von dem die im Ritterstande blühende **II. Mittlere Linie** (s. unten) abstammt.

10. Demeter, geb. Wien 26. Dezember 1780, der Begründer der ebenfalls ritterlichen **III. Jüngeren Linie** (s. unten).

11. Adelheid, geb. Wien 28. Februar 1782, † 1784.

12. Klementine Marie, geb. Wien 3. Oktober 1783, † 3. Oktober 1865, verm. Wien 31. Jänner 1813 mit Johann Nepomuk Freiherrn von Aichen (geb. 8. September 1783, † Graz 22. August 1858), StO.-R., k. k. Hofrat des Obersten Gerichtshofes.

13. Maria Franz Karl Moriz, geb. und † Wien 3. Februar 1789.

Karl Ritter von Mertens (geb. Herzogenburg 25. Juli 1803), der älteste Sohn des oben unter 7. genannten Karl, widmete sich dem Offiziersstande und hatte bereits 1848 die Generalmajorscharge erreicht. Während der Feldzüge 1848 und 1849 war er Generaladjutant des FM. Alfred Fürsten zu Windisch-Graetz, erhielt das Kommandeurkreuz des österr. kaiserl. Leopold-Ordens mit der Kriegsdekoration und wurde den Statuten dieses Ordens entsprechend ddo. Wien, 8. August 1849 in den Österreichischen Freiherrnstand unter Besserung seines Wappens erhoben. Er wurde noch in demselben Jahre Feldmarschall-Leutnant

1850 Vizegouverneur von Mainz, 1854 wirkl. Geheimer Rat, Statthalter im Küstenlande, Militärgouverneur von Triest und Präsident der Zentral-Seebehörde, 1860 Stadt- und Festungs-Kommandant in Prag und Adlatus des kommandierenden Generals, 1862 Stellvertreter des Kriegsministers in ökonomischen Angelegenheiten und schließlich 19. Februar 1864 Feldzeugmeister und Präsident des Obersten Militär-Justizsenates. Von ihm stammen sämtliche freiherrlichen Mitglieder der I. Älteren Linie (s. unten).

I. Ältere Linie.

(Teilweise im Freiherrnstande.)

† Karl Ritter von Mertens (7. Kind des 26. September 1788 zu Wien † Karl Ritters v. M. und der 19. August 1808 ebendort † Anna Katharina, geb. Humbourg), geb. Wien 23. März 1777, † daselbst 13. Februar 1824, k. k. Oberst des Infanterie-Regimentes FZM. Wilhelm Freiherr von Kerpen Nr. 49 und Militärreferent des Hofkriegsrates; – verm. Bozen 1. März 1801 mit:

† Ludovika (Louise), geb. Hepperger von Tirschtenberg und Hoffensthall (Tochter des .... 18.. zu .... † .... H. v. T. u. H. und der .... 18.. zu .... † ...., geb. ....), geb. .... 1787, † Währing bei Wien 2. Juli 1831.

Kinder:

†1. Karl Freiherr von Mertens (Freiherrnstandserwerber), geb. Herzogenburg 25. Juli 1803, † Wien 25. März 1874, EKO.-R.I., LO.-Kom., k. k. wirkl. Geheimer Rat und Feldzeugmeister d. R. (bis 18.. Präsident des Obersten Militär-Justizsenates), Oberstinhaber des Infanterie-Regimentes Nr. 9, lebensl. Mitglied des Herrenhauses; – verm. Wien 31. Oktober 1840 mit:

† Marie Alexandrine, geb. Freiin von Langenau (Tochter des 4. Juli 1840 zu Graz † Friedrich Karl Gustav Freiherrn v. L., k. k. wirkl. Geheimen Rates, Feldmarschall-Leutnants und Kommandierenden Generals in Innerösterreich, Ritters des Militär-Maria Theresien-Ordens, LO.-Kom. (KD.) und der .... 1851 zu Wien † Sarah, geb. von Sturtz), geb. .... 30. Oktober 1811, † Wien 9. Juni 1880.

Kinder:

1) Karl Freiherr von Mertens, geb. Graz 7. November 1842, LO.-R., EKO.-R.I., MVK. (KD.), k. u. k. Geheimer Rat, General der Kavallerie d. R. (bis 1905 Kommandant des 6. Korps und Kommandierender General zu Kassa), Oberstinhaber des Infanterie-Regimentes Nr. 64. – [Wien, IX. Kolingasse 4.]

† 2) Zoe Freiin von Mertens, geb. Klagenfurt 15. August 1844, † Wien 28. Februar 1868.

†2. Ludovika (Louise) von Mertens, geb. Graz 6. November 1809, † .... 1872; – verm. .... 2. Februar 1838 mit:

† Raimund Ritter von Alborghetti, geb. .... 1801, † Wien 4. März 1883, LO.-R., k. k. Hofrat des Obersten Gerichtshofes i. P.

†3. Wilhelm Ritter von Mertens, geb. Wien 22. Juli 1811, † .... 1887, k. k. Feldmarschall-Leutnant a. D., 1864 bis 1887, Zweiter Inhaber des Infanterie-Regimentes Kronprinz von Sachsen Nr. 11; – verm. 9. November 1850 mit:

† Franziska (Fanny), geb. Gräfin Forgách de Ghymes et Gács (Tochter des 22. Juli 1841 zu Döbling bei Wien † k. k. Kämmerers Johann Nepomuk Grafen F. de Gh. et G. und der 5. April 1837 zu Gács † StKO.-D. Elise, geb. Szent-Iványi de Szent Iván), geb. .... 25. September 1830, † .... 18...

†4. Alexander Friedrich Franz Ritter von Mertens, geb. Wien 19. April und † daselbst 21. Juni 1814.

†5. Julie von Mertens, geb. Wien 28. März 1816, † Wels 12. Februar 1882; – verm. .... 24. April 1855 mit:

† Anton Ritter von Barchetti, geb. .... 1813, † Wels 29. Mai 1904, EKO.-R.III., k. k. Hofrat.

II. Mittlere Linie.

† Ludwig Valentin Ritter von Mertens (9. Kind des 26. September 1788 zu Wien † Karl Ritters v. M. und der 19. August 1808 ebendort † Anna Katharina, geb. Humbourg), geb. Wien 20. September 1779, † Unter-Döbling (Wien) 17. September 1823, k. k. Hofrat der Kommerzial-Hofstelle; – verm. .... 5. April 1807 mit:

† Julie, geb. Gräfin Pilati von Taßul zu Daxberg (Tochter des .... 1821 zu .... † obderennsischen Herrnstandsverordneten und Regierungsrates Johann Baptist Grafen P. v. T. z. D. und der .... 18.. † Maria Theresia Philippine, geb. Gräfin Arz von und zu Arzio-Vasegg), geb. .... 17.., † Stein in Niederösterreich 20. Jänner 1859.

Kinder:

†1. Johanna (Jenny), geb. Ried 12. Jänner 1808, † Komárom (Komorn) 9. Mai 1877; – verm. .... 2. Mai 1837 mit:

† Franz Maxon de Rövid, geb. .... 1797, † Königgrätz 7. September 1880, MVK. (KD.), k. k. Major d. R. (bis 1850 im Grenzinfanterie-Regimente Warasdiner-St. Georger Nr. 6).

†2. Josef (Pepi), geb. Prag 27. März 1811, † Wien 27. Juni 1872, k. k. Sektionsrat des Obersten Rechnungshofes; – verm. .... 18.. als deren II. Gemahl mit:

† Viktoria, geb. von Okacz (Tochter des 7. September 1817 zu Brünn † k. k. wirkl. Gubernialrates und Polizei-Direktors zu Brünn Johann Nepomuk v. O. und der .... 18.. zu .... † Viktoria, geb. Edler von Edersthal), geb. Brünn 22. Juni 1810, † Wien 12. September 1869; – (in I. Ehe verm. Teschen 7. Jänner 1829 mit: – † Gabriel Freiherrn von Mattencloit, geb. Teschen 25. März 1801, † .... 6. Dezember 1866, k. k. Kreissekretär a. D.).

Stiefkinder (aus der Gemahlin I. Ehe):

† a) Richard Freiherr von Mattencloit, geb. Teschen 18. Dezember 1829, † Wien 12. Mai 1888, Herr auf Dombrau, Orlau, Lazy, Mittel- und Nieder-Suchau, k. k. Kämmerer; – verm. Brünn 21. Mai 1859 mit:

Gabriele, geb. Freiin Ubelli von Siegburg (Tochter des 29. Jänner 1863 zu .... † k. k. Kämmerers und Oberlandesgerichtspräsidenten Wenzel Freiherrn U. v. S. und der 15. November 1856 zu .... † Johanna, geb. Gräfin Kustosch), geb. Triest 30. Jänner 1833. – [Schloß Pischely und Prag.]

(Nachkommen s. Gothaer Freiherrl. Taschenb. 1905.)

b) Viktoria, geb. Freiin von Mattencloit, geb. .... 8. September 1833 [....]; – verm. .... 10. September 1856 mit:

† Theodor Schmidt von Kehlau, geb. .... 18.., † .... 18.., k. k. Major d. R.

† 3. Eduard, geb. Wien 23. Juni 1817, † Bielitz 7. Oktober 1895, FJO.-R., Ökonomischer Referent der k. k. Bezirksschätzungskommission i. P., Realitätenbesitzer zu Bielitz; – verm. Pogorsch 23. Juni 1845 mit:

† Susanne (Susi), geb. Gurniak (evangelisch A. B. – Tochter des 31. August 1851 zu Teschen † gew. Gutsbesitzers auf Nieder-Toschanowitz Georg G. und der ... Mai 1840 zu Nieder-Toschanowitz † Eva, geb. Ciequiel), geb. Roppitz 11. Jänner 1814, † Bielitz 8. April 1893; – (in I. Ehe verm. .... 18.. mit: – † Karl Ritter von Lehmann, geb. Wien 20. August 1809, † Pogorsch 18. Dezember 1844).

Stiefkinder (aus der Gemahlin I. Ehe):

a) Charlotte (Lotti) von Lehmann, geb. .... 27. März 1840. – [Bielitz.]

b) Angela von Lehmann, geb. .... 13. März 1842; – verm. Bielitz 23. Juni 1864 mit:

Rudolf Gasch (evangelisch A. B.), geb. .... 15. Dezember 1842, Ökonomen. – [Elgoth.]

† c) Minna von Lehmann, geb .... 24. Juli 1843, † Bielitz 20. Dezember 1901.

Kinder:

1) Klementine (evangelisch A. B.), geb. Pogorsch, Österr.-Schlesien, 9. Juli 1847; – verm. Bielitz 28. September 1868 mit:

Erich Gasch (evangelisch A. B.), geb. Biala 23. Dezember 1843, Kalkwerksbesitzer. – [Wien, IV. Frankenberggasse 9.]

† 2) Karl Hugo, geb. Pogorsch 12. Juni 1848, † Wien 13. Juli 1899; – verm. .... 18.. mit:

Barbara (Betty), geb. Flicker (Tochter des .... 18.. zu .... † .... F. und der .... 18.. zu .... † ...., geb. ....), geb. .... 18... – [Wien, V. Rüdigergasse 19.]

Kinder:

† (1) Hermann, geb. Wien 25. Oktober 1874, † .... 12. November 1901.

(2) Viktor, geb. Wien 23. Oktober 1877, Ingenieur; – verm. Prag-Smichov 14. Oktober 1903 mit:

Johanna (Hanni), geb. Wonka (Tochter des .... 18.. zu .... † k. k. Finanzkommissärs .... W. und der ...., geb. ....), geb. .... 18... – [Prag-Smichov.]

Tochter:

Karoline, geb. Prag-Smichov 11. Jänner 1905.

3) Eduard, geb. Pogorsch 15. März 1850, k. u. k. Hof-Photograph, Chef der prot. Firma Mertens, Mai & Comp. zu Wien; – verm. Wien 24. November 1900 mit:

Gisela Elisabeth, geb. Gräfin Forgách de Ghymes et Gács (Tochter des 19. Februar 1894 zu Gács † k. u. k. Kämmerers Alexander Grafen F. de Gh. et G. und der 5. Juni 1867 zu .... † Eleonore, geb. Gyürky de Losoncz), geb. Preßburg (Pozsony) 25. September 1858. – [Wien, I. Elisabethstraße 2.]

Adoptivsohn:

Aladár Mertens, geb. Budapest 8. Jänner 1893.

4) Hedwig, geb. Pogorsch 14. Oktober 1852. – [Bielitz.]

†4. Sidonie (Sidi), geb. Wien 25. September 1818, † daselbst 13. April 1819.

III. Jüngere Linie.

† Demeter Ritter von Mertens (10. Kind des 26. September 1788 zu Wien † Karl Ritters v. M. und der 19. August 1808 ebendort † Anna Katharina, geb. Humbourg), geb. Wien 26. Dezember 1780, † daselbst 22. März 1841, k. k. Hofrat und Direktor der Lottogefälls-Direktion; – verm. .... 26. Juli 1810 mit:

† Maria Anna (Netty), geb. Edlen von Gall (Tochter des 11. März 1805 zu Wien † k. k. Niederösterreichischen Appellationsrates Josef Edlen v. G. und der .... 17.. zu .... † Maria Anna, geb. Mayer von Mayersfelsen), geb. .... 21. Juli 1789, † Währing (Wien) 18. Juli 1852.

Kinder:

†1. Heinrich Josef, geb. .... 27. April 1811, † Salzburg 27. Oktober 1872, seit 1849 Herr auf Schloß Leopoldskron bei Salzburg, Landeshauptmann-Stellvertreter des Herzogtumes und Bürgermeister der Stadt Salzburg; – verm. .... 6. April 1842 mit:

† Anna (Netty), geb. Steinbauer (Tochter des .... 18.. zu .... † .... St. und der .... 18.. zu .... † ...., geb. ....), geb. .... 6. April 1820, † Wien 2. Mai 1906.

Kinder:

† 1) Heinrich, geb. Wien 9. Februar 1843, † daselbst 1. September 1903, Dr. med.

2) Johanna, geb. Wien 14. März 1844. – [Wien, VI. Gumpendorferstraße 91.]

3) Anna, geb. Währing bei Wien 27. Juni 1847; – verm. .... 18.. mit:

Josef Aigner, geb. .... 18.., Dr. jur., FJO.-R., k. k. Landesgerichtspräsidenten zu Salzburg, Ehrenbürger von Saalfelden. – [Salzburg.]

† 4) Anton, geb. Währing bei Wien 27. Juni 1847, † Wien 6. September 1903, MVK., k. u. k. Major d. R. (bis 18.. im ...., zugeteilt dem Reichs-Kriegsministerium).

† 5) Demeter, geb. Leopoldskron 5. August 1849, † Wien 10. November 1902, EKO.-R.III., k. k. Ministerialrat im Eisenbahnministerium; – verm. .... 18.. mit:

† Kamilla, geb. von Weismayr (Tochter des 18. März 1900 zu Steyr † k. k. Hofrates und Kreisgerichtspräsidenten i. P., EKO.-R.III. Michael Ritters v. W. und der 11. März 1886 ebendort † Ludovika, geb. von Kreil), geb. .... 5. Dezember 1850, † .....

Tochter:

Michaela (Ella), geb. .... 19. Juni 1885. – [.....]

6) Peter, geb. .... 13. Mai 1851, Vorstand des chemischen Zentrallaboratoriums in Teschen. – [Teschen.]

† 7) Friedrich, geb. .... 25. April 1853, † .... 190..

8) Louise, geb. .... 28. November 1860, städt. Volksschullehrerin. – [Wien, VI. Windmühlgasse 26.]

†2. Peter Karl, geb. Wien 21. Juni 1821, † Salzburg 13. August 1862, Rechnungsrat der k. k. Staatskredits- und Zentral-Hofbuchhaltung; – verm. .... 12. Juni 1851 mit:

† Karoline, geb. von Mitis (Tochter des 6. September 1856 zu Währing bei Wien † k. k. Sektionsrates, gew. Niederösterr. Landstandes, EKO.-R.III. Ferdinand Ritters v. M. und der 30. September 1824 zu Wien † Therese, geb. Freiin von Tinti), geb. .... 6. Dezember 1823, † Währing bei Wien 31. Juli 1878.

Kinder:

† 1) Ida, geb. Temesvár 14. Juni 1852, † Währing bei Wien 27. November 1853.

2) Eugen, geb. Währing bei Wien 27. März 1854, Hauptkassier des Ersten Allg. Beamtenvereines der österr.-ungar. Monarchie. – [Wien, I. Stefansplatz 5.]

3) Ferdinand, geb. Währing bei Wien 4. Februar 1856, Direktor des k. k. Zivilgerichts-Depositenamtes in Wien, – [Wien, I. Rathhausstraße 3]; – verm. I. Wien 7. Juni 1884 mit:

† Emilie (Emmy), geb. Frischherz (Tochter des 5. Dezember 1870 zu Wien † k. k. Aktuars Moritz F. und der 28. Februar 1868 zu Krems a. d. Donau † Emilie, geb. von Arvay), geb. Mautern 9. August 1860, † Wien 5. Mai 1891; — II. Aussee 25. August 1894 mit:

Marie, geb. von Schwaiger (Tochter des k. k. Landesgerichtspräsidenten i. R., Mitgliedes des Staatsgerichtshofes, I.O.-R. Franz Xaver Ritters v. Sch. und der Marie Walpurga, geb. Freiin von Seiller), geb. Penzing bei Wien 26. Juni 1861. — [Wien, I. Rathhausstraße 3.]

Tochter I. Ehe:

Emilie (Emmy), geb. Wien 4. März 1885.

4) Franziska (Fanny), geb. Währing bei Wien 27. Mai 1858. — [Wien, XVIII. Schulgasse 27.]

3. Ludwig (Louis) Franz, geb. Ottakring bei Wien 30. Juni 1826, k. k. Postkontrollor i. R.; — verm. .... 1861 mit:

Marie, geb. Würtenberger (Tochter des .... 18.. zu .... † .... W. und der .... 18.. zu .... † ...., geb. ....), geb. .... 18... — [Wien, III. Siegelgasse 6.]

Tochter:

Klementine, geb. .... 7. April 1863; — verm. .... 18.. mit: Siegmund Perckhammer von Perckheim zu Fennhals, geb. .... 18.., k. k. Sektionsrat im Ministerium des Innern, Protokollführer bei der Wiener Stadterweiterungs-Kommission. — [Wien, III. Siegelgasse 6.]

†4. Friedrich Gustav, geb. .... 21. Juni 1828, † Salzburg 6. Jänner 1854, Landschaftsmaler.

Vgl.: — Gothaer Freiherrl. Taschenb. 1854 u. 1859; — Wurzbach XVII, S. 405; — Herald.-geneal. Zeitschr. d. Vereines „Adler", II. Jahrg., Wien 1872, S. 149 (Schaupl. d. niederösterr. landsäss. Adels etc. von F. K. Wißgrill, Fortsetzung); — Brünner Adel. Taschenb. X 1885.

---

von Miller zu Aichholz.

Römisch-katholisch. — Österreich.

Verleihungen:

1649 November 29, Lana: Erzherzog Ferdinand Karl von Österreich-Tirol verleiht an „Ferdinand, Freydanckh, Christoph vnd Hanns die Müller Gebrüeder zu Lana sesshafft" ein Wappen „von Neuen" und die Lehenfähigkeit. — (Vid. des „Adam Lobenwein von Weinegg, substituiert vnd verpflichen Commissionschreiber an Meran vnd Viertl Burggrafenambtes" ddo. „an Meran", 10. Dezember 1681 Fam.)

1661 Jänner 17, Wien: Kaiser Leopold I. erhebt „Johannes, Ferdinand und Michael all Millerische Gebrüder" in den Österreichisch-erbländischen Rittermäßigen Adelstand mit dem Prädikate „von Aichholz" und Besserung ihres bisher geführten Wappens. — (AA., HKA.; — Cop. Fam.)

1850 Oktober 9, Wien (Dekret): Anerkennung des Adelstandes auf Grund erwiesener Abstammung für Josef Maria Miller, k. k. Rat, Chef der Großhandlungsfirma J. M. Miller & Comp. und Direktor der k. k. priv. Nationalbank in Wien. — (AA., HKA.)

1860 August 27, Wien (Dekret): Anerkennung des 1691 verliehenen Prädikates „Aichholz" für Josef Maria von Miller in der Fassung „von Miller zu Aichholz." — (AA., HKA.)

1865 Mai 26, Wien: Kaiser Franz Joseph I. erhebt den kaiserl. Rat und Direktor der priv. Österreichischen Nationalbank Josef Maria von Miller zu Aichholz als Ritter des Ordens der Eisernen Krone III. Klasse in den Österreichischen Ritterstand, setzt ihn, „soferne es glaubwürdig erscheint, daß bereits seine Vorfahren sich dieses Standes erfreuten", in solchen wieder ein und bessert sein Wappen. — (AA., HKA.; — Orig. Fam.)

Wappen:

I. 1649 November 29: In Gespalten von Rot und Weiß ein farbengewechseltes Mühlrad mit vier Speichen und acht Schaufeln. Auf dem Stechhelme mit rot-weiß gewundener, hinten abfliegender Binde und ebensolchen Decken ein von Rot und Weiß gespaltenes Mühlrad wie im Schilde.

II. 1691 Jänner 17: Geviert, 1 und 4 in Gespalten von Silber und Rot ein farbengewechseltes „fälliges" Mühlrad mit acht „Sprißeln" (Speichen und Schaufeln — verändertes Wappen von 1649), 2 und 3 in Silber ein (einwärts gewendeter) golden gekrönter roter Greif. Auf dem gekrönten Turnierhelme mit rot-silbernen Decken der Greif wie im Schilde in den Vorderpranken das von Rot und Silber gespaltene Mühlrad haltend.

III. 1865 Mai 26: Geviert; 1 in Schwarz ein vierspeichiges goldenes Mühlrad (Müllner von Zürich); 2 und 3 gespalten, die inneren Feldhälften in Gespalten von Rot und Silber ein farbengewechseltes achtspeichiges Mühlrad, die äußeren in Silber ein (einwärts gewendeter) golden gekrönter roter Greif (Miller von Aichholz, obere und untere Schildhälfte des Wappens von 1691, nur die Felder mit den Mühlrädern in den Farben gewechselt); 4 in Gold ein vierspeichiges schwarzes Mühlrad (Mülinen). Zwei gekrönte Turnierhelme: auf I mit schwarz-goldenen Decken das goldene Mühlrad aus 1 (Müllner von Zürich mit Beifügung der Helmkrone); auf II Decken und Kleinod wie 1691, nur der Greif wachsend (Miller von Aichholz). Goldenes Spruchband mit der Devise „ESSE QUAM VIDERI" in schwarzer Lapidarschrift.

Ältere Genealogie und Geschichte einem späteren Jahrgange vorbehalten.

---

† Josef Maria Ritter von Miller zu Aichholz (Sohn des 30. Dezember 1853 zu Cles † Kaufmannes Peter Franz Maria Ludwig [von] Miller und der 27. Februar 1848 ebendort † Maria Anna, geb. Stefenelli von Prenntherhof und Hohenmaur), geb. Cles 23. Jänner 1797, † Wien 3. Februar 1871, EKO.-R.III., FJO.-R., k. k. Rat, Direktor der Nationalbank, Beisitzer des k. k. Handels- und Wechselgerichtes, Gründer und Chef des Großhandlungshauses J. M. Miller & Co. in Wien, sowie der Ersten Österr. Sodafabrik in Hruschau, Österr.-Schlesien; — verm. Wien 22. Jänner 1825 mit:

† Flora, geb. d'Heur (Tochter des 11. Juli 1818 zu Jambes † Nobelgarden Napoleons I. Vincent Louis d'H. und der 7. Jänner 1865 zu Wien † Marie Agnes, geb. Philippart), geb. Namur 5. September 1804, † Meidling bei Wien 15. Juni 1861.

Kinder:

† 1. Mathilde Marie Floriane, geb. Wien 13. Oktober 1826, † Schloß Pernegg, Steiermark, 3. Juli 1905; — verm. Wien 7. Jänner 1855 mit:

† George Warren Lippitt, geb. Providence, Rhode Island, 8. Jänner 1816, † Wien 10. November 1891, Geschäftsträger a. D. der Vereinigten Staaten von Nordamerika.

2. Vinzenz Franz Josef Maria, geb. Wien 9. Dezember 1827, FJO.-Gr.K., EKO.-R.II., Mitglied des Herrenhauses auf Lebensdauer, Vizegouverneur der Österr.-ungar. Bank a. D., Präsident der Börsekammer, Vizepräsident der k. k. Permanenzkommission zur Bestimmung der Handelswerte und der Priv. Österr.-ungar. Staatseisenbahn-Gesellschaft, Kommerzialrat, Großindustrieller, Chef der Firma J. M. Miller & Co., — [Wien, III. Am Heumarkt 13]; — verm. Wien 12. August 1854 mit:

† Sophie, geb. Hager (Tochter des 24. November 1866 zu Wien † Professors der Chirurgie an der Josephinischen Militär-Akademie in Wien Michael H. und der 17. April 1845 ebendort † Amalie, geb. Gyai), geb. Wien 5. Juni 1828, † daselbst 20. April 1905.

Kinder:

1) Sophie, geb. Wien 27. Juli 1855, — [München, Gabelsbergerstraße 11]; — verm. I. Wien 3. August 1878 mit:

† Wolfgang von Hornbostel, geb. Wien 4. April 1848, † Hall, Oberösterreich, † 13. August 1879, Architekten; — verm. II. Wien 31. März 1884 mit:

Anton Stadler, geb. Göllersdorf 9. Juli 1850, Professor und akad. Maler. — [München, Gabelsbergerstraße 11.]

2) Heinrich, geb. Wien 1. Dezember 1856, Dr. phil., Großindustrieller, Leiter der Hruschauer Sodafabrik, Gesellschafter der prot. Firma J. M. Miller & Co.; — verm. Wien 15. Juni 1885 mit:

Marie Pauline Johanna, geb. Edlen von Pongratz (Tochter des 29. April 1892 zu Wien † Mitbesitzers der Herrschaft Dornau mit Gült St. Marxen in Steiermark und Gesellschafters der Bauunternehmung „Gebrüder Pongratz" Dr. Oskar Edlen v. P. und der 8. Juli 1900 zu Schloß Schönegg bei Cilli † Besitzerin der Güter Schönegg und Hellenstein, sowie Mitbesitzerin der Herrschaft Dornau mit St. Marxen Marie, geb. Maurer), geb. Laibach 16. Mai 1861. – [Wien, III. Am Heumarkt 13.]

Kinder:

(1) Marie Sophie Gabriele Vinzenzia Henriette, geb. Wien 7. April 1887; – verm. Wien 11. Februar 1907 mit:
Egon Albrecht Moriz Freiherrn von Boyneburg-Lengsfeld, geb. Wien 25. April 1880, k. u. k. Oberleutnant im Ulanen-Regimente GdK. Alois Graf Paar Nr. 13, Frequentanten des Militär-Reitlehrer-Institutes in Wien. – [Wien.]

(2) Floriane Marie Vinzenzia Henrika, geb. Hütteldorf 15. Juli 1888.

(3) Vinzenz Heinrich Oskar Guido Josef Maria, geb. Wien 11. September 1891.

(4) Heinrich Vinzenz Franz Josef Oskar, geb. Wien 22. Februar 1896.

3) Gabriele, geb. Wien 18. März 1859. – [Wien, III. Am Heumarkt 13.]

4) Mathilde Floriane Marie, geb. Döbling 1. Juni 1860; – verm. Wien 2. Dezember 1882 mit:
Karl Friedrich Freiherrn von Westenholz (evangelisch A. B.), geb. Hamburg 10. Jänner 1853. – [Wien, XIII. Weidlichgasse 7.]

† 5) Vinzenz, geb. Wien 13. Februar 1868, † Meran 12. März 1870.

† 3. August Ferdinand Josef Maria, geb. Wien 17. Juni 1829, † ebenda 24. Dezember 1899, Großindustrieller, Gesellschafter der Firma J. M. Miller & Co., Direktionsmitglied der Gesellschaft der Musikfreunde in Wien; – verm. Konstanz 24. November 1859 mit:

† Juliane Walpurga, geb. von Chrismar (Tochter des 14. März 1878 zu Konstanz † Karl v. Ch. und der 3. April 1886 zu Karlsruhe † Mathilde, geb. Freiin Müller von Friedberg), geb. Konstanz 28. Februar 1840, † Wien 5. Juni 1901.

Kinder:

1) Karl August Josef Maria, geb. Wien 1. Dezember 1860, k. u. k. Leutnant a. D. (bis 1897 i. d. R. des Husaren-Regimentes FM. Andreas Graf Hadik von Futak Nr. 3), – [....]; – verm. Timbó, Brasilien, 18. September 1889 (Ehe ungültig erklärt mit Urteil des k. k. Landesgerichtes Wien vom 21. April 1897) mit:
Wanda, geb. Donner (Tochter des .... D. und der ...., geb. ....), geb. .... 18... – [....]

2) August Theodor Josef Maria, geb. Wien 30. November 1861, Dr. phil., Großindustrieller, Gesellschafter der prot. Firma J. M. Miller & Co.; — verm. Mauer bei Wien 16. September 1893 mit:
Angela Adeline Josefa, geb. von Mallmann (Tochter des 27. März 1886 zu Mauer † kaiserl. Deutschen Generalkonsuls Josef Ritters v. M. und der 30. April 1877 zu Rom † Adeline Ida Marie Anna, geb. Freiin von Liebieg), geb. Wien 1. Oktober 1871. — [Wien, III. Am Heumarkt 11.]

Kinder:

(1) August Josef Maria Ernest, geb. Wien 11. November 1894.
(2) Romedius Gaston Maria Otto, geb. Wien 14. April 1896.
(3) Dorothea Marie Julie Adeline Amalie, geb. Hütteldorf 20. Juli 1898.

3) Julie, geb. Hütteldorf 16. Juni 1863, — [Eisenach]; — verm. Wien 7. April 1888 mit:
† Werner Konstantin von Alvensleben, geb. Berlin 16. März 1851, † Glogau 25. April 1896, kgl. preuß. Major und Kommandanten der Kriegsschule in Glogau.

4) Marie Therese, geb. Wien 27. Jänner 1865; — verm. Vöslau 24. September 1892 mit:
Oskar von Hutier, geb. Erfurt 27. August 1857, kgl. preuß. Obersten und Generalstabschef des III. Armeekorps. — [Berlin W., Meineckestraße 22.]

5) Artur Vinzenz Franz Josef, geb. Wien 18. August 1869, Großindustrieller und Gesellschafter der Firma J. M. Miller & Co.; — verm. Meran 17. August 1896 mit:
Paula Aloisia Josefine, geb. Haußman zu Stetten, Freiin zum Stein unter Lebenberg, Lanegg und Greiffenegg (Tochter des 15. Februar 1895 zu Meran † Inhabers des Lehens Trojenstein, k. u. k. Kämmerers, k. k. Obersten d. R. und Kommandanten des Landesverteidigungs-Distriktes Oberetschtal Nr. IV., MVK. Karl Arbogast H. z. St., Freiherrn zum St. unter L., L. und G. und der Emma Franziska Rosalie Therese, geb. Gräfin von Hohenwart zu Gerlachstein, Rabensberg und Raunach, Freiin de Leo von und zu Lewenberg), geb. Graz 27. April 1871. — [Schloß Arnsdorf bei Krems a. d. Donau.]

Kinder:

(1) Josef Maria August, geb. Triest 23. Mai 1897.
(2) Gottfried Alfons Maria Julius, geb. Triest 12. September 1898.
(3) Marie Emma Paula, geb. Triest 18. Februar 1900.
(4) Emma Elisabeth Julie Marie, geb. Dresden 30. März 1906.

† 4. Alfred Josef Franz, geb. Wien 2. September 1830, † ebenda 15. September 1830.
† 5. Franz Josef Maria, geb. Wien 4. September 1831, † ebenda 17. März 1897. Leiter der Hruschauer Sodafabrik.

18

† 6. Josef Maria Florian, geb. Wien 30. September 1832, † ebenda 8. Dezember 1832.

† 7. Heinrich Michael Josef, geb. Wien 6. Februar 1834, † Berlin 29. Dezember 1852.

8. Eugen Balthasar Florian, geb. Wien 29. April 1835, Großindustrieller, Gesellschafter der Firma J. M. Miller & Co., Präsident des „Wiener Club". — [Wien, IV. Heugasse 30.]

† 9. Theodor Josef Maria, geb. Wien 18. Mai 1836, † ebenda 29. September 1844.

† 10. Gabriele Floriane Marie, geb. Wien 13. Juli 1837, † ebenda 5. April 1848.

† 11. Flora Iphigenie Marie, geb. Wien 30. April 1839, † Meidling 7. Juni 1864.

† 12. Marie Therese Floriane, geb. Wien 8. April 1844, † Bozen 16. April 1887.

13. Viktor Josef Maria, geb. Wien 21. Oktober 1845, Dr. phil., Großindustrieller, Gesellschafter der Firma J. M. Miller & Co.; — verm. Mähr.-Ostrau 4. September 1872 mit:

Olga, geb. Johanny (Tochter des 21. Februar 1879 zu Mähr.-Ostrau † Apothekers Severin J. und der 16. Mai 1895 ebendort † Karoline, geb. Fuchs), geb. Mähr.-Ostrau 6. November 1853. — [Wien, III. Am Heumarkt 13.]

Kinder:

† 1) Viktor, geb. Hruschau 5. Oktober 1874, † Wien 20. November 1877.

† 2) Flora, geb. Wien 17. Dezember 1875, † ebenda 11. August 1878.

3) Olga, geb. Meidling 22. Juni 1877, — [Wien, III. Salesianergasse 4]; — verm. I. Gmunden 12. September 1899 mit:

† Robert Freiherrn von Cnobloch, geb. St. Ruprecht bei Klagenfurt 6. Dezember 1869, † Riva 11. April 1900, k. u. k. Oberleutnant im Korpsartillerie-Regimente FZM. August Freiherr von Weigl Nr. 2; — verm. II. Wien 4. Juni 1904 mit:

Moriz Ritter Stummer von Traunfels, geb. Lauterach (Vorarlberg) 26. August 1871, Architekten, Bauadjunkten der k. k. niederösterreichischen Statthalterei, k. u. k. Leutnant a. D. (bis 1898 i. d. R. des ....-Regimentes Nr. ...). — [Wien, III. Salesianergasse 4.]

4) Eugen, geb. Meidling 15. Juli 1878, Großindustrieller. — [Wien, III. Am Heumarkt 13.)

14. Sidonie Johanna Marie Henrika, geb. Wien 1. Mai 1847, EO.-D.II., — [Wien, III. Am Heumarkt 11]; — verm. Meidling bei Wien 1. Mai 1870 mit:

† Guido Franz Freiherrn von Sommaruga, geb. Wien 22. Jänner 1842, † ebenda 11. Jänner 1895, Dr. jur., Hof- und Gerichtsadvokaten.

†15. Josef, geb. und † Meidling 4. August 1848.

Vgl.: — F. X. Wöber, Die Miller von und zu Aichholz, Genealogische Studie, I. Th., Die Müllner von Zürich und ihr Sturz (1102—1386), 3 Bde., Wien 1893 u. 1898; — A. Ritt. v. Miller z. Aichholz, Lebensbild d. Stammherrn d. Wiener Fam. Miller Josef Maria Ritter von Miller zu Aichholz etc., Wien, Selbstverl. 1907.

von Mindl.

Römisch-katholisch. — Österreich.

Verleihung:

1838 September 27, Wien (Diplom): Kaiser Ferdinand I. erhebt den k. k. Oberstleutnant Josef Mindl in den Österreichischen Adelstand mit dem Ehrenworte „Edler von“ und einem Wappen. — (AA., HKA.; — Orig. Fam.)

Wappen:

1838 September 27: Geteilt, oben in Blau auf grünem Rasen eine in den Oberwinkeln von je einem goldenen Sterne begleitete natürliche Eiche, deren in der Mitte unterbrochene Krone zwei Äste durchsehen läßt, unten in Rot ein silberner Schräglinksbalken, belegt mit einem schräglinken, blanken Schwerte an goldenem Griffe, das mit einem befruchteten, natürlichen Lorbeerzweige umwunden ist. Auf dem gekrönten Turnierhelme mit rechts blau-goldenen und links rot-silbernen Decken zwischen zwei goldenen Sternen eine silberne und eine goldene Straußenfeder.

† Josef Edler von Mindl (Adelserwerber — Sohn des .... 18.. zu .... † .... Mindl und der .... 18.. zu .... † ...., geb. ....), geb. Groß-Borowitz, Böhmen, 8. Juli 1778, † Wien 12. Mai 1846, Armeekreuz 1813/14, k. k. Oberstleutnant i. P. (bis 18.. Kommandant des Innsbrucker Garnisons-Artillerie-Distriktes); — verm. Prag .... 18.. mit:

† Franziska, geb. Liška (Tochter des .... 18.. zu .... † .... L. und der .... 18.. zu .... † ...., geb. ....), geb. Neuhaus, Böhmen, 25. September 1769, † Wien 26. August 1845.

Kinder:

†1. Josefa, geb. Budweis 7. Mai 1806, † Wien 16. Mai 1883.

†2. Franz Xaver, geb. Budweis 23. November 1808, † Mödling 23. Juli 1895, EKO.-R.III., k. u. k. Oberst d. R. (bis 18.. Kommandant des Feuergewehr-Artillerie-Zeugskommandos Nr. 1 in Wien); — verm. Wien 17. September 1843 mit:

18*

† Marie, geb. Mohr (Tochter des .... 18.. zu .... † Johann Baptist M. und der .... 18.. zu .... † Therese, geb. Volkgruber), geb. Wien 1. Mai 1813, † ebenda 12. Oktober 1882.

Kinder:

† 1) Anton, geb. Wien 11. Juni 1844, † Kassa (Kaschau) 16. Februar 1897, MVK., k. u. k. Oberst und Kommandant des Divisions-Artillerie-Regimentes Nr. 16; — verm. Pozsony (Preßburg) 4. November 1872 mit:

Karoline, geb. Czermak (Tochter des .... 18.. zu .... † k. k. Obersten d. R. Anton Cz. und der .... 18.. zu .... † Leopoldine, geb. Wallner), geb. Olmütz 14. Dezember 1844. — [Graz, Sparbersbachgasse 49.]

Sohn:

Rudolf, geb. Nagyszeben (Hermannstadt) 23. März 1874, k. u. k. Oberleutnant im Dragoner-Regimente König Georg von Sachsen Nr. 3. — [Krakau.]

2) Franz Seraph., geb. Wien 21. September 1845, FJO.-Off., Marianer des h. Deutschen Ritterordens, k. u. k. Oberst d. R. (bis 1901 Vorstand des Artillerie-Zeugsdepots in Przemyśl); — verm. Wien 12. Jänner 1892 mit:

Anna, geb. Dobroevich (Tochter des .... 18.. zu .... † Ingenieurs Ignaz D. und der Anna, geb. Jovanovich), geb. Cattaro 1. März 1851. — [Wien, V. Kliebergasse 9.]

† 3) Marie, geb. Wien 28. Juli 1847, † ebenda 19. November 1889.

† 4) Alois, geb. Wien 8. Juni 1848, † ebenda 18. Juni 1848.

† 5) Leopoldine, geb. Wien 17. Juni 1851, † ebenda 4. August 1853.

† 6) Sophie, geb. Wien 11. Februar 1855, † ebenda 14. Mai 1855.

Vgl.: — Brünner Adel. Taschenb. I 1870, III 1878, VI 1881, X 1885, XV 1890 u. XVIII 1893.

Mlikowský von Lhota.

Römisch-katholisch. — Österreich (Böhmen) und Ungarn (Kroatien, Agramer Komitat).

Verleihung:

1627 Dezember 28, Prag: Kaiser Ferdinand II. bestätigt und erneuert den Vettern Johann von Lhota und Vysoky-Lhota („ze Lhoty a na Wysoku Lhotie") und Johann Mlikowský von Lhota („Mlikowský ze Lhota") den ihrem Vorfahren Matthias von Lhota durch König Wladislaw II. (1471 bis 1526) verliehenen Wladiken- und Ritterstand und bessert ihr Wappen. — (AA., BSB. 32 a, fol. 228.)

Wappen:

I. Stammwappen: In Rot eine pfahlweise Wurfbrücke („Fart" — s. nebenstehende Figur). Auf dem Turnierhelme mit rot-silbernen Decken und ebensolcher gewundener Binde zwischen einer roten und einer silbernen Straußenfeder eine mit eisernem Kopf und Schuh beschlagene hölzerne Ramme mit sechs Handgriffen.

II. 1627 Dezember 28: Wie das Stammwappen, nur der Helm gekrönt.

Die ältere Genealogie und Geschichte dieses Geschlechtes, sowie der Personalstand der übrigen Linien bleiben einem späteren Jahrgange vorbehalten.

---

† Franz Ritter Mlikowský von Lhota (Sohn des .... 18.. zu .... † Freisassen zu Přibyšic Johann M. v. L. und der .... 18.. zu .... † Barbara, geb. Šindelař), geb. Přibyšic (Pfarre Beneschau) 7. Dezember 1793, † Pettau 4. Mai 1862, jubil. k. k. Hauptzollamtsoffizial zu Pettau; — verm. .... 11. September 1833 mit:

† Maria Aloisia (Luise), geb. Drummer (Tochter des .... 1839 zu Oberdrauburg † pens. k. k. Wagnermeisters beim Hauptzollamte in Triest Josef D. und der .... 1824 zu .... † Marie, geb. Babitsch), geb. Friedau 2. Juni 1814, † Sissek 23. August 1901.

Kinder:

1. Friedrich Eugen, geb. Robig, Gemeinde Creda, Istrien, 7. Dezember 1837, Dr. med., städt. Bezirksarzt in Sissek, — [Sissek]; — verm. .... 18.. mit:

† Marie Anna, geb. Kral (Tochter des 29. September 1858 zu Laibach † Kupferschmiedemeisters und Hausbesitzers Matthias K. und der 29. November 1873 ebendort † Marie, geb. Gorenz, wiederverm. Baltitsch), geb. Laibach 13. Mai 1832, † Sissek 21. September 1875.

Sohn:

† Eugen, geb. Sissek 20. Jänner 1874, † Wien 17. Juni 1898.

2. Karl Vinzenz Ferdinand, geb. Pettau 2. November 1849, k. u. k. Major im Divisionsartillerie-Regimente Nr. 5; — verm. Prag (Mil.-Ök.-Kom.) 10. Mai 1883 mit:

Marie Josefa Anna, geb. Haller (Tochter des 29. November 1887 zu Linz † k. k. Oberbaurates Emanuel H. und der Anna, geb. Kadich), geb. Kuttenberg 15. November 1858. — [Brünn, Neugasse 66.]

Kinder:

1) Maria Anna Josefa, geb. Prag (Mil.-Ök.-Kom.) 19. März 1884; — verm. Stanislau 6. Oktober 1900 mit

Vinzenz Keschmann, geb. Radautz 22. April 1874, Konzipist des Landesausschusses der Bukowina. – [Czernowitz.]

2) Friederike Maria Anna, geb. Linz 9. September 1885. – [Brünn.]

3) Hedwig Helene Gabriele, geb. Linz 21. Juli 1887. – [Brünn.]

4) Karl Franz Emanuel, geb. Linz (Mil.-Seels.) 9. Mai 1892, Zögling der Graf Strakaschen Akademie in Prag. – [Prag.]

3. Luise Franziska Johanna, geb. Pettau 16. Februar 1852, – [Wien]; – verm. Sissek 22. Februar 1879 mit:

† Georg Michael Franz Mocnay, geb. Kostaynica, Kroatien, 23. März 1841, † Agram 6. Jänner 1893, Kaufmann zu Agram.

---

* Mor von oder zu Su(o)nnegg und Morb(p)erg, von Mor-Merkl zu Sunnegg und Morberg

und † Mor zu Ainöd und Michelstetten.

Römisch-katholisch. – Österreich (Tirol, Niederösterreich, Oberösterreich, Steiermark, Bukowina), Bayern und Italien.

Wappen- und lehenmäßiges Geschlecht der Stadt Innsbruck, nachweisbar seit 1309, erstes erhaltenes Wappensiegel 1353.

Verleihungen (sämtlich für **B. Stamm des Thomas**):

1514 Dezember 10, Innsbruck: Kaiser Maximilian I. bestätigt „Hansen, Lucasen, Gabrieln und Casparn Moren" ihr althergebrachtes Wappen. – (Erwähnt im Diplome von 1668. – Für die Stammväter der 4 Linien.)

1556 Juli 20, Wien: König Ferdinand I. bessert dem „Iheronimuß Mor auff Siel" sein hergebrachtes Wappen durch Vereinigung mit dem „Kugler"schen und Bekrönung der Helme und verleiht ihm Adelsfreiheit. – (AA., RKWB. I, fol. 73. – II. Linie des Lukas, †.)

557 Februar 1, Regensburg: König Ferdinand I. verleiht dem „Iheronimuß Mor" den Rittermäßigen Reichs- und

erbländischen Adel unter Vereinigung seines hergebrachten Wappens mit dem heimgefallenen des Leonhard Kuchler, Namensänderung seines Adeligen Sitzes „Stainpeundt" in „Sunegg" und mit der Bewilligung, sich „die Morn von oder zue Sunegg und Morperg" zu nennen. – (Orig. Sth. A. Innsbruck. – **II. Linie des Lukas**, †.)

1559 Oktober 24, Brixen: Kardinal Christoph von Madrutz, Bischof von Brixen, bestätigt dem „Hieronymuß Mor von Sonnegg die Adelsfreiheit, eximiert ihn von der bürgerlichen Gerichtsbarkeit und unterwirft ihn der seines Hauptmannes zu Brauneggen (Bruneck). – (Sth. A. Innsbruck, Brixner Arch., Lade 122, N. 24 a. – **II. Linie des Lukas**, †.)

1579 Mai 20, Innsbruck: Erzherzog Ferdinand II. von Österreich-Tirol verleiht „Paul, Wilhelben, Carl, Anthoni und Partlme den Moren zu Sonnegg, Gebruedern" die Rotwachsfreiheit. – (AA., TWB. IV., fol. 508. – **II. Linie des Lukas**, †.)

1580 August 14, Innsbruck: Eintragung derselben in die Landmannschaftsmatrikel der Gefürsteten Grafschaft Tirol. – (Sth. A. Innsbruck, Ferdinandea [Freiheiten], M. fol. 148. – **II. Linie des Lukas**, †.)

1587 März 25, Innsbruck, Erzherzog Ferdinand II. von Österreich-Tirol erteilt dem Anton Mor von Sonnegg und Morperg und dessen Bruder Wilhelm die Adelsfreiheit und die Bewilligung zur Benennung „Getreuenstein" für ihren 1586 neu erbauten Ansitz zu Dietenheim. – (Sth. A. Innsbruck. – **II. Linie des Lukas**, 1. Ast, †.)

1588 Juni 1, Innsbruck: Derselbe bewilligt den eben genannten, sich auch nach dem adeligen Ansitz „Getreuenstein" zu nennen. – (Sth. A. Innsbruck. – **II. Linie des Lukas**, 1. Ast, †.)

1633 Juni 6, Wien: Kaiser Ferdinand II. verleiht „Gabriel und Johann den Mohren Gebrüdern" den Rittermäßigen Reichs- und Erbländischen Adel mit Wappenvermehrung und Rotwachsfreiheit. – (AA., RA. u. RKWB. II, fol. 119; – StA., RStER. – **IV. Linie des Kaspar**. – Erwerber ohne Nachkommen.)

1668 Mai 6, Wien: Kaiser Leopold I. verleiht Georg und Adam Moren Gebrüdern und deren Vettern Christoph und Jakob Moren unter Erwähnung der Diplome von 1514 und 1557 den Rittermäßigen Reichs- und erbländischen Adel, ändert ihr ererbtes Wappen (nur den Schild) nach dem „abgestorbnen" ihres Vetters Hieronymus und begabt sie mit dem Prädikate „von oder zu Su(o)nnegg und Morb(p)erg". – (AA., HKA.; – Mehrere Orig. Fam. – **III. Linie des Gabriel**, 3. Ast, 1. Zweig, †, und 2. Zweig, und **IV. Linie des Kaspar**, 1. Ast und 2. Ast, †.)

1674 ....: (Fürst Franz Sforza, Herzog von Segni und Ognato, Graf von Sta. Flora und Onano etc.?) ernennt (auf Grund seines Großen Lateranensischen Palatinates) den Josef Mor von oder zu Sunnegg und Morberg zum „Gulden Ritter" (Miles et Eques auratus, Ritter vom Goldenen Sporn) und zum Lateranensischen Pfalzgrafen. – (Gleichzeitige Aufzeichnungen. – III. Linie des Gabriel, 3. Ast, a) Älterer Zweig, Haus a, †.)

1680 September 3, Linz: Kaiser Leopold I. bestätigt dem fürstl. Brixenschen Hofrat, Kammermeister, Hof- und Lehenrichter „Georg Mor von Sonnegg zu Mornberg" und dessen Söhnen, den kaiserl. Räten Georg Felix, fürstl. Brixenschem Hofvizekanzler, und Stephan ihren „zuevor gehabten Adelstand", erhebt sie „von Neuen" in den Rittermäßigen Adelstand, bessert ihr bisher geführtes Wappen und gestattet ihnen, sich unter beliebiger Hinweglassung der bisher geführten Prädikate „von Mor" oder nach dem von Georg Felix erkauften, gleichzeitig zu einem Adeligen Ansitze erhobenen Gute Grießburg bei Klausen „von Mor zu Grießburg, bezw. „von Mor zu Sunegg, Morberg und Grießburg" und ihren sonstigen Gütern, Dörfern, Ansitzen oder Herrschaften zu nennen. – (AA., HKA.; – Orig. Fam. – IV. Linie des Kaspar, 2. Ast, †.)

1683 September 24, Brixen: Paulinus Fürstbischof zu Brixen verordnet, daß seinem Hofrate, Kammermeister, auch Hof- und Lehenrichter „Georg Morn von Sonnegg" künftig das Prädikat „von Mor zu Sonnegg" gegeben werde. – (Sth. A. Innsbruck, Brixner Arch., Lade 122, N. 23 L. F. – IV. Linie des Kaspar, 2. Ast, †.)

1683 September 24, Brixen: Derselbe verordnet, daß seinem Hofrate und Kanzler „Georg Felix Morn von Sonnegg" künftig das Prädikat „von Mor zu Sonnegg und Khöstlan" gegeben werde. – (Sth. A. Innsbruck, e. l. – IV. Linie des Kaspar, 2. Ast, †.)

1708 ....: Kaiser Josef I. verleiht (? oder bestätigt?) dem Josef Mohr den Rittermäßigen Adel mit dem Prädikate „von und zu Sonnegg und Mohrberg". – (Megerle v. Mühlfeld II, S. 381; – III. Linie des Gabriel, 3. Ast, 1. Älterer Zweig, Haus a, †.)

1790 November 27, Wien: König Leopold II. verleiht dem Josef Mor von Sunnegg und Morberg den Ungarischen Adel mit Wappen (wie 1668). – (ULA., LR. LV, fol. 270. – III. Linie des Gabriel, 3. Ast, 2. Jüngerer Zweig, Haus a. – Erwerber ohne Nachkommen.)

1813 April 27 (Eintragung) und Mai 12 (Extrakt), München: Einverleibung des kgl. bayerischen Landrichters zu Mühlbach Joachim Mor von Sunegg und Morberg und seines Bruders (nicht genannt) in die Adelsmatrikel des

Königreiches Bayern bei der Adelsklasse (lit. M, fol. 1635, Nr. 2404) auf Grund des ihrem Ur-Urgroßvater verliehenen Adelsdiplomes vom 6. Mai 1668. – (Orig. Fam.; – Gritzner S. 347. – **IV. Linie des Kaspar**, 1. Ast, 1. Zweig, Haus b.)

1906 Dezember 1 (Allerhöchste Entschließung): Kaiser Franz Joseph I. bewilligt die Übertragung des Namens und Freiherrnstandes des k. k. Handelsgerichtspräsidenten i. R. Thaddäus Freiherrn von Merkl auf den k. u. k. Hauptmann des Generalstabskorps Franz Ritter Mor von Sunnegg und Morberg. – (AA., HKA. – Diplom bei Abschluß vorliegenden Familienartikels noch nicht ausgefertigt. – **III. (nun I.) Linie des Gabriel**, 3. Ast, B. Jüngerer Zweig, a. Haus des Michael, Abt. A*, Unterabt. b*.)

Wappen:

I. Stammwappen: In Silber ein natürlicher Mohrenkopf mit enganliegender, unter dem Kinn gebundener Haube. – (Vgl. die abgebildeten Siegel Chunrats des Mören von Gratsperch von 1353 und 1385; die Farben nach den späteren Diplomen ergänzt.) – Die auf dem älteren Stempel auffallende, später nicht wiederkehrende Schräglinksstellung des Wappenbildes entsprach nur der damals üblichen Tragart des kleinen Dreieckschildes, durch die so angebrachte Bilder für den Beschauer erst in die normale lotrechte Stellung kamen. Als ältestes Kleinod zu diesem Schilde gehörten wohl auf schwarz-weiß bedecktem Kübelhelme zwei wachsende nackte Mohrenarme, die gemeinsam einen Granatapfel halten, wie sie des Chunrat Sohn Oswald I. und dessen Nachkommen die Mor zu Ainöd und Michelstetten in den Schild setzten.

1353. 1385.

II. Wappen der Mor in Innsbruck (**A. Stamm des Oswald, †**): Aus einem Kronenreif (?) wachsend zwei gemeinsam einen Granatapfel haltende Arme. – (Siegel Oswalds des Mören vom 21. März 1409. S. die folgende Abbildung.) – Dieses Wappenbild ist seiner ganzen Natur nach ein in den Schild gestelltes Helmkleinod und gehörte ursprünglich wohl als solches auf den Helm des Stammwappens.

1409.

III. Wappen der Mor in Bruneck: (**B. Stamm des Thomas**): Der Schild des Stammwappens, nur der Kopf ohne Haube, und dazu auf ungekröntem Stechhelme ein in die schwarz-weißen Decken übergehender wachsender Mohr, in jeder Hand einen Granatapfel über sich haltend. (Siegel seit der zweiten Hälfte des XV. Jahrhunderts).

IV. 1514 Dezember 10 (**B. Stamm des Thomas**): Wie III, nur der Helm gekrönt (nach Mayrhofen).

V. Wappen der Mor zu Ainöd und Michelstetten (**A. Stamm des Oswald, †**): In Weiß zwei zusammen einen Granatapfel haltende natürliche Mohrenarme; auf dem gekrönten Turnierhelme mit schwarz-weißen Decken die Arme mit dem Granatapfel wachsend. – (Siegel Oswalds VI. Morr zu Michelstetten vom 29. September 1518 [Orig. Stiftsarchiv Lilienfeld; bei Ch. Hanthaler, Recensus Dipl.-Geneal. Arch. Capililiensis II, Taf. XXXVIII, die Arme irrtümlich im Plattenharnisch dargestellt], die Farben ergänzt nach den 1526 angefertigten Wandmalereien in der alten „Adeligen Zechstube" zu Bruneck, wo jedoch der Helm der „Mor zu Ainnedt" noch ungekrönt dargestellt ist. Die Wappenbeschreibungen Wißgrills, abgedr. Zeitschr. d. „Adler" II, 1872, S. 171, sind ganz unverläßlich.)

VI. 1556 Juli 20 (**B. Stamm des Thomas, II. Linie des Lukas, †**): Geviert, 1 und 4 in Silber eine etwas nach links gewendete natürliche Mohrenbüste, deren goldene Ohrringe mit je einem großen blauen Steine (Saphir) besetzt sind (Stw.), 2 und 3 in Linksgeschrägt von Schwarz über Silber ein farbengewechselter Greif (Kugler). Zwei gekrönte Turnierhelme mit schwarz-weißen Decken: auf I ein wachsender natürlicher Mohr mit Ohrringen wie im Schilde und goldener Halskette, in jeder Hand einen aufgesprungenen natürlichen Granatapfel emporhaltend (Mor in Bruneck); auf II ein wachsender silberner Greif (Kugler).

VII. 1557 Februar 1 (**B. Stamm des Thomas, II. Linie des Lukas**, †): Wie 1556, doch trägt der Mohr nur im rechten Ohre ein Gehänge, das mit einem Rubin (anstatt Saphir) besetzt ist, und hält auf Helm I in jeder Hand einen „Margranapfel"*). Helm II ist ungekrönt und trägt weiß-schwarze (anstatt schwarz-weiße) Decken, die in das Kleinod übergehen.

VIII. 1633 Juni 6 (**B. Stamm des Thomas, IV. Linie des Kaspar**, — Erwerber ohne Nachkommen): Geviert, 1 und 4 in Rot ein weißes Einhorn (woher?), 2 und 3 in Schwarz (!) eine einwärts gewendete natürliche Mohrenbüste mit goldener Heidenkrone, großen weißen Perlen in den Ohren und goldener Halskette mit daranhängendem Pfennig (in der Feldfarbe verändertes Stw.). Auf dem gekrönten Turnierhelme mit rechts schwarz-gelben und links rot-weißen Decken zwischen einem offenen, rechts von Gelb über Schwarz und links von Weiß über Rot geteilten Fluge die Mohrenbüste wie im Schilde wachsend.

IX. 1668 Mai 6 (**B. Stamm des Thomas, III. Linie des Gabriel**, 3. Ast, 1. Zweig, †, und 2. Zweig und **IV. Linie des Kaspar**, 1. Ast und 2. Ast, †): Der Schild wie 1557. Auf dem gekrönten Turnierhelme Decken und Kleinod wie 1557 auf Helm I.

X. 1680 September 3 (**B. Stamm des Thomas, IV. Linie des Kaspar**, 2. Ast †): Geviert mit Mittelschild: dieser in Silber ein rotes Herz, belegt mit dem goldenen Buchstaben P; der Hauptschild wie 1557, jedoch der Hals der Mohrenbüste in 1 und 4 mit einem goldenen „Kellpandt" umschlossen. Zwei gekrönte Turnierhelme mit schwarz-weißen Decken und denselben Kleinoden wie 1557.

XI. (1704 — **B. Stamm des Thomas, III. Linie des Gabriel**, 3. Ast, 1. Älterer Zweig, Haus a, †): Geviert mit Mittelschild: in diesem ein Adler; der Hauptschild wie 1668, bezw. 1557. — (Siegel des Karl Josef Mohr von und zu Sonnegg und Mohrberg von 1704 und 1719 [Orig. Niederösterr. L.A.]. Dessen Enkel führt in seinem Siegel von 1805 [Orig. Landesgerichtsarchiv Graz] auf der Vierung des Hauptschildes ein anstoßendes „Mühleisenkreuz".)

---

*) Der Granatapfel wird im Dialekt des Trento von den Italienern „Margaragn", von den Deutschen „Margräu" genannt — beides vom italienischen „Mela granata".

XII. 1790 November 27 (Desselben Astes 2. Jüngerer Zweig, Haus a. – Erwerber ohne Nachkommen): Wie 1668.

XIII. 1813 April 27 (B. Stamm des Thomas, IV. Linie des Kaspar, 1. Ast, 1. Zweig, Haus b): Wie 1668.

Nach einer urkundlich unerwiesenen Behauptung des Tiroler Genealogen Andreas Zippockh soll Heinrich der Mör ein eingewanderter Sproß der rhätischen Familie Mor gewesen sein, in welchem Falle der Ursprung des Geschlechtes im alten Morenturme zu Zernez im Engadin zu suchen wäre. Tatsächlich hat sich vor der Zeit des Heinrich und seiner wahrscheinlichen Geschwister der Name Mor in Innsbrucker Urkunden bisher nicht gefunden.

Jedenfalls besaßen die Mor schon um das Jahr 1300 das Bürgerrecht der Stadt Innsbruck, wo sie begütert waren. So finden sich 1309 bis 1332 Christian der Möre, der 1350 als verstorben erwähnt wird, ferner dessen Schwester Eva, die mit ihrem Manne Marquard Englschalk 1309 dem Siechenhause zu Innsbruck eine Stiftung macht, 1331 bis 1344 Rudel der Möre, eine am 19. September 1344 (Necrol. Wilt.) verstorbene Dina Morin und schließlich 1357 noch ein zweiter Christian.

I. „Heinrich der Möre" – auch „Mör" – „purger ze Insprukk", erscheint in den Urkunden von 1331 bis 1340, u. a. am 10. Juni 1338 als Zeuge in einem Spruchbriefe des Jakob von Vellenberch (Orig. Stiftsarch. Stams A. L. VI. 2). Mit ihm beginnt die fortlaufende Geschlechtsfolge. Als seine Gattin wird 1338 „Agnes" angegeben, während die Mutter seines Sohnes Chunrat „Catherina" genannt wird. Er starb am 23. Juli 1340 (Necrol. Wilt.) und hinterließ folgende Kinder: – 1. Chunrat I. (s. unten); – 2. „Helenora", die 1343 bereits als Frau des Ulrich Kammerer von Hötting („Hettningen") genannt wird; – 3. Hans, der 1368 bis 1392 erscheint und Grundstücke „im Saggen" bei Innsbruck neben denen seines Bruders Chunrat besaß.

II. „Chunrat" I., „der Mör von Gratsperch", war beim Tode seines Vaters jedenfalls noch jung, denn erst 1353 finden sich von ihm gesiegelte Urkunden und 1358 wird er zum erstenmal Bürger zu Innsbruck genannt. Als seine Frau ist eine „Luzia" beurkundet. Er selbst erwähnt am „Eritag vor S. Antonynentag" (14. Jänner) 1365 seinen „swager Haintz Reynolt purger ze München" und am „Gregorientag" (12. März) desselben Jahres seinen „swager Martini von Omerraz". Chunrat und sein Bruder Hans hatten vom Vater mancherlei Besitz in und bei Innsbruck geerbt; es werden speziell mehrere Gärten im „Saggen", ein Haus „gelegen ze Innspruckh pey den Stafflen" und eine Mühle und Hofstatt zu „Hettningen" erwähnt. Diese, Lehen der Herrschaft Tirol, wird in den Urkunden stets „Mornmül" genannt. Aus unbekannten Gründen verkaufte Chunrat nach und nach einen großen Teil seiner Innsbrucker Liegenschaften dem Stifte Wilten und dem Innsbrucker Bürger Furter und zog nach dem Jahre 1372 nach Meran. Dort erhielt er das Bürgerrecht, denn schon am „Samstag nach St. Matheis-tag" (25. Februar) 1385 verkauft „Chunrat der Möre, purger an Meran, hern Hansen von Starchenberch, frawn Alhaiten seiner gemahel, tohter hern Peters von Schenna, Purggraven ze Tyrol, und hern Sigmund von Starchenberch irem Sune" sein Haus, „da ich mit wonunge inne gesezzen bin" und „daz gelegen ist an Meran in der gazzen wazzerhalben zwischen dem hause Christians des Gotfrieden und Hartmanns des Eggers". Auch nach diesem Verkaufe blieb Chunrat in Meran, denn noch am 11. Jänner 1390 erscheint er als „purger am Meran" und einer der Schiedsleute in dem Streite zwischen Klara, der Witwe Ulrichs von Pientzenau, und Siegmund von Starkenberg. Daß schon Chunrat I. im Besitze von Gratsperch, nach welchem sich drei Generationen seiner Nachkommen nannten, war, zeigt die letzte ihn als „Chuonradus dictus Mör de Gratsperch" erwähnende Urkunde vom 12. März 1396. Er hinterließ vier Kinder: 1. Oswald I., den Stammvater der erloschenen Mor von Ainöd und Michelstetten (s. unten **A. Stamm des Oswald**); — 2. Thomas, dessen Nachkommen noch heute blühen (s. unten **B. Stamm des Thomas**); — 3. Maria, die zuerst 1404 erwähnt wird und 1420 als Gattin des Hans von Baumkirchen zu Mils erscheint; — 4. Katharina († 1390), verm. I. mit Heinrich von Naturns, II. mit Ludwig Praust (1383 bis 1399), Stadtrichter zu Brixen.

A. Stamm des Oswald. (Erloschen.)

III. Oswald (I.) „der Möre von Innspruck" (s. oben 1.) ist nach den Genealogien von Zippockh, Kögl, Mayrhofen u. s. w. ein Sohn Chunrats I. Ein urkundlicher Beweis hat sich nicht gefunden, es sei denn, daß Oswald, gerade so wie Chunrat I. Besitzer von Grundstücken im Saggen war und überhaupt kein anderer Mor entdeckt wurde, der als sein Vater in Betracht kommen könnte. Die Verschiedenheit der Wappen zwischen Vater und Sohn fällt kaum ins Gewicht, da die im Schilde Oswalds und seiner Nachkommen erscheinenden, aus einem Kronreif (Helmkrone ?) entspringenden nackten Mohrenarme, die gemeinsam einen Granatapfel (wie besonders deutlich das am Testamente der Dorothea, Witwe Siegmunds von Schlandersperg, vom 21. März 1409 hängende Siegel Oswalds zeigt) halten, aller Wahrscheinlichkeit nach nur das in den Schild gesetzte Helmkleinod des Stammwappens darstellen. Aus derselben Zeit lassen sich zahlreiche ähnliche Fälle bei anderen Familien nachweisen. Oswald scheint den in Innsbruck noch erhaltenen väterlichen Besitz geerbt zu haben. Er wird 1397 bis 1417 als Bürger, 1403 als Richter zu Innsbruck erwähnt. Seine Frau war die Tochter Heinrichs des Schenken von Liebeneich zu Terlan (1362 bis 1391) und der Agnes, geb. Spieß. Noch durch drei Generationen blieben diese Mor in Innsbruck. Sie versippten sich mit den Tänzl, Überrein, Sigwein, v. Völs und anderen ansehnlichen Geschlechtern, trieben Bergbau in Gossensaß, erschienen im Rate und machten bedeutende Stiftungen, so 1440 in die St. Jakobskirche zu Innsbruck, 1463 aus ihrem Zoll zu Lanns in die St. Georgskirche zu Gossensaß und gaben 1492 dem Gotteshause zu Stams „zwai guter ze

Innsbrugh vor Sand Jörgen Tor". Ende des XV. Jahrhunderts waren die Innsbrucker Mor bis auf die Familie Niklas I. ausgestorben. Dieser — ein Urenkel des ersten Oswald — wurde als einziger Erbe 1497 von Erzherzog Siegmund mit dem alten Familienbesitze zu Sistrans und Patsch belehnt. Er hielt sich längere Zeit in Feldkirch auf, von wo seine Frau Cleopha stammte, eine Tochter des Johann Litscher und der Anna, geb. Grünenpach.*) Später zog er nach Niederösterreich und erwarb dort von den Erben des Marquard Breysacher 1513 die Schlösser und Herrschaften Ainöd (V.o.W.W.) und Michelstetten (V.u.M.B.). Er und seine Nachkommen erschienen nun als Mor zu Ainöd und Michelstetten auf den Landtagen zu Wien 1524, 1528 und 1539 auf der Ritterbank. Sie erkauften 1528 von Christoph Herrn von Mainberg die Veste Pielach (V.o.W.W.), hatten Besitz zu Rörabrunn (V.u.M.B.), das Schloß Hasendorf u. a. m.

Josef, der letzte Mor zu Ainöd und Michelstetten, heiratete 1549 Emerentia, eine Tochter des Hans von Pürching und der Susanne, geb. Giltinger von Heiding. Nachdem Josef 1557 kinderlos gestorben war, erbte die Witwe seinen Besitz, der von ihr an die Nachkommen ihres 1573 angetrauten vierten Mannes Franz von Gera zu Straßfried kam.

B. Stamm des Thomas.

III. Thomas „der Mor von Chratzperg" (s. oben 2.) erbte von seinem Vater Chunrat I. die unter Schloß Tirol gelegene Burg Gratschberg (Lehen von Tirol) und besaß Güter im Vintsgau jenseits der Töll und in Partschins, einen Weingarten, genannt „der Zelter", bei Gratsch, eine Wiese „auf der Meran", ein Gut zu Vollgatter, Zehente zu Passeier etc. Seine erste Frau ist unbekannt, seine zweite, ihn überlebende, war Klara Anna, Witwe des Pertlin von Thurn („de Turri") zu Meran, geb. Boner aus Meran. Er starb vor 1431. Zwei seiner Söhne — 1. Ulrich (s. unten IVa.) und — 2. Chunrat II. (s. unten IVb.) pflanzten den Stamm fort; zwei andere — 3. Christian und — 4. Thomas starben jung; 1431 erscheint zu Bozen noch eine Tochter — 5. Alhait, für welche Wilhelm Ambrosis als Gerhab bestellt wurde.

IVa. Ulrich (s. oben 1.) erscheint 1438 bis 1474 und starb vor 1481. Er erbte als der Ältere Gratschberg, erhielt durch seine erste, vor 1438 geehelichte Frau Anna Wirtel von Rubein (Tochter des Konrad Wirtel aus Meran und der Anna Minig) einen Teil des Schlosses Rubein, sagte aber dieses Lehen 1450 auf, nachdem er schon 1440 von Hans von Kronmetz den Monteilhof erworben hatte. Unter Herzog Siegmund erschien er 1472 mit seinen Söhnen auf dem Landtage zu Innsbruck. Seit dieser Zeit waren bei fast allen Tiroler Landtagen bis 1791 ein oder mehrere Mor

*) Die Mor zu Ainöd hatten auch sonst zu Vorarlberg mancherlei Beziehungen. So heiratete Niklas' I. Schwester Verana den Hans Schnezer aus Feldkirch. Auch Anna Raynoldt von Babenwoll, die Frau Niklas' II., stammte aus Vorarlberg. Dadurch mag die irrige Legende der direkten Abstammung der Ainöder Mor von den rhätischen Mor entstanden sein.

anwesend. Als seine zweite Gattin wird 1449 eine geborene Yphofer aus Innsbruck genannt. Seine Kinder waren: — 1) Linhart, — 2) Martin, — 3) Anton und — 4) eine Tochter, die Dietrich Mamminger heiratete. Möglicherweise war auch — 5) Georg Mor (1481 bis 1487), den einige für einen Bruder Ulrichs und Chunrats II. halten, ein Sohn Ulrichs. Linhart, Martin und Anton wurden am 8. Mai 1481 mit ihrem ererbten väterlichen Besitze belehnt. Aber schon 1485 sagten Linhart und Anton (Martin scheint unterdessen gestorben zu sein) alle ihre Lehen auf und sind von diesem Zeitpunkte an verschollen. „Turn und Gesäzz zu Gratsperg" und die anderen aufgesandten Stücke hatte der Landesfürst auf ihre Bitte ihrem Schwager Dietrich Mamminger von Meran zu Bruneck zu Lehen gegeben.

IVb. Chunrat II. (s. oben 2.) der von 1438 bis 1456 urkundlich ist, machte sich 1440 zu Bruneck seßhaft, wohin die Mor von früher her mancherlei Beziehungen hatten. Schon 1445 erscheint er als Bürgermeister dieser Stadt, welche in der Folge noch 10mal einen Mor zum Bürgermeister und 40mal zum Ratsherrn erwählte. Nach dem 22. September 1456 wird er nicht mehr erwähnt. Er war zweimal vermählt: I. mit Katharina von Rost aus Enneberg und II. mit Dorothea, einer Tochter des Niklas Aigner. Von seinen Kindern starben — 1) Katharina und — 2) Christina in der Jugend und — 3) Wolfgang ledig; nur — 4) Siegmund (s. unten) pflanzte den Stamm fort.

V. Siegmund, s. oben 4), „der zweyte Morr als Burger zu Brawneggen", erscheint zuerst 1477 und starb 1513 als Bürgermeister zu Bruneck. Seine Behausung zu Oberdorf stieß an das Haus Rafael des Prackhen. Er hatte auch Lehen zu Defreggen und war mit einer geborenen Umdorffer vermählt, die ihm sechs Kinder schenkte:

(1) Hans, von dem die erloschene I. Linie (s. unten) abstammt;
(2) Lukas, der Stifter der ebenfalls ausgestorbenen II. Linie (s. unten);
(3) Gabriel, dessen Nachkommenschaft die gegenwärtig noch blühende III. (nun I.) Linie (s. unten) bildet;
(4) Kaspar, der die gleichfalls noch blühende IV. (nun II.) Linie (s. unten) begründete, welchen vier Brüdern Kaiser Maximilian I. ddo. Innsbruck, 10. Dezember 1514 die eingangs angeführte Wappenbestätigung (wohl unter Bekrönung des Helmes) verlieh;
(5) Walpurga (erw. 1513), die mit Christian Dinkhauser zu Uttenheim vermählt war, und
(6) Bartlmä. Dieser scheint sich nur vorübergehend in Bruneck aufgehalten zu haben. In den Ratsprotokollen wird er dort nur einmal erwähnt: „am Finstag nach Veitstag (21. Juni) 1526 wurde im beiwesen Partlmä Mor gerathschlagt, bei einem aufruhr soll sich Partlmä Mor mit seinen knechten bei der Newkirchen versamblen". Nach einigen soll er mit dem beim ersten Sturm auf Rom (6. Mai 1527) gefallenen Landsknechthauptmanne gleichen Namens identisch sein, von dem Kaspar Schwegler an Georg von Freundtsperg ddo. Rom, 27. Mai 1527 (und ähnlich Melchior von Freundsperg an seinen Vater) schreibt, „wie Rom erobert ist und das der herzog von Burbon, ettlich Spanier, nit viel,

am sturm erschossen sein, auch von Teutschen am sturm Partlme von Wangen, Bartlme Mor, haubtleut, der jungherr von Fleckhenstain, etlich gut gesellen...".

I. Linie des Hans. (Erloschen.)

VI. Hans, s. oben (1), erscheint zuerst 1513 und starb 1527. Er war Bürgermeister von Bruneck und hatte dort sein Haus neben dem seines Bruders Gabriel. Aus seiner Ehe mit einer Tochter des Landrichters zu Welsberg, Matthias Pranter, werden 1540 mehrere Kinder erwähnt, von denen nur Siegmund (s. unten) bekannt ist.

VII. Siegmund (s. vorstehend) kommt 1557 bis 1594 vor und wird 15. Februar 1596 als verstorben erwähnt. Er war Bürgermeister von Bruneck und wurde 1561 vom Rate aufgefordert, zu heiraten. Von seiner Gemahlin Maria am Weg zu Brunneggen stammen folgende Kinder: — 1) Maria, starb zu Bruneck 30. November 1616 als Witwe nach Adam Tindtl, Ratsbürger und Apotheker daselbst; — 2) Sibilla, † Bruneck 4. Mai 1580; — 3) Johann (Hans), † Bruneck 10. April 1593, verm. Bruneck 7. Juni 1592 mit Judith Scherer.

II. Linie des Lukas. (Erloschen.)

VI. Lukas Mor, der (2). Sohn des Siegmund (s. oben), erscheint von 1508 bis 1523 und ist 1537 bereits tot. Er wurde 1508 Ratsschreiber und 1522 Ratsherr von Bruneck. Seiner Ehe mit Anna, einer Tochter des Kristen Gebhart und der Sophie Prackh, entstammten sechs Kinder: — 1. Margarete, als deren I. Gatte 12. März 1539 Georg Kirchmayr von Ragen genannt wird und die in II. Ehe Kaspar Riß heiratete; — 2. Wilhelm, der ledig starb; — 3. Hieronymus (s. unten), der diese Linie allein fortpflanzte; — 4. Barbara; — 5. Crescentia, verm. mit Gabriel Sichling aus Sterzing, und — 6. Felicitas, verm. mit N. Leichter, ebenfalls aus Sterzing.

VII. Hieronymus (s. oben 3.), geb. um 1513, starb 5. November 1571 und wurde in der Kirche zu Dietenheim (Grabmal erhalten) beigesetzt. Seine Gemahlin Apollonia († 20. Jänner 1572) war eine Tochter des Stadtrichters und Bürgermeisters zu Bruneck Kristian Kern und der Anna Kuchler und brachte das Wappen ihres als letzten seines Geschlechtes verstorbenen Großvaters Linhard Kuchler an Hieronymus Mor. Dieser war Landrichter zu Welsberg, 1548 Ratsherr und 1556 Bürgermeister von Bruneck und besaß nebst anderem die Edelsitze „Steinpeunte" und „Morberg" in Dietenheim. Ersteren baute er 1550 um und nannte ihn „Sunnegg" (auch „Sonnegg"). König Ferdinand I. verlieh ihm ddo. Wien, 20. Juli 1556 die Adelsfreiheit und vereinigte sein hergebrachtes Wappen mit dem vom mütterlichen Großvater seiner Frau angefallenen der erloschenen „Kugler" (richtig „Kuchler"). Gelegentlich seiner ddo. Regensburg, 1. Februar 1557 erfolgten Erhebung in den Rittermäßigen Reichsadelstand wurde diese Wappenvereinigung nochmals bekräftigt, die Namensänderung für den Ansitz „Steinpeunt" in „Sunegg" bewilligt und das Prädikat „von oder zu Sunegg und Morperg" verliehen. Aus seiner vorerwähnten Ehe hatte er folgende sieben Kinder:

1) Paul, der 1570 als „Junker Paul Mor" zum Ratsherrn von Bruneck erwählt wurde, wo er sein eigenes Haus mit Garten „bei der Zollscheibe" hatte. Er war in kinderloser Ehe mit Katharina von Parmätin zu Vilseck vermählt und starb 9. Februar 1590. Einen Teil seiner Hinterlassenschaft bestimmte er zum Baue eines Bruderhauses der Stadt Bruneck. Mit seinen vier Brüdern hatte er ddo. Innsbruck, 20. Mai 1579 von Erzherzog Ferdinand II. von Österreich-Tirol die Rotwachsfreiheit und ddo. Innsbruck, 14. August 1580 die Eintragung in die Tiroler Adelsmatrikel erlangt.

2) Wilhelm (s. unten 1. Ast).

3) Karl (s. unten 2. Ast).

4) Anton war 1572 Pfleger auf dem Ritten und 1585 zu Innichen. Er und sein Bruder Wilhelm bauten 1586 in Dietenheim zwei Ansitze, für deren einen ihnen Erzherzog Ferdinand ddo. Innsbruck, 25. März 1587 die Adelige Freiung unter dem Namen „Getreuenstein" verlieh. Am 1. Juni 1587 gestattete ihnen der Erzherzog auch dessen Namen ihren bisherigen Prädikaten beizufügen. Der zweite von ihnen erbaute Ansitz war wohl „Kircheck". Anton vermählte sich I. am 19. April 1572 mit Katharina von Sarnthein, II. mit Magdalena von Winkelhofen zu Englöß und III. am 16. November 1593 mit Anna Maria Mornauer von Lichtenwert (geb. 1575, † 1622, Tochter des Alexander M. v. L. und der Agathe von Eyring), die nach seinem kinderlosen Tode den Georg Ludwig Kirchmayr von Ragen und Lamprechtsburg ehelichte. Bei Antons hochzeitlichen Einritten in Bruneck veranlaßte der Rat die Abschießung „etlicher stuck vom Newkirchenthurm, dieweil den Junker Antoni Mor zu Sunnegg und Morberg sein Eltern ain solchs umb gemeiner Stadt wohl verdient hat und die Hern Morn noch verdienen sollen und mügen".

5) Bartelmä (s. unten 3. Ast).

6) Michael starb jung.

7) Anna Maria, heiratete I. vor 1573 den Witwer (seine I. Frau war Ursula Söll von Aichberg) Andreas von Emering, fürstl. Freisingschen Pfleger der Herrschaft Innichen, und II. Hans Jocham von Winkelhofen.

1. Ast. (Erloschen.)

VIII. Wilhelm Mor von Sonnegg, Morperg und Getreuenstein, oben 2), war seit 1576 Pfleger der Herrschaft Michaelsburg. Er besaß außer den mit seinem Bruder Anton gemeinsamen Ansitzen zu Dietenheim auch Lehen im Rodenegger Gerichte (darunter den Hof „Wolfian") und Stefanstal bei Bruneck (von den Gebhart herrührend). Seit 1571 war er mit Katharina von Kurz zum Thurn (Tochter des Christoph v. K. z. Th. und der Susanne Stegenmayer) vermählt, aus welcher Ehe zwei Kinder bekannt sind: — (1) Johann Baptist, der im ungarischen Kriege vor

Erlau (Eger) fiel, und — (2) Christoph (s. unten), der diesen Ast fortpflanzte.

IX. Christoph, vorstehend (2), war 1590 salzburgscher Pfleger zu Stall und Werfen, 1621 Landrichter und Pfleger zu Gastein und erscheint später bis 1642 als salzburgscher Pfleger in Kärnten. Er besaß Getreuenstein. Vor 1606 hatte er Sibilla Jakobäa Loy von Katzenstein geheiratet, die ihm folgende vier Kinder schenkte: — 1. Hieronymus und — 2. Anton, die beide im ungarischen Kriege von den Türken gefangen wurden und in der Türkei starben; — 3. Anna Christina, die Erbin von Getreuenstein, verm. 1621 mit Alexander Hölzel von Tierburg aus Sillian (war noch 1642 in Gastein ansässig); — 4. Maria Elisabeth († 1642), die Erbin von Morberg, verm. I. mit Georg Unsorg aus Kärnten und II. mit Rudolf Söll von Teissegk und Steinburg.

2. Ast. (Erloschen.)

VIII. Karl Mor von oder zu Sunegg und Morperg, oben 3), wohnte 1582 im unteren Hause von Sunnegg, war 1581 bis 1591 Pfleger der Herrschaft Anraß, später in Heinfels, fürstl. Brixenscher Rat und 1591 fürstl. Abgeordneter und Commissarius. Er heiratete Christina, Tochter des Niklas Mayr an der Vintl (in dem Taufakte seines Sohnes Anton als Christina „an der Brugg" angegeben) und hatte von ihr folgende sieben Kinder:

(1) Anna Maria Katharina, verm. 1588 mit Karl von Winkelhofen zu Englöß.

(2) Johanne († 1615), erste Frau des Hans Gaudenz von Rost zu Aufhofen und Kehlburg († 21. März 1636), Pfleger der Herrschaft Uttenheim; sie wurde die Stammutter der Freiherrn von Rost und der erloschenen Grafen von Rost auf Mägdberg und Singen.

(3) Susanne, verm. 1594 mit Dionys von Rost († 1636, Bruder des Vorigen), Erben von Aufhofen, fürstl. salzburgschem Hofrat, Pfleger zu Hallein, später zu Mühlbach.

(4) Eva, geb. 1580, † Lienz 25. Mai 1650, verm. I. mit einem Vetter der vorigen Rost, dem Witwer nach Katharina Prackh von Asch († 1610) Hans Heinrich von Rost, Herrn zu Rost in Enneberg († 1617), Hofrichter zu Sonnenburg, und nach kinderloser Ehe II. mit Johann Prackh von Asch.

(5) Elisabeth, verm. I. 1603 mit dem Hauptmanne Hans Joachim Prackh von Asch zu Luttach († 1618) und II. mit dem Witwer nach Regina von Tavon, Hans Englhard von Rost zu Kehlburg, einem Neffen des 1. Mannes ihrer Schwester Eva.

(6) Ferdinand (s. unten).

(7) Anton, geb. Bruneck 1. Dezember 1581, † jung.

IX. Ferdinand, vorstehend (6), erscheint 1602 bis 1650, Besitzer von Sunnegg, war vermählt mit Euphemia Hausmann von Stetten zu Lanegg und hatte folgende Kinder: — 1. Karl, † 1632 als Hauptmann im Felde; — 2. Johanna Maria (geb. 2. Jänner 1611), verm. mit Johannes Eilster, verkaufte mit ihren Schwestern Anna Maria und Anna Christina 1650 Sunnegg; vier Söhne: — 3. Johann, — 4. Franz, — 5. Ferdinand und — 6. Kaspar, Hauptmann, fielen in kaiserlichen und florentinischen Diensten vor dem Feinde; — 7. Rosina (geb. 11. März 1617); — 8. Margarete (geb. 28. September 1623, † ledig); — 9. Anna Maria, verm. mit Adolf Kircher, und — 10. Anna Christina, verm. Gais 28. November 1648 mit Stephan Hölzel von Tierburg aus Sillian. Mehrere andere Kinder starben jung.

3. Ast. (Erloschen.)

VIII. Bartelmä Mor von oder zu Sunegg und Morperg, das 5). Kind des Hieronymus (s. oben), hatte Besitz zu Kötschach und zu Bruneck, war Pfleger zu Kötschach, dann Hauptmann auf Ortenburg und Pfleger zu Pitersberg. Er starb nach 1595 und war mit Margarete Söll von Aichberg vermählt, mit der er vier Kinder hatte: — (1) Elisabeth, verm. 1595 mit Hans Georg Reichhart von Freihausen, fürstl. Freisingschem Rat; — (2) Karl († um 1663), Pfleger zu Kötschach, verm. mit Ursula Sizinger; — (3) Anton, 1617 Pfleger zu Oberfalkenstein, später zu Vellach, verm. mit N. Mergall aus Nußdorf, und — (4) Paul, geb. Bruneck 2. Novemder 1581, † ledig im Felde.

Die Linie des Lukas erlosch im Mannsstamme mit seinen Ur-Urenkeln. Nun kam Morberg durch Maria Elisabeth von Mor an die Söll von Teissegk und Steinburg, Getreuenstein durch Anna Christina an die Hölzel von Tierburg (ist aber bereits 1664 im Wentzl von Sternbachschen Besitz). Sunnegg, ein fürstl. Brixensches Lehen, wurde am 10. August 1650 von den Töchtern des Ferdinand von Mor dem Ludwig Perckhofer zu Köstlan und Moß, Pfandinhaber der Herrschaft Thaur, verkauft, der bereits 22. Juli 1651 das Erworbene dem erzherzogl. Kriegsrate, Kammerer, Obristen und Kommendanten zu Konstanz Hans Gaudenz von Rost zu Aufhoven und Kelburg abtrat. Dieser — durch seine Mutter Johanna von Mor ein Urenkel des Hieronymus — übergab aber bald Sunnegg und das dazu gehörige Gut „Mayr am Hof“ an das landesfürstliche Kammergut. Erzherzog Ferdinand Karl verkaufte 27. August 1669 Sunnegg seinem Leibarzte Rocho Mathioli von Grabenstein zu Innsbruck, dessen Sohne aber dieser Besitz Verbrechen halber wieder entzogen wurde. 1679 empfing Andrä Benedikt von Hebenstreit anstatt seiner Hausfrau Regina Söll von Teissegk den Edelsitz als unaufgeständetes Lehen und verkaufte ihn 1683 an Georg von Mor (IV. Linie des Kaspar). Dessen Urenkel Josef Andrä Freiherr von Sternbach, ein Sohn der Katharina von Mor, verehelichte Wentzl Freiin von Sternbach († 24. Juli 1715), wurde am 2. Juni 1722 Alleinbesitzer von Sunnegg, das nun endgültig in fremden Händen blieb.

III. (nun I.) Linie des Gabriel.

VI. Gabriel I. Mor, der (3). Sohn des Siegmund (s. oben), erscheint von 1513 bis 1555, war fürstl. Brixenscher Zehentamtmann im Pustertale, besaß ein Kupferbergwerk in Taufers, trieb Bergbau in Ahrn und hatte eine Behausung in Bruneck, anstoßend an Haus und Garten seines Bruders Hans. Er war Ratsherr und Bürgermeister von Bruneck und 1525 — anläßlich des Bauernaufstandes unter Michael Gaysmayr — Abgesandter der Stadt nach Innsbruck und Meran. Von seiner Gemahlin Katharina

Reicher (aus dem Inntale, Schwester des Hans Reicher von Reichenstein) hatte er vier Kinder: — 1. Gabriel († jung); — 2. Balthasar († kinderlos außer Landes); — 3. Kaspar (s. unten), und — 4. Melchior, der außer Landes starb und von dem 1581 zu Bruneck ein eheliches „Töchterlein" erwähnt wird, das vor 1590 verschied.

VII. Kaspar (s. oben 3.) war Ratsherr und Bürgermeister von Bruneck. Unter ihm wurde 1564 die Spendung des Abendmahles in beiderlei Gestalt und die Absingung der Psalmen bei der Prozession in deutscher Sprache vom Rate eingeführt. Als älterer Mann verließ er Bruneck und wurde 1585 Bergrichter in Lienz, wo er 1592 starb. Seine Kinder — mit Ausnahme Oswalds — und deren Familien zogen in die neue Heimat mit. Auch in Lienz gehörten die Mor zu den Ratsgeschlechtern. Sie besaßen in der Rosengasse das „Mohrenhaus" (jetzt Gasthof Rößl), alle Gründe vom Schloß Bruck bis in die Stadt, das von Hiblersche Haus, zahlreichen Besitz in Grafendorf u. s. w. Der „Mohrenwald", die „Mohrenau", die „Mohrenfelder" erinnern noch heute an sie. Sie machten zahlreiche Stiftungen, u. a. in die Stadtpfarrkirche, in der sie ihr Erbbegräbnis hatten. Kaspar Mor vermählte sich 4. Mai 1557 mit Dorothea Söll († Bruneck 24. April 1603, Tochter des 1548 † Oswald S. und der Maxentia Prackh) und gewann mit ihr zwölf Kinder: — 1) Regina, geb. 25. Februar 1558, verm. I. mit Abraham Kupferdegen und II. mit Jakob Löw, beide Gerichtsschreiber zu Oberdrauburg; — 2) Christoph, geb. 31. August 1559, † 3. September 1562; — 3) Katharina, geb. 13. Oktober 1560, † als Kind; — 4) Anna, geb. 15. Februar 1562, verm. mit Hans Mittenwaldner († kinderlos beim Brande von Lienz 8. April 1609); — 5) Oswald, geb. 19. Juli 1563, der Stifter des 1. Astes (s. unten); — 6) Helena, geb. 1566, verm. mit Georg Mayr zu Bruneck; — 7. Hieronymus, geb. 3. September 1567, † 14. Mai 1568; — 8) Ursula, geb. 5. März 1568, verm. mit Johann Kor, Bürger zu Bozen; — 9) Siegmund, geb. 13. April 1579, der Gründer des 2. Astes (s. unten); — 10. Gabriel II., geb. 17. Februar 1573, von dem der von dieser Linie allein blühende 3. Ast (s. unten) abstammt; — 11) Felicitas, geb. 7. März 1578, † als Witwe zu Bruneck zwischen 1639 und 1651, verm. 7. Februar 1599 mit Kaspar Remich, Richter an der Frag zu Klausen, später der Herrschaft Rodenegg und Pfleger zu Salegg und Hauenstein; — 12) Susanne, † als Kind.

1. Ast. (Erloschen.)

VIII. Oswald Mor, s. oben 5), war fürstl. Brixenscher Zoller, Ratsherr und Bürgermeister zu Bruneck, wo er sein Haus zwischen dem der Söll und der „Stadtschreiberhausung" hatte. Er starb 5. August 1614 als der letzte zu Bruneck ansässige Mor und hatte drei Ehen geschlossen: — I. 28. Juni 1588 mit Maria Goldwurm, — II. mit Margarete Ploner aus Welsberg († 12. Jänner 1613) und — III. 4. Februar 1614 mit Veronika Karl. Seinen beiden ersten Ehen entsprossen folgende zwölf Kinder, und zwar aus I. — 1) Kaspar, geb. 1589, † jung; — 2) Sara, † Bruneck 17. September 1632 als Witwe, verm. I. mit Georg Burger, Bürger zu Bruneck, II. mit Georg Kupferdegen, Bürger zu Bruneck; — 3) Magdalena, † als Kind; — 4) Balthasar, geb. 1591, † 9. März 1592; — und aus II. Ehe: — 5) Michael, geb. 13. September 1597, der allein diesen Ast fortsetzte (s. unten); — 6) Oswald, geb. 1598, † 12. Dezember 1614; — 7) Konrad, geb. 3. März 1599, starb zu Graz in steirischen Bergwerksdiensten; — 8) Zacharias, geb. 30. Oktober 1601, † als Kind; — 9) Gabriel, † als Kind 12. Dezember 1603; — 10) Hieronymus, geb. 11. Juni 1604, † Bruneck 9. Juni 1639 als Priester; — 11) Felicitas, geb. 21. Dezember 1606, verm. I. mit Franz Johann Hofreiter von Lusenegg und II. mit Johann Kerkh in Lienz, und — 12) Christoph geb. 14. Februar 1612, der Priester wurde.

IX. Michael, oben 5), † Lienz 17. Jänner 1670, verm. I. mit Johanna Linder von Gärnstein und II. Lienz 26. November 1657 mit Maria Elisabeth Schanzhofer († 13. April 1669, Tochter des Abraham Sch. und der Dorothea Remich). Aus der I. Ehe stammten: — (1) Magdalena, geb. 16. Juli 1623, Klosterfrau zu Graz, und — (2) Susanne, geb. 27. März 1625; und aus der II.: — (3) Friedrich, geb. 18. Juli 1668, † 1. November 1668, mit denen dieser Ast erlosch.

2. Ast. (Wahrscheinlich ausgestorben.)

VIII. Siegmund Mor, der 9. Sohn des Kaspar (s. oben), † 1627, war Landrichter zu Heimfels, später zu Toblach und zu Welsberg. Er heiratete zu Lienz I. 24. August 1599 Felicitas Wohlgschaffen und II. zwischen 1620 und 1626 Anna, eine Tochter des Stadtrichters zu Bruneck Erasmus Albmair, die sich nach Siegmunds Tode mit dem Witwer erzherzogl. Rate Hans Engelhard von Rost zu Kehlburg, einem Schwager der Elisabeth Mor von oder zu Sunegg und Morperg, vermählte. Kinder: 1) Rosina, geb. 12. März 1601; — 2) Kaspar, geb. 19. Oktober 1602, † ledig; — 3) Hans, † jung; — 4) Susanne, verm. I. mit Georg Weigele zu Bozen und II. mit Benedikt Mayr zu Bozen; — 5) Katharina, verm. mit Martin Mayr zu Bozen; — 6) Johann Siegmund, geb. 1626, † Lienz 8. Februar 1666 (s. unten A. Erster Zweig), und — 7) Ferdinand, geb. 1627, † Lienz 13. März 1706 (s. unten B. Zweiter Zweig).

A. Erster Zweig. (Erloschen.)

IX. Johann Siegmund Mor, s. oben 6), † 8. Februar 1666 als Stadtrichter zu Lienz, verm. Lienz 10. September 1647 mit Gertrude Oberhuber (geb. 1616, † 15. Februar 1704, Tochter des Andreas O. und der Eva Ployer). Kinder: — (1) Ursula, geb. 6. August 1649; — (2) Andreas, geb. 9. November 1651; — (3) Maria, geb. 15. Jänner 1654, † nach 1700, verm. Lienz 11. März 1676 mit dem Stadtrichter Martin Ebenperger; — (4) Agnes, geb. 10. April 1657; — (5) Paulus, geb. 3. September 1660.

B. Zweiter Zweig. (Erloschen.)

IX. Ferdinand, s. oben 7), geb. 1627, † Lienz 13. März 1706, verm. mit Maria Körbler (Tochter des Stadt- und Herrschafts-

Amtmannes Paul K. und der Apollonia Werf). Kinder: — (1) Paulus, geb. 12. Oktober 1650, † Lienz 10. Jänner 1689; — (2) Ursula, geb. 6. Jänner 1652; — (3) Anna, geb. 17. Dezember 1652, † Lienz 24. Mai 1675; — (4) Ursula, geb. 6. April 1655, † ledig Lienz 28. März 1724; — (5) Apollonia, geb. 9. Februar 1657, † ledig Lienz 4. April 1725; — (6) Brigitta, geb. 24. Jänner 1659, † 25. Jänner 1662; — (7) Marie, geb. 23. März 1661, † ledig Lienz 18. März 1735; — (8) Jakob, geb. 3. Mai 1663, † Lienz 18. Februar 1735; — (9) Josef, geb. 12. März 1667, † 21. Februar 1668.

3. Ast.

VIII. Gabriel II. Mor, 10. Sohn des Kaspar (s. oben), geb. 17. Februar 1573, † Lienz 7. Jänner 1647, Bürgermeister der Stadt und Vize-Präfekt der Herrschaft Lienz. Sein Haus lag in der „Rosengasse". Er ehelichte: I. Barbara Lengholzer und II. Lienz 21. April 1603 Esther Albmair (geb. 1583, † Lienz 23. November 1663, Tochter des Landrichters Peter A. und der Katharina Farber). Kinder aus I. Ehe: — 1) Kaspar; — 2) Johann; — aus II. Ehe: — 3) Johann, geb. 6. August 1606, † 18. März 1624; — 4) Eva, geb. 19. Dezember 1608, † 23. September 1664 zu Toblach, verm. I. Lienz 7. August 1629 mit Wolfgang Enzinger aus Stubach im Pinzgau, Amtmann zu Millstatt, und II. Toblach 17. Jänner 1651 als dessen III. Gemahlin mit Hans Moßmann, Pfleger der Herrschaft Toblach; — 5) Katharina, geb. 30. März 1610; — 6) Christoph, geb. 21. Juli 1613, der Stifter des erloschenen A. Älteren Zweiges (s. unten); — 7) Dorothea, geb. 1614, † Lienz 16. April 1674, verm. Lienz 12. August 1635 mit Johann Baptist Verzi von Haiden, Apotheker zu Lienz; — 8) Margarita, geb. 10. Jänner 1615, † jung; — 9) Michael, geb. 28. September 1617, † jung; — 10) Jakob, geb. 24. Juli 1624, der Gründer des allein noch blühenden B. Jüngeren Zweiges (s. unten) der III. Linie des Gabriel; — 11) Margarete, geb. 9. Juli 1627, † Lienz 17. Februar 1703, verm. I. Lienz 5. Februar 1646 mit Giovanni Battista Alberti, Kaufherrn zu Venedig († vor 1651), und II. Lienz 20. Oktober 1654 mit Andreas Kranz, Präfekten zu Ossiach.

A. Älterer Zweig. (Erloschen.)

IX. Christoph Mor, oben 6), † 24. März 1688 als Stadt- und Landrichter zu Lienz. Er erlangte ddo. Wien, 6. Mai 1668 mit seinem Bruder Jakob und seinen Vettern Georg und Adam aus der IV. Linie den Rittermäßigen Reichs- und erbländischen Adel mit Wappenbesserung und dem Prädikate „von oder zu Sunnegg und Morberg". Vermählt hatte er sich I. mit Rosina Dienstmann († 18. Februar 1649), und II. Lienz 11. Oktober 1650 mit Eva Troyer von Aufkirchen († 16. November 1683, Tochter des Adam T. v. A. und der Maria Kurz aus Niederdorf). Kinder: aus I. Ehe: — (1) Johanna Anna Maria, geb. 1634, † Lienz 24. Februar 1718, verm. Lienz 26. November 1668 mit Christoph Franz Kirchmair von Ragen († 1683), Präfekten in der Lienzer Klause; — (2) Esther, geb. 1641, † 15. April 1656; — (3) Felicitas, geb. 12. Jänner 1642, † ledig Lienz 26. Mai 1731; —

(4) Josef, geb. 19. März 1643, † 22. Mai 1714, (s. unten Haus a); – (5) Johann Christoph, geb. 21. Juni 1645, † 16. September 1718, (s. unten Haus b); – (6) Isak Josef, geb. 7. Februar 1647, † Lienz 16. Juni 1713, Leutnant der Tiroler Landmiliz, Kommandant in der Leutasch und 1703 beim churbayerischen Einfalle in Tirol, Kommandant zu Hall; – (7) Christoph, geb. und † 13. Februar 1649; aus II. Ehe: – (8) Maria Elisabeth, geb. 18. März und † 7. August 1652; – (9) Kaspar Adam, geb. und † 3. Februar 1653; – (10) Adam, geb. 20. Mai 1654, † 4. Mai 1655; – (11) Johann Andreas, geb. 14. Jänner 1656; – (12) Adam, geb. 23. Dezember 1657, † nach 1704; – (13) Albertinus, geb. 7. August 1659, † 11. August 1660; – (14) Franz, geb. 30. Oktober 1661, † 5. März 1662; – (15) Euphrosine, geb. 31. März 1663; – (16) Maria, geb. 7. Jänner 1668, und – (17) Eva, † nach 1686.

a) Haus des Josef. (Erloschen.)

X. Josef Mor von oder zu Sunnegg und Morberg, s. oben (4), war Hammergewerk zu Napplach und fürstl. Porciascher Pfleger zu Spittal a. d. Drau und starb daselbst 22. Mai 1714. Er wurde nach gleichzeitigen Aufzeichnungen 1674 „Gulden Ritter" (Eques auratus, Ritter vom Goldenen Sporn) und Lateranensischer Pfalzgraf. Es unterliegt kaum einem Zweifel, daß er diese Würden von Franz aus dem Hause der Grafen Sforza, des Heil. Röm. Reiches Fürsten etc., auf Grund des dem Gesamthause Sforza von Papst Paul III. ddo. Rom, 14. April 1539 verliehenen Großen Palatinates erhielt, da dieser zu jener Zeit mehrfach dieselben Privilegien an Oberkärntner verlieh. Nach Literaturangaben soll Josef „Mohr" auch 1708 den Rittermäßigen Adel mit dem Prädikate „von und zu Sonnegg und Mohrberg" erhalten haben. Mit Rücksicht auf die schon 1668 seinem Vater zuteil gewordene gleiche Standeserhebung scheint dies jedoch – falls es sich nicht um eine Bestätigung handelte – wenig wahrscheinlich. Auch in den Archiven fanden sich keine Akten darüber. Josef von Mor war mit Klara von Schinnagl, verwitweten Kettenhammer, vermählt, welcher Ehe ein Sohn Karl Josef (s. unten) entsproß.

XI. Dieser Karl Josef Mor von und zu Sonnegg und Mohrberg war laut Heiratskontrakt vom 24. November 1704 mit Maria Anna Zehetner vermählt und starb vor 1727. Er hinterließ einen Sohn

XII. Josef, der um 1705 geboren war und 7. Oktober 1777 starb. Der Ehe dieses mit Franziska Aicher von Aicherau entstammten die folgenden vier Kinder:

1) Emanuel, geb. Wien um 1744, † Graz 28. Februar 1811 als k. k. Major, verm. seit 1775 mit Rosina, geb. Traidl(in), aus welcher Ehe zwei Kinder bekannt sind: – (1) Emanuel, geb. Hohenmaut 23. November 1779, gefallen als k. k. Oberleutnant bei Casteglo 9. Juni 1800, und – (2) Maria, deren Gemahl Anton von Löwenberg als k. k. Rittmeister des Dragoner-Regimentes FM. Erzherzog Johann Nr. 1 (gegenwärtig Nr. 9) 50 Jahre alt zu Deés 1813 starb. Mit ihr erlosch das Haus des Pfalzgrafen Josef Mor von und zu Sonnegg und Morberg.

2) Franz Karl Heinrich, geb. Wien um 1746, † daselbst vor 1. Juli 1747.

3) Franz Josef Johann Nepomuk, geb. Wien 1. Juli 1747, † Schloß St. Gotthard bei Graz (Pf. St. Veit am Aigen) 31. Dezember 1805, k. k. Major, der das aus dem Besitze des durch Kaiser Josef II. aufgehobenen Benediktinerstiftes St. Lambrecht stammende Kameralgut St. Gotthard bei Graz erkaufte und daselbst das als Ausflugsziel im Grazer Gesellschaftsleben durch zwei Generationen sehr beliebte „Kasino" erbaute, ferner das Gut Ruhefeld bei Frohnleiten und den Bogenhof bei Rosegg erwarb. Seine Ehe mit Franziska, geb. Gräfin Draskovich de Trakostján, verwitweten Gräfin Festetics de Tolna, die vier Tage (27. Dezember 1805) vor ihm zu St. Gotthard gestorben war, blieb kinderlos.

4) Josefa, verm. etwa 1770 mit Josef Hartwigh von Rosenegg in Debrezin. Sie war schon 1783 verstorben und hinterließ fünf Töchter.

b) Haus des Johann Christoph. (Erloschen.)

X. Johann Christoph Mor von oder zu Sunnegg und Morberg, s. oben (5), geb. Lienz 21. Juni 1645, dort † 16. September 1718, Pfleger in der Lienzer Klause und zu Kals, hatte sein Haus zu Lienz in der Schweizergasse und war vermählt mit Maria Katharina Mayr von Mayrhaimb (geb. 1658, † Lienz 10. Oktober 1746). Seine Nachkommenschaft erlosch mit dem Enkel Franz Xaver, geb. 1731, † Wien 18. März 1769.

B. Jüngerer Zweig.

IX. Jakob Mor, der 10. Sohn des Gabriel II. (s. oben), war Stadtrichter zu Lienz und erhielt mit seinem Bruder Christoph und zwei Vettern der IV. Linie 1668 den Rittermäßigen Reichsadel und das Prädikat „von oder zu Sunnegg und Morberg". Er starb zu Lienz 21. Jänner 1674 und hatte zweimal geheiratet: I. Lienz 1. Oktober 1647 Agnes Ober-Lachmayr (geb. 1632, † Lienz 25. Mai 1650, Tochter des Lorenz O.-L. und der Maria Obermayr in Anraß), und II. Johanna Moßmann aus Toblach (geb. 1638, † Lienz 20. Februar 1713). Kinder aus I. Ehe:

1) Johann Heinrich, geb. 12. Juli 1649, † Lienz 22. Oktober 1707, Dr. jur. und Landrichter zu Lienz, verm. 1680 mit Ursula Zeiler von Zeilheim zu Weiß- und Schwarzfeld († 17.. „bei der Brunst in Taufers", Tochter des 1. August 1675 † Georg Z. v. Z. z. W.- u. Sch. und der 1683 † Ursula Wenzl im Stock zu Uttenheim). Dieser Ehe entsprossen zwölf Kinder: — (1) Maria Agnes, geb. 29. November 1681, verm. mit Christoph Rohr von Rohrau in Greifenburg; — (2) Johann Heinrich, geb. 15. Mai 1683, † 7. Mai 1735, Benefiziat in der Lieburg zu Lienz; — (3) Anna Katharina, geb. 24. März 1685, † 24. Juli 1686; — (4) Lucia Ottilia, geb. 13. Dezember 1686, † Nonnberg bei Salzburg 30. März 1738 als M. Ottilia Plazida, Subpriorin des Klosters Nonnberg; — (5) Markus Leonhard, geb. 14. Oktober 1688, † Neustift 14. Juli 1763 unter dem Klosternamen Leonardus, Kanonikus im lateranensischen Chorherrenstifte Neustift; — (6) Jakob Anton, geb. 3. Juli 1690, † Schörfling a. Attersee 28. Oktober 1740, J. U.

Licentiatus et Theol. Baccal., Dechant zu Schörfling; — (7) Johanna Ursula, geb. 24. März 1692, verm. mit Franz Michael Aicher von Aichenegg (geb. Winklern 25. September 1682) zu St. Peter; — (8) Maria Rosa, geb. 3. Dezember 1693, verm. 1722 mit Johann Josef von Elzenbaum zu Wiesenheim, Neustifter Verwalter zu Bruneck; — (9) Maria Theresia, geb. 18. September 1695, verm. mit Andreas Anton Pusterwig von Pasterwitz zu Grießbach in Passau; — (10) Anna Helena, geb. 21 März 1697, verm. I. Lienz 4. Februar 1717 mit Kaspar Melchior Khammerlander, Stadt-Syndikus zu Lienz, und II. Lienz 18. Juli 1735 mit Josef Cyriakus Tannauer, k. k. Bergrichter in Lienz und Waldmeister in Ahrn; — (11) Franz Dominikus, geb. 26. September 1698, Priester; — (12) Maria Juliana, geb. 13. Februar 1701, † 15. Jänner 1769, verm. 18. Oktober 1724 mit Josef Anton Jud, † 22. Juli 1753, salzburgischer Pfleger zu Lengberg.

II. Ehe: 2) Anton, geb. 14. Juni 1656.

3) Johann Jakob, geb. 11. Juli 1657, † Graz ledig, Offizier, dann fürstl. Eggenbergscher Sekretär.

4) Michael, geb. 30. September 1658 (s. unten a. Haus des Michael).

5) Anna, geb. 3. August, † 10. September 1660.

6) Dominikus, geb. 18. Juli 1661, † 16. März 1662.

7) Franz, geb. 27. September 1662, Karmeliter.

8) Anna Maria, geb. 4. April 1664, † Toblach 1746, verm. 1686 mit Balthasar von Waldreich zu Ehrenport in Toblach (geb. 24. Mai 1664, † 1735).

9) Dorothea, geb. 8. Jänner 1666, verm. mit Thomas Rohr von Rohrau in Greifenburg.

10) Margarete, geb. 10. Mai 1667, † nach 1731 als Witwe des Johann Bapt. von Molleng zu Schwaz.

11) Johanna, geb. 3. Februar 1669, verm. mit Johann Adam von Unrath, k. k. Reichshofratsagenten zu Wien.

12) Gabriel, geb. 19. Mai 1670, † zu Krems.

13) Markus, geb. 8. Jänner 1672 (s. unten b. Haus des Markus).

14) Laurentius, geb. 10. August 1673, † ledig zu Wien, fürstl. Schwarzenbergscher Sekretär.

a. Haus des Michael.

X. Michael Mor von oder zu Sunnegg und Morberg, s. oben 4), starb als Zoller zu Bozen 8. September 1732, verm. mit Christina Capellin von Borgo. Kinder:

(1) Johanna Magdalena, geb. 10. September 1696, verm. mit dem fürstl. Liechtensteinschen Hofrat zu Jägerndorf und Troppau, späterem k. k. Hofkammerrat Karl Josef Freiherrn Gillern von Lillenfeld.

(2) Georg Jakob, geb. 14. Dezember 1697 (s. unten Abteilung A.*).

(3) Elisabeth Therese, geb. 17. Mai 1699, verm. mit Johann Baptist Schasser von Thonheimb, k. k. Landrichter zu Deutschmetz.

(4) Anna Consolatrix, geb. 26. August 1701.

(5) Marie Christine, geb. 27. August 1703, verm. mit N. von Windegg, k. k. Kassier der Zinsgulden-Kassa zu Graz.
(6) Ursula Katharina, geb. 10. Oktober 1705.
(7) Felix Michael, geb. 19. Mai 1707, † 18. Februar 1764, kgl. ungar. Hofkammerrat, verm. mit Theresia Verndle (Tochter des Johann V.). Mehrere Kinder dieser Ehe starben jung vor 1764; Josef, geb. um 1758, † ledig zu Ofen 2. Oktober 1831 als kgl. ungar. Rat und Hofkammersekretär, hatte ddo. Wien, 27. November 1790 den Ungarischen Adel mit dem Wappen von 1668 erhalten.
(8) Johann Josef August, geb. 14. März 1709 (s. unten Abteilung B.*).
(9) Maria Monika, geb. 17. Jänner 1711.
(10) Leopold Franz, geb. 2. Mai 1713, † 21. März 1777, Pfarrer zu Tribuswinkel in Niederösterreich.
(11) Rosa Margarete Eleonore, geb. 28. Juni 1715.
(12) Anton Dominik, geb. 12. Oktober 1717.
(13) Elisabeth, verm. mit N. Fickelmann in Lienz.
(14) Franziska, verm. mit Paul Troger (geb. Zell bei Welsberg 30. Dezember 1698, † Wien 1777), k. k. Kammermaler, und 1751 bis 1759 mit A. Unterberger, Leiter der Kunstakademie zu Wien.

Abteilung A.*

XI. Georg Jakob I., s. oben (2), geb. Bozen 14. Dezember 1697, † nach 1770, Bergrichter und Zoller zu Primiero, verm. mit Maria Rosa Theresia Schickhmayr von Wildenburg. Kinder: — 1. Maria Maximiliana Josefa, geb. 6. März 1735, † Innsbruck 1821, verm. Lueg 11. Oktober 1762 mit Johann Karl Josef Mor von oder zu Sunnegg und Morberg (geb. 1729, † 1791, s. IV. Linie des Kaspar, 1. Ast, A. Erster Zweig, b. Haus des Georg Anton); — 2. Maria Barbara Theresia, geb. 26. Dezember 1736, † ledig; — 3. Maria Rosa Theresia, geb. 10. August 1738, verm. mit Gaëtano Calvi in Primiero; — 4. Maria Anna Susanne, geb. 19. Juni 1740, verm. mit Georg Michael von Strobl zu Stein und Wieseneck, Oberwaldmeister in Primiero; — 5. Anna Marie Christine, geb. 2. April 1742, verm. mit Andreas Trotter; — 6. Balthasar Franz Sales Michael, geb. Bozen 29. Jänner 1744 (s. unten Unterabteilung a.*); — 7. Felix Josef Gabriel Sebastian, geb. 14. Jänner 1746, „Militär, wird vermißt“; — 8. Maria Barbara Katharina, geb. 28. Jänner 1748, verm. mit Lorenz Tuza zu Primiero; — 9. Maria Anna Elisabeth, geb. 2. März 1750; — 10. Franziska, verm. mit N. Nob. de Santi; — 11. Georg Jakob II. Raphael Christoph Anton, geb. 14. Jänner 1754, von dem die gegenwärtig lebenden Mitglieder aus dem Hause des Michael abstammen (s. unten Unterabteilung b.*).

Unterabteilung a.*

XII. Balthasar Franz Sales Michael (s. oben 6.), † Linz 18. Juli 1808 als k. k. Landrechts-Vizepräsident in Linz, verm. mit Anna Mayrhofer. Kinder: — 1) Leopoldine, geb. 8. September 778, † Linz 3. Juli 1859, verm. 22. November 1803 mit Ehrenreich

Ritter Schöttl Edlen von Schinnern, k. k. hauptgewerkschaftlicher Oberfaktor (geb. 22. April 1768, † 4. Juli 1846); – 2) Johann Nepomuk, geb. 1782, † 10. September 1850 (s. unten); – 3) Franz, geb. 1784, † kinderlos Linz 24. August 1856, k. k. wirkl. Regierungs-Sekretär zu Linz, verm. mit N. Wurmser; – 4) Theresia, † ledig 1812.

XIII. Johann Nepomuk, oben 2), geb. 1782, † Linz 10. September 1850, k. k. Landrat, Beisitzer der Erbsteuer-Hofkommission, verm. mit Elisabeth Petermandl († Linz 24. Jänner 1862). Kinder: – (1) Alexander, geb. Linz 1813, † Arco 28. November 1879, k. k. Hofrat, verm. Linz 8. April 1872 mit Maria Isabella Gräfin Montforte dei Duchi di Laurito (Tochter des k. k. FML. und Kämmerers Johann Baptist Grafen M. d. D. d. L. und der Marie Sophie, geb. Prinzessin von Thurn und Taxis); – (2) Emma, geb. 1816, † 1828; – (3) Bruno, geb. 29. Februar 1820, † 19. Juli 1842, k. k. Konzeptspraktikant; – (4) Friederich, geb. 29. Februar 1820, † Wien 27. Februar 1846, k. k. Kadett im Infanterie-Regimente FML. Johann Freiherr Hrabovszky von Hrabova Nr. 14.

Unterabteilung b.*

XII. Georg Jakob II. Raphael Christoph Anton (s. oben 11.), geb. Primiero 14. Jänner 1754, † Wien 16. März 1835, jubil. Assessor der k. k. Bankaladministration zu Venedig, verm. I. Trient 15. Jänner 1782 mit Rosa Magdalena Murmann (geb. Ospedaletto 18. Mai 1760, † 21. Mai 1817, Tochter des Philipp M. aus Cronach in Franken und der Margarita), II. Kremsier 11. Juni 1818 mit Maria Anna Josefa Murmann (geb. Ospedaletto 27. November 1752, † 14. Oktober 1835, Schwester der Vorigen). Kinder: – 1) Jakob, geb. 1781, † jung; – 2) Petrus Josef, geb. 13. März 1783, † 25. September 1846 – (s. unten); – 3) Jakob, geb. 1785, † ledig 1827; – 4) Theresia, geb. Rovereto 24. Mai 1787, † Wien 27. April 1861, verm. Olmütz 9. September 1809 mit Josef Merkl, geb. Pardubitz 1751, † Kremsier 15. April 1839, fürsterzbischöfl. Kanzler zu Olmütz;*) – 5) Philipp, geb. Jänner 1789, † 19. August 1851, k. k. wirkl. Hofkonzipist in Wien, verm. mit Marie Drescher; – 6) Margarete, geb. Grigno 1791, † Innsbruck 18. Juni 1866, verm. mit Ignaz Beidtl, k. k. Appellationsrat; – 7) Sigismund Ferdinand, geb.

*) Deren 23. September 1812 zu Kremsier geborener Sohn Thaddäus Merkl, k. k. Handelsgerichtspräsident, erhielt als Ritter des kaiserl. österr. Leopold-Ordens ddo. Wien, 7. Dezember 1870 den Österreichischen Ritterstand, dann mit Allerhöchster Entschließung vom 29. Jänner und dem Diplome ddo. Wien, 9. März 1876 den Freiherrnstand. Da seine beiden Ehen mit Marie Prandstetter (geb. Graz 17. August 1819, verm. Linz 24. August 1839, † Wien 21. August 1850) und Marianne Edlen von Platner (geb. Triest 28. November 1834, verm. Mürzzuschlag 23. August 1883) kinderlos geblieben waren, erlangte er mit Allerhöchster Entschließung vom 1. Dezember 1906 die Bewilligung, seinen Namen und Freiherrnstand auf den k. u. k. Hauptmann des Generalstabskorps Franz Ritter Mor von Sunnegg und Morberg, den einzigen männlichen Großneffen seiner Mutter, zu übertragen.

Grigno 1. Oktober 1792, † Wien 20. April 1866, k. k. Ministerialrat im Finanzministerium, EKO.-RIII.; — 8) Maria Anna, geb. 20. November 1797, † jung; — 9) Johann Franz Leo, geb. Grigno 11. April 1799, † 1818, k. k. Fähnrich im Infanterie-Regimente FZM. Alois Fürst zu Liechtenstein Nr. 12; — 10) Maria Anna Eleonora, geb. Grigno 1. Juni 1802, † Guttenstein 1. Juli 1889, Stiftsdame des k. k. adeligen Fräuleinstiftes zu Hall in Tirol.

XIII. Petrus Josef, oben 2), geb. Lodrone 13. März 1783, † Linz 25. September 1846, k. k. Oberamtskontrollor des Bankalamtes zu Linz, verm. Linz 15. April 1811 mit Juliane Vielguth (geb. 13. Dezember 1785, † Linz 8. Oktober 1866, Tochter des Gutsbesitzers Johann V.). Kinder: — (1) Alfred, geb. 12. August 1811, † Neutitschein 21. April 1850, k. k. Oberleutnant des Infanterie-Regimentes Kaiser Franz Joseph I. Nr. 1; — (2) Elisabeth, geb. 1. November 1812, † ledig 16. März 1848; — (3) Eduard, geb. 12. März 1815, † 1817; — (4) Rosa, geb. 28. Juli 1816, † jung; — (5) Johann, geb. 8. November 1817, † jung; — (6) Gustav, geb. 20. November 1818, † jung; — (7) Maria Franz Sales Michael, geb. 29. September 1820, s. unten: (Früher B. Stamm des Thomas), I. (ehem. III.) Linie des Gabriel (einst 3. Ast, B. Jüngerer Zweig), a. Haus des Michael, Abt. A.*, b.* — (8) Josef, geb. 20. Dezember 1821, † 1822.

Abteilung B.*

XI. Johann Josef August, der (8). Sohn des Michael (s. oben), war Zoller zu Bozen, wo er 8. Juli 1761 starb. Er hatte sich 27. Juni 1752 zu Bozen mit Maria Johanna Walpurga Sölder von Prakenstein (wahrscheinlich Tochter des 1741 † Georg Wilhelm Ferdinand S. v. P. und der 1752 † Eva, geb. Freiin Paugger von Vergutz) vermählt, aus welcher Ehe folgende sechs Kinder stammten: — 1. Johann Maria Felix Josef Bernhard, geb. 24. Juni 1753; — 2. Josef Maria Felix, geb. 13. Jänner 1755; — 3. Johann Paul Maria, geb. 27. Juni 1756, † Mariathal 19. November 1835 als P. Plazidus des Franziskanerordens und Pfarrer zu Mariathal; — 4. Maria Anna Aloisia, geb. 10. Jänner 1758, † 7. April 1789, verm. Bozen 13. Mai 1788 mit Josef Putzer (geb. 3. Februar 1758, † 23. März 1828), Kaufmann zu Bozen; — 5. Maria Josefa Katharina, geb. 20. März 1760, und — 6. Josef Heinrich, geb. 28. Februar 1762, der allein Nachkommen hinterließ (s. unten).

XII. Josef Heinrich (s. vorstehend 6.) war tirolisch landschaftlicher Protokolls- und Expeditsdirektor und starb zu Innsbruck 1. Jänner 1852, wo er 24. Jänner 1791 Maria Aloisia Ottilie Gogl (geb. 1765, † 26. Februar 1841) geehelicht hatte. Kinder dieser Ehe waren: — 1) Franz Anton Josef Bernhard, geb. 6. November 1791; — 2) Maria Aloisia, geb. 9. Februar 1794, † Innsbruck 13. Oktober 1876; — 3) Anna Johanna Barbara, geb. 30. Mai 1796, † 23. Jänner 1801; — 4) Johann Josef, geb. 17. Mai 1798, tirolisch landschaftlicher Akzessist, und — 5) Maria Anna, geb. 28. Juli 1805, † 28. April 1808, die alle unvermählt starben.

b. Haus des Markus.

X. Markus Mor von oder zu Sunnegg und Morberg, der 13). Sohn des Jakob (s. oben), geb. Lienz 8. Jänner 1672, wurde

Landrichter der Herrschaft Steinach, wo er 17. September 1734 starb. Er war vermählt mit Anna Katharina Specker von Friedenegg (geb. Innsbruck 25. November 1684, † ebendort 15. September 1749, Tochter des 1700 † Hofkammersekretärs Johann Sp. v. F. und der 1710 † Maria Barbara, geb. von Zechenter) und hatte mit ihr folgende acht Kinder:

(1) Johann Bapt. Josef Jakob, geb. 2. Mai 1713, † 3. Jänner 1744, Landrichter in Steinach, verm. Innsbruck 30. Mai 1740 mit Maria Eva Aigner von Zellhausen, geb. in Lothringen (Rheinfelden?), † Innsbruck 8. November 1788, Tochter des 2. Oktober 1744 † Zeug-Obristlieutenants Johann Georg A. v. Z. und der Maria Elisabeth, geb. Schwenbacher; Kinder: – 1. Maria Josefa Antonia, geb. 16. März 1741, verm. mit Josef Maria Florian Inama von Sterneck, k. k. oberösterreichischem Regierungs-Registranten; – 2. Johann Leopold Anton, geb. 15. November 1742; – 3. Franz Julian Gebhard, geb. 9. Jänner 1744.

(2) Franz Markus Anton, geb. 27. Juni 1714.

(3) Maria Anna Elisabeth, geb. 5. November 1715, verm. mit Matthias Faber von Lannegg, k. k. Regierungskanzler zu Innsbruck.

(4) Anton Eusebius Ferdinand, geb. 12. Juni 1717, † Frohnleiten 12. Mai 1791 unter dem Namen P. Theodosius Maria Konventuale des Servitenklosters Waldrast und nach dessen Aufhebung (1785) des Klosters zu Frohnleiten.

(5) Franz Jakob, geb. 23. Juli 1719, Stifter der Abteilung A.** (s. unten).

(6) Karl Ignaz, geb. 14. Juli 1720, † 8. Februar 1756, lebte zu Ehrenberg bei Reutte. Er war vermählt mit Maria Anna Edenhauser aus Kufstein († nach 1791). Kinder: – 1. Maria Anna, geb. 20. Februar 1753; – 2. Karl Anton, geb. 15. Mai 1754; – 3. Josef Karl, geb. Kufstein 28. Februar 1756, † Mailand 6. Jänner 1791, Münzbeamter, verm. Monza 31. März 1782 mit Johanna Scanzi († 1837). Dieser Ehe entstammte nebst anderen Kindern Ambrosius Karl Josef (geb. 14. November 1789, † Mailand 26. Jänner 1864), dessen Nachkommenschaft in Italien blüht (b. Haus des Markus, Abteilung B.** – Personalstand einem späteren Jahrgange vorbehalten).

(7) Maria Theresia Katharina, geb. 31. August 1721, † 1726.

(8) Michael Erhard, geb. 3. Jänner 1724.

Abteilung A.**

XI. Franz Jakob, s. oben (5), geb. Steinach 23. Juli 1719, † nach 1788, k. k. Berg- und Forstdirektor zu Freiburg i. B., verm. Schwaz 13. Oktober 1754 mit Maria Anna Ursula Thadei (Tochter des kurfürstl. bayer. Präfekten zu Kaufbeuern Franz Anton Th. und der Elisabeth, geb. Steiner). Kinder (sämtlich zu Freiburg i. B. geboren): – 1. Josef Benedikt Franz Stanislaus Alois, geb. 12. November 1755 (s. unten); 2. Franz Anton Valentin, geb. 12. Februar 1757, † jung; – 3. Dominik Ludwig Michael, geb. 26. August 1758, † jung; – 4. Johann Nepomuk Xaver, geb. 13. Mai 1760,

† jung; — 5. Franz Jakob Fidelis, geb. 24. April 1762, † jung; — 6. Maria Anna Theresia, geb. 12. Oktober 1763; — 7. Bernard Dominik, geb. 16. August 1765, † jung; — 8. Leonhard Leopold, geb. 7. November 1768, † Freiburg 19. September 1852, großherzogl. badischer Hofgerichtsrat, verm. mit Katharina Johanna Rieder, aus welcher Ehe folgende Kinder entsprossen: — 1) Magdalena Katharina, geb. 4. April 1806, — 2) Karl Leonhard, geb. 2. Juli 1807, — 3) Katharina Johanna, geb. 25. Juni 1808, und — 4) Maria Amalia, geb. 13. August 1809, über die weitere Nachrichten fehlen.

XII. Josef Benedikt Franz Stanislaus Alois (s. oben 1.), geb. Freiburg i. B. 12. November 1755, † Graz 21. März 1836, k. k. Verweser des Eisenwerkes Bärenthal in der vorderösterr. Grafschaft Oberhochberg, nachdem diese 1805 an Württemberg gefallen war, bis 1808 in württembergischen Diensten, dann k. k. Oberverweser und Bergratssubstitut in Reichenau am Semmering. Er vermählte sich Bärenthal 31. Dezember 1785 mit Maria Anna Katharina Luitgarde von Seeger, verwitweten Koechel, aus Gengenbach (geb. 1744, † Schloß Reichenau 18. Oktober 1818). Kinder (alle zu Bärenthal geboren): — 1) Jakob Rudolf Johann Nepomuk Leonhard, geb. 13. Oktober 1786, † jung; — 2) Dominik Josef, geb. 13. Oktober 1787, † jung; — 3) Jakob Rudolf Josef Benedikt, geb. 17. Dezember 1788, s. unten: (Früher B. Stamm des Thomas), I. (ehem. III.) Linie des Gabriel (einst 3. Ast, B. Jüngerer Zweig), b. Haus des Markus, Abt. A.**; — 4) Johann Nepomuk Leonhard, geb. 6. Februar 1790, † ledig zu Graz, k. k. Verweser der Staatsherrschaft Göß; — 5) Maria Dominika Crescentia Josefa, geb. 29. Juni 1791, verm. mit Josef von Allgayer, k. k. Schiffamtskontrollor in Guntramsdorf; — 6) Johann Paul (Jean Paul) Nepomuk Alois Augustin, geb. 22. August 1792, † in Schemnitz als Bergakademiker; — 7) Josefa Benedikta Crescentia Karoline, geb. 21. März 1794, † ledig zu Graz; — 8) Leonhard Fortunat Alois Stanislaus, geb. 3. Juli 1796, † ledig zu Graz, Steuerbeamter in Stainz; — 9) und 10) Zwillinge, geb. und † 6. Jänner 1799.

Abteilung B.**

Gegenwärtiger Personalstand einem späteren Jahrgange vorbehalten.

IV. (nun II.) Linie des Kaspar.

VI. Kaspar Mor, der (4). Sohn des Siegmund (s. oben), wird von 1513 bis 1543 genannt. Er ehelichte Katharina Flamm, eine Patrizierstochter aus Sterzing und zog in diese Stadt. Kinder: — 1. Joachim, der diese Linie dauernd fortpflanzte (s. unten), und — 2. Siegmund, verm. 1584 mit Hemma Kurz, aus welcher Ehe nur eine Tochter Anna stammte, die 1588 starb.

VII. Joachim (s. vorstehend 1.) ist seit 1568 beurkundet, war Ratsherr und Bürgermeister zu Sterzing und starb dort 19. Dezember 1613. Er war vermählt I. mit Anna Pfarrkircher († vor 1578), II. mit Elisabeth Cammerlander († 1585) und III. seit 1585 mit Dorothea von Klebsperg zu Thumburg. Die Kinder aus diesen drei Ehen waren:

I. Ehe: — 1) Christian, s. unten.

2) Brigitta, verm. I. mit Adam Jäger und II. mit Johann Tripp.

II. Ehe: – 3) Gabriel, † vor 1633 zu Schwaz, war vermählt mit Rosina Dengg aus dem Inntale und hatte mit ihr folgende Kinder: – (1) Johann Baptist, geb. zu Schwaz, Dr. theol., Pfarrer und Dechant zu Flauerling, wo er 20. März 1658 starb, erhielt mit – (2) Gabriel, kaiserl. Rat zu Graz, der in mailändischen Kriegsdiensten starb, von Kaiser Ferdinand II. ddo. Wien, 6. Juni 1633 den Rittermäßigen Reichs- und erbländischen Adel mit Wappenvermehrung und Rotwachsfreiheit (keine Nachkommen); – (3) Anna, verm. mit Sebastian Zeißler, Gerichtsschreiber zu Schwaz, und – (4) Katharina, verm. mit Georg G(e)schwentner, k. Kammerrat und Obrist-Berg- und Schmelzwerksfaktor zu Schwaz.

4) Raphael, erwähnt 1594 bis 1607, † vor 1612, verm. vor 1601 mit Eva Gugler, † nach 1624, aus Brixen. Deren Kinder (zu Sterzing geboren): – (1) Brigitta, geb. 4. Mai 1602, † nach 1635; – (2) Joachim, geb. 24. Mai 1604, † Bozen 4. September 1677 als Bruder Job des Kapuzinerordens; – (3) und (4) Martin und Sebastian, Zwillinge, geb. 19. Oktober 1607, die jung starben.

5) Michael, † vor 1636, verm. I. mit Katharina Gugler aus Brixen und II. mit Katharina Frischer. Kinder I. Ehe: – 1) Uriel, † jung; – (2) Elisabeth, geb. 1. August 1604; – (3) Kaspar, geb. 6. Dezember 1605, † im Kriege; – (4) Johann Baptist, geb. 21. Juni 1607; – (5) Abraham, geb. 15. März 1609, trat unter dem Klosternamen P. Maurus in den Kapuzinerorden und starb 8. Jänner 1680 zu Innsbruck als Guardian und Definitor; – (6) Isak, geb. 13. April 1611; – (7) Jakob, geb. 1. Juli 1613; – (8) Michael, geb. 10. September 1614, † Sterzing 7. Dezember 1662, verm. Sterzing 1652 mit Maria Wassermann, die ihm folgende Kinder schenkte: – a) Katharina, geb. 25. November 1652, – b) Maria, geb. 3. August 1654, – c) Johann, geb. 15. Jänner 1658, und – d) Anna, geb. 18. Jänner 1661, † 25. März 1663; – aus II. Ehe: – (9) Felicitas, geb. 7. März 1616, und – (10) Eva, geb. 10. August 1617, verm. mit Kaspar Pauliel († nach 1651), Ratsbürger zu Brixen.

6) Uriel, † Sterzing ledig.

7) Maria Magdalena, geb. 13. Juli 1581.

8) Felicitas, verm. I. mit Franz Wagner zu Schwaz und II. mit Nikolaus Söll aus Bruneck.

9) Kaspar, geb. 11. April 1583, † als Kind.

III. Ehe: – 10) Dorothea, geb. 27. Oktober 1588, † ledig.

VIII. Christian Mor, s. oben 1), ist seit 1587 beurkundet und starb zu Sterzing 5. Dezember 1617. Er vermählte sich I. mit Apollonia Polsterlin (1591 bis 1610) und II. mit Elisabeth Anreiter von Ziernfeld (geb. 1592, Tochter des 1645 † Georg A. v. Z. und der 1612 † Katharina Lustrier von Liebenstein) und hatte folgende zu Sterzing geborene Kinder:

(1) Susanne, geb. 29. Jänner 1592, verm. – I. 9. Februar 1610 mit Stephan Wenzl (geb. 16. September 1585) zu Brunnegg, –

II. mit Andreas Planckenstainer und — III. mit N. Kolb, Gerichtsschreiber zu St. Lorenzen.

(2) Kaspar, † ledig.

(3) Jakob, geb. 25. Juli 1595, † jung.

(4) Agnes, geb. 30. Jänner 1596, † 1596.

(5) Marx, † jung.

(6) Adam, geb. 15. Juli 1598, der Stammvater des blühenden 1. Astes (s. unten).

(7) Matthias, geb. 21. August 1600.

(8) Anton, † jung.

(9) Lukas, geb. 14. September 1602 zu Schwaz, war zweimal vermählt, und zwar in II. Ehe mit Barbara von Schluderbach und hatte folgende Kinder: — a) Hans, † ledig zu Schwaz; — b) Matthias, † vor 1720, erscheint von 1671 an als Kaufherr zu Salzburg, 1695 als Besitzer des „Faktor Mayrhauses gegen die Tragasse" (heute Getreidegasse), verm. Salzburg 16. Oktober 1684 mit Maria Ursula Rott († nach 1724) und erzeugte mit ihr: — (a) Josef Michael, geb. 25. September 1685, — (b) Johann Josef Anton, Hofratssekretär in Linz, verm. Salzburg 20. November 1724 mit Maria Anna Ursula Schwertfirer (Tochter des akademischen Malers Wolfgang Sch. und der Maria Katharina Nohr), — (c) Maria Ursula, geb. 17. September 1689, — (d) Maria Anna Margaret, geb. 19. Juli 1691, verm. Salzburg 3. Juli 1713 mit Andreas Mayr (späteren „von Mayrn"), — (e) Maria Johanna Theresia, geb. 5. Juli 1694, verm. Siezenheimb 15. Oktober 1720 mit Franz Justus Capeller, Apotheker in Aussee; — c) Joachim, † ledig zu Schwaz; — d) Karl, † ledig; — e) Lukas und — f) Maria, verm. mit Johann Thaler.

(10) Johann, Benediktiner zu St. Mariaberg.

(11) Wilhelm, geb. 24. Juli 1609, † München 13. Juni 1673 als Fr. Gabriel des Kapuzinerordens.

(12) bis (16) fünf Töchter, die jung oder im Kloster starben.

(17) Franz, geb. 3. September 1612, † Salzburg 18. Oktober 1672 als Bruder Demetrius des Kapuzinerordens.

(18) Georg, geb. um 1615, der Stifter des erloschenen 2. Astes (s. unten).

(19) Paul, geb. 8. Juni 1616.

(20) Lorenz, geb. 10. August 1617, † Bozen 13. Oktober 1695, zuerst „Soldat im Lager des Katholischen Königs im Staate Mailand", später (24. September 1646) als Bruder „Bernard" Kapuziner.

1. Ast.

IX. Adam Mor, der (6). Sohn des Christian (s. oben), † Sterzing 3. August 1669, war Pfleger auf Sprechenstein und Senior des Rates zu Sterzing. Er erhielt mit seinem Bruder Georg und den Vettern Christoph und Jakob Moren der III. Linie des Gabriel von Kaiser Leopold I. ddo. Wien, 6. Mai 1668 den

Rittermäßigen Reichs- und erbländischen Adel unter Veränderung des Wappens nach dem ihres Vetters Hieronymus von 1557 und Verleihung des Prädikates „von oder zu Su(o)nnegg und Morb(p)erg. Vermählt hatte er sich: I. vor 1620 mit Maria Eggerer aus St. Lorenzen († 16. Februar 1638), II. 1638 zu Sterzing mit Ursula Anreiter von Ziernfeld (geb. 1604, † 1639, Tochter des 1609 † Hans A. v. Z. zu Brixen und der Rosina, geb. Dunkelsteiner), und III. Sterzing 1640 mit Susanne Fuchs († nach 1659) aus Rattenberg. Kinder:

I. Ehe: – 1. Christian, geb. 26. August 1620, verm. 10. Oktober 1639 mit Maria Loy von Katzenstein (Tochter des Martin L. v. K.), welcher Ehe nur eine Tochter Maria Klara entsproß, die 6. August 1642 geboren wurde, jedoch schon am 8. August 1643 starb.

2. Johann, geb. 8. Juni 1622, † Deggendorf 29. November 1666 als Bruder Adam des Kapuzinerordens.

III. Ehe: – 3. Susanne, geb. 1. Jänner 1641, † Sterzing 22. September 1707, verm.: I. Sterzing 22. November 1661 mit dem Ratsherrn Johann Schneider und II. Sterzing 18. Mai 1699 mit Franz Sailer, Ratssenior.

4. Maria, geb. 21. Juni 1642, † Lienz 1714, verm. mit Martin Fuchs, Ratsbürger zu Mattrey.

5. Margarete, geb. 25. August 1643, † Sterzing 20. November 1722, verm. Sterzing 8. Mai 1663 mit Johann Ludwig von Kleblsperg zu Thumburg (geb. 26. Juni 1633, † 7. Jänner 1689).

6. Katharina, geb. 1. April 1645, † zwischen 1674 und 1681, verm. mit Karl Aschauer von Achenrain (geb. 4. Juli 1621, Witwer nach Maria Elisabeth Jenbacher), Gewerken an den Pillerseen, in Glemb und Achenrain, Besitzer des Kupferhandels in Defereggen.

7. Adam Nikolaus, geb. 6. Dezember 1646, s. unten A. Erster Zweig.

8. Elisabeth, geb. 3. Juli 1648, † jung.

9. Johann, geb. 12. Dezember 1649.

10. Johann Franz, geb. 1. Juni 1651, s. unten B. Zweiter Zweig.

11. Ursula, geb. 23. Februar 1653, verm. mit N. Gras in Brixlegg.

12. Johann Jakob, geb. 20. Juli 1654, s. unten C. Dritter Zweig.

13. Anna Maria, geb. 15. März 1656, † Lienz 29. Jänner 1714, verm. Lienz 1. August 1673 mit Johann Prugger von Pruggheim in Nußdorf und Glögglthurn, kaiserl. Administrationsrat zu der Möllbruck.

14. Michael Josef, geb. 7. September 1657, † Brixen 6. März 1702 als P. Bernardinus des Kapuzinerordens.

20

A. Erster Zweig:

X. Adam Nikolaus Mor von oder zu Sunnegg und Morberg (s. oben 7.), † 22. Dezember 1724 als Senior des Rates von Sterzing. Aus seiner 18. November 1668 zu Sterzing geschlossenen Ehe mit Ursula Steyerer von Riedburg († 26. November 1719, Tochter des Christoph St. v. R.) stammen folgende zu Sterzing geborene Kinder: – 1) Josef Anton, geb. 8. März 1670, s. unten a. Haus des Josef Anton. (Erloschen); – 2) Georg Anton, geb. 5. Juli und † 26. September 1671; – 3) Johann, geb. 28. Juli und † 9. September 1672; – 4) Maria, geb. 30. Dezember 1673; – 5) Maria Anna Margarete, geb. 4. Juli 1675, verm. Sterzing 12. Februar 1697 mit Franz Ferdinand von Elzenpaumb zu Wiesenheim in Sterzing; – 6) Dominikus, geb. 19. Juli 1677, † 4. Oktober 1677; – 7) Maria Ursula, geb. 2. März 1679, † 24. September 1742, verm. Sterzing 14. Jänner 1727 mit Wilhelm Wohlgemuth von und zu Oberplanitzig, Dr. jur. und Präfekten der Herrschaft Sterzing; – 8) Georg Anton, geb. 1. März 1680, s. unten b. Haus des Georg Anton; – 9) Johann Ludwig, geb. 21. August und † 7. November 1681; – 10) Katharina, geb. 23. Februar 1683, † nach 1748; – 11) Johann Adam, geb. 28. Februar 1686, † 22. März 1687; – 12) Johanna, geb. 20. Mai 1687; – 13) Maria Veronika, geb. 3. Oktober 1689, † nach 1748, verm. Sterzing 14. Februar 1708 mit Paul Michael von Leitner, k. k. oberösterr. Hofkammerrat und Oberstbergwerksfaktor in Tirol; – 14) Anna Helena, geb. 15. März und † 27. August 1691; – 15) Johann Adam, geb. 25. April 1693, † Innsbruck 4. September 1769, Dr. theol., Priester der Gesellschaft Jesu, Professor der Logik und Theologie, Vizerektor zu Alt-Ötting und Beichtvater des Bischofs von Eichstätt; – 16) Johann Franz, geb. 19. Oktober 1694, † Innichen 23. Jänner 1748, der heil. Schrift Doktor, fürstbischöfl. Rat, Kanonikus und Subsenior des Kapitels zu Innichen.

a. Haus des Josef Anton. (Erloschen.)

XI. Josef Anton Mor von oder zu Sunnegg und Morberg, s. oben 1), † Innsbruck 20. August 1719 als k. k. Ober- und Vorderösterr. Bankal-Repräsentationsrat. Er vermählte sich 23. September 1697 mit Maria Anna von Wallpach zu Schwanenfeld (geb. 30. Juni 1677, † 30. März 1743, Tochter des 1708 † Christoph von W. zu Sch. und der Anna Maria, geb. Tasch), welche Ehe mit zehn Kindern gesegnet war. Seine Nachkommenschaft erlosch im Mannsstamme mit dem 27. Dezember 1843 zu Pesth (Budapest) verstorbenen k. k. Hauptmanne im Infanterie-Regimente Erzherzog Franz Ferdinand d'Este Nr. 32 Wilhelm „Mohr von Szonnegh und Mohrberg".

b. Haus des Georg Anton.

XI. Georg Anton Mor von oder zu Sunnegg und Morberg, s. oben 8), † Innsbruck 29. Jänner 1749 als k. k. Rat und Oberösterr. Hofkammerzahlmeister. Seiner 12. Februar 1714 zu Innsbruck geschlossenen Ehe mit Maria Franziska Barbara von

Lindner († 17. Dezember 1761) entstammten folgende Kinder: — (1) Bernhard, geb. 14. Februar 1715, † Rottenburg am Neckar 1788, Priester der Gesellschaft Jesu, bei deren Aufhebung 1773 Rektor des Kollegiums zu Rottenburg; — (2) Josef, geb. 1716, † jung; — (3) Johann Anton Philipp, geb. 1717, † Thaur 27. Jänner 1785, J. U. Licentiatus, Präfekt der Herrschaft Thaur; — (4) Johann Georg, † Innsbruck 14. März 1719; — (5) Maria Theresia, geb. um 1721, † Algund 5. Juli 1783 als M. Ignatia, letzte Priorin des Dominikanerinnenklosters Maria-Steinach (aufgehoben 1782); — (6) Ignaz, geb. 12. Mai 1723, † Innsbruck 11. Dezember 1794, Priester der Gesellschaft Jesu, bei deren Aufhebung Inspektor des Nikolai-Hauses zu Innsbruck; — (7) Josef, geb. 12. Mai 1723, † Hall 26. Oktober 1798, Jesuit, bei Aufhebung des Ordens Professor der Moral-Theologie und des Kirchenrechtes in Neuchâtel; — (8) Franz Xaver Innozenz, † 26. August 1726; — (9) Johann Michael Alois, † 21. Oktober 1727; — (10) Johann Karl Josef, geb. 1729, der dieses Haus allein fortpflanzte (s. unten); — (11) Elisabeth, geb. 1731, † Algund 24. April 1786 als Maria Franziska Xaveria, Dominikanerin zu Maria-Steinach; — (12) Maria Anna Maximiliana, verm. mit Anton Andrä von Rudolphi, Dr. jur., Professor der Rechte und später k. k. Hofkammerrat.

XII. Johann Karl Josef, oben (10), † 1791 als k. k. Kontrollor zu Hall, verm. Lueg 11. Oktober 1762 mit Maria Maximiliana Josefa Mor von oder zu Sunnegg und Morberg (geb. 6. März 1735, † Innsbruck 8. Mai 1821, Tochter des nach 1770 † Zollers und Bergrichters zu Primiero Georg Jakob M. v. o. z. S. u. M. und der Maria Rosa Theresia, geb. Schickmayr von Wildenburg, s. oben III. Linie des Gabriel, 3. Ast, B. Jüngerer Zweig, a. Haus des Michael, Abt. A.*), von der er folgende Kinder hatte: — 1. Johann Josef Anton, geb. Lueg 12. Juli 1763, † nach 1836, Zollbeamter in Jenbach, verm. mit Elisabeth Gaßel; — 2. Johann Baptist Joachim, geb. Lueg 8. Juni 1765, † Wien 1836, k. k. Expeditor und Registrator der Staatsbuchhaltung, verm. mit Eva Seidner; — 3. Johann Joachim Franz, geb. Lueg 2. Mai 1767; — 4. Maria Anna Josefa Theresia, geb. Lueg 15. Oktober 1768, † Innsbruck 19. Jänner 1851; — 5. Joachim Johann Franz, geb. Lueg 24. März 1773 (s. unten); — 6. Johann Anton Josef, geb. Lueg 5. April 1775.

XIII. Joachim Johann Franz (s. oben 5.), † Innsbruck 18. Dezember 1864 als pens. k. k. Landrichter. Er wurde als kgl. bayer. Landrichter zu Mühlbach mit einem seiner Brüder (nicht genannt) ddo. München, 27. April 1813 in die Adelsmatrikel des Königreiches Bayern bei der Adelsklasse eingetragen und hatte drei Ehen geschlossen: I. Innsbruck 7. Jänner 1799 mit Maria Sabina Anna von Maurer (Tochter des k. k. Universitätsprofessors Dr. jur. Jakob v. M., II. mit Anna Kolb von Kolbenthurn († Kastelrut 26. Dezember 1833, und III. Wilten 1853 mit Theresia Weth (geb. Kastelrut 1. Juni 1812, † Brixen 25. Mai 1884, Tochter des Tobias W., Arztes zu Hall). Kinder: — I. Ehe: — 1) Maria Johanna Anna Josefa, geb. 17. März 1800, † Brixen 25. Mai 1864, verm. Kastelrut 1832 mit Johann Weth, Arzt in Kastelrut († Brixen 23. Dezember 1885, Sohn des vorgenannten Tobias W.); — 2) Maria Maximiliana (geb. 1802 15. März, † 18..), verm. mit Franz Trebo, k. k. Landrichter; —

20*

3) Josef Karl Sigismund, geb. 2. Mai 1804, s. unten: (Früher B. Stamm des Thomas), II. (ehem. IV.) Linie des Kaspar), ehem. 1. Ast, A. Erster Zweig, b. Haus des Georg Anton); — 4) Theresia Anna Maximiliana, geb. 27. Dezember 1807, † Hall 1878, verm. 1836 mit Florian Kaufmann, k. k. Hilfsämterdirektor in Innsbruck, und — II. Ehe: — 5) Klara Ottilie, geb. Dezember 1833, † 6. April 1834.

B. Zweiter Zweig. (Wahrscheinlich erloschen.)

X. Johann Franz Mor von oder zu Sunnegg und Morberg, der 10. Sohn des Adam (s. oben), geb. Sterzing 1. Juni 1651, † Lienz 12. September 1723, war Besitzer des Gutes Anthof in Patriasdorf bei Lienz, nach welchem er sich auch schrieb, und Direktor der Messinghütte in Lienz. Er ehelichte I. Lienz 6. November 1673 Anna Maria Koller von Kollegg (geb. 1650, † 9. Februar 1696, Tochter des August K. v. K. und der Elisabeth Vassold, und II. Lienz 11. Februar 1697 Anna Maria Payr von Thurn, verwitwete Ramblmayr. Johann Franz hatte zwölf Söhne und vier Töchter. Seine Nachkommen machten sich hauptsächtlich in Kärnten, dann in Schwaben und vorübergehend in Schweden ansässig. Mit dem 3. Jänner 1785 zu Czernowitz verstorbenen k. k. Major Karl Friedrich ist der Mannsstamm dieses Zweiges wahrscheinlich erloschen.

C. Dritter Zweig. (Erloschen.)

X. Johann Jakob Mor von oder zu Sunnegg und Morberg, der 12. Sohn des Adam (s. oben), geb. Sterzing 20. Juli 1654, fiel 1703 bei der Verteidigung der Feste Kufstein gegen die einbrechenden Bayern und Franzosen, war Eisengewerke zu Pillersee und in Glemb, sowie Urbarrichter zu Kufstein und hatte sich vermält: I. mit Maria Klara Aschauer von Achenrain (Tochter des Karl A. v. A. und der Maria Elisabeth Jenbacher) und II. Kufstein 12. Februar 1689 mit Anna Maria Katharina Reinhart von Thurnfels. Seine Nachkommenschaft aus der I. Ehe erlosch 1753, die aus der II. Ehe im Mannsstamme mit Franz Jakob 17. Mai 1762 und vollständig 19. September 1825 mit Anna Katharina, der Gemahlin des 5. Jänner 1812 gestorbenen Franz Anton von Sprinzenberg.

2. Ast. (Erloschen.)

IX. Georg Mor, der (18). Sohn des Christian (s. oben), geb. um 1615, starb zu Brixen 4. September 1685 als fürstbischöfl. Brixenscher Hofrat, Kammermeister, auch Hof- und Lehenrichter, erlangte ddo. Wien, 6. Mai 1668 mit seinem Bruder Adam (Stammvater des 1. Astes) und den Vettern Christoph und Jakob der III. Linie des Gabriel den Rittermäßigen Reichs- und erbländischen Adel unter Besserung des Wappens nach jenem von 1557 und Verleihung des Prädikates „von oder zu Sunnegg und Morberg". Kaiser Leopold I. bestätigte ihm und seinen beiden unten folgenden Söhnen, den kaiserl. Räten Georg Felix, fürstl. Brixenschen Hofvizekanzler, und Stephan ddo. Linz, 3. September 1680 den Rittermäßigen Adel, bessert ihr Wappen und gestattet ihnen, sich unter beliebiger Hinweglassung der bisher geführten Prädikate bloß „von Mor“ oder nach dem von Georg Felix erkauften, gleichzeitig zu einem Adeligen Ansitze erhobenen Gute Grießburg bei Klausen „von Mor zu Grießburg“, bezw. „von Mor zu Sunnegg, Morberg und Grießburg“ und nach ihren sonstigen Gütern, Dörfern, Ansitzen oder Herrschaften zu nennen. Endlich verordnete Fürstbischof Paulinus von Brixen ddo. Brixen, 24. September 1683, daß seinem Hofrat, Kammermeister, auch Hof- und Lehenrichter Georg Morn von Sonnegg von den fürstlichen Kanzleien künftig der Titel „von Mor zu Sonnegg“ gegeben werde.

Georg von Mor war vermählt mit Felicitas (Müller?) von Mühlau († 1692) und hatte mit ihr folgende Kinder: — 1. Georg Felix, geb. 16. Juli 1643, der diesen Ast fortpflanzte (s. unten); — 2. Felicitas, geb. 13. Oktober 1645, Klarisse zu Brixen; — 3. Stephan, geb. 26. Dezember 1647, † 1687, kaiserl. Rat, verm. mit Margarete, geb. Gschwind von Pöckstein; — 4. Dorothea, geb. 2. März 1650, verm. I. mit Adam Gugler und II. mit Franz Veit Gall von Einsiedel und Theißegg; — 5. Franz, geb. 12. Oktober 1651, † jung; — 6. Maria Elisabeth, † Brixen 15. Februar 1711, verm. 1685 mit Roman von Enzenberg zum Freyen- und Jöchelsthurm, Herrn auf Blabach († 1689).

X. Georg Felix (s. oben 1.), † Innsbruck 5. Oktober 1701 als kaiserl. Rat und fürstbischöfl. Brixenscher Hofrat und Kanzler. Er hatte sich zu Brixen 8. Mai 1666 mit Maria Katharina († 17. Februar 1724), einer Tochter des 1669 verstorbenen Georg Kempter von Riggburg und Zellheimb und der 1679 aus dem Leben geschiedenen Anna, geb. Troyer von Aufkirchen, vermählt und deren Familiengut, den Ansitz Köstlan bei Brixen, an sich gebracht, worauf Bischof Paulinus ddo. Brixen, 24. September 1683 für ihn von seiten der fürstbischöfl. Kanzlei die Titulatur „von Mor zu Sonnegg und Köstlan“ anordnete. Er erbaute, wie erwähnt, den Ansitz Grießburg bei Klausen, erwarb wieder den alten Familiensitz Sunnegg und besaß außerdem das Heißlergut in Tötschling, das Ober- und Unter-Prungut auf Meransen, das Gut zum Holzer auf Serx, den Oberfülltererhof und das Prassergut im Kastelruter Gericht, Grueben auf dem Anerberg im Gericht Rodenegg, „zum Ritschen“ in Albeins ein Gut zu Mitterolang bei der Kirche, den Hof am Stein in Ried, das Zulehen, genannt Lerchach in Ahrn, das Gut in Wuelenbach, genannt „die Wolfsgrueben“, das Gut zu Aschbach, Haus und Hofstätte in der Stadlgasse, am alten Markt u. a. m. Georg Felix hatte folgende Kinder: — 1) Maria Elisabeth, geb. 19. Februar 1667; — 2) Anna Katharina, geb. 8. Februar 1668, † 24. Juli 1715, verm. 1687 mit Anton Freiherrn Wenzel von Sternbach zu Stock, Luttach und Angerburg, Herrn auf Groppenstein (geb. 13. Juni 1651, † 13. Jänner 1716); — 3) Rosina Felicitas, geb. 6. April 1669, † Taufers 30. Dezember 1742, verm. 1686 mit Johann von Zephyris zu Greith († 1723); — 4) Johann Josef, geb. 21. Juni 1670, † jung; — 5) Ursula Ottilia, geb. 22. Oktober 1671, † 11. Mai 1747 als Maria Emerentiana, Klarisse zu Brixen; — 6) Franz Xaver Johann, geb. 14. Februar 1673, † 16. Oktober 1728, der die Familie fortpflanzte (s. unten); — 7) Maria Agnes, geb. 18. Juni 1674, verm. 1695 mit Johann Daniel Freiherrn von Gallenfels, Hauptmann auf Schloß Veldes in Krain; — 8) Paulinus Anton, geb. 8. September 1678, † Ingolstadt 8. April 1729, Priester der Gesellschaft Jesu; — 9) Michael Josef, geb. 23. Jänner 1680, † Taufers 15. Februar 1730; — 10) Karl Andreas, geb. 2. November 1683, † Kötschach 8. Mai 1743 als P. Hyacinthus des Servitenordens; — 11) Klara Barbara, geb. 1685, † nach 1704; — 12) Philipp Franz Dominik, geb. 22. November 1686; — 13) Eleonora Magdalena, geb. 8. Februar 1691, † Innsbruck 23. Jänner 1762 als Schwester Anna, Vikarin des versperrten Klosters der Servitinnen zu Innsbruck, und — 14) Peter Innozenz, geb. 29. März 1692, † Erlau (Eger) 6. Juli 1747 als P. Albuinus des Servitenordens.

XI. Franz Xaver Johann, oben 6), † Brixen 16. Oktober 1728 als fürstl. Brixenscher Hofrat und Hofrichter, verm. Brixen 22. November 1695 mit Anna Margarete Kempter von Riggburg und Zellheimb († Innsbruck 16. Mai 1741, Tochter des Hofrates Georg K. v. R. u. Z. und der Elisabeth, geb. Kempter). Deren Kinder: — (1) Johann Franz Simon, geb. 17. Juli 1697, † 25. September 1699; — (2) Josef Gabriel Kaspar, geb. 18. März 1699, † 18. Jänner 1701; — (3) Georg Felix Kassian, geb. 24. März 1700, † 24. Jänner 1701; — (4) Johann Franz Anton, geb. 16. Juli 1701, † Weißenstein bei Bozen 25. Jänner 1735 als P. Ernestus des Servitenordens; — (5) Johann Josef Kaspar Felix, geb. 28. März 1704, Dr. theol., Kurat zu Lermos, wo er 23. Oktober 1739 als der letzte Mann dieses Astes starb; — (6) Maria Katharina, geb. 9. April 1705, † nach 1745, verm. mit Roman Brockh von Weißenberg, k. k. Regimentsrat zu Innsbruck († vor 1745); — (7) Johann Georg Veit, geb. 17. Dezember 1706, † jung.

(Früher B. Stamm des Thomas.)

Stifter: Thomas der Mor von Chratzperg, † vor 1431.

I. (ehem. III.) Linie des Gabriel.

Stifter: Gabriel I. Mor, 1513 bis 1555.

(Einst 3. Ast.)

Stifter: Gabriel II. Mor, geb. Bruneck 17. Februar 1573, † Lienz 7. Jänner 1647.

(Früher B. Jüngerer Zweig.)

Stifter: Jakob Mor von oder zu Sunnegg und Morberg, geb. Lienz 24. Juli 1624, † ebendort 21. Jänner 1674.

a. Haus des Michael.

Stifter: Michael Mor von oder zu Sunnegg und Morberg, geb. Lienz 30. September 1658, † Bozen 8. September 1732.

(Ehemals Abteilung A.*)

Stifter: Georg Jakob I. Mor von oder zu Sunnegg und Morberg, geb. Bozen 16. Dezember 1697, † nach 1770.

(Einst Unterabteilung b.*)
(Teilweise im Freiherrnstande.)

Stifter: Georg Jakob II. Raphael Christoph Anton Mor von oder zu Sunnegg und Morberg, geb. Primiero 14. Jänner 1754, † Wien 16. März 1835.

† Maria Franz Sales Michael Mor von oder zu Sunnegg und Morberg (7. Kind des 25. September 1846 zu Linz † Petrus Josef M. v. o. z. S. u. M. und der 8. Oktober 1866 ebendort † Juliane geb. Vielguth), geb. Linz 29. September 1820, † Wien 29. Jänner 1896, EKO.-R.III. (KD.), Landmann in Tirol, k. u. k. Oberst d. R. (bis 1876 Reservekommandant des Infanterie-Regimentes Erzherzog Ludwig Salvator Nr. 58); — verm. Wien 24. Oktober 1867 mit:

† Kornelia Josefa Franziska, geb. Wirth von Nyárasd (Tochter des 18. Mai 1862 zu Wien † k. k. Majors und Sekondewachtmeisters der k. k. Ersten Arcièren-Leibgarde Franz W. v. N. und der 21. Februar 1847 zu Dornbirn † Emilie, geb. Edlen von Landgraf), geb. Ruma 30. November 1835, † Görz 9. März 1891.

Kinder:

1. Franz Richard Josef Kornel Jakob Siegmund Freiherr von Mor-Merkl zu Sunnegg und Morberg (Freiherrnstandserwerber durch Übertragung), geb. Jičin 7. August 1868, Landmann in Tirol, k. u. k. Hauptmann 1. Kl. im Generalstabskorps, zugeteilt dem 2. Korpskommando zu Wien; — verm. Reichenau 16. August 1898 mit:

   Elisabeth Julie Antonie Karoline Scholastika, geb. Felner von der Arl (Tochter des 19. September 1900 zu Prein bei Payerbach † k. k. Sektionschefs i. R., Ehrenbürgers von St. Veit, Groß-Arl und Thalgau, EKO.-R.II., LO.-R. Albert Hippolyt F. v. d. A. und der 10. November 1890 zu Wien † Julie, geb. Edlen von Kodolitsch), geb. Wien 10. Februar 1876. — [Wien, I. Bräunerstraße 5.]

   Kinder:

   1) Alice Marie Anna Elisabeth, geb. Pozsony (Preßburg) 23. Juni 1899.

   2) Marie Alberta Elisabeth Franziska Juliane Kornelia, geb. Wien 6. April 1901.

   3) Alberta Therese Elisabeth Marie, geb. Wien 31. Dezember 1903.

2. Therese Kornelia Marianne Emilie Julie Mor von oder zu Sunnegg und Morberg, geb. Klagenfurt 4. August 1871, Malerin. — [Wien, VIII. Schmidgasse 3.]

b. Haus des Markus.

Stifter: Markus Mor von oder zu Sunnegg und Morberg, geb. Lienz 8. Jänner 1672, † Steinach 17. September 1734.

Abteilung A.**

Stifter: Franz Jakob Mor von oder zu Sunnegg und Morberg, geb. Steinach 23. Juli 1719, † Freiburg i. B. nach 1788.

† Jakob Rudolf Josef Benedikt Mor von oder zu Sunnegg und Morberg (3. Kind des 21. März 1836 zu Graz † Josef Benedikt Franz Stanislaus Alois M. v. o. z. S. u. M. und der 18. Oktober 1818 zu Schloß Reichenau in Niederösterreich † Maria Anna Katharina Luitgardis, geb. von Seeger), geb. Bärenthal im Schwarzwald 17. Dezember 1788, † Leoben 2. Juni 1836, k. k. Assessor beim Oberbergamte und Berggerichte in Leoben; — verm. Freienstein bei Leoben 6. April 1823 mit:

† Aloisia (Luise) geb. Moßer (Tochter des 25. November 1834 zu Leoben † Johann M. und der 6. Oktober 1846 ebendort † Cäcilie, geb. Schwarz), geb. Leoben 30. Mai 1802, † Peggau 28. April 1885.

Kinder:

†1. Eugen Josef Alois Johann Everist Jakob, geb. Leoben 12. Oktober 1823, † Graz 8. November 1879, Dr. jur., k. k. o. ö. Universitätsprofessor i. P.; — verm. Übelbach 12. August 1862 mit:

Karoline Therese, geb. Zeilinger (Tochter des 25. Juni 1844 zu Übelbach † Sensengewerken Franz Z. und der 10. Mai 1874 ebendort † Therese, geb. Reichel), geb. Übelbach 4. November 1836. — [Graz, Alberstraße 27.]

Kinder:

1) Eugen Maria Cäcilius, geb. Lemberg 12. Juni 1863, k. k. Bezirksoberkommissär bei der Bezirkshauptmannschaft Graz; — verm. Weiz 15. Jänner 1891 mit:

Valentine Therese Hedwig, geb. Weber (Tochter des 6. März 1870 zu Weiz † Johann Matthias W. und der 11. Februar 1901 ebendort † Valentine, geb. Wibmer), geb. Weiz 20. August 1861. — [Graz, Alberstraße 3.]

2) Marie Anna Therese Aloisia, geb. Lemberg 2. November 1864; — verm. Graz 22. Dezember 1884 mit:

Josef Blaschke, geb. Rohle 22. Oktober 1852, Professor an der Landes-Oberrealschule zu Graz. — [Graz, Alberstraße 27.]

† 3) Viktor Maria Nikolaus Julius, geb. Lemberg 12. April 1868 † Graz 27. Oktober 1899, Hörer der Medizin.

4) Aloisia (Luise) Marie Therese Anna, geb. Graz 24. April 1870; — verm. Graz 21. März 1893 mit:

Rudolf Franz Josef Knittelfelder, geb. Übelbach 24. Oktober 1862, Ingenieur und Erzherzog Friedrichscher Bergverwalter. — [Teschen.]

† 2. Berta Anna Aloisia Barbara Cäcilie, geb. Leoben 15. Jänner 1825, † Graz 23. Mai 1896.

3. Ida Josefa Barbara Antonie, geb. Leoben 16. April 1826. — [Graz, Karmeliterplatz 5.]

† 4. Viktor Maximilian, geb. Leoben 10. August 1828, † Graz 26. Jänner 1907, Dr. jur., k. k. o. ö. Universitätsprofessor d. R. (bis 1887 in Prag); — verm. Hermannstadt (Nagyszeben) 3. März 1862 mit:

† Rosa Antonie, geb. Petritsch (Tochter des 3. März 1871 zu Klagenfurt † k. k. Landesgerichtsrates Johann P. und der 6. Mai 1890 zu Penzing bei Wien † Marie, geb. Gläßer), geb. Gurkfeld 15. Juni 1839, † Graz 17. Februar 1900.

Kinder:

1) Erich Alois Jakob, geb. Hermannstadt (Nagyszeben) 21. Oktober 1863, k. u. k. Offizial 1. Kl. des Militärgeographischen Institutes (bis 1896 k. u. k. Oberleutnant an diesem Institute); — verm. Leoben 15. August 1893 mit:

Maria Anna (Marianne), geb. Edlen von Geist (Tochter des 16. März 1892 zu Wien † Willibald Viktor Josef Ritters v. G. und der Marie, geb. Geßmann), geb. Wien 30. Jänner 1870. — [Mauer bei Wien, Mittelgasse 1.]

Sohn:

Erwin Erich Viktor Willibald, geb. Wien 5. Februar 1899.

† 2) Walter Karl Anton, geb. Prag 29. Februar 1872, † Klagenfurt 5. Juni 1874.

3) Walfrida (Frida) Ida Marie Anna, geb. Prag 20. Dezember 1874. — [Graz, Karmeliterplatz 5.]

† 4) Günther Ernst Eugen, geb. Klagenfurt 7. Juli 1877, † Graz 20. Juli 1904, Ingenieur, elektrotechnischer Beamter der Aktiengesellschaft „Siemens & Halske, Wien" und k. u. k. Leutnant i. d. R. des Divisions-Artillerie-Regimentes Nr. 33.

5) Berta Kornelia Rosa, geb. Prag 7. November 1882. — [Graz, Karmeliterplatz 5.]

Abteilung B.**

Stifter: Karl Ignaz Mor von oder zu Sunnegg und Morberg, geb. Steinach 14. Juli 1720, † Ehrenberg bei Reutte 8. Februar 1756.

(Gegenwärtiger Personalstand einem späteren Jahrgange vorbehalten.)

II. (ehem. IV.) Linie des Kaspar.

Stifter: Kaspar Mor, 1513 bis 1543.

(Einst 1. Ast.)

Stifter: Adam Mor von oder zu Sunnegg und Morberg, geb. Sterzing 15. Juni 1598, † ebendort 3. August 1669.

(Früher A. Erster Zweig.)

Stifter: Adam Nikolaus Mor von oder zu Sunnegg und Morberg, geb. Sterzing 6. Dezember 1646, † daselbst 22. Dezember 1724.

(Ehemals b. Haus des Georg Anton.)

Stifter: Georg Anton Mor von oder zu Sunnegg und Morberg, geb. Sterzing 1. März 1680, † Innsbruck 23. Jänner 1749.

† Josef Karl Sigismund Mor von oder zu Sunnegg und Morberg (3. Kind des 18. Dezember 1864 zu Innsbruck † Joachim Johann Franz M. v. o. z. S. u. M. und der .... 18.. zu .... † Maria Sabina Anna, geb. von Maurer), geb. Thaur 2. Mai 1804, † Brixen 6. Jänner 1849, Dr. jur., Gerichtsadvokat in Brixen; — verm. I. Schönberg 22. November 1832 mit:

† Rosa, geb. Gapp (Tochter des .... 18.. zu Innsbruck † .... G. und der .... 1861 zu Brixen † Elisabeth, geb. Mayr), geb. Innsbruck 29. August 1807, † Brixen 3. Februar 1845; — II. Trens bei Sterzing 13. Mai 1845 mit:

Friederike Anna, geb. Kirchberger (Tochter des .... 1826 zu Kurtatsch † Johann Nepomuk K. und der 13. Jänner 1867 zu Brixen † Anna, geb. Tschandrin), geb. St. Lorenzen 19. Juli 1821. — [Radautz.]

Kinder: a) I. Ehe:

†1. Josef Joachim Valentin, geb. Brixen 5. Oktober 1833, † dort 16. September 1834.

†2. Joachim Karl Johann, geb. Brixen 23. Oktober 1834, † Ried 2. Juli 1878; k. k. Bezirksgerichtsadjunkt; — verm. Urfahr 12. Februar 1867 mit:

† Susanne, geb. Bauernfeind (Tochter des 2. Dezember 1886 zu Urfahr † Franz B. und der 4. Februar 1881 zu Urfahr † Susanne, geb. Fischili), geb. Urfahr 25. September 1843, † Dietach bei Steyr 27. August 1889; — (in II. Ehe verm. Biberbach, Bezirk Amstetten, 25. Juli 1882 mit Johann Ritter Boleslawsky von Ritterstein, geb. Dobrinsko, Mähren, 23. Oktober 1843, Gutsbesitzer).

Kinder:

1) Rosa, geb. Gmunden 20. Oktober 1867. — [Linz.]

2) Friedrich, geb. Gmunden 22. März 1873, k. k. Leutnant und Gendarmerieabteilungs-Kommandant in Rovereto. – [Rovereto.]

3) Berta, geb. Ried 16. Jänner 1876. – [Linz.]

† 3. Karoline Anna Rosa, geb. Brixen 7. November 1835, † Gries 9. Jänner 1886; – verm. Brixen 14. Oktober 1858 mit:

† Hermann Ritter von Lama zu Büchsenhausen, Landmann von Tirol, k. k. Statthaltereisekretär, geb. Innsbruck .... 1819, † Gries 22. März 1888.

† 4. Rosa Kreszenz Marie, geb. Brixen 4. November 1836, † ebendort 23. April 1887; – verm. Brixen 14. Oktober 1862 mit:

† Wenzel Sper, geb. .... 1813, † Brixen 31. Dezember 1881, k. k. Finanzrat.

† 5. Anna Marie Philomene, geb. Brixen 1. Jänner 1838, † ebendort 3. Mai 1842.

6. Josef Joachim Johann, geb. Brixen 1. August 1839, k. k. Vizepräsident des Landesgerichtes zu Innsbruck; – verm. Innsbruck 23. November 1869 mit:

Karoline, geb. Freund (Tochter des ... November 1836 zu Steinach † Jakob F. und der 21. Februar 1853 zu Innsbruck † Therese, geb. Aigner), geb. Steinach 1. August 1829, – [Innsbruck]; – (in I. Ehe verm. Innsbruck 15. Mai 1861 mit: – Ignaz Flatscher, † Wien 10. März 1862).

Sohn:

Arnold, geb. Feldkirch 1. Juni 1870, k. k. Postkommissär der Post- und Telegraphen-Direktion Innsbruck und k. k. Leutnant i. d. Evidenz des Landesschützen-Regimentes Bozen Nr. II. – [Innsbruck.]

† 7. Marie Notpurga Anna, geb. Brixen 14. Dezember 1840, † dort 18. Dezember 1840.

8. Karl Maria Isidor, geb. Brixen 12. April 1842, Dr. phil., k. k. Oberrealschulprofessor i. R., – [Brixen]; – verm. Bruneck 9. September 1873 mit:

† Marie, geb. Strele (Tochter des .... 18.. zu .... † .... St. und der .... 18.. zu Bruneck † ...., geb. Gall), geb. Bruneck 17. Mai 1855, † Innsbruck 7. Oktober 1876.

Kinder:

1) Marie, geb. Bruneck 26. Juli 1874; – verm. Sillian 20. August 1900 mit:

Hans Freiherrn von Riefel, k. k. Bezirks-Oberkommissär zu Kirchdorf, Oberösterreich, geb. Schloß Guttenbrunn bei Baden 13. Juni 1861. – [Kirchdorf.]

2) Ida, geb. Innsbruck 25. September 1876; seit 1900 als M. Maria Peregrina Servitin zu Arco. – [Arco.]

†9. Anna Marie Karoline, geb. Brixen 4. Mai 1843, † Innsbruck 10. Dezember 1886.

†10. Gottfried, geb. und † Brixen 17. März 1844.

†11. Gabriel, geb. Brixen 13. Jänner 1845, † ebendort 14. Mai 1847.

b) II. Ehe:

12. Gabriel Josef Anton, geb. Brixen 26. Mai 1848, Direktor des k. k. Obergymnasiums zu Radautz; – verm. Czernowitz 6. April 1875 mit:

Fanny, geb. Scholz (Tochter des 7. August 1899 zu Czernowitz † k. k. Finanzrates Franz Sch. und der 15. Oktober 1897 ebendort † Amalie, geb. Polaschek), geb. Suczawa 3. Dezember 1853. – [Radautz.]

Kinder:

1) Franz Friedrich Gabriel, geb. Czernowitz 23. Februar 1876, k. k. Bezirkskommissär zu Perg, Oberösterreich. – [Perg.]

2) Friederike Karoline Maria, geb. Czernowitz 13. Februar 1882; – verm. Radautz 8. Jänner 1901 mit:

Josef Johann Tokarski, Dr. med., k. u. k. Regimentsarzt I. Kl., geb. Strojesti, Bukowina, 23. November 1866. – [Wien.]

† 3) Gabriele Viktoria Maria, geb. Czernowitz 13. Februar 1882, † ebendort 5. Juli 1882.

4) Gabriel Friedrich Franz, geb. Czernowitz 1. Jänner 1887, Hörer der Rechte. – [Czernowitz.]

Vgl.: – F. K. Wißgrill, Schauplatz des niederösterr. landsäss. Adels etc., Fortsetzung i. d. Herald.-geneal. Zeitschrift des „Adler" II, 1872, S. 171, „Moor oder Mör zu Ainödt und Michelstetten"; – Neuer Siebmacher IV, 1 (O. T. v. Hefner, Tiroler Adel), S. 12 u. Taf. 14, u. IV, 15 (G. Csergheö de Nemes-Tacskánd, Der Adel von Ungarn etc.), S. 432 u. Taf. 319; – Nagy Iván, Magyarország Családai Czimerekkel ec. VII, S. 557; – Brünner Adel. Taschenb. I 1870, II 1877 u. IX 1884; – Jahrb. d. k. k. Herald. Gesellsch. „Adler", Neue Folge I, 1891 (L. Freih. v. Hohenbühel, gen. Heufler zu Rasen, Beitr. zur Gesch. des Tiroler Adels), S. 109.

Morawetz von Klienfeld.

Römisch-katholisch. — Österreich (Steiermark).

Verleihung:

1891 Dezember 16, Wien (Diplom): Kaiser Franz Joseph I. erhebt den k. u. k. Generalmajor Otto Morawetz in den Österreichischen Adelstand mit dem Prädikate „von Klienfeld" und einem Wappen. — (AA., HKA.; — Orig. Fam.)

Wappen:

1891 Dezember 16: In Silber ein roter Adler, überdeckt von einem mit drei goldenen Eisenhütlein belegten blauen Balken. Auf dem gekrönten Turnierhelme mit rechts rot-silbernen und links blau-goldenen Decken eine geflügelte schwarze Adlerklaue, in den Krallen ein blankes Schwert an goldenem Griffe haltend.

Otto Morawetz von Klienfeld (Adelserwerber — Sohn des 17. März 1888 zu Graz † k. k. Feldkriegskommissärs Josef Morawetz und der 10. Dezember 1872 ebendort † Josefine, geb. Domenig), geb. Graz 17. Juli 1842, FJO.-Gr.K., LO.-R., k. u. k. Geheimer Rat, Feldzeugmeister d. R. (bis 1906 Generalinspektor der Militär-Erziehungs- und Bildungsanstalten), Inhaber des Infanterie-Regimentes Nr. 61; — verm. Graz 8. Jänner 1873 mit:

Marie, geb. Edlen von Vallentsits (Tochter des 4. Jänner 1892 zu Graz † k. u. k. Generalmajors Anton Edlen v. V. und der 9. Jänner 1898 ebendort † Anna, geb. Roth), geb. Tarnopol 20. Dezember 1847. — [Wien, IX. Berggasse 25.]

Kinder:

1. Melitta, geb. Triest 15. April 1874; — verm. Wien 2. Juni 1903 mit:

   Alfred Mitlacher, geb. Triest 14. März 1869, k. u. k. Hauptmann 1. Kl. im Generalstabskorps. — [Wien, IX. Berggasse 25.]

2. Alfred, geb. Graz 8. Mai 1877, k. u. k. Oberleutnant im Dragoner-Regimente Kaiser Franz Joseph I. Nr. 11, zugeteilt dem Generalstabe bei der 28. Infanterie-Truppendivision Laibach. — [Laibach.]

Vgl.: — Brünner Adel. Taschenb. XIX 1894.

Müller von Elblein.

Römisch-katholisch. — Österreich.

Verleihungen:

1861 Oktober 24, Wien (Diplom): Kaiser Franz Joseph I. verleiht dem k. k. Major im Infanterie-Regimente FZM. Eugen Graf Haugwitz Nr. 38 Friedrich Müller den Österreichischen Adelstand mit dem Prädikate „Edler von Elblein" und einem Wappen. — (AA., HKA.; — Orig. Fam.)

1868 September 1, Wien: Kaiser Franz Joseph I. erhebt den k. k. Oberst i. P. Friedrich Müller Edlen von Elblein als Ritter des Ordens der Eisernen Krone III. Klasse (KD.) in den Österreichischen Ritterstand und bessert sein Wappen. (AA., HKA. — Orig. Fam.)

Wappen:

I. 1861 Oktober 24: Geteilt, oben in Rot ein goldener Löwe, einen blanken Säbel mit goldenem Gefäße schwingend, unten in Blau ein von vier goldenen Sternen nebeneinander überhöhter, golden bekrönter natürlicher Felsen. Auf dem gekrönten Turnierhelme mit rechts rot-goldenen und links blau-goldenen Decken der säbelschwingende Löwe wachsend.

II. 1868 September 1: Halb gespalten und geteilt, 1 in Gold ein roter Löwe, einen blanken Säbel mit goldenem Gefäße schwingend, 2 in Rot drei (2, 1) goldene Sterne, 3 in Blau ein von zwei goldenen Sternen begleiteter golden bekrönter wachsender natürlicher Fels. Zwei gekrönte Turnierhelme, auf I mit rot-goldenen Decken der Löwe mit dem Säbel wachsend; auf II mit blau-goldenen Decken ein geschlossener; vorne von Gold über Blau und hinten farbengewechselt geteilter Flug.

---

† Friedrich Ritter Müller von Elblein (Ritterstandserwerber — Sohn des .... 18.. zu .... † Friedrich Müller und der .... 18.. ebendort † Marianne, geb. Elblein), geb. Lemberg 31. August 1813, † Bártfa (Bartfeld) 23. August 1894, EKO.-R. III. (KD.), k. u. k. Generalmajor d. R. (bis 1867 Oberst und Kommandant des Infanterie-Regimentes FZM. Josef Ritter von Schmerling Nr. 67, dann von 18.. bis 18.. Kommandant des Militärinvalidenhauses in Wien); — verm. Bartfeld (Bártfa) 29. Mai 1850 mit:

† Pauline, geb. Jobst von Ruprecht (Tochter des .... 18.. zu Bártfa (Bartfeld) † Gutsbesitzers Josef J. v. R. und der .... 18.. ebendort † Helene, geb. von Kamienska des Wappens Korwin), geb. Zakopane 4. Jänner 1830, † Wr.-Neustadt 24. April 1901.

Kinder:

1. Julie, geb. Linz 21. März 1851; — verm. Wien 14. September 1869 mit:

Karl Drathschmidt von Bruckheim, geb. Olmütz .. Mai 1838, FJO.-GrK., LO.-Kmt., EKO.-R.III., k. u. k. Geheimen Rate, Feldzeugmeister d. R., Oberstinhaber des Infanterie-Regimentes Nr. 101. — [Wien, VI. Mariahilferstraße 39.]

2. Eduard Friedrich, geb. Ofen (Budapest) 5. Mai 1853, EKO.-R.III., FJO.-R., MVK., k. u. k. Generalmajor, Kommandant der 91. Landwehr-Infanteriebrigade in Krakau; — verm. Innsbruck 5. Juni 1882 mit:

Elisabeth, geb. Sonnklar Edlen von Innstädten (Tochter des 10. Jänner 1885 zu Innsbruck † k. k. Generalmajors d. R., FJO.-Kmt., EKO.-R.III., gold. Med. f. K. u. W. Karl S. Edlen v. I. und der 28. September 1874 zu Innsbruck † Marie, geb. Bouthillier) geb. Wien 18. November 1854. — [Krakau.]

Sohn:

Friedrich Eduard Karl, geb. Wr.-Neustadt 27. Oktober 1887.

3. Friedrich Johann Paul, geb. Bartfeld (Bártfa) 14. Oktober 1854, EKO.-R. III., FJO.-R., MVK., k. u. k. Linienschiffskapitän, Vorstand der Präsidialkanzlei des k. u. k. Reichs-Kriegsministeriums, Marinesektion; — verm. Wien 24. Mai 1887 mit:

Anna, geb. von Vučinić (Tochter des k. k. Oberstabsarztes Johann v. V. und der Johanna, geb. Göbl), geb. .... 17. März 1868. — [Wien, III. Streichergasse 10.]

Töchter:

1) Hilda, geb. Wien 31. August 1888.

2) Friederike, geb. Wien 26. September 1891.

4. Emilie, geb. Graz 10. April 1858; — verm. Wien 14. September 1891 mit:

Robert Wiedorn, geb. Jägerndorf 4. September 1853, k. k. Oberrevident im Eisenbahnministerium. — [Wien, III. Hörnesgasse 9.]

†5. Gustav, geb. Graz 10. April und † Bartfeld (Bártfa) 18. August 1858.

6. Artur, geb. Bartfeld (Bártfa) 29. August 1865, k. u. k. Hauptmann 1. Kl. im Pionier-Bataillon Nr. 9; — verm. Wr.-Neustadt 12. Juli 1904 mit:

Ida, geb. Mülldorfer von Ylesew (Tochter des 3. Juni 1895 zu Wien † k. u. k. Generalmajors d. R., EKO.-R. III., Gustav Ritters M. v. Y. und der 7. Oktober 1904 zu Krakau † Amalie von Hofmann), geb. Wien 30. Mai 1870. — [Krakau.]

† 7. Otto, geb. Wien 25. Jänner 1869, † Bártfa (Bartfeld) 27. August 1884.

8. Viktor, geb. Wien 2. Dezember 1872, k. u. k. Oberleutnant im Eisenbahn- und Telegraphen-Regimente; — verm. Wien 10. Oktober 1900 mit:

Ludmilla, geb. Müllner (Tochter des .... 190. zu .... † Bäckermeisters Alois M. und der .... geb. ....), geb. .... 18... — [Korneuburg.]

Söhne:

1) Eugen, geb. Korneuburg .... 1902.
† 2) Viktor, geb. .... 1903, † Wien 17. Mai 1907.

Müller von Königsbrück
und
Müller von Wandau.

Römisch-katholisch. – Österreich.

Verleihungen:

1860 September 17, Wien (Diplom): Kaiser Franz Joseph I. verleiht dem k. k. Obersten im Adjutantenkorps August Müller den Österreichischen Adel mit dem Prädikate „Edler von Wandau" und einem Wappen. – (AA., HKA.; – Orig. Fam. – II. Jüngere Linie.)

1870 Dezember 30, Wien (Allerhöchste Entschließung) und 1871 Jänner 5, Wien (Klausel des k. k. Ministeriums des Innern auf dem Original-Diplome von 1860): Derselbe genehmigt, daß der Adel, das Prädikat und das Wappen des k. k. Generalmajors d. R. August Müller Edlen von Wandau auf dessen Neffen (Bruderssohn) und Adoptivsohn Karl Müller, k. k. Oberleutnant im Niederösterreichischen Landwehr-Bataillon Nr. 1 übertragen werde. – (AA., HKA.; – Orig. Fam. – II. Jüngere Linie.)

1885 Juni 3, Wien (Diplom): Kaiser Franz Joseph I. verleiht dem k. k. Major des Pionier-Regimentes und Kommandanten der Militär-Oberrealschule zu Mähr.-Weißkirchen Ladislaus Müller den Österreichischen Adel mit dem Prädikate „von Königsbrück" und einem Wappen. – (AA., HKA.; Orig. Fam.)

Wappen:

I. 1860 September 17: In Blau auf „erdigem" Boden ein silbernes Pferd, mit dem rechten Vorderfuße auf eine Pyramide von drei natürlichen Kanonenkugeln tretend. Auf dem gekrönten

Turnierhelme mit blau-silbernen Decken ein offener, rechts von Blau über Silber, links farbengewechselt geteilter Flug.

II. 1885 Juni 3: In Blau ein pfahlweiser silberner Anker mit ebensolchem Schwimmholz und umgeschlungenem Tau. Auf dem gekrönten Turnierhelme mit blau-silbernen Decken ein wachsender Ritter im Plattenharnisch mit offenem Visier und drei Straußenfedern auf dem Helme, einer silbernen zwischen zwei blauen, in der Rechten ein Schwert über sich schwingend und die Linke in die Seite stemmend.

I. Ältere Linie.
(Müller von Königsbrück.)

† Ladislaus Franz August Müller (1. Sohn des .... 18.. zu Temesvár † Oberbuchhalters der kgl. Freistadt Temesvár Georg M. und der .... 18.. ebendort † Judith, geb. Reuhuber), geb. Temesvár 14. November 1811, † Wien 14. Juli 1876, k. k. Registratursdirektor des Reichs-Kriegsministeriums; — verm. .... 18.. mit:

† Hedwig, geb. Vivat (Tochter des .... 18.. zu .... † kgl. ungar. Salzeinnehmers in Ungar.-Weißkirchen [Fehertemplom] Emmerich V. und der .... 18.. zu .... † Juliana, geb. Roth), geb. Ungar.-Weißkirchen (Fehertemplom) .... 1816, † Wien 15. Juli 1868.

Kinder:

†1. Ladislaus Müller von Königsbrück (3. Adelserwerber), geb. Wien 4. Jänner 1837, † Salzburg 28. April 1903, LO.-R., EKO.-R.III., MVK., k. u. k. Generalmajor d. R. (bis 1. Mai 1895 Kommandant der Militär-Oberrealschule in Mähr.-Weißkirchen); — verm. I. Klosterneuburg 17. April 1861 mit:

† Hedwig, geb. Weigert (Tochter des 29. März 1879 zu Klosterneuburg † k. k. Notars und gew. Hofrichters der Stiftsherrschaft Klosterneuburg Franz Xaver W. und der 28. November 1888 ebendort † Marie, geb. Schneider), geb. Jedlersdorf bei Wien 21. September 1841, † Hainburg 1. Mai 1877; — verm. II. Deutsch-Altenburg 22. Juli 1878 mit:

† Marie (Irma), geb. Göpferth von Altburg (Tochter des 27. September 1888 zu Wien † k. k. Oberstleutnants d. R. Franz G. v. A. und der 17. Juli 1882 zu Deutsch-Altenburg † Sidonie, geb. Majthényi de Kesseleőkeő), geb. Budapest 31. Oktober 1857, † Salzburg 29. Juni 1906.

Kinder: a) I. Ehe:

1) Helene, geb. Klosterneuburg 2. Juni 1864; — verm. Hainburg 31. Jänner 1883 mit:
Karl Ringbauer, geb. Schütt-Sommerein (Somorja) 24. August 1853, MVK., k. u. k. Obersten, überkomplett im Pionier-Bataillon Nr. 14, zugeteilt dem General-Pionierinspektor. — [Wien, IX. Althanplatz 8.]

2) Friederike (Fritzi) Müller von Königsbrück, geb. Klosterneuburg 19. November 1865; – verm. Wien 23. August 1888 mit:

Adolf Ulreich, geb. Apanagyfalu, Komitat Szolnok-Doboka, 28. November 1853, FJO.-R., k. u. k. Hofsekretär in Sr. k. u. k. Apost. Majestät Oberstkämmereramte, Leiter der Administrationskanzlei der Kunstsammlungen des Allerhöchsten Kaiserhauses, k. k. Oberleutnant i. d. Evidenz des Landwehr-Infanterie-Regimentes Czernowitz Nr. 22. – [Wien, I. Burgring 5.]

†3) Hermann Müller von Königsbrück, geb. Klosterneuburg 20. Juli 1867, † Salzburg 26. April 1907, k. u. k. Hauptmann 1. Kl. d. R. (bis Februar 1905 im Generalstabskorps).

4) Robert Müller von Königsbrück, geb. Hainburg 28. März 1869, k. u. k. Hauptmann 2. Kl. im Infanterie-Regimente Ernst Ludwig Großherzog von Hessen und bei Rhein Nr. 14. – [Bregenz.]

5) Hermine Müller von Königsbrück, geb. Hainburg 26. März 1871; – verm. Krems a. d. Donau 20. Dezember 1898 mit:

Ludwig Balder, geb. Wien 8. Juli 1869, k. u. k. Hauptmanne 2. Kl. im Infanterie-Regimente Ernst Ludwig Großherzog von Hessen und bei Rhein Nr. 14. – [Linz.]

6) Hedwig Müller von Königsbrück, geb. Hainburg 26. Oktober 1874; – verm. Wien 11. Jänner 1894 mit:

Artur Nikolits, geb. Wien 6. April 1856, k. k. Major des Landwehr-Infanterie-Regimentes Przemyśl Nr. 18. – [Przemyśl.]

b) II. Ehe:

7) Ladislaus Müller von Königsbrück, geb. Hainburg 24. Mai 1882, k. u. k. Leutnant im Dragoner-Regimente Kaiser Franz Nr. 1. – [Łańcut.]

† 8) Martha Müller von Königsbrück, geb. Mähr.-Weißkirchen 4. August 1885, † Krems a. d. Donau 28. Mai 1899.

†2. Karl Müller Edler von Wandau (2. Adelserwerber durch Übertragung – Adoptivsohn seines Oheims, des 28. Jänner 1904 zu Baden bei Wien † August Müller Edlen von Wandau), geb. Wien 16. Jänner 1843, † daselbst 27. März 1903 (s. unten II. Jüngere Linie).

3. Heinrich Müller, geb. Wien 24. Mai 1844, k. u. k. Militär-Oberintendant d. R.; – verm. Brünn 21. November 1887 mit:

Franziska, geb. Barausch (Tochter des 10. Dezember 1890 zu Brünn † Hutfabrikanten Johann B. und der Franziska, geb. ....), geb. Brünn 12. September 1864. – [Graz, Katzianergasse 2.]

Kinder:

1) Laura Müller, geb. Brünn 1. Juni 1888.

† 2) Arnold Müller, geb. Brünn 12. Mai 1889, † Mödling 2. Juni 1893.

4. Hedwig Müller, geb. Wien 8. August 1847; — verm. Wien 29. August 1885 mit:

Arnold Lotz, geb. Ober-Döbling bei Wien 26. März 1851, Architekten. — [Wien, III. Metternichgasse 5.]

†5. Amalie Müller, geb. Wien .... 18.., † Pozsony (Preßburg) .... 1904.

6. Rudolf Müller, geb. Wien 1. Februar 1857, k. k. Lotto-Oberamtsoffizial; — verm. .... 18.. mit:

Bohumila, geb. Röneke (Tochter des .... 18.. zu .... † .... R. und der .... 18.. zu .... † ...., geb. ....), geb. .... 18... — [Brünn.]

II. Jüngere Linie.

(Müller von Wandau.)

† August Müller Edler von Wandau (1. Adelserwerber — 2. Sohn des .... 18.. zu Temesvár † .... Georg Müller und der .... 18.. ebendort † ...., geb. ....), geb. Temesvár 24. Dezember 1813, † Baden bei Wien 28. Jänner 1904, MVK. (KD.), k. u. k. Generalmajor d. R. (bis 1. November 1867 Kavallerie-Brigadier in Hermannstadt); — verm. Lemberg 9. Jänner 1858 mit:

† Wanda Franziska, geb. von Rodakowska (Tochter des .... 18.. zu .... † Landesadvokaten zu Lemberg und Gutsherrn auf Zabłotów Dr. jur. Paul Ritters von Rodakowski und der 3. Juli 1874 zu Lemberg † Marie, geb. Singer), geb. Lemberg 3. Dezember 1832, † Wien 31. März 1863.

Tochter:

† Pauline Marie Barbara Müller, geb. Lemberg 5. August 1859, † ebendort .... 1860.

Adoptivsohn:

† Karl Müller Edler von Wandau (2. Adelserwerber durch Übertragung — 2. Sohn des 14. Juli 1876 zu Wien † Ladislaus Franz August Müller und der 15. Juli 1868 ebendort † Hedwig, geb. Vivat — s. oben I. Ältere Linie, 2.), geb. Wien 16. Jänner 1843, † daselbst 27. März 1903, k. k. Sektionsrat i. R. (bis 14. Februar 1885 Vorstand des Präsidialbureaus im Ministerium für Landesverteidigung) und Major a. D. (bis 11. Dezember 1881 Hauptmann 1. Kl. im Niederösterreichischen Landwehr-Bataillon Nr. 1); — verm. Wien 10. Oktober 1868 mit:

Marie Magdalena, geb. Chalaupka (Tochter des 28. Mai 1886 zu Graz † k. k. Feldkriegszahlmeisters d. R. Ferdinand Ch. und der 4. Mai 1860 zu Wien † Marie Christine, geb. Sommersgutter), geb. Neusatz (Ujvidék) 24. Februar 1844. — [Wien, IX. Türkenstraße 4.]

Kinder:

† 1) Franz Karl Maria Erich Michael, geb. Wien 22. Mai 1870, † Kismarton (Eisenstadt) 16. April 1884, Zögling der k. k. Militär-Unterrealschule daselbst.

2) August Alfred Maximilian, geb. Wien 2. August 1871, k. u. k. Hauptmann 2. Kl., überkomplett im Infanterie-Regimente FML. Erzherzog Leopold Salvator Nr. 18, Lehrer an der Theresianischen Militärakademie in Wr.-Neustadt; — verm. Kassa (Kaschau) 21. Mai 1903 mit:

Marie Karoline Rosa, geb. Gyengö de Miklósvár (Tochter des 29. November 1884 zu Budapest † ungarischen Reichstagsabgeordneten und Ingenieurs Ladislaus Gy. de M. und der 30. Mai 1889 ebendort † Rosa, geb. Pscherer), geb. Budapest 1. Jänner 1876. — [Wr.-Neustadt.]

Sohn:

Alexander Franz Ladislaus, geb. Wien 7. März 1904.

3) Maximilian Alfred Karl, geb. Wien 10. Oktober 1872, kgl. ungar. Finanzrechnungsoffizial 2. Kl. — [Segesvár.]

4) Hermine Georgine Antonie, geb. Wien 23. Februar 1874; — verm. Wien 10. Oktober 1892 mit:

Alois Haase, geb. Trautenau 14. Juli 1861, Besitzer der k. k. priv. Leinengarnspinnerei Alois Haase, Trautenau und Parschnitz. — [Trautenau.]

5) Rudolf Gustav Richard, geb. Wien 12. April 1878, k. u. k. Leutnant d. R. (bis 1906 im Infanterie-Regimente FM. Gideon Ernst Freiherr von Loudon Nr. 29.) — [Wien.]

6) Ferdinande Dorothea Johanna, geb. Wien 27. Dezember 1883. — [Wien, IX. Türkenstraße 4.]

Vgl.: — Brünner Adel. Taschenb. I 1870, II 1877, III 1878 u. VIII 1883.

Müller von Sturmthal.

(Im Mannsstamme erloschen.)

Römisch-katholisch. — Österreich.

Verleihungen:

1821 August 4, Wien (Diplom): Kaiser Franz I. verleiht dem k. k. Hauptmanne des Feldartillerie-Regimentes FML. Franz Freiherr von Schuhay Nr. 1 Ignaz Müller den Österreichischen Adelstand mit dem Prädikate „von Sturmthal“ und einem Wappen. — (AA., HKA.; — Orig. Fam.)

1869 Juli 30, Wien: Kaiser Franz Joseph I. erhebt den k. k. Generalmajor d. R. Eduard Müller von Sturmthal als Ritter des Ordens der Eisernen Krone III. Klasse (K.D.) in den österreichischen Ritterstand und bessert sein Wappen. — (AA., HKA.; — Orig. Fam.)

Wappen:

I. 1821 August 4: Gespalten, vorne in Grün auf natürlichem Rasenboden acht nebeneinanderstehende ebensolche Palisaden, überhöht von einer aufgekehrten silbernen Mondsichel, hinten in Rot ein silberner Löwe mit den Vorderpranken eine „türkische Flintenkugel" (!) tragend. Auf dem gekrönten Turnierhelme mit rechts grün-silbernen und links rot-silbernen Decken ein wachsender schwarzer Adler mit den goldenen Initialen F. I. auf der Brust.

II. 1869 Juli 30: Der Schild wie 1821. Zwei gekrönte Turnierhelme: auf I mit grün-silbernen Decken das Kleinod von 1821; auf II mit rot-silbernen Decken der silberne Löwe mit der Flintenkugel wachsend.

---

† Ignaz Müller von Sturmthal (Adelserwerber — Sohn des .... 18.. zu .... † .... Müller und der .... 18.. zu .... †...., geb. ....), geb. .... 1771, † Wr.-Neustadt 1. März 1859, k. k. Oberstleutnant i. P. (bis 1834 Major im Feldartillerie-Regimente FML. Anton Mayer Nr. 3); — verm. .... 18.. mit:

† Antonie, geb. von Maurich (Tochter des 13. Juni 1747 zu Brünn geb. und 27. August 1792 zu Karlsburg † k. k. Bombardiers Johann v. M. und der 13. März 1756 zu .... geb. und 3. Oktober 1832 zu Brünn † Maria Theresia, geb. Imhoff), geb. .... 1. Juni 1774, † .... 30. September 1851.

Sohn:

† Eduard Ritter Müller von Sturmthal (Ritterstandserwerber), geb. Wien 2. Jänner 1803, † daselbst 11. April 1878, EKO.-R.III. (KD.), k. k. Generalmajor d. R. (bis 1864 Landes-Artilleriedirektor für Böhmen in Prag und bis 1861 Oberst und Kommandant des Raketeur-Regimentes); — verm. I. .... 18.. mit:

† Ferdinande, geb. Pinhak (Tocher des .... 18.. zu .... † .... P. und der .... 18.. zu .... † ...., geb. ....), geb. .... 18.., † Mainz .... 1843; — II. Graz 17. September 1853 mit:

† Ludowika Walpurga Karoline Natalie, geb. Rodiczky von Sipp Freiin von Weixelburg (Tochter des 29. Juli 1845 zu Frankfurt a. M. † k. k. Feldmarschall-Leutnants und Bevollmächtigten bei der Militärkommission des Deutschen Bundes in Frankfurt a. M., Ritters des Militär-Maria-Theresien-Ordens Karl R. v. S. Freiherrn v. W. und der 28. Juni 1836 zu Wien † Helene, geb. von Itzstein, verwitweten Belli), geb. Budapest 18. August 1826, † Wien 8. Dezember 1904.

Söhne a) I. Ehe:

† 1) Johann, geb. Prag 3. Jänner 1837, † Prag 29. September 1861.

† 2) Julius, geb. Prag 8. Oktober 1839, † Prag 6. März 1864, k. k. Leutnant im Infanterie-Regimente Georg V. König von Hannover Nr. 42.

b) II. Ehe:

† 3) Karl Eduard Ignaz Friedrich, geb. Wr.-Neustadt 16. Oktober 1854, † Marienbad 25. Juli 1906, MVK., k. u. k. Oberst und Kommandant des Infanterie-Regimentes FML. Ferdinand IV. Großherzog von Toskana Nr. 66; — verm. Przemyśl 25. April 1889 mit:

Aloisia (Luise) Klara Marie, geb. von Pollini (Tochter des k. u. k. Geheimen Rates und Feldmarschall-Leutnants d. R., Ehrenbürgers der Stadt Königgrätz, EKO.-R.II. Friedrich Ritters v. P. und der 22. Mai 1895 zu Lovrana † Ludowika [Luise] Katharina, geb. Hueber), geb. Rastatt 6. Juni 1862. — [Wien, VII. Kirchengasse 41.]

Tochter:

Marie Valerie, geb. Przemyśl 24. Februar 1890.

Vgl.: — Brünner Adel. Taschenb. I 1870, III 1878, VIII 1883, XII 1887 u. XVI 1891.

Naw(v)ratil von Kronenschild.

Römisch-katholisch. — Österreich (Niederösterreich).

Verleihung:

1876 Dezember 25, Wien (Diplom): Kaiser Franz Joseph I. verleiht dem k. k. Rittmeister und Garden Allerhöchstseiner Ersten Arcierenleibgarde Karl Navratil den österreichischen Adel mit dem Prädikate „Edler von Kronenschild" und einem Wappen. — (AA., HKA.; — Orig. Fam.)

Wappen:

1876 Dezember 25: Geteilt, oben in Rot ein wachsender silberner Löwe, in der rechten Pranke an goldenem Gefäße einen blanken Säbel haltend, unten in Blau ein von drei (2, 1) goldenen Blätterkronen begleiteter anstoßender silberner Sparren. Auf dem gekrönten Turnierhelme mit rechts rot-silbernen und links blau-silbernen Decken der wachsende Löwe mit dem Säbel.

---

† Karl Nawratil Edler von Kronenschild (Adelserwerber – Sohn des .... 1844 zu Neu-Sandec † k. k. Kameralverwalters Franz Nawratil und der 28. Jänner 1862 ebendort † Veronika, geb. Kutalek), geb. Alt-Sandec 14. Oktober 1830, † Wien 17. November 1904, MVK. (KD.), k. u. k. Major d. R. (bis 1893 Garde und Rittmeister 1. Kl. in Sr. k. u. k. Apostolischen Majestät Ersten Arcierenleibgarde); – verm. Wien 6. Jänner 1860 mit:

Karoline, geb. Herzig (Tochter des 22. Jänner 1867 zu Wien † k. k. Notars Anton H. und der 17. Dezember 1847 ebenda † Justine, geb. Pauer), geb. Wien 24. Dezember 1834. – [Wien, VII. Burggasse 7.]

Kinder:

1. Oskar Anton Maria, geb. Wien 8. November 1862, k. k. Rechnungsrat im Finanzministerium. – [Wien, VII. Burggasse 7.]

2. Hermine Franziska Wilhelmine Marie, geb. Wien 12. November 1863 – [Wien]; – verm. Wien 6. November 1886 mit:

† Hans Maudry, geb. Olmütz 8. Februar 1855, † Wien 23. März 1899, MVK., k. u. k. Major im Artilleriestabe.

3. Justine Antonie Veronika, geb. Wien 23. August 1865; – verm. Wien 9. November 1895 mit:

Hans Studniczka, geb. Olmütz 20. März 1862, k. u. k. Militär-Unterintendanten der 2. Korpsintendanz, zugeteilt dem Technischen Militärkomitee in Wien. – [Wien, VII. Mariahilferstraße 22.]

4. Karl Anton Maria, geb. Wien 7. April 1868, k. k. Rechnungsrevident im Finanzministerium; – verm. Melk 21. Oktober 1899 mit:

Helene, geb. Linde (Tochter des 14. Oktober 1903 zu Melk † Bürgermeisters und Apothekers Franz Xaver Linde und der Elisabeth, geb. von Reichenau), geb. Melk 25. August 1872. – [Wien, III. Ungargasse 20.]

Kinder:

1) Karl Franz Hermann Maria, geb. Wien 3. Februar 1901.

2) Irene Karoline Elisabeth Hermine Marie, geb. Melk 5. Juli 1905.

† 5. Irene Marie Antonie, geb. Wien 8. Jänner 1870, † ebenda 14. September 1894; – verm. Wien 24. Oktober 1893 mit:

Franz Maudry, geb. Olmütz 29. September 1860, MVK., k. u. k. Oberst im Geniestabe und Studienleiter an der k. u. k. Kriegsschule in Wien. – [Wien, IV. Favoritenstraße 72.]

Vgl.: – Brünner Adel. Taschenb. III 1878 u. VIII 1883.

---

* Negrelli von Moldelbe.

Römisch-katholisch. — Österreich (Nieder- und Oberösterreich und Steiermark).

Verleihung:

1850 Oktober 20, Wien: Kaiser Franz Joseph I. verleiht dem k. k. Sektionsrate und Vorstande der lombardisch-venezianischen Oberbaudirektion Alois Negrelli als Ritter des Ordens der Eisernen Krone III. Klasse den Österreichischen Ritterstand und ein Wappen. — (AA., HKA.; — Orig. Fam.)

Wappen:

1850 Oktober 20: Geteilt durch einen mit zwei fünfstrahligen silbernen Sternen belegten blauen Balken, oben in Silber ein aus dem Hinterrande hervorbrechender rot gekleideter Arm, auf der flachen bloßen Hand eine goldene Krone mit drei Blätter- und zwei Perlzinken tragend, unten in Gold ein roter Balken. Zwei gekrönte Turnierhelme: auf I mit blau-silbernen Decken drei Straußenfedern, eine blaue zwischen einer silbernen und einer goldenen; auf II mit rot-goldenen Decken ein geschlossener, mit zwei roten Balken belegter goldener Flug.

Der ursprüngliche Name „Negrello", wie ihn noch der Vater des Ritterstandserwerbers führte, wurde erst im zweiten Viertel des XIX. Jahrhunderts in das modern-italienische „Negrelli" umgeändert.

Nicolò Negrello, aus Valstagna in Oberitalien, wanderte um 1750 aus der Lombardei nach Primiero (Primör) in Südtirol ein. Er war mit Anna, geb. Ceccato, vermählt, die 21. Dezember 1804 in Primiero starb. Beider Sohn Michele Angelo, geb. Primiero 7. November 1764, † daselbst 2. Oktober 1851, vermählte sich ebendort 19. April 1787 mit Elisabetta, geb. Wirtenbergher (auch Würtemberg, geb. Primiero 23. Oktober 1763, † daselbst 27. September 1851). Die Familie besaß das ansehnliche Gut al Molarén nächst Primiero und zwei Häuser, die „Casa dominicale" und „Casa fu Althammer", mit Garten im Orte Fiera di Primiero. Infolge der Verluste, die auch diese Familie während der Franzosenkriege erlitt, ging 1819 das Gut al Molarén in andere Hände über, so daß der Familie nur die beiden Häuser in Primiero verblieben. Der vorerwähnten Ehe des Michele Angelo Negrello entsprossen elf, sämtlich in Primiero geborene Kinder:

1. Anna Gioseffa Maria Luigia, geb. 23. Jänner 1788, † Feltre 3. März 1885, verm. Primiero 11. April 1814 mit dem Chirurgen Pietro Zanghellini (geb. Strigno 1789).

2. Giuseppina Francesca Elisabetta Giovanna, geb. 27. Mai 1790, † Imér 1842, verm. Primiero 30. April 1816 mit dem Kaufmanne Antonio Luigi de Zorzi (geb. Mezzano 1791).

3. Catterina Maria Teresa Antonia Margherita, geb. 18. Mai 1792, † Caoria 6. Juli 1881, verm. Primiero 8. Juli 1829 als dessen II. Gemahlin mit dem Kaufmanne Domenico Loss.

4. Teresa Maria Angela Fede, geb. 16. März 1795, † Primiero 29. März 1880.

5. Rosa Maria Gaetana Vincenza, geb. 28. November 1796, † Primiero 2. März 1875, verm. daselbst 28. November 1817 mit dem vermögenden Grundbesitzer Giorgio Luigi Piazza (geb. Imér 1779).

6. Luigi (Alois) Nicolò Maria Vincenzo, geb. 23. Jänner 1799, † Wien 1. Oktober 1858, welcher der Stammvater der im Ritterstande blühenden Familie wurde (s. unten).

7. Nicolò Giovanni Nepomuceno Antonio Maria Gregorio, geb. 25. Mai 1801, † Salzburg 27. Jänner 1890, widmete sich dem geistlichen Stande, war längere Zeit Präfekt und Professor an der Wiener Orientalischen Akademie und Bibliothekar Kaiser Ferdinands, machte sich aber später in Florenz ansässig. Er war ein gründlicher Kenner der deutschen Literatur und trefflicher Übersetzer der Werke Uhlands und verschiedener deutscher Gedichte ins Italienische. Bei seinem Tode bekleidete er die Würde eines päpstlichen Kämmerers und apostolischen Protonotars.

8. Francesco Giovanni Maria Giuseppe Gioachino Pietro, geb. 31. März 1803, † Bergamo als k. k. Forstdirektor. Dieser ehelichte Bregenz 5. November 1827 Josefa Antonia, geb. Nauß, aus St. Johann in Tirol, die ihm zwei Söhne schenkte: — 1) Nicolò, der nach Amerika auswanderte, und — 2) Enrico, der als Hauptmann des Infanterie-Regimentes FML. Wilhelm Freiherr Ramming von Riedkirchen Nr. 72 zu Tyrnau [Nagy-Szombat] 1860 starb. Dessen Sohn Enrico Negrelli wurde Kontrollor der Kaschau-Oderberger Bahn in Budapest und vermählte sich zu Tyrnau mit Betty, einer Tochter des Advokaten Dr. Hubert.

9. Michele Angelo Maria Valentino Ignazio Gioachino Giovanni Battista Pietro Domenico, geb. 31. Jänner 1805, war k. k. Bezirksrichter in Mori und starb zu Primiero 20. April 1881 als Mitglied des k. k. Verwaltungsgerichtshofes.

10. Pietro Giovanni Battista Vincenzo Ferrerio Christoforo Luigi Felice Maria, geb. 13. Jänner und † Primiero 15. November 1806.

11. Costanza Angela Maria Anna Nicolina Elisabetta, geb. 18. Dezember 1807, † Imér 10. Dezember 1890, verm. Primiero 27. Juni 1827 mit Pietro Paolo Piazza (geb. Imér 2. Jänner 1805).

Michele Angelo und seine Tochter Giuseppina (s. oben 2.) nahmen an der Tiroler Landesverteidigung 1809 unter dem Aufgebote von Primör hervorragenden Anteil. Der Vater geriet in Gefangenschaft und sah erst 1814 die Heimat wieder; Giuseppina schloß sich bei einem Ausfalle gegen Feltre in Manneskleidern den Schützen an und erlegte mehrere Feinde.

Alois Negrelli (s. oben 6.) war einer der hervorragendsten und erfolgreichsten Ingenieure aus der Mitte des XIX. Jahrhunderts, dessen Pläne in ihrer Ausführung berufen waren, dem Weltverkehre neue Wege zu weisen. Er kam 1818 als Praktikant zur

Provinzialbaudirektion von Tirol, erwarb 1820 das Ingenieursdiplom und brachte es bis 1832 zum Leiter des gesamten staatlichen Bauwesens in Vorarlberg. In diesem Jahre erhielt er von der Regierung des Kantons St. Gallen die Stelle eines Straßen- und Wasserbauinspektors und ging 1835 mit kaiserlicher Bewilligung als Oberingenieur der Kaufmannschaft nach Zürich, wo die Münsterbrücke, Straßen, Kais und Hafen ihm ihre Entstehung verdanken. Dort wurde auch zum Andenken daran auf ihn eine goldene Medaille geprägt mit der Widmung: „Dem Erbauer der Münsterbrücke Ludwig Negrelli die Stadt Zürich." 1839 ging er als eidgenössischer Kommissär in die Kantone Uri, Tessin und Wallis und wurde Chef der Linthkommission. Er erbaute auch die ersten Eisenbahnen in der Schweiz. Im Jahre 1840 nahm er die Stelle eines Generalinspektors der k. k. priv. Kaiser Ferdinands-Nordbahn an und erbaute die schon 1841 eröffnete Strecke Wien—Olmütz. Er wurde nun Oberinspektor der Generaldirektion der k. k. österr. Staatsbahnen und Leiter der Eisenbahnbauten im Norden der Monarchie, wo er die Bahnen Olmütz-Prag, Prag-Bodenbach und Brünn-Böhm.-Trübau erbaute, sowie die Vorstudien für die galizischen Bahnen ausarbeitete. Als 1848 ein Ministerium für öffentliche Arbeiten geschaffen wurde, wurde Alois Negrelli mit dem Titel eines k. k. Sektionsrates zum Leiter der Präsidialsektion dieses Ministeriums ernannt.

Bei Ausbruch der Revolution und des Krieges in Oberitalien wurde er zur Erbauung von Eisenbahnen und zur Regelung der Verkehrsverhältnisse auf den Kriegsschauplatz entsendet, wo er nicht nur seine nächsten Aufgaben glänzend löste, sondern auch durch die ausgeführten Bauten die Grundlage des heutigen oberitalienischen Eisenbahnnetzes schuf. Nach dem Friedensschlusse wurde er an die Spitze der neu errichteten Oberdirektion für das Bau-, Eisenbahn- und Telegraphenwesen des Lombardisch-venezianischen Königreiches gestellt.

Für seine Verdienste bei Erbauung der nordböhmischen Bahnen erhielt er mit Allerhöchster Entschließung vom 15. Dezember 1849 den Orden der Eisernen Krone III. Klasse und den damaligen Statuten dieses Ordens entsprechend ddo. Wien, 20. Oktober 1850 den Österreichischen Ritterstand mit dem Prädikate „von Moldelbe" und dem eingangs beschriebenen Wappen. Der Schild dieses Wappens wurde mit geringfügigen Abweichungen (die Sterne sechsstrahlig und golden, dann die Krone als fünfbügelige Königskrone stilisiert und rot gefüttert) von der Familie schon früher geführt, geht jedoch nur auf eine Ausfertigung des berüchtigten Institutes des Antonio Bonacina, bezw. seiner Nachfolger aus dem Ende des XVIII. Jahrhunderts zurück. Es erhellt dies aus einem im Besitze der Familie befindlichen Blatte, das innerhalb der bekannten, in Kupferdruck hergestellten Barockumrahmung den vorbeschriebenen Schild zeigt mit der Überschrift „Wappen Negrello" und unten mit der typischen Legende „gehoben aus denen Wahren alten Büchern des Antonio Bonacina, Via Sta. Maddalena nächst dem Crucifix in Mailand". Es ist das einer der seltenen Fälle, daß ein Wappen solchen Ursprunges durch fast unveränderte Aufnahme in eine spätere legale Standeserhebung die von der Adelsbehörde wohl kaum beabsichtigte Anerkennung fand.

Alois Ritter Negrelli von Moldelbe wurde 1850 Präsident der internationalen Po-Schiffahrtskommission, 1852 österreichisches Mitglied der internationalen Kommission für die Zentralbahnen in Mittelitalien und noch in demselben Jahre k. k. Ministerialrat. In diese Zeit fallen auch die freundschaftlichen Beziehungen zum Feldmarschall Grafen Radetzky, die ihren intimsten Ausdruck darin fanden, daß der greise Marschall einem der Söhne Negrellis (Josef Maria, geb. Verona 6. November 1849) als Patengeschenk jenen Waffenrock gab, den er in der Schlacht bei Novara getragen hatte (gegenwärtig im Museum am Berge Isel). 1855 wurde Negrelli zum Generalinspektor der k. k. Eisenbahnen in Wien ernannt, jedoch in kürzester Zeit der tatsächlichen Leitung des österreichischen Eisenbahnwesens durch ein Unternehmen allergrößter Bedeutung für den Weltverkehr entzogen.

Es war dies der Suezkanal, dessen Projekt schon 1838 seine Aufmerksamkeit erregt hatte. 1846 war er mit Zustimmung Metternichs und Kübecks der in Paris ins Leben gerufenen „Societé d'etudes du canal de Suez" in Gemeinschaft mit dem englischen Ingenieur Stephenson und dem Franzosen Talabot beigetreten. In der Folge bildeten die 1847 von ihm geleiteten Untersuchungen des Golfes von Pelusium und seine Aufnahmen des Gebietes von Tineh die Grundlage für die endgültige Feststellung der Trasse des Kanales. Nachdem über Anregung Lesseps der Khedive Saïd Pascha die Initiative ergriffen, trat Negrelli als österreichisches Mitglied in die internationale Suezkanalkommission und begab sich mit dieser 1855 nach Ägypten, um an Ort und Stelle neuerliche Untersuchungen zu pflegen. Die Pläne des österreichischen Technikers blieben für die spätere Durchführung des Kanalprojektes maßgebend und wurden auf einer im Juni 1856 zu Paris stattgefundenen Sitzung der Kommission nach wiederholten Debatten einstimmig angenommen. Auch schriftstellerisch war er für den Kanal tätig und verstand es unter seinen Zeitgenossen niemand besser, die Stimmen und Irrtümer der Gegner zu widerlegen.

Im Juni 1858, als zur Ausführung des großen Werkes geschritten werden sollte, erkrankte Alois Ritter Negrelli von Moldelbe, der inzwischen (3. April 1857) vom Khedive zum Generalinspektor und Chefingenieur der Suezarbeiten ernannt worden war, vor seiner Abreise nach Alexandrien und starb, aus einem oberitalienischen Bade kommend, zu Wien am 1. Oktober 1858. Seine Nachkommenschaft s. unten.

---

† Alois (Luigi) Nikolaus Maria Vinzenz Ritter Negrelli von Moldelbe (Ritterstandserwerber — 6. Kind des 2. Oktober 1851 zu Primiero † Michele Angelo Negrelli und der 27. September 1851 ebendort † Elisabetta, geb. Würtemberg), geb. Primiero 23. Jänner 1799, † Wien 1. Oktober 1858, EKO.-R.III., k. k. Ministerialrat, Generalinspektor der k. k. österr. Staatsbahnen und der Suezkanalarbeiten, Ehrenbürger von Zürich, Olmütz und Prag, korrespondierendes, ordentliches und Ehrenmitglied vieler wissenschaftlichen und landwirtschaftlichen Gesellschaften etc.; — verm. I. Klagenfurt .... 1828 (?) mit:

† Amalie Marie Wilgefortis, geb. (Pircker) Edlen von Pirkenau (Tochter des 5. November 1838 zu Klagenfurt † k. k. Kreisbeamten, Landstandes in Kärnten, Herrn auf Schönfeld, Fabriks- und Mitbesitzers am „Pirkenauschen" Familienhause in der Wienergasse zu Klagenfurt Josef Alois [P.] Edlen v. P. und der 10. Oktober 1818 zu Klagenfurt † Therese Karoline, geb. von Franken), geb. Klagenfurt 28. November 1807, † Wien 8. Dezember 1840; — II. Hietzing bei Wien 1. Juni 1847 mit:

† Karoline, geb. Weiß von Starkenfels (Tochter des 7. November 1847 zu Wien † k. k. Staats- und Geheimen Konferenzrates, Dr. jur. Johann Baptist W. v. St. und der 17. Februar 1867 zu Linz † Ignazia, geb. Zimmer von Schneefeld), geb. Linz 11. August 1822, † Wels 19. Jänner 1889.

Kinder: a) I. Ehe:

†1. Amalie, geb. Klagenfurt .... 1830, † daselbst .... 1832.

†2. Alois Franz Ferdinand, geb. Tablot in der Schweiz 1. Oktober 1832, † Nagyszombat (Tyrnau) 31. März 1879, k. k. Hauptmann d. R. (bis 18.. im Infanterie-Regimente FZM. Josef Freiherr Maroičič di Madonna del Monte Nr. 7); — verm. Laibach 6. Dezember 1860 mit:

† Franziska (Fanny) Josefine, geb. von Franken (Tochter des 20. August 1873 zu Laibach † k. k. Hauptzollamts-Offizials Albert Chrysant Ritters v. F. und der 30. März 1873 ebendort † Franziska [Fanny], geb. Winkler), geb. Marburg a. d. Drau 9. Februar 1836, † Laufen 22. Oktober 1896.

Kinder:

1) Amalie (Amèlie) Franziska Marie, geb. Laibach 31. Oktober 1861; — verm. Laibach 20. Oktober 1890 mit:
Franz Bakschitsch, geb. Laibach 19. Dezember 1861, k. k. Postmeister in St. Marein bei Erlachstein. — [Ponigl.]

2) Karoline, geb. .... 1863, † Laibach 11. Oktober 1873.

3) Alois (Louis) Nikolaus Josef, geb. Laibach 10. Juni 1864, Adjunkt der k. k. österr. Staatsbahnen; — verm. Wien 18. Juli 1899 mit:
Marie (Irma) Hermine Emilie, geb. Ludwig (Tochter des 20. April 1831 zu Wien geb. und 6. August 1884 zu Graz † Bureauchefs der kgl. ungar. Westbahn Julius L. und der 1. Jänner 1840 zu Wien geb. und 11. Oktober 1870 ebendort verm. Berta Marie, geb. Bauer von Adelsbach), geb. Budapest 23. März 1876. — [Triest.]

Sohn:

Alois (Louis) Nikolaus Julius, geb. St. Veit a. d. Glan 14. August 1900.

4) Nikolaus Alois Franz, geb. Laibach 4. Dezember 1870, k. u. k. Oberleutnant i. d. R. des Infanterie-Regimentes

Ernst Ludwig Großherzog von Hessen und bei Rhein Nr. 14, Assistent der k. k. österr. Staatsbahnen in Attnang-Puchheim; — verm. Linz 10. Februar 1902 mit:

Marie, geb. Schwartz (Tochter des 8. Mai 1839 zu Linz geb. Ferdinand Sch., k. k. Hilfsämter-Direktors zu Linz, und der 8. März 1856 zu Wels geb. Rosine, geb. Schauer), geb. Mattighofen 20. November 1874. — [Attnang-Puchheim.]

Kinder:

(1) Nikolaus Franz, geb. Linz 20. Juli 1903.
(2) Alexander Ferdinand, geb. Schärding 2. Februar 1905.
(3) Luise Marie, geb. Attnang-Puchheim 19. März 1906.

5) Franziska (Fanny) Emilie Elisabeth (Zwillingsschwester des vorigen), geb. Laibach 4. Dezember 1870, k. k. Postexpeditorin zu Klamm am Semmering. — [Klamm.]

3. Oskar Adolf Jakob Josef, geb. St. Gallen i. d. Schweiz 23. November 1833, MVK. (KD.), k. u. k. Generalmajor d. R. (bis 1891 Oberst und Kommandant des Infanterie-Regimentes Ernst Ludwig Großherzog von Hessen und bei Rhein Nr. 14), Ehrenbürger von Jaice; — verm. Linz 25. April 1865 mit:

Ludovika (Louise), geb. Colins de Tarsienne (Tochter des 1792 zu Brüssel geb. und 21. März 1858 zu Linz † k. k. Kämmerers und Generalmajors, Arm.-K. Agathon Chevalier C. de T. und der 17. Mai 1807 zu Wien geb. und 26. Jänner 1880 daselbst † Ludovika [Louise], geb. von Vandevelt), geb. Wilten 26. Dezember 1842. — [Wien, IV. Antonburggasse 4.]

Kinder:

1) Marie (Mitzi) Louise Anna Karoline, geb. Linz 14. Juli 1866; — verm. Weißenbach a. d. Triesting 29. Juni 1897 mit:

Wenzel (Weno) Anisch, geb. Iglau 31. Juli 1855, k. u. k. Rittmeister d. R. (bis 1903 bei der Gestütsbranche). — [Graz, Humboldtstraße 30.]

2) Oskar Artur Alois Agathon, geb. Linz 9. September 1868, k. u. k. Oberleutnant a. D. (bis 1895 im Husaren-Regimente GdK. Alexander Graf Üxküll-Gyllenband Nr. 16), Prokuraführer der protokollierten Firma Adolf Baron Pittel, Betonbauunternehmung und Zementwarenfabrik in Wien. — [Wien, IV. Brahmsplatz 3.]

3) Leopoldine (Poldi) Karoline Louise Marie, geb. Triest 5. August 1872, — [Wien]; — verm. Weißenbach a. d. Triesting 17. Mai 1894 mit:

† Alexander Josef Ritter von Hostinek, geb. Ungarisch-Weißkirchen (Fehértemplom) 14. September 1863, † Wien, 7. Februar 1907 (bis 1904 k. u. k. Rittmeister im Dragoner-Regimente GdK. Anton Freiherr von Bechtolsheim Nr. 15).

† 4. Emilie, geb. Zürich .... 1836, † Feltre 16. März 1881; — verm. Feltre .... 18.. mit:

† Luigi Cavaliere Petricelli, geb. .... 1830, † Montebello 31. August 1903, Direktor der Agrarbank in Feltre, Consigliere e Deputato della Provincia di Belluno.

b) II. Ehe:

† 5. Ferdinand Franz Karl Josef Michael Johann Maria, geb. Wien 29. März 1848, † Mähr.-Ostrau 20. August 1886; k. u. k. Oberleutnant d. R. (bis 18.. im Husaren-Regimente Wilhelm II. König von Württemberg Nr. 6); — verm. Mähr.-Ostrau 16. Dezember 1876 mit:

† Franziska (Fanny), geb. Zwierzina (Tochter des .... 18.. zu .... † Bergwerksbesitzers und Großbürgers von Mähr.-Ostrau Hermann Franz Z. und der .... 18.. zu .... † Antonie, geb. Kudielka), geb. Mähr.-Ostrau 18. August 1857, † Troppau 26. September 1901.

6. Josef Maria, geb. Verona 6. November 1849, k. u. k. Oberleutnant d. R. (bis 18.. im Husaren-Regimente .... Nr. ..); — verm. Marschendorf 6. Oktober 1874 mit:

Antonie, geb. Gräfin von und zu Aichelburg, Freiin auf Bodenhoff und Greiffenstein (Tochter des 13. Mai 1861 zu Marschendorf † k. u. k. Leutnants a. D. und Besitzers der Herrschaft Marschendorf Bertold Grafen v. u. z. Ai., Freiherrn auf B. u. G. und der Theodora Ernestine, geb. Schulpe, in II. Ehe seit 1864 Gemahlin des Ludwig Freiherrn von Eder), geb. Marschendorf 14. September 1854, Mitbesitzerin des Gutes Törökbecse (Komitat Torontál). — [Gmunden.]

Sohn:

Gaston Maria Bertold, geb. Wien 1. Februar 1885, Hörer der Rechte an der Universität Innsbruck.

7. Marie Anna Franziska Josefa Ignazia Elisabeth Rosalia, geb. Verona 10. Juni 1851, — [Gmunden]; — verm. Linz 21. Dezember 1873 mit:

† Viktor Grois, geb. Prag 2. Februar 1846, † Josefstadt 20. Jänner 1887, k. u. k. Major im Infanterie-Regimente Alfons XII. König von Spanien Nr. 94.

8. Elisabeth Marie Aloisia Ignazia Josefa Viktoria, geb. Wien 15. März 1856; — verm. Linz 3. November 1875 mit:

Hanns Wilhelm Theodor Freiherrn von Mandelsloh (evangelisch A. B.), geb. Dannenbüttel, Hannover, 2. April 1846, MVK., k. u. k. Generalmajor d. R. (bis 1903 Oberst und Kommandant des Dragoner-Regimentes Nikolaus I. Kaiser von Rußland Nr. 5, dann Kommandant des Militär-Invalidenhauses zu Nagyszombat [Tyrnau]). — [Gmunden.]

9. Maximilian (Max) Michael Angelo Johann Karl Viktor Alois Maria, geb. Wien 31. März 1858, k. u. k. Oberleutnant i. d. Evidenz der berittenen Tiroler Landesschützen. – [Gmunden.]

Vgl.: – Wurzbach XX, S. 123; – Appenzellisches Monatsblatt Nr. 2, 1837;, – „Neue Freie Presse" Nr. 9700, 29. August 1891; – „Humorist" Nr. 279, 5. Dezember 1858; – Mitteilungen der k. k. Geographischen Gesellschaft, I. Jahrg. 1857; – Österr. Monatsschrift f. d. öffentl. Baudienst, amtliches Fachblatt, Jahrg. II, Heft 7, Juli 1896; – Les hériditiers de Négrelli contre la compagnie du canal de Suez in: Revue des Grands Procès contemporains, Paris, Libraire générale de droit et de jurisprudence, No. I bis IV (Jänner bis April 1906).

Neumann von Spallart
und
Neumann-Ettenreich von Spallart.

Römisch-katholisch. – Österreich (Nieder- und Oberösterreich).

Verleihungen:

1854 Juli 13 (Allerhöchste Entschließung) und September 27, Wien (Diplom): Kaiser Franz Joseph I. bewilligt die Übertragung des Namens, Ritterstandes und Wappens des Josef Ritters von Ettenreich*) auf dessen Schwiegersohn, den k. u. k. Oberleutnant des Genie-Regimentes Nr. 2 Robert Neumann unter dem Namen „Ritter von Neumann-Ettenreich". – (AA., HKA.; – Orig. Fam.)

1875 Jänner 22, Wien: Kaiser Franz Joseph I. erhebt den Hof- und Gerichtsadvokaten Dr. Josef Neumann (Vater des vorgenannten Robert) als Ritter des Ordens der Eisernen Krone III. Klasse in den Österreichischen Ritterstand mit dem Prädikate „von Spallart" und einem Wappen. – (AA., HKA.; – Orig. Fam.)

Wappen:

I. 1854 Juli 13: Geviert, 1 und 4 in Gold ein schwarzer Doppeladler und auf dessen Brust ein silbern gesäumtes rotes

---

*) Der Wiener Bürger Josef Ettenreich (geb. Wien 25. August 1800, † daselbst 5. Februar 1875) hatte für sein entschlossenes Eingreifen bei der Abwehr und Überwältigung jenes Attentäters, der am 18. Februar 1853 das Leben Sr. Majestät des Kaisers Franz Joseph I. bedrohte, mit Diplom ddo. Wien, 23. April 1853 den Österreichischen Ritterstand und aus besonderer Gnade den kaiserlichen Doppeladler mit dem Allerhöchsten Namenszuge auf der Brust in das 1. und 4. Feld seines Wappens erhalten.

Schildchen mit dem Allerhöchsten Namenszuge F. J. in silbernen Lapidarbuchstaben (Gnadenwappen), 2 und 3 in Rot unter einer vierzinnigen silbernen „Bürger- oder Mauerkrone" zwei ineinandergeschlossene silberne Hände, deren rechte mit einem ebensolchen Stulphandschuh bekleidet ist. Zwei gekrönte Turnierhelme: auf I mit schwarz-goldenen Decken ein offener, rechts von Gold über Schwarz und links farbengewechselt geteilter Flug; auf II mit rot-silbernen Decken eine silberne Straußenfeder zwischen zwei roten. Goldenes Spruchband mit der Devise „ALLES FÜR GOTT UND KAISER" in schwarzer Lapidarschrift.

II. 1875 Jänner 22: Innerhalb einer mit sechs (1, 2, 2, 1) goldenen Bienen belegten schwarzen Bordüre zweimal geteilt, 1 in Gold ein wachsender schwarzer Doppeladler (Gnadenwappen), 2 in Gold eine mit drei silbernen Pfählen belegte, an die Seitenränder und den Unterrand stoßende, gestürzte rote Spitze, 3 in Blau ein fünfmal gebrochener goldener Balken. Zwei gekrönte Turnierhelme: auf I mit schwarz-goldenen Decken ein geschlossener, vorne schwarzer und mit einem goldenen, ein schwarzes Kammrad enthaltenden Schildchen belegter, hinten aber goldener Flug; auf II mit blau-goldenen Decken ein wachsender goldener Löwe, in den Vorderpranken ein rot verschnürtes Liktorenbündel mit Beil haltend. Goldenes Spruchband mit der Devise „PER LABOREM AD HONOREM" in schwarzer Lapidarschrift.

---

† Josef Ritter Neumann von Spallart (2. Ritterstandserwerber – Sohn des .... 18.. zu .... † .... N. und der .... 18.. zu .... † ...., geb. ....), geb. Tischnowitz, Mähren, 22. Februar 1797, † Wien 2. November 1880, Dr. jur., EKO.-R.III., kaiserl. Rat, emer. k. k. Professor (1825 bis 1850) des Handels-, Lehen- und Wechselrechtes an der Theresianischen Ritterakademie in Wien, emer. Hof- und Gerichtsadvokat daselbst, Besitzer (seit 1827) des Gutes Breitensee bei Wien, Gründer und Mitbesitzer der Papierfabriken zu Neu-Ebenfurth, Eggendorf und Wr.-Neustadt, der Fabrik für chemische und metallurgische Produkte in Aussig a. d. Elbe, der Wolfsegger Kohlen- und Eisenwerke, 1848 Abgeordneter zum Reichstage in Kremsier, Mitgründer des Niederösterreichischen Gewerbevereines, Ehrenbürger von Tischnowitz und Breitensee; – verm. Wien 12. September 1824 mit:

† Elise Marie Anna, geb. Edlen von Spalart (Tochter des 17. November 1808 zu Wien † k. k. Einreichungsprotokollisten-adjunkten beim Appellationsgerichte in Wien Robert Edlen v. Sp. und der .... 18.. ebenda † Therese, geb. Brandesky), geb. Wien 23. Februar 1799, † Breitensee 23. Juli 1879.

Kinder:

+ 1. Robert Ritter Neumann-Ettenreich von Spallart (1. Ritterstandserwerber durch Übertragung), geb. Breitensee 4. Juli 1825, † Wien 6. Juli 1890, k. k. Oberst d. R. (bis 1879 Oberstleutnant und Reservekommandant des Infanterie-

Regimentes FML. Franz Graf Thun-Hohenstein Nr. 54); – verm. Wien 18. April 1854 mit:

Barbara (Betty), geb. von Ettenreich (einziger Tochter des 5. Februar 1875 zu Wien † Josef Ritters v. E. und der 30. März 1881 ebenda † Therese, geb. Bürger), geb. Wien 18. August 1830. – [Wien, IV. Margarethenstraße 9.]

Kinder:

1) Zoë Neumann-Ettenreich von Spallart, geb. Wien 18. Mai 1855, – [Wien, IV. Margarethenstraße 9]; – verm. Wien 14. November 1874 mit ihrem Oheime:

† Julius Ritter Neumann von Spallart (s. unten), geb. Breitensee 12. April 1831, † Wien 29. März 1896, EKO.-R.II., LO.-R., k. u. k. Feldmarschall-Leutnant d. R. (bis 1891 Kommandanten der 29. Infanterie - Truppendivision in Theresienstadt).

2) Robert Ritter Neumann-Ettenreich von Spallart, geb. Wien 8. Jänner 1857, Dr. jur., k. k. Hofrat beim Obersten Gerichts- und Kassationshofe; – verm. Wien 4. Mai 1888 mit:

Marie, geb. Fuka (Tochter des k. k. Notars in Wien Alois F. und der Marie, geb. Kurz), geb. Wien 30. Mai 1867. – [Wien, III. Ungargasse 16.]

Kinder:

(1) Agathe, geb. Wien 10. September 1889.
(2) Robert, geb. Wien 1. September 1890.
(3) Bruno, geb. Wien 28. Juni 1893.

3) Ida Neumann-Ettenreich von Spallart, geb. Wien 28. April 1858; – verm. Wien 18. April 1887 mit:

Michael Wolff von Wolffenberg, geb. .... 18.., MVK., k. u. k. Oberst d. R. (bis 1898 im Infanterie-Regimente FZM. Heinrich Freiherr Giesl von Gieslingen Nr. 16). – [Kroisbach bei Graz, Hilmteichstraße 18.]

4) Helene Neumann-Ettenreich von Spallart, geb. Wien 9. Juni 1862; – verm. Wien 18. September 1887 mit:

Emil Weinmann, geb. .... 18.., k. u. k. Oberstleutnant des Armeestandes im Reichs-Kriegsministerium. – [Wien, IV. Margarethenstraße 9.]

5) Marianne Neumann-Ettenreich von Spallart, geb. Wien 26. Jänner 1866. — [Wien.]

† 2. Marie Neumann von Spallart, geb. Wien 12. November 1826, † ebenda 7. Juni 1892; – verm. Wien 23. November 1850 mit:

† Karl Ritter Schwabe von Waisenfreund, geb. Wien 20. Mai 1827, † Oberweis bei Gmunden 24. September 1875, LO.-R., EKO.-R.III., k. k. Ministerialrat im Finanzministerium.

22

† 3. Josefine Neumann von Spallart, geb. Wien 31. Mai 1828, † ebenda 9. März 1869; — verm. Breitensee 30. Mai 1846 mit:

† Moriz Edlen von Statzer, geb. Wien 18. September 1819, † ebenda 6. November 1850, k. k. Kreiskommissär.

† 4. Emilian Ritter Neumann von Spallart, geb. Wien 31. August 1829, † Linz 28. April 1901, Fabriksbesitzer, Verwaltungsrat des Vereines für chemische und metallurgische Produktion in Aussig a. d. Elbe; — verm. Gmunden 16. September 1857 mit:

Kornelie, geb. Polak (Tochter des .... 18.. zu .... † .... P. und der .... 18.. zu .... † ...., geb. ....), geb. Wiener-Neustadt 3. Juli 1837. — [Linz.]

Kinder:

1) Jenny Neumann von Spallart, geb. Oberweis bei Gmunden 24. Oktober 1859. — [.....]

2) Emiliane Neumann von Spallart, geb. Oberweis 28. Juli 1861. — [.....]

3) Irene Neumann von Spallart, geb. Oberweis 25. September 1862; — verm. .... 18.. mit:

Karlos Kistler, geb. .... 18.., Möbelfabrikanten. — [Rio de Janeiro.]

4) Lilly Neumann von Spallart, geb. Oberweis 17. Dezember 1863, verm. .... 18.. mit:

Rudolf Knesek, geb. .... 18.., k. k. Professor am Staatsgymnasium im XXI. Bezirke (Floridsdorf) in Wien. — [Wien, II. Obere Donaustraße 45 A.]

5) Ella Neumann von Spallart, geb. Oberweis 24. Jänner 1865; — verm. .... 18.. mit:

Theodor Kordas, geb. .... 18.., Professor am Landes-Real- und Obergymnasium in Stockerau. — [Stockerau.]

6) Emilian Ritter Neumann von Spallart, geb. Oberweis 6. Mai 1871, k. u. k. Oberleutnant des Divisions-Artillerie-Regimentes Nr. 11, zugeteilt dem Technischen Militärkomitee. — [Wien, II. Obere Donaustraße 45 A.]

7) Mary Neumann von Spallart, geb. Oberweis 22. November 1872. — [.....]

8) Alfred Ritter Neumann von Spallart, geb. Oberweis 24. September 1877, k. u. k. Oberleutnant im Divisions-Artillerie-Regimente Nr. 14. — [Somorja.]

† 5. Julius Ritter Neumann von Spallart, geb. Breitensee 12. April 1831, † Wien 29. März 1896, EKO.-R.II., LO.-R., k. u. k. Feldmarschall-Leutnant d. R. (bis 1891 Kommandant der 29. Infanterie-Truppendivision in Theresienstadt); — verm. Wien 14. November 1874 mit seiner Nichte:

Zoë, geb. Neumann-Ettenreich von Spallart (s. oben — Tochter des 6. Juli 1880 zu Wien † k. u. k. Obersten

Robert Ritters N.-E. v. Sp. und der Barbara [Betty], geb. Edlen von Ettenreich), geb. Wien 18. Mai 1855. — [Wien.]

Kinder:

1) Elsa, geb. Wien 28. März 1881.
2) Karola, geb. Wien 5. September 1882.
3) Otto, geb. Wien 2. September 1883.
4) Karl, geb. Wien 16. Juni 1885.
5) Julius, geb. Wien 9. September 1887.

† 6. Franz Xaver Ritter Neumann von Spallart, geb. Wien 11. November 1837, † ebenda 7. April 1888, Dr. jur., k. k. Hofrat, Professor an der k. k. Universität und Hochschule für Bodenkultur, sowie an der k. u. k. Orientalischen Akademie in Wien, Ritter des großherzogl. toskanischen Zivil-Verdienstordens; — verm. Wien 31. Juli 1871 mit:

Gabriele, geb. Benedikt von Mautenau (Tochter des 17. Februar 18.. zu Wien † Hof- und Gerichtsadvokaten, Dr. jur. .... B. v. M. und der .... 1896 ebenda † Marie, geb. ....), geb. Wien 9. Jänner 1851. — [Dresden.]

Kinder:

1) Anatol Ritter Neumann von Spallart, geb. Wien 3. Mai 1872, Dr. phil., k. u. k. Oberleutnant im Infanterie-Regimente FZM. Karl Horsetzky Edler von Hornthal Nr. 98, Lehrer an der Infanterie-Kadettenschule in Wien; — verm. Olmütz 14. Mai 1896 mit:

Berta, geb. Hönig (Tochter des Generalsekretärs des Zentralverbandes der Großindustriellen Österreichs Max H. und der Berta, geb. Zimányi de Czakany), geb. Wien 1. Mai 1875. — [Wien, XIII. Hütteldorferstraße, Infanterie-Kadettenschule.]

Kinder:

(1) Georg, geb. Olmütz 25. April 1897.

(2) Hans, geb. Wien 12. Dezember 1901.

† 2) Paula Neumann von Spallart, geb. Wien 31. August 1873, † Dresden 6. Oktober 1892.

† 3) Wolfgang Ritter Neumann von Spallart, geb. Wien 30. Juli 1880, † ebenda 17. Juli 1887.

Vgl.: — Wurzbach IV, S. 109 [v. Ettenreich], XX, S. 291 [v. Neumann-Ettenreich] u. XXVIII, 367 [Neumann]; — Brünner Adel. Taschenb. II 1877, III 1878, VII 1882, XI 1886 u. XVII 1892; — G. J. F., 1891, S. 92.

Novaković von Gjuraboj
und
Novaković von Gjuraboj und Glina.

Griechisch-orientalisch, römisch-katholisch und anglikanisch. — Ungarn (Kroatien) und Österreich (Niederösterreich).

Verleihungen:

1852 Mai 5, Wien (Diplom): Kaiser Franz Joseph I. erhebt den (inzwischen verstorbenen) k. k. Hauptmann i. P. Elias Novaković in den Österreichischen Adelstand mit dem Prädikate „von Gjuraboj" und einem Wappen. — (AA., HKA.; — Orig. Fam.)

1892 August 24, Wien (Plakat des k. k. Ministeriums des Innern): Bewilligung zur Annahme des Ehrenwortes „Edler" für den k. u. k. Garden und Rittmeister 1. Kl. in Sr. k. u. k. Apostolischen Majestät kgl. ungar. Leibgarde Michael Novaković von Gjuraboj. — (AA., HKA.; — Orig. Fam.)

1894 November 17, Wien: Kaiser und König Franz Joseph I. verleiht dem k. u. k. Major d. R. Michael Novaković Edlen von Gjuraboj den Ungarischen Adel mit dem weiteren Prädikate „Glina" und Besserung seines bisherigen Wappens. — (Ung. LA.; — Orig. Fam.)

1896 Juli 14, Rom (Breve): Papst Leo XIII. verleiht dem k. u. k. Major d. R. Michael Novaković Edlen von Gjuraboj und Glina den Titel Comes Romanus (Römischer Graf). — (Orig. Fam.)

1906 November 16 (Allerhöchste Entschließung): Kaiser Franz Joseph I. erhebt den k. u. k. Major d. R. Michael Novaković Edlen von Gjuraboj und Glina aus besonderer Allerhöchster Gnade in den Österreichischen Freiherrnstand. (AA., HKA. — Diplom bei Abschluß vorliegenden Familienartikels noch nicht ausgefertigt.)

Wappen:

I. 1852 Mai 5: Geviert, 1 in Blau ein blanker Degen mit goldenem Gefäße und eine natürliche Muskete schräg gekreuzt durch einen grünen Lorbeerkranz gesteckt, 2 in Rot auf grünem Boden ein (natürlicher) Löwe mit beiden Vorderpranken eine dreimal von Schwarz und Gold geteilte Fahne mit goldener Spitze an schwarz-golden gewundenem Schafte schräg emporhaltend, 3 fünfmal von Rot, Silber und Grün geteilt, 4 in Blau auf „grüner Ebene" eine natürliche Stadt, rechts mit zwei Türmen mit roten Spitzdächern und geschlossenem Tore mit drei Zinnen darüber, die wieder von drei (2, 1) Schießlöchern überhöht sind. Auf dem gekrönten Turnierhelme mit rechts blau-silbernen und links rot-silbernen Decken drei Straußenfedern, einer silbernen zwischen einer blauen und einer roten.

II. 1894 November 17: Halb gespalten und durch einen goldenen Balken geteilt; 1 in Blau ein blankes Schwert schräg über einen schräglinken ebensolchen Türkensäbel gelegt, beide mit goldenen Griffen und in der Mitte überhöht von einem goldenen Sterne; 2 wie 1852; 3 in Blau auf „grüner Ebene" eine natürliche Stadt mit bastionierter Zinnenmauer und einem gezinnten Torturme mit geschlossenem Tore und Schießlöchern darüber. Auf dem gekrönten Turnierhelme mit rechts blau-silbernen und links rot-goldenen Decken dasselbe Kleinod wie 1852. Silbernes Spruchband mit der Devise „AUDE NE DESPERA" in blauer Lapidarschrift.

---

† Elias Novaković von Gjuraboj (griechisch-orientalisch – Adelserwerber – Sohn des .... 1... zu .... † Damian Novaković und der .... 1... zu .... † Angela, geb. ....), geb. Ravnorašče, Kroatien, 1. November 1790, † Glina 12. Februar 1852, k. k. Hauptmann i. P. (bis 1843 im Banal-Grenzinfanterie-Regimente Nr. 10); – verm. .... 18.. mit:

† Anna, geb. Mauler (römisch-katholisch – Tochter des .... 18.. zu Graz † Bürgers Josef M. und der .... 18.. zu .... † Elisabeth, geb. Obergmeiner), geb. Graz 25. Juli 1805, † Glina 28. Juni 1845.

Kinder:

†1. Josef (griechisch-orientalisch), geb. .... 3. April 1829, † Agram 23. Dezember 1902, k. u. k. Major d. R. (bis 1879 Hauptmann 1. Kl. im Infanterie-Regimente FZM. Josef Graf Jellačić de Bužim Nr. 79); – verm. .... 18.. mit:

† Emilie, geb. von Tarbuk (Tochter des .... 1873 zu Glina † k. k. Majors i. P. Moises v. T. und der .... 1885 zu .... † Sidonie, geb. Zahorski), geb. .... 3. März 1848, † Agram 31. Juli 1901.

Kinder:

1) Katharina (Katinka), geb. Glina 22. November 1863. – [Agram.]

2) Bogumil, geb. Glina 30. Mai 1865, k. u. k. Hauptmann 1. Kl. im Feldjäger-Bataillon Nr. 8. – [Kötschach.]

†2. Elisabeth (römisch-katholisch), geb. Glina 29. August 1835, † Wien 22. Jänner 1899; – verm. .... 11. Februar 1862 mit:

† Paul Rogulja, geb. .... 26. Februar 1828, † Glina 27. Februar 1870, k. k. Hauptmann d. R. (bis 18.. im Ersten Banal-Grenzinfanterie-Regimente Nr. 10).

†3. Emilie (römisch-katholisch), geb. Glina 3. Mai 1837, † Agram 28. September 1863.

4. Michael Freiherr Novaković von Gjuraboj und Glina (Freiherrnstandserwerber – römisch-katholisch), geb. Ravnorašče 17. November 1840, k. u. k. Major d. R. (bis 1894 k. u. k. Garde und Rittmeister 1. Kl. in der kgl. ungarischen

Leibgarde); – verm. Elmira, Nordamerika, 11. November 1890 mit:

Ida, geb. Stuart-Stancliff (anglikanisch – Tochter des .... 1864 zu Elmira † Lewis James Stancliff und der Julia, geb. Stuart-Eldridge), geb. Elmira 13. August 1861. – [Wien, IV. Alleegasse 21.]

Sohn:

Paul, geb. Wien 28. März 1892.

---

von Oberaygner (Obereigner).

Römisch-katholisch. – Ungarn (Komitat Bars) und Österreich (Böhmen, Küstenland).

Verleihung:

1675 August 14, Wien: König Leopold I. erhebt den Georg Oberaygner und durch ihn seine Gemahlin Anna Maria, geb. Ernst, seine Söhne Michael und Johann Georg, sowie seine Töchter Anna Maria, Barbara, Sophie und Dorothea, endlich seinen Stiefvater Lorenz Mayerl in den Ungarischen Adelstand und verleiht ihnen ein Wappen.

Wappen:

1675 August 14: In Rot auf natürlichem Boden ein ebensolcher Kranich, in der linken erhobenen Kralle ein geschlossenes schwarz gebundenes Buch mit goldenem Schnitte haltend. Auf dem gekrönten Turnierhelme mit rechts blau-gelben und links rot-weißen Decken zwischen rechts von Gelb über Blau und links von Schwarz über Gelb geteilten Büffelhörnern der Kranich mit dem Buche.

Die Familie Oberaygner besaß im XVII. und XVIII. Jahrhundert Silbergruben und Grundstücke zu Schemnitz (Selmeczbánya) in Oberungarn und soll sich auch um die Entwicklung dieser Stadt verdient gemacht haben.

Rupert Oberaygner hinterließ von seiner Gemahlin Elisabeth, die sich in II. Ehe mit Lorenz Mayerl vermählte, folgende Kinder: – 1. Georg, geb. Schemnitz 24. April 1634, der der Stammvater der adeligen Familie Oberaygner wurde (s. unten), – 2. Johann, – 3. Stephan und – 4. Maria, verehelichte Kollmann, von denen die drei letztgenannten nur aus dem Testamente ihres Stiefvaters Lorenz Mayerl bekannt sind.

Kaiser Leopold I. als König von Ungarn erhob den vorstehend sub 1. genannten Georg Oberaygner als „Haupterwerber“ und durch diesen seine Frau Anna Maria, geb. Ernst seine Kinder: — 1) Michael, — 2) Johann Georg (s. unten), — 3) Anna Maria, — 4) Barbara, — 5) Sophie und — 6) Dorothea, sowie seinen Stiefvater Lorenz Mayerl, sämtlich als „Nebenerwerber", ddo. Wien, 14. August 1675 „e statu et conditione ignobili" in den Ungarischen Adelstand mit dem eingangs beschriebenen Wappen. Diese Standeserhebung wurde dann in der Generalkongregation des Honter Komitates am 27. November 1685 kundgemacht.

Von den vorgenannten war der 2). Sohn Johann Georg Oberaygner († Schemnitz 27. April 1726) zweimal vermählt: I. mit Maria Weigert, die ihm die unten folgenden, zu Schemnitz geborenen sieben Kinder schenkte, und II. seit 21. September 1716 in kinderloser Ehe mit Susanne, verwitweten Lauer. Seine Kinder waren: — (1) Johann Georg (Alois), geb. 4. Februar 1690, von dem allein Nachkommen bekannt sind (s. unten); — (2) Franz Josef, geb. 22. Dezember 1691; — (3) Juliane, geb. 18. Oktober 1692; — (4) Matthias Leopold, geb. 7. Februar 1694; — (5) Anna Elisabeth, geb. 30. Oktober 1695; — (6) Susanne Katharina, geb. 19. Februar 1698, und — (7) Ignaz Leopold Karl, geb. 20. Mai 1702, der im Adelskataster von 1754/55 als adeliger Einwohner des Komitates Hont erscheint.

Johann Georg (Alois) Oberaygner, vorstehend (1), vermählte sich 15. Oktober 1718 zu Schemnitz mit Katharina Elisabeth Drada, von der er acht, ebenfalls zu Schemnitz getaufte Kinder hatte: — 1. Maria Elisabeth, geb. 26. September 1719, † vor 1726; — 2. Maria Elisabeth, geb. 24. April 1726; — 3. Johann Josef, geb. 25. April 1729, von dem die I. Ältere Linie abstammt (s. unten); — 4. Karl Matthäus, geb. 17. September 1732, der Begründer der II. Jüngeren Linie (s. unten); — 5. Rosalia, geb. 1. August 1734, † vor 1738; — 6. Ignaz Franz Josef, geb. 29. Juli 1735; — 7. David Matthias, geb. 30. November 1736, und — 8. Rosalia, geb. 8. Mai 1738.

I. Ältere Linie.

Johann Josef von Obereigner (oben 3.), der 1754/55 unter dem Adel des Honter Komitates verzeichnet wurde, hatte aus seiner jedenfalls vor 1755 geschlossenen Ehe mit Rosalia N. vier Kinder: — 1) Katharina, die im dritten Lebensjahre starb und 1. Februar 1758 begraben wurde; — 2) Johann Nepomuk, geb. Wieszka 6. Mai 1757, der allein diese Linie fortpflanzte (s. unten); — 3) Josef Adalbert, geb. 7. April 1760, und — 4) Maria Theresia, geb. Siglisberg 9. Oktober 1763, vermählte von Zipser.

Johann Nepomuk von Obereigner, oben 2), vermählte sich zweimal: I. Jaroslau 26. Juni 1792 mit N. von Tellyey und II. Lemberg 25. November 1798 mit Anna von Eigel. Aus jeder dieser Ehen stammte ein Kind: — (1) Susanne Anna, geb. 12. August 1793, und — (2) Josef, geb. Lemberg 4. Mai 1807 (s. unten I. Ältere Linie).

II. Jüngere Linie.

Karl Matthäus von Oberaygner (s. oben 4.).

Johann Franz Serafin von Oberaygner, geb. Chodritsch 24. Juni 1762, verm. mit Katharina, geb. von Rembs.

Anton von Oberaygner, geb. Schemnitz 11. Mai 1800, verm. Altsohl (Zólyom) mit Elise, geb. von Pelczer.

Koloman von Oberaygner, geb. 16. September 1837 (s. unten II. Jüngere Linie).

I. Ältere Linie.

(von Obereigner. – In Österreich.)

Stifter: Johann Josef von Obereigner, geb. Schemnitz (Selmeczbánya) 25. April 1729.

† Josef von Obereigner (2. Kind des .... 18.. zu .... † Johann Nepomuk v. O. aus dessen II. Ehe mit der .... 18.. zu .... † Anna von Eigel), geb. Lemberg 4. Mai 1807, † .... 18..; – verm. Podĕbrad .... 18.. mit:

† Therese, geb. Nosk (Tochter des .... 18.. zu .... † .... N. und der .... 18.. zu .... † ...., geb. ....), geb. .... 18..

Söhne:

† 1. Josef Leonhard, geb. Podĕbrad 30. Jänner 1845, † Schneeberg, Krain, 15. Februar 1903, Forstdirektor der Prinz Hermann Schönburg-Waldenburgschen Herrschaft Schneeberg; – verm. Podĕbrad 24. September 1868 mit:

Paula, geb. Baučék (Tochter des .... 18.. zu .... † .... B. und der .... 18.. zu .... † ...., geb. ....), geb. Podĕbrad 13. Jänner 1845. – [.....]

Kinder:

† 1) Marie, geb. Schloß Bukowina, Böhmen, 15. August 1869, † Schneeberg 18. März 1903; – verm. Altenmarkt bei Laas 21. Juli 1887 mit:

Heinrich Ethbin Schollmayer, geb. .... 1861, Oberförster. – [.....]

2) Emil Josef Franz, geb. Schloß Bukowina 2. Mai 1871, k. k. Forstinspektionskommissär zu Prosecco; – verm. Prosecco 26. Oktober 1899 mit:

Regina, geb. Balauč (Tochter des Johann B. und der Franziska, geb. Baudel), geb. .... 1877. – [Prosecco.]

Söhne:

(1) Emil (Milko) Josef Franz, geb. Prosecco 1. November 1900.
(2) Stanislaus, geb. Prosecco 14. Oktober 1901.

3) Zdenko, geb. Schloß Bukowina 24. Juli 1872; — verm. Altenmarkt bei Laas 17. April 1899 mit:
Alexander Bretschneider, geb. .... 18.., k. k. Bergverwalter bei der Salinenverwaltung in Ischl. — [Ischl.]

4) Josef Johann Franz, geb. Schneeberg 12. März 1874, k. u. k. Maschinenbauingenieur 1. Kl. der Kriegsmarine; — verm. auf Brioni 25. April 1902 mit:
Marizza, geb. Machaček (Tochter des .... M. und der ...., geb. ....), geb. .... 18... — [Wien, XVIII. Gentzgasse 115.]

Tochter:

Magdalena, geb. Pola 4. März 1903.

5) Heinrich, geb. Schneeberg 15. Juli 1875, k. u. k. Oberleutnant im Infanterie-Regimente FM. Leopold Graf Daun, Fürst von Thiano Nr. 56. — [Wadowice.]

2. Adalbert (Vojtěch), geb. Poděbrad 3. April 1853, behördl. autorisierter Zivilgeometer und Realitätenbesitzer zu Poděbrad; — verm. Kouřim 30. Mai 1882 mit:
Marie, geb. Pokorny (Tochter des .... 18.. zu .... † .... P. und der .... 18.. zu .... † ...., geb. ....), geb. .... 18... — [Poděbrad.]

Kinder:

1) Emil, geb. Poděbrad 8. April 1883, Hörer der Technik. — [Prag.]
2) Vojtěch, geb. Poděbrad 4. März 1889.
3) Milada, geb. Poděbrad 24. März 1891.

3. Wilhelm Johann, geb. Poděbrad 16. Dezember 1855, Brauer zu ...., — [....]; — verm. I. .... 18.. mit:
† Barbara, geb. .... (Tochter des .... 18.. zu .... † .... und der .... 18.. zu .... † ...., geb. ....), geb. .... 18.., † .... 18..; — II. .... 18.. mit:
Ludmilla, geb. .... (Tochter des .... 18.. zu .... † .... und der .... 18.. zu .... † ...., geb. ....), geb. .... 18... — [....]

Kinder: a) I. Ehe:

1) Marie, geb. .... 18...
2) Heinrich, geb. .... 18...

b) II. Ehe:

3) Bohuslav, geb. .... 18...
4) Ludmilla, geb. .... 18...
5) Wilhelm, geb. .... 18...

6) Josef, geb. .... 18..
7) Pauline, geb. .... 18...

II. Jüngere Linie.

(von Oberaygner. – In Ungarn.)

Stifter: Karl Matthäus von Oberaygner, geb. Schemnitz (Selmeczbánya) 17. September 1732.

Koloman von Oberaygner (Sohn des .... 18.. zu .... † Anton v. O. und der .... 18.. zu .... † Elise, geb. von Pelczer), geb. .... 16. September 1837; – verm. .... 18.. mit:
Emma, geb. Jandáki (Tochter des .... 18.. zu .... † .... J. und der .... 18.. zu .... † ...., geb. ....), geb. ..... – [.....]

Kinder:

1. Etelka, geb. .... 18..; – verm. .... 18.. mit:
   .... Micháłffy, geb. .... 18.., Fechtmeister. – [Zsamócsa, Komitat Bars.]
2. Oskar, geb. .... 25. Mai 1866, Gemeindenotär in Zsamócsa; – verm. .... 18.. mit:
   Emma, geb. Micháłffy (Tochter des .... 18.. zu .... † .... M. und der .... 18.. zu .... † ...., geb. ....), geb. .... 18... – [Zsamócsa.]

Vgl.: – Neuer Siebmacher IV, 15 (G. v. Csergheö u. J. v. Csoma, Der Adel von Ungarn), Suppl. S. 97 u. Taf. 68.

---

von Obermayer.

Römisch-katholisch. — Österreich (Niederösterreich).

Verleihung:

1819 Juni 27, Perugia (Allerhöchste Entschließung und Diplom): Kaiser Franz I. erhebt den k. k. Hofsekretär und Expeditor der Geheimen Haus-, Hof- und Staatskanzlei Urban Josef Obermayer in den Österreichischen Adelstand mit dem Ehrenworte „Edler von" und einem Wappen. — (AA., HKA.; — Orig. Fam.)

Wappen:

1819 Juni 27: Geviert, 1 und 4 in Silber ein rotes Tatzenkreuz, 2 und 3 in Blau auf grünem Boden ein einwärtsspringender natürlicher Hirsch. Auf dem gekrönten Turnierhelme mit rechts rot-silbernen und links blau-silbernen Decken ein wachsender, doppelschwänziger goldener Löwe.

Der Stammvater dieser Familie Johann Georg Obermayer wurde 15. Dezember 1733 zu Passau geboren, zog 1754 zur Vollendung seiner Studien nach Wien und fand Stellung im Italienischen Departement der Geheimen Hof- und Staatskanzlei. Er rückte dort 1762 zum Offizial und 1774 zum wirkl. Hofsekretär vor. Nach Umgestaltung dieses Departements zur k. k. Italienischen Hofkanzlei 1793 wurde er Beisitzer der „Giunta Italiana“ und starb am 23. November 1801 zu Wien als k. k. Rat und „Official Major“ dieser Hofkanzlei. Er hatte sich zweimal vermählt: I. Wien 6. März 1770 mit Elisabeth Hauer, die jedoch schon am 10. November 1772 starb, und II. mit der Witwe Katharina Reising, geb. Mühlbauer, die ihm am 8. November 1796 durch den Tod entrissen wurde. Diesen beiden Ehen entsprossen die folgenden drei zu Wien geborenen Kinder:

I. Ehe: — 1. Josef Urban, geb. 10. April 1771, der den Stamm fortpflanzte (s. unten).

2. Franziska Elisabeth Karoline, geb. 1. April 1772.

II. Ehe: — 3. Emilie, geb. 31. Dezember 1786, † 10. September 1870, verm. 181. mit Bernhard Josef Ritter von Weckbecker (geb. Coblenz 15. Juni 1778, † Gmunden 9. Mai 1852), LO.-R., jubil. k. k. Hofrat des Kriegsministeriums.

Josef Urban Obermayer (s. oben 1.) trat 1787 ebenfalls in das Italienische Departement der Geheimen Haus-, Hof- und Staatskanzlei, war 1797 als Leutnant des Wiener Aufgebotes Gallopin des Herzogs von Württemberg, wurde 1811 Expeditor der Geheimen Haus-, Hof- und Staatskanzlei, erhielt 1812 den Titel eines k. k. Hofsekretärs, 1815 das Donatkreuz des Malteser-Ordens und wurde für seine Verdienste während des Wiener Kongresses ddo. Perugia, 27. Juni 1819 mit dem Ehrenworte „Edler von“ und dem oben beschriebenen Wappen in den Österreichischen Adelstand erhoben. Josef Urban Edler von Obermayer wurde 1827 noch mit dem Titel eines k. k. Rates bekleidet und starb am 6. September 1831 zu Wien. Er war seit 7. Mai 1797 mit Eleonore, geb. de Mitti, verwitweten Luppl, vermählt, die am 26. Oktober 1800 zu Wien starb. Dieser Ehe entstammten folgende zwei zu Wien geborene Kinder:

1) Karoline, geb. 25. Mai 1798, † 19. November 1800.

2) Josef Bartholomäus, geb. 8. Oktober 1800, † Linz 15. April 1864, k. k. Hof- und Ministerialsekretär i. P. (bis 1859 im Ministerium des kaiserl. Hauses und des Äußern), verm. I. Wien 26. Oktober 1842 mit Serafine, geb. Freiin von Augustin (Tochter des 6. März 1859 zu Wien † k. k. Feldzeugmeisters, Generalartilleriedirektors, Oberstinhabers des Artillerie-Regimentes Nr. 3, LO.-R., EKO.-R., MVK. (KD.) Vinzenz Freiherrn v. Au. und dessen I. Gemahlin, der ... Februar 1840 zu Wr.-Neustadt † Therese, geb. Haller), die am 26. Oktober 1846 zu Wien starb. Er vermählte sich in II. Ehe 10. September 1859 mit Rosalia, geb. Vogl, verwitweten Hofbauer, die ihm 1864 im Tode folgte, jedoch keine Kinder hinterließ. Seiner I. Ehe entsproß nur der 3. Jänner 1844 zu Wien geborene Sohn Josef Vinzenz Albert, dessen Nachkommenschaft unten folgt.

Josef Vinzenz Albert Edler von Obermayer (einziger Sohn des 15. April 1864 zu Linz † Josef Bartholomäus Edlen v. O. und dessen I. Gemahlin, der 26. Oktober 1846 zu Wien † Serafine, geb. Freiin von Augustin), geb. Wien 3. Jänner 1844, FJO.-Kmt., EKO.-R.III., k. u. k. Generalmajor d. R. (bis 1904 k. u. k. Oberst, überkomplett im Stande der Artillerie-Zeugsfabrik in Wien, Studieninspektor und Lehrer der Mechanik und Physik an der Technischen Militärakademie daselbst), korrespondierendes Mitglied der kaiserl. Akademie der Wissenschaften in Wien; — verm. Wien .... 18.. mit:

Ottilie, geb. Kunert von Kunertsfeld (Tochter des 29. September 1856 zu Ulm † k. k. Oberstleutnants im ...., MVK. (KD.) Josef Johann K. v. K. und der .... 1898 zu Linz † Franziska, geb. Auer), geb. Wien 5. Oktober 1848. — [Wien, VI. Gumpendorferstraße 43.]

Töchter:

1. Serafine, geb. Wien 11. Juni 1881.
2. Elisabeth (Elsa) Karoline, geb. Wien 3. April 1885.

Obst von Tarrawehr.

Römisch-katholisch. – Österreich (Niederösterreich).

Verleihung:

1888 Mai 25 (Allerhöchste Entschließung) und Juni 14 (Diplom), Wien: Kaiser Franz Joseph I. verleiht dem k. u. k. Oberstleutnant des Infanterie-Regimentes FZM. Heinrich Freiherr von Handel Nr. 10 Eduard Obst den Österreichischen Adel mit dem Prädikate „Edler von Tarrawehr" und einem Wappen. – (AA., HKA.; – Orig. Fam.)

Wappen:

1888 Juni 14: In Blau auf grünem Boden ein roter Baumstrunk, aus dem links ein übergebogener Ast mit goldenen Blättern hervorwächst, auf welchem ein auffliegender natürlicher Falke mit golden beknaufter roter Blendung und goldenen Fußschellen sitzt. Auf dem gekrönten Turnierhelme mit rechts blau-goldenen und links rot-goldenen Decken ein wachsendes goldenes Pferd.

Die Vorfahren dieses Geschlechtes sollen ursprünglich aus Böhmen stammen. Josef Obst, geb. 1779 zu Arad, war Förster der k. k. Kameralgüterverwaltung in Galizien und vermählte sich mit Rosalia von Jankowska (geb. 1793, † 1884) aus einer bei Dolina begüterten Familie. Unter Hinterlassung von sieben Söhnen und fünf Töchtern starb er in Ausübung seines beschwerlichen Dienstes zu Nowosielica am 16. April 1851.

Sein jüngster Sohn Eduard Obst erlangte nach dreißigjähriger, im Frieden und im Kriege ausgezeichneter Dienstleistung, während welcher er die Feldzüge 1859 und 1866, sowie die Unterdrückung des Aufstandes in der Herzegowina 1882 mitgemacht hatte, als Oberstleutnant des Infanterie-Regimentes Nr. 10 die vorstehende Standeserhöhung.

Eduard Obst Edler von Tarrawehr (Adelserwerber – Sohn des 16. April 1851 zu Nowosielica † Josef Obst und der 16. Juni 1884 zu Utorop † Rosalia, geb. von Jankowska), geb. Nowosielica 17. Mai 1837, Marianer des h. Deutschen Ritterordens, k. u. k. Oberst d. R., Ehrenbürger der Stadt Gorazda; – verm. Kaschau (Kassa) 11. Februar 1867 mit:

Kornelia Antonia, geb. Völk (Tochter des Realitätenbesitzers Ludwig Völk und der Kornelia, geb. Gebler), geb. Kaschau (Kassa) 23. Juli 1848. – [Wien, VIII. Maria Treugasse 8.]

Kinder:

†1. Kornelia, geb. Kassa (Kaschau) 3. Juli und † 24. Oktober 1868.

†2. Artur Eduard, geb. Kassa (Kaschau) 31. Dezember 1869, † Wien 16. Februar 1874.

3. Eduard Julius, geb. Wien 19. Februar 1872, k. u. k. Oberleutnant im Tiroler Kaiserjäger-Regimente Nr. 3, Lehrer an der Infanterie-Kadettenschule in Wien; – verm. Wien (St. Karl Borr.) 30. Juni 1906 mit:

Emma, geb. Broda (Tochter des .... B. und der ...., geb. ....), geb. .... 18... – [Wien, VII. Schottenfeldgasse 41–43.]

†4. Leontine Julie, geb. Wien 19. Februar 1872, † daselbst 7. Februar 1874.

5. Irene Hildegarde, geb. Perchtoldsdorf 17. September 1874, – [Wien, VIII. Maria Treugasse 8]; – verm. Wien 11. Oktober 1894 mit:

† Josef Stepanek, geb. .... 19. Juli 1860, † Wien 28. Jänner 1903, k. u. k. Hauptmann des Korpsartillerie-Regimentes FML. Karl Freiherr von Ludwig Nr. 14.

Vgl.: – Brünner Adel. Taschenb. XVI 1891.

---

* von Pantz.

Römisch-katholisch. – Österreich (Steiermark, Niederösterreich, Kärnten) Ungarn, Italien (Provincia di Belluno) und Sachsen.

Verleihungen:

1622 Februar 7, Wien: Kaiser Ferdinand II. verleiht Christoph, Sebastian, Paul und Philipp den Pantzen, Gebrüdern, eine Wappenbesserung mit Lehenartikel. – (AA., HKA.; – Orig. Fam.)

1624 Juli 1, Wien: Derselbe erhebt Christoph, Sebastian, Jakob, Paul und Philipp die Pantzen, Gebrüder, in den Rittermäßigen Reichs- und Österreichisch-erbländischen Adelstand mit Wappenvermehrung und der Rotwachsfreiheit. – (AA., HKA.; – Orig. Fam.)

1802 Jänner 14, Capodistria: Das Consiglio Nobile der Stadt Capodistria verleiht dem k. k. Gubernialrate und Bergwerksreferenten zu Venedig Josef Hermann von Pantz das Patriziat von Capodistria. – (B. Jüngerer Stamm, Nachkommenschaft des Erwerbers erloschen.)

1822 März 3, Wien (Plakat der k. k. Vereinigten Hofkanzlei): Adelsbestätigung für denselben. (AA., HKA. – B. Jüngerer Stamm, Nachkommenschaft des Erwerbers erloschen.)

1897 Dezember 19, Rom: Kgl. italienische Adelsanerkennung für Cavaliere Giovanni de Pantz. – (I. Ältere Linie.)

Wappen:

I. Stammwappen (vor 1622): In Geteilt von Schwarz über Rot ein feuerspeiender silberner Panther. Auf dem Stechhelme mit schwarz-roten Decken und ebensolchem Wulst der silberne Panther wachsend.

II. 1622 Februar 7: Der Schild wie im Stammwappen, nur ist der Panther von Gold über Silber geteilt. Auf dem gekrönten Stechhelme mit rechts schwarz-goldenen, links rot-silbernen Decken ist der wachsende Panther golden.

III. 1624 Juli 1: Geviert, 1 und 4 in Schwarz eine goldene Lilie, 2 und 3 in Rot ein feuerspeiender silberner Panther (verändertes Stammwappen). Auf dem gekrönten Turnierhelme mit rechts schwarz-goldenen, links rot-silbernen Decken zwischen einem rechts von Schwarz über Gold, links von Rot über Silber geteilten offenen Fluge der feuerspeiende silberne Panther wachsend.

EX·LIBRIS
FAMILIAE DE PANTZ

R ... sch-katholisch
Ös... reich, Kärnten) ...

Verleihungen:

1622 Februar ...
Sebas...

1624 ...
Jo...
Ritt...
länd...
der R...

1802 Jänner ...
Capod...
refere...

... wappen ... feuerspeiender silberner Panth... schwarz-roten Decken und ebenso... ...ber wachsend.

... ebruar 7: Der Schild wie im Stamm... ...r von Gold über Silber geteilt. ...'me mit rechts schwarz-goldene... ...st der wachsende Panther golden.

... Geviert, 1 und 4 in Schwarz ... Rot ein feuerspeiender silb... ...wappen). Auf dem gekr... ...-goldenen, links rot... ...nts von Schwarz über ... ...offenen Fluge der feue...

EX·LIBRIS
FAMILIAE DE PANTZ
E. Krahl

Ältere Genealogie und Geschichte s. I. Jahrgang 1905, S. 475 bis 485. Nachträge und Berichtigungen hierzu:

S. 480, Z. 5 und 6, der Satz von „Seiner Ehe ....“ bis „.... Kinder“: zu ersetzen durch: „Er (Christoph Pantz) hatte sich zweimal verheiratet: I. mit Eva, geb. von Scheuchenstuel, und II. zu Aussee 6. Februar 1667 mit Eva Regina, geb. Weidinger, aus der adeligen, zu Vordernberg und Eisenerz ansässig gewesenen Radgewerkenfamilie, die mit Hans Weidinger am 13. September 1617 von Erzherzog Ferdinand II. von Österreich-Steiermark eine Adelsbestätigung erhalten hatte. Diesen beiden Ehen entsprossen folgende drei Kinder:“

S. 481, Z. 13, nach „Katharina“ einzuschalten: „geb. Kampmüller von Langholsen, verm. zu Wien 8. September 1736.“

S. 481, Z. 20, als weiteres Kind des Johann Ignaz von Pantz und der Katharina, geb. Kampmüller von Langholsen anzufügen: „— 6) Franz Andreas, geb. Reichramming (Pf. Losenstein) 26. November 1746, seit 1770 unter dem Klosternamen P. Abel Kapuzinerordenspriester, 1785 Pfarrer zu Geiersberg, 1813 zu Raab in Oberösterreich, 1829 Benefiziat zu Maria Bründl bei Raab, wo er 28. April 1831 als Jubelpriester starb.“

S. 481, Z. 5 von unten, bis S. 482, Z. 11, zu streichen und zu ersetzen durch:

„B. Jüngerer Stamm.

Josef Georg von Pantz, geb. Mürzzuschlag 24. März 1741 als 4). Kind (s. oben) des kaiserl. Kammergutsbeförderers und Hammergewerken daselbst Johann Ignaz von Pantz aus dessen II. Ehe mit Katharina, geb. Kampmüller von Langholsen, war k. k. Ärarial-Papierdepots-Faktor zu Wien, wo (St. Peter) er auch 23. Mai 1807 starb. Von seiner Gemahlin Therese hinterließ er folgende Kinder:

(1) Josef Hermann, geb. Wien 1771, † daselbst 17. Jänner 1842, seit 1817 k. k. Gubernialrat und Bergwesensreferent zu Venedig. Er wurde wegen seiner Verdienste um das Salinenwesen der Stadt Capodistria 14. Jänner 1802 in deren Consiglio Nobile aufgenommen und erlangte ddo. Wien, 3. März 1822 eine Bestätigung seines älteren Adels von seiten der k. k. Vereinigten Hofkanzlei. Seiner Ehe mit Marianne, einer Tochter des k. k. Appellationsrates Karl von Albert und der Maria Anna, geb. von Wasenheim, entsprossen drei Söhne: — 1. Karl, † Wien 1860, k. k. Rechnungsrat, vermählt in kinderloser Ehe mit Eleonore, geb. Krippel († Wien 1890); — 2. Eduard, † Wien 1870, k. k. Polizei-Oberkommissär, und — 3. Ludwig, geb. Venedig 20. Juni 1820, † Glurns in Tirol 19. September 1870, k. k. Hauptmann i. P.

(2) Michael Ignaz, geb. Wien (St. Stephan) 30. April 1773, von dem die nun in Ungarn und Sachsen blühenden Linien abstammen (s. unten).

(3) Barbara, von der nur bekannt ist, daß sie als vermählte Krassy starb.

Michael Ignaz von Pantz, vorstehend (2), diente als Rittmeister bei Husaren, war dann Salzamtsfaktor zu Groß-Kanischa (Nagykanizsa) und starb zu Ödenburg (Sopron) 11. Mai 1826. Seine Ehe mit Therese, geb. Kiss, war mit folgenden sieben Kindern gesegnet:

1. Alois, geb. Groß-Kanischa (Nagykanizsa) 2. August 1804, s. unten **B. Jüngerer Stamm, I. Ältere Linie.**

2. Ferdinand, geb. Groß-Kanischa (Nagykanizsa) 1810, verm. Raab (Györ) 28. Mai 1859 mit Josefa, geb. Lehner († Raab 1819), von denen die ebenfalls in Ungarn blühende **II. Jüngere Linie** desselben Stammes herzuleiten ist (s. unten — gegenwärtiger Personalstand einem späteren Jahrgange vorbehalten).

3. Johann Michael, geb. Ödenburg (Sopron) 1. Februar 1812.

4. Karl Eduard, geb. Ödenburg (Sopron) 20. April 1816, † daselbst 19. August 1817.

5. Theresia Maria Katharina, geb. Ödenburg (Sopron) 25. Mai 1820, † Groß-Kanischa (Nagykanizsa) 1857, vermählt mit Johann Klein († 1854), Gutsbesitzer daselbst.

6. Johanna Sidonia, geb. Ödenburg (Sopron) 1. September 1821.

7. Josef August, geb. Ödenburg (Sopron) 31. Mai 1823, † Györ (Raab) 4. Oktober 1891, Gutsbesitzer daselbst, vermählt Raab (Györ) 17. Februar 1846 mit Therese, geb. Lehner (geb. 1814, † Györ [Raab] 1890)."

A. Älterer Stamm.

Stifter: Ignaz Karl Josef von Pantz, geb. Mürzzuschlag 27. Oktober 1739, † Weyer a. d. Enns 18. September 1809, der Innerberger Hauptgewerkschaft Mitgewerke und Kastner zu Weyer.

I. Ältere Linie.

(In Italien.)

† Ignaz Vitus Engelbert von Pantz (3. Kind des 18. September 1809 zu Weyer † Ignaz Karl Josef v. P. und der 17. Jänner 1799 ebendort † Maria Elisabeth, geb. Pachmayer), geb. Weyer 15. Juni 1781, † Hof in Krain 9. August 1836, der Hauptgewerkschaft Mitgewerke und Eisenwerks-Direktor zu Hof; — verm. zu Schemnitz (Selmeczbánya) 1. Mai 1804 mit:

† Theresia Ráckoczy de Ráckocz et Dominik (Tochter des 30. Mai 1807 zu Schemnitz [Selmeczbánya] † Alexander R. de R. et D. und der Maria Anna, geb. von Rust), geb. .... 17.., † Hof in Krain 20. Oktober 1827.

Kinder:

†1. Eduard, geb. Irdning in Obersteiermark 17. November 1805, † Fonzaso (Provinz Belluno, Italien) 16. Dezember 1892, Gutsbesitzer daselbst; — verm. Primiero 25. Juni 1833 mit:

† Eugenia Bosio von Klarenbrunn (Tochter des Gutsbesitzers zu Primiero Franz B. v. K. und der Francesca, geb. Nobile Billesimo), geb. Primiero 9. Jänner 1814, † Fonzaso 23. Jänner 1896.

Kinder:

† 1) Giovanni Nepomuceno, geb. Primiero 13. Mai 1839, † Fonzaso 15. Oktober 1906, Gutsbesitzer zu Fonzaso (Gut Billesimo nebst Faller und Roncon), Deputato della Provincia di Belluno, gew. Sindaco zu Fonzaso; — verm. zu Pergine 6. September 1870 mit:
Giovanna Giuseppina, geb. Nobile Montel (Tochter des Gutsbesitzers zu Pergine Fortunato Nobile M. und der Catterina, geb. di Tecini), geb. Pergine 9. Juli 1847. — [Fonzaso.]

Kinder:

(1) Luigia, geb. Fonzaso 21. Juni 1871.
(2) Catterina, geb. Fonzaso 29. August 1872.
(3) Maria, geb. Fonzaso 6. Dezember 1873, Nonne im Kloster Sacré cœur zu Florenz.
(4) Erminia, geb. Fonzaso 24. August 1875; — verm. Fonzaso 23. April 1906 mit:
Roberto Roberti, geb. Padua 10. April 1877, Professor der Chemie zu Padua. — [Padua.]
(5) Ida, geb. Fonzaso 19. Juni 1877.
(6) Anna, geb. Fonzaso 26. Jänner 1879.
(7) Francesca, geb. Fonzaso 8. März 1880; — verm. Fonzaso 2. September 1902 mit:
Giacinto Nazari, geb. Este 19. August 1875, Dr. jur., Advokaten und Gutsbesitzer in Este. — [Este.]
(8) Enrica, geb. Fonzaso 18. März 1882.
(9) Eduardo Maria, geb. Fonzaso 21. November 1883.
(10) Antonio Maria, geb. Fonzaso 30. Jänner 1886.
† (11) Emma, geb. Fonzaso 25. März 1888, † daselbst 28. Jänner 1889.
(12) Adolfo Maria, geb. Fonzaso 1. März 1892.

† 2) Teresa, geb. Primiero 29. September 1841, † daselbst 29. April 1843.

† 2. Gustav, geb. Eisenerz .... 1807, Ingenieur, † Hof in Krain 9. August 1836.

II. Mittlere Linie.
(In Österreich.)

† Johann Ignaz von Pantz (5. Kind des 18. September 1809 zu Weyer † Ignaz Karl Josef v. P. und der 17. Jänner 1799 ebendort † Maria Elisabeth, geb. Pachmayer), geb. Weyer 30. November 1792, † Hagenegg bei Eisenkappel 26. Mai 1872, der Hauptgewerkschaft Mitgewerke und Eisenwerks-Direktor zu Sava in Krain; — verm. zu Wien am 30. Jänner 1826 mit:

23

† Maria Elisabeth Solderer, geb. Wien 28. April 1802, † Hagenegg 26. Juli 1870.

Kinder:

† 1. Adolf, geb. Neumarktl in Krain 21. Dezember 1826, † Klagenfurt 19. Juni 1879, Eisenwerks-Direktor zu Eberstein, gew. kärntnerischer Landtags- und Reichsratsabgeordneter; — verm. Klagenfurt 16. Juli 1860 mit:

Karoline, geb. Aicher von Aichenegg (Tochter des 16. Mai 1868 zu Klagenfurt † Gutsbesitzers zu Tigring Alois Ai. v. Ai. und dessen II. Gemahlin, der 15. August 1886 zu Villa Aichenegg am Wörthersee † Karoline, geb. Dreer Edlen von Thurnhub), geb. Schloß Tigring 21. Oktober 1837. — [Graz, Leonhardstraße 47.]

Tochter:

Karoline, geb. Eberstein 2. Juni 1863 — [Graz, Leonhardstraße 47]; — verm. Graz 28. Mai 1889 mit:

† Hermann Schmid von Schmidsfelden, geb. Triest 22. Juni 1856, † Piesting a. d. Triesting 24. September 1893, Betriebsdirektor.

† 2. Emil Johann, geb. Neumarktl 16. Mai 1828, † Eisenkappel 4. Jänner 1897, Hüttenverwalter daselbst; — verm. Eisenkappel 4. November 1864 mit:

Amanda, geb. Alber (Tochter des .... 18.. zu .... † Franz A. und der .... 18.. zu .... † Anna, geb. Stuller), geb. Adelsberg 14. Juli 1840. — [Eisenkappel.]

Kinder:

† 1) August, geb. Eisenkappel 19. August 1865, † daselbst 26. Juni 1897, k. k. Oberleutnant.

2) Eugen, geb. Eisenkappel 2. Oktober 1866, Beamter der kärntnerischen Sparkassa; — verm. Klagenfurt 12. September 1898 mit:

Marianne, geb. Sorko (Tochter des k. k. Rechnungsrates Vinzenz S. und der Anna, geb. Achatschitsch), geb. Klagenfurt 15. September 1872. — [Klagenfurt.]

Sohn:

Leonhard, geb. Klagenfurt 18. März 1900.

3) Oskar, geb. Eisenkappel 16. September 1869, Kaufmann, — [Eisenkappel]; — verm. Kühnsdorf 9. Jänner 1902 mit:

† Melitta, geb. Markowitsch (Tochter des Postmeisters zu Wolfsberg Anton M. und der Josefine, geb. Rubersdorf), geb. Wolfsberg 11. Juni 1884, † Eisenkappel 28. Mai 1907.

Kinder:

(1) Herta, geb. Eisenkappel 7. März 1903.
(2) Günther, geb. Eisenkappel 21. Juli 1904.
(3) Arnulf, geb. Eisenkappel 24. Juni 1906.

4) Heinrich, geb. Eisenkappel 14. September 1872.

5) Emilie, geb. Eisenkappel 12. Juni 1874.

†3. Lambert, geb. Neumarktl 22. August 1835, † Fieberbrunn in Tirol 3. Jänner 1895, Eisenwerks-Direktor; — verm. Neumarktl 12. August 1874 mit:

Ludovika, geb. Klander (Tochter des Andreas K. und der Josefa, geb. Kotnik), geb. Neumarktl 7. September 1849. — [Graz, Schwimmschulkai 6.]

Kinder:

1) Marie, geb. Aßling 12. August 1877.

2) Anton Lambert, geb. Aßling 30. Dezember 1878, Dr. jur., Rechtspraktikant beim k. k. Landesgerichte in Graz. — [Graz, Schwimmschulkai 6.]

3) Helene, geb. Aßling 11. Mai 1880.

4) Josef Adolf, geb. Aßling 19. März 1887, Hörer der Technik. — [Graz.]

III. Jüngere Linie.

(In Österreich.)

† Anton Ignaz von Pantz (6. Kind des 18. September 1809 zu Weyer † Ignaz Karl Josef v. P. und der 17. Jänner 1799 ebendort † Maria Elisabeth, geb. Pachmayer), geb. Weyer 13. April 1795, † Steyr 1. September 1873, der Hauptgewerkschaft Mitgewerke und Faktor zu Steyr; — verm. Eisenerz 6. Februar 1821 mit:

† Rosalie Antonie, geb. Kleinmond (Tochter des Magistratsrates zu Mies Johann K. und der Antonie, geb. Hampe), geb. Mies 25. August 1800, † Steyr 31. Mai 1862.

Kinder:

†1. Aloisia, geb. Donnersbach 22. Juni 1824, † Klein-Reifling 13. April 1892.

†2. Josef, geb. Donnersbach 23. Februar 1826, † Klein-Reifling 1. August 1901, k. k. Montaningenieur i. R., Eisenwerksverwalter zu Klein-Reifling.

3. Antonie, geb. Donnersbach 17. Februar 1827, — [Bad Hall]; — verm. Steyr 26. September 1855 mit:

† Korbinian Moser, geb. Tamsweg 3. September 1820, † Bruck a. d. Mur 8. Dezember 1884, Hüttendirektor zu Hieflau.

†4. Marie, geb. Donnersbach 26. Februar 1828, † Klein-Reifling 27. April 1891.

†5. Ferdinand, geb. Donnersbach 4. Mai 1832, † Wien 24. Jänner 1905, k. k. Montaningenieur a. D., Referent der Österr. alpinen Montan-Gesellschaft; — verm. Leibnitz 31. Jänner 1864 mit:

Marie, geb. Staudinger (Tochter des 1. Mai 1869 zu Leibnitz † Fabriksbesitzers Alois St. und der 31. Mai 1874 zu Leibnitz † Anna, geb. Wolfbauer), geb. Leibnitz 1. Februar 1837. — [Wien, IV. Starhemberggasse 44.]

Söhne:

1) Anton Ferdinand, geb. Eibiswald 22. Oktober 1864, Dr. jur., k. k. Landesregierungsrat im Ackerbauministerium, Ehrenbürger von Pontafel und Roth-Aujezd; — verm. Wien 22. April 1895 mit:

Irene, geb. Bankó (Tochter des 10. März 1897 zu Wien † fürstl. Liechtensteinschen Architekten Ignaz B. und der Helene, geb. Freiin Haus von Hausen), geb. Wien 7. November 1872. — [Wien, IV. Heugasse 18.]

Tochter:

Erna Maria, geb. Völkendorf ob Villach 19. Februar 1896.

2) Ferdinand Maximilian, geb. Eibiswald 12. Oktober 1868, k. k. Bezirkskommissär a. D. (bis 1905 in Mödling), Besitzer des Gutes Sonnhof ob Stainach im Ennstale, Ehrenbürger von Hölles, Matzendorf und St. Nikolai i. d. Sölk, Reichsratsabgeordneter; — verm. Wien 20. November 1902 mit:

Anna, geb. Strisower (Tochter des 21. Dezember 1900 zu Wien † Bankiers Bernhard St. und der Friederike, geb. Brüll), geb. Wien 19. November 1881. — [Sonnhof ob Stainach a. d. Enns.]

Sohn:

Kurt Ferdinand, geb. Mödling 19. August 1903.

B. Jüngerer Stamm.

Stifter: Josef Georg von Pantz, geb. Mürzzuschlag 24. März 1741, † Wien (St. Peter) 23. Mai 1807, k. k. Ärarial-Papierdepots-Faktor.

I. Ältere Linie.

(In Ungarn und Sachsen.)

† Alois von Pantz (ältestes Kind des 11. Mai 1826 zu Ödenburg (Sopron) † Michael Ignaz v. P. und der .... 18.. zu .... † Therese, geb. Kiss), geb. Groß-Kanischa (Nagykanizsa) 2. August 1804, † Györ (Raab) 6. Juli 1872, Gutsbesitzer daselbst; — verm. Arad 3. November 1833 mit:

† Elisabeth, geb. Serb de Holtmézes (Tochter des .... 18.. zu .... † .... S. de H. und der .... 18.. zu .... † ...., geb. ....), geb. Arad .... 1815, † Györ (Raab) .... 1888.

Kinder:

† 1. Alois, geb. Agram 2. Jänner 1835, † Győr (Raab) 8. November 1888, Fabriksbesitzer daselbst; — verm. Pápa 28. Juni 1864 mit:

† Johanna, geb. von Megyery (Tochter des 22. Dezember 1853 zu Pápa † Johann v. M. und der 21. Juni 1902 zu Győr [Raab] † Sophie, geb. von Eöry), geb. Pápa 18. November 1846, † Győr (Raab) 21. Juni 1881.

Kinder:

1) Alois, geb. Raab (Győr) 18. April 1865, kgl. ungar. Rittmeister 1. Kl. im Honvéd-Husaren-Regimente Pápa Nr. 7; — verm. Székesfehérvár (Stuhlweißenburg) 22. Juni 1895 mit:

Gisela, geb. Kármán de Ujverbász (Tochter des Advokaten in Zsablya Dr. jur. Alexander K. de U. und der 15. Oktober 1906 zu Pápa † Amalie, geb. Mareß), geb. Székesfehérvár (Stuhlweißenburg) 4. Jänner 1878. — [Pápa.]

Kinder:

(1) Alois, geb. Pápa 21. September 1896.
(2) Adrienne, geb. Pápa 20. Februar 1898.
(3) Marianne, geb. Pápa 5. Oktober 1899.

2) Emilie, geb. Győr (Raab) 12. November 1868. — [Nagymarton.]

3) Michael, geb. Győr (Raab) 8. Dezember 1871, Beamter der kgl. ungar. Staatsbahnen. — [Rákoscsaba bei Budapest.]

4) Eugen, geb. Győr (Raab) 19. Februar 1875, Beamter der kgl. ungar. Staatsbahnen. — [Budapest, Gizella-ut 32.]

5) Julius, geb. Győr (Raab) 10. September 1876, Beamter der kgl. ungar. Staatsbahnen. — [Székesfehérvár.]

6) Johanna, geb. Győr (Raab) 26. November 1877. — [Szigetvár.]

7) Edmund, geb. Győr (Raab) 28. Juni 1880. — [Amerika.]

† 2. Ferdinand, geb. Raszinga .... 1838, † Győr (Raab) 15. Juni 1902; — verm. I. Győr (Raab) 27. August 1884 mit:

† Rosa, geb. Berta (Tochter des .... 18.. zu .... † .... B. und der .... 18.. zu .... † ...., geb. ....), geb. .... 18.., † Győr (Raab) 7. Juni 1887; — II. Komárom (Komorn) 17. Februar 1890 mit:

Sophie, geb. Kepp (Tochter des .... 18.. zu .... † .... K. und der .... 18.. zu .... † ...., geb. ....), geb. .... 18... — [Győr.]

3. Emmerich, geb. Groß-Kanischa (Nagykanisza) 15. Oktober 1840, Heizhauschef der kgl. ungar. Staatsbahnen, — [Győr]; — verm. I. Raab (Győr) 14. Juni 1868 mit:

† Marie, geb. Gerlinger (Tochter des .... 18.. zu .... † Michael G. und der .... 18.. zu .... † ...., geb. ....), geb. Ung.-Altenburg (Magyaróvár) 21. August 1853, † Győr (Raab) 2. Februar 1878; — II. Asvár 20. Juni 1878 mit:

Therese, geb. Varga (Tochter des .... 18.. zu .... † Johann V. und der .... 18.. zu .... † Justine, geb. Turkovics), geb. Fünfkirchen (Pécs) 9. Dezember 1846. — [Györ.]

Kinder: a) I. Ehe:

† 1) Amalie, geb. Györ (Raab) 1. April 1869, † ebenda 9. September 1904.

2) Helene (Lenke), geb. Györ (Raab) 15. Mai 1870, — [Komárom]; — verm. Györ (Raab) 20. November 1892 mit:

† Alois Stollár, geb. .... 15. Februar 1863, † Budapest 1. Mai 1900, ...

b) II. Ehe:

3) Arabella (Bella), geb. Györ (Raab) 6. Mai 1879; — verm. Györ (Raab) 18. April 1906 mit:
Edmund Kobig, geb. .... 18.., ... — [Tata.]

4) Desiderius (Dezsö), geb. Györ (Raab) 1. September 1880, Beamter der kgl. ungar. Staatsbahnen, k. u. k. Reservekadett im Infanterie-Regimente Michael Großfürst von Rußland Nr. 26. — [Kapuvár.]

5) Elisabeth (Elsa), geb. Györ (Raab) 23. Jänner 1882; — verm. Györ (Raab) 3. Juni 1905 mit:
Julius Hollos, geb. .... 18.., Professor an der kgl. ungar. Staats-Oberrealschule zu Sümeg. — [Sümeg.]

6) Therese, geb. Györ (Raab) 13. Oktober 1883. — [Györ.]

† 4. Edmund, geb. Tomaj 10. August 1843, † Budapest 8. Juli 1904, Realitätenbesitzer und Eisenhändler zu Komárom (Komorn); — verm. Komárom (Komorn) 26. November 1870 mit:

† Barbara, geb. Üveges (Tochter des 4. März 1887 zu Komárom [Komorn] † .... Ü. und der 26. März 1893 zu .... † ...., geb. ....), geb. Komorn (Komárom) 3. April 1849, † Kisbér 24. Februar 1901.

Kinder:

1) Barbara, geb. Kisbér 3. Oktober 1871, — [Budapest, Elemér-utcza 33]; — verm. .... 21. September 1891 mit:
† Josef Christl, geb. .... 18.., † Budapest 30. Juli 1902.

† 2) Marie Helene, geb. Kisbér 2. Februar 1873, † Komárom (Komorn) 16. Dezember 1878.

3) Jolante Anna, geb. Kisbér 11. Mai 1874; — verm. .... 5. April 1903 mit:
Matthias Drencsényi de Pécsujfalu, geb. .... 18.., kgl. ungar. Postkontrollor. — [Budapest, Nefelejts-utcza 32.]

4) Margit Ernestine, geb. Kisbér 12. Jänner 1877, — [Budapest, Elemér-utcza 13.] — verm. .... 10. Juni 1898 mit:
† Szilárd Kánya, geb. .... 18.., † .... 29. August 1899, ...

5) Edmund, geb. Kisbér 4. Mai 1878. — [....]

†6) Aladár, geb. Kisbér 19. September 1879, † .... 18..
7) Siegmund Zoltán, geb. Kisbér 16. November 1882. – [....]
†8) Géza Emmerich, geb. Kisbér 28. Juli 1884, † .... 18..
9) Magdalena Anna, geb. Kisbér 10. April 1886, † .... 18 ..

†5. Irene, geb. Tomaj 27. November 1846, † Groß-Schweinbart 4. Juni 1905; – verm. Györ (Raab) 14. August 1879 mit:

Sebald Klein (Sohn des .... 1854 zu .... † Gutsbesitzers zu Groß-Kanischa [Nagykanizsa] Johann K. und der .. November 1857 ebendort † Theresia Maria Katharina, geb. von Pantz – s. S. 352, 5.), geb. Groß-Kanischa (Nagykanizsa) .... 1834, Oberförster d. R. – [Groß-Schweinbart.]

6. Julius, geb. Dombó 26. April 1849, Fabriksbesitzer in Dresden; – verm. Bremen 20. November 1880 mit:

Henriette Marie, geb. Riemers (Tochter des .... 18.. zu .... † Heinrich Karl R. und der .... 18.. zu .... † Amalie Marie, geb. Weiland), geb. Bremen 29. August 1859. – [Dresden, Tatzberg 18.]

Kinder:

1) Karl Julius, geb. Dresden 28. September 1881, Kaufmann. – [Dresden.]
2) Marie Elisabeth, geb. Dresden 12. Dezember 1882. – [Dresden.]
3) Johanna Margarete, geb. Dresden 19. März 1884. – [Dresden.]
4) Rudolf Karl, geb. Dresden 15. September 1885, Ingenieur. – [Dresden.]
5) Edmund Ferdinand, geb. Dresden 18. Jänner 1887. – [Dresden.]

II. Jüngere Linie.

(In Ungarn.)

Stifter: Ferdinand von Pantz, geb. Groß-Kanischa (Nagykanizsa) 1810 (s. S. 352, 2.).

(Personalstand einem späteren Jahrgange vorbehalten.)

Vgl.: – Neuer Siebmacher IV, 8 (A. M. Hildebrandt, Der Kärntner Adel), S. 187, Taf. 21; – F. Krauß, Die eherne Mark, I. Bd., Graz 1892, S. 77, u. II. Bd., Graz 1897, S. 18; – A. von Pantz, Beiträge zur Geschichte der Innerberger Hauptgewerkschaft (in Veröffentl. d. Histor. Landeskommission f. Steierm., Graz 1904, u. Beitr. z. Erforsch. Steierischer Geschichte, XXXIII. Jahrg., Graz 1904, S. 281).

Pasquali von Farrawall.

Römisch-katholisch. – Österreich.

Verleihung:

1866 September 25, Wien: Kaiser Franz Joseph I. verleiht dem k. k. Major im 3. Gendarmerie-Regimente Johann Pasquali den Österreichischen Adelstand mit dem Prädikate „Edler von Farrawall" und einem Wappen. – (AA., HKA.; – Orig. Fam.)

Wappen:

1866 September 25: Unter einem mit fünf (2, 1, 2) silbernen Sternen belegten Schildeshaupte in Blau auf grünem Rasenboden, der von einem Wege durchzogen wird, ein an den rechten Seitenrand stoßendes natürliches Stadttor mit Gibeldach, Fallgatter und halboffenem Torflügel, daranschließend eine verfallene Mauer und weiter bis an den linken Seitenrand reichend ein „Stadtwall" aus Quadern. Auf dem gekrönten Turnierhelme mit rechts blau-silbernen und links rot-silbernen Decken ein wachsender geharnischter Mann mit schwarz-goldener Schärpe von der rechten Schulter zur linken Hüfte und offenem mit drei Straußenfedern, einer silbernen zwischen einer blauen und einer roten, besteckten Helme, in der Rechten einen blanken Säbel an goldenem Griffe über sich schwingend und die Linke in die Hüfte stemmend.

---

† Johann Pasquali Edler von Farrawall (Adelserwerber – Sohn des .... 18.. zu Cattaro † Antonio Pasquali und der .... 18.. zu Ragusa † Cattarina, geb. Miladini), geb. Cattaro 22. Oktober 1815, † Zara 24. Februar 1876, EKO.-R.III., k. k. Oberst der Gendarmerie; – verm. Cremona 4. September 1849 mit:

† Maria, geb. Figini (Tochter des 4. November 1888 zu Mailand † Sicherheitsinspektors Antonio F. und der 21. Februar 1882 zu Görz † Candida, geb. Botti), geb. Cremona 1. Oktober 1833, † Codogno bei Mailand 27. Mai 1904.

Kinder:

1. Elvira, geb. Cremona 26. Juni 1851, – [Wien, IV. Goldegggasse 5]; verm. Zara 16. Jänner 1876 mit:

† Johann Lukeš, geb. Prag 18. Dezember 1841, † Wien 24. Dezember 1899, k. k. Regierungsrat, Chefredakteur des Prager k. k. Amtsblattes.

†2. Adelina, geb. Mailand 18. November 1852, † Brixen 23. April 1864.

3. Armida, geb. Mailand 9. März 1855; – verm. Codogno 23. April 1874 mit:

Giuseppe Vassalli, geb. Codogno 1. Juni 1835, Fabriksdirektor. – [Codogno.]

4. Hedwig, geb. Lodi 22. Oktober 1858; – verm. Wien 19. November 1888 mit:

Albert Mattern, geb. .... 18.., k. k. Bezirkskommissär i. R. – [Tullnerbach.]

5. Artur Anton Dominik, geb. Venedig 23. Juli 1860, k. k. Major des Landwehr-Infanterie-Regimentes Pilsen Nr. 7; – verm. St. Pölten 4. Jänner 1890 mit:

Emilie, geb. Andri-Glashütter (Tochter des .... 18.. zu .... † .... A. und der .... 18.. zu .... † ...., geb. ...., Adoptivtochter des .... 1892 zu Laibach † .... Glashütter und der .... 1894 zu Innsbruck † Anna, geb. Kinzl), geb. Wien 16. Oktober 1869. – [Pilsen.]

Kinder:

† 1) Alma, geb. Laibach 29. September 1891, † Innsbruck 20. Februar 1893.

† 2) Artur, geb. Laibach 4. Oktober 1892, † Innsbruck 20. Dezember 1893.

† 3) Elfriede, geb. Innsbruck 12. Oktober 1893, † ebendort 22. Dezember 1893.

4) Marian, geb. Innsbruck 6. November 1894.

5) Emilie, geb. Innsbruck 24. Oktober 1895.

6) Artur, geb. Olmütz 16. November 1896.

7) Erwin, geb. Olmütz 10. März 1898.

† 8) Karl, geb. Olmütz 20. Juni 1899, † ebendort 25. August 1899.

9) Emil, geb. Olmütz 3. Juli 1901.

---

* Pavich von Pfauenthal.

Römisch-katholisch. – Ungarn (Kroatien) und Österreich (Krain).

Verleihung:

1799 Jänner 6, Wien: Kaiser Franz II. erhebt den k. k. Hauptmann und Bürgermeister der Militärkommunität Semlin Anton Pavich in den Österreichisch-erbländischen Adelstand mit dem Prädikate „von Pfauenthal", einem Wappen und der Rotwachsfreiheit. – (AA., HKA.; – Orig. Fam.)

Wappen:

1799 Jänner 6: In Blau auf grünem Rasen ein in den Oberwinkeln von je einem sechsstrahligen (goldenen) Sterne begleiteter radschlagender natürlicher Pfau, der mit beiden Ständern eine sich windende und gegen ihn zischende natürliche Schlange auf dem Boden festhält. Auf dem gekrönten Turnierhelme mit blau-goldenen Decken ein spiegelnder Pfauenstoß. Weißes Spruchband mit der Devise „ARMIS FERVORE AC CRVORE“ in schwarzer Lapidarschrift.

Die Familie Pavich stammt aus der Poljica in Dalmatien, einem zwischen Spalato, Almissa und Sinj gelegenen, vom Mosorgebirge durchzogenen Gebiete, das vom Meere, dem Flusse Cettina und dem Flüßchen Žernovniza begrenzt wird und das seit dem Mittelalter bis zur Besetzung des Landes durch die Franzosen unter seinem jährlich am Georgstage in der Ebene von Gata gewählten „Veliki knez“ oder „Conte grande“ eine gewisse staatliche Selbständigkeit bewahrte.

König Ludwig I. von Ungarn, der in seinen Unternehmungen zur Wiedergewinnung und Sicherung der dalmatinischen Seeküste gegen Venedig (1342 bis 1358) zahlreiche ungarische und kroatische Edelleute in die bedrohten Gebiete setzte, entsandte in die Poljica zuerst den Georg Rajčić und später den Dražo (Dražoević), Herrn von Kamengrad, die dort und in Spalato großen Besitz erwarben. Ihre zahlreiche und vielfach verschwägerte Nachkommenschaft bildete den sogenannten Ungarischen Adel der Poljica, aus dem nun mit den schon früher dort angesiedelten bosnischen Adelsfamilien bis 1789 in der Regel der Veliki knez und die übrigen Regierungsfunktionäre gewählt wurden.

Georg Rajčić hatte zwei Söhne, Ugrin und Novak, der wieder den Paval (Paul) und Petrić hinterließ. Von Paval stammen die Pavich in mehreren Linien. Mitglieder dieser Familie bekleideten wiederholt die Würde des Veliki knez (Conte grande). Als solcher erscheint zuerst 1537 Georg Pavich, dann als nächster 1596 Paul Pavich. Dieser leistete mit seinen Kriegern aus der Poljica ausschlaggebende Hilfe als Giovanni de Albertis mit Zenggern am 7. April 1596 die von den Türken besetzte Bergveste Klissa einnahm. Die Eroberer wurden dort jedoch bald selbst von den Türken hart bedrängt und mußten sich, als der versuchte Entsatz unter dem Landeshauptmanne von Krain und kaiserl. General in den kroatischen und Meergrenzen Freiherrn Georg Lenkowitsch am folgenden 27. Mai mit einer Niederlage endete, am 31. Mai 1596 übergeben. Der Veliki knez Paul Pavich wurde nun mit zahlreichen Kampfgenossen geächtet und sein Besitz von den Türken eingezogen. Kaiser Rudolf II. befahl ddo. Prag, 24. Juli 1596 die flüchtigen Poljicaner in den kroatischen und Meergrenzen aufzunehmen. So kam Paul Pavich mit seinen Angehörigen in die ehemalige Militärgrenze.

Als nächster Veliki knez aus der Familie Pavich wird 1607 ein Georg genannt, dem 1632 wieder ein Georg folgte, der bis 1655 jährlich wiedergewählt wurde. Dieser verband sich ddo. Almissa, 28. Mai 1647 namens der Poljica mit dem venezianischen Generalproveditore von Dalmatien Leonardo Foscolo zur Wiedereroberung von Klissa. Nachdem unter hervorragender Mitwirkung der Poljicaner am 31. März 1648 das Felsennest erstürmt war, unternahmen die Türken unter Mohammed Tophan Pascha mit 6000 Mann einen Rachezug in die Poljica, wurden jedoch von Georg Pavich unweit Gata völlig vernichtet. Noch folgende Pavich erscheinen als Veliki knez der Poljica: Johann 1756, Franz 1766, von 1770 bis 1777 jährlich wiedergewählt, und ein jüngerer Franz 1796.

Durch den Frieden von Campoformio 16. Oktober 1797 kamen die venezianischen Besitzungen in Dalmatien, darunter die Poljica, an Österreich. Unter der neuen Regierung wurde der größte Teil der Freiheiten dieses Gebietes und insbesondere der alte Adel der historischen Familien bosnischen und ungarisch-kroatischen Ursprunges, darunter auch jener der Familie Pavich mit Erlaß vom 3. September 1799, Z. 3984 (Dalmat. Statthaltereiarchiv), anerkannt. Als sich jedoch zur Zeit der folgenden französischen Okkupation (1805 bis 1814) am 5. Juni 1807 die Poljicaner unterstützt durch russische Kriegsschiffe empörten und durch den Kampf bei Stobreé niedergeworfen wurden, erklärten die Franzosen durch die Kundmachung vom 10. Juni 1807 alle ihre Privilegien, sowie den Adel ihrer führenden Familien für nichtig und teilten ihr Gebiet unter die benachbarten Gemeinden Spalato, Almissa und Sinj. Nach Wiederaufrichtung der österreichischen Herrschaft bat der Poljicaner Adel unter Hinweis auf die Bestätigung vom 3. September 1799 um erneuerte Anerkennung, wurde jedoch unter dem 17. Mai 1817, Z. 8045, abgewiesen.

Der Hauptstamm der Pavich sitzt heute noch auf der alten Kula Pavich in der Fraktion Srijane der Poljica. Zwischen 1696 und 1702 zog ein Zweig von dort an das jenseitige Ufer der Cettina nach Ugljan und ein anderer wahrscheinlich bald nach 1717 nach Tijarice im Bezirke Imoski. Beide Zweige blühen in zahlreicher Nachkommenschaft.

Von dem nach dem Verluste von Klissa in der späteren Militärgrenze angesiedelten Zweige leitet die Familie Pavich von Pfauenthal ihren Ursprung her.

Deren näherer Stammvater ist Martin Pavich, der nacheinander als Assessor, Senator und Exmissus („poklisar") der kgl. Freistadt Warasdin genannt wird und daselbst am 7. März 1745 starb. Seinen beiden Ehen mit – I. Susanne, geb. Pongratz, und – II. Susanne, geb. von Galyuff, die sich in II. Ehe am 3. Februar 1746 zu Warasdin mit Josef Schaller aus Mähren verheiratete, entstammten die folgenden zehn zu Warasdin geborenen Kinder: – I. Ehe: – 1. Georg, geb. 24. April 1723; – 2. Josef Georg, geb. 27. März 1726, † 1802, pens. k. k. Hauptmann des Szluiner Grenzregimentes Nr. 4, der einen am 1. September 1779 zu Grić im Sichelburger Bezirke des genannten Grenzregimentes geborenen Sohn Johann hatte; – II. Ehe: – 3. Barbara, geb. 2. April 1730; – 4. Andreas Nikolaus, geb. 15. November 1731; – 5. Anna Magdalena, geb. 27. Juni 1735; – 6. Anna Maria Sidonia Felizitas, geb. 13. Juni 1738; – 7. Anton Georg, geb. 17. April 1740, der den Stamm allein dauernd fortpflanzte (s. unten); – 8. Franz, geb. 9. Juli 1741; – 9. Virginia Katharina, geb. 1742/43, verm. Warasdin 11. Mai 1760 mit Anton Gulubich, und – 10. Maria Josefa, geb. Februar 1744.

Anton Georg Pavich (s. oben 7.) hatte durch 40 Jahre im Szluiner Grenzinfanterie-Regimente Nr. 4 zuletzt als k. k. Hauptmann gedient, 15 Feldzüge mit Auszeichnung mitgemacht, wurde 1796 nur wegen seines hohen Alters aus dem Feldkriegsstande genommen und 1797 bis 1799 zum Bürgermeister der Militärkommunität Semlin ernannt. Kaiser Franz II. erhob ihn in Anerkennung seiner Verdienste ddo. Wien, 6. Jänner 1799 samt seinem Sohne Johann in den Österreichisch-erbländischen Adelstand mit dem Prädikate „von Pfauenthal", dem eingangs beschriebenen Wappen und der Rotwachsfreiheit. Das Oguliner Regimentskommando bestätigte ihm überdies am 22. April 1801, daß er sich nicht nur über diese Standeserhebung, sondern auch darüber gehörig ausgewiesen habe, „daß er aus dem vormals ungarischen, sohin venetianisch- und dann österreichisch-dalmatinischen adeligen Hause Pavich et Dražoe entstamme". Er war auch Besitzer des Gutes Drešnik bei Karlstadt, wo er seit 1799 bald am Gute, bald in seinem Hause zu Karlstadt im Ruhestande lebte und am 26. Jänner 1807 starb. Seine I. Gemahlin ist nicht bekannt. In II. Ehe vermählte er sich am 1. Juli 1781 zu Dubovac bei Karlstadt mit Therese, geb. Max (geb. Karlstadt 3. September 1762, † ebendort 28. März 1806), einer Tochter des k. k. Kapitänleutnants im Szluiner Grenzinfanterie-Regimente Nr. 4 Johann Max und der Franziska, geb. Witelich. Diesen beiden Ehen entsprossen vier Kinder:

I. Ehe (Mutter unbekannt): — 1) Johann Evangelist Paul, geb. 1772, der die Familie fortpflanzte (s. unten).

II. Ehe: — 2) Antonie Therese Viktoria, geb. Karlstadt 23. März 1785, † daselbst 19. Jänner 1808, verm. 1800/1 mit Matthäus Szvilličić de Šcitarjevo et Pankovac (geb. 1770/1, † Karlstadt 27. Mai 1840), Stuhlrichter zu Karlstadt.

3) Maximiliane Aloisia, geb. Karlstadt 22. Mai 1790, † als Kind.

4) Johanna Nepomuzena, geb. Karlstadt 16. März 1800, † Sv. Ivan bei Belovár 30. September 1826, verm. Hernetić bei Karlstadt 4. April 1820 mit Andreas Alois Stefula (geb. Karlstadt 16. November 1778, † 12. April 1842), k. k. Verwaltungsoberleutnant im Warasdiner-Kreutzer Grenzinfanterie-Regimente Nr. 5.

Johann Evangelist Paul Pavich von Pfauenthal, oben 1), war Pächter der freiherrl. Apfaltrernschen Herrschaften Krupp und Freithurn in Unterkrain und starb auf Schloß Krupp (Pf. Semitsch) 6. Jänner 1807. Er hatte sich am 15. August 1797 zu Schloß Laak in Steiermark mit Maria Anna Christine Freiin Apfaltrer von Apfaltrern (geb. Schloß Laak 3. Juni 1770, † Laibach [Franziskaner] 18. März 1836, Tochter des 7. Dezember 1805 † Ignaz Friedrich Freiherrn A. v. A., Herrn auf Krupp, Kreutz, Laak etc., und der 16. März 1814 † Regina, geb. Achatschitsch), vermählt, die in II. Ehe zu Weiniz 8. September 1807 mit Matthäus Kaltschitsch (geb. 1769, † 1824), Verwalter der Herrschaft Möttling, getraut wurde. Johann von Pavich hatte fünf Kinder:

(1) Anna Maria Felizitas, geb. Schloß Krupp 20. März 1798, † Laibach (Dompf.) 9. Oktober 1840.

(2) Christine (Felizitas) Regina Maria Anna, get. Schloß Krupp 13. April 1799, † Laibach (Dompf.) 5. September 1861.

(3) Amalie Zipriane, geb. Rudolfswert 16. September 1801, † als Kind.

(4) Johann Evangelist Prosper, geb. Schloß Krupp 20. April 1804, † Schloß Radelstein (Pf. Bučka) 25. November 1865, Herr des Gutes Radelstein, verm. Schloß Großdorf (Pf. Haselbach) 4. Mai 1827 mit Marie Beatrix, geb. Gräfin von Auersperg (geb. 28. April 1808, † Schloß Radelstein 14. März 1863), einer Tochter des Grafen Richard Maria Josef († 18. Juli 1841), Herrn des Gutes Großdorf, der Linie zu Thurn am Hart, und der Katharina, geb. Eisel. Seiner Ehe entsproß nur eine am 15. Juni 1828 auf Radelstein geborene und schon am 1. Juli desselben Jahres verstorbene Tochter Luise.

(5) Karl Ludwig Ferdinand, geb. Schloß Krupp 17. Oktober 1805, dessen Nachkommenschaft unten folgt.

---

† Karl Ludwig Ferdinand Pavich von Pfauenthal (5. Kind des 6. Jänner 1807 auf Schloß Krupp † Johann Evangelist Paul P. v. Pf. und der 18. März 1836 zu Laibach † Maria Anna Christine, geb. Freiin Apfaltrer von Apfaltrern, in II. Ehe verwitweten Kaltschitsch), geb. Schloß Krupp 17. Oktober 1805, † Graz (Dompf.) 5. Februar 1874, k. k. Statthaltereirat i. P.; — verm. Adelsberg 25. Jänner 1836 mit:

† Marie Karoline, geb. Schmoll (Tochter des 27. Juli 1853 zu Adelsberg † k. k. Bezirkskommissärs und Kameralverwalters der Staatsherrschaft Adelsberg, gr. gold. Zivil-Ehrenmedaille Karl Sch. und der 23. Juli 1836 ebendort † Johanna, geb. Tomasin), geb. Adelsberg 5. August 1816, † Agram (St. Markus) 15. November 1857.

Kinder:

† 1. Karl Maria Johann, geb. Adelsberg 1. Jänner 1837, † Wien (St. Johann Ev.) 13. April 1899, EKO.-R.III., kgl. ungar. Oberst d. R. (bis 1891 Kommandant des Agramer Honved-Infanterie-Regimentes Nr. 25); — verm. Olmütz (Mil.-Pf.) 18. Juli 1867 mit:

Marie Franziska, geb. von Henriquez (Tochter des 4. Februar 1869 zu Olmütz † k. k. Feldmarschall-Leutnants i. P. EKO.-R.III. [KD.] Gustav Ritters v. H. und der Friederike, geb. Schemel von Kühnritt), geb. Bergamo 27. Oktober 1846. — [Wien, II. Nordbahnstraße 44.]

Kinder:

† 1) Karl Franz Ferdinand, geb. Dabci (Pf. Časma) 11. Oktober 1868, † Švarca bei Karlstadt 18. Jänner 1875.

2) Alfonsa Marie Friederike, geb. Novoselec bei Križ 5. Juni 1870; — verm. Wien (Votivk.) 18. Juli 1893 mit:

Theodor Prukner, geb. Sissek 10. Februar 1864, k. u. k. Hauptmanne 2. Kl., überkomplett im Infanterie-Regimente Nr. 53, Lehrer an der Infanterie-Kadettenschule Liebenau bei Graz. — [Graz, Mandellstraße 10.]

† 3) Ivona Aurelie Karoline, geb. Belovár 1. April und † daselbst 2. Oktober 1872.

4) Gustav Karl Julius Maria, geb. Švarca bei Karlstadt 13. Juni 1876, Marianer des h. Deutschen Ritterordens, k. u. k. Oberleutnant, überkomplett im Infanterie-Regimente FZM. Hugo Ritter von Milde Nr. 17, Personaladjutant des FML. Rudolf Edlen von Chavanne, Korpskommandanten und kommandierenden Generals in Agram; — verm. Klagenfurt (St. Egyd) 26. November 1900 mit:

Marie Elisabeth Gertrud Rosalie, geb. Kluge (Tochter des Besitzers des landtäfl. Gutes Hörbach Philipp K. und der Marie, geb. Stoček), geb. Nieder-Hohenelbe, 3. Juni 1880. — [Agram, Generalatshaus, Opatičgasse 8.]

Tochter:

Alexandra Marie Charlotte Alfonsa, geb. Laibach 14. Februar 1902.

5) Karola Margarete, geb. Karlstadt 20. Februar 1880. — [Wien, II. Nordbahnstraße 44.]

6) Karl Alfons, geb. Karlstadt 11. November 1884, k. k. Leutnant im Pionier-Bataillon Nr. 2. — [Linz, Altstadt 3.]

2. Alfons Alois, geb. Laibach (Dompf.) 11. August 1839, LO.-Kom., FJO.-Kmt. m. d. St., Marianer des h. Deutschen Ritterordens, k. u. k. Truchseß, k. k. Statthalterei-Vizepräsident i. R. (bis 1901 der Dalmatinischen Statthalterei). — [Triest, Via R. Manna 17.]

Vgl.: — Brünner Adel. Taschenb. I 1870, II 1877, V 1880 u. IX 1884; — A. Pavich von Pfauenthal, Beiträge zur Geschichte der Republik Poljica bei Spalato (deutsch und serbokroatisch), 1907.

---

* von Peche.

Römisch-katholisch. — Österreich (Böhmen, Niederösterreich und Steiermark).

Verleihungen:

1750 Oktober 1, Wien: Kaiserin Maria Theresia verleiht dem kgl. Obersteueramtsdirektor in Böhmen Johann Christian Peche den Böhmischen Adel mit einem Wappen und der Rotwachsfreiheit. — (AA., HKA. und BSB., tom. 192, fol. 522. — A. Älterer Stamm. Nachkommenschaft erloschen.)

1763 Juni 22, Wien: Dieselbe erhebt den k. k. Gubernialrat und kgl. Obersteueramtsdirektor in Böhmen Johann Christian von Peche unter Wappenbesserung in den Böhmischen Ritterstand. – (AA., HKA. u. BSB., tom. 216, fol. 14. – A. Älterer Stamm. Nachkommenschaft erloschen.)

1763 Juni 22, Wien: Dieselbe verleiht dem gleichzeitig in den Ritterstand erhobenen Johann Christian von Peche das Inkolat im Ritterstande des Königreiches Böhmen und seiner inkorporierten Lande. – (AA., HKA.; – A. Älterer Stamm. Nachkommenschaft erloschen.)

1816 August 18, Wien: Kaiser Franz I. verleiht dem ständischen Oberkassakontrollor in Böhmen Hermenegild Peche den Österreichischen Adel mit einem Wappen. – (AA., HKA.,; – Orig. Fam. – B. Jüngerer Stamm.)

1829 Dezember 10, Wien: Derselbe erhebt den jubil. böhmisch-ständischen Oberkassakontrollor Hermenegild von Peche in den Österreichischen Ritterstand mit Wappenbesserung. – (AA., HKA.; – Orig. Fam. – B. Jüngerer Stamm.)

1829 Dezember 10, Wien: Derselbe verleiht dem unter einem in den Ritterstand erhobenen Hermenegild von Peche die Landmannschaft im Ritterstande des Königreiches Böhmen und der dahin einverleibten Länder. – (AA., HKA.; – Orig. Fam. – B. Jüngerer Stamm.)

1873 November 25 (Allerhöchste Entschließung) und 1874 Februar 20, Wien (Diplom): Kaiser Franz Joseph I. erhebt den Direktor der Böhmischen Sparkassa Josef Karl Ritter von Peche in den Österreichischen Freiherrnstand mit Wappenbesserung. – (AA., HKA.; – Orig. Fam. – B. Jüngerer Stamm, I. Ältere Linie.)

Wappen:

I. 1750 Oktober 1 (A. Älterer Stamm, †): In Rot drei (2, 1) goldene Rosen. Auf dem gekrönten Turnierhelme mit rot-goldenen Decken drei Straußenfedern, eine rote zwischen zwei weißen.

II. 1763 Juni 22 (A. Älterer Stamm, †): Der Schild wie 1750. Zwei gekrönte Turnierhelme: auf I Decken und Kleinod wie 1750; auf II mit rot-goldenen Decken ein geschlossener, von einem mit drei roten Rosen belegten goldenen Schrägbalken durchzogener schwarzer Flug.

III. 1816 August 18 (B. Jüngerer Stamm — von Peche): Wie 1750.

IV. 1829 Dezember 10 (B. Jüngerer Stamm – Ritter von Peche): Wie 1763, nur auf I die beiden äußeren Straußenfedern silbern statt weiß.

V. 1874 Februar 20 (B. Jüngerer Stamm, I. Ältere Linie — Freiherr von Peche): Wie 1829, dazu die Freiherrnkrone und zwei goldene Löwen als Schildhalter auf bronzener Arabeske.

Der wahrscheinliche gemeinsame Stammvater der beiden später nobilitierten Stämme der Familie Peche in Prag dürfte Johann Jakob Peche gewesen sein, der um 1683 geboren wurde, als Bürger und Weinschänker auf der Kleinseite beurkundet ist und am 4. März 1731 daselbst (St. Nikolaus) starb. Dieser ließ, von zwei Frauen – Rosina († 1710/11) und Katharina (geb. c. 1681, † Prag [St. Nikolaus] 2. Februar 1758) – stammend, bei St. Wenzel (die Matrikeln gegenwärtig bei St. Nikolaus) zwischen 1710 und 1718 fünf Kinder taufen, deren Reihe sich die Stifter der beiden Stämme, Christian (geb. c. 1709) und Matthias (geb. c. 1722) zwanglos als ältestes und jüngstes anschließen:

I. Ehe: – 1. (?) Johann Christian, geb. c. 1709, der Stammvater des im Ritterstande erloschenen **A. Älteren Stammes** (s. unten).

2. Josef, get. 10. März 1710, der wohl vor dem 6. Juni 1714 (vgl. unten 4.) starb.

II. Ehe: – 3. Johann Jakob, get. 2. Mai 1712, der als Bürger der Stadt Königliche Weinberge und kgl. Kameralregistrator am 31. März 1770 (St. Nikolaus) starb. Seiner Ehe mit Antonia, geb. Casanova de Segregur, entstammten folgende neun, bei St. Nikolaus getaufte Kinder: – 1) Maria Magdalena Karoline, get. 24. März und † 30. Oktober 1746; – 2) Antonia Ludmilla, get. 17. September 1747; – 3) Johann Jakob Wenzel, get. 26. September 1751, † Prag 9. Juli 1754; – 4) Andreas Avelinus Martin, get. 12. November 1753, † Prag 5. Juni 1755; – 5) Maria Anna Katharina, get. 15. Dezember 1755, † Prag 19. September 1757; – 6) Johann Kajetan, get. 5. und † 25. August 1757; – 7) Franz Johann Leopold, get. 1. Februar 1759, † Prag 31. Oktober 1764; – 8) Johann Nepomuk Jakob, get. 2. Februar und † 1. Mai 1761; – 9) Jakob Nikolaus, get. 14. April 1762, † 27. Oktober 1764.

4. Josef Christian, get. 6. Juni 1714, von dem weitere Nachrichten fehlen.

5. Johann Wenzel Adalbert, get. 22. April 1716, über den ebenfalls weitere Daten fehlen.

6. Katharina Maria Josefa, get. 1. Mai 1718, weitere Schicksale unbekannt.

7. (?) Johann Matthias, geb. 1722, der Begründer des im Ritter- und im Freiherrnstande blühenden **B. Jüngeren Stammes** (s. unten).

A. Älterer Stamm. (†)

Johann Christian Peche (s. oben 1.) war 1740 noch Kanzlist des kgl. Steueramtes zu Prag, jedoch schon 1750 Obersteueramtsdirektor und wurde schließlich k.k. Gubernialrat. Kaiserin Maria Theresia verlieh ihm ddo. Wien, 1. Oktober 1750 den Böhmischen Adel mit Wappen und Rotwachsfreiheit und ddo. Wien, 22. Juni 1763 den Böhmischen Ritterstand mit Wappenbesserung und durch ein zweites Diplom desselben Datums das Inkolat im Ritterstande des Königreiches Böhmen und seiner inkorporierten Lande. Ritter Johann Christian von Peche soll durch einige Zeit das Lehengut Smolotel besessen und dann die Güter Langen-Lhotta, Slovanska-Lhotta und Bitis, sowie das Haus 355/III in Prag gekauft haben, wo er auch am 13. Oktober 1771 im Alter von 62 Jahren starb.

Er hatte sich 7. Februar 1740 zu Prag (St. Nikolaus) mit Rosalia Elisabeth Katharina Klinkaček († Prag [St. Nikolaus] 16. Februar 1766) verehelicht, die ihm folgende vier zu Prag geborene Kinder schenkte:

1) Maria Anna Ludmilla, get. 9. August 1741 (St. Thomas), die sich zu Prag (St. Nikolaus) 6. April 1766 mit Johann Nepomuk Ritter Streer von Streeruwitz vermählte.

2) Josef Christoph August, get. 26. September 1743 (St. Nikolaus), † Prag (St. Nikolaus) 15. März 1766.

3) Rosalia Franziska, get. 3. August 1747 (St. Thomas), die sich mit Franz Freiherrn von Stentzsch und Prittag verheiratet haben soll.

4) Johann Nepomuk Christian, geb. 2. August 1749 und † 4. Jänner 1750 (St. Thomas).

Mit diesen ist der ältere Stamm der Familie erloschen.

B. Jüngerer Stamm.

Johann Matthias Peche, der oben sub 7. als wahrscheinlich jüngstes Kind des älteren Johann Jakob genannt wurde, studierte erst Theologie, war „akademischer Soldat" und trat dann in ständische Dienste. Er wurde Kreiskassier in Ellbogen, wo er während des Siebenjährigen Krieges mit Lebensgefahr die Kreiskassa rettete. Er erscheint dann seit 1764 als Revisor des kgl. Obersteueramtes zu Prag und starb als solcher daselbst, 51 Jahre alt, am 17. Mai 1773. Er war zweimal vermählt, I. mit Anna (geb. Knechtl?) aus Ellbogen und II. mit Genoveva, geb. Ihl († Prag [St. Nikolaus] 23. Juni 1802), der Tochter eines Doktors der Arzneikunde aus Karlsbad. Diesen beiden Ehen entstammten folgende neun Kinder:

I. Ehe: — 1) Josef, geb. 1748, der 21 Jahre als Offizier im Infanterie-Regimente FML. Franz Freiherr von Wenkheim Nr. 35 diente und als Hauptmann und Bataillonskommandant einer im Gefechte bei Maaßburg erlittenen schweren Verwundung — eine Kanonenkugel hatte ihm beide Füße zerschmettert — am 13. September 1796 zu Linz erlag.

2) Onuphrius, geb. Ellbogen 12. Juni 1752, k. k. Kassenbeamter in Brünn.

3) Hermenegild, geb. Ellbogen 13. April 1754, der allein den Stamm dauernd fortpflanzte (s. unten).

II. Ehe: — 4) Thekla, geb. 1761, † Prag (St. Nikolaus) 10. November 1766.

5) Johann Nepomuk, get. Prag (Trinitas) 3. September 1764, der als Postbeamter 1797 in Oberösterreich starb, wo er geheiratet hatte, jedoch keine Kinder hinterließ.

6) Philipp Johann, geb. Prag (St. Nikolaus) 10. April 1766, der sich als k. k. Staatsbuchhaltungsakzessist ebendort 18. September 1794 mit der 19jährigen Maria Antonia, einer Tochter des Hauptmannes Wenzel Gentschik von Gežawa, vermählte. Philipp soll 1809 als Rechnungsrat zu Innsbruck gestorben sein.

Seiner Ehe entsproß nur eine 1797 geborene Tochter Antonia, die 4. Dezember 1800 zu Prag (St. Nikolaus) starb.

7) Thekla, geb. Prag (St. Nikolaus) 6. November 1767 und † daselbst (St. Jakob) 12. März 1769.

8) Mathilde Anna, geb. Prag (St. Nikolaus) 15. März 1771, † ebendort (St. Thomas) 6. Oktober 1847 als Oberin (seit 1826) des Englischen Fräuleinstiftes zu Prag.

9) Celsus Wenzel, geb. Prag 18. Oktober 1773, † daselbst 11. November 1774.

Hermenegild Peche, oben 3), kam 1789 als Kreiskassier nach Königgrätz, kaufte das Gut Buchlovic um fl. 29.000, das er jedoch bald an Herrn Kayser von Kaisersheimb verkaufte, wurde 1806 Oberkontrollor der ständischen Hauptkassa in Prag und verlor 1811 infolge des Staatsbankerottes fast sein ganzes Vermögen. Kaiser Franz I. erhob ihn in Anerkennung seiner durch 43 Jahre geleisteten Dienste, dann der seines Oheims Johann Christian Ritters von Peche, seines Vaters (Johann) Matthias Peche, seines vor dem Feinde gebliebenen Bruders (Josef), sowie seiner Söhne Josef und des ebenfalls als Opfer des Krieges verstorbenen Wenzel ddo. Wien, 18. August 1816 unter dem Namen „von Peche“ in den Österreichischen Adelstand. Das bei dieser Gelegenheit verliehene Wappen gleicht völlig dem seines Oheims Johann Christian von 1750. Mit Rücksicht darauf, daß dieser 1763 auch den Böhmischen Ritterstand und das Inkolat in Böhmen erhalten hatte, sein einziger Sohn (Josef) jedoch vor ihm gestorben war, verlieh der Kaiser dem Hermenegild von Peche durch zwei besondere Diplome ddo. Wien, 10. Dezember 1829 den Österreichischen Ritterstand mit entsprechender Wappenbesserung und die Landmannschaft im Königreiche Böhmen und den dahin einverleibten Ländern (Mähren und Schlesien). Hermenegild Ritter von Peche starb zu Prag (St. Thomas) 14. Jänner 1835. Er war vermählt mit Elisabeth, geb. Roth (geb. 1760, † Prag [St. Thomas] 7. März 1822), der Tochter eines Weinhändlers aus Luditz bei Karlsbad und einer geborenen Lerch. Diese Ehe war mit folgenden acht Kindern gesegnet:

(1) Josef Ritter von Peche, geb. Prag 23. November 1782, trat 1803 in den Staatsdienst, wurde 1808 Kreiskommissär in Ellbogen, später in Pisek, und kam 1812 als politischer Kommissär zum österreichischen Hilfskorps unter Schwarzenberg für den Feldzug Napoleons I. gegen Rußland. Nach der Schlacht bei Leipzig wurde er dem Generalintendanten der österreichischen Heere FML. Johann von Prochaska zugeteilt, machte die Verfolgung der französischen Armee bis zum Einzuge in Paris 15. April 1814 mit und erhielt das silberne Verdienst-Ehrenkreuz. Nach Napoleons Flucht von Elba wurde er 5. Juni 1815 wieder der Generalintendanz zugeteilt, kam 12. Juli 1815 das zweitemal nach Paris und wurde damit betraut, die von den Franzosen aus Venedig, Wien, Berlin und Dresden geraubten Kunstschätze unter Militärbedeckung zurückzubringen. Nach Böhmen heimgekehrt, wurde er 1816 Verweser des Kreisamtes Ellbogen und des Burggrafenamtes Eger. Er starb als k. k. Hofrat auf seinem Gute Petrowitz 2. August 1854. Von ihm stammt

die teilweise im Freiherrnstande blühende I. Ältere Linie (siehe unten).

(2) Anna von Peche, geb. 16. August 1784, † Saaz 31. Oktober 1880, verm. mit Josef Rebitzer de Lauro, Dr. med. und Arzt in Saaz.

(3) Wenzel Peche, geb. 1786, † Ingolstadt 1814 infolge Verwundung als k. k. Oberleutnant.

(4) Angela Peche, geb. 1788, † Königgrätz 1799.

(5) Franz Ritter von Peche, geb. Königgrätz 9. Februar 1790, † Prag (St. Stephan) 8. Oktober 1862 als jubil. k. k. Oberamtmann der Kaiser Ferdinandschen Domäne Tachlowitz, der Stifter der im Ritterstande blühenden II. Jüngeren Linie (s. unten).

(6) Karl Ritter von Peche, geb. Königgrätz 1792, † Prag 1864, k. k. Landesgerichtsrat in Prag, verm. 1828 mit Wilhelmine Triebl (geb. 1809, † Teplitz 2. April 1878), welcher Ehe nur ein 29. März 1829 zu Prag (Teyn) tot geborener Sohn entsproß.

(7) Elisabeth von Peche, geb. Königgrätz 1793, † Prag 13. März 1824, verm. Prag (St. Thomas) 23. Februar 1819 mit Adalbert Schwippl, gräfl. Christian Waldsteinschem Sekretär.

(8) Aloisia Peche, geb. Königgrätz 1794, † Prag 1794.

Josef Karl Franz Ritter von Peche (geb. Prag 4. Mai 1821, † Prag 26. April 1886), der älteste Sohn des oben sub (1) genannten Josef, wurde als Direktor der Böhmischen Sparkassa mit Allerhöchster Entschließung vom 25. November 1873 und dem Diplome ddo. Wien, 20. Februar 1874 in den Österreichischen Freiherrnstand erhoben und sein Wappen entsprechend gebessert.

B. Jüngerer Stamm.

Stifter: Johann Matthias Peche, geb. 1722, † Prag 17. Mai 1773.

I. Ältere Linie.

(Teilweise im Freiherrnstande.)

† Josef Ritter von Peche (ältestes Kind des 14. Jänner 1835 zu Prag [St. Thomas] † Hermenegild Ritters v. P. und der 7. März 1822 ebendort † Elise, geb. Roth), geb. Prag 23. November 1782, † Petrowitz (Matr. Prag, Karmelit.) 2. August 1854, gew. Landstand in Böhmen, Herr auf Petrowitz und Slabsko, k. k. Hofrat i. P.; — verm. .... 18. Oktober 1818 mit:

† Anna, geb. von Spiegel (Tochter des 14. Juni 1805 zu Kirchenbirk † Besitzers des Gutes Kirchenbirk bei Falkenau in Böhmen, k. k. Kämmerers und Generalmajors Karl v. Sp. und dessen II. Gemahlin der .... 1845 ebendort † Franziska, geb. von Schönau), geb. Kirchenbirk 2. Oktober 1796, † Prag 16. Februar 1877.

24*

Kinder:

† 1. Franziska von Peche, geb. .... Oktober 1819, † Prag (Karmelit.) 1. Jänner 1828.

† 2. Josef Karl Franz Freiherr von Peche (Freiherrnstandserwerber), geb. Prag (Karmelit.) 4. Mai 1821, † daselbst (Karmelit.) 26. April 1886, gew. Landstand in Böhmen, Herr auf Petrowitz und Slabsko, Dr. jur., EKO.-R.III., Mitglied des Böhmischen Landesausschusses und Oberdirektor der Böhmischen Sparkassa in Prag; – verm. Schloß Pullitz 12. November 1855 mit:

† Marie, geb. Gräfin Ségur-Cabanac (Tochter des 8. April 1857 zu Pullitz † k. k. Rittmeisters a. D. und Besitzers der erzbischöfl. Olmützer Lehen Pullitz, Zoppanz und Döschna Julius Grafen S.-C. und der .... Juli 1868 zu Sopron [Ödenburg] † Anna, geb. Gebhardt von Ivanchich), geb. Antau (Ottova, Komitat Sopron) 8. Juli 1825, † Petrowitz (Matr. Prag, Karmelit.) 20. Oktober 1885.

Kinder:

1) Josef Karl Julius Freiherr von Peche, get. Prag (Karmelit.) 18. August 1856. – [.....]

† 2) Mathilde von Peche, geb. .... 26. Oktober 1857, † .... 16. September 1866.

3) Anna Freiin von Peche, geb. .... 1858, – [....]; – verm. .... 1884 mit:

† Leopold Ritter von Zastavnikovics, geb. .... 1851, † .... 16. März 1897, k. u. k. Rittmeister 1. Kl. im Ulanen-Regimente FML. Erzherzog Otto Nr. 1.

4) Karl Viktor Josef Freiherr von Peche, get. Prag (Karmelit.) 3. Oktober 1860, k. u. k. Major im Dragoner-Regimente Nikolaus Nikolajewitsch Großfürst von Rußland Nr. 12; – verm. Graz (Dompf.) 20. Februar 1897 mit:

Henriette, geb. Bozzi (Tochter des k. u. k. Oberstleutnants d. R. Angelo B. und der Antonie, geb. Edlen v. Laukhard), geb. .... 1869. – [Krakau.]

† 5) Marie Helene Emanuela von Peche, get. Prag (Karmelit.) 19. Mai 1862, † .... 2. September 1866.

6) Wenzel Freiherr von Peche, geb. .... 20. Dezember 1865, ... – [.....]

† 7) Johann Evangelist Ritter von Peche, geb. Prag (Karmelit.) 21. und † 25. Dezember 1868.

† 3. Anna Eleonore von Peche, geb. Prag (Karmelit.) 2. Dezember 1822, † daselbst (Karmelit.) 26. November 1883.

† 4. Therese Katharina von Peche, get. Prag (Karmelit.) 15. Juni 1824, † ebendort 27. November 1828.

† 5. Karl Josef Hermenegild von Peche, get. Prag (Karmelit.) 5. Februar 1826, † daselbst 21. Oktober 1828.

† 6. Mathilde Josefa von Peche, geb. Prag 3. November 1827, † daselbst 20. April 1902; – verm. Petrowitz (Pf. Nováves) 20. September 1853 mit:

† Gustav Eckhardt von Eckhardsburg, geb. Kolin 25. Oktober 1817, † Prag 15. Juni 1890, MVK. (KD.), k. u. k. Obersten d. R. (bis 1875 Kommandanten des Infanterie-Regimentes FML. Erzherzog Karl Salvator Nr. 77).

7. Franziska Elisabeth von Peche, geb. Prag (Karmelit.) 9. Juni 1831, – [Teplitz]; – verm. Prag (Karmelit.) 15. April 1858 mit:

† Anton Ritter Mayer von Mayersbach, geb. .... 18.., † Prag .... 1887, GVK.m.K., k. k. Statthaltereirat und Bezirkshauptmann zu Neustadt an der Mettau.

†8. Karl Josef Hermenegild Ritter von Peche, geb. Prag 3. Mai 1833, † Goisern 20. August 1906, EKO.-R.II., LO.-R., FJO.-R., MVK. (KD.), k. u. k. Feldmarschall-Leutnant d. R. (bis 1895 Geniechef des 1. Korps zu Krakau); – verm. Wien (Paulaner) 7. Juni 1871 mit:

Henriette Josefa Maria Pauline, geb. Tunkler von Treuinfeld (Tochter des 13. März 1873 zu Wien † k. k. Obersten des Geniestabes und Vorstandes der VIII. Abteilung des Reichs-Kriegsministeriums, LO.-R., EKO.-R.III. (KD.) Andreas Oktav Ferdinand Gabriel Ritters T. v. T. und der 24. Februar 1890 zu Prag † Marie Henriette Anna Willibaldine, geb. Weithner), geb. Prag (Feldsup.) 30. Mai 1850. – [Graz, Parkstraße 17.]

Kinder:

† 1) Helene von Peche, geb. Heiligenberg bei Olmütz 12. April 1872, † Graz 15. Juni 1899; – verm. Graz 14. Februar 1898 mit:

Hugo Weiß von Schleußenburg, geb. .... 28. Oktober 1873, k. u. k. Oberleutnant im Korpsartillerie-Regimente FZM. Erzherzog Wilhelm Nr. 3. – [Graz, Glacisstraße 67.]

† 2) Gottfried Ritter von Peche, geb. Heiligenberg bei Olmütz 28. September 1873, † Kremsmünster 4. April 1889, Schüler der 6. Gymnasialklasse.

9. Katharina Johanna Josefa Elisabeth von Peche, geb. Petrowitz (Pf. Nováves) 1. Juli 1834, – [Wien, III. Ungargasse 54]; – verm. Prag (Karmelit.) 25. November 1863 mit:

† Kasimir Gintowt de Dziewiałtowski, geb. .... 1816, † .... bei Prag 6. Mai 1877, EKO.-R.III. (KD.), MVK. (KD.), k. k. Generalmajor d. R.

10. Elisabeth Franziska von Peche, geb. Prag (Karmelit.) 4. März 1836. – [Prag.]

11. Wilhelmine von Peche, geb. Petrowitz 24. Juni 1838, unter dem Namen M. Alphonsa, Konventualin im Kloster Notre Dame zu Goldenstein bei Salzburg. – [Goldenstein.]

II. Jüngere Linie.

† Franz Ritter von Peche (6. Kind des 14. Jänner 1835 zu Prag [St. Thomas] † Hermenegild Ritters v. P. und der 7. März 1822 ebendort † Elisabeth, geb. Roth), geb. Königgrätz 9. Februar 1790, † Prag (St. Stephan) 8. Oktober 1862, jubil. k. k. Oberamtmann der Kaiser Ferdinandschen Domäne Tachlowitz; – verm. I. Prag (St. Thomas) 29. Oktober 1816 mit:

† Therese, geb. Hermann (Tochter des .... 18.. zu .... † .... H. und der .... 18.. zu .... † ...., geb. ....), geb. .... 1792, † Jentsch 8. September 1830; – II. .... 183. mit:

† Emanuela (Emma), geb. Schmierer (Tochter des .... 18.. zu .... † .... Sch. und der .... 18.. zu .... † ...., geb. ....), geb. .... 18.., † Prag 20. Mai 1866.

Kinder: a) I. Ehe:

† 1. Therese, geb. .... 24. Oktober 1823, † Prag 15. Juni 1880.
† 2. Elise, geb. .... 13. Dezember 1827, † Prag 29. April 1903; – verm. .... 18.. mit:

† Friedrich Schwippl, geb. .... 18.., † .... 9. Oktober 1901.
† 3. Anna, geb. .... 18. Mai 1828, † Prag (Smichow) 29. April 1899.

b) II. Ehe:

4. Emanuela (Emma), geb. .... 10. Dezember 1834. – [Prag.]
5. Leopoldine, geb. .... 10. Mai 1836, – [Perchtoldsdorf]; – verm. I. Prag (Trinitas) 12. Juli 1864 mit:

† Karl Freiherrn (Piller) von Pillerstorff, geb. Laibach .... 1832, † Perchtoldsdorf .... 1886, k. u. k. Major a. D. (bis 1877 k. k. Hauptmann 1. Kl. im Infanterie-Regimente FML. Georg Graf Jellačić de Bužim Nr. 69); – II. Douba 25. August 1891 mit:

† Anton Herberg, geb. .... 18.., † .... 18.., Fabriksbesitzer zu Neudaubitz.

6. Anton, geb. .... 23. Juli 1839, k. u. k. Hauptmann d. R. (bis 1869 im Infanterie-Regimente FML. Siegmund Freiherr von Reischach Nr. 21, – [Wien, VIII. Josefstädterstraße 101]; – verm. I. .... 11. Mai 1875 mit:

† Gabriele, geb. Hilbert von Schüttelsberg (Tochter des .... 18.. zu .... † .... H. v. Sch. und der .... 18.. zu.... † ...., geb. ....), geb. .... 1832, † .... 1884; – II. .... 5. Oktober 1886 mit:

Helene, geb. Stöcker (Tochter des .... 18.. zu .... † .... St. und der .... 18.. zu .... † ...., geb. ....), geb. .... 1858. – [Wien, VIII. Josefstädterstraße 101.]

Tochter II. Ehe:

Antonie, geb. .... 18.., † .... 18. Juli 1898.

---

de Pellegrini
und
de Pellegrini-Danieli.

Römisch-katholisch. — Österreich (Dalmatien).

Verleihungen:

1672 April 13, Lesina: Aufnahme des venezianischen Generalfiskals für Dalmatien und Albanien Dr. jur. Vincenzo Pellegrini in das Consiglio Nobile der Stadt Lesina.

1690 Mai 6, Traù: Aufnahme desselben in das Consiglio Nobile der Stadt Traù.

1693 Jänner 6, Zara: Aufnahme desselben in das Consiglio Nobile der Stadt Zara.

1696: Aufnahme desselben in das Consiglio Nobile der Stadt Sebenico.

1784 Mai 10, Zara: Aufnahme des Giuseppe Pellegrini-Danieli in das Consiglio Nobile der Stadt Zara. — (Erwähnt im Anerkennungsakte von 1826, AA., HKA.)

1822 März 3, Wien (Allerh. Entschließung auf Verzeichnis): Kaiser Franz I. erteilt dem Giacinto de Pellegrini, Sohn des Marco Antonio, eine Adelsanerkennung als „Nobile". — (AA., HKA. — I. Ältere Linie, 2. Jüngerer Ast.)

1822 Oktober 26, Verona (Allerh. Entschließung auf Verzeichnis): Derselbe erteilt dem Ferdinando de Pellegrini in Florenz und dem Giovanni de Pellegrini in Sebenico, den Söhnen des verstorbenen Vincenzo aus Zara eine Adelsanerkennung als „Nobili". — (AA., HKA. — II. Jüngere Linie.)

1826 September 9, Wien (Allerh. Entschließung auf Verzeichnis): Derselbe gibt auf Grund der am 10. Mai 1784 erfolgten Aufnahme des Dr. jur. Giuseppe de Pellegrini-Danieli (Bruder des obengenannten Giacinto) in das Consiglio Nobile der Stadt Zara und ihrer erwiesenen Abstammung dessen Kindern: Dr. jur. Giovanni Battista, Dr. med. Cesare Aloisio in Zara, Alessandro († 1862), Pellegrino, Casimiro Antonio († 1852 als Dr. med.), Ottavio († 1859) und Carolina Teresa Amalia (seit 19. Juni 1840 verm. mit Elias Freiherrn Mätz von Spiegelfeld) eine Adelsanerkennung als „Nobili". — (AA., HKA.; — I. Ältere Linie, 1. Älterer Ast.)

Wappen:

Stammwappen (Pellegrini und Pellegrini-Danieli): In Blau auf der Spitze eines erniedrigten goldenen Sparrens eine sitzende silberne Taube mit einem grünen Blätterzweige im Schnabel, unter dem Sparren ein silberner Flügel. Auf dem gekrönten Turnierhelme mit rechts blau-goldenen und links blau-silbernen Decken drei Straußenfedern, eine silberne zwischen zwei goldenen.

Ältere Genealogie und Geschichte einem späteren Jahrgange vorbehalten. — Vgl. vorläufig F. Heyer von Rosenfeld, Der Adel des Königreiches Dalmatien (Neuer Siebmacher IV, 3), S. 18.

I. Ältere Linie.

(In Zara.)

Stifter: Marco Antonio de Pellegrini, venezianischer Oberstleutnant, verm. mit Maria de Zanchi.

1. Älterer Ast.

(de Pellegrini-Danieli.)

Stifter: Giuseppe de Pellegrini-Danieli, Dr. jur., verm. mit Cattarina, geb. Contessa Ferro.

Cesare de Pellegrini-Danieli (Sohn des 19. September 1847 zu Mailand † Dr. jur. Giovanni Battista de P.-D. und der 1. Jänner 1890 zu Zara † Julie, geb. von Reitzenstein), geb. Zara 13. Jänner 1841, Dr. jur., k. k. Hofrat und Präsident des Landesgerichtes zu Zara; — verm. Graz (Dompf.) 31. Oktober 1872 mit:

Theresia, geb. Höberth Edlen von Schwarzthal (Tochter des .... 18.. zu .... † k. k. Ober-Kriegskommissärs Josef H. Edlen von Sch. und der 25. März 1878 zu Graz † Therese, geb. Nachich), geb. .... 18... — [Zara, Riva nuova 1076.]

Kinder:

1. Johann Baptist, geb. Zara 25. August 1874, k. k. Oberleutnant im Landwehr-Infanterie-Regimente Klagenfurt Nr. 4. — [Klagenfurt.]
2. Josef, geb. Zara 2. September 1877.
3. Aglaë, geb. Cattaro 25. April 1881; — verm. Zara 25. November 1899 mit:
   Nikolaus Depolo, geb. Imoski 21. März 1871, Dr. jur., k. k. Ratssekretärs-Adjunkt des Obersten Gerichts- und Kassationshofes. — [Wien, VIII. Piaristengasse 1.]

2. Jüngerer Ast.

(de Pellegrini.)

Stifter: Giacinto de Pellegrini, verm. mit Perina de Pasquali.

(Personalstand einem späteren Jahrgange vorbehalten.)

II. Jüngere Linie.
(In Sebenico.)

Stifter: Ferdinando de Pellegrini, verm. mit Francisca de Dominis.

(Personalstand einem späteren Jahrgange vorbehalten.)

Vgl.: – Wurzbach XXI, S. 442, 2; – Neuer Siebmacher IV, 3 (F. Heyer von Rosenfeld, Der Adel des Königreiches Dalmatien), S. 18 u. Taf. 12.

---

von Pelzel.

Römisch-katholisch. – Österreich (Niederösterreich).

Verleihung:

1891 Jänner 6, Wien (Diplom): Kaiser Franz Joseph I. verleiht dem k. u. k. Vizeadmiral d. R. Johann Pelzel den österreichischen Adelstand und ein Wappen. – (AA., HKA.; – Orig. Fam.)

Wappen:

1891 Jänner 6: In Blau ein golden gesäumter roter Balken, begleitet oben zwischen zwei goldenen Sternen von einem pfahlweisen, mit seinem Tau umwundenen ebensolchen Anker, unten von einer goldenen Galeere mit Rudern. Auf dem gekrönten Turnierhelme mit rechts blau-goldenen und links rot-goldenen Decken eine auffliegende natürliche Möwe.

Johann von Pelzel (Adelserwerber – Sohn des .... 1844 zu Verona † k. k. Militärarztes Johann Pelzel und der .... 18.. zu .... † ...., geb. ....), geb. Verona 27. März 1830, LO.-R., k. u. k. Vizeadmiral d. R., – [Triest]; – verm. Venedig 28. August 1859 als deren II. Gemahl mit:

† Marietta, geb. Paini (Tochter des .... 18.. zu Venedig † Schiffsbauunternehmers Giovanni P. und der 7. März 1900 zu Triest † Giovanna, geb. Bonivento), geb. Venedig 30. Juli 1831, † Triest 6. September 1905; – (in I. Ehe verm. Venedig .... 18.. mit: – † Giuseppe Lorenzini, geb. Venedig .... 18.., † ebendort 7. Juli 1848, Schiffsbauingenieur).

Kinder:

1. Regina, geb. Venedig 23. Mai 1860, – [Wien, VI. Gumpendorferstraße 118 A]; – verm. Pola 21. Juni 1881 mit:

† Ferdinand Skala, geb. Teschen 7. März 1846, † Karlsbad 12. Mai 1904, k. u. k. Ministerialrat im Reichs-Kriegsministerium.

2. Josef, geb. Triest 18. Februar 1862, Privatdetektiv-Institutsinhaber; — verm. Wien 4. September 1890 mit:
Julie, geb. Steininger (Tochter des Großgrundbesitzers in Linz Josef St. und der Luise, geb. Eitelhuber), geb. Stokek 2. Jänner 1858, Inhaberin eines Damenkonfektionssalons. — [Wien, I. Rauhensteingasse 10.]

3. Gustav, geb Triest 17. Februar 1867, k. u. k. Hauptmann 1. Kl., kommandiert beim Geniestabe, Lehrer am Militär-Bauingenieurkurse in Wien; — verm. Triest 27. November 1895 mit:
Ottilie, geb. von Biringer (Tochter des 20. Juni 1905 zu Triest † k. u. k. Konteradmirales d. R., FJO.-Kmt., MVK. [KD.] Hermann v. B. und der ... September 1886 zu Triest † Antoinette, geb. de Castro), geb. Bischoflack 11. Juni 1871. — [Wien, VI. Gumpendorferstraße 118 A.]

Kinder:

1) Gustav, geb. Graz 18. September 1896.
2) Otto, geb. Graz 14. Juni 1898.

4. Hermine, geb. Wien 25. Juni 1874; — verm. Triest 28. September 1891 mit:
Wilhelm Stopper, geb. Triest 5. August 1862, Juwelier und Hausbesitzer. — [Triest.]

Vgl.: — Brünner Adel. Taschenb. XVIII 1893.

Pfersmann von Eichthal.

Römisch-katholisch. — Österreich (Niederösterreich und Mähren).

Verleihungen:

1818 April 14, Wien (Diplom): Kaiser Franz I. verleiht dem k. k. Hoftheater-Hauptkontrollor Leopold Pfersmann den Österreichischen Adelstand mit dem Prädikate „von Eichthal“ und einem Wappen. — (AA., HKA.; — Orig. Fam.)

1855 März 23, Wien: Kaiser Franz Joseph I. erhebt den k. k. Regierungsrat und Vorstand der Allerh. Familienfonds-Buchhaltung Matthias Pfersmann von Eichthal als Ritter des österr. kaiserl. Leopold-Ordens in den Österreichischen Ritterstand und vermehrt sein Wappen. — (AA., HKA.; — Orig. Fam. — II. Linie.)

Wappen:

I. 1818 April 14 (Pfersmann von Eichthal): Geviert, 1 und 4 in Gold ein einwärts gewendeter schwarzer Adler, 2 und 3 in Rot ein einwärts gewendeter goldener Löwe. Auf dem gekrönten Turnierhelme mit rechts schwarz-goldenen und links rot-goldenen Decken zwischen einem offenen schwarzen Fluge ein wachsendes weißes Roß.

II. 1855 März 23 (Ritter Pfersmann von Eichthal): Geviert mit Mittelschild, dieser in Silber eine natürliche Eiche in einem grünen Tale, 1 bis 4 (der Rückenschild) wie 1818. Zwei gekrönte Turnierhelme: auf I mit schwarz-goldenen Decken dasselbe Kleinod wie 1818; auf II mit rot-goldenen Decken der goldene Löwe wachsend und in der rechten Vorderpranke einen natürlichen Eichenzweig mit einer Eichel und zwei Blättern haltend.

Der Stammvater dieser Familie Leopold Pfersmann (geb. 1750) trat 1768 bei der k. k. Kameralbuchhaltung zu Klagenfurt in den Staatsdienst, wurde bald Protokollist und Sekretär beim Kreisamte in Villach, wo er seit 1785 die Stelle eines Kreiskommissärs bekleidete. Als solcher machte er sich um die Verbesserung der Pferdezucht in den Militärgestüten Innerösterreichs, um die Rekrutierung und durch die Erfindung einer neuen Art Plätten auf dem Drauflusse verdient, durch die der Getreidetransport auf den türkischen Kriegsschauplatz 1788/89 wesentlich gefördert wurde. Kaiser Josef II. berief ihn hierauf nach Wien als Sekretär der Kameral- und Bankalgefällen-Direktion, nach deren Aufhebung er zur k. k. Hofkammer und der neu errichteten Staatshauptbuchhaltung kam. Schließlich wurde er Hauptkontrollor bei der Obersten Hoftheaterdirektion und erhielt nach 50jähriger Dienstleistung bei seiner Übernahme in den Ruhestand von Kaiser Franz I. ddo. Wien, 14. April 1818 den Österreichischen Adel mit dem Prädikate „von Eichthal" und dem oben sub I beschriebenen Wappen. Er starb zu Wien am 18. Mai 1839 und hinterließ aus seiner Ehe mit Karoline Brandstätter vier Söhne, die die Stifter der unten folgenden vier Linien wurden.
Der zweite dieser Söhne, Matthias Pfersmann von Eichthal, erhielt für seine Verdienste als k. k. Regierungsrat und Chef der Allerh. Familienfondsbuchhaltung das Ritterkreuz des österr. kaiserl. Leopold-Ordens und wurde den damaligen Statuten dieses Ordens entsprechend ddo. Wien, 23. März 1855 in den Österreichischen Ritterstand erhoben. Bei dieser Gelegenheit wurde das Wappen mit dem für das Prädikat „Eichthal" redenden Mittelschilde und dem zweiten Helme vermehrt.

I. Linie.

† Alois Pfersmann von Eichthal (1. Sohn des 18. Mai 1839 zu Wien † Leopold Pf. v. Ei. und der .... 18.. daselbst † Karoline, geb. Brandstätter), geb. Villach .... 1780, † ebenda

22. Juni 1854, k. k. Feldmarschall-Leutnant i. P. (bis 1849 Divisionär in Siebenbürgen) und Zweiter Inhaber des Infanterie-Regimentes FM. Iwan Feodorowitsch Paskiewitsch, Fürst von Warschau, Graf von Eriwan Nr. 37); — verm. Bergamo 17. Juli 1837 mit:

Julie, geb. Freiin von Scotti (Tochter des 19. April 1834 zu Mailand † k. k. Generalmajors Franz Freiherrn v. S. und der .... 1861 zu Bergamo † Fulvia, geb. Fossati de Regibus), geb. Bergamo 21. Dezember 1816. — [Wien, I. Bartensteingasse 13.]

Kinder:

1. Fulvia, geb. Vinkovce 12. Februar 1839. — [Wien, I. Bartensteingasse 13]; — verm. Wien 12. Februar 1862 mit:

† Alfred Pauer von Budahegyi, geb. Fiume 20. Juni 1837, † Triest 3. Juli 1872, k. k. Hafen- und Sanitäts-Adjunkten.

2. Johann, geb. Bergamo 10. Dezember 1840, MVK. (KD.), k. u. k. Major d. R. (bis 1887 im Infanterie-Regimente Sergius Alexandrowitsch Großfürst von Rußland Nr. 101). — [Wien, IX. Nußdorferstraße 23]; — verm. Wien 18. März 1882 (geschieden) als deren I. Gemahl mit:

Marianne, geb. Klaps (Tochter des 15. Juli 1877 zu Wien † k. k. Kassaoffizials der Staatsschuldenkassa i. P., GVK.m.K. Friedrich K. und der 4. Oktober 1888 ebenda † Luise, geb. Hardt), geb. Wien 5. März 1864; — (in II. Ehe verm. .... 18.. mit: — Ernst Rettmann, geb. .... 18.., k. u. k. Rittmeister 2. Kl. i. d. R. des Ulanen-Regimentes GdK. Karl Graf Auersperg Nr. 8 und Gesellschafter der prot. Firma „Bergprodukte und Baumaterialien R. E. v. Schickh & E. Rettmann“ in Wien). — [Wien, I. Kärnthnerring 17.]

†3. Luise, geb. Hermannstadt (Nagyszeben) 3. Juni 1842, † Graz 16. November 1891; — verm. Wien .... 1864 mit:

† Anton Kluger Edlem von Teschenberg, geb. Ödenburg (Sopron) 14. Dezember 1834, † Graz 21. Oktober 1885, k. k. Fregattenkapitän d. R., gew. Regierungskommissär beim Österr.-ungar. Lloyd.

4. Leopold, geb. Mailand 9. Dezember 1844, GVK.m.K., kaiserl. Rat, Inspektor der k. k. österr. Staatsbahnen i. R. (bis 1905 zugeteilt dem k. k. Eisenbahnministerium); — verm. Wien 27. Oktober 1878 mit:

Adelheid, geb. Klaps (Schwester der oben genannten Marianne), geb. Wien 8. November 1860. — [Wien, I. Lichtenfelsgasse 7.]

Tochter:

Alice, geb. Wien 14. September 1879; — verm. Wien 18. Oktober 1902 mit:

Wilhelm von Medinger, geb. Wien 7. Jänner 1878, Dr. phil., Großgrundbesitzer in Klein-Skal, Böhmen. — [Wien, IX. Türkenstraße 5.]

†5. Franz, geb. Hermannstadt (Nagyszeben) 19. November 1848, † Wien 23. September 1905, Sparkassakontrollor in Wien.

†6. Antonie, geb. Wien .... 1851, † daselbst 19. Mai 1853.

II. Linie.
(Im Ritterstande.)

† Matthias Ritter Pfersmann von Eichthal (Ritterstandserwerber — 2. Sohn des 18. Mai 1839 zu Wien † Leopold Pf. v. Ei. und der .... 18.. daselbst † Karoline, geb. Brandstätter), geb. Villach 24. April 1785, † Wien 20. April 1857, LO.-R., k. k. Regierungsrat, Chef der Allerh. Familienfondsbuchhaltung; — verm. .... 1. Mai 1822 mit:

† Theresia, geb. von Manner (Tochter des .... 1831 zu .... † k. k. Hofrates des Mährischen Landesguberniums, Oberstlandschreibers, Präsidenten des Ritterstandes und Landmannes in Mähren, Besitzers der Ritter von Mannerschen Primogeniturfideikommißherrschaft Brumow-Návojna Wolfgang Vinzenz Ritters und Edlen Herrn von Manner und der .... 1826 zu .... † Cäcilie, geb. Edlen Herrin von Mannagetta und Lerchenau), geb. Olmütz 2. April 1802, † Wien .... 18..

Sohn:

Viktor, geb. Holics 1. September 1831, LO.-R., FJO.-R., Marianer des h. Deutschen Ritterordens, k. k. Vizepräsident des Niederösterr. Landesschulrates i. P.; — verm. Veszprém 22. August 1858 mit:

Klaudia, geb. von Kopácsy (Tochter des .... 18.. zu .... † kgl. ungar. Septemvirs Josef v. K. und der .... 18.. zu .... † Marie, geb. von Késmárky), geb. Veszprém 25. September 1844. — [Wien, VI. Mittelgasse 37.]

Kinder:

1) Klaudia, geb. Wien 22. Juni 1865; — verm. Wien .... 18.. mit:

Géza Vértesy de Vértesalya, geb. .... 18.., Greffier des kgl. ungar. St. Stephan-Ordens, LO.-R., EKO.-R.III., kgl. ungar. Staatssekretär im Ministerium am Allerh. Hoflager. — [Wien, I. Bankgasse 6.]

2) Viktor, geb. Wien 28. Juli 1867, k. u. k. Rittmeister 1. Kl. im Husaren-Regimente FM. Graf Radetzky von Radetz Nr. 5. — [Neusiedl am See.]

III. Linie.

Stifter: Josef Pfersmann von Eichthal (3. Sohn des 18. Mai 1839 zu Wien † Leopold Pf. v. Ei. und der .... 18.. daselbst † Karoline, geb. Brandstätter), geb. Wien .... 1788, † Wien 24. Mai 1877, Großhändler in Triest.

(Personalstand einem späteren Jahrgange vorbehalten.)

IV. Linie.

† Friedrich Pfersmann von Eichthal (4. Sohn des 18. Mai 1839 zu Wien † Leopold Pf. v. Ei. und der .... 18.. daselbst † Karoline, geb. Brandstätter), geb. Wien .... 1790, † Lemberg .... 18.., k. k. Straßenbau- und Wegmeister; — verm. Lemberg .... 18.. mit:

† Karoline, geb. Marek (Tochter des .... 18.. zu Lemberg † Hauptschuldirektors Isidor M. und der .... 18.. ebendort † Theresia, geb. Frank), geb. Lemberg .... 1801, † ebendort 5. Juli 1865.

Kinder:

† 1. Leopold, geb. Lemberg .... 18.., † ebendort .... 18.., Studierender.

† 2. Isidor, geb. Lemberg .... 18.., † Mościska .... 18.., Studierender.

3. Alois, geb. Lemberg 7. Juli 1826, k. k. Oberst d. R. (bis 1878 Oberstleutnant im Landwehr-Bataillon Mähr.-Trübau Nr. 19). — [Mähr.-Trübau, Zwittauerstraße 4]; — verm. I. Temesvár 7. Jänner 1860 mit:

† Rosa, geb. Lichtscheind (Tochter des 4. September 1873 zu Temesvár † Hoteliers Stephan L. und der .... 18.. ebendort † Dorothea, geb. Pfaller), geb. Temesvár 2. Jänner 1838, † Mähr.-Trübau 14. November 1872; — II. Mähr.-Trübau 19. Juli 1873 mit:

Rosa, geb. Stelzl (Tochter des 8. Jänner 1875 zu Mähr.-Trübau † Bürgers Peter St. und der 28. November 1881 ebendort † Josefa, geb. Jurzitschek), geb. Mähr.-Trübau 24. August 1846. — [Mähr.-Trübau.]

Kinder: a) I. Ehe:

1) Viktor, geb. Stein, Krain, 12. Oktober 1871, k. u. k. Oberleutnant des Monturdepots Nr. 4 in Wien; — verm. Baden 30. April 1900 mit:

Marie (Mary), geb. Hauser (Tochter des 17. Februar 1904 zu Wien † Architekten Karl H. und der Marie, geb. Huber), geb. Wien 3. Februar 1875. — [Wien, III. Steingasse 15.]

Kinder:

(1) Herbert, geb. Albern bei Wien 2. März 1901.

(2) Charlotte, geb. Albern bei Wien 16. Februar 1902.

† (3) Karl, geb. Albern bei Wien 24. Jänner und † ebendort 19. August 1903.

b) II. Ehe:

2) Kamillo, geb. Mähr.-Trübau 28. April 1874, k. k. Bezirkskommissär bei der Statthalterei in Brünn; — verm. Wien 21. Juni 1902 mit:
Luise, geb. Flemmich (Tochter des 19. November 1906 zu Römerstadt, Mähren, † Fabrikanten Ferdinand F. und der Ulrike, geb. Frank), geb. .... 1. Oktober 1880. — [Brünn.]

Sohn:

Wolfgang, geb. Sternberg 30. April 1904.

3) Rudolf, geb. Mähr.-Trübau 18. März 1877, k. u. k. Oberleutnant überkomplett im Infanterie-Regimente Nr. 25, zugeteilt dem Generalstabe. — [Czernowitz.]

4) Elisabeth, geb. Mähr.-Trübau 10. Juli 1883; — verm. Mähr.-Trübau 5. März 1905 mit:
Rudolf Giesauf, geb. Wien 27. Juni 1875, Rentmeister der Stadtgemeinde Mähr.-Trübau. — [Mähr.-Trübau.]

---

* Pickl von Witkenberg
und
† Pickhl (aus Bruck a. d. Mur).

Römisch-katholisch. — Österreich (Steiermark, Kärnten und Tirol).

Verleihungen:

(1452—1493): „Ein alter Brief von vnser dem Pigkhlischen wappen, des wir von khayser Friedrich (III.) hochlöbligisten gedächtnus her gebraucht haben". — (Steierm. LA., Lehen, Bd. LVII, Nr. 620, fol. 4, Stelle aus der Originalsupplik „Hannsen Pigkhls, statrichters zu Brugg, ferner anhalten per verleihung eines ritterlichen lehen etc. sambt einbringung des originall lehenbrief" vom 17. April 1565. — A. Älterer Stamm, in Bruck a. d. Mur bis 1582.)

1834 Oktober 21, Wien (Diplom): Kaiser Franz I. verleiht dem k. k. Rittmeister im Chevaulegers-Regimente Kaiser Franz I. Nr. 1 Wilhelm Pickl den Österreichischen Adelstand mit dem Prädikate „Edler von Witkenberg" und einem Wappen (Neuverleihung). — (AA., HKA.; — Orig. Fam. — B. Jüngerer Stamm, in Klagenfurt seit 1579.)

Wappen:

I. (A. Älterer Stamm, wahrscheinlich entsprechend der 17. April 1565 als noch vorhanden erwähnten Verleihung über das seit Kaiser Friedrich III. geführte Wappen):

a) (c. 1541): In Weiß ein aus der linken Oberecke hervorbrechender aufgebogener schwarzgekleideter Arm, in der bloßen Faust einen natürlichen Pickel (Berghammer) an seinem Stiele haltend. — (Schild des röm. kgl. Rates und Probstes zu Friesach Dr. Christoph Pickhl von c. 1541 am Gewölbe der Stiftskirche zu Millstatt.)

b) (1561): Der Schild (ohne Farben) wie bei a), nur haltet der mit einem Puffärmel bekleidete Arm das Pickeleisen ohne Stiel mit der Spitze gegen den Vorderrand in der Faust. Auf dem Stechhelme mit beiderseits abflatternder Binde zwischen einem offenen Fluge der wie im Schilde bekleidete Arm mit dem Pickeleisen gerade emporgestreckt wachsend). — (Verschlußsiegel des Hans Pickhl mit den Initialen I B P [Johann Baptist Pickhl] an dessen Schreiben ddo. Bruck a. d. Mur, 18. März 1561 an Abt Valentin von Admont. Vgl. nebenstehende Abbildung. — Orig. Fam.)

1561

II. (1688. — B. Jüngerer Stamm): (In Silber?) ein aufgebogener (schwarz?) gekleideter Arm, in der bloßen Faust einen (natürlichen?) Pickel (Berghammer) an seinem Stiele haltend (Schild des Älteren Stammes wie c. 1541). Auf dem Stechhelme mit (schwarz-weißem?) Wulst und (ebensolchen?) Decken ein wachsender (schwarz?) gekleideter Bergknappe mit gestülpter Mütze, in der Rechten einen Pickel (Berghammer) an seinem Stiele haltend und die Linke in die Seite stemmend (Kleinod des Jüngeren Stammes, vgl. III. und IV). — (Siegel mit den Initialen F. P. des Franz Christoph Pickhl an einer Quittung ddo. Klagenfurt, 10. April 1688, Orig. Kärnt. LA., Malborgheter Arch. 56, Nr. 45. Vgl. nebenstehende Abbildung. — Die wahrscheinlichen Farben ergänzt nach dem Schilde von c. 1541 zu Millstatt und dem Diplome von 1834.)

1688

III. (1737. — B. Jüngerer Stamm): (In Silber?) ein (schwarzgekleideter?) Bergknappe mit gestülpter Mütze, in der Rechten einen Pickel (Berghammer) an seinem Stiele haltend und die Linke in die Seite stemmend. Auf dem gekrönten Turnierhelme mit (schwarz-silbernen?) Decken der Bergknappe mit dem Pickel wachsend. (Kleinod wie 1688.) — (Siegel mit den Initialen I. I. P. des Franz Ignaz Pickl, landsch. Kassiers zu Klagenfurt von 1737 (vgl. nebenstehende Abbildung) und mit den Initialen M. P. des Michael Pickl, Erbpächters des gräfl. Goëßschen Gutes Hohenberg bei St. Veit a. d. Glan, von 1775. — Die wahrscheinlichen Farben ergänzt nach dem Diplome von 1834.)

1737

IV. 1834 Oktober 21 (B. Jüngerer Stamm — Pickl Edle von Witkenberg): Innerhalb schmaler goldener Einfassung gespalten · vorne geschrägt durch einen dreimal gespaltenen Schrägbalken, dessen vier Plätze je dreimal von Rot, Silber, Gold und Blau in der Art geschrägt sind, daß von den so gebildeten aufeinanderliegenden Schrägschindeln am ersten und dritten Platze die beiden äußeren, am zweiten und vierten aber die beiden inneren breiter sind als die übrigen, oben in Blau drei (2, 1) goldene Sterne, unten in Rot auf der mittleren höheren Spitze eines natürlichen Dreifelsens eine ebensolche Gemse (umgestaltet Zenegg von und zu Scharffenstain); hinten in Silber auf grünem Boden ein bärtiger natürlicher Mann in am Halse offenem weißen Hemde mit aufgestreckten Ärmeln, brauner Kniehose, weißen Strümpfen, schwarzen Halbstiefeln und hoher brauner Pelzmütze, in der Rechten eine auf dem Boden gestützte natürliche Picke (!) haltend (umgestaltetes Stammwappen); auf dem gekrönten Turnierhelme mit rechts blau-goldenen und links rot-silbernen Decken der Mann mit der Picke wachsend.

Der Name Pickl (auch „Pikhl", „Pickhl", „Pigkhl, „Pigkl" und „Pickel") wechselt in Steiermark und Kärnten vom XVI. bis XVIII. Jahrhundert bei ein und derselben Person und in demselben Aktenstücke vielfach mit „Pückl und selbst „Puggl" und „Pöckl" in allen möglichen Varianten, so daß die sichere Scheidung von einigen anderen innerösterreichischen Familien ähnlicher Namen nur durch das Wappen ermöglicht wird. Sämtliche auf steirisch-kärntnerischem Boden vorkommenden wappenmäßigen Familien Pickl führten als namenanspielenden Bestandteil ihrer Wappen einen Pickel (Berghammer), der bei dem Stamme aus Bruck a. d. Mur und ursprünglich auch bei jenem aus Klagenfurt von einem aufgebogenen Arme, bei letztgenanntem später auch von einem Bergmanne und bei einer dritten Familie (in Oberkärnten) von einem Löwen gehalten wird, während von den beiden Familien Puggl (Puckl) die eine eine Schrägspitze und die andere einen buckligen Schalksnarren, die Pögel aus einer Krone wachsend ein Kamel und die Pöckl einen Steinbock führten.

Die 1834 mit dem Prädikate „Edle von Witkenberg" geadelten Pickel entstammen der seit 1579 in Klagenfurt nachweisbaren wappenmäßigen Familie (s. unten **B. Jüngerer Stamm**), deren Mitglieder schon im XVII. Jahrhunderte in den Kirchenbüchern und amtlichen Akten fast regelmäßig mit Bezeichnungen wie „nobilis", „perillustris", „edelgeboren" etc. erscheinen und auch von der Zeit an (Mitte XVIII. Jahrhunderts), als dies von seiten des unbetitelten Adels allgemein üblich wurde, das als Adelsbezeichnung geltende Wörtchen „von" ihren Namen vorsetzten. Der wahrscheinliche Zusammenhang dieser Familie mit den nach 1582 aus Bruck a. d. Mur verschwindenden Pickhl (s. unten **A. Älterer Stamm**) findet seine Hauptstütze in der ineinander übergehenden Wappenführung, konnte jedoch bisher noch nicht einwandfrei erwiesen werden.

A. Älterer Stamm (in Bruck a. d. Mur bis 1582).

Als erster dieses Stammes erscheint „Hans Pickhl, burger zu Prugkh a. d. Mur", der ddo. Aflenz, 2. Oktober 1505*) dem Abte Johann III. (Sachs) von St. Lambrecht, dem er „als ambtmann ettlich jar her" gedient hatte, eine „phandtschafft" gelegentlich der Quittierung uneinbringlicher Urbarzinse ausstellte. Er war des vorgenannten Abtes († 1518) und dessen Nachfolgers Abt Valentins (Pierer) „diener und camerer" bis 1521 und wurde am 8. April dieses Jahres vom Prälaten durch Verschreibung von 75 Pfund Pfennigen guter Landeswährung in Steier für rückständigen Jahressold und ihm vom verstorbenen Abte Johann ohne Wissen des Konvents als Leibgeding versprochene Gülten am „Pischberg" bei Bruck a. d. Mur entschädigt. Sein aufgedrucktes Siegel in grünem Wachs an der Gegenurkunde vom gleichen Datum**) zeigt eine Hausmarke im Schilde (s. nebenstehende Figur) und darüber die Initialen H P (Hans Pickhl). Wahrscheinlich seine Söhne sind:

1. Georg Pickhl, der 1533 bis 1536 als Pfleger der Stift Admontschen Güter zu Bruck a. d. Mur und 1534 als Stadtrichter daselbst beurkundet ist. Außer einigem Eigenbesitze in dieser Stadt hatte er in deren Umgebung noch zwei Güter zu Übelstein a. d. Mur, genannt „die Orthuben" von Herrn Wilhelm von Pernegg zu Lehen. Einen Brief ddo. Bruck a. d. Mur, 5. Dezember 1536 (Orig. Fam.) an Abt Amand (Huenerwolf) von Admont, in welchem er auch seine Kinder erwähnt, besiegelt er noch mit derselben Hausmarke im Schilde, wie der vorgenannte Hans Pickhl, doch den hinteren Kreuzarm überlegt mit einem minusklen J, dem Anfangsbuchstaben der vulgären Form seines Vornamens „Jorg" (s. nebenstehende Figur) und über dem Schilde mit den Initialen G P (Georg Pickhl). Im Jahre 1537 wird seiner als eines bereits Verstorbenen gedacht. Er war mit Apollonia Einpacher vermählt, einer Schwester des Ratsbürgers und nachmaligen Bürgermeisters zu Graz Michael Einpacher, die 1542 ebenfalls als verstorben bezeichnet wird. Die Nachkommen aus dieser Ehe s. unten.

2. Christoph Pickhl, „Doctor decretalium", der zuerst 1527 als Propst des Kollegiatkapitels zu St. Barthelmä in Friesach, Rat des Kardinals und Fürsterzbischofs Matthäus (Lang von Wellenburg) von Salzburg und Erzpriester in Unterkärnten genannt wird, erlangte vom Römischen Könige Ferdinand I. ddo. Graz, 29. Oktober 1536 den Ratstitel, erscheint seit 1537 auch als Pfarrer zu St. Paul in Kappel am Krappfelde und wurde ddo. Wien, 13. Oktober 1539 auf eine mit 100 fl. Ratssold dotierte effektive Ratsstelle befördert. Nach dem Tode des Wolfgang Prantner, des letzten Hochmeisters des Georgen-Ordens in Millstatt, wurde er vom vor-

*) Inseriert in einem Gerichtsbriefe des „Francißk Ferbor, phleger auf Schachenstain" ddo. Aflenz, Probsthof, 26. August 1506 (Orig. Stiftsarchiv St. Lambrecht, Urk. Nr. 478).

**) Orig. St. Lambrecht. Urkk. Nr. 612 u. 613.

genannten Römischen Könige ddo. Linz, 7. Oktober 1541 mit den Räten Moriz Welzer von Eberstein, Landesverweser in Kärnten, und Bernhard Khevenhüller von Aichelberg zur Inventur und vorläufigen Administration der Ordensgüter nach Millstatt abgeordnet. Unter den 149 Wappenschilden von Förderern des Ordens, die das Gewölbe der dortigen Stiftskirche zieren, steht sein Schild (s. oben Wappen I) im Mittelschiffe unmittelbar über jener Inschrift, welche die Renovierungen der Kirche meldet. Es ist dies die erste bekannte Darstellung des Pickhlschen Wappens. Auf seinem Grabmale in der Propsteikirche zu St. Barthelmä in Friesach, das er sich selbst bei seinen Lebzeiten, und zwar nach den darauf angebrachten Titeln (schon Pfarrer zu Kappel — noch nicht röm. kgl. Rat) nicht lange vor dem 29. Oktober 1536 errichtet haben muß, erscheint dieses Wappen noch nicht. Er starb im März oder April 1542.

Von den Kindern des Georg Pickhl (s. oben 1) und der Apollonia, geb. Einpacher, die nach des Vaters Tode unter der Obervormundschaft des Leonhard Puechmayer, Ratsburgers und Stadtrichters zu Bruck a. d. Mur und der Gerhabschaft des Hieronymus Baumgartner, Andrä Ofner und Christoph Zechner standen, sind nur zwei bekannt:

1) Hans Pigkhl, Bürger zu Bruck a. d. Mur, der nach erlangter Volljährigkeit durch König Ferdinand I. ddo. Graz, 17. Oktober 1552 mit den beiden „Orthuben“ zu Übelstein belehnt wurde, die schon sein Vater Georg Pickhl und dessen Gemahlin Apollonia laut vorgewiesenen Lehenbriefes als Perneggsche Lehen innegehabt hatten, die aber nach dem Aussterben der Herren von Pernegg an den Landesfürsten heimgefallen waren. Am 29. September 1553 überantwortete ihm sein Oheim Michael Einpacher zu Graz 9 Pfund 7 Schilling 28 Pfennige steirischer Herrngült aus seiner mütterlichen Erbschaft, deren Nutzgenuß Einpacher bis zur Mündigkeit seines Neffen („vetters“) zustand. Als durch den Tod Kaiser Ferdinands I. wieder ein Lehenfall eintrat, bat er 1565 den neuen Landesherrn Erzherzog Karl um Verleihung seines „ritterlichen lehen“, nämlich der mehrerwähnten Güter zu Übelstein auf Grund seines alten Lehenbriefes von 1552 und sagt hierbei: „Ich hab zwar einen alten brief von vnser dem Pigkhlischen wappen, das wir von khayser Fridrich hochlöblichister gedächtnus her gebraucht haben.“ Wenn auch nicht direkt behauptet wird, daß dieser Wappenbrief von Kaiser Friedrich verliehen worden sei, so steht dieser Satz doch mit der Tatsache in Widerspruch, daß Hansens Vater und Großvater in ihren bekannten Siegeln nur eine Hausmarke führten und daß vor 1541 überhaupt kein Wappen der Familie Pickhl nachweisbar ist. Hans selbt bediente sich — wohl als Erbe seines Oheims, des röm. kgl. Rates und Friesacher Propstes Dr. Christoph Pickhl — des oben sub I, b), beschriebenen Wappens. Seit 1565 erscheint Hans Pigkhl auch als Stadtrichter zu Bruck a. d. Mur. Am 8. März 1573 kaufte er noch zu der ihm zustehenden halben Gült von einem Weingarten am Graben bei Graz einen weiteren Anteil von seinem Schwager Matthias Khornmarkhter, Bürger zu Scheifling, den dieser nach seinem Bruder Christoph Khornmarkhter ererbt hatte.

Hans Pigkhl war zweimal verheiratet. Seine erste Ehe dürfte er im Fasching 1557 geschlossen haben, denn am 7. März dieses Jahres melden Richter und Rat der Stadt Bruck den Ständen, daß sie dem Hans „Pickl", als er seine Hausfrau Apollonia Puechmaier, ehemals ihre städtische Pupille, geheiratet, das Nestingergut, das von (deren Vater und ehemaligen Gerhaben Pigkhls) ihrem Ratsfreunde Leonhard Puechmaier herstammt, überantwortet haben. Seine II. Gemahlin hieß Margarete und überlebte ihn. Beide Ehen scheinen kinderlos geblieben zu sein, denn sein landesfürstlicher Lehenbesitz zu Übelstein ging auf die Witwe über. Es geht dies aus einer Gültaufsandung der Margarete, Witwe des verstorbenen Bürgermeisters zu Bruck a. d. Mur Johann Baptist Pickhl, vom 2. März 1582 hervor, in der diese die Umschreibung der von ihr verkauften Gülten ihres Gatten von den zwei Gütern zu Übelstein auf Wolf Herrn von Stubenberg erbittet. Damit verschwindet der Name Pickhl aus Bruck a. d. Mur.

2) Elisabeth, die Gemahlin des Matthias Khornmarkhter, Bürgers zu Scheifling (s. oben).

B. Jüngerer Stamm (in Klagenfurt seit 1579).

In einem vollständigen Verzeichnisse der Klagenfurter Bürger von 1578 kommt der Name Pickl oder eine Variante desselben noch nicht vor. Dagegen geht aus den Ratsprotokollen der Stadt Klagenfurt hervor, daß am 2. Juli 1579 ein Kaspar Pückl als Bürger aufgenommen wurde. Als nächster erscheint ein Hans Pickl, der nach dem ältesten Totenprotokolle der Stadtpfarre St. Egyd zu Klagenfurt im Jahre 1600 gestorben ist. Wenn auch dessen Identifizierung mit dem gleichnamigen Bürgermeister von Bruck a. d. Mur nicht möglich ist – denn dieser war 1582 schon tot – so ist doch mit Rücksicht auf das zeitliche Zusammentreffen des Auftauchens der Klagenfurter mit dem Verschwinden der Brucker Familie und die Entwicklung des Wappens der genealogische Zusammenhang beider Familien höchst wahrscheinlich.

1597 wird in den Klagenfurter Ratsprotokollen ein Simon Pückhl als Besitzer eines Hauses, 4. November desselben Jahres und 1598 als Burger, jedoch schon 6. Februar 1599 als gewester Burger und verstorben erwähnt. Sein einziger unvogtbarer, jedoch nicht genannter Leibeserbe wird 13. Juli 1599 ebenfalls als verstorben bezeichnet und gleichzeitig durch die „Pückhlschen Gebrüder" als nächsten Erben vom Rate der Stadt die Einantwortung der innerhalb seiner Jurisdiktion gelegenen Güter gefordert.

Von diesen Brüdern erhält Christoph Pickhl das Haus zu Klagenfurt, wo er zuerst am 18. Jänner 1609 als Bürger bezeichnet und seiner Kinder gedacht wird. Er lebte in mißlichen Verhältnissen, wie aus einer ganzen Reihe von Eintragungen in den Klagenfurter Ratsprotokollen, beginnend mit 6. September 1624, hervorgeht. In diesen werden wiederholt auch seine Frau Agnes, die vermögensrechtlich für ihn eintritt, und beide Kinder erwähnt.

Eines dieser Kinder mag der 1651 und sonst noch mehrfach als ständischer Trompeter („tubicen") bezeichnete Matthias

Pückhl sein, mit welchem die sichere ununterbrochene Stammreihe beginnt und der mit seiner Ehefrau Katharina bei St. Egyd in Klagenfurt folgende sechs Kinder taufen ließ:

1. Maria Theresia, get. 7. April 1649.

2. Johann Martin, get. 15. Jänner 1651.

3. Georg Andrä, get. 20. Oktober 1652, der 1675 zu Graz an der Theologischen Fakultät immatrikuliert und 17. März 1681 zum Doktor beider Rechte promoviert wurde. Er war erst Schrannenadvokat zu Klagenfurt, kaufte 3. März 1685 von Matthias Schluga und dessen Gemahlin Maria ein Haus am Alten Platze daselbst und wurde mit Dekret der Innerösterreichischen Regierung ddo. Graz, 20. November 1685 zum kaiserl. Bannrichter in Kärnten ernannt, starb jedoch schon 1689 (Verlassenschaftsinventar vom 30. Juni d. J.). Er hatte sich 1682 (Ehekontrakt vom 18. Juni d. J.) mit Maria Elisabeth Guetmann verehelicht und hinterließ folgende vier Kinder: — 1) Antonia Theresia; — 2) Maria Klaudia, get. Klagenfurt (St. Egyd) 7. Dezember 1685; — 3) Franz Michael und — 4) Johann (Hans) Georg Ernst, get. Klagenfurt 16. Mai 1689, über deren weitere Schicksale nichts vorliegt.

4. Franz (später Franz Christoph), get. 21. März 1656, pflanzte den Stamm allein dauernd fort (s. unten).

5. Maria Susanne, get. 21. März 1658.

6. Ferdinand, get. 16. Juli 1661.

Franz Christoph Pickhl (s. vorstehend 4.), „von der Landschaft in Kärnten constituirter Administrator" zu Klagenfurt, bediente sich in seinem Siegel des oben sub II beschriebenen Wappens und war mit Maria Franziska, geb. Zenegg von und zu Scharffenstain, vermählt (Heiratskontrakt vom 28. April 1685), die 1736 als verwitwete „Mullin" (Muil von und zu Melag) starb (Teillibell ihrer Verlassenschaft vom 12. Dezember 1736). Maria Franziska wurde am 21. Juni 1662 auf der Burg Taggenbrunn bei St. Veit a. d. Glan geboren als Tochter des fürsterzbischöflich Salzburgschen Pflegers daselbst Hans Christoph Zenegg von und zu Scharffenstain († Klagenfurt 22. März 1686) und dessen I. Gemahlin Maria Magdalena, geb. Garalle. Franz Christoph Pickhl errichtete 24. Juli 1692 seinen letzten Willen und starb bald darauf (Verlassenschaftsinventar vom 22. September d. J.). Seine Witwe verehelichte sich später zum zweitenmal mit (Friedrich Anton?) Muil von und zu Melag und schloß am 12. November 1716 schon als wiederverehelichte „Mullin" mit ihren Kindern einen Vergleich über Erbsportionen nach ihrem ersten Gatten. Hierbei sind als Kinder genannt:

1) Philipp, „lediger Ordenspriester", für den nach seinem Tode ddo. Friesach, 23. September 1747 vier Quatembermessen gestiftet wurden.

2) Franz Ignaz, geb. Klagenfurt 12. September 1691, dessen Nachkommenschaft unten folgt.

3) Maria Beatrix, die 1757 bereits tot war. Außer diesen ist als Tochter des Franz Christoph noch beurkundet:

4) Rosina Beatrix, † Himmelberg (Grabmal in der Pfarrkirche daselbst) 24. Dezember 1742 (Verlassenschaftsinventar vom

1. Jänner 1743), verm. 1721 (Heiratskontrakt vom 9. Oktober d. J.) mit Anton Dominik Kajetan von Monari (Verlassenschaftsinventar ddo. Schloß Piberstein, 8. Februar 1747), gew. gräfl. Lodronschem Pfleger auf Piberstein und Himmelberg, sowie Bestandinhaber der „Werkhgäden" (Hammer, Drahtzug und Nagelschmiede) zu Poitschach bei Feldkirchen. Der Witwer vermählte sich in II. Ehe mit Maria Anna, einer Tochter des Johann Josef Otto von Glaunach zum Kazenstain, Herrn auf Emersdorf etc., und der Maria Theresia Elisabeth, geb. von Mooshart (vgl. I. Jahrg., S. 264). Möglicherweise ebenfalls eine Schwester der Vorgenannten war.

5) ? „Maria Antonia Bayrin, geweste Hauptmannin, geborne Picklin", die in die Verlassenschaft der 1742 verstorbenen Rosina Beatrix von Monari, geb. Pickl, 100 Gulden schuldet.

Franz Ignaz Pickhl, vorstehend 2), war erst landschaftlicher „Spähner", dann Steuereinnehmer und erscheint von 1737 bis zu seinem Tode als k. k. Kontributionskassier im Kärntner Generaleinnehmeramte zu Klagenfurt. Er besaß dort ein Haus, führte in seinem Siegel das oben sub III beschriebene Wappen und starb zu Klagenfurt am 17. September 1757 (St. Egyd). In I. Ehe soll er mit Eva Rosina vermählt gewesen sein, einer Tochter des c. 1673 verstorbenen Tobias Zenegg von und zu Scharffenstain, fürsterzbischöflich Salzburgschen Gegenschreibers zu Friesach, und der Juliana Helena, geb. Auer. Da Zenegg ohne männliche Nachkommen starb, fiel dessen vom Erzstifte Salzburg lehenrühriger Hof zu Sonnenberg bei Althofen an seine Witwe und Töchter, die diesen Besitz 1709 verkauften. Franz Ignaz Pickhl schloß 25. Oktober 1728 zu Graz eine II. Ehe (Heiratskontrakt ddo. Graz, 24. Oktober 1728) mit Maria Anna Aloisia Koch (geb. Graz 8. März 1707 [Dompf.] als Tochter des fürstbischöflich Seckauschen Hofverwalters und landschaftlichen Buchhaltereiadjunkten Jeremias Wenzel Koch und der Anna Therese, geb. Weitschacher von Gilizstein). Aus diesen beiden Ehen sind folgende neun Kinder bekannt:

I. Ehe: — (1) Maria Rosalia, die im Verlassenschaftsinventare ihres Vaters von 1757 als älteste Tochter genannt wird.

II. Ehe (in Klagenfurt bei St. Egyd getauft): — (2) Siegmund Anton Johann Nepomuk, get. 17. Jänner 1730, ist 1757 nicht mehr am Leben.

(3) Modest Josef, get. 19. Dezember 1732, Priester der Gesellschaft Jesu (1757).

(4) Johann Baptist Wenzel Eduard, get. 13. Oktober 1735, lebt 1757 nicht mehr.

(5) Franziska Josefa Elisabeth, get. 9. März 1737, ist 1757 schon tot.

(6) Anna Maria Marzella, get. 1. Februar 1739, lebt 1757, verm. Graz 12. April 1771 mit Johann Nepomuk von Wallpach zu Schwanenfeld, Hauptmanne der Tiroler Landmiliz.

(7) Ignaz Maria, get. 2. Juli 1740, der, soviel bekannt, allein Nachkommen hinterließ (s. unten).

(8) Franz Xaver Johann Nepomuk Felix, get. 18. Mai 1743, lebt 1757.

(9) Aloisia Elisabeth Syra, get. 8. Juni 1745, die 1757 nicht mehr genannt wird.

Ignaz Maria („von") Pick(e)l, s. oben (7), der seit 1768 in kaiserl. Diensten stand, starb als k. k. Feldkriegskommissär an den schweren Verletzungen, die er beim Dacheinsturze der Pfarrkirche in Jaroslau am 11. Juli 1806 erlitten hatte. Er hatte 1799 um die taxfreie Verleihung des Systemmäßigen Adels gebeten, wurde jedoch mit der Begründung abgewiesen, daß der Anspruch auf diesen ausschließlich den Offizieren des streitbaren Standes zustehe. Bei dieser Gelegenheit hatte er auch um das Prädikat „von Scharffenstain" der mit Pickl zweimal verschwägerten Familie Zenegg gebeten und ein Wappen vorgelegt, das im wesentlichen eine Vereinigung des etwas veränderten Wappens dieser Familie mit dem jüngeren Stammwappen (oben III.) seiner eigenen in einem gespaltenen Schilde mit zwei Helmen darstellte. Dieses Wappen wurde trotz der Abweisung von der Familie bis zur Verleihung von 1834 fortgeführt und bildete dann mit unwesentlichen Änderungen (im Schilde eine Picke in der Hand des Mannes anstatt des Pickels und Weglassung des Zeneggschen Helmes) die Grundlage ihres diplommäßigen, oben sub IV beschriebenen Wappens. Ignaz Maria Pickl war mit Therese, geb. Cabeß, vermählt, welcher Ehe folgende fünf Kinder entsprossen:

1. Nanette, geb. Budapest 8. November 1779, † Lemberg 24. September 1849, verm. Jaroslau 1799 mit Franz Ressel (geb. Friedland 1759, † Alt-Ofen [Ó-Buda] 4. Dezember 1809), k. k. Rittmeister im Kürassier-Regimente Nr. 5.

2. Eduard, geb. Stanislau 14. September 1783, der in der Kavallerie diente, alle Feldzüge von 1801 bis 1815 mitmachte, sich bei Reichenberg, Wurzen und Leipzig hervortat und als Premier-Rittmeister des Husaren-Regimentes Kaiser Franz I. Nr. 1 zu Hatzfeld im Banat am 2. März 1822 starb. Er vermählte sich 14. Mai 1816 zu Troppau mit Marie Therese, geb. Witke, einer Tochter des k. k. priv. Kauf- und Handelsherrn daselbst, sowie Besitzers (1800) der landtäflichen Güter Dobroslawitz, Sterebowitz und Marzenau in Schlesien Franz Witke und der Josefa, geb. von Elliger. Nach seinem Tode heiratete die Witwe zu Aversa im Neapolitanischen am 21. Juli 1824 seinen jüngeren Bruder Wilhelm („von") Pickl.

3. Eduard Wilhelm Johann Nepomuk, geb. Kamionka bei Brody 13. Februar 1787, der der Stammvater der Familie Pickl von Witkenberg wurde (s. unten).

4. Johanna, geb. 26. Oktober 1789.

5. Franziska, geb. 22. März 1797, die 1806 nicht mehr am Leben war.

Eduard Wilhelm Johann Nepomuk („von") Pickl (s. oben 3.) diente seit 1803 im Infanterie-Regimente Fürst Czartorisky Nr. 9 und machte mit diesem die Feldzüge 1805 und 1809 mit. Im letztgenannten Jahre kämpfte er bei Unterleidingen am 21. und bei

Eckmühl am 22. April, wurde am 21. Mai bei Aspern im Gesichte verwundet, sicherte als Kommandant der 12. Kompagnie seines Regimentes am Schlachttage von Wagram (6. Juli) unter fortwährenden Kämpfen durch Abtragung der Brücke über den als „Schwarze Lacke" bezeichneten Donauarm den Rückzug nach Korneuburg und tat sich am 11. Juli im Treffen bei Znaim durch Wegnahme des Ziegelofens Teschwitz nach sechsstündigem Kampfe und die Erstürmung einer hartnäckig verteidigten Scheune hervor. Seit 1811 bei der Kavallerie dienend, machte er die Feldzüge 1813 bis 1815 und 1821 mit und tat sein Bestes in einem Reitergefechte bei Marienburg in Sachsen, in der Schlacht bei Dresden, der Affäre bei Stössen und der Völkerschlacht bei Leipzig. Er zog gleich seinem Bruder Eduard beidemal mit den siegreichen Verbündeten in Paris ein, wurde zweimal verwundet und trat 1836 mit Majorscharakter in den Ruhestand. Auf Grund seiner Verdienste und mehr als 30jähriger Dienstleistung wurde er als Premier-Rittmeister des Chevaulegers-Regimentes Kaiser Franz I. Nr. 1 in den Österreichischen Adelstand erhoben mit dem Ehrenworte „Edler", dem aus dem Familiennamen seiner Gemahlin Therese, geb. Witke, gebildeten Prädikate „von Witkenberg" und einem Wappen, das der Hauptsache nach dem schon von seinem Vater Ignaz Maria („von") Pickl seit 1799 geführten gleicht (s. oben). Seine Nachkommenschaft folgt unten.

Außer dieser adeligen blüht gegenwärtig noch eine wappenmäßige Linie, deren genealogischer Zusammenhang noch nicht vollständig klargestellt ist. Dieselbe stammt von Georg Pickl, Erbpächter der Schloßmeierei zu Liebenfels bei St. Veit a. d. Glan. Dessen Sohn Michael Pickl (geb. zwischen 1775 und 1780, † um 1850) war Erbpächter der gräfl. Goëßschen Schloßmeierei zu Hohenstein und später Besitzer des landtäflichen Gutes Stranghof in Zweikirchen. Er führte in seinem Siegel dasselbe Wappen (oben III) wie die nun geadelte Familie bis 1834 (resp. 1799). Sein Sohn Michael Johann Pickl (geb. 1807, † 1868), wurde Sensengewerk zu Himmelberg in Kärnten unter der Firma „k. k. priv. Gasteiger Sensenfabrik des M. J. Pickl", die gegenwärtig von seinem Sohne Franz und dessen Neffen fortgeführt wird.

B. Jüngerer Stamm.

(Aus Klagenfurt.)

I. Adelige Linie.

† Eduard Wilhelm Johann Nepomuk Pickl Edler von Witkenberg (Adelserwerber — 3. Kind des 11. Juli 1806 zu Jaroslau † Ignaz Maria [„von"] Pickl und der .... 18.. zu .... † Therese, geb. Cabeß), geb. Kamionka bei Brody 13. Februar 1787, † Graz 21. Juni 1862, k. k. Major i. P. (bis 1836 Erster Rittmeister im Chevaulegers-Regimente Kaiser Franz I. Nr. 1); — verm. Aversa im Königreich Neapel 21. Juni 1824 als deren II. Gemahl mit seiner Schwägerin:

† Marie Therese, geb. Witke (Tochter des 29. Jänner 1807 zu Troppau † gew. k. k. priv. Kauf- und Handelsherrn Franz

W. und der 28. März 1808 ebendort † Josefa, geb. von Elliger), geb. Troppau 21. November 1796, † Graz 4. September 1856; — (in I. Ehe verm. Troppau 14. Mai 1816 mit: — † Eduard [„von"] Pickl, geb. Stanislau 14. September 1783, † Hatzfeld [Zsombolya, Komitat Torontál] 2. März 1822, k. k. Ersten Rittmeister im Husaren-Regimente Kaiser Franz I. Nr. 1).

Kinder:

† 1. Eduard Maria („von") Pickl, geb. und † Neapel .... 1825.

† 2. Marie Therese Pickl Edle von Witkenberg, geb. Neapel 9. September 1826, † Graz 13. September 1855; — verm. Graz 15. Oktober 1849 mit:

† Albert Uranitsch, geb. Graz 12. Dezember 1820, † daselbst 21. November 1858, Dr. jur., Hof- und Gerichtsadvokaten in Graz.

† 3. Klothilde Franziska Therese Pickl Edle von Witkenberg, geb. Padua 7. September 1828, † Venedig 16. Juni 1866; — verm. Graz 25. Juli 1850 mit:

† Edmund Freiherrn von Falkenhausen - Trautskirchen, geb. Trautskirchen 23. Mai 1803, † Graz 26. Jänner 1872, k. k. Obersten d. R. (bis 1852 im Dragoner-Regimente Leopold II. Großherzog von Toskana Nr. 4 [aufgelöst 1860]).

4. Wilhelmine Franziska Antonie Pickl Edle von Witkenberg, geb. Mailand 27. Juni 1830, — [München, Amalienstraße 50C]; — verm. Graz 26. August 1875 mit:

† Karl Freiherrn von Pechmann, geb. Landsberg in Bayern 3. November 1806, † Ansbach 7. Dezember 1882, kgl. bayer. Kammerjunker und Forstrat a. D.

† 5. Franziska Romana Wilhelmine Therese Marie Pickl Edle von Witkenberg, geb. Graz 16. Mai 1832, † daselbst 5. April 1853.

† 6. Berta Johanna Therese Pickl Edle von Witkenberg, geb. Graz 6. November 1834, † daselbst 8. September 1838.

† 7. Alexander Robert Wilhelm Maria Pickl Edler von Witkenberg, geb. Graz 20. Oktober 1836, † daselbst 10. November 1899, k. u. k. Major d. R. (bis 1893 im Armeestande und Platzkommandant zu Linz); — verm. Graz 5. August 1865 mit:

Eleonore Auguste Karoline Emanuele Marie Therese, geb. von Cloßmann (Tochter des 18. September 1865 zu Graz † k. k. Majors i. P. und Besitzers des Dobjehofes bei Gonobitz August Ferdinand Karl v. C. und dessen I. Gemahlin, der 20. August 1857 zu Dobjehof † Karoline Eleonore, geb. Freiin [Preg] von Bretfeld zu Kronenburg), geb. Zanegg (Szolnok, Komitat Moson) 4. Dezember 1846. — [Graz, Anzengrubergasse 17.]

Kinder:

1) Wilhelm Emanuel Alexander August Maria, geb. Graz 5. Juni 1866, k. u. k. Hofoffizial i. R. (bis 1906 in

Sr. k. u. k. Apost. Majestät Oberstkämmereramte) und Leutnant a. D. (bis 1892 im Infanterie-Regimente FZM. Konstantin Prinz zu Hohenlohe-Schillingsfürst Nr. 87). — [Meran, Habsburgerstraße 14.]

† 2) Alexander Edmund Robert Maria, geb. Pozsony (Preßburg) 19. August 1868, † Graz 29. Juni 1872.

3) Eleonore Therese Karoline Marie, geb. Graz 4. Juli 1872. — [Graz, Anzengrubergasse 17.]

4) Alfred Ludwig Maria, geb. Kirchbach, Steiermark, 9. September 1876, k. u. k. Oberleutnant im Korpsartillerie-Regimente FZM. Erzherzog Wilhelm Nr. 3; — verm. Hrašćina-Trgovišće 11. November 1906 mit:

Joka (Johanna), geb. Freiin Rukavina von Vidovgrad (Tochter des Georg Freiherrn R. v. V. und der Marie, geb. Pechnig), geb. Belec 29. April 1882. — [Graz, Schießstattgasse 18.]

Vgl.: — Wurzbach XXII, S. 261; — Brünner Adel. Taschenb. VI 1881, X 1885 u. XVI 1891; — Mitt. d. Zentralkommission z. Erh. u. Erf. d. Kunst- u. hist. Denkm., N. F. VIII, 1882, S. 32; — J. Svoboda, Die Theresianische Militär-Akademie zu Wr.-Neustadt und ihre Zöglinge II, 1894, S. 312; — Hohenauer, Gedenkb. der Propstei Friesach; — Jahrb. d. k. k. Zentralkommission f. Kunst- u. hist. Denkm. III, 1905, Sp. 173.

Pilsak von Wellenau.

(Im Mannsstamme erloschen.)

Römisch-katholisch. — Österreich (Niederösterreich).

Verleihung:

1825 Dezember 5, Wien (Diplom): Kaiser Franz I. erhebt den k. k. Hauptmann des Wiener Garnisonsartillerie-Distriktes Wenzel Pilsak in den Österreichischen Adelstand mit dem Prädikate „Edler von Wellenau“ und einem Wappen. — (AA., HKA.; — Orig. Fam.)

Wappen:

1825 Dezember 5: Geviert, 1 in Blau im rechten Oberwinkel eine „flammende“ goldene Sonne, 2 in Rot zwei silberne Lilien nebeneinander, 3 in Rot zwei schräg gekreuzte goldene Kanonenrohre, 4 in Blau ein silberner Löwe, in der rechten Vorderpranke ein blankes Schwert an goldenem Griffe schwingend. Auf dem gekrönten Turnierhelme mit rechts blau-silbernen und links rot-goldenen Decken der schwertschwingende Löwe wachsend.

---

† Wenzel Pilsak Edler von Wellenau (Adelserwerber – Sohn des 1... zu .... † .... Pilsak und der .... 1... zu .... † ...., geb. ....), geb. Pokratitz, Böhmen, ... 1779, † Wien, 1. September 1855, MVK. (KD.), k. k. Generalmajor i. P. (bis 1848 Oberdirektor der Feuergewehrfabrik in Wien und Stadt Steyr); – verm. Wien 19. Mai 1811 mit:

† Luise, geb. Weigl (Tochter des .... 18.. zu Peterwardein † k. k. Oberstleutnants der Garnisonsartillerie Hieronymus W. und der .... 1... zu Wien † Aloisia, geb. ....), geb. Wien 18. Februar 1793, † ebenda 29. April 1882.

Kinder:

† 1. Ludwig, geb. Wien 9. Oktober 1816, † Baden bei Wien 11. März 1881, MVK. (KD.), k. k. Oberst d. R. (bis 1867 Kommandant des Feldartillerie-Regimentes FML. Johann Freiherr Vernier de Rougemont et Orchamp Nr. 12); – verm. Wr.-Neustadt .... 1865 mit:

Julie, geb. Wedl (Tochter des .... 1862 zu Wr.-Neustadt † Brauhausbesitzers daselbst Josef W. und der 10. Jänner 1900 zu Baden bei Wien † Julie, geb. Schmalzel), geb. Wien .... 1834. – [Baden bei Wien, Welzergasse 4.]

Kinder:

† 1) Rudolf, geb. Komárom (Komorn) 6. November und † ebendort 6. Dezember 1865.

2) Luise, geb. Wr-Neustadt .... 1867. – [Baden bei Wien, Welzergasse 4.]

† 3) Julie, geb. Baden bei Wien 9. November 1868, † daselbst 24. November 1873.

† 2. Eduard, geb. Wien 18. Juli 1823, † daselbst ... März 1907, MVK. (KD.), k. u. k. Feldmarschall-Leutnant d. R. (bis 1879 Generalmajor und Artillerie-Direktor beim Generalkommando in Brünn).

† 3. August, geb. Wien .... 18.., † Lonigo .... 1859, k. k. Leutnant im Linien-Infanterie-Regimente FZM. Franz Graf Khevenhüller-Metsch Nr. 35.

Vgl.: – Brünner Adel. Taschenb. I 1870, IV 1879, IX 1884, XII 1887 und XVI 1891.

---

* (Pircker) von Pir(c)kenau
und
† Pürckher (Pirker) von und zum Weißenthurn auf Weittendorff und Feystritz.

Römisch-katholisch. – Österreich (Kärnten und Steiermark.)

Verleihungen:

Angeblich 1589 soll Erzherzog Karl II. von Österreich-Steiermark seinem Aufschläger zu St. Veit in Kärnten Benedikt Pirker den Landesfürstlichen Adel und ein adeliges Wappen verliehen haben. – (Behauptet im Diplome von 1734; vgl. S. 404. – B. Jüngerer Stamm.)

1598 Februar 13, Graz: Die Steirischen Stände nehmen den erzherzogl. Rat und Hofbuchhalter Salomon Pirkher zum Landmanne im Ritterstande des Herzogtums Steiermark an. – (Steierm. LA. – A. Älterer Stamm, erloschen.)

1603 März 10, Klagenfurt: Die Kärntner Stände nehmen den Benedikt Pirkher zum Sutsch und dessen Bruder Salomon zu Landleuten im Ritterstande des Herzogtums Kärnten an. – (Kärnt. LA.)

1603 Juli 25, Graz (Intimation der erzherzogl. Hofkanzlei an die Innerösterreichische Regierung und Kammer): Erzherzog Ferdinand II. von Österreich-Steiermark bewilligt seinem Rate Salomon Pürckher die Führung des Prädikates „zum Weißenthurn". – (AA. – A. Älterer Stamm, erloschen.)

1607 März 26, Graz: Derselbe bewilligt dem Salomon Pürker die Namenschöpfung „Weißenthurn" für seinen neuerbauten Edelmannsitz mit dem Rechte, sich nach diesem zu schreiben. – (AA., Steierm. Siegelbuch. – A. Älterer Stamm, erloschen.)

1654 Juni 28, Wien: Kaiser Ferdinand III. erhebt die Geschwister Salomon, Ferdinand und Maria Konstanzia, sowie deren „Vetter" (Neffen) Hans Heinrich die Pürckher zum Weißenthurn in den Österreichisch-erbländischen Freiherrnstand mit dem Titel „Pürckher Freyherren vnd Freyin von vnd zvm Weißenthurn auf Weittendorff vnd Feystritz" und Vereinigung ihres alten Wappens mit dem an sie gefallenen des erloschenen Geschlechtes von Hollenburg. – (AA., HKA. – A. Älterer Stamm, erloschen.)

1734 November 24, Wien: Kaiser Karl VI. verleiht dem geschworenen Landschrannenadvokaten in Kärnten Dr. jur. utr. Johann Georg Pircker, dessen Ahne Benedikt Pircker angeblich 1589 von Erzherzog Karl II. von Österreich-Steiermark den Adel und ein adeliges Wappen erhalten hatte, den Reichs- und Österreichisch-erbländischen Rittermäßigen Adel unter dem Namen „Edler von Pirckenau" und Vermehrung seines hergebrachten

Wappens. — (AA., HKA.; — Orig. Fam. — B. Jüngerer Stamm.)

1770 November 9, Klagenfurt: Die Kärntner Stände verleihen dem ständischen Sekretär Dr. jur. utr. Franz Johann Edlen von Pürckenau die Landmannschaft im Ritterstande des Herzogtums Kärnten. — (Kärnt. LA.; — Orig. Fam. — B. Jüngerer Stamm, Nachkommenschaft des Erwerbers erloschen.)

1807 April 14, Klagenfurt: Dieselben verleihen den Brüdern Josef, Ezechiel, Benedikt und Michael „Reichsrittern" von Pü(i)rkenau und deren Oheim Anton „Reichsritter" von Pü(i)rkenau die Landmannschaft im Ritterstande des Herzogtums Kärnten. — (Kärnt. LA.; — Orig. Fam. — B. Jüngerer Stamm, II. Mittlere Linie und erloschene III. Jüngere Linie.)

Wappen:

I. Stammwappen (1589?): In Gespalten von Gelb und Schwarz ein golden (gekrönter und) gewaffneter farbengewechselter Adler. Auf dem gekrönten Turnierhelme mit schwarzgelben Decken ein golden (gekrönter und) gewaffneter schwarzer Adler. — (Alter Siebmacher, tom. III., Ausg. 1656, fol. 91 „Pircker v. Weißenthurn" unter „Khärntnerische" [s. nebenstehende Abbildung] und tom. V., Ausg. 1667, fol. 67 „Die Pircker" unter „Steyermärkische" — beidemal der Schild in verwechselten Farben und die Adler gekrönt.)

II. 1654 Juni 28 (Freiherr Pürckher von und zum Weißenthurn auf Weittendorff und Feystritz): Geviert mit Mittelschild, dieser wie der Schild des Stammwappens (Adler gekrönt), 1 und 4 in Rot drei in der Richtung eines Schrägbalkens aneinanderstoßende schräge silberne Wecken (Hollenburg), 2 und 3 in Schwarz zwei schräg gekreuzte goldene Turnierlanzen mit rot-weißen Fähnlein (beim Übergange an Hollenburg in den Farben verändert Unnütz). Drei gekrönte Turnierhelme: auf I Decken und Kleinod des Stammwappens (Adler gekrönt); auf II mit rot-weißen Decken ein wie 1 und 4 bezeichneter geschlossener Flug (Hollenburg); auf III mit schwarz-gelben Decken ein goldenes Zehnendergeweih (Unnütz).

III. 1734 November 24 ([Pircker] Edle von Pir[c]kenau): Geviert, 1 und 4 wie der Schild des Stammwappens (der Adler ungekrönt und Gelb durch Gold ersetzt — in der Abbildung des Diplomes die Farben der Spalthälften verwechselt), 2 und 3 in Rot eine erhöhte, von zwei sechsstrahligen silbernen Sternen begleitete und an den Hauptrand stoßende silberne Spitze, in der auf grünem Boden drei natürliche Birken — die mittlere höher — wachsen. Zwei gekrönte Turnierhelme: auf I Decken und Kleinod des Stammwappens (Adler ungekrönt); auf II mit rot-silbernen Decken zwischen zwei in den roten Mundlöchern mit je einem sechsstrahligen silbernen Sterne besteckten und je dreimal schräg, bezw. schräglinks rot umwundenen silbernen Büffelhörnern („Elefantenschnauzen") eine natürliche Birke.

In Steiermark und Kärnten gibt es eine Reihe von Örtlichkeiten der Namen Pirk (Pirch, Pürch, Birk etc.) und Pirkach (Pirchach, Pircha, Pürkach, Birkach etc.) nach denen in den verschiedensten Bildungs- und Schreibungsvarianten genannte Personen seit der Mitte des XIII. Jahrhunderts in Urkunden erscheinen. Der Name Pirker ist in beiden Ländern, wie allenthalben in Süddeutschland, auch heute noch sehr verbreitet. Unter der Menge dieser Genannten treten schon im XIII. und XIV. Jahrhundert einige Familien teils lehen-, teils rittermäßigen Standes hervor, ohne daß es bisher möglich gewesen wäre, den wahrscheinlichen Zusammenhang einer derselben mit dem hier in Rede stehenden Geschlechte nachzuweisen. Aus dem XV. und bis in das siebente Dezennium des XVI. Jahrhunderts sind nämlich nur wenige vornehmere Träger des Namens Pirker als mögliche Zwischenglieder bekannt, deren genealogischer Zusammenhang aber weder nach oben noch nach unten festgestellt werden konnte.

Die Gründer der beiden folgenden Stämme, die Brüder Salomon und Benedikt Pirker, über die zuerst reiches archivalisches Material vorliegt, waren bestimmt wappen- und lehenmäßiger, wahrscheinlich aber auch schon rittermäßiger Herkunft. Dem scheint allerdings zu widersprechen, daß im Diplome von 1734 behauptet wird, Benedikt hätte 1589 von Erzherzog Karl einen Adels- und Wappenbrief erhalten. Von dieser angeblichen Standeserhöhung sind aber weder das Original noch Akten erhalten, auch findet sich vor 1734 nicht die geringste Erwähnung derselben. Nach allem, was wir über die ältere Standesqualität der Brüder wissen, kann Benedikt — wenn er 1589 überhaupt ein Diplom erhielt — höchstens eine Adelsbestätigung oder eine unwesentliche Wappenbesserung erhalten haben.

Allem Anscheine nach stammten die beiden vorgenannten Brüder aus dem sogenannten Murboden oder dem oberen Murtale. Das Gesuch des jüngeren Salomon Pürckher zum Weißenthurn von 1654 um Verleihung des Freiherrnstandes für sich, seine lebenden Geschwister und einen Neffen hebt hervor, daß der Bittsteller Voreltern schon vor hundert und mehr Jahren Hof- und Kriegsdienste, zumal gegen die Türken geleistet hätten, daß sie selbst von gutem alten Adel seien und sich stets „zu lautter Ritter- vndt Freyherrn-Standts-Frauen" vermählt hätten; Florian Pürckher, ein Bruder ihres Großvaters, wäre Kriegszahlmeister in Ungarn gewesen und ihr nicht genannter „Ehen" (Großvater) selbst hätte das Amt Weitendorf bei Wildon besessen; ihr

Stammhaus aber wäre Weißenthurn (im Markte Weißkirchen am Murboden).

Dieser „Ehen“, also Vater des älteren Salomon (s. unten A. Älterer Stamm) und des Benedikt (s. unten B. Jüngerer Stamm) war vielleicht jener Christoph Pirker, von dem es im zweitältesten Totenbuche des Stiftes St. Lambrecht zum 24. Dezember heißt: „Anno 1579 ab hominibus demigravit Christophorus Pirker, qui pro animae suae ad deum suffragio et intercessione fratribus monasterii 14 R. obtulit.“

A. Älterer Stamm. (Pürkher zum Weißenthurn.)

Salomon Pirkher (s. oben) wurde auf Grund des „Camer-Guetbedunkchen“ vom 4. Dezember 1571 bei der Innerösterreichischen Hofbuchhalterei angestellt, rückte 5. März 1574 zum „Hofpuechhalter vnd Pfennigmaister-Ambts-Contralor“ vor und erlangte schließlich den Titel eines erzherzogl. Rates. Er diente durch mehr als 30 Jahre dem Erzherzoge Karl II. von Österreich-Steier, den Gubernatoren Erzherzogen Ernst und Maximilian, sowie Erzherzog Ferdinand II., dem nachmaligen Kaiser.

Im Juli 1575 gestattete die Innerösterreichische Hofkammer, daß dem Salomon Pirkher und seinem Bruder Benedikt das damals noch zur bischöfl. Bambergschen Herrschaft Glanegg gehörige „zerrißene Hueb im Sutsch“ zu Kaufrecht überlassen werde. In der Folge kam dieser Besitz als landesfürstliches Lehen an Benedikt allein, der dessen Namen als Prädikat annahm.

Salomon Pirkher erlangte über Verwendung des Erzherzogs Ferdinand ddo. Graz, 13. Februar 1598 die Landmannschaft im Ritterstande Steiermarks und gleichzeitig mit seinem Bruder Benedikt ddo. Klagenfurt, 10. März 1603 auch in jenem Kärntens.

So wie die ursprünglich gemeinsame Hube im Sutsch in den Alleinbesitz Benedikts überging, kam das früher ebenfalls beiden Brüdern gehörige Stammhaus zu Weißkirchen an Salomon allein. Dieser baute dasselbe zu dem in G. M. Vischers Topographia Ducatus Styriae (1681) abgebildeten Schlosse aus und erweiterte den zugehörigen Besitz durch Ankauf zahlreicher Gülten in der Umgebung. Er hatte schon 1603 von Erzherzog Ferdinand das Prädikat „zum Weißenthurn“ erlangt und erwirkte noch ddo. Graz, 26. März 1607 die Bewilligung, seinen neuerbauten Edelsitz in Weißkirchen „Weißenthurn“ zu nennen und sein bisheriges Prädikat nun nach diesem zu führen. Auch das väterliche Amt Weitendorf (38 Pfund, 3 Schilling, 26 Pfennig Herrngült) war in seiner Hand. Dasselbe wurde jedoch nach seinem Tode von den Erben an den erzherzogl. Rat und steir. ständ. Landschaftseinnehmer Sebastian Speidl zu Vattersdorf und Neuhofen verkauft.

Salomon Pürckher zum Weißenthurn war der evangelischen Lehre zugetan und unterzeichnete am 20. Oktober 1603 die Religionsprotestation des evangelischen Adels. Er starb 1610, wie aus einem wegen der Inventur seines Nachlasses im August dieses Jahres erflossenen Dekrete der landesfürstl. Kammer an den Landeshauptmann hervorgeht.

Von seinen beiden Frauen ist die I. dem Namen nach nicht bekannt. Ihre Nachkommenschaft blieb im einfachen Adelstande und ist vielleicht gegenwärtig noch nicht erloschen (s. unten I. Ältere Linie).

In II. Ehe vermählte sich Salomon Pürckher am 30. Mai 1594 zu Pailstatt in Kärnten mit Maria von Hollenburg, einer Tochter des Andrä und der Regina, geb. von Khüenburg. Nach ihrem Tode wurde zu Graz am 16. September 1619 die Schätzung ihrer Verlassenschaft gefertigt. Die lebende Deszendenz dieser Ehe wurde 1654 in den Freiherrnstand erhoben und ist Ende des XVIII. Jahrhunderts ausgestorben (s. unten II. Jüngere Linie).

I. Ältere Linie.

Jedenfalls Söhne aus der I. Ehe des Hofbuchhalters Salomon Pürckher waren die Brüder: 1. Hans Christoph, — 2. Hans Friedrich und — 3. Maximilian die Pürckher von Weißenthurn. Von diesen sagt Salomon der Jüngere (s. unten) in seinem Gesuche um Erhebung in den Freiherrnstand (1654), daß die beiden erstgenannten noch vor 40 Jahren (also 1614) in Kriegsdiensten des Königs von Spanien standen, während der Jüngste als Kapitänleutnant des Alt-Breunerschen Regimentes in der Schlacht bei Lützen mit eigener Hand zwei Fahnen eroberte, die dann dem Kaiser Ferdinand präsentiert wurden, daß aber alle drei „letztlich vor dem Feinde todtgeschossen worden".

Der nächsten Generation dieser Linie gehört Georg Balthasar Pirckher an, der 1656 als fürstl. Salzburgscher Pfleger auf der Burg Dirnstein erscheint. Er starb 4. Februar 1675 im Alter von 63 Jahren (also geb. 1612) und führt auf seinem Grabmale in Friesach den Namen „Pyrckher von Weißenthvrn vnd Wittendorf" nebst dem Stammwappen (Adler ungekrönt) seiner Familie. Dessen Tochter Maria Susanne vermählte sich mit Georg Bernhard Zenegg von und zu Scharffenstain.

Derselben Linie dürfte auch die im XVIII. Jahrhundert in Laibach ansässig gewesene Familie Pirker von Weißenthurn zuzuzählen sein. Von dieser starb dort am 21. Februar 1729 der zehnjährige Knabe Erhard und am 18. April 1733 wahrscheinlich dessen Mutter Maria Anna, 48 Jahre alt. Vielleicht deren Witwer war Andreas Josef Pirker von Weißenthurn, der sich am 11. November 1733 mit Maria Rosalia von Guetenheimb wieder vermählte, welcher Ehe am 7. September 1734 ein Sohn Leopold Andreas entsproß. Auch Sigismund von Pirker, der am 30. September 1767 zu Adelsberg starb, könnte noch hierhergehören.

Die seit der zweiten Hälfte des XVII. Jahrhunderts zu Voitsberg nun im Bürgerstande blühenden Pirker scheinen ebenfalls ein Ast dieser Linie zu sein.

II. Jüngere Linie (im Freiherrnstande †).

Aus des Hofbuchhalters Salomon Pürckher zum Weißenthurn II. Ehe mit Maria von Hollenburg (s. oben) sind folgende vier Kinder bekannt:

1. Hieronymus Pürckher zum Weißenthurn, der zuerst 7. Februar 1611 zu Graz auftritt, wo er kaum 16jährig als Lehens-

träger seines Vetters Hans Karl Pircker zum Sutsch einen Lehensurlaub erwirkt. Nach dem Tode des Vaters erbte er Weißenthurn. Seit 1630 ist er als Kupfer- und „Hüttrauch" (Arsenik)-Gewerke beurkundet, dessen Produkte ihren Absatz hauptsächlich in Triest fanden. 1650 wird er als verstorben erwähnt. Seiner Ehe mit Eva Gabelkhouerin von Gabelkhouen, die 1646 als noch lebend genannt wird, 1650 aber auch schon tot war, entsproß, so viel bekannt, nur ein Sohn Johann Heinrich. Dieser wurde 1639 als „Syntaxista" an der Universität zu Graz immatrikuliert, erbte Weißenthurn mit reichem Gültenbesitze, von dem er aber bis 1652 über 100 Pfund Herrngült wegverkauft hatte. Er wurde mit seinen Oheimen Salomon und Ferdinand und deren Schwester Maria Konstanzia ddo. Wien, 28. Juni 1654 in den Freiherrnstand erhoben, starb jedoch schon 1660 (Testament ddo. Weißenthurn, 27. Juni d. J.). Am 23. August 1661 wird als seine Witwe Anna Katharina, geb. Hentz von Hentzenhaimb genannt. Kinder scheint er keine hinterlassen zu haben, da er seinen Oheim Salomon (s. unten 2.) zum Erben einsetzte.

2. Salomon Pürckher zum Weißenthurn, dessen Nachkommenschaft bis gegen Ende des XVIII. Jahrhunderts blühte (s. unten).

3. Ferdinand Pürckher zum Weißenthurn, der in kaiserl. Kriegsdiensten stand, erst (1625) im Regimente zu Fuß des Obristen Nikolaus Desfours, dann in jenem des Feldzeugmeisters Hans Philipp Breuner und seit 1632 in jenem des Obristen Hans Gottfried Breuner („Alt-Breuner"). Er wurde jedoch auf einem Parteigange durchs Knie geschossen, so daß er zeitlebens krumm blieb, und lebte in der Folge auf seinem Gute Ober-Lemschitz bei Stainz. Gleichzeitig mit seinen Geschwistern Salomon und Maria Konstanzia, sowie seinem Neffen Johann Heinrich wurde er ddo. Wien, 28. Juni 1654 Freiherr. Er war zweimal verehelicht: I. mit Maria Anna Ruepp von Pfeilberg, die 1620 zu Groß-Sonntag begraben wurde, und II. mit Maria Amalay (Amalie) Freiin (Ruepp) von und zu Pfeilberg auf Trakhenburg, die 22. Jänner 1661 auf Ober-Lemschitz starb und in der ehemaligen Stiftskirche zu Stainz an der Seite ihres an demselben Tage verstorbenen Gemahles beigesetzt wurde. Der zweiten dieser beiden Ehen entsproß ein Sohn Ferdinand der Jüngere, der 1666 als „Principista" an der Grazer Universität immatrikuliert wurde, später als Doktor beider Rechte erscheint und 1688 sein Testament machte. Er hinterließ nur zwei Töchter: — 1) Maria Theresia, verehelichte Freifrau Schaffmann von Hemerles und — 2) Maria Katharina Elisabeth, verehelichte von Essichperg. Die erstgenannte überließ als Universalerbin, einer Bestimmung des Testamentes entsprechend, aus der väterlichen Verlassenschaft der jüngeren Schwester das Amt Ober-Lemschitz, worüber am 6. April 1694 die Umschreibung im Gültbuche erfolgte. Am 8. April 1695 wurde dieser Besitz jedoch wieder der älteren Schwester zugeschrieben. Mit diesen beiden scheint die Nachkommenschaft Ferdinands erloschen zu sein.

4. Maria Konstanzia, die mit ihren Brüdern und Neffen 1654 den Freiherrnstand erlangte.

Salomon der jüngere Pürckher zum Weißenthurn (s. oben 2.) sagt in seinem Gesuche um Verleihung des Freiherrnstandes unter anderem, daß er seit 1618 in kaiserl. Kriegsdiensten stand, und zwar unter Generalfeldzeugmeister Johann Philipp Fux, Hans Philipp und Hans Gottfried Breuner, Wolf Matthias Teuffl und zuletzt Generalfeldzeugmeister Don Matthias Großherzog von Florenz, Oberst des Alt-Breunerschen Regimentes zu Fuß (aufgelöst 1660). In diesem diente Salomon an die 20 Jahre als Hauptmann, focht 1620 in der Schlacht am Weißen Berge, 1628 in Jütland, 1631 bei der Eroberung von Magdeburg, 1634 bei Nördlingen, 1842 bei Lützen (Leipzig) und in allen anderen Kämpfen des Regimentes, wobei er einmal „durch und durch" geschossen wurde. Dann sagt er weiter: „Zuuorderist aber hab ich meine threue Dienst damallig ganz eyffrig am Tag gegeben, alß Hertzog von Friedtlandt wider die khayserliche Mayestett rebelliert hat, dan ich nicht allein unter den fünff hohen Officieren, nemblichen Herrn Obrist Puttler, Obristleuttenandt Cordon, damaligen Commendanten in Eger, Obristwachtmeister Lehsle, ainem Obristwachtmeister vom Putter vndt ich Salomon Pirkher, des Alt-Breunerischen Regimendts Haubtmann, ainer so mitt im Rhatt gewehst vndt über seine des von Friedtlandts gegen dem Hauhs Oesterreich üebende Vnthreu, item wahsgestalt er vndt seine Adhaerenten ohne ainzigen Verzug auhs dem Weeg zu rämben vndt vmbzubringen berathschlagt, sondern bin auch mit meiner ganzen Compagnia damallig zu Eger gewehst, die Wacht gehalten vndt der Exequution beygewohnt." Außerdem habe er im letzten Landesaufgebot (1647) eine Kompagnie zu Fuß als Hauptmann an den „Steyrischen Confinen" geführt und „etliche Jahr" als „Commissarius in Steyer" gedient. Salomon Pürckher zum Weißenthurn erhielt nun in Anerkennung seines „Euffer vnd threuen Valor" als „wolmeritirte Recognition" mit seinen Geschwistern Ferdinand und Maria Konstanzia, seinem „Vetter" (recte Neffen) Hans Heinrich ddo. Wien, 28. Juni 1654 den österreichisch-erbländischen Freiherrnstand unter dem Titel „Pürckher, Freiherren vnd Freyin von vnd zvm Weißenthurn auf Weittendorff vnd Feystritz" und Vereinigung ihres alten Wappens mit dem ihnen angefallenen des erloschenen Geschlechtes von Hollenburg, dem ihre Mutter, bezw. Großmutter angehört hatte (s. oben).

Er kaufte laut Umschreibung ddo. Graz, 2. August 1639 von Salomon Freiherrn von und zu Mallegg, Grottenhofen und Feistritz, Herrn auf Freyenthall, das Gut Feistritz im Mürztale, nach dem er sich 1654 das dritte Prädikat erbat. Als er jedoch 1660 das Stammgut Weißenthurn von seinem Neffen Hans Heinrich Freiherrn Pürckher von und zum Weißenthurn etc. geerbt hatte (s. oben), verkaufte er Feistritz wieder Ende 1661 (Gültaufsandung ddo. Weißenthurn, 2. Jänner 1662) an Franz von Grössing. Von Weißenthurn verkauft er weiters bis 1668 über 30 Pfund Herrngült und starb im April 1673 (Inventarsaufnahme 4. Mai d. J.). Freiherr Salomon war mit Maria Anna, geb. Prunner von Vasoltsperg vermählt, die 26. September 1676 als verstorben erwähnt wird.

Aus dieser Ehe ist außer den unverheirateten Töchtern — 1) Konstanzia Maria und — 2) Anna Katharina nur ein Sohn — 3) Erasmus Heinrich Freiherr Pürckher von und zum Weißenthurn auf Weittendorff und Feystritz bekannt, der 1678 als „Poeta" an der Grazer Universität und 7. September 1680 an jener zu Siena immatrikuliert wurde. Nach seinem Vater hatte er Weißenthurn geerbt, verkaufte jedoch 1683 davon über 33 Pfund Herrngült und endlich 1692 (Aufsandung ddo. Graz, 21. April d. J.) das Schloß selbst mit dem Reste der dazugehörigen Gülten (24 Pfund 7 Schilling 9 Pfennig) im Schätzungswerte von noch immer fl. 24.000 an den Freiherrn (nachmaligen Grafen) Georg Ignaz von Sidenitsch, Edlen Herrn zu Eppenstein etc. Erasmus Heinrich vermählte sich 1684 mit Maria Katharina (Herzenkraft?) Freiin von Herzperg, die zu Ostern 1736 starb. Trotz des unaufhaltsamen Vermögensniederganges hatte er, damaliger Sitte entsprechend, Kaiser Leopold I. zur Hochzeit gebeten, worauf 18. Jänner 1684 dem Freiherrn Johann Seyfried von Gabelkhouen die kaiserl. Gesandtschaft dazu aufgetragen und am folgenden 21. April der Pfennigmeister angewiesen wurde, 50 Taler als kaiserl. „Hochzeitsprösent" zu reichen.

Maria Rosalia, eine Tochter dieser Ehe, vermählte sich 1717 mit einem Freiherrn Sauer von Koßiak, der 1736 als schon verstorben erwähnt wird, während sie selbst noch 1768 am Leben war.

Wahrscheinlich ebenfalls ein Sohn des Erasmus Heinrich und der Maria Katharina, geb. Freiin von Herzperg, war Johann Martin Freiherr Pürckher von und zum Weißenthurn etc., der mit seiner Gemahlin Maria Anna zu Voitsberg angesessen war und die folgenden drei Kinder hinterließ: — 1. Philipp, geb. 1732, Kapitular des Benediktinerstiftes St. Lambrecht, 1786 Hofmeister zu Rothenthurn bei Radkersburg, dann Dechant zu Witschein, wo er 6. Juni 1797 starb; — 2. Theresia Maria, geb. Voitsberg 18. Juni 1741, † Ehrenhausen 1788, die sich 21. Juni 1762 mit Franz Xaver Zech von Lobming († Ehrenhausen 1795) vermählte, und — 3. Elisabeth, geb. 1742, † Graz 17. Juni 1788, verm. mit Franz Rietmüller (geb. 1727, † Graz 10. Februar 1778), steir. ständ. Raitoffizier. Mit diesen scheint die freiherrliche Linie erloschen zu sein.

B. Jüngerer Stamm (Pircker zum Sutsch, spätere von Pirkenau).

Des nachmaligen Hofbuchhalters Salomon Bruder Benedikt Pircker wurde ddo. Graz, 8. März 1572 von Erzherzog Karl II. von Österreich-Steiermark mit einer Hube zu Enzersdorf bei Pöls in Obersteiermark belehnt, die vorher die Brüder Klemens und Adam Mayr und deren Vetter Karl zu Lehen trugen. Benedikt wurde dann noch ddo. Graz, 6. Mai 1593 vom Gubernator der Innerösterreichischen Lande Erzherzog Ernst und ddo. Graz, 3. Oktober 1597 von Erzherzog Ferdinand II. mit dieser Hube belehnt.

Im Juli 1575 gestattete die Innerösterreichische Hofkammer den Brüdern Salomon und Benedikt Pirckher, „das zerrissene Hueb im Sutsch", zur bambergischen Herrschaft Glanegg gehörig, in Kaufrecht zu erwerben. Als dann das Stammhaus zu Weißkirchen an Salomon allein überging, kam diese Hube als landesfürstliches Lehen in den Alleinbesitz Benedikts, der sich von da an „Pircker zum Sutsch" nannte.

26*

Benedikt Pircker zum Sutsch war mit Felizitas, der einzigen Tochter des verstorbenen „edlen und vesten" Leopold Mayr vermählt. Als deren „Überhaber" wurden ihm ddo. Graz, 18. Juni 1588 aus der Verlassenschaft ihres Vaters herrührende und an dessen Bruder Klemens Mayr versetzte, nach dem Tode dieses aber an genannte Bürger des Marktes Weißkirchen gelangte Güter („Leuth, Stuckh und Gülten"), zum Teil landesfürstlicher Lehenschaft und darunter die Weitmühle ob Weißkirchen, gegen Erlag der Pfandsumme von 610 fl. landrechtlich zugesprochen.

Nach dem Diplome von 1734 soll Benedikt Pircker im Jahre 1589 als Verwalter des Aufschlagamtes zu Völkermarkt von Erzherzog Karl II. einen Adels- und Wappenbrief erhalten haben. Wie wenig innere Wahrscheinlichkeit dieser Nachricht innewohnt, wurde bereits oben (S. 398) erwähnt. Im April 1590 erhielt er von der Hofkammer den Auftrag, den „Amtsrest" vom Aufschlagsamte in Völkermarkt seinem Bruder, dem erzherzoglichen Rate und Hofbuchhalter Salomon Pirckher einzuhändigen. Er besaß außer den schon erwähnten Gütern Waschhofen in Kärnten, das er an Christoph Mayr verkaufte, und bis an sein Lebensende Pichlhof (heute „Pichlschloß") bei Neumarkt. Die Stände Kärntens nahmen Benedikt Pirckher zum Sutsch und seinen Bruder Salomon in der Landtagsversammlung vom 10. März 1603 zu Landleuten an. Benedikt starb jedoch schon im März 1609 auf seinem Gute Sutsch (Pfarre Pisweg bei St. Veit a. d. Glan) und hinterließ die folgenden acht Kinder:

1) Hans Karl Pircker zum Sutsch, der nach des Vaters Tode als Lehenträger seiner Geschwister („Benedikt Pircker zum Sutschschen Erben") auftrat. Diese erwirkten durch ihn zuerst ddo. Graz, 20. Februar 1610 einen Lehenurlaub auf ein Jahr, dann, da Hans Karl am persönlichen Erscheinen verhindert war, durch ihren Vetter Hieronymus Pircker zum Weißenthurn (s. oben I. Älterer Stamm) ddo. Graz, 7. Februar 1611 einen weiteren auf drei bis vier Wochen und endlich ddo. Graz, 7. Mai desselben Jahres von Erzherzog Ferdinand II. die Belehnung zu gesamter Hand mit der Hube zu Enzersdorf bei Pöls. Aus der Erbmassa dürfte um jene Zeit auch die Hube im Sutsch an den Bauer Georg Stainberger verkauft worden sein. Da aber weder Stainberger, noch die Pirckerschen Erben ihr Lehen (wohl diese Hube) mehr richtig empfangen hatten, wurde dieses ddo. Graz, 9. April 1620 als „apert" erklärt, womit es aus der Reihe des adeligen Grundbesitzes verschwindet. Die Familie führte das Prädikat „zum Sutsch" allerdings noch einige Jahre weiter. Hans Karl und sein jüngerer Bruder Andrä verkauften noch im Namen der Benedikt Pirckerschen Erben ihren Hof, genannt Pichlhof (nun Pichlschloß) bei Neumarkt mit 20 Pfund Herrngült an Hans Püchler, Ratsbürger zu Neumarkt, und baten ddo. Neumarkt, 24. August 1620 um die Umschreibung auf diesen. Hans Karl Pürckher wird zuletzt 14. Oktober 1654 genannt als Mitglied einer von der Innerösterreichischen Hofkammer abgeordneten Kommission wegen eines durch Adam Mayr zu Friesach entdeckten Eisenlagers.

2) Andrä Pircker zum Sutsch, der 1620 mit seinem Bruder Hans Karl als Lehenträger der Geschwister erscheint (s. vorstehend).

3) Salomon, über den weitere Nachrichten fehlen.

4) Hans Christoph Pircker zum Sutsch, der ddo. Waschhofen, 18. Juli 1623 um Zuschreibung der Gült Waschhofen mit 12½ Pfund 6 Pfennigen Herrngült bat, die er von Christoph Mayr zu Waschhofen und dieser wieder von seinem Vater Benedikt Pircker erkauft hatte.

5) Maria, wahrscheinlich identisch mit einer 1654 genannten Maria Magdalena Pürckher(in).

6) Katharina, von der nichts weiter bekannt ist.

7) Veronika, die 1652 und 1654 als verehelichte Fürnkhöfer(in) vorkommt.

8) Felizitas, die nicht weiter erwähnt wird.

Mit diesen Geschwistern bricht der genealogische Zusammenhang dieses Stammes ab. Die nun folgende fünfzigjährige Lücke bedeutet wohl eine Periode der Verarmung, während der die Familie nicht nur aus dem Gültbuche, sondern auch aus der Reihe der Ständeschaft verschwindet. Ja, die alte Kärntner Landmannschaft wurde während dieser Zeit so vergessen, daß sie beim Wiederemporkommen der Familie neuerdings (1770 und 1807) erworben werden mußte. Außerdem ist es schwierig, seit dem Aufgeben der alten Besitzprädikate „zum Weißenthurn" und „zum Sutsch" die Zugehörigkeit der zahlreichen in der Zwischenzeit auftretenden, etwa als Zwischenglieder in Betracht kommenden Träger des Namens einem der beiden Stämme, bezw. einer der im einfachen Adelstande verbliebenen, zum Teile aber auch wieder im Bürger- und Bauernstande aufgegangenen Linien zuzuweisen. Die wahrscheinlichste Verbindung geht über jenen Georg (von) Pürkher, der 1655 mit seiner Frau Katharina und später als Salzversilberer zu Deutsch-Landsberg erscheint.

Der Zusammenhang beginnt wieder mit zwei Brüdern: — 1. Johann Georg (von) Pircker (Pirkher und Pürkher), geb. 1693, der allein die Familie fortpflanzte und der Stammvater der heutigen Edlen von Pirkenau wurde (s. unten), und — 2. Josef. Diese Brüder trugen von Bamberg eine Hube am Krienberge zu Lehen und hatten dieselbe nach dem Tode des Lothar Franz, Erzbischofs zu Mainz und Bischofs zu Bamberg, noch zu gesamter Hand empfangen. Johann Georg, Dr. jur. utr. und Schrannenadvokat zu Klagenfurt, kaufte nun den Anteil seines Bruders und wurde ddo. Schloß Wolfsberg, 1. August 1731 von Friedrich Karl, Bischof zu Bamberg und Würzburg etc., mit der ganzen Hube allein belehnt. Er verkaufte dieselbe jedoch schon 1743 an Georg Josef Grafen Christallnigg.

Dr. Johann Georg (von) Pircker (s. oben 1.) wurde von Kaiser Karl VI. ddo. Wien, 24. November 1734 in den Reichs- und erbländischen rittermäßigen Adelstand erhoben unter dem Namen „Edler von Pirckenau" und Vermehrung seines bisher geführten Wappens. Hierbei wurde besonders hervorgehoben, daß schon dessen Voreltern, namentlich Benedikt Pircker, nachdem er zu St. Veit und Völkermarkt mehrere Jahre lang das Aufschlagamt bediente, anno 1589 vom Erzherzoge Karl den Adelstand nebst einem adeligen Wappen erhalten hätten (vgl. darüber S. 404), sowie daß dessen Bruder

Salomon Pircker dem genannten Erzherzoge als Rat und Hofbuchhalter diente. Er selbst hätte als „geschworener Landschrannenadvocat in Kärnten"... „wehrend dem ihme allschon von vielen Jahren her bey daselbstigen Gerichten verliehenen Stallo advocandi dem Publico, mithin auch Unserem durchleuchtigsten Erzhauß viele nutz- und ersprießliche Dienste geleistet". Seine angeblich 1739 erfolgte Erhebung in den Reichsritterstand hat, wie aktenmäßig festgestellt wurde, nie stattgefunden. Sie geht einzig auf einen Irrtum im Kärntner Landmannschaftsdiplome von 1770 zurück, wo es heißt, daß Johann Georg vor „31 Jahren den Reichsritterstand" erhalten hätte. Dieser Irrtum erklärt sich von selbst durch ein Verlesen der Jahreszahl 1734 für 1739 und die so häufige Verwechslung des Rittermäßigen Reichsadels mit dem Reichsritterstande.

Johann Georg Edler von Pirkenau, wie er und seine Nachkommen sich in der Regel schrieben, besaß ein Haus am Viehplatze in Klagenfurt, das er 1745 an Ernst Maria Grafen von Lodron verkaufte, sowie die landtäflichen Güter Ehrenbichl und Schönfeld in Kärnten. Mit Urkunde ddo. Klagenfurt, 23. Oktober 1753 übergab er Ehrenbichl seinem ältesten lebenden Sohne Dr. Ignaz Josef Edlen von Pirkenau in Ansehung der baldigen Verheiratung desselben (s. unten) und stellte auf Schönfeld die Erbteile der jüngeren Söhne Josef (Georg), Anton (Alois), Dr. Franz Johann und Gottlieb sicher. Er starb als k. k. Fiskal am 28. November 1755 zu Klagenfurt. Seine Ehe mit Maria Antonia, geb. von Werthenpreis (geb. ca. 1703, † Klagenfurt 6. Dezember 1757), war mit folgenden neunzehn Kindern gesegnet:

1) Johann Anton Ivo, geb. Klagenfurt 4. Juni 1723, † daselbst 25. März 1727.

2) Ignaz Josef Johann Nepomuk, geb. Klagenfurt 27. Juli 1724, Dr. jur. utr., Kärntner Advokat (zuletzt Senior der Advokaten) und Kriminalrat. Er übernahm ddo. Klagenfurt, 23. Oktober 1753 von seinem Vater das Gut Ehrenbichl, das er 1. November 1803 seiner einzigen Tochter Maria Theresia und deren Gemahl Franz Xaver Edlem von Platzer(n) überließ. Er kaufte ferner 1. Jänner 1759 das landtäfl. Gut Pitzelstetten gemeinsam mit seinem Bruder Franz Johann, der jedoch bald als Alleinbesitzer erscheint, und 1766 vom Stifte Ossiach ein Haus mit Garten in der Schmeergasse zu Klagenfurt. Von demselben Stifte erwarb er ddo. Klagenfurt, 1. Mai 1781 noch das Haus C.-Nr. 252 (heute Nr. 10, Café „Madner") in der Wienergasse daselbst, das bis 1855, bezw. 1856 im Besitze der Familie blieb. Mit Abtretungsurkunde ddo. Klagenfurt, 28. Juni 1782 ging nach Auszahlung der darauf haftenden Erbanteile (s. oben) auch das Gut Schönfeld in seinen Besitz über. Dr. Ignaz Josef Edler von Pirkenau starb am 18. September 1806 zu Ehrenbichel und hinterließ ein reines Vermögen im Schätzungswerte von fl. 114.196. Seine Erben waren sein Bruder Anton Alois, seine Neffen Josef, Ezechiel, Dr. Benedikt und Michael Gebrüder von Pirkenau und seine einzige Tochter Maria Theresia, verehelichte von Platzer(n), die Schönfeld nebst fl. 6000 bar erhielt. Er hatte sich zu Klagenfurt 20. Februar 1754 (Ehevertrag 14. Februar) mit Maria Katharina

Elisabeth (geb. Klagenfurt 17. November 1729, † daselbst 15. Mai 1801) vermählt, einer Tochter des Johann Josef Otto von Glaunach zum Kazenstain († 1760) und der Maria Theresia Elisabeth, geb. von Mooshart, welcher Ehe nur die bereits erwähnte Tochter Maria Theresia Edle von Pirkenau (geb. 1762) entsproß, die sich zu Klagenfurt am 22. November 1785 mit Franz Xaver Edlen von Platzer(n) vermählte.

3) Josef Georg, geb. 1725, seit 23. Oktober 1753 Mitbesitzer von Schönfeld, ist 1764 als verstorben erwähnt.

4) Maria Susanne Antonia, geb. Klagenfurt 14. Mai 1726, † daselbst 19. März 1732.

5) Franz Xaver Anton, geb. Klagenfurt 19. Juni 1727, † ebendort 5. April 1728.

6) Franz Johann, geb. Klagenfurt 22. September 1728, † daselbst 25. April 1801, wurde 15. September 1753 zu Padua zum Doktor beider Rechte promoviert und war von 1753 bis 1766 Kärntner Advokat, dann ständischer Sekretär. Er war vom 23. Oktober 1753 bis 28. Juni 1782 Mitbesitzer von Schönfeld und kaufte 1. Jänner 1759 gemeinschaftlich mit seinem Bruder Ignaz Josef Johann Nepomuk das Gut Pitzelstetten, das dann in seinen Alleinbesitz überging; auch das Haus C.-Nr. 286 in der Herrengasse zu Klagenfurt war sein Eigen. Die Kärntner Stände verliehen ihm ddo. Klagenfurt, 9. Oktober 1770 die Landmannschaft im Ritterstande, nachdem er seit 14 und sein Vater seit 50 Jahren, teils als Advokat, teils als Fiskal gedient hatten und letzterer vor 31 (!) Jahren in den Reichsritterstand (!) erhoben und sein Ahne (Benedikt) vor 161 Jahren geadelt (?) worden sei. Die Standschaft von 1603 war vergessen! (Vgl. darüber S. 399 und 404.) Dr. Franz Johann Edler von Pirkenau vermählte sich zu Klagenfurt am 21. Februar 1759 mit Maria Josefa Eleonora (geb. Klagenfurt 21. Februar 1739, † daselbst 18. Oktober 1805), einer Tochter des Dr. med. Johann Franz Kraßnig und der Maria Klara, geb. Wudich. Seiner Ehe entstammen folgende sieben zu Klagenfurt geborene Kinder: — (1) Maria Klara, geb. 15. Dezember 1759, lebt 1801 als verehelichte Pollak in Laibach; — (2) Franz Ignaz Anton, geb. 14. Oktober 1761; — (3) Franz Johann, geb. 1762,† Klagenfurt 19. März 1816, verm. ebendort 1. Jänner 1811 mit Elisabeth, geb. Pogurter, der Witwe nach Johann Oberwinkler, Bürger und Brauer zu Villach; — (4) Anna Josefa Antonia, geb. 16. Februar und † Klagenfurt 27. April 1763; — (5) Ignaz Vinzenz Bruno, geb. 7. Oktober 1764, † Klagenfurt 9. März 1765; — (6) Maria Antonia Elisabeth, geb. 14. November 1766, Stiftsdame des Adeligen Fräuleinstiftes in Kärnten; — (7) Vinzenz Franz Alois Ignaz, geb. 27. August 1771, † Klagenfurt 11. Dezember 1799, der 23. August 1793 zu Freiburg i. B. Doktor beider Rechte und 22. April 1794 Advokat in Klagenfurt wurde und von seiner 1795 genannten Gemahlin Maria, geb. Gutter, eine Tochter Eulalia hinterließ, die am 10. Februar 1827 zu Mailand starb. Mit dieser ist die Nachkommenschaft des älteren Franz Johann erloschen.

7) Domitian Josef Makarius, geb. Klagenfurt 2. Jänner 1730, † als Kind (173.).

8) Philipp Ernst Georg Theodor Franz, geb. Klagenfurt 22. April und † daselbst 23. Juni 1731.

9) Johann Gottlieb, geb. 1732, der 1764 und noch 1788 als Pfleger zu Glanegg erscheint, 1770 als Oberpfleger zu Hollenburg von Gottlieb Grafen Stampfer den Kuchler- und den Pachbauerhof im Bezirke Glanegg um fl. 4195 erkaufte und 23. Oktober 1753 bis 28. Juni 1782 Mitbesitzer von Schönfeld war, dann nach Villach zog und dort am 26. Februar 1797 als erster magistratlicher Ratsmann starb. Aus seiner Ehe mit Therese (Ehevertrag vom 25. Februar 1764) war nur eine Tochter Josefa vorhanden, die sich mit dem Kärntner ständischen Buchhalter Johann Weber verehelicht hatte und den Kuchlerhof erbte. Johann Gottlieb hatte auch ein Haus in Klagenfurt besessen.

10) Maria Elisabeth Leopoldine, geb. Klagenfurt 15. November 1733, † daselbst 19. August 1779.

11) Maria Anna Agnes, geb. Klagenfurt 18. Jänner 1735, † daselbst 18. Februar 1755.

12) Ferdinand Josef Alois, geb. Klagenfurt 5. Juli 1736, † ebendort 21. August 1737.

13) Jodok Stanislaus Amadeus, geb. Klagenfurt 13. Februar 1738, † als Kind (173.).

14) Josef Anton, geb. 1739, dessen Nachkommenschaft gegenwärtig allein noch blüht (s. unten).

15) Anton Alois, geb. 1740, wird 1799 als gewesener k. k. Bankaleinnehmer zu Unterdrauburg bezeichnet und ist 1802 herrschaftlicher Kontrollor daselbst. Vom 23. Oktober 1753 bis 28. Juni 1782 und 1804 bis 25. Mai 1808 ist er Mitbesitzer des Gutes Schönfeld, von 1804 an auch des Familienhauses in Klagenfurt. Mit seinen Neffen wurde er ddo. Klagenfurt, 14. April 1807 in die Kärntner Landmannschaft aufgenommen. Er starb nach 1812 und war mit Maria Anna Susanne, geb. Edlen von Rackershain, vermählt, aus welcher Ehe drei Kinder bekannt sind: — (1) Ignaz Josef Johann, geb. Klagenfurt 22. November 1780, † 178. ; — (2) Ignaz Andreas, geb. Unterdrauburg 2. Juli 1789, † daselbst 12. April 1797, und — (3) Maria, verm. mit einem Ritter Fabritzi von Cleßheim.

16) Josef Ernst Bernhard, geb. Klagenfurt 7. April 1741, † als Kind (174.).

17) Anton Bernhard, geb. Klagenfurt 3. Juni 1742, † als Kind (174.).

18) Karl Leopold, geb. Klagenfurt 2. November 1743, † als Kind (174.).

19) Maria Aloisia Ernestine Josefa, geb. Klagenfurt 21. August 1745, † ebendort 25. Februar 1748.

Josef Anton Edler von Pirkenau, oben 14), war fürstl. Porciascher Pfleger und Landrichter zu Spittal a. d. Drau und Oberdrauburg. Er starb zu St. Martin 12. November 1798 und hatte in seiner Ehe (Heiratsbrief vom 1. Juni 1769) mit Maria Wilgefortis (geb. 1754, † Klagenfurt 3. November 1818), einer Tochter des Dr. med. Anton Götzhaber in Wolfsberg und der Elisabeth

Maria, geb. Moßl von Rosenfeld, die folgenden vierzehn Kinder erzeugt, von denen ihn sieben überlebten:

(1) Maria Anna Katharina, geb. Spittal a. d. Drau 13. März 1770, 1804 bis 1810 Mitbesitzerin des Pirkenauschen Familienhauses zu Klagenfurt, erscheint 1818 als verehelichte Bürger.

(2) Ignaz Benedikt Josef Makarius, geb. Spittal a. d. Drau 2. Jänner 1771, † als Kind (177.).

(3) Josef Ignaz Benedikt Johann Nepomuk Franz Xaver, geb. Spittal a. d. Drau 11. März 1772, † als Kind (177.).

(4) Josef Alois, geb. Spittal a. d. Drau 1773, der mit seinen Brüdern Ezechiel, Benedikt und Michael und seinem Oheime Anton Alois „Reichsrittern" von Pirkenau ddo. Klagenfurt, 14. April 1807 die Landmannschaft im Ritterstande des Herzogtums Kärnten erlangte. Von ihm stammt die nun im Mannsstamme erloschene I. Ältere Linie (s. unten).

(5) Benedikt Chrysostomus Ignaz, geb. Spittal a. d. Drau 26. Oktober 1774, † daselbst 5. Juni 1777.

(6) Franz Andreas, geb. Spittal a. d. Drau 10. November 1776, † als Kind (177.).

(7) Maria Josefa Hemma Theresia, geb. Spittal a. d. Drau 19. März 1778, † daselbst 27. Juli 1778.

(8) Ezechiel Leo Benedikt, geb. Oberdrauburg 11. April 1780, Landmann in Kärnten seit 1807, Stammvater der blühenden II. Jüngeren Linie (s. unten).

(9) Anna, geb. 1781, † Klagenfurt 19. Juli 1863, 1804 bis 1812 Mitbesitzerin am Familienhause zu Klagenfurt, verm. vor 1812 mit Norbert Markl († Klagenfurt 27. April 1863), Apotheker und Hausbesitzer zu Klagenfurt.

(10) Benedikt Alois Sigismund, geb. Afritz 15. Juli 1782, † 1808, Dr. jur. utr., Advokat zu Klagenfurt, von 1804 an Mitbesitzer des Gutes Schönfeld und des Hauses zu Klagenfurt, seit 1807 Landstand in Kärnten.

(11) Michael Felix Benedikt, geb. Afritz 29. September 1783, † Klagenfurt 26. Februar 1852, von 1804 bis 25. Mai 1808 Mitbesitzer von Schönfeld und bis 1812 des Hauses in Klagenfurt. Er war seit 1807 Landstand in Kärnten und besaß 1813 die Herrschaft Ehrnau, kam jedoch in seinen Vermögensverhältnissen sehr herunter und lebte 1828 auf der Lorintschiggkeusche in Truttendorf. Vermählt war er seit 1809 (Ehevertrag vom 23. Februar d. J.) mit Magdalena, geb. Sperk († auf der Meßnerhube zu Treffling 14. März 1821). Dieser Ehe entsproß nur ein Sohn Josef, der als Zögling einer Militärschule starb.

(12) Ferdinand, geb. 1786, † Klagenfurt 11. Dezember 1803.

(13) Johann, geb. 1788, † Villach 3. August desselben Jahres vier Monate alt.

(14) Maria Anna Wilgefortis Scholastika, geb. Spittal a. d. Drau 4. Juni und † daselbst 17. August 1792.

B. Jüngerer Stamm.

(Pircker von Pirkenau.)

Stifter: Benedikt Pircker zum Sutsch, † Sutsch ... März 1609.

I. Ältere Linie.

(Im Mannsstamme erloschen.)

† Josef Alois (Pircker) Edler von Pirkenau (4. Kind des 12. November 1798 zu St. Martin bei Klagenfurt † Josef Anton [P.] Edlen v. P. und der 3. November 1818 zu Klagenfurt † Maria Wilgefortis, geb. Götzhaber), geb. Spittal a. d. Drau .... 1773, † Klagenfurt 5. November 1838, Landstand in Kärnten, Mitbesitzer des Gutes Schönfeld und des landtäfl. Familienhauses in Klagenfurt (Wienergasse 10); — verm. I. Klagenfurt 9. Februar 1807 mit:

† Theresie Karoline, geb. von Franken (Tochter des .... 18.. zu .... † k. k. Bankogefällsinspektors Chrysant Amand v. F. und der .... 18.. zu .... † Johanna, geb. Jabornegg von Altenfels), geb. Villach 31. August 1784, † Klagenfurt 10. Oktober 1818; — II. Klagenfurt 10. November 1822 mit:

† Maria Anna, geb. Nacht (Tochter des .... 18.. zu St. Veit a. d. Glan † Bürgers daselbst Anton N. und der .... 18.. ebendort † Elisabeth, geb. Haunold), geb. St. Veit a. d. Glan 19. August 1796, † Klagenfurt 18. Jänner 1848, seit 1843 zu $^{49}/_{00}$ Mitbesitzerin des Familienhauses zu Klagenfurt (dann noch bis 28. März 1856 deren Verlassenschaft).

Kinder a) I. Ehe:

†1. Amalie Marie Wilgefortis, geb. Klagenfurt 28. November 1807, † Wien 8. Dezember 1840; — verm. (Klagenfurt?) .... 182. mit:

† Alois Nikolaus Maria Vinzenz Ritter (seit 1850) Negrelli von Moldelbe, geb. Primiero 23. Jänner 1799, † Wien 1. Oktober 1858, EKO.-R.III., k. k. Ministerialrat und Generalinspektor der k. k. Eisenbahnen und der Suezkanalarbeiten, Ehrenbürger von Zürich, Olmütz und Prag.

†2. Karoline Marie Anna, geb. Klagenfurt 8. November 1812, † daselbst 10. Februar 1883 (bis 1843 Mitbesitzerin des Familienhauses zu Klagenfurt), Stiftsdame des adeligen Fräuleinstiftes in Kärnten.

b) II. Ehe:

†3. Ferdinand, geb. Klagenfurt .... 182., † Judenburg 22. Mai 1874 (bis 1843 Mitbesitzer des Familienhauses in Klagenfurt), k. k. Notar daselbst; — verm. Schloß Neuhaus in Kärnten 22. Juni 1846 mit:

† Anna, geb. Weber Edlen von Webenau (Tochter des 6. November 1853 zu Pockersdorf † Besitzers der Herrschaft

Neuhaus in Kärnten und Straßenbauunternehmers Karl W. Edlen v. W. und der 13. April 1868 zu Judenburg † Anna, geb. Jarnig), geb. Schloß Neuhaus 11. Jänner 1820, † Mödling 27. Oktober 1877.

Kinder:

† 1) Julius, geb. Thalberg (Pf. Dechantskirchen) in Steiermark 5. Juni 1847, † Judenburg 7. April 1871, k. k. Gerichtsauskultant daselbst.

† 2) Emma Anna Sophie, geb. Thalberg 13. November 1848, † daselbst 10. Jänner 1849.

† 3) Maximilian Karl, geb. Thalberg 9. Mai 1850, † .... 185..

† 4) Robert, geb. Graz 1. August 1853, † Birkfeld in Steiermark 14. Juni 1878, k. k. Gerichtsauskultant daselbst.

† 5) Ernst, geb. Graz 28. November 1859, † Sign in Dalmatien 1. Februar 1879, Beamter der k. k. priv. Südbahn-Gesellschaft.

4. Philippine Leopoldine Josefa Franziska Marie Anna, geb. Klagenfurt 8. März 1833 (bis 1843 Mitbesitzerin des Familienhauses zu Klagenfurt); — verm. Laibach 24. Oktober 1863 mit:

Anton Schwarz, geb. Wien 2. September 1832, kgl. ungar. Post- und Telegraphenamtsverwalter i. P. — [Wien, III. Barichgasse 6.]

II. Jüngere Linie.

† Ezechiel Leo Benedikt (Pircker) Edler von Pirkenau (8. Kind des 12. November 1798 zu St. Martin bei Klagenfurt † Josef Anton [P.] Edlen v. P. und der 3. November 1818 zu Klagenfurt † Maria Wilgefortis, geb. Götzhaber), geb. Oberdrauburg 11. April 1780, † Klagenfurt 2. Jänner 1851, Landstand in Kärnten (1804 bis 1808 Mitbesitzer des landtäfl. Gutes Schönfeld), seit 30. Juni 1808 zu 11/60 Miteigentümer des landtäfl. Familienhauses zu Klagenfurt (bis 1813 Besitzer des Gutes Farchenhof bei St. Thomas am Zeiselberg) und seit 1813 Gutsbesitzer zu Siebenaich bei St. Veit a. d. Glan; — verm. .... 180. mit:

† Maria Anna, geb. Magge (Tochter des .... 18.. zu St. Veit a. d. Glan † Bürgers daselbst Johann M. und der .... 18.. zu .... † Maria, geb. Werzer), geb. St. Veit a. d. Glan 3. September 178., † Siebenaich 16. März 1871.

Kinder:

† 1. Benedikt Ignaz, geb. Farchenhof 22. Juli 1808, † Siebenaich 11. April 1869, Gutsbesitzer und Hammergewerke daselbst; — verm. Ottmanach 27. Oktober 1847 mit:

† Johanna (Jeannette), geb. Gantschnigg (Tochter des 27. Oktober 1865 zu Klagenfurt † Besitzers der landtäfl. Güter Goppelsbach in Steiermark [bis 1833] und Gamsenegg, Falkenstein, Dietrichstein und Ottmanach in Kärnten,

Matthäus Josef G. und der .... 18.. zu .... † Josefa, geb. Hübner von Kreutzencron), geb. Goppelsbach 5. Oktober 1815, † Feldkirchen in Kärnten 12. April 1899.

Kinder:

1) Berta Anna Johanna Henriette, geb. St. Veit a. d. Glan 1. August 1848, Realitätenbesitzerin in Tauchendorf, – [Tauchendorf]; – verm. I. Gottesthal bei Föderlach 25. November 1875 mit:

† Josef Riautschnigg, geb. St. Lorenzen am Sandhof 10. März 1834, † Grammilach 1. August 1890; – II. .... 13. August 1893 mit:

Andreas Torker, geb. Grahoja in Istrien 12. Juni 1849. – [Tauchendorf.]

2) Adolf Matthäus Eduard, geb. Schloß Ottmanach 19. August 1850, Dr. med. (besaß nach seinem 23. Mai 1876 zu Ottmanach † Oheim Eduard Gantschnigg, GVK.m.K., Gutsbesitzer und Bürgermeister daselbst, bis 1888 das landtäfl. Gut Ottmanach), Distriktsarzt zu Feldkirchen in Kärnten; – verm. St. Donat 14. August 1880 mit:

Gustava Theresia, geb. Ambrosch (Tochter des 20. April 1864 zu Laibach † langjährigen Bürgermeisters der Landeshauptstadt Laibach, 1848/49 Abgeordneten dieser Stadt zum Allgemeinen Österreichischen Reichstage in Wien und Kremsier und pens. k. k. Bezirkskommissärs Michael A. und der 5. Mai 1903 zu Görz † Emilie, geb. Pothorn), geb. Laibach 2. August 1857. – [Feldkirchen in Kärnten.]

Kinder:

(1) Günther Hans Gustav Adolf, geb. Schloß Ottmanach 25. September 1881, Cand. jur. – [Fehring.]

(2) Erich Franz Ferdinand Benedikt, geb. Schloß Ottmanach 20. Jänner 1883, k. u. k. Kadett-Offiziersstellvertreter im Infanterie-Regimente FZM. Heinrich Ritter von Pitreich Nr. 63. – [Besztercze.]

† (3) Reinhold Karl Ferdinand, geb. Schloß Ottmanach 15. und † daselbst 16. Juli 1885.

(4) Judith Adolfine Theresia, geb. Schloß Ottmanach 17. November 1886. – [Feldkirchen.]

† (5) Emil, geb. und † Schloß Ottmanach 17. März 1888.

† (6) Gustava Judith Johanna, geb. Schloß Hungerbrunn 28. Juli 1889, † St. Veit a. d. Glan 3. August 1891.

† (7) Elsa, geb. Maria-Saal 2. und † daselbst 22. Mai 1895.

† (8) Adolf Ferdinand, geb. Maria-Saal 1. September 1897, † daselbst 1. Mai 1898.

† 2. Mathilde, geb. Farchenhof .... 1811, † St. Veit a. d. Glan 9. August 1815.

† 3. Mathilde Anna Marie Amalie, geb. St. Veit a. d. Glan 3. Juni 1816, † daselbst 11. November 1897 (vom 2. Jänner 1851 bis 2. Juli 1855 zu $^{11}/_{60}$ Mitbesitzerin des Familienhauses in Klagenfurt und 1869 bis 1884 Besitzerin des landtäfl. Gutes Siebenaich); – verm. St. Peter ob Taggenbrunn 18. August 1842 mit:

† Alois Brutmann, geb. Brünn 16. Oktober 1813, † Olmütz 19. Juli 1849, Dr. jur., mähr.-schles. Landesadvokaten in Olmütz.

Vgl.: – C. Schmutz, Hist.-top. Lexicon von Steyermark, III. Bd., Graz 1822, S. 146; — J. A. Janisch, Topogr.-stat. Lexikon von Steiermark, III. Bd., S. 1278; — F. Kraus, Die eherne Mark, II. Bd., S. 385; — A. Weiß, Kärnthens Adel bis zum Jahre 1300, Wien 1869, S. 315; — Neuer Siebmacher IV, 8 (A. M. Hildebrandt, Der Kärntner Adel), S. 188 u. Taf. 21; – J. v. Zahn u. A. Anthony v. Siegenfeld, Steierm. Wappen-Buch von Zach. Bartsch 1567, Ausg. 1893, S. 45; – K. Grill, Ein herald. Relief in Weißkirchen bei Judenburg, Mitth. d. Centr.-Comm. Neue Folge XXII 1896, S. 38.

---

von Pohl.

Römisch-katholisch. – Österreich (Niederösterreich).

Verleihungen:

1872 Jänner 31, Wien: Kaiser Franz Joseph I. erhebt den k. k. Hauptmann Otto Pohl als Ritter des Ordens der Eisernen Krone III. Klasse (KD.) in den Österreichischen Ritterstand und verleiht ihm ein Wappen. — (AA., HKA.; — Orig. Fam.)

1873 Jänner 5, Wien: Derselbe erhebt den k. k. Oberstleutnantauditor d. R. Wilhelm Pohl (Vater des vorgenannten Otto) als Ritter des Ordens der Eisernen Krone III. Klasse in den Österreichischen Ritterstand und verleiht ihm ein Wappen. — (AA., HKA.; — Orig. Fam.)

Wappen:

I. 1872 Jänner 31: In Gold ein mit drei goldenen Sternen hintereinander belegter blauer Schrägbalken, oben ein schwarzer Löwe, einen blanken Säbel an goldenem Griffe haltend, unten auf grünem Hügel eine jederseits von einer ebensolchen Zypresse begleitete natürliche Kapelle. Zwei gekrönte Turnierhelme: auf I mit blau-goldenen Decken ein geschlossener goldener Flug, vorne mit dem blauen Schrägbalken mit den drei goldenen Sternen belegt; auf II mit schwarz-goldenen Decken der schwarze Löwe mit dem Säbel wachsend. Auf goldenem Spruchbande die Devise „AVDACES FORTUNA JUVAT“ in schwarzer Lapidarschrift.

II. 1873 Jänner 5: Wie 1872, nur im Schilde an Stelle der Kapelle mit den Zypressen ein gezinnter natürlicher Quaderturm mit schwarzem Tore und am Spruchbande die Devise „LABOR HONORAT“.

---

† Wilhelm Ritter von Pohl (2. Ritterstandserwerber — Sohn des .... 1836 zu Lengyel † Anton Pohl und der .... 18.. zu .... † Beata, geb. von Morowitz), geb. Prerau 5. Dezember 1800, † Wien 10. Dezember 1886, EKO.-R.III., k. k. Oberstleutnantauditor d. R.; — verm. Tolna 4. August 1836 mit:

† Adele, geb. von Szirányi (Tochter des 10. September 1860 zu Fünfkirchen [Pécs] † Adalbert v. Sz. und der 14. März 1828 zu Tolna † Elisabeth, geb. Pausz), geb. Tolna 4. März 1813, † Wien 20. Juli 1889.

Kinder:

1. Hermine Pohl, geb. Budapest 31. Mai 1837, † ebendort 9. April 1838.
2. Otto Karl Adalbert Ritter von Pohl (1. Ritterstandserwerber), geb. Budapest 28. Dezember 1838, LO.-R., FJO.-Kmt., EKO.-R.III. (KD.), MVK. (KD.), Marianer des h. Deutschen Ritterordens, k. u. k. Geheimer Rat, Feldzeugmeister d. R. (bis 1899 Feldmarschall-Leutnant, zugeteilt dem 3. Korpskommando in Graz). — [Wien, III. Oetzeltgasse 4.]
3. Eduard Josef Anton Ritter von Pohl, geb. Budapest 2. Jänner 1840, LO.-R., MVK. (KD.), Marianer des h. Deutschen Ritterordens, k. u. k. Feldmarschall-Leutnant d. R. (bis 1900 Kommandant der 11. Infanterie-Truppendivision in Lemberg). — [Wien, III. Oetzeltgasse 4.]

†4. Eugen Pohl, geb. Kaschau (Kassa) 25. Jänner 1842, † ebendort 23. März 1843.

†5. Gisela Pohl, geb. Kutas 14. Juli 1846, † Komorn (Komárom) 22. Februar 1852.

Vgl.: — Brünner Adel. Taschenb. II 1877 (Ritter von Pohl I und Ritter von Pohl II), IX 1884, XII 1887 u. XVI 1891.

Princig von Herwalt.

Römisch-katholisch. — Österreich (Niederösterreich).

Verleihung:

1873 August 15, Wien: Kaiser Franz Joseph I. verleiht dem k. u. k. Generalkonsul 2. Kl. in Odessa Dr. Karl Princig als Ritter des Ordens der Eisernen Krone III. Klasse den Österreichischen Ritterstand mit dem Prädikate „von Herwalt" und einem Wappen. — (AA., HKA.; — Orig. Fam.)

Wappen:

1873 August 15: In Gold ein blauer Schrägbalken, belegt mit einem golden geschafteten silbernen Pfeile und einem goldenen Sterne im Oberwinkel und begleitet von zwei schmäleren roten Schrägbalken. Zwei gekrönte Turnierhelme: auf I mit blau-goldenen Decken ein geschlossener, vorne mit einem goldenen Sterne belegter blauer, hinten goldener Flug; auf II mit rot-goldenen Decken eine Eiche mit braunem Stamme, grünen Blättern und goldenen Eicheln.

---

† Karl Ritter Princig von Herwalt (Adelserwerber — Sohn des 2. Oktober 1836 zu Görz † k. k. Professors Johann Princig und der 7. November 1875 ebendort † Karoline geb. Borghesi), geb. Görz 26. September 1829, † Basel 13. September 1897, Dr. jur., FJO.-Kmt., EKO.-R.III., k. u. k. Generalkonsul 1. Kl. mit Titel und Charakter eines Ministerialrates (beurl.), Vertreter der österreichischen und ungarischen Gläubiger im Administrationsrate der ottomanischen Staatsschuld in Konstantinopel; — verm. Leipzig 6. November 1861 mit:

† Alma, geb. Walther (Tochter des 3. Februar 1859 zu Leipzig † Universitätsprofessors und Direktors der Chirurgischen Universitätspoliklinik daselbst Dr. med. Johann Karl Wilhelm W. und der 23. Dezember 1899 zu Cilli † Lydia, geb. Dürfeld), geb. Leipzig 7. Februar 1832, † Kadiköj bei Konstantinopel 25. November 1894.

Sohn:

Walter, geb. Triest 6. August 1862, EKO.-R.III., k. u. k. Generalkonsul 2. Kl. im Ministerium des kaiserl. und kgl. Hauses und des Äußern und k. k. Leutnant i. d. Evidenz des Landwehr-Ulanen-Regimentes Nr. 5; — verm. Odessa 11. Juni 1890 mit:

Olga, geb. von Schultz (Tochter des kaiserl. russ. wirkl. Staatsrates und gewesenen Mitchefs des Bankhauses E. Mahs & Comp. in Odessa Eugen von Schultz und der Helene, geb. Bock), geb. Odessa 3. August 1865. — [Wien, IV. Tilgnerstraße 5.]

Kinder:

1. Valerie, geb. Belgrad 18. Februar 1891.
2. Marie, geb. Belgrad 5. Juni 1892.
3. Karl, geb. Belgrad 7. Februar 1894.
4. Helene, geb. London 26. April 1897.

† 5. Olga, geb. Wien 6. Juni 1902, † Gmain bei Reichenhall 27. Juli 1902.

---

von Proschek.

Römisch-katholisch und evangelisch H. B. — Österreich (Böhmen, Niederösterreich und Mähren).

Verleihung:

1898 Oktober 11, Wien (Diplom): Kaiser Franz Joseph I. verleiht dem k. u. k. Generalauditor d. R. Ignaz Proschek den Österreichischen Adel mit dem Ehrenworte „Edler von" und einem Wappen. — (AA., HKA.; — Orig. Fam.)

Wappen:

1898 Oktober 11: Durch einen schmalen, mit einem schwarzen Tatzenkreuzlein belegten goldenen Balken geteilt, oben in Rot ein wachsender silberner Löwe mit goldener Zunge, unten in Blau ein von zwei goldenen Sternen begleitetes schräges, geflammtes Schwert mit goldenem Griffe. Auf dem gekrönten Turnierhelme mit rechts rot-silbernen und links blau-goldenen Decken zwischen einem offenen, durch einen schmalen goldenen Balken von Rot über Blau geteilten Fluge das geflammte Schwert aus dem Schilde pfahlweise.

Ignaz Edler von Proschek (Sohn des 15. Februar 1870 zu Böhm.-Brod † erst fürstl. Khevenhüllerschen Rentmeisters zu Kammerburg, dann k. k. Steuereinnehmers Karl Ernest Proschek und der am 30. März ebendort † Antonie, geb. Weisse), geb. Kammerburg 14. Oktober 1827, EKO.-R.III., k. u. k. Generalauditor d. R. (bis 31. August 1892 Vorstand der IV. Abteilung des Reichs-Kriegsministeriums); — verm. Graz 25. September 1856 mit:

Charlotte, geb. Bischoff (evangelisch H. B. — Tochter des 17. Februar 1874 zu Graz † Bürgers daselbst Nikolaus B. und der 16. Februar 1892 ebendort † Anna, geb. Gilly), geb. Graz 2. Februar 1837. — [Mödling, Dominikanergasse 7.]

Kinder:

1. Charlotte, geb. Graz 21. September 1858, städt. Volksschullehrerin. — [Wien, XVII. Jörgerstraße 32.]

2. Mathilde, geb. Graz 16. Mai 1860. – [Wien, XIII. Einwanggasse 14]; – verm. Wien 9. Oktober 1880 mit:
† Karl Ritter von Turzyma-Kobierski des Wappens Prus I., geb. Kimpolung 5. November 1848, † Wien 29. Jänner 1907, Porträt- und Historienmaler.

3. Josefine, geb. Agram 7. April 1863. – [Mödling, Dominikanergasse 7.]

4. Johann Karl Ernst, geb. Fiume 20. Februar 1865, k. k. Statthaltereisekretär in Brünn; – verm. Proßnitz 14. September 1898 mit:
Hedwig, geb. Rolny (Tochter des 2. Dezember 1902 zu Proßnitz † Fabrikanten Franz R. und der Franziska, geb. Nebesa), geb. Proßnitz 23. Dezember 1876. – [Brünn.]

Kinder:

1) Johann, geb. Proßnitz 14. Juli 1899.
2) Ernest, geb. Proßnitz 28. Februar 1901.
3) Franz Xaver, geb. Proßnitz 20. September 1902.
4) Eugen, geb. Brünn 4. Juli 1904.

5. Maria Anna, geb. Wien 1. Jänner 1867. – [Mödling, Dominikanergasse 7.]

6. Maximiliane, geb. Wien 9. Februar 1873; – verm. Mödling 24. Oktober 1899 mit:
Josef Georg Müller, geb. Feldkirch 28. Oktober 1874, Dr. jur., k. k. Polizeikommissär. – [Wien, XVIII. Gentzgasse 35.]

Prováżek von Lanov.

Römisch-katholisch. – Österreich (Böhmen, Niederösterreich) und Niederländisch-Indien (Java).

Verleihung:

1893 Mai 27, Wien (Diplom): Kaiser Franz Joseph I. verleiht dem k. u. k. Major des Infanterie-Regimentes FML. Alfred Freiherr von Joelson Nr. 93 Josef Prováżek den österreichischen Adelstand mit dem Prädikate „Edler von Lanov" und einem Wappen. – (AA., HKA.; – Orig. Fam.)

Wappen:

1893 Mai 27: In Gold ein mit einem blanken Schwerte an goldenem Griffe belegter blauer Schrägbalken. Auf dem gekrönten Turnierhelme mit blau-goldenen Decken eine blaue Straußenfeder zwischen zwei goldenen.

Josef Prováżek Edler von Lanov (Adelserwerber — Sohn des 25. März 1877 zu Pravíkov † Landwirtes Johann Provázek und der 27. März 1873 ebendort † Anna, geb. Wáňa), geb. Pravíkov 12. März 1842, MVK., k. u. k. Oberst d. R. (bis 1899 Oberstleutnant im Infanterie-Regimente FML. Alfred Freiherr von Joelson Nr. 93); — verm. Božejov 1. Februar 1875 mit:

Marie, geb. Kopp (Tochter des 12. Juli 1874 zu Božejov † Gutspächters daselbst Matthias K. und der 22. September 1900 zu Voušov † Marie, geb. Roßam), geb. Božejov 26. Oktober 1851. — [Wien, VIII. Schlösselgasse 13.]

Kinder:

1. Stanislaus Josef Matthias, geb. Neuhaus 12. November 1875, Dr. phil., Naturforscher. — [Batavia.]
2. Marie Anna Josefa, geb. .... 13. Februar 1880, Kunstmalerin. — [Wien, VIII. Schlösselgasse 12.]

---

von Ranciglio.

Römisch-katholisch. — Österreich (Niederösterreich).

Verleihung:

1899 Juli 8, Wien (Diplom): Kaiser Franz Joseph I. verleiht dem k. u. k. Obersten Wilhelm Ranciglio den Österreichischen Adel und ein Wappen. — (AA., HKA.; — Orig. Fam.)

Wappen:

1899 Juli 8: Durch einen golden gesäumten, mit drei silbernen Sternen belegten roten Schrägbalken von Schwarz über Blau geschrägt. Auf dem gekrönten Turnierhelme mit rechts blau-silbernen und links schwarz-goldenen Decken ein wie der Schild bezeichneter geschlossener Flug.

Wilhelm Angelus von Ranciglio (Adelserwerber) — Sohn des 30. Mai 1868 zu Wien † pens. Furiers der kgl. Lombardisch-venezianischen adeligen Leibgarde in Wien [aufgelöst 1858] Engelbert Ranciglio und der 7. Oktober 1842 ebenda † Franziska, geb. Smeschkall), geb. Wien 21. Mai 1841, MVK., k. u. k. Oberst d. R. (bis 1899 der Technischen Artillerie und Vorstand des Artillerie-Zeugsdepots in Sarajevo); — verm. Olmütz 20. November 1871 mit:

Marie Franziska, geb. Wurm (Tochter des 18. Dezember 1851 zu Droždein bei Olmütz † Gutsbesitzers Karl W. und der 16. April 1887 zu Brünn † Barbara, geb. Shaniel), geb. Droždein bei Olmütz 22. August 1849. — [Wien, III. Erdbergerlände 12.]

Kinder:

1. Rudolf Wilhelm, geb. Olmütz 25. September 1872, k. u. k. Oberleutnant im Festungsartillerie-Regimente FML. Albert von Sponner Nr. 2. — [Krakau.]

2. Maria Theresia, geb. Olmütz 6. Juli 1875; – verm. Sarajevo 9. Februar 1898 mit:
Viktor Zaczek, geb. Brünn 27. Juli 1865, k. u. k. Major des Generalstabskorps im Departement II des Ministeriums für Landesverteidigung. — [Wien.]

3. Gabriele Franziska, geb. Olmütz 8. Februar 1877; – verm. Wien 30. April 1900 mit:
Alfred Weiß, geb. Kassa (Kaschau) 19. April 1861, k. u. k. Hauptmann 1. Kl. im Infanterie-Regimente Oberst Erzherzog Josef Ferdinand Nr. 45. – [Przemyśl.]

---

von Ratzka.

Römisch-katholisch. – Österreich (Böhmen).

Verleihung:

1903 Juli 11, Wien (Diplom): Kaiser Franz Joseph I. verleiht dem k. u. k. Obersten d. R. Johann Ratzka den Österreichischen Adel mit „Edler von" und einem Wappen. – (AA., HKA.; – Orig. Fam.)

Wappen:

1903 Juli 11: Geviert, 1 in Gold ein schräges dreiblättriges grünes Kleeblatt, 2 in Schwarz zwei schräg gekreuzte blanke Schwerter mit goldenen Griffen, 3 in Grün ein abgeledigter goldener Kopf und Hals eines Rehbockes, 4 in Gold eine wachsende natürliche Fichte. Auf dem gekrönten Turnierhelme mit grün-goldenen Decken ein wachsender geharnischter schnurrbärtiger Mann, dessen offener Helm mit drei Straußenfedern, einer goldenen zwischen zwei grünen, besteckt ist, in der Rechten ein blankes Schwert an goldenem Griffe schwingend und die Linke in die Hüfte stemmend.

Johann Edler von Ratzka (Adelserwerber – Sohn des 22. August 1876 zu Dux † Revierförsters zu Pokeslav in Böhmen Vitus Ratzka und der 17. Oktober 1884 zu Eichwald in Böhmen † Anna, geb. Gerstner), geb. Pokeslav 1. Juli 1839, MVK., k. u. k. Oberst d. R. (bis 1900 im Infanterie-Regimente FZM. Ludwig Fabini Nr. 102); – verm. Prag 3. Juli 1877 mit:

Rosa Marie Luise, geb. Freiin Burkhardt von der Klee (Tochter des 24. Juni 1859 bei Solferino gefallenen k. k. Hauptmannes im Feldjäger-Bataillon Nr. 24 [seit 1883 1. Bataillon des Infanterie-Regimentes Nr. 91] Anton Josef Stephan Freiherrn B. v. d. K., dem nach dem Tode das MVK. [KD.] zuerkannt wurde, und der 28. Jänner 1901 zu Smichov † Luise, geb. Müller), geb. Eger 3. August 1853. – [Leitmeritz, Neuthorgasse 20.]

Tochter:

Aloisia Marie Anna Karoline, geb. Smichow 27. April 1878.

27*

von Rauschenfels.

s. Rauscher von Stainberg und Rauschenfels.

Rauscher von Stainberg, Rauscher von Stainberg und Rauschenfels

und † Rauscher von Stainberg.

Römisch-katholisch. — Österreich (Kärnten, Steiermark, Krain) und Italien.

Verleihungen:

1645 September 18, Linz: Kaiser Ferdinand III. erhebt den Radmeister in der Lölling Paul Rauscher in den Rittermäßigen Reichs- und erbländischen Adelstand mit dem Prädikate „von Stainberg" und einem Wappen. — (AA., HKA. – A. Stamm des Paul, erloschen.)

1711 Jänner 17, Wien: Kaiser Josef I. erteilt den Brüdern Franz Ferdinand, Bergrichter zu Hüttenberg und Wolf Andrä Rauscher von Stainberg, deren „Ehn" Paul Rauscher*) von Kaiser Ferdinand III. bereits 18. September 1645 den Rittermäßigen Adel und ein Wappen erhalten hatte, eine Adelsbestätigung unter Verleihung des weiteren Prädikates „von Rauschenfels" und Vermehrung ihres hergebrachten Wappens. — (AA., HKA.; — Orig. Fam. – B. Stamm des Bartlmä [I], II. Jüngere Linie.)

1884 Juni 24, Wien (Diplom): Kaiser Franz Joseph I. verleiht dem Friedrich Rauscher und den Söhnen seines verstorbenen Bruders Eduard namens Ernst und Eduard Rauscher den Österreichischen Adelstand mit dem einen Bruder ihres Vorfahren Bartlmä Rauscher, dem Paul Rauscher 1645 verliehenen Wappen und Prädikate „von Stainberg". — (AA., HKA.; – Orig. Fam. – B. Stamm des Bartlmä [I]. I. Ältere Linie.)

Wappen:

I. 1645 September 18 († Rauscher von Stainberg): Gespalten, vorne in Gold ein schwarzer Adler, hinten in Silber drei rote Schrägbalken. Auf dem gekrönten Turnierhelme mit

---

*) Tatsächlich waren die begnadeten Brüder jedoch keine Enkel des 1645 nobilitierten Paul Rauscher sondern dessen Großneffen, Enkel seines Bruders Bartlmä (I.) Rauscher († 1666), Radmeisters in der Mosinz auf dem Plakowitzgute und Söhne des jüngeren Bartlmä (II.), der als Radmeister auf der Berwitz- und Montaghube ebenfalls in der Mosinz saß.

rechts blau-gelben und links rot-weißen Decken zwischen einem offenen rechts gelben mit drei blauen Schräglinks- und rechts weißen mit drei roten Schrägbalken bezeichneten Fluge ein weißer Steinbock.

II. 1711 Jänner 17 (Rauscher von Stainberg und Rauschenfels): Geviert, 1 wie 1645 vorne, 2 in Silber zwei rote Schrägbalken (verändert Rauscher von Stainberg), 3 in Rot ein Bergmann in weißem Rocke und Strümpfen, schwarzen Hosen, Gürtel, Bergleder und Schuhen und grüner Haube, in der Rechten einen silbernen Berghammer haltend und die Linke in die Seite stemmend, 4 in Gold ein natürlicher Felsen, von dessen Gipfel ein schräglinker ebensolcher Bach „rauscht". Auf dem gekrönten Turnierhelme mit rechts schwarz-goldenen und links rot-silbernen Decken zwischen einem offenen, rechts von Rot über Silber und links von Schwarz über Gold geteilten Fluge ein wachsender schwarzer Steinbock mit silbernem Gehörn.

III. 1884 Juni 24 (Rauscher von Stainberg): Wie 1645 nur anstatt Gelb und Weiß die entsprechenden Metalle.

Ältere Genealogie und Geschichte einem späteren Jahrgange vorbehalten.

B. Stamm des Bartlmä (I.)

Stifter: Bartlmä (I.) Rauscher, † 1666, Besitzer des Plakowitzhofes und Radmeister in der Mosinz.

I. Ältere Linie.

Stifter: Matthäus Rauscher, † 3. Februar 1684, Besitzer des Plakowitzhofes und Radmeister in der Mosinz.

1. Älterer Ast. (Rauscher von Stainberg.)

† Friedrich Gottlieb Josef Rauscher von Stainberg (3. Adelserwerber gemeinsam mit seinen Neffen Ernst und Eduard — 2. Kind des 10. Juni 1829 zu St. Veit a. d. Glan † k. k. Bergrates, Radmeisters in der Heft und Mosinz, Besitzers eines „Drittels an der Bergwerkskompagnie Rauscher" und des Hofes am Großen Bresen [Gutes „Hohenpressen"] Ernst Paul Rauscher und der 19. Februar 1843 zu Klagenfurt † Therese, geb. von Scheuchenstuel), geb. St. Veit a. d. Glan 12. Februar 1804, † Klagenfurt 22. Jänner 1892; — verm. Kappel im Rosenthale 15. April 1833 mit:

† Anna, geb. von Fladung (Tochter des .... 1849 zu Kirschentheuer † Hammergewerken daselbst Thomas von F. und der .... 1846 ebendort † Maria Anna, geb. von Scheuchenstuel), geb. Kirschentheuer 11. Juli 1813, † Klagenfurt 9. November 1868.

Kinder:

1. Therese, geb. Ebenau 7. Februar 1834 – [Klagenfurt]; – verm. Eisenkappel 27. Juni 1851 mit:
† Johann Michael Rothauer, geb. Klagenfurt 29. Dezember 1825, † daselbst 26. Jänner 1893, Großhändler zu Klagenfurt.
† 2. Paul, geb. Ebenau 4. März 1841, † Villach 12. November 1888, k. k. Oberförster und Forstverwalter zu Villach; – verm. Schloß Cronberg bei Görz 24. Mai 1868 mit:
Johanna, geb. Musina (Tochter des .... 18.. zu .... † .... M. und der .... 18.. zu .... † ...., geb. ....), geb. Görz 24. Juni 1844. – [Triest.]

Kinder:

1) Anna, geb. Trnowa bei Görz 8. März 1869; – verm. Weißenfels 30. September 1895 mit:
Theodor Bellschan von Mildenburg, geb. .... 18.., Ingenieur der k. k. Staatsbahnen. – [....]
2) Paula, geb. Trnowa 1. April 1870. – [....]
3) Therese, geb. Loqua bei Görz 27. Oktober 1871. – [....]
† 4) Konrad Rauscher, geb. Loqua 25. Dezember 1873 und † daselbst 4. März 1877.
5) Hubert, geb. Loqua 1. August 1876, k. k. Steueramts .... – [....]
6) Friederike, geb. Idria 3. Dezember 1877; – verm. Görz 18. April 1901 mit:
Salvator Besso, geb. Zürich 28. November 1876, Dr. jur., ... – [....]
7) August, geb. Görz 3. August 1883, k. u. k. Leutnant im Infanterie-Regimente FZM. Hugo Ritter von Milde Nr. 17 – [Laibach.]

2. Jüngerer Ast.
(Teilweise Rauscher von Stainberg.)

† Eduard Rauscher (3. Kind des 10. Juni 1829 zu St. Veit a. d. Glan † Ernst Paul R. [wie oben] und der 19. Februar 1843 zu Klagenfurt † Therese, geb. von Scheuchenstuel), geb. St. Veit a. d. Glan 12. April 1805, † Wien 31. Oktober 1836 (begraben St. Johann am Bresen), Radmeister in der Heft und Mosinz, Besitzer eines „Drittels der Bergwerkskompagnie Rauscher“ und des Hofes am Großen Bresen (Gutes „Hohenpressen“); – verm. Heil. Kreuz bei Villach 7. November 1831 mit:
† Auguste, geb. Ebner (Tochter des 3. März 1855 zu Villach † Kreiswundarztes daselbst Josef E. und der 4. Februar 1867 zu Klagenfurt † Anna, geb. Preschern), geb. Hermagor 15. Mai 1811, † Klagenfurt 8. Jänner 1894.

Kinder:

1. Auguste Rauscher, geb. Klagenfurt (Dompf.) 12. Juli 1833, Mitbesitzerin des Gutes „Hohenpressen“, – [Klagenfurt und Hohenpressen bei Hüttenberg]; – verm. St. Johann am Bresen 3. August 1853 mit:

† August Johann Friedrich von Scheidlin, geb. Wien 24. März 1821, † Klagenfurt 9. August 1900, k. u. k. Major d. R. (bis 1859 im Geniestabe und Geniedirektor zu Esseg.)

2. Ernst Rauscher von Stainberg (3. Adelserwerber gemeinsam mit seinem Oheim Friedrich und Bruder Eduard), geb. Klagenfurt 3. September 1834 (bis 1869 Mitbesitzer eines „Drittels der Bergwerkskompagnie Rauscher"), Dichter, — [Klagenfurt, St. Veiter Ring 47]; — verm. I. .... 9. November 1859 mit:

† Emilie, geb. Lauenstein (Tochter des .... 18.. zu .... † .... L. und der .... 18.. zu .... † ...., geb. ....), geb. .... 18.., † Klagenfurt 3. Juli 1870; — II. Klagenfurt 10. August 1871 mit:

Emma, geb. von Burger (Tochter des 4. September 1879 zu Klagenfurt † k. k. Statthaltereirates und emer. Gymnasialdirektors, Präsidenten der Landwirtschaftsgesellschaft für Kärnten, Beisitzer des Landesausschusses und Landtagsabgeordneten, EKO.-R.III., Dr. med. Johann Ritters v. B. und dessen II. Gemahlin, der 24. April 1894 ebendort † Besitzerin der Feintuchfabrik „Walk" [Firma Wwe. Burger-Moro] Pauline, geb. von Moro), geb. Klagenfurt 15. November 1844. — [Klagenfurt, St. Veiter Ring 47.]

Kinder: a) I. Ehe:

1) Helene Rauscher von Stainberg geb. Klagenfurt 31. Oktober 1861, — [Graz, Annenstraße 53]; — verm. Klagenfurt 4. November 1882 mit:

† Theodor Liebler von Aßelt, geb. .... 1846, † Graz 7. Dezember 1905, k. u. k. Rittmeister 1. Kl. d. R. (bis 18.. im Ulanen-Regimente Franz II. König beider Sizilien Nr. 12).

2) Egon Rauscher von Stainberg, geb. Klagenfurt 9. Juni 1863, k. k. Bezirksrichter zu Obervellach und Leutnant i. d. Evidenz des Landwehr-Infanterie-Regimentes Troppau Nr. 15; — verm. Innsbruck 5. Mai 1900 mit:

Luise Marie Therese, geb. von Koepf (Tochter des 16. Jänner 1906 zu Innsbruck † k. k. Hofrates und Kreisgerichts-Präsidenten i. R., LO.-R. Karl Leopold Rudolf Ritters v. K. und dessen II. Gemahlin Marie Klothilde Viktoria, geb. Huter), geb. Innsbruck 26. November 1872. — [Obervellach.]

Kind:

Margarethe Marie Emilie, geb. Leibnitz 9. Jänner 1903.

3) Robert Rauscher von Stainberg, geb. Klagenfurt 5. Juli 1865, k. k. Bezirksgerichtsadjunkt i. R.; — verm. .... 190. mit:

Olga, geb. .... (Tochter des .... und der ...., geb. ....), geb. .... 18... — [Graz.]

Kinder:

(1) ....
(2) ....

b) II. Ehe:

4) Walter Rauscher von Stainberg, geb. Klagenfurt 2. Juni 1872, k. k. Bezirkskommissär. — [Klagenfurt.]

5) Paula Eduarda Berta Rauscher von Stainberg, geb. Waldhof bei Klagenfurt 15. April 1874; — verm. Klagenfurt 2. Dezember 1893 mit:
Franz Josef Ritter Siller von Gambolo, geb. Wien 28. Dezember 1866, k. k. Bezirksoberkommissär und Leutnant i. d. Evidenz des Landwehr-Infanterie-Regimentes Klagenfurt Nr. 4. — [Klagenfurt.]

† 3. Richard Rauscher, geb. Klagenfurt 2. Februar 1836, † daselbst 16. September 1847.

4. Eduard Rauscher von Stainberg (3. Adelserwerber gemeinsam mit seinem Oheim Friedrich und Bruder Ernst), geb. Klagenfurt 23. Juni 1837, Verwaltungsrat der Österr.-alpinen Montangesellschaft (bis 1869 Radmeister in der Heft und Mosinz und Mitbesitzer eines „Drittels der Bergwerkskompagnie Rauscher", dann Verwaltungsrat der Hüttenberger Eisenwerks-Gesellschaft); — verm. Klagenfurt 18. Juni 1862 mit:

Katharina, geb. von Gyra (Tochter des .... 18.. zu Atzgersdorf † Adam Ritters v. G. und der .... 18.. zu .... † Karoline, geb. Riegler), geb. Tolna 11. September 1840. — [Krumpendorf.]

Kinder:

1) Irene Rauscher von Stainberg, geb. Klagenfurt 22. Mai 1863, — [Wien, VI. Gumpendorferstraße 96]; — verm. Klagenfurt 4. Dezember 1882 mit:
Hugo Freiherrn Fröhlich von Sallonze, geb. .... 12. August 1857, k. u. k. Rittmeister 1. Kl. des Armeestandes beim Platzkommando in Przemyśl. — [Przemyśl.]

2) Rudolf Rauscher von Stainberg, geb. Klagenfurt 2. August 1865 (bis 1903 k. u. k. Oberleutnant im Husaren-Regimente Wilhelm II., Deutscher Kaiser und König von Preußen Nr. 7.) — [....]

II. Jüngere Linie:

Stifter: Bartlmä (II.) Rauscher, † 1696, Besitzer der Berwitz- und Montaghube und Radmeister in der Mosinz.

(Früher 2. Ast.)

(Rauscher von Stainberg und Rauschenfels.)

Stifter: Wolfgang Andrä Rauscher von Stainberg und Rauschenfels, geb. Hüttenberg 22. November 1667, † daselbst 8. Oktober 1749.

a. Erster Zweig.

Stifter: Peter Philipp Rauscher von Stainberg und Rauschenfels, geb. Hüttenberg 20. April 1694, † Scheifling 1. Februar 1762, fürstl. Schwarzenbergscher Jäger zu Schrattenberg.

† Josef Rauscher von Stainberg und Rauschenfels (Sohn des 13. Mai 1776 zu Hüttenberg geb. und .... 18.. zu Forchtenau [Fraknó, Komitat Sopron] † Chirurgen Ignaz Anton R. v. St. u. R. und der .... 18.. ebendort † ...., geb. ....), geb. Forchtenau (Fraknó) .... 18.., † daselbst .... 1845, Chirurg zu Forchtenau; – verm. .... 18.. mit:

† Magdalena, geb. Pogner (Tochter des .... 18.. zu .... † .... P. und der .... 18.. zu .... † ...., geb. ....), geb. .... 18.., † .... 18...

Kinder (von 12 leben noch folgende 2):

1. (Rudolf) Anton, geb. Forchtenau .... 18.., Subprior des .... Klosters zu Forchtenau. – [Forchtenau.]

2. Anton, geb. Forchtenau 10. Juni 1837, EKO.-R.III. (KD.), (bis 1869 Leutnant und Bataillonsadjutant im Infanterie-Regimente FML. Franz Freiherr von John Nr. 76), Weingroßhändler; – verm. .... 18.. mit:

   Barbara, geb. Hild (Tochter des .... 18.. zu .... † .... H. und der .... 18.. zu .... † ...., geb. ....), geb. .... 18... – [Wr.-Neustadt, Pöckgasse 4.]

   Kinder (von 5 leben noch folgende 2):

   1) Anton, geb. Wr.-Neustadt 19. April 1871, Weingroßhändler; – verm. .... 190. mit:

      Josefine, geb. Suesberger (Tochter des .... 18.. zu .... † .... S. und der .... 18.. zu .... † ...., geb. ....), geb. .... 18... – [Wr.-Neustadt.]

      Kinder:

      (1) Anton, geb. Wr.-Neustadt 9. November 1903.
      (2) Gertha, geb. Wr.-Neustadt 12. März 1906.

   2) Emmy, geb. Wr.-Neustadt 24. März 1872; – verm. .... 18.. mit:

      .... Lackinger, geb. .... 18.., ... – [....]

Vollständigere Daten über diesen Zweig einem späteren Jahrgange vorbehalten.)

b. Zweiter Zweig.

Stifter: Andrä Nikolaus Rauscher v. Stainberg und Rauschenfels, geb. Hüttenberg 7. Oktober 1717, † Innichen 4. September 1804.

† Kandidus Johann Rauscher von Stainberg und Rauschenfels (3. Kind des 4. September 1804 zu Innichen † Apothekers daselbst und Besitzers des adeligen Ansitzes Thurn Andrä Nikolaus R. v. St. u. R. und der 18. Februar 1811 ebendort

† Maria Elisabeth, geb. Peintner von Peintnern zu Sternfeld), geb. Innichen .... 1760, † Lienz 27. Dezember 1838, seit 1802 Besitzer des adeligen Ansitzes Thurn, Dr. med., Stadt- und Landgerichtsphysikus zu Lienz; — verm. I. Lienz .. Oktober 1792 mit:

† Ottilie, geb. Dienzl von Angerburg (Tochter des .... 17.. zu Lienz † Franz Andrä D. v. A. und der .... 17.. zu .... † ...., geb. ....), geb. Lienz .... 17.., † daselbst .... 18..; — II. Lienz .... 182. mit:

† Kreszenz, geb. Mayr (Tochter des .... 18.. zu Lienz † .... M. und der .... 18.. zu .... † ...., geb. ....), geb. Lienz .... 17 .. † .... 18...

Kinder: a) I. Ehe:

† 1. Anna, geb. Lienz .... 179., † daselbst .... 1855; — verm. Lienz .... 18.. mit:

† Josef Oberkircher, geb. .... 17.., † Lienz .... 1855, Bürger und Brauhausbesitzer zu Lienz, Besitzer (und Wiederhersteller des verfallenen) Schlosses Bruck.

b) II. Ehe:

† 2. Anton Andreas Silvester, geb. Lienz 31. Dezember 1823, † Villach 29. April 1877, behördl. autor. Zivilingenieur, Schriftsteller; — verm. Laibach (St. Jakob) 20. Juli 1852 mit:

† Maria, geb. Klementschitsch (Tochter des .... 1850 zu Laibach † Johann K. und der .... 1859 ebendort † Agnes, geb. Pauschegg), geb. Laibach 1. Februar 1827, † Klagenfurt 18. März 1906.

Kinder:

† 1) Maria Agnes Luzia, geb. Laibach (Maria Verk.) 3. Jänner 1853, † daselbst (St. Jakob) 3. August 1859.

† 2) Oskar, geb. Tarvis 11. Februar 1854, † daselbst 31. Jänner 1856.

3) Johann Justus, geb. Tarvis 11. Mai 1855, Hauptkassier der Ersten Kärntner Sparkassa in Klagenfurt; — verm. Teplitz 20. November 1889 mit:

Marie Therese, geb. Umlauft (Tochter des 29. Jänner 1865 zu Teplitz † Hausbesitzers Josef U. und der 16. Juli 1889 ebendort † Marie, geb. Mathes), geb. Teplitz 24. Dezember 1862. — [Klagenfurt, Gasometergasse 14.]

Kinder:

(1) Hilda Henriette, geb. Klagenfurt 9. Oktober 1890.
(2) Erich Otto, geb. Klagenfurt 27. März 1893.

4) Emma Therese, geb. Tarvis 4. Juni 1856, Stiftsdame des Adeligen Fräuleinstiftes in Kärnten. — [Villach.]

† 5) Pauline, geb. Tarvis 16. April und † daselbst 28. September 1859.

6) Marie, geb. Tarvis 12. August 1860, — [Graz, Jakominigürtel 4]; — verm. .... 18.. mit:

Karl Minne, geb. .... 18.., Mechaniker. — [Villach.]

7) Anton Silvester, geb. Villach 29. Dezember 1861, Magistratsbeamter. — [Klagenfurt.]

† 8) Anna, geb. Villach 12. Juli und † daselbst 13. September 1863.

9) Otto Ludwig, geb. Villach 3. September 1865, Buchhaltungsoffizial der Ersten Kärntner Sparkassa. — [Klagenfurt, Kumpfstraße 10.]

† 3. Kandidus, geb. Lienz 25. Juni 1825, † .... 1901, Handlungsbuchhalter in Graz; — verm. .... 18.. mit:

† ...., geb. Höferer (Tochter des .... 18.. zu .... † .... H. und der .... 18.. zu .... † ...., geb. ....), geb. .... 1831, † Graz 22. Jänner 1881.

Tochter:

Paula, geb. .... 18... — [....]

† 4. Maria, geb. Lienz .... 1826, † .... 18..

5. Andreas, geb. Lienz .... 1827 (bis 18.. k. k. Leutnant im Tiroler Kaiserjäger-Regimente), Redakteur mehrerer Imker-Zeitungen, — [Noceto bei Parma]; — verm. .... 18.. als deren II. Gemahl mit:

† ...., geb. .... (Tochter des .... 18.. zu .... † .... und der .... 18.. zu .... † ...., geb. ....), geb. .... 18.., † .... 18..; — (in I. Ehe verm. .... 18.. mit; — † .... Conte Bondani, geb. .... 18.., † .... 18..).

Tochter:

...., geb. .... 18... — [Noceto bei Parma.]

Zusammenhang nicht bekannt:

Franz Josef Rauscher von Stainberg und Rauschenfels, geb. .... 18.., Kanzleigehilfe beim k. k. Exekutionsgerichte Wien. — [Wien, IX. Säulengasse 25.]

Vgl.: — F. Münichsdorfer, Geschichte des Hüttenberger Erzberges, Klagenfurt 1870, Stammtafel S. 280 und 281; — Wurzbach XXV., S. 48; — Neuer Siebmacher IV, 8 (A. M. Hildebrandt, der Kärntner Adel), S. 94 u. Taf. 23; — L. Beckh-Widmanstetter, Die Rauscher aus dem Hüttenberg, Carinthia LXXIV 1884, S. 114 bis 118.

---

von Rehberger.

Römisch-katholisch. – Österreich.

Verleihung:

1896 Februar 28, Wien (Diplom): Kaiser Franz Joseph I. verleiht dem k. u. k. Obersten und Kommandanten des Infanterie-Regimentes FZM. Franz Freiherr Philippović von Philippsberg Nr. 70 Emanuel Rehberger den Österreichischen Adel mit „Edler von" und einem Wappen. – (AA., HKA.; – Orig. Fam.)

Wappen:

1896 Februar 28: Geteilt, oben in Blau ein wachsender goldener Rehbock, in den Oberwinkeln von je einem goldenen Sterne begleitet, unten in Gold ein roter Fünfberg. Auf dem gekrönten Turnierhelme mit rechts blau-goldenen und links rot-goldenen Decken ein wachsender schwarz geflügelter goldener Greif mit roten Krallen, mit der rechten ein blankes Schwert an goldenem Griffe schwingend.

Emanuel Edler von Rehberger (Adelserwerber – Sohn des 7. November 1854 zu Eger [Erlau] † k. k. Leutnants Franz Xaver R. und der 19. Dezember 1897 zu Peterwardein † Franziska, geb. Groß), geb. Olmütz 16. März 1846, LO.-R., MVK.; k. u. k. Feldmarschall-Leutnant d. R. (bis 1905 Kommandant der 30. Infanterie-Truppendivision in Lemberg). – [Linz, Landstraße 54]; – verm. I. Wien 28. April 1877 mit:

† Elisabeth (Elise) Rudolfine Anna, geb. Jakob von Herminenthal (Tochter des 21. Oktober 1878 zu Wien † k. k. Majors d. R. Rudolf J. v. H. und der 11. Jänner 1893 ebendort † Elisabeth, geb. Detter), geb. Hotemeš in Krain 10. September 1856, † Olmütz 20. April 1881; – II. Wien 8. Mai 1886 mit:

Rosa Theresia, geb. Mully Edlen von Oppenried (Tochter des 11. August 1887 zu Wien † k. k. Generalmajors Josef M. Edlen v. O. und der Kamilla geb. Dierzer von Traunthal), geb. Wien 11. April 1859. [.....]

Kinder: a) I. Ehe:

1. Emanuel Rudolf Johann, geb. Wien 20. März 1878, k. u. k. Oberleutnant und Bataillonsadjutant im Infanterie-Regimente FZM. Gustav Freiherr von König Nr. 92. – [Theresienstadt.]
2. Rudolf Johann, geb. Olmütz 25. Oktober 1879, k. u. k. Oberleutnant im Pionierbataillon Nr. 2. – [Linz.]
3. Franz Xaver Johann, geb. Olmütz 10. April 1881, † Wien 25. Jänner 1885.

b) II. Ehe:

4. Robert Josef, geb. Wien 29. Mai 1887, Akademiker der k. u. k. Theresianischen Militärakademie in Wr.-Neustadt.
5. Rosa Kamilla, geb. Wien 7. Juli 1888.
†6. Hermann, geb. Wien 1. März 1890, † daselbst 30. März 1890.
7. Elisabeth (Elsa) Ambrosia Pauline, geb. Cattaro 13. Jänner 1893.
8. Emma (Emmy) Rosa, geb. Peterwardein 14. Februar 1898.

---

von Reichenbach.

Römisch-katholisch. — Österreich (Mähren, Steiermark, Oberösterreich und Tirol).

Verleihung:

1869 Mai 12, Wien: Kaiser Franz Joseph I. verleiht dem k. k. Statthaltereirate bei der Landesregierung in Kärnten Karl August Reichenbach als Ritter des Ordens der Eisernen Krone III. Klasse den Österreichischen Ritterstand und ein Wappen. — (AA., HKA.; — Orig. Fam.)

Wappen:

1869 Mai 12: In Blau ein jederseits von einem goldenen Adler begleiteter ebensolcher Schrägfluß. Zwei gekrönte Turnierhelme mit blau-goldenen Decken: auf I ein wachsender goldener Löwe, auf II ein goldener Flügel.

---

†Karl August Ritter von Reichenbach (Ritterstandserwerber — Sohn des 27. Februar 1827 zu Richenburg † Oberamtmannes daselbst August Reichenbach und der 20. Oktober 1841 zu Chotieschau † Therese, geb. Seidl), geb. Trautenau 13. März 1813, † Linz 4. April 1889, EKO.-R.III., k. k. Hofrat i. R.; — verm. I. Chotieschau 6. Juni 1843 mit:

†Barbara, geb. Rudolf (Tochter des 19. August 1861 zu Klattau † Oberamtmannes Joachim R. und der 15. April 1852 zu Chotieschau † Christine, geb. Schneider), geb. Lieblitz 11. August 1816, † Steyr 17. April 1855; — verm. II. Steyr 16. Oktober 1855 mit:

†Wilhelmine, geb. Hackl (Tochter des .... 1827 zu Karlstadt † Obereinnehmers Ferdinand H. und der 10. April 1821 ebendort † Franziska, geb. Freisauff von Neudegg), geb. Karlstadt 10. April 1821, † Linz 26. April 1892.

Kinder: a) I. Ehe:

1. Marie, geb. Linz 29. Mai 1844, Stiftsdame des Adeligen Fräuleinstiftes in Kärnten. — [Graz, Schützenhofgasse 27.]

†2. Laura, geb. Linz 4. August 1845, † Wien 6. Mai 1895; — verm. Klagenfurt 24. September 1870 mit:

† Ernst Possanner von Ehrenthal, geb. Laibach 24. September 1832, † Wien 9. August 1901, Dr. jur., Hof- und Gerichtsadvokaten zu Wien.

†3. Rudolf, geb. Linz 24. Mai 1847, † Wien 15. Jänner 1883, Beamter der Wiener Tramwaygesellschaft; — verm. Prag 19. November 1871 mit:

† Marie, geb. Kraft (Tochter des .... 18.. zu Prag † k. k. Militärbeamten Matthäus K. und der .... 1897 ebendort † Barbara, geb. Zeidler), geb. Prag 19. März 1851, † Bodenbach 31. August 1885.

Sohn:

† Johann, geb. Wien 26. Oktober 1878, † Divacca 18. April 1906, Dr. jur., k. k. Statthaltereikonzipist.

4. Karoline, geb. Linz 25. November 1849, — [Celle, Hannover]; — verm. Klagenfurt 30. September 1872 mit:

† Viktor von Harling, geb. Celle 23. Jänner 1834, † Linz 28. Jänner 1877, k. k. Major d. R.

b) II. Ehe:

5. Karl, geb. Steyr 1. September 1856, k. k. Direktor des I. Deutschen Obergymnasiums in Brünn; — verm. I. Olmütz 16. Juli 1881 mit:

† Hedwig, geb. Mehoffer (Tochter des k. k. Landesgerichtsrates i. R. Ludwig M. und der Wilhelmine, geb. Hejtmanek), geb. Gaya, Mähren, 18. März 1861, † Znaim 5. Mai 1889; — verm. II. Wien 6. August 1891 mit:

Emilie, geb. Meinl (Tochter des 3. April 1891 zu Znaim † Stationschefs Johann M. und der Josefine, geb. Dostal), geb. Butschowitz 27. Juli 1859. — [Brünn.]

Kinder: a) I. Ehe:

1) Wilhelmine, geb. Znaim 5. Mai 1882; — verm. Iglau 8. Oktober 1903 mit:

Oskar Mehoffer, geb. Brünn 22. April 1871, k. u. k. Oberleutnant im Infanterie-Regimente FZM. Johann Freiherr von Waldstätten Nr. 81. — [Iglau.]

2) Hildegarde, geb. Znaim 10. März 1888.

b) II. Ehe:

3) Emilie, geb. Znaim 28. Oktober 1894.

6. Wilhelm, geb. Steyr 5. November 1857, k. k. Steuereinnehmer i. R.; — verm. Innsbruck 15. November 1890 mit:

Anna, geb. Micheluzzi (Tochter des 19. Juli 1876 zu Mezzomonte † k. k. Oberförsters Matthias M. und der 7. Juni

1898 zu Innsbruck † Adriane, geb. von Justenbach), geb. Landeck 8. Juni 1848. – [Innsbruck.]

7. Franziska, geb. Steyr 14. Mai 1860. – [Linz.]

Vgl.: – Brünner Adel. Taschenb. II 1877, III 1878, VIII 1883, XI 1886 u. XVI 1891.

---

von Reinhardt.

Evangelisch A. B. – Österreich (Niederösterreich).

Verleihung:

1889 März 10 (Allerhöchste Entschließung) und April 20, Wien (Diplom): Kaiser Franz Joseph I. verleiht dem Direktor der priv. österr.-ungar. Staatseisenbahn-Gesellschaft Ludwig Paul Reinhardt als Ritter des Ordens der Eisernen Krone III. Klasse den Österreichischen Ritterstand und ein Wappen. – (AA., HKA.; – Orig. Fam.)

Wappen:

1889 April 20: In Rot ein von Silber und Blau zu acht Plätzen der Länge nach gewellter Wellenpfahl. Zwei gekrönte Turnierhelme: Auf I mit blau-silbernen Decken ein von Blau und Silber pfahlweise gewellter geschlossener Flug; auf II mit rot-silbernen Decken drei Straußenfedern, eine silberne zwischen zwei roten.

---

† Ludwig Paul Ritter von Reinhardt (Ritterstandserwerber – Sohn des .... 18.. zu Straßburg i. E. † Heinrich Wilhelm Reinhardt und der .... 18.. ebendort † Karoline Magdalena, geb. Zeller), geb. Straßburg i. E. 25. September 1832, † Wien 16. Mai 1889, EKO.-R.III., Direktor der priv. österr.-ungar. Staatseisenbahn-Gesellschaft; – verm. Straßburg i. E. 27. Juni 1867 mit:

Jenny Ida, geb. Grimmer (Tochter des .... 18.. zu Straßburg i. E. † Notars Wilhelm G. und der .... 18.. ebendort † Karoline, geb. Hat), geb. Straßburg i. E. 31. März 1837. – [Wien, III. Seidlgasse 14.]

Kinder:

1. Kamilla Julie, geb. Straßburg i. E. 1. Mai 1868; – verm. Wien 3. September 1887 mit:

   Franz Stibral, geb. Wien 12. November 1855, Dr. jur., FJO.-Gr.K., EKO.-R.II., GVK.m.K., k. u. k. Geheimer Rat und k. k. Sektionschef i. R. (bis 1907 im Handelsministerium). – [Wien, III. Seidlgasse 14.]

2. Heinrich Paul, geb. Straßburg i. E. 2. August 1870, k. k. Ministerial-Vizesekretär im Eisenbahnministerium; — verm. Wien 10. August 1901 mit:

Helene Josefine Gabriele, geb. Edlen von Ruber (Tochter des k. u. k. Geheimen Rates, k. k. Ministers a. D. und zweiten Präsidenten des Obersten Gerichts- und Kassationshofes, EKO.-R.I., FJO.-Kmt.m.St., Dr. jur. Ignaz Edlen v. R. und der Maria, geb. Leidenfrost), geb. Brünn 29. November 1881. — [Wien, III. Lagergasse 2.]

Kinder:

1) Margit Jenny Marie, geb. Wien 8. Mai 1902.

2) Agathe Marie Franziska, geb. Wien 19. Februar 1905.

Vgl.: — Brünner Adel. Taschenb. XVI 1891.

---

von Renner.

Römisch-katholisch. — Österreich (Niederösterreich und Oberösterreich) und Ungarn (Siebenbürgen).

Verleihung:

1612 Jänner 9, Prag: Kaiser Rudolf II. erhebt den fürsterzbischöfl. Salzburgschen Kommissär und beider Rechte Doktor Veit Renner in den Reichsadelstand und bessert sein Wappen. — (AA, R.A.; — St.A., RTB. 1612, fol. 1'; — Orig. Fam.)

Wappen:

1612 Jänner 9: In Gold auf grünem Hügel ein natürlicher Sperber. Auf dem gekrönten Turnierhelme mit blau-gelben Decken der Sperber wie im Schilde.

Geschichte und ältere Genealogie einem späteren Jahrgange vorbehalten.

I. Ältere Linie.

(Im Mannsstamme erloschen.)

† Karl von Renner (älterer Sohn des 12. Jänner 1827 zu Weyer † jubil. hauptgewerkschaftl. Hauptkastners daselbst Karl Josef Augustin v. R. und der .... 1802 zu Preßburg [Pozsony]

† Elisabeth, geb. Kammerhuber), geb. Weyer 31. Juli 1788, † Preßburg (Pozsony) 7. Dezember 1874, k. k. Bergbuchhalter i. P.; — verm. .... 1827 mit:

† Maria Barbara, geb. Langer (Tochter des .... 18.. zu .... † Weißgärbermeisters Johann L. und der .... 18.. zu .... † Josefa, geb. Weiß), geb. Freudenthal .... 1..., † Preßburg (Pozsony) 16. April 1869.

Kinder:

1. Karoline, geb. Wien 4. September 1828. — [Urfahr.]

†2. Karl, geb. Wien 29. September 1829, † daselbst 18. Februar 1900, EKO.-R.III., k. u. k. Generalauditor d. R. (bis 1895 Abteilungsvorstand beim Obersten Militärgerichtshofe in Wien).

†3. Ludwig, geb. Joachimsthal 23. September 1843, † Karlsburg (Gyulafehérvár) 12. Jänner 1872, kgl. ungar. Münzamtskontrollor; — verm. Karlsburg (Gyulafehérvár) .... 1867 mit:

Gisela, geb. Kosza de Reznék (Tochter des .... 18.. zu .... † .... K. de R. und der .... 18.. zu .... † ...., geb. ....), geb. .... 18... — [Nagyenyed.]

Söhne:

† 1) Karl, geb. .... 1868, † .... 1870.

† 2) Géza Ludwig, geb. .... 1871, † .... 1873.

II. Jüngere Linie.

† Josef Engelbert Gideon von Renner (jüngerer Sohn des 12. Jänner 1827 zu Weyer † jubil. hauptgewerkschaftl. Hauptkastners daselbst Karl Josef Augustin v. R. und der .... 1802 zu Preßburg [Pozsony] † Elisabeth, geb. Kammerhuber), geb. Weyer 5. Jänner 1790, † Preßburg (Pozsony) 14. Jänner 1868, fürstl. Pálffyscher Ökonomiebeamter; — verm. Marchegg 9. Jänner 1842 mit:

† Johanna, geb. Hacker (Tochter des .... 1855 zu Wien † fürstl. Pálffyschen Ökonomiebeamten Michael H. und der .... 1851 zu Marchegg † Anna, geb. John), geb. Marchegg 18. April 1812, † Wien 24. Juli 1877.

Kinder:

1. Leopoldine, geb. Kuchel (Konyha, Komitat Pozsony) 20. Oktober 1842. — [Wien, III. Geusaugasse 49.]

2. Viktor Josef, geb. Kuchel (Konyha) 18. Dezember 1846, k. k. Gymnasialprofessor i. R. (bis 1905 am k. k. Erzherzog Rainer-Gymnasium im II. Bezirke in Wien). — [Wien, III. Geusaugasse 49]; — verm. München 4. Juni 1881 mit:

† Karoline, geb. Lang (Tochter des 23. Juni 1835 zu Eichenhofen, Oberpfalz, geb. Bankiers und Realitätenbesitzers

Karl L. und der 20. Mai 1894 zu München † Karoline, geb. Lotzbeck), geb. München 24. April 1862, † Wien 9. März 1895.

Kinder:

1) Viktor Karl, geb. Wien 20. Juni 1882, Hörer der Rechte. — [Wien, III. Geusaugasse 49.]
2) Karoline Marie Magdalena, geb. Wien 26. September 1884, Lehrerin. — [Wien, III. Geusaugasse 49.]
3) Alberta Johanna, geb. Wien 25. Jänner 1886.
4) Otto Karl David, geb. Wien 1. Juni 1888.
5) Wolfgang Karl Josef, geb. Wien 12. Jänner 1890.

3. Anna, geb. Bátorkesz 28. April 1852, städt. Volksschullehrerin an der Mädchenvolksschule in Wien, III. Reisnerstraße 43. — [Wien, III. Geusaugasse 49.]

Vgl.: — Brünner Adel. Taschenb. V 1880, VI 1881, XI 1886 und XVI 1891.

---

von Rettich und Rettich von Wildenhorst.

Römisch-katholisch. — Österreich (Niederösterreich).

Verleihungen:

1815 September 25, ...: Kaiser Franz I. erhebt den k. k. Forst- und Oberwaldmeister zu Auhof bei Wien Josef Rettich in den Österreichischen Adelstand mit dem Ehrenworte „Edler von" und einem Wappen. — (AA., HKA.; — Orig. Fam.)

1881 Juli 18, Wien (Plakat des k. k. Ministeriums des Innern): Bewilligung zur Führung des Prädikates „von Wildenhorst" für den Aspiranten im Rechnungsdepartement des k. u. k. Ministeriums des kaiserl. und kgl. Hauses und des Äußern Benno Karl Edlen von Rettich. — (AA., HKA.; — Orig. Fam. — I. Ältere Linie.)

Wappen:

1815 September 25: In Gold eine jederseits von einem aus ihren Seiten hervorbrechenden halben schwarzen Adler begleitete und mit einem von einem natürlichen Felsen aufspringenden goldenen Hirsche belegte blaue Spitze. Auf dem gekrönten Turnierhelme mit rechts schwarz-goldenen und links blau-goldenen Decken der goldene Hirsch wachsend.

I. Ältere Linie:

† Johann Baptist Edler von Rettich (älterer Sohn des 18. Mai 1759 zu Wr.-Neustadt geb. und 13. Jänner 1828 zu Wien † k. k. Forst- und Oberwaldmeisters Josef Edlen von Rettich und der 26. März 1827 ebenda † Anna, geb. Mayer), geb. Kaltenleutgeben 2. Mai 1793, † Wien 16. Februar 1861, k. k. Hof- und Kabinettskurier; — verm. Graz 10. Juni 1816 mit:

† Antonie, geb. Scheidtenberger (Tochter des .... 18.. zu .... † .... Sch. und der .... 18.. zu .... † ...., geb. ....), geb. Triest 16. August 1794, † Wien 3. Jänner 1859.

Kinder:

† 1. Gustav, geb. Wien 24. März 1817, † ebenda 1. Dezember 1886, k. k. Oberlandesgerichtsrat; — verm. Wien 16. Jänner 1847 mit:

† Anna, geb. Freiin von Héems (Tochter des 10. Oktober 1850 zu Wr.-Neustadt † k. k. Kontrollors der Staatsherrschaft Wr.-Neustadt Franz Freiherrn v. H. und der 15. Juli 1860 zu Wien † Polyxena, geb. Weidlich), geb. St. Pölten 16. Juni 1821, † Wien 16. Dezember 1895.

Kinder:

† 1) Hatto, geb. Wien 20. Februar 1848, † ebenda 10. September 1848.

2) Brando, geb. Wien 28. Juli 1851, GVK.m.K., Marianer des h. Deutschen Ritterordens, k. k. Inspektor des Postsparkassenamtes; — verm. Wien 16. September 1877 mit:

Josefine, geb. Wallner (Tochter des 9. Mai 1883 zu Wien † Kassendirektors der Österr.-ungar. Bank Josef W. und der 16. Oktober 1897 ebenda † Marie, geb. Neudeck), geb. Wien 12. August 1855. — [Wien, VII. Siebensterngasse 28.]

Kinder:

† (1) Brando, geb. Wien 6. Juni 1878, † ebenda 13. März 1888.

(2) Margerita (Rita), geb. Wien 30. Mai 1885.

3) Hanno, geb. Wien 25. April 1853, Marianer des h. Deutschen Ritterordens, k. u. k. Rentmeister des Allerhöchsten Privatgutes Rorregg; — verm. Pöggstall 30. Oktober 1880 mit:

Johanna, geb. Kneuckert (Tochter des 14. September 1900 zu Ysper † k. k. Bezirksrichters i. R. Heinrich K. und der Julie, geb. Schütz), geb. .... 25. Jänner 1863. — [Langenlois.]

Kinder:

(1) Priska, geb. Leiben 31. Dezember 1881.

(2) Olga, geb. Pöggstall 23. Juli 1886.

4) Thea, geb. Tulln 15. Dezember 1854. — [Wien, V. Margarethenstraße 80.]

5) Benno Rettich Edler von Wildenhorst, geb. Tulln 3. Juli 1856, GVK.m.K., Marianer des h. Deutschen Ritterordens, k. u. k. Hilfsämterdirektionsadjunkt im Ministerium des kaiserl. und kgl. Hauses und des Äußern; — verm. Wien 8. Juli 1886 mit:

Sárolta, geb. Krippel (Tochter des k. k. Regierungsrates Karl K. und der Elise, geb. Schwarz), geb. Wien 13. Juni 1865, Opernsängerin und Schauspielerin (Sárolta von Rettich-Pirk) am Kaiser-Jubiläums-Stadttheater in Wien. — [Wien, IX. Währingerstraße 76.]

† 6) Fulko, geb. Wien 26. Juli 1860, † ebenda 10. April 1885, k. k. Statthalterei-Konzeptspraktikant.

† 7) Olga, geb. Wien 16. Juni 1862, † ebenda 2. Februar 1869.

8) Hilda, geb. Wien 9. August 1864; — verm. Wien 18. Februar 1899 mit:

Wilhelm Wlaschütz, geb. .... 16. Februar 1861, k. u. k. Obersten des Armeestandes, Vorstand der Schriftenabteilung im Kriegsarchiv. — [Wien, IV. Schelleingasse 46.]

† 9) Lauto, geb. Wien 2. und † ebenda 3. Februar 1866.

†2. Klementine, geb. Wien 15. Mai 1819, † ebenda ... Oktober 1882; — verm. Graz 2. Mai 1852 als dessen II. Gemahlin mit:

† Josef Schosserer, geb. .... 1790, † Wien 4. Oktober 1881, Großindustriellen; — (verm. in I. Ehe .... 18.. mit: — Therese, geb. Scheidtenberger, geb. .... 179., † .... 18..).

†3. Hugo, geb. Mariabrunn 26. September 1820, † Wien 21. Jänner 1872, k. k. Statthaltereisekretär.

†4. Elisabeth, geb. Mariabrunn 16. September 1821, † Wien 8. Juli 1869; — verm. Wien 21. September 1850 mit:

† Franz Zehkorn, geb. .... 17. August 1818, † Bad Steinerhof bei Kapfenberg 31. August 1883, EKO.-R.III., k. k. Regierungsrat i. P., gew. Sekretär weil. Ihrer k. k. Hoheit der Erzherzogin Sophie.

5. Berta, geb. Wien 28. Mai 1827. — [Wien, VII. Hofstallstraße 5.]

II. Jüngere Linie:

† Karl Edler von Rettich (jüngerer Sohn des 1828 zu Wien † k. k. Forst- und Oberwaldmeisters Josef Edlen v. R. und der 26. März 1827 ebenda † Anna, geb. Mayer), geb. Breitenfurt 4. September 1800, † Hütteldorf 19. Jänner 1885, k. k. Forstmeister i. R.; — verm. Hütteldorf 10. Juni 1826 mit:

† Theresia, geb. Krenn (Tochter des .... 18.. zu .... † .... K. und der .... 18.. zu .... † ...., geb. ....), geb. Wien 8. September 1802, † Weidlingau 30. September 1854.

Kinder:

1. Karl, geb. Alland 1. September 1830, Ingenieur, Oberinspektor der k. k. Staatsbahnen i. R., — [Wien, IV. Goldegggasse 33]; — verm. Graz 21. September 1856 mit:

† Antonie, geb. Schosserer (Tochter des 4. Oktober 1881 zu Wien † Großindustriellen Josef Sch. und dessen I. Gemahlin der .... 18.. zu .... † Therese, geb. Scheidtenberger), geb. Graz 19. September 1836, † St. Gilgen 27. Juni 1902.

Kinder:

1) Hugo, geb. Pöchlarn 5. April 1858, Maschineningenieur, k. k. Professor an der Staatsgewerbeschule in Wien, X. Bezirk, Dozent am k. k. Technologischen Gewerbemuseum; — verm. Wien 7. Jänner 1891 mit:

Hedwig, geb. Curant (Tochter des 18. Jänner 1898 zu Wien † Inspektors der k. k. Staatsbahnen i. R., Berthold C. und der Clara, geb. Geiringer,) geb. .... 18... — [Wien, IV. Goldegggasse 33.]

Kinder:

† (1) Hugo, geb. Wien .... 18.., † .... 1....
(2) Otto, geb. .... 18...
(3) Kurt, geb. .... 18...

2) Alfred, geb. Purkersdorf 22. Februar 1861, k. u. k. Major im Ulanen-Regimente GdK. Erzherzog Franz Ferdinand von Österreich-Este Nr. 7; — verm. .... 12. Februar 1893 mit:

Martha, geb. Heyßler (Tochter des .... 18.. zu .... † Advokaten in Linz, Dr. jur., Heinrich H. und der 16. Februar 1902 zu Ajaccio † Helene, geb. Hofmann), geb. .... 18... — [Stockerau.]

† 2. Josef Friedrich, geb. Weidlingau 28. Jänner 1832, † ebendort 17. März 1862, Forstbeamter.

† 3. Friedrich Wilhelm, geb. Weidlingau 13. Juni 1833, † ebendort 7. Februar 1852, k. k. Kadett im Feldjäger-Bataillon Nr. 19.

4. Amalie, geb. Weidlingau 26. Mai 1834; — verm. Mariabrunn 16. Mai 1855 mit:

† Karl Bauer, geb. .... 18.., † Wien .... 18.., k. u. k. Regierungsrat in Sr. k. u. k. Apost. Majestät Oberstjägermeisteramte.

† 5. Theresia Elisabeth, geb. Weidlingau 20. September 1835, † Aussee 2. Mai 1866; — verm. Mariabrunn .... 1856 mit:

Eduard Jop, geb. .... 18.., k. k. Oberförster i. R. — [Mauer bei Wien.]

6. Ernestine Mathilde, geb. Weidlingau 12. Jänner 1838; — verm. Mariabrunn 29. Oktober 1869 mit:

Franz Hantschel, geb. .... 18.., FJO.-R., k. u. k. Forstmeister i. R. — [Laxenburg.]

† 7. Hermann Albrecht, geb. Weidlingau 21. Dezember 1839, † ebendort 13. April 1856.

Vgl.: — Brünner Adel. Taschenb. II 1877, VI 1881, X 1885, XV 1890 u. XVIII 1893.

Reyl-Hanisch von Greiffenthal.

Römisch-katholisch. — Österreich (Böhmen und Mähren).

Verleihung:

1876 März 25 (Allerhöchste Entschließung) und Mai 13, Wien (Plakat des k. k. Ministeriums des Innern): Kaiser Franz Joseph I. gestattet die Übertragung des Ritterstandes und Wappens des pensionierten k. k. Statthaltereisekretärs Karl Ritters Hanisch von Greiffenthal auf dessen Neffen und Wahlsohn Johann Reyl-Hanisch, k. k. Hauptmann im Feldjäger-Bataillon Nr. 5, unter dem Namen „Ritter Reyl-Hanisch von Greiffenthal". — (AA., HKA.; — Orig. Fam.)

Wappen:

1876 März 25: In Gespalten von Blau und Schwarz auf wachsendem grünen Dreiberge gegeneinander gekehrt ein golden gekrönter ebensolcher Löwe und ein goldener Greif; dieser erfaßt den Löwen bluttriefend mit der rechten Vorderpranke und langt mit der linken nach seiner Krone, während der Löwe mit beiden Vorderpranken dem Greifen das blutende rote Herz aus der Brust reißt (sic!). Auf dem gekrönten Turnierhelme mit rechts schwarz-goldenen und links rot-silbernen Decken ein wachsender goldener Löwe, zwischen den Vorderpranken eine goldene Krone vor sich tragend. — Dieses Wappen stimmt im wesentlichen mit jenem überein, das Kaiser Leopold I. ddo. Wien, 4. November 1695 dem Dr. phil. Johann Adam Hanisch mit dem Böhmischen Adelstande und dem Prädikate „von Greiffenthal" verlieh (AA., HKA. u. BSB. 101, fol. 260) und dessen Stechhelm bei der Erhebung des kgl. böhm. Oberstburggrafenamts-Assessors Johann Adam Hanisch von Greiffenthal in den „Alten Ritterstand" des Erbkönigreiches Böhmen und seiner inkorporierten Lande ddo. Wien, 16. Februar 1703 unter dem Namen „von Hanisch und Greiffenthal" durch einen offenen Turnierhelm ersetzt wurde. „Gelb" und „Weiß" der Helmdecken wurden, der gegenwärtigen heraldischen Mode entsprechend, in „Gold" und „Silber" verändert.

I. Leopold Reyl, geb. 1730, † 1794, Bürger, zuletzt Primator (Bürgermeister) des Städtchens Flöhau bei Podersam in Böhmen.

II. Johann Lepold Reyl, herzogl. Savoyen-Carignanscher Wirtschaftsrat; — verm. mit:
Anna Maria, geb. von Metnitz aus Wien.

III. Josef Reyl, geb. Merklin 27. Juni 1787, † Prag 7. Oktober 1849, k. k. Gubernialrat und Kreishauptmann zu Königgrätz; —

verm. 28. September 1824 mit Ludmilla Anna Hedwig, geb. von Hanisch und Greiffenthal (Tochter des 1835 † k. k. Hofrates der Obersten Justizstelle Johann Bernhard v. H. u. G. und der Maria Anna, geb. Krieger), geb. Prag 22. September 1805, † daselbst (Maria Schnee) 30. Mai 1875. Dieser Ehe entsprossen die folgenden vier Söhne:

1. Eduard Reyl, geb. 1828, † 1852, k. k. Leutnant im Infanterie-Regimente FZM. Julius Freiherr von Haynau Nr. 57.

2. Karl Reyl, geb. 1829, gefallen im Gefechte bei Mezö-Kövesd 28. Februar 1849, k. k. Leutnant im Kürassier-Regimente Karl Prinz von Preußen Nr. 8.

3. Johann Nepomuk Tobias Reyl, geb. Königgrätz 29. April 1833, der allein den Stamm fortpflanzte. Dieser wurde als k. k. Hauptmann des Feldjäger-Bataillons Nr. 5 von seinem mütterlichen Oheim Karl Ritter Hanisch von Greiffenthal (geb. Prag 24. Dezember 1806, † daselbst [Maria Schnee] 25. September 1885), pens. k. k. Statthaltereisekretär in Wien, unter Zustimmung der Gemahlin des letztgenannten Magdalena Hanisch von Greiffenthal, geb. Freiin Lazari di Chiaravalle (geb. Prag 12. Juni 1811, † daselbst [Maria Schnee] 2. Jänner 1894), deren Ehe kinderlos geblieben war, mit Vertrag ddo. Wien, 11. und Kremsier, 14. November 1872 vorbehaltlich einer die Adelsübertragung bewilligenden Allerhöchsten Entschließung adoptiert. Dieser Adoptionsvertrag wurde mit Ratschlag des k. k. Landesgerichtes Wien vom 10. Dezember 1872, Z. 73.503, bestätigt, worauf mit Allerhöchster Entschließung vom 25. März 1876 und Plakat des k. k. Ministeriums des Innern ddo. Wien, 13. Mai desselben Jahres die Übertragung des Ritterstandes und Wappens unter dem Namen „Ritter Reyl-Hanisch von Greiffenthal" gestattet wurde. Johanns Nachkommenschaft folgt unten.

4. Josef Zdenko Karl Reyl, geb. 1841, gefallen im Gefechte bei Oberselk 3. Februar 1864, k. k. Leutnant im Feldjäger-Bataillon Nr. 18.

Johann Nepomuk Tobias Ritter Reyl-Hanisch von Greiffenthal (Ritterstandserwerber durch Übertragung — Sohn des 7. Oktober 1849 zu Prag † Josef Reyl und der 30. Mai 1875 ebendort [Maria Schnee] † Ludmilla Anna Hedwig, geb. von Hanisch und Greiffenthal — Adoptivsohn seines 25. September 1885 zu Prag [Maria Schnee] † mütterlichen Oheims Karl Ritter Hanisch von Greiffenthal), geb. Königgrätz 29. April 1833, k. u. k. Oberst d. R. (bis 1887 Kommandant des k. u. k. Infanterie-Regimentes GL. und FM. Erzherzog Karl Nr. 3); — verm. I. Wien 12. Mai 1862 mit:

† Antonie, geb. Zeilner (Tochter des ... September 1861 zu Mondsee † k. k. Landesgerichtsrates in Wien Franz Z. und der .... 1838 zu Wien † Antonie, geb. Auer), geb. Wien 5. November 1833, † Prag 7. November 1864; — II. Kremsier 14. Februar 1870 mit:

Marie Anna Barbara, geb. Lasnansky (Tochter des 2. August 1880 zu Kremsier † Kaufmannes Wolfgang L. und der 27. Februar 1904 zu Wien † Mathilde, geb. Kleinpeter), geb. Kremsier 22. September 1847. — [Kremsier.]

Kinder: a) I. Ehe:

1. Sophie, geb. Königgrätz 12. März 1863; — verm. Linz ... Jänner 1893 mit:
   Egmond Colerus von Geldern, geb. Brünn .... 18.., k. u. k. Oberstleutnant, überkomplett im Pionier-Bataillon Nr. 5, Pionier-Inspizierender in Wien. — [Wien.]
2. Josef Zdenko Karl, geb. Prag 2. November 1864, k. u. k. Major des Geniestabes, Lehrer an der Theresianischen Militär-akademie zu Wr.-Neustadt; — verm. Marbach, Oberösterreich, ... September 1892 mit:
   Pauline, geb. Mikosch (Tochter des Direktors der k. k. priv. Österreichischen Kreditanstalt für Handel und Gewerbe in in Wien Dr. Ignaz M. und der Hermine, geb. Sonnleithner), geb. Wien ... März 1874. — [Wr.-Neustadt.]

   Kinder:

   1) Marie (Mary), geb. Wien 30. März 1894.
   2) Heribert Hans, geb. Wien 28. April 1898.

b) II. Ehe:

3. Marie Anna Karoline, geb. Kremsier 6. November 1875. — [Kremsier.]
4. Mathilde Marie Ludmilla, geb. Kremsier 9. Februar 1877; — verm. Wien 14. Jänner 1899 mit:
   Max Teuchert, geb. .... 13. September 1862, k. k. Oberleutnant der nichtaktiven Landwehr, Gutsbesitner in Groß-Barchow. — [Groß-Barchow bei Neubidžov, Böhmen.]
5. Ludmilla Mathilde Marie, geb. Olmütz 30. Dezember 1881. — [Kremsier.]

Riccabona von Reichenfels.

Römisch-katholisch. — Österreich (Tirol und Vorarlberg).

Verleihungen:

1685 August 17, Trient, „ex arce Boni Consilii“: Franciscus de Albertis, Fürstbischof von Trient, verleiht dem „Joannes Caspar Ricambona e loco Burghi Cavalesiis“ einen Wappenbrief. — (Neuanfertigung ex 1750 Fam. — I. Ältere Linie.)

1758 April 15, Wien: Kaiser Franz I. verleiht dem Oberstwaldmeister, Bergrichter und Hauptzollner zu Fleims im Trientinischen Karl Josef Riccabona und dessen Vetter, dem gew. Landvogte zu Fleims, Franz Anton Riccabona den Rittermäßigen Reichsadel mit dem Prädikate „von Reichenfels“ und Wappenbesserung. – (AA., RA.; – StA., RR. Franz I. tom. XXI, fol. 358. – Orig. Fam.)

1814 Februar 9, München: Aufnahme in die Adelsmatrikel des Königreiches Bayern bei der Adelsklasse für Felix von Riccabona von Reichenfels in Innsbruck, nebst Bruder, Vetter und Base. – (Gritzner. – I. Ältere Linie.)

1840 Februar 28, Innsbruck: Aufnahme des Ernst Riccabona von Reichenfels in die Tiroler Adelsmatrikel. – (Tir. AM. – I. Ältere Linie, 1. Ast.)

1898 November 30 (Allerhöchste Entschließung) und 1899 April 10, Wien (Diplom): Kaiser Franz Joseph I. verleiht dem Dr. jur. Julius Riccabona von Reichenfels den Österreichischen Freiherrnstand mit Wappenbesserung. – (AA., HKA.; – Orig. Fam. – I. Ältere Linie, 1. Ast.)

Wappen:

I. 1685 August 17: In Blau ein goldener Balken, oben ein wachsender, weiß gekleideter Engel, mit der Rechten zwei goldene Kornähren emporhaltend, unten eine natürliche, blühende Weinranke mit zwei Blättern. Auf dem ungekrönten Stechhelme mit rechts rot-silbernen, links schwarz-gelben Decken und farbengewechselter abfliegender Binde der wachsende Engel wie im Schilde.

II. 1758 April 15, Wien: Geviert, 1 und 4 in Blau ein wachsender, halblinks gewendeter, weiß gekleideter und ebenso geflügelter Engel, in der Rechten zwei goldene Kornähren und in der Linken eine „rotblaue“ Weintraube mit einem grünen Blatte emporhaltend, 2 und 3 in Silber ein von drei (2, 1) goldenen Sternen begleiteter, einwärts gewendeter, geharnischter Arm, in der Faust ein blankes Schwert haltend. Auf dem ungekrönten Turnierhelme mit blau-silbernem Wulste und ebensolchen Decken der wachsende Engel wie im Schilde. – (Alter Siebmacher, Suppl. X, Tab. 26; – Tyroff, Bayer. Wappenb. VIII, 13.)

III. 1899 April 10: In Blau von drei (1, 2) goldenen Sternen überhöht ein aus einem goldenen Dreiberge wachsender, silbern geflügelter und weiß gekleideter, blondlockiger Engel, in der Rechten zwei goldene Kornähren und in der Linken an grün beblättertem Stengel eine blaue (!) Weintraube haltend. Freiherrnkrone. Drei gekrönte Turnierhelme: auf I mit blau-goldenen Decken der wachsende Engel wie im Schilde; auf II mit blau-silbernen Decken ein auf dem Ellbogen ruhender, gepanzerter Arm, in der bloßen Hand ein blankes Schwert an goldenem Gefäße haltend; auf III mit blau-silbernen Decken ein geschlossener blauer Flug, dessen vorderen Flügel ein mit drei (2, 1) goldenen Sternen belegter silberner Balken durchzieht.

Geschichte und ältere Genealogie dieses Geschlechtes siehe Brünner Adel. Taschenb. XIX, S. 394 bis 401.

I. Ältere Linie.

Stifter: Johann Kaspar Riccabona, geb. Telve 30. Juni 1631, † 3. Juli 1699.

1. Ast.
(Teilweise im Freiherrnstande.)

Stifter: Kaspar Anton Michael Riccabona von Reichenfels, geb. Cavalese 5. April 1707, † daselbst 4. Juli 1795.

† Johann Ernst Franz Josef Maria Riccabona von Reichenfels (3. Kind des 28. Dezember 1831 zu Innsbruck † Gutsbesitzers, gew. Bürgermeisters und ständischen Vertreters der Stadt Innsbruck Felix Adam Maria R. v. R. aus dessen I. Ehe mit der 20. November 1806 ebendort † Josefa Ernestine Anna, geb. von Tasch), geb. Innsbruck 14. April 1804, † Melans in Absam 10. August 1844, Landmann in Tirol, Gutsbesitzer zu Melans, Magistratsrat und Hauptmann der bürgerlichen Schützendivision zu Innsbruck; — verm. Absam (Pf. Wilten) 26. Mai 1834 mit:

† Angelika, geb. Stanger (Tochter des .... 18.. zu Neumarkt † Verwalters der Herrschaften Enn und Caldif Anton St. und der 29. November 1867 zu Innsbruck † Irene, geb. Candioli), geb. Neumarkt 29. Februar 1816, † Innsbruck 22. März 1897.

Kinder:

1. Julius Felix Freiherr Riccabona von Reichenfels (Freiherrnstandserwerber), geb. Innsbruck 10. April 1835, Herr und Landmann in Tirol, Besitzer des Gutes Melans in Absam und von Alpen im Wattenthal, Dr. jur., FJO.-Kmt., gew. Präsident des Tiroler Landeskulturrates und Mitglied des Tiroler Adelsmatrikel-Kollegiums; — verm. Innsbruck 1. Mai 1860 mit:

   Philomena, geb. Gräfin von Spaur zu Valör und Flavon (Tochter des 5. Oktober 1853 zu Innsbruck † k. k. Kämmerers Karl Thaddäus Grafen v. Sp. z. V. u. F. und der 14. November 1886 ebendort † Karoline, geb. von Schrentewein), geb. Thurnfeld bei Hall i. T. 21. September 1836. — [Innsbruck.]

   Kinder:

   1) Ernestine Freiin Riccabona von Reichenfels, geb. Innsbruck 13. Februar 1861, unter dem Namen „Benedicta" Ordensprofeß im Benediktiner-Nonnenstifte Gurk in Kärnten. — [Gurk.]

† 2) Philipp Julius Maria Riccabona von Reichenfels, geb Absam 18. September und † Hall 10. November 1862.

† 3) Felix Julius Maria Riccabona von Reichenfels (Zwillingsbruder des vorigen), geb. Absam 18. September und † Hall 14. November 1862.

4) Hugo Julius Josef Freiherr Riccabona von Reichenfels, geb. Hall i. T. 11. März 1864, Herr und Landmann in Tirol, k. k. Landesgerichtsrat in Bozen; – verm. Innsbruck 6. Mai 1893 mit:

Rosa, geb. de Ferrari Edlen von Prunnenfeld (Tochter des tirol. landschaftl. Kanzleidirektors Ludwig de F. Edlen v. P. und der Anna, geb. Walter), geb. Innsbruck 29. Jänner 1866. – [Innsbruck.]

5) Alfons Othmar Franz Freiherr Riccabona von Reichenfels, geb. Melans 28. Juli 1866, Priester, Religionsprofessor am fürstbischöfl. Gymnasium Vincentinum zu Brixen. – [Brixen.]

6) Pius Karl Josef Maria Freiherr Riccabona von Reichenfels, geb. Innsbruck 22. April 1870, Herr und Landmann in Tirol, k. k. Bezirkskommissär bei der Bezirkshauptmannschaft in Feldkirch und nichtaktiver Leutnant im Landesschützen-Regimente Bozen Nr. II; – verm. Innsbruck 14. Juni 1899 mit:

Marie, geb. Stefenelli von Prennterhof und Hohenmaur (Tochter des 17. März 1885 zu Trient † k. k. Konsuls i. P. Josef St. v. P. u. H. und der Olga, geb. Attlmayr von Meranegg), geb. Innsbruck 2. September 1873. – [Feldkirch.]

Kinder:

(1) Pia Antonia Josefa Ignazia Philomena Maria, geb. Innsbruck 6. Oktober 1900.
(2) Agnes Olga Stephanie, geb. Riva 26. Dezember 1901.
(3) Philomena Gabriele Luise, geb. Riva 26. April 1903.
(4) Olga, geb. Riva 31. Dezember 1904.

7) Karoline Freiin Riccabona von Reichenfels, geb. Innsbruck 19. September 1875; – verm. Innsbruck 12. Oktober 1904 mit:

Ludwig Psenner, geb. Wien 7. September 1872, k. u. k. Hauptmann 2. Kl. im Infanterie-Regimente FZM. Friedrich Graf von Beck Nr. 47. – [Görz.]

†2. Irene Ernestine Riccabona von Reichenfels, geb. Innsbruck 18. und † 19. Jänner 1836.

†3. Gabriele Angelika Marie Riccabona von Reichenfels, geb. Innsbruck 14. Dezember 1838, † daselbst 27. Jänner 1882; – verm. Absam 25. September 1859 mit:

† Johann Nepomuk von Kripp zu Prunberg und Krippach, geb. Krippach in Absam 18. Mai 1821, † Innsbruck 2. März 1892, Landmann in Tirol, k. k. Professor i. P. (bis 1881 am Obergymnasium zu Innsbruck).

† 4. Ernst Alois Franz Riccabona von Reichenfels, geb. Innsbruck 30. November 1837, † ebendort 14. Februar 1906, Landmann in Tirol, Dr. jur., k. k. Oberlandesgerichtsrat i. R., Besitzer der Villa Amwald zu Igls, — [Innsbruck]; — verm. I. Volders 17. August 1863 mit:

† Henriette, geb. Gräfin von Spaur zu Valör und Flavon (Schwester der oben genannten Philomena), geb. Thurnfeld bei Hall i. T. 9. Juli 1835, † Landeck 21. November 1864; — II. Absam 4. Juni 1867 mit:

Emma, geb. Sulzenbacher (Tochter des 14. April 1869 zu Innsbruck † k. k. Bezirksvorstehers Andreas S. und der 8. Mai 1882 ebendort † Therese, geb. Knittel), geb. Holzgau 28. Mai 1841. — [Innsbruck.]

Kinder II. Ehe:

† 1) Paul, geb. Innsbruck 22. März 1868, † Hall i. T. 7. November 1879.

2) Erich Othmar Maria, geb. Innsbruck 9. April 1869, Dr. med., prakt. Arzt zu Schwaz; — verm. Innsbruck 29. Mai 1899 mit:

Helene, geb. Blaas (Tochter des 22. Dezember 1906 zu Innsbruck † k. k. Oberlandesgerichtsrates, Vorstandsrates der Sparkassa der Stadt Innsbruck, Ehrenbürgers von Innsbruck und Mutters, EKO.-R.III., Dr. jur. Florian B. und der Marie, geb. Graßl), geb. Innsbruck 9. Juli 1873. — [Schwaz.]

Kinder:

(1) Martha Emma Berta Marie, geb. Schwaz 14. Juni 1900.
(2) Eckhard, geb. Schwaz 23. März 1902.
(3) Ernst, geb. Schwaz 22. Dezember 1905.

† 3) Irene, geb. Innsbruck 11. August 1870, † daselbst 16. Juni 1888.

† 4) Karl, geb. Heiligenkreuz bei Hall i. T. 14. April 1872, † Hall i. T. 2. Jänner 1879.

† 5) Leo Nikolaus Maria, geb. Hall i. T. 31. März und † ebendort 4. November 1873.

6) Henriette Gabriele Marie, geb. Hall i. T. 5. Juni 1874; — — verm. Innsbruck 27. Februar 1897 mit:

Heinrich Kaspar Melchior Balthasar von Kripp zu Prunberg und Krippach, geb. Innsbruck 6. Jänner 1865, Landmann in Tirol, k. k. Notar zu Schwaz. — [Schwaz.]

7) Ida Emma Marie, geb. Hall i. T. 29. August 1875. — [Innsbruck.]

8) Emma Kreszenz Marie, geb. Hall i. T. 4. August 1876. — [Innsbruck.]

9) Otto Sebastian Ignaz, geb. Hall i. T. 19. August 1877, Dr. jur., Praktikant im Landesausschußreferate. — [Innsbruck.]

10) Angelika Auguste Marie, geb. Hall i. T. 7. Jänner 1879; — verm. Innsbruck 9. Oktober 1900 mit:

Artur Gasteiger von Rabenstein und Kobach, geb. Innsbruck 11. November 1869, k. k. Postrechnungsoffizial. – [Innsbruck.]

† 11) Berta Karl Maria, geb. Hall i. T. 13. Juli und † daselbst 22. Dezember 1880.

12) Paul, geb. Steinach 25. April 1882, k. u. k. Leutnant der Tiroler und Vorarlberger Gebirgsbatterie-Division. – [Innsbruck.]

†5. Irene Marie Riccabona von Reichenfels, geb. Innsbruck 12. Dezember 1842, † Volders 28. Juni 1857.

6. Othmar Karl Riccabona von Reichenfels, geb. Innsbruck 18. November 1844, Landmann in Tirol, Besitzer des Corethhofes in Volders und des Coburgerlehens in Lans, Dr. jur., k. k. Notar zu Innsbruck und Mitglied der k. k. Grundlasten-Ablösungs- und Regulierungs-Landeskommission für Tirol und Vorarlberg; – verm. Absam 10. Mai 1870 mit:

Marie, geb. Falk (Tochter des 23. Jänner 1868 zu Innsbruck † k. k. Oberlandesgerichtsrates Franz F. und der 24. September 1890 ebendort † Johanna, geb. Floresi von Weinfeld), geb. Innsbruck 20. April 1849. – [Innsbruck.]

Kinder:

1) Marie (Irma), geb. Innsbruck 21. Februar 1871; – verm. Absam 30. September 1891 mit:

Franz Schumacher, geb. .... 18.., Dr. jur., EKO.-R.III., k. k. Ministerialrat im Justizministerium. – [Wien.]

2) Anna Berta, geb. Innsbruck 3. Mai 1872. – [Innsbruck.]

3) Rudolf, geb. Innsbruck 9. Oktober 1873, Landmann in Tirol, Dr. jur., k. k. Gerichtsadjunkt zu Hall i. T.; – verm. Innsbruck 21. September 1899 mit:

Marie Margarete Johanna, geb. Burlo von Ehrwall (Tochter des 28. Oktober 1905 zu Innsbruck † k. k. Oberlandesgerichtsrates Dr. jur. Albert Ritter B. v. E. und der Marie, geb. Baur), geb. Bregenz 14. Jänner 1877. – [Hall i. T.]

Kinder:

(1) Franz Xaver Anton, geb. Kaltern 12. August 1900.
(2) Marie, geb. Kaltern 17. Juli 1901.
(3) Gertrud, geb. Volders 26. Juli 1902.
(4) Elisabeth, geb. Kaltern 6. November 1903.
(5) Klara, geb. Hall i. T. 12. Oktober 1904.

4) Josef Heinrich (Heinz), geb. Innsbruck 18. Februar 1876, Notariatskonzipient; – verm. .... 24. September 1901 mit:

Luise, geb. Stefenelli von Prennterhof und Hohenmauer (Schwester der oben genannten Marie), geb. Port Said 17. Juni 1877. – [Innsbruck.]

Kinder:

(1) Hans, geb. Innsbruck 29. November 1902.
(2) Marko, geb. Innsbruck 2. November 1903.

† 5) Gabriele (Ella), geb. Innsbruck 4. Juni 1882, † daselbst 22. Mai 1895.

6) Franziska (Fanny), geb. Innsbruck 21. März 1884.

7) Leo Anton Maria, geb. Innsbruck 12. August 1891.

2. Ast.

(Im Mannsstamme erloschen.)

Stifter: Josef Alexander Andreas Riccabona von Reichenfels, geb. Cavalese 30. November 1717, † daselbst 9. Dezember 1792.

† Gustav Riccabona von Reichenfels (2. Sohn des 11. Juli 1879 zu Salcano † k. k. Landesgerichtspräsidenten in Görz Bernhard J. R. v. R. und dessen I. Gemahlin, der .... 1836 zu Triest † Franziska, geb. von Leiß zu Laimburg), geb. Triest 23. Dezember 1832, † Salcano 10. Jänner 1881, k. k. Oberleutnant a. D., Gutsbesitzer zu Salcano; – verm. Mureck 24. Februar 1870 mit:

Natalie Veronika Johanna, geb. Dworzak (Tochter des .... 18.. zu .... † k. k. Kreissekretärs Franz D. und der .... 18.. zu .... † Marie, geb. Hoppe), geb. Teschen .... 1846, – [Graz, Tummelplatz 5]; – (verm. in II. Ehe Görz [Mil.-Seels.] 18. November 1885 mit: – † Theodor Strastil von Strassenheim, geb. .... 18.., † Graz .... 18.., k. u. k. Obersten d. R.).

Tochter:

Angiolina, geb. Wien 22. Mai 1878. – [Görz.]

II. Jüngere Linie.

Stifter: Johann Franz Riccabona, geb. Cavalese 21. August 1650, † ebendort 31. März 1714.

1. Ast.

(Im eigenen Stamme erloschen.)

Stifter: Johann Nepomuk Riccabona von Reichenfels, geb. Cavalese 31. Juli 1766, † daselbst 16. März 1834.

† Richard Jakob Riccabona von Reichenfels (2. Kind des 16. März 1834 zu Cavalese † Johann Nepomuk R. v. R. und dessen I. Gemahlin, der 20. April 1813 zu Auer † Maria Katharina Kreszenz, geb. Vintler von Rungglstein zu Platsch), geb. Cavalese 25. Juli 1800, † Trient 30. August 1873; – verm. Salurn 22. November 1842 mit:

† Pauline Franziska Karoline, geb. Wieser von Wiesenhof und Eichberg (Tochter des .... 18.. zu .... † Paul W. v. W. u. Ei. und der .... 18.. zu .... † Aloisia, geb. von Weber), geb. Salurn 25. Dezember 1815, † daselbst 17. April 1878.

Töchter:

1. Marie, geb. Trient 14. Oktober 1845, † .... 1903; – verm. Trient 29. April 1879 mit:

Johann Khol, geb. .... 18.., Gutsbesitzer zu Salurn. – [.....]

†2. Aloisia Marie Karoline, geb. Trient 21. Juni 1848, † daselbst 21. Februar 1878.

2. Ast.

Stifter: Josef Alois Maria Riccabona von Reichenfels, geb. Cavalese 17. März 1768, † daselbst 27. Oktober 1741.

† Karl Anton Josef Riccabona von Reichenfels (9. Kind des 27. Oktober 1741 zu Cavalese † ständischen Vertreters Josef Alois Maria R. v. R. aus dessen II. Ehe mit der 11. April 1818 ebendort † Maria Barbara, geb. Pernwerth von Bärnstein), geb. Cavalese 8. Juli 1806, † Innsbruck 6. Jänner 1871, Bürgermeister von Cavalese, Landtags- und Reichsratsabgeordneter; – verm. Schwaz 5. August 1839 mit:

† Josefine, geb. Gasteiger von Rabenstein und Kobach (Tochter des 16. Juni 1860 zu Innsbruck † Anton Franz G. v. R. u. K. und dessen I. Gemahlin, der 4. September 1824 zu Hötting † Josefa, geb. Muchar von Ried und Rangfeld), geb. Rattenberg 29. März 1818, † Innsbruck 7. April 1899.

Kinder:

†1. Josef Anton, geb. Cavalese 20. August 1840, † Innsbruck 1. August 1877, Korrespondent der Rumänischen Bank in Bukarest.

†2. Maria Notpurga, geb. Cavalese 16. Mai 1842, † daselbst 2. August 1856.

3. Viktor Maria Johann Baptist, geb. Cavalese 10. Dezember 1845, Dr. jur., Direktor der Sparkassa in Trient; – verm. Trient 22. November 1875 mit:

Anna Regina Angelo Maria, geb. d'Anna de Monte Rosa (Tochter des .... 18.. zu .... † k. k. Appellationsgerichtsrates i. P., Dr. jur. Peter d'A. de M. R. und der .... 18.. zu .... † Lucia de Garzetti), geb. Cittadella 31. Mai 1844. – [Trient.]

4. Paula Maria Franziska Antonia, geb. Cavalese 10. Dezember 1845; – verm. Innsbruck 10. Oktober 1881 als dessen II. Gemahlin mit:

†Wilhelm Maria Simon Josef Freiherrn Bossi-Fedrigotti von Belmonte, geb. Avio 16. Oktober 1823, † Sacco 26. April 1905, Dr. jur., EKO.-R.II., k. k. Hofrat, Kreisgerichtspräsidenten i. R., vorm. Landeshauptmanne in Tirol und Landtags-, sowie Reichsratsabgeordneten,; – (verm. I. Wien 15. Jänner 1868 mit: – † Johanna, geb. von Kiebelsberg zu Thumburg, geb. Bruneck 3. Dezember 1843, † Trient 22. Februar 1876).

†5. Natalie Marie Elisabeth Franziska, geb. Cavalese 29. Jänner 1847, † Innsbruck 19. Februar 1900; – verm. Volders 6. August 1879 mit:

† Alfred Bargher, geb. Feldkirch 17. Mai 1849, † Rechegg bei Klausen 1. Mai 1886, k. k. Legationssekretär in Alexandrien.

6. Ida Marie Franziska Antonie, geb. Cavalese 17. Mai 1848. – [Innsbruck].

7. Marie Emma Antonie Walpurga, geb. Cavalese 19. September 1849, – [Rautenbühl in Salurn]; – verm. Innsbruck 18. Februar 1873 mit:

† Josef Ebner, geb. Salurn 16. September 1838, † Bozen 4. Dezember 1898, FJO.-R., k. k. Statthaltereirat und Leiter der Bezirkshauptmannschaft Bozen.

8. Heinrich Maria Johann Baptist, geb. Cavalese 10. Dezember 1850, Stationschef der k. k. priv. Südbahn-Gesellschaft zu Cormons; – verm. .... 3. September 1904 mit:

Enrica, geb. Piccinini (Tochter des Gutsbesitzers Giuseppe P. aus Lavarone in Friaul und der Teresa, geb. Pittoni aus Brazzano), geb. .... 25. März 1868. – [Cormons.]

†9. Gustav Anton Maria, geb. Cavalese 21. August 1852, † Linz 22. September 1894.

10. Alfred Maria Josef Anton, geb. Cavalese 6. November 1853, k. k. Oberingenieur der Statthalterei in Innsbruck, Bauleiter der Falzaregostraße; – verm. Cles 14. September 1887 mit:

Marie, geb. Juffmann (Tochter des 28. Mai 1900 zu Cles † k. k. Landesgerichtsrates und Bezirksrichters daselbst Georg J. und der .... 18.. zu .... † Maria, geb. Bonmassari), geb. Cles 20. Mai 1857. – [Pieve.]

Sohn:

Karl, geb. Cles 19. Juni 1888. – [Bozen.]

11. Angela Maria Theodolinde Antonie, geb. Cavalese 5. Dezember 1855, – [Innsbruck]; – verm. Absam 16. Oktober 1888 mit:

† Anton Ausserer, geb. Bozen 5. Juli 1843, † Gleichenberg 20. Juli 1889, Dr. phil., k. k. Gymnasialprofessor zu Graz und Privatdozenten an der Karl Franzens-Universität daselbst.

12. Rudolf Maria Gustav Anton, geb. Cavalese 27. Februar 1859, † daselbst 17. Februar 1862.

Vgl.: – Neuer Siebmacher IV, 1 (O. T. v. Hefner, Der Adel der gefürsteten Grafschaft Tirol), S. 14, Taf. 17; – Wurzbach XXVI, S. 11; – Allg. Deutsche Biogr. XXVIII, S. 406; – Brünner Adel. Taschenb. XIX 1894; – L. Freih. v. Lazarini (Stammtafel der Familie Riccabona v. Reichenfels), Innsbruck 1900; – Gothaer Freiherrl. Taschenb. 1901.

Riedl von Leuenstern
und
Riedl von Riedenau.

Römisch-katholisch. — Österreich (Niederösterreich).

Verleihungen:

1835 April 17 (Allerhöchstes Kabinettschreiben) und Juni 17, Wien (Diplom): Kaiser Ferdinand I. erhebt infolge testamentarischer Verfügung des Kaisers Franz I. den k. k. Rat und Schloßhauptmann zu Schönbrunn, Laxenburg und Hetzendorf Michael Riedl in den österreichischen Adelstand mit dem Prädikate „Edler von Leuenstern" und einem Wappen. — (AA., HKA.; — Orig. Fam. — I. Ältere Linie.)

1838 August 11 (Allerhöchstes Handschreiben) und September 19, Wien (Diplom): Kaiser Ferdinand I. verleiht dem Kassier der k. k. Privat-, Patrimonial-, Familien- und Avitikalfonds-Kassendirektion Franz Riedl (Bruder des vorgenannten Michael) den österreichischen Adel mit dem Prädikate „Edler von Riedenau" und einem Wappen. — (AA., HKA.; — Orig. Fam. — II. Jüngere Linie.)

1854 Juli 26, Wien: Kaiser Franz Joseph I. erhebt den k. k. Hofrat der niederösterreichischen Statthalterei Franz Riedl Edlen von Riedenau als Ritter des Ordens der Eisernen Krone III. Klasse in den österreichischen Ritterstand und bessert sein Wappen. — (AA., HKA.; — Orig. Fam. — II. Jüngere Linie.)

1896 August 8 (Allerhöchste Entschließung) und November 3, Wien (Diplom): Derselbe erhebt den k. u. k. Hof- und Ministerialrat im Ministerium des kaiserl. und kgl. Hauses und des Äußern, Dr. jur. Franz Ritter Riedl von Riedenau in den österreichischen Freiherrnstand und bessert sein Wappen. — (AA., HKA.; — Orig. Fam. — II. Jüngere Linie.)

Wappen:

I. 1835 Juni 17 (Riedl von Leuenstern): Gespalten, vorne in Geteilt von Gold über Schwarz ein im rechten Oberwinkel von einem schwarzen Sterne begleiteter, farbengewechselter Löwe, hinten in Blau auf grünem Boden hinter einem diesen quer durchfließenden Gewässer eine silberne Burg mit zwei „aneinanderstoßenden Türmen und einer in die Seitenränder verlaufenden gezinnten Ringmauer". Auf dem gekrönten Turnierhelme mit rechts schwarz-goldenen und links blau-silbernen Decken ein wachsender silbern geharnischter Ritter mit goldgeränderter Rüstung und drei Straußenfedern auf dem Helme einer goldenen, zwischen einer schwarzen und einer blauen, in der Rechten ein blankes Schwert an goldenem Griffe schwingend und die Linke in die Seite stemmend.

II. 1838 September 19 (Riedl Edle von Riedenau): Geviert, 1 und 4 in Blau drei (1, 2) den Avers zeigende goldene Münzen, 2 und 3 in Silber ein einwärts gewendeter roter Löwe. Auf dem gekrönten Turnierhelme mit rechts blau-goldenen und links rot-silbernen Decken der rote Löwe wachsend.

III. 1854 Juli 26 (Ritter Riedl von Riedenau): Der Schild wie 1838. Zwei gekrönte Turnierhelme: auf I mit blau-goldenen Decken ein mit den Münzen wie 1 und 4 belegtes, golden gesäumtes, achteckiges und an jeder Ecke mit einem goldenen Kleeblatte bestecktes blaues Schirmbrett; auf II mit rot-silbernen Decken das Kleinod von 1838.

IV. 1896 November 3 (Freiherr Riedl von Riedenau): Geteilt, oben in Silber ein roter Löwe, unten in Blau die drei (1, 2) Münzen wie 1838. Drei gekrönte Turnierhelme: auf I mit rechts blau-goldenen und links rot-silbernen Decken vier Straußenfedern, eine blaue und eine silberne zwischen einer goldenen und einer roten; auf II und III Decken und Kleinode wie 1854 auf I und II.

Der gemeinsame Stammvater der beiden folgenden Linien war Martin Riedl, Müller zu Inzersdorf bei Wien, der mit seiner Frau Therese in der dortigen Pfarre folgende drei Kinder taufen ließ:

1. Johann Michael Sebastian. get. 28. Jänner 1763, der Begründer der Familie Riedl von Leuenstern (s. unten I. Ältere Linie).

2. Maria Theresia Magdalena, get. 23. Juli 1764, deren weitere Schicksale nicht bekannt sind.

3. Franz Xaver, get. 12. September 1769, von dem die Riedl von Riedenau abstammen (s. unten II. Jüngere Linie).

I. Ältere Linie.

Johann Michael Sebastian Riedl (vorstehend 1.), trat 1781 als Bauschreiber in Hofdienste und wurde schon 1785 zum ersten Baubeamten in Schönbrunn ernannt. Er tat sich nicht nur im eigentlichen Bauwesen, der Herstellung ausgedehnter Parkanlagen bei den kaiserlichen Lustschlössern Schönbrunn, Laxenburg und Hetzendorf und der Anordnung großer Hoffeste, sondern vor allem bei den wiederholten feindlichen Invasionen hervor. So führte er 1797 die Kostbarkeiten der kaiserlichen Schatzkammer nach Prag und wieder zurück, rettete 1805 und 1809 das gesamte Mobiliar der genannten Schlösser vor Verschleppung, sorgte in denselben für Ruhe und Ordnung, sowie für die Unterkunft und Verpflegung der durch Napoleon zum Dienste nach Schönbrunn befohlenen Wiener Bürgermiliz und bewirkte die Zurückstellnng vom Feinde geraubter Gegenstände, namentlich von zwölf kunstvoll gearbeiteten Kanonen, zwei Haubitzen, Pferden etc. Zur Zeit des Wiener Kongresses 1815 leitete er die während der Anwesenheit Kaiser Alexander I. von Rußland und 1832 bei der Versammlung der deutschen Naturforscher zu Laxenburg gefeierten großen Feste. In der Zeit von 1800 bis 1835 schuf er auf einem mit Sumpf und Gestrüpp bedeckten Boden den herrlichen Park von Laxenburg und machte sich dort um den Ausbau und die Ausstattung der Franzensburg besonders verdient. Auf Grund testamentarischer Verfügung des Kaisers Franz I. erhob ihn Kaiser Ferdinand I. mit Kabinettschreiben vom 17. April und dem Diplome ddo. Wien, 17. Juni 1835 in den Österreichischen Adelstand und verlieh ihm das Prädikat „Edler von Leuenstern" und das oben sub I beschriebene Wappen. Er starb als k. k. Regierungsrat und jubil. Burghauptmann der drei genannten Lustschlösser, dann Bau-, Garten- und Mobilien-Direktor des k. k. Lustschlosses Laxenburg und der Hofgebäude in Baden, sowie Ehrenbürger der kgl. Stadt Eger.

Michael Riedl Edler von Leuenstern hinterließ aus seiner Ehe mit Elisabeth, geb. Gruber, die nachstehenden vier Kinder: — 1) Josef, geb. Schönbrunn 15. November 1786, der die Familie fortpflanzte (s. unten I. Ältere Linie); — 2) Therese, geb. Wien 1790, † daselbst 1863, verm. mit Matthias Kalherr, Offizial der kgl. Ungarischen Hofkanzlei; — 3) Elisabeth und — 4) Leopoldine, geb. 17.., † 7. Juli 1829, verm. 18. Jänner 1815 mit Josef Freiherrn Obenaus von Felsőház, geb. Tyrnau (Nagyszombat) 7. Jänner 1779, † Wien 11. Jänner 1841, Dr. jur., k. k. Regierungsrate, bekannt als einer der Lehrer des Herzogs von Reichstadt.

II. Jüngere Linie.

Franz Xaver Riedl (s. oben 3.) kam 1788 in Kanzleidienste des k. k. Allgemeinen Krankenhauses zu Wien, wurde dann 6. September 1791 Akzessist der k. k. Hof-Baudirektion und 1. November 1794 Kassaoffizier des Geheimen Kammer-Zahlamtes. Er kam dann 1805 in gleicher Eigenschaft zur k. k. Fondskasten-Oberdirektion, wo er 1807 Kastenkontrollor und 1813 Kassier wurde. Im Jahre 1809 wurde er bei der Flüchtung des Kastens nach Ungarn mit einem Geldverlage von über fl. 350.500 in Wien zurückgelassen, welche Summe er mit Lebensgefahr vor dem Feinde zu retten wußte. Kaiser Ferdinand I. erhob ihn mit Allerhöchstem Handschreiben vom 11. August und dem Diplome ddo. Wien, 19. September 1838 in den Österreichischen Adelstand mit dem Prädikate „Edler von Riedenau" und dem oben sub II blasonierten Wappen. Er starb zu Wien 28. Februar 1840 und hinterließ aus seiner Ehe mit Rosalie Pizzala († 1841) zwei Kinder: — 1) Josefa, geb. .... 179., und — 2) Franz Xaver, geb. Wien 6. Oktober 1800, der den Stamm fortpflanzte (s. unten II. Jüngere Linie).

Dieser Franz Xaver Riedl Edler von Riedenau erhielt als k. k. Hofrat der niederösterreichischen Statthalterei den Orden der Eisernen Krone III. Klasse und wurde, den damaligen Statuten dieses Ordens entsprechend, ddo. Wien, 26. Juli 1854 in den Österreichischen Ritterstand erhoben, wobei zum Wappen ein zweiter Helm kam.

Dessen jüngerer Sohn Dr. jur. Franz Xaver Karl Ritter Riedl von Riedenau endlich wurde als k. u. k. Hof- und Ministerialrat im Ministerium des kaiserl. und kgl. Hauses und des Äußern mit Allerhöchster Entschließung vom 8. August und dem Diplome ddo. Wien, 3. November 1896 unter Besserung und teilweiser Änderung des Wappens in den Österreichischen Freiherrnstand erhoben.

I. Ältere Linie.
(Riedl von Leuenstern — im Adelstande.)

† Josef Riedl Edler von Leuenstern (1. Kind des 3. September 1850 zu Baden bei Wien † Johann Michael Sebastian R. Edlen v. L. und der .... 18.. zu .... † Elisabeth, geb. Gruber), geb. Schönbrunn bei Wien 15. November 1786, † Wien 26. November 1856, k. k. Hofkanzleiregistrator; — verm. Wien 1. Februar 1831 mit:

† Theresia, geb. Fiby (Tochter des .... 18.. zu .... † .... F. und der .... 18.. zu .... † ...., geb. ....), geb. Laa a. d. Thaya 13. Mai 1804, † Wien 25. August 1866.

Kinder:

† 1. Elisabeth, geb. Wien 13. Mai 1833, † ebenda 28. März 1852; — verm. Wien 15. Juli 1848 mit:

† Gaspar de Manass, geb. .... 18.., † auf der Reise von Wien nach Paris .... 1865, kaiserl. türkischer Botschaftsrat in Wien.

† 2. Julius, geb. Wien 31. März 1837, † ebenda 5. April 1893, k. k. Oberlandesgerichtsrat in Wien; — verm. I. Gaming 1. Februar 1869 mit:

† Anna, geb. Fürst (Tochter des 1. Juni 1870 zu Gaming † Sensenwerksbesitzers Josef F. und der 9. April 1892 ebendort † Anna, geb. Traunfellner), geb. St. Anton, Niederösterreich, 21. November 1842, † Korneuburg 1. Dezember 1880; — verm. II. Wien 5. September 1882 mit:

Rosa, geb. Róth de Pongyolok (Tochter des 5. Mai 1876 zu Marburg a. d. Drau † k. k. Obersten d. R. Karl R. de P. und der 22. Juni 1868 zu Wien † Rosa, geb. Schrötter), geb. Olmütz 28. Mai 1849. — [Wien, VIII. Fuhrmannsgasse 7.]

Kinder I. Ehe:

† 1) Elisabeth, geb. Gaming 24. November 1869, † ebendort 22. Juni 1888.

2) Hedwig, geb. Gaming 28. Jänner 1871; — verm. Wien 1. September 1892 mit:

Emmerich Wagner, geb. Sievering bei Wien 4. November 1862, erzherzogl. Rainerschen Güterdirektor in Gmünd. — [Gmünd.]

3) Otto, geb. Gaming 5. August 1874, k. u. k. Oberleutnant im Infanterie-Regimente FZM. Erzherzog Rainer Nr. 59; — verm. Salzburg 15. Mai 1901 mit:

Helene, geb. Přidalek (Tochter des 30. Dezember 1893 zu Salzburg † k. u. k. Oberleutnants im Infanterie-Regimente FML. Erzherzog Leopold Salvator Nr. 18 Albert Př. und der Wilhelmine, geb. Großmann), geb. Königgrätz 9. Dezember 1877. — [Linz.]

Tochter:

Hedwig, geb. Linz 8. März 1903.

4) Hermann Viktor, geb. Korneuburg 22. März 1880, technischer Beamter, k. u. k. Kadett im nichtaktiven Stande des Landwehr-Infanterie-Regimentes Wien Nr. 24. — [Brünn.]

3. Viktor, geb. Wien 5. Jänner 1839, k. u. k. Hauptmann d. R. (bis 1881 im Artilleriestabe), — [Graz, Annenstraße 27]; — verm. I. Graz 10. September 1864 mit:

† Marie, geb. Vierthaler (Tochter des .... 18.. zu .... † kaiserl. Rates und Direktors des Postcoursbureaus im k. k. Handelsministerium August V. und der .... 18.. zu .... † Marie, geb. Rauscher), geb. .... 1844, † Eggenberg bei Graz 24. Juni 1871; — verm. II. Wien 23. Februar 1884 mit:

Marie, geb. Wissiak (Tochter des 14. Februar 1886 zu Wien † Bergwerksbesitzers Karl W. und der Marie, geb. Ipold), geb. Wien 30. August 1856. — [Graz, Annenstraße 27.]

Töchter a) I. Ehe:

† 1) Marie, geb. Graz 20. August 1865, † ebendort 21. Mai 1880.

b) II. Ehe:

2) Gisela, geb. Wien 25. Dezember 1884.

II. Jüngere Linie.

(Riedl von Riedenau — im Ritter- und teilweise im Freiherrnstande.)

† Franz Xaver Ritter Riedl von Riedenau (Ritterstandserwerber — 2. Kind des 28. Februar 1840 zu Wien † Kassiers der k. k. Privat-, Patrimonial-, Familien- und Avitikalfonds-Kassendirektion und Zahlmeisters Sr. kaiserl. Hoheit des Erzherzogs Franz Karl Franz Xaver Riedl Edlen von Riedenau und der .... 1841 ebendort † Rosalie, geb. Pizzala), geb. Wien 6. Oktober 1800, † ebenda 4. Juni 1865, EKO.-R.III., k. k. Truchseß und Vizepräsident der Niederösterreichischen Statthalterei; — verm. .... 183. mit:

† Therese, geb. Fellner von Feldegg (Tochter des .... 18.. zu .... † .... F. v. F. und der .... 18.. zu .... † ...., geb. ....). geb. .... 1813, † Wien (St. Stephan) 13. Dezember 1876.

Söhne:

† 1. Theodor Ritter Riedl von Riedenau, geb. Wien .... 183., † .... 18.., Besitzer des Gutes Schwadorf in Niederösterreich; — verm. .... 187. mit:

† Laura, geb. Perger (Tochter des 29. August 1861 zu Gutenbrunn † Handelsmannes und Hausbesitzers daselbst und Bürgers und Gemeindeausschusses der landesfürstl. Stadt Baden Eduard P. und der .... 18.. zu .... † Magdalena, geb. Gradner), geb. .... 1850, † Wien (St. Augustin) 26. Februar 1899.

Söhne:

1) Maximilian Ritter Riedl von Riedenau, geb. Wien 23. Dezember 1874, Mitbesitzer des Gutes Schwadorf, k. u. k. Hof- und Ministerialsekretär im Ministerium des kaiserl. und kgl. Hauses und des Äußern und Leutnant i. d. R. des Dragoner-Regimentes GL. und FM. Raimund Fürst und Reichsgraf Montecuccoli Nr. 8. — [Wien, XIII. Hietzinger Hauptstraße 52.]

2) Karl Ritter Riedl von Riedenau, geb. .... 187., Mitbesitzer des Gutes Schwadorf, k. k. Statthalterei-Konzeptspraktikant bei der Bezirkshauptmannschaft in Bruck a. d. Leitha, k. u. k. Leutnant i. d. R. des Dragoner-Regimentes GL. und FM. Prinz Eugen von Savoyen Nr. 13. — [Bruck a. d. Leitha und Wien, I. Schellinggasse 3.]

2. Franz Xaver Karl Freiherr Riedl von Riedenau (Freiherrnstandserwerber), geb. Wien 5. November 1839, Dr. jur., FJO.-Gr.K., LO.-R., k. u. k. Sektionschef i. R. (bis 3. November 1905 im k. u. k. Ministerium des kaiserl. und kgl. Hauses und des Äußern), — [Wien, I. Krugerstraße 17]; — verm. Wien 9. Jänner 1866 mit:

† Antonie Anna Eugenie Julie, geb. Freiin Hye von Glunek (Tochter des 8. Dezember 1894 zu Wien † k. u. k. wirkl. Geheimen Rates, k. k. Ministers a. D., Mitgliedes des Herrenhauses auf Lebensdauer und des k. k. Reichsgerichtes, emer. k. k. o. ö. Professors der Rechte an der Universität zu Wien, korr. Mitgliedes der kaiserl. Akademie der Wissenschaften, Ehrenbürgers der k. k. Reichshaupt- und Residenzstadt Wien, Kanzlers des österr. kaiserl. Ordens der Eisernen Krone, LO.-Gr.K., EKO.-R.I., Dr. jur. Anton Freiherrn H. v. G. und dessen II. Gemahlin, der 25. Dezember 1902 zu Wien † Eugenie, geb. Grünwald), geb. Wien 17. Juli 1846, † daselbst (St. Stephan) 20. April 1879.

Söhne:

1) Franz Xaver Anton Freiherr Riedl von Riedenau, geb. Wien 18. Oktober 1868, LO.-R., tosk. ZVO.-Kmd., k. u. k. Legationsrat I. Kategorie bei der Botschaft in Berlin, k. k. Leutnant i. d. Evidenz des Landwehr-Ulanen-Regimentes Nr. 4; — verm. Pittsburgh, Pa., 6. Juni 1906 mit:

Mary Louise, geb. Magee (Tochter des .... 18.. zu .... † Frederick M. und der ...., geb. Gillespie, wiederverm. mit James Neale), geb. .... 18...; – [Berlin.]

2) Erich Franz Richard Freiherr Riedl von Riedenau, geb. Wien 21. Mai 1871, k. u. k. Rittmeister 2. Kl. im Ulanen-Regimente Alexander II. Kaiser von Rußland Nr. 11; – verm. Wien 16. Mai 1896 mit:

Maria Anna Alexandrine Mathilde Kajetane, geb. Mérey de Kapos-Mére (Tochter des k. u. k. wirkl. Geheimen Rates und Sektionschefs i. R. LO.-R. Alexander M. de K.-M. und dessen II. Gemahlin Maria Anna, geb. Freiin Schweiger von Dürnstein), geb. Wien 10. Februar 1869. – [Pardubitz.]

Kinder:

(1) Maria Theresia Alexandrine Antonie Anna Franziska, geb. Lemberg 4. März 1897.

(2) Erich Franz Xaver Alexander Maria Anton, geb. Gródek 21. Mai 1898.

(3) Robert Maria Alexander Erich Anton Franz, geb. Wien 17. November 1900.

Vgl.: – Brünner Adel. Taschenb. I 1870, V 1880, IX 1884, XIII 1888 u. XVII 1892; – Wurzbach XXVI, S. 99; – Jahrb. d. k. u. k. Auswärtigen Dienstes 1897 bis 1906; – Beitr. z. Gesch. d. Niederösterr. Statthalterei 1897, S. 481; – Gothaer Freiherrl. Taschenb. 1899.

---

von Röckenzaun.

Römisch-katholisch. – Österreich (Steiermark, Nieder- und Oberösterreich).

Verleihung:

1879 Jänner 26, Wien: Kaiser Franz Joseph I. verleiht dem k. k. Militär-Oberintendanten Richard Röckenzaun als Ritter des Ordens der Eisernen Krone II. Klasse den Österreichischen Ritterstand mit einem Wappen. – (AA., HKA.; – Orig. Fam.)

Wappen:

1879 Jänner 26: In Gespalten von Schwarz und Grün ein wachsender bis in die Mitte des Schildes reichender goldener Flechtzaun, auf dem ein geharnischter silberner Arm mit drei goldenen Roggenähren zwischen zwei ebensolchen Halmblättern in der gepanzerten Faust ruht. Zwei gekrönte

Turnierhelme: auf I mit schwarz-goldenen Decken eine natürliche Eule; auf II mit grün-silbernen Decken ein wachsender, aus Rachen und Ohren feuersprühender silberner Panther.

---

† Richard Ritter von Röckenzaun (Ritterstandserwerber — Sohn des 8. September 1875 zu Marburg a. d. Drau † pens. k. k. Distriktsphysikus Dr. med. Josef R. und der 25. April 1889 ebendort † Marie, geb. Vogl), geb. Deutsch-Landsberg 20. März 1836, † Wien 2. Mai 1905, FJO.-Gr.K., EKO.-R.III. k. u. k. Geheimer Rat, Sektionschef im Reichs-Kriegsministerium und Chef der Militärintendantur; — verm. Wien 23. November 1861 mit:

Marie Antonie, geb. Picha (Tochter des 26. Februar 1857 zu Thörl, Steiermark, † Direktors des Daniel Fischerschen Eisenwerkes daselbst Franz P. und der 5. Juni 1839 zu Studein † Marie, geb. Leydolt), geb. Neureichenau, Böhmen, 1. Juni 1838. — [Wien, IX. Liechtensteinstraße 61.]

Kinder:

1. Klara Rosine Viktorine, geb. Wien 8. Mai 1865; — verm. Wien 4. September 1887 mit:

   Ludwig Merio, geb. Marburg a. d. Drau 19. August 1859, Prokuristen des Wiener Bankvereines. — [Wien, IX. Liechtensteinstraße 61.]

2. Richard, geb. Fünfhaus bei Wien (Mil.-Pf.) 18. Oktober 1872, k. k. Rechnungsassistent der k. k. Finanz-Landesdirektion i. R. — [Wien, IX. Liechtensteinstraße 61.]

---

von Ruber.

Römisch-katholisch und evangelisch A. B. – Österreich (Mähren, Böhmen, Niederösterreich und Krain).

Verleihung:

1846 Juli 18, Wien (Allerhöchste Entschließung) und 1847 April 28, Wien (Diplom): Kaiser Ferdinand I. verleiht dem jubilierten k. k. Gubernialrate in Brünn Ignaz Wenzel Fabian Ruber den Österreichischen Adel mit dem Ehrenworte „Edler von" und einem Wappen. – (AA., HKA.; – Orig. Fam.)

Wappen:

1847 April 28: In Rot ein goldener Löwe, in den Vorderpranken eine dreigliedrige ebensolche Kette haltend. Auf dem gekrönten Turnierhelme mit rot-goldenen Decken ein offener, jederseits mit einem farbengewechselten Balken belegter, rechts roter und links goldener Flug.

---

† Ignaz Wenzel Fabian Edler von Ruber (Adelserwerber – Sohn des 15. Juni 1803 auf Buchlau, Mähren, † gräfl. Berchtoldschen Burggrafen daselbst Wenzel Ignaz Franz Hieronymus Ruber und der 13. August 1804 ebendort † Anna, geb. Bednařik), geb. Koritschan, Mähren, 7. Juli 1774, † Brünn 27. Jänner 1850, jubil. k. k. mähr.-schles. Gubernialrat; – verm. Znaim 13. November 1808 mit:

† Elisabeth, geb. Wisgrill (Tochter des .... 1807 zu Znaim † Fabrikanten Georg W. und der .... 1820 zu .... † Marie, geb. ....), geb. Znaim 19. Oktober 1788, † Mähr.-Weißkirchen 15. November 1815.

Kinder:

† 1. Ferdinand Ignaz Karl, geb. Brünn 16. September 1809, † ebendort 21. Oktober 1883, k. k. Statthaltereirat i. R.; – verm. Raigern 12. Mai 1843 mit:

† Marie Johanna, geb. Hübsch (Tochter des 9. Jänner 1855 zu Brünn † k. k. Staatsbuchhalters Johann H. und der 27. Dezember 1858 ebendort † Johanna, geb. Brunner), geb. Brünn 19. August 1813, † ebendort 23. Dezember 1876.

Kinder:

† 1) Ferdinand Johann Maria, geb. Brünn 16. August 1844, † ebendort 17. Dezember 1905, k. u. k. Oberleutnant d. R.; – verm. Brünn 31. Jänner 1875 mit:

† Charlotte, geb. Frenzl (evangelisch A. B. – Tochter des .... 1860 zu Brünn † Fabrikanten August F. und der 5. Jänner 1904 ebendort † Antonie, geb. Schwarzenbach), geb. Brünn 15. Juli 1850, † ebendort 21. Jänner 1901.

Kinder:

(1) Margareta Charlotte (evangelisch A. B.), geb. Brünn 16. November 1875; – verm. Brünn 16. Februar 1897 mit:

Franz Balzar, geb. Brünn 15. September 1864, k. u. k. Rittmeister 1. Kl. im Dragoner-Regimente Nikolaus I. Kaiser von Rußland Nr. 5. – [Wr.-Neustadt.]

(2) Ferdinand Maria Stephan Franz Alois (römisch-katholisch), geb. Brünn 3. August 1877, k. k. Leutnant im Landwehr-Ulanen-Regimente Nr. 2, zugeteilt dem k. u. k. Militär-Reitlehrerinstitute in Wien. – [Wien, III. Ungargasse 69.]

2) Franz Richard Johann Alexander, geb. Brünn 31. März 1848, Beamter der k. k. priv. Kreditanstalt für Handel und Gewerbe; – verm. Brünn 12. Mai 1874 mit:

Mathilde, geb. Kollouschek (Tochter des .... 18.. zu Wien † k. u. k. Leibkammerdieners Matthias K. und der .... 18.. zu .... † Karoline, geb. Coulon), geb. Wien 14. Mai 1847. – [Brünn.]

Töchter:

† (1) Marie Franziska Josefine, geb. Brünn 21. Jänner 1876; — verm. Brünn 14. September 1895 mit:
August Schnabel, geb. Groß-Meseritsch 30. Jänner 1867, k. k. Statthalterei-Ingenieur. — [Brünn.]

(2) Mathilde Fanny Josefine, geb. Brünn 28. Mai 1879; — verm. Brünn 14. April 1898 mit:
Gustav Leubner, geb. 12. Mai 1873, Ingenieur. — [Reichenberg.]

† 2. Ignaz Anton, geb. Brünn 12. September 1811, † Königsfeld bei Brünn 2. Oktober 1873, Dr. jur., pens. k. k. Hofrat des mähr.-schles. Oberlandesgerichtes in Brünn; — verm. I. Brünn 8. Juli 1844 mit:

† Franziska, geb. Pfefferkorn (Tochter des 8. September 1852 zu Brünn † jubil. Magistratsrates Johann Pf. und der 14. März 1869 ebendort † Josefa, geb. Ofner), geb. Olmütz 19. Oktober 1811, † Brünn 31. Jänner 1861; — verm. II. Brünn 20. September 1865 mit:

† Emilie, geb. Korber (Tochter des 13. April 1871 zu Brünn † jubil. k. k. Appellationsrates Karl K. und der .... 1860 zu Prag † Antonie, geb. Urban von Schwabenau), geb. Prag 15. Juli 1818, † Böhm.-Leipa 13. Oktober 1876.

Kinder I. Ehe:

1) Ignaz Felix Robert, geb. Brünn 8. Mai 1845, Dr. jur., EKO.-R.I., FJO.-Kmt.m.St., k. u. k. Geheimer Rat, k. k. Justizminister a. D., II. Präsident des Obersten Gerichts- und Kassationshofes, Mitglied des Herrenhauses auf Lebensdauer, korr. Mitglied der kgl. Böhmischen Gesellschaft der Wissenschaften in Prag; — verm. Brünn 7. Jänner 1874 mit:

Marie, geb. Leidenfrost (Tochter des 21. April 1880 zu Brünn † Fabriksbesitzers Emil L. und der 27. März 1861 ebendort † Marie, geb. Bauer), geb. Brünn 20. Dezember 1853. — [Wien, IV. Schleifmühlgasse 1.]

Kinder:

(1) Marianne Viktorine Franziska Emilie, geb. Brünn 12. Oktober 1874; — verm. Wien 20. November 1897 mit:
Georg Schnabel, geb. Groß-Meseritsch 7. August 1864, k. k. Landesgerichtsrate und Leutnant i. d. Evidenz des Landesschützen-Regimentes Bozen Nr. II. — [Wien, IX. Schwarzspanierstraße 7.]

(2) Igo Viktor Franz, geb. Brünn 14. Oktober 1876, k. k. Landesregierungskonzipist, k. u. k. Leutnant i. d. R. des Infanterie-Regimentes Erzherzog Karl Stephan Nr. 8; — verm. Thurn bei Laibach 16. November 1905 mit:

Maria Pilar, geb. Freiin Codelli von Codellisberg, Sterngreif und Fahnenfeld (Tochter des k. u. k. Kämmerers Hugo Franz Bernhardin Freiherrn C. v. C., St. u. F. und der Agnes, geb. Benda von Rudow), geb. Görz 29. Oktober 1885. – [Gottschee.]

(3) Helene Josefine Gabriele, geb. Brünn 29. November 1881; – verm. Wien 10. August 1901 mit:

Heinrich Paul Ritter von Reinhardt, geb. Straßburg 2. August 1870, k. k. Ministerialvizesekretär im Eisenbahnministerium. – [Wien, III. Lagergasse 2.]

† 2) Rudolf Johann, geb. Brünn 17. April 1847, † ebendort 11. Juli 1866 an den Folgen einer in der Schlacht bei Trautenau erhaltenen Schußwunde, k. k. Kadett im Infanterie-Regimente FZM. Paul Freiherr von Ajroldi Nr. 23.

3) Elisabeth, geb. Brünn 12. Jänner 1850; – verm. Brünn 12. Jänner 1880 mit:

Karl Hertl, geb. 18. Oktober 1834, EKO.-R.III., k. k. Hofrat i. R. – [Brünn.]

4) Johanna, geb. Brünn 14. Februar 1853; – verm. Brünn 29. Mai 1872 mit:

Karl Pernitza, geb. 25. Juni 1841, EKO.-R.III., Dr. jur., mähr.-schles. Landesadvokaten. – [Brünn.]

† 3. Karl, geb. Brünn 12. März 1813, † ebendort 23. September 1872, k. k. Finanzrat und Steueradministrator in Brünn; – verm. Brünn 20. Oktober 1851 mit:

† Marie, geb. Sturm (Tochter des 2. August 1862 zu Brünn † Dr. .... Matthias Sturm und der 21. August 1879 ebendort † Marie, geb. von Ott), geb. Olmütz 9. Juni 1824, † Liechtenstein bei Mödling 13. Jänner 1886.

Sohn:

Karl, geb. Brünn 6. September 1852, fürstl. Liechtensteinscher Amtsverweser und Patronatskommissär zu Liechtenstein bei Mödling, Ehrenbürger von Maria-Enzersdorf, Hinterbrühl und Gießhübel. – [Maria-Enzersdorf.]

Vgl.: – Brünner Adel. Taschenb. X 1885, XIV 1889, XVII 1892; – Neuer Siebmacher IV, 10 (H. Edl. v. Kadich u. C. Blažek, Der mährische Adel), S. 116 u. Taf. 91.

Rummer von Rummershof.

Römisch-katholisch. – Österreich (Mähren).

Verleihung:

1895 August 8, Wien (Diplom): Kaiser Franz Joseph I. verleiht dem k. u. k. Obersten des Generalstabskorps und Mappierungsdirektor im Militärgeographischen Institute Adolf Rummer den Österreichischen Adel mit dem Prädikate „von Rummershof" und einem Wappen. – (AA., HKA.; – Orig. Fam.)

Wappen:

1895 August 8: In Blau eine goldene Lyra überlegt mit zwei schräg gekreuzten blanken Schwertern an goldenen Griffen und begleitet rechts von einem goldenen Sterne und links von einer silbernen Lilie. Auf dem gekrönten Turnierhelme mit blau-goldenen Decken ein wachsender, golden gewaffneter schwarzer Greif, mit der rechten Vorderpranke ein blankes Schwert an goldenem Griffe schwingend.

Adolf Rummer von Rummershof (Adelserwerber – Sohn des 30. November 1883 zu Hof in Mähren † Bürgers Isidor Rummer und der 11. Jänner 1870 ebendort † Viktoria, geb. Hanel), geb. Hof in Mähren 24. Juli 1847, EKO.-R.III., MVK., k. u. k. Feldmarschall-Leutnant und Kommandant der 9. Infanterie-Truppendivision in Prag; – verm. Lemberg 15. Mai 1880 mit:

Kornelie, geb. Komora (Tochter des 14. Februar 1880 zu Lemberg † k. u. k. Stabsarztes Dr. med. Kornelius K. und der 18. Jänner 1873 zu Besztercze [Bistritz] † Johanna, geb. Božek), geb. Wolfsberg 5. Oktober 1862. – [Prag.]

Kinder:

† 1. Wilhelmine, geb. Lemberg 20. Februar 1881, † Innsbruck 24. Februar 1889.

2. Stephanie, geb. Hof in Mähren 4. Dezember 1882; — verm. Wien 20. September 1902 mit:

Konrad Gülcher, geb. Biala 11. November 1877, k. u. k. Oberleutnant im Ulanen-Regimente Alexander II. Kaiser von Rußland Nr. 11. – [Pardubitz.]

3. Adolf, geb. Pécs (Fünfkirchen) 9. Oktober 1885, k. u. k. Leutnant im Infanterie-Regimente FZM. Edmund Freiherr von Krieghammer Nr. 100. – [Krakau.]

---

* Sagner von Eisberg.

Römisch-katholisch. — Österreich (Böhmen).

Verleihung:

1897 Oktober 30, Wien (Diplom): Kaiser Franz Joseph I. verleiht dem k. u. k. Major d. R. Johann Sagner den österreichischen Adelstand mit dem Prädikate „Edler von Eisberg" und einem Wappen. — (AA., HKA.; — Orig. Fam.)

Wappen:

1897 Oktober 30: Gespalten, vorne in Schwarz schräg gekreuzt ein blankes Schwert an goldenem Griffe mit der Spitze nach oben und eine goldene Kielfeder, in der Mitte überhöht von einem ebensolchen Sterne, hinten in Silber auf einem schroffen natürlichen Felsen ein roter Quaderturm mit doppelter Zinnenkrone, einer von zwei Schußlöchern begleiteten schwarzen Toröffnung und drei (1, 2) Schießscharten im oberen Geschosse, oben besteckt mit einem rechts abflatternden goldenen Fähnlein an ebensolcher Stange. Auf dem gekrönten Turnierhelme mit rechts schwarz-goldenen und links rot-silbernen Decken zwischen einem geschlossenen, vorne von Silber über Rot und hinten von Gold über Schwarz geteilten Fluge ein wachsender goldener Löwe, in der rechten Vorderpranke ein blankes Schwert an goldenem Griffe schwingend.

Die Vorfahren dieser Familie waren Besitzer des Hofes Sokol bei Groß-Auerschim, Bezirk Rokytnitz, im Nordosten Böhmens. So Ignaz Sagner (geb. 8. August 1756, † 3. Juli 1838), dessen Frau Marianne (geb. 5. Juni 1769, † 11. Dezember 1818) und beider Sohn Franz Sagner (geb. 19. Oktober 1787, † 13. Jänner 1859). Der Ehe dieses mit Elisabeth, geb. Proß (geb. Bukowy 9. Juni 1797, † 1. Dezember 1870), entstammte Johann Sagner, der 13. April 1819 auf dem väterlichen Hofe geboren und mit 20 Jahren zum Infanterie-Regimente FZM. Wenzel Graf Vetter von Lilienberg Nr. 18 assentiert wurde, wo er 1848 zum Offizier vorrückte. Im Jahre 1849 tat er sich bei der Einnahme von Raab und in der Schlacht von Komorn so hervor, daß er das Militärverdienstkreuz mit der Kriegsdekoration erhielt. Er machte noch die Feldzüge 1859 in Südtirol und 1866 in Böhmen mit und trat als Hauptmann 1. Kl. 1876 mit Majorscharakter in den Ruhestand. Kaiser Franz Joseph I. erhob ihn in Würdigung seiner 35jährigen ausgezeichneten Dienstleistung und vor dem Feinde erprobten Tapferkeit ddo. Wien, 30. Oktober 1897 in den österreichischen Adelstand mit „Edler von Eisberg" und dem oben beschriebenen Wappen.

---

† Johann Sagner Edler von Eisberg (Adelserwerber – Sohn des 13. Jänner 1859 zu Groß-Auerschim † Franz Sagner und der 1. Dezember 1870 ebendort † Elisabeth, geb. Proß), geb. auf dem Hofe Sokol bei Groß-Auerschim 13. April 1819, † Reichenau a. d. Knězna 7. September 1903, MVK. (KD.), k. u. k. Major d. R. (bis 1876 Hauptmann 1. Kl. im Infanterie-Regimente Konstantin Großfürst von Rußland Nr. 18); – verm. Vamberg 18. Juni 1868 mit:

Theresia, geb. Kubetz (Tochter des .... 18.. zu .... † Bürgers .... K. und der .... 18.. zu .... † ...., geb. ....), geb. Groß-Auerschim 5. Februar 1846. – [Reichenau a. d. Knězna.]

Kinder:

1. Maximilian Johann, geb. Vamberg 29. April 1869, k. k. Postoffizial der Post- und Telegraphen-Direktion für Böhmen in Prag; – verm. Königgrätz 13. August 1895 mit:

   Anna Maria, geb. Tikal (Tochter des Bürgers Johann T. und der Anna, geb. Nohejl), geb. Königgrätz 18. September 1871. – [Prag.]

2. Rudolf Franz Josef, geb. Vamberg 19. April 1874, k. u. k. Oberleutnant im Infanterie-Regimente FML. Erzherzog Leopold Salvator Nr. 18; – verm. .... 14. Februar 1903 mit:

   Olga Milada Louise, geb. Dostál (Tochter des Bürgers, Mag. pharm. .... D. und der ...., geb. ....), geb. Dobruška 2. Juli 1883. – [Lienz.]

   Sohn:

   Erwin Rudolf Johann Wenzel Karl, geb. Königgrätz 1. November 1903.

3. Johann Heinrich, geb. Vamberg 1. Mai 1876, Inspektor der Versicherungsbank „Slavia“ in Prag; – verm. Prag 19. Juli 1902 mit:

   Valerie Emanuela, geb. Klima (Tochter des .... K. und der ...., geb. ....), geb. Prag 24. Oktober 1876. – [Neu-Paka.]

   Tochter:

   Marie Valerie, geb. Prag 9. September 1903.

4. Sophie Johanna, geb. Reichenau a. d. Knězna 31. Juli 1878; – verm. .... 18. Juli 1903 mit:

   Ferdinand Pavlovský Edlen von Rosenfeld, geb. .... 18.., Ökonomieverwalter. – [Časlau.]

5. Gisela Johanna Marie, geb. Reichenau a. d. Knězna 2. Juli 1881; – verm. .... 18. Juni 1906 mit:

   Karl Strobach, geb. .... 18.., Besitzer eines elektrotechnischen Etablissements. – [Buštěhrad.]

Schaedl von Eulenhaupt.

Römisch-katholisch. — Österreich.

Verleihung:

1899 Juni 13, Wien (Diplom): Kaiser Franz Joseph I. verleiht dem Kommandanten der Sanitätsabteilung Nr. 2 Anton Schaedl den Österreichischen Adelstand mit dem Prädikate „von Eulenhaupt" und einem Wappen. — (AA., HKA.; — Orig. Fam.)

Wappen:

1899 Juni 13: Geteilt, oben in Silber eine wachsende, schwarz gekleidete Jungfrau mit gelbem Umschlagkragen und einem natürlichen Lorbeerkranze im offenen schwarzen Haare, unten in Blau auf einem wachsenden zackigen goldenen Felsen eine sitzende ebensolche Eule en face. Auf dem gekrönten Turnierhelme mit rechts schwarz-silbernen und links blau-goldenen Decken zwischen rechts von Silber über Schwarz und links von Gold über Blau geteilten Büffelhörnern die wachsende Jungfrau aus dem Schilde, mit ihren Armen die Hörner umfassend.

Der Urgroßvater des geadelten Franz Schaedl und der Großvater, ebenfalls Franz Schaedl, waren zu Ende des XVIII. und im ersten Drittel des XIX. Jahrhunderts Ökonomen der Herrschaft Sporitz, Bezirk Komotau in Böhmen. Der Vater, Franz Schaedl, wurde ebendort 18. Juli 1804 geboren und diente 43 Jahre in der k. k. Finanzwache.

Anton Schaedl von Eulenhaupt (Adelserwerber — Sohn des 21. März 1874 zu Esternberg, Oberösterreich, † k. k. Finanzwachrespizienten Franz Schaedl und der 13. Dezember 1866 zu Saming, Oberösterreich, † Jakobine, geb. Haberl), geb. Engelhartszell 19. Mai 1848, FJO.-R., MVK. (KD.), k. u. k. Oberst d. R. (bis 1905 Oberstleutnant und Kommandant der Sanitätsabteilung Nr. 2 in Wien), — [Wien, III. Pettenkofengasse 5]; — verm. I. Wien 29. Juni 1878 mit:

† Marie Elisabeth, geb. Eulenstein (Tochter des 12. August 1886 zu Baden † Hausbesitzers Karl Eu. und der 28. Februar 1893 zu Wien † Elisabeth, geb. Horlbauer), geb. Wien 13. August 1855, † Innsbruck 13. November 1893; — II. Sarajevo 8. April 1896 mit:

Hedwig Wanda, geb. Swiętochowska (Tochter des französischen Vizekonsuls in .... Hieronymus Swiętochowski und der Katharina, geb. Korač), geb. Mostar 25. April 1874. — [Wien, III. Pettenkofengasse 5.]

Kinder I. Ehe:

1. Karl Anton, geb. Wien 17. April 1879, k. u. k. Oberleutnant im Dragoner-Regimente FM. Johannes Josef Fürst von Liechtenstein Nr. 10. — [Olmütz.]

†2. Marie Elisabeth, geb. Innsbruck 24. August 1880, † ebenda 6. Mai 1890.

---

von Schidlach.

(Im eigenen Stamme erloschen.)

Römisch-katholisch. — Österreich (Tirol).

Verleihung:

1866 August 16, Wien: Kaiser Franz Joseph I. erhebt den k. k. Obersten und Kommandanten des Feldjäger-Bataillons Nr. 9 Franz Schidlach als Ritter des österr. kaiserl. Leopold-Ordens (KD.) in den Österreichischen Ritterstand und verleiht ihm ein Wappen. — (AA., HKA.; — Orig. Fam.)

Wappen:

1866 August 16: Gespalten, vorne in Rot über silbernem Wellenfuße ein aufrechtes blankes Schwert mit goldenem Griffe, hinten in Blau auf silbernem Dreifelsen ein natürliches Edelweiß. Zwei gekrönte Turnierhelme: auf I mit rot-silbernen Decken ein wie die vordere Schildeshälfte bezeichneter Flügel, auf II mit blau-silbernen Decken ein wachsender doppelschwänziger silberner Löwe.

Franz Xaver Schidlach wurde 1836 aus der Theresianischen Militärakademie zu Wr.-Neustadt beim Tiroler Kaiserjäger-Regimente eingeteilt und machte mit diesem, vom Leutnant h. G. bis zum Kapitänleutnant vorrückend, die Feldzüge 1848 und 1849, sowie als Hauptmann und Kommandant des 7. Bataillons dieses Regimentes den Feldzug 1859 in Italien und den Alpenpässen Südtirols in ihrem ganzen Verlaufe mit. Als Major und Kommandant des Feldjäger-Bataillons Nr. 9 erhielt er für seine hervorragenden Leistungen in den Gefechten bei Oberselk am 4. und Oeversee am 6. Februar 1864 das Ritterkreuz des österr. kaiserl. Leopold-Ordens mit der Kriegsdekoration. Inzwischen zum Oberstleutnant befördert, besetzte er im Juli 1864 im Vereine mit zwei österreichischen und zwei preußischen Kanonenbooten unter großen Schwierigkeiten die Nordfriesischen Inseln (Sylt, Föhr, Römoë etc.) mit seinem Jägerbataillon und Marineabteilungen, wodurch die dänische Flottille unter Kapitän Hammer am 20. Juli zur Übergabe gezwungen wurde. Schidlach wurde in Anerkennung dieser erfolgreichen Unternehmung außer der Rangstour zum Obersten befördert. Im Feldzuge 1866 machte er an der Spitze seines Bataillons die Schlacht bei Königgrätz und das Gefecht bei Blumenau mit.

Auf Grund der damaligen Statuten des Leopold-Ordens wurde er ddo. Wien, 16. August 1866 mit dem oben beschriebenen Wappen in den Österreichischen Ritterstand erhoben. Er wurde 1871 Generalmajor und 1. August 1876 unter Verleihung des Feldmarschall-Leutnants-Charakters und des Militärverdienstkreuzes in den Ruhestand übernommen.

---

† Franz Xaver Ritter von Schidlach (Ritterstandserwerber — Sohn des 12. Februar 1766 zu Windisch-Feistritz geb. und 25. Oktober 1820 zu Wien † k. k. Rittmeisters im Kürassier-Regimente GdK. Hannibal Marquis Sommariva Nr. 5 Josef Schidlach und der 3. April 1780 zu Temesvár geb. und 13. März 1847 zu Preßburg [Pozsony] † Rosalie, geb. Bernardis), geb. Přelouč 30. November 1816, † Innsbruck 30. Mai 1907, LO.-R. (KD.), MVK., k. u. k. Feldmarschall-Leutnant d. R. (bis 1876 Generalmajor und Kommandant der 2. Infanterie-Brigade der XXXII. Infanterie-Truppendivision in Kaschau), Ehrenbürger der nordfriesischen Insel Sylt und des Fleckens Wyk auf Föhr; — verm. Feldkirch 6. Februar 1844 mit:

† Josefine, geb. Leiß von Laimburg (Tochter des .... 18.. zu .... † k. k. Rentmeisters Josef L. v. L. und dessen II. Gemahlin, der .... 1868 zu Innsbruck † Anna, geb. Freimer), geb. München 30. August 1811, † Innsbruck 13. Februar 1870.

Tochter:

† Rosa Magdalena Aloisia, geb. Bregenz 16. Dezember 1844, † Innsbruck 15. Jänner 1898; — verm. Kassa [Kaschau] 7. Februar 1874 mit:

Josef Riehl, geb. Bozen 31. August 1842, FJO.-R., Ingenieur. — [Innsbruck.]

Vgl.: — Brünner Adel. Taschenb. I 1870, III 1878, VIII 1883, XIII 1888 u. XVII 1892; — J. Svoboda, Die Theresianische Militär-Akademie zu Wr.-Neustadt und ihre Zöglinge, I. Bd., 1894, S. 595.

Schierl von Moorburg.

Römisch-katholisch. — Österreich (Niederösterreich).

Verleihung:

1872 März 4, Wien: Kaiser Franz Joseph I. verleiht dem Militäragenten Dr. Karl Schierl als Ritter des Ordens der Eisernen Krone III. Klasse den Österreichischen Ritterstand mit dem Prädikate „von Moorburg" und einem Wappen. — (AA., HKA.; — Orig. Fam.)

Wappen:

1872 März 4: Geviert, 1 und 4 in Gold ein aus dem Spalt hervorbrechender rechthalber, bezw. linkhalber schwarzer Adler

30

2 in Blau ein römisches Liktorenbündel mit Beil und roten Riemen, geschrägt mit einem blanken Schwerte mit goldenem Griffe, 3 in Blau drei (2, 1) aufrechte goldene Ährengarben. Zwei gekrönte Turnierhelme: auf I mit schwarz-goldenen Decken ein geschlossener goldener Flug; auf II mit blau-goldenen Decken ein Buch mit der Aufschrift „Genesis MCCCLXXII" und darauf sitzend eine natürliche Eule. Goldenes Schriftband mit der Devise „FACTA NON VERBA".

---

† Karl Ritter Schierl von Moorburg (Ritterstandserwerber — Sohn des 12. Juni 1846 zu Wien † Weinhändlers Franz Peter Schierl und der 12. Dezember 1882 ebenda † Petronella, geb. Lang), geb. Wien 29. April 1831, † ebenda 2. April 1896, Dr. jur., EKO.-R.III., k. k. Regierungsrat und Militäranwalt; — verm. Wien 8. August 1853 mit:

Elisabeth, geb. von Nagy (Tochter des 8. Juni 1846 zu Wien † k. k. Hof-Hutfabrikanten Josef von Nagy und der 12. Jänner 1880 ebenda † Elisabeth, geb. Gänger), geb. Wien 4. Dezember 1831. — [Wien, XVII. Ottakringerstraße 30.]

Kinder:

†1. Karl, geb. Wien 18. April 1854, † daselbst 28. November 1906, k. k. Hofrat und Finanzbezirksdirektor in Wien, Ehrenbürger von Stein a. d. Donau; — verm. Wien 26. März 1881 mit:

Elisabeth, geb. Wachler (Tochter des 16. Jänner 1896 zu Wien † k. k. Regierungsrates der Polizeidirektion Dr. jur. Karl W. und der Griseldis, geb. Koudelka), geb. Wien 8. Juli 1860. — [Wien, I. Wollzeile 12.]

Kinder:

1) Griseldis, geb. Wien 25. Dezember 1881; — verm. Wien 20. September 1902 mit:

Karl Wittmann, geb. Trebitsch 16. Mai 1870, k. u. k. Hauptmann 1. Kl. des Generalstabskorps. — [Wien.]

2) Valerie, geb. Wien 4. März 1885.

2. Elly, geb. Wien 31. Jänner 1856; — verm. Ischl 8. August 1884 mit:

Rudolf Melzer, geb. Wien 7. September 1852, Dr. jur., Hof- und Gerichtsadvokaten. — [Wien, XVII. Ottakringerstraße 30.]

3. Rudolf, geb. Wien 22. Mai 1863, k. k. Postkontrollor der Postökonomieverwaltung in Wien; — verm. Wien 29. Juni 1890 mit:

Marie, geb. Sohm (Tochter des 22. September 1888 zu Wien † akademischen Bildhauers Gebhard S. und der 9. August 1898 zu Wien † Theresia, geb. Schierl), geb. Wien 10. August 1866. — [Wien, XVII. Ottakringerstraße 30.]

4. Richard, geb. Wien 3. Dezember 1865, k. u. k. Hauptmann 2. Kl. im Divisions-Artillerie-Regimente Nr. 6. – [Wien, III. Veithgasse 3.]

Schlossarek von Schloßegg.

Römisch-katholisch. – Österreich (Niederösterreich).

Verleihung:

1900 Dezember 22, Wien (Diplom): Kaiser Franz Joseph I. verleiht dem k. u. k. Obersten Alfred Schlossarek den österreichischen Adel mit dem Prädikate „Edler von Schloßegg" und einem Wappen. – (AA., HKA.; – Orig. Fam.)

Wappen:

1900 Dezember 22: In Blau ein wachsender silberner Quaderturm mit drei Zinnen, in den Oberecken von je einem sechsstrahligen goldenen Sterne begleitet. Auf dem gekrönten Turnierhelme mit rechts blau-silbernen und links blau-goldenen Decken der von zwei Sternen begleitete Turm.

Alfred Ludwig Otto Schlossarek Edler von Schloßegg (Adelserwerber – Sohn des 30. April 1868 zu Sternberg in Mähren † k. k. Bezirksvorstehers Josef Schlossarek und der 2. Juli 1863 ebendort † Euphrosyne, geb. Lenhart), geb. Landskron in Böhmen 27. November 1845, MVK., k. u. k. Generalmajor d. R. (bis 1901 Oberst, kommandiert beim Geniestabe, Militärbaudirektor in Innsbruck); – verm. Budapest 12. Dezember 1871 mit:

Josefine, geb. Bohn (Tochter des 26. Jänner 1905 zu Budapest † kgl. ungar. Buchhaltungsdirektors Josef B. und der 24. August 1892 ebendort † Katharina, geb. von Sztankovits), geb. Budapest 21. Februar 1848. – [Wien, III. Ungargasse 44.]

Kinder:

1. Gisela Klothilde Irene, geb. Budapest 1. Mai 1875. – [Wien, III. Ungargasse 44.]
2. Alfred, geb. Gyulafehérvár (Karlsburg) 22. November 1876, k. u. k. Rittmeister 2. Kl. im Husaren-Regimente FM. Josef Graf Radetzky von Radetz Nr. 5. – [Pozsony.]

30*

Schlumberger von Goldeck.

Evangelisch A. B. und römisch-katholisch. — Österreich (Niederösterreich).

Verleihung:

1879 Februar 6 (Allerhöchste Entschließung) und April 7, Wien (Diplom): Kaiser Franz Joseph I. erhebt den Weingutsbesitzer und Weingroßhändler Robert Schlumberger in den Österreichischen Adelstand mit dem Prädikate „Edler von Goldeck" und einem Wappen. — (AA., HKA.; — Orig. Fam.)

Wappen:

1879 April 7: Geviert, 1 und 4 in Geschrägt von Silber über Rot auf der Teilungslinie drei farbengewechselte Rosen hintereinander, 2 und 3 in Silber auf grünem Dreiberge ein wachsender rot gekleideter und gegürteter natürlicher Mann mit Umschlagkragen und Mütze aus Zobelpelz, diese mit drei braunen Federn besteckt, in der Rechten ein Rebmesser emporhaltend und die Linke in die Seite stemmend. Auf dem gekrönten Turnierhelme mit rot-silbernen Decken zwischen einem offenen, rechts von Silber über Rot und links umgekehrt geteilten, jederseits mit drei pfahlweise übereinander gestellten farbengewechselten Rosen belegten Fluge der wachsende Mann mit dem Rebenmesser.*)

---

*) Mit einem in den Bildern fast identischen Wappen hatte schon Kaiser Rudolf II. ddo. Prag, 6. Februar 1592 Hans, Jakob und Abraham die Schlumperger Gebrueder und deren Vetter Martin, der sich von Jugend auf „für ain Hußarn jederzeit ritterlichen von vnd zum Feindt gebrauchen laßen", in den Rittermäßigen Reichsadelstand erhoben. Dies geschah unter Vereinigung ihres nach dem vorliegenden Gesuche von Kaiser Ferdinand I. ihrem „Ehn, Vettern und Vöttern Hannsen vnnd Christoffen Schlumperger Gebrueder seeligen" fünfzig Jahre vorher (also 1542) verliehenen Stammwappens (in Geschrägt von Gold über Schwarz auf der Teilungslinie drei farbengewechselte Rosen hintereinander und auf dem ungekrönten Stechhelme mit schwarz-gelben Decken ein geschlossener, ebenso bezeichneter Flug) mit dem durch den Tod des mütterlichen „Ehns" der drei erstgenannten Brüder, des vom Kaiser mit „besundern adelichen Freyheit(en)" begabten und „vndter die Zall der Ritterschafft" erhobenen „Bartime Bröbstl", an sie gefallenen Wappen (in Gold auf weißem Dreiberg ein wachsendes, blau gekleidetes, bärtiges natürliches Männlein mit roten Aufschlägen, sechs goldenen Knöpfen, schwarz und gelb „gesprenglietm" Gürtel und rot gestülpter blauer Zipfelmütze, in der Rechten an braunem Stiele eine blaue Gleve haltend und die Linke in die Seite stemmend, und auf dem ungekrönten Turnierhelme mit abfliegender blau-gelber Binde und ebensolchen Decken das Männlein mit der Gleve). Vereinigtes Wappen: Geviert, 1 und 4 wie der Schild des Stammwappens (Schlumperger), 2 und 3 in Silber auf

Ältere Genealogie und Geschichte einem späteren Jahrgange vorbehalten.

Linie in Österreich.

† Robert Alwin Schlumberger Edler von Goldeck (Adelserwerber — Sohn des 24. Dezember 1831 zu Ulm † kgl. württembergischen Oberbaurates Johannes Schlumberger und der 29. November 1853 zu Györgfalva † Sophie Marie, geb. von Möhrlin), geb. Stuttgart 12. September 1814, † Vöslau 13. Juli 1879, FJO.-R., GVK.m.K., Mitglied der niederösterreichischen Handels- und Gewerbekammer, der Grundsteuerregulierungs-Landeskommission und des Bezirksschulrates, Besitzer des Weingutes Goldeck in Vöslau, Weingroßhändler, Bürgermeister von Vöslau; — verm. Wien 20. Juni 1843 mit:

† Sophie, geb. Kirchner (römisch-katholisch — Tochter des 27. Oktober 1863 zu Vöslau † Metallknöpfefabrikanten Heinrich

---

blauem Dreiberge das wachsende Männlein „in schwarzem marhasotisch Bart", blauem „haidnischen Hut" mit rotem Stulp und ebensolcher „Tolle", rotem Leibrock mit sechs goldenen Knöpfen, blauen Aufschlägen und schwarz-gelb „gesprengleten" Gürtel, in der Rechten einen blanken Säbel schwingend und die Linke in die Hüfte stemmend (in den Farben geändert Bröbstl); auf dem gekrönten Turnierhelme mit rechts schwarz-gelben und links rot-weißen Decken zwischen einem offenen, rechts von Schwarz und Gelb und links umgekehrt gespaltenen und jederseits auf der Spaltungslinie mit drei pfahlweise übereinander gestellten farbengewechselten Rosen belegten Fluge auf blauem Dreiberge das wachsende Männlein mit dem Schwerte. — (AA., RA. — Vgl. Alter Siebmacher, Ausgabe 1656, III, 75 „Die Probstei" und „Die Schlvmberger" unter „Österreichische" [s. nachstehende Abbildungen.])

Dieses Wappen hat augenscheinlich 1879 als Vorbild für das dem Robert Schlumberger verliehene gedient. Dessen wahrscheinliche Stammeszugehörigkeit zur älteren Familie konnte jedoch bisher nicht erwiesen werden.

Daniel K. und der 8. Juni 1850 zu Wien † Klara, geb. Fürnkranz), geb. Wien 3. August 1822, † ebenda 28. Februar 1894.

Kinder:

1. Otto Robert Heinrich, geb. Vöslau 28. August 1846, FJO.-Kmt., k. u. k. Hoflieferant, Generalrat der Österr.-ungar. Bank, Zensor der Ersten österr. Sparkassa, Teilhaber der prot. Firma R. Schlumberger und Inhaber der prot. Firma August Schneider, Weingroßhandlungen in Wien; — verm. Wien 13. Jänner 1872 mit:

Emma, geb. Schneider (römisch-katholisch — Tochter des 8. Juli 1897 zu Vöslau † Inhabers der unter seinem Namen prot. Weingroßhandlungsfirma in Wien, FJO.-R., Bes. d. gr. gold. Salvator-Med., Ehrenbürgers des Kurortes Vöslau, Mitgliedes der Handels- und Gewerbekammer, k. u. k. Hoflieferanten August Sch. und der 18. Jänner 1882 zu Wien † Elise, geb. Scheer), geb. Wien 9. März 1854. — [Wien, I. Johannesgasse 21, und Vöslau.]

Kinder:

1) Robert August Otto, geb. Wien 21. Mai 1874, Prokuraführer der prot. Firma August Schneider, Weingroßhandlung in Wien, k. u. k. Leutnant a. D. (bis 1904 i. d. R. des Korpsartillerie-Regimentes FZM. August Freiherr von Weigl Nr. 2); — verm. Wien 12. Februar 1901 mit:

Marie Sophie Elisabeth, geb. Forster (Tochter des 20. März 1906 zu Wien † Ferdinand F. und der Lucie, geb. Ahrens), geb. Wien 11. Februar 1881. — [Wien, XIX. Heiligenstädterstraße 41.]

Kinder:

(1) Robert Ferdinand Otto August, geb. Wien 10. März 1902.

(2) Sophie Emma Lucie Marie Auguste, geb. Wien 12. Dezember 1904.

2) Otto Emmerich, geb. Wien 25. August 1875, Dr. jur., Prokuraführer der prot. Firma R. Schlumberger; — verm. Wien 30. März 1901 mit seiner Cousine:

Marie (Mizzi) Sophie Louise, geb. Schlumberger Edlen von Goldeck (Tochter des Gustav Samuel Sch. v. G. und der Justine, geb. Knaack), geb. Wien 24. März 1881. — [Wien, III. Strohgasse 2, und Vöslau.]

Kinder:

(1) Elisabeth Justine Ottilie, geb. Vöslau 8. Jänner 1902.
(2) Margarete Emma, geb. Vöslau 5. April 1903.

3) Elisabeth (Lilly) Sophie Emma, geb. Vöslau 7. November 1878; — verm. Wien 4. Mai 1898 mit:

Robert Ottokar Capello Grafen von Wickenburg, geb. Lehenhof bei Scheibbs 5. Juni 1874, Gutsbesitzer in Kasern, Salzburg. — [Kasern.]

4) Hans Karl, geb. Wien 31. Oktober 1883, k. u. k. Leutnant des Dragoner-Regimentes Oberst Erzherzog Josef Nr. 15. — [Brünn.]

2. Gustav Samuel, geb. Vöslau 27. Jänner 1848, Teilhaber der prot. Firma R. Schlumberger, Weingroßhandlung in Wien; — verm. Wien 11. Mai 1878 mit:

Justine, geb. Knaack (Tochter des 30. Oktober 1894 zu Wien † Schauspielers Wilhelm K. und der 10. August 1890 zu Weißenbach am Attersee † Bettina, geb. Höller), geb. Prag 23. Juli 1856. — [Vöslau.]

Kinder:

1) Gustav Wilhelm, geb. Wien 23. November 1879; — verm. Wien 27. November 1905 mit:

Ida, geb. Ebenstein (römisch-katholisch — Tochter des .... 18.. zu .... † Franz E. und der ...., geb. ....), geb. Wien 19. November 1881. — [Wien, I. Johannesgasse 21.]

2) Marie (Mizzi) Sophie Louise, geb. Wien 24. März 1881; — verm. Wien 30. März 1901 mit ihrem Cousin:

Otto Emmerich Schlumberger Edlen von Goldeck, geb. Wien 25. August 1875, Dr. jur., Prokuraführer der prot. Firma R. Schlumberger. — [Wien, III. Strohgasse 2, und Vöslau.]

3. Marie, geb. Vöslau 17. Mai 1849; — verm. Vöslau 24. August 1873 mit:

Julius Grimm, geb. Wiesbaden 26. November 1821, Dr. jur. et phil., Professor. — [Wiesbaden.]

4. Robert, geb. Vöslau 27. August 1850, EKO.-R.III., Dr. jur., k. k. Kommerzialrat, Teilhaber der prot. Firma R. Schlumberger, Weingroßhandlung in Wien, Vorstand der II. Sektion der k. k. Landwirtschaftsgesellschaft; — verm. Wien 15. April 1886 mit:

Marie, geb. Gülcher (römisch-katholisch — Tochter des 14. Februar 1875 zu Wien † Jakob Theodor G. und der 24. Februar 1905 ebendort † Gabriele, geb. Passy), geb. Wien 8. Februar 1866. — [Wien, I. Canovagasse 7, und Vöslau.]

Kinder:

1) Artur Otto, geb. Wien 8. Mai 1887.

2) Gabriele (römisch-katholisch), geb. Wien 27. Mai 1888.

5. Berta (römisch-katholisch), geb. Vöslau 9. April 1852, — [Baden bei Wien]; — verm. Vöslau 11. Mai 1873 mit:

† Adolf Ritter Preyß von Steinbühl, geb. Rappoltenkirchen 15. Jänner 1848, † Graz 11. Juni 1891, Dr. jur., Advokaten.

6. Helene (römisch-katholisch), geb. Vöslau 1. Juni 1854; – verm. Vöslau 12. September 1876 mit:

Paul Freiherrn Gautsch von Frankenthurn (römisch-katholisch), geb. Wien 26. Februar 1851, Dr. jur., Ehren-Dr. phil. der Universitäten Krakau und Lemberg, Ehren-Dr. med. der Universität Innsbruck, StO.-Gr.K., LO.-Gr.K. in Brillanten, EKO.-R.I., FJO.-R., GVK.m.K., Chev. de grâce des souv. Malteser-Ordens, k. u. k. Geheimer Rat, k. k. Ministerpräsident a. D. und Präsident des Obersten Rechnungshofes, Mitglied des Herrenhauses des Reichsrates auf Lebensdauer, Kurator der Theresianischen Akademie in Wien, Ehrenmitglied der kaiserl. Akademie der Wissenschaften in Wien, der Zentralkommission für Kunst und hist. Denkmale etc. – [Wien, I. Stadiongasse 6–8.]

7. Ida (römisch-katholisch), geb. Vöslau 10. Jänner 1856; – verm. Vöslau 21. September 1893 mit:

Vladimir Freiherrn von Pražák (römisch-katholisch), geb. Brünn 13. August 1852, LO.-R., k. k. Ministerialrat im Ackerbauministerium, Mitglied der Statistischen Zentralkommission, Ehrenbürger von Böhm.-Rothwasser. – [Wien, IV. Heugasse 16.]

8. Adele, geb. Vöslau 25. Juni 1859; – verm. Vöslau 28. September 1878 mit:

Karl Körbl, geb. Linz 28. August 1847, Dr. med., kaiserl. Rat, Badearzt in Hall. – [Wien, I. Rathhausstraße 19, und Bad Hall.]

Vgl.: – Brünner Adel. Taschenb. X 1885 u. XIV 1889; – C. F. Lendorff, Schweizerisches Geschlechterb. I 1905, S. 511; – Gothaisches Geneal. Taschenb. der Briefadeligen Häuser I 1907 (Linie im Elsaß).

Schoen (Schön) von Liebingen.

Römisch-katholisch. – Österreich (Mähren, Niederösterreich).

Verleihung:

1860 Juli 14, Wien: Kaiser Franz Joseph I. erhebt den jubil. k. k. Oberlandesgerichtsrat Josef Schön als Ritter des Ordens der Eisernen Krone III. Klasse in den Österreichischen Ritterstand und verleiht ihm ein Wappen. – (AA., HKA.; – Orig. Fam.)

Wappen:

1860 Juli 14: Geteilt, oben in Gespalten von Gold und Rot schräg gekreuzt ein rot umschnürtes natürliches Liktorenbündel mit Beil und ein blankes Schwert mit goldenem Griffe, unten in Blau auf einem offenen Buche mit schwarzem Einbande und rotem Schnitte sitzend eine natürliche Eule. Zwei gekrönte Turnierhelme: auf I mit rot-goldenen Decken drei Straußenfedern, eine goldene zwischen zwei roten; auf II mit blau-silbernen Decken zwischen einem offenen, rechts von Silber über Blau und links farbengewechselt geteilten Fluge die Eule.

---

† Josef Ritter Schoen von Liebingen (Ritterstandserwerber – Sohn des .... 1... zu .... † .... Schoen und der .... 1... zu .... † ...., geb. ....), geb. Deutsch-Liebau, Mähren, 15. Mai 1797, † Brünn 29. Oktober 1877, EKO.-R.III., k. k. Oberlandesgerichtsrat i. R.; – verm. Zuckmantel 14. März 1825 mit:

† Wilhelmine, geb. Hoechsmann (Tochter des 9. April 1819 zu Olmütz † gew. Universitätsprofessors daselbst und mähr.-schles. Landesadvokaten Dr. jur. Ignaz Ludwig H. und der .... 1... zu .... † ...., geb. ....), geb. .... 1..., † Mähr.-Neustadt .... 183..

Kinder:

† 1. Klaudine, geb. Hohenstadt, Mähren, 30. Mai 1827, † Wien 12. Oktober 1886; – verm. Brünn 24. Mai 1867 mit:

† Josef Langer, geb. Olmütz .... 18.., † Wien .... 1891, k. k. Steueramtskontrollor i. R.

† 2. Robert, geb. Hohenstadt 7. Juni 1829, † .... 1. April 1900, Dr. jur., k. k. Senatspräsident des Obersten Gerichts- und Kassationshofes; – verm. Brünn 22. Mai 1866 mit:

Auguste, geb. Godhair (Tochter des ... April 1870 zu Brünn † Großindustriellen Ludwig G. und der .... 18.. zu .... † Auguste, geb. Lenzmann), geb. Brünn 24. März 1839. – [Wien, III. Rasumofskygasse 7.]

Kinder:

1) Marie, geb. Brünn 10. Mai 1869, – [Wien, III. Rasumofskygasse 7]; – verm. Wien 16. November 1892 als dessen II. Gemahlin mit:

† Heinrich Karl Freiherrn Giesl von Gieslingen, geb. Olmütz 7. August 1821, † Wien 2. Juli 1905, EKO.-R.I. (KD.III.), MVK. (KD.), k. u. k. Geheimen Rat und Feldzeugmeister d. R. (bis 1894 Gendarmerie-Inspektor für die im Reichsrate vertretenen Königreiche und Länder), Inhaber des Warasdiner Infanterie-Regimentes Nr. 16; – (verm. in I. Ehe .... 22. November 1849 mit: † Emilie Marie Hermine, geb. Christoph, geb. Seletitz, Mähren, 10. April 1822, † Meran 20. September 1855).

2) Adele, geb. .... 5. Juni 1870; – verm. .... 4. Juni 1902 mit:

Julius Wolny, geb. Wien 14. März 1861, MVK., k. u. k. Hauptmann 1. Kl. im Infanterie-Regimente Vizeadmiral Erzherzog Karl Stephan Nr. 8. – [Brünn, Falkensteinstraße 1.]

3) Ludwig, geb. .... 27. Februar 1872, k. k. Gerichtssekretär beim k. k. Bezirksgerichte Neubau. — [Wien, III. Rasumofskygasse 7.]

† 3. Klaudius, geb. Mähr.-Neustadt 4. Oktober 1831, † Gries bei Bozen 13. Februar 1880, k. k. Major d. R. (bis 1871 Hauptmann 1. Kl. im Geniestabe, Bauverwalter in Budweis); — verm. Krems 15. März 1867 mit:

† Anna Josefine Viktoria, geb. Freiin von Imhof (Tochter des 15. Mai 1872 zu .... † Fabriksdirektors Franz Karl Alexander Freiherrn v. I. der Linie auf Spielsberg und Oberschwambach und seiner I. Gemahlin, der 1. Juni 1844 zu .... † Anna, geb. Hirsch), geb. Schönberg 9. April 1843, † Graz 5. März 1883.

Kinder:

1) Klaudius, geb. Krems a. d. Donau 14. Februar 1868, k. k. Hauptmann 1. Kl. im Landwehr-Infanterie-Regimente Hohenmauth Nr. 30; — verm. Budweis 15. Oktober 1896 mit:

Amalie, geb. Jeglinger (Tochter des k. u. k. Generalstabsarztes d. R., EKO.-R.III., Dr. med. Josef J. und der Leopoldine, geb. Brandstätter), geb. Linz 1. Dezember 1876. — [Hohenmauth, Böhmen.]

2) Robert, geb. Budweis 25. März 1871, Assistent für Turnen an der k. k. Staatsrealschule in Wien, V. Bezirk. — [Wien, IV. Karolinengasse 7 A.]

3) Josefine, geb. Linz 4. September 1874; — verm. .... 1899 mit:

Hans Pleninger, geb. .... 18.., k. k. Adjunkt. — [Radautz.]

4. Wilhelmine, geb. Mähr.-Neustadt 8. Juli 1833. — [Wien, XIII. Hadikgasse 34.]

5. Johanna, geb. Znaim 4. Juli 1838, — [Mihályfa bei Sümeg]; — verm. Brünn 24. Mai 1856 mit:

† Kálmán Forintos de Forintosháza, geb. .... 18.., † Mihályfa bei Sümeg, Komitat Zala, ... Oktober 1893, Gutsbesitzer in Mihályfa.

Vgl.: — Brünner Adel. Taschenb. I 1870, V 1880, IX 1884 u. XIX 1894.

Schön (Schoen) von Perlashof.

Römisch-katholisch. — Österreich (Niederösterreich).

Verleihungen:

1839 August 30, Wien (Diplom): Kaiser Ferdinand I. verleiht dem Kanzler und Hofrate des Deutschen Ritterordens Josef Schön den Österreichischen Adelstand mit dem Prädikate „Edler von Perlashof" und einem Wappen. — (AA., HKA.; — Orig. Fam.)

1865 April 6, Wien: Kaiser Franz Joseph I. erhebt den Hofrat und Kanzler des Deutschen Ritterordens Dr. phil. Albert Schoen Edlen von Perlashof als Ritter des Ordens der Eisernen Krone III. Klasse in den Österreichischen Ritterstand und bessert sein Wappen. — (AA., HKA.; — Orig. Fam. — I. Ältere Linie.)

Wappen:

I. 1839 August 30: Gespalten, vorne in Gold ein schwarzer Adler, in jeder Kralle ein natürliches vierblättriges Kleeblatt haltend, hinten in Rot in der Fußstelle ein schräg abgeschnittener natürlicher Eichenast, aus dem oben ein Zweig mit drei (1, 2) goldenen Eicheln und vier (2, 2) natürlichen Blättern, sowie unten zwei ebensolche Blätter hervorwachsen. Auf dem gekrönten Turnierhelme mit rechts schwarz-goldenen und links rot-goldenen Decken zwischen einem offenen, rechts von Gold über Schwarz, links von Rot über Gold geteilten Fluge der Eichenast mit dem befruchteten Zweige wie im Schilde. Goldenes Spruchband mit der Devise „RES NON VERBA" in schwarzer Lapidarschrift.

II. 1865 April 6: Unter einem wie die vordere Schildeshälfte von 1839 bezeichneten Schildeshaupte gespalten, vorne wie die hintere Schildeshälfte von 1839, hinten in Silber ein schwarzes Kreuz (Deutscher Ritterorden). Zwei gekrönte Turnierhelme: auf I mit rot-goldenen Decken das Kleinod von 1839, nur der rechte Flügel von Gold über Rot (anstatt Schwarz) geteilt; auf II mit schwarz-goldenen Decken der Adler mit den vierblättrigen Kleeblättern aus dem Schildeshaupte. Spruchband und Devise wie 1839.

Der Stammvater dieser Familie Josef Schön wurde als Sohn eines k. k. Artilleriefeuerwerkers und dessen Frau Katharina († Wien 2. September 1821 im 75. Lebensjahre) am 31. Dezember 1776 zu Olmütz (St. Elisabeth) geboren, kam in Hoch- und Deutschmeisterschen Diensten nach Mergentheim an der Tauber und rückte schließlich zum Hofrate und Kanzler des h. Deutschen Ritterordens vor. Als solcher erwarb er in Niederösterreich den Freihof Waffenhof zu Biedermannsdorf, der nach einem Besitzer aus der ersten Hälfte des XVIII. Jahrhunderts, dem Grafen Raimund de Rialp de villana Perlas, auch „Perlashof" genannt wurde. Er erlangte ddo. Wien, 30. August 1839 den Österreichischen Adel mit dem Prädikate „Edler von Perlashof“ und dem oben sub I beschriebenen Wappen. Bei seinem am 9. November 1853 zu Wien erfolgten Tode hinterließ Josef Schön Edler von Perlashof aus seiner Ehe mit Theresia, geb. Bumm, zwei Söhne:

1. Albert, geb. Dinkelsbühel 30. Jänner 1797, von dem die I. Ältere Linie (s. unten) abstammt und dessen zweiter Sohn Albert „Schoen“ Edler von Perlashof (geb. Wien 30. Jänner 1827), Dr. phil., k. k. Hofrat und ebenfalls Kanzler des h. Deutschen Ritterordens, als Ritter des Ordens der Eisernen Krone III. Klasse, den damaligen Ordensstatuten entsprechend, ddo. Wien, 6. April 1865 den Österreichischen Ritterstand mit entsprechender Wappenbesserung erhielt.

2. Karl Valentin Josef, geb. Mergentheim ... April 1800, von dem die unten folgende II. Jüngere Linie abstammt.

I. Ältere Linie.

(Nun Ritter Schoen von Perlashof.)

† Albert Schön Edler von Perlashof (älterer Sohn des 9. November 1853 zu Wien † Josef Sch. Edlen v. P. und der .... 18.. zu .... † Theresia, geb. Bumm), geb. Dinkelsbühel 30. Jänner 1797, † Wien 28. März 1831, bürgerl. Handelsmann zu Wien; — verm. Wien 9. November 1823 mit:

† Antonie, geb. Kigerl (Tochter des .... 18.. zu .... † .... K. und der .... 18.. zu .... † ...., geb. ....), geb. Wien 26. August 1797, † ebenda 10. Mai 1866.

Kinder:

†1. Josef Schön Edler von Perlashof, geb. Wien 1825, † Temesvár 25. August 1855.

†2. Albert Ritter Schoen von Perlashof (Ritterstandserwerber), geb. Wien 30. Jänner 1827, † ebenda 14. Mai 1870, EKO.-R.III., Dr. phil., Hofrat und Kanzler des h. Deutschen Ritterordens; — verm. Freudenthal 10. Mai 1851 mit:

† Augustine, geb. Scholz (Tochter des 21. September 1859 zu Troppau † Hofrates des h. Deutschen Ritterordens Karl Sch. und der 15. August 1865 zu Baumgarten † Luitgarde, geb. Schrott), geb. Langendorf 19. Oktober 1834, † Wien 13. März 1903.

Kinder:

1) Josef Augustin Albert, geb. Wien 15. Februar 1853, Dr. jur., k. k. Oberfinanzrat der Finanzprokuratur in Wien und Regierungskommissär der k. k. österr. Staatsbahnen. — [Wien, I. Postgasse 1.]

2) Maximilian, geb. Troppau 24. Juni 1854, Dr. med. — [Wien, I. Postgasse 1.]

3) Karoline Marie, geb. Wien 25. März 1856; — verm. Hietzing 28. Juni 1873 mit:

Heinrich Pokorny, geb. Wien .... 1845, Oberrechnungsrat beim Magistrate der Stadt Wien. — [Wien, VII. Burggasse 119.]

†4) Albertine Antonie Augustine, geb. Wien 25. Dezember 1857, † Pernitz 15. November 1905.

†5) Augustine, geb. Hietzing 7. August 1860, † Wien 25. Dezember 1883.

6) Wilhelm Anton Albert, geb. Wien 23. April 1862, GVK.m.Kr., Rechnungsoffizial 1. Kl. im k. u. k. Ministerium des kaiserl. und kgl. Hauses und des Äußern. — [Wien, I. Postgasse 1.]

7) Anton (Zwillingsbruder der Folgenden), geb. Hietzing 31. Mai 1864, k. k. Finanzsekretär; — verm. Wien 28. April 1900 mit:

Sophie, geb. Schönfelder (Tochter des Oberinspektors der k. k. österr. Staatsbahnen in Wien Karl Sch. und der Anna, geb. Boufleur), geb. Teplitz 26. Jänner 1882. — [Wien, XIII. Braunschweiggasse 3.]

Kinder:

(1) Augustine, geb. Wien 14. März 1901.
(2) Hedwig, geb. Weidlingau 24. Mai 1904.

8) Marie (Zwillingsschwester des Vorigen), geb. Hietzing 31. Mai 1864. — [Wien.]

†9) Heinrich, geb. Hietzing 15. Juni 1866, † Purkersdorf 25. Juni 1906, Dr. jur., GVK.m.Kr., k. k. Ministerialsekretär im Finanzministerium.

II. Jüngere Linie.
(Schön Edle von Perlashof.)

† Karl Valentin Schön Edler von Perlashof (jüngerer Sohn des 9. November 1853 zu Wien † Josef Sch. Edlen v. P. und der .... 18.. zu .... † Theresia, geb. Bumm), geb. Mergentheim ... April 1800, † Wien 29. März 1851, Hoch- und Deutschmeisterscher Rat und Generalordenskassier; — verm. Soppau 12. Juli 1827 mit:

† Rosalie Karoline, geb. Schrodt (Tochter des .... 18.. zu .... † Hoch- und Deutschmeisterschen Oberamtmannes Heinrich Sch. und der 27. April 1848 zu Troppau † Karoline, geb. von Orosz), geb. Soppau 27. Jänner 1811, † Wien 7. Mai 1886.

Kinder:

†1. Josefine Karoline Antonie Rosalie, geb. Wien 20. Mai 1828, † .... 18..; — verm. Wien 12. Juni 1847 mit:

† Friedrich Schauta, geb. .... 18.., † Wien .... 18.., k. k. Regierungsrat, Hoch- und Deutschmeisterschen Rat und Generalkassier des h. Deutschen Ritterordens.

†2. Rosalie Josefa Antonie Karoline, geb. Wien 9. Mai 1829, † .... 18..

†3. Karl Borromäus Josef Albert Heinrich, geb. Wien 11. September 1830, † ebenda 17. April 1832.

†4. Theresia Josefa Rosalie, geb. Wien 18. November 1831, † ebenda 12. April 1833.

†5. Amalie Josefa Antonie, geb. Wien 31. Jänner und † ebenda 4. März 1833.

6. Karl Josef Ferdinand, geb. Wien 17. Juni 1834. — [Wien, XII. Schönbrunner Schloßstraße 4.]

7. Marie Josefa Franziska, geb. Klosterneuburg .... 1835, — [Wien]; — verm. Wien 4. September 1852 mit:

† Ferdinand Hofer, geb. .... 18.., † .... 23. April 1894, Gutsverwalter.

†8. Antonie Josefa Karoline, geb. Wien 27. März 1837, † ebenda .... 1862; — verm. Wien .... 1855 mit:

† Otto Ritter von Thielen, geb. .... 18.., † .... 18.., k. k. Major d. R.

†9. Rosalie Josefa Therese Karoline, geb. Wien 26. Jänner 1839: † ebenda 14. September 1856; — verm. Wien .... 1855 mit,

† Rudolf Gerlich Edlen von Gerlichsburg, geb. .... 18.., † .... 1890, LO.-R., EKO.-R.III. (KD.), gr. gold. Tapferk.-Med., k. u. k. Feldzeugmeister d. R., Inhaber des Korpsartillerie-Regimentes Nr. 14.

†10. Henriette Josefa Franziska, geb. Wien 12. Juli 1841, † ebenda 7. November 1841.

11. Therese Josefa, geb. Wien 27. Oktober 1842. — [Wien, I. Führichgasse 3.]

12. Maximilian Josef Heinrich, geb. Wien 20. Juni 1848, Vertreter des landwirtschaftlichen Blattes „Köztelek"; — verm. Vöslau 7. April 1884 mit:

Rosalie, geb. Hantak (Tochter des Anton II. und der Elisabeth, geb. Liebert), geb. Boglár, Komitat ...., 13. Juni 1860. — [Wien, II. Schönngasse 25.]

Kinder:

1) Alexander Karl Anton Adolf Maria, geb. Wien 1. Jänner 1885.

2) Anna Rosa Marie, geb. Wien 25. Februar 1891.

Vgl.: Brünner Adel. Taschenb. I 1870, III 1878, VIII 1883, XI 1886, XVII 1892 u. XIX 1894.

Schönner von Schöndorn.

Römisch-katholisch. — Österreich (Mähren) und Ungarn.

Verleihung:

1895 August 8, Wien (Diplom): Kaiser Franz Joseph I. erhebt den Hauptmann 1. Kl. des Infanterie-Regimentes GdK. Johann Freiherr von Appel Nr. 60 Odilo Schönner in den Österreichischen Adelstand mit dem Prädikate „Edler von Schöndorn" und einem Wappen. — (AA., HKA.; — Orig. Fam.)

Wappen:

1895 August 8: In Blau ein von sechs (oben 2, 1 – unten 1, 2) silbernen Sternen begleiteter ebensolcher Schrägbalken, belegt mit einem schrägen entblätterten natürlichen Dornzweige. Auf dem gekrönten Turnierhelme mit rechts blau-silbernen und links rot-goldenen Decken ein auf dem Ellbogen ruhender geharnischter Arm, in der bloßen Hand einen blanken „Sarazenersäbel" an goldenem Griffe schwingend.

Odilo Schönner Edler von Schöndorn (Adelserwerber — 4. Sohn des .... 18.. zu .... † Erbrichters in Milbes, Mähren, Franz Schönner und der .... 18.. zu .... † Anna, geb. Nießner), geb. Milbes 25. November 1846, EKO.-R.III., MVK., k. u. k. Oberst d. R. (bis 1905 im Infanterie-Regimente GdK. Hermann Edler von Pokorny Nr. 25); — verm. Szoláth 26. Juli 1876 mit:

Rosa, geb. Steinhauser (Tochter des Komitatsbeamten Anton St. und der Anna, geb. Balkay), geb. Erlau (Eger) 19. November 1846. — [Budapest.]

Sohn:

Odilo, geb. Erlau (Eger) 13. Mai 1877, k. u. k. Oberleutnant, überkomplett im Tiroler Kaiserjäger-Regimente Nr. 3, zugeteilt dem Generalstabe bei der 31. Infanterie-Truppendivision in Budapest. – [Budapest.]

Schönowsky von Schönwies.

Römisch-katholisch. – Österreich (Schlesien, Böhmen) und Belgien.

Verleihungen:

1712 Februar 15, Wien: Kaiser Karl VI. erhebt den Lorenz Bernhard Schönowsky in den Böhmischen Adelstand mit dem Prädikate „von Schönwies" und einem Wappen. – (Erwähnt in der folgenden Anerkennungsnote.)

1897 Juli 16, Wien (Note des k. k. Ministeriums des Innern, Z. 481/A): Eröffnung, „daß der k. u. k. Oberleutnant i. d. R. Maximilian von Schönowsky durch authentische Dokumente seine Angehörigkeit zu jener Familie Schönowsky, deren Ahnherr Lorenz Bernard von weiland Sr. Majestät Kaiser Karl VI. unterm 15. Februar 1712 für sich und seine ehelichen Nachkommen den Adelstand des Königreiches Böhmen mit dem Prädikate ‚von Schönwies' erhoben worden ist, außer Zweifel gestellt hat". — (AA.)

Wappen:

1712 Februar 15: In Blau ein goldener Topf, aus dem fünf fächerförmig gestellte, ebensolche Ähren hervorragen. Auf dem gekrönten Turnierhelme mit blau-goldenen Decken zwischen einem offenen blauen Fluge eine fünfblättrige grüne Staude.

Ältere Genealogie und Geschichte einem späteren Jahrgange vorbehalten.

---

† Andreas Josef Schönowsky von Schönwies (Sohn des 26. Juni 1821 zu Troppau † Oberamtmannes Anton Sch. v. Sch. und der 4. Jänner 1827 ebendort † Josefa, geb. Rainer), geb. Troppau 2. September 1793, † ebendort 20. November 1839, k. k. Landrechtsexpeditor in Troppau; — verm. Troppau 6. Juni 1820 mit:

† Amalie, geb. von Unsing (Tochter des .... 18.. zu .... † .... v. U. und der .... 18.. zu .... † ...., geb. ....), geb. .... 18.., † .... 18...

Kinder:

† 1. Adalbert Andreas, geb. Troppau 17. November 1823, † Jellowetz bei Marburg a. d. Drau 17. Oktober 1891, k. u. k. Oberst d. R. (bis 1881 im Infanterie-Regimente FZM. Friedrich Freiherr Pakenj von Kilstädten Nr. 9); — verm. per procurationem zu Puebla, Mexiko, bezw. Teschen 10. April 1866 mit:

† Karoline, geb. Aug (Tochter des 7. August 1855 zu Krakau † k. k. Majors im Infanterie-Regimente FM. Laval Graf Nugent Nr. 30 Ignaz A. und der 11. August 1875 zu Teschen † Pauline, geb. Zwilling), geb. Krakau 6. November 1836, † Köszeg (Güns) 18. November 1879.

Kinder:

1) Maximilian, geb. Teschen 9. Juni 1867, k. k. Hauptmann 2. Kl. im Landwehr-Infanterie-Regimente Nr. 19; — verm. Tarnopol 1. Mai 1897 mit:

Sophie, geb. Damask (Tochter des 5. Juli 1893 zu Lemberg † Revidenten der k. k. priv. Galizischen Aktien-Hypothekenbank daselbst Adolf D. und der 5. September 1901 ebendort † Antonie Wilhelmine, geb. Hochfeld), geb. Krakau 10. August 1873. – [Lemberg, ulica Sakrametek 10.]

Tochter:

Hedwig Henriette Leopoldine Maria Immakulata, geb. Garsten 15. März 1898.

2) Ida Amalie Pauline (evangelisch A. B.), geb. Prag 26. Juni 1871; – verm. Köszeg (Güns) 8. April 1902 mit:

Theophil Beyer (evangelisch A. B.), geb. 29. März 1875, Pfarrer der evangelischen Gemeinde in Köszeg. – [Köszeg.]

3) Gustav Leopold Johann, geb. Königgrätz 16. Mai 1875, k. u. k. Oberleutnant im Infanterie - Regimente FZM. Ferdinand Fiedler Nr. 30. – [Prijepolje.]

4) Alfons Max Maria, geb. Tarnopol 25. Juli 1878, k. u. k. Oberleutnant im Feldjäger-Bataillon Nr. 20. – [Triest.]

† 2. Karl, geb. Troppau 8. August 1832, † St. Andrä im Lavanttale 5. Jänner 1896, Beamter der Alpinen Montangesellschaft; – verm. .... 15. November 1869 mit:

† Marie, geb. Heinz (Tochter des .... 18.. zu .... † .... H. und der .... 18.. zu .... † ...., geb. ....), geb. .... 18.., † St. Andrä im Lavanttale 11. Februar 1896.

Kinder:

1) Adelheid, geb. Zeltweg 13. August 1870. – [Budapest, Üllöi út 36.]

2) Rudolf, geb. Zeltweg .... 1874; – verm. .... 18.. mit:

...., geb. .... (Tochter des .... und der ...., geb. ....), geb. .... 18... – [....]

3) Emma, geb. Zeltweg 21. April 1876; – verm. Köszeg 27. September 1904 mit:

Eugen Beyer, geb. .... 18.., kgl. ungar. Förster. – [Nagybánya.]

4) Adalbert, geb. Zeltweg 6. Oktober 1878. – [....]

† 5) Marie, geb. Zeltweg 19. September 1885, † Köszeg (Güns) 11. Juli 1899.

6) Hildegarde, geb. Zeltweg 19. Jänner 1888. – [Köszeg.]

7) Egon, geb. Zeltweg 12. Juni 1890. – [Sopron.]

3. Hugo, geb. Troppau 27. Dezember 1834, verschollen.

Schubert von Soldern
und
von Schubert.

Römisch-katholisch. – Österreich (Böhmen, Niederösterreich und Küstenland) und Sachsen.

Verleihungen:

1866 Juni 20, Wien (Diplom): Kaiser Franz Joseph I. verleiht dem k. k. Hofrate des Obersten Gerichts- und Kassationshofes Otto Schubert als Ritter des österr. kaiserl. Leopold-Ordens und des Ordens der Eisernen Krone III. Klasse den Österreichischen Ritterstand und ein Wappen. – (AA., HKA.; – Orig. Fam. – II. Jüngere Linie.)

1875 August 18, Wien (Diplom): Kaiser Franz Joseph I. erhebt den k. k. Notar zu Prag Dr. jur. Eduard Schubert als Ritter des Ordens der Eisernen Krone III. Klasse in den Österreichischen Ritterstand mit dem Prädikate „von Soldern" und einem Wappen. – (AA., HKA.; – Orig. Fam. – I. Ältere Linie.)

Wappen:

I. 1866 Juni 20 (Ritter von Schubert): In Blau ein von drei (2, 1) goldenen Sternen begleiteter eingebogener und anstoßender silberner Sparren, hinter dem eine bogenförmig nach unten hängende goldene Schnur mit sieben nach beiden Enden sich verjüngenden natürlichen Perlen hervorbricht. Zwei gekrönte Turnierhelme: auf I mit blau-silbernen Decken eine natürliche Sirene, in jeder Hand einen goldenen Stern emporhaltend; auf II mit blau-goldenen Decken ein offener, rechts von Gold über Blau linksgeschrägter und rechts farbengewechselt geschrägter Flug.

II. 1875 August 18 (Ritter Schubert von Soldern): Geviert, 1 und 4 golden, 2 und 3 in Blau auf grünem Boden an beblättertem grünen Stengel eine natürliche gelbe Sonnenblume mit schwarzer Samenscheibe, über den ganzen Schild ein mit drei goldenen Sternen belegter Schrägbalken. Zwei gekrönte Turnierhelme: auf I mit schwarz-goldenen Decken ein auffliegender schwarzer Rabe mit goldenem Ring im Schnabel; auf II mit blau-goldenen Decken ein wachsender weißer Schwan mit ausgebreiteten Flügeln. Goldenes Spruchband mit der Devise „LUCEM PETO" in schwarzer Lapidarschrift.

Die Vorfahren dieser Familie stammen aus Sachsen. Josef Anton Schubert war kurfürstlich sächsischer Kammer-Furier in Dresden und vermählte sich mit Franziska Dorothea Linenburn aus Mannheim, Gardedame im Hofstaate der Prinzessin Karoline Marie Therese von Sachsen, geb. Prinzessin von Parma († 1. März 1804). Dieser Ehe entsprossen drei Kinder:

— 1. Ein frühzeitig im ledigen Stande als Leutnant verstorbener Sohn; — 2. Johann Ignaz, geb. Prag 13. April 1773, † ebendort 1. Juni 1855, der den Stamm fortpflanzte (siehe unten), und — 3. Katharina Josefa Elisabeth, geb. Dresden 18. Jänner 1775, erst in Hofdiensten der Kurfürstin, nachmaligen Königin Marie Amalie Auguste von Sachsen, dann vermählt als dessen II. Gemahlin mit Xaver Kurt Reinhold von Pfeilitzer, genannt Frank, der aus sächsischen in österreichische Dienste übertrat, Hauptmann im Infanterie-Regimente Erzherzog Rainer Josef Nr. 11 wurde und im Ruhestande am 15. Jänner 1851 zu Leitmeritz starb.

Johann Ignaz, der zweite Sohn des Josef Anton (siehe oben) hinterließ aus seiner Ehe mit Franziska de Paula Barbara, geb. Eckel (Tochter des k. k. Registratursadjunkten Ferdinand E. und der Josefa, geb. Willigk), geb. Prag 16. April 1770, † Smichow 19. September 1845, vier Söhne:

1) Richard, der vor dem Jahre 1838 starb.

2) Eduard, geb. Prag 21. Juni 1800, der in Anerkennung seiner Verdienste um die Böhmische Sparkassa in Prag den Orden der Eisernen Krone III. Klasse erhielt und den früheren Statuten dieses Ordens entsprechend ddo. Wien, 18. August 1875 in den Österreichischen Ritterstand mit dem Prädikate „von Soldern" und dem oben sub II. beschriebenen Wappen erhoben wurde (s. unten I. Ältere Linie).

3) Otto, geb. Prag 24. Dezember 1808, † Wien 11. März 1883, der als k. k. Hofrat des Obersten Gerichts- und Kassationshofes auf Grund des ihm verliehenen Ritterkreuzes des Leopold-Ordens und des Ordens der Eisernen Krone III. Klasse schon ddo. Wien, 20. Juni 1866 ebenfalls den Österreichischen Ritterstand und das sub I. blasonierte Wappen erlangt hatte (s. unten II. Jüngere Linie).

4) Heinrich, geb. Prag 1812, † ebendort 26. Jänner 1838 als k. k. böhmischer Gubernial-Konzeptspraktikant.

I. Ältere Linie.

(Ritter Schubert von Soldern.)

† Eduard Ritter Schubert von Soldern (2. Ritterstandserwerber — 2. Sohn des 1. Juni 1855 zu Prag † Johann Ignaz Schubert und der 19. September 1845 zu Smichow † Franziska de Paula Barbara, geb. Eckel), geb. Prag 21. Juni 1800, † ebendort 21. November 1879, Dr. jur., EKO.-R.III., k. k. Notar zu Prag und Reichsratsabgeordneter; — verm. I. Prag 26. September 1829 mit:

† Johanna Nepomuzena Barbara, geb. Schmidt (Tochter des 13. August 1837 zu Prag † k. k. Ober-Baudirektionsadjunkten Anton Josef Ignaz Sch. und der 14. Jänner 1822 ebendort † Therese, geb. Heydl), geb. Schwarz-Kosteletz 15. Mai 1806, † Prag 7. Oktober 1836; — verm. II. Prag 29. Februar 1840 mit:

† Karoline Anna, geb. Schmidt (Schwester der eben genannten Johanna Nepomuzena Barbara), geb. Schwarz-Kosteletz 17. Dezember 1812, † Prag 26. November 1885.

Kinder: a) I. Ehe:

†1. Anna, geb. Prag 23. Jänner 1832, † ebendort 20. März 1885; — verm. Prag 6. August 1853 mit:
† Karl August Christoph Brosche, geb. Dresden .... 1817, † Prag 15. Oktober 1869, k. k. Major d. R. (bis 186. im Infanterie-Regimente Kaiser Franz Joseph I. Nr. 1).

2. Viktor Maria Ignaz Alois, geb. Prag 15. August 1833, EKO.-R.III., Historienmaler; — verm. Tetschen .... 1862 mit:
Sophie Katharina Therese, geb. Bachhaibl (Tochter des .... 18.. zu .... † Fabrikanten .... B. und der .... 18.. zu .... † Therese, geb. ....), geb. .... 18... — [Dresden.]

Kinder:

†1) Johanna Nepomuzena Therese Sophie Aloisia Viktorine, geb. Tetschen 14. Mai 1863, † München .... 1872.
2) Fortunat, geb. .... 2. Mai 1867, Dr. phil., Bibliothekar und Direktor des kgl. Kupferstichkabinetts in Dresden; — verm. Heinersdorf bei Friedland 22. Oktober 1898 mit:
Elisabeth, geb. Heintschel Edlen von Heinegg (Tochter des Großindustriellen und Teilhabers der prot. Firma E. Heintschel & Comp. in Heinersdorf Franz H. Edlen v. H. und der Hermine, geb. Henburg), geb. .... 18... — [Dresden.]

Kinder:

(1) Rainer, geb. Dresden 6. Dezember 1900.
(2) Hermine Sophie Margarete Aloisia, geb. Dresden 19. Februar 1906.
(3) Rüdiger Fortunat Viktor Eduard Alois (Zwillingsbruder des vorigen), geb. Dresden 19. Februar 1906.

b) II. Ehe:

3. Ernestine, geb. Prag 10. Februar 1841, — [Prag-Smichow]; — verm. .... 4. September 1867 mit:
† Zdenko Mensi, geb. Prag 16. Dezember 1838, † ebendort 9. Oktober 1875, Dr. jur., k. k. Landesgerichtsadjunkten.

Tochter:

Ida Karoline, geb. Prag 27. Mai 1868. — [Prag-Smichow.]

4. Egon, geb. Prag 25. September 1842, Dr. jur., Landesadvokat in Prag; — verm. Reichenberg 14. Juni 1873 mit:
Berta, geb. Preuß (Tochter des 24. Dezember 1904 zu Reichenberg † Kaufmannes Robert P. und der 28. Mai 1902 ebendort † Johanna, geb. Appelt), geb. Reichenberg 7. Mai 1854. — [Prag.]

Kinder:

1) Elisabeth, geb. Prag 15. März 1874.
†2) Helene, geb. Prag 30. Mai 1877, † ebendort 10. Juli 1887.
3) Erich, geb. Prag 7. Jänner 1892.

5. Zdenko, geb. Prag 18. Oktober 1844, Architekt und k. k. o. ö. Professor der Baukunst an der Deutschen technischen Hochschule in Prag. – [Prag.]

6. Richard, geb. Prag 14. Dezember 1852, k. k. Gymnasialprofessor in Görz; – verm. Wernstein a. Inn 19. November 1891 mit:
 Marie Anna, geb. Donath (Tochter des .... August D. und der ...., geb. ....), geb. Kulm 9. Mai 1862. – [Görz.]

II. Jüngere Linie.

Ritter von Schubert.

† Otto Karl Eduard Alois Ritter von Schubert (1. Ritterstandserwerber – 3. Sohn des 1. Juni 1855 zu Prag † Johann Ignaz Schubert und der 19. September 1845 zu Smichow † Anna Franziska de Paula Barbara, geb. Eckel), geb. Prag 24. Dezember 1808, † Wien 11. März 1883, LO.-R., EKO.-R.III., k. k. Hofrat beim Obersten Gerichts- und Kassationshofe in Wien; – verm. Brünn 5. Juni 1849 mit:
 Eleonore, geb. Roskoschny (Tochter des .... 1854 zu Brünn † k. k. Präsidenten des Oberlandesgerichtes für Mähren und Schlesien Josef R. und der Anna, geb. Hirschmann), geb. Prag 28. Jänner 1831.

Kinder:

1. Huberta (Berta) Anna Marie Josefa Aloisia, geb. Reichenberg 8. März 1853; – verm. Wien (St. Augustin) 8. November 1873 mit:
 Philipp Ritter von Böhm, geb. Jičin 9. Juni 1845, Dr. jur., k. k. Notar zu Wien. – [Wien, I. Opernring 6.]

2. Anna Maria Josefa Aloisia, geb. Prag 14. April 1855; – verm. Wien (griech.-orient. Pf. z. hl. Dreifaltigkeit) 8. November 1875 mit:
 Xenophon Freiherrn von Mustatza (griechisch-orientalisch), geb. .... 18.., Großgrundbesitzer und k. k. Ministerialrat im Ministerium für Kultus und Unterricht. – [Wien, III. Beatrixgasse 18.]

3. Karl Otto Eduard Johann Josef Alois, geb. Prag 13. September 1856, k. k. Landesgerichtsrat beim Bezirksgerichte Wien, I. Innere Stadt; – verm. Wien 28. August 1886 mit:
 Emma, geb. Schreyvogl (Tochter des 2. Dezember 1897 zu Wien † Hausbesitzers Anton Sch. und der 6. November 1898 zu Neusiedl bei Tulln † Antonie, geb. Mandl), geb. Wien 4. Februar 1869. – [Wien, IX. Liechtensteinstraße 104.]

 Kinder:

 1) Eleonore, geb. Wien 9. November 1887.
 2) Otto, geb. Retz 25. Mai 1889.
 3) Emma, geb. Retz 25. Februar 1891 } Zwillinge.
 4) Karl, geb. Retz 25. Februar 1891 }
 5) Grete, geb. Retz 26. Juni 1892.

4. Emilie (Lily) Anna Maria Josefa Aloisia, geb. Prag 16. November 1861; – verm. I. .... 5. Juni 1879 mit:

† Eduard Schwetz, geb. .... 18.., † .... 21. November 1879, Direktor der Filiale der k. k. priv. Kreditanstalt für Handel und Gewerbe in Prag; – verm. II. Preßbaum .... 18.. mit:

Heinrich Bolzani, geb. .... 18.., k. u. k. Hoflieferanten und Chef der prot. Firma Bolzani & Comp., k. u. k. Hof- und landesbef. Goldkettenfabrik in Wien. — [Wien, VI. Luftbadgasse 5.]

Vgl.: – Brünner Adel. Taschenb. IX 1884 u. XVIII 1893; – Neuer Siebmacher IV, 9 (R. J. Grf. Meraviglia-Crivelli, Der böhmische Adel), S. 256, Taf. 117.

Schuster von Bonnott.

Römisch-katholisch. – Österreich (Niederösterreich).

Verleihung:

1889 Juni 26 (Allerhöchste Entschließung) und Juli 25, Wien (Diplom): Kaiser Franz Joseph I. erhebt den k. k. Regierungsrat und Universitätsprofessor i. R., Rechtskonsulenten der priv. Österr.-ungar. Staatseisenbahn-Gesellschaft Dr. jur. Ferdinand Schuster in den Österreichischen Adelstand mit dem Prädikate „Edler von Bonnott" und einem Wappen. – (AA., HKA.; – Orig. Fam.)

Wappen:

1889 Juli 25: In Gold innerhalb einer mit vier (1, 2, 1) goldenen Sternen belegten blauen Bordüre eine natürliche Eule, sitzend auf einem schwarz eingebundenen Buche mit rotem Schnitte und zwei goldenen Schließen. Auf dem gekrönten Turnierhelme mit blau-goldenen Decken zwischen zwei von Gold über Blau geteilten Büffelhörnern die natürliche Eule sitzend.

Ferdinand Schuster Edler von Bonnott (Adelserwerber – Sohn des 26. März 1841 zu Wien † Kassiers im k. k. Provinzial-Zahlamte in Wien Paul Schuster und der 6. März 1871 ebenda † Theresia, geb. Schwarz), geb. Wien 22. August 1826, Dr. jur., EKO.-R.III., k. k. Regierungsrat, Universitätsprofessor i. R., Rechtskonsulent der priv. Österr.-ungar. Staatseisenbahn-Gesellschaft i. P.; – verm. Wien 25. Mai 1854 mit:

Emma Anna, geb. Fierlinger (Tochter des 4. August 1836 zu Korneuburg † k. k. Kreiskommissärs Josef F. und der 30. April 1861 zu Wien † Julie, geb. Link), geb. Korneuburg 27. Juli 1836. — [Wien, VII. Burggasse 25.]

Kinder:

1. Rudolf Theodor, geb. Budapest 12. April 1855, Dr. jur., EKO.-R.III., k. k. Sektionschef im Handelsministerium und Direktor des k. k. Postsparkassenamtes in Wien; — verm. Wien 28. April 1888 mit:

Johanna Ludovika, geb. von Wittek (Tochter des 27. Jänner 1876 zu Wien † k. k. Obersten und Oberleutnants der Trabanten-Leibgarde Johann Ritters v. W. und der 25. Jänner 1891 ebenda † Elisabeth, geb. Stibral), geb. Wien 19. Oktober 1860. — [Wien, III. Am Heumarkt 9.]

Kinder:

1) Elisabeth Emma Marie, geb. Wien 16. Februar 1892.
2) Otto Heinrich Johann, geb. Perchtoldsdorf 5. August 1893.
3) Friedrich Ferdinand Johann, geb. Wien 11. Februar 1900.

2. Maximilian Peter, geb. Budapest 11. März 1857, Dr. jur., LO.-R., EKO.-R.III., FJO.-R., k. k. Hofrat des Verwaltungs-Gerichtshofes. — [Wien, VII. Burggasse 25.]

†3. Edmund Franz, geb. Budapest 20. Oktober 1858, † Wien 16. Jänner 1904, k. k. Hofrat i. R.

4. Gustav Josef, geb. Wien 17. März 1872, Dr. jur., k. k. Gerichtssekretär des Oberlandesgerichtes in Wien; — verm. Wien 27. Oktober 1898 mit:

Anna Maria, geb. Wraschtil (Tochter des k. k. Hofrates und Vorstandes des Sekretariates der k. k. Generalinspektion der österr. Staatsbahnen in Wien, EKO.-R.III., FJO.-R. Wilhelm W. und der 13. November 1904 zu Wien † Elisabeth, geb. Hauser), geb. Prag 6. März 1876. — [Wien, XVIII. Anton Frankgasse 3.]

Söhne:

1) Ernest Ferdinand, geb. Wien 28. Juli 1899.
2) Walter Wilhelm, geb. Wien 17. April 1903.

Vgl.: — Brünner Adel. Taschenb. XVI 1891.

Schwaab von Wildenfried.

Römisch-katholisch. – Österreich (Tirol, Böhmen).

Verleihungen:

1894 Dezember 15, Wien (Diplom): Kaiser Franz Joseph I. erhebt den k. u. k. Oberstleutnant d. R. Hugo Schwaab in den Österreichischen Adelstand mit dem Ehrenworte „Edler von" und einem Wappen. – (AA., HKA.; – Orig. Fam.)

1904 Mai 10, Wien (Erlaß des k. k. Ministeriums des Innern, Z. 450/A): Bewilligung zur Annahme des Prädikates „von Wildenfried" für den k. u. k. Obersten d. R. Hugo Edlen von Schwaab. – (AA., HKA.; – Orig. Fam.)

Wappen:

1894 Dezember 15: In Blau auf wachsendem grünen Dreiberge ein geharnischter, schwertschwingender Reiter, dessen offener Helm mit einer Straußenfeder besteckt ist, sitzend auf einem reich gezäumten Pferde mit Nackenharnisch, alles silbern. Auf dem gekrönten Turnierhelme mit blau-silbernen Decken ein geschlossener, vorn von Silber über Blau, hinten farbengewechselt geteilter Flug.

Hugo Schwaab Edler von Wildenfried (Adelserwerber – Sohn des 27. September 1844 zu Brixen † k. k. Militär-Verpflegsassistenten Eugen Schwaab und der 30. Oktober 1899 zu Wien † Karoline, geb. Niederkircher), geb. Brixen 28. Jänner 1841, k. u. k. Oberst d. R. (bis 1893 Oberstleutnant und Kommandant der Batterie-Division Nr. 11 [heute Divisions-Artillerie-Regiment Nr. 16]); – verm. Wien 5. Mai 1878 mit:

Ludmilla, geb. Nitsche (Tochter des 4. März 1886 zu Wien † k. k. Telegraphenamts-Oberkontrollors Josef N. und der 22. Jänner 1886 ebenda † Barbara, geb. Madl), geb. Wien 3. Mai 1852. – [Prag.]

Kinder:

†1. Hugo, geb. Wr.-Neustadt 15. April 1880, † ebendort ... Juli 1880.

2. Karoline, geb. Wr.-Neustadt 15. April 1880; – verm. Prag 18. März 1905 mit:
Mirko Racki, geb. Agram ... Oktober 1878, akademischem Maler. – [München.]

†3. Fritz, geb. Wr.-Neustadt ... Juni 1881, † Wien ... Jänner 1882.

4. Hugo, geb. Wr.-Neustadt 19. Februar 1883, Baupraktikant bei der k. k. Statthalterei in Prag. – [Prag.]

---

von Siegl.

Römisch-katholisch. — Österreich (Niederösterreich, Steiermark und Vorarlberg).

Verleihung:

1867 Juli 1, Wien: Kaiser Franz Joseph I. verleiht dem k. k. Oberstabsarzte Johann Siegl als Ritter des Ordens der Eisernen Krone III. Klasse den Österreichischen Ritterstand und ein Wappen. (AA., HKA.; — Orig. Fam.)

Wappen:

1867 Juli 1: In Rot ein silberner Adler, überdeckt von einem mit einem roten Kreuze belegten silbernen Querbalken. Zwei gekrönte Turnierhelme mit rot-silbernen Decken: auf I ein silberner Adler; auf II zwischen roten Büffelhörnern („Elefantenrüsseln"), die mit je einer von einem Kreuze durchbrochenen silbernen Binde umgeben und in den Mundlöchern mit je einem ebensolchen Sterne besteckt sind, eine mit einem silbernen Sterne besteckte ebensolche Lilie. Rotes Schriftband mit der Devise „JUVANDO JUVOR" in silberner Lapidarschrift.

---

† Johann Ritter von Siegl (Ritterstandserwerber — Sohn des .... 18.. zu .... in Galizien † k. k. Kreisarztes Dr. med. Johann Siegl und der 17. März 1857 zu Lemberg † Sophie, geb. Kroßmann), geb. Kock, Westgalizien, 8. Mai 1807, † Wien 28. November 1887, Dr. med., FJO.-Kmt., EKO.-R.III., GVK.m.K., k. k. Generalstabsarzt d. R.; — verm. Lemberg 30. April 1838 mit:

† Julie, geb. von Nagel (Tochter des 7. Dezember 1851 zu Lemberg † Anton v. N. und der 21. Juli 1874 ebendort † Anna, geb. Lerner), geb. Lemberg 31. Jänner 1819, † Wien 25. März 1900.

Kinder:

†1. Johann, geb. .... 1839, † .... 1839.

2. Julius, geb. Łańcut 29. April 1840, Ingenieur, k. k. Baurat und Professor an der Staatsgewerbeschule in Graz, — [Graz, Schanzelgasse 20]; — verm. Krems 28. September 1869 mit:

† Rosa, geb. Edlen von Schewitz (Tochter des 1. April 1882 zu Krems † k. k. Obersten d. R., MVK. (KD.) und Mitgliedes der Elisabeth Theresien-Militärstiftung Alois Edlen v. Sch. und der 19. März 1895 zu Wien † Josefine, geb. Prochaska), geb. Komorn (Komárom) 11. Oktober 1850, † Graz 27. April 1893.

Kinder:

1) Rosa, geb. Hohenelbe 2. November 1870. — [Graz, Schanzelgasse 20.]

2) Julius Alois Anton, geb. Königgrätz 12. Mai 1872, k. u. k. Oberleutnant im Bosnisch-herzegowinischen Infanterie-Regimente Nr. 2. — [Graz.]

† 3) Karl, geb. Krems 2. Mai 1874, † daselbst .... 1874.

4) Elsa, geb. Krems 23. Oktober 1877; — verm. Graz 23. Mai 1899 mit:

Adolf Maix, geb. Krems 20. November 1867, Beamten der k. k. priv. Allgem. österr. Bodenkredit-Anstalt. — [Wien, XVIII. Haizingergasse 19.]

† 5) Fritz, geb. Graz 1. Februar 1886, † Graz 20. September 1888.

† 3. Karl, geb. Łańcut 6. Juni 1842, † Wien 12. April 1900, Ingenieur, Kupferstecher und Radierer; — verm. Wien 14. September 1880 mit:

Ottilie, geb. Hrdliczka (Tochter des .... 189. zu Wien † k. k. Hofrates Edmund H. und der .... 18.. zu Lemberg † Adele, geb. Serig), geb. Wien 14. Februar 1864. — [Wien, IX. Berggasse 6.]

4. Johanna Baptista, geb. Czernowitz 20. November 1846. — [Wien, VIII. Lenaugasse 10.]

5. Max Anton, geb. Wien 13. Oktober 1856, Inspektor der k. k. österr. Staatsbahnen, Vorstand der Bahnerhaltung in Bludenz; — verm. Bludenz 9. Mai 1892 mit:

Berta, geb. Freiin Wenzel von Sternbach zu Stock und Luttach (Tochter des Besitzers der allodialisierten Lehenherrschaften Bludenz und Sonnenberg, Herrn und Landmannes in Tirol und k. k. Obersten d. R. Otto Freiherrn W. v. St. z. St. u. L. und der 18. Mai 1897 zu Gaienhofen † Klementine, geb. Speil von Ostheim), geb. .... 16. September 1854. — [Bludenz.]

Kinder:

1) Rudolf Max Emanuel, geb. Bludenz 3. Februar 1893.

2) Ida Marie, geb. Bludenz 17. April 1895.

Vgl.: — Brünner Adel. Taschenb. XVII 1892.

Šrutek von Meerwall.

Römisch-katholisch. — Österreich (Niederösterreich).

Verleihung:

1888 April 10, Wien (Diplom): Kaiser Franz Joseph I. verleiht dem k. k. Generalmajor d. R. Ernst Šrutek den Österreichischen Adel mit dem Prädikate „Edler von Meerwall" und einem Wappen. — (AA., HKA.; — Orig. Fam.)

Wappen:

1888 April 10: In Schwarz auf einer den Schildfuß durchziehenden goldenen Zinnenmauer ein goldener Löwe, in der rechten Vorderpranke eine ebensolche Lunte vor sich haltend. Auf dem gekrönten Turnierhelme mit schwarz-goldenen Decken ein wachsender goldener Löwe, in der rechten Pranke ein blankes Schwert an goldenem Griffe schwingend.

Ernst Šrutek Edler von Meerwall (Adelserwerber – Sohn des 2. Juli 1845 zu Nachod † Franz Šrutek und der 14. Juli 1872 zu Mähr.-Weißkirchen † Vinzenzia, geb. Hurdalek), geb. Nachod 25. Oktober 1825, EKO.-R.III., k. u. k. Generalmajor d. R. (bis 1887 Festungsartillerie-Direktor in Pola), – [Wien, IV. Johann Straußgasse 9]; – verm. Olmütz 6. August 1850 mit:

† Marie, geb. Mayer (Tochter des 3. Mai 1859 zu Wien † k. k. Oberstleutnants i. P. Josef M. und der 29. Jänner 1859 ebenda † Anna, geb. Polatschek), geb. Wien 15. Februar 1832, † Pola 24. November 1886.

Kinder:

†1. Hermine Marie, geb. Olmütz 27. Juli und † daselbst 17. August 1851.

2. Ernst Josef Leopold Wilhelm, geb. Mähr.-Weißkirchen 5. Mai 1860, k. u. k. Major d. R. (bis 1903 im Divisions-Artillerie-Regimente Nr. 5); – verm. Wien 17. Juli 1890 mit:

Viktorine Frieda, geb. Wischin (Tochter des Hausbesitzers und Fabrikanten Viktor W. und der Marie, geb. Trackh), geb. Wien 22. März 1871. – [Wien, IV. Phorusgasse 9.]

Kinder:

1) Angela Marie, geb. Wien 11. April 1894.

2) Ernst Viktor, geb. Wien 11. Mai 1895.

† 3) Marie Viktoria, geb. Lemberg 4. Mai 1896, † ebendort 5. Mai 1896.

4) Oskar Julius, geb. Lemberg 30. Juni 1897.

5) Blanka Johanna, geb. Lemberg 27. Oktober 1899.

Vgl.: – Brünner Adel. Taschenb. XVI 1891 u. XIX 1894.

---

* Stadler von Wolffersgrün.

Römisch-katholisch. – Österreich (Böhmen, Steiermark und Niederösterreich).

Verleihungen:

1562 Jänner 12, Prag: Kaiser Ferdinand I. verleiht dem Jobst Wolfrumb und Sebastian Stadler, „beede von Wolfersgrün gevettern" einen Wappenbrief mit Lehenartikel. (AA., HKA.; – Cop. Fam.)

1640 September 4, Regensburg: Kaiser Ferdinand III. erhebt den Thomas Stadler von Wolffersgrün in den Böhmischen Rittermäßigen Adelstand und bessert sein „ererbtes adeliges Wappen". – (AA., HKA. u. BSB. 55, fol. 132. – Orig. Fam.)

1906 Jänner 14, Schönbrunn (Allerhöchste Entschließung): Kaiser Franz Joseph I. bewilligt dem k. k. Sektionschef Friedrich Stadler von Wolffersgrün, dessen Brüdern Maximilian und Emil, sowie deren Seitenverwandten Josef, k. u. k. Rittmeister a. D., und Georg, Fabriksbesitzer, die Fortführung ihres bisher geführten Adels, Prädikates und Wappens. – (AA., HKA.)

Wappen:

I. 1562 Jänner 12: Ein goldener Schrägbalken, begleitet oben in Schwarz von einem laufenden natürlichen Wolfe, unten in Rot von drei silbernen Schrägbalken. Auf dem gekrönten Stechhelme mit rechts schwarz-gelben, links rot-weißen Decken der Wolf wachsend.

II. 1640 September 4: Geviert, 1 und 4 in Schwarz auf grünem Dreiberge ein einwärts gewendeter, golden gekrönter natürlicher Wolf, in der erhobenen Vorderpranke zwei natürliche Pfeile haltend, 2 und 3 von Silber über Rot geschrägt. Auf dem gekrönten Turnierhelme mit rechts schwarz-gelben und links rot-weißen Decken der Wolf aus dem Schilde wachsend.

Die Stadler von Wolffersgrün stammen aus einem Orte Wolfersgrün – wahrscheinlich aus jenem in Oberfranken – und kamen spätestens in der ersten Hälfte des XVI. Jahrhunderts nach Tachau im Böhmerwalde.

Die Familie beginnt ihre Stammreihe mit Sebastian Stadler, der sich 1529 bei der Belagerung Wiens durch die Türken hervortat und mehrmals unter den Fahnen Ferdinands I. nach Ungarn wider den Erbfeind zog. In Würdigung dieser Verdienste verlieh Kaiser Ferdinand I. ddo. Prag, 12. Jänner 1562 an Jobst Wolfrumb den älteren und Sebastian Stadler, „beede von Wolfersgrün gevettern" einen Wappenbrief mit Lehenartikel.

Sebastian war in der kgl. Freistadt Tachau im Böhmerwalde, einem uralten deutschen Gemeinwesen, ansässig. Er besaß dort (1552) ein Haus in der inneren Stadt und auf dem Gänsbühel einen alten Hof, den „Stadelhof“, der heute noch als das Stammhaus der Familie bezeichnet wird. Mit „seiner adelichen Hausfrawen Magdalena Gruenhöferin“ (von Grünhof) gewann er folgende drei Kinder: – 1. Georg, der sich mit Magdalena, einer Tochter des Hans Steffel, vermählte und den Stamm fortpflanzte (s. unten); – 2. Sigismund, † 18. Juli 1605 (zwei Grabsteine am St. Wenzels-Friedhofe zu Tachau), der in I. Ehe mit Ursula Schedtel (Schödl) und nach deren gleichzeitig mit ihrem Sohne Melchior am 10. Februar 1601 erfolgten Tode in II. Ehe mit Maria Schmidt vermählt war, und – 3. Helena, die als Gemahlin des Sebastian Meixner (auch Meißner, führte einen Stierkopf im Schilde und starb 11. Dezember 1621) 20. Oktober 1602 zu Tachau starb, wo außer einem Grabsteine am St. Wenzels-Friedhofe noch ein Epitaph in der Pfarrkirche und eine mit 1602 bezeichnete Denksäule vor der Stadt an sie erinnern.

Gregor Stadler von Wolffersgrün, ein Sohn des Georg (s. oben 1.), vermählte sich 1599 mit Margarete, einer Tochter des Tachauer Ratsbürgers Thomas Dollhopf,*) aus welcher Ehe zwei Söhne bekannt sind: – 1) Thomas, geb. Tachau 20. August 1600, der Stammvater der blühenden rittermäßigen Familie Stadler von Wolffersgrün (s. unten), und – 2. Gregor, den Thomas 1667 seinen Bruder nennt.

Der unter 1) genannte Thomas Stadler von Wolffersgrün bekleidete schon mit 22 Jahren das Amt eines kgl. Grenzzoll- und Umgeldeinnehmers zu Roßhaupt, einem Dörfchen an der böhmisch-pfälzischen Grenze, das durch Tillys Lager im Jahre 1621 bekannt ist. In Würdigung der Dienste, die seine Voreltern und er seit 18 Jahren als Zoll- und Umgeldeinnehmer in Kriegs- und Friedenszeiten geleistet hatten, erhob ihn Kaiser Ferdinand III. ddo. Regensburg, 4. September 1640 in den Böhmischen Rittermäßigen Adelstand und mehrte und besserte gleichzeitig sein „zuvor wohlhergebrachtes und ererbtes adeliges Wappen und Kleinod“. Das dem Sebastian Stadler schon 1562 als Herkunftsbezeichnung gegebene und von dessen Nachkommen auch später als Prädikat geführte „von Wolffersgrün“ wurde damals nicht ausdrücklich verliehen, sondern Thomas im Diplome bereits mit demselben angesprochen. Er versah sein Einnehmeramt durch volle 54 Jahre, bis zu seinem am 14. Oktober 1676 zu Roßhaupt erfolgten Tode und wurde in der Filialkirche St. Katharina bei Roßhaupt beigesetzt, wo sein Grabstein noch erhalten ist. Seine Witwe Elisabeth zog nach Amberg in der Pfalz und lebte dort noch 1685. Aus seiner Ehe hinterließ er vier Kinder: (1) Johann Andreas, den Stifter der erloschenen I. Linie (s. unten); – (2) Johann Josef, den Stammvater der nun allein blühenden II. Linie (s. unten); – (3) Georg Christoph, get. St. Katharina bei Roßhaupt 1650, von dem die ausgestorbene III. Linie (s. unten) ab-

*) Thomas Dollhopf stammte aus dem Geschlechte des Magisters Johann Tollhopf, der von König Matthias I. (Corvinus) von Ungarn als dessen Rat und Hofastrologus ddo. Agram, 20. Oktober 1480 einen Adels- und Wappenbrief erhalten hatte. Vgl. Neuer Siebmacher IV, 8 (A. M. Hildebrandt, Der Kärntner Adel), S. 142 u. Taf. 13.

stammt, und — (4) Elisabeth, verm. Tachau 28. Oktober 1664 mit Johann Adam Dollhopf.

Die Stadt Tachau, die auf der Seite des „Winterkönigs" Friedrich von der Pfalz gestanden war, wurde nach der Schlacht am Weißen Berge (8. November 1620) ihrer Rechte verlustig erklärt und samt der gleichnamigen Herrschaft, die sich seit 1606 im Besitze der Stadt selbst befunden hatte, im Jahre 1623 an Johann Philipp Husmann Freiherrn von Namedy und Riolsburg verpfändet. Dieser verordnete in seinem Rezesse vom 8. Mai 1633 (kaiserl. Bestätigung vom 16. September 1636), der fortan die Verfassung und Grundlage des Gemeinwesens bildete, daß Adelige vom Erwerbe städtischer Güter bei strenger Strafe auszuschließen seien. Die vollständige Verarmung, die der Dreißigjährige Krieg wie über ganz Westböhmen, so auch über Tachau gebracht hatte, sowie die Furcht, bei Betonung des Adels von Konfiskation des Besitzes und Ausweisung betroffen zu werden, waren der Grund, daß ein Teil der Familie Stadler von Wolffersgrün nach Prag auswanderte, während die in Tachau zurückbleibenden Familienmitglieder in nächster Zeit nur, wenn sie in hervorragenden Stellungen waren, ihr Prädikat wirklich führten, so z. B. der Hauptmann der Stadt und Herrschaft Tachau Johann Andreas und sein Bruder, der Stadtrichter Johann Josef.

I. Linie. (Erloschen.)

Der oben unter (1) genannte Johann Andreas Stadler von Wolffersgrün dürfte zwischen 1625 und 1634 geboren sein und in Prag die Rechte studiert haben. 1658 war er „utriusque juris Candidatus, auth. caes. Notarius publicus" und verordneter Stadtschreiber in Tachau, welches Amt er von 1657 bis 1664 bekleidete. Als Abgeordneter der Stadt Tachau war er in den Jahren 1660 und 1662 in Prag und im letztgenannten Jahre auch in Wien. Als 1664 die Herrschaft Tachau an Johann Anton Grafen Losy von Losimthal verkauft wurde, trat er als Amtsschreiber in dessen Dienste, welche Stellung er noch 1674 innehatte. Drei Jahre später erscheint er als gräfl. Losimthalscher Hauptmann der Stadt und Herrschaft Tachau, welchem Amte er noch zur Zeit seiner Testamentserrichtung (1696) vorstand. Er starb 1699 und wurde, da er seit 1663 „Geistlicher Vater" (Vertreter des Klosters vor den weltlichen Behörden) bei den PP. Franziskanern zu Tachau war, ebenso wie seine beiden Frauen in deren Klosterkirche beigesetzt. Johann Andreas besaß ein Haus in der Stadt samt gangbarem Brau- und Malzhaus, einen Hof, Stadel und großen Garten auf dem Gänsbühel (wohl dasselbe Haus in der Stadt und der „Stadelhof", die schon sein Urgroßvater Sebastian innehatte); ferner ausgedehnte Äcker, Wiesen, Hopfengärten und Anteile an vier Bergwerken der Umgebung. Johann Andreas war zweimal vermählt: I. Tachau 8. Oktober 1658 mit Katharina, geb. Zoloß, † Tachau 29. November 1677, und II. Tachau 7. Jänner 1679 mit Anna Katharina, Tochter des Přimislaus Adalbert Göhl von Pothorstein aus Neumark, † Tachau 11. Februar 1719. Diesen beiden Ehen entsprossen dreizehn Kinder, die alle — nur bei einer der drei ältesten Töchter ist der Geburtsort unbekannt — zu Tachau das Licht der Welt erblickten und mit Ausnahme des jüngsten noch 1701 am Leben waren.

I. Ehe:

1. bis 3. Drei Töchter, die vor 1696 mit den Klosternamen Ludmilla Katharina, Anna Sidonia und Katharina Panonia zu Znaim in den Orden der hl. Klara traten. Von diesen wurde eine am 24. Juni 1659 auf den Namen Anna Maria, eine andere am 25. Juni 1666 auf den Namen Anna Barbara getauft.

4. Johann Anton Franz, get. 15. Oktober 1668, der diese Linie fortpflanzte (s. unten).

5. Juliana Johanna Elisabeth, get. 31. August 1673, verm. zwischen 1694 und 1696 mit N. Bareiter (Pareiter) in Eger, ist 1701 bereits Witwe.

6. Eva Maria, get. 24. Jänner 1676, verm. vor 1696 mit N. Brentano in Eger, schloß 1720 mit dem Ursulinerkloster auf der Neustadt Prag einen Kontrakt über die Aufnahme ihrer Tochter Maria Elisabeth Brentano in den Orden.

II. Ehe:

7. Johann Franz Leopold, get. 9. November 1679, trat zwischen 1696 und 1699 unter dem Namen Vinzenz in das Barnabitenkloster St. Benedikt auf dem Hradschin in Prag. Er erscheint 1718 als Vikar und lebte noch 1729.

8. Anna Elisabeth Floriana, get. 1. November 1680, erbte zwei Drittel der väterlichen Liegenschaften in Tachau.

9. Maria Margarete Klara, get. 7. Februar 1682, trat zwischen 1699 und 1701 bei St. Georg zu Prag ins Kloster.

10. Johann Wolfgang Josef, get. 1. April 1683.

11. Anna Maria Josefa, get. 8. April 1685, erbte das übrige Drittel der väterlichen Liegenschaften zu Tachau, verm. Prag 10. Februar 1722 mit Johann Fidelis Tempelmann, Protokollisten beim erzbischöfl. Konsistorium zu Prag, der 1745 noch lebte.

12. Johann Dominik Friedrich Rudolf, get. 8 August 1686, lebte noch im Jahre 1745.

13. Johann Georg Wenzeslaus, get. 12. April 1688, † vor 1696.

Johann Anton Stadler von Wolffersgrün (s. oben 4.) dürfte in Prag die Rechte studiert haben. Er war Notar, Bezirkssekretär von Elbogen in Böhmen und Sekretär des Grafen Franz Helfried Woracziczky von Pabienitz. Dieser ernannte ihn kraft seines ihm 1710 vom Fürsten Franz aus dem Hause der Grafen Sforza verliehenen Lateranensischen Palatinates ddo. Burg Werschetiz, 15. April 1714 zum öffentlichen Notar, ordentlichen Richter, Tabellio und beider Rechte Licentiaten und verlieh ihm bei dieser Gelegenheit ein öffentliches Notariatssigill, das auf grünem Dreiberge einen gekrönten Wolf zeigt, der in der Rechten ein Schwert und in der Linken eine Wage hält und dazu die

Devise „FORTITUDINE ET JUSTITIA". Johann Anton hatte sich als junger Mann in I. Ehe mit Franziska von Habsperg, einer älteren Witwe mit mehreren Kindern, vermählt, nach deren Tode er in II. Ehe zu Prag 15. September 1708 Maria Magdalena Sophie, geb. Tresser, verw. Fryßmon, ehelichte. Er starb 4. Februar 1730 zu Prag, während seine Witwe noch 1739 am Leben war. Seiner II. Ehe entstammten die folgenden drei zu Prag geborenen Kinder:

1) Johann Nep. Wenzel Karl Konrad, get. 10. April 1709, empfing 1733 die Priesterweihe, erscheint 1739 als Kaplan zu Schweißing, war später gräfl. Millesimoscher Burgkaplan zu Jablona und seit 20. Mai 1761 Pfarrer im benachbarten Belitz, wo er 11. Februar 1774 starb.

2) Johann Adam Franz Michael Nikolaus Maximilian Josef Vinzenz, get. 16. März 1716.

3) Maximiliana Franziska Marianna Elisabeth Magdalena, get. 1. Mai 1718, verm. Prag 26. Oktober 1745 mit Matthäus Pawlowsky von Rosenfeld.

Mit diesen erlosch die I. Linie.

II. Linie.

Johann Josef Stadler von Wolffersgrün, der (2). Sohn des Thomas (s. oben), erscheint 1678 als Stadtrichter zu Tachau und hatte dieses Amt noch 1694 inne. Da er gleich seinem älteren Bruder Johann Andreas „Geistlicher Vater" bei den PP. Franziskanern zu Tachau war, wurde er nach seinem daselbst am 3. Jänner 1714 erfolgten Tode in deren Kirche beigesetzt. Er hatte sich 20. Jänner 1671 zu Tachau mit Magdalena, geb. Brunner aus Königsberg, vermählt, die 1. Juni 1715 zu Tachau verschied. Dieser Ehe entstammte (vollständige Genealogie dieser Linie einem späteren Jahrgange vorbehalten):

Johann Paul Stadler von Wolffersgrün, get. Tachau 27. Juni 1684, † daselbst 29. März 1754, verm. Tachau 14. November 1719 mit Maria Eva, geb. Beer (Tochter des Johann Adam B. und der Anna Maria), get. Tachau 13. September 1698.

Johann Josef Stadler von Wolffersgrün, get. Tachau 8. September 1721, † 1795, verm. Tachau 13. Juli 1744 als deren II. Gemahl mit Elisabeth, geb. Gärtner (geb. Tachau 8. Oktober 1711, Tochter des Georg G.), die in I. Ehe 17. November 1733 zu Tachau Gottlieb Dollhopf († Tachau 12. Juli 1743) geehelicht hatte.

Josef Stadler von Wolffersgrün, get. Tachau 11. November 1754, † daselbst 15. März 1845, verm. Tachau 18. Oktober 1783 mit Barbara, geb. Beer (Tochter des Johann Georg B. und der Magdalena), geb. Tachau 26. Februar 1761.

1. Jakob, get. Tachau 27. März 1786, † daselbst 30. August 1848, verm. Hostau 26. Jänner 1808 mit Anna, geb. Hahnenkamm (Tochter des Anton H. und der Katharina, geb. Schmid, beide aus Hostau), geb. Hostau 17.., † Tachau 21. Jänner 1851.

Josef, geb. Tachau 27. Oktober 1810, s. unten 1. Ast.

2. Josef, get. Tachau 11. Jänner 1795, s. unten 2. Ast.

III. Linie. (†)

Georg Christoph Ignaz Stadler von Wolffersgrün, der (3). Sohn des Thomas (s. oben), erscheint 1683 als kgl. böhmischer Kammerkonzipist, 1693 als Kammersekretär und 1726 als Kammerrat und emer. Kammersekretär. Er erlangte im Jahre 1683 das Bürgerrecht von Prag und erwarb im Jahre 1693 von Maria Elisabeth Missiron von Lison das Haus „beim schwarzen Hahn" in Prag Altstadt (jetzt 407, Markthalle). 1694 erwirkte er seine Entlassung aus der Bürgerschaft Prags, da er sich anderwärts seßhaft machen wollte; doch scheint er diese Absicht entweder gar nicht ausgeführt zu haben oder schon 1697 wieder nach Prag rückübersiedelt zu sein. Er starb dort 27. Dezember 1730. Georg Christoph Ignaz war mit Eva Katharina, geb. Groß von Waldt, vermählt, die zu Prag am 10. Jänner 1725 im Alter von 60 Jahren starb. Sie war offenbar eine Tochter des gewesenen Prager Studenten Adam Ernst Groß, der ddo. Prag, 20. Oktober 1652 mit dem Prädikate „von Waldt" in den Böhmischen Adelstand erhoben worden war.

Aus dieser Ehe entsprossen: — 1. Johann Georg, † Prag 9. November 1713, 29 Jahre alt; — 2. Johann Joachim Ignaz, get. Prag 29. Juni 1692 (s. unten); — 3. Maria Alberta Dorothea, get. Prag 6. August 1697, und — 4. Ignaz Friedrich, get. Prag 23. Dezember 1698.

Johann Joachim Stadler von Wolffersgrün (s. oben 2.) erbte von seiner Mutter bedeutende Wein- und Obstgärten bei Prag. Er verehelichte sich 23. Februar 1726 zu Eger mit Eleonora Rosina, einer Tochter des Johann Anton Brentano de Consolone, Assessors des Egerer Stadtgerichtes, und erzeugte mit ihr zwei zu Prag geborene Söhne: — 1) Johann Bernhard Anton, geb. 27. November 1727, und — 2) Johann Maximilian Anton, geb. 13. August 1729, mit denen diese Linie erloschen ist.

(Vormals II. Linie.)

1. Ast.

† Josef Stadler von Wolffersgrün (Sohn des 30. August 1848 zu Tachau † Jakob St. v. W. und der 21. Jänner 1851 daselbst † Anna, geb. Hahnenkamm), geb. Tachau 27. Ok-

tober 1810, † Saaz 4. April 1876, k. k. Bezirkskommissär i. P. (bis 1868 in Saaz); — verm. Kuttenplan 16. Mai 1839 mit:

† Ludovika, geb. Slavik (Tochter des .... 18.. zu .... † Amtsdirektors der gräfl. Berchemschen Herrschaft Kuttenplan Johann Nepomuk S. und der .... 18.. zu .... † Johanna, geb. Schwäger), geb. Maschau .... 1813, † Saaz 17. April 1872.

Kinder:

1. Berta, geb. Kuttenplan 3. Jänner 1841. — [Pozsony.]

†2. Karl, geb. Kuttenplan 14. Mai 1843, † Bielitz 7. Dezember 1888, Architekt und Ingenieur zu Bielitz.

†3. Julie, geb. Kuttenplan 4. August 1845, † Saaz 21. März 1872.

4. Maximilian, geb. Kuttenplan 22. Oktober 1846, k. k. Gymnasialprofessor zu Wien, — [Wien, XIII. Linzerstraße 458]; — verm. I. Wien 18. Februar 1873 mit:

† Emma, geb. Erard (Tochter des 22. März 1846 zu Courgenay, Kanton Bern, † Brice E. und der 13. November 1844 zu St. Ursanne † Françoise, geb. Clevenot), geb. Courgenay 4. April 1842, † Bozen 1. Juli 1886; — II. Bozen 29. August 1887 mit:

Mathilde, geb. Dittmer (Tochter des Johann Heinrich D. und der Marie, geb. Dachrodt), geb. Hamburg 25. Februar 1864. — [Wien, XIII. Linzerstraße 458.]

Kinder: a) I. Ehe:

1) Maximilian Friedrich Wilhelm, geb. Friedland in Mähren 24. November 1873, k. k. Bergkommissär in Brüx; — verm. Leoben 11. Juni 1902 mit:

Adrienne, geb. Zimmermann (Tochter des k. k. Notars in Leoben, Dr. jur. Julius Z. und der Adelheid, geb. Knottinger), geb. Leoben 13. Dezember 1879. — [Brüx.]

2) Kurt Karl Richard, geb. Gries bei Bozen 3. März 1875, Privatbeamter. — [Aussig.]

b) II. Ehe:

3) Herbert, geb. Altenstadt 9. September 1888.
4) Kuno, geb. Altenstadt 19. März 1890.
5) Berta, geb. Feldkirch 24. März 1897.
6) Gertrud, geb. Wien 29. Jänner 1903.

5. Marie, geb. Kuttenplan 14. Dezember 1847; — verm. Saaz 30. August 1875 mit:

Franz Tamchyna, geb. Dřenitz 4. Dezember 1845, k. k. Professor i. R. (bis 1900 in Saaz). — [Pisek.]

6. Friedrich Viktor, geb. Saaz 28. Februar 1851, Ehren-Doktor der technischen Wissenschaften der technischen Hochschule in Wien und der deutschen technischen Hochschule in Prag, EKO.-R.II., FJO.-R., k. k. Sektionschef i. R. (bis

1906 im Ministerium für Kultus und Unterricht), ordentl. Mitglied der Statistischen Zentralkommission; — verm. Saaz 20. September 1877 mit:

Gabriele, geb. Ungar (Tochter des 3. Oktober 1874 zu Saaz † Josef U. und der 14. Dezember 1888 ebendort † Marie, geb. Gansl), geb. Saaz 13. Dezember 1851. — [Wien, VIII. Kochgasse 3.]

Sohn:

Friedrich, geb. Saaz 1. August 1879, Forstingenieur, k. k. Forsteleve. — [Wien, VIII. Kochgasse 3.]

7. Emil Karl, geb. Saaz 13. Juli 1854, k. k. Landesgerichtsrat in Postelberg; — verm. Mies 14. April 1883 mit:

Anna, geb. Paul (Tochter des 28. November 1889 zu Mies † Friedrich P. und der Marie, geb. Piznik), geb. Mies 23. Juli 1864. — [Postelberg.]

Söhne:

† 1) Emil Maximilian, geb. Teplitz 3. November 1891, † daselbst 30. Juni 1892.

2) Karl Friedrich, geb. Teplitz 3. November 1893.

2. Ast.

† Josef Stadler von Wolffersgrün (Sohn des 3. März 1845 zu Tachau † Josef St. v. W. und der .... 18.. zu .... † Barbara, geb. Beer), get. Tachau 11. Jänner 1795, † Brünn 5. Jänner 1871, städtischer Steuereinnehmer zu Plan; — verm. Bruck am Hammer (Böhmen) 14. Oktober 1834 mit:

† Wilhelmine, geb. Gradl (Tochter des .... 18.. zu Teplitz † Besitzers des landtäfl. Gutes Naktendörflas in Böhmen Zacharias G. und der .... 18.. zu .... † Margarete, geb. Dietl), geb. .... 18.., † Brünn 27. April 1892.

Söhne:

1. Josef, geb. Plan 8. April 1837, Besitzer der Herrschaft Poppendorf und des Schlosses Stubenberg in Steiermark, k. u. k. Rittmeister a. D. (bis 1874 im Husaren-Regimente GdK. Alexander Herzog von Württemberg Nr. 11); — verm. Klattau 9. Mai 1868 mit:

Anna, geb. Dattelzweig (Tochter des 22. August 1880 zu Bad Ems † Fabriksbesitzers zu Klattau Franz D. und der 19. Mai 1888 zu Klattau † Elisabeth, geb. Grotz), geb. Klattau 26. November 1847. — [Schloß Poppendorf.]

Söhne:

1) Heinrich Franz Josef, geb. Wien 23. Februar 1869, k. u. k. Rittmeister I. Kl. im Ulanen-Regimente Erzherzog Franz Ferdinand von Österreich-Este Nr. 7. — [Kamionka strumiłowa.]

32*

2) Ernst Karl, geb. Theresienstadt 21. Dezember 1871, Dr. jur., k. k. Ministerial-Vizesekretär im Handelsministerium und Leutnant i. d. Evidenz des Landwehr-Ulanen-Regimentes Nr. 4; — verm. Schloß Thurn a. d. Laibach 27. November 1897 mit:

Maria (Miriam) Julie Karoline Rosalie, geb. Freiin Codelli von Codellisberg, Sterngreif und Fahnenfeld (Tochter des 25. Februar 1878 zu Pola † k. k. Linienschiffsfähnrichs Karl Freiherrn C. v. C., St. u. F. und der Rosalie, geb. Freiin von Taufferer, Herrin von Weixlbach), geb. Pola 25. Jänner 1874. — [Wien, III. Ungargasse 50.]

Kinder:

(1) Elisabeth Marie Rosalie, geb. Laibach 25. März 1900.
(2) Anton Wolfram, geb. Hadersdorf 3. Juli 1902.

† 3) Bruno Paul, geb. Niederhof bei Graz 16. August 1875, † Schloß Poppendorf 3. August 1888.

4) Paul Kurt Georg, geb. Schloß Poppendorf 30. Juni 1881, k. u. k. Leutnant i. d. R. des Ulanen-Regimentes Erzherzog Franz Ferdinand von Österreich-Este Nr. 7. — [Schloß Poppendorf.]

2. Georg, geb. Saaz 28. Dezember 1854, Fabriksbesitzer zu Klattau; — verm. Kauth 5. Februar 1883 mit:

Josefine, geb. Ullmann (Tochter des 28. Oktober 1891 zu Kostenblatt † gräfl. Stadionschen Domänen-Zentralrates Anton U. und der 9. Dezember 1874 zu Kauth † Josefine, geb. Brzezina), geb. Kauth 20. November 1856. — [Klattau.]

Vgl.: — Brünner Adel. Taschenb. I 1870, II 1877, V 1880, VIII 1883, XII 1887 u. XVII 1892; — Wurzbach XXXVII, S. 58; — Neuer Siebmacher IV, 9 (R. J. Grf. Meraviglia-Crivelli, Der böhmische Adel), S. 32 u. Taf. 26; — J. Stocklöw, Geschichte der Stadt Tachau, I. u. II. Bd., Tachau 1878.

---

von Steeb.

Römisch-katholisch. — Österreich (Niederösterreich und Steiermark) und Ungarn (Kroatien).

Verleihungen:

(XVII. Jahrhundert): Ein kaiserl. Pfalzgraf soll an die „Steebischen Gebrüdere schon im vorigen Jahrhundert (XVII.) Wappen und Kleinod mit Schild und Helm" verliehen haben. — (Erwähnt im Diplome von 1779.)

1779 Mai 25, Wien: Kaiser Josef II. erhebt den kaiserl. Reichshofrat Johann Jakob von Steeb in des Heil. Röm. Reiches Ritterstand mit „Edler von", dem Rechte, sich nach den Gütern zu nennen, dem „Privilegium de non usu" und Besserung seines althergebrachten Wappens. — (AA., RA.; — StA., RR. Josefs II., tom. XVIII, fol. 22.)

1907 April 19 (Allerhöchstes Handschreiben): Kaiser Franz Joseph I. erhebt den k. u. k. Geheimen Rat, Feldzeugmeister Christian Ritter von Steeb in den Österreichischen Freiherrnstand. — (AA., HKA. — Diplom bei Abschluß dieses Artikels noch nicht ausgefertigt.)

Wappen:

I. Stammwappen: Geteilt, oben in Schwarz eine von zwei einwärts gekehrten roten Flügeln begleitete, an den Hauptrand stoßende goldene Spitze, über diese und die von Schwarz und Rot gespaltene Unterhälfte des Schildes gelegt ein auf einem grünen Hügel stehender, von Rot über Gold geteilter Löwe, in den Vorderpranken ein natürliches Liktorenbeil haltend. Auf dem ungekrönten Turnierhelme mit rot-goldenen Decken ein wachsender goldener Löwe, in den Vorderpranken das Liktorenbeil haltend. Schildhalter ein goldener Löwe.

II. 1779 Mai 25: Geteilt, oben in Schwarz eine von zwei einwärts gekehrten goldenen Flügeln begleitete, an den Hauptrand stoßende silberne Spitze, über diese und die rote Unterhälfte des Schildes gelegt ein auf einem grünen Dreiberge stehender, golden gekrönter und von Rot über Silber geteilter Löwe, in den Vorderpranken ein natürliches Liktorenbeil haltend. Zwei gekrönte Turnierhelme: auf I mit schwarz-goldenen Decken ein geschlossener, vorne goldener, hinten schwarzer Flug; auf II mit rot-silbernen Decken der gekrönte rote Löwe mit dem Liktorenbeile wachsend.

Über die Herkunft der nun in Österreich im Freiherrnstande blühenden Familie von Steeb (Steb) fehlen nähere Nachrichten. In Schwaben und besonders in Bayern ist der Name nicht selten. Aber auch in Schweden gab es eine am 4. Jänner 1690 geadelte Familie von Steb, die dort jedoch mit dem kgl. Major Christoph Adam erloschen ist.

I. Johann Jakob von Steeb stammte aus einem angeblich im XVII. Jahrhunderte von einem Comes palatinus mit einem Wappen begabten Geschlechte und wurde etwa 1717 (nach anderen Angaben 1715) zu Augsburg geboren. Er wurde 1739 zu Innsbruck Doktor beider Rechte und stand seit 1746 in Diensten des Hochstiftes Augsburg, wo er es zum Geheimen Rate, Hofkanzler, Lehenpropst und Kreisgesandten, dann Gubernator der Akademie zu Dillingen brachte. Im Jahre 1761 wurde er als Reichshofrat nach Wien berufen, 1766 unter Kaiser Josef II. in dieser Würde bestätigt und erlangte von ebendiesem Kaiser ddo. Wien, 25. Mai 1779 den Reichsritterstand mit „Edler von", der Bewilligung, sich nach seinen Gütern zu nennen, dem „Privilegium de non usu" und Besserung seines hergebrachten Wappens. Bei seinem am 12. Dezember 1782 zu Wien erfolgten Ableben hinterließ er die Witwe

Maria Barbara, geb. Freiin von Brutscher (geb. Augsburg c. 1719, † Wien 21. Jänner 1795), mit der er seit etwa 1742 verehelicht war. Sie dürfte eine Tochter des Geheimen Rates Franz Xaver Freiherrn von Brutscher (auch „Prutscher") auf Schorn gewesen sein, der 1764 Augsburgscher Pfleger zu Göggingen war. Dieser Ehe entsproß der Sohn:

II. Johann Baptist Edler von Steeb, des Heil. Röm. Reiches Ritter, der 1742 (?) zu Augsburg geboren wurde und in Wien die Rechte studierte. Mit Dekret vom 1. September 1766 wurde er kurfürstlich bayerischer wirklicher Hofrat auf der Adeligen Bank, praktizierte aber weiter beim kaiserl. Reichshofrate in Wien. 1768 wurde er geistlicher Rat, ein Jahr später Revisionsrat und endlich Kanzleidirektor bei der kurbayerischen Obersten Justizstelle in München. Am 6. April 1779 kam er als Reichshoffiskal nach Wien, wo er 27. Mai desselben Jahres zum kaiserl. Rate und 19. Jänner 1783 zum Reichshofrate auf der Gelehrtenbank ernannt wurde. Er starb zu Wien 21. September 1800. Am 5. Juni 1768 hatte er sich zu München mit Maria Amalia Josefa Antonia (geb. München 7. Mai 1745, † Wien 9. März 1805) vermählt, einer Tochter des 16. Dezember 1746 verstorbenen kurfürstlich bayerischen Hofrates und Kabinettssekretärs Johann Wilhelm Leelmacher Edlen von Sandersheim, des Heil. Röm. Reiches Ritters, und der 19. Juli 1778 zu München verstorbenen Maria Dominika Aloisia, geb. von Henndt. Sein Sohn:

III. Jakob Karl Dominik Ignaz Ritter von Steeb, geb. München 11. Juli 1776, starb Wien 24. Juni 1849 als pensionierter k. k. Hofkammerakzessist. Dieser ehelichte 26. Oktober 1801 zu Wien Elisabeth (geb. Wien 6. Juli 1785, † Wien 29. März 1810), eine Tochter des k. k. Landeskulturaktuarius Georg Zimmer*) und der 3. September 1818 zu Wien als Witwe nach dem k. k. Hofrate Pusch (Busch) verstorbenen Barbara, geb. Payrl. Dieser Ehe entsprossen zwei Söhne:

IV. 1. Johann Baptist, geb. Wien 12. Oktober 1802, der die k. k. Ingenieur-Akademie und den Höheren Ingenieurkurs absolvierte, 1824 Ingenieur-Unterleutnant wurde und in der Folge bei Restaurierung der Bergschlösser Werfen, Déva und Klissa mitwirkte, sowie beim Baue des bombensicheren Backhauses in Mantua und der Batterie La Madonna auf der Insel Lissa. Seit 1839 Hauptmann 1. Kl., wurde er 1844 Geniedirektor zu Karlsburg und kam 1847 in der gleichen Eigenschaft als Major nach Peterwardein. Da er sich dort „trotz aller Anerbietungen, Drohungen und Verfolgungen" standhaft weigerte, zu den Ungarn überzutreten, wurde er

---

*) Dessen Sohn Andreas Zimmer, geb. Wien 19. November 1779, diente seit 1799 als Offizier im Ingenieurkorps, baute nach den Franzosenkriegen die zerstörten Befestigungen von Wien wieder auf — besonders das heute allein noch bestehende Burgtor — und erhielt von Kaiser Franz I. 1824 den Österreichischen Adel mit dem Ehrenworte „Edler von". Er war als Oberst und Generalmajor 1833 bis 1839 Kommandant des bestandenen Mineurkorps, schrieb ein grundlegendes Werk über Kriegsminen und starb als k. k. Feldmarschall-Leutnant i. P. am 25. Juni 1853 zu Wien.

von diesen 6. Jänner 1849 gefangen genommen und kehrte erst nach sechs Monaten zu den Kaiserlichen zurück. Er kam nun als Geniedirektor nach Legnago und bald darauf nach Theresienstadt, dann 1852 als Oberst und Genie-Inspektor nach Temesvár und November 1855 nach Hermannstadt, wo er im Februar 1856 in den Ruhestand trat. Seine Frau Ida Amalia, geb. Rehm,*) erhielt mit Allerhöchster Entschließung vom 23. Mai 1850 in Anerkennung ihrer 1849 zu Peterwardein „mit besonderer Unerschrockenheit und Klugheit betätigten patriotischen Gesinnungen und der damit geleisteten wesentlichen Dienste" das Goldene Zivilverdienstkreuz. Beider Nachkommenschaft folgt unten.

2. Georg, geb. 1808, † 1847 als Oberleutnant des Infanterie-Regimentes FZM. Georg Rukavina von Vidovgrad Nr. 61.

V. Johann Baptists (oben 1.) zweitgeborener Sohn Christian Franz Eugen Ritter von Steeb (s. unten) kam 21. Juli 1866 aus der Genieakademie als Leutnant 2. Kl. zum Genie-Regimente Nr. 2, absolvierte den Höheren Geniekurs, wurde 1872 dem Generalstabe zugeteilt und 1876 zum Hauptmann 1. Kl. im Generalstabskorps ernannt, in welchem er zuletzt als Oberst und Chef des Landesbeschreibungsbureaus diente. Im Frühjahre 1894 wurde er Generalmajor und Kommandant der 53. Infanterie-Brigade in Kassa (Kaschau) und übernahm im Herbste des folgenden Jahres das Kommando des Militär-geographischen Institutes in Wien. Er rückte auf diesem Dienstposten 1898 zum Feldmarschall-Leutnant vor, wurde im Sommer 1901 Kommandant der 16. Infanterie-Truppendivision in Nagyszeben (Hermannstadt) und im Frühjahre 1905 Festungskommandant in Krakau, worauf im Herbste desselben Jahres seine Ernennung zum Feldzeugmeister und im Dezember jene zum Geheimen Rate erfolgte. Nachdem er vorher schon durch den Orden der Eisernen Krone II. Klasse und das Militärverdienstkreuz ausgezeichnet worden war, wurde er in neuerlicher Anerkennung seiner Verdienste anläßlich seiner Übernahme in den dauernden Ruhestand mit Allerhöchstem Handschreiben vom 19. April 1907 in den Österreichischen Freiherrnstand erhoben.

---

† Johann Baptist Ritter von Steeb (älterer Sohn des 24. Juni 1849 zu Wien † Jakob Karl Dominik Ignaz Ritters v. St. und der 29. März 1810 ebendort † Elisabeth, geb. Zimmer), geb. Wien 12. Oktober 1802, † Mödling 20. März 1875, k. k. Oberst d. R. (bis 1856 im Geniestabe und Genie-Inspektor für Siebenbürgen in Hermannstadt; – verm. Zara 7. Februar 1843 mit:

*) Deren Vater Josef Rehm, geb. Kissingen 29. Februar 1787, und Großvater Bernhard Rehm, † 29. März 1818 als Bürgermeister von Kissingen, sollen Nachkommen jenes Geschlechtes gewesen sein, das mit Georg Rehm von Kaiser Karl V. ddo. Worms, 14. August 1521 den Reichsadel erlangt hatte. Idas Bruder Gustav Rehm, geb. Prag 16. Juni 1813, † Salzburg 5. Jänner 1902, wurde als k. k. Generalmajor d. R. mit Allerhöchster Entschließung vom 17. Juli 1876 in den Österreichischen Adelstand erhoben.

† Ida Amalia, geb. Rehm (Tochter des 28. Mai 1835 zu Neuhaus in Böhmen † k. k. Hauptmannes im Infanterie-Regimente FZM. Erzherzog Rainer Josef Nr. 11 Josef R. und der 22. März 1823 zu Josefstadt † Amalie, geb. Warth), geb. Barr im Elsaß 10. April 1817, † Wien 14. August 1897, GVK.

Kinder:

† 1. Gustav Adolf Andreas Ritter von Steeb, geb. Karlsburg 31. März 1845, † Wien 25. Juli 1876, k. k. Oberleutnant, überkomplett im Infanterie-Regimente FZM. Karl Graf Thun-Hohenstein, beim Militärgeographischen Institute in Wien.

2. Christian Franz Eugen Freiherr von Steeb (Freiherrnstandserwerber), geb. Peterwardein 11. Mai 1848, EKO.-R.II., MVK., k. u. k. Geheimer Rat, Feldzeugmeister d. R. (bis 1907 Festungskommandant zu Krakau), Ehrenpräsident (1897 bis 1901 Präsident) der k. k. geographischen Gesellschaft in Wien und Ehrenmitglied der kgl. ungar. geographischen Gesellschaft; — verm. Agram 28. April 1877 mit:

Maria Anna Georgia Alexia (Alice), geb. Freiin Rauch von Nyék (Tochter des 25. August 1890 auf Schloß Lužnica † k. u. k. wirklichen Geheimen Rates, erblichen Mitgliedes des ungar. Oberhauses Levin Freiherrn R. v. N. und der Donata Antonia, geb. Gräfin Sermage von Szomszédvár und Medvedgrád, Palastdame weiland Ihrer Majestät der Kaiserin und Königin), geb. Schloß Lužnica 31. Dezember 1850. — [Agram, Nonnengasse 14.]

Kinder:

1) Elsa Donata Levina Ida Alice Marie Freiin von Steeb, geb. Wien 20. Mai 1878; — verm. Agram 18. September 1905 mit:

Ernst Ritter von Henneberg, geb. .... 25. Dezember 1875, k. u. k. Rittmeister 1. Kl. im Husaren-Regimente GdK. Alois Prinz Esterházy von Galántha Nr. 8. — [Kecskemét.]

2) Rudolf (Raoul) Alois Géza Freiherr von Steeb, geb. Wien 22. Juli 1879, Dr. jur., Konzeptspraktikant bei der k. k. Statthalterei in Graz, zugeteilt der k. k. Bezirkshauptmannschaft in Rann. — [Rann.]

† 3) Alice Ida Georgia von Steeb, geb. Wien 22. Juli 1879, (Zwillingsschwester des vorigen), † Schloß Lužnica 17. August 1881.

† 3. Louise Ida Johanna von Steeb, geb. Theresienstadt 13. August 1851, † Stein a. d. Donau 10. Jänner 1895.

Vgl.: — Brünner Adel. Taschenb. I 1870, III 1878 u. IX 1884; — Wurzbach XXXVII, S. 280; — Monatsblatt der k. k. Herald. Gesellschaft „Adler“, III. Bd., S. 290, 312 u. 320; — Publikation für die internationale Erdmessung, VI. Bd., Wien 1894, S. 142; — Das k. u. k. Militärgeographische Institut zu Beginn des XX. Jahrhunderts, 1901, S. 9.

---

von Sterzi.

Römisch-katholisch. — Ungarn (Kroatien).

Verleihung:

1898 März 20, Wien: Kaiser Franz Joseph I. verleiht dem k. u. k. Generalmajor Anton Sterzi den Ungarischen Adel und ein Wappen. — (Orig. Fam.)

Wappen:

1898 März 20: In Geteilt von Rot über Schwarz zwei schräg gekreuzte blanke Schwerter mit goldenen Griffen. Auf dem gekrönten Helme mit rechts schwarz-goldenen und links rotgoldenen Decken ein wachsender goldener Löwe, ein blankes Schwert an goldenem Griffe schwingend.

Anton von Sterzi (Adelserwerber — Sohn des aus Verona stammenden, 12. April 1860 zu Konstanz † Anton Sterzi und der 11. Oktober 1857 ebendort † Magdalena, geb. Schulz), geb. Insel Mainau, Großherzogtum Baden, ... 1838, EKO.-R.III., k. u. k. Feldmarschall-Leutnant d. R.; — verm. Krapina-Töplitz 8. Jänner 1871 mit:

Henriette, geb. Osegovich de Barlabasevec (Tochter des ... Dezember 1892 zu Klokovec bei Krapina-Töplitz † Herrschaftsbesitzers Gustav O. de B. und der .. August 1867 auf Schloß Krizovlyan † Johanna, geb. Pászthory de Felsö-Pászthor), geb. Graz 14. Juni 1852. — [Warasdin.]

Sohn:

Raoul, geb. Fiume 28. September 1876. — [.....]

Stockinger von Anckerstock.

Römisch-katholisch. — Ungarn und Österreich (Niederösterreich).

Verleihung:

1633 August 29, Wien: Kaiser Ferdinand II. verleiht dem kaiserl. Postverweser zu Neuhaus in Böhmen Andreas Stockinger den Rittermäßigen Böhmischen Adel mit dem Prädikate „von Anckerstock" und einem Wappen. — (AA., BSB. XLIV, fol. 853; — Orig. Fam.)

Wappen:

1633 August 29: Halb gespalten und geteilt, 1 in Rot ein silberner Anker, 2 in Blau ein siebenstrahliger silberner

Stern, 3 in Silber ein pfahlweiser schwarzer Stock mit zwei gestümmelten Ästen. Auf dem gekrönten Turnierhelme mit rechts rot-silbernen und links blau-silbernen Decken zwischen einem offenen schwarzen Fluge der Stock aus 3 wachsend.

Geschichte und ältere Genealogie dieses Geschlechtes bleiben einem späteren Jahrgange vorbehalten.

---

† Peter Stockinger von Anckerstock (ältester Sohn des 28. Jänner 1836 zu Szegszárd † Haus- und Realitätenbesitzers Hans St. v. A. und der 23. April 1854 zu Högyész † Rosa, geb. Jähn), geb. Högyész 18. März 1819, † ebendort 6. Mai 1861; – verm. Högyész 24. August 1843 mit:

† Elisabeth, geb. von Brück (Tochter des 29. März 1824 zu Dunaföldvár † Forstmeisters Martin v. B. und der 10. Oktober 1856 zu Högyész † Marianne, geb. Hermann), geb. Högyész 5. Juni 1824, † ebendort 3. Mai 1884.

Kinder:

†1. Johanna (Hanna), geb. Högyész 15. September 1845, † Dúzs 2. Juli 1864.

2. Hans Ferdinand, geb. Högyész 27. Oktober 1849, Marianer des h. Deutschen Ritterordens, Besitzer der adeligen Herrschaften Tevel, Csurgó und Sötetvölgy, Virilist des Komitates Tolna, Ehrenbürger der Großgemeinde Högyész; – (mit Vertrag ddo. Budapest, 3. April 1881 und Genehmigung des kgl. ungar. Justizministeriums vom 20. Februar 1882, Z. 5165, adoptiert durch: – Ernst Freiherrn Metzger von Hackenthal, geb. Csakova 11. Jänner 1831, k. u. k. Hauptmann 1. Kl. d. R. [bis 1. Oktober 1865 im Infanterie-Regimente Karl Alexander Großherzog von Sachsen-Weimar-Eisenach Nr. 64]); – verm. Budapest 20. Februar 1871 mit:

Marie Emma, geb. Freiin Riedel von Leuenstern (Tochter des 13. Juli 1876 zu Bojanov † Josef Freiherrn R. v. L. und der 7. Februar 1868 zu Nagyvárad [Großwardein] † Marie, geb. Schulz), geb. Vácz (Waitzen) 8. September 1851. – [Tevel.]

Kinder:

1) Marie Elisabeth Hildegarde, geb. Szolnok 29. Jänner 1872; – verm. Tevel 15. März 1894 mit:

Ernst Ritter von Meißl, geb. Brünn 3. Februar 1864, k. u. k. Hauptmann des Bosnisch-herzegowinischen Infanterie-Regimentes Nr. 3. – [Budapest.]

2) Gisela (Ella) Rosa Marie, geb. Budapest 23. Dezember 1874, Schriftstellerin; – verm. Tevel 20. Februar 1892 mit:

Viktor Triebnigg, geb. Cilli 21. Juli 1866, k. k. Hauptmann 1. Kl. des Landwehr-Infanterie-Regimentes Brünn Nr. 14

(in Lokalanst.), Manipulationsoffizier beim k. k. Landwehr-Oberkommando in Wien. – [Wien, V. Margarethenstraße 100.]

3) Hans Ernst Marie, geb. Budapest 11. Juni 1881, Marianer des h. Deutschen Ritterordens, kgl. ungar. Leutnant der Gendarmerie; – verm. Kisvárda 25. Juni 1904 mit:

Marie, geb. Harsányi de Sárospatak (Tochter des 11. April 1901 zu Som † Großgrundbesitzers Melchior H. de S. und der Kornelie, geb. Kastal de Telegd), geb. Kisvárda 4. Oktober 1879, Besitzerin der Herrschaften Som, Zápszony, Dombrád und Ontelek. – [Nyiregyháza.]

Sohn:

Hans Melchior Maria, geb. Nyiregyháza 18. April 1905.

Vgl.: – Brünner Adel. Taschenb. VII 1882, XV 1890, XVIII 1893 und XIX 1894.

Strasser von Obenheimer.

Römisch-katholisch. – Österreich und Ungarn (Komitat Sopron).

Verleihung:

1870 Dezember 30, Wien (Diplom): Kaiser Franz Joseph I. verleiht dem k. k. Major i. P. Michael Strasser den Österreichischen Adel mit dem Prädikate „Edler von Obenheimer" und einem Wappen. – (AA., HKA.; – Orig. Fam.)

Wappen:

1870 Dezember 30: In Schwarz ein silberner Pfahl, begleitet rechts von drei (1, 1, 1) golden besamten fünfblättrigen silbernen Rosen und links von einem doppelschwänzigen goldenen Löwen. Auf dem gekrönten Turnierhelme mit rechts schwarz-silbernen und links schwarz-goldenen Decken der Löwe wachsend.

---

† Michael Strasser Edler von Obenheimer (Adelserwerber – Sohn des 26. August 1813 in der Schlacht bei Dresden † k. k. österr. Offiziers Alois Strasser und der 21. Dezember 1825 zu Pilsen † Anna, geb. Dolleschal), geb. Pilsen 5. April 1811, † Wien 27. Juni 1887, MVK. (KD.), k. k. Major d. R. (bis 1867 im Infanterie-Regimente Alexander I. Kaiser von Rußland Nr. 2); – verm. Mainz 3. November 1842 mit:

† Katharina Elisabeth, geb. Obenheimer (Tochter des 18. Juni 1824 zu Marienborn bei Mainz † großherzogl. hessischen Beamten Philipp Anton O. und der 21. Februar 1867 zu Wien † Apollonia, geb. Kiefer), geb. Marienborn 14. August 1822, † Pozsony (Preßburg) 24. April 1906.

Kinder:

† 1. Ludwig Franz Karl Anton Josef Johann, geb. Mainz 29. Mai 1844, † Kismarton (Eisenstadt) 20. August 1902, k. u. k. Oberstleutnant d. R.; — verm. Wien 25. Mai 1873 mit:

Ottilie, geb. Várits (Tochter des fürstl. Eszterházyschen Hauptzahlmeisters Karl Várits [Waritsch] und der 22. März 1857 zu Oberberg-Eisenstadt [Felsökismartonhegy] † Anna, geb. Güntner), geb. Oberberg-Eisenstadt (Felsökismartonhegy) 29. Jänner 1855. — [Felsökismartonhegy.]

Kinder:

1) Ludwig Karl Franz Michael, geb. Kismarton (Eisenstadt) 3. Oktober 1874, k. u. k. Oberleutnant im Infanterie-Regimente FM. Erzherzog Albrecht Nr. 44, zugeteilt dem k. k. Landwehr-Infanterie-Regimente Wien Nr. 1. — [Wien.]

2) Hugo Franz Wilhelm Otto, geb. Mähr.-Weißkirchen 12. Dezember 1875, k. k. Oberleutnant im Landwehr-Infanterie-Regimente Brünn Nr. 14. — [Iglau.]

† 3) Marianne Ottilie Katharina Juliana, geb. Kismarton (Eisenstadt) 16. Februar 1880, † ebendort 20. Mai 1884.

4) Hedwig Ottilie Wilhelmine, geb. Kismarton (Eisenstadt) 26. April 1884. — [Felsökismartonhegy.]

2. Franz Vinzenz, geb. Preßburg (Pozsony) 19. September 1853, k. u. k. Oberstleutnant und Kommandant des Divisions-Artillerie-Regimentes Nr. 25; — verm. Wien 13. Februar 1885 mit:

Emilie Johanna Karoline, geb. Gabriel (Tochter des 19. Mai 1866 zu Wien † Vize-Stadtbaudirektors der Stadt Wien Karl G. und der Antonie, geb. Kund), geb. Wien 23. Mai 1859. — [Josefstadt.]

3. Josef Karl, geb. Theresienstadt 28. Jänner 1857, MVK., k. u. k. Oberst im Infanterie-Regimente FZM. Emil Freiherr David von Rhonfeld Nr. 72. — [Pozsony.]

Vgl.: — Brünner Adel. Taschenb. II 1877, V 1880u. IX 1884; — Neuer Siebmacher IV, 9 (R. I. Graf Meraviglia-Crivelli, Der böhmische Adel), S. 35 u. Taf. 28.

---

von Stremayr.

Römisch-katholisch und evangelisch A. B. – Österreich (Niederösterreich, Oberösterreich, Salzburg, Triest, Steiermark).

Verleihungen:

1530 Juli 19, Augsburg: Kaiser Karl V. verleiht dem Jakob „Strömer" (Stremayr) einen Wappenbrief. — (StA., RR. Karls V., tom. XII, fol. 19.)

1616 Oktober 8, Wr.-Neustadt: Erzherzog Maximilian von Österreich, Hoch- und Deutschmeister, verleiht dem Oberösterreichischen Regimentssekretarius „Isaak Stremayr" nebst seinem Sohne Philipp Jakob, ebenfalls Oberösterreichischen Regimentssekretarius, die Adelsfreiheit und bessert das ihrem Vorfahren Jakob Stremayr von Kaiser Karl V. ddo. Augsburg, 19. Juli 1530 verliehene Wappen. — (AA., TWB. tom. XIII, fol. 640; — Orig. Fam.)

1905 März 4, Wien (Allerhöchste Entschließung): Kaiser Franz Joseph I. erteilt der ältesten Tochter des verstorbenen k. u. k. Geheimen Rates, k. k. Ministers a. D. etc. Dr. Karl von Stremayr, der k. k. Sektionschefsgattin Berta von Hardt, geb. von Stremayr, für ihre beiden Söhne Dr. Karl und Emil die Bewilligung, sich „Ritter von Hardt-Stremayr" nennen zu dürfen. — (AA., HKA.; — vgl. den Artikel „Hardt-Stummer von Tavarnok, von Hardt und von Hardt-Stremayr" dieses Taschenbuches.)

Wappen:

I. 1530 Juli 19: In Rot ein jederseits von einem goldenen Sterne begleiteter schräger blauer „Wasserstrom" (Schrägfluß). Auf dem Stechhelme mit blau-roten Decken und ebenso gewundenem Bausch ein wie der Schild bezeichneter Flügel (geschlossener Flug).

II. 1616 Oktober 8: Wie 1530, nur der Helm geöffnet und gekrönt.

Der Stammvater dieser Familie ist Jakob Stremayr, angeblich Burgvogt auf Schloß Tirol, dessen Name in dem ihm von Kaiser Karl V. ddo. Augsburg, 19. Juli 1530 verliehenen Wappenbriefe wohl nur deshalb „Strömer" („Stremer") geschrieben ist, um mit dem als Wappenbild gewählten „Wasserstrom" einen Namenanklang zu erreichen.

Ein Sohn dieses ältesten Jakob dürfte jener Jakob Stremayr gewesen sein, dessen schöner silberner Siegelstempel mit der Jahreszahl 1578 auf dem umlegbaren halbkreisförmigen Griff-

gegenwärtig noch im Besitze der Familie erhalten ist, jedoch umgestaltet im Sinne des Adelsdiplomes von 1616 durch Nachgravierung der Helmkrone und des Helmrostes für einen dritten Jakob Stremayr (vgl. nebenstehende Abbildung).

Wahrscheinlich ein Enkel des ältesten Jakob war Isaak Stremayr, der als Oberösterreichischer Regimentssekretarius mit seinem Sohne Philipp Jakob Stremayr, ebenfalls Sekretarius der Oberösterreichischen Regierung in Innsbruck, vom Erzherzoge und Hoch- und Deutschmeister Maximilian ddo. Wiener-Neustadt, 8. Oktober 1616 unter ausdrücklicher Erwähnung des seinem Vorfahren Jakob „Stremayr“ 1530 verliehenen Wappenbriefes in den Adelstand erhoben wurde, wobei das Wappen durch Öffnung und Bekrönung des Helmes gebessert wurde. Mit vorgenanntem Philipp Jakob reißt die Stammreihe scheinbar ab, doch dürfte die Lücke durch jenen jüngsten Jakob Stremayr ausgefüllt werden, für den der oben abgebildete Siegelstempel von 1578 nach dem Diplome von 1616 umgeändert wurde.

Als nächster erscheint Johann Christoph Stremayr, der als gräfl. Sinzendorfscher und seit 1708 als Marchese Priéscher Pfleger der Herrschaft Friedau in Niederösterreich genannt wird. Er war mit Ursula Maria, einer Tochter des Kremser Ratsherrn Johann Elsler, vermählt und starb am 3. November 1721 im Alter von 42 Jahren unter Hinterlassung von drei Kindern:

1. Franziska Theresia, die sich am 5. Juni 1731 mit Johann Anton Statzer, Pfleger der Herrschaft Weißenburg, vermählte.

2. Hans Peter Augustin, geb. 14. August 1713, von dem die unten folgende I. Ältere Linie abstammt.

3. Christoph Klemens, geb. 5. Juli 1715, der die in zwei Ästen blühende II. Jüngere Linie begründete (s. unten).

I. Ältere Linie.

Hans Peter Augustin von Stremayr (s. oben 2.) war erst Verwalter der Herrschaft Plankenstein und seit 1739 Pfleger der Herrschaft Grünbichl in Niederösterreich. Aus seiner 1750 mit Katharina Glatz, Verwalterstochter aus Mauerbach, geschlossenen Ehe entsprossen zwei Söhne:

1) Paul, von dem der in zwei Zweigen blühende 1. Ast dieser Linie abstammt (s. unten).

2) Peter, dessen Nachkommenschaft im Mannsstamme erloschen ist und den unten folgenden 2. Ast bildet.

Ein 3). Bruder dieser beiden könnte jener Franz von Stremayr gewesen sein, der 1779 von Andreas Xaver Dorn von Dornfeld das Freigut Aumühl bei Atzenbrugg in Niederösterreich erwarb, das dann 1784 wieder an Josef von Beznyak überging.

1. Ast.

Paul von Stremayr, vorstehend 1), war Pächter und Verwalter der Herrschaft Plankenstein. Seiner Ehe mit Theresia, geb. Schenbichler, entstammten vierzehn Kinder, die sämtlich zu Plankenstein geboren wurden:

(1) Franz Xaver, geb. 26. November 1787, † Ottensheim 7. Jänner 1856, bestattet in der Familiengruft zu St. Georgen bei Grießkirchen, Besitzer der Herrschaften Erlach und Tollet und des Felsenstöckels zu Ottensheim in Oberösterreich. Er war in kinderloser Ehe als deren II. Gemahl mit Franziska, geb. Weps (geb. 1788, † Schloß Tollet 15. Mai 1848, Tochter des k. k. Mundkoches W. und der 19. Mai 1845 zu Tollet † Katharina), vermählt, die ihm jedoch aus ihrér I. Ehe mit N. Payr, k. k. Postmeister zu Amstetten, drei Kinder zubrachte: — a) Franz Payr, — b) Johann Payr und — c) Katharina Payr, die einen Vetter ihres Stiefvaters, den k. k. Oberstleutnant Ignaz von Loyola von Stremayr (s. unten 2. Ast) ehelichte.

(2) Karl Gottfried, geb. 25. Oktober 1788, der den blühenden a) Älteren Zweig begründete (s. unten).

(3) Anton Klemens, geb. 23. November 1789, † Plankenstein 29. Oktober 1800.

(4) Leopold, geb. 28. September 1790; — (5) Johann Nepomuk, geb. 4. Oktober 1792; — (6) Josefa Theresia Katharina, geb 25. März 1794; — (7) Marianne, geb. 24. Juli 1795, und — (8) Maria Theresia, geb. 25. Juli 1796, über die weitere Nachrichten fehlen.

(9) Thekla Jakobina, geb. 7. Juli 1797, † Plankenstein am 30. desselben Monats.

(10) Ignaz von Loyola, geb. 3. Juni 1798, von dem der blühende b) Jüngere Zweig abstammt (s. unten).

(11) Klara, geb. 23. Juni 1799, † Plankenstein 11. Juli 1800.

(12) Leopold Paul, geb. 26. Oktober 1800, † Plankenstein am folgenden 1. November.

(13) Josef, geb. 17. März 1803, † Plankenstein am 2. April desselben Jahres.

(14) Johanna Aloisia, geb. 22. Mai 1804, † Plankenstein 3. Juli 1805.

2. Ast (im Mannsstamme erloschen).

Peter von Stremayr, oben 2), Pächter oder Verwalter der Herrschaft Ernstbrunn in Niederösterreich, hatte mit seiner Gemahlin Antonie, geb. von Wöß, fünf Kinder:

(1) Ignaz von Loyola, k. k. Oberstleutnant i. P. (bis 1863 Major im Infanterie-Regimente FZM. Johann Graf Coronini von Cronberg Nr. 6), der sich mit Katharina Payr vermählte, einer

Stieftochter seines Vetters Franz Xaver von Stremayr auf Erlach und Tollet, die ihm zwei Söhne schenkte: — 1. Franz Xaver, der zu Oberhollabrunn starb, und — 2. August, der 1848 verschieden ist.

(2) Peter, der als Offizier im k. k. Heere diente.

(3) Luise }
(4) Babes } über die weitere Daten fehlen.

(5) Franz Xaver, dessen nun im Mannsstamme erloschene Deszendenz unten als 2. Ast der I. Älteren Linie folgt.

Des letztgenannten Sohn Karl von Stremayr, geb. Graz 30. Oktober 1823, † Potschach 22. Juni 1904, war der bekannte Staatsmann und Gelehrte. Nach Erlangung des juridischen Doktorgrades an der Karl Franzens-Universität in Graz trat er zunächst bei der k. k. Kammerprokuratur in den öffentlichen Dienst. Das Jahr 1848 rief ihn als Abgeordneten des Wahlbezirkes Kindberg in das Frankfurter Parlament, wo er sich dem Klub des „Württemberger Hofes" anschloß und zum ersten Jugendsekretär gewählt wurde. Nach Graz zurückgekehrt, kam er zur Staatsanwaltschaft, war 1860 Staatsanwaltsubstitut und wurde 1861, als auf Grund des Februarpatentes die Landtage und der Reichsrat einberufen worden waren, von seiner Vaterstadt in den Steiermärkischen Landtag entsendet. Er wurde nun in den Landesausschuß gewählt, erhielt die Leitung des Landeseinnehmeramtes und wurde bald darauf zum Landesgerichtsrate ernannt. Als Giskra das Portefeuille des Innern übernahm, berief er ihn als Ministerialrat in das ihm unterstehende Ministerium. Stremayr wurde am 1. Februar 1870 zum Minister für Kultus und Unterricht ernannt, welches Portefeuille er mit kurzen Unterbrechungen bis zum Amtsantritte des Kabinetts Taaffe 1879 innehatte, um es in diesem mit jenem der Justiz zu vertauschen. Seine auf dem Gebiete der Unterrichts- und Kirchengesetzgebung, dann des Justizwesens an Erfolgen und äußeren Ehren — er wurde wirklicher Geheimer Rat und Mitglied des Herrenhauses, erhielt den Orden der Eisernen Krone I. Klasse, sowie die Großkreuze des österr. kaiserl. Leopold- und des kgl. ungar. St. Stephan-Ordens etc. — selten reiche öffentliche Laufbahn beschloß er 1899 als Erster Präsident des Obersten Gerichts- und Kassationshofes.

Seiner ältesten Tochter Berta, Gemahlin des k. k. Sektionschefs Emil Ritter von Hardt, wurde mit Allerhöchster Entschließung vom 4. März 1905 für ihre beiden Söhne Dr. jur. Karl und Emil Ritter von Hardt die Bewilligung erteilt, sich „Ritter von Hardt-Stremayr" nennen zu dürfen.

II. Jüngere Linie.

Christoph Klemens von Stremayr, das 3. Kind des Johann Christoph, wurde am 3. Juli 1715 geboren und vermählte sich 1750 mit Maria Magdalena, geb. Winterl, die ihm zwei Söhne schenkte:

1) Anton Ignaz von Loyola Engelbert, geb. 28. November 1753, von dem der in zwei Zweigen blühende 1. Ältere Ast abstammt (s. unten).

2) Christian Engelbert, geb. 24. November 1755, dessen Nachkommenschaft den ebenfalls blühenden 2. Jüngeren Ast dieser Linie bildet (s. unten).

1. Älterer Ast.

Anton Ignaz von Loyola Engelbert von Stremayr, oben 1), vermählte sich am 22. August 1785 mit Josefa Vogel, welcher Ehe, so viel bekannt, nur ein Sohn:

Ignaz von Loyola Ferdinand Josef von Stremayr entsproß, der 7. August 1799 zu Gresten geboren wurde und ebendort 21. September 1843 starb. Dieser hatte sich 2. Oktober 1820 zu Gresten mit Juliana Winkler (geb. Gresten 14. Dezember 1798, † daselbst 11. Jänner 1873) vermählt, die ihm folgende zehn, wohl sämtlich zu Gresten geborene Kinder schenkte:

1. Ignaz von Loyola, von dem weitere Nachrichten fehlen.

2. Franz, geb. Gresten 9. Oktober 1822, von dem der unten folgende a) Erste Zweig abstammt.

3. Julie; — 4. Michael; — 5. Johann; — 6. Josef; — 7. Therese; — 8. Johanna, über deren Schicksale nichts bekannt ist.

9. Engelbert, geb. Gresten 30. Juli 1833, der den b) Zweiten Zweig dieses Astes begründete (s. unten).

10. Katharine, über die nähere Daten fehlen.

2. Jüngerer Ast.

Christian Engelbert von Stremayr, oben 2), war Kaufmann und starb am 29. November 1809. Seine Frau Therese schenkte ihm vier Kinder:

(1) Alois, der diesen Ast allein fortpflanzte (s. unten).
(2) Engelbert, † 30. November 1809.
(3) Theresia, die sich mit Johann Kogler in Waidhofen a. d. Ybbs verehelichte.
(4) Franz Xaver, Magistratsrat in Wien.

Alois von Stremayr, vorstehend (1), war Handelsmann und Gasthausbesitzer in Wien und hinterließ, so viel bekannt, nur einen Sohn:

Alois von Stremayr, der als Doktor der Medizin starb und die unten als 2. Jüngerer Ast dieser Linie folgende Nachkommenschaft hatte.

I. Ältere Linie.

Stifter: Hans Peter Augustin von Stremayr, geb. 14. August 1713, Verwalter der Herrschaft Plankenstein, dann Pfleger der Herrschaft Grünbichl.

1. Ast.

Stifter: Paul von Stremayr, Pächter und Verwalter der Herrschaft Plankenstein.

33

a) Älterer Zweig.

† Karl Gottfried von Stremayr (2. Kind des .... 17.. zu .... † Paul v. St. und der .... 17.. zu .... † Therese, geb. Schenbichler), geb. Plankenstein 25. Oktober 1788, † Schönbichl .... 1841, Rentmeister der Herrschaft Schönbichl; — verm. Schönbichl .... 1821 mit:

† Therese, geb. Hacker (Tochter des .... 18.. zu .... † Verwalters von Schönbichl .... H. und der .... 18.. zu .... † ...., geb. ....), geb. .... 1794, † .... 1833.

Kinder:

1. Therese, geb. Schönbichl 25. September 1822, — [Wien, XV. Mariahilferstraße 155]; — verm. Waidhofen a. d. Ybbs 16. Februar 1846 mit:

† Johann Nepomuk Bruno von Reichenau, geb. Vorchdorf bei Gmunden 14. Mai 1819, † Wien 8. August 1900, Beamten der k. k. priv. Kaiserin Elisabeth-Westbahn.

† 2. Franz, geb. Schönbichl 23. November 1823, † Urfahr 26. Juni 1898, k. k. Steueramtskontrollor; — verm. I. Ottensheim .... 1857 mit:

† Therese, geb. Etz (Tochter des .... 18.. zu .... † Kaufmannes .... E. und der .... 18.. zu .... † ...., geb. ....), geb. Rohrbach, Mühlviertel, ... 1815, † Linz 4. Dezember 1864; — verm. II. Linz .... 1870 mit:

† Marie, geb. Ziegler (Tochter des .... 18 . zu .... † .... Z. und der .... 18.. zu .... † ...., geb. ....), geb. Linz 23. September 1843, † Urfahr 18. Juni 1904.

Kinder: a) I. Ehe:

1) Franz, geb. Mauthausen 14. April 1859, Beamter der k. k. österr. Staatsbahnen, — [Wien, XV. Clementinengasse 10]; — verm. Linz 9. Jänner 1881 mit:

Anna, geb. Rothmaier (Tochter des .... R. und der ...., geb. ....), geb. Ronsperg, Böhmen, 22. Juni 1858, dipl. Hebamme. — [Wien, XVI. Thaliastraße 103.]

Kinder:

(1) Stephanie Marie Therese, geb. Wien 6. Oktober 1882. — [Wien, XVI. Thaliastraße 103.]

(2) Franz Karl Johann, geb. Neumarkt-Kallham, Oberösterreich, 21. November 1883, k. u. k. Maschinen-Unterwärter auf S. M. Schiff Kaiser Franz Joseph I.

(3) Anna Margarete, geb. Frauendorf, Steiermark, 28. März 1886; — verm. Wien 4. Februar 1906 mit:

Markus Kovač, geb. .... 18.., k. u. k. Feldwebel im Bosnisch - herzegowinischen Infanterie - Regimente Nr. 4. — [Wien, IX. Alserkaserne.]

(4) Marie Therese, geb. Feldkirchen, Kärnten, 22. Oktober 1887. — [Wien, XVI. Thaliastraße 103.]

b) II. Ehe:

†2) Marie, geb. Linz .... 1871, † ebendort .... 1877.

3) Karl, geb. Linz .... 1873, Privat. — [Wimsbach, Oberösterreich.]

4) Johann, geb. Linz 24. August 1877, k. k. Finanzwach-Oberaufseher. — [Salzburg.]

5) Fanny, geb. Linz .... 1879. — [Triest.]

6) Marie, geb. St. Florian 2. August 1882. — [Linz.]

7) Bruno, geb. St. Florian 31. Juli 1884, k. k. Finanzwachaufseher. — [Salzburg.]

† 3. Johann, geb. Schönbichl .... 1829, † Wien 6. September 1883, k. k. Hauptmann 1. Kl. d. R. (bis 1876 im Infanterie-Regimente GdK. Erzherzog Josef Nr. 37), in Dienstesverwendung im Expedit des Reichs-Kriegsministeriums.

b) Jüngerer Zweig.

† Ignaz von Loyola von Stremayr (10. Kind des .... 17.. zu .... † Paul v. St. und der .... 17.. zu .... † Therese, geb. Schenbichler), geb. Plankenstein 3. Juni 1798, † Schloß Tollet 31. Jänner 18.., Kaufmann in Herzogenburg; — verm. .... 18.. mit:

† Rosalie, geb. Schranzhofer (Tochter des .... 1... zu .... † bürgerl. Handelsmannes Leopold Sch. und der .... 1... zu .... † Rosalie, geb Weichhart), geb. Wien 8. Dezember 1798, † .... 14. Juni 1838.

Kinder:

† 1. Ignaz von Loyola, geb. Herzogenburg 1. Jänner 1823, † Wien 30. Dezember 1897, k. u. k. Major d. R. (bis 18.. im Infanterie-Regimente Erzherzog Wilhelm Nr. 12); — verm. Preßburg (Pozsony) 11. Februar 1858 mit:

† Fanny, geb. Volff (Tochter des .... 1858 zu Preßburg [Pozsony] † fürstl. Palffyschen Hofrichters i. P. Josef V. und der .... 1877 ebendort † Josefa, geb. Herbrich), geb. Kuchel (Konyha, Komitat Pozsony) .... 1833, † Wien 19. Jänner 1899.

Kinder:

1) Edmund Josef Ignaz von Loyola Richard, geb. Krakau 29. Dezember 1858, Kaufmann; — verm. Basel 27. März 1884 mit:

Marie, geb. Rupp (Tochter des .... 1875 zu Basel † Landwirtes Johann Friedrich R. und der 4. Juni 1906 ebendort † Marie Anna, geb. Hupfer), geb. Lörrach, Baden, 4. Februar 1861. — [Basel, Spalenring 141.]

Kinder:

(1) Edmund Friedrich Ignaz von Loyola, geb. Basel 25. April 1884, Kaufmann.

(2) Marie Franziska, geb. Basel 14. November 1887, Korrespondentin.
(3) Adele Emma, geb. Basel 2. Februar 1890.
(4) Karl Ernst, geb. Basel 14. Oktober 1895.

† 2) Richard Wilhelm (evangelisch A. B.), geb. Preßburg (Pozsony) 4. Dezember 1859, † Wien 18. Mai 1897, k. u. k. Hauptmann 1. Kl. des Infanterie-Regimentes FZM. Anton Freiherr Mollinary von Monte Pastello Nr. 38, Lehrer an der Infanterie-Kadettenschule in Wien; — verm. Wien 20. August 1894 mit:
Rosalie (Rosa) Therese Franziska, geb. Ammer (evangelisch A. B. — Tochter des 3. März 1880 zu Nagyszombat [Tyrnau] † Komitatsphysikus Dr. med. Ernst A. und der Albine, geb. Huberth), geb. Tyrnau [Nagyszombat] 29. November 1863. — [Wien, V. Margarethenhof.]

† 3) Adele Josefine Franziska, geb. Olmütz 29. November 1863, † Hernals bei Wien 10. September 1875, Zögling des k. k. Offizierstöchter-Erziehungs-Institutes in Hernals.

4) Franziska (Fanny) Josefa Elisabeth, geb. Olmütz 20. Oktober 1864, akad. Malerin. — [Wien, III. Marxergasse 14.]

† 2. Rosalie, geb. .... 5. Jänner 1825, † Wien 16. Jänner 1892; — verm. .... 28. Jänner 1845 mit:
† .... Meißner, geb. .... 18.., † .... 18.., k. k. Rechnungsrevidenten im Finanzministerium.

† 3. Luise, geb. .... 1826, † Wien 12. April 1898.

2. Ast.

(Im Mannsstamme erloschen.)

Stifter: Peter von Stremayr, Pächter (Verwalter?) der Herrschaft Ernstbrunn.

† Franz Xaver von Stremayr (5. Kind des .... 18.. zu .... † Peter v. St. und der .... 18.. zu .... † Antonie, geb. von Wöß), geb. .... 17.., † Agram 2. März 1843, k. k. Militärapothekensenior; — verm. .... 1822 mit:
† Karoline, geb. Rieger (Tochter des .... 18.. zu .... † .... R. und der .... 18.. zu .... † ...., geb. ....), geb. .... 20. März 1800, † Wien 2. Jänner 1880.

Kinder:

† 1. Karl Borromäus Anton Franz Seraphin, geb. Graz 30. Oktober 1823, † Pottschach 22. Juni 1904, Dr. jur., StO.-Gr.K., LO.-Gr.K., EKO.-R.I., k. u. k. Geheimer Rat, k. k. Minister a. D. (bis 1879 für Kultus und Unterricht, dann der Justiz), Erster Präsident des Obersten Gerichts- und Kassationshofes i. R. (bis 1899), Kurator-Stellvertreter und Ehrenmitglied der kaiserl. Akademie der Wissenschaften in Wien, Mitglied des Herrenhauses auf Lebensdauer, Ehrenbürger von 20 Gemeinden; — verm. Graz 17. Juni 1850 mit:
† Berta, geb. Hope, geb. Graz 1. Februar 1826, † Wien 14. Juni 1886.

Kinder:

1) Berta Ferdinande Felizitas, geb. Graz 18. Jänner 1851; — verm. Wien 28. August 1873 mit:
Emil Franz de Paula Ritter von Hardt, geb. Wien 11. November 1842, Dr. jur., EKO.-R.II., LO.-R., FJO.-R., k. k. Sektionschef i. R. (bis 1904 im Eisenbahnministerium), Kurator des k. k. Österr. Handelsmuseums in Wien, Ehrenbürger von Purkersdorf und Hadersdorf-Weidlingau. — [Wien, I. Reichsrathsstraße 19.]

† 2) Anna, geb. Graz 30. September 1853, † daselbst 20. Jänner 1861.

† 3) Antonie, geb. Graz 7. April 1855, † Görlitz 27. Juni 1876; — verm. Wien 30. Oktober 1873 als dessen I. Gemahlin mit:
† Richard Lüders, geb. .... 14. Mai 1838, † Görlitz 21. Jänner 1902, kgl. preuß. Major und Ingenieur; — (in II. Ehe verm. Wien 15. Oktober 1878 mit seiner Schwägerin Marie, geb. von Stremayr, s. die folgende).

4) Marie, geb. Graz 24. Jänner 1859, — [Görlitz]; — verm. Wien 15. Oktober 1878 als dessen II. Gemahlin mit ihrem Schwager:
† Richard Lüders, geb. .... 14. Mai 1838, † Görlitz 21. Jänner 1902, kgl. preuß. Major und Ingenieur; — (war in I. Ehe verm. Wien 30. Oktober 1873 mit: — † Antonie, geb. von Stremayr, s. oben).

† 5) Karl, geb. Graz 28. September 1863, † daselbst 21. Februar 1864.

6) Karoline, geb. Graz 28. September 1863 (Zwillingsschwester des vorigen); — verm. Wien 18. September 1884 mit:
Johann Edlen von Schemua, geb. Klagenfurt 21. September 1850, EKO.-R.III., MVK., k. u. k. Feldmarschall-Leutnant, zugeteilten General des 14. Korpskommandos in Innsbruck. — [Innsbruck.]

†2. Alexander, geb. Graz 9. November 1824, † daselbst 20. Oktober 1882, EKO.-R.III. (KD.), MVK. (KD.), k. k. Hauptmann d. R. (bis 186. im Feldartillerie-Regimente GM. Franz Freiherr von Wilsdorf Nr. 8); — verm. Graz 1. Juni 1870 mit:
Therese, geb. Schmelzer (Tochter des 31. Mai 1866 zu Graz † k. k. Statthaltereirates Johann Nepomuk Sch. und der 4. Februar 1890 zu Graz † Rosa, geb. Schlaffer), geb. Cilli 30. September 1841. — [Graz, Muchargasse 26.]

Töchter:

1) Berta, geb. Graz 7. Mai 1871, — [Prag]; — verm. Graz 8. November 1896 mit:
† Josef Franz Freyn, geb. Prag 7. Dezember 1845, † Smichov 16. Jänner 1903, k. k. Baurat.

† 2) Anna, geb. Kolozsvár (Klausenburg) 11. Mai 1872, † Graz 17. März 1895; — verm. Graz 3. Juni 1893 mit:
Karl Schmelzer, geb. Graz 30. November 1864, Buchhändler, Inhaber der prot. Firma J. A. Kienreich in Graz. — [Graz, Muchargasse 26.]

3. Anna, geb. Graz 21. Oktober 1825, — [Wien, VII. Fuhrmannsgasse 1]; — verm. Odessa 10. November 1851 mit:
† Franz von Boffa, geb. Arasio 8. September 1800, † .... 22. November 1867, kaiserl. russischem Hofrat.

†4. Johann, geb. Graz 28. Februar 1830, † Wien 29. Dezember 1862, k. k. Hauptmann im Infanterie-Regimente Leopold I. König der Belgier Nr. 27.

5. Marie, geb. Brescia 25. Juni 1837, — [Wien]; — verm. Graz (Dompf.) 30. Juni 1863 mit:
† Johann Baptist (Ivan) Lokančić, geb. Littaj 24. Juni 1832, † Wien 5. März 1904, k. k. Oberingenieur i. R.

†6. Rudolf, geb. Mantua 18. September 1840, † Iglau 5. August 1873, k. k. Oberleutnant im Infanterie-Regimente FML. Georg Graf Jellačić de Bužim Nr. 69.

II. Jüngere Linie.

Stifter: Christoph Klemens von Stremayr, geb. 5. Juli 1715.

I. Älterer Ast.

Stifter: Anton Ignaz von Loyola Engelbert von Stremayr, geb. 28. November 1753.

a) Erster Zweig.

† Franz von Stremayr (2. Kind des 21. September 1843 zu Gresten † Ignaz von Loyola Ferdinand Josef v. St. und der 11. Jänner 1873 ebendort † Juliana, geb. Winkler), geb. Gresten 9. Oktober 1822, † ebendort 11. Juli 1895; — verm. .... 18.. mit:
† Anna, geb. Jobst (Tochter des .... 18.. zu .... † .... J. und der .... 18.. zu .... † ...., geb. ....), geb. St. Nikolaus bei Grein .... 1824, † Gresten 22. April 1890.

Kinder:

1. Johann, geb. Gresten 20. Oktober 1850, Hammerwerksbesitzer; — verm. Gresten 6. Oktober 1890 mit:
Anna, geb. .... (Tochter des .... und der ...., geb. ....), geb. Gaming 14. Mai 1865. — [Gresten.]

Kinder:

1) Helene, geb. Gresten 31. Juli 1891.
2) Maria Theresia, geb. Gresten 2. August 1892.
†3) Anna, geb. Gresten 2. August 1893, † ebendort 23. Oktober 1899.
4) Franz, geb. Gresten 3. August 1895.
5) Julie, geb. Gresten 2. Juni 1897.
6) Therese, geb. Gresten 29. März 1901.

2. **Ignaz**, geb. Gresten 6. Mai 1853, Zahnsichelgewerke; – verm. Gresten 9. Jänner 1893 mit:

Franziska, geb. **Zwak** (Tochter des .... Z. und der ...., geb. ....), geb. Göstling 10. Jänner 1863. – [Gresten.]

Kinder:

† 1) **Marie**, geb. .... 16. Oktober 1893, † Gresten 24. Oktober 1893.

† 2) **Franziska Johanna**, geb. .... 15. November 1894, † Gresten 8. Oktober 1903.

3) **Ignaz**, geb. .... 7. September 1896.

b) **Zweiter Zweig.**

Engelbert von Stremayr (9. Kind des 21. September 1843 zu Gresten † **Ignaz von Loyola Ferdinand Josef** v. St. und der 11. Jänner 1873 ebendort † **Juliana**, geb. **Winkler**), geb. Gresten 30. Juli 1833, Kaufmann; – verm. Hohenberg 12. August 1862 mit:

Karoline, geb. **Winter** (Tochter des .... 18.. zu Hohenberg † .... **Anton** W. und der .... 18.. ebendort † **Marie**, geb. ....), geb. Hohenberg 2. November 1840. – [St. Leonhard a. F.]

Kinder:

1. **Engelbert**, geb. St. Leonhard a. F. 9 Mai 1863.
2. **Julie**, geb. St. Leonhard a. F. 16. Februar 1870.
3. **Franz**, geb. St. Leonhard a. F. 3. August 1875.

2. **Jüngerer Ast.**

Stifter: Christian **Engelbert von Stremayr**, geb. 24. November 1755.

† **Alois von Stremayr** (Sohn des .... 1... zu .... † Handelsmannes und Gasthausbesitzers in Wien **Alois** v. St. und der .... 1... zu .... † ...., geb. ....), geb. .... 1..., † .... 18.., Dr. med.; – verm. .... 18.. mit:

...., geb. .... (Tochter des .... 1... zu .... † .... und der .... 1... zu .... † ...., geb. ....), geb. .... 1..., † .... 18...

Kinder:

1. **Johann**, geb. .... 18...
2. **Anna**, geb. .... 18...
3. **Karl**, geb. .... 18...
4. **Moriz**, geb. .... 18...
5. **Julius**, geb. .... 18...

(**Nähere Nachrichten über diesen Ast einem späteren Jahrgange vorbehalten.**)

Vgl.: — Wurzbach XL, S. 36; — Neuer Siebmacher IV, 5 (A. Frhr. v. Starkenfelds, Oberösterreichischer Adel), S. 412 u. Taf. 105.

---

von Strobach.

Römisch-katholisch. — Österreich (Mähren, Küstenland und Steiermark).

Verleihung:

1843 Oktober 4, Wien (Diplom): Kaiser Ferdinand I. erhebt den k. k. Gubernialrat und Oberbaudirektor in Böhmen Paul Strobach in den Österreichischen Adelstand mit dem Ehrenworte „Edler von" und einem Wappen. — (AA., HKA.; — Orig. Fam.)

Wappen:

1843 Oktober 4: In Blau ein schmaler silberner Wellenbalken, begleitet oben von fünf (3, 2) silbernen Sternen, unten von einer aus natürlichen Quadern erbauten dreibogigen Brücke über ein den Schildfuß erfüllendes natürliches Gewässer. Auf dem gekrönten Turnierhelme mit blau-silbernen Decken ein wachsender silberner Löwe, in der rechten Vorderpranke drei natürliche Weizenähren haltend.

---

† Paul Edler von Strobach (Adelserwerber — Sohn des .... 17.. zu .... † Baumeisters Paul Strobach und der .... 17.. zu .... † ...., geb. ....), geb. Březno 9. März 1776, † Wien .... 1854, Gr. gold. Ehren-Med. m. Öhr u. Band, k. k. wirkl. Gubernialrat und Oberbaudirektor in Böhmen; — verm. Prag .... 1815 mit:

† Antonie, geb. Grünagel (Tochter des .... 17.. zu .... † .... G. und der .... 17.. zu .... † ...., geb. ....), geb. .... 18.., † Pettau .... 1862.

Kinder:

†1. Friedrich, geb. Prag 19. Oktober 1816, † Wien 9. April 1893, k. k. Statthaltereirat; — verm. Innsbruck 9. August 1847 mit:

† Johanna, geb. Fischer (Tochter des .... 18.. zu Klosterneuburg † k. k. Regimentsarztes Dr. med. Karl F. und der .... 18.. zu .... † Therese, geb. Meinong von Handschuchsheim), geb. Wien 4. Mai 1820, † ebenda 20. April 1888.

Kinder:

† 1) Pauline, geb. Agram 16. Oktober 1848, † Völs bei Innsbruck 6. August 1905; — verm. Wien 27. Jänner 1873 mit:

Rafael Ritter Meinong von Handschuchsheim, geb. Wien ... März 1848, Inspektor der k. k. österr. Staatsbahnen. — [Wilten bei Innsbruck.]

2) Friederike, geb. Agram 16. November 1849; — verm. Wien 29. April 1886 mit:

Josef Mussoni, geb. Salzburg 24. September 1848, k. k. Postkassakontrollor. — [Wien, IV. Hechtengasse 12.]

† 3) Rudolf, geb. Wien 28. Jänner 1851, † ebenda 19. Juni 1905, k. k. Gerichtssekretär i. R.; — verm. Krems 20. August 1882 mit:

Ernestine, geb. Sauer Edlen von Nordendorf (Tochter des .... 1874 zu Krems † k. k. Hauptmannes d. R. Franz S. Edlen v. N. und der Ernestine, geb. Menzinger von Preinenthal), geb. Krems .... 1860. — [Wien, IX. Lazarethgasse 41.]

4) Heinrich, geb. Wien 16. Dezember 1857, k. k. Bezirkshauptmann zu Hohenstadt in Mähren; — verm. Zara 25. November 1886 mit:

Marie, geb. Gillhuber (Tochter des 10. April 1905 zu Zara † k. k. Oberbaurates Michael G. und der 3. Oktober 1899 ebendort † Katharina, geb. Lazzarich), geb. Spalato 25. März 1858. — [Hohenstadt.]

Kinder:

(1) Felizitas, geb. Zara 19. August 1887; — verm. Hohenstadt (evang. Pf.) 11. Februar 1907 mit:

Richard Brass (evangelisch A. B.), geb. .... 18.. Fabriksbesitzer. — [Hohenstadt.]

(2) Johanna, geb. Zara 20. Dezember 1888.

(3) Adolf, geb. Zara 17. Mai 1891.

(4) Paul, geb. Zara 11. Mai 1893.

(5) Virginie, geb. Zara 11. Mai 1893.

†2. Karoline, geb. Prag 20. Februar 1818, † Prag .... 1891; — verm. .... 18.. mit:

† Adolf Studniczka, geb. .... 18.., † .... 18.., k. k. Statthaltereirat.

†3. Josef, geb. Prag 14. September 1824, † Graz 23. März 1900, k. k. Bezirkshauptmann; — verm. Prag 25. Jänner 1859 mit:

† Marie, geb. Herrmann (Tochter des .... 1867 zu Prag † Kaufmannes Johann Michael H. und der .... 1877 zu Reichenberg † Magdalena, geb. ....), geb. Prag 17. April 1834, † Graz 25. März 1887.

Kinder:

1) Marie, geb. Pettau 13. Juli 1860, Lehrerin. — [Pettau.]

2) Gustav, geb. Pettau .... 1861, k. u. k. Hauptmann-Rechnungsführer im Divisions-Artillerie-Regimente Nr. 13. — [Sopron.]

† 3) Berta, geb. Pettau 21. April 1863, † Wien 23. Jänner 1903; – verm. .... 1902 mit:

Benno Reischl, geb. .... 18.., Privatier. – [Wien, IV. Plösselgasse 1.]

4) Josef Franz Paul, geb. Pettau 5. Jänner 1870, Eisenbahnbau-Ingenieur und Stadtbaumeister; – verm. Lovrana 25. November 1895 mit:

Amalie (Amelia) Aurelie Isabella, geb. Persich Edlen von Köstenheim (Tochter des Gutsbesitzers und Bürgermeisters von Lovrana Ferdinand P. Edlen v. K. und der Teresina, geb. Gherbavac), geb. Triest 8. Juni 1875. – [Abbazia.]

Kinder:

(1) Paul Gustav Vinzenz, geb. Lovrana 5. April 1897.

(2) Edmund Philipp Theodor, geb. Lovrana 23. August 1898.

(3) Ferdinand Friedrich Josef, geb. Gmunden 28. März 1901.

(4) Elisabeth (Elsa) Therese Ferdinande, geb. Lovrana, 28. Jänner 1905.

†4. Karl, geb. Prag 29. Jänner 1827, † Wien ... April 1876, k. k. Rittmeister in Sr. Majestät Ersten Arcierenleibgarde.

†5. Anton, geb. Prag 19. März 1831, † Spokane falls, Washington, ... Juni 1905, Advokat; – verm. .... 18.. mit:

† Rosa, geb. Breibisch (Tochter des .... 18.. zu .... † .... B. und der .... 18.. zu .... † ...., geb. ....), geb. .... 18.., † Spokane falls .... 1905.

Vgl.: – Neuer Siebmacher IV 9 (R. J. Grf. Meraviglia-Crivelli, Der Böhmische Adel), S. 35 u. Taf. 28.

---

von Swogetinsky.

Römisch-katholisch und evangelisch A. B. – Österreich.

Verleihung:

1820 Jänner 29, Wien: Kaiser Franz I. verleiht dem k. k. Rittmeister im Kürassier-Regimente Konstantin Czesarewitsch und Großfürst von Rußland Nr. 8 Anton Swogetinsky den Österreichischen Adel mit dem Ehrenworte „Edler von“ und einem Wappen. – (AA., HKA.; – Orig. Fam.)

Wappen:

1820 Jänner 29: In Rot ein goldener Schrägbalken, begleitet oben von einer goldenen Krone mit fünf Spitzen, unten von einem geharnischten Arme, dessen bloße Hand einen blanken Säbel an goldenem Gefäße hält. Auf dem gekrönten Turnierhelme mit rot-goldenen Decken der geharnischte Arm mit dem Säbel auf dem Ellbogen ruhend.

---

† Anton Edler von Swogetinsky (Adelserwerber – Sohn des 18. Februar 1792 zu Komotau † Amtsverwalters Johann Daniel Swogetinsky und der .... 1796 ebendort † Theresia, geb. Pohl), geb. Hruschowan 12. Jänner 1773, † Preßburg (Pozsony) 26. Oktober 1858, k. k. Oberst i. P. (bis 1838 Kommandant des Kürassier-Regimentes GdK. Ignaz Graf Hardegg Nr. 8); – verm. Böhm.-Brod 13. Juni 1818 mit:

† Franziska, geb. von Handel (Tochter des 31. Jänner 1807 zu Mergentheim † Hoch- und Deutschmeisterschen Geheimen Rates Anton Georg Otto v. H. und der 23. November 1823 zu Frankfurt a. M. † Katharina geb. Freiin von Linden), geb. Mergentheim 19. Dezember 1780, † Preßburg (Pozsony) 15. April 1861; – (in I. Ehe verm. Mergentheim 24. Juni 1808 mit: – † Heinrich von Préen, geb. Kap der guten Hoffnung .... 1778, † St. Georgen (Szentgyörgy, Komitat Pozsony) 21. Oktober 1811, k. k. Rittmeister des Kürassier-Regimentes FML. Moriz Fürst von und zu Liechtenstein Nr. 6).

Kinder:

† 1. Anton, geb. Wien 1. März 1820, † Linz 11. Februar 1879, k. k. Rittmeister 1. Kl. d. R. (bis 1853 im Kürassier-Regimente Karl Prinz von Preußen Nr. 8); – verm. Walluf, Herzogtum Nassau, 8. Juni 1853 mit:

Karoline, geb. von Thurneißen (Tochter des 4. Februar 1860 zu Walluf † Gutsbesitzers Wilhelm v. Th. und der 20. Oktober 1857 ebendort † Josefine, geb. Chamot), geb. Frankfurt a. M. 1. November 1822. – [Linz.]

Söhne:

1) Maria Karl Wilhelm Anton Friedrich, geb. Steinamanger (Szombathely) 16. Oktober 1854, k. u. k. Oberstleutnant im Dragoner-Regimente FM. Raimund Fürst und Reichsgraf Montecuccoli Nr. 8, Stellvertreter des Kommandanten am Remontendepot zu Lábod; – verm. Göding 16. Mai 1885 mit:

Elise Auguste Theodora Wilhelmine Helene, geb. von Scherenberg (evangelisch A. B. – Tochter des 13. Jänner 1897 zu Wien † k. u. k. Generalmajors d. R. Moriz Scherenberg und der Adelheid, geb. Freiin von Bernewitz [Gmunden], die samt ihren Töchtern Elisabeth, verehelichten Edlen von Swogetinsky,

Helene, Marie und Adelheid Scherenberg mit Allerhöchster Entschließung vom 26. August und dem Diplome ddo. Wien, 19. November 1898 in den Österreichischen Adelstand erhoben wurde), geb. Wien 14. Jänner 1864. – [Lábod.]

Kinder (evangelisch A. B.):

(1) Hans Moriz Anton Josef, geb. Göding 12. März 1886, Akademiker der k. u. k. Theresianischen Militär-Akademie in Wr.-Neustadt.

† (2) Alexander Oskar Wilhelm, geb. Gródek 4. Februar und † ebendort 9. Juni 1887.

(3) Artur Wilhelm, geb. Lemberg 18. Juli 1888, Zögling der k. u. k. Kavallerie-Kadettenschule in Mähr.-Weißkirchen.

(4) Elisabeth Helene Theodora Thekla Wilhelmine, geb. Złoczów 13. Dezember 1889.

(5) Adelheid Gertrud Selma Pauline, geb. Brzeżany 31. März 1892.

2) Wilhelm Friedrich Heinrich Stephan, geb. Preßburg (Pozsony) 8. Juni 1856, MVK., k. u. k. Oberst (beurlaubt, bis 1906 Kommandant des Dragoner-Regimentes Kaiser Franz Joseph Nr. 11); – verm. Linz 28. April 1887 mit:

Gabriele Konstanze Karoline, geb. Schuster (Tochter des 29. Juni 1866 bei Nachod gefallenen k. k. Hauptmannes im Feldjäger-Bataillon Nr. 6 Heinrich Sch. und der Anna, geb. Rudzinska von Rudno, – [Linz]), geb. Szegedin (Szeged) 24. April 1864. – [Stockerau].

Kinder:

(1) Wilhelm Heinrich Anton, geb. Urfahr bei Linz 10. Februar 1888, Akademiker der k. u. k. Theresianischen Militär-Akademie in Wr.-Neustadt.

† (2) Ludwig Gottfried Gabriel, geb. Brzeżany 20. August 1889, † Mödling 15. Jänner 1907, Akademiker der k. u. k. Technischen Militär-Akademie in Mödling.

† 3) Alexander, geb. Linz 12. November 1861, † Stadl Paura bei Lambach 30. Oktober 1894, k. u. k. Oberleutnant der Gestütsbranche, Militärabteilung des k. k. Staatshengstendepots Stadl bei Lambach.

† 2. Heinrich, geb. Klattau .... 1821, gefallen bei Magenta 4. Juni 1859, k. k. Hauptmann im Infanterie-Regimente FML. Wilhelm Freiherr von Grueber Nr. 54.

† 3. Katharina, geb. Dobrzan, Böhmen, 13. Februar 1823, † Wien 1. Mai 1884; – verm. Podiebrad 23. Mai 1848 mit:

† Stephan Kummer, geb. Wien .... 1807, † Preßburg (Pozsony) 19. November 1859, k. k. Erster Rittmeister i. P. (bis 1855 im Kürassier-Regimente Karl Prinz von Preußen Nr. 8).

Syrowy von Siernhorst.

Römisch-katholisch. – Ungarn und Österreich (Oberösterreich).

Verleihung:

1889 Juni 15, Wien: Kaiser Franz Joseph I. erhebt den k. u. k. Major des Infanterie-Regimentes Kaiserin und Königin Maria Theresia Nr. 32 Rudolf Syrowy in den österreichischen Adelstand mit dem Prädikate „Edler von Siernhorst" und einem Wappen. – (AA., HKA.; – Orig. Fam.)

Wappen:

1889 Juni 15: In Gold auf grünem Berge eine rote Burg mit Zinnenturm und von einer schwarzen Toröffnung durchbrochener Ringmauer, deren Ecken spitzbedachte Erker tragen. Auf dem gekrönten Turnierhelme mit rechts schwarz-goldenen und links rot-goldenen Decken zwischen einem geschlossenen, vorne goldenen und hinten roten Fluge ein gepanzerter Schwertarm.

---

† Rudolf Syrowy Edler von Siernhorst (Adelserwerber – Sohn des .... 1841 zu Vinkovce, Kroatien, † Heinrich Syrowy und der .... 1892 zu Linz † Anna, geb. Schneider), geb. Vinkovce 11. September 1838, † Iglau 24. November 1899, MVK., k. u. k. Oberst d. R. (bis 1891 Oberstleutnant im Infanterie-Regimente Kaiserin und Königin Maria Theresia Nr. 32 und Ergänzungsbezirkskommandant zu Budapest); – verm. Iglau 17. Februar 1868 mit:

Karoline, geb. Leupold von Löwenthal (Tochter des 30. März 1872 zu Iglau † Bürgermeisters von Iglau Peter Ernst L. v. L. und der Aloisia, geb. Matauschek), geb. Iglau 30. Mai 1847. – [Budapest.]

Kinder:

1. Rudolf Ernst Franz Maria, geb. Brünn 29. Jänner 1870, k. u. k. Hauptmann 1. Kl., überkomplett im Divisions-Artillerie-Regimente Nr. 1, Lehrer an der Artillerie-Kadettenschule in Wien. – [Wien, III. Schützengasse 25.]

† 2. Ludwig (Lajos) Hermann, geb. Szátmár 1. September 1875, † Budapest 5. August 1891.

3. Margarete (Margit) Aloisia Stephanie, geb. Szátmár 10. Jänner 1878; – verm. Iglau 15. Februar 1904 mit:

Richard Wranitzky, geb. Wiskitna, Böhmen, 3. März 1872, k. k. Finanzkommissär. – [Linz.]

Vgl.: – Brünner Adel. Taschenb. XVI 1891.

von Tamme.

Römisch-katholisch. – Österreich (Niederösterreich).

Verleihung:

1898 Oktober 19, Wien (Diplom): Kaiser Franz Joseph I. verleiht dem k. u. k. Gardehauptmanne d. R. Willibald Tamme den Österreichischen Adel mit dem Ehrenworte „Edler von" und einem Wappen. – (AA., HKA.; – Orig. Fam.)

Wappen:

1898 Oktober 19: In Blau auf grünem Rasenboden eine an die Seitenränder stoßende silberne Zinnenmauer mit je drei Schußlöchern zu beiden Seiten eines in ihrer Mitte sich erhebenden ebensolchen Torturmes mit vier (2, 2) Fenstern und geschlossenen braunen Torflügeln; den von drei (1, 2) goldenen Sternen überhöhten Turm begleiten zwei hinter der Zinnenmauer hervorwachsende goldene Tannenbäume. Auf dem gekrönten Turnierhelme mit rechts blau-silbernen und links blau-goldenen Decken ein geschlossener, vorne von Silber und hinten von Gold über Blau geteilter Flug.

Willibald Edler von Tamme (Adelserwerber – Sohn des .... 18.. zu Groß-Kunzendorf in Österr.-Schlesien † Franz Tamme und der .... 18.. ebenda † Priska, geb. Otto), geb. Groß-Kunzendorf 13. August 1834, k. u. k. Gardehauptmann 2. Kl. d. R. (bis 1892 in der Leibgarde-Infanterie-Kompagnie); – verm. Wien 4. Mai 1867 mit:

Ottilie, geb. Parosel (Tochter des .... 18.. zu Zauditz in Preuß.-Schlesien † Stadtsekretärs und Schiedsrichters Josef P. und der .... 18.. ebenda † Josefine, geb. Hanisch), geb. Zauditz 10. Jänner 1841. – [Wolkersdorf a. d. Staatsbahn.]

Kinder:

1. Olga, geb. Wien 22. Oktober 1868; – verm. Wien 22. Oktober 1889 mit:

   Anton Sperk, geb. .... 18.., k. k. Oberkommissär des Versatz-, Verwahrungs- und Versteigerungsamtes in Wien. – [Wien, XVII. Schopenhauerstraße 10.]

2. Mathilde, geb. Wien 16. Februar 1870; – verm. Wien 27. Juni 1892 mit:

   Emil Guisolan, geb. .... 12. Jänner 1865, Direktionssekretär und Oberinspektor der priv. Österr.-ungar. Staatseisenbahn-Gesellschaft. – [Wien, IV. Goldegggasse 15.]

3. Karl Ludwig, geb. Wien 3. Juni 1872, niederösterreichischer Landes-Oberrevident; – verm. Wien 2. März 1895 mit:

   Hermine, geb. Theiß (Tochter des Oberinspektors der Österr.-ungar. Bank i. P. Anton Th. und der Hermine, geb. Lohmann), geb. Brünn 20. Oktober 1875. — [Wien, IV. Luisengasse 20.]

Kinder:

1) Hermine, geb. Wien 22. Mai 1896.

2) Robert Willibald, geb. Wien 26. Februar 1897.

4. Gustav, geb. Wien 6. September 1876, k. u. k. Oberleutnant im Infanterie-Regimente Georg I. König der Hellenen Nr. 99. — [Znaim.]

---

von Tarnóczy
und
Tarnóczy von Sprinzenberg.

Römisch-katholisch. — Ungarn, Österreich (Nieder- und Oberösterreich, Salzburg, Steiermark), Bayern und Preußen.

Verleihungen:

1635 April 23, Wien: König Ferdinand II. erhebt den Johann Tarnóczy als Haupterwerber und durch ihn seine Gemahlin Eva, geb. Lippich, und beider Söhne Georg und Martin Tarnóczy als Nebenerwerber in den Ungarischen Adelstand und verleiht ihnen ein Wappen.

1813 November 25, München: Eintragung des kgl. bayer. Rentbeamten in Kufstein Franz Xaver von Tarnóczy in die Adelsmatrikel des Königreiches Bayern bei der Adelsklasse. — (Gritzner.)

1880 Mai 13, Wien: Kaiser Franz Joseph I. erhebt den k. k. Hofrat und Finanzlandesdirektor Karl von Tarnóczy als Ritter des österr. kaiserl. Leopold-Ordens in den Österreichischen Ritterstand mit dem Prädikate „von Sprinzenberg" und Vereinigung seines geänderten Wappens mit dem der erloschenen Familie von Sprinzenberg. — (AA., HKA.; — Orig. Fam.)

Wappen:

I. 1635 April 23 (von Tarnóczy): In Geteilt von Blau über Grün ein auf einen rechts ansteigenden weißen Felsen mit der rechten Hinterpranke tretender doppelschwänziger roter Löwe, der in der rechten Vorderpranke einen blanken Degen und in der linken drei gestielte weiße Rosen hält. Auf dem gekrönten Turnierhelme mit rechts blau-gelben und links rot-weißen Decken der rote Löwe mit dem Degen wachsend, auf der linken Pranke jedoch eine auffliegende weiße Taube mit Ölzweig im Schnabel. — (Tyroff, Bayer. Wappenb.)

II. 1880 Mai 13 (Tarnóczy von Sprinzenberg): Geviert, 1 und 4 in Blau auf grünem Rasen ein einwärts gewendeter, gegen einen aus dem Spalt hervorbrechenden grauen Felsen ansteigender goldener Löwe, in der rechten Vorderpranke ein blankes Schwert über sich schwingend und in der linken drei natürliche Rosen an ihren Stielen haltend (veränderter Stammschild); 2 und 3 in Gold auf grünem Dreiberge ein einwärts gewendeter auffliegender natürlicher Sprinz (Sperber—Sprinzenberg). Zwei gekrönte Turnierhelme: auf I mit blau-goldenen Decken das Kleinod von 1635, nur der Löwe golden und der Degen durch ein Schwert ersetzt (verändertes Stammkleinod); auf II mit schwarz-goldenen Decken zwischen mit je einem goldenen Balken belegten schwarzen Büffelhörnern ein schwarzer Anker mit Schwimmholz (Sprinzenberg).

Die Stammreihe dieser Familie beginnt mit Stephan Tarnóczy, dessen Sohn Johann vom König Ferdinand II. ddo. Wien, 23. April 1635 mit seiner Gemahlin Eva, geb. Lippich, und seinen Söhnen: — 1. Georg und — 2. Martin „a statu et conditione ignobili" in den Ungarischen Adelstand erhoben wurde und das oben sub I beschriebene Wappen erhielt.

Georgs (vorstehend 1.) Sohn Andreas Tarnóczy hinterließ wieder zwei Söhne: — 1) Johann und — 2) Gabriel, geb. Eisenstadt (Kismarton) 9. März 1717, für die obige Standeserhebung am 29. Oktober 1755 im Preßburger Komitate publiziert wurde. Von diesen vermählte sich Gabriel am 4. Juni 1745 zu Hornstein (Szarvkő, Komitat Sopron) mit Maria Anna von Uhláry und zog nach Güns (Kőszegh). Er hatte ebenfalls zwei Söhne:

(1) Johann Evangelist von Tarnóczy, seit 1774 überzähliger Hof- und Kabinettskurier, dann 1783 bis 1790 k. k. Stallübergeher, zugeteilt dem Hofstaate der Erzherzogin Maria Elisabeth in Innsbruck. Seiner Ehe mit Elisabeth van Stekhoven aus Leyden entstammt die in Ungarn blühende I. Ältere Linie. (Personalstand einem späteren Jahrgange vorbehalten.)

(2) Franz Xaver von Tarnóczy, geb. Güns (Kőszegh) 16. Juni 1756, der 1780 zur Ungarischen adeligen Leibgarde kam, später als Bibliothekar und Sekretär in die Dienste der Erzherzogin Maria Elisabeth in Innsbruck und nach deren Tode († 1808) in k. k. Kameraldienste trat. Er wurde der Stammvater der nun in Österreich verbreiteten II. Jüngeren Linie (s. unten).

Des letztgenannten Sohn Karl Ludwig von Tarnóczy (geb. Hall i. T. 22. Dezember 1811, † Pörtschach a. See 27. Juni 1888 — s. unten 11.), k. k. Hofrat und Finanzdirektor i. R., wurde als Ritter des österr. kaiserl. Leopold-Ordens ddo. Wien, 13. Mai 1880 in den Österreichischen Ritterstand erhoben mit dem Prädikate „von Sprinzenberg" und Vereinigung seines bisherigen Wappens mit dem der erloschenen Tiroler Familie von Sprinzenberg, der seine Mutter entsprossen war.

I. Ältere Linie.

(von Tarnóczy – in Ungarn.)

Stifter: Johann Evangelist von Tarnóczy (Sohn des 24. April 1770 † Gabriel v. T. und der 1793 † Anna Maria, geb. von Uhláry).

(Personalstand einem späteren Jahrgange vorbehalten.)

II. Jüngere Linie.

(von Tarnóczy, teilweise Ritter Tarnóczy von Sprinzenberg – in Österreich.)

† Franz Xaver von Tarnóczy (Sohn des 24. April 1770 zu Parndorf, Komitat Moson, † Gabriel v. T. und der .... 1793 zu Theresienfeld † Anna Maria, geb. von Uhláry), geb. Güns (Kőszegh) 16. Juni 1756, † Innsbruck 11. April 1837, pens. k. k. Landes-Haupttaxamts-Direktor in Tirol; – verm. I. .... 16. Februar 1790 mit:

† Katharina, geb. Stubhan (Tochter des .... 18.. zu .... † .... St. und der .... 18.. zu .... † ...., geb. ....), geb. .... 17.., † Schwaz 24. Jänner 1804; – II. Angath, Tirol, 17. Juli 1804 mit:

† Katharina, geb. von Sprinzenberg (Tochter des 5. Jänner 1812 zu Kufstein † Franz Anton v. Sp. und der 19. September 1825 ebendort † Anna Katharina, geb. Mor von oder zu Sunnegg und Morberg), geb. .... 30. November 1776, † Innsbruck 3. April 1837.

Kinder: a) I. Ehe:

† 1. Maria Elisabeth von Tarnóczy, geb. Bozen 23. Dezember 1790, † Innsbruck 23. November 1843; – verm. .... 10. August 1819 als dessen II. Gemahlin mit:

† Josef Ferdinand von Pichl, geb. .... 26. Oktober 1758, † .... 11. Februar 1830, Landmann in Salzburg, gew. fürsterzbischöfl. Salzburgschen Hofrat und Pfleger zu Zell am Ziller; – (in I. Ehe verm. .... 17.. mit: – † Anna, geb. Jud, geb. .... 17.., † .... 18..).

† 2. Alois Anton Johann Evangelist von Tarnóczy, geb. Bozen 12. November 1792, † München 3. Juni 1853, kgl. bayer. Hauptmann a. D.; – verm. Landau 24. Juli 1820 mit:

† Henriette, geb. Dolisie (Tochter des 22. Dezember 1813 zu Koblenz † kaiserl. französ. Obersten des 148. Regimentes Henry D. und der .... 18.. zu .... † Marguerite, geb. Thomas), geb. Toulon 2. Oktober 1802, † München 24. August 1889.

Kinder:

1 †) Oktavie Katharina Elise Franziska Henriette, geb. Landau i. d. Pf. 25. November 1821, † Kempten 23. Dezember 1895; – verm. .... 14. Jänner 1842 mit:

† Konrad Holler, geb. .... 18.., † ... 25. Februar 1850, kgl. bayer. Major.

† 2) Julius August, geb. Landau i. d. Pf. .. Juli und † daselbst 30. Dezember 1823.

† 3) Konstanze Auguste, geb. Landau i. d. Pf. 12. Juli 1824, † München 1. Jänner 1905.

† 4) Mathilde Elise Marie, geb. Landau i. d. Pf. 11. Juni 1826, † München 17. Dezember 1848.

† 5) Ferdinand Julius, geb. Landau i. d. Pf. .... und † daselbst .... 1828.

† 6) Eugen, geb. Landau i. d. Pf. .... 1829, † daselbst .... 1831.

7) Ludowika (Luise) Hortense Klementine Marie, geb. Landau i. d. Pf. 16. Dezember 1830, — [Salzburg, Rupertihof]; — verm. Salzburg 20. Juli 1857 mit:

† Rupert Freiherrn von Imhof zu Spielsberg und Oberschwambach, geb. .... 21. September 1821, † Hof-Gastein 19. Juni 1890.

8) Therese Josefa Amanda, geb. Kulmbach 6. September 1832; — verm. .... 18. März 1862 mit:

Franz Stiglitz, geb. .... 18.., Ingenieur. — [Tatabánya.]

9) Kamilla Ignazia Viktoria, geb. Würzburg 21. Juli 1834. — [München, Gewürzmühlstraße 9 b.]

10) Heinrich Franz Josef Johann Nepomuk, geb. Würzburg 3. August 1836, kgl. bayer. Generalmajor a. D. — [München, Gewürzmühlstraße 11.]

11) Auguste Amalie Stephanie, geb. Landau i. d. Pf. 12. Jänner 1839. — [München, Gewürzmühlstraße 9 b.]

12) Ferdinand Johann Nepomuk Maximilian, geb. Landau i. d. Pf. 21. Mai 1840, k. u. k. Oberstleutnant d. R. (bis 1903 Major des Armeestandes beim Platzkommando in Budapest); - verm. Budapest 20. Juli 1900 mit:

Frieda, geb. Broche von Broichi (Tochter des .... 18.. zu .... † .... B. v. B. und der .... 18.. zu .... † ...., geb. ....), geb. .... 1856. — [Budapest.]

13) Alfons Maria Norbert, geb. Landau i. d. Pf. 10. März 1846, kgl. bayer. Hauptmann a. D.; — verm. Brüssel 16. Juni 1885 mit:

Marguerite, geb. Bennert (Tochter des .... 1884 zu Ragaz † .... August B. und der 9. Juli 1902 zu Boitsfort, Belgien, † Marie-Rosalie, geb. Bennert), geb. Jumet, Belgien, 7. Jänner 1863. — [München, Kaulbachstraße 3/1.]

Söhne:

(1) Eugen August, geb. München 17. April 1886, kgl. preuß. Leutnant im Kaiser Franz Gardegrenadier-Regimente. — [Berlin.]

(2) Friedrich Alois Ludwig, geb. München 31. Mai 1888, Hörer der Rechte. — [München, Kaulbachstraße 3/1.]

3. Maria Barbara von Tarnóczy, geb. .... 28. September 1794, † Innsbruck 27. August 1839; — verm. Innsbruck .... 182. als dessen I. Gemahlin mit:

† Jakob Franz von Carl-Hohenbalken, geb. Tarasp 7. Oktober 1784, † Innsbruck 6. Mai 1857, k. k. Kameral-Bezirkskassier i. P.; — (in II. Ehe verm. Innsbruck .... 184. mit: — † Mathilde, geb. von Leiß zu Laimburg, geb. .... 11. April 1805, † Innsbruck 17. Jänner 1859).

† 4. Felix von Tarnóczy, geb. .... 6. März und † Innsbruck 10. Juni 1796.

† 5. Franz Seraphin von Tarnóczy, geb. .... 26. Dezember 1797, † Kufstein 10. März 1815.

† 6. Johann Nepomuk von Tarnóczy, geb. .... 18. Juni 1799, † .... 1846, k. k. Justiztaxamts-Direktor; — verm. I. .... 11. Jänner 1830 mit:

† Antonie, geb. Fortschnigg (Tochter des .... 18.. zu .... † ... F. und der .... 18.. zu .... † ...., geb. ....), geb. .... 18.., † .... 13. November 1831; — II. Klagenfurt 3. Mai 1840 mit:

† Babette, geb. Bergmann (Tochter des .... 18.. zu .... † .... B. und der .... 18.. zu .... † ...., geb. ....), geb. Fürstenfeld 1. Jänner 1813, † Linz 10. Dezember 1878.

Kinder: a) I. Ehe:

† 1) Anton, geb. .... 31. Oktober 1830, † Salzburg 7. Februar 1848.
† 2) Franz, geb. .... 31. Oktober 1831, † Innsbruck 28. März 1835.

b) II. Ehe:

† 3) Stephanie Karoline, geb. Klagenfurt 26. Februar und † daselbst 27. März 1841.

4) Stephanie, geb. Klagenfurt 23. Juli 1842. — [Linz, Donaupromenade 11.]

5) Anna Valerie, geb. Wien 6. Juni 1844, — [Linz, Donaupromenade 11]; — verm. Linz 21. November 1870 mit:

† Ludwig Dosch, geb. Siegharting 20. Juli 1836, † Linz 6. Jänner 1897, Dr. jur., Advokaten zu Linz.

b) II. Ehe:

† 7. Josef Franz von Tarnóczy, geb. .... 13. Mai 1805, † Schwaz 19. März 1806.

† 8. Maximilian Josef von Tarnóczy, geb. Schwaz 24. Oktober 1806, † Salzburg 4. April 1876, Dr. theol., LO.-Gr.K., tosk. JO.-Gr.K., Kardinalpriester der heil. Römischen Kirche vom Titel „b. Mariae virginis in ara coeli“ (seit 22. Dezember 1873), Fürsterzbischof von Salzburg, Primas von Deutschland, Legatus natus des heil. Apostol. Stuhles zu Rom (gewählt 24. Oktober 1850), k. k. wirkl. Geheimer Rat, Mitglied des Herrenhauses des Reichsrates, des Salzburger und Tiroler Landtages etc.

† 9. Katharina Maria von Tarnóczy, geb. Hall i. T. 6. Juni 1808, † Salzburg 4. Juni 1885.

† 10. Josef Maria von Tarnóczy, geb. Hall i. T. 8. Dezember 1809, † daselbst 23. Jänner 1812.

†11. Karl Ludwig Ritter Tarnóczy von Sprinzenberg (Ritterstandserwerber), geb. Hall i. T. 22. Dezember 1811, † Pörtschach a. See 27. Juni 1888, LO.-R., k. k. Hofrat und Finanz-Direktor i. R.; — verm. Innsbruck 28. April 1840 mit:

† Maria Theresia, geb. von Heufler zu Rasen (Tochter des 27. Juni 1834 zu Klagenfurt † k. k. Kämmerers, Appellations-Vizepräsidenten und Tiroler Landmannes Josef David Ritters v. H. z. R. und der 17. Mai 1851 zu Innsbruck † Josefa, geb. Freiin Aschauer von Lichtenthurn von und zu Achenrain), geb. München 16. Mai 1814, † Wien 4. Februar 1890.

Kinder:

† 1) Karl Maria Ritter Tarnóczy von Sprinzenberg, geb. Innsbruck 2. April 1841, † Martinsbrunn bei Meran 28. September 1900, Dr. jur., Hof- und Gerichtsadvokat zu Wien; — verm. I. Wien 15. Februar 1873 mit:

† Emilie, geb Malanotti (Tochter des 9. Jänner 1888 zu Wien † Anton Siegmund M. und der 8. Februar 1859 ebendort † Mathilde, geb. Bussetti), geb. Wien 12. April 1838, † daselbst 27. Dezember 1884; — II. Wien 26. Mai 1887 mit:

Mathilde Emilie Kamilla, geb. Malanotti (Schwester der vorgenannten Emilie), geb. Wien 30. Dezember 1852. — [Wien, I. Am Hof 7, und Pörtschach a. See.]

Kinder: a) I. Ehe:

(1) Christian Ritter Tarnóczy von Sprinzenberg, geb. Wien 14. August 1874, Dr. jur., k. k. Auskultant beim Landesgerichte in Graz; — verm. Stams 1. Juli 1902 mit:

Hedwig Eleonore Ida Marie, geb. Freiin von Werdt (Tochter des Oberinspektors der k. k. Staatsbahnen i. R. und Oberleutnants a. D. Karl Friedrich Maria Freiherrn v. W. und der Christiane Franziska Josefine Marie Philippine, geb. [Gattermayr] Gräfin und Herrin von Gatterburg, Freiin auf Retz, Herrin auf Zwölffaxing und Pellendorf), geb. Landeck 12. März 1882. — [Graz, Burggasse 11.]

Sohn:

a) Karl Christian Maria Ritter Tarnóczy von Sprinzenberg, geb. Pörtschach a. See 20. April 1903.

b) Emilie Franziska Johanna Marie Tarnóczy von Sprinzenberg, geb. Graz 16. November 1904.

(2) Maximilian Josef Karl Maria Ritter Tarnóczy von Sprinzenberg, geb. Wien 19. März 1879,

k. k. Bezirkskommissär der Kärntner Landesregierung, zur Dienstleistung zugeteilt dem Ministerium des Innern; – verm. Klagenfurt 22. November 1906 mit:

Leonore Julie Franziska Rosalie Marie, geb. Freiin von Hein (Tochter des k. k. Landespräsidenten von Kärnten, Ehrenbürgers von Tarvis, Pontafel, Uggowitz, Malborghet, Saifnitz und Leopoldskirchen, EKO.-R.III. Robert Johann Maria Freiherrn v. H. und der Julie, geb. Absolon), geb. Brünn 16. Juni 1879. – [Wien, III. Klimschgasse 1.]

b) II. Ehe:

(3) Karoline Emilie Marie Therese Tarnóczy von Sprinzenberg, geb. Wien 3. Mai 1888. – [Wien und Pörtschach a. See.]

2) Marie Tarnóczy von Sprinzenberg, geb. Innsbruck 2. August 1842. – [Wien, III. Rasumofskygasse 4.]

3) Therese Tarnóczy von Sprinzenberg, geb. Innsbruck 15. Oktober 1844. – [Wien, III. Rasumofskygasse 4.]

4) Berta Tarnóczy von Sprinzenberg, geb. Innsbruck 1. April 1846. — [Linz, Bethlehemstraße 20.]

5) Sophie Marie Tarnóczy von Sprinzenberg, geb. Feldkirch 11. Juli 1848; – verm. Linz 5. Oktober 1878 mit:

Franz Sales Kamill Albert Ritter Kozaryn von Okulicz des Wappens Drya, geb. Salzburg 20. Februar 1842, LO.-R., k. k. Statthalterei-Vizepräsidenten i. R. (bis 1904 Hofrat bei der Landesregierung in Klagenfurt). – [Wien, I. Mölkerbastei 10.]

6) Anna Tarnóczy von Sprinzenberg, geb. Innsbruck 19. März 1850, Stiftsdame des k. k. adeligen Fräuleinstiftes zu Hall in Tirol. – [Wien, III. Rasumofskygasse 4.]

7) Maximilian Ritter Tarnóczy von Sprinzenberg, geb. Innsbruck 3. August 1851, GVK.m.Kr., Marianer des h. Deutschen Ritterordens, Stationschef der k. k. priv. Südbahn zu Baden bei Wien; – verm. Wien 21. März 1891 mit:

Marie Therese Anna Magdalena Felizitas Wilhelmine, geb. Derschatta von Standhalt (Tochter des 24. Februar 1878 zu Mailand † k. k. Oberstleutnants Wilhelm D. v. St. und der 3. Juli 1866 zu Brünn † Felizitas, geb. Freiin von Bertoletti), geb. Brünn 3. April 1866. – [Baden bei Wien, Bahnhof.]

Kinder:

(1) Hilda Hermine Therese Felizitas Marie Tarnóczy von Sprinzenberg, geb. Baden bei Wien 2. Jänner 1892.

†(2) Alexander Wilhelm Karl Maria Ritter Tarnóczy von Sprinzenberg, geb. Baden bei Wien 28. Juli 1893, † daselbst 16. September 1894.

(3) Hugo Franz Sales Karl Maria Ritter Tarnóczy von Sprinzenberg, geb. Baden bei Wien 31. Juli 1896.

† 12. Wilhelm von Tarnóczy, geb. Kufstein 14. Oktober 1813, † Salzburg 29. April 1883, infulierter Domkustos des Metropolitankapitels zu Salzburg, päpstl. Ehrenkämmerer, fürsterzbischöfl. wirkl. Konsistorialrat, Mitglied des k. k. Landesschulrates für Salzburg.

† 13. Ludowika Auguste von Tarnóczy, geb. Kufstein 14. Oktober 1813 (Zwillingsschwester des vorigen), † St. Pölten 7. November 1847; — verm. Salzburg .... 18.. mit:

† August Prinzinger, geb. .... 18.., † .... 18.., Dr. jur., Advokaten zu Salzburg.

† 14. Anton Johann Nepomuk von Tarnóczy, geb. Innsbruck 10. Juni und † daselbst 5. September 1815.

Vgl.: — Nagy Iván, Magyarország családai czimerekkel és nemzékrendi táblákkal XII, S. 63; — Wurzbach XLIII, S. 78; — Brünner Adel. Taschenb. XIII 1888 u. XVI 1891; — Neuer Siebmacher IV, 6 (M. M. Edl. v. Weittenhiller, Der Salzburgische Adel), S. 65 u. Taf. 26, u. IV, 15 (G. Csergheő de Nemes-Tacskánd, Wappenbuch des Adels von Ungarn), S. 656 u. Taf. 457.

Taulow von Rosenthal.

Römisch-katholisch. — Österreich (Niederösterreich).

Verleihungen:

1749 Jänner 20, Wien: Kaiserin Maria Theresia verleiht dem Sekretär der Böhmischen Hofkanzlei Theodor Anton Rosenthal unter Wiederherstellung des alten Namens „Taulow von Rosenthal" und Bestätigung des anererbten Wappens den Böhmischen Adel. — (AA., HKA. und BSB. 192, fol. 291; — Orig. Fam.)

1780 Dezember 1, Wien: Kaiser Josef II. erhebt die Brüder Josef und Ignaz Taulow von Rosenthal, ersterer Hofsekretär, letzterer Mährischer Gubernialrat, mit „Edle von" und Wappenbesserung in den Böhmischen Ritterstand. — (AA., HKA. und BSB. 228, fol. 320; — Orig. Fam.)

1786 August 4, Wien: Kaiser Josef II. verleiht den Brüdern Benno Josef und Ignaz Taulow Rittern von Rosenthal das Inkolat im Ritterstande des Königreiches Böhmen und der Markgrafschaft Mähren.

Theodor Anton Taulow v. Rosenthal
wirklicher Hofrath und Erster Geheimer

† 12. W

† 13. L

† A

† 14. A

Vgl.:
rend
Adel.
(M. M
Taf.

Röm

Verleihungen:

1749 J

1780 I
J
s
u
s

1786 A
B
das
und

Theodor Anton Taulow v. Rosenthal

1821: Inkolat im Ritterstande der Königreiche Galizien und Lodomerien für den Gubernialrat „Antoni Taulow de Rosenthal". – (Poczet Szlachty Galicyjskiéj i Bukowinskiéj, w Lwowie 1857.)

Wappen:

I. Stammwappen: In Rot drei (2, 1) silberne Rosen. Auf dem Turnierhelme mit rot-weißer gewundener Binde („türkischer Windung") und rot-silbernen Decken zwischen rechts von Weiß über Rot und links verwechselt geteilten Büffelhörnern eine silberne Rose.

II. 1749 Jänner 20: Wie das Stammwappen.

III. 1780 Dezember 1: Der Schild wie im Stammwappen, nur golden gesäumt und die Rosen sechsblättrig mit grünen Kelchblättern und goldenen Samenscheiben. Zwei gekrönte Turnierhelme: auf I Decken und Kleinod wie im Stammwappen, nur die Büffelhörner jederseits mit einer nach innen ansteigenden Stufe geteilt und die Rose wie im Schilde; auf II mit rot-goldenen Decken drei Straußenfedern, eine rote zwischen einer gelben und einer weißen.

Nach dem Diplome von 1749 stammt die Familie Taulow aus „slavischen Landen" und kam später nach Dänemark, wo tatsächlich gegenwärtig noch ein gleichnamiger Ort existiert. Woher der in früherer Zeit häufig allein gebrauchte Zuname „Rosenthal" stammt, ist nicht bekannt.

Seit etwa 1660 diente Johann Christian Taulow, zubenannt Rosenthal, dem Fürstbischof von Hildesheim, erst als Geheimer Staats- und Kriegssekretarius, dann zur Zeit des Spanischen Erbfolgekrieges als Oberster Kriegskommissarius der nach Italien abgeschickten hildesheimschen Hilfsvölker und schließlich als Hof- und Regierungsrat zu Hildesheim.

Dessen Sohn Theodor Anton Rosenthal wurde am 12. Jänner 1702 zu Hildesheim geboren und nach Absolvierung seiner Studien durch seinen Landsmann Johann Christoph von Bartenstein, damals niederösterreichischer Regierungsrat, veranlaßt, nach Wien zu ziehen, wo er 1722 als „ad manus" des Hofrates von Astfeld in die Böhmische Hofkanzlei trat. Er wurde dann Sekretär des Obersten Kanzlers Grafen Ferdinand Kinsky, Kanzlist, Konzipist, Archivar, Ratsprotokollist und Sekretär der genannten Hofkanzlei und nach deren Aufhebung (Mai 1749) provisorischer Hofsekretär beim Directorium in publicis et cameralibus. Kaiserin Maria Theresia verlieh ihm ddo. Wien, 20. Jänner 1749 den Böhmischen Adel unter dem von seiner Familie früher geführten Geschlechtsnamen „Taulow" und Beifügung des jetzigen als Prädikat „von Rosenthal", sowie Bestätigung des von seinen Vorfahren ererbten Wappens.

Mitte 1749 wurde Theodor Anton Taulow von Rosenthal über Empfehlung des Böhmischen Obersten Kanzlers Grafen Friedrich Harrach durch die Kaiserin zur Ergänzung und Neueinrichtung ihres Hausarchives berufen. Seinen eigenen Vorschlägen entsprechend, wurde er 1749 bis 1752 beordert, aus den

Archiven von Wien, Innsbruck, Prag, Graz, Brünn etc. die einschlägigen Archivalienschätze zusammenzutragen. Die reichen Früchte dieser mühevollen Sammelarbeit bildeten den Grundstock des heutigen k. u. k. Haus-, Hof- und Staatsarchives, dessen erste Organisierung sein Werk ist. Er wurde k. k. Rat und Erster Hausarchivar, erhielt jedoch 1753 den Direktorial-Vizekanzler Johann Christoph Freiherrn von Bartenstein als Direktor vorgesetzt. Am 16. Jänner 1759 ernannte ihn die Kaiserin zum wirklichen Hofrate. Gegen Ende desselben Jahres ging die tatsächliche Oberleitung des Archives von Bartenstein auf den Hof- und Staatskanzler Grafen Kaunitz über, bis dann nach Aufhebung des Direktoriums (1761) im Jahre 1762 die Angliederung des Institutes an die Geheime Hof- und Staatskanzlei (heute k. u. k. Ministerium des kaiserl. und kgl. Hauses und des Äußern) erfolgte. Die Gründung des Geheimen Hausarchives durch die Kaiserin und die Berufung Rosenthals zum Ersten Hausarchivar ist im Stiegenhause des 1904 auf dem Minoritenplatze in Wien vollendeten Neubaues des k. u. k. Haus-, Hof- und Staatsarchives zum Gegenstande eines von Karl Peyfuß ausgeführten großen allegorischen Wandgemäldes gemacht worden. Rosenthal starb zu Wien am 10. Juni 1779 und hinterließ außer den zahlreichen in den Akten liegenden Elaboraten mehr als 50 Abhandlungen historischen oder staatsrechtlichen Inhaltes, die von seinen Söhnen später der Böhmisch-österreichischen Hofkanzlei übergeben wurden. Aus seiner Ehe mit Franziska Antonia de Pecheur (? „von Pescheur", † Wien 16. Juni 1751, 35 Jahre alt) sind folgende drei Söhne bekannt:

1. Josef Bonaventura (später auch Benno Josef), geb. Wien 7. August 1743, der allein den Stamm fortpflanzte (siehe unten).

2. Ignaz, geb. 1744, † Brünn 25. März 1805, wo er sich in einer nahezu 40jährigen Dienstzeit, zuletzt als k. k. Gubernialrat, hohe Verdienste um die Verwaltung und Landeskultur erworben hatte.

3. Franz, dessen nur im Testamente seines Vaters als eines „jüngeren Sohnes" gedacht wird.

Von diesen erlangten die beiden älteren Brüder Josef, damals k. k. Hofsekretär, und Ignaz, Gubernialrat in Mähren, in Würdigung der Verdienste ihres Vaters, sowie ihrer eigenen von Kaiser Josef II. ddo. Wien, 1. Dezember 1780 den Böhmischen Ritterstand mit dem Ehrenworte „Edle von" und Wappenbesserung, worauf dann ddo. Wien, 4. August 1786 die Verleihung des Inkolates im Ritterstande Böhmens und Mährens an dieselben erfolgte.

Benno Josef Taulow Edler von Rosenthal, Ritter, siehe oben 1, wurde Gubernialrat in Böhmen und als solcher 19. Dezember 1796 zum Burggrafen des Königgrätzer Kreises ernannt. Er starb zu Prag (St. Nikolai) 11. April 1803. Seiner Ehe mit Maria Anna Elisabeth, geb. (Wolfstrigl) Edlen von Wolfscron entsprossen folgende sieben Kinder:

1) Franz Anton Athanasius, geb. Wien (Burgpf.) 2. Mai 1776, † daselbst 12. Mai 1824, k. k. Hauptmann i. P., verm. Prag (St. Thomas) 1. Juni 1806 mit Anna, geb. 1787, † Prag (St. Thomas)

31. Oktober 1852, einer Tochter des Anton Wittek von Salzberg und der Josefa, geb. Patzelt.

2) Anton Theodor, geb. Wien 9. November 1777, von dem die nun im eigenen Stamme erloschene I. Ältere Linie abstammt (s. unten).

3) Franziska, geb. Wien 9. August 1779, † Hietzing bei Wien 5. Juni 1865, verm. Prag (St. Nikolai) 2. Juli 1804 mit Franz Bayer, Dr. med.

4) Edmund, geb. 1781, † Wien (St. Karl) 18. April 1874, jubil. k. k. Kommissär der bestandenen niederösterreichischen Landesregierung. Er war wahrscheinlich der Gemahl der Therese, geb. (Wolfstrigl) Edlen von Wolfscron, die 27. November 1830 zu Wien starb.

5) Ignaz, geb. Wien 20. Februar 1783, † daselbst 11. Mai 1860, der bis zum Hauptmanne im Infanterie-Regimente FZM. Wenzel Graf Vetter von Lilienberg Nr. 18 diente, in diesem die Kriege gegen Frankreich mitmachte und 183. als k. k. Rittmeister zur Ersten adeligen Arcierenleibgarde kam, wo er Major und Garde-Sekondwachtmeister wurde.

6) Leopold Josef Zacharias, geb. Wien 7. September 1785, der Stammvater der blühenden II. Jüngeren Linie (s. unten).

7) Peter Georg Josef, geb. Prag (St. Nikolai) 24. Mai 1787, der 1808 als Fähnrich im Infanterie-Regimente FZM. Karl Graf Kolowrat-Krakowsky Nr. 36 diente.

I. Ältere Linie. (Im eigenen Stamme erloschen.)

Anton Theodor Ritter Taulow von Rosenthal, s. oben 2), wurde Kreishauptmann zu Zaleszczyki in Galizien, dann Gubernialrat in Lemberg und erhielt als solcher 1821 das Inkolat im Ritterstande der Königreiche Galizien und Lodomerien. Er kam schließlich als k. k. wirklicher niederösterreichischer Regierungsrat und Präsident der beiden k. k. akatholischen Konsistorien nach Wien, und starb am 15. Mai 1845 zu Penzing. Er vermählte sich 1802 mit Marie, geb. von Gering († Wien 1824), die ihm folgende neun Kinder schenkte:

(1) Heinrich, seit 1816 Zögling des Theresianums, wo er 1823 starb.

(2) Adolf, geb. 20. Oktober 1807, † Wien 5. Juli 1876, der im Infanterie-Regimente FM. Artur Herzog von Wellington Nr. 42 diente und 1839 als k. k. Unterleutnant in den Ruhestand trat.

(3) Theodor, geb. 1809, war 1820 bis 1832 Zögling des Theresianums, 1845 Konzipist der Obersten Hof-Postverwaltung und starb zu Wien (St. Johann Nep., II. Bezirk) 5. November 1882 als k. k. Sektionsrat i. P. und EKO.-R.III. Seine Ehe mit Katharina, geb. Scheichholz, blieb ohne Kinder.

(4) Moriz, bis 1842 k. k. Oberleutnant im Infanterie-Regimente FML. Josef Friedrich Freiherr von Palombini Nr. 36.

(5) Emilie, Stiftsdame.

(6) Aloisia.

(7) Malvine, geb. 14. September 1817, † Wien 3. August 1869, pens. Kammerdienerin der Erzherzogin Maria Anna († 28. Dezember 1858).

(8) Erminold Anton Ignaz Leopold, geb. Zaleszczyki 6. Jänner 1819, war 1832 bis 1839 Zögling des Theresianums, 1845 Akzessist der k. k. Kameral-Hauptbuchhaltung, 1874 Rechnungsrevident im Finanzministerium und starb als k. k. Rechnungsrat i. R. 6. Februar 1905 zu Wien. Da seine Ehe mit Wilhelmine Gemeiner kinderlos blieb, erlosch mit ihm der eigene Stamm der I. Älteren Linie (s. unten).

(9) Leontine, geb. 28. September 1823, † Wien 8. November 1877.

II. Jüngere Linie.

Leopold Josef Zacharias Ritter Taulow von Rosenthal, s. oben 6), starb 85 Jahre alt zu Wien (St. Karl) 9. April 1870 als jubil. k. k. Hofmobilieninspektor, kaiserl. österr. Herold und kgl. böhm. Wenzeslausritter. Er vermählte sich in I. Ehe 7. Dezember 1818 mit Karoline Margarete Henriette Kraft (geb. Frankfurt a. M. 11. August 1796, † Wien 25. September 1831) und in II. Ehe zu Wien (Burgpf.) 26. November 1834 mit Maria Anna, geb. Baumgarten, die am 16. April 1863 ebendort (Schotten) kinderlos starb. Seiner I. Ehe waren folgende vier Kinder entsprossen:

(1) Gustav Peter Leopold Edmund, get. Wien (Burgpf.) 6. September 1819, † als Kind.

(2) Hugo Peter Leopold, geb. Lustschloß Schönbrunn (Burgpf.) 7. Juli 1824, der den ursprünglichen Familiennamen Taulow wieder als Rufnamen zu gebrauchen begann (s. unten II. Jüngere Linie).

(3) Karl Peter Leopold, geb. Wien 19. August 1825, † daselbst 18. Februar 1850.

(4) Emil Peter Leopold, geb. Wien 19. August 1829, † ebendort 24. Juni 1850.

I. Ältere Linie.

(Im eigenen Stamme erloschen.)

† Erminold Anton Ignaz Leopold Ritter Taulow von Rosenthal (8. Kind des 15. Mai 1845 zu Penzing bei Wien † Anton Theodor Ritters T. v. R. und der .... 1824 zu Wien † Marie, geb. von Gering), geb. Zaleszczyki 6. Jänner 1819, † Wien (St. Karl) 6. Februar 1905, k. k. Rechnungsrat i. R. (bis 1879 im Finanzministerium); — verm. Wien 28. Mai 1853 mit:

Wilhelmine, geb. Gemeiner (Tochter des .... 1875 zu Wien † Friedrich G. und der .... 1808 ebendort † Josefa, geb. Rainer), geb. Wien 5. August 1830. — [Wien, III. Salesianergasse 24.]

II. Jüngere Linie.

Hugo Peter Leopold Ritter Taulow von Rosenthal (2. Kind des 9. April 1870 zu Wien † Leopold Josef Zacharias Ritters T. v. R. und dessen I. Gemahlin, der 25. September 1831 ebendort † Karoline Margarete Henriette, geb. Kraft), geb. k. k. Lustschloß Schönbrunn bei Wien (Burgpf.) 7. Juli 1824, EKO.-R.III., MVK. (KD.), k. u. k. Generalmajor d. R.; – verm. Wien 26. Juni 1850 mit:

Rosalie, geb. Spina (Tochter des 8. September 1857 zu Wien † k. k. Hofagenten und Kanzleivorstehers der Ersten österr. Sparkasse Dr. jur. Anton Sp. und der 30. Juni 1876 ebendort † Pauline, geb. Freiin von Spielmann), geb. Wien 25. Oktober 1825. – [Linz.]

Kinder:

1. Emil Anton Leopold Paul Karl, geb. Wien 5. Mai 1851, k. u. k. Oberstleutnant des Armeestandes beim Platzkommando in Wien (bis Dezember 1905 im Dragoner-Regimente FM. Johannes Josef Fürst von und zu Liechtenstein Nr. 19); – verm. Salzburg 10. Mai 1879 mit:

   Berta Adelheid Margarete Elisabeth Josefa, geb. Freiin (Heeremann) von Wimpffen (Tochter des k. u. k. Geheimen Rates, Kämmerers, Feldzeugmeisters d. R. und gew. Obersthofmeisters Sr. k. u. k. Hoheit des Erzherzogs Ludwig Viktor, LO.-Gr.K., EKO.-R.I. Franz Kajetan Anton Christian Freiherrn [H.] v. W. und der StKO.-D. Berta, geb. Gräfin Kottulinsky, Freiin von Kottulin und Krzischkowitz), geb. Graz 8. November 1860. – [Wien, IV. Mayerhofgasse 12.]

   Kinder:

   1) Marie Adelheid Rosalie Berta Antonie, geb. Salzburg 6. März 1884.

   2) Emil Adalbert Hugo Franz Karl, geb. Groß-Enzersdorf 19. November 1892.

2. Emma Pauline Rosalie Thekla, geb. Wien 21. Juli 1852; – verm. Wien 27. Oktober 1869 mit:

   Emil Paul Anton Freiherrn von Spielmann, geb. 30. April 1839, k. u. k. Oberst d. R. (bis 1893 Oberstleutnant im Infanterie-Regimente Georg Prinz von Sachsen Nr. 11). – [Innsbruck.]

† 3. Pauline Thekla Rosalie, geb. Graz 9. März 1855, † Brünn 17. Oktober 1883; – verm. Brünn 15. April 1875 mit:

   † Richard William Kox, geb. .... 18.., † Brünn 8. März 1885, k. k. Hauptmanne 1. Kl. im Infanterie-Regimente FZM. Franz Freiherr von Vlasits Nr. 81.

4. Antonie Karoline Pauline, geb. Penzing bei Wien 6. März 1861; – verm. Brixen 10. Jänner 1890 mit:

Stephan Ritter Clanner von Engelshofen, geb. .... 18.., k. u. k. Hauptmanne 1. Kl. im Infanterie-Regimente FZM. Moriz Freiherr Daublebsky von Sterneck Nr. 35. – [Pilsen.]

Vgl.: – Wurzbach XXVII, 32, u. XLIII, 181; – Neuer Siebmacher IV, 9 (R. J. Grf. Meraviglia-Crivelli, Der Böhmische Adel), S. 38 u. Taf. 30; – Allg. Deutsche Biographie XXXVII, 465; – G. Winter, Die Gründung des k. u. k. Haus-, Hof- und Staatsarchives 1749 bis 1762, Wien 1902.

(Trunckh) von Guttenberg

s. von Guttenberg (früher Trunckh von Guttenberg).

* Tunkler von Treuinfeld.

Römisch-katholisch. – Österreich (Niederösterreich).

Verleihungen:

1760 Mai 21, Wien: Kaiserin Maria Theresia verleiht dem Franz Tunkler den österreichisch-erbländischen Adel mit dem Prädikate „von Treuinfeld", der Bewilligung, sich „also schreiben und nennen" zu können, einem Wappen und der Rotwachsfreiheit. – (AA., HKA.; – Orig. Fam.)

1859 März 5, Wien: Kaiser Franz Joseph I. verleiht dem k. k. Major des Geniestabes Andreas Tunkler von Treuinfeld als Ritter des Ordens der Eisernen Krone III. Klasse (KD.) den österreichischen Ritterstand mit Wappenbesserung. – (AA., HKA.; – Orig. Fam.)

1870 Mai 20, Wien (Plakat des k. k. Ministeriums des Innern): Bewilligung zur Führung des Ehrenwortes „Edler" für den Seidenhändler in Wien Richard Tunkler von Treuinfeld. – (AA., HKA.; – Orig. Fam.)

Wappen:

I. 1760 Mai 21: Halb gespalten und geteilt, 1 in Blau ein goldener Adler, 2 in Rot ein goldener Löwe, 3 in Silber zwei rote Sparren, der obere in der Spitze mit der goldenen Ziffer 3 belegt. Auf dem gekrönten Turnierhelme mit rechts blaugoldenen und links rot-silbernen Decken sechs Straußenfedern: die erste und dritte blau, die zweite golden, die vierte und sechste rot und die fünfte silbern.

II. 1859 März 5: Der Schild wie 1760. Zwei gekrönte Turnierhelme: auf I Decken und Kleinod wie 1760, nur das Futter der linken Decke und die fünfte Straußenfeder anstatt silbern golden; auf II mit rot-silbernen Decken zwischen den oberen Enden eines offenen, rechts mit zwei roten Schräglinks- und links mit zwei ebensolchen Schrägbalken belegten silbernen Fluges die goldene Ziffer 3.

Nach einem 20. März 1760 vom Bürgermeister und Rate der fürstl. Lobkowitzschen Stadt Raudnitz ausgestellten Herkunfts- und Abstammungszeugnisse für den Adelserwerber, den damaligen Wirtschaftsdirektor der Herrschaft Arnau Franz Tunkler, hieß dessen Urgroßvater ebenfalls Franz Tunkler, sein Großvater Antonius und sein Vater Johann Wenzel.

Dieser Johann Wenzel „Tunckler", Wirtschaftsbeamter („Officialis oeconomicus") der Herrschaft Jičin, ließ mit seiner Gemahlin Ludmilla am 3. Februar 1723 in der dortigen Dechanteikirche einen Sohn Franz Blasius taufen.

Franz Blasius Tunkler war seit etwa 1749 mit Katharina, geb. „Klaupy" (Hloupy), vermählt. Ihr Vater Josef Klaupy war durch 30 Jahre zu Raudnitz in kaiserlichen und fürstl. Lobkowitzschen Diensten gestanden und entstammte einer Familie, die seit mehr als 150 Jahren in der eben genannten Stadt ansässig war und sich „vor Zeiten" des Prädikates „von Klaupitin" (Hloupětin) bedient haben soll. Tunkler war im März 1750 und noch im März 1760 Wirtschaftsdirektor auf der dem minderjährigen Grafen Max Josef von Lamberg gehörigen Herrschaft Arnau in Böhmen, wo er sich während des Feldzuges 1756/57 als „Führungs-Commissarius" des unter dem Kommando des Obersten Baron von Jahnus stehenden Streifkommandos durch rasche Herbeischaffung der Verpflegung, Beobachtung der feindlichen Bewegungen, Einleitung des Spionage- und Botendienstes und besonders nach seiner Rückkehr aus der Gefangenschaft in Landshut durch einen Bericht über die Stellungen des preußischen Heeres und die Absichten des Gegners verdient machte. Hierbei unternahm er viele Reisen auf eigene Kosten, wurde zweimal von den Preußen gefangen und erlitt bei einem nächtlichen Überfalle und der folgenden Plünderung der Stadt und des Schlosses Arnau einen Schaden von 12.000 Talern. Für seine patriotischen Dienste erhob ihn Kaiserin Maria Theresia ddo. Wien, 21. Mai 1760 in den Österreichisch-erbländischen Adelstand mit dem Prädikate „von Treuinfeld", der Bewilligung, sich „also schreiben und nennen" zu können (wovon die Familie jedoch nie Gebrauch machte), dem oben sub I beschriebenen Wappen und der Rotwachsfreiheit. Als Arnau den Besitzer wechselte, zog er nach Prag, pachtete das Gut Vorder-Ouvenetz vor dem Sandtore und starb 1. März 1772 im benachbarten Boinnitz, wo er auch in der Pfarrkirche beigesetzt wurde. Seine Witwe Katharina starb 50 Jahre alt zu Prag (Teyn) am 26. Dezember 1787. Soviel bekannt, entsprossen seiner Ehe folgende Kinder:

1. Franz Prokop, dem der „prelatische Fasan- und Ober-Jäger" auf dem zum Gute Staupno gehörigen Jägerhause Stichnow Johann Wenzel Wojtiech am 28. April 1764 einen Lehrbrief über

die bei ihm erlernte „edle Kunst der Feld- und Wald-Jägerey, dann die Holtz-Ordnungs-Wiesenschaft" (!) ausstellte.

2. Babette, die 60jährig am 20. März 1814 zu Prag als Witwe nach einem Doktor starb, der ein Haus auf der Kleinseite besaß.

3. Vinzenz, geb. Arnau 1754, war Porträtmaler, dann k. k. Lottobeamter und nach seiner Pensionierung schließlich Lackierer. Er starb am 2. Dezember 1826 verarmt im Spitale der Barmherzigen Brüder zu Prag. Aus seiner 4. November 1780 zu Prag (Teyn) geschlossenen Ehe mit Anna Hackl (geb. 1759, † Prag [St. Stephan] 6. August 1834 als pens. erste Hebamme am Prager Gebärinstitute), einer Tochter des Prag-Altstädter Bürgers Wenzel Hackl, sind folgende zu Prag geborene Kinder bekannt: — 1) Heinrich, geb. 3. September 1785 (Maria Schnee); — 2) Franziska Sophie Katharina, geb. 2. April 1787 (Maria Schnee); — 3) Anna Katharina Karoline, geb. 6. Jänner 1789 (Teyn), † 10. Oktober 1790 (Teyn); — 4) und 5) Josefa Anna Barbara und N., Zwillinge, geb. 5. und † 7. Oktober 1790 (Teyn); — 6) Karl Borromäus, geb. 15. Dezember 1791 (Teyn), † 22. April 1792 (Teyn); — 7) Karl Franz Emanuel, geb. 10. September 1793, der in kümmerlichen Verhältnissen (erst Lehrer, dann Buchbinder) um 1874 zu Tannwald starb. Dieser Karl hatte sich 2. Juni 1834 zu Przihowitz mit Karoline, einer Tochter des Bernhard Hase aus Semil im Bunzlauer Kreise, vermählt, welcher Ehe nur eine 1837 geborene Tochter Barbara entsproß, die angeblich einen Buchbinder geheiratet haben soll.

4. Karl, geb. Arnau 1757, trat 6. Jänner 1769 in das Kürassier-Regiment GdK. Max Emanuel Freiherr von Berlichingen (später Dragoner-Regiment FM. Erzherzog Johann Baptist Nr. 3 — nun Nr. 9), in welchem er 14. Jänner 1788 Unterleutnant, 1. Juni 1793 Oberleutnant und 1. Juni 1800 Sekondrittmeister wurde. Mit diesem Regimente machte er den Türkenkrieg 1788/89 und die Feldzüge gegen Frankreich 1792 bis 1800 mit und wurde 1. Oktober 1801 mit dem Domizile Ofen pensioniert. Er starb zu Stuhlweißenburg 23. August 1822.

5. Katharina, geb. Arnau 1761, verm. Prag (Teyn) 8. Juli 1789 mit Josef Höltzel.

6. Franz Prokop Ambrosius, geb. Arnau 21. Dezember 1762, etablierte sich als Seidenhändler zu Prag, wo er am 26. Juli 1786 in die Altstädter Handelsschaft aufgenommen wurde, kaufte 24. Dezember 1796 von Frau Therese Schmiedl von Schmieden um fl. 7500 das Haus „zum großen Hahnen" (C.-Nr. 707—I) in Prag, das er seiner Frau verschrieb, und starb daselbst (Teyn) 22. Juni 1801. Er hatte sich 6. Mai 1787 zu Prag (St. Egyd) mit Josefa, geb. Paul (geb. Prag 7. März 1771, † daselbst [Teyn] 5. November 1822), vermählt, einer Tochter des bürgerl. Kauf- und Handelsmannes Ferdinand Paul († Prag 20. Dezember 1806) und der Marianne, geb. Schöttel († Prag 23. März 1805), und wurde der Vater der folgenden fünf zu Prag geborenen Kinder:

1) Josefa Maria Magdalena, get. 22. Juli und † 17. August 1787 (Teyn).

2) Prokop Heinrich Jakob, geb. 31. Juli 1788 (Teyn), der die Familie allein fortpflanzte. Er wurde Kaufmann zu Prag, 20. Dezember 1808 Prager Bürger, 24. April 1809 Leutnant und 22. August

1812 Kapitän der Nationalgarde. In Prag erwarb er auch das Haus C.-Nr. 957–2, verkaufte dort 1843 sein Geschäft und kam in den Unruhen von 1847 und 1848 um den größten Teil seines nicht unbedeutenden Vermögens. Seine Nachkommenschaft siehe unten.

3) Henriette Therese Josefa, geb. 10. April 1790 (St. Egyd), † Prag 6. August 1866, verm. Prag (Teyn) 12. November 1807 mit dem Magistratsrate und späteren k. k. Appellationsrate Andreas Sommer (geb. Falkenau 5. März 1769, † Prag 8. April 1849).

4) Marianne Josefa, geb. Prag 1. April 1794 (St. Egyd), † daselbst 4. August 1864, verm. Prag (Teyn) 27. Mai 1817 mit Ottavio Tegazzini (geb. Verona 1787, † Prag [Teyn] 14. Juni 1832), Kaufmann zu Prag.

5) Ferdinand Heinrich Kaspar Prokop, geb. 5. Jänner 1801 (Teyn), † Prag 16. Mai 1811.

Andreas Oktavian Ferdinand Gabriel Tunkler von Treuinfeld (geb. Prag 24. März 1820), der jüngere Sohn des oben sub 2) genannten Prokop Heinrich Jakob, trat nach Absolvierung des Gymnasiums zu Prag 1835 in die Ingenieurakademie zu Wien, die er als der Erste seines Jahrganges 5. Oktober 1840 in der Charge eines Armee-Unterleutnants verließ. Er wurde zunächst im Militärbaudienste zu Venedig, Triest, Palmanuova und Prag verwendet, wo er die Infanteriekaserne in Karolinenthal erbaute. Als Ingenieurhauptmann wurde er für seine Leistungen während des Feldzuges 1848/49 in Ungarn, insbesondere die Befestigung des Plateaus von Titel, die Mitwirkung bei dessen Verteidigung und sein tapferes Benehmen im Gefechte bei Mossorin, mit dem Orden der Eisernen Krone III. Klasse mit der Kriegsdekoration ausgezeichnet. Zu Beginn des Jahres 1852 kam er als Professor der Darstellenden Geometrie an die k. k. Genieakademie in Klosterbruck und bald darauf als Professor der Fortifikation an den Höheren Geniekurs. Nachdem er noch 1855 zum Major vorgerückt war, wurde ihm, den Statuten des Ordens der Eisernen Krone entsprechend, ddo. Wien, 5. März 1859 der Österreichische Ritterstand verliehen und sein Wappen entsprechend gebessert. Mit 1. Dezember 1862 wurde er als Oberstleutnant zum Geniedirektor von Verona ernannt, wo er mehrere Forts rekonstruierte, 1866 die Verteidigungsinstandsetzung der ganzen Festung projektierte und die Lagerwerke Ca vecchia und Bellina erbaute. Nach dem Feldzuge erhielt er das Ritterkreuz des Leopold-Ordens und vom Gegner den Mauritius- und Lazarus-Orden. Im November 1866 wurde er mit der Ausarbeitung des Entwurfes der projektierten Armeefestung Wien betraut, deren Ausführung jedoch bald eingestellt wurde. Im Jahre 1867 als Vorstand der VIII. (Genie-) Abteilung in das k. k. Reichs-Kriegsministerium berufen, führte er unter dem Kriegsminister FML. Franz Freiherrn Kuhn von Kuhnenfeld die Reorganisierung der Geniewaffe, des Fortifikations- und Bauwesens der Armee durch, wurde 22. Februar 1867 Oberst im Geniestabe, starb jedoch 13. März 1873.

Von epochemachender Bedeutung sind seine zum Teile auf Vorarbeiten des GM. Ludwig von Wüstefeld beruhenden militärtechnischen Werke: „Die Lehre vom graphischen Defilement der Feld- und permanenten Befestigungen“, Wien 1865, „Leitfaden zum Unterrichte in der Fortifikation“, „Andeutungen für die Ausarbeitung eines Befestigungsprojektes", Wien 1872, und vor allem sein großes Lehrbuch „Die permanente Fortifikation", dessen Vollendung er nicht mehr erlebte, dessen Herausgabe jedoch sein Sohn Alfred 1874 bewirkte. Diese Werke wurden in die meisten europäischen Sprachen übersetzt und haben nicht nur in Österreich, sondern auch in Rußland, Italien und anderen Ländern Generationen von Offizieren ihr Wissen und Können im Befestigungswesen vermittelt.

---

† Prokop Heinrich Jakob Tunkler von Treuinfeld (2. Kind des 22. Juni 1801 zu Prag † Franz Prokop Ambrosius T. v. T. und der 5. November 1822 ebendort † Josefa, geb. Paul), geb. Prag (Teyn) 31. Juli 1788, † daselbst (St. Heinrich) 7. März 1852, Bürger, Hausbesitzer und gew. Seidenhändler zu Prag; – verm. Vorder-Ouvenetz bei Prag (St. Trinitas) 15. Juli 1817 mit:

† Marie Henriette Josefa, geb. Ambrosy (Tochter des 7. Dezember 1813 zu .... † herzogl. Sachsen-Weimarschen Hofrates, fürstl. Claryschen Leib- und Badearztes zu Teplitz, Dr. med. et phil. Wenzel Karl Ambrosy und dessen I. Gemahlin, der 12. September 1797 zu Teplitz † Antonie, geb. Hofmann), geb. Teplitz 18. Jänner 1797, † Wien (St. Augustin) 9. Jänner 1876.

Kinder:

†1. Prokop Andreas Oktavian Erasmus Karl, geb. Prag (Teyn) 11. April 1818, † Wien 11. Mai 1857, Bürger zu Wien, Chef der prot. Firma „P. Tunkler & Comp.", Seidenhandlung in Wien, I. Plankengasse 6; – verm. Wien (Karmeliter) 14. November 1844 mit:

† Henriette Katharina Anna, geb. Czihak (Tochter des 2. März 1877 zu Wien † k. k. Rates und Rechnungsdepartements-Vorstandes im Ministerium der Finanzen Wenzel Johann Cz. und dessen I. Gemahlin, der .... 1834 zu Wien † Katharina, geb. Pière), geb. Wien 19. Jänner 1825, † Wien (St. Augustin) 23. März 1903; – (verm. in II. Ehe Wien [St. Augustin] 16. Mai 1859 als dessen II. Gemahlin mit: – † Johann Baptist Andreas Theobald Ferdinand Prokop Tegazzini, geb. Prag [Teyn] 17. Oktober 1819, † Wien [St. Augustin] 14. März 1870, Dr. jur., k. k. Oberlandesgerichtsrat zu Wien, der in I. Ehe 21. Mai 1851 zu Währing [Wien] Hedwig, geb. Straschiripka, eine Schwester des Malers Canon, geehelicht hatte.)

Kinder:

† 1) Adelheid Josefa Henriette Katharina, geb. Wien (St. Augustin) 11. September 1845, † daselbst 16. November 1857.

2) Richard Josef Prokop Heinrich Wenzel Tunkler Edler von Treuinfeld, geb. Wien (St. Augustin) 30. Jänner 1847, FJO.-R., Marianer des h. Deutschen Ritterordens, Chef der prot. Firma „P. Tunkler & Comp.", Seidenhandlung in Wien, Ehrenpräsident des Wiener Tierschutzvereines, Gremialrat und Repräsentant des Gremiums der Wiener

Kaufmannschaft; – verm. Wien (Schotten) 18. Jänner 1885 mit:

Helene Franziska Henriette Marie, geb. Meinl (Tochter des 16. Juni 1891 zu Wien † öffentl. Gesellschafters der prot. Firma „Dinstl & Meinl", Spezereiwaren-Großhandlung in Wien, Präsidenten des Zensorenkomitees der Niederösterr. Eskomptegesellschaft Anton M. und der Helene, geb. Czihak), geb. Wien 23. Jänner 1861. – [Wien, I. Plankengasse 7.]

†2. Andreas Oktavian Ferdinand Gabriel Ritter Tunkler von Treuinfeld (Ritterstandserwerber), geb. Prag (Teyn) 24. März 1820, † Wien 13. März 1873, LO.-R., EKO.-R.III. (KD.), k. k. Oberst des Geniestabes und Vorstand der VIII. Abteilung des Reichs-Kriegsministeriums; – verm. Prag (Feldsup.) 9. November 1847 mit:

† Marie Henriette Anna Willibaldine, geb. Weithner (Tochter des 30. Mai 1843 zu Prag † fürstl. Windisch-Graetzschen Hofrates und Generalbevollmächtigten Heinrich W. und dessen II. Gemahlin, der 9. Mai 1880 ebendort † Marie Beatrix, geb. Schmidt), geb. Prag (St. Heinrich) 7. Juli 1828, † daselbst (St. Heinrich) 24. Februar 1890.

Kinder:

† 1) Alfred Anton Andreas Maria Ritter Tunkler von Treuinfeld, geb. Prag (Feldsup.) 17. Oktober 1848, EKO.-R.III., k. u. k. Hauptmann 2. Kl. a. D. (bis 24. April 1878 im Geniestabe), Direktor der k. k. priv. Eisenbahn Wien-Aspang; – verm. Wien (St. Josef o. d. L.) 20. September 1873 mit:

Emma Franziska Karoline Magdalena, geb. Ertl (Tochter des 2. Juli 1880 zu Wien [St. Josef o. d. L.] † Eisenhändlers und Hausbesitzers daselbst Franz Regis E. und der Karoline, geb. Weiß), geb. Wien (Paulaner) 20. April 1853. – [Wien, VI. Getreidemarkt 11.]

2) Henriette Josefa Marie Pauline, geb. Prag (Feldsup.) 30. Mai 1850, – [Graz, Parkstraße 17]; – verm. Wien (Paulaner) 7. Juni 1871 mit:

† Karl Josef Ritter von Peche, geb. Prag 3. Mai 1833, † Goisern 20. August 1906, EKO.-R.II., LO.-R., FJO.-R., MVK. (KD.), k. u. k. Feldmarschall-Leutnant d. R. (bis 1895 Geniechef des 2. Korps zu Krakau).

† 3) Helene Pauline Marie Viktoria, geb. Leitmeritz (Feldsup. Prag) 10. September 1851, † Klosterbruck 27. März 1854.

4) Viktor Maria August Ritter Tunkler von Treuinfeld, geb. Klosterbruck 12. Dezember 1857, Revident der k. k. Staatsbahn-Direktion. – [Wien, VII. Kaiserstraße 17.]

† 5) Heinrich Moriz Wilhelm Viktor August Ritter Tunkler von Treuinfeld, geb. Verona (k. k. Garnisonsseelsorge) 15. Dezember 1865, † ebendort 17. September 1866.

†3. Heinrich Erasmus Johann, geb. Prag 25. Mai und † daselbst 8. September 1829.

Vgl.: – Wurzbach XLVIII, S. 114.

Ulrich von Jornstorf.

Römisch-katholisch. — Österreich (Mähren und Niederösterreich).

Verleihungen:

1898 November 30 (Allerhöchste Entschließung) und 1899 März 9, Wien (Diplom): Kaiser Franz Joseph I. verleiht dem Dr. Eduard Ulrich, Besitzer der Herrschaft Johrnsdorf, Landtagsabgeordneten und Landesausschußbeisitzer in Mähren, den Österreichischen Ritterstand mit einem Wappen. — (AA., HKA.; — Orig. Fam.)

1899 November 22, Wien (Plakat des k. k. Ministeriums des Innern): Bewilligung zur Führung des Prädikates „von Jornstorf". — (AA., HKA.; — Orig. Fam.)

Wappen:

1899 März 9: Gespalten, vorn in Blau auf der Mittelkuppe eines hohen goldenen Dreiberges eine goldene Krone, auf der ein aus dem Hauptrande hervorbrechender rot-golden geschachter Adlerfuß steht, hinten in Silber zwischen zwei roten Balken ein ebensolcher Fisch. Zwei gekrönte Turnierhelme: auf I mit blau-goldenen Decken ein rot-golden geschachter geflügelter Adlerfuß; auf II mit rot-silbernen Decken zwischen zwei roten Straußenfedern eine silberne, die der Länge nach mit einem roten Fisch belegt ist. Blaues Spruchband mit der Devise „SUUM CUIQUE" in goldener Lapidarschrift.

---

† Eduard Ritter Ulrich von Jornstorf (Ritterstandserwerber — Sohn des 4. Oktober 1881 zu Brünn † Präsidenten der Mährischen Advokatenkammer und Landesadvokaten Dr. jur. Eduard Ulrich und der 31. Jänner 1902 zu Brünn † Marie, geb. Klein), geb. Brünn 13. September 1855, † ebendort 19. März 1904, Dr. jur., Besitzer der Herrschaft Johrnsdorf in Mähren, Landtagsabgeordneter und Landesausschußbeisitzer; — verm. Brünn 14. Mai 1881 mit:

Mathilde, geb. Freiin von Offermann (Tochter des 15. November 1892 zu Brünn † Großindustriellen und Herrn auf Schrattenthal, Deinzendorf und Jehnitz in Mähren Theodor Freiherrn von Offermann und der 4. November 1890 zu Brünn † Anna, geb. Bracegerdle), geb. Brünn 31. Jänner 1857. — [Wien, IV. Johann Straußgasse 11.]

Kinder:

1. Eduard, geb. Brünn 16. August 1890.
2. Johann, geb. Brünn 4. November 1893.

Unterrichter von Rechtendhall
und
Unterrichter von Rechtenthal.

Römisch-katholisch. – Österreich (Tirol, Steiermark), Bayern und Italien.

Verleihungen:

1575 August 10, Prag: Kaiser Maximilian II. verleiht dem Gerichtsschreiber zu Kaltern Valentin „Underrichter" einen Wappenbrief mit Lehenartikel. – (AA., RA.; – Orig. Fam.)

1732 November 27, Wien: Kaiser Karl VI. erhebt den Oberösterreichischen Regierungsadvokaten und Viertelsvertreter an der Etsch Christoph Valentin Unterrichter in den Rittermäßigen Reichs- und Österreichisch-erbländischen Adelstand mit dem Prädikate „Edler von Rechtendhall" und Wappenbesserung. – (AA., HKA.; – Orig. Fam.)

1781 ...., Innsbruck: Landmannschaft in Tirol für die Brüder Johann Nepomuk Christoph und Matthäus Unterrichter von Rechtendhall. – (Tir. Adelsmatr.)

1813 September 3, München: Eintragung in die Adelsmatrikel des Königreiches Bayern bei der Adelsklasse für den kgl. bayer. Oberappellationsrat in München Dr. jur. Franz Unterrichter Edlen von Rechtenthal nebst Bruder. – (Gritzner. – I. Ältere Linie.)

1839 Mai 4 (Allerhöchste Entschließung) und 1840 Oktober 5, Wien (Diplom): Kaiser Ferdinand I. erhebt den k. k. Appellations-Vizepräsidenten in Klagenfurt, Dr. jur. Franz Unterrichter von Rechtenthal in den Österreichischen Freiherrnstand und bessert sein Wappen. – (AA., HKA.; – Orig. Fam. – I. Ältere Linie.)

1843 ...., Klagenfurt: Die Kärntner Stände verleihen dem k. k. wirkl. Geheimen Rate und Appellationsgerichtspräsidenten in Klagenfurt, Dr. jur. Franz Freiherrn Unterrichter von Rechtenthal die Landmannschaft im Herrnstande des Herzogtums Kärnten. – (Kärnt. LA.; – Orig. Fam. – I. Ältere Linie.)

1855 Juli 13, München: Aufnahme in die Adelsmatrikel des Königreiches Bayern bei der Freiherrnklasse für den kgl. bayer. Kämmerer Karl Freiherrn Unterrichter von Rechtenthal auf Salegg. – (Gritzner. – I. Ältere Linie.)

Wappen:

I. 1575 August 10: In Schwarz ein goldener Löwe, in der rechten Vorderpranke einen ebensolchen Ast mit fünf gestümmelten Zweigen haltend. Auf dem Stechhelme mit schwarz-gelben Decken und ebensolcher gewundener Binde mit rückwärts

35*

abfliegenden Enden zwischen rechts von Schwarz über Gold und links farbengewechselt geteilten Büffelhörnern der Löwe mit dem Aste wachsend.

II. 1732 November 27 (Unterrichter Edle von Rechtendhall): In Gold eine von zwei auswärts gewendeten schwarzen Adlern begleitete, an den Hauptrand reichende blaue Spitze, in der ein golden gekrönter, doppelschwänziger silberner Löwe einen goldenen Degen schwingt. Auf dem gekrönten Turnierhelme mit rechts schwarz-goldenen und links blau-silbernen Decken zwischen einem offenen, rechts von Blau über Silber und links von Gold über Schwarz geteiltem Fluge der Löwe mit dem Degen wachsend. — (Tyroff, Bayer. Wappenb. IX, 19.)

III. 1840 Oktober 5 (Freiherren Unterrichter von Rechtenthal): Geviert mit Mittelschild; dieser wie der Schild von 1575, nur der Löwe doppelschwänzig; 1 und 4 in Blau ein einwärts gewendeter, golden gekrönter, doppelschwänziger silberner Löwe, ein blankes Schwert an goldenem Griffe schwingend (ähnlich wie 1732 in der Spitze); 2 und 3 in Gold ein einwärts gewendeter schwarzer Adler (mit veränderter Kopfstellung aus dem Wappen von 1732). Freiherrnkrone. Drei gekrönte Turnierhelme: auf I mit schwarz-goldenen Decken das Kleinod von 1575, nur die Farben der Büffelhörner verwechselt; auf II mit blau-silbernen Decken das Kleinod von 1732, nur der linke Flügel von Silber über Blau (anstatt Gold über Schwarz) geteilt und der Degen durch das Schwert ersetzt; auf III mit schwarz-goldenen Decken der schwarze Adler aus dem 2. Felde. Schildhalter zwei widersehende, golden gewaffnete schwarze Adler, deren rechter ein von Blau über Silber und deren linker ein von Schwarz über Gold geteiltes zweizipfliges Banner hält, stehend auf einem silbernen Schriftbande mit der Devise „Thu' recht und schau' nicht um" in schwarzer Frakturschrift.

Die Familie Unterrichter stammt aus Pfuß bei Kaltern, wo 1510 ein Michael Unterrichter mit seiner Hausfrau Eva nach glücklicher Rückkehr von einer Pilgerfahrt nach San Jago di Compostella Messen in der St. Rochuskirche stiftete. Eva gehörte wahrscheinlich jener Familie Lichtenstein an, die zu jener Zeit durch mehrere Generationen das bischöfl. Trientinische Pflegamt zu Kaltern innehatte.

Deren Sohn Christoph (I.) Valentin Unterrichter wird 1550 mit seiner Ehefrau Anna (wahrscheinlich geb. Zinnis aus Kaltern) erwähnt und hinterließ wieder einen Sohn:

Valentin (I.) „Underrichter", der als Gerichtsschreiber zu Kaltern von Kaiser Maximilian II. ddo. Prag, 10. August 1575 einen Wappenbrief mit Lehenartikel erhielt. Dieser war zweimal vermählt: — I. mit Anna Sepp von Seppenburg aus Kaltern und — II. seit 4. Juli 1638 zu Kaltern mit Maria Prugger, der Witwe des Gerichtsschreibers Johann Maier vom Ritten. Diesen beiden Ehen entstammten die folgenden vier Kinder:

I. Ehe: — 1. Christoph (II.), geb. Kaltern 10. Oktober 1598, der unvermählt blieb.

2. Valentin (II.), geb. Kaltern 7. September 1611, der allein den Stamm fortpflanzte (s. unten).

3. Paul (I.), der sich am 13. Februar 1645 zu Kaltern mit Margarete am Pach vermählte und keine Deszendenz hinterlassen zu haben scheint.

II. Ehe: — 4. Eva, geb. Kaltern, die sich 1664 mit Ulrich Wangen zu Rubein vermählte.

Valentin (II.) Unterrichter (s. oben 2.) war gleich seinem Vater Gerichtsschreiber zu Kaltern. Er vermählte sich 1640 zu Bozen mit Maria Cazan Barziga di Cazzano, welcher Ehe zwei zu Kaltern geborene Söhne entstammten: — 1) Paul (II.), geb. 18. November 1641, und — 2) Christoph (III.), geb. 20. Februar 1643.

Dieser Christoph (III.) Unterrichter starb am 12. September 1681 zu Kaltern und hatte aus seiner daselbst 4. Februar 1663 geschlossenen Ehe mit Katharina Greif († Kaltern 15. Mai 1676) aus Kaltern die folgenden sechs Kinder:

(1) Anna Maria, geb. Kaltern 1. März 1664, die sich daselbst 1686 mit Andrä Sepp von Seppenburg auf Salegg vermählte.

(2) Valentin (III.), geb. Kaltern 28. Mai 1665, über den weitere Nachrichten fehlen.

(3) Peter Paul, † 28. Oktober 1668 als Kind zu Kaltern.

(4) Anton, † 8. Oktober 1668 als Kind zu Kaltern.

(5) Peter Paul (III.), geb. Kaltern 6. Oktober 1669, der die Familie allein fortpflanzte (s. unten).

(6) Maria, geb. Kaltern 1671, † daselbst 22. Jänner 1740 als vermählte von Morandell.

Peter Paul (III.) Unterrichter, vorstehend (5), war Richter in Kaltern, erschien 1690 als Vertreter des Viertels an der Etsch auf dem Landtage zu Innsbruck und starb zu Kaltern am 4. April 1728. Er hatte sich daselbst 15. Februar 1689 mit Anna Maria Maier (geb. 11. Oktober 1665, † Kaltern 8. April 1732) vermählt, einer Tochter des Gabriel Maier aus Kardaun in Untergans und der Anna, geb. Lanser von Moos und Vestenstein. Aus dieser Ehe sind drei Kinder bekannt: — 1. Afra Maria, geb. Kaltern 1692, die sich 1718 zu St. Nikolaus mit Peter Bernart verehelichte; — 2. Christoph (IV.) Valentin, geb. Kaltern 20. Februar 1696, der den Stamm fortpflanzte (s. unten), und — 3. Eva Therese (Resa), die sich in I. Ehe 1730 mit Paul Andreazza in Kaltern vermählte, der jedoch bald starb, und in II. Ehe 26. Mai 1732 zu Kaltern mit Kaspar Troyer von Ansheim, dem sie aber schon am 8. Jänner 1733 durch den Tod entrissen wurde.

Christoph (IV.) Valentin Unterrichter (vorstehend 2.) war Lizenziat der Rechte, Richter zu Kaltern, wo er auch den väterlichen Besitz übernommen hatte, Oberösterreichischer Regierungsrat und Vertreter des Viertels an der Etsch im Landtage zu Innsbruck. Er wurde von Kaiser Karl VI. ddo. Wien, 27. November 1732 in den Rittermäßigen Reichs- und Österreichisch-erbländischen Adelstand erhoben unter Beilegung des Prädikates „Edler von Rechtendhall" und Besserung, bezw. Änderung seines Wappens und starb zu Kaltern am 6. Mai 1762. Christoph Valentin Unterrichter Edler von Rechtendhall hatte zwei Ehen geschlossen: — I. zu

Kaltern etwa 1718 mit Maria Anna von Freysing zu Aichach (angeblich geb. 1701), die am 1. Juni 1731 zu Kaltern starb, und — II. ebendaselbst 13. Oktober 1732 mit Marianne Emerenzia Leiß von Laimburg (geb. Kaltern 8. Jänner 1716, † daselbst 22. Jänner 1779), einer Tochter des Johann Anton und der Genoveva, ebenfalls geb. Leiß von Laimburg. Diese beiden Ehen waren mit zusammen 16 Kindern gesegnet:

I. Ehe: — 1) Hans Christoph Anton, geb. 1719, † Kaltern 14. April 1732.

2) Marie Elisabeth, geb. Kaltern 1720, † auf dem Ansitze Salegg in Kaltern 28. November 1814.

3) Marie Therese Johanna, † Kaltern 14. Mai 1730.

4) Marie Anna, geb. Kaltern 1723, † daselbst 27. Juni 1731.

5) Josef, geb. Kaltern 4. Jänner 1724, † Gries bei Bozen 10. Jänner 1800, Dr. theol. et phil., k. k. Professor an der Universität in Innsbruck, dann an jener zu Freiburg i. B.

6) Barbara Marie Elisabeth, † Kaltern 12. Mai 1746.

II. Ehe: — 7) Marie Therese Franziska, geb. 1733, † Kaltern 14. August 1758, verm. mit Ernst Walter von Herbstenburg.

8) Marie Katharina Therese, geb. Kaltern 1735, † daselbst 20. August 1737.

9) Johann Anton Josef Christoph (V.), geb. 1736, † Kaltern 25. Dezember 1797, verm. daselbst 18. November 1767 mit Marie Katharina Pernstich von Freienheim († Kaltern 26. August 1795), welcher Ehe fünf Kinder entsprossen: — (1) Johann, bayerischer Offizier, — (2) Marie Genoveva, — (3) Anna, — (4) Ignazia und — (5) Anton Bernhard, Staatsanwaltsubstitut in Innsbruck, über die weitere Daten fehlen.

10) Anton Johann, † Kaltern 7. Februar 1745.

11) Marie Katharina Agnes, † Kaltern 19. Februar 1745.

12) Johann Nepomuk Christoph, † Innsbruck 11. Oktober 1808, der mit seinem Bruder Matthäus 1781 in Tirol immatrikuliert wurde, in der Folge Vertreter des Ritterstandes bei der Landschaft, Generalreferent und k. k. Gubernialrat war. Seine Ehe mit Anna von Mayrl († Innsbruck 23. Februar 1824) blieb kinderlos.

13) Josef Matthäus, geb. Kaltern 1746, der gemeinsame Stammvater der gegenwärtig blühenden zwei Linien (s. unten).

14) Marie Anna Franziska, verm. Kaltern 8. November 17.. mit Franz Xaver Dellmann von Angersburg in Girlan.

15) Marie Franziska Katharina, geb. Kaltern 13. November 1750, † daselbst 26. November 1817, verm. ebendort 22. April 1771 mit Franz Michael Schaßer von und zu Thonheimb, Pfleger zu Kaltern.

16) Johann Peter, Dr. theol. et phil., Chorherr des Kollegiatstiftes Innichen, 1775 bis zu seinem Tode 1803 Pfarrer zu Girlan.

Josef Matthäus Unterrichter Edler von Rechtendhall (s. oben 13), wurde mit seinem älteren Bruder Johann Nepomuk

Christoph 1781 Landmann in Tirol und starb 15. April 1811 zu Kaltern. Er hatte sich am 14. Jänner 1772 zu Bozen mit Barbara (geb. 2. Oktober 1750, † Kaltern 14. März 1813), vermählt, einer Tochter des Johann Josef Gumer von Engelsburg und der Marie Anna, geb. Mayr von Mayenburg aus Tisens, und gewann mit ihr die folgenden sechs zu Kaltern geborenen Kinder:

(1) Karl Theobald, geb. 1772, † als Kind zu Kaltern.

(2) Egon Johann, geb. 1773, † ebendort als Kind.

(3) Franz Sales, geb. 19. Dezember 1775, der Stammvater der nun im Freiherrnstande blühenden I. Älteren Linie (s. unten).

(4) Johann Peter, geb. 11. März 1778, † Kaltern 10. August 1847, Landrichter in Kaltern, verm. Innsbruck 17. Juni 1806 mit Marie Anna, einer Tochter des k. k. Appellationsgerichtsrates zu Innsbruck Ignaz Hörmann von Hörbach und der Josefa Lemmen von Linsingberg. Dieser Ehe entsprossen die folgenden fünf Kinder: — 1. Wilhelm Ignaz Peter Paul Expeditus, geb. und † Innsbruck 29. Juli 1807; — 2. Barbara Marie Anna Susanne Klara, geb. Thaur 9. August 1808, † Kaltern 3. Jänner 1880, verm. daselbst mit Ludwig Lutterotti von Gazzolis und Langenthal (geb. Innsbruck 25. Juli 1794, † Zara 26. Juli 1845), k. k. Appellationsgerichtspräsidenten; — 3. Ludwig Emanuel Anton Johann Nepomuk, † Kaltern 27. August 1824; — 4. Friedrich Maria Johann Peter Josef Heinrich, † Kaltern 14. Februar 1817, und — 5. Marie, geb. Kaltern 28. November 1818, † daselbst 24. März 1902.

(5) Josef, geb. Kaltern 3. Dezember 1781, von dem die im Adelstande blühende II. Jüngere Linie (s. unten) abstammt.

(6) Marie Kreszenz, geb. Kaltern 9. Februar 1784, † daselbst 11. April 1865, verm. ebendort 4. Februar 1807 mit Anton Valentin Röggla von Ährenthal (geb. Kaltern 27. Jänner 1775, † daselbst 22. November 1830).

Franz Sales Unterrichter Edler von „Rechtenthal“, oben (3), der Stifter der I. Älteren Linie, erlangte 1798 zu Innsbruck den juridischen Doktorgrad, wirkte daselbst zuerst als Dikasterialadvokat, trat 1805 als Fiskaladjunkt bei der Tiroler Kammerprokuratur ein und supplierte gleichzeitig an der Universität die Lehrkanzel für Politische Wissenschaften. Nach der Okkupation Tirols durch Bayern wurde er 1806 kgl. bayer. Justizrat in Ulm, 1808 Oberappellationsrat in München und als solcher ddo. München, 3. September 1813 der Adelsmatrikel des Königreiches Bayern bei der Adelsklasse einverleibt. Am 30. Mai 1814 wurde er zum Direktor des Innkreises ernannt, kehrte aber, nachdem Tirol wieder an Österreich gefallen war, in die Heimat zurück und wurde am 3. Juli 1815 k. k. Appellationsrat in Innsbruck. Er kam 1. Juni 1816 als Hofrat zum Obersten Justizsenate nach Verona und 1818 als Tribunalspräsident nach Belluno, wurde 1821 Appellationsgerichts-Vizepräsident zunächst in Venedig, dann 1828 in Mailand und schließlich in Klagenfurt. Dort wurde er mit Allerhöchster Entschließung vom 4. Mai 1839 und dem Diplome ddo. Wien, 5. Oktober 1840 unter entsprechender Wappenbesserung in den Österreichischen Freiherrnstand erhoben. Im Jahre 1842 wurde er unter gleichzeitiger Verleihung der wirkl. Geheimen Ratswürde zum Präsidenten des Innerösterreichischen Appellationsgerichtes in Klagenfurt ernannt und 1843 von den Kärntner Ständen mit der Landmannschaft im Herrnstande des Herzogtumes Kärnten beehrt. Er trat 28. Dezember 1849 in den Ruhestand, den er noch volle 17 Jahre genoß. Unterrichter versuchte sich auch an größeren epischen Dichtungen. Die Eintragung bei der Freiherrnklasse der kgl. bayer. Adelsmatrikel endlich erfolgte ddo. München, 13. Juli 1855 für seinen Sohn Karl (s. unten 4.).

I. Ältere Linie.
(Freiherren Unterrichter von Rechtenthal.)

† Franz Sales Freiherr Unterrichter von Rechtenthal (Freiherrnstandserwerber — 3. Kind des 15. April 1811 zu Kaltern † Josef Matthäus Unterrichter Edlen von Rechtendhall und der 14. März 1813 ebendort † Barbara, geb. Gumer von Engelsburg), geb. Kaltern 19. Dezember 1775, † Graz 13. Dezember 1867, Herr und Landmann in Tirol, gew. Landstand in Kärnten, Dr. jur., k. k. wirkl. Geheimer Rat und Appellationsgerichtspräsident i. P. (bis 1849 in Klagenfurt); — verm. Ulm 28. Oktober 1807 mit:

† Josefa Elisabeth Walpurga, geb. de Drouin de la Verte (Tochter des .... 18.. zu .... † kgl. bayer. Generalmajors Klemens de D. de la V. und der Josefine, geb. Hayder), geb. Landsberg 27. Dezember 1786, † Graz 10. Dezember 1854, Ehrendame des kgl. bayer. Theresien-Ordens.

Kinder:

†1. Emilie Freiin Unterrichter von Rechtenthal, geb. München 14. Dezember 1808, † .... 18..; — verm. München 1. Juni 1831 mit:

† Josef von Niedermayr, geb. .... 18.., † Kampan 18. Mai 1866, kgl. preuß. Oberst a. D.

†2. Gottfried Unterrichter Edler von Rechtenthal, geb. München .... 1810, † auf Salegg in Kaltern .... 1814.

†3. Marie (Marietta) Amalie Freiin Unterrichter von Rechtenthal, geb. München 3. Mai 1812, † Bozen .... 18.., gew. Ehrendame des kgl. bayer. Theresien-Ordens; — verm. Klagenfurt 25. Juni 1843 mit:

† Christoph Josch, geb. Schwadorf .... 18.., † Graz .... 18.., k. k. Major i. P.

†4. Karl Freiherr Unterrichter von Rechtenthal, geb. auf Salegg in Kaltern 1. Juni 1816, † Kampan in Sarns bei Brixen 3. Februar 1902, Herr und Landmann in Tirol, gew. Landstand in Kärnten, EKO.-R.III., MVK. (KD.), tosk. St. Stephan-Ordens-R., kgl. bayer. Kämmerer, k. k. Schützenhauptmann und Landsturmführer, Delegierter des k. k. Ackerbauministeriums für Pferdezuchtangelegenheiten in Tirol und Vorarlberg, gew. Landtagsabgeordneter; — verm. St. Pauls in Eppan 14. Jänner 1845 mit:

† Amalie Marie Floriane Johanna Antonie Josefa, geb. Putzer von Reibegg (Tochter des 23. September 1892 zu Bozen † gew.

Konsuls des Deutschen Reiches und Inhabers der Firma J. A. Holzhammer in Bozen, EKO.-R.III., Johann Ritter P. v. R. und der 7. März 1841 ebendort † Maria Anna Elisabeth Therese Amalie, geb. Freiin von Ingram zu Liebenrain, Fragburg und Graben), geb. Klobenstein am Ritten 4. Juli 1824, † Kampan 16. Februar 1901.

Kinder:

1) Alfred, geb. auf Salegg 2. Juli 1846, k. u. k. Major d. R. und Kommandant des Militärkurhauses in Arco; — verm. Mezzolombardo 2. Oktober 1875 mit:

Johanna Eugenie, geb. Gräfin zu Welsperg, Reitenau und Primör (Tochter des 29. August 1867 zu .... † k. k. Majors i. P. Eugen Grafen zu W., R. u. P. und der 26. November 1890 zu Mezzolombardo † Elisabeth Kreszenz Marie Leopoldine Josefa Johanna, geb. Gräfin zu Spaur und Flavon etc.), geb. Primiero (Primör) 8. Dezember 1854. — [Arco.]

Sohn:

Eugen Karl Franz Sales, geb. Mezzolombardo 16. Juli 1876, k. k. Statthaltereikonzipist in Innsbruck. — [Innsbruck.]

† 2) Oskar, geb. Klobenstein am Ritten 25. Juli 1847, † München 18. September 1904, kgl. bayer. Kämmerer und Oberst à la suite d. A.; — verm. München 15. Juni 1885 mit:

Elisabeth, geb. Hirsch (Tochter des .... 18.. zu .... † .... H. und der .... 18.. zu .... † ...., geb. ....), geb. .... 2. Februar 1856. — [München.]

Tochter:

Gisela, geb. München 1. Jänner 1891.

3) Hermine, geb. Kaltern 4. Dezember 1848, Dame du Sacré Cœur in Neapel. — [Neapel.]

4) Lothar Franz Sales, geb. auf Salegg 26. Mai 1851, EKO.-R.III., MVK., k. u. k. Oberst und Kommandant des Ulanen-Regimentes Alexander II. Kaiser von Rußland Nr. 11; — verm. Bielitz 12. Februar 1877 mit:

Tayda, geb. Prinzessin Sulkowska (Tochter des 18. Februar 1879 zu Bielitz † Ludwig Johann Fürsten Sulkowski, Herzogs zu Bielitz, und dessen II. Gemahlin, der 5. Mai 1870 ebendort † Marie Antoinette, geb. Gemperle), geb. New-Bremen, Amerika, 14. Dezember 1853. — [Pardubitz.]

Söhne:

(1) Ludwig, geb. Völgyfalu (Zillingthal, Komitat Sopron) 5. Jänner 1878, k. u. k. Oberleutnant im Dragoner-Regimente Nr. 6. — [Enns.]

(2) Karl, geb. Neuhaus, Böhmen, 19. Jänner 1880, k. k. Statthalterei-Konzeptspraktikant und k. u. k. Leutnant i. d. R. des Ulanen-Regimentes Alexander II. Kaiser von Rußland Nr. 11. — [Innsbruck.]

5) Ernst, geb. München 22. Oktober 1852, EKO.-R.III., MVK., k. u. k. Oberst und Kommandant des Husaren-Regimentes Kaiser Franz Joseph Nr. 1; — verm. Fischau 15. Juni 1889 mit:

Marie, geb. Schneller-Breyer (Tochter des .... 18.. zu .... † .... Sch.-B. und der .... 18.. zu .... † ...., geb. ....), geb. Iglau 9. April 1854; — (in I. Ehe verm. .... 18.. mit: — † .... Ritter Mikola von Klokotfels, geb. .... 18.., † .... 18..). — [Nagyszeben.]

Sohn:

Erich, geb. Wr.-Neustadt 17. Juni 1892.

† 6) Günther, geb. München 7. März 1854, † im Eisack 30. Juli 1864.

7) Felicie, geb. München 12. April 1856; — verm. Sarns 24. August 1880 mit:

Anton Edlen von Posch, geb. Kaltern 13. Juni 1853, k. k. Postverwalter. — [Brixen.]

8) Rudolf Erwin Günther, geb. München 7. Juli 1857, k. u. k. Rittmeister 1. Kl. im Dragoner-Regimente GdK. Eduard Graf Paar Nr. 2; — verm. Marienbad 12. September 1905 mit:

Herma Therese Emma, geb. Heidler Edlen von Heilborn (Tochter des 8. Jänner 1907 zu Altzedlisch † Besitzers der vereinigten landtäflichen Güter Altzedlisch, Lukawetz und Innichen, sowie Brunnenarztes in Marienbad Dr. med. Karl H. Edlen v. H. und der Hermine, geb. Horn), geb. Marienbad 8. Mai 1883. — [Dobřan.]

Sohn:

Marius Günther Karl Erwin Franz Lothar Hugo, geb. Dobřan 23. Juni 1906.

9) Valentine, geb. München 12. Juli 1859. — [Schloß Raunach bei St. Peter.]

† 10) Paul Deogratias, geb. München 1. Februar 1861, † .... 24. Jänner 1896.

† 11) Konrad, geb. Sarns 22. September 1862, † daselbst 4. Mai 1865.

† 12) Marie Emilie, geb. Sarns 14. Oktober 1868, † .... 13. Jänner 1898.

13) Pia Klara, geb. Sarns 27. Februar 1870, Dame du Sacré Cœur in Budapest. — [Budapest.]

5. Otto Freiherr Unterrichter von Rechtenthal, geb. Salegg 5. Jänner 1818, Herr und Landmann in Tirol, gew. Landstand in Kärnten, Herr auf Rechtenthal, Dr. jur., — [Schloß Rechtenthal bei Tramin]; — verm. I. Trient 22. Juni 1869 mit:

† Marie, geb. Gräfin Consolati von und zu Heiligenbrunn und Bauhof (Tochter des 16. Dezember 1863 zu Wien † Vinzenz Philipp Grafen C. v. u. z. H. u. B. und der 22. Jänner 1876 zu Trient † Marianne, geb. Freiin Buffa von Lilienberg

zu Castellalt und Genetti von Halden, gen. Berentapp), geb. Trient 26. Oktober 1840, † Rechtenthal 3. Mai 1870; — II. Graz 24. Juni 1871 mit:

† Marie (Irma), geb. Gräfin Tanzi (Tochter des 25. November 1866 zu Graz † k. k. Hauptmannes i. P. Adolf Grafen T. und der 23. November 1891 ebendort † Antonie, geb. Hassaureck), geb. Graz .... 1847, † Söll 28. März 1875; — verm. III. Mezzolombardo 21. Juni 1876 mit:

† Marie Johanna Leopoldine, geb. Gräfin zu Welsperg, Reitenau und Primör (Tochter des 29. August 1867 zu .... † k. k. Majors i. P. Eugen Grafen zu W., R. u. P. und der 26. November 1890 zu Mezzolombardo † Elisabeth Kreszenz Marie Leopoldine Josefa Johanna, geb. Gräfin zu Spaur und Flavon etc.), geb. .... 6. September 1852, † Rechtenthal 28. März 1901.

Kinder: a) I. Ehe:

† 1) Marie Adelheid, geb. Trient 16. April 1870, † .... 18...

b) II. Ehe:

2) Josefa Antonie Franziska Elisabeth Marie, geb. Rechtenthal 24. November 1872; — verm. Tramin 7. August 1899 mit: Eugen Bresselau von Bressensdorf, geb. .... 18... — [München.]

3) Valentin, geb. Rechtenthal 26. Februar 1875. — [Schloß Rechtenthal.]

c) III. Ehe:

† 4) Elisabeth, geb. .... und † .... 1879.

† 6. Adelheid Valentine Elisabeth Freiin Unterrichter von Rechtenthal, geb. Belluno 13. April 1822, † Bozen 5. Februar 1904, Ehrendame des kgl. bayer. Theresien-Ordens; — verm. I. .... 1842 mit:

† David von Székely, geb. .... 18.., † .... 184.; — II. Fogaras 19. Mai 1850 mit:

† Josef Dorsner von Dornimthal, geb. .... 18.., † .... 18.., k. k. Hauptmanne i. P.

II. Jüngere Linie.

(Unterrichter Edle von Rechtendhall.)

† Josef Unterrichter Edler von Rechtendhall (5. Kind des 15. April 1811 zu Kaltern † Josef Matthäus U. Edlen v. R. und der 14. März 1813 ebendort † Barbara, geb. Gumer von Engelsburg), geb. Kaltern 3. Dezember 1781, † Innsbruck 21. Dezember 1859, Landmann in Tirol, landschaftl. Buchhalter zu Innsbruck; — verm. Innsbruck 12. August 1816 mit:

† Kreszenz, geb. Hörmann von Hörbach (Tochter des .... 18.. zu .... † k. k. Appellationsgerichtsrates in Innsbruck Ignaz H. v. H. und der .... 18.. zu .... † Josefa, geb. Lemmen von Linsingburg), geb. Telfs 25. Dezember 1787, † Innsbruck 29. Mai 1859.

Kinder:

† 1. Josefa, geb. Innsbruck 30. Juli 1817, † daselbst 15. Dezember 1883.

† 2. Guido Maria Josef Johann Alois Leopold, geb. Innsbruck 17. März 1821, † Kitzbühel 14. September 1906, k. k. Bezirksrichter i. R.; — verm. Innsbruck 3. Februar 1869 mit:

Amalie, geb. Ottenthaler von Ottenthal (Tochter des 11. Juli 1855 zu .... † k. k. Landrichters zu Silz Johann Kaspar O. v. O. und der .... 1847 zu .... † Ottilie, geb. Kranz), geb. Wilten 15. März 1833. — [Innsbruck.]

Söhne:

1) Friedrich August Heribert, geb. Welsberg 18. Juli 1870, Dr. jur., k. k. Bezirkskommissär, zugeteilt der Statthalterei in Innsbruck, und Leutnant i. d. Evidenz des Landesschützen-Regimentes Innsbruck Nr. I; — verm. Innsbruck 21. September 1903 mit:

Helene, geb. Hepperger von Tirschtenberg und Hoffensthall (Tochter des k. k. Hofrates Anton H. v. T. u. H. und der Josefa, geb. Zallinger von Thurn), geb. Innsbruck 11. November 1880. — [Innsbruck.]

Tochter:

Dorothea, geb. Innsbruck 28. Jänner 1906.

2) Otto Wilhelm, geb. Welsberg 29. November 1872, Dr. jur., k. k. Gerichtsadjunkt am Bezirksgerichte in Kitzbühel; — verm. Innsbruck 20. September 1900 mit:

Marie, geb. Egger von Marienfried (Tochter des Leopold E. v. M. und der Elisabeth, geb. Naus), geb. Innsbruck 7. November 1877. — [Kitzbühel.]

Kinder:

(1) Irmgard, geb. Kitzbühel 12. September 1901.
(2) Leopold, geb. Kitzbühel 21. November 1905.

† 3. Alois Johann Maria Bernardin, geb. Innsbruck 20. Mai 1822, † Trient 20. März 1893, k. k. Finanzkonzipist i. R.; — verm. I. Schönberg 13. September 1852 mit:

† Emma Viktoria, geb. Störzinger von Salzrein (Tochter des .... 18.. zu .... † Johann St. v. S. und der .... 18.. zu .... † Elisabeth, geb. Hosp), geb. Wilten 11. April 1825, † Rovereto 18. Jänner 1857; — II. Riva 7. Oktober 1859 mit:

† Maria, geb. Manfredi (Tochter des .... 18.. zu .... † Alois M. und der .... 18.. zu .... † Giovanna, geb. de Vigili), geb. Riva .... 1840, † Trient 6. Juli 1876.

Kinder: a) I. Ehe:

1) Josefine, geb. Cles 7. August 1853; — verm. München 23. April 1880 mit:

Natale Rossi, geb. .... 18... — [München.]

2) Guido, geb. Rovereto 9. Jänner 1856, Schriftsteller; – verm. Rom 3. Oktober 1880 mit:
Assunta, geb. Barbaliscia (Tochter des .... Francesco B. und der Luigia, geb. Marchi), geb. Rom 15. August 1857. – [Rom.]

b) II. Ehe:

3) Alfred, geb. Rovereto 4. Februar 1860, k. k. Postoffizial in Graz; – verm. St. Peter bei Judenburg 21. Februar 1891 mit:
Ludmilla, geb. Münzer (Tochter des .... Johann M. und der Katharina, geb. Steinacher), geb. St. Leonhard im Lavanttale 24. August 1867. – [Graz, Leitnergasse 15.]

Kinder:

(1) Alfred Johann, geb. Klagenfurt 26. März 1892.
(2) Anna Elisabeth, geb. Klagenfurt 14. April 1893.
(3) Felix Guido, geb. Klagenfurt 19. Mai 1894.
(4) Marie, geb. Cilli 11. Juni 1895.
† (5) Karl, geb. Cilli 10. März 1899, † daselbst 13. April 1901.

4) Artur, geb. Trient 13. Juni 1864, k. k. Finanzwachkommissär in Fucine; – verm. Condino 4. August 1898 mit:
Santa Domenica, geb. Belli (Tochter des .... Giacomo B. und der Fiore, geb. Paletti), geb. Condino 23. April 1872. – [Fucine.]

Kinder:

(1) Marie Josefa Rudolfine, geb. Fucine 20. August 1902.
(2) Guido Peter Erminio, geb. Fucine 16. Dezember 1903.

5) Rudolf Johann Maria, geb. Trient 18. Juli 1866, k. k. Finanzwachkommissär in Rovereto; – verm. Innsbruck 27. Februar 1897 mit:
Mathilde, geb. Andre (Tochter des .... A. und der ...., geb. ....), geb. Innsbruck 14. April 1870. – [Rovereto.]

Töchter:

† (1) Mathilde, geb. Molina 3. Februar 1898, † Storo 16. August 1898.
(2) Mathilde, geb. Rovereto 24. Juni 1900.

6) Emma, geb. Trient 15. April 1868; – verm. Wien 17. August 1895 mit:
Karl Montoison, geb. .... 18.., Zugsführer der Internationalen Schlafwagengesellschaft. – [Wien, VI. Gumpendorferstraße 65.]

† 4. Barbara Rosa Veronika, geb. Innsbruck 3. Februar 1824, † Bregenz .... 18..; – verm. Innsbruck 9. November 1846 mit:

† Ferdinand Brandl, geb. .... 18.., † Bregenz 18. Mai 1886, Kaufmann in Bregenz.

† 5. Maria Alois Anton, geb. Innsbruck 9. Juli und † daselbst 12. September 1825.

† 6. Augustin Maria Alois Johann Nepomuk Bernhard, geb. Innsbruck 18. August 1829, † Bregenz 3. April 1861, Amanuensis.

Vgl.: — Gothaer Freiherrl. Taschenb. 1848 u. 1864; — Neuer Siebmacher IV, 1 (O. T. v. Hefner, Der Adel der gefürst. Grafsch. Tirol), S. 18 u. T. 21; — Stammtafel des Geschlechtes Unterrichter von Rechtenthal 1510 bis 1875 (ohne Druck- und Verlagsort); — Wurzbach XLIX, S. 96; — Brünner Adel. Taschenb. XIV 1889; — Gothaisches Geneal. Taschenb. d. Briefadeligen Häuser I 1907.

---

von Urban.

Römisch-katholisch. — Österreich (Böhmen).

Verleihung:

1878 Dezember 18, Wien: Kaiser Franz Joseph I. erhebt den k. k. Statthaltereirat Franz Urban als Ritter des Ordens der Eisernen Krone III. Klasse in den Österreichischen Ritterstand und verleiht ihm ein Wappen. — (AA., HKA.; — Orig. Fam.)

Wappen:

1878 Dezember 18: Gespalten und halb geteilt, 1 in Grün ein goldener Hirsch mit rotem Halsbande, 2 in Silber ein mit fünf goldenen Sternen hintereinander belegter blauer Schrägbalken, 3 in Rot eine silberne Zinnenmauer mit Schießscharten, überragt von einem grünen Berge, der eine natürliche Kapelle trägt. Zwei gekrönte Turnierhelme: auf I mit grün-goldenen Decken ein goldener Zehnenderrumpf mit rotem Halsbande; auf II mit rot-silbernen Decken ein geschlossener, vorne silberner, mit dem blauen Schrägbalken mit den fünf goldenen Sternen belegter und hinten ledig roter Flug.

---

† Franz Ritter von Urban (Ritterstandserwerber — Sohn des 31. März 1827 zu Unhošt, Böhmen, † Martin Urban und der 15. Oktober 1846 ebendort † Marie, geb. Wyschin), geb. Unhošt 25. Oktober 1811, † Prag 8. Mai 1884, EKO.-R.III., k. k. Statthaltereirat i. R.; — verm. Budweis 31. Jänner 1852 mit:

† Magdalena, geb. Fortwängler (Tochter des .... 1872 zu Pilsen † jubil. k. k. Böhmischen Gubernialrates und Kreishauptmannes Kasimir F. und der .... 18.. zu Kuttenberg † Barbara, geb. Tuschner), geb. Eger 2. Februar 1830, † Prag 20. Dezember 1905.

Kinder:

1. Franz, geb. Kaplitz 4. Dezember 1852, Marianer des h. Deutschen Ritterordens, k. u. k. Garde und Rittmeister 1. Kl. in der Ersten Arcieren-Leibgarde. — [Wien, III. Rennweg 4.]

2. Gustav, geb. Kaplitz 24. September 1854, MVK., k. u. k. Oberst und Kommandant des Dragoner-Regimentes Generalleutnant und FM. Prinz Eugen von Savoyen Nr. 13. — [Klattau.]

† 3. Moriz, geb. Raudnitz 12. August 1856, † Prag 6. April 1899, Dr. jur., k. u. k. Oberleutnant-Auditor i. d. R. und Landesadvokat in Prag; — verm. Prag 6. Juli 1882 mit:
Mathilde, geb. Brdička (Tochter des Landesadvokaten Dr. jur. Ignaz B. und der 24. Mai 1903 zu Prag † Mathilde, geb. Mužik), geb. Prag 9. Juni 1862. — [Prag.]

Kinder:

1) Hildegarde (Hilda) Magdalena Mathilde Marie, geb. Prag 28. Mai 1883.
2) Gertrude Mathilde Magdalena Marie, geb. Prag 11. September 1884.
3) Edith Magdalena Mathilde Marie, geb. Prag 3. Dezember 1886.

4. Ludwig, geb. Raudnitz 24. Juni 1858, Dr. jur., k. k. Landesgerichtsrat; — verm. Prag 25. September 1886 mit:
Berta, geb. von Helminger (Tochter des 13. August 1889 zu Prag † Landesadvokaten Dr. jur. Karl Ritter v. H. und der 29. Mai 1894 ebendort † Rosalie, geb. Wyschin), geb. Prag 24. Februar 1865. — [Prag.]

Kinder:

1) Magdalena, geb. Prag 19. Juni 1887.
2) Karl, geb. Prag 7. November 1888.
3) Eva, geb. Prag 2. November 1893.
4) Anna, geb. Bubenč 3. Juli 1903.

Vgl.: — Brünner Adel. Taschenb. IX 1884, XI 1886, XV 1890 und XVIII 1893.

---

* von Vest.

Römisch-katholisch. – Österreich (Kärnten, Krain, Niederösterreich, Mähren) und Ungarn (Komitat Temes).

Verleihungen:

1780 April 20, Wien: Kaiser Josef II. erhebt den Leibarzt der Erzherzogin Maria Anna und Protomedikus in Klagenfurt Dr. med. Lorenz Chrysanth Vest in den österreichisch-erbländischen Adelstand mit „Edler von" und einem Wappen. – (AA., HKA.; – Orig. Fam.)

1814 November 17, Klagenfurt: Die Kärntner Stände verleihen dem k. k. Gubernialrate und Protomedikus in Graz Dr. med. Lorenz Chrysanth Edlen von Vest die Landmannschaft im Ritterstande des Herzogtums Kärnten. – (Kärnt. LA. — II. Mittlere Linie.)

1868 September 7, Wien: Kaiser Franz Joseph I. erhebt den gew. Vizebürgermeister der Landeshauptstadt Troppau Wilhelm Edlen von Vest als Ritter des Ordens der Eisernen Krone III. Klasse in den österreichischen Ritterstand und bessert sein Wappen. – (AA., HKA.; – Orig. Fam. – III. Jüngere Linie.)

1879 Oktober 30, Wien: Derselbe erhebt den k. k. Statthaltereirat und Landessanitätsrat i. P. Dr. med. Julius Edlen von Vest als Ritter des Ordens der Eisernen Krone III. Klasse in den österreichischen Ritterstand und bessert sein Wappen. – (AA., HKA.; — Orig. Fam. — II. Mittlere Linie, Erwerber ohne Nachkommen.)

Wappen:

I. 1780 April 20: In Blau ein silberner Balken, über das Ganze auf drei goldenen Kugelfüßen ruhend eine Spitzsäule aus grünlichem Marmor, um die sich eine goldene Schlange mit gegen die rechte Oberecke gestrecktem Haupte in zwei Windungen emporschlingt. Auf dem gekrönten Turnierhelme mit blau-silbernen Decken ein offener, jederseits mit einem silbernen Balken belegter blauer Flug.

II. 1868 September 7: Der Schild wie 1780, nur die Spitzsäule aus grauem Marmor. Zwei gekrönte Turnierhelme: auf I Decken und Kleinod wie 1780; auf II mit blau-silbernen Decken drei Straußenfedern, eine blaue zwischen zwei silbernen.

III. 1879 Oktober 30: Der Schild wie 1780, nur die Schlange grün. Zwei gekrönte Turnierhelme: auf I Decken und Kleinod wie 1780; auf II mit blau-silbernen Decken ein wachsender schwarzer Adler.

Die Familie Vest (ursprünglich wohl „Festi" oder „Vesti") stammt nach ihren Überlieferungen „aus St. Michael in Welschtirol", wo Georg Vest, mit dem ihre Stammreihe beginnt, 1630 geboren sein soll.

Dessen Sohn Johann Georg Vest, der angeblich 30. Mai 1676 in St. Michael geboren wurde, ließ sich 1704 in Lienz als Apotheker nieder, erwarb dort 1715 das Bürgerrecht und wurde 1717 Mitglied des Rates. Er war zweimal vermählt: I. mit Maria Dorothea von Freysing zu Aichach und II. mit Maria Susanne Gaggers von Gaggersheim, welchen Ehen die folgenden fünf zu Lienz geborenen Kinder entstammten:

I. Ehe: — 1. Johann Anton, geb. 26. Mai 1706, der unter dem Klosternamen Mansuet in den Franziskanerorden trat.

II. Ehe: — 2. Nikolaus, geb. 1715, über den weitere Nachrichten fehlen.

3. Franz Georg, geb. 5. April 1718, Apotheker zu Lienz, der sich mit Anna Maria Peintner vermählte, den väterlichen Besitz übernahm und der Stammvater zahlreicher im Bürgerstande verbliebener Familienzweige wurde.

4. Lorenz Chrysanth, geb. 21. Oktober 1720, der gemeinsame Stammvater der adeligen Linien (s. unten).

5. Susanne, die sich am 29. September 1756 mit Josef Joachim Ebenberger vermählte.

Lorenz Chrysanth Vest (s. oben 4.) studierte erst Rechtswissenschaften, dann Theologie und wandte sich schließlich dem medizinischen Fache zu. Nach Erlangung des Doktorgrades ließ er sich als Arzt in Klagenfurt nieder, wo er 1746 zum landschaftlichen Physikus und 1773 zum Protomedikus bei der Landesstelle ernannt wurde. Mit van Swieten und vielen anderen Gelehrten befreundet und durch sein hohes Wissen war er befähigt, die großen Errungenschaften seiner Zeit auf dem Gebiete des Sanitätswesens in Kärnten mit großen Erfolgen zu verwerten. Er gründete die medizinisch-chirurgische Lehranstalt in Klagenfurt und wirkte an dieser als Professor der Anatomie, ferner führte er die Schutzpockenimpfung in Kärnten ein, veranlaßte die Entfernung der Friedhöfe aus dem Innern der größeren Orte und wirkte aufopfernd bei Epidemien. Unter anderem setzte er auch die Trockenlegung der versumpften Stadtgräben von Klagenfurt durch, die dann durch den aus den Niederlanden berufenen Ingenieur Joseph de Clairfay ausgeführt wurde. Dr. Lorenz Chrysanth Vest wurde auch zum Leibarzte der damals in Klagenfurt weilenden Erzherzogin Maria Anna ernannt und von Kaiser Josef II. ddo. Wien, 20. April 1780 mit dem Ehrenworte „Edler von" und dem sub I beschriebenen Wappen in den Österreichisch-erbländischen Adelstand erhoben. Er starb zu Klagenfurt am 16. Jänner 1789.

Lorenz Chrysanth Edler von Vest hatte sich dreimal vermählt: — I. In der Lorettokirche zu St. Andrä im Lavanttale 21. November 1752 mit Josefa von Fickh (geb. Wolfsberg 1. Jänner 1735, † Klagenfurt 25. November 1771), einer Tochter des fürstbischöfl. Bambergschen Hofrates und Kanzleidirektors in Wolfsberg Johann Adam von Fickh und der Anna, geb. von Sichten; — II. 1772 mit Barbara Wunder (kinderlos † Klagenfurt 1. September 1773); — III. am 24. Dezember 1775 mit Maria Anna Egger (geb. Straßburg in Kärnten 3. Jänner 1752, † Klagenfurt 15. Dezember 1831). Der I. und III. dieser Ehen entstammten folgende fünfzehn zu Klagenfurt geborene Kinder:

I. Ehe: – 1) Josefa, verm. mit Ignaz Edlem von Kleinmayr, Buchhändler und Buchdrucker zu Klagenfurt.

2) Maria Anna Dominika, geb. 26. Jänner 1760, die in I. Ehe mit Karl Ramutschnigg, k. k. Postmeister in Völkermarkt, und in II. Ehe seit 9. Februar 1794 mit Johann Nepomuk Schmelzer, k. k. Oberstwachtmeister, vermählt war.

3) Maria Susanne Cäcilie, geb. 22. November 1761, verm. mit Balthasar Steinwender, k. k. Oberingenieur in Graz.

4) Maria Anna Elisabeth, geb. 21. Juli 1763, verm. Klagenfurt 6. April 1779 mit Joseph de Clairfay, k. k. Kreisingenieur in Klagenfurt.

5) Maria Henriette Josefa, geb. 18. März 1765, verm. mit Johann Klima, Apotheker in Graz.

6) Maria Anna Christina Antonia, geb. 24. Juli 1767, verm. Klagenfurt 2. Februar 1786 mit Dr. Michael Wittmann aus Wien.

7) Josef Felix Lorenz, geb. 14. Jänner 1769, von dem die unten folgende I. Ältere Linie abstammt.

III. Ehe: – 8) Lorenz Chrysanth, geb. 19. November 1776, der Stammvater der nun im Mannsstamme erloschenen II. Mittleren Linie (s. unten).

9) Chrysanth Alexander, geb. 26. Februar 1778, † Klagenfurt 28. Oktober 1796.

10) Marie Henriette, geb. 15. Juli 1779, † Wien 16. Juni 1837, verm. mit Johann Baptist Fraenzl (geb. Windweiler, † Klagenfurt 4. Februar 1807), Ökonomen bei der k. k. Gefällenverwaltung in Klagenfurt. Der einzige dieser Ehe entsprossene Sohn Moriz Julius wurde der Stammvater der Ritter Fraenzl von Vesteneck (s. I. Jahrg. 1905, S. 219 u. ff.).

11) Johann Baptist, geb. 22. November 1780, der die III. Jüngere Linie begründete (s. unten).

12) Anna, geb. 12. August 1782, † Klagenfurt 9. Dezember 1784.

13) Franz, geb. 28. Dezember 1783, † 26. September 1810.

14) Anna, geb. 25. Juni 1785, † 22. Jänner 1857, verm. 29. Oktober 1810 mit Franz Rigler, k. k. Staatsgüterinspektor in Graz.

15) Josefa, geb. 9. September 1787, † 12. August 1858, k. k. Stiftsdame des Adeligen Fräuleinstiftes zu Hall in Tirol.

I. Ältere Linie.

(Im Adelstande.)

† Josef Felix Lorenz Edler von Vest (7. Kind des 16. Jänner 1789 zu Klagenfurt † Dr. Lorenz Chrysanth Edlen v. V. und dessen I. Gemahlin, der 25. November 1771 ebendort † Josefa, geb. von Fickh), geb. Klagenfurt 14. Jänner 1769, † Laibach

(Maria Verk.) 6. März 1832, Besitzer des landtäfl. Gutes Schrottenthurn bei Krainburg, k. k. Professor der Landwirtschaftslehre am Lyzeum in Laibach; — verm. I. Schloß Schrottenthurn 9. Juli 1806 mit:

† Maria Anna Josefa, geb. Garzarolli von Thurnlak (Tochter des 28. September 1796 auf Schrottenthurn † Gutsbesitzers daselbst Josef Anton G. v. T. und der 6. September 1836 ebendort † Josefa, geb. Pagliarucci), geb. Schrottenthurn (Pf. St. Martin bei Krainburg) 17. März 1782, † ebendort 28. Juli 1807; — II. Kropp 18. September 1808 mit:

† Franziska, geb. Pototschnig (Tochter des .... 1... zu .... † Ignaz P. und der .... 18.. zu .... † Marie, geb. Pegam), geb. Kropp 13. Februar 1786, † Schrottenthurn 9. Mai 1871.

Kinder: a) I. Ehe:

† 1. Maria Anna Antonia Josefa, geb. Schrottenthurn 20. November 1806, † .... 18...

b) II. Ehe:

† 2. Ignaz Anton (Lorenz), geb. Schrottenthurn 28. Juli 1812, † daselbst 1. April 1876, k. k. Gerichtsadjunkt i. P.; — verm. Möttling 16. November 1851 mit:

Mathilde, geb. Savinschegg (Tochter des 29. Oktober 1849 zu Möttling † Herrschaftsbesitzers Andreas S. und der 2. Februar 1884 zu Graz † Johanna, geb. von Blažeković), geb. Möttling 30. Mai 1833. — [Graz, Lessingstraße 32.]

Kinder:

† 1) Otto Viktor Chrysanth, geb. Laas in Krain 5. September 1859, † Graz 15. November 1869.

2) Josef, geb. Oberlaibach 29. Jänner 1861, k. u. k. Hauptmann 1. Kl. im Infanterie - Regimente FZM. Franz Schönaich Nr. 74. — [Reichenberg.]

† 3) Helene, geb. Oberlaibach 5. Oktober 1862, † Graz 26. Juli 1906; — verm. Graz 26. Juni 1890 mit:

† Alexander Edlen von Pichler, geb. Graz 20. Februar 1863, † Tobelbad bei Graz 6. September 1906, EKO.-R.III., k. k. Statthaltereirat und Leiter der Bezirkshauptmannschaft Spalato und Oberleutnant i. d. Evidenz des Landwehr-Ulanen-Regimentes Nr. 5.

4) Mathilde, geb. Oberlaibach 21. Jänner 1864. — [Graz, Lessingstraße 32.]

† 5) Karl, geb. Oberlaibach 16. März 1865, † Großlaschitz 7. August 1865.

† 3. Albert Anton Josef, geb. Schrottenthurn 19. März 1817, † daselbst 18. Mai 1864, k. k. Hauptmann i. P.

† 4. Viktor Josef Lorenz, geb. Schrottenthurn 22. Juli 1819, † ebendort 12. September 1888, k. k. Landesgerichtspräsident in Klagenfurt; — verm. Graz 30. Oktober 1858 mit:

† Auguste, geb. Adamovich de Csepin (Tochter des .... 1848 zu Tenje Bavonica † Anton A. de Cs. und der 23. Februar 1890 zu Graz † Juliane, geb. Gräfin Forgách de Ghymes et Gács), geb. St. Helena, Kroatien, 31. Jänner 1838, † Laibach 3. Juni 1901.

Kinder:

1) Franziska (Fanny) Julie Johanna, geb. Essegg 29. August 1860, — [Agram]; — verm. Schrottenthurn 21. Juli 1883 mit:

† Alexander Labaš de Blaškovec, geb. Selno, Kroatien, 25. Jänner 1847, † Warasdin 7. April 1898, k. u. k. Major d. R. (bis 1896 im Ulanen-Regimente Nikolaus II. Kaiser von Rußland Nr. 5).

2) Viktor Karl Anton, geb. Cilli 15. Februar 1866, k. u. k. Linienschiffsleutnant. — [Pola.]

3) Julie Antonie, geb. Cilli 13. Mai 1868; — verm. Schrottenthurn 13. Mai 1890 mit:

Rudolf Josef Grafen von Normann-Ehrenfels, geb. Valpo 13. September 1857, Herrn auf Valpo in Slawonien und Rothenthurn in Kärnten, k. u. k. Kämmerer, erblichem Mitgliede des Magnatenhauses. — [Schloß Valpo bei Essegg.]

4) Maria Magdalena Auguste, geb. Cilli 20. August 1870; — verm. Schrottenthurn 6. Mai 1893 mit:

Otto Edlem von Detela, geb. Oplotnitz 15. November 1865, Besitzer des Gutes Schrottenthurn und k. k. Bezirkshauptmann in Radmannsdorf. — [Radmannsdorf.]

5) Karl Albert Anton, geb. Cilli 21. Mai 1873, k. u. k. Oberleutnant i. d. R. des Ulanen-Regimentes Nikolaus II. Kaiser von Rußland Nr. 5. — [Schrottenthurn.]

† 5. Marie Katharina Franziska, geb. Schrottenthurn 24. November 1821, † Laibach 19. Jänner 1861; — verm. Schrottenthurn 14. Mai 1846 mit:

† Friedrich Ritter von Gasparini, geb. .... 1818, † .... 18.., Landstand in Krain.

† 6. Hermenegilde (Hermine) Josefa Antonie, geb. Schrottenthurn 6. April 1825, † ebendort 9. September 1877; — verm. Schrottenthurn 4. Oktober 1869 mit:

† Willibald Supančič geb. .... 18.., † .... 18.., k. k. Gymnasialprofessor.

† 7. Karoline, geb. .... Oktober 1828, † Laibach 24. August 1829.

II. Mittlere Linie.

(Im Mannsstamme erloschen. — Früher teilweise im Ritterstande.)

† Lorenz Chrysanth Edler von Vest (Erwerber der Landmannschaft in Kärnten — 8. Kind des 16. Jänner 1789 zu Klagenfurt † Dr. Lorenz Chrysanth Edlen v. V. und dessen

III. Gemahlin, der 15. Dezember 1831 ebendort † Maria Anna, geb. Egger), geb. Klagenfurt 19. November 1776, † Graz 15. Dezember 1840, Dr. med., k. k. Gubernialrat und Protomedikus in Graz, Professor der Botanik und Chemie am Joanneum daselbst, seit 17. November 1814 Landstand in Kärnten; – verm. Klagenfurt 17. Juni 1804 mit:

† Julie, geb. Frad von Fradeneck (Tochter des 20. Oktober 1813 zu Klagenfurt † Pflegers der gräfl. Rosenbergschen Herrschaften in Kärnten Johann Anton F. v. F. und der 30. Oktober 1809 zu Klagenfurt † Maria Anna, geb. Miskulnig), geb. Rosegg 10. Februar 1774, † Graz (Dompf.) 10. April 1858.

Kinder:

† 1. Lorenz Edler von Vest, geb. Klagenfurt 17. Mai 1805, † Graz (Dompf.) 30. Jänner 1868, Mag. pharm.

† 2. Julius Ritter von Vest (2. Ritterstandserwerber), geb. Klagenfurt 1. Juni 1806, † Graz 5. April 1885, Dr. med., EKO.-R.III., FJO.-R., k. k. Statthaltereirat und Landesmedizinalrat in Graz; – verm. Neustadtl (Rudolfswert) 3. Februar 1842 mit:

† Anna, geb. von Zasch (Tochter des 3. Jänner 1817 zu Graz † hauptgewerkschaftl. Ökonomie-Inspektors zu Eisenerz Johann v. Z. und der .... 18.. zu .... † Katharina, geb. von Neydisser), geb. Zwischenwässern, Kärnten, 22. Juli 1799, † Neustadtl (Rudolfswert) 29. November 1850.

† 3. Oktav Edler von Vest, geb. Klagenfurt 1. Dezember 1807, † Graz 14. Oktober 1861, Dr. med., k. k. Gubernialrat und Landesmedizinalrat in Triest; – verm. Wien 25. Jänner 1847 mit:

† Klementine, geb. von Reyer (Tochter des 13. August 1851 zu Deutz bei Köln † Chefs der Wiener Niederlassung des k. k. priv. Großhandlungshauses Reyer & Schlick und Gesellschafters der Wr.-Neustädter Zuckerraffinerie und Pottendorfer Flachsgarnspinnerei Franz Xaver Ritters v. R. und der 16. März 1881 zu Klagenfurt † Antonie, geb. Edlmann), geb. Triest 13. Oktober 1823, † Wien (St. Augustin) 28. Dezember 1889.

Kinder:

1) Irene Edle von Vest, geb. Triest 8. Februar 1848, – [Graz, Alberstraße 5]; — verm. Triest 18. Juni 1867 mit:

† Ignaz Eizinger, geb. Klagenfurt 8. Jänner 1829, † .... 28. November 1892, k. k. Landesregierungsrat i. R. (bis 1881 Leiter der Bezirkshauptmannschaft Villach).

2) Olga Edle von Vest, geb. Triest 4. August 1852, – [Klagenfurt]; – verm. Klagenfurt 30. September 1876 mit:

† Guido Freiherrn von Lang, geb. .... 3. September 1837, † Klagenfurt 9. Mai 1891, k. u. k. Rittmeister d. R.

† 3) Oskar Edler von Vest, geb. Triest 23. November 1856, † Sessana 19. Mai 1886.

4) **Adele** Edle von **Vest**, geb. Triest 27. November 1857; — verm. Wien 20. Juni 1881 mit:
Guido Ritter von **Andrioli**, geb. Graz 15. August 1845, FJO.-R., k. k. Oberlandesgerichtsrat. — [Leoben.]

† 4. **Natalie** Edle von **Vest**, geb. Klagenfurt 30. Dezember 1809, † Graz 23. Juni 1878; — verm. Graz 15. Februar 1838 mit:
† **Vinzenz Archer**, geb. .... 2. Februar 1789, † Triest 5. Mai 1848, Dr. jur., k. k. Landrat.

† 5. **Max** Edler von **Vest**, geb. Graz 15. Februar 1814, † daselbst 9. Oktober 1833, Hörer der Medizin.

III. Jüngere Linie.
(Teilweise im Ritterstande.)

† **Johann** Baptist Edler von **Vest** (11. Kind des 16. Jänner 1789 zu Klagenfurt † Dr. **Lorenz** Chrysanth Edlen v. V. und dessen III. Gemahlin, der 15. Dezember 1831 ebendort † **Maria Anna**, geb. **Egger**), geb. Klagenfurt 22. November 1780, † daselbst 15. Jänner 1855, Mag. pharm., Apotheker zu Klagenfurt; — verm. I. Klagenfurt 1. August 1808 mit:

† **Maria** Rosa, geb. **Magistris** (Tochter des .... 18.. zu .... † **Johann** Baptist M. und der .... 18.. zu .... † **Maria**, geb. **Perger**), geb. Klagenfurt 18. September 1777, † daselbst 28. September 1812; — II. Klagenfurt 29. April 1816 mit:

† **Elise**, geb. **Hendl** (Tochter des .... 18.. zu .... † Arztes **Johann** Baptist H. und der .... 18.. zu .... † **Anna** Maria, geb. **Jesse**), geb. .... 17.., † Klagenfurt 4. Februar 1831; — III. Klagenfurt 23. Juli 1832 mit:

† **Emilie**, geb. Weber Edlen von **Webenau** (Tochter des 5. November 1845 zu .... † kärntnerisch-ständischen Buchhalters **Johann** W. Edlen v. W. und der .... 18.. zu .... † **Karoline**, geb. [Pircker] Edlen von **Pirkenau**), geb. Klagenfurt 29. Februar 1801, † daselbst 30. April 1884.

Kinder: a) I. Ehe:

† 1. **Eduard** Edler von **Vest**, geb. Klagenfurt 20. Juni 1809, † Wien 18. März 1869, Dr. med., prakt. Arzt in Wien; — verm. Wien 24. Oktober 1847 mit:
† Barbara (**Betty**), geb. **Vest** (Tochter des .... 18.. zu .... † **Johann** Georg V. und der .... 18.. zu .... † **Therese**, geb. **Sartori**), geb. .... 25. Oktober 1826, † Wien 20. Februar 1875.

Kinder:

† 1) **Ferdinand** Georg Eduard Edler von **Vest**, geb. Wien 3. Mai 1848, † daselbst 1. Juni 1886, Privatbeamter; — verm. .... 18.. mit:
Luise, geb. **Gauster** (Tochter des .... 18.. zu .... † .... G. und der .... 18.. zu .... † ...., geb. ....), geb. .... 18... — [Wien, III. Fasangasse 17.]

† 2) Georg Edler von Vest, geb. Wien 19. Juli 1849, † daselbst 7. Mai 1897, Weltpriester.

3) Eduard Edler von Vest, geb. Wien 23. Mai 1851, EKO.-R.III., kgl. ungar. Hofrat, Präsident der Handelskammer und Direktor der Sparkassa in Temesvár, — [Temesvár]; — verm. I. Sopron (Ödenburg) 14. September 1877 mit:

† Martha, geb. Edlen von Kottowitz (Tochter des .... 18.. zu .... † Dr. .... Gustav Edlen v. K. und der .... 18.. zu .... † Anna, geb. Wasserfall von Rheinbrausen), geb. .... 18.., † .... 188.; — II. .... 23. Jänner 1888 mit:

Anna Maria, geb. Spitzer (Tochter des .... 18.. zu .... † .... Sp. und der .... 18.. zu .... † ...., geb. ....), geb. Baja .... 18... — [Temesvár.]

Kinder: a) I. Ehe:

† (1) Alfred, geb. Brunn am Gebirge .... 1878, † .... 13. November 1882.

† (2) Gustav, geb. .... 1880, † Wien 7. Juli 1882.

b) II. Ehe:

(3) Margit, geb. Temesvár .... 1890.

(4) Fedjo, geb. Temesvár .... 1893.

† 4) Johanna Marie Edle von Vest, geb. Wien 17. September und † daselbst 31. Oktober 1852.

5) Marie Antonie Edle von Vest, geb. Wien 27. September 1853; — verm. Wien 12. Juli 1876 mit:

Ottwin Rauscher, geb. .... 18.., mex. Adler-Orden, Off. d. mex. Guadaloupe-Ordens, gew. kaiserl. mex. Hauptmann (bis 1862 k. k. Oberleutnant im Infanterie-Regimente Karl Alexander Großherzog von Sachsen-Weimar-Eisenach Nr. 64). — [Wien, V. Margarethenstraße 13.]

† 6) Isabella Edle von Vest, geb. Wien 16. Dezember 1854, † daselbst 27. Februar 1855.

† 7) Eugenie Edle von Vest, geb. Wien 26. und † daselbst 30. Juli 1856.

8) Henriette Edle von Vest, geb. Wien 13. Oktober 1859. — [....]

† 9) Konstantin Edler von Vest, geb. Wien 10. August 1861, † Rodaun 25. Juni 1883, Hörer der Technik.

† 2. Wilhelm Ritter von Vest (1. Ritterstandserwerber), geb. Klagenfurt 3. Jänner 1811, † Troppau 26. September 1889, Mag. pharm., EKO.-R.III., GVK., Apotheker in Troppau, gew. Vizebürgermeister und Ehrenbürger der Landeshauptstadt Troppau; — verm. Wien 29. Juni 1847 mit:

† Karoline, geb. Riffel (Tochter des .... 18.. zu .... † Fabriksbesitzers Josef R. und der .... 18.. zu .... † ...., geb. Jankisch), geb. Wien 5. November 1827, † daselbst 7. Juli 1894.

Kinder:

† 1) Irene von Vest, geb. Troppau 12. April 1848, † daselbst 12. Oktober 1888; — verm. Troppau 2. September 1867 mit:

† Theodor Ritter Woytech von Willfest, geb. Jablunkau 6. April 1841, † Troppau 15. August 1874, Dr. jur., mähr.-schles. Landesadvokaten in Troppau.

† 2) Olga von Vest, geb. Troppau 24. April 1849, † Wien 15. Juni 1898; — verm. Troppau 12. Oktober 1870 mit:

† Karl Kockert, geb. Tepl 4. Mai 1843, † Rohrbach in Mähren 25. April 1905, Zentraldirektor und Verwaltungsrat der Zuckerfabriken in Rohrbach und Chropin.

† 3) Hermann Edler von Vest, geb. Troppau 15. April und † daselbst 28. August 1850.

4) Kornelia von Vest, geb. Troppau 1. August 1851, — [Wien, III. Salesianergasse 10]; — verm. Troppau 2. September 1869 mit:

† Ferdinand Lamprecht, geb. Teschen 15. Februar 1839, † Schärding 9. August 1896, k. u. k. Oberleutnant d. R. (bis 18.., im .....-Regimente Nr. ..), Inspektor der k. k. priv. Südbahn-Gesellschaft.

5) Eugenie von Vest, geb. Troppau 16. April 1853; — verm. Troppau 21. Oktober 1873 mit:

Theodor Hoffmann, geb. Ratibor 12. Oktober 1851, Direktor der Böhmischen Eskomptebank, Verwaltungsrat der Böhmischen Eisenindustriegesellschaft und Börserat. — [Prag.]

6) Wilhelm Oskar Ritter von Vest, geb. Troppau 1. Mai 1854, Dr. jur., MVK. (KD.), k. k. Landesgerichtsrat in Römerstadt (bis 189. k. k. Oberleutnant i. d. Evidenz des Landwehr-Bataillons Olmütz Nr. 15); — verm. Klagenfurt 9. August 1884 mit:

Marie, geb. Edlen von Vest (Tochter des 13. Februar 1898 zu Klagenfurt † k. k. Notars Johann Edlen v. V und der Natalie, geb. Werzer), geb. Klagenfurt 9. September 1860. — [Römerstadt.]

Kinder:

(1) Marie Karoline Natalie von Vest, geb. Olmütz 23. August 1891.

(2) Natalie Marie Wilhelmine von Vest, geb. Olmütz 27. April 1893.

(3) Elisabeth von Vest, geb. Olmütz 8. Oktober 1894.

(4) Wilhelm Karl Johann Ritter von Vest, geb. Römerstadt 15. April 1896.

(5) Johanna Marie von Vest, geb. Farchenhof bei Klagenfurt 8. Juni 1899.

7) Karoline von Vest, geb. Troppau 11. August 1855; — verm. Troppau 12. September 1876 mit:

Hermann Ritter von Dietrich, geb. Troppau 3. November 1851, Besitzer des Gutes Raigern und k. k. Landesgerichtsrat beim Kreisgerichte in Iglau. — [Iglau.]

† 8) Robert Edler von Vest, geb. Troppau 26. März 1857, † daselbst 29. Februar 1859.

† 9) Julius Edler von Vest, geb. Troppau 12. April 1858, † daselbst 27. Februar 1859.

† 10) Elisabeth Edle von Vest, geb. Troppau .... und † daselbst .... 1864.

b) II. Ehe:

† 3. Johanna Edle von Vest, geb. Klagenfurt 5. Mai 1817, † Graz 10. April 1882; — verm. Klagenfurt 6. März 1848 mit:

† Alois Ritter von Hauer, geb. .... 18.., † Graz .... 18.., EKO.-R.III., k. k. Kreisgerichtspräsident i. P. (bis 18.. in Brüx).

† 4. Albert Edler von Vest, geb. Klagenfurt 7. April 1818, † .....

† 5. Hermann Edler von Vest, geb. Klagenfurt 10. Juni 1819, † Temesvár 26. September 1855, k. k. Landesgerichtsrat.

† 6. Elisabeth Edle von Vest, geb. Klagenfurt 18. November 1820, † Graz 11. März 1907; — verm. Ebenthal bei Klagenfurt 10. Oktober 1848 mit:

† Josef Geymeyer, geb. Graz 12. Jänner 1811, † daselbst 30. September 1901, k. k. Hofrat i. R.

† 7. Johann Edler von Vest, geb. Klagenfurt 27. Dezember 1821, † ebendort 13. Februar 1898, k. k. Notar in Klagenfurt, Besitzer des Gutes Farchenhof und einer Ziegelfabrik bei Klagenfurt; — verm. St. Veit an der Glan 29. August 1857 mit:

Natalie, geb. Werzer (Tochter des .... 1872 zu St. Veit a. d. Glan † k. k. Landesgerichtsrates Karl W. und der .... 1862 zu Pörtschach † Natalie, geb. Wöllner), geb. Eberstein, Kärnten, 8. August 1838. — [Klagenfurt.]

Kinder:

1) Marie Edle von Vest, geb. Klagenfurt 9. September 1860; — verm. Klagenfurt 9. August 1884 mit:

Wilhelm Oskar Ritter von Vest, geb. Troppau 1. Mai 1854, Dr. jur., MVK. (KD.), k. k. Landesgerichtsrat in Römerstadt (bis 189. k. k. Oberleutnant i. d. Evidenz des Landwehr-Bataillons Olmütz Nr. 15). — [Römerstadt.]

2) Anna Katharina Edle von Vest, geb. Klagenfurt 25. November 1861. — [Klagenfurt.]

3) Marie Kornelia (Nelly) Edle von Vest, geb. Klagenfurt 13. August 1863. — [Klagenfurt.]

4) Hermann Michael Edler von Vest, geb. Klagenfurt 13. September 1865, k. k. Bergoberkommissär i. R., Besitzer des Gutes Farchenhof und der Ziegelfabrik bei Klagenfurt. — [Klagenfurt.]

5) Johanna Edle von Vest, geb. Klagenfurt 26. Dezember 1869; — verm. Klagenfurt 12. Mai 1891 mit:

Gustav Ritter von Mettnitz, geb. Schloß Rain 26. Juni 1862, Dr. jur., Landeshauptmann - Stellvertreter und

Landtagsabgeordneten in Kärnten, Vizebürgermeister der Landeshauptstadt Klagenfurt und Advokat daselbst. — [Klagenfurt.]

† 8. Arnold Edler von Vest, geb. Klagenfurt 20. Dezember 1822, † Sievering bei Wien 15. Jänner 1902, k. k. Bergrat und Oberingenieur des Hauptmünzamtes in Wien; — verm. Kremnitz (Körmöczbánya) 19. August 1850 mit:

Agnes, geb. Havas de Gömör (Tochter des .... 18.. zu .... † kgl. ungar. Obernotärs Michael H. de G. und der .... 18.. zu .... † Agnes, geb. Justh), geb. Felsömicsinye 5. Jänner 1826. — [.....]

Kinder:

† 1) Agnes, geb. Wien 12. Oktober 1847, † Bleiberg .... 1850.

† 2) Richard △, geb. Bleiberg 18. Dezember 1851, † Wien 17. März 1903, Beamter der k. k. priv. Nordwestbahn.

3) Selma Agnes Susanne, geb. Bleiberg 1. Juli 1853, städt. Volksschullehrerin. — [Wien, XIX. Sieveringerstraße 178.]

4) Emil, geb. Bleiberg 4. Juni 1855. — [.....]

5) Albine, geb. Wien 2. Oktober 1861, Gesanglehrerin; — verm. Wien 14. Juli 1901 mit:

Eusebius Mandyczewski, geb. Czernowitz 18. August 1857, Dr. phil., GVK.m.K., k. k. Professor am Konservatorium, Archivar und Bibliothekar der Gesellschaft der Musikfreunde in Wien, Mitglied der ständigen Kunstkommission des k. k. Ministeriums für Kultus und Unterricht. — [Wien, I. Löwelstraße 8.]

† 9. Albine Edle von Vest, geb. Klagenfurt 13. Februar 1824, † Mahrenberg 11. Jänner 1847; — verm. Klagenfurt 21. November 184. mit:

† Johann Bauer, geb. .... 18.., † Mahrenberg .... 18.., k. k. Postmeister daselbst.

† 10. Marie Edle von Vest, geb. Klagenfurt 25. Mai 1825, † daselbst 2. September 1897, Stiftsdame des Adeligen Damenstiftes in Kärnten.

† 11. Ernestine Edle von Vest, geb. Klagenfurt 17. Jänner 1827, † Wolfsberg 9. September 1878.

† 12. Heinrich Edler von Vest, geb. Klagenfurt 29. Jänner 1831, † bald nach der Geburt.

Vgl.: — Neuer Siebmacher IV, 8 (A. M. Hildebrandt, Der Kärntner Adel), S. 216 u. Taf. 28; — Wurzbach L, S. 212 bis 223; — Brünner Adel. Taschenb. XII 1887 u. XVII 1892; — Allg. Deutsche Biogr. XXXIX, S. 651.

---

von Vivenot.

Römisch-katholisch. — Österreich (Niederösterreich).

Verleihungen:

1832 Mai 6, Wien (Kabinettschreiben) und 1833 April 22, Wien (Diplom): Kaiser Franz I. verleiht dem Dr. med. Dominik Vivenot den Österreichischen Adel mit dem Ehrenworte „Edler von" und einem Wappen. — (AA., HKA.; — Orig. Fam.)

1836 Pesth (Budapest): Ungarisches Indigenat für die Nachkommen des verstorbenen Dr. med. Dominik Edlen von Vivenot. — (Ungar. Gesetzartikel XLIX ex 1836.)

1867 März 25, Wien: Kaiser Franz Joseph I. erhebt den Dr. med. Rudolf Edlen von Vivenot als Ritter des Ordens der Eisernen Krone III. Klasse in den Österreichischen Ritterstand mit Wappenbesserung. — (AA., HKA.; — Orig. Fam. — I. Ältere Linie.)

1904 April 15 (Allerhöchste Entschließung) und Juni 3, Wien (Diplom): Kaiser Franz Joseph I. erhebt den k. u. k. Feldzeugmeister d. R. Ernst Edlen von Vivenot in den Österreichischen Freiherrnstand mit Wappenbesserung. — (AA., HKA.; — Orig. Fam. — II. Jüngere Linie.)

Wappen:

I. 1833 April 22 (Edle von Vivenot): Geviert, 1 und 4 in Rot eine pfahlweise gestürzte, einwärts gewendete, fünfmal gekrümmte natürliche Schlange aus einer goldgezierten silbernen Schale trinkend, 2 und 3 in Silber auf grünem Rasen ein Rappe in vollem Laufe. Auf dem gekrönten Turnierhelme mit rot-silbernen Decken zwischen einem offenen, rechts von Silber über Rot und links farbengewechselt geteilten Fluge der Rappe wachsend. Blaues Spruchband mit der Devise: „ACRI STUDIO MENTE TEMPERATA" in goldener Lapidarschrift.

II. 1867 März 25 (Ritter von Vivenot): Der Schild wie 1833. Zwei gekrönte Turnierhelme mit rot-silbernen Decken: auf I der offene, rechts von Silber über Rot, links farbengewechselt geteilte Flug; auf II der wachsende Rappe, Spruchband und Devise wie 1833.

III. 1904 Juni 3 (Freiherren von Vivenot): Wie 1833, nur der Rappe einwärts gewendet; dazu in blauem Mittelschilde zwei mit den Spitzen nach oben schräg gekreuzte goldene Schwerter und die Freiherrnkrone.

Die nun in Österreich blühende adelige, beziehungsweise ritterliche und freiherrliche Familie von Vivenot dürfte aus Lothringen stammen, wo heute noch mehrere, wahrscheinlich stammverwandte, gleichnamige Familien angesehener

Stellung in den französischen Distrikten Ligny-en-Baras, Velaine und Commercy, Departement de la Meuse, ansässig sind.

Auch der erste bisher nachweisbare Stammvater der österreichischen Familie, Antoine Vivenôt, dürfte von dort nach Luxemburg gekommen sein, wo er zu Mousson im heute belgischen Anteile dieses Herzogtumes ansässig war. Seiner Ehe mit Jeanne Jacquet aus Virton entstammte:

Nicolas Vivenôt, der sich am 4. Dezember 1703 zu Luxemburg mit Marie Elisabeth Fischer vermählte, einer Tochter des Bürgers und Kaufmannes daselbst Philipp Fischer und seiner Ehefrau Susanne, geb. Borquin. Nicolas Vivenôt war „Procureur au magistrat de la ville de Luxembourg" und wurde durch ein Dekret Kaiser Karls VI. ddo. Brüssel, 10. März 1727 mit dem Amte des Gerichtsvollziehers im Distrikte von Virton („l'Office d'Huissier au Quartier de Virton") betraut. Er starb zu Virton am 12. Jänner 1747. Aus seiner vorerwähnten Ehe entsprossen die folgenden acht, bei St. Nicolas in Luxemburg getauften Kinder: — 1. Cäcilie, get. 3. Juni 1708; — 2. Maria Elisabeth, get. 14. November 1710; — 3. Theresia, get. 18. Dezember 1711; — 4. Nikolaus, get. 25. Mai 1715, der die Familie nach Österreich verpflanzte (s. unten); — 5. Johann Bernhard, get. 25. Jänner 1718; — 6. Jakob, get. 17. Juli 1720; — 7. Susanne, get. 14. März 1722, und — 8. Katharina, get. 20. Februar 1725.

(Peter) Nikolaus „de" Vivenot (s. vorstehend 4.) wandte sich erst dem geistlichen Berufe zu und empfing auch am 1. September 1737 durch Lothar Friedrich von Nalbach, Bischof von Emaus und Generalvikar des Erzbischofs und Kurfürsten von Trier, in der Kirche seines Heimatsortes Virton die Erste Weihe („primam clericalem tonsuram"). Er gab diesen Beruf jedoch auf und wurde etwa 1745 vom Grafen Johann Wenzel Kaunitz-Rietberg, dem nachmaligen Hof- und Staatskanzler und Fürsten, als Erzieher („Gouverneur") seiner Söhne Ernst (geb. 6. Juni 1737) und Dominik (geb. 2. Juni 1739) nach Wien berufen und blieb zu diesen bis an sein Lebensende in Beziehungen. Er vermählte sich 16. August 1761 zu Mariabrunn mit Josefine, einer Tochter des Haushofmeisters zu St. Stephan Franz Xaver „de" Rappan und der Franziska, geb. Gabler, verwitweten Schramm, und starb zu Wien am 12. Jänner 1792. Seiner Ehe entstammten zwei zu Wien (Schotten) geborene Söhne:

1) Ernest „de" Vivenot, geb. 18. Oktober 1762, der am 17. März 1783 bei der k. k. Münz- und Bergwesens-Hofbuchhalterei in den Staatsdienst trat und nach einer Reihe wichtiger Missionen (1795 Schmölnitz in Ungarn, 1796 Regensburg, Würzburg, 1798 Frankfurt a. M., Treviso etc.) als Raitoffizier dieses Amtes am 27. März 1809 zu Wien starb. Er war seit 29. September 1798 in kinderloser Ehe mit Walpurga Aloisia Wambacher (geb. 9. Juli 1775, † Wien 29. Jänner 1853) vermählt, einer Tochter des k. k. Hofkriegsbuchhalterei-Raitrates Franz Wambacher und der Franziska, geb. Anderler von Hochenwald.

2) Dominik „de" Vivenot, geb. 25. Dezember 1764, wurde am 20. Oktober 1787 an der Wiener Hochschule zum Doktor der Arzneikunde promoviert und schwang sich in der Folge zu einem der hervorragendsten und gesuchtesten Ärzte Wiens empor. Im

Jahre 1832 gelang es ihm, den schwer erkrankten Kronprinzen Erzherzog Ferdinand, König von Ungarn, in Abwesenheit des ersten Leibarztes Freiherrn von Stifft, dem Tode zu entreißen, worauf ihn Kaiser Franz I. durch Kabinettschreiben vom 6. Mai 1832 und das Diplom ddo. Wien, 22. April 1833 in den Österreichischen Adelstand erhob. Auch in den großen Choleraepidemien der Jahre 1831 und 1832 hatte er durch unentgeltliche Übernahme eines Choleraspitales und als Menschenfreund Hervorragendes geleistet. Das ihm in Würdigung seiner Verdienste von den Ungarischen Ständen zugedachte Ungarische Indigenat wurde erst nach seinem Tode als Gesetzartikel XLIX vom Jahre 1836 zur Tat. Dominik Edler von Vivenot starb zu Wien am 9. Mai 1833. Er war seit 1806 mit Franziska (Fanny) Edlen von Vogel (geb. Wien 16. Oktober 1788, † daselbst 4. Oktober 1855) vermählt, dem jüngsten unter den zehn Kindern des k. k. Staatsrates Johann Nepomuk Edlen von Vogel (geb. Günsburg im Breisgau 18. August 1743, † Wien 17. März 1800) und dessen I. Gemahlin Marie, geb. von Vellenz. Diese Ehe war mit drei zu Wien geborenen Kindern gesegnet:

(1) Rudolf Philipp Franz, geb. 3. Juli 1807, dem Stammvater der I. Älteren Linie (s. unten).

(2) Eduard, geb. 23. Dezember 1809, von dem die II. Jüngere Linie abstammt (s. unten).

(3) Amalie, geb. 9. Juli 1811, † Wien 4. Mai 1818.

I. Ältere Linie.

Rudolf Philipp Franz Edler von Vivenot, oben (1), widmete sich gleich seinem Vater der ärztlichen Laufbahn und wurde wie dieser einer der tüchtigsten und beliebtesten Ärzte der Residenz. Er betätigte sich seit 1830 in hervorragender Weise während der verschiedenen Cholera- und sonstigen Epidemien, war einer der Gründer der k. k. Gesellschaft der Ärzte in Wien, sowie des Erzherzogin Sophien-Spitales. Für seine Verdienste während des Krieges von 1866 als Obmann des Komitees der Medizinischen Fakultät zur Hilfeleistung bei Verwundeten der k. k. Armee erhielt er mit Allerhöchster Entschließung vom 3. Dezember 1866 den Orden der Eisernen Krone III. Klasse und den damaligen Statuten dieses Ordens entsprechend mit Diplom ddo. Wien, 25. März 1867 den Österreichischen Ritterstand mit entsprechender Wappenbesserung. Er wurde auch Mitglied des damals gegründeten Sanitätsrates, erhielt den Titel eines Regierungs- und 1880 den eines Hofrates. Auch die Stadt Wien ehrte ihn durch Verleihung der Gr. gold. Salvator-Med. und nach seinem Tode durch Benennung einer Straße in Meidling als „Vivenotgasse" und Widmung eines Ehrengrabes, auf das die Familie jedoch mit Rücksicht auf seinen Wunsch, in Lilienfeld begraben zu werden, verzichtete. Kurz nach seiner III. Verehelichung (s. unten) erwarb Dr. Rudolf Ritter von Vivenot von dem ihm befreundeten Dichter Castelli den Landsitz Berghof bei Lilienfeld, der bis zu seinem Tode (1884) den Sommersitz der Familie bildete und dann auf seinen Schwiegersohn Alfred Ritter von Lindheim überging. Rudolfs Frauen und Nachkommen s. unten sub I. Ältere Linie.

II. Jüngere Linie.

Aus dieser Linie wurde ihres Gründers Eduard, s. oben (2), zweiter Sohn Ernst Edler von Vivenot, geb. Wien 14. Jänner 1837, als k. u. k. Feldzeugmeister a. h. mit Allerhöchster Entschließung vom 15. April 1904 und dem Diplome ddo. Wien, 3. Juni desselben Jahres in den Österreichischen Freiherrnstand erhoben und sein Wappen entsprechend gebessert. Eduards Nachkommenschaft folgt unten als II. Jüngere Linie.

I. Ältere Linie.

(Im Ritterstande.)

† Rudolf Philipp Franz Ritter von Vivenot (Ritterstandserwerber — 1. Kind des 9. Mai 1833 zu Wien † Dr. med. Dominik Edlen von Vivenot und der 4. Oktober 1855 ebendort † Franziska [Fanny], geb. Edlen von Vogel), geb. Wien 3. Juli 1807, † Berghof bei Lilienfeld 30. Juni 1885, Dr. med., Indigena des Königreiches Ungarn, Besitzer des Gutes Berghof, EKO.-R.III., Gr. gold. Salvator-Med., k. k. Hofrat, Táblabiró des Torontáler Komitates, Ehrenbürger des Marktes Lilienfeld, lebenslänglicher Ehrenpräsident des Erzherzogin Sophien-Spitales in Wien etc.; — verm. I. Wien 16. Mai 1832 mit:

† Josefine, geb. Freiin (Metzger) von Metzburg (Tochter des 4. Juni 1839 zu .... † k. k. Vizepräsidenten des Generalrechnungsdirektoriums Johann Nepomuk Freiherrn [M.] v. M. und der 7. Februar 1852 zu .... † Antonie, geb. Wadawska), geb. Lemberg 27. November 1810, † Mauer 16. Juli 1838; — II. Schloß Forst, Böhmen, 22. Dezember 1841 mit:

† Antonie, geb. Berger von Bergenthal (Tochter des .... 18.. zu .... † .... B. v. B. und der .... 18.. zu .... † ...., geb. ....), geb. .... 1820, † Wien 14. Dezember 1846; — III. Wien 6. Februar 1850 mit:

† Mathilde, geb. Swatosch (Tochter des .... 18.. zu .... † Musiklehrers .... S. und der .... 18.. zu .... † ...., geb. Hollub), geb. Wien 19. September 1825, † .... 15. November 1892 (bis 1850 unter dem Künstlernamen „Mathilde Hellwig" Opernsängerin am k. k. Kärnthnerthortheater in Wien).

Kinder: a) I. Ehe:

†1. Rudolf Johann Dominik, geb. Wien 5. Oktober 1833, † daselbst 7. April 1870, Dr. med., Gr. gold. Med. f. Kunst u. Wiss., k. k. Truchseß und a. o. Professor der Klimatologie an der Universität zu Wien; — verm. Mannheim 25. April 1861 mit:

† Thekla, geb. Englerth (Tochter des .... 18.. zu .... † Wilhelm E. und der .... 18.. zu .... † Emilie, geb. Fretter), geb. Mannheim 21. August 1840, † Weidling bei Klosterneuburg 16. März 1907.

Kinder:

1) Gabriele Jella Emilie Rudolfine, geb. Wien 29. März 1862; — verm. Wien 15. November 1888 mit:
Egon August Gustav Ritter Braun von Fernwald, geb. Wien 18. Mai 1862, Dr. med., FJO.-R., Privatdozenten für Gynäkologie und Geburtshilfe an der k. k. Universität in Wien. — [Wien, VI. Mariahilferstraße 33.]

† 2) Egon Hugo Rudolf, geb. Mannheim 30. November 1863, † Wien 19. Februar 1893, Dr. med. in Wien.

† 3) Alexandra, geb. Palermo 22. November 1864, † daselbst 16. Jänner 1865.

† 4) Rudolf Alfred Dominik, geb. Berghof (Pf. Lilienfeld) 31. Oktober 1866, † .... 14. Dezember 1891, k. k. Statthalterei-Konzeptspraktikant.

5) Manfred Rudolf, geb. Wien 29. November 1868, Dr. jur., k. k. Statthaltereisekretär. — [Wien, IV. Schikanedergasse 12.]

6) Moriz, geb. Wien 27. November 1869; — verm. .... 1905 mit:
Maria, geb. von Peez (Tochter des Großindustriellen Dr. Ernst v. P. und der ...., geb. ....), geb. .... 18... — [Weidling, Weidlingbachstraße 15.]

†2. Alfred, geb. Wien 6. August 1836, † daselbst 9. Juli 1874, Dr. phil., EKO.-R.III., MVK. (KD.), k. k. Legationsrat im Ministerium des kaiserl. und kgl. Hauses und des Äußern und Hauptmann 1. Kl. in der nichtaktiven Landwehr (bis 1871 im Infanterie-Regimente FZM. Ludwig von Benedek Nr. .., 1866 Kommandant des Landsturmes in Böhmen, Mähren und Schlesien); — verm. Eltville am Rhein 29. November 1860 mit:
Mathilde Huberta Katharina Karoline, geb. Englerth (Schwester der oben genannten Thekla), geb. Mannheim 5. März 1838. — [Wien, IX. Hörlgasse 3, und Weidling am Bach.]

Kinder:

1) Thekla Emilie Rudolfine, geb. Eltville am Rhein 29. Oktober 1861; — verm. Klosterneuburg 3. Mai 1881 mit:
August Freiherrn von Babo, geb. Karlsbad 10. März 1854, Ingenieur, Inhaber der prot. Firma Administration der „Weinlaube", B. A. v. Babo j. in Klosterneuburg und Weidling, Kommissionsgeschäft für Wein-, Obstbau- und Kellereiartikel und Weinhandel. — [Klosterneuburg, Weinberggasse 4 bis 6.]

Kinder:

(1) August, geb. Klosterneuburg-Weidling 4. Februar 1882.
(2) Thekla, geb. Klosterneuburg-Weidling 20. März 1883.
(3) Walter, geb. Klosterneuburg-Weidling 21. November 1884.
(4) Egon, geb. Klosterneuburg-Weidling 6. Februar 1888.

(5) Lothar, geb. Klosterneuburg-Weidling 10. Juli 1893.
(6) Margarete, geb. Klosterneuburg-Weidling 22. Dezember 1895.
(7) Mathilde, geb. Klosterneuburg-Weidling 8. Oktober 1898.

† 2) Josefine, geb. .... und † Mauer .... 1862.
3) Johann (Hans) Eugen Rudolf, geb. Wien 18. Oktober 1865, k. k. Beamter i. P. — [Wien, IX. Hörlgasse 3.]
4) Mathilde Marie, geb. Wien 12. Mai 1872; — verm. .... 1893 mit:
Friedrich (Fritz) Turnovsky, geb. Budapest 31. Dezember 1884, Dr. med., kaiserl. Rat. — [.....]

Kinder:

(1) Fritz, geb. Wien 29. April 1894.
(2) Alfred, geb. Weidling 9. September 1901.

b) II. Ehe:

†3. Malvine, geb. .... 184., † 6 Jahre alt.

c) III. Ehe:

4. Mathilde Franziska Dominika, geb. Wien 9. Juni 1852, Elis.-O.II., Marianerin des h. Deutschen Ritterordens; — verm. Berghof 24. November 1870 mit:
Alfred Hermann Ritter von Lindheim (evangelisch A. B.), geb. Ullersdorf 11. Oktober 1836, Besitzer des Gutes Berghof, FJO.-Kmt., EKO.-R.III., Landtagsabgeordneten der Handels- und Gewerbekammer in Wien, k. k. Kommerzialrat, Präsidenten des Wiener Warenbörse-Schiedsgerichtes, Mitgliede des Staatseisenbahnrates, Handelskammerrate, kgl. rumän. Generalkonsul in Wien, Ehrenbürger der Gemeinden Lilienfeld, Schönau, Dornau, Siebenhaus, Türnitz und Manhartsbrunn. — [Wien, I. Grillparzerstraße 5.]
5. Klarisse Ida Marie, geb. Berghof 11. Juli 1856, Marianerin des h. Deutschen Ritterordens — [Wien, I. Giselastraße 9, und Schloß Rückers bei Glatz]; — verm. Berghof 5. Juni 1880 als dessen II. Gemahlin mit:
† Wilhelm Hermann von Lindheim (evangelisch A. B.), geb. Ullersdorf 4. Mai 1835, † Wien 6. Jänner 1898, Besitzer der Herrschaft Raabs in Niederösterreich, EKO.-R.III., Chef der Firma Lindheim & Comp., kgl. rumän. Generalkonsul in Wien, kgl. preuß. Rittmeister a. D. (bis 18.. im Landwehr-Husaren-Regimente Nr. 4), Ehrenbürger des Marktes Raabs und der Gemeinde Wr.-Neudorf; — (in I. Ehe verm. Wien 3. Mai 1876 mit: — † Luise, geb. von Angeli, geb. Wien 3. Mai 1858, † .... 11. Mai 1879).
6. Oskar Rainer, geb. Wien 29. September 1859, MVK., k. u. k. Oberst und Kommandant des Infanterie-Regimentes GdK. Erzherzog Josef Nr. 37. — [Nagyvárad.]

Photogr. v. J. Löw

MARIE EDLE von VIVENOT

GEB. FREIIN VON KNORR.

II. Jüngere Linie.
(Im Adels- und teilweise im Freiherrnstande.)

† Eduard Edler von Vivenot (2. Kind des 9. Mai 1833 zu Wien † Dr. med. Dominik Edlen v. V. und der 4. Oktober 1855 ebendort † Franziska [Fanny], geb. Edlen von Vogel), geb. Wien 23. Dezember 1809, † daselbst 18. November 1900, Mag. pharm., Indigena des Königreiches Ungarn, GVK.m.K., k. u. k. Kammerdiener Sr. k. u. k. Apost. Majestät (bis 185. Besitzer der k. k. Feldapotheke in Wien, Stefansplatz); — verm. Wien 16. November 1833 mit:

† Marie Judith, geb. Freiin von Knorr (Tochter des 20. November 1838 zu .... † k. k. Hofkammersekretärs und Landstandes in Österreich unter der Enns Bernhard Freiherrn von Knorr und der .... 1856 zu .... † Marie, geb. Freiin Caballini von Ehrenburg), geb. .... 10. Dezember 1810, † .... 1. Juli 1856.

Kinder:

†1. Eduard Dominik Nikolaus Edler von Vivenot, geb. Wien 9. April 1835, † Wien 11. März 1900, Inspektor der Schlafwagengesellschaft.

2. Ernst Bernhard Freiherr von Vivenot (Freiherrnstandserwerber), geb. Wien 14. Jänner 1837, LO.-R., EKO.-R.III., k. u. k. Feldzeugmeister d. R. (bis 1902 Feldmarschall-Leutnant und Kommandant der 4. Infanterie-Truppendivision in Brünn); — verm. Kammerhof, Niederösterreich, 21. Mai 1871 mit:

Helene, geb. Benz (Tochter des .... 18.. zu .... † .... B. und der .... 18.. zu .... † ...., geb. ....), geb. Kammerhof 8. August 1846. — [Wien, III. Untere Viaduktgasse 35.]

Sohn:

Ernst Freiherr von Vivenot, geb. Herzogenburg 22. Juni 1872, k. u. k. Oberleutnant, überkomplett im Dragoner-Regimente GL. und FM. Prinz Eugen von Savoyen Nr. 13, Reitlehrer an der k. u. k. Kriegsschule in Wien; — verm. Wien 16. Februar 1901 mit:

Alice, geb. Gräfin von Küenburg, Freiin von Künegg, Ungersbach und Jasbina (Tochter des 21. Oktober 1900 zu Payerbach † Franz Grafen v. K., Freiherrn v. K., U., u. J. und dessen II. Gemahlin Henriette, geb. Scherr), geb. Dresden 21. Juli 1883. — [Wien, IV. Heumühlgasse 20.]

Kinder:

(1) Ernst Raoul, geb. Klattau 20. März 1902.
(2) .....

†3. Dominik Edler von Vivenot, geb. Wien 4. Oktober 1838, † daselbst 9. Februar 1839.

4. Franz Maria Dominik Edler von Vivenot, geb. Wien 30. Dezember 1845, Dr. phil., EKO.-R.III., FJO.-R., kaiserl. deutscher Konsul in Wien; — verm. Wien 14. Jänner 1872 mit:

Gertrude (Gerta) Amalie Marie Ida, geb. von Thewalt-Gürtler von Gürtelrein (Tochter des 10. April 1856 zu .... herzogl. Nassauschen Polizeikommissärs Eduard v. Th.-G. v. G. und der .... 18.. zu .... † Luise Klara Johanna, geb. Busch), geb. Hochheim am Rhein 3. Februar 1851. — [Wien, VII. Siebensterngasse 32.]

Kinder:

1) Anna Maria (Annette) Luise Getrude Amalie Edle von Vivenot, geb. Wien 19. Jänner 1873; — verm. Wien 4. März 1901 mit:
Maximilian Freiherrn von Babo, geb. Klosterneuburg 12. Dezember 1862, FJO.-R., k. u. k. Vizekonsul in Chefoo. — [Chefoo, China.]

† 2) Franz Eduard Edler von Vivenot, geb. .... 12. März und † daselbst 5. Mai 1876.

3) Klarisse Marie Franziska Edle von Vivenot, geb. Wien 21. Jänner 1883; – verm. Wien (St. Peter) 12. November 1906 mit:
Egon von Zeidler, geb. .... 18.., k. u. k. Hauptmanne 1. Kl. des Generalstabskorps in der 5. Abteilung des Reichs-Kriegsministeriums. — [Wien, III. Strohgasse 11.]

Vgl.: — Brünner Adel. Taschenb. I 1870, IV 1879, V 1880, VIII 1883 u. XIV 1889; — Wurzbach LI, S. 85; — Allg. Deutsche Biographie XL, S. 783; — A. v. Vivenot, Gesch. d. Familie v. Vivenot, Wien 1902; – Gothaer Freiherrl. Taschenb. 1905.

Walluschek von Wallfeld.

Römisch-katholisch. – Österreich (Niederösterreich).

Verleihung:

1811 Dezember 21, Wien (Diplom): Kaiser Franz I. erhebt den k. k. Unterleutnant des Feldartillerie-Regimentes FZM. Leopold Freiherr von Unterberger Nr. 4 und Besitzer der großen goldenen Tapferkeits-Medaille Johann Walluschek in den österreichischen Adelstand mit dem Prädikate „von Wallfeld" und einem Wappen. — (AA., HKA.; — Orig. Fam.)

Wappen:

1811 Dezember 21: Geviert, 1 und 4 in Gold ein natürliches „Bollwerk", 2 und 3 in Schwarz ein goldener Löwe, in der rechten Vorderpranke ein blankes Schwert über sich schwingend und mit der linken die große goldende Tapferkeits-Medaille an ihrem rot-weißen Bande emporhaltend. Auf dem gekrönten Turnierhelme mit rechts schwarz-goldenen und links rot-silbernen Decken der Löwe mit Schwert und Medaille wie im Schilde wachsend.

Der Stammvater dieser Familie ist Johann Walluschek, der 1764 zu Saaz geboren wurde, in jungen Jahren in die k. k. Artillerie eintrat, seit 1789 sämtliche Feldzüge mitmachte und sich die große goldene Tapferkeits-Medaille erkämpfte. Er wurde 1802 als Unterleutnant in das neu errichtete Feldartillerie-Regiment FZM. Leopold Freiherr von Unterberger Nr. 4 eingeteilt und als solcher von Kaiser Franz I. ddo. Wien, 21. Dezember 1811 in den Österreichischen Adelstand erhoben, wobei ihm das Prädikat „von Wallfeld" und das oben beschriebene Wappen verliehen wurden. Während der Franzosenkriege rückte er zum Kapitänleutnant im Feldartillerie-Regimente FZM. Erzherzog Maximilian Josef von Österreich-Este Nr. 2 vor, kam jedoch später zur Garnisonsartillerie. In deren Verbande stand er 1828 als Hauptmann im Venezianischen Distrikte zu Palma nuova, wurde 1834 Major im Lombardischen Distrikte zu Mantua und trat 1836 mit Oberstleutnantscharakter in den Ruhestand. Er hatte sich 8. April 1801 zu Budweis mit Euphrosyne (geb. 11. Februar 1776, † Wien 18. November 1846), einer Tochter des k. k. Hauptmannes im Feldartillerie-Regimente FZM. Karl Graf Kolowrat-Krakowsky Nr. 2 Josef Peterfeind, vermählt und starb zu Wien 19. März 1847. Seiner Ehe entstammten folgende sechs Kinder:

1. Josefa, geb. Wien 3. Oktober 1802, † ebenda 11. April 1805.
2. Emanuel, geb. Budweis 22. Oktober 1803, der allein den Stamm fortpflanzte (s. unten).
3. Johann, geb. (Budweis) 27. April 1805, † 10. Februar 1827.
4. Karl, geb. Budweis 1. Mai 1807, † Wien 4. August 1829.
5. Friedrich, geb. Wien 15. Oktober 1810, † Salzburg 22. September 1888, EKO.-R.III. (KD.), k. k. Oberst d. R. (bis 1866 Kommandant des Feldartillerie-Regimentes GM. Franz Freiherr von Wilsdorf Nr. 8), verm. Graz 20. Jänner 1866 mit Johanna, geb. Kastner, verwitweten Bednarz (geb. Laibach 24. Mai 1820, † Graz 30. Jänner 1891).
6. Marie, geb. Wien 1. Oktober 1817, † Olmütz 20. Mai 1858, die sich 1843 mit Anton Ritter von Wildmoser (geb. Salzburg 27. September 1810, † Wien 30. Dezember 1889), EKO.-R.III., MVK., k. u. k. Generalmajor d. R. (bis 1876 Kommandant des Artillerie-Zeugsdepots in Krakau) vermählte.

---

† Emanuel Walluschek von Wallfeld (2. Kind des 19. März 1847 zu Wien † k. k. Oberstleutnants d. R., gr. gold. Tapferk.-Med., Johann Walluschek von Wallfeld und der 18. November 1846 ebenda † Euphrosyne, geb. Peterfeind), geb. Budweis 22. Oktober 1803, † Unter-Döbling bei Wien 2. Dezember 1877, k. k. Generalmajor d. R. (bis 1862 Landes-Artilleriedirektor für Galizien); — verm. I. Wien 9. Mai 1836 mit:

† Marie Anna, geb. De Brucq (Tochter des .... 18.. zu .... † k. k. Fortifikations-Rechnungsführers Johann Franz De B.

37*

und der 25. Juli 1852 zu Wr.-Neustadt † Marie Anna, geb. Praegh), geb. Essegg 26. April 1808, † Wien 3. Jänner 1847; — verm. II. Wien 26. Mai 1849 mit:

† Elisabeth, geb. De Brucq (Schwester der I. Gemahlin), geb. Palma nuova 9. August 1803, † Unter-Döbling 8. November 1876.

Kinder I. Ehe:

†1. Fabrizius, geb. Wien 1. Mai 1837, † ebenda 24. August 1837.

†2. Emil, geb. Wien 9. April 1839, † Vukovar 3. Mai 1878, k. k. Hauptmann im Feldartillerie-Regimente FML. Leopold Freiherr Hofmann von Donnersberg Nr. 12; — verm. .... 1874 mit:

Natalie, geb. Ertl (Tochter des .... 18.. zu .... † k. k. Oberfinanzrates .... E. und der .... 18.. zu .... † ...., geb. ....), geb. .... 1850. — [Wien, XIII. Wattmanngasse 10.]

†3. Antonie, geb. Wien 1. September 1840, † ebenda 28. Jänner 1842.

4. Alexander, geb. Wien 14. Februar 1842, EKO.-R.III., k. u. k. Generalmajor d. R. (bis 1900 Kommandant des Festungsartillerie-Regimentes FM. Franz Ulrich Fürst Kinsky Nr. 3); — verm. Wien 26. Oktober 1871 mit:

Antonie, geb. Wilda (Tochter des 24. Februar 1880 zu Wien † Josef W. und der 10. Juni 1856 ebenda † Katharina, geb. Pollak), geb. Wien 28. November 1849. — [Wien, V. Schönbrunnerstraße 62.]

Kinder:

1) Auguste, geb. Lemberg 12. Oktober 1872; — verm. Przemyśl 5. Juni 1897 mit:

Alexander Beer, geb. Mähr.-Weißkirchen 30. Dezember 1866, k. u. k. Oberleutnant im Festungsartillerie-Bataillon Nr. 1. — [Trient.]

2) Ludwig, geb. Wien 16. Oktober 1874, k. u. k. Hauptmann 1. Kl. im Divisionsartillerie-Regimente Nr. 10; — verm. .... 10. November 1902 mit:

Melanie, geb. Sužnević (Tochter des 19. Jänner 1844 zu Glina, Kroatien, geb. k. u. k. Feldmarschall-Leutnants d. R. LO.-R., EKO.-R.III. Karl S. und der 25. April 1854 zu Pilsen geb. Martha, geb. Pankratz), geb. Wien 23. Jänner 1883. — [Budapest.]

Kinder:

(1) Ludwig, geb. Budapest 19. Mai 1904.

(2) Alexander, geb. Wien 18. Oktober 1905.

†5. Heinrich, geb. Kaiser-Ebersdorf 3. Juni 1845, † Wien 21. August 1845.

Vgl.: — Brünner Adel. Taschenb. I 1870, IV 1879, XI 1886 und XVII 1892.

Wasserthal von Zuccari.

Römisch-katholisch. — Österreich (Steiermark).

Verleihungen:

1867 Oktober 15, Wien (Diplom): Kaiser Franz Joseph I. erhebt den k. k. Obersten des Pionier-Regimentes Konstantin Wasserthal in den Österreichischen Adelstand mit dem Prädikate „Edler von Zuccari" und einem Wappen. — (AA., HKA.; — Orig. Fam.)

1880 Juni 2, Wien: Derselbe verleiht dem k. k. Generalmajor Konstantin Wasserthal Edlen von Zuccari den Österreichischen Ritterstand und bessert sein Wappen. — (AA., HKA.; — Orig. Fam.)

Wappen:

I. 1867 Oktober 15. Unter einem mit drei goldenen Sternen nebeneinander belegten blauen Schildeshaupte in Gold ein schwarzer Doppeladler, in zwei Teile gespalten durch eine an das Schildeshaupt stoßende blaue Spitze, die mit einem pfahlweisen goldenen Anker mit Schwimmholz, Ring und zweimal gewundenem Tau belegt ist. Auf dem gekrönten Turnierhelme mit rechts schwarz-goldenen und links blau-goldenen Decken zwischen einem rechts von Gold über Schwarz und links von Gold über Blau geteilten Fluge eine natürliche Eule.

II. 1880 Juni 2: Der Schild wie 1867 (in der Blasonierung der durch die Spitze gespaltene „Doppeladler" nun als zwei aus der Spitze hervorbrechende halbe einfache Adler bezeichnet). Zwei gekrönte Turnierhelme: auf I mit schwarz-goldenen Decken das Kleinod von 1867; auf II mit blau-goldenen Decken der goldene Anker wie in der Spitze.

Diese Familie soll ihrer Tradition nach aus Liefland stammen und ursprünglich den Namen „Wasserthal v. Prokoff" geführt haben. Seit ihrem ersten Auftreten in Österreich (1729) galt sie als adelig — auch amtlich — und nannte sich bis 1839 unbeanständet „von Wasserthal". Als sie in diesem Jahre ihre Adelsqualität ausweisen sollte, aber nicht in der Lage war, ein Dokument über deren Verleihung zu erbringen, mußte der bis dahin geführte Adel abgelegt werden.

Johann von Wasserthal, der über 25 Jahre (also seit 1729) als Kanzlist und Expeditor der k. k. Geheimen Hof- und Staatskanzlei gedient und zuletzt noch den k. k. Ratstitel erlangt hatte, starb am 4. März 1755 zu Wien. Er war zweimal vermählt: I. mit Franziska, geb. von Birkenheim, und II. mit Maria Theresia, in I. Ehe verwitweten von Roth, die er als Witwe zurückließ. Bereits am 5. März resolvierte die Kaiserin auf einen Vortrag des Hof- und Staatskanzlers Grafen Kaunitz, in welchem dieser dem Verstorbenen ein schönes Zeugnis treuer Pflichterfüllung ausstellt, daß der Witwe und den beiden unversorgten Töchtern erster Ehe eine jährliche Pension von fl. 400 ausgeworfen werde. Außer diesen beiden Töchtern entstammten seiner I. Ehe noch zwei Söhne:

1. Anton Adolf, geb. Guntramsdorf 17. Juni 1733, † Wien 13. September 1790, der 1747 in den Piaristenorden trat, in den lateinischen und deutschen Schulen dieses Ordens als Lehrer wirkte, in der Savoyisch-Liechtensteinschen Akademie in Wien höhere Mathematik vortrug und sich auch als mathematischer Schriftsteller hervortrat.

2. Josef von Wasserthal, geb. Wien 20. September 1737, der in der „Adeligen Cadetenacademie zu Neustadt" Aufnahme fand und von dort am 20. Juni 1755 als Kornett zum Kürassier-Regimente FM. Wilhelm Prinz zu Pfalz-Birkenheim-Zweibrücken (1775 aufgelöst) ausgemustert wurde. Er starb als Rittmeister und Werbebezirkskommandant des Kürassier-Regimentes GFWM. Christian Friedrich Markgraf zu Brandenburg-Anspach und Bayreuth (1801 als Nr. 11 aufgelöst) zu Przemyśl am 6. Juni 1796. Er hatte sich 3. Oktober 1768 zu Pesth (Budapest) mit Anna Marie, geb. Bader aus Ofen (Budapest), vermählt. Dieser Ehe entsproß ein Sohn:

Josef von Wasserthal, geb. Nádásd (Komitat ....) 13. März 1774, † Ofen (Budapest) 6. Oktober 1839, k. k. Oberstleutnant im Infanterie-Regimente Dom Miguel, Herzog von Braganza Nr. 39, und Kommandant des aus den Grenadier-Divisionen der Infanterie-Regimenter Nr. 19, 39 und 62 gebildeten Grenadier-Bataillons. Dieser hatte 13 Feldzüge mitgemacht, wurde zweimal verwundet und war seit 26. Mai 1812 mit der Leutnantswitwe Anna Bogner, geb. Mussinger, vermählt.

Deren 21. September 1817 zu Mantua geborener Sohn Konstantin (bis 1839 „von") Wasserthal wurde als k. k. Oberst des Pionier-Regimentes nach 35jähriger ausgezeichneter Dienstleistung ddo. Wien, 15. Oktober 1867 in den Österreichischen Adelstand erhoben mit dem Prädikate „Edler von Zuccari" (nach dem Familiennamen seiner Gemahlin) und dem oben sub I beschriebenen Wappen. Er erhielt als k. k. Generalmajor im Juli 1872 den Orden der Eisernen Krone III. Klasse und den damaligen Statuten dieses Ordens entsprechend ddo. Wien, 2. Juni 1880 den Österreichischen Ritterstand mit entsprechender Wappenbesserung. Seine Nachkommenschaft s. unten.

Konstantin Ritter Wasserthal von Zuccari (Adels- und Ritterstandserwerber — Sohn des 6. November 1839 zu Ofen [Budapest] † Josef von Wasserthal und der 19. Jänner 1852 ebendort † Anna, geb. Mussinger, in I. Ehe verwitweter Bogner), geb. Mantua 21. September 1817, EKO.-R.III., k. u. k. Generalmajor d. R. (bis 1875 Kommandant der 2. Infanterie-Brigade bei der 16. Infanterie-Truppendivision in Hermannstadt); — verm. .... 3. August 1854 mit:

Hedwig, geb. Zuccari (Tochter des 23. Februar 1881 zu Corgnago, Piemont, † Advokaten Dr. jur. Karl Z. und der 3. September 1892 ebendort † Anna, geb. Felir), geb. .... 9. April 1833. — [Graz, Brandhofgasse 5.]

Söhne:

† 1. Hugo Konstantin, geb. Budapest 26. Juli 1859, † Nagyszombat (Tyrnau) 13. März 1895, k. u. k. Hauptmann des Generalstabskorps; — verm. Wien 15. Februar 1892 mit:
Stephanie, geb. Putzker (Tochter des 13. September 1881 zu Wien † Direktors der k. k. priv. Kreditanstalt für Handel und Gewerbe Leopold P. und der Karoline, geb. Engelmann), geb. Brünn 2. Februar 1863. — [Wien, II. Weintraubengasse 11.]

Sohn:

Erich, geb. Przemyśl 14. Dezember 1893.

2. Alexander Konstantin, geb. Klosterneuburg 28. September 1867, k. u. k. Oberstleutnant des Generalstabskorps, Lehrer an der Kriegsschule, — [Wien, VI. Magdalenenstraße 60]; — verm. Nagyszeben (Hermannstadt) 17. Mai 1897 (getrennt) mit:
Hanna, geb. Fonn (Tochter des Fabrikanten Adolf F. und der Johanna, geb. Scherer), geb. .... 23. März 1879. — [.....]

3. Konstantin Friedrich, geb. Klosterneuburg 12. November 1871, k. u. k. Hauptmann 1. Kl. des Generalstabskorps bei der 36. Infanterie-Truppendivision in Agram; — verm. Csáktornya (Csakathurn) 29. April 1898 mit:
Konstanze, geb. Stöhr (Tochter des k. u. k. Oberstleutnants Adolf St. und der Rosa, geb. Wojtěchowský), geb. Prag 4. September 1878. — [Agram.]

Kinder:

1) Rudolf, geb. Pettau 13. September 1899.
2) Marie, geb. Temesvár 1. Juli 1901.

Vgl.: — Wurzbach LIII, S. 141.

Weczerzik von Planheim.

Römisch-katholisch. – Österreich (Niederösterreich).

Verleihung:

1877 April 17, Wien (Diplom): Kaiser Franz Joseph I. verleiht dem k. k. Major d. R. Karl Weczerzik den Österreichischen Adel mit dem Prädikate „Edler von Planheim" und ein Wappen. – (AA., HKA.; – Orig. Fam.)

Wappen:

1877 April 17: Geviert, 1 und 4 in Gold ein mit einer auffliegenden ebensolchen Biene belegter blauer Schrägbalken, 2 in Rot ein doppelschwänziger silberner Löwe, in der rechten Vorderpranke einen blanken Säbel mit goldenem Kreuzgriffe schwingend, 3 siebenmal geteilt von Rot und Silber. Auf dem gekrönten Turnierhelme mit rechts blau-goldenen und links rot-silbernen Decken der säbelschwingende Löwe aus 2 wachsend.

---

† Karl Ignaz Bernhard Weczerzik Edler von Planheim (Adelserwerber — ältester Sohn des 21. Mai 1825 zu Plan † k. k. Tabakverlegers Bernhard Weczerzik und der .... ebendort (?) † Aloisia, geb. Spatzek), geb. Plan 22. Mai 1823, † Wien 19. März 1903, k. u. k. Major d. R. (bis 1872 Hauptmann I. Kl. im Infanterie-Regimente FML. Karl Freiherr von Baltin Nr. 13); — verm. Budapest 11. Jänner 1873 als deren II. Gemahl mit:

† Ludmilla Anna, geb. Novotny (Tochter des .... 18.. zu .... † kgl. ungar. Lottokollektors Josef N. und der 23. Juni 1876 zu Wien † Magdalena, geb. Kapeller), geb. Budapest 6. September 1837, † Wien 8. September 1899; — (in I. Ehe verm. .... 18.. mit: — † .... Baber, geb. .... 18.., † .... 18.., k. k. Hauptmanne).

Söhne:

1. Karl, geb. Budapest 16. Februar 1874, Dr. theol., Weltpriester der Erzdiözese Wien, fürsterzbischöfl. Sekretär, Pfarrprovisor der landesfürstl. Pfarre Am Hof in Wien. — [Wien, I. Kurrentgasse 2.]
2. Rudolf, geb. Wien 29. Jänner 1876, Marianer-Halskr. des h. Deutschen Ritterordens, k. k. Finanzkonzipist. — [Wien, I. Am Hof 8.]

---

von Weis.

Römisch-katholisch. — Österreich (Niederösterreich).

Verleihung:

1892 April 25, Wien (Diplom): Kaiser Franz Joseph I. verleiht dem k. u. k. Hauptmanne 1. Kl. des Infanterie-Regimentes FML. Friedrich Freiherr von Bouvard Nr. 74 Ignaz Weis den Österreichischen Adel mit einem Wappen. — (AA., HKA. — Orig. Fam.)

Wappen:

1892 April 25: Geteilt, oben in Gold ein schwarzes Roß im vollen Laufe, unten in Blau auf einem an seinem Fuße von natürlichem Wasser durchflossenen, grün „verwachsenen" Hügel eine in der Mitte niedergebrochene natürliche Zinnenmauer und an deren rechtem Ende ein ebensolcher Zinnenturm mit von zwei Schießscharten begleiteter und zwei Fenstern nebeneinander überhöhter schwarzer Toröffnung. Auf dem gekrönten Turnierhelme mit blau-goldenen Decken ein wachsender schnurrbärtiger Mann in golden gerändertem Harnisch, mit drei Straußenfedern, einer goldenen zwischen zwei blauen auf dem Helme, in der gepanzerten Rechten ein Schwert an goldenem Griffe über sich schwingend und die Linke in die Hüfte stemmend.

Ignaz von Weis (Adelserwerber — Sohn des 10. Juni 1865 zu Gewitsch † Mühlenbesitzers Vinzenz Weis und der 30. Oktober 1889 ebendort † Emilie, geb. Stumm), geb. Markt Türnau 11. November 1844, MVK., k. u. k. Oberst d. R. (bis 1902 im Infanterie-Regimente FZM. Wilhelm Freiherr von Reinländer Nr. 24). — [Wien, III. Erdbergstraße 69.]

Weiß von Weißenfeld.

Römisch-katholisch. — Österreich (Galizien).

Verleihung:

1770 Dezember 1, Wien: Kaiserinwitwe Maria Theresia erhebt den Oberleutnant „unter dem Feldmarschall Wallisch-Regimente zu Fuß“ (Infanterie-Regimente FM. Franz Wenzel Graf Wallis Nr. 11) Johann Christoph Weiß in den österreichisch-erbländischen Adelstand mit dem Prädikate „von Weißenfeld“, einem Wappen und der Rotwachsfreiheit. — (AA., HKA.; — Orig. Fam.)

Wappen:

1770 Dezember 1: Halb geteilt und gespalten, vorne oben in Silber ein roter Greif, in der rechten Vorderpranke einen blanken Säbel haltend, unten in Blau drei (2, 1) sechsstrahlige goldene Sterne, hinten in Rot ein in der rechten Oberecke von einer goldenen Sonne überhöhter weißer Berg. Auf dem gekrönten Turnierhelme mit rechts blau-gelben und links rot-silbernen Decken drei Straußenfedern, eine weiße zwischen einer roten und einer blauen.

Der Stammvater dieser Familie, Johann Christoph Weiß, trat „nach abgeschworener lutherischer Irrlehre“ in zarter Jugend als Gemeiner in kaiserl. Kriegsdienste, tat sich 1737 und 1738 in der Schlacht bei Mehadia und bei Kornowa, 1739 in Belgrad und 1740 bei den Belagerungen von Brieg und Prag hervor. Er bewies 1746 in Wälschland bei Rottofredo seinen Heldenmut, ebenso wie in den vielen Schlachten und Scharmützeln des Siebenjährigen Krieges, während welchen er zweimal im belagerten Olmütz eingeschlossen war. Nach 33jährigen Kriegsdiensten und wiederholten schweren Verwundungen hatte er „durch beständiges Wohlverhalten von der Picke an bis zu dem dermaligen beglückenden

Range eines Oberleutnants sich geschwungen". In Anerkennung dieser Dienste verlieh ihm Kaiserin Maria Theresia ddo. Wien, 1. Dezember 1770 den österreichisch-erbländischen Adel mit dem Prädikate „von Weißenfeld", dem oben beschriebenen Wappen und der Rotwachsfreiheit.

Dessen Sohn Karl Borromäus Johann Baptist Leopold Weiß von Weißenfeld wurde 19. August 1771 zu Brünn geboren, kam 19. März 1782 in die Wr.-Neustädter Militärakademie und 25. August 1787 als Fahnenkadett zum Infanterie-Regimente FM. Michael Graf Wallis Nr. 11, mit dem er die Belagerung von Belgrad mitmachte. Er rückte im März 1790 zum Fähnrich vor und wurde später als Kapitänleutnant pensioniert. Am 1. April 1809 wurde er als Hauptmann bei der „Mährisch-schlesischen Landwehr im Brünner Kreise" wieder angestellt und u. a. auch zu Kurierdiensten verwendet, trat aber nach dem Feldzuge wieder in den Ruhestand zurück. Er hatte sich 23. Jänner 1804 zu Prag (St. Stephan) mit Katharina Josefa Her(r)es (geb. 1772, † Brünn 4. Mai 1831), einer Bürgerstochter aus Deutsch-Brod, vermählt und starb zu Graz im Jänner 1846.

Sein Sohn Josef Karl Weiß von Weißenfeld setzte den Stamm fort (s. unten).

---

† Josef Karl Weiß von Weißenfeld (Sohn des ... Jänner 1846 zu Graz † Karl Borromäus Johannes Baptist Leopold W. v. W. und der 4. Mai 1831 zu Brünn † Katharina Josefa, geb. Herres), geb. Brünn 18. Dezember 1806, † Tarnów 12. März 1872, pens. k. k. Salinenoffizial in Wieliczka (bis 1831); — verm. I. Mailand 4. April 1833 mit:

† Giuseppina, geb. Fiori (Tochter des .... 1824 zu Mailand † Giuseppe F. und der .... 1839 ebendort † Luigia, geb. Nob. Borghi), geb. .... 18.., † Wieliczka 15. November 1848; — verm. II. Pstrągowa 4. Oktober 1849 mit:

† Maria Ludowika, geb. von Moskowska des Wappens Dolęga (Tochter des .... 18.. zu .... † .... Ritters v. M. und der .... 18.. zu .... † ...., geb. ....), geb. .... 18.., † Zarzecze bei Jaroslau 15. Dezember 1884.

Kinder: a) I. Ehe:

† 1. Emil, geb. Mailand 15. April 1834, † Löcse (Leutschau) 19. März 1881, k. u. k. Oberleutnant d. R.

† 2. Ludwig (Louis), geb. Mailand 14. April 1835, † Siena .... 1897.

3. Henrike (Enrichetta), geb. Mailand 29. April 1839; — verm. Rom .... 1870 mit:

Cav. Ferdinando Ronchetti, geb. .... 4. März 1835. — [Rom, Via Veneto.]

4. Artemont Theodor Josef, geb. Wieliczka 1. April 1842, EKO.-R.III., k. u. k. Oberst des Armeestandes, Präses der Remonten-Assentkommission Nr. 3 in Lemberg (bis 1900 Oberst und Regimentskommandant des Dragoner-Regimentes FM. Johannes Josef Fürst von Liechtenstein Nr. 10); — verm. Sar-Aba 1. Juni 1881 mit:

Marie (Mariette) Josefa Viktoria Therese, geb. Gräfin Gorcey-Longujon (Tochter des 18. Februar 1893 zu Sáraba † k. u. k. Oberstleutnants d. R. und Besitzers von Sáraba Heinrich Ludwig Wilhelm Grafen G.-L. und der 26. September 1899 ebendort † Marie, geb. Gräfin Fláth de Eörmenyes et Karansebes), geb. Budapest 3. April 1855. — [Lemberg, Wicentego Pola 1.]

Kinder:

1) Heinrich Josef Robert, geb. Jaroslau 28. August 1882, k. u. k. Leutnant im Dragoner-Regimente GdK. Eduard Graf Paar Nr. 2. — [Czortkow.]
2) Josef Franz Alexander Robert Paul, geb. Strusów 15. Juli 1884, k. u. k. Leutnant im Dragoner-Regimente GdK. Eduard Graf Paar Nr. 2. — [Czortkow.]
3) Marie Josefine Ladislawa Alexandra, geb. Brody 4. Juni 1886.

b) II. Ehe:

† 5. Stanislaus Julian, geb. Wieliczka 2. Oktober 1850, † Krakau 30. September 1902; — verm. Wieliczka 25. Juni 1875 mit:
Maria Franziska, geb. Malota (Tochter des .... 18.. zu .... † Severin M. und der .... 1898 zu .... † Marie Josefine, geb. ....), geb. .... 18... — [.....]

Kinder:

1) Alexandra, geb. Wieliczka 7. Juni 1876.
2) Kasimir Franz Xaver, geb. Wieliczka 21. September 1884.
3) Pauline Ludowika, geb. Wieliczka 29. November 1890.
4) Edmund Josef, geb. Wieliczka 19. Februar 1893.
5) Emilie Konstanze, geb. Wieliczka 4. Jänner 1895.

6. Alexandra Josefa, geb. Bochnia 9. Jänner 1855. — [Krosno, Galizien.]
7. Heinrich Karl Josef, geb. Bochnia 18. Oktober 1857; — verm. Sieniawa bei Jaroslau 19. Jänner 1886 mit:
Wladisława Petronella, geb. Drzymałowna (Tochter des 19. Mai 1900 zu Sieniawa † k. k. Sekretärs .... Drzymała und der .... 18.. zu .... † ...., geb. ....), geb. .... 18... — [Sieniawa.]

Kinder:

1) Mieczislaus Josef, geb. Żurawiczki, Bezirk Jaroslau, 1. Jänner 1887.
2) Friedrich, geb. Żurawiczki 2. Februar 1891.
3) Janina Eleonore, geb. Żurawiczki 20. März 1893.
4) Wanda Barbara, geb. Hryniowce, Bezirk Tłumacz, 4. Dezember 1896.
5) Isabella Sabine, geb. Hryniowce 5. Dezember 1898.

Wörtz von Sprengenstein.

Römisch-katholisch. — Österreich (Tirol).

Verleihungen:

1709 September 20, Wien: Kaiser Josef I. erhebt den Bürgermeister zu Imst und Viertelkommissär im Oberinntale Elias Wörtz in den Rittermäßigen Reichsadelstand mit dem Prädikate „von Sprengenstein", einem Wappen und dem Rechte, sich nach seinen Gütern zu nennen. — (AA., RA.; — StA., RR. Josefs I., tom. IV., fol. 105. — A. Stamm aus Imst.)

1777 Dezember 30, Wien: Kaiser Josef II. verleiht dem Michael Wörz aus Trient und aus demselben Geschlechte, wie der 1709 nobilitierte Elias Wör(t)z den Rittermäßigen Reichsadel mit dem Prädikate „von Sprengenstein", einem Wappen und dem Rechte, sich nach den Gütern zu nennen. — (AA., RA.; — StA., RR. Josefs II., tom. XXI, fol. 163. — B. Stamm aus Trient.)

1870 Oktober 17 (Allerhöchste Entschließung): Kaiser Franz Joseph I. bewilligt aus Gnade allen jenen Wörtz von Sprengenstein, die ihre direkte legitime Abstammung von dem im Jahre 1709 geadelten Elias Wörtz nachzuweisen in der Lage sein werden, den Österreichischen Ritterstand. — (AA., HKA. — A. Stamm aus Imst.)

1871 Februar 2, Wien (Diplom): Derselbe erhebt auf Grund der vorstehenden Allerhöchsten Entschließung und des erbrachten Nachweises ihrer Abstammung von dem 1709 nobilitierten Elias Wörtz nachstehende Mitglieder der Familie Wörtz von Sprengenstein in den Österreichischen Ritterstand: Josef, geb. Imst 1838, k. k. Bezirksgerichtsauskultanten zu Schwatz; Maria Barbara, geb. Wenns 1789; Sophie, geb. Imst 1793, verehelichte Lutterotti; Sophie, geb. Imst 1839; Robert, geb. Imst 1840, Priester zu Gnadenwald; Ludwig, geb. Imst 1841, und Heinrich, geb. Innsbruck 1844; und bessert ihr Wappen. — (AA., HKA.; — Orig. Fam. — A. Stamm aus Imst.)

Wappen:

I. 1709 September 20: Halb gespalten und geteilt, 1 in Rot ein wachsender (weißer) Fels, 2 fünfmal geschrägt von Rot und Silber, 3 in Blau auf silbernem Hügel ein goldener Löwe, in den Vorderpranken ein (ebensolches) Posthorn haltend. Auf dem gekrönten Turnierhelme mit rechts rot-silbernen und links blau-goldenen Decken der Löwe mit dem Posthorn wachsend.

II. 1777 Dezember 30: Wie 1709.

III. 1871 Februar 2: Der Schild wie 1709, nur in 1 der Fels silbern anstatt weiß und in 3 der Löwe auf grünem Hügel doppelschwänzig und an Stelle des Posthornes ein goldenes Hüfthorn haltend. Zwei gekrönte Turnierhelme: auf I mit blau-goldenen Decken der Löwe mit dem Hüfthorne wachsend; auf II mit rot-silbernen Decken je fünfmal von Rot und Silber rechts geschrägte und links linksgeschrägte Büffelhörner.

A. Stamm aus Imst.

Elias Wörtz, geb. Imst 9. Februar 1637, leistete durch 20 Jahre als Viertelvertreter und Kommissarius des Oberinntales ersprießliche Dienste, besonders zur Zeit des bayerisch-französischen Einfalles nach Tirol (1703) durch Errichtung mehrerer Freikompagnien, wobei er sich selbst mit seinem Sohne (Georg) „unter Anführung der Feyrschützen in höchste Gefahr gesetzet". Er verwaltete auch fünfmal das Bürgermeisteramt des Marktes und der Herrschaft Imst, wobei er sich bei beschwerlichen Durchmärschen der kaiserl. Kriegsvölker, dann zur Zeit gesperrten Postverkehres durch Beförderung kaiserl. Offiziere und Kuriere auf seine Kosten verdient machte. Kaiser Josef I. erhob ihn in Würdigung dieser Leistungen ddo. Wien, 20. September 1709 in den Rittermäßigen Reichsadelstand mit dem Prädikate „von Sprengenstein", dem oben sub I beschriebenen Wappen und dem Rechte, sich nach seinen Gütern zu nennen. Er war seit 20. Juni 1656 mit Magdalena, geb. Pair, vermählt, welcher Ehe folgende Stammreihe entsproß:

I. Georg Wörtz von Sprengenstein, geb. Imst 24. März 1666, verm. mit:
Regina Barbara, geb. Schreiber.

II. Josef Anton Wörtz von Sprengenstein, geb. Imst 19. Jänner 1705, verm. daselbst 27. Februar 1729 mit:
Anna Maria, geb. Ott, geb. 13. Februar 1713.

III. Josef Valentin Wörtz von Sprengenstein, geb. Imst 13. Februar 1755, zog 1796 und 1797 als Hauptmann der Imster Schützen ins Feld und erwarb sich die Goldene Ehrenmedaille und griff auch 1809 zu den Waffen. Er vermählte sich Imst 6. August 1782 mit:
Barbara, geb. Leutner von Wildenburg, geb. Imst 20. Dezember 1752, † daselbst 17. Juli 1848.

IV. 1. Maria Barbara, geb. Wenns 16. Jänner 1789, † Imst 4. Mai 1881.

2. Sophie, geb. Imst 3. Mai 1793, † daselbst 14. März 1874, verm. mit:
Karl Lutterotti von Gazzolis und Langenthal, geb. Bozen 16. Februar 1793, † Imst 20. Juli 1872.

3. Alois, geb. Imst 5. Februar 1795, der den Stamm fortpflanzte (s. unten).

B. Stamm aus Trient.

Michael Wörz, der demselben Geschlechte entstammte, wie der 1709 mit dem Prädikate „von Sprengenstein" nobilitierte Elias Wörtz, hatte sich nebst seinem Sohne so sehr um die Hebung der Seiden- und Wollmanufaktur in Trient verdient gemacht, daß er „bereits im Jahre 1765 einer huldreichesten Gnade vertröstet wurde". Er hatte überdies in den letzten italienischen Feldzügen beträchtliche Geldsummen mit „äußerster Sorgfalt" an die k. k. Kriegsvölker befördert und wurde nun über seine Bitte von Kaiser Josef II. ddo. Wien, 30. Dezember 1777 mit demselben Prädikate und Wappen, wie seinerzeit Elias Wörtz in den Rittermäßigen Reichsadelstand erhoben.

(Weitere Nachrichten über diesen Stamm fehlen.)

A. Stamm aus Imst.

† Alois Wörtz von Sprengenstein (Sohn des .... 18.. zu .... † Josef Valentin W. v. Sp. und der 17. Juli 1848 zu Imst † Barbara, geb. Leutner von Wildenburg), geb. Imst 5. Februar 1795, † Innsbruck 27. März 1867, k. k. Kreisregistrator daselbst; — verm. Innsbruck 11. April 1837 mit:

† Sophie, geb. Purtscher (Tochter des 24. Februar 1777 zu Bludenz geb. und 26. März 1846 zu Innsbruck † Lehrers und k. k. Gubernialregistranten Matthias P.*) und der 29. Dezember 1851 zu .... † Katharina, geb. Mark), geb. .... 18.., † .... 18...

Kinder:

1. Josef Ritter Wörtz von Sprengenstein, geb. Imst 13. März 1838, k. k. Notar und fürstl. Auerspergscher Verwalter, — [Matrei]; — verm. Matrei 5. August 1867 mit:

† Maria, geb. Stolz von Latschburg (Tochter des 16. Februar 1792 zu Matrei geb. und 30. September 1815 ebendort † Franz Borgias St. v. L. und der 9. Mai 1809 zu Tisens bei Lana geb. und 18. November 1879 zu .... † Kreszenz, geb. Sölder von Prackenstein), geb. Matrei 25. Jänner 1845, † .... 10. Jänner 1899.

Kinder:

1) Franz, geb. Schwaz 25. Mai 1868. — [Matrei.]
2) Johann, geb. Schwaz 27. April 1869, Notariatskandidat. — [Zell am Ziller.]
3) Josef, geb. Matrei 2. Mai 1872, Weltpriester. — [Zams.]
4) Ämilian, geb. Matrei 22. Oktober 1874. — [Matrei.]
5) Anna, geb. 10. Dezember 1875. — [Matrei.]

*) Matthias Purtscher war 1809 als Schützenleutnant Adjutant Andreas Hofers, wurde während des Aufstandes Oberleutnant und Hauptmann und erhielt für seine Verdienste die kleine goldene Ehrenmedaille, später obige Zivilanstellung.

6) Robert, geb. Matrei 12. März 1877, Kapitular des Zisterzienserstiftes Stams. — [Stams.]
7) Gustav, geb. Matrei 29. September 1878, Ökonom. — [Matrei.]
8) Amalie, geb. Matrei 6. Juli 1880. — [Matrei.]
9) Anton, geb. Matrei 22. März 1882. — [Matrei.]
10) Maria, geb. Matrei 9. Oktober 1883. — [Matrei.]
11) Alfons, geb. Matrei 9. November 1884, Student. — [.....]
12) Klara, geb. Matrei 2. September 1888. — [Matrei.]
13) Max, geb. Matrei 11. Juni 1890, Student. — [.....]

† 2. Sophie, geb. Imst 11. August 1839, † Innsbruck 21. Juli 1906.

† 3. Robert, geb. Imst 8. November 1840, † Innsbruck 5. Februar 1884, Weltpriester der Diözese Brixen.

4. Ludwig, geb. Imst 26. November 1841, GVK.m.K., kaiserl. Rat und k. k. Finanz-Landesökonomatsverwalter i. R.; — verm. Innsbruck 22. September 1874 mit:

Marie, geb. Eberle (Tochter des 29. Juni 1820 zu Reutte geb. und 16. September 1884 zu Innsbruck † k. k. Rechnungsoffizials der Finanz-Landesdirektion in Innsbruck Peter E. und der Katharina, geb. Weirather), geb. Reutte 28. August 1852. — [Innsbruck.]

Kinder:

1) Paula, geb. Innsbruck 29. Juni 1875. } — [Innsbruck.]
2) Louise, geb. Innsbruck 10. August 1876. } — [Innsbruck.]
3) Ida, geb. Innsbruck 19. April 1878. } — [Innsbruck.]
† 4) Karl, geb. Innsbruck 12. Juni 1879, † .... 26. August 1905, k. k. Steueramtsadjunkt in Hall i. T.
† 5) Franziska, geb. Innsbruck 4. Oktober 1882, † daselbst 4. März 1903.

5. Heinrich, geb. Innsbruck 17. März 1844, k. k. Finanz-Landeskassakassier i. R.; — verm. 7. Juni 1880 mit:

Amalie, geb. Pfaundler von Sternfeld (Tochter des .... 18.. zu .... † Anton Pf. v. St. und der .... 18.. zu .... † Therese, geb. Zeiler), geb. Wilten 7. Mai 1853. — [Innsbruck.]

Kinder:

1) Marie, geb. Innsbruck 30. Juni 1881.
2) Gabriele, geb. daselbst 22. November 1882.
3) Heinrich, geb. daselbst 12. Mai 1884, k. k. Steueramtspraktikant. — [Innsbruck.]

B. Stamm aus Trient.

(Nachrichten über den Personalstand dieses Stammes fehlen.)

Vgl.: — Brünner Adel. Taschenb. IV 1879, XI 1886 u. XVII 1892; — Wurzbach LVII, S. 231 u. f.

---

von Zambauer.

Römisch-katholisch. – Österreich (Böhmen, Niederösterreich, Steiermark).

Verleihungen:]

1873 Mai 13, Wien (Diplom): Kaiser Franz Joseph I. verleiht dem k. k. Oberstleutnant des Feldjäger-Bataillons Nr. 5 Eduard Zambauer den Österreichischen Adelstand und ein Wappen. – (AA., HKA.; – Orig. Fam.)

1883 Mai 10, Wien: Derselbe erhebt den k. u. k. Generalmajor Eduard von Zambauer als Ritter des Ordens der Eisernen Krone III. Klasse (KD.) in den Österreichischen Ritterstand und bessert sein Wappen. – (AA., HKA.; – Orig. Fam.)

Wappen:

I. 1873 Mai 13: In Gold ein mit einem blanken Schwerte an goldenem Griffe belegter roter Schrägbalken. Auf dem gekrönten Turnierhelme mit rot-goldenen Decken ein wie der Schild bezeichneter geschlossener Flug.

II. 1883 Mai 10: Geviert, 1 und 4 wie der Schild des Wappens von 1873, 2 und 3 in Rot ein pfahlweiser goldener Eichenzweig mit fünf Blättern. Zwei gekrönte Turnierhelme mit rot-goldenen Decken: auf I das Kleinod von 1873; auf II zwischen von Gold über Rot geteilten Büffelhörnern der goldene Eichenzweig. .... Schriftband mit der Devise „SEMPER PRORSUM" in .... Lapidarschrift.

Valentin Zambauer, geb. Bergreichenstein in Böhmen 1785, starb als k. k. Oberstleutnant und Direktor der Militärgrenz-Baudirektion im September 1852 zu Vinkovce in Slawonien. Er hatte sich 1807 zu Leitmeritz mit Elisabeth Jansky vermählt, die ihm folgende zehn Kinder schenkte: – 1. Marie, geb. Troppau 1808, † Juni 1863, in I. Ehe verm. mit N. Josipović und in II. mit Josef Schwarz; – 2. Max, geb. 1810; – 3. Ernst, geb. und † 1811; – 4. Karl, geb. Hermannstadt (Nagyszeben) 1814, † Ungar.-Weißkirchen (Fehértemplom) 1847, k. k. Hauptmann im Illyrisch-Banater Grenzinfanterie-Regimente Nr. 18 (seit 1851 bis zur Auflösung 1872 Serbisch-Banater Nr. 14); – 5. Leopoldine, geb. Hermannstadt (Nagyszeben) 7. August 1817 [Lemberg], verm. Neugradiska 1839 mit Karl Freiherrn Bilek-August von Auenfels († Wien 6. April 1869), EKO.-R.III. (KD.), k. k. Generalmajor; – 6. Antonie, geb. 1819, † 1822; – 7. Amalie, geb. 1820, † 1822; – 8. Sohn, geb. und † 1823; – 9. Wilhelmine, geb. Neugradiska 1824, † 1856, verm. 1846 mit Adolf Albrecht, und – 10. Eduard Franz, geb. Neugradiska 8. Jänner 1827, der allein den Stamm fortpflanzte (s. unten).

Von diesen wurde Eduard Franz Zambauer (s. vorstehend 10.) als k. k. Oberstleutnant des Feldjäger-Bataillons Nr. 5 ddo. Wien, 13. Mai 1873 in den systemmäßigen Österreichischen Adelstand mit dem sub I beschriebenen Wappen ·rhoben und erlangte ddo. Wien, 10. Mai 1883, inzwischen zum k. Generalmajor vorgerückt, als Ritter des Ordens der Eisernen

Krone III. Klasse mit der Kriegsdekoration den Österreichischen Ritterstand mit entsprechender Wappenbesserung. Seine Nachkommenschaft folgt unten.

Eduard Franz Ritter von Zambauer (Adels- und Ritterstandserwerber — Sohn des ... September 1852 zu Vinkovce † Valentin Zambauer und der 31. März 1869 zu Neugradiska † Elisabeth, geb. Jansky), geb. Neugradiska 8. Jänner 1827, LO.-R., EKO.-R.III. (KD.), k. u. k. Feldmarschall-Leutnant d. R. (bis 1889 Kommandant der 13. Infanterie Truppendivision in Wien); — verm. Schloß Szokolócz, Komitat Nyitra, 18. Oktober 1862 mit:

Maria Anna Theresia, geb. Ziegler (Tochter des 23. Juni 1855 zu Ancona † k. k. Rittmeisters Johann Nepomuk Z. und der Maria Theresia, geb. Gräfin von Wolkenstein, Freiin zu Rodenegg, Salegg und Hauenstein), geb. Güns (Köszeg) 26. November 1841. — [Wien.]

Kinder:

†1. Maria Elisabeth, geb. Krakau 9. August 1863, † ebendort 4. Oktober 1863.

2. Adolf Eduard Valentin, geb. Krakau 26. November 1864, FJO.-R., k. u. k. Konsul in Mitrowitza, Hauptmann a. D. (bis 1891 Oberleutnant des Feldjäger-Bataillons Nr. 25, zugeteilt dem Generalstabe beim Militärkommando in Zara); — verm. Zara 8. Jänner 1893 mit:

Hortense Noëmi, geb. Reglia von Ohmučević (Tochter des 28. Jänner 1903 zu Zara † k. u. k. Generalkonsuls i. R., EKO.-R.III. Paul Ritters R. v. O. und der Rosa, geb. Golubović), geb. .... 18... — [Mitrowitza.]

Kinder:

1) Yvonne Anna Maria Rosa Milena, geb. Mostar 22. Oktober 1893.
2) Hortense Maria Antoinette, geb. Antivari 17. Jänner 1900.
3) Eduard Adolf Johann Maria, geb. Wien 5. Juli 1906.

3. Eduard Karl Max, geb. Krakau 11. Mai 1866, k. u. k. Hauptmann 1 Kl., überkomplett im Tiroler Kaiserjäger-Regimente Nr. 3, Lehrer an der Theresianischen Militärakademie in Wr.-Neustadt. — [Wr.-Neustadt.]

4. Anna Maria Klara, geb. Komotau 10. November 1870; — verm. I. Banjaluka 10. April 1888 mit:

† Jaroslav Freiherrn Sedlnitzky-Odrowas von Choltic, geb. Dobromielitz, Mähren, 17. November 1847, † Wien 25. Juli 1901, k. u. k. Regierungsrat bei der Obersten Zentralleitung der Bosn.-herzeg. Landesverwaltung; — verm. II. St. Thomas bei Klagenfurt 26. Dezember 1904 mit:

Wilhelm Lang Edlen von Waldthurm, geb. Merlinghof, Kärnten, 17. Mai 1875, k. u. k. Linienschiffsleutnant. — [Pola.]

---

von Zawodsky.

Römisch-katholisch. – Österreich (Mähren und Steiermark).

Verleihung:

1899 Februar 18, Wien (Diplom): Kaiser Franz Joseph I. verleiht dem k. k. Generalmajor Othmar Zawodsky den Österreichischen Adelstand mit dem Ehrenworte „Edler von“ und einem Wappen. — (AA., HKA.; — Orig. Fam.)

Wappen:

1899 Februar 18: Geteilt, oben in Blau ein wachsender goldener Greif, ein blankes Schwert an goldenem Griffe über sich schwingend, unten in Gold eine brennende natürliche Granate, begleitet von zwei roten Sternen. Auf dem gekrönten Turnierhelme mit rechts blau-goldenen und links rot-goldenen Decken ein geschlossener, vorne von Blau über Gold, hinten von Gold über Rot geteilter Flug.

I. Vinzenz Zawodsky, geb. 1778, † Gaya, Mähren, 12. Juli 1831, Verwalter in Zborowitz, dann Wirtschaftsdirektor in Swayanow, Böhmen; — verm. 1804 mit:

Anna Josefa Rosine, geb. Slawik (Tochter des 1751 geb. und 7. März 1821 zu Kremsier † Bezirkskollektanten der k. k. Tabaksteuergefälle daselbst Josef Franz S. und der 1757 geb. und 4. Dezember 1829 zu Gaya † Rosine, geb. Polcko), geb. 1780.

II. Vinzenz Martin Zawodsky, geb. 1808, † 4. August 1873, Wirtschaftsdirektor in Gurein bei Brünn; — verm. 1834 mit:

Franziska Tarnóczy de Alsó-Lelocz et Gezernicze (Tochter des Grundbesitzers zu Skalitz [Szakolcza, Komitat Nyitra], Tivosfalva und Holitsch Martin T. de A.-L. et G. und der Floriane geb. Gernert), geb. 1815, † Brünn 4. September 1867.

III. Othmar Zawodsky, geb. 21. September 1843, dem als k. u. k. Generalmajor und Kommandanten der 3. Artillerie-Brigade ddo. Wien, 18. Februar 1899 der Österreichische Adelstand mit dem Ehrenworte „Edler von“ und dem oben beschriebenen Wappen verliehen wurde (s. unten).

Othmar Edler von Zawodsky (Adelserwerber – Sohn des 4. August 1873 zu Brünn † Wirtschaftsdirektors in Gurein bei Brünn Vinzenz Martin Zawodsky und der 4. September 1867 ebendort † Franziska, geb. Tarnóczy de Alsó-Lelocz et Gezernicze), geb. .... 21. September 1843, LO.-R., EKO.-R.III.,

FJO.-R., k. u. k. Feldmarschall-Leutnant d. R. (bis 1903 Kommandant der 3. Artillerie-Brigade in Graz); — verm. .... 6. Juli 1876 mit:

Kamilla, geb. Lankmayr (Tochter des .... 1878 zu Salzburg † Gerichtsassessors Anton L. und der .... 1860 zu Ried † Euphrosyne, geb. Kasperer), geb. Ried 8. April 1855. — [Graz, Nibelungengasse 38].

Kinder:

† 1. Konstantin, geb. Wien 7. November 1877, † ebenda 8. Oktober 1883.

2. Othmar, geb. Lemberg 2. Oktober 1884, k. u. k. Leutnant i. d. R. des Korpsartillerie-Regimentes FZM. Erzherzog Wilhelm Nr. 3, Hörer der Rechte.

† 3. Kamilla, geb. Lemberg 15. Juli 1886, † Olmütz 26. November 1893.

---

von Zeissl.

Römisch-katholisch. — Österreich (Niederösterreich).

Verleihung:

1883 August 21 (Allerhöchste Entschließung) und Oktober 12, Wien (Diplom): Kaiser Franz Joseph I. verleiht dem k. k. Regierungsrate, a. o. Universitätsprofessor und Primararzte am Allgemeinen Krankenhause in Wien, Dr. med. Hermann Zeissl den Österreichischen Adelstand mit dem Ehrenworte „Edler von" und einem Wappen. — (AA., HKA.; — Orig. Fam.)

Wappen:

1883 Oktober 12: Gespalten, vorne in Geteilt von Schwarz über Gold ein von Gold über Rot geteilter Löwe mit beiden Vorderpranken eine sich windende grünliche Schlange packend, die im Maule einen dreiblättrigen Immergrünzweig hält, hinten in Rot ein jederseits von einer silbernen Lilie begleiteter ebensolcher Balken. Auf dem gekrönten Turnierhelme mit rechts schwarz-goldenen und links rot-silbernen Decken eine silberne Lilie zwischen rechts schwarz-golden und links rot-silbern geschachten Büffelhörnern, die in den Mundlöchern mit je einem dreiblättrigen Immergrünzweige besteckt sind.

---

† Hermann Edler von Zeissl (Adelserwerber — Sohn des .... 18.. zu Vierzighuben, Mähren, † Michael Zeissl und der.... 18.. ebendort † Theresia, geb. Lew), geb. Vierzighuben 22. September 1817, † Mödling 23. September 1884, Dr. med., k. k. Regierungsrat, a. o. Professor für Syphilidologie an der k. k. Universität und Primararzt am k. k. All-

gemeinen Krankenhause in Wien; — verm. Skalitz in Mähren 2. August 1847 mit:

† Barbara, geb. Löw (Tochter des .... 1860 zu Brünn † Privatiers Nathaniel L. und der .... 18.. zu Skalitz † Franziska, geb. ....), geb. Skalitz 15. Juni 1826, † Wien 9. Juni 1892.

Sohn:

Maximilian Michael, geb. Wien 7. Juni 1853, Dr. med., k. k. a. o. Professor für Hautkrankheiten und Syphilis an der k. k. Universität in Wien; — verm. Wien 6. April 1884 mit:

Luise Bona, geb. von Kuhner (Tochter des 14. September 1885 † Großindustriellen und Gutsbesitzers Anton David Ritters v. K. und der Hermine, geb. Back), geb. Wien 30. Juni 1858. — [Wien, I. Opernring 6.]

Kinder:

†1) Katharina Maria Dorothea, geb. Wien 21. Februar 1885, † ebenda 25. Juli 1893.

2) Hermann Anton Rudolf, geb. Wien 2. Dezember 1899.

Vgl.: — A. Hirsch, Biogr. Lexikon VI, S. 361; — Allg. Deutsche Biographie XLV, S. 7; — G. J. F., 1891, S. 90.

---

* von Zepharovich.

Römisch-katholisch. — Österreich (Niederösterreich).

Verleihungen:

1782 März 21, Wien: Kaiser Josef II. verleiht seinem Rate und Kameral-Hauptbuchhaltungs-Raitrat Daniel Zepharovich den Österreichisch-erbländischen Ritterstand mit „Edler von", Wappen und Rotwachsfreiheit. — (AA., HKA.; — Orig. Fam.)

1791 April 10, Wien: Der Niederösterreichische Ritterstand nimmt Daniel Edlen von Zepharovich in das Konsortium der Neuen Niederösterreichischen Ritterstandsgeschlechter auf. — (Niederösterr. LA.; — Orig. Fam.)

Wappen:

1782 März 21: Geviert, 1 und 4 in Blau ein einwärts gewendeter geharnischter Mann mit roten Straußenfedern auf der Sturmhaube, in der Rechten eine natürliche Schlange mit blauer Kugel im Maule und die Linke in die Seite stemmend, 2 und 3 in Rot ein einwärts gewendeter goldener Löwe mit den Vorderpranken einen silbernen Anker haltend. Zwei gekrönte

Turnierhelme: auf I mit blau-weißen Decken zwischen einem offenen schwarzen Adlerfluge der Geharnischte aus dem Schilde von den Knien wachsend; auf II mit rot-goldenen Decken der Löwe aus 2 und 3 wachsend.

Nach ihrer Tradition, die auch im Ritterstandsdiplome von 1782 Aufnahme fand, soll diese Familie „von einem alten Griechischen Geschlechte abstammen".

Daniel Zepharovich kam über das Banat und Ungarn um 1755 nach Wien, wo er sich zunächst bei der Gründung der alten griechischen Kirche am Fleischmarkt betätigte. Er trat am 2. März 1758 als Praktikant bei der Kameral-Hauptbuchhaltung in den Staatsdienst, bewirkte jedoch vorher seinen Übertritt von der griechisch-orthodoxen zur römisch-katholischen Kirche. Bei dieser Gelegenheit wurde er im Taufbuche der Pfarre St. Stephan in Wien, tom. LX, pag. 160, als zu „Tessalonien" (Salonichi) geborener Sohn des Kaufmannes und türkischen Untertanen Christophor Zepharovich und dessen Gemahlin Sophie eingetragen. An seinem Geburtsorte angestellte Nachforschungen über seine Vorfahren blieben erfolglos, da nach Auskunft des k. u. k. Generalkonsulates zu Salonichi das gesamte Archiv des dortigen griechisch-orientalischen Bistums im Jahre 1889 ein Raub der Flammen wurde. Nach dem in seinem Totenscheine angegebenen Alter dürfte er jedoch 1736 geboren sein. Wie aus mehreren Eingaben aus den Jahren 1767 bis 1774 (HKA.) hervorgeht, führte sein Religionswechsel zu Zerwürfnissen mit seinen Eltern und Verwandten in der Türkei, in deren Folge er an seinem Erbe, besonders nach einem in Moskau verstorbenen Vetter, nicht unbedeutend verkürzt wurde.

Er stieg in der Folge zum „Kameral-Hauptbuchhalterei-Raitrate" empor und erlangte 1777 den kaiserl. Ratstitel. Dadurch, daß er von 1755 an über 500 Familien wohlbemittelter griechischer Handelsleute aus der Türkei zur Niederlassung im Banate und Ungarn bewog, sowie sich an der Gründung einer Handelskompagnie in Aquileja hervorragend beteiligte, die in erster Linie den Export erbländischer Erzeugnisse auf der Donau nach den türkischen Gebieten und den übrigen Ländern am Schwarzen Meere im Auge hatte, und durch die Ausarbeitung wichtiger, das Kammerwesen betreffender Materien erwarb er sich solche Verdienste, daß ihn Kaiser Josef II. ddo. Wien, 21. März 1782 in den Österreichisch-erbländischen Ritterstand mit dem Ehrenworte „Edler von", dem oben beschriebenen Wappen und der Rotwachsfreiheit erhob.

Daniel Edler von Zepharovich erwarb das landtäfliche Freihaus Nr. 1015 (heute Nr. 20) in der Annagasse zu Wien und wurde auf Grund dieses Besitzes ddo. Wien, 10. April 1791 unter die „Neuen Niederösterreichischen Ritterstandsgeschlechter" aufgenommen. Er verkaufte jedoch später das Freihaus und erbaute dafür 1800 das Haus „Zur weißen Rose" am Alten Fleischmarkt Nr. 740 (nun Nr. 8), das bis heute in der Familie verblieb. Nach nahezu 42jähriger Dienstleistung trat er am 9. Oktober 1799 in den Ruhestand und starb zu Wien am 3. Mai 1806 im Alter von 70 Jahren.

Er hatte sich 13. November 1761 zu Wien (Piaristen) mit Katharina († 26. Jänner 1814) einer Tochter des gräfl. Chotekschen Beamten Jakob Preinl und seiner Gemahlin Margarete, vermählt, aus welcher Ehe folgende sechs zu Wien geborene Kinder entsprossen:

1. Karoline, geb. 1762, † Wien (Piaristen) 28. Juni 1830, verm. mit Philipp Freiherrn Wetzlar von Plankenstern, Herrn und Landmann in Österreich unter der Enns, geb. 1757, † Wien (Schotten) 15. August 1806.

2. Josefa, geb. 1763, † Wien 3. Juli 1781.

3. Elisabeth, geb. 1767, † Wien (Maria Rotunda) 29. Oktober 1807, verm. Wien (St. Augustin) 16. Jänner 1791 mit Emanuel Anton Nobile di Doria (geb. 7. April 1758, † Wien [St. Rochus] 7. April 1811), der 1792 von der k. k. Kameralgüteradministration die Religionsfondsherrschaft Urschendorf am Steinfelde bei Wr.-Neustadt erwarb und dort das gegenwärtig bestehende Schloß erbaute. Dieser Besitz wurde jedoch 1799 an Friedrich Friedenheim verkauft, wofür noch in demselben Jahre Elisabeth die benachbarte Herrschaft Gerasdorf von den Jakob von Schickschen Pupillen an sich brachte. Aber auch dieses Gut gelangte schon 1801 durch Kauf an Josef Freiherrn von Palm.

4. Anna, geb. 1770, † Wien 1. Juni 1772.

5. Jakob Petrus Daniel, geb. Wien (St. Stephan) 29. Februar 1772, der den Stamm fortpflanzte (s. unten).

6. Therese, geb. 1781, † Wien 28. Juni 1800.

Jakob Peter Daniel Edler von Zepharovich (s. vorstehend 5.) wurde durch das Testament seiner Mutter ddo. Wien, 14. Mai 1813 deren Universalerbe und erhielt als solcher auch das Haus Nr. 740 am Alten Fleischmarkte, jedoch mit der Beschränkung, daß er es niemals veräußern, noch anders als mit den aus ihrem Testamente sich ergebenden Erbteilen hypothekarisch belasten dürfe. Er trat nach kurzem Staatsdienste als Sekretär der k. k. Tabakgefällendirektion in den Ruhestand, blieb aber finanzwissenschaftlich unter dem Pseudonym „Sopp" und belletristisch unter eigenem Namen tätig. Er starb zu Wien 5. November 1849, nachdem er sich zweimal vermählt hatte: — I. zu Wien (St. Augustin) 5. Februar 1800 mit Rosalie Edlen von Schmerling (geb. Wien 7. Dezember 1779, † daselbst 4. November 1802), einer Tochter des niederösterreichischen Landstandes, k. k. Rates und Obereinnehmers der Bankohauptkassa Bartholomäus Josef Ritters von Schmerling († Wien 19. Juni 1822) und der Rosalie, geb. Wolff Edlen von Ehrenbrunn, und — II. Wien ... April 1805 mit Anna Maria (geb. 1785, † Wien 23. Juli 1816), einer Tochter des fürstl. Liechtensteinschen ersten und dirigierenden Hofrates Theobald Wallaschek von Walberg († Wien 14. April 1814). Diesen beiden Ehen entstammten folgende sechs zu Wien geborene Kinder:

I. Ehe: — 1) Marie Katharina Rosalie, geb. 16. November 1800, † Wien 9. April 1801.

2) Daniel Jakob Nestor, geb. 15. Dezember 1801, der Stifter der I. älteren Linie (s. unten).

II. Ehe: – 3) Katharina, geb. 6. Jänner 1806, † Vöslau 26. Juli 1860, verm. Wien 1822 mit Eduard Freiherrn Wittek von Salzberg (geb. Jičin 10. Mai 1792, † Hietzing bei Wien 31. Juli 1871), EKO.-R.II., LO.-R., k. k. Truchseß, Landesgerichtspräsidenten und Kanzleidirektor des Obersthofmarschallamtes.

4) Karl, geb. 15. Februar 1807, der Stifter der II. Jüngeren Linie (s. unten).

5) Ludwig, geb. 4. und † 17. August 1809.

6) Marie Anna Rosalie, geb. 17. Dezember 1814, † Graz (St. Leonhard) 14. März 1900, verm. Wien 4. Mai 1833 mit Karl Ritter Breinl von Wallerstern, geb. Prag 2. Februar 1799, † Graz 13. Mai 1872, EKO.-R.III., k. k. Statthaltereirat i. P. (bis 1849 Gubernialrat und Delegat zu Como, später zu Mantua und Venedig).

I. Ältere Linie.

† Daniel Jakob Nestor Ritter von Zepharovich (2. Kind des 5. November 1849 zu Wien † Jakob Peter Daniel Edlen von Z. aus dessen I. Ehe mit der 4. November 1802 ebendort † Rosalie, geb. Edlen von Schmerling), geb. Wien (St. Augustin) 15. Dezember 1801, † daselbst (Maria Rotunda) 20. Februar 1875, gew. Landstand in Österreich unter der Enns, k. k. Ministerialsekretär i. P. (bis 18.. Hofsekretär im Finanzministerium); – verm. I. Wien (St. Stephan) 29. Juni 1829 mit:

† Maria Christine, geb. Welzl von Wellenheim (Tochter des 19. Februar 1848 zu Wien † k. k. Hofrates i. P. Leopold W. v. W. und der 12. Juli 1826 zu Döbling bei Wien † Sophie, geb. Mußbrock), geb. Wien .... 1809, † daselbst (Maria Rotunda) 17. Oktober 1830; – und II. Wien (Maria Rotunda) 27. Jänner 1833 mit:

† Johanna Sophie, geb. Pacher von Theinburg (Tochter des 7. September 1845 zu Schönau † Besitzers der k. k. priv. Schönauer und Sollenauer Baumwollgarn-Manufaktur Johann Martin P. v. Th. und der 27. Jänner 1816 zu Wien † Katharina, geb. Mußbrock), geb. Wien (St. Stephan) 17. August 1809, † daselbst (Maria Rotunda) 26. März 1886.

Kinder: a) I. Ehe:

†1. Viktor Leopold Jakob, geb. Wien (Maria Rotunda) 13. April 1830, † Prag (St. Apollinar) 24. Februar 1890, EKO.-R.III., Bes. d. gr. gold. Med. f. Kunst u. Wissensch., Ehren-Dr. phil. der Universität Krakau, k. k. Hofrat und o. ö. Professor der Mineralogie an der Karl Ferdinands-Universität in Prag, wirkl. Mitglied der kaiserl. Akademie der Wissenschaften in Wien, korr. Mitglied der kaiserl. russischen Akademie der Wissenschaften in Petersburg, Ehrenmitglied des Landesmuseums Rudolphinum für Kärnten etc.; – verm. Sollenau 2. Mai 1859 mit:

Melanie Ludowika, geb. Pacher von Theinburg (Tochter des 23. Juli 1861 zu Sollenau † Chefs der k. k. priv.

Schönauer und Sollenauer Baumwollgarn-Manufaktur Ludwig Moritz P. v. Th. und der 16. Juni 1896 ebendort † Juliane, geb. Ehlers), geb. Sollenau 10. Juli 1834. – [.....]

b) II. Ehe:

†2. Maximilian, geb. Wien (Maria Rotunda) 29. Oktober 1833, † Graz (St. Johann a. Graben) 11. Oktober 1894 (bis 1864 k. k. Hauptmann 2. Kl. im Infanterie-Regimente Bernhard Herzog von Sachsen-Meiningen Nr. 46), Beamter der k. k. priv. „Riunione Adriatica di Sicurtà", Generalagentschaft Graz; – verm. Graz .... 18.. mit:

Paula, geb. Doražil (Tochter des .... 18.. zu .... † .... D. und der .... 18.. zu .... † ...., geb. ....), geb. .... 18... – [.....]

3. August Karl, geb. Wien (Maria Rotunda) 4. Februar 1836, Dr. jur., EKO.-R.III., k. k. Oberlandesgerichtsrat i. R., – [Wien, I. Zedlitzgasse 4]; – verm. Wien (St. Stephan) 28. Mai 1870 mit:

† Ida Eugenie Marie, geb. Terglauschnigg Edlen von Stremnitzberg (Tochter des 8. August 1873 zu Aussee † k. k. Oberfinanzrates i. P., EKO.-R.III. Karl Ritters T. Edlen v. St. und der 15. Juni 1888 zu Wien † Alexandrine, geb. Freiin Popp von Böhmstetten), geb. Graz (Dompf.) 17. September 1845, † Morschach (Pf. Brunnen) am Vierwaldstättersee 14. September 1901.

Kinder:

1) Ernst, geb. Wien 21. September 1871, k. k. Bezirkskommissär, zugeteilt der Zentraldirektion des Versatz-, Verwahrungs- und Versteigerungsamtes in Wien; – verm. Bonn (St. Remigius) 7. Februar 1905 mit:

Emma Wilhelmine Anna Hubertine, geb. von Sandt (Tochter des 10. Februar 1890 zu Bonn † kgl. preuß. Geheimen Regierungsrates, Landrates des Kreises Bonn Josef Karl Gottfried v. S. und der Marie Friederike Josefine Pauline, geb. Michels), geb. Bonn 16. April 1876. – [Wien, III. Traungasse 2.]

2) Martha Alexandrine Johanna Eugenie, geb. Wien (St. Stephan) 14. September 1875, gew. Ehrendame des k. k. adeligen Damenstiftes in Graz; – verm. Wien (St. Stephan) 9. Februar 1907 mit:

Eduard Josef Karl Alois Zuber Edlen von Sommacampagna, geb. Wien 24. Mai 1866, k. u. k. Hauptmanne 1. Kl. des Generalstabskorps. – [Wien.]

II. Jüngere Linie.

† Karl Ritter von Zepharovich (4. Kind des 5. November 1849 zu Wien † Jakob Peter Daniel Edlen v. Z. aus dessen II. Ehe mit der 23. Juli 1816 ebendort † Anna Maria, geb. Wallaschek von Walberg), geb. Wien 15. Februar 1807, † daselbst (St. Rochus) 16. Dezember 1882, EKO.-R.III. (KD.), MVK. (KD.), gew. Landstand in Österreich unter der Enns, k. k.

Major d. R. (bis 1852 im Infanterie-Regimente FZM. Heinrich Freiherr von Roßbach Nr. 40), 1854 bis 187. Besitzer des landtäfl. Gutes Lustbühel bei Graz; – verm. Wien 12. Februar 1850 mit:
† Natalie, geb. Coith (Tochter des 12. Mai 1831 zu Wien † August C. und der 15. November 1880 zu Wien [Maria Rotunda] † Karoline, geb. Pacher von Theinburg), geb. 13. März 1828, † Neapel 21. Februar 1878.

Söhne:

†1. August, geb. Wien 1. April 1851, † Graz .... 1856.

†2. Georg Ernst, geb. Wien 9. November 1852, † Graz .... 1856.

3. Ludwig Georg August, geb. Graz 6. April 1858, k. u. k. Konsul in Jerusalem; – verm. Linz 5. Oktober 1899 mit: Margarete, geb. Freiin Mätz von Spiegelfeld (Tochter des 20. Oktober 1885 zu Linz † k. k. wirkl. Geheimen Rates, Kämmerers, Statthalters a. D. [bis 1867 in Österreich ob der Enns], Ehrenbürgers der Landeshauptstadt Salzburg Franz Xaver Freiherrn M. v. Sp. und dessen II. Gemahlin, der 21. November 1902 zu Wien † StKO.-D. Marie Katharina, geb. Gräfin Bussy de Mignot), geb. Linz 20. März 1871. – [Jerusalem.]

Söhne:

1) Karl Heinrich Josef Franz Xaver Ludwig, geb. Linz 16. Juli 1900.

2) Alexander August Ludwig Karl Franz Xaver Josef, geb. Jerusalem 1. Mai 1906.

Vgl.: – Wurzbach LIX, S. 226; – Brünner Adel. Taschenb. VII 1882, XII 1887 u. XV 1890; – Allg. Deutsche Biogr. XLV, S. 72.

Zimmermann von Göllheim.

Evangelisch A. B. – Österreich (Böhmen und Niederösterreich).

Verleihung:

1868 September 7, Wien: Kaiser Franz Joseph I. verleiht dem Bankdirektor Karl Zimmermann als Ritter des Ordens der Eisernen Krone III. Klasse den Österreichischen Ritterstand mit dem Prädikate „von Göllheim“ und einem Wappen. — (AA., HKA.; — Orig. Fam.)

Wappen:

1868 September 7: In Blau ein schwarzes Fadenkreuz, begleitet in 1 und 4 von je einem einwärts gewendeten goldenen Löwen und in 2 und 3 von je einer silbernen Lilie. Zwei gekrönte Turnierhelme: auf I mit blau-goldenen Decken eine goldene Straußenfeder zwischen zwei blauen, auf II mit blau-silbernen Decken zwischen einem geschlossenen, vorne mit einer silbernen Lilie belegten blauen Fluge ein wachsender silberner Löwe, in den Vorderpranken einen eisernen Rost mit Stiel vor sich haltend. Blaues Spruchband mit der Devise: „THATEN STATT WORTE" in silberner Lapidarschrift.

I. Georg Zimmermann, geb. in Böhmen um 1627, † Göllheim 17. August 1687, soll des Glaubens wegen aus Böhmen nach der Pfalz geflohen sein, wo er Gerichtsschöffe und des Steinsatzes Beisitzer zu Göllheim wurde; — verm. mit:
Anna Barbara, † Göllheim 10. November 1685.

II. Hans Martin Zimmermann, geb. Göllheim 20. Juli 1661, † ebendort 9. Februar 1735; — verm. I. Göllheim 17. Jänner 1688 mit:
Anna Apollonia, geb. Eyths (Tochter des Christoph Ey., Gerichtsschöffen zu Göllheim), und — II. Sippersfeld i. d. Pfalz 1691 mit:
Margarete, geb. Sebald (Tochter des Ludwig S. in Münster), geb. Münster 1672, † Göllheim 25. November 1739.

III. Johann Philipp Zimmermann, geb. Göllheim 4. August 1698, † ebendort 17. Februar 1730; — verm. mit:
Anna Juliane, geb. Groß (Tochter des Michael G., Schultheißen zu Göllheim).

IV. Johann Michael Zimmermann, geb. Göllheim 27. Jänner 1728, † daselbst 9. Mai 1781, Sattler, Kirchenvorsteher, Gerichtsschöffe und Feldgeschworener zu Göllheim; — verm. mit:
Anna Ursula, geb. N., geb. 2. August 1738, † 15. Mai 1781.

V. Johann Heinrich Zimmermann, geb. Göllheim 23. Jänner 1760, † Moskau 6. Februar 1813, Hofsattler des Herzogs von Nassau, mit dem er nach Moskau ging; — verm. 1782 mit:
Charlotte Franziska, geb. Seippel (Tochter des fürstl. Oberschultheißen Karl S.), † November 1800.

VI. Philipp Konrad Zimmermann, geb. Weilburg 5. September 1797, † Wien 31. Mai 1848, bürgerl. Handelsmann zu Wien; — verm. I. Elberfeld 28. September 1826 mit:
Amalie, geb. Peters (Tochter des 3. September 1779 zu Krefeld geb. und 29. September 1826 zu Elberfeld † Kaufmannes daselbst David P. und der 21. Februar 1782 zu Elberfeld get. und ... März 1837 ebendort † Anna Marie Hermine, geb. Peltze), geb. Elberfeld 30. Juli 1805, † daselbst 30. Juni 1836, und — II. Thenig bei Linz 12. August 1840 mit:
Pauline, geb. Aders (Tochter des 9. Februar 1848 zu Wien † Wilhelm A. und der 15. April 1846 ebendort † Friederike, geb. Osenberg), geb. Elberfeld 18. April 1812, † Wien 5. Mai 1875.

VII. Karl Philipp Rudolf Zimmermann, geb. Elberfeld 8. August 1827, der als Ritter des Ordens der Eisernen Krone III. Klasse, den früheren Ordensstatuten entsprechend, ddo. Wien, 7. September 1868 den österreichischen Ritterstand mit dem Prädikate „von Göllheim" und dem oben beschriebenen Wappen erlangte. Seine Deszendenz s. unten.

---

† Karl Philipp Rudolf Ritter Zimmermann von Göllheim (Ritterstandserwerber — Sohn des 31. Mai 1848 zu Wien † Philipp Konrad Zimmermann und dessen I. Gemahlin, der 30. Juni 1836 zu Elberfeld † Amalie, geb. Peters), geb. Elberfeld 8. August 1827, † Wien 8. November 1892, EKO.-R.III., Mitglied des Herrenhauses auf Lebensdauer, kaiserl. Rat, Honorar-Generalkonsul der Republik San Domingo in Wien, gew. Präsident des Niederösterreichischen Gewerbevereines, Vizepräsident der priv. Österr.-ungar. Staatseisenbahn-Gesellschaft, Vizegouverneur der Österr.-ungar. Bank, Verwaltungsrat der k. k. priv. Böhmischen Kommerzialbahnen; — verm. Elberfeld 27. Mai 1852 mit:

† Emma Henriette, geb. Lucas (Tochter des 24. Juli 1800 zu Elberfeld geb. und 26. Oktober 1853 ebendort † Kaufmannes und Beigeordneten der Stadt Elberfeld Johann Gustav L. und der 27. Februar 1804 zu Elberfeld geb. und 4. September 1847 daselbst † Henriette, geb. Peters), geb. Elberfeld 19. März 1834, † Wien 2. April 1902.

Kinder:

1. Emma Pauline, geb. Wien 13. März 1853; — verm. Wien 22. März 1873 mit:

   Eduard Ludwig Majer, geb. Proßnitz 18. Dezember 1833, Dr. jur., Hof- und Gerichtsadvokaten. — [Wien.]

†2. Pauline Adelheid, geb. Wien 1. Oktober 1854, † ebendort 4. Dezember 1879.

3. Karl Robert Paul, geb. Wien 24. Oktober 1856, Chemiker; — verm. Wien 27. September 1884 mit:

   Hermine, geb. Bittner (Tochter des .... Anton B. und der Anna, geb. Lackner), geb. Neunkirchen 13. April 1859. — [Böhm.-Leipa.]

   Kinder:

   1) Karl Emil, geb. Neunkirchen 2. Oktober 1885.
   2) Hermine Emma, geb. Liesing 11. März 1888.
   3) Heinrich Karl, geb. Böhm.-Leipa 20. August 1889.
   4) Friedrich Karl Georg, geb. Böhm.-Leipa 31. Juli 1893.
   5) Otto, geb. Böhm.-Leipa 17. November 1895.

†4. Eugen Paul Gustav, geb. Wien 26. November 1858, † Amstetten 24. September 1900; — verm. Leeds, Grafschaft Yorkshire, 19. April 1887 mit:

Karoline, Marie, geb. Giles (Tochter des 22. Dezember 1840 zu .... geb. und 10. März 1892 zu .... † Josef Thomas G. und der 25. September 1838 zu .... geb. Ellen, geb. Shorp), geb. Leeds 14. Oktober 1865. – [.....]

Kinder:

† 1) Pauline Emma Konstanze, geb. Manchester 22. Februar 1888, † ebendort 10. April 1890.

† 2) Parcival Ernst Eugen, geb. Bradford 16. März und † daselbst 1. April 1891.

5. Berta Emilie Pauline, geb. Wien 1. Dezember 1863; — verm. Wien 17. Juni 1889 mit:

Emil Dillmann, geb. Wels 20. Jänner 1847, Oberrechnungsrat und Kassenvorstand der Niederösterreichischen Landeshypothekenanstalt. — [Wien, VII. Zieglergasse 9, und XIII. Hüttelbergstraße 63.]

Vgl.: – Brünner Adel. Taschenb. XVII 1892.

VERZEICHNIS

sämtlicher in diesem Bande vorkommenden Familiennamen.

(Die fett gedruckten sind Überschriften der Familienartikel.)

Buch- und Kunstdruckerei Otto Maaß' Söhne, Wien I.

HOF- UND KAMMER-LIEFERANTEN

1*

F. EHRBAR

K. U. K. HOF- UND KAMMER-KLAVIER-FABRIKANT :: :: ::

KAMMERLIEFERANT SR. MAJESTÄT DES KAISERS UND KÖNIGS, KAMMERLIEFERANT DES ERZHERZOGS OTTO, HOFLIEFERANT DES SULTANS DER TÜRKEI, DES KÖNIGS VON GRIECHENLAND, DES KÖNIGS VON SERBIEN, DES KÖNIGS VON PORTUGAL ETC. ETC.

KONZERTSAAL, COMPTOIR UND HAUPTMAGAZIN

:: WIEN, IV. MÜHLGASSE 28. ::

FABRIKEN: IV. MÜHLGASSE 30, PRESSGASSE 23, X. LAXENBURGERSTRASSE 39.

LONDON, 28–30 WIGMORE STREET.

K. k. priv. Teppich- u. Möbelstoff-Fabriken

Philipp Haas & Söhne

Wien, I. Stock-im-Eisenplatz 6

empfehlen ihr stets reichhaltiges Lager von

Haas-Knüpfteppichen in jeder beliebigen Grösse :::

Wandspannstoffen modernster Ersatz für Papiertapeten ::: :::

Möbelstoffen einfachster bis feinster Ausführung ::: ::: ::: ::: ::: ::: ::: ::: :::

Tapeten. Sämtliche Artikel sind sowohl in allen histor. als auch in modern. Stile vertreten.

DOROTHEUM

K. k. Versatz-, Verwahrungs- und Versteigerungsamt

WIEN, I. Dorotheergasse 17 und Spiegelgasse 16

Übernimmt für eine minimale Gebühr alle **Wertobjekte**, wie **Pretiosen**, **Wertpapiere** und **Urkunden**, zur **Aufbewahrung**, besorgt die **Verwaltung** der Wertpapiere, stellt den Parteien **Safe-Depots** zur Verfügung und belehnt pupillarsichere Wertpapiere und Lose. Das k. k. Amt übernimmt die Durchführung nicht allein der grössten **Kunstauktionen**, den **Verkauf** von Hinterlassenschaften ganzer **Wohnungseinrichtungen**, die Liquidation in Konkursfällen, sondern auch den Verkauf **einzelner Gegenstände**.

Täglich Auktionen von 3 bis 1/2 6 Uhr, Schaustellungen von 1/4 1 bis 1/2 6 Uhr.

KURORTE,
ERSTKLASSIGE HOTELS UND
BRUNNENVERSENDUNGEN

2*

DAS ERSTE MOORBAD DER WELT

FRANZENSBAD

besitzt die stärksten Stahlquellen, leicht verdauliche Eisensäuerlinge, alkalische Glaubersalzwässer, Lithionsäuerlinge. – **Vier grosse städtische Badeanstalten mit natürlichen kohlensäurereichen Stahl-, Mineral-, Sool- und Strombädern,** den **heilkräftigen Moorbädern,** Dampf- und Heissluftbädern, elektrischen Wannen- und Lichtbädern. – **Medico-mechanisches Institut, Inhalatorium.** – Bewährt bei: Blutarmut, Bleichsucht, Skrofulose, Rheumatismus, Gicht, Katarrhen der Atmungsorgane, Harn- und Verdauungsorgane, habitueller Stuhlverstopfung, Nervenkrankheiten, Neurasthenie, Hysterie, Frauenkrankheiten, Exsudaten, Herzkrankheiten, Insufficienz des Herzens (Herzschwäche), chronischen Herzmuskel- und Herzklappenentzündungen, Neurosen des Herzens, Fettherz.

Österreichs hervorragendstes Herz-Heilbad.

Saison vom 1. Mai bis 30. September.

Prospekte gratis. – Versand des kräftigen Lithionsäuerlings „Nataliequelle", der Stahlquelle, Herkules- und Stefaniequelle und der Franzensquelle, Salzquelle, Wiesenquelle, Neuquelle, des kalten Sprudels. **Indikationen bekannt.**

Jede Auskunft erteilt die Kurverwaltung.

SALZBURG

Grand Hotel de l'Europe

Rendezvous der österreichischen Aristokratie in Mitte eines grossen Parkes; elektrisches Licht. Lawn-Tennis. Appartements mit Bädern. Abend-Konzerte. 24 HP Mercedes-Automobil, Type 1905, für Ausflüge. Kur-Etablissement unter Leitung eines tüchtigen Arztes im Hause.

Ganzjährig geöffnet.
Pensionsarrangement für längeren Aufenthalt und für den Winter.

Prospekte gratis.

Der Besitzer: GEORG JUNG.

::: WIEN :::
Hotel Bristol
Haus I. Ranges
Five o'clock tea and
::: dinner concert :::
Nächst der Oper
Zimmer von 6 Kronen

HOTEL
Hammerand
WIEN
Illustrierte Preiskurante
gratis und franko.

Restaurant Leber

WIEN

I. Babenbergerstrasse 5

Eigentümer:

Franz Giblhauser :: Martin Hornick

:: TELEPHON 9033 ::

Exquisite Wiener und französische Küche ··· Erstklassige Biere ··· Original In- und Ausländer Weine ·· Aufmerksame Bedienung ··· Rendezvous der feinen Welt ·· Nach dem Theater frische Küche ··· Diners per Couvert und à la carte ·· Vorzügliche Lage vis-à-vis dem Kunsthistorischen Museum ···

Klub- und Gesellschaftszimmer stehen zur Verfügung

FRANZ GIBLHAUSER
langjähr. Geschäftsleiter des **Hotel Sacher.** Ausgezeichnet mit Gold. Medaill. der II. Wr. Kochkunstausstellung

MARTIN HORNICK
gew. erster Koch u. Küchenchef des **Hotel Sacher.** Präm. mit den drei ersten Preisen der Wr. Kochkunstausstell. 1906

: DIVERSE : ANZEIGEN

Alt-Wiener Porzellan

Fabriks-marke welche ausschließlich für Originalmodelle der Wiener kaiserlichen Porzellanfabrik verwendet wird

Die Firma

Ernst Wahliß

Wien, I. Bez., Kärntnerstraße 17

beehrt sich höflichst mitzuteilen, daß sie die meisten der noch existierenden Original-Arbeitsformen der ehemaligen

Wiener kaiserlichen Porzellanfabrik

erworben hat (mehrere hundert Figuren und Gruppen, die schönsten Speise-, Kaffee- und Tee-Services etc. etc.). Die Waren werden aus diesen Original-Arbeitsformen in der eigenen Fabrik in ebenso ausgezeichneter Qualität fabriziert, wie ehemals in der kaiserlichen Fabrik.

3*

Champagne Veuve Clicquot
Ponsardin
REIMS
V. CLICQUOT P. WERLE
ENGLAND DEMI-SEC
(halbtrocken)
:: DRY ENGLAND ::
(sehr trocken)

BY APPOINTMENT
BY APPOINTMENT

K · K · PRIV · LAMPEN- UND METALLWARENFABRIKEN

R. Ditmar, Gebrüder Brünner, A.-G.

WIEN

ZENTRALE: X. EUGENGASSE 57

:: Telephon 9511, 7993 ::

NIEDERLAGEN:

I. Kärnthnerstrasse 13
I. Weihburggasse 4
III. Erdbergstrasse 23
VI. Magdalenenstr. 10 a
VII. Mariahilferstrasse 74 b
IX. Währingerstrasse 54

Permanente Ausstellung von Neuheiten in Lustern u. Lampen für elektrisches Licht, Gas, Petroleum etc.

Kostenanschläge und Zeichnungen stets zu Diensten
Umarbeitung und Renovierung vorhandener Objekte

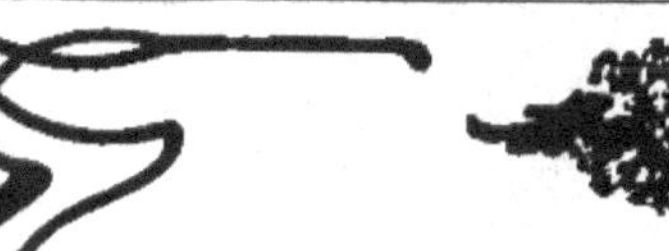

Zeitfracht Medien GmbH
Ferdinand-Jühlke-Straße 7
99095 Erfurt, Deutschland
produktsicherheit@kolibri360.de